百衲本二十四史
史記

上海涵芬樓影印
南宋黃善夫刻本
原書板匡高二十
公分寬十三公分

《百衲本二十四史》新版刊印序

《百衲本二十四史》是近百年來校考最精良、版本最珍貴、蒐羅最廣泛的二十四史，先父王雲五先生於一九七六年〈重印補校百衲本二十四史序〉中已有論證。

一八九七年商務印書館在上海創立，創館元老張元濟先生於一九〇二年正式主持商務印書館編譯所，將商務帶入「出版好書、匡輔教育」的出版之路。一九二一年(民國十年)王雲五先生經胡適先生推薦，接替主持商務印書館編譯所，並於一九三〇年兼任總經理，與張元濟先生共同為商務印書館的百年大業作出貢獻。

張元濟先生入館後，積極蒐購民間珍貴藏書，一方面用來印製、廣泛發行，另一方面也為成立「涵芬樓」藏書室(後來開放為「東方圖書館」)預作準備。當年他並積極向各公私立圖書館商借影印各種版本的二十四史，逐一比較補正缺漏，然後在一九三〇年開始付印，至一九三七年全部出齊。校印工程之艱鉅與可貴，從他所撰寫的《校史隨筆》可以了解。

商務涵芬樓所珍藏的二十四史及各種珍貴版本，可惜在一九三二年日本發動淞滬戰爭時，被日軍炸毀，化為灰燼。《百衲本二十四史》的傳印，就顯得格外有意義。

王雲五先生於一九六四年在臺重新主持臺灣商務印書館，與當時總編輯楊樹人教授，依據臺北故宮博物院和中央圖書館珍藏的宋元版本，修補校正《百衲本二十四史》，並於一九七六年重版印行。

《百衲本二十四史》初印至今，已經八十年，雖經在臺補正重版，舊書均已售完，而各界索購者絡繹不絕，不得已先以隨需印刷供應，但仍然供不應求。

為了適應讀者的需要，本公司由副董事長施嘉明先生、總編輯方鵬程先生和舊書重印小組一起規劃，決定放大字體，以十八開精裝本重印《百衲本二十四史》，每種均加印目錄頁次，讓讀者方便查考，也讓我們與《百衲本二十四史》共同邁向百年大慶。值此付印前夕，特為之序。

臺灣商務印書館董事長王學哲謹序
二〇一〇年三月二十五日

史記一百三十卷

漢司馬遷撰，褚少孫補。

遷事蹟具《漢書》本傳。少孫，據張守節《正義》引張晏之說，以為潁川人，元成間博士。又引褚顗家傳，以為梁相褚大弟之孫，宣帝時為博士。寓居沛，事大儒王式，故號先生。二說不同。然宣帝末距成帝初，不過十七八年，其相去亦未遠也。

案遷自序，凡十二本紀、十表、八書、三十世家、七十列傳，共為百三十篇。《漢書》本傳稱其十篇闕，有錄無書。張晏注以為，遷歿之後，亡景帝紀、武帝紀、禮書、樂書、兵書、漢興以來將相年表、日者列傳、三王世家、龜策列傳、傅靳列傳。劉知幾《史通》則以為十篇未成，有錄而已，駁張晏之說為非。今考日者、龜策二傳，並有太史公曰，又有褚先生曰，是為補綴殘稾之明證，當以知幾為是也。然漢志春秋家，載史記百三十篇，不云有闕，蓋是時官本，已以少孫所續，合為一編。觀其日者、龜策二傳，並有臣為郎時云云，是必嘗經奏進，故有是稱。其褚先生曰字，殆後人追題，以為別識歟。

周密《齊東野語》摘司馬相如傳贊，中有「揚雄以為靡麗之賦，勸百而諷一」之語。又摘公孫宏傳，中有「平帝元始中詔賜宏子孫爵」語。焦竑《筆乘》摘賈誼傳，中有「賈嘉最好學，至孝昭時列為九卿」語，皆非遷所及見。

王懋竑《白田雜著》亦謂《史記》止紀年，而無歲名。今十二諸侯年表上列一行，載庚申甲子等字，乃後人所增。則非惟有所散佚，且兼有所改易。年祀綿邈，今亦不得而考矣。然字句竄亂，或不能無，至其全書，則仍遷原本。

焦竑《筆乘》據張湯傳贊如淳註，以為續之者有馮商、孟柳。又據《後漢書》楊經傳，以為嘗刪遷書為十餘萬言。指今《史記》非本書，則非其實也。

其書自晉唐以來，傳本無大同異。惟唐開元二十三年，敕升《史記》老子列傳於伯夷列傳上。錢曾《讀書敏求記》云，尚有宋刻，今未之見。南宋廣漢張材，又嘗刊去褚少孫所續。趙山甫復病其不全，取少孫書別刊附入，今亦均未見其本。世所通行，惟此本耳。

至偽孫奭《孟子疏》所引《史記》西子金錢事，今本無之。蓋宋人詐託古書，非今本之脫漏。又《學海類編》中載，偽洪遵《史記》真本凡例一卷，於原書臆為刊削，稱即遷藏在名山之舊槀。其事與梁鄱陽王《漢書》真本相類，益荒誕不足為據矣。

註其書者，今惟裴駰、司馬貞、張守節三家尚存。其初各為部帙，北宋始合為一編。明代國子監刊版，頗有所刊除點竄。南監本至以司馬貞所補三皇本紀，冠五帝本紀之上，殊失舊觀。然彙合羣說，檢尋校易。故今錄合併之本，以便觀覽，仍別錄三家之書，以存其完本焉。（摘自景印《文淵閣四庫全書》總目史部卷四十五，2-3頁）

重印補校百衲本二十四史序

百衲本者何？彙集諸種善本，有闕卷闕頁，復多方蒐求，以事配補，有如僧衣之補綴多處者也。

我國正史彙刻之存於今者，有汲古閣之十七史，有南北監之二十一史。清高宗初立，成明史，命武英殿開雕，至四年竣工；繼之者二十一史。其後又詔增劉昫唐書，與歐宋新唐書並行，越七年遂成武英殿二十三史。及四庫開館，諸臣復據永樂大典及太平御覽，冊府元龜等書，裒輯薛居正舊五代史，得旨刊布，以四十九年奏進；於是二十四史之名以立。

武英殿本以監本為依據。清高宗製序，雖有監本殘闕，併勅校讎之言，始意未嘗不思成一善本也。惟在事諸臣，既未能廣蒐善本，復不知慎加校勘，佚者未補，譌者未正，甚或彌縫缺乏，以譌亂真，誠可惜也。

本館前輩張菊生先生，以多年之時力，廣集佳槧，審慎校讎，自民十九年開始景印，迄二十六年甫竟全功。雖中經一二八之劫，抱書而走，亂定掇拾需時，然景印之初，海宇清寧，亦緣校讎精審，多費時日。嘗聞菊老葺印初稿，悉經手勘，朱墨爛然，盈闌溢幅，點畫纖細，鉤勒不遺，與同人共成校勘記，多至百數十冊，文字繁冗，尚待董理。爰取原稿若干條，集為校史隨筆，而付梓焉。

就隨筆所記，殿本訛闕殊多。分史言之，則史記正義多遺漏，漢書正文注文均有錯簡，三國志卷第淆亂，宋書誤註為正文，南齊書地名脫誤，北齊書增補字句均據北史，而仍與北史有異同。魏書考證有誤，舊唐書有闕文，訂正錯簡亦有小誤，唐書有衍文，舊五代史遜於嘉業堂劉氏刊本，元史有衍文及闕文，且多錯簡，重出之傳，亦未刪盡。綜此諸失，殿本二十四史不如衲史遠矣，況善本精美，古香古色，尤非殿本所能望其項背。

茲將百衲本二十四史據以景印之版本列述於後：

史　記　宋慶元黃善夫刊本。

漢　書　北宋景祐刊本，瞿氏鐵琴銅劍樓藏。

後漢書　宋紹興刊本，原闕五卷半，以北平國立圖書館元覆宋本配補。

三國志　宋紹熙刊本，日本帝室圖書寮藏，原闕魏志三卷，以涵芬樓藏宋紹興刊本配補。

晉　書　宋本，海寧蔣氏衍芬草堂藏，原闕載記三十卷，以江蘇省立圖書館藏宋本配補。

宋　書　宋蜀大字本，北平國立圖書館吳興劉氏嘉業堂藏，闕卷以涵芬樓藏元明遞修本配補。
南齊書　宋蜀大字本，江安傅氏雙鑑樓藏。
梁　書　宋蜀大字本，北平國立圖書館及日本靜嘉堂文庫藏，闕卷以涵芬樓藏元明遞修本配補。
陳　書　宋蜀大字本，北平國立圖書館及日本靜嘉堂文庫藏。
魏　書　宋蜀大字本，北平國立圖書館江安傅氏雙鑑樓吳興劉氏嘉業堂及涵芬樓藏。
北齊書　宋蜀大字本，北平國立圖書館藏，闕卷以涵芬樓藏元明遞修本配補。
周　書　宋蜀大字本，吳縣潘氏范硯樓及自藏，闕卷以涵芬樓藏元明遞修本配補。
隋　書　元大德刊本，闕卷以北平國立圖書館江蘇省立圖書館藏本配補。
南　史　元大德刊本，北平國立圖書館及自藏。
北　史　元大德刊本，北平國立圖書館及自藏。
舊唐書　宋紹興刊本，常熟鐵琴銅劍樓藏，闕卷以明聞人銓覆宋本配補。
新唐書　北宋嘉祐刊本，日本岩崎氏靜嘉堂文庫藏，闕卷以北平國立圖書館江安傅氏雙鑑樓藏宋本配補。
舊五代史　原輯永樂大典有注本，吳興劉氏嘉業堂刻。
五代史記　宋慶元刊本，江安傅氏雙鑑樓藏。
宋　史　元至正刊本，北平國立圖書館藏，闕卷以明成化刊本配補。
遼　史　元至正刊本。
金　史　元至正刊本，北平國立圖書館藏，闕卷以涵芬樓藏元覆本配補。
元　史　明洪武刊本，北平國立圖書館及自藏。
明　史　清乾隆武英殿原刊本，附王頌蔚編集考證攟逸。

上開版本之搜求補綴，在彼時實已盡最大之能事。惟今者善本時有發見，前此認為業已失傳者，漸集於一隅，尤以中央圖書館及故宮博物院在抗戰期內，故家遺族，前此秘藏不宣，因播遷而割愛者不在少數；盡量收購，寄存盟邦，以策安全。近年悉數運回，使臺灣成為善本之總匯。百衲本後漢書原據本館前涵芬樓所藏宋紹興本影印，益以北平圖書館及日本靜嘉堂文庫殘本之配備，當時堪稱人間瑰寶；且志在存真，對其中未盡完善之處一仍其舊。然故宮博物院近藏宋福唐郡庠覆景祐監刊元代修補本及中央圖書館所藏錢大昕手跋北宋刊本與宋慶元間建安劉元起刊本，各有其長處。本館總編輯楊樹人教授特據以覆校百衲本原刊，計修正原影本因配補殘本而致首尾不貫者五處，其中重複者四處，共圈刪衍文三十六字，補足脫漏一處，缺文二字，原板存留墨丁四十六處，補正五十二字。另有顯屬雕刻錯誤者若干字，亦酌為改正。於是宋刊原面目，大致可復舊觀矣。又前漢書原景本闕漏目錄全份，亦據故宮博物院珍藏宋福唐郡庠覆景祐監刊元代修補本補印十有四頁，以成全璧。校書如掃落葉，愈掃愈落，礙難悉數掃清，然多費一番心力，對於鑽研史籍者，定可多一番裨益。區區之意，當為讀者所樂聞，亦可稍慰本館前輩張菊老在天之靈，喜其繼起有人也。

本館衲史原以三十二開本連史紙印製，訂為八百二十冊，流行雖廣，以中經多難，存者無多，臺省尤感缺乏，各國亦多訪購，爰應各方之需求，改訂為十六開大本，縮印二頁為一面，字體較縮本四部叢刊初編為大，用上等印書紙精印精裝，訂為四十一鉅冊，以便檢閱，經重版數次。茲為謀普及，再縮印為二十四開本五十八冊，字體仍甚清晰，而售價不及原印十六開本之半，莘莘學子，多有購置之力，誠不負普及之名矣。付印有日，謹述概要。

中華民國六十五年雙十節王雲五識

股東會全體股東獻禮

本公司董事長王岫廬（雲五）先生，學界巨擘，社會棟樑，歷任艱巨，功在國家。一生繫中國文化出版之命脈，惠澤士林。本公司三度罹國難而得復興。咸賴　先生之大力。每次復興，莫不聲光煥發，蔚為奇蹟。民國五十二年冬，　先生退出政壇。次年秋重主本公司，謀慮擘劃，晨夕辛勞，不取分文之酬，而甘之如飴；蓋純出於愛護本公司與宏揚文化之心願。無　先生之犧牲精神與卓越領導，不能有今日之商務書館，已為識者之定評。今歲欣逢　先生八秩華誕，社會同慶。股東會同人本崇功報德之念，群思有以祝賀。　先生謙辭至再至三，當以恭敬不如從命，爰於五十六年股東會議席上全體決議，利用重印之百衲本二十四史，作為　華誕獻禮。要不過體認　先生造福文化界之功績，聊表嵩祝悃誠於萬一耳。

臺灣商務印書館股份有限公司
股　東　會　全　體　股　東　謹啟

中華民國五十六年四月十五日

史記上

帝紀十二卷

年表十卷

八書八卷

世家三十卷

史記下

列傳七十卷

史記集解序

裴駰司馬貞索隱曰駰字龍駒河東聞喜人宋中郎外兵曹參軍父松之字世期太中大夫注三國志宋書父子同傳。正義曰裴駰採九經諸史并漢書音義及衆書之目而解史記故題史記集解序序緒也孫炎云謂端緒也孔子作易卦子夏作詩序之義其來尚矣

班固有言曰索隱曰固撰漢書作司馬遷傳評其作史記所採之書兼論其得失故裴駰此序先引之爲說也按固字孟堅扶風人後漢明帝時仕至中護軍祖穉潁川太守父彪徐令續太史公書司馬遷正義曰字子長左馮翊人也漢武帝時爲太史令撰史記百三十篇父談亦爲太史令據左氏國語索隱曰仲尼作春秋經魯史左丘明作傳合三十篇故曰左氏傳國語亦丘明所撰上起周穆王下訖敬王其諸侯之事起魯莊公迄春秋末凡二十一篇

采世本戰國策索隱曰劉向云世本古史官明於古事者之所記也録黃帝已來帝王諸侯及卿大夫系謚名號凡十五篇也戰國策高誘云六國時縱橫之說也一曰短長書亦曰國事劉向撰爲三十篇名曰戰國策按此是班固取其後名而書之非遷時已名戰國策述楚漢春秋索隱曰漢太中大夫楚人陸賈所撰記項氏與漢高祖初起及說惠文間事接其後事訖于天漢索隱曰武帝年號言太史公所記迄至武帝天漢之年也其言秦漢詳矣至於采經摭傳索隱曰按字書摭拾也音之赤反分散數家之事甚多疎略或有抵捂索隱曰抵音丁禮反捂音吾故反抵者觸也捂亦斜相抵觸之名按今屋梁上斜柱是也斜觸謂之捂下觸謂之抵抵捂言其參差也以言彼此二文同出一家而自相乖舛亦其所涉獵者廣博貫穿經傳馳騁古今上下數千載間斯已勤矣正義曰言作史記採經傳百家之事上下二千餘年此其甚勤於撰録也又其是非頗謬於聖人索隱曰聖人謂周公孔子也言周孔之數皆宗儒尚德今太史公乃先黃老崇勢利是謬於聖人。正義曰太史公史記各顯六家之宗黃老道家之宗六經儒家之首序游俠則退處士述貨殖則崇勢利處士賤貧原憲非病夫作史之體務涉多時有國之規備陳臧否天人地理咸使該通而遷天縱之才述作無滯故異周孔之道班固詆之裴駰引序亦通人之蔽也而固作漢書與史記同者五十餘卷謹寫史記少加異者不弱即劣何更非剝史記乃是後士妄非前賢又史記五十二萬六千五百言敘二千四百一十三年事漢書八

十一萬言敘二百二十五年事司馬遷引父致意班固父脩而蔽之優劣可知矣論大道則先黃老而後六經正義曰大道者皆禀乎自然不可稱道也道在天地之前先天地生不知其名字之曰道黃帝老子遵崇斯道故太史公論大道須先黃老而後六經序游俠則退處士而進姦雄索隱曰游俠謂輕死重氣如荊軻豫讓之輩也游從也行也俠挾也持也言能相從游行挾持之事又曰同是非曰俠。正義曰姦雄猾雄豪之人述貨殖正義曰殖生也言貨物滋生也則崇勢利正義曰趨利之人此其所蔽也正義曰此三者是司馬遷不達理也然自劉向揚雄博極羣書皆稱遷有良史之才服其善序事理辯而不華質而不俚索隱曰俚音里

劉德曰俚即鄙也崔浩云世有鄙俚之語則俚亦野也謂詞不鄙樸其文直其事核不虛美不隱惡故謂之實錄駰以爲固之所言世稱其當正義曰駰音因當音丁浪反裴駰以班固所論司馬遷史記是非世人稱班固之言雖時有紕繆索隱曰紕音匹之反紕猶錯也亦作紕字書云織者兩絲同齒曰紕繆亦與謬同實勤成一家正義曰雖有小紕繆實編勒成一家之書矣總其大較索隱曰較音角較猶略也則大較猶言大略也○正義曰較明也信命世之宏才也索隱曰按孟子云五百年生一賢其閒必有名世者趙岐曰名世次聖之才物來能名此言命者名也言賢人有名於世也宏才大才謂史遷考較此書文句不同有多有少莫辯其實

而世之惑者定從此是非相貿眞僞舛雜正義曰貿音茂舛音昌轉反言世之迷惑淺識之人或定彼從此本更相貿易眞僞雜亂不能辯其是非故中散大夫東莞徐廣研核衆本爲音義正義曰作音十三卷裴駰爲注散入百三十篇具列異同兼述訓解正義曰徐作音義具列異同之本兼述訓解釋也粗有所發明而殊恨省略索隱曰殊絕也左傳曰斬其木不殊言絕恨其所撰太省略○正義曰省音山景反聊以愚管索隱曰按東方朔云以管窺天以蠡測海皆喻小也然此語本出莊子文今云愚管者是駰謙言己愚陋管見所識不能遠大也增演徐氏正義曰演音羊善反增益也言裴駰更增益演徐氏之說采經傳百家并先

儒之說正義曰採取也或取傳說採諸子百家兼取先儒之義先儒謂孔安國鄭玄服虔賈逵等是也言百家廣其非一豫是有益悉皆抄內正義曰並採經傳之說有裨益史記盡抄內其中抄音楚交反刪其游辭取其要實正義曰刪音師顏反刪除也去經傳諸家浮游之辭取其精要之實或義在可疑則數家兼列正義曰兼列數家之說不同各有道理致生疑惑不敢偏棄故皆兼列漢書音義稱臣瓚者莫知氏姓索隱曰按即傅瓚而劉孝標以爲于瓚非也據何法盛書于瓚以穆帝時爲大將軍誅死不言有註漢書之事又其註漢書有引祿秩令及茂陵書然彼二書亡於西晉非于所見也必知是傅瓚者按穆天子傳目錄云傅瓚爲校書郎與荀勗同校定穆天子傳即當西晉之朝在于之前尚見茂陵等書又稱臣者以其職典秘書故也瓚

音殘岸反今直云瓚曰又都無姓名者但云漢書音義正義曰漢書音義中有全無姓名者裴氏注史記直云漢書音義按大顏以爲無名義今有六卷題云孟康或云服虔蓋後所加皆非其實未詳指歸也時見微意有所裨補正義曰見音賢見反裨音畀又音頻移反裨益也裴氏云時見己之微意亦有所補益也譬嘒星之繼朝陽索隱曰嘒微小貌也詩云嘒彼小星三五在東言衆無名微小之星各隨三心五蜀出在東方亦能繼朝陽之光嘒音火慧反朝陽日也嘒星繼朝陽喻己淺薄而註史記也飛塵之集華嶽正義曰西岳華山極高大裴氏自喻材藻輕小如飛塵之集華岳亦能成其高大管子云海不辭水故能成其大山不辭土故能成其高華音故化反又如字以徐爲本正義曰徐廣音義辯諸家異同故以徐爲本也號曰集

解未詳則闕弗敢臆說正義曰有未詳審之處則闕而不論不敢以肖臆之中而妄解說也人心不同正義曰言人心既不同所見亦殊別也聞見異辭正義曰耳聞目見心意既乖其辭所以各異也班氏所謂疏略抵捂者依違不悉辯也索隱曰裴氏言今或依違不復更辯明之也按周公世家敘傳曰依之違之周公綏之愧非胥臣之多聞索隱曰晉大夫曰季名曰胥臣按國語稱晉文公使趙衰為卿辭曰欒枝貞慎先軫有謀胥臣多聞皆可以為輔又胥臣對文公黃帝二十五子及也豫皆八等事是多聞也子產之博物索隱曰鄭卿公孫僑字子產按左氏傳子產聘晉言晉侯之疾非實沈臺駘之崇乃說飲食哀樂及內官不及同姓則能生疾晉侯聞子產之言曰博物君子也妄言末學蕪穢舊史

豈足以關諸畜德庶賢無所用心而已索隱曰關預也畜德謂積德多學之人也裴氏謙言己今此集解豈足關預於積學多識之士乎正是冀望聖賢勝於飽食終日無所用心愈於論語不有博弈者乎之人耳

建安黃善夫刊
于家塾之敬室

史記集解序

補史記序

小司馬氏

太史公古之良史也家承二正之業人當五百之運兼以代爲史官親掌圖籍慨春秋之絶筆傷舊典之闕文遂乃錯綜古今囊括記録本皇王之遺事採人臣之故實爰自黃帝迄于漢武歷載悠邈舊章罕補漁獵則窮於百氏筆削乃成於一家父作子述其勤至矣然其敘

勸褒貶頗稱折衷後之作者咸取則焉夫以首創者難爲功因循者易爲力自左氏之後未有體制而司馬公補立紀傳規模別爲書表題目莫不本紀十二象歲星之一周八書有八篇法天時之八節十表放剛柔十日三十世家比月有三旬七十列傳取懸車之暮齒百三十篇象閏餘而成歲其間禮樂刑政君舉必書福善禍淫用垂炯誡事廣而文

局詞質而理暢斯亦盡美矣而有未盡善者具如後論雖意出當時而義非經遠蓋先史之未備成後學之深疑借如本紀敘五帝而闕三皇世家載列國而有外戚邾許春秋次國略而不書張吳敵國蕃王抑而不載並編録有闕竊所未安又列傳所著有管晏及老子韓非管晏乃齊之賢卿即如其例則吳之延陵鄭之子產晉之叔向衛之史魚盛德

不闕何爲蓋闕伯陽淸虛爲教韓子峻刻制法靜躁不同德刑斯舛今宜柱史共漆園同傳公子與商君並列可不善歟其中遠近乖張詞義踳駁或篇章倒錯或贊論麤踈蓋由遭逢非罪有所未暇故十篇有録無書是也然其綱絡古今敘述懲勸異左氏之微婉有南史之典實所以揚雄班固等咸稱其有良史之才蓋信乎其然也後褚少孫亦頗加

史記補史序

補綴然猶未能周備貞業謝顓門人非博古而家傳是學頗事討論思欲續成先志潤色舊史輙黜陟降改定篇目其有不備並採諸典籍以補闕遺其百三十篇之贊記非周悉並更申而述之附于衆篇之末雖曰狂簡必有可觀其所改更具條于後至如徐廣唯略出音訓兼記異同未能考覈是非解釋文句其裴駰實亦後進名家博採羣書專取經傳訓釋以爲集解然則時有冗長至於盤根錯節殘鈌紕繆咸拱手而不言斯未可謂通學也今輙採按今古仍以裴爲本兼自見愚管重爲之註號曰小司馬史記然前朝顏師古止註漢史今並謂之顏氏漢書貞雖位不逮顏公既補史舊兼下新意亦何讓焉

史記索隱序

朝散大夫國子博士弘文館學士河内司馬　貞

史記者漢太史司馬遷父子之所述也遷自以承五百之運繼春秋而纂是史其襃貶覈實頗亞於丘明之書於是上始軒轅下訖天漢作十二本紀十表八書三十系家七十列傳凡一百三十篇始變左氏之體而年載悠邈簡冊闕遺

勤成一家其勤至矣又其屬稾先據左氏國語系本戰國策楚漢春秋及諸子百家之書而後貫穿經傳馳騁古今錯綜隱括各使成一國一家之事故其意難究詳矣比於班書微爲古質故漢晉名賢未知見重所以魏文侯聽古樂則唯恐卧良有以也逮至晉末有中散大夫東莞徐廣始考異同作音義十三卷宋外兵參軍裴駰又取經傳訓釋作集解合爲八十卷雖粗見微意而未窮討論南齊輕車録事鄒誕生亦作音義三卷音則微殊義乃更略爾後其學中廢貞觀中諫議大夫崇賢館學士劉伯莊達學宏才鉤深探賾又作音義二十卷比於徐鄒音則具矣殘文錯節異古微義雖知獨善不見傍通欲使後人從何准的貞謏聞陋識頗事鑽研而家傳是書不敢失墜初欲改更舛錯裨補疏遺

義有未通兼重註述然以此書殘缺雖多實爲古史忽加穿鑿難允物情今止探求異聞採摭典故解其所未解申其所未申者釋文演註又重爲述贊凡三十卷號曰史記索隱雖未敢藏之書府亦欲以貽厥孫謀云

史記索隱序

史記索隱後序

夫太史公紀事上始軒轅下訖天漢雖博采古文及傳記諸子其間殘缺蓋多或訪搜異聞以成其說然其人好奇而詞省故事覈而文微是以後之學者多所未究其班氏之書成於後漢彪既依遷而述所以條流更明且又兼采衆賢羣理畢備故其旨富其詞文是以近代諸儒共所鑽仰其訓詁蓋亦多門蔡謨集解之時已有二十四家之說所以於文無所滯於理無所遺而太史公之書既上序軒黃中述戰國或得之

於名山壞宅或取之以舊俗風謠故其殘文斷句難究詳矣然古今爲註解者絶省音義亦希始後漢延篤乃有音義一卷又別有音隱五卷不記作者何人近代鮮有二家之本宋中散大夫徐廣作音義一十卷唯記諸本異同於義少有解釋又中兵郎裴駰亦名家之子也作集解註本合爲八十卷見行於代仍云亦有音義前代久已散亡南齊輕車録事鄒誕生亦撰音義三卷音則尚奇義則罕說隋秘書監柳顧言尤善此史劉伯莊云其先人曾從彼公受業或音解隨而記録凡三十卷隋季喪亂遂失此書伯莊以貞觀之初奉勑於弘文館講授遂采鄒徐二說兼記憶柳公音旨遂作音義二十卷音乃周備義則更略惜哉古史微文遂由數賢秘寶故其學殆絶前朝吏部侍郎許子儒亦作註義不覩其書崇文館學士張嘉會獨善此書而無註義貞少從張學晚更研尋初以殘缺處多兼鄙褚少孫誣謬因憤發而補史記遂兼註之然其功殆半乃自唯曰千載古良史難更然因退撰音義重作贊述蓋欲以剖盤根之錯節遵北

轅於司南也凡爲三十卷號曰史記索隱云

史記正義序

諸王侍讀宣義郎守右清道

率府長史張　守節　上

史記者漢太史公司馬遷作遷生龍門耕牧河山之陽南遊江淮講學齊魯之郡紹太史繼春秋括文魯史而包左氏國語采世本戰國策而撫楚漢春秋貫紬經傳旁搜史子上起軒轅下暨天漢作十二本紀帝王興廢悉詳三十世家

君國存亡畢著八書贊陰陽禮樂十表定代系年封七十列傳忠臣孝子之誠備矣筆削冠於史籍題目足以經邦裴駰服其善序事理辯而不華質而不俚其文直其事核不虛美不隱惡故謂之實錄自劉向揚雄皆稱良史之才況墳典湮滅簡冊闕遺比之春秋言辭古質方之兩漢文省理幽守節涉學三十餘年六籍九流地里蒼雅鋭心觀採評史

漢詮衆訓釋而作正義郡國城邑委曲申明古典幽微竊探其美索理允愜次舊書之旨兼音解注引致傍通凡成三十卷名曰史記正義發揮膏肓之辭思濟滄溟之海未敢侔諸秘府冀訓詁而齊流庶貽厥子孫世疇茲史于時歳次丙子開元二十四年八月殺青斯竟

史記正義序

史記正義論例謚法解

諸王侍讀宣義郎守右清道率府長史張　守節　上

論史例

古者帝王右史記言左史記事言爲尚書事爲春秋太史公兼之故名曰史記并採六家雜說以成一史備論君臣父子夫妻長幼之序天地山川國邑名號殊俗物類之品也太史公作史記起黃帝高陽高辛唐堯虞舜夏殷周秦訖于漢武帝天漢四年合二千四百一十三年作本紀十二象歲十二月也作表十象天之剛柔十

日以記封建世代終始也作書八象一歲八節以記天地日月山川禮樂也作世家三十象一月三十日三十輻共一轂以記世祿之家輔弼股肱之臣忠孝得失也作列傳七十象一行七十二日言七十者舉全數也餘二日象閏餘也以記王侯將相英賢略立功名於天下可序列也合百三十篇象一歲十二月及閏餘也而太史公作此五品廢一不可以統理天地勸獎箴誡爲後之楷模也

論注例

史記文與古文尚書同者則取孔安國注若與伏生尚書同者則用鄭玄王肅馬融所釋與三傳同者取杜元凱服虔何休賈逵范甯等注與三禮論語孝經同者則取鄭玄馬融王肅之注與韓詩同者則取毛傳鄭箋等釋與周易同者則依王氏之注與諸子諸史雜書及先儒解釋善者而裴駰並引爲注又徐中散作音訓校集諸本異同或義理可通者稱一本云又一本云自是別記異文裴氏亦引之爲注

論字例

史漢文字相承已久若悅字作說閑字作閒智字作知汝字作女早字作蚤後字作后既字作溉劒字作飭制字作剬此之般流緣古少字通共用之史漢本有此古字者乃爲好本程邈變篆爲隸楷則有常後代作文隨時改易衞宏官書數體呂忱或字多奇鍾王等家以能爲法致令楷文改變非復一端咸著秘書傳之歷代又字體乖日久其黼黻之字法從黹（丁履反）今之史本則有從耑（音端）秦本紀云天子賜孝公黼黻鄒誕生音甫弗而鄒氏之前史本已從耑矣如此

之類並即依行不可更改若其黿鼉鼈從龜辭從舌覺學從與泰恭從小匱匠從走巢藻從果耕籍從禾席下爲帶美下爲大哀下爲衣極下爲點析旁著片惡上安西餐側出頭離邊作禹此之等類例直是訛字寵(勑勇反)字爲錫(音陽)以支(章移反)代文(問分反)將无混無若茲之流便成兩失

論音例

史文與傳諸書同者劉氏並依舊本爲音至如太史公改五帝本紀便章百姓便程東作便程南譌便程西成便在伏物咸依見字讀之太史

變尚書文者義理特美或訓意改其古澀何煩如劉氏依尚書舊音斯例蓋多不可具錄著在正義隨文音之君子宜詳其理庶明太史公之達學也然則先儒音字比方爲音至魏秘書孫炎始作反音又未甚切今並依孫反音以傳後學鄭康成云其始書之也倉卒無字或以音類比方假借爲之趣於近之而已受之者非一邦之人其鄉同言異字同音異於茲遂生輕重訛謬矣然方言差別固自不同河北江南最爲鉅異或失在浮清或帶於重濁今之取捨冀除茲弊

夫質有精麤謂之好惡(並如字)心有愛憎稱爲好惡(並去聲)當體則名譽(音預)情乖則曰毀譽(音餘)自壞(乎怪反)壞徹(上音怪)自斷(徒緩反自去離也)刀斷(端管反以刀割令相去也)耶(也奢反未審之辭也)也(亦且反助句之語也)復(音伏又扶富反重也)過(古卧反越度也)解(核買反自散也)間(紀莧反隟也)畜(許又反)畜(許六反養也)先(蘇前反)仙(胥然反)尤(羽求反)侯(胡溝反)治持(並音直之反)之(止而反)脂砥祗(並音旨夷反)惟維遺唯(並音以位反)怡貽頤詒(並音與之反)夷寅彝姨(並音以脂反)私(息脂反)綏雖睢荾(並音息遺反)偲司伺絲(並音巨支反)巵枝祗肢(並音章移反)祇歧(並音巨支反)其期旗棊踑(並音渠之反)祈旂蘄幾饑(並音渠希反)僖

熙嬉嘻(並音許其反)希晞睎稀(並音虛幾反)霏妃菲騑(並音芳非反)飛非緋(並音匪肥反)尸屍著(並音式脂反)詩(書之反)巾(居人反)斤觔(舉欣反)篇偏(並音芳連反)穿(詳連反)里李裏(並音良止反)至贄(並脂利反)志(之吏反)利涖(並力至反)吏(力置反)寺嗣飼(並辭吏反)字牸(並疾置反)自(疾二反)置致躓鷙(並陟利反)器(去冀反)氣(去既反)亟(去吏反)冀覬(几利反)既(居未反)覆(敷救反又敷福反)副(敷救反)富鍑(並府副反)若斯清濁實亦難分博學碩材乃有甄異此例極廣不可具言庶後學士幸留意焉

音字例

文或相似音或有異一字單録乃恐致疑兩字連文檢尋稍易若音上字言上別之所音下字乃復書下有長句在文中須音則題其字

發字例

古書字少假借蓋多字或數音觀義點發皆依平上去入若發平聲每從寅起又一字三四音者同聲異喚一處共發恐難辯別故略舉四十二字如字初音者皆為正字不須點發

畜許六反養也又許救反六畜也又他六反聚也**從**訟容反隨也又縱容反南北長也又但容反又子勇反怚勸也又從用反侍從也又足用反慫也**數**色具反曆數述數也又色五反次第也又色角反頻也**傳**逐戀反書傳也又逐全反相付也又張戀反驛也**卒**子律反卒終也又蒼忽反急也尊忽反兵人也字體各別不辨故發之也**辟**君也僻也又頻亦反罪也開也疋亦反邪也又疋豉反諭也又音避隱也又普覓反辟歷也**施**書移反張也又式豉反與也又羊豉反延也**間**紀閑反隙也又紀莧反間也又莧間反靜也**射**蛇夜反射也又成亦反音石**夏**胡馬反禹號也又胡嫁反春夏也又格雅反陽夏縣也**復**符富反重也又音伏也又音福徐役之也**重**直拱反尊也直龍反疊也又直用反累也**適**聖石反寛也之也又丁歷反大也又張華反責也又音敵當也**汜**音祀水在成皋又音凡邑名在襄城又孚劒反為水在定陶高帝即位處也又音夷楚人呼士為汜橋**樂**音岳謂音樂也又音洛歡也又音五教反好也情願也**覆**敷富反蓋也又敷福反再也**恐**曲用反疑也又紅拱反懼也**惡**烏各反[illegible]也又烏路反憎也又音烏謂於何也**斷**端管反有物割截也又段緩反自相分也又端亂反斷疑事也**解**佳買反除結縛也又核買反散也又佳債反台心懂也又核詐反縫解**幾**音機庶幾也又音祈近也又音記亦冀望字也又音紀録也**過**光卧反度也罪過也又音戈經過也度前也**率**所律反平倒也率伏也又音類也又音刷徐廣云率即斂也又音色類反將帥也**屈**丘勿反曲也又君勿反姓也又羣勿反盡也強也**上**時讓反位也元在物之上又時掌反自下而上**王**于方反人主也又于放反霸王也又盛也**長**直良反以也又張丈反長上也**藉**才昔反名籍也又薦藉也又祖夜反即借也**培**勃回反補也又蒲內反板也**勝**音升又式證反**難**乃丹反艱也乃旦反危也**使**所里反又所吏反**相**息羊反又息匠反**沈**針甚反又針禁反又直今反又沈禁反厭没也**任**入今反又入禁反**棺**音官又古玩反又古患反斂之也**造**曹早反七到反至也**妻**七低反切帝反**費**非味反用也又音祕邑也扶味反姓也

謚法解

惟周公旦太公望開嗣王業建功于牧野終將葬乃制謚遂叙謚法謚者行之迹號者功之表古者有大功則賜之善號以為稱也車服者位之章也是以大行受大名細行受細名行出於己名生於人名謂號謚

民無能名神不名一善

一德不懈簡一不委曲

靖民則法皇靖安

平易不訾簡不信訾毀

德象天地帝同於天帝

尊賢貴義恭尊事賢人寵貴義士

仁義所往王民往歸之

敬事供上恭供奉也

立志及衆公 志無私也

尊賢敬讓恭 敬有德讓有功

執應八方侯 所執行八方應之

既過能改恭 言自知

賞慶刑威君 能行四者

執事堅固恭 守正不移

從之成羣君 民從之

愛民長弟恭 順長接弟

揚善賦簡聖 所稱得人所善得實所賦得簡

執禮御賓恭 迎待賓也

敬賓厚禮聖 厚於禮

芘親之闕恭 脩德以益之

照臨四方明 以明照之

尊賢讓善恭 不專己善推於人

譖訴不行明 逆知之故不行

威儀悉備欽 威則可畏儀則可象

經緯天地文 成其道

大慮靜民定 思樹惠

道德博聞文 無不知

純行不爽定 行一不傷

學勤好問文 不恥下問

安民大慮定 以慮安民

慈惠愛民文 惠以成政

安民法古定 不失舊意

愍民惠禮文 惠而有禮

辟地有德襄 取之以義

賜民爵位文 與同升

甲胄有勞襄 亟征伐

綏柔士民德 安民以居安士以事

小心畏忌僖 思所當忌

剛彊直理武 剛無欲彊不屈懷忠恕正曲直

質淵受諫釐 深故能受

諫爭不威德 不以威拒諫

有罰而還釐 知難而退

威彊敵德武 與有德者敵

溫柔賢善懿 性純淑

克定禍亂武 以兵征故能定

心能制義度 制事得宜

刑民克服武 法以正民能使服

聰明叡哲獻 有通知之聰

夸志多窮武 大志行兵多所窮極
知質有聖獻 有所通而無蔽
安民立政成 政以安定
五宗安之孝 五世之宗
淵源流通康 性無忌
慈惠愛親孝 周愛族親
溫柔好樂康 好豐年勤民事
秉德不回孝 順於德而不違
安樂撫民康 無四方之虞
協時肇享孝 協合肇始
合民安樂康 富而教之
執心克莊齊 能自嚴
布德執義穆 故穆穆
資輔就共齊 資輔佐而共成
中情見貌穆 性公露
甄心動懼頃 甄精
容儀恭美昭 有儀可象行恭可美
敏以敬慎頃 疾於所慎敬
昭德有勞昭 能勞謹
柔德安衆靖 成衆使安

聖聞周達昭 聖聖通合
恭己鮮言靖 恭己正身少言而中
治而無眚平 無災罪也
執事有制平 不任意
寬樂令終靖 性寬樂義以善自終
威德剛武圉 禦亂患
布剛治紀平 施之政事
彌年壽考胡 久也
由義而濟景 用義而成
保民耆艾胡 六十曰耆七十曰艾
耆意大慮景 耆強也
布義行剛景 以剛行義
追補前過剛 勤善以補過
清白守節貞 行清白執志固
猛以剛果威 猛則少寬果敢行
大慮克就貞 能大慮非正而何
猛以彊果威 強甚於剛
不隱無屈貞 恒然無私
彊義訖正威 問正言無邪
辟土服遠桓 以武正定

治典不殺祁 秉常不衰
克敬動民桓 敬以使之
大慮行節孝 言成其節
辟土兼國桓 兼人故啓土
治民克盡使 克盡無恩惠
能思辯衆元 別之使各有次
好和不爭安 生而少斷
行義說民元 民說其義
道德純一思 道大而德一
始建國都元 非善之長可以始之
大省兆民思 大親民而不殺
主義行德元 以義爲主行德政
外內思索思 言求善
聖善周聞宣 聞謂所聞善事也
追悔前過思 思而能改
兵甲亟作莊 以數征爲嚴
行見中外愨 表裏
叡圉克服莊 通邊圉使能服
狀古述今譽 立言之稱
勝敵志強莊 不撓故勝

昭功寧民商 明有功者
死於原野莊 非嚴何以死難
克殺秉政夷 秉政不任賢
屢征殺伐莊 以嚴釐之
安心好靜夷 不爽政
武而不遂莊 武功不成
執義揚善德 稱人之善
柔質慈民惠 知其性
慈仁短折懷 短未六十折未三十
愛民好與惠 與謂施
述義不克丁 不能成義
夙夜警戒敬 敬身思戒
有功安民烈 以武立功
秉德尊業烈
合善典法敬 非敬何以善之
剛克爲伐翼 伐功也
剛德克就肅 成其敬使爲終
思慮深遠翼 小心翼翼
執心決斷肅 言嚴果
外內貞復白 正而復終始一

不生其國聲生於外家
不勤成名靈任本性不見賢思齊
未家短折傷未家未娶
死而志成靈志事不忝命
愛民好治戴好民治
死見神能靈有鬼不爲厲
典禮不愆戴無過
亂而不損靈不能以治損亂
短折不成殤有知而夭殤
好祭鬼怪靈瀆鬼神不致遠

隱拂不成隱不以隱括改其性
極知鬼神靈其智能聰徹
不顯尸國隱以間主國
見美堅長隱美過其令
殺戮無辜厲
官人應實知能官人
愎佷遂過刺去諫曰愎反是曰佷
肆行勞祀悼放心勞於淫祀言不脩德
不思忘愛刺忘其愛己者
年中早夭悼年不稱志

蚤孤短折哀早未知人事
恐懼從處悼從處言險圮
恭仁短折哀體恭質仁功未施
凶年無穀荒不務耕稼
好變動民躁數移徙
外內從亂荒家不治官不治
不悔前過戾知而不改
好樂怠政荒淫於聲樂怠於政事
怙威肆行醜肆意行威
在國遭憂愍仍多大喪

壅遏不通幽弱損不凌
在國逢難愍兵寇之事
蚤孤鋪位幽鋪位即位而卒
禍亂方作愍國無政動長亂
動祭亂常幽易神之班
使民悲傷愍苛政賊害
柔質受諫慧以虛受人
貞心大度匡心正而用察少
名實不爽質不傷言相應
德正應和莫正其德應其和

温良好樂良 言其人可好可樂
施勤無私類 無私惟義所在
慈和徧服順 能使人皆服其慈和
思慮果遠明 自任多近於專
博聞多能憲 雖多能不至於大道
嗇於賜與愛 言貪悋
滿志多窮惑 自足者必不惑
危身奉上忠 險不辭難
思慮不爽厚 不差所思而得
克威捷行魏 有威而敏行

好內遠禮煬 朋淫於家不奉禮
克威惠禮魏 雖威不逆禮
去禮遠衆煬 不率禮不親長
教誨不倦長 以道教之
內外賓服正 言以正服之
肇敏行成直 始疾行成言不深
彰義揜過堅 明義以蓋前過
跡遠繼位紹 非其弟過得之
華言無實夸 恢誕
好廉自克節 自勝其清欲

逆天虐民抗 背尊大而逆之
好更改舊易 變故改常
名與實爽繆 言名美而實傷
愛民在刑克 道之以政齊之以法
擇善而從比 比方善而從之
除殘去虐湯

隱哀也景武也施德爲文除惡爲武辟地爲襄服遠爲桓剛克爲僖施而不成爲宣惠無內德爲平亂而不損爲靈由義而濟爲景餘皆象也 以其所爲謚象其事行

和會也勤勞也尊脩也爽傷也肇始也怙恃也享祀也胡大也秉順也就會也錫與也典常也肆放也康虛也叡聖也惠愛也綏安也堅長也耆彊也考成也周至也懷思也武法也布施也敏疾也速也載事彌文以前周書謚法周代君王並取作謚故全寫一篇以傳後學

○漢書地理志云本秦京師爲內史 顏師古云京師天子所居畿內也秦并天下改立郡縣而京畿所統時號內史言其在內以別於諸郡守也百官表云內史周官秦因之掌治京師景帝二年分置左內史右內史武帝太初元年更名京兆尹左內史名馮翊主爵中尉秦官掌列侯景帝六年更名都尉武帝太初元年更名右扶風治內史與左馮翊京兆尹是爲三輔也

秦地於天官東井輿鬼之分野其界自弘農故

關以西京兆扶風馮翊北地上郡西河安定天水隴西南有巴蜀廣漢犍為武都西有金城武威張掖酒泉敦煌又西南有牂牁越巂益州

魏地觜觿參之分埜其界自高陵以東盡河東河內南有陳留及汝南之召陵隱彊新汲西華長平潁川之舞陽郾陵河南之開封中牟陽武酸棗卷（卷去權反）

周地柳七星張之分埜今之河南洛陽穀城平陰偃師鞏緱氏

韓地角亢氐之分埜韓分晉得南陽郡及潁川

之父城定陵襄城潁陽潁陰長社陽翟郟東接汝南西接弘農得新安宜陽鄭今河南之新鄭及成皋滎陽潁川之崇高城陽

趙地昴畢之分埜趙分晉得趙國北有信都真定常山又得涿郡之高陽莫州鄉東有廣平鉅鹿清河河間又得渤海郡之東平舒中邑文安東州成平章武河以北也南至浮水繁陽內黃斥丘西有太原定襄雲中五原上黨

燕地尾箕之分埜召公封於燕後三十六世與六國俱稱王東有漁陽右北平遼西遼東西有上谷代郡鴈門南有涿郡之易容城范陽北有新成故安涿縣良鄉新昌及渤海之安次樂浪玄菟亦宜屬焉

齊地虛危之分埜東有菑川東萊琅邪高密膠東南有泰山城陽北有千乘清河以南渤海之高樂高城重合陽信西有濟南平原

魯地奎婁之分埜東至東海南有泗水至淮得臨淮之下相睢陵僮取慮

宋地房心之分埜今之沛梁楚山陽濟陰東平及東郡之須昌壽張今之睢陽

衞地營室東壁之分埜今之東郡及魏郡之黎陽河內之野王朝歌

楚地翼軫之分埜今之南郡江夏零陵桂陽武陵長沙及漢中汝南郡後陳魯屬焉

吳地斗牛之分埜今之會稽九江丹陽豫章廬江廣陵六安臨淮郡

粵地牽牛婺女之分埜今之蒼梧鬱林合浦交阯九眞南海日南

（以前是戰國時諸國界域及相侵伐犬牙深入然亦不能委細故略記之用知大略）

史記正義論例謚法解

史記目録

集解宋中郎外兵曹參軍裴　駰

補史唐朝散大夫國子博士弘文館學士

河内司馬　貞

索隱唐朝散大夫國子博士弘文館學士

河内司馬　貞

正義唐諸王侍讀宣義郎守右清道率

府長史張　守節

帝紀

年表

第一卷　三代世表　史記十三

第二卷　十二諸侯年表　史記十四

第三卷　六國年表　史記十五

第四卷　秦楚之際月表　史記十六

第五卷　漢興以來諸侯年表　史記十七

第六卷　高祖功臣侯年表　史記十八

第七卷　惠景閒侯者年表　史記十九

第八卷　建元以來侯者年表　史記二十

第九卷　史記二十一

建元以來王子侯者年表

第十卷　漢興以來將相名臣年表　史記二十二

八書

第一卷　禮書　史記二十三

第二卷　樂書　史記二十四

第三卷　律書　史記二十五

第四卷　歷書　史記二十六

第五卷　天官書　史記二十七

第六卷　封禪書　史記二十八

第七卷　河渠書　史記二十九

列傳

張蒼　周昌
任敖　申屠嘉
韋賢　魏相
邴吉　黃霸
韋玄成　匡衡
第三十七卷　史記九十七
酈食其　陸賈
朱建
第三十八卷　史記九十八

傅寬　靳歙
周緤
第三十九卷　史記九十九
劉敬　叔孫通
第四十卷　史記一百
季布　欒布
第四十一卷　史記一百一
袁盎　鼂錯
第四十二卷　史記一百二

張釋之　馮唐
第四十三卷　史記一百三
石奮　衛綰
直不疑　周文
張叔
第四十四卷　史記一百四
田叔 子仁　任安
第四十五卷　史記一百五
扁鵲　倉公

第四十六卷　史記一百六
吳王濞
第四十七卷　史記一百七
竇嬰　田蚡
灌夫
第四十八卷　史記一百八
韓安國
第四十九卷　史記一百九
李廣

第五十卷　史記百一十
匈奴
第五十一卷　史記百一十一
衛青
第五十二卷　史記百一十二
公孫弘　主父偃
第五十三卷　史記百一十三
南越尉佗
第五十四卷　史記百一十四

東越
第五十五卷　史記百一十五
朝鮮
第五十六卷　史記百一十六
西南夷
第五十七卷　史記百一十七
司馬相如
第五十八卷　史記百一十八
淮南厲王　淮南王安

衡山王
第五十九卷 循吏 史記百一十九
孫叔敖　子產
公儀休　石奢
李離
第六十卷　史記百二十
汲黯　鄭當時
第六十一卷 儒林 史記百二十一
申生　轅固生

韓生　伏勝
董仲舒　胡毋生
第六十二卷 酷吏 史記百二十二
郅都　甯成
周陽由　趙禹
張湯　義縱
王溫舒　楊僕
減宣　杜周
第六十三卷　史記百二十三

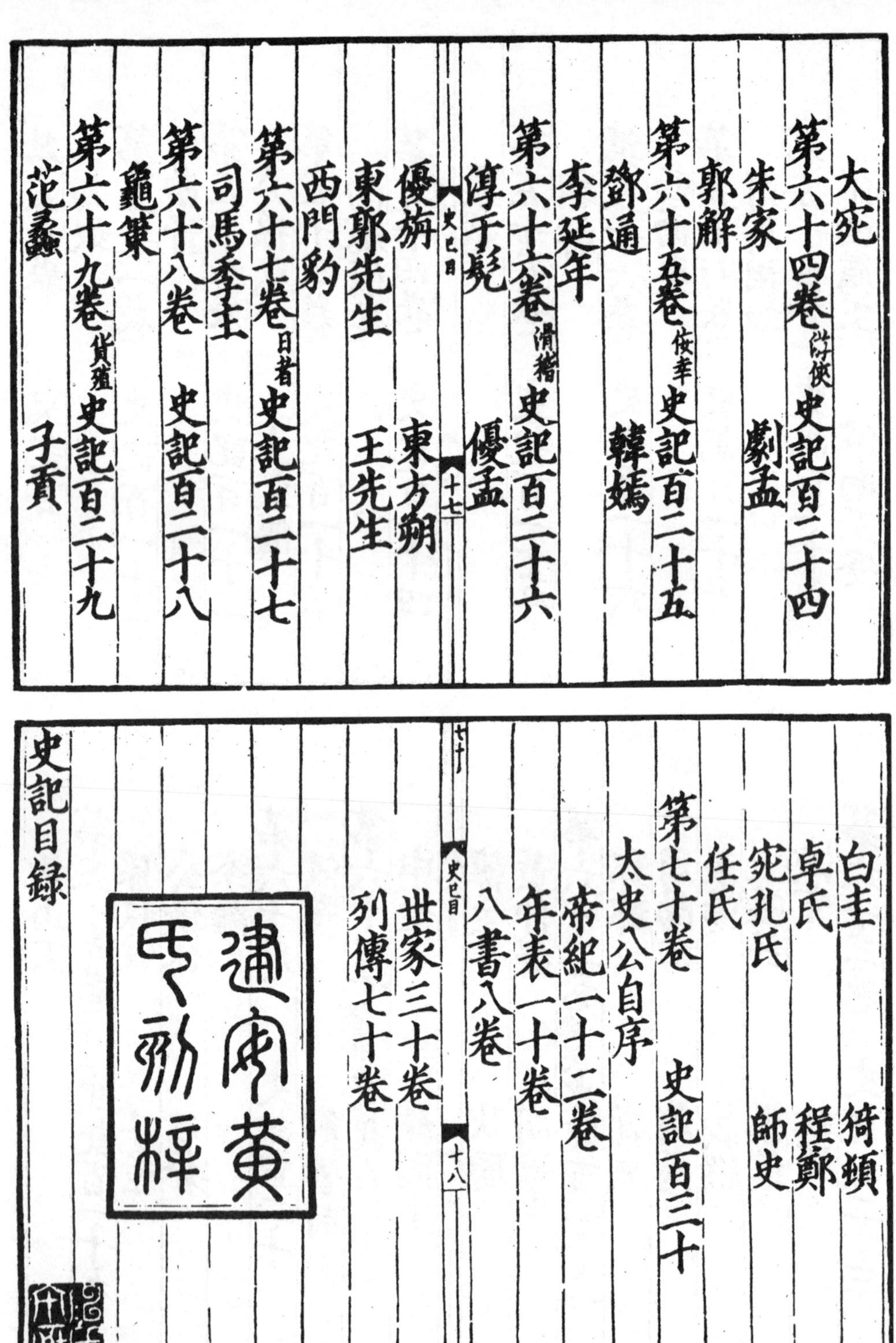

大宛

第六十四卷 游俠 史記百二十四

朱家 劇孟

郭解

第六十五卷 佞幸 史記百二十五

鄧通 韓嫣

李延年

第六十六卷 滑稽 史記百二十六

淳于髡 優孟

優旃 東方朔

東郭先生 王先生

西門豹

第六十七卷 日者 史記百二十七

司馬季主

第六十八卷 史記百二十八

龜策

第六十九卷 貨殖 史記百二十九

范蠡 子貢

白圭 猗頓

卓氏 程鄭

宛孔氏 師史

任氏

第七十卷 史記百三十

太史公自序

帝紀一十二卷

年表一十卷

八書八卷

世家三十卷

列傳七十卷

建安黃氏刻梓

史記目録

三皇本紀

補史記 小司馬氏撰并注

小司馬氏云太史公作史記古今君臣宜應上自開闢下迄當代以爲一家之首尾今闕三皇而以五帝爲首者正以大戴禮有五帝德篇又帝世皆叙自黃帝已下故因以五帝本紀爲首其實三皇已還載籍罕備然君臣之始教化之先既論古史不合全闕近代皇甫謐作帝王代紀徐整作三五曆皆論三皇已來事斯亦近古之一證今並採而集之作三皇本紀雖復淺近聊補闕云

太皞庖犧氏風姓代燧人氏繼天而王母曰華胥履大人迹於雷澤而生庖犧於成紀蛇身人首按伏犧風姓出國語其華胥已下出帝王世紀然雷澤澤名即舜所漁之地在濟陰成紀亦地名按天水有成紀縣有聖德仰則觀象於天俯則觀法於地旁觀鳥獸之文與地之宜近取諸身遠取諸物始畫八卦以通神明之德以類萬物之情造書契以代結繩之政於是始制嫁娶以儷皮爲禮按譙周古史考伏犧制嫁娶以儷皮爲禮也結網罟以教佃漁故曰宓犧氏按事出漢書暦志宓音伏養犧牲以庖廚故曰庖犧有龍瑞以龍紀官號曰龍師作三十五弦之瑟木德王注春令故易稱帝出乎震月令孟春其帝太皞是也按位在東方象日之明故稱太皞皞明也都於陳東封太山立一十一年崩按皇甫謐伏犧葬南郡或曰冢在山陽高平之西也其後裔當春秋時有任宿須句顓臾皆風姓之胤也女媧氏亦風姓蛇身人首有神聖之德代宓犧立號曰女希氏無革

造惟作笙簧按禮明堂位及世本皆云女媧作簧故易不載不承五運一曰女媧亦木德王蓋宓犧之後已經數世金木輪環周而復始特舉女媧以其功高而充三皇故頻木王也當其末年也諸侯有共工氏任智刑以強霸而不王以水乘木乃與祝融戰不勝而怒乃頭觸不周山崩天柱折地維缺女媧乃鍊五色石以補天斷鼇足以立四極聚蘆灰以止滔水以濟冀州按其事出淮南子也於是地平天成不改舊物女媧氏沒神農氏作按三皇記者不同譙周以燧人爲皇宋均以祝融爲皇而鄭玄依春秋緯以女媧爲皇承伏犧皇甫謐亦同今依之爲說也炎帝神農氏姜姓母曰女登有媧氏之女爲少典妃感神龍而生炎帝人身牛首長於姜水因以爲姓按國語炎帝黃帝皆少典之子其母又皆有媧氏之女據諸子及古史考炎帝之後凡八代五百餘年軒轅氏代之豈炎帝黃帝是昆弟而同母氏乎皇甫謐以爲少典有媧氏諸侯國號然則姜姬二帝同出少典氏黃帝之母又是神農母氏之後代女所同是有媧氏之女也火德王故曰炎帝以火名官斲木爲耜揉木爲耒耒耨之用以教萬人始教耕故號神農氏於是作蜡祭以赭鞭鞭草木始嘗百草始有醫藥又作五弦之瑟教人日中爲市交易而退各得其所遂重八卦爲六十四爻初都陳後居曲阜按今淮陽有神農井又左傳魯有大庭氏之庫是也立一百二十年

崩葬長沙神農本起烈山故左氏稱烈山氏之子曰柱亦曰厲山氏禮曰厲山氏之有天下是也按鄭玄云厲山神農所起亦曰有烈山皇甫謐曰厲山今隨之厲鄉也神農納奔水氏之女曰聽詼為妃生帝哀哀生帝克克生帝榆罔凡八代五百三十年而軒轅氏興焉按神農之後凡八代事見帝王代紀及古史考然古典亡矣況譙皇二氏皆前聞君子考按古書而為此說豈至今鑿空乎此紀亦據以為說其易稱神農氏沒即榆罔榆罔猶襲神農之號也其後有州甫甘許戲露齊紀怡向申呂皆姜姓之後並為諸侯或分四岳當周室甫侯申伯為王賢相齊許列為諸侯霸於中國蓋聖人德澤廣大故其祚胤繁昌久長

云一說三皇謂天皇地皇人皇為三皇既是開闢之初君臣之始圖緯所載不可全棄故兼序之天地初立有天皇氏十二頭澹泊無所施為而俗自化木德王歲起攝提兄弟十二人立各一萬八千歲蓋天地初立神人首出行化故其年世長久也然言十二頭者非謂一人之身有十二頭蓋古質比之鳥獸頭數故也地皇十一頭火德王姓十一人興於熊耳龍門等山亦各萬八千歲人皇九頭乘雲車駕六羽出谷口兄弟九人分長九州各立城邑凡一百五十世合四萬五千六百年天皇已下皆出河圖及三五曆也自人皇已後有五龍氏五龍氏兄弟五人並乘龍上下故曰五龍氏也燧人氏按其君鑽燧出火教人熟食在伏犧氏前譙周以為三皇之首也大庭氏栢皇氏中央氏卷須氏栗陸氏驪連氏赫胥氏尊盧氏渾沌氏昊英氏有巢氏朱襄氏葛天氏陰康氏無懷氏斯蓋三皇已來有天下者之號按皇甫謐以為大庭已下一十五君皆襲庖犧之號事不經見難可依從然按古封太山者首有無懷氏乃在太昊之前豈得如謐所說但載籍不紀莫知姓王年代所都之處而韓詩以為自古封太山禪梁甫者萬有餘家仲尼觀之不能盡識管子亦曰古封太山七十二家夷吾所識十有二焉首有無懷氏然則無懷之前天皇已後年紀悠邈皇王何昇而告但古

書亡矣不可備論豈得謂無帝王耶故春秋緯稱自開闢至於獲麟凡三百二十七萬六千歲分為十紀凡九世七萬六百年一曰九頭紀二曰五龍紀三曰攝提紀四曰合雒紀五曰連通紀六曰序命紀七曰脩飛紀八曰回提紀九曰禪通紀十曰流訖紀蓋流訖當黃帝時制九紀之間是以錄於此補紀之也

史壹阡柒拾壹字

注柒伯單玖字

三皇本紀　補史記

五帝本紀第一　史記一

裴駰曰凡是徐氏義稱徐姓名以別之餘者悉是駰註解并集衆家義。司馬貞索隱曰紀者記也本其事而記之故曰本紀又紀理也絲縷有紀而帝王書稱紀者言爲後代綱紀也。正義曰鄭玄注中候勑省圖云德合五帝坐星者稱帝又坤靈圖云德配天地在正不在私曰帝按太史公依世本大戴禮以黃帝顓頊帝嚳唐堯虞舜爲五帝譙周應劭宋均皆同而孔安國尚書序皇甫謐帝王世紀孫氏注世本並以伏犧神農黃帝爲三皇少昊顓頊高辛唐虞爲五帝裴松之史目云天子稱本紀諸侯曰世家本者繫其本系故曰本紀者理也統理衆事繫之年月名之曰紀第者次序之目一者舉數之由故曰五帝本紀第一。又曰禮云動則左史書之言則右史書之正義云左陽故記動右陰故記言言爲尚書事爲春秋按春秋時置左右史故云史記也

黃帝者 徐廣曰號有熊。索隱曰按有土德之瑞土色黃故稱黃帝猶神農火德王而稱炎帝然也此以黃

帝爲五帝之首蓋依大戴禮五帝德又譙周宋均亦以爲然而孔安國皇甫謐帝王代紀及孫氏註系本並以伏犧神農黃帝爲三皇少昊高陽高辛唐虞爲五帝註號有熊者以其本是有熊國君之子故也都軒轅之丘因以爲名又以爲號又據左傳亦號帝鴻氏也。正義曰輿地志云涿鹿本名彭城黃帝初都遷有熊也按黃帝有熊國君乃少典國君之次子號曰有熊氏又曰縉雲氏又曰帝鴻氏亦曰帝軒氏母曰附寶之祁野見大電繞北斗樞星感而懷孕二十四月而生黃帝於壽丘壽丘在魯東門之北今在兗州曲阜縣東北六里生日角龍顏有景雲之瑞以土德王故曰黃帝封泰山禪亭亭在牟陰

少典之子 譙周曰有熊國君少典之子也皇甫謐曰有熊今河南新鄭是也。索隱曰少典者諸侯國號非人名也又按國語云少典娶有蟜氏女而生炎帝然則炎帝亦少典之子炎黃二帝雖則承帝王代紀中間凡隔八帝五百餘年若以少典是其父名豈黃帝經五百餘年而始代炎帝後爲天子乎何其年之長也又按秦本紀云顓頊氏之裔孫曰女脩吞玄鳥之卵而生大業大業娶少典氏而生柏翳明少典是國號非人名也黃帝即少典氏後代之子孫賈逵亦以左傳高陽氏有才子八人亦謂其後代子孫而稱爲子是也譙周字允南蜀人魏散騎常侍徵不拜此註所引者是其人所著古史考之說也皇甫謐字士安晉人號玄晏先生今所引者是其所作帝王世紀也

姓公孫名曰軒轅 索隱曰按皇甫謐云黃帝生於壽丘長於姬水因以爲姓居軒轅之丘因以爲名又以爲號是本姓公孫長居姬水因改姓姬

生而神靈弱而能言 索隱曰弱謂幼弱時也蓋未合能言之時而黃帝即言所以爲神異也潘岳有哀弱子篇其子未七旬曰弱。正義曰言神異也易曰陰陽不測之謂神書云人惟萬物之靈故謂之神靈也

幼而徇齊 徐廣曰墨子曰年踰十五則聰明心慮無不徇通矣駰案徇疾齊速也言聖德幼而疾速也。索隱曰斯文未明今案徇齊皆德也書曰聰明齊聖左傳曰子雖齊聖齊謂聖德齊肅又按孔子家語及大戴禮並作叡齊一本作慧齊叡慧皆智也太史公採大戴禮而爲此紀今彼文無作徇者史記舊本亦有作濬齊蓋古字假借徇爲濬濬深也義亦並通爾雅齊速俱訓爲疾尚書大傳曰多聞而齊給鄭註云齊疾也今裴氏註云徇亦訓疾未見所出或當讀徇爲迅迅於爾雅與齊俱訓疾則迅濬雖異字而音同也又爾雅曰宣徇遍也濬通也是遍之與通義亦相近言黃帝幼而才智周徧且辯給也故墨子亦云年踰五十則聰明心慮不徇

通矣俗本作十五非是按謂年老踰五十不聰明何得云十五

長而敦敏成而聰明 正義曰成謂年二十冠成人也聰明聞見明辯也此以上至軒轅皆大戴禮文

軒轅之時神農氏世衰 皇甫謐曰易稱庖犧氏沒神農氏作是爲炎帝班固曰教民耕農故號曰神農。索隱曰世衰謂神農氏後代子孫道德衰薄非指炎帝之身即班固所謂參盧皇甫謐所云帝榆罔是也。正義曰帝王世紀云神農氏姜姓也母曰任姒有蟜氏女登爲少典妃遊華陽有神龍首感生炎帝人身牛首長於姜水有聖德以火德王故號炎帝初都陳又徙魯又曰魁隗氏又曰連山氏又曰列山氏括地志云厲山在隨州隨縣北百里山東有石穴曰神農生於厲鄉所謂列山氏也春秋時爲厲國

諸侯相侵伐暴虐百姓而神農氏弗能征於是軒轅乃習用干戈以征不享 索隱曰謂用干戈以征諸侯之不朝享者本或作亭亭訓直以征諸侯之不直者

諸侯咸來賓從而蚩尤最爲暴莫能伐 應劭曰蚩尤古天子瓚曰孔子三朝記曰蚩尤庶人之貪者。索隱

曰按此紀云諸侯相侵伐蚩尤最爲暴則蚩尤非爲天子也
又管子曰蚩尤受盧山之金而作五兵明非庶人葢諸侯號
也劉向別錄云孔子見魯哀公問政比三朝退而爲此記故
曰三朝凡七篇並入大戴禮今此文見用兵篇也。正義曰
龍魚河圖云黃帝攝政有蚩尤兄弟八十一人並獸身人語
銅頭鐵額食沙造五兵仗刀戟大弩威振天下誅殺無道萬民
欽命黃帝行天子事黃帝以仁義不能禁止蚩尤乃仰天而
歎天遣玄女下授黃帝兵符伏蚩尤後天下復擾亂黃帝遂
畫蚩尤形像以威天下咸謂蚩尤不死八方皆爲殄滅山海
經云黃帝令應龍攻蚩尤蚩尤請風伯雨師以從大風雨黃
帝乃下天女曰魃以止雨雨止遂殺
蚩尤孔安國曰九黎君號蚩尤是也 **炎帝欲侵陵諸侯**
諸侯咸歸軒轅軒轅乃修德振兵 正義曰振整也 **治五**
氣 王肅曰五行之氣。索隱曰謂春甲乙木氣夏丙丁火氣之屬是五氣也 **蓺五種** 蓺樹也詩云蓺
之荏菽周禮曰穀宜五種鄭玄曰五種黍稷菽麥稻也。索
隱曰蓺音藝蓺種也樹也五種即五穀也音朱用反此註所
引見詩大雅生民之篇爾雅云荏菽戎菽也郭璞曰今之胡
豆鄭氏曰豆之大者是也。正義曰蓺音魚曳反種音腫 **撫**

萬民度四方 王肅曰度四方而安撫之。正義曰度音徒洛反 **敎熊羆貔貅**
貙虎 索隱曰書云如虎如貔爾雅云貔白狐禮曰前有摯獸則載貔貅是也爾雅又曰貙獌似貍此六者猛獸
可以教戰周禮有服不氏掌教擾猛獸即古服牛乘馬亦其
類也。正義曰熊音雄羆音碑貔音毗貅音休貙音丑于反
羆如熊黃白色郭璞云貔執夷虎屬也按言
教士卒習戰以猛獸之名名之用威敵也 **以與炎帝戰**
於阪泉之野 服虔曰阪泉地名皇甫謐曰在上谷。正義
曰阪音白板反括地志云阪泉今名黃帝泉
在嬀州懷戎縣東五十六里出五里至涿鹿東北與涿水合
又有涿鹿故城在嬀州東南五十里本黃帝所都也晉太康
地理志云涿鹿城東一里有阪泉上有
黃帝祠按阪泉之野則平野之地也 **三戰然後得其**
志 正義曰謂黃帝克炎帝之後 **蚩尤作亂不用帝命** 正義曰言蚩尤不用黃帝
之命也 **於是黃帝乃徵師諸侯與蚩尤戰於涿鹿**
之野 服虔曰涿鹿山名在涿郡張晏曰涿鹿在上谷。索
隱曰或作濁鹿古今字異耳按地理志上谷有涿鹿

縣然則服虔云在涿郡者誤也 **遂禽殺蚩尤** 皇覽曰蚩尤冢在東平郡壽張縣闞鄉城中高七丈
民常十月祀之有赤氣出如匹絳帛民名爲蚩尤旗肩髀冢
在山陽郡鉅野縣重聚大小與闞冢等傳言黃帝與蚩尤戰
於涿鹿之野黃帝殺之身體異處故別葬之。索隱曰按皇
甫謐云黃帝使應龍殺蚩尤于凶黎之谷或曰黃帝斬蚩尤
于中冀因名其地曰絕轡之野皇覽書名也記先代冢墓之
處宜皇王之省覽故曰皇覽是魏人王象繆襲等所撰也
而諸侯咸尊軒轅爲天子代神農氏是爲黃帝
天下有不順者黃帝從而征之平者去之 正義曰平服者即去也 **披山通道** 徐廣曰披他本亦作陂字蓋當爲詖詖
者旁其邊之謂也披語誠合今世然古
今不必同也。索隱曰披音如字謂披山林
草木而行以通道也徐廣音詖恐稍紆也 **未嘗寧居東**
至于海登丸山 徐廣曰丸一作凡駰案地理志曰丸山
在郎邪朱虛縣。索隱曰凡音扶嚴反
。正義曰丸音桓括地志云丸山即丹山在青州臨朐縣界
朱虛故縣西北二十里丹水出焉凡音紈守節括地志唯有

凡山蓋凡山丸山是一山耳諸處字誤或丸或凡也漢書郊
祀志云禪丸山顏師古云在朱虛亦與括地志相合明丸山
是也 **及岱宗** 正義曰泰山東岳也在兗州博城縣西北三十里也 **西至于空桐** 應劭
曰山名韋昭曰在隴右 **登雞頭** 索隱曰山名也後漢王孟塞雞頭道
在隴西一曰崆峒山之別名。正義
曰括地志云空桐山在肅州祿福縣東南六十里抱朴子內
篇云黃帝西見中黃子受九品之方過空桐從廣成子受自
然之經即此山括地志又云笄頭山一名崆峒山在原州平
陽縣西百里禹貢涇水所出輿地志云或即雞頭山也酈元
云蓋大隴山異名也莊子云廣成子學道崆峒山黃帝問道
於廣成子蓋在此按二處崆峒皆云黃帝登之未詳孰是
南至于江登熊湘 封禪書曰南伐至于召陵登熊山地
理志曰湘山在長沙益陽縣。正義
曰括地志云熊耳山在商州洛縣西十里齊桓公登之以
望江漢也湘山一名編山在岳州巴陵縣南十八里也 **北**
逐葷粥 匈奴傳曰唐虞以上有山戎獫狁葷粥居于北蠻
。索隱曰匈奴別名也唐虞巳上曰山戎亦曰薰
粥夏曰淳維殷曰鬼方周曰玁狁漢
曰匈奴。正義曰葷音薰粥音育 **合符釜山** 索隱曰合諸侯符契

圭瑞而朝之於釜山猶禹會諸侯於塗山然也又按郭子橫洞冥記稱東方朔云東海大明之墟有釜山山出瑞雲應王者之符命如堯時有赤雲之祥之類蓋黃帝黃雲之瑞故曰合符應於釜山也。正義曰括地志云釜山在嬀州懷戎縣北三里山上有舜廟而邑于涿鹿之阿正義曰廣平曰阿涿鹿山名已見上涿鹿故城在山下即黃帝所都之邑於山下平地遷徙往來無常處以師兵為營衛正義曰環繞軍兵為營以自衛若轅門即其遺象官名皆以雲命為雲師應劭曰黃帝受命有雲瑞故以雲紀事也春官為青雲夏官為縉雲秋官為白雲冬官為黑雲中官為黃雲張晏曰黃帝有景雲之應因以名師與官置左右大監監于萬國正義曰監上監去聲下監平聲若周邵分陝也萬國和而鬼神山川封禪與為多焉徐廣曰多一作朋。索隱曰與音羊汝反與猶許也言萬國和同而鬼神山川封禪祭祀之事自古以來帝皇之中推許黃帝以為多多猶大也獲寶鼎迎日推策晉灼曰策數也迎數之也瓚曰日月朔望未來而推之故曰迎日。索隱曰封禪書曰黃帝得寶鼎神策下云於是推策迎日則神策者神蓍也黃帝得蓍以推筭歷數於是逆知節氣日辰之將來故曰推策迎日也。正義曰筴音策迎逆也黃帝受神筴大撓造甲子容成造曆是也舉風后力牧常先大鴻鄭玄曰風后黃帝三公也班固曰力牧黃帝相也。正義曰舉任用四人皆帝臣也帝王世紀云黃帝夢大風吹天下之塵垢皆去又夢人執千鈞之弩驅羊萬羣帝寤而歎曰風為號令執政者也垢去土后在也天下豈有姓風名后者哉夫千鈞之弩異力者也驅羊數萬羣能牧民為善者也天下豈有姓力名牧者也於是依二占而求之得風后於海隅登以為相得力牧於大澤進以為將黃帝因著占夢經十一卷藝文志云風后兵法十三篇圖三卷孤虛二十卷力牧兵法十五篇鄭玄云風后黃帝之三公也按黃帝仰天地置列侯衆官以風后配上台天老配中台五聖配下台謂之三公也封禪書云鬼臾區號大鴻黃帝大臣也死葬雍故鴻冢是藝文志云鬼容區兵法三篇也以治民順天地之紀正義曰言黃帝順天地陰陽四時之紀也幽明之占正義曰幽陰明陽也占數也言陰陽五行黃帝占數而知之此文見大戴禮死生

之說徐廣曰一云幽明之數合死生之說。正義曰說謂儀制也民之生死此謂作儀制禮則之說存亡之難索隱曰存亡猶安危也易曰危者安其位亡者保其存是也難猶說也凡事是非未盡假以往來之詞則曰難又上文有死生之說故此云存亡之難所以韓非著書有說林說難也。正義曰難音乃憚反存亡猶生死也黃帝之前未有衣裳屋宇及黃帝造屋宇制衣服營殯葬萬民故免存亡之難時播百穀草木王肅曰時是也。索隱曰為一句。正義曰言順四時之所置而布種百穀草木也淳化鳥獸蟲蛾索隱曰為一句蛾音牛綺反一作豸豸言淳化廣被及之。正義曰蛾音魚起反又音豸豸音直氏反蟻蚍蜉也爾雅曰有足曰虫無足曰豸旁羅日月星辰水波土石金玉徐廣曰波一作沃。索隱曰旁非一方羅廣布也今按大戴禮作歷離離即羅也言帝德旁羅日月星辰水波及至土石金玉謂日月揚光海水不波山不藏珍皆是帝德廣被也。正義曰旁羅猶遍布也日月陰陽時節也星二十八宿也辰日月所會也水波瀾漪也言天不異災土無別害水少波浪山出珍寶勞勤心力耳目節用水火材物正義曰節時節也水陂障決洩也火山野禁放也材木也物事也言黃帝教民江湖陂澤山林原隰皆收採禁捕以時用之有節令得其利也大戴禮云宰我問於孔子曰予聞榮伊曰黃帝三百年請問黃帝者人耶何以至三百年孔子曰勞勤心力耳目節用水火材物生而民得其利百年死而民畏其神百年亡而民用其教百年故曰三百年也有土德之瑞故號黃帝索隱曰炎帝火黃帝土代之即黃龍地螾見是也螾土精大五六圍長十餘丈螾音引。正義曰螾音以刃反黃帝二十五子其得姓者十四人索隱曰舊解破四為三言得姓十三人耳今按國語胥臣云黃帝之子二十五宗其得姓者十四人為十二姓姬酉祁己滕葴任荀僖姞儇依是也唯青陽與夷鼓同己姓又云青陽與蒼林為姬姓上則十四人為十二姓其文甚明唯姬姓再稱青陽與蒼林蓋國語文誤所以致令前儒共疑其姬姓青陽當為玄囂是帝嚳祖本與黃帝同姬姓其國語上文青陽即是少昊金天氏為己姓者耳既理在不疑無煩破四為三。正義曰僖音力其反姞其吉反儇音在宣反黃帝居軒轅之丘皇甫謐曰受國於有熊居軒轅之丘故因以為名又以為號山

海經曰在窮山之際西射之南張晏曰作軒冕之服故謂之軒轅而娶於西陵之女正義曰西陵國名也是爲嫘祖徐廣曰祖一作俎嫘力追反。索隱曰一曰雷祖音力堆反。正義曰一作傫嫘祖爲黃帝正妃索隱曰按黃帝立四妃象后妃四星皇甫謐云元妃西陵氏女曰累祖生昌意次妃方雷氏女曰女節生青陽次妃彤魚氏女生夷鼓一名蒼林次妃嫫母班在三人之下按國語夷鼓蒼林是二人又按漢書古今人表彤魚氏生夷鼓嫫母生蒼林不得如謐所說生二子其後皆有天下其一曰玄囂是爲青陽太史公曰據大戴禮以累祖生昌意及玄囂玄囂即青陽也皇甫謐以青陽爲少昊乃方雷氏所生是其所見異也。索隱曰玄囂帝嚳之祖按皇甫謐及宋衷皆云玄囂青陽即少昊也今此紀下云玄囂不得在帝位則太史公意青陽非少昊明矣而此又云玄囂是爲青陽當是誤也謂二人皆黃帝子並列其名所以前史因誤以玄囂青陽爲一人耳宋衷又云玄囂青陽是爲少昊繼黃帝立者而史不叙蓋少昊金德王非五運之次故叙五帝不數之也青陽降居江水正義曰括地志云安陽故城在

豫州新息縣西南八十里應劭云古江國也地理志亦云安陽古江國也其二曰昌意降居若水索隱曰降下也言帝子爲諸侯降居江水江水若水皆在蜀即所封國也水經曰水出旄牛徼外東南至故關爲若水南過邛都又東北至朱提縣爲盧江水是蜀有此二水也昌意娶蜀山氏女曰昌僕生高陽高陽有聖德焉正義曰華陽國志及十三州志云蜀之先肇於人皇之際黃帝爲子昌意娶蜀山氏後子孫因封焉帝顓頊高陽氏黃帝之孫昌意之子母曰昌僕亦謂之女樞河圖云瑤光如蜺貫月正白感女樞於幽房之宮生顓頊首戴干戈有德文也黃帝崩皇甫謐曰在位百年而崩年百一十一歲。索隱曰按大戴禮宰我問孔子曰榮伊言黃帝三百年請問黃帝何人也抑非人也何以至三百年乎對曰生而人得其利百年死而人畏其神百年亡而人用其教百年則士安之說略可憑矣。正義曰列仙傳云軒轅自擇亡日與羣臣辭還葬橋山山崩棺空唯有劒舄在棺焉葬橋山皇覽曰皇帝冢在上郡橋山。索隱曰地理志橋山在上郡陽周縣山有黃帝冢也。正義曰括地志云黃帝陵在寧州羅川縣東八十里子午山地理

志云上郡陽周縣橋山南有黃帝冢按陽周隋改爲羅川爾雅云山銳而高曰橋也其孫昌意之子高陽立是爲帝顓頊也帝顓頊高陽者皇甫謐曰都帝丘今東郡濮陽是也。索隱曰宋衷云顓頊名高陽有天下號也張晏曰高陽者所興地名也黃帝之孫而昌意之子也靜淵以有謀疏通而知事養材以任地索隱曰言能養材物以任地大戴禮作養財載時以象天索隱曰載行也言行四時以象天大戴禮作履時以象天履亦踐而行也依鬼神以制義索隱曰鬼神聰明正直當盡心敬事因制尊卑之義故禮曰降于祖廟之謂仁義是也。正義曰鬼之靈者曰神也鬼神謂山川之神也能興雲致雨潤養萬物也故已依馮之制義也制古制字治氣以教化索隱曰謂理四時五行之氣以教化萬人也絜誠以祭祀北至于幽陵正義曰幽州也南至于交阯正義曰阯音止交州也西至于流

沙地理志曰流沙在張掖居延縣。正義曰瀨渡也括地志云居延海南甘州張掖縣東北千六十四里是東至于蟠木海外經曰東海中有山焉名曰度索上有大桃樹屈蟠三千里東北有門名曰鬼門萬鬼所聚也天帝使神人守之一名鬱壘主閱領萬鬼若害人之鬼以葦索縛之射以桃弧投虎食也動靜之物正義曰動物謂鳥獸之類靜物謂草木之類小大之神正義曰大謂五嶽四瀆小謂丘陵墳衍日月所照莫不砥屬王肅曰砥平也四遠皆平而來服屬。索隱曰依王肅音止蜀據大戴禮作砥礪也帝顓頊生子曰窮蟬索隱曰系本作窮係宋衷云一云窮係謚也。正義曰帝舜之高祖也顓頊崩皇甫謐曰在位七十八年年九十八皇覽曰顓頊冢在東郡濮陽頓丘城門外廣陽里中頓丘者城門名頓丘道。索隱曰皇甫謐云遼左氏歲在鶉火而崩葬東郡又山海經曰顓頊葬鮒魚山之陽九嬪葬其陰也而玄囂之孫高辛立是爲帝嚳帝嚳高辛者張晏曰少昊之前天下之號象其德顓頊以來天下之號因其名高陽高辛皆所興

之地名顓頊與嚳皆以字為號上古質故也。索隱曰宋衷曰高辛地名因以為號嚳名也皇甫謐云帝嚳名夋也。正義曰帝王紀云帝告母無聞焉**黃帝之曾孫也高辛父曰蟜極**正義曰蟜音居兆反本作橋音同又巨遙反帝堯之祖也**蟜極父曰玄囂玄囂父曰黃帝自玄囂與蟜極皆不得在位至高辛即帝位**皇甫謐曰都亳今河南偃師是**高辛於顓頊為族子高辛生而神靈自言其名**正義曰帝王紀云帝告高辛姬姓也其母生見其神異自言其名曰岌齠齔有德年十五而佐顓頊三十登位都亳以人事紀官也**普施利物不於其身聰以知遠明以察微順天之義知民之急仁而威惠而信脩身而天下服取地之財而節用之撫教萬民而利誨之曆日月而迎送之**正義曰言作曆弦望晦朔日月

未至而迎之過而送之上迎日推策是也**明鬼神而敬事之**正義曰天神曰神人神曰鬼又云聖人之精氣謂之神賢人之精氣謂之鬼言明識鬼神而敬事也**其色郁郁其德嶷嶷**索隱曰郁郁猶穆穆也嶷嶷德高也今案大戴禮郁作神嶷作俟**其動也時其服也士**索隱曰舉動應天時衣服服士服言其公且廉也**帝嚳溉執中而徧天下**徐廣曰古既字作水旁偏字一作尹。索隱曰即尚書允執厥中是也。正義曰溉音既言帝告治民若水之溉灌平等而執中正遍於天下也**日月所照風雨所至莫不從服**正義曰以上大戴文也**帝嚳娶陳鋒氏女**正義曰鋒音峯又作豐帝王紀云帝告有四妃卜其子皆有天下元妃有邰氏女曰姜嫄生后稷次妃有娀氏女曰簡狄生卨次妃陳豐氏女曰慶都生放勛次妃娵訾氏女曰常儀生帝摯也**生放勛**正義曰放音方往反勛亦作勛音許云反言堯能放上代之功故曰放勛謚堯姓伊祁氏帝紀云帝堯陶唐氏祁姓也母慶都十四月生堯**娶娵訾氏女生摯**索隱曰案皇甫謐云女名

常宜也。正義曰娵足須反訾紫移反**帝嚳崩**皇甫謐曰在位七十年年百五歲皇覽曰帝嚳冢在東郡濮陽頓丘城南臺陰野中**而摯代立帝摯立不善崩**索隱曰古本作不著音張慮反俗本作不善不善謂微弱不著猶不著明衛宏云摯立九年而唐侯德盛因禪位焉。正義曰帝王紀云帝摯之母於四人中班最在下而摯於兄弟最長得登帝位封異母弟放勛為唐侯摯在位九年政微弱而唐侯德盛諸侯歸之摯服其義乃率羣臣造唐而致禪唐侯自知有天命乃受帝禪乃封摯於高辛今定州唐縣也**而弟放勳立是為帝堯**

帝堯者謚法曰翼善傳聖曰堯。索隱曰堯謚也放勳名帝嚳之子姓伊祁氏案皇甫謐云堯初生時其母在三阿之南寄於伊長孺之家故從母所居為姓也。正義曰徐廣云號陶唐帝王紀云堯都平陽於詩為唐國徐才宗國都城記云唐國帝堯之裔子所封其北帝夏禹都漢曰太原郡在古冀州太行恒山之西其南有晉水括地志云今晉州所理平陽故城是也平陽河水一名晉水也**放勳**徐廣曰號陶唐皇甫謐曰堯以甲申歲生甲辰即帝位甲

午徵舜甲寅舜代行天子事辛巳崩年百十八在位九十八年**其仁如天**索隱曰如天之涵養也**其知如神**索隱曰如神之微妙也**就之如日**索隱曰如日之照臨人咸依就之若葵藿傾心以向日也**望之如雲**索隱曰如雲之覆渥言德化廣大而浸潤生人人咸仰望之故曰如百穀之仰膏雨也**富而不驕貴而不舒**索隱曰舒猶慢也大戴禮作不豫**黃收純衣**徐廣曰純一作絃駰案太古冠冕圖云夏名冕曰收禮記曰野夫黃冠鄭玄曰純衣士之祭服。索隱曰收冕名其色黃故曰黃收象古質素也純讀曰緇**彤車乘白馬能明馴德**徐廣曰馴古訓字。索隱曰史記馴字徐廣皆讀曰訓訓順也言聖德能順人也案尚書作俊德孔安國云能明用俊德之士與此文意別也**以親九族九族既睦便章百姓**徐廣曰下云便程東作然則訓平為便也駰案尚書並作平字孔安國曰百姓百官鄭玄曰百姓羣臣之父子兄弟。索隱曰古文尚書作平此文蓋讀平為徧耕反平既訓便因作便章其今文作辯章古平字亦作便音婢緣反便則訓辯遂為辯章鄒誕生本亦同也**百姓**

昭明合和萬國乃命羲和孔安國曰重黎之後羲氏和氏世掌天地之官○正義曰呂刑傳云重即羲黎即和雖別爲氏族而出自重黎也按聖人不獨治必須賢輔乃命相天地之官若周禮天官卿地官卿也**敬順昊天**正義曰敬猶恭勤也元氣昊然廣大故云昊天釋天云春爲蒼天夏爲昊天秋爲旻天冬爲上天而獨言昊天者以堯能敬天大故以昊大言之**數法日月星辰**正義曰曆數之法日之甲乙月之大小昏明遞中之星日月所會之辰定其天數以爲一歲之曆**敬授民時**索隱曰尚書作曆象日月則此言數法是訓曆象二字謂命羲和以曆數之法觀察日月星辰之早晚以敬授人時也○正義曰尚書考靈耀云主春者張昏中可以種稷主夏者火昏中可以種黍菽主秋者虛昏中可以種麥主冬者昴昏中可以收斂也天子視四星之中知民緩急故云敬授民時也**分命羲仲居郁夷曰暘谷**尚書作嵎夷孔安國曰東表之地稱嵎夷日出於暘谷羲仲治東方之官○索隱曰史記舊本作湯谷今並依尚書字案淮南子曰日出湯谷浴於咸池則湯谷亦有他證明矣又下曰昧谷徐廣云一作桺桺亦日入處地名太史公博採經記

而爲此史廣記異聞不必皆依尚書蓋郁夷亦地之別名也○正義曰郁音隅陽或作暘禹貢青州云嵎夷既略按嵎夷青州也堯命羲仲理東方青州嵎夷之地日所出處名曰陽明之谷羲仲主東方之官若周禮春官**敬道日出便程東作**孔安國曰敬道出日平均次序東作之事以務農也○索隱曰劉伯莊傳皆依古史作平秩音然尚書大傳曰辯秩東作則是訓秩爲程言便課其作程者也○正義曰道音導便程並如字後同導訓也三春主東故言日出耕作在春故言東作命羲仲恭勤道訓萬民東作之事使有程期**日中星鳥以殷中春**孔安國曰日中謂春分之日也鳥南方朱鳥七宿也殷正也春分之昏鳥星畢見以正仲春之氣節轉以推孟季則可知也○正義曰下中音仲夏秋冬並同**其民析鳥獸字微**孔安國曰春事既起丁壯就功言其民老壯分析也乳化曰字尚書微作尾字說文云尾交接也**申命羲叔居南交**孔安國曰夏與春交此治南方之官也○索隱曰孔註未是然則冬與秋交何故下無其文且東嵎夷西昧谷北幽都三方皆言地而夏獨不言地乃云與春交斯不例之甚也然南方地有名交阯者或古文略舉一字名地南交則是交

阯不疑也○正義曰羲叔主南方官若周禮夏官卿也**便程南譌敬致**孔安國曰譌化也平序分南方化育之事敬行其教以致其功也○索隱曰爲依字讀春言東作夏言南爲皆是耕作營爲勸農之事孔安國強讀爲訛字雖則訓化解釋亦甚紆回也○正義曰爲音于僞反命羲叔宜恭勤民事致其種殖使有程期也**日永星火以正中夏**孔安國曰永長也謂夏至之日火蒼龍之中星舉中則七星見可知也以正中夏之節馬融王肅謂日長晝漏六十刻鄭玄曰五十五刻**其民因鳥獸希革**孔安國曰因謂老弱因就在田之丁壯以助農也夏時鳥獸毛羽希少改易也革改也**申命和仲居西土**徐廣曰一無土字以爲西者今天水之西縣也駰案鄭玄曰西者隴西之西今人謂之兌山**曰昧谷**徐廣曰一作柳谷駰案孔安國曰日入于谷而天下冥故曰昧谷此居治西方之官掌秋天之政也○正義曰和仲主西方之官若周禮秋官卿也**敬道日入便程西成**孔安國曰秋西方萬物成也**夜中星虛以正中秋**孔安國曰春言日秋言夜互相備也虛玄武之中星亦言七星皆以秋分日見

以正三秋也○索隱曰虛舊依字讀而鄒誕生音墟案虛星主墳墓鄒氏頗得其理**其民夷易鳥獸毛毨**孔安國曰夷平也老壯者在田與夏平也毨理也毛更生曰毨理**申命和叔居北方曰幽都**孔安國曰北稱幽都謂所聚也○索隱曰案山海經曰北海之內有山名幽都蓋是也○正義曰按北方幽州陰聚之也命和叔居理之北方之官若周禮冬官卿**便在伏物**索隱曰使和叔察北方藏伏之物謂人畜積聚等冬皆藏伏尸子亦曰北方者伏方也尚書作平在朔易今案大傳云便在伏物太史公據之而書**日短星昴以正中冬**孔安國曰日短冬至之日也昴白虎之中星亦以七星並見以正冬節也馬融王肅謂日短晝漏四十刻鄭玄曰四十五刻非**其民燠鳥獸氄毛**徐廣曰氄音茸駰案孔安國曰民入室處鳥獸皆生氄毳細毛以自溫也**歲三百六十六日以閏月正四時**索隱曰夫周天三百六十五度四分度之一是天度數也而日行遲一歲一周天月行疾一月一周天日一日行一度月一日行十三度十九分度之七至二十九日半彊月行天一匝又逐及日而與會一年十

二會是爲十二月每月二十九日過半年分出小月六是每歲餘六日又大歲三百六十六日小歲三百六十五日舉全數云六十六日其實一歲唯餘十一日弱未滿三歲已成一月則置閏若三年不置閏則正月爲二月九年差三月則以春爲夏十七年差六月則四時皆反以此四時不正歲不成矣故傳曰歸餘於終事則不悖是也信飭徐廣曰古勑字百官眾功皆興堯曰誰可順此事正義曰言將登用之嗣位也放齊曰嗣子丹朱開明孔安國曰放齊臣名○正義曰放音方往反鄭玄云帝堯胤嗣之子名曰丹朱開明也按開解而達也帝王紀云堯娶散宜氏女曰女皇生丹朱汲冢紀年云后稷放帝子丹朱范汪荊州記云丹水縣在丹川堯子朱之所封也括地志云丹朱故城在鄧州內鄉縣西南百三十里丹朱故爲縣堯曰吁頑凶不用孔安國曰吁疑怪之辭○正義曰左傳云口不道忠信之言爲嚚心不則德義之經爲頑凶訟也言丹朱心既頑嚚又好爭訟不可用之堯又曰誰可者讙兜曰共工旁聚布功可用孔安國曰讙兜臣名鄭玄曰共工水官名○正義曰兜音斗侯反堯曰共工善言其用僻似恭漫天不可正義曰漫音莫干反共工善爲言語用意邪僻也似於恭敬罪惡漫天不可用也堯又曰嗟四嶽鄭玄曰四嶽四時官主方嶽之事○正義曰嗟歎鴻水問四嶽誰能理也孔安國云四嶽即上羲和四子也分掌四嶽之諸侯故稱焉湯湯洪水滔天浩浩懷山襄陵孔安國曰懷包襄上也○正義曰湯音商今讀如字蕩蕩廣平之貌言水奔突有所滌除地上之物爲水漂流蕩蕩然按懷藏包裹之義故懷爲包釋言以襄爲駕駕乘牛馬皆在上也言水襄上乘陵浩浩盛大勢若漫天下民其憂有能使治者皆曰鯀可馬融曰鯀臣名禹父堯曰鯀負命毀族不可正義曰負音佩依字通負違也族類也鯀性很戾違負教命毀敗善類不可用也詩云貪人敗類也嶽曰异哉試不可用而已正義曰异音異孔安國云异已也退也言餘人盡已唯鯀可試無成乃退堯於是聽嶽用鯀九歲功用不成正義曰爾雅釋天云載歲

也夏曰祀周曰年唐虞曰載李巡云各自紀事不相襲也孫炎云歲取星行一次也祀取四時祭祀一訖也年取年穀一孰也載取萬物始更終也載者年之別名故以載爲年也按功用不成水害不息故放退也至明年得舜乃殛之羽山而用其子禹也堯曰嗟四嶽朕在位七十載汝能庸命踐朕位鄭玄曰言汝諸侯之中有能順事用天命者入處我位統治天子之事者乎○正義曰孔安國云堯年十六以唐侯升爲天子在位七十載時八十六老將求代也嶽應曰鄙德忝帝位正義曰四嶽皆云鄙俚無德若便行天子事是辱帝位言已等不堪也堯曰悉舉貴戚及疏遠隱匿者眾皆言於堯曰有矜在民閒曰虞舜孔安國曰無妻曰矜○正義曰矜古頑反堯曰然朕聞之其何如嶽曰盲者子父頑母嚚弟傲能和以孝烝烝治不至姦正義曰烝之升反進也言父頑母嚚弟傲舜皆和以孝進之於善不至於姦惡也堯曰吾其試哉正義曰欲以二女試舜觀其理家之道也於是堯妻之二女正義曰妻音七計反二女娥皇女英也娥皇無子女英生商均舜升天子娥皇爲后女英爲妃觀其德於二女正義曰視其爲德行於二女以理家而觀國也舜飭下二女於嬀汭孔安國曰舜所居嬀水之汭○索隱曰列女傳云二女長曰娥皇次曰女英系本作女瑩大戴禮作女匽皇甫謐云嬀水在河東虞鄉縣歷山西汭水涯也猶洛汭渭汭然也○正義曰飭音勑下音胡亞反汭音芮舜能整齊二女以義理下二女之心於嬀汭使行婦道於虞氏也括地志云嬀源汭水出蒲州河東南山許慎云水涯曰汭按地記云河東郡青山東山中有二泉下南流者嬀水北流者汭水二水異源合流出谷西注河嬀水北曰汭也又云河東縣二里故蒲坂城舜所都也城中有舜廟城外有舜宅入二妃壇如婦禮堯善之乃使舜慎和五典鄭玄曰五典五教也蓋試以司徒之職五典能從乃徧入百官百官時序賓於四門四門穆穆諸侯遠方賓客皆敬馬融曰四門四方之門諸侯羣臣朝

者舜賓迎之皆有美德也堯使舜入山林川澤暴風雷雨舜行
不迷索隱曰尚書云納于大麓穀梁傳云林屬於山曰麓是山足曰麓故此以爲入山林不迷孔氏以麓訓録
言今舜大録萬機之政與此不同堯以爲聖召舜曰女謀事至而
言可績三年矣鄭玄曰三年者賓四門之後三年也女登帝位舜讓
於德不懌徐廣曰音亦今文尚書作不怡怡懌也。索隱曰古文作不嗣今文作不怡怡即懌也謂辭讓
於德不堪所以心意不悅懌也俗本作澤誤爾亦當爲懌正月上日馬融曰上日朔日也。正義曰鄭玄
云帝王易代莫不改正建朔舜正建子此時未改故依堯正月上日也舜受終於文祖文
祖者堯大祖也鄭玄曰文祖者五府之大名猶周之明堂。索隱曰尚書帝命驗曰五府五帝
之廟蒼曰靈府赤曰文祖黄曰祖計白曰顯紀黑曰玄矩唐虞謂之五府夏謂世室殷謂重屋周謂明堂皆祀五帝之所
也。正義曰舜受堯終帝之事於文祖也尚書帝命驗云帝者承天立府以尊天重象也五府者黄曰神斗注云唐虞謂

之天府夏謂之正室殷謂之重室周謂之明堂皆祀五帝之所也文祖者赤帝熛怒之府名曰文祖火精光明文章之祖
故謂之文祖周曰明堂神斗者黄帝含樞紐之府名曰神斗斗主也土精澄靜四行之主故謂之神斗周曰太室顯紀者
白帝招拒之府名顯紀紀法也金精斷割萬物故謂之顯紀周曰總章玄矩者黑帝光紀之府名曰玄矩矩法也水精玄
昧能權輕重故謂之玄矩周曰玄堂靈府者蒼帝靈威仰之府名曰靈府周曰青陽於是帝堯老
命舜攝行天子之政以觀天命舜乃在璿璣玉
衡以齊七政鄭玄曰璿璣玉衡渾天儀也七政日月五星也。正義曰說文云璿赤玉也按舜雖受堯
命猶不自安更以璿璣玉衡以正天文璣爲運轉衡爲橫簫運璣使動於下以衡望之是王者正天文器也觀其齊與不
齊今七政齊則已受禪爲是蔡邕云玉衡長八尺孔徑一寸下端望之以視星宿並縣璣以象天而以衡望之轉璣窺衡
以知星宿璣徑八尺圓周二尺五寸而強也鄭玄云運轉者爲璣持正者爲衡尚書大傳云政者齊中也謂春秋冬夏天
文地理人道所以爲政也道正而萬事順成故天道政之大也遂類於上帝鄭玄曰禮祭上帝於

圓丘。正義曰五經異義云非時祭天謂之類言以事類告也時舜告攝非常祭也王制云天子將出類于上帝鄭玄云
昊天上帝謂天皇大帝北辰之星禋于六宗鄭玄曰六宗星辰司中司命風師雨師也騏案六宗
義衆矣馬謂鄭說爲長。正義曰周語云精意以享曰禋也孫炎云禋絜敬之祭也按星五星緯也辰日月所會十二次
也司中司命文昌第五第四星也風師箕星也雨師畢星也孔安國云四時寒暑也日月星也水旱也禮祭法云埋少牢
於大昭祭時也禳祈於坎壇祭寒暑也王宮祭日也夜明祭月也幽禜祭星雩禜祭水旱也司馬彪續漢書云安帝立六
宗祀於洛陽城西北亥地禮比大社魏因之至晉初荀顗言新祀以六宗之神諸家說不同乃廢之也望于
山川正義曰望者遥望而祭山川也山川五嶽四瀆也爾雅云梁山晉望也辯於羣神徐廣
曰辯音班騆案鄭玄曰羣神若丘陵墳衍。正義曰辯音遍謂祭羣神也揖五瑞擇吉月日
見四嶽諸牧班瑞馬融曰揖斂也五瑞公侯伯子男所執以爲瑞信也堯將禪舜使羣牧斂
之使舜親往班之。正義曰揖音集周禮典瑞云王執鎮圭尺二寸公執桓圭九寸侯執信圭七寸伯執躬圭五寸子執

穀璧男執蒲璧皆五寸言五瑞者王不在中也孔文祥云宋末會稽修禹廟於廟庭山土中得五等圭璧百餘枚形與周
禮同皆短小此即禹會諸侯於會稽執以禮山神而埋之其璧今猶有在也歲二月東巡狩
至於岱宗柴馬融曰舜受終後五年之二月鄭玄曰建卯之月也柴祭東嶽者考績柴燎也。正義曰
按既班瑞羣后即東巡者守土之諸侯會岱宗之嶽焚柴告至也王者巡狩以諸侯自專一國威福任己恐其壅遏上命
澤不下流故巡行問人疾苦也風俗通云太山之尊者一曰岱宗始也長也萬物之始陰陽交代故爲五岳之長也按二
月仲月也仲中也也言得其中也望秩於山川正義曰乃以秩望祭東方諸侯境內之名山大川也
言秩者五岳視三公四瀆視諸侯遂見東方君長合時月正日鄭玄曰協
正四時之月數及日名備有失誤。正義曰既見東方君長乃合同四時氣節月之大小日之甲乙使齊一也周禮太史
掌正歲年以序事頒正朔於邦國則節氣晦朔皆天子頒之猶恐諸侯國異或不齊同因巡狩合正之同律
度量衡鄭玄曰同陰律度丈尺量斗斛衡斤兩也。正義曰律之十二律度之丈尺量之斗斛衡之斤兩皆

使天下相同無制度長短輕重異也漢律志云虞書云同律度量衡所以齊遠近立民信也律有十二陽六為律陰六為呂律以統氣類物一曰黃鍾二曰太蔟三曰姑洗四曰蕤賓五曰夷則六曰無射呂以旅陽宣氣一曰林鍾二曰南呂三曰應鍾四曰大呂五曰夾鍾六曰中呂度者分寸尺丈引也所以度長短也本起黃鍾之管長以子穀秬黍中者一黍為一分十分為一寸十寸為尺十尺為丈十丈為引而五度審矣量者龠合升斗斛也所以量多少也本起黃鍾之龠以子穀秬黍中者千有二百實為一龠十龠為合十合為升十升為斗十斗為斛而五量嘉矣衡權者銖兩斤鈞石也所以秤物輕重也本起於黃鍾之一龠容千二百黍重十二銖二十四銖為兩十六兩為斤三十斤為鈞四鈞為石而五權謹矣衡平也權重也**脩五禮**馬融曰吉凶賓軍嘉也。正義曰周禮以吉禮事邦國之鬼神祇以凶禮哀邦國之憂以賓禮親邦國以軍禮同邦國以嘉禮親萬民也尚書堯典云類于上帝吉禮也如喪考妣凶禮也羣后四朝賓禮也大禹謨云汝徂征軍禮也堯典云女于時嘉禮也女音女慮反**五玉**鄭玄曰即五瑞也執之曰瑞陳列曰玉**三帛**馬融曰三孤所執也鄭玄曰帛所以薦玉也必三者高陽氏後用赤繒高辛氏後用黑繒其餘諸侯皆用白繒。正義曰孔安國云諸侯世子執纁公之孤執玄附庸之君執黃也按三統紀推伏羲為天統色尚赤神農為地統色尚黑黃帝為人統色尚白少昊黃帝子亦尚白故高陽氏又天統亦尚赤堯為人統故用白**二生**正義曰羔鴈也鄭玄注周禮太宗伯云羔小羊也取其羣不失其類也鴈取其候時而行也卿執羔大夫執鴈按羔鴈性馴可生為贄**一死**正義曰雉也馬融云一死雉士所執也按不可生為贄故死雉取其守介死不失節也**為摯**馬融曰贄二生羔鴈卿大夫所執一死雉士所執。正義曰摯音至贄執也鄭玄云贄之言至所以自致也韋昭云贄六贄皮帛卿執羔大夫執鴈士執雉庶人執鹿工商執雞也**如五器卒乃復**馬融曰五器上五玉五玉禮終則還之三帛已下不還也。正義卒子律反復音伏**五月南巡狩八月西巡狩十一月北巡狩皆如初歸至于祖禰廟**正義曰禰音乃禮反何休云生曰父死曰考廟曰禰**用特牛禮五歲一巡狩羣后四朝**鄭玄曰巡狩之年諸侯見於方嶽之下其間四年四方諸侯分來朝於京師也**徧告以言**

正義曰徧音遍言遍告天子治理之言也**明試以功車服以庸**正義曰孔安國云功成則錫車服以表顯其能用也**肇十有二州決川**馬融曰禹平水土置九州舜以冀州之北廣大分置并州燕齊遼遠分燕置幽州分齊為營州於是為十二州也鄭玄曰更為之定界濬水害也**象以典刑**馬融曰言咎繇制五常之刑無犯之者但有其象無其人也。正義曰孔安國云象法也法用常刑用不越法也**流宥五刑**馬融曰流放宥寬也一曰幼少二曰老耄三曰惷愚五刑墨劓剕宮大辟。正義曰孔安國云以流放之法寬五刑也鄭玄云三宥一曰弗識二曰過失三曰遺忘也**鞭作官刑**馬融曰為辨治官事者為刑**扑作教刑**鄭玄曰扑檟楚也扑為教官為刑者**金作贖刑**馬融曰金黃金也意善功惡使出金贖罪坐不戒慎者**眚裁過赦**鄭玄曰眚裁為人作患害者也過失雖有害則赦之**怙終**徐廣曰一作衆**賊刑**鄭玄曰怙其姦邪終身以為殘賊則用刑之**欽哉欽哉惟刑之靜哉**徐廣曰今文云惟刑之謐哉爾雅曰謐靜也。索隱曰案古文作恤哉且今文是伏生口誦鄒謚聲近遂作謚也**讙兜進言共工**正義曰讙兜渾沌也共工窮奇也鯀檮杌也三苗饕餮也左傳云舜臣堯流四凶投諸四裔以禦魑魅也**堯曰不可而試之工師**正義曰工師若今大匠卿也**共工果淫辟**正義匹亦反**四嶽舉鯀治鴻水堯以為不可嶽彊請試之試之而無功故百姓不便三苗**馬融曰國名也。正義曰左傳云自古諸侯不用王命虞有三苗夏有觀扈孔安國云縉雲氏之後為諸侯號饕餮也吳起云三苗之國左洞庭而右彭蠡按洞庭湖名在岳州巴陵西南一里南與青草湖連彭蠡湖名在江州潯陽縣東南五十二里以天子在北故洞庭在西為左彭蠡在東為右今江州鄂州岳州三苗之地也**在江淮荊州**正義曰淮讀曰匯音胡罪反今彭蠡湖也本屬荊州尚書云南入于江東匯澤為彭蠡是也**數為亂於是舜歸而言於帝請流共工於幽陵**馬融曰北裔也。正義曰尚書及大戴禮皆作幽州括地志云故龔城在檀州燕樂縣界故老傳云舜流共工幽州

居此城神異經云西北荒有人焉人面朱髮蛇身人手足而食五穀禽獸頑愚名曰共工以變北狄徐廣
曰變一作燮。索隱曰變謂變其形及衣服同於夷狄也徐廣云作燮燮和也。正義曰言四凶流四裔各於四夷放共
工等爲中國之風俗也放驩兜於崇山馬融曰南裔也。正義曰神異經云南方荒中有人
焉人面鳥喙而有翼手足扶翼而行食海中魚爲人很惡不畏風雨獸犯死乃休名曰讙兜也以變南
蠻遷三苗於三危馬融曰西裔也。正義曰括地志云三危山有峯故曰三危俗亦名卑羽
山在沙州敦煌縣東南三十里神異經云西荒中有人焉面目手足皆人形而胳下有翼不能飛爲人饕餮淫逸無理名
曰苗民又山海經云大荒北經黑水之北有人有翼名曰苗民也以變西戎殛鯀於羽
山馬融曰殛誅也羽山東裔也。正義曰殛音紀力反孔安國云殛竄放流皆誅也括地志云羽山在沂州臨沂縣界
神異經云東方有人焉人形而身多毛自解水土知通塞爲人自用欲爲欲息皆曰云是鯀也以變東夷
四辠而天下咸服堯立七十年得舜二十年而
老令舜攝行天子之政薦之於天堯辟位凡二
十八年而崩徐廣曰堯在位九十八年駰案皇覽曰堯冢在濟陰城陽劉向曰堯葬濟陰丘壠山呂
氏春秋曰堯葬穀林皇甫謐曰穀林即城陽堯都平陽於詩爲唐國。正義曰皇甫謐云堯即位九十八年通舜攝二十
八年也凡年百一十七歲孔安國云堯壽百一十六歲括地志云堯陵在濮州雷澤縣西三里郭生述征記云城陽縣東
有堯冢亦曰堯陵有碑是也括地志云雷澤縣本漢郕陽縣也百姓悲哀如喪父母三
年四方莫舉樂正義曰尚書三載四海遏密八音是也以思堯堯知子
丹朱之不肖索隱曰鄭玄曰肖似也不似言不如人也皇甫謐云堯娶散宜氏之女曰女皇生丹朱又
有庶子九人皆不肖也不足授天下於是乃權授舜索隱曰父子繼立常
道也求賢而禪權道也權者反常而合道。正義曰五帝官天下老則禪賢故權試舜也授舜則天下
得其利而丹朱病授丹朱則天下病而丹朱得

其利堯曰終不以天下之病而利一人而卒授
舜以天下堯崩三年之喪畢舜讓辟丹朱於南
河之南劉熙曰南河九河之最在南者。正義曰括地志云故堯城在濮州鄄城縣東北十五里竹書云昔
堯德衰爲舜所囚也又有偃朱故城在縣西北十五里竹書云舜囚堯復偃塞丹朱使不與父相見也按濮州北臨漯大
川也河在堯都之南故曰南河禹貢至于南河是也其偃朱城所居即舜讓避丹朱於河南之南處也諸侯
朝覲者不之丹朱而之舜獄訟者不之丹朱而
之舜謳歌者不謳歌丹朱而謳歌舜舜曰天也
夫而後之中國踐天子位焉劉熙曰天子之位不可曠年於是遂反格于文
祖而當帝位帝王所都爲中故曰中國是爲帝舜
虞舜者謚法曰仁聖盛明曰舜。索隱曰虞國名在河東太陽縣舜謚也皇甫謐云舜字都君也。正義曰
括地志云故虞城在陝州河北縣東北五十里虞山之上酈元注水經云幹橋東北有虞城堯以女嬪于虞之地也又宋
州虞城大襄國所封之邑杜預云舜後諸侯也又越州餘姚縣顧野王云舜後支庶所封之地舜姚姓故云餘姚縣西七
十里有漢上虞故縣會稽舊記云舜上虞人去虞三十里有姚丘即舜所生也周處風土記云舜東夷之人生姚丘括地
志又云姚墟在濮州雷澤縣東十三里孝經援神契云舜生於姚墟按二所未詳也名曰重華徐廣
曰皇甫謐云舜以堯之二十一年甲子生三十一年甲午徵用七十九年壬午即眞百歲癸卯崩。正義曰尚書云重華
叶於帝孔安國云華謂文德也言其光又重合於堯瞽叟姓嬀妻曰握登見大虹意感而生舜於姚墟故姓姚目重童子
故曰重華字都君龍顏大口黑色身長六尺一寸重華父曰瞽叟正義曰先后反孔安國云
無目曰瞽舜父有目不能分別好惡故時人謂之瞽配字曰叟叟無目之稱也瞽叟父曰橋牛
正義曰橋又音嬌橋牛父曰句望正義句古侯反望音亡句望父曰敬
康敬康父曰窮蟬窮蟬父曰帝顓頊顓頊父曰

昌意以至舜七世矣自從窮蟬以至帝舜皆微爲庶人舜父瞽叟盲而舜母死索隱曰皇甫謐云舜母名握登生舜於姚墟因姓姚氏也瞽叟更娶妻而生象象傲瞽叟愛後妻子常欲殺舜舜避逃及有小過則受罪順事父及後母與弟日以篤謹匪有解舜冀州之人也正義曰蒲州河東縣本屬冀州宋永初山川記云蒲坂城中有舜廟城外有舜宅及二妃壇括地志云媯州有媯水源出城中耆舊傳云即舜釐降二女於媯汭之所外城中有舜井城北有歷山山上有舜廟未詳按媯州亦冀州城是也舜耕歷山鄭玄曰在河東。正義曰括地志云蒲州河東縣雷首山一名中條山亦名歷山亦名首陽山亦名蒲山亦名襄山亦名甘棗山亦名豬山亦名狗頭山亦名薄山亦名吴山此山西起雷首山東至吴坂凡十二名隨州縣分之歷山南有舜井又云越州餘姚縣有歷山舜井濮州雷澤縣有歷山舜井二所又有姚墟云生舜處也及

媯州歷山舜井皆云舜所耕處未詳也漁雷澤鄭玄曰雷夏兗州澤今屬濟陰。正義曰括地志云雷夏澤在濮州雷澤縣郭外西北山海經云雷澤有雷神龍首人類鼓其腹則雷也陶河濱皇甫謐曰濟陰定陶西南陶丘亭是也。正義曰按於曹州濱河作瓦器也括地志云陶城在蒲州河東縣北三十里即舜所都也南去歷山不遠或陶所在則可何必定陶方得爲舜陶之陶也斯或一焉作什器於壽丘皇甫謐曰在魯東門之北。索隱曰什器什數也蓋人家常用之器非一故以十爲數猶今云什物也壽丘地名黃帝生處。正義曰壽音受顏師古云軍法伍人爲伍二伍爲什則共器物故爲生生之具爲什器亦猶從軍及作役者十人爲火共畜調度也就時於負夏鄭玄曰負夏衛地。索隱曰就時猶逐時若言乘時射利也尚書大傳曰販於頓丘就時負夏孟子曰遷於負夏是也舜父瞽叟頑母嚚弟象傲皆欲殺舜舜順適不失子道兄弟孝慈欲殺不可得即求嘗在側舜年二十以孝聞三十而帝堯問

可用者正義曰可用謂可爲天子也四嶽咸薦虞舜曰可於是堯乃以二女妻舜以觀其內使九男與處以觀其外舜居媯汭內行彌謹堯二女不敢以貴驕事舜親戚正義曰二女不敢以帝女驕慢舜之親戚親戚謂父瞽叟後母弟象妹顆手等也顆音古果反甚有婦道堯九男皆益篤正義曰篤惇也非唯二女恭勤婦道九男事舜皆益惇厚謹敬也舜耕歷山歷山之人皆讓畔正義曰韓子曰歷山之農相侵略舜往耕朞年耕者讓畔也漁雷澤雷澤上人皆讓居陶河濱河濱器皆不苦窳史記音隱曰音游甫反駟謂窳病也。正義曰苦讀如盬音古盬麤也窳音庾一年而所居成聚正義曰聚在喻反聚謂村落也二年成邑三年成都正義曰周禮郊野法云九夫爲井四井爲邑四邑爲丘四丘爲甸四甸爲縣四縣爲都也堯乃

賜舜絺衣正義曰絺敕遲反細葛布衣也鄒氏音竹几反與琴爲築倉廩予牛羊瞽叟尚復欲殺之使舜上塗廩瞽叟從下縱火焚廩舜乃以兩笠自扞而下去得不死索隱曰言以笠自扞已身有似鳥張翅而輕下得不損傷皇甫謐云兩繖繖笠類列女傳云二女教舜鳥工上廩是也。正義曰通史云瞽叟使舜滌廩舜告堯二女女曰時其焚汝鵲汝衣裳鳥工往舜既登廩得免去也後瞽叟又使舜穿井舜穿井爲匿空旁出劉熙曰舜以權謀自免亦大聖有神人之助也。索隱曰空音孔列女傳所謂龍工入井是也。正義曰言舜潛匿穿孔旁從他井而出也通史云舜穿井又告二女二女曰去汝裳衣龍工往入井瞽叟與象下土實井舜從他井出去也括地志云舜井在媯州懷戎縣西外城中其西又有一井耆舊傳云並舜井也舜自中出帝王紀云河東有舜井未詳也舜既入深瞽叟與象共下土實井索隱曰亦作塡井舜從匿空出去

瞽叟象喜以舜爲已死象曰本謀者象象與其父母分正義扶問反於是曰舜妻堯二女與琴象取之牛羊倉廪予父母象乃止舜宮居正義曰宮即室也爾雅云室謂之宮禮云命士已上父子異宮也鼓其琴舜往見之象鄂不懌曰我思舜正鬱陶舜曰然爾其庶矣索隱曰言汝猶當庶幾於友悌之情義也如孟子取尚書文又云惟茲臣庶女其于予治蓋欲令象共我理臣庶也舜復事瞽叟愛弟彌謹於是堯乃試舜五典百官皆治昔高陽氏有才子八人名見左傳世得其利謂之八愷賈逵曰愷和也。索隱曰左傳史克對季文子曰昔高陽氏有才子八人蒼舒隤敳檮戭大臨尨降庭堅仲容叔達高辛氏有才子八人名見左傳世謂之八元賈逵曰元善也。索隱曰左傳高辛

氏有才子八人伯奮仲堪叔獻季仲伯虎仲熊叔豹季貍此十六族者世濟其美索隱曰謂元愷各有親族故稱族也濟成也言後代成前代也不隕其名至於堯堯未能舉舜舉八愷使主后土王肅曰君治九土之宜杜預曰后土地也。索隱曰禹爲司空司空主土則禹在八愷之中。正義曰春秋正義云后君也天曰皇天地曰后土以揆百事莫不時序正義曰言禹度九土之宜無不以時得其次序也舉八元使布五教于四方索隱曰契爲司徒司徒敷五教則契在八元之數父義母慈兄友弟恭子孝內平外成正義曰杜預云內諸夏外夷狄也按契作五常之教諸夏太平夷狄向化也昔帝鴻氏有不才子賈逵曰帝鴻黃帝也不才子其苗裔讙兜也掩義隱賊好行凶慝天下謂之渾沌正義曰慝惡也一本云天下之民謂之渾沌渾沌即讙兜也言掩義事陰爲賊害而好凶惡故謂之渾沌也杜預云渾沌不開通之皃神異經

云崑崙西有獸焉其狀如犬長毛四足似羆而無爪有目而不見行不開有兩耳而不聞有人知往有腹無五藏有腹直短食徑過人有德行而往抵角有凶惡而行依憑之名渾沌又莊子云南海之帝爲儵忽中央之帝爲渾沌儵忽時相遇於渾沌之地渾沌待之甚善儵與忽謀欲報渾沌之德曰人皆有七竅以視聽食息此獨無有嘗試鑿之日鑿一竅七日而渾沌死按言讙兜性似故號之也少皞氏服虔曰金天氏帝號有不才子毀信惡忠崇飾惡言天下謂之窮奇服虔曰謂共工氏也其行窮而好奇。正義曰謂共工言毀敗信行惡其忠直有惡言語高粉飾之故謂之窮奇按常行終必窮極好諂諛奇異於人也神異經云西北有獸其狀似虎有翼能飛便勦食人知人言語聞人鬬輒食直者聞人忠信輒食其鼻聞人惡逆不善輒殺獸往饋之名曰窮奇按言共工性似故號之也顓頊氏有不才子不可教訓不知話言天下謂之檮杌賈逵曰檮杌凶頑無疇匹之貌謂鯀也。正義曰檮音道刀反杌音五骨反謂鯀也凶頑不可教訓不從詔令故謂之檮杌按言無疇匹言自縱恣也神異經云西方荒中有

獸焉其狀如虎而大毛長二尺人面虎足猪口牙尾長一丈八尺攪亂荒中名檮杌一名傲很一名難訓按言鯀性似故號之也此三族世憂之至于堯堯未能去縉雲氏賈逵曰縉雲氏姜姓也炎帝之苗裔當黃帝時在縉雲之官也。正義曰今括州縉雲縣蓋其所封也書云縉赤繒也有不才子正義曰此以上四凶皆左傳文或本有並文次相類四凶故書之恐本錯脫耳謂三苗也言貪飲食冒貨賄故謂之饕餮神異經云西南有人焉身多毛上頭戴豕性很惡好息積財而不用善奪人穀物強者畏羣而單名饕餮言三苗性似故號之貪於飲食冒于貨賄天下謂之饕餮天下惡之比之三凶杜預曰非帝子孫故別之以比三凶也舜賓於四門正義曰杜預云闢四門達四聰以賓禮衆賢之也乃流四凶族遷于四裔賈逵曰四裔之地去王城四千里以御螭魅服虔曰螭魅人面獸身四足好惑人山林異氣所生以爲人害。正義曰御音魚呂反螭音丑知反魅音媚按御魑魅恐更有邪諂之人故流放四凶以禦之也故下云無凶

人也於是四門辟言毋凶人也舜入于大麓烈風
雷雨不迷堯乃知舜之足授天下堯老使舜攝
行天子政巡狩舜得舉用事二十年而堯使攝
政攝政八年而堯崩三年喪畢讓丹朱天下歸
舜而禹皋陶契后稷伯夷夔龍垂益彭祖索隱曰彭
祖即陸終氏之第三子籛鏗之後後爲大彭亦稱彭祖。正義曰高姚二音皋陶字庭堅英六二國是其後也契音薛禼
之祖也伯夷齊大公之祖也夔巨龜反樂官也垂音垂亦作垂內言之官也益伯翳也即秦趙之祖彭祖自堯時舉用歷
夏殷封於大彭自堯時而皆舉用未有分職正義曰分音符問反如字
分謂封壇爵土也於是舜乃至於文祖謀于四嶽辟四
門明通四方耳目命十二牧論帝德行厚德遠

佞人正義曰舜命十二牧論帝堯之德又勤之於民遠離邪佞之人言能如此則夷狄亦服從也則蠻
夷率服舜謂四嶽曰有能奮庸馬融曰奮明庸功也美堯
之事者使居官相事皆曰伯禹爲司空可美帝
功舜曰嗟然禹汝平水土維是勉哉禹拜稽首
讓於稷契與皋陶舜曰然往矣鄭玄曰然其舉得其人汝往居此官
不聽其所讓也舜曰棄黎民始飢徐廣曰今文尚書作祖飢祖始也。索隱曰古文作阻飢
孔氏以爲阻難也祖阻聲相近未知誰得汝后稷播時百穀鄭玄曰時讀曰蒔。正義曰稷
農官也播時謂順四時而種百穀舜曰契百姓不親五品不馴鄭玄
曰五品父母兄弟子也王肅曰五品五常也。正義馴音訓汝爲司徒而敬敷五教
在寬馬融曰五品之教舜曰皋陶蠻夷猾夏鄭玄曰猾夏侵亂中國也

寇賊姦軌鄭玄曰由內爲姦起外爲軌。正義亦作宄汝作士馬融曰獄官之長。正義
曰按若大理卿也五刑有服正義曰孔安國云服從也言輕重之中正也按墨黥鑿其額涅以黑劓截
鼻也剕刖足也宮淫刑也男子割勢婦人幽閉也大辟死刑也五服三就馬融曰五刑墨劓剕宮大辟三
就謂大罪陳諸原野次罪於市朝同族適甸師氏既服五刑當就三處五流有度正義曰度音徒洛反
尚書作宅孔安國云五刑之流各有所居也五度三居正義曰按謂度其遠近爲三等之居也維
明能信馬融曰謂在八議君不忍刑宥之以遠五等之差亦有三等之居大罪投四裔次九州之外次中國
之外當明其罪能使信服之舜曰誰能馴予工馬融曰謂主百工之官也皆曰
垂可於是以垂爲共工馬融曰爲司空共理百工之事舜曰誰能
馴予上下馬融曰上謂原下謂隰草木鳥獸皆曰益可於是
以益爲朕虞馬融曰虞掌山澤之官名益拜稽首讓于諸臣

朱虎熊羆索隱曰即高辛氏之子伯虎仲熊也。正義曰孔安國云朱虎熊羆二臣也垂益所讓四
人皆在元凱之中也舜曰往矣汝諧遂以朱虎熊羆爲佐正義
曰爲益之佐也舜曰嗟四嶽有能典朕三禮馬融曰三禮天神地祇人鬼之
禮也鄭玄曰天事地事人事之禮也皆曰伯夷可舜曰嗟伯夷以汝
爲秩宗鄭玄曰主次秩尊卑。正義曰若太常也漢書百官表云王莽太常曰秩宗依古也孔安國云秩序
宗尊也主郊廟之官也夙夜維敬直哉維靜絜正義曰靜清也絜明也孔安國
云職典禮施政教使正直而清明伯夷讓夔龍舜曰然正義曰孔安國云然其推
賢不許其讓也以夔爲典樂教穉子鄭玄曰國子也案尚書作胄子孔安國曰穉胄
聲相近。正義曰穉直雉反孔安國云胄長子謂元子以下至卿大夫子弟也歌詩蹈之舞之教長國子中和祗庸孝友
直而溫馬融曰正直而色溫和寬而栗馬融曰寬大而謹敬戰栗也剛而無

虐，簡而無傲。正義曰孔安國云剛失之虐簡失之傲教之以防其失也詩言意，歌長言，馬融曰歌所以長言詩之意也○正義曰孔安國云詩言志以蹈其心歌詠其義以長其言也聲依永，律和聲。鄭玄曰聲之曲折又依長言聲中律乃爲和也○正義曰孔安國云聲五聲宮商角徵羽也律謂六律六呂十二月之音氣也當依聲律和樂也八音能諧，毋相奪倫，神人以和。鄭玄曰祖考來格羣后德讓其一隅也○正義曰八音金石絲竹匏土革木也孔安國云倫理也八音能諧理不錯奪則神人咸和命夔使勉也夔曰：於予擊石拊石，百獸率舞。鄭玄曰百獸服不氏所養者也率舞言音和也○正義曰於音烏孔安國云石磬音之淸者拊亦擊也舉淸者和則其餘皆從矣樂感百獸使相率而舞則神人和可知也按磬一片黑石也下音福尤反周禮云夏官有服不氏掌服猛獸下士一人徒四人鄭玄云不服之獸也舜曰：龍，朕畏忌讒說殄僞，振驚朕衆，徐廣曰一云齊說殄行振驚衆駰案鄭玄曰所謂色取仁而行違是驚動我之衆臣使之疑惑○正義曰僞音危𤸃反言畏惡利口讒說之人兼殄絕姦僞人黨恐其驚動我衆使龍遏絕之出入其命惟信實也此僞字太史公變尚書文也尚書僞字作行音下孟反言言畏忌有利口讒說之人殄絕無德行之官也命汝爲納言，夙夜出入朕命，惟信。正義曰孔安國云納言喉舌之官也聽下言納於上受上言宣於下必信也舜曰：嗟！女二十有二人，馬融曰稷契皐陶皆居官久有成功但述而美之無所復勑禹及垂已下皆初命凡六人與上十二牧四嶽凡二十二人鄭玄曰皆格于文祖時所勑命也敬哉，惟時相天事。正義曰相視也舜命二十二人各敬行其職惟在順時視天所宜而行事也三歲一考功，三考絀陟，遠近衆功咸興。分北三苗。鄭玄曰所竄三苗爲西裔諸侯者猶爲惡乃復分析流之

此二十二人咸成厥功：皐陶爲大理，平，正義曰皐陶作士正平天下罪惡也民各伏得其實；伯夷主禮，上下咸讓；垂主工師，正義曰工匠工若今大匠卿也百工致功；益主虞，山澤辟；正義曰婢亦反開也棄主稷，百穀時茂；契主司徒，百姓親和；龍主賓客，遠人至；十二牧行而九州莫敢辟違；正義曰禹九州之民無敢辟違舜十二牧也唯禹之功爲大，披九山，正義曰披音皮義反謂傍其山邊以通通九澤，決九河，定九州，各以其職來貢，不失厥宜。方五千里，至于荒服。南撫交阯、北發，索隱曰北發一句西戎、析枝、渠廋、氐、羌，索隱曰一句北山戎、發、息愼，鄭玄曰息愼或謂之肅愼東北夷東長、鳥夷，索隱曰此言帝舜之德皆撫及四方夷人故先以撫字摠之北發當云北戶南方有地名北戶又案漢書北發是北方國名今以北發爲南方之國誤也此文省略四夷之名錯亂西戎上少一西字山戎下少一北字長字下少一夷字長夷也鳥夷也其意宜然今案大戴禮亦云長夷則長是夷號又云鮮支渠搜則鮮支當此析枝也鮮析音相近鄭氏劉氏云息愼並音肅非也且夷狄之名古書不必皆同今讀如字也○正義曰注鳥或作島括地志云百濟國西南海中有大島十五所皆置邑有人居屬百濟又倭國西南大海中島居凡百餘小國在京南萬三千五百里按武后改倭國爲日本國四海之內正義曰爾雅云九夷八狄七戎六蠻謂之四海咸戴帝舜之功。於是禹乃興九招之樂，索隱曰招音韶即舜樂簫韶九成故曰九招致異物，鳳皇來翔。天下明德皆自虞帝始。舜年二十以孝聞，年三十堯舉之，年五十攝行天子事，年五十八堯崩，年六十一代堯踐帝位。皇甫謐曰舜所都或言蒲阪或言平陽或言潘潘今上谷也○正義曰括地志云平陽今晉州城是也潘今嬀州城是也蒲坂今蒲州南二里河東縣界蒲坂故城是也踐帝位三十九年，南巡狩，崩於蒼梧之野。葬於江南九疑，是爲零陵。皇覽曰舜冢在零陵營浦縣其山九

谿皆相似故曰九疑傳曰舜葬蒼梧象為之耕禮記曰舜葬蒼梧二妃不從山海經曰蒼梧山帝舜葬于陽丹朱葬於陰皇甫謐曰或曰二妃葬衡山 舜之踐帝位載天子旗往朝父瞽叟夔夔唯謹徐廣曰和敬貌如子道封弟象為諸侯孟子曰封之有庳音鼻。正義曰帝王紀云舜弟象封於有鼻括地志云鼻亭神在道縣北六十里故老傳云舜葬九疑象來至此後人立祠名為鼻亭神輿地志云零陵郡應陽縣東有山山有象廟王隱晉書云此大泉陵縣北部東五里有鼻墟象所封也 舜子商均亦不肖皇甫謐曰娥皇無子女英生商均。正義曰譙周云以虞封舜子今宋州虞城縣括地志云虞國舜後所封邑也或云封舜子均於商故號商均也 舜乃豫薦禹於天索隱曰謂告天使之攝位也 十七年而崩三年喪畢禹亦乃讓舜子正義曰括地志云禹居洛州陽城者避商均非時久居也 如舜讓堯子諸侯歸之然後禹踐天子位堯子丹朱舜子商

均皆有疆土譙周曰以唐封堯之子以虞封舜之子。索隱曰漢書律曆志云封堯子朱於丹淵為諸侯商均封虞在梁國今虞城縣也。正義曰括地志云定州唐縣堯後所封宋州虞城縣舜後所封也 以奉先祀服其服禮樂如之以客見天子正義曰為天子之賓客也 天子弗臣示不敢專也自黃帝至舜禹皆同姓而異其國號以章明德徐廣曰外傳曰黃帝二十五子其得姓者十四人虞翻云以德為氏姓又虞說以九有二十五人其二人同姓姻又十一人為十一姓酉祁巳滕葴任荀釐姞嬛衣是也餘十二姓德薄不紀錄 故黃帝為有熊帝顓頊為高陽帝嚳為高辛帝堯為陶唐韋昭曰陶唐皆國名猶湯稱殷商矣張晏曰堯為唐侯國於中山唐縣是也 帝舜為有虞皇甫謐曰舜嬪于虞因以為氏今河東太陽西山上虞城是也 帝禹為夏后而別氏姓姒氏契為商姓子氏索隱曰禮

緯曰禹母脩已吞薏苡而生禹因姓姒氏而契姓子氏者亦以其母吞乙子而生 棄為周姓姬氏鄭玄駮許慎五經異義曰春秋左傳無駭卒羽父請謚與族公問族於衆仲衆仲對曰天子建德因生以賜姓胙之土而命之氏諸侯以字為氏因以為族官有世功則有官族邑亦如之公命以字為展氏以此言之天子賜姓命氏諸侯命族族者氏之別名也姓者所以統繫百世使不別也氏者所以別子孫之所出故世本之篇言姓則在上言氏則在下也

太史公曰正義曰太史公司馬遷自謂也自叙傳云太史公曰先人有言又云太史公曰余聞之董生又云太史公遭李陵之禍明太史公司馬遷自號也遷為太史公官題贊首也虞喜云古者主天官者皆上公非獨遷 學者多稱五帝尚矣索隱曰尚上也言久遠也然尚矣文出大戴禮 然尚書獨載堯以來而百家言黃帝其文不雅馴正義曰馴訓也謂百家之言皆非典雅之訓 薦紳先生難言之徐廣曰薦紳即縉紳也古字假借 孔子所傳宰予問五帝德及帝繫姓正義曰繫音奚計反五帝德及帝繫

姓皆大戴禮文及孔子家語篇名漢儒者以二書非經恐不是聖人之言故或不傳學也 儒者或不傳索隱曰五帝德帝繫姓皆大戴禮及孔子家語篇名以二者皆非正經故漢時儒者以為非聖人之言故多不傳學也 余嘗西至空峒正義曰余太史公自稱也嘗曾也空桐山在原州平高縣西百里黃帝問道於廣城子處 北過涿鹿正義曰涿鹿山在嬀州東南五十里山側有涿鹿城即黃帝堯舜之都也 東漸於海南浮江淮矣至長老皆各往往稱黃帝堯舜之處風教固殊焉總之不離古文者近是索隱曰古文即帝德帝系二書也近是聖人之說 予觀春秋國語其發明五帝德帝繫姓章矣索隱曰太史公言已以春秋國語古書博加考驗益以發明五帝德等說甚章著也 顧弟弗深考徐廣曰弟但也史說漢書見此者非一又左思蜀都賦曰弟如滇池而不詳者多以為字誤學者安可不博觀乎。正義曰顧念也弟且也太史公言博考古文擇其言表見之不虛其章著

矣思念亦且不須更深考論其所表見皆不虛索隱曰言帝德帝系所有表見者皆不爲虛妄也書缺有間矣正義曰言古文尚書缺失其間多矣而無說黃帝之語其軼乃時時見於他說索隱曰言古典殘缺有年載故曰有間然帝皇遺事散軼乃時時旁見於他記說即帝德帝系等說也故已今採按而備論黃帝已來事耳非好學深思心知其意固難爲淺見寡聞道也余并論次擇其言尤雅者故著爲本紀書首正義曰太史公據古文并諸子百家論次擇其言語典雅者故著爲五帝本紀在史記百三十篇書之首

索隱述贊曰

帝出少典　居于軒丘　既代炎曆
遂禽蚩尤　高陽嗣位　靜深有謀
小大遠近　莫不懷柔　爰洎帝嚳
列聖同休　帝摯之弟　其號放勳
就之如日　望之如雲　郁夷東作
昧谷西曛　明敭仄陋　玄德升聞
能讓天下　賢哉二君

右述贊之體深所不安何者夫敘事美功合有首末懲惡勸善是稱襃貶觀太史公贊論之中或國有數君或士兼百行不能備論終始自可略申梗概遂乃頗取一事偏引一奇即爲一篇之贊將爲龜鏡誠所

不取斯亦明月之珠不能無纇矣今並重爲一百三十篇之贊云

史計叁阡捌伯陸拾壹字

注計壹萬柒阡玖伯陸拾肆字

五帝本紀第一　史記一

夏本紀第二　史記二

夏禹謚法曰受禪成功曰禹。正義曰夏者帝禹封國號也帝王紀云禹受封爲夏伯在豫州外方之南今河南陽翟是也名曰文命索隱曰尚書云文命敷于四海孔安國云外布文德教命不云是禹名太史公皆以放勳重華文命爲名孔又云虞氏舜名則堯舜禹湯皆名矣蓋古質帝王之號皆以名後代因其行追而爲謚其實禹是名故張晏云少昊已前天下之號象其德顓頊已來天下之號因其名又按系本鯀取有辛氏女謂之女志是生高密宋衷云高密禹所封國。正義曰帝王紀云父鯀妻脩已見流星貫昴夢接意感又吞神珠薏苡胷坼而生禹名文命字密身九尺二寸長本西夷人也大戴禮云高陽之孫鯀之子曰文命揚雄蜀王本紀云禹本汶山郡廣柔縣人也生於石紐括地志云茂州汶川縣石紐山在縣西七十三里華陽國志云今夷人共營其地方百里不敢居牧至今猶不敢放六畜按廣柔隋改曰汶川禹之父曰鯀鯀之父曰帝顓頊索隱曰皇甫謐云鯀帝顓頊之子字熙又連山易云鯀封於崇故國語謂之崇伯鯀系本亦以鯀爲顓頊子漢書律曆志則云顓頊五代而生鯀按鯀既仕堯與舜代系殊懸舜即顓頊六代孫則鯀非是顓頊之子蓋班氏之言近得其實顓頊之父曰昌意昌意之父曰黃帝禹者黃帝之玄孫而帝顓頊之孫也禹之曾大父昌意及父鯀皆不得在帝位爲人臣當帝堯之時鴻水滔天索隱曰一作洪鴻大也以鳥大曰鴻小曰鴈故近代文字大義者皆作鴻也浩浩懷山襄陵下民其憂堯求能治水者羣臣四嶽皆曰鯀可堯曰鯀爲人負命毀族不可四嶽曰等之未有賢於鯀者願帝試之於是堯聽四嶽用鯀治水九年而水不息功用不成於是帝堯乃求人更得舜舜登用攝行天子之政巡狩行視鯀之治

水無狀索隱曰言無功狀乃殛鯀於羽山以死正義曰殛音紀力反鯀之羽山化爲黃能入于羽淵能音乃來反下三點爲三足也束晳發蒙紀云鼈三足曰能天下皆以舜之誅爲是於是舜舉鯀子禹而使續鯀之業堯崩帝舜問四嶽曰有能成美堯之事者使居官皆曰伯禹爲司空可成美堯之功舜曰嗟然命禹女平水土維是勉之禹拜稽首讓於契后稷皋陶舜曰女其往視爾事矣禹爲人敏給克勤其德不違其仁可親其言可信聲爲律索隱曰言禹聲音應鍾律身爲度王肅曰以身爲法度。索隱曰按今巫猶稱禹步稱以出徐廣曰一作士。索隱曰按大戴禮見作士又一解云上聲與身爲律度則權衡亦出於其身故云稱以出亹亹穆穆爲綱爲紀禹乃遂與益后稷奉帝命命諸侯百姓興人徒以傅土行山表木尚書傅字作敷馬融曰敷分也。索隱曰大戴禮作傅土故此紀依之傅即付也謂付功屬役之事謂令人分布理九州之土地也表木謂刊木立爲表記尚書作隨山刊木定高山大川馬融曰定其差秩祀禮所視也駰案尚書大傳曰高山大川五嶽四瀆之屬禹傷先人父鯀功之不成受誅乃勞身焦思居外十三年過家門不敢入薄衣食致孝于鬼神馬融曰祭祀豐絜卑宮室致費於溝淢包氏曰方里爲井井間有溝溝廣深四尺十里爲成成間有淢淢廣深八尺陸行乘車水行乘舡泥行乘橇徐廣曰他書或作蕝駰案孟康曰橇形如箕擿行泥上如淳曰橇音茅蕝之蕝謂以板置其泥上以通行路也。正義曰按橇形如舡而短小兩頭微起人曲一腳泥上擿進用拾泥上之物今杭州溫州海邊有之也山行乘檋徐廣

曰檋一作橋音丘遥反。駰案如淳曰檋車謂以鐵如錐頭長半寸施之履下以上山不蹉跌也。又音紀録反。正義曰按上山前齒短後齒長下山前齒長後齒短也檋音與上同也左準繩右規矩王肅曰左右言常用也。索隱曰左所運用堪為人之準繩右所舉動必應規矩也載四時王肅曰所以行不違四時之宜也以開九州通九道陂九澤度九山令益予衆庶稻可種卑溼命后稷予衆庶難得之食食少調有餘相給以均諸侯禹乃行相地宜所有以貢及山川之便利禹行自冀州始冀州既載孔安國曰堯所都也先施貢賦役載於書也鄭玄曰兩河間曰冀州。正義曰按理水及貢賦從帝都為始也黃河自勝州東直南至華陰即東至懷州南又東北至平州碣石山入海也東河之西南河之北皆冀州也壺口治梁及岐鄭玄曰地理志壺口在河東北屈梁山在左馮翊夏陽岐山在右扶風美陽。正義曰括地志

云壺口山在慈州吉常縣西南五十里冀州境也梁山在同州韓城縣東南十九里岐山岐州岐山縣東北十里二山雍州境也孔安國從東循山理水而西也既修太原至于嶽陽孔安國曰太原今為郡名太嶽在太原西南山南曰陽。索隱曰嶽太嶽即冀州之鎮霍太山也按地理志霍太山在河東彘縣東凡如此例不引書者皆地理志文也。正義曰括地志云霍山在沁州沁原縣西七八十里覃懷致功孔安國曰覃懷近河地名鄭玄曰懷縣屬河內。索隱曰按河內有懷縣今驗地無名覃者蓋覃懷二字或當時共為一地之名至于衡漳孔安國曰漳水橫流。索隱曰案孔註以衡為橫非王肅云衡漳二水名地理志清漳水出上黨沾縣東北至阜城縣入河濁漳水出上黨長子縣東至鄴入清漳也。正義曰括地志云故懷城在懷州武陟縣西十一里衡漳水在瀛州東北百二十五里平舒縣界也其土白壤孔安國曰土無塊曰壤賦上上錯孔安國曰上上第一錯雜也雜出第二之賦田中中孔安國曰九州之中為第五常衛既從大陸既為鄭玄曰地理志恒水出恒山衛水在靈壽大陸澤在鉅鹿。索

隱曰此文改恒山恒水皆作常避漢文帝諱故也常水出常山上曲陽縣東入滱水衛水出常山靈壽縣東入虖池鳥夷皮服鄭玄曰鳥夷東北之民賦食鳥獸者孔安國曰服其皮明水害除。正義曰括地志云靺鞨國古肅愼也在京東北萬里已下東及北各抵大海其國南有白山鳥獸草木皆白其人勇山林間土氣極寒常為穴居以深為貴至接九梯養豕食肉衣其皮冬以豬膏塗身厚數分以禦風寒貴臭穢不潔作廁於中圜之而居多勇力善射弓長四尺如弩矢用楛長一尺八寸青石為鏃葬則交木作槨殺豬積槨上富者至數百貧者數十以為死人之糧以土上覆之以繩繫於槨頭出土上以酒灌酹繩腐而止無四時祭祀也夾右碣石孔安國曰碣石海畔之山也入于海徐廣曰海一作河。索隱曰地理志云碣石山在北平驪城縣西南太康地理志云樂浪遂城縣有碣石山長城所起又水經云在遼西臨渝縣南水中蓋碣石山有二此云夾右碣石入于海當非北平之碣石濟河維沇州鄭玄曰言沇州之界在此兩水之間九河既道馬融曰九河名徒駭太史馬頰覆釜胡蘇簡絜鉤盤鬲津雷夏既澤雍沮會同鄭玄曰雍水沮水相觸而合入此澤中地

理志曰雷澤在濟陰城陽。索隱曰爾雅云水自河出為雍也。正義曰括地志云雷夏澤在濮州雷澤縣郭外西北雍沮二水在雷澤西北平地也桑土既蠶於是民得下丘居土孔安國曰大水去民下丘居平土就桑蠶其土黑墳孔安國曰色黑而墳起草繇木條孔安國曰繇茂條長也田中下孔安國曰第六賦貞作十有三年乃同鄭玄曰貞正也治此州正作不休十三年乃有賦與八州同言功難也其賦中下其貢漆絲其篚織文孔安國曰地宜漆林又宜蠶織文錦綺之屬盛之筐篚而貢焉浮於濟漯通於河鄭玄曰地理志云漯水出東郡東武陽。索隱曰濟水出河東垣縣王屋山東其流至濟陰故應劭云濟水出平原陰縣東漯水出東郡東武陽縣北至千乘縣而入于海海岱維青州鄭玄曰東自海西至岱東嶽曰岱山。正義曰按舜分青州為營州遼西及遼東嵎夷既略馬融曰嵎夷地名用功少曰略。索隱曰孔安國云東表之地稱嵎夷按今文尚書及帝命驗並作禺鐵在遼西鐵古夷字也濰淄既

道鄭玄曰地理志潍水出琅邪淄水出泰山萊蕪縣原山。正義曰括地志云密州莒縣潍山潍水所出淄州淄川縣東北七十里原山淄水所出俗傳云禹理水功畢土石黑數里之中波若漆故謂之淄水也其土白墳海濱廣潟徐廣曰一作澤又作斥厥田斥鹵鄭玄曰斥謂地鹹鹵。索隱曰鹵音魯說文云鹵鹹地東方謂之斥西方謂之鹵田上下賦中上孔安國曰田第三賦第四厥貢鹽絺海物維錯孔安國曰絺細葛錯雜非一種鄭玄曰海物海魚也魚種類尤雜岱畎絲枲鈆松怪石孔安國曰畎谷也怪異好石似玉者岱山之谷出此五物皆貢之萊夷爲牧孔安國曰萊夷地名可以牧放。索隱曰按左傳云萊人劫孔子孔子稱夷不亂華又云齊侯伐萊服虔以爲東萊黃縣是今按地理志黃縣有萊山恐即此地之夷其篚酓絲孔安國曰酓桑蠶絲中爲琴瑟弦。索隱曰爾雅云檿山桑是蠶食檿之絲也浮於汶通於濟鄭玄曰地理志汶水出泰山萊蕪縣原山西南入濟海岱及淮維徐州孔安國曰東至海北至岱南及淮淮沂其治蒙羽其藝鄭玄曰地理志沂水出泰山蓋縣蒙羽二山名孔安國曰二水已治二山可以種藝、索隱曰水經云淮水出南陽平氏縣胎簪山北過桐柏山沂水出泰山蓋縣故山南過下邳縣入泗蒙山在泰山蒙陰縣西羽山在東海祝其縣南殛鯀之地大野既都鄭玄曰大野在山陽鉅野北名鉅野澤孔安國曰水所停曰都東原厎平鄭玄曰東原地名今東平郡即東原。索隱曰張華博物志云兗州東平郡即尚書之東原也。正義曰廣平云原徐州在東故曰東原水去已致平復言可耕種也其土赤埴墳徐廣曰埴黏土也草木漸包孔安國曰漸長進包叢生也其田上中賦中中孔安國曰田第二賦第五貢維土五色鄭玄曰土五色者所以爲太社之封、正義曰韓詩外傳云天子社廣五丈東方青南方赤西方白北方黑上冒以黃土將封諸侯各取方土苴以白茅以爲社也太康地記云城陽姑幕有五色土封諸侯錫之茅土用爲社此土即禹貢徐州土也今屬密州莒縣也羽畎夏狄孔安國曰夏狄狄雉名也羽中旌旄羽山之谷有之嶧陽孤桐孔安國曰嶧山之陽特生桐中琴瑟鄭玄曰地理志嶧山

在下邳。正義曰括地志云嶧山在兗州鄒縣南二十二里鄒山記云鄒山古之嶧山言絡繹相連屬也今猶多桐樹按今獨生桐尚徵一偏似琴瑟泗濱浮磬孔安國曰泗水涯水中見石可以爲磬鄭玄曰泗水出濟陰乘氏也。正義曰括地志云泗水至彭城呂梁出石磬淮夷蠙珠臮魚孔安國曰淮夷二水出蠙珠及美魚鄭玄曰淮夷淮水之上民也。索隱曰按尚書云徂玆淮夷徐戎並與今徐州言淮夷則鄭解爲得蠙一作玭並步玄反臮古暨字臮與也言夷人所居淮水之處有此蠙珠與魚也又作濱濱畔也其篚玄纖縞鄭玄曰纖細也祭服之材尚細。正義曰玄黑纖細縞白繒以細繒染爲黑色浮于淮泗正義曰括地志云泗水源在兗州泗水縣東陪尾山其源有四道因以爲名通于河淮海維揚州孔安國曰北據淮南距海彭蠡既都陽鳥所居鄭玄曰地理志彭蠡澤在豫章彭澤西孔安國曰隨陽之鳥鴻鴈之屬冬月居此澤也。索隱曰都古文尚書作豬孔安國云水所停曰豬鄭玄云南方謂都爲豬則是水聚會之義。正義曰蠡音禮括地志云彭蠡湖在江州潯陽縣東南五十二里三江既入索隱曰韋昭云三江謂松江錢塘江陽江今按地理志有南江中江北江是爲三江其南江從會稽吳縣南東入海中江從丹陽蕪湖東北至會稽陽羡縣東入海北江從會稽毗陵縣北東入海故下文東爲中江又東爲北江孔安國云有北有中南可知震澤致定孔安國曰震澤吳南太湖名言三江已入致定爲震澤。索隱曰震一作振地理志云會稽吳縣故周太伯所封國具區在其西古文以爲震澤又左傳稱笠澤亦謂此也。正義曰澤在蘇州西四十五里三江者在蘇州東南三十里名三江口一江西南上七十里至太湖名曰松江古笠澤江一江東南上七十里至白蜆湖名曰上江亦曰東江一江東北下三百餘里入海名曰下江亦婁江於其分處號曰三江口顧夷吳地記云松江東北行七十里得三江口東北入海爲婁江東南入海爲東江并松江爲三江是也言理三江入海非入震澤也按太湖西南湖州諸溪從天目山下西北宣州諸山有溪並下太湖太湖東北流各至三江口入海其湖無通彭蠡湖及太湖處並阻山陸諸儒及地志等解三江既入皆非也周禮職方氏云揚州藪曰具區川曰三江按五湖三江者韋昭注非也其源俱不通太湖引解三江既入失之遠矣五湖者菱湖游湖莫湖貢湖胥湖皆太湖東岸五灣爲五湖蓋古時應別今並相連菱湖

夏紀

在莫里山東周迴三十餘里西口闊二里其口南則莫里山北則徐侯山西與莫湖連莫湖在莫里山西及北北與胥湖連胥湖在胥山西南與莫湖連各周迴五六十里西連太湖游湖在北二十里在長山東湖西口闊二里其口東南岸樹里山西北岸長山湖周迴五六十里貢湖在長山西其口闊四五里口東南長山山南即山陽村西北連常州無錫縣老岸湖周迴一百九十里已上湖身向東北長七十餘里兩湖西亦連太湖河渠書云於吳則通渠三江五湖貨殖傳云夫吳有三江五湖之利又太史公自叙傳云登姑蘇望五湖是也。**竹箭既布**孔安國曰水去布生**其草惟夭其木惟喬**少長曰夭喬高也**其土塗泥**馬融曰漸洳也**田下下賦下上上雜**孔安國曰田第九賦第七雜出第六**貢金三品**孔安國曰金銀銅鄭玄曰銅三色也**瑤琨竹箭**孔安國曰瑤琨皆美玉也**齒革羽毛**孔安國曰象齒犀皮鳥羽旄牛尾也。正義曰周禮考工記云犀甲七屬兕甲六屬鄭云犀似水牛猪頭大腹庳脚椭角好食棘也亦有一角者按西南夷常貢旄牛尾爲旌旗之飾書詩通謂之旄故尚書云右秉白旄詩云建旐設旄皆此牛也**島夷卉服**

孔安國曰南海島夷草服葛越。正義曰括地志云百濟國西南勃海中有大島十五所皆邑落有人居屬百濟又倭國武皇后改曰日本國在百濟南隔海依島而居凡百餘小國此皆揚州之東島夷也按東南之夷草服葛越焦竹之屬越即苧祁也**其篚織貝**孔安國曰織細繒也貝水物也鄭玄曰貝錦名也詩云成是貝錦凡織者先染其絲織之即成矣**其包橘柚錫貢**孔安國曰小曰橘大曰柚錫命乃貢言不常也鄭玄曰有錫則貢之或時乏則不貢錫所以柔金也**均江海通淮泗**鄭玄曰均讀曰沿沿順水行也**荆及衡陽維荆州**孔安國曰北據荆山南及衡山之陽**江漢朝宗于海**孔安國曰二水經此州而入海有似於朝百川以海爲宗宗尊也。正義曰括地志云江水源出岷州南岷山南流至益州即東南流入蜀至瀘州東流經三硤過荆州與漢水合孫卿子云江水其源可以濫觴也又云漢水源出梁州金牛縣東二十八里嶓冢山**九江甚中**孔安國曰江於此州界分爲九道甚得地勢之中鄭玄曰地理志九江在尋陽南皆東合爲大江。索隱曰按尋陽記九江者烏江蚌江烏白江嘉靡江沙江畎江廩江隄江菌江又張須九江圖所載有三

里五畎烏土白蚌九江之名不同**沱涔已道**孔安國曰沱江別名涔水名鄭玄曰水出江爲沱漢爲涔。索隱曰涔亦作潛出蜀郡郫縣西東入江潛出漢中安陽縣西北入漢故爾雅云水自江出爲沱漢出爲潛。正義曰括地志云繁江水受郫江禹貢曰岷山導江東別爲沱源出益州新繁縣潛水一名復水今名龍門水源出利州綿谷縣東龍門山大石穴下也**雲夢土爲治**孔安國曰雲夢之澤在江南其中有平土丘水去可爲耕作畎畝之治。索隱曰夢一作瞢鄭誕生又音蒙按雲土夢本二澤名蓋人以二澤相近或合稱雲夢耳知者據左傳云昭王寢於雲中又楚子鄭伯田于江南之夢則是二澤各別也韋昭曰雲土今爲縣屬江夏南郡華容今按地理志云江夏有雲杜縣是**其土塗泥田下中賦上下**孔安國曰田第八賦第三**貢羽旄齒革金三品杶幹栝栢**鄭玄曰四木名孔安國曰幹柘也栢葉松身曰栝**礪砥砮丹**孔安國曰砥細於礪皆磨石也砮石中矢鏃丹朱類也**維箘簬楛**徐廣曰一作箭足杆杆即楛也音怙箭足者矢鏃也或以箭足訓釋箘簬乎駰案鄭玄曰箘簬聆風也**三國致**

貢其名馬融曰言箘簬楛三國所致貢其名善也**包匭菁茅**鄭玄曰匭纏結也菁茅茅有毛刺者給宗廟縮酒重之故包裹又纏結也。正義曰括地志云辰州盧溪縣西南三百五十里有包茅山武陽記云山際出包茅有刺而三脊因名苞茅山**其篚玄纁璣組**孔安國曰此州染玄纁色善故貢之璣珠類生於水中組綬類也**九江入賜大龜**孔安國曰尺二寸曰大龜出於九江水中龜不常用賜命而納之**浮於江沱涔於漢踰于雒至於南河荆河惟豫州**孔安國曰西南至荆山北距河水。正義曰括地志云荆山在襄州荆山縣西八十里韓子云卞和得玉璞於楚之荆山即此也河洛州北河也**伊雒瀍澗既入於河**孔安國曰伊出陸渾山洛出上洛山澗出澠池山瀍出河南北山四水合流而入河。索隱曰伊水出弘農盧氏縣東洛水出弘農上洛縣冢領山瀍水出河南穀城縣潛亭北澗水出弘農新安縣東皆入于河。正義曰括地志云伊水出虢州盧氏縣東巒山東北流入洛洛水出商州洛南縣冢嶺山東流經洛州郭內又各合伊水瀍水出洛州新安縣東南流至洛州郭內南

入洛澗水源出洛州新安縣東白石山東北與穀水合流經洛州郭內東流入洛也**滎播既都**孔安國曰滎澤名波水已成遏都。索隱曰古文尚書作滎波此及今文並云滎播播是水播溢之義滎是澤名故左傳云狄及衞戰於滎澤鄭玄云今塞爲平地滎陽人猶謂其處爲滎播**道荷澤被明都**孔安國曰荷澤在胡陵明都澤名在荷東北水流泆覆被之。索隱曰荷澤在濟陰定陶縣東明都音孟豬孟豬澤在梁國睢陽縣東北爾雅左傳謂之諸今文亦爲然惟周禮稱望諸皆此地之一名。正義曰括地志云荷澤在曹州濟陰縣東北九十里定陶城東今名龍池亦名九卿陂**其土壤下土墳壚**孔安國曰壚疏也馬融曰豫州地有三等下者墳壚也**田中上賦雜上中**孔安國曰田第四賦第二又雜出第一**貢漆絲絺紵其篚纖絮**孔安國曰細綿也**錫貢磬錯**孔安國曰治玉石曰錯治磬錯也**浮於雒達於河華陽黑水惟梁州**孔安國曰東據華山之南西距黑水。正義曰括地志云黑水源出梁州城固縣西北太山**汶嶓既蓺**鄭玄曰地理志岷山在蜀郡湔氐道嶓冢山在漢陽西。索隱曰汶一作㟭又作岐岷山封禪書一云瀆在蜀都湔氐道西徼江水所出嶓冢山在隴西西縣漢水所出也。正義曰括地志云岷山在岷州益洛南一里連綿至蜀二千里皆名岷山嶓冢山在梁州金牛縣東二十八里湔音子踐反氐音丁奚反**沱涔既道**孔安國曰沱涔發源此州入荊州**蔡蒙旅平**孔安國曰蔡蒙二山名祭山曰旅平言治功畢也鄭玄曰地理志蔡蒙在漢嘉縣。索隱曰此非徐州之蒙在蜀郡青衣縣青衣後改爲漢嘉蔡山不知所在也。正義曰括地志云蒙山在雅州嚴道縣南十里**和夷厎績**馬融曰和夷地名也**其土青驪**孔安國曰色青黑也**田下上賦下中三錯**孔安國曰田第七賦第八雜出第七第九三等**貢璆鐵銀鏤砮磬**孔安國曰璆玉名鄭玄曰黃金之美者謂之鏐鏤剛鐵可以刻鏤也**熊羆狐貍織皮**孔安國曰貢四獸之皮也織皮今罽也**西傾因桓是來**馬融曰治西傾山因桓水是來言無餘道也鄭玄曰地理志西傾山在隴西臨洮。索隱曰西傾在隴西臨洮縣西南桓水出蜀郡岷山西南行羌中入海也。正義曰括地志云

西傾山今嵹臺山在洮州臨澤縣西南三百三十六里**浮于潛踰于沔**孔安國曰漢上水爲沔鄭玄曰或謂漢爲沔**入于渭亂于河**孔安國曰正絕流曰亂**黑水西河惟雍州**。孔安國曰西距黑水東據河龍門之河在冀州西。索隱曰地理志益州滇池有黑水祠鄭玄引地說云三危山黑水出其南山海經黑水出崑崙墟西北隅也**弱水既西**孔安國曰導之西流至於合黎鄭玄曰衆水皆東此獨西流也。索隱曰水經云弱水出張掖刪丹縣西北至酒泉會水縣入合黎山腹山海經云弱水出崑崙墟西南隅也**涇屬渭汭**孔安國曰屬逮也水北曰汭言治涇水入於渭也鄭玄曰地理志涇水出安定涇陽。索隱曰渭水出首陽縣鳥鼠同穴山說文云水相入曰汭。正義曰括地志云涇水源出原州百泉縣西南笄頭山涇谷渭水源出渭原縣西七十六里鳥鼠山今名青雀山渭有三源並出鳥鼠山東流入河按言理涇水及至渭水又理漆沮亦從渭流復理灃水亦同入渭者也**漆沮既從**正義曰括地志云漆水源出岐州普閏縣東南岐漆山漆溪東入渭沮水一名川水源出雍州富平縣東入櫟陽縣南漢高帝於櫟陽置萬年縣十三州地理志云萬年縣南有涇渭北有小河即沮水也詩云古公去邠度漆沮即此二水**灃水所同**灃音豐孔安國曰漆沮之水已從入渭灃水所同於渭也。索隱曰漆沮二水漆水出右扶風漆縣西沮水地理志無文而水經以沮水出北地直路縣東過馮翊投栩縣入洛說文亦以漆沮各是一水名孔安國獨以爲一又云是洛水灃水出右扶風鄠縣南東北過上林苑。正義曰括地志云雍州鄠縣終南山灃水出焉**荊岐已旅**孔安國曰荊在岐東非荊州之荊也。正義曰括地志云荊山在雍州富平縣今名掘陵原岐山在岐州岐山縣東北十里尚書正義云洪水時祭祀禮廢已旅祭言理水功畢也按雍州荊山即黃帝及禹鑄鼎地也襄州荊山縣西荊山即卞和得玉璞者**終南敦物至于鳥鼠**孔安國曰三山名言相望也鄭玄曰地理志終南敦物皆在右扶風武功也。索隱曰按左傳中南山杜預以爲終南山地理志云太一山古文以爲終南華山古文以爲敦物皆在扶風武功縣東。正義曰括地志云終南山一名中南山一名太一山一名南山一名橘山一名楚山一名泰山一名周南山一名地脯山在雍州萬年縣南五十里**原隰厎績至于都野**鄭玄曰地理志都野在武威名曰休

豬澤。正義曰原隰幽州地也按原平高地也隰低下地也言從渭州致功西北至涼州都野沙州三危山也括地志云都野澤在涼州姑臧縣東北二百八十里三危既度索隱曰鄭玄引河圖及地說云三危山在鳥鼠西南與岐山相連度劉伯莊音田各反尚書作宅三苗大序孔安國曰西裔之山已可居三苗之族大有次序禹之功也其土黃壤田上上賦中下孔安國曰田第一賦第六人功少貢璆琳琅玕孔安國曰璆琳皆玉名琅玕石名而似珠者浮於積石至於龍門西河孔安國曰積石山在金城西南河所經也龍門山在河東之西界。索隱曰積石在金城河關縣西南龍門山在左馮翊夏陽縣西北。正義曰括地志云積石山今名小積山在河州枹罕縣西七里河州在京西一千四百七十二里龍門山在同州韓城縣北五十里李奇云禹鑿通河水處廣八十步三秦記云龍門水懸船而行兩旁有山水陸不通龜魚集龍門下數千不得上上則為龍故云暴鰓點額龍門下按河在冀州西故云西河也禹發源河水小積石山浮河東北下歷靈勝北而南行至于龍門皆雍州城也會于渭汭正義曰水經云河水又南

至潼關渭水從西注之也織皮昆侖析支渠搜西戎即序孔安國曰織皮毛布此四國在荒服之外流沙之內羌髳之屬皆就次序之美禹之功及戎狄也。索隱曰鄭玄以為衣皮之人居昆侖析支渠搜三山皆在西戎王肅曰昆侖在臨羌西析支在河關西戎在西域王肅以為地名而不言渠搜今按地理志金城臨羌縣有昆侖祠敦煌廣至縣有昆侖障朔方有渠搜縣道九山索隱曰汧壺口砥柱太行西傾熊耳嶓冢內方岐是九山也古分為三條故地理志有北條之荊山馬融以汧為北條西傾為中條嶓冢為南條鄭玄分四列汧為陰列西傾次陰列嶓冢為陽列岐山次陽列汧及岐至于荊山鄭玄曰地理志汧在右扶風也。索隱曰汧一作岍按有汧水故其字或從山或從水猶岐山然也地理志云吳山在右扶風美陽縣西荊山在左馮翊懷德縣南也。正義曰括地志云汧山在隴州汧源縣西六十里其山東鄰汧岫西接隴岡汧水出焉岐山在岐州踰于河壺口雷首索隱曰雷首山在河東蒲坂縣東南至于太嶽孔安國曰三山在冀州太嶽在上黨西也。索隱曰即霍太山也已見上。正義曰括地志云壺口在慈州吉昌縣西南雷首

山在蒲州河東縣太嶽霍山也在沁州沁源縣砥柱析城至于王屋孔安國曰此三山在冀州之南河之北。索隱曰析城山在河東護澤縣西南王屋山在河東垣縣東北水經云砥柱山在河東太陽縣南河水中也。正義曰括地志云底柱山俗名三門山硤石縣東北五十里黃河之中孔安國云底柱山名河水分流包山而過山見水中若柱然也括地志云析城山在澤州西南七十里注水經云析城山甚高峻上平坦有二水東濁西清左右不生草木括地志云王屋山在懷州王屋縣北十里古今地名云山方七百里山高萬仞本冀州之河陽山也太行常山至于碣石入于海孔安國曰此二山連延東北接碣石而入於滄海。索隱曰太行山在河內山陽縣西北常山恒山是也在常山上曲陽縣西北。正義曰括地志云太行山在懷州河內縣北二十五里有羊腸坂恒山在定州恒陽縣西北百四十里道書福地記云恒山高三千三百丈上方二十里有大玄之泉神草十九種可度俗西傾朱圉鳥鼠至于太華鄭玄曰地理志云朱圉在漢陽南太華山在弘農華陰南孔安國曰鳥鼠山渭水所出在隴西之西。索隱曰圉一作圄朱圉山在天水冀縣南鳥鼠山在隴

西首陽縣西南太華即敦物山熊耳外方桐柏至于負尾鄭玄曰地理志熊耳在盧氏東外方在潁川嵩高山桐柏山在南陽平氏東南陪尾在江夏安陸東北若橫尾者。索隱曰熊耳山在弘農盧氏縣東伊水所出外方山即潁川嵩高縣嵩高山古文尚書亦以為外方山桐柏山一名大復山在南陽平氏縣東南陪尾山在江夏安陸縣東北地理志謂之橫尾山負音陪也。正義曰括地志云華山在華州華陰縣界八里熊耳山在虢州盧氏縣南五十里嵩高山亦名太室山亦名外方山在洛州城陽縣北二十三里也桐柏山在唐州東南五十里淮水出焉橫尾山古陪尾山也在安州安陸縣北六十里道嶓冢至于荊山鄭玄曰地理志荊山在南郡臨沮。正義曰括地志云嶓冢山在梁州荊山在襄州荊山縣西八十里也又云荊山縣本漢臨沮縣地也沮水即漢水也按縣孫叔敖激沮水為雲夢澤是也內方至于大別鄭玄曰地理志內方在竟陵名立章山大別在廬江安豐縣。索隱曰內方山在竟陵縣東北大別山在大國安豐縣今土人謂之甑山。正義曰括地志云章山在荊州長林縣東北六十里今漢水附章山之東與經史符會按大別山今沙洲在山上漢江經其左今俗猶

云飷山任云在安豐非漢所經也汶山之陽至于衡山索隱曰在長沙湘南縣東南廣雅云峋嶁謂之衡山。正義曰括地志云岷山在茂州汶川縣衡山在衡州湘潭縣西四十一里過九江至于敷淺原徐廣曰淺一作滅駰案國語曰敷淺原一名博陽山在豫章道九川索隱曰弱黑河養江沇淮渭洛爲九川弱水至於合黎鄭玄曰地理志弱水出張掖孔安國曰合黎水名在流沙東。索隱曰水經云合黎山在酒泉會水縣東北鄭玄引地說亦以爲然孔安國云水名當是其山弱水故所記各不同。正義曰括地志云蘭門山一名合黎一名窮石山在甘州刪丹縣西南七里淮南子云弱水源出窮石山又云合黎一名羌谷水一名鮮水一名覆表水今名副投河亦名張掖河南自吐谷渾界流入甘州張掖縣今按合黎水出臨松山東而北流歷張掖故城下又北流經張掖縣二十三里又北流經合黎山折而北流經流砂磧之西入居延海行千五百里合黎山張掖縣西北二百里也餘波入於流沙孔安國曰弱水餘波西溢入流沙鄭玄曰地理志流沙居延西北名居延澤地記曰弱水西流入合黎山腹餘波入于流沙通於南海馬融王肅皆云合黎流沙是地名。索隱曰地理志張掖居延縣西北有居延澤古文以爲流沙廣志流沙在玉門關外有居延澤居延城又山海經云流沙出鍾山西南行昆侖墟入海按是地兼有水故一云地名一云水名馬鄭不同抑有由也道黑水至于三危入于南海鄭玄曰地理志益州滇池有黑水祠而不記此山水所在地記曰三危山在鳥鼠之西南孔安國曰黑水自北而南經三危過沙州入南海也。正義曰括地志云黑水源出伊吾縣北百二十里又南流二十里而絕三危山在沙州燉煌縣東南四十里按南海即揚州東大海岷江下至揚州東入海也其黑水源在伊州從伊州東南三千餘里至鄯州鄯州東南四百餘里至河州入黃河河州有小積石山即禹貢浮於積石至於龍門者然黃河源從西南下出大崑崙東北隅東北流經于闐入鹽澤即東南潛行入吐谷渾界大積石山又東北流至小積石山又東北流來處極遠無流其黑水當洪水時合從黃河而行何得入于南海去此甚遠沮隔南山龍山岷山之屬當是洪水浩浩處西戎不深致功古文故有疏略道河積石索隱曰爾雅云河出昆侖墟其色白漢書西域傳云河有兩源一出葱嶺一出于闐于闐河北流與葱嶺河合東注蒲昌海一名鹽澤其水停冬夏

不增減其南出積石爲中國河是河源發昆侖禹導河自積石而加功也至于龍門南至華陰孔安國曰至華陰山北而東行。正義曰華陰縣在華山北本魏之陰晉縣秦惠文王更名寧秦漢高帝改曰華陰東至砥柱孔安國曰砥柱山名河水分流包山而過山見水中若柱然也在西虢之界。正義曰砥柱山俗名三門山禹鑿此山三道河水故曰三門也又東至于盟津孔安國曰在洛北。索隱曰盟古孟字孟津在河陰十三州記云河陽縣在於河上即孟津是也。正義曰杜預云盟河內郡河陽縣南孟津也在洛陽城北都道所湊古今爲津武王度之近代呼爲武濟括地志云盟津周武王伐紂與八百諸侯會盟津亦曰孟津又曰富平津水經云小平津今云河陽津是也東過雒汭至于大邳孔安國曰洛汭洛入河處山再成曰邳。索隱曰爾雅云山一成曰邳或以爲成皋山是。正義曰李巡云山再重曰英一重曰邳括地志云大邳山今名黎陽東山又曰青壇山在衛州黎陽南七里張揖云今城皋非也北過降水至于大陸鄭玄曰地理志降水在信都南孔安國曰大陸澤名。索隱曰地理志絳水字從系出信都國與雩池漳河水並流入海大陸在鉅鹿郡爾雅云晉有大陸郭璞以爲此澤也正義曰括地志云降水源出潞州屯留縣西南方東北流與州入海北播爲九河同爲逆河入于海鄭玄曰下尾合名曰逆河言相逆受也。正義曰播布也河至冀州分布爲九河下至滄州更同合爲一大河名曰逆河而夾右碣石入於渤海也嶓冢道瀁東流爲漢鄭玄曰地理志瀁水出隴西氐道至武都爲漢至江夏謂之夏水。索隱曰水經云瀁水出隴西氐道縣嶓冢山東至武都沮縣爲漢水地理志云至江夏謂之夏水山海經亦以漢出嶓冢山故孔安國云泉始出山爲瀁水東南流爲沔沔水至漢中東行爲漢水。正義曰括地志云嶓冢山水始出山沮洳故曰沮水東南爲瀁水又爲沔水至漢中爲漢水至均州爲滄浪水始欲出大江爲夏口又爲沔口漢江一名沔江也又東爲蒼浪之水孔安國曰別流也在荊州。索隱曰馬融鄭玄皆以滄浪爲夏水即漢河之別流也漁父謌曰滄浪之水清兮可以濯吾纓是此水也。正義曰括地志云均州武當縣有滄浪水庾仲雍漢水記云武當縣西四十里漢水中有洲名滄浪洲也地記云水出荊山東南流爲滄浪水過三澨入于大

別孔安國曰三澨水名鄭玄曰在江夏竟陵之界。索隱曰水經云三澨地名在南郡鄀縣北孔安國鄭玄以爲水名今竟陵有三參水俗云是三澨水參音去聲南入于江東匯澤爲彭蠡孔安國曰匯回也水東回爲彭蠡大澤東爲北江入于海孔安國曰自彭蠡江分爲三道入震澤遂爲北江而入海汶山道江東別爲沱又東至于醴孔安國曰醴馬融王肅皆以醴爲水名鄭玄曰醴陵名也大阜曰陵長沙有醴陵縣。索隱曰按騷人所歌濯余佩於醴浦明醴是水孔安國馬融解得其實又虞喜志林以醴是江沅之別流而醴字作澧也過九江至于東陵孔安國曰東陵地名東迆北會于匯孔安國曰迆溢也東溢分流都共北會彭蠡東爲中江入于海孔安國曰有北有中南可知也。正義曰括地志云禹貢三江俱會於彭蠡合爲一江入于海道沇水東爲濟入于河泆爲滎鄭玄曰地理志沇水出河東東垣王屋山東至河內武德入河泆爲滎孔安國曰濟在溫西北滎澤在敖倉東南。索隱曰水經云自河東垣縣王屋山

東流爲沇水至溫縣西北爲濟水。正義曰括地志云兗水出懷州王屋縣北十里王屋山頂崖下石泉渟不流其深不測至縣西北二里平地其源重發而東南流爲汜水水經云汜東至溫縣西北爲沛水又南當鞏之南北入于河鞏名云濟者濟也下濟子細反按濟水入河而南截度河南岸溢滎澤在鄭州滎澤縣西北四里今無水成平地東出陶丘北孔安國曰陶丘丘再成者也鄭玄曰地理志陶丘在濟陰定陶西北。正義曰括地志云陶丘在濮州鄄城西南二十四里又云在曹州城中徐才宗國都記云此城中高丘即古之陶丘又東至于荷孔安國曰荷澤之水又東北會于汶正義曰汶音問地理志云汶水出泰山郡萊蕪縣原山西南入沛又東北入于海道淮自桐柏正義曰地理志云桐柏山在南陽平氏縣東南淮水所出按在唐州東五十餘里東會于泗沂東入于海孔安國曰與沂泗二水合入海也道渭自鳥鼠同穴孔安國曰鳥鼠共爲雄雌同穴處此山遂名曰鳥鼠渭水出焉。正義曰括地志云鳥鼠山今名青雀山在渭州渭源縣西七十六里山海經云鳥鼠同穴之山渭水出

焉郭璞注云今在隴西首陽縣西南山有鳥鼠同穴鳥名鵌鼠名鼵如人家鼠而短尾鵌似鵽而小黃黑色穴入地三四尺鼠在內鳥在外鵌音余鼵扶發反鵽音丁刮反似雉也東會于灃正義曰灃音豐括地志云雍州鄠縣終南山灃水出焉北入渭也又東北至于涇正義曰括地志云涇水出原州百泉縣西南笄頭山涇谷東南流入渭也東過漆沮入于河孔安國曰漆沮二水名亦曰洛水出馮翊北道雒自熊耳孔安國曰在宜陽之西。正義曰括地志云洛水出商州洛南縣西冢嶺山東北流入何熊耳山在虢州盧氏縣南五十里洛所經東北會于澗瀍孔安國曰會於河南城南。正義曰括地志云澗水出洛州新安縣東白石山之陰地理志云瀍水出河南穀城縣替亭北東南入於洛又東會于伊孔安國曰會於雒陽之南東北入于河孔安國曰合於鞏之東也於是九州攸同四奧既居孔安國曰四方之邑已可居也九山栞旅孔安國曰九州名山已槎木通道而旅祭也九川滌原孔安國曰九州之川已滌除無壅塞也九澤

既陂孔安國曰九州之澤皆已陂障無決溢也四海會同六府甚修孔安國曰六府金木水火土穀衆土交正致愼財賦鄭玄曰衆土美惡及高下得其正矣亦致其貢篚愼奉其財物之稅皆法定制而入之也咸則三壤成賦鄭玄曰三壤上中下各三等也中國賜土姓祗台德先不距朕行鄭玄曰中即九州也天子建其國諸侯祚之土賜之姓命之氏其敬悅天子之德既先又不距違我天子政教所行令天子之國以外五百里甸服孔安國曰爲天子之服治田去王城面五百里內百里賦納總孔安國曰甸內近王城者禾稾曰總供食國之馬也。索隱曰說文云總聚束草也二百里納銍孔安國曰所銍刈謂禾穗。索隱曰說文云銍穫禾短鎌也三百里納秸服孔安國曰秸稾也服稾役。索隱曰禮郊特牲云蒲越稾秸之美則秸是稾之類也四百里粟五百里米孔安國曰所納精者少麤者多甸服外五百里侯服孔安國曰侯候也斥候而服事也

百里采馬融曰采事也各受王事者二百里任國孔安國曰任王事者三百
里諸侯孔安國曰三百里同爲王者斥候故合三爲一名侯服外五百里綏
服孔安國曰綏安也服王者政教三百里揆文教孔安國曰揆度也度王者文教而行之三
百里皆同二百里奮武衛孔安國曰文教之外二百里奮武衛天子所以安之綏服
外五百里要服孔安國曰要束以文教也三百里夷孔安國曰守平常之教事
王者而已二百里蔡馬融曰蔡法也受王者刑法而已要服外五百里荒
服馬融曰政教荒忽因其故俗而治之三百里蠻馬融曰蠻慢也禮簡怠慢來不距去不禁二百
里流馬融曰流行無城郭常居東漸于海西被于流沙朔南暨
鄭玄曰朔北方也聲教訖于四海於是帝錫禹玄圭以告
成功于天下正義曰帝堯也玄水也以禹理水功成故錫玄圭以表顯之自此已上並尚書禹貢文

天下於是太平治皋陶作士正義曰士若大理卿也以理民
帝舜朝禹伯夷皋陶相與語帝前皋陶述其謀
曰信其道德謀明輔和禹曰然如何皋陶曰於
正義曰音烏歎美之辭愼其身修正義曰以修爲絕句思長孔安國曰愼修其身思爲長久
之道敦序九族衆明高翼近可遠在已鄭玄曰次序九族而親之
以衆明作羽翼之臣此政由近可以及遠也禹拜美言曰然皋陶曰於在
知人在安民禹曰吁皆若是惟帝其難之孔安國曰
言帝堯亦以爲難知人則智能官人能安民則惠黎民懷
之能知能惠何憂乎驩兜何遷乎有苗何畏乎
巧言善色佞人鄭玄曰禹爲父隱故言不及鯀皋陶曰然於亦行

有九德亦言其有德乃言曰始事事孔安國曰言其人有德必
言其所行事因事以爲驗寬而栗孔安國曰性寬弘而能莊栗柔而立孔安國曰和柔而能
立事愿而共孔安國曰愿而恭敬治而敬擾而毅徐廣曰擾一作柔駰案孔
安國曰擾順也致果爲毅直而溫簡而廉剛而實彊而義章其
有常吉哉孔安國曰章明也吉善也日宣三德蚤夜翊明有家
孔安國曰三德九德之中有其三也卿大夫稱家明行之可以爲卿大夫日嚴振敬六德亮
采有國孔安國曰嚴敬也行六德以信治政事可爲諸侯也馬融曰亮信采事也翕受普施
九德咸事俊乂在官孔安國曰翕合也能合受三六之德而用之以布施政教使九德之
人皆用事謂天子也如此則俊德理能之士並皆在官也百吏肅謹毋教邪淫奇
謀非其人居其官是謂亂天事索隱曰此取尚書皋陶謨爲文斷絕

殊無次序即班固所謂疎略抵捂是也今亦不能深考天討有罪五刑五用哉孔安
國曰言用五刑必當吾言底可行乎禹曰女言致可績行皋
陶曰余未有知思贊道哉正義曰皋陶云我未有所知思之審贊於古道耳謙
辭也已上並尚書皋陶謨文略其經不全備也帝舜謂禹曰汝亦昌言禹拜
曰於予何言予思日孳孳皋陶難禹曰何謂孳
孳禹曰鴻水滔天浩浩懷山襄陵下民皆服於
水予陸行乘車水行乘舟泥行乘橇山行乘檋
行山栞木正義曰行寒孟反栞口寒反與益予衆庶稻鮮食孔安國曰
鳥獸新殺曰鮮○索隱曰予音與上與謂同與之與下予謂施予之予此禹言其與益施予衆庶之稻糧以決
九川致四海浚畎澮鄭玄曰畎澮田間溝也致之川與稷予

衆庶難得之食食少調有餘補不足徙居衆民乃定萬國爲治皋陶曰然此而美也禹曰於帝愼乃在位安爾止鄭玄曰安汝之所止無妄動動則擾民輔德天下大應清意以昭待上帝命天其重命用休鄭玄曰天將重命汝以美應謂符瑞也帝曰吁臣哉臣哉臣作朕股肱耳目予欲左右有民女輔之馬融曰我欲左右助民汝當翼成我也余欲觀古人之象日月星辰作文繡服色女明之予欲聞六律五聲八音來始滑以出入五言女聽尚書滑字作曶音忽鄭玄曰曶者臣見君所秉書思對命者也君亦有焉以出內政教於五官。索隱曰古文尚書作在治忽今文作采政忽先儒各隨字解之今此云來始滑於義無所通蓋來采字相近滑忽聲相亂始又與治相似因誤爲來始滑今依今文音采政忽三字劉伯莊云聽諸侯能爲政及忽怠者是也五言謂仁義禮智信五德之言鄭玄以爲出納政教五官非也予即辟女匡拂予女無面諛退而謗予敬四輔臣尚書大傳曰古者天子必有四鄰前曰疑後曰丞左曰輔右曰弼諸衆讒嬖臣君徐廣曰臣一作吾。索隱曰諸衆讒嬖臣爲一句君字宜屬下文德誠施皆清矣禹曰然帝即不時布同善惡則毋功孔安國曰帝用臣不是則賢愚並位優劣同流故也帝曰正義曰此二字及下禹曰尚書並無太史公有四字帝及禹相荅極爲次序當應別見書毋若丹朱傲維慢游是好毋水舟行朋淫于家鄭玄曰朋淫淫門內用絕其世予不能順是禹曰予辛壬娶塗山癸甲生啓孔安國曰塗山國名辛日娶妻至于甲四日復往治水。索隱曰杜預云塗山在壽春東北皇甫謐云今九江當塗有禹廟則塗山在江南也系本曰塗山氏女名女媧是禹娶塗山氏號女媧也又按

尚書云娶于塗山辛壬癸甲啓呱呱而泣予弗子今此云辛壬娶塗山癸甲生啓蓋今文尚書脫漏太史公取爲言亦不稽其本意豈有辛壬娶妻經二日生子不經之甚予不子正義曰此三字爲一句禹辛日娶至甲四日往理水及生啓不入門我不得名子以故能成水土之功又一云過門不入不得有子愛之心帝繫云禹娶塗山氏之子謂之女媧是生啓也以故能成水土功輔成五服至于五千里州十二師外薄四海正義曰爾雅云九夷八狄七戎六蠻謂之四海釋名云海晦也按夷蠻晦昧無知故云四海也咸建五長孔安國曰薄迫言至海也諸侯五國立賢者一人爲方伯謂之五長以相統治各道有功苗頑不即功孔安國曰三苗頑凶不得就官善惡分別帝其念哉帝曰道吾德乃女功序之也皋陶於是敬禹之德令民皆則禹不如言刑從之索隱曰謂不用命之人則亦以刑罰而從之舜德大明於是夔行樂正義曰若今太常卿也祖考至羣后相讓鳥獸翔舞簫韶九成鳳皇來儀孔安國曰簫韶舜樂名備樂九奏而致鳳皇也百獸率舞百官信諧帝用此作歌曰陟天之命維時維幾孔安國曰奉正天命以臨民惟在順時惟在愼微乃歌曰股肱喜哉元首起哉百工喜哉孔安國曰股肱之臣喜樂盡忠君之治功乃起百官之業乃廣皋陶拜手稽首揚言曰念哉鄭玄曰使羣臣念帝之戒率爲興事愼乃憲敬哉孔安國曰率臣下爲起治之事當愼汝法度敬其職乃更爲歌曰元首明哉股肱良哉庶事康哉舜又歌曰元首叢脞哉股肱惰哉萬事隳哉孔安國曰叢脞細碎無大略也君如此則臣懈惰萬事墮廢也帝拜曰然往欽哉於是天下皆宗禹之明度數聲樂徐廣曰舜本紀

一云禹乃興九韶之樂爲山川神主帝舜薦禹於天爲嗣十七
年劉熙曰若此則舜格于文祖三年之後攝禹使得祭祀與而帝舜崩三年喪畢禹
辭辟舜之子商均於陽城劉熙曰今潁川陽城是也天下諸侯
皆去商均而朝禹禹於是遂即天子位皇甫謐曰都平陽或
在安邑或在晉陽南面朝天下國號曰夏后姓姒氏禮緯曰祖以吞薏苡生帝禹立而舉皐陶薦之且授政焉而皐
陶卒正義曰帝王紀云皐陶生於曲阜曲阜偃地故帝因之而以賜姓曰偃堯禪舜命之作士舜禪禹禹即帝位以咎陶賢薦之於天將有禪之意未及禪會皐陶卒括地志云咎繇墓在壽州安豐縣南一百三十里故六城東東都陂內大冢也封皐陶之後於英六徐廣曰史記皆作英字而以英布是此苗裔。索隱曰地理志云安國六縣咎繇後偃姓所封國英地闕不知所在以爲黥布是其後也。正義曰英蓋蓼也括地志云光州固始縣本春秋時蓼國偃姓皐陶之後也左傳云子燮滅蓼是太康地志云蓼國先在南陽故縣今豫州鄎縣界故胡城是後徙於此括地志云故六城在壽州安豐縣南一百三十二里春秋文五年秋楚成大心滅之或在許皇覽曰皐陶冢在盧江六縣。索隱曰許在潁川。正義曰括地志云許故城在許州許昌縣南三十里本漢許縣故許國也
而后舉益任之政十年帝禹東巡狩至于會稽
而崩皇甫謐曰年百歲也以天下授益三年之喪畢益讓帝
禹之子啓而辟居箕山之陽孟子曰陽字一作陰劉熙曰崇高之北。正義曰按陰即陽城也括地志云陽城縣在箕山北十三里又恐箕字誤本是嵩字而字相似其陽城縣在嵩山南二十三里則爲嵩山之陽也禹子啓賢天下屬意焉及禹崩雖授益
益之佐禹日淺天下未洽故諸侯皆去益而朝
啓曰吾君帝禹之子也於是啓遂即天子之位

夏紀

是爲夏后帝啓夏后帝啓禹之子其母塗山氏
之女也有扈氏不服地理志曰扶風鄠縣是扈國。正義曰括地志云雍州南鄠縣本夏之扈國也地理志云鄠縣古扈國有戶亭訓纂云戶扈鄠三字一也古今字不同耳啓伐之大戰
於甘馬融曰甘有扈氏南郊地名。索隱曰夏啓所伐鄠南有甘亭將戰作甘誓乃
召六卿申之孔安國曰天子六軍其將皆命卿也啓曰嗟六事之人孔安國曰各有軍事故曰六事予誓告女有扈氏威侮五行怠棄三
正鄭玄曰五行四時盛德所行之政也威侮暴逆之三正天地人之正道天用勦絕其命孔安國曰勦截也今予維共行天之罰孔安國曰共奉也左不攻于
左右不攻于右女不共命鄭玄曰左車左右車右御非其馬
之政女不共命孔安國曰御以正馬爲政也三者有失皆不奉我命也用命賞
于祖孔安國曰天子親征必載遷廟之祖主行有功即賞祖主前示不專也不用命僇于
社孔安國曰又載社主謂之社事奔北則僇之社主前社主陰陰主殺也予則帑僇汝孔安國曰非但止身辱及汝子言恥累之遂滅有扈氏天下咸朝夏后帝
啓崩徐廣曰皇甫謐曰夏啓元年甲辰十年癸丑崩子帝太康立帝太康
失國孔安國曰盤于遊田不恤民事爲羿所逐不得反國昆弟五人索隱曰皇甫謐云號五觀也須于洛汭作五子之歌孔安國曰太康五弟與其母待太康于洛水之北怨其不反故作歌太康崩弟中康立是爲帝中康帝中康
時羲和湎淫廢時亂日孔安國曰羲氏和氏掌天地四時之官太康之後沈湎于酒廢天時亂甲乙也胤往征之作胤征孔安國曰胤國之君受王命往征之鄭玄曰胤臣名
中康崩子帝相立帝相崩子帝少康立索隱曰左傳魏

夏紀

莊子曰昔有夏之衰也后羿自鉏遷于窮石因夏人而代夏
政恃其射也不修人事而信用伯明氏之讒子寒浞浞殺羿
烹之以食其子子不忍食煞于窮門浞因羿室生澆及豷使
澆滅斟灌氏及斟尋氏而相爲澆所滅后緡歸于有仍生少
康有夏之臣靡自有鬲收二國之燼以滅浞而立少康少康
滅澆于過后杼滅豷于戈有窮遂亡然則帝相自被篡煞中
間經羿浞二氏蓋三數十年而此紀總不言之直云帝相崩
子少康立疎略之甚。正義曰帝王紀云帝羿有窮氏未聞
其姓何先帝嚳以上世掌射正至嚳賜以彤弓素矢封之於
鉏爲帝司射歷虞夏羿學射於吉甫其臂長故以善射聞及
夏之衰自鉏遷于窮石因夏民以伐夏篡帝相徙于商丘依
同姓諸侯斟尋羿恃其善射不脩民事淫于田獸棄其良臣
武羅伯姻熊髡尨圉而信寒浞寒浞伯明氏之讒子伯明后
以讒棄之而羿以爲已相寒浞殺羿於桃梧而烹之以食其
子其子不忍食之死于窮門浞遂代夏立爲帝寒浞襲有窮
之號因羿之室生奡及豷奡多力能陸地行舟使奡師師滅
斟灌斟尋殺夏帝相封奡於過封豷於戈恃其詐力不恤事
初奡之殺帝相也妃仍氏女曰后緡歸有仍生少康初夏之
遺臣曰靡事羿羿死逃於有鬲氏收斟尋二國餘燼殺寒浞
立少康滅奡于過后杼滅豷於戈有窮遂亡也按帝相被篡

歷羿浞二世四十年而此紀不說亦馬遷所爲疎略也奡界音
五告反豷音許器反括地志云故鄩城在滑州衛城縣東十
里晉地記云河南有窮谷蓋本有窮氏所遷也括地志云商
丘今宋州也斟灌故城在青州壽光縣東五十四里斟尋故
城今青州北海縣是也故過鄉亭在萊州掖縣西北二十里
本過國地故鬲城在洛州密縣界杜預云國名今平原鬲縣
也戈在宋鄭之間也寒國在北海平壽縣東寒亭也伯明其
君也臣瓚云斟尋在河南蓋後遷北海也汲冢古文云太康
居斟尋羿亦居之桀又居之尚書云太康失邦兄弟五人須
于洛汭此即太康居之爲近洛也又吳起對魏武侯曰夏桀
之居左河濟右太華伊闕在其南羊腸在其北又周書度邑
篇云武王問太公吾將因有夏之居即河南是也括地志云
故鄩城在洛州鞏縣西南五十八里蓋桀所居也陽翟縣又是禹所封爲夏伯 帝少康崩子帝
予立 索隱曰音佇系本云季佇作甲者也左傳曰杼滅豷于戈國語云杼能師禹者也 帝予崩
子帝槐立 索隱曰槐音回系本作帝芬 帝槐崩子帝芒立 索隱曰音亡鄒
誕生又音荒也 帝芒崩子帝泄立帝泄崩子帝不降立 索隱

曰系本作帝降 帝不降崩弟帝扃立帝扃崩子帝廑立 索隱
曰音覲鄒誕生又音勤 帝廑崩立帝不降之子孔甲是爲帝
孔甲帝孔甲立好方鬼神事淫亂夏后氏德衰
諸侯畔之天降龍二有雌雄孔甲不能食 正義音寺
未得豢龍氏 賈逵曰豢養也穀食曰豢 陶唐既衰其後有劉累
服虔曰劉累之爲諸侯者夏后賜之姓。正義曰括地志云劉累故城在洛州緱氏縣南五十五里乃劉累舊之故地
也 學擾龍 應劭曰擾音柔擾馴也能順養得其嗜欲 于豢龍氏以事孔甲
孔甲賜之姓曰御龍氏 服虔曰御亦養 受豕韋之後 徐廣
曰受一作更駰案賈逵曰劉累之後至商不絕以代豕韋之後祝融之後封於豕韋殷武丁滅之以劉累之後代之。索
隱曰按系本豕韋防姓 龍一雌死以食夏后夏后使求懼而

遷去 賈逵曰夏后既饗而又使求致龍劉累不能得而懼也傳曰遷于魯縣 孔甲崩子帝
皐立帝皐崩 左傳曰皐墓在殽南陵 子帝發立帝發崩子帝
履癸立是爲桀 索隱曰桀名也按系本帝皐生發及桀此以發生桀皇甫謐同也 帝桀
之時 謚法賊人多殺曰桀 自孔甲以來而諸侯多畔夏桀不
務德而武傷百姓百姓弗堪迺召湯而囚之夏
臺 索隱曰獄名夏曰均臺皇甫謐云地在陽翟是也 已而釋之湯修德諸侯
皆歸湯湯遂率兵以伐夏桀桀走鳴條 孔安國曰地在安邑
之西鄭玄曰南夷地名 遂放而死 徐廣曰從禹至桀十七君十四世駰案汲冢紀年曰有王與無王用
歲四百七十一年矣。正義曰括地志云廬州巢縣有巢湖即尚書成湯伐桀放於南巢者也淮南子云湯敗桀於歷山
與末喜同舟浮江奔南巢之山而死國語云滿於巢
湖又云夏桀伐有施施人以妹喜女焉女音女慮反 桀謂

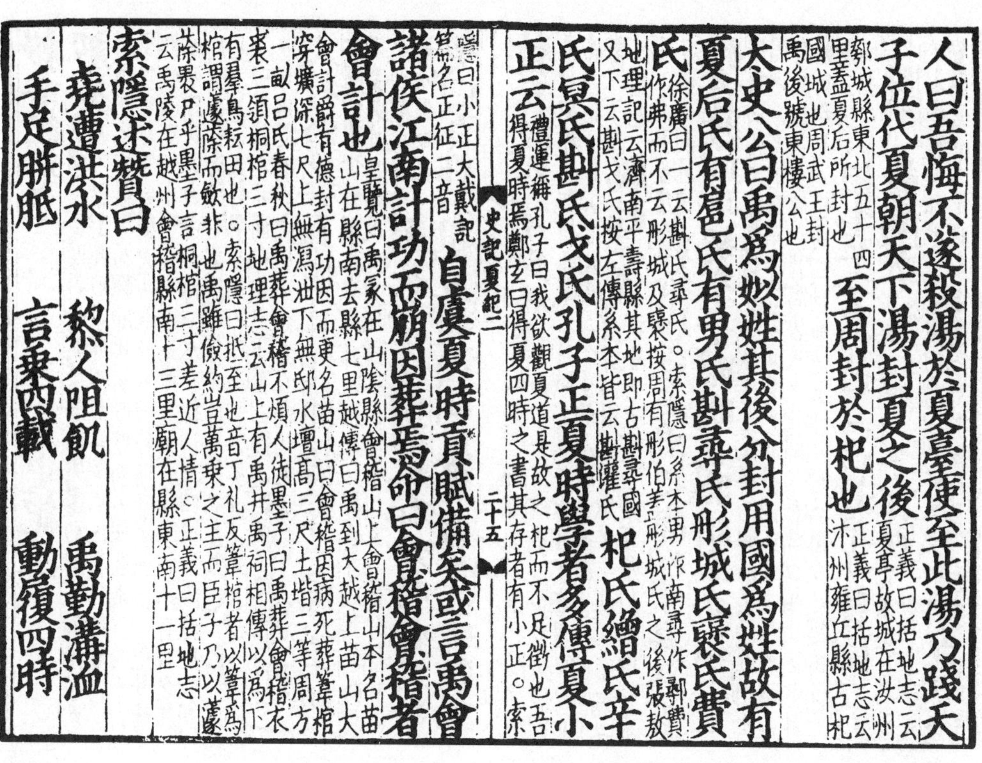

人曰吾悔不遂殺湯於夏臺使至此湯乃踐天子位代夏朝天下湯封夏之後正義曰括地志云夏亭故城在汝州郟城縣東北五十四里蓋夏后所封也至周封於杞也正義曰括地志云汴州雍丘縣古杞國城也周武王封禹後號東樓公也

太史公曰禹為姒姓其後分封用國為姓故有夏后氏有扈氏有男氏斟尋氏彤城氏褒氏費氏徐廣曰一云斟氏尋氏。索隱曰系本男作南尋作鄩費作弗而不云彤城及褒按周有彤伯蓋彤城氏之後張敖地理記云濟南平壽縣其地即古斟尋國又下云斟戈氏按左傳系本皆云斟灌氏杞氏繒氏辛氏冥氏斟氏戈氏孔子正夏時學者多傳夏小正云禮運稱孔子曰我欲觀夏道是故之杞而不足徵也吾得夏時焉鄭玄曰得夏四時之書其存者有小正。索隱曰小正大戴記篇名正征二音自虞夏時貢賦備矣或言禹會諸侯江南計功而崩因葬焉命曰會稽會稽者會計也皇覽曰禹冢在山陰縣會稽山上會稽山本名苗山在縣南去縣七里越傳曰禹到大越上苗山大會計爵有德封有功因而更名苗山曰會稽因病死葬葦棺穿壙深七尺上無瀉泄下無邸水壇高三尺土階三等周方一畝呂氏春秋曰禹葬會稽不煩人徒墨子曰禹葬會稽衣衾三領桐棺三寸地理志云山上有禹井禹祠相傳以為下有羣鳥耘田也。索隱曰抵至也音丁礼反葦棺者以葦為棺謂蘧篨而斂非也禹雖儉約豈萬乘之主而臣子乃以蘧篨裹尸乎墨子言桐棺三寸差近人情。正義曰括地志云禹陵在越州會稽縣南十三里廟在縣東南十一里

索隱述贊曰

堯遭洪水　黎人阻飢　禹勤溝洫
手足胼胝　言乘四載　動履四時

娶妻有日　過門不私　九土既理
玄圭錫茲　帝啓嗣立　有扈違命
五子作歌　太康失政　羿浞斯侮
夏室不競　降于孔甲　擾龍乖性
嗟彼鳴條　其終不令

史計叁阡貳伯玖拾玖字
註壹萬肆阡叁伯玖拾肆字

夏本紀第二　史記二

殷本紀第三　　史記三

殷契索隱曰契始封商其後裔盤庚遷殷殷在鄴南遂爲天下號契是殷家始祖故言契。正義曰括地志云相州安陽本盤庚所都即北冢殷墟南去朝歌城百四十六里竹書紀年云盤庚字也北冢曰殷墟南去鄴四十里是舊都城西南三十里有洹水南岸三里有安陽城西有城名殷墟所謂北冢者也今按洹水在相州北四里安陽城即相州外城也母曰簡狄索隱曰舊本作易狄音同又作逿吐歷反有娀氏之女淮南子曰有娀在不周之北。正義曰按記云桀敗於有娀之墟有娀當在蒲州也爲帝嚳次妃三人行浴見玄鳥墮其卵簡狄取吞之因孕生契索隱曰譙周云契生堯代舜始舉之必非嚳子以其父微故不著名其母娀氏女與宗婦三人浴于川玄鳥遺卵簡狄吞之則簡狄非帝嚳次妃明也契長而佐禹治水有功帝舜乃命契曰百姓不親五品不訓汝爲司徒而敬敷五

敎五敎在寬封於商鄭玄曰商國在大華之陽皇甫謐曰今上洛商是也。索隱曰堯封契於商即詩商頌云有娀方將帝立子生商是也。正義曰括地志云商州東八十里商洛縣本商邑古之商國帝嚳之子卨所封也賜姓子氏禮緯曰祖以玄鳥生子也。正義曰括地志云故子城在渭州華城縣東北八十里蓋子姓之別邑契興於唐虞大禹之際功業著於百姓百姓以平契卒子昭明立昭明卒子相土立宋衷曰相土就契封於商春秋左氏傳曰閼伯居商丘相土因之。索隱曰相土佐夏功著於商詩頌曰相土烈烈海外有截是也左傳曰昔陶唐氏火正閼伯居商丘相土因之是始封商也。正義曰括地志云宋州城古閼伯之墟即商丘也又云羿所封之地相土卒子昌若立昌若卒子曹圉立索隱曰系本作作粮圉也曹圉卒正義曰圉音語出系本子冥立宋衷曰冥爲司空勤其官事死於水中殷人郊之。索隱曰禮曰冥勤其官而水死殷人祖契而郊冥也冥卒子振立索隱曰系

本作核振卒子微立索隱曰皇甫謐云微字上甲其母以甲日生故也商家生子以日爲名蓋自微始譙周以爲死稱廟主曰甲也微卒子報丁立報丁卒子報乙立報乙卒子報丙立報丙卒子主壬立主壬卒子主癸立主癸卒子天乙立是爲成湯張晏曰禹湯皆字也二王去唐虞之文從高陽之質故夏殷之王皆以名爲號謚法曰除虐去殘曰湯。索隱曰湯名履書曰予小子履是也又稱天乙者譙周云夏殷之禮生稱王死稱廟主皆以帝名配之天亦帝也殷人尊湯故曰天乙從契至湯凡十四代故國語曰玄王勤商十四代興玄王契也成湯自契至湯八遷孔安國曰十四世凡八徙國都湯始居亳皇甫謐曰梁國穀熟爲南亳即湯都也。正義曰括地志云宋州穀熟縣西南三十五里南亳故城即南亳湯都也宋州北五十里大蒙城爲景亳湯所盟地因景山爲名河南偃師爲西亳帝嚳及湯所都盤庚亦從都之從先王居孔安國曰契父帝嚳都亳湯自商丘遷焉故曰從先王居。正義曰按亳偃師

城也商丘宋州也湯即位都南亳後徙西亳也括地志云亳邑故城在洛州偃師縣西十四里本帝嚳之墟商湯之都也作帝誥索隱曰一作告上云從先王居故作帝告孔安國以爲作誥告先王言已來居亳也湯征諸侯孔安國曰爲夏方伯得專征伐葛伯不祀湯始伐之孟子曰湯居亳與葛伯爲鄰地理志曰葛今梁國寧陵之葛鄉湯曰予有言人視水見形視民知治不伊尹曰明哉言能聽道乃進君國子民爲善者皆在王官勉哉勉哉湯曰汝不能敬命予大罰殛之無有攸赦作湯征伊尹名阿衡索隱曰孫子兵書伊尹名摯孔安國亦曰伊摯然解者以阿衡爲官名按阿倚也衡平也言依倚而取平書曰惟嗣王弗惠于阿衡亦曰保衡皆伊尹之官號非名也皇甫謐云伊尹力牧之後生於空桑又呂氏春秋云有侁氏女採得嬰兒于空桑後居伊水命曰伊尹尹正也謂湯使之正天下阿衡欲干湯而無由乃爲有

莘氏媵臣列女傳曰湯妃有莘氏之女。正義曰括地志云古莘國在汴州陳留縣東五里故莘城是也
陳留風俗傳云陳留外黄有莘昌亭本宋地莘氏邑也媵翊剩反爾雅云媵将送也負鼎俎以滋
味說湯致于王道或曰伊尹處士湯使人聘迎
之五反然後肯往從湯言素王及九主之事劉向
別録「九主者有法君專君授君勞君等君寄君破君國君三歲社君九九品圖畫其形。索隱曰按素王者太素上皇
其道質素故稱素王九主者三皇五帝及夏禹也或曰九主謂九皇也然按註劉向所稱九主載之七録名稱甚奇不知
所憑據耳法君謂用法嚴急之君若秦孝公及始皇等也勞君謂勤勞天下若禹稷等也等君者平也謂定等威均禄
賞若高祖封功臣侯雍齒也授君謂人君不能自理而政歸其臣若燕王噲授子之禹授益之比也專君謂專己獨斷不
任賢臣若漢宣之比也破君謂輕敵致寇國滅君死若楚戊吳濞等是也寄君謂人困於下主驕於上離析可待故孟軻
謂之寄君也國君國當爲固字之訛耳固謂完城郭利甲兵而不修德若三苗智伯之類也三歲社君謂在襁褓而主社

稷若周成王漢昭平等是也又註本九主謂法君勞君等君專君授君破君國君以三歲社君爲二恐非湯舉
任以國政伊尹去湯適夏既醜有夏復歸于亳
入自北門遇女鳩女房作女鳩女房孔安國曰鳩房二人湯之
賢臣也二篇皆所以醜夏而還之意也湯出見野張網四面祝曰自天
下四方皆入吾網湯曰嘻盡之矣乃去其三面
祝曰欲左左欲右右不用命乃入吾網諸侯聞
之曰湯德至矣及禽獸當是時夏桀爲虐政淫
荒而諸侯昆吾氏爲亂正義曰帝嚳時陸終之長於夏臺子昆吾氏之後也世本
云昆吾者衛氏是湯乃興師率諸侯伊尹從湯湯自把鉞
以伐昆吾遂伐桀湯曰格女衆庶來女悉聽朕

言匪台小子馬融曰台我也敢行舉亂有夏多罪予維聞
女衆言夏氏有罪予畏上帝不敢不正孔安國曰不敢不正
桀之罪而誅之今夏多罪天命殛之今女有衆女曰我君
不恤我衆舍我嗇事而割政孔安國曰奪民農功而爲割剝之政女其
曰有罪其奈何夏王率止衆力率奪夏國孔安國曰
桀之君臣相率遏止衆力使不得事農相率割剝夏之邑居有衆率怠不和馬融曰衆民相
率怠惰不和同曰是日何時喪予與女皆亡尚書大傳曰桀云天之有日猶
吾之有民日有亡哉日亡吾亦亡矣夏德若茲今朕必往爾尚及予
一人致天之罰予其大理女尚書理字作賚鄭玄曰賚賜也女毋
不信朕不食言索隱曰左傳云食言多矣能無肥乎是謂妄言爲食言女不從

誓言予則帑僇女無有攸赦以告令師作湯誓
於是湯曰吾甚武號曰武王詩云武王載旆有虔秉鉞毛傳曰武王湯也
桀敗於有娀之虛桀犇於鳴條正義曰括地志云高涯原在蒲州安
邑縣北三十里南坂口即古鳴條陌也鳴條戰地在安邑西夏師敗績湯遂伐三
嵕俘厥寶玉孔安國曰三嵕國名桀走保之今定陶也俘取也。正義曰括地志云曹州濟陰縣即古
定陶也東有三嵕亭是也義伯仲伯作典寶孔安國曰二臣作典寶一篇言國之常寶也
湯既勝夏欲遷其社不可孔安國曰欲變置社稷而後世無及句龍者故不可
而止作夏社孔安國曰言夏社不可遷之義伊尹報徐廣曰一云伊尹報政於是
諸侯必服湯乃踐天子位平定海內湯歸至于
泰卷陶徐廣曰一無此陶字孔安國曰地名湯自三嵕而還。索隱曰鄒誕生卷作餉又作洞則卷當爲餉

與尚書同非衍字也其下陶字是衍耳何以知然解尚書者以大坰今定陶是也舊本或傍記其地名後人轉寫遂衍斯字也○正義陶古銘反中䍒作誥孔安國曰仲虺湯左相奚仲之後○索隱曰仲虺二音䍒作壘音如字尚書又作虺也既絀夏命孔安國曰絀其王命還亳作湯誥維三月王自至於東郊告諸侯羣后毋不有功於民勤力迺事予乃大罰殛女毋予怨曰古禹皐陶久勞于外其有功乎民民乃有安東爲江北爲濟西爲河南爲淮四瀆已脩萬民乃有居后稷降播農殖百穀三公咸有功于民故后有立徐廣曰一作土○索隱曰謂禹皐陶有功於人建立其後故云有立昔蚩尤與其大夫作亂百姓帝乃弗予音與有狀索隱曰帝天也謂蚩尤作乱上天乃不佑之是爲弗與有狀言其罪大而有形狀故黃帝滅之先王言不可不勉索隱曰先王指黃帝帝堯帝舜等言禹咎繇以久勞于外故後有立及蚩尤作乱天不佑之乃致黃帝滅之皆是先王賞有功誅有罪言今汝不可不勉此湯誡其臣曰不道毋之在國徐廣曰之一作政○索隱曰不道猶無道也又誡諸侯云汝爲不道我則無令汝之在國女毋我怨以令諸侯伊尹作咸有一德王肅曰言君臣皆有一德○索隱曰按尚書伊尹作咸有一德在太甲時太史公記之於斯謂成湯之日其言又失次序咎單作明居馬融曰咎單湯司空也明居民之法也湯乃改正朔易服色上白朝會以晝湯崩皇覽曰湯冢在濟陰亳縣北東郭去州三里冢四方方各十步高七尺上平處平地漢哀帝建平元年大司空御史長卿案行水災因行湯冢劉向曰殷湯無葬處皇甫謐曰即位十七年而踐天子位爲天子十三年年百歲而崩○索隱曰長卿諸本多作劫姓按風俗通有御氏爲漢司空御史其名長卿明劫非也亦有劫弥不得爲御史○正義曰括地志云薄城北郭東三里平地有湯冢按在蒙即北薄也又云洛州偃師

縣東六里有湯冢近桐宮蓋此是也太子太丁未立而卒於是迺立太丁之弟外丙是爲帝外丙帝外丙即位三年崩立外丙之弟中壬正義曰仲壬二音是爲帝中壬帝中壬即位四年崩伊尹迺立太丁之子太甲正義曰尚書孔氏序云成湯既沒太甲元年不言有外丙仲壬而太史公採世本有外丙仲壬二書不同當是信則傳信疑則傳疑太甲成湯適長孫也是爲帝太甲帝太甲元年伊尹作伊訓作肆命作徂后鄭玄曰肆命者陳政教所當爲也徂后者言湯之法度也帝太甲既立三年不明暴虐不遵湯法亂德於是伊尹放之於桐宮孔安國曰湯葬地鄭玄曰地名也有王離宮焉○正義曰晉太康地記云尸鄉南有亳坂東有城太甲所放處也按尸鄉在洛州偃師縣西南五里也三年伊尹攝行政當國以朝諸侯帝太甲居桐宮三年悔過自責反善於是伊尹迺迎帝太甲而授之政帝太甲修德諸侯咸歸殷百姓以寧伊尹嘉之迺作太甲訓三篇襃帝太甲稱太宗太宗崩子沃丁立帝沃丁之時伊尹卒既葬伊尹於亳皇覽曰伊尹冢在濟陰己氏平利鄉亳近已氏○正義曰括地志云伊尹墓在洛州偃師縣西北八里又云宋州楚丘縣西北十五里有伊尹墓恐非也帝王世紀伊尹名摯爲湯相號阿衡年百歲卒天霧三日沃丁以天子禮葬之咎單遂訓伊尹事作沃丁沃丁崩弟太庚立是爲帝太庚帝太庚崩子帝小甲立徐廣曰世表云帝小甲太庚弟也帝小甲崩弟雍己立是爲帝雍己殷道衰諸侯或

不至帝雍已崩弟太戊立是爲帝太戊帝太戊立伊陟爲相（孔安國曰伊陟伊尹之子）亳有祥桑穀共生於朝一暮大拱（孔安國曰祥妖怪也二木合生不恭之罰鄭玄曰兩手搤之曰拱。索隱曰此云一暮大拱尚書大傳作七日大拱與此不同）帝太戊懼問伊陟伊陟曰臣聞妖不勝德帝之政其有闕與帝其修德太戊從之而祥桑枯死而去（索隱曰劉伯莊言枯死而消去不見今以爲由帝修德而祆祥遂去）伊陟贊言于巫咸（孔安國曰贊告也巫咸臣名也。正義曰按巫咸及子賢冢皆在蘇州常熟縣西海虞山上蓋二子本吳人也）巫咸治王家有成作咸艾（馬融曰艾治也）作太戊帝太戊贊伊陟于廟言弗臣伊陟讓作原命（馬融曰原臣名也命原以禹湯之道我所修也）殷復興諸侯歸之故稱中宗中宗崩子帝仲丁立帝仲丁遷于隞（孔安國曰地名皇甫謐曰或云河南敖倉是。索隱曰隞亦作囂並音敖字。正義曰括地志云滎陽故城在鄭州滎澤縣西南十七里殷時敖地也）河亶甲居相（孔安國曰地名在河北。正義曰括地志云故殷城在相州內黃縣東南十三里即河亶甲所築都之故名殷城也）祖乙遷于邢（索隱曰邢音耿近代本亦作耿今河東皮氏縣有耿鄉。正義曰括地志云絳州龍門縣東南十二里耿城故耿國也）帝仲丁崩弟外壬立是爲帝外壬仲丁書闕不具（索隱曰蓋太史公知舊有仲丁書今已遺闕不具也）帝外壬崩弟河亶甲立是爲帝河亶甲河亶甲時殷復衰河亶甲崩子帝祖乙立帝祖乙立殷復興巫賢任職祖乙崩子帝祖辛立帝祖辛崩弟沃甲立是爲帝沃甲（索隱曰系本作開甲也）帝沃甲

崩立沃甲兄祖辛之子祖丁是爲帝祖丁帝祖丁崩立弟沃甲之子南庚是爲帝南庚帝南庚崩立帝祖丁之子陽甲是爲帝陽甲帝陽甲之時殷衰自中丁以來廢適而更立諸弟子弟子或爭相代立比九世亂於是諸侯莫朝帝陽甲崩弟盤庚立是爲帝盤庚帝盤庚之時殷已都河北盤庚渡河南復居成湯之故居迺五遷無定處（孔安國曰自湯至盤庚凡五遷都。正義曰湯自南亳遷西亳仲丁遷敖河亶甲居相祖乙居耿盤庚渡河南居西亳是五遷也）殷民咨胥皆怨不欲徙（孔安國曰胥相也民不欲徙皆咨嗟憂愁相與怨其上也）盤庚乃告諭諸侯大臣曰昔高后成湯與爾之先祖俱定天下法則可修舍而弗勉何以成德乃遂涉河南治亳（鄭玄曰治於亳之殷地商家自此徙而改號曰殷亳皇甫謐曰今偃師是也）行湯之政然後百姓由寧殷道復興諸侯來朝以其遵成湯之德也帝盤庚崩弟小辛立是爲帝小辛帝小辛立殷復衰百姓思盤庚迺作盤庚三篇（索隱曰尚書盤庚將治亳殷民咨胥怨作盤庚此以盤庚崩弟小辛立百姓思之乃作盤庚由不見古文也）帝小辛崩弟小乙立是爲帝小乙帝小乙崩子帝武丁立帝武丁即位思復興殷而未得其佐三年不言政事決定於冢宰（鄭玄曰冢宰天官卿貳王事者）以觀國風武丁夜夢得聖人名曰說

以夢所見視羣臣百吏皆非也於是迺使百工營求之野得說於傅險中徐廣曰尸子云傅巖在北海之洲。索隱曰舊本作險亦作巖也。正義曰地理志云傅險即傅說版築之處所隱之處窟名聖人窟在今陝州河北縣北七里即虞國虢國之界又有傅說祠注水經云沙澗水北虞山南經傅巖傅說隱室前俗名聖人窟是時說爲胥靡築於傅險孔安國曰傅氏之巖在虞虢之界通道所經有澗水壞道常使胥靡刑人築護此道說賢而隱代胥靡築之以供食也見於武丁武丁曰是也得而與之語果聖人舉以爲相殷國大治故遂以傅險姓之號曰傅說帝武丁祭成湯明日有飛雉登鼎耳而呴正義曰音構呴雉鳴也詩云雉之朝呴武丁懼祖己曰孔安國曰賢臣名王勿憂先修政事祖己乃訓王曰唯天監下典

厥義孔安國曰言天視下民以義爲常也降年有永有不永非天夭民中絕其命民有不若德不聽罪天既附命正厥德孔安國曰不順德言無義也不服罪不改修也天以信命正其德謂其有永有不永。索隱曰附依尚書音孚乃曰其奈何嗚呼王嗣敬民罔非天繼常祀毋禮于弃道孔安國曰王者主民當敬民事無非天時天時所常祀也祭祀有常不當特豐於近也。索隱曰祭祀有常無爲豐殺之禮於是以弃常道武丁修政行德天下咸驩殷道復興帝武丁崩子帝祖庚立祖己嘉武丁之以祥雉爲德立其廟爲高宗遂作高宗肜日及訓孔安國曰祭之明日又祭殷曰肜周曰繹帝祖庚崩弟祖甲立是爲帝甲帝甲淫亂殷復衰索隱曰國語曰帝甲亂之七代而隕是也帝甲

崩子帝廩辛立索隱曰漢書古今人表及帝王代紀皆作馮辛帝廩辛崩弟庚丁立是爲帝庚丁帝庚丁崩子帝武乙立殷復去亳徙河北帝武乙無道爲偶人索隱曰偶音寓亦如字。正義曰偶五苟反偶對以土木爲人對象於人形也謂之天神與之博令人爲行正義爲于僞反行胡孟反天神不勝乃僇辱之爲革囊盛血仰而射之命曰射天武乙獵於河渭之閒暴雷武乙震死子帝太丁立帝太丁崩子帝乙立帝乙立殷益衰帝乙長子曰微子啓索隱曰微國號爵爲子啓名也孔子家語云微或作魏讀從微音鄒本亦然也啓母賤不得嗣索隱曰此以啓與紂異母而鄭玄稱爲同母依呂氏春秋言母當生啓時猶未正立及生紂時始正爲妃故啓大而庶紂小而嫡少子辛

辛母正后辛爲嗣帝乙崩子辛立是爲帝辛天下爲之紂諡法曰殘義損善曰紂帝紂資辨捷疾聞見甚敏材力過人手格猛獸正義曰帝王世紀云紂倒曳九牛撫梁易柱也知足以距諫言足以飾非矜人臣以能高天下以聲以爲皆出己之下好酒淫樂嬖於婦人愛妲己皇甫謐曰有蘇氏美女。索隱曰國語有蘇氏女妲字己姓也妲己之言是從於是使師涓作新淫聲北里之舞靡靡之樂厚賦稅以實鹿臺之錢如淳曰新序曰鹿臺其大三里高千尺。瓚曰鹿臺臺名今在朝歌城中。正義曰括地志云鹿臺在衞縣西南二十二里而盈鉅橋之粟服虔曰鉅橋倉名許愼曰鉅鹿水之大橋有漕粟也。索隱曰鄒誕生云鉅大橋器名也紂厚賦稅故因器而大其名益收狗馬奇物

充仞宮室益廣沙丘苑臺爾雅曰迤邐沙丘也地理志曰在鉅鹿東北七十里○正義曰括地志云沙丘臺在邢州平鄉東北二十里竹書紀年云自盤庚徙殷至紂之滅七百七十三年更不徙都紂時稍大其邑南距朝歌北據邯鄲及沙丘皆為離宮別館多取野獸蜚鳥置其中慢於鬼神大最樂戲於沙丘徐廣曰最一作聚以酒為池正義曰括地志云酒池在衛州衛縣西二十三里太公六韜云紂為酒池迴船糟丘而牛飲者三千餘人為輩縣肉為林正義縣戶眠反使男女倮正義胡瓦反相逐其閒為長夜之飲百姓怨望而諸侯有畔者於是紂乃重辟刑有炮烙之法列女傳曰膏銅柱下加之炭令有罪者行焉輒墮炭中妲己笑名曰炮烙之刑○索隱曰鄒誕生烙一音閣又云見蟻布銅斗足廢而死於是為銅烙炊炭其下使罪人步其上與列女傳少異以西伯昌九侯徐廣曰一作鬼侯鄴縣有九侯城○索隱曰九亦依字讀鄒誕生音仇也○正義曰括地志云相州滏陽縣西南五十里有九侯城亦名鬼侯城蓋殷時九侯城也鄂侯徐廣曰一作邘音于野王縣有邘城為三公九侯有好女入之紂九侯女不憙淫徐廣曰一云無不憙淫紂怒殺之而醢九侯鄂侯爭之彊辨之疾并脯鄂侯西伯昌聞之竊嘆崇侯虎知之以告紂紂囚西伯羑里地理志曰河內湯陰有羑里城西伯所拘處韋昭曰音酉○正義曰牖一作羑音酉羑城在相州湯陰縣北九里紂囚西伯城也帝王世紀云囚文王文王之長子曰伯邑考質於殷為紂御紂烹為羹賜文王曰聖人當不食其子羹文王食之紂曰誰謂西伯聖者食其子羹尚不知也西伯之臣閎夭之徒求美女奇物善馬以獻紂紂乃赦西伯西伯出而獻洛西之地正義曰洛水一名漆沮水在同州洛西之地謂洛西丹方等州也以請除炮烙之刑紂乃許之賜弓

矢斧鉞使得征伐為西伯而用費中為政正義曰費音扶味反中音仲費姓仲名也費中善諛好利殷人弗親紂又用惡來索隱曰秦之祖蜚廉子惡來善毀讒諸侯以此益疏西伯歸乃陰修德行善諸侯多叛紂而往歸西伯西伯滋大紂由是稍失權重王子比干諫弗聽商容賢者百姓愛之紂廢之及西伯伐飢國滅之徐廣曰飢一作肵又作耆紂之臣祖伊孔安國曰祖己後賢臣也聞之而咎周孔安國曰咎惡也恐奔告紂曰天既訖我殷命假人元龜徐廣曰元一作卜無敢知吉馬融曰元龜大龜也長尺二寸孔安國曰至人以人事觀殷大龜以神靈考之皆無知吉者非先王不相我後人孔安國曰相助也維王淫虐用自絕故天棄我不有安食不虞知天性不迪率典鄭玄曰王暴虐於民使不得安食逆亂陰陽不度天性傲很明德不修教法者今我民罔不欲喪曰天曷不降威大命胡不至今王其奈何紂曰我生不有命在天乎祖伊反曰紂不可諫矣西伯既卒周武王之東伐至盟津諸侯叛殷會周者八百諸侯皆曰紂可伐矣武王曰爾未知天命乃復歸紂愈淫亂不止微子數諫不聽乃與太師少師謀遂去比干曰為人臣者不得不以死爭迺強諫紂紂怒曰吾聞聖人心有七竅剖比干觀其心正義曰括地志云比干見微子去箕子狂乃歎曰主過不

諫非忠也畏死不言非勇也過則諫不用則死忠之至也進諫不去者三日紂問何以自持比干曰修善行仁以義自持紂怒曰吾聞聖人心有竅信諸遂殺比干刳視其心也箕子懼乃詳狂爲奴紂又囚之殷之太師少師乃持其祭樂器奔周周武王於是遂率諸侯伐紂紂亦發兵距之牧野鄭玄曰牧野紂南郊地名也。正義曰括地志云今衞州城即殷牧野之地周武王伐紂築也甲子日紂兵敗紂走入登鹿臺徐廣曰鹿一作廩衣其寶玉衣赴火而死正義曰周書云紂取天智玉琰五環身以自焚周武王遂斬紂頭縣之白旗殺妲己釋箕子之囚封比干之墓表商容之閭索隱曰皇甫謐云商容與殷人觀周軍之入則以爲人名鄭玄云商家樂官知禮容所以禮署稱容臺封紂子武庚祿父以續殷祀譙周曰殷凡三十一世六百餘年汲冢紀年曰湯滅夏以至于受二十九王用歲四百九十六年也令修行盤庚之政殷民大說於是周武王爲天子其後世貶帝號號爲王索隱曰按夏殷天子亦皆稱帝代以德薄不及五帝始貶帝號號之爲王故本紀皆帝而後總曰三王也而封殷後爲諸侯屬周正義曰即武庚祿父也周武王崩武庚與管叔蔡叔作亂成王命周公誅之而立微子於宋以續殷後焉

太史公曰余以頌次契之事自成湯以來采於書詩契爲子姓其後分封以國爲姓有殷氏來氏宋氏空桐氏稚氏索隱曰按系本子姓無北殷氏索隱曰系本作髦氏又有時氏蕭氏黎氏然北殷氏蓋秦寧公所伐亳王湯之後也目夷氏孔子曰殷路車

爲善而色尚白索隱曰論語孔子曰乘殷之路禮記曰殷人尚白太史公爲贊不取成文遂作此語疎也

索隱述贊曰

簡狄吞乙　是爲殷祖　玄王啓商

伊尹負俎　上開三面　下獻九主

旋師泰卷　繼相臣扈　遷囂圮耿

不常厥土　武乙無道　禍因射天

帝辛淫亂　拒諫賊賢　九侯見醢

炮烙興焉　黃鉞斯杖　白旗是懸

哀哉瓊室　殷祀用遷

史貳阡玖伯陸拾伍字

註肆阡伍伯壹拾貳字

殷本紀第三　史記三

周本紀第四　史記四

周后稷 正義曰因太王所居周原因號曰周地理志云右扶風縣岐山西北中水鄉周太王所邑括地志云故周城一名美陽城在雍州武功縣西北二十五里即太王城也 名弃其母有邰氏女曰姜原 正義曰邰天來反亦作斄同說文云邰炎帝之後姜姓封邰周棄外家 姜原 韓詩章句曰姜姓原字或曰姜原謚號也 姜原爲帝嚳元妃 索隱曰譙周以爲弃帝嚳之冑其父亦不著與此紀異也 姜原出野見巨人跡心忻然說欲踐之踐之而身動如孕者居期而生子以爲不祥弃之隘巷 索隱曰巳下皆詩大雅生民篇所云誕寘之隘巷牛羊腓字之誕寘之平林會伐平林誕寘之寒冰鳥覆翼之是其事也 馬牛過者皆辟不踐徙置之林中適會山林多人遷之而弃渠中冰上飛鳥以其翼覆薦之

姜原以爲神遂收養長之初欲弃之因名曰弃 正義曰古史考云弃帝嚳之冑其父亦不著與此文稍異也 弃爲兒時屹如巨人之志其游戲好種樹麻菽麻菽美及爲成人遂好耕農相地之宜宜穀者稼穡焉 正義曰種曰稼斂曰穡 民皆法則之帝堯聞之舉弃爲農師天下得其利有功帝舜曰弃黎民始飢 徐廣曰今文尚書云祖飢故此作始飢祖始也 爾后稷播時百穀封弃於邰 徐廣曰今斄鄉在扶風。索隱曰即詩生民曰有邰家室是也邰即斄古今字異耳。正義曰括地志云故斄城一名武功城在雍州武功縣西南二十二里古邰國后稷所封也有后稷及姜嫄祠毛萇云邰姜嫄國也后稷所生堯見天因邰而生后稷故因封於邰也 號曰后稷別姓姬氏 禮緯曰祖以履大跡而生 后稷之興在陶唐虞夏之際

皆有令德后稷卒 山海經大荒經曰黑水青水之間有廣都之野后稷葬焉皇甫謐曰冢去中國三萬里也 子不窋立 索隱曰帝王世紀云后稷納姞氏生不窋而譙周按國語云世后稷以服事虞夏言世稷官是失其代數也若不窋親弃之子至文王千餘歲唯十四代亦不合事情。正義曰括地志云不窋故城在慶州弘化縣南三里即不窋在戎狄所居之城也毛詩疏云虞及夏殷共有千二百歲每世在位皆八十年乃可充其數耳命之短長古今一也而使十五世君在位皆八十許載子必將老始生不近人情之甚以理而推實難據信也 不窋末年夏后氏政衰去稷不務 韋昭曰夏太康失國廢稷之官不復務農。索隱曰國語曰弃稷不務此云去去稷者是太史公恐弃是后稷之名故變文云去也言夏政衰不窋去稷官不復務農者也 不窋以失其官而犇戎狄之間不窋卒子鞠立鞠卒子公劉立公劉雖在戎狄之間復修后稷之業務耕種行地宜自漆沮度渭取材用 正義曰公劉從漆縣漆水南渡渭水至南山取材木爲用也括地志云豳州新平縣即漢漆縣也漆水在岐州普閏縣東岐山漆水東入渭

行者有資居者有畜積民賴其慶百姓懷之多徙而保歸焉周道之興自此後故詩人歌樂思其德 索隱曰即詩大雅篤公劉是也 公劉卒子慶節立國於豳 徐廣曰新平漆縣之東北有豳亭。索隱曰豳即邠也古今字異耳。正義曰括地志云豳州新平縣即漢漆縣詩豳國公劉所邑之地也 慶節卒子皇僕立皇僕卒子差弗立差弗卒子毀隃立 音踰世本作榆。索隱曰世本作僞榆 毀隃卒子公非立 索隱曰世本云公非辟方皇甫謐云公非字辟方也 公非卒子高圉立 宋忠曰高圉能率稷者也周人報之。索隱曰世本云高圉侯侔 高圉卒子亞圉立 系本云亞圉雲都皇甫謐云雲都亞圉字。索隱曰漢書古今人表曰雲都亞圉弟按如此說則辟方侯侔亦皆二人之名實未

能詳

亞圉卒子公叔祖類立索隱曰世本云太公組紺諸盩三代世表稱叔類凡

四名皇甫謐云公祖一名組紺諸盩字叔類號曰太公也公叔祖類卒子古公亶父

立古公亶父復修后稷公劉之業積德行義國

人皆戴之薰育戎狄攻之欲得財物予之已復

攻欲得地與民民皆怒欲戰古公曰有民立君

將以利之今戎狄所為攻戰以吾地與民民之

在我與其在彼何異民欲以我故戰殺人父子

而君之予不忍為乃與私屬遂去豳度漆沮徐廣

曰水在杜陽岐山杜陽縣在扶風踰梁山正義曰括地志云梁山在雍州好時縣西北十八里鄭玄云岐

山西南然則梁山橫長其東當陽西北臨河其西當岐山東北自豳適周當踰之矣止於岐下徐廣曰山

在扶風美陽西北其南有周原皇甫謐云邑於周地故始改國曰周豳人舉國扶老攜弱

盡復歸古公於岐下及他旁國聞古公仁亦多

歸之於是古公乃貶戎狄之俗而營築城郭室

屋而邑別居之徐廣曰分別而為邑落也作五官有司禮記曰天子之五官

曰司徒司馬司空司士司寇典司五衆鄭玄曰此殷時制民皆歌樂之頌其德索隱曰即

詩頌云后稷之孫實維太王居岐之陽實始翦商是也古公有長子曰太伯次

曰虞仲太姜正義曰國語云齊許申呂四國皆姜姓也四岳之後太姜之家太王之妃王季之母

生少子季歷季歷娶太任列女傳曰太姜有台氏之女太任摯任氏之中女。

正義曰國語云摯疇二國任姓奚仲仲虺之後太任之家太任王季之妃文王母也皆賢婦人正義曰列

女傳云太姜太王娶以為妃生太伯仲雍王季太姜有色而貞順率導諸子至於成童靡有過失太王謀事必於太姜遷

從必與太任之性端壹誠莊維德之行及其有身目不視惡色耳不聽淫聲口不出傲言能以胎教

子而生文王此皆有賢行也生昌有聖瑞正義曰尚書帝命驗云季秋之月甲子赤爵銜丹書

入于酆止于昌戶其書云敬勝怠者吉怠勝敬者滅義勝欲者從欲勝義者凶凡事不強則不枉不敬則不正枉者廢滅

敬者萬世以仁得之以仁守之其量百世以不仁得之以仁守之其量十世以不仁得之不仁守之不及其世此蓋聖瑞

古公曰我世當有興者其在昌乎長子太伯虞

仲知古公欲立季歷以傳昌乃二人亡如荊蠻

正義曰太伯奔吳所居城在蘇州北五十里常州無錫縣界梅里村其城及冢見存而云亡荊蠻者楚滅越其地屬楚秦

滅楚其地屬秦秦諱楚改曰荊故通號吳越之地為荊及北人書史加云蠻勢之然也文身斷髮應劭

曰常在水中故斷其髮文其身以象龍子故不見傷害以讓季歷古公卒季歷

立是為公季公季修古公遺道篤於行義諸侯

順之公季卒皇甫謐曰葬鄠縣之南山子昌立是為西伯西伯

曰文王正義曰帝王世紀云文王龍顏虎肩身長十尺有四乳雒書靈準聽云蒼帝姬昌日角鳥鼻高長八尺

二寸聖智慈理也遵后稷公劉之業則古公公季之法篤

仁敬老慈少禮下賢者日中不暇食以待士士

以此多歸之伯夷叔齊在孤竹應劭曰在遼西令支。正義曰括地

志云孤竹故城在平州盧龍縣南十二里殷時諸侯竹國也姓默氏也聞西伯善養老盍

往歸之太顛閎夭散宜生鬻子辛甲大夫之徒

皆往歸之劉向別錄曰鬻子名熊封於楚辛甲故殷之臣事紂蓋七十五諫而不聽去至周召公與語賢

之告文王文王親自迎之以為公卿封長子長子今上黨所治縣是也崇侯虎譖西伯於

殷紂曰西伯積善累德諸侯皆嚮之將不利於

帝紂乃囚西伯於羑里閎夭之徒患之乃求有莘氏美女（正義曰括地志云古㜪國城在同州河西縣南二十里世本云莘國㜪姓夏禹之後即散宜生等求有莘美女獻紂者）驪戎之文馬（正義曰括地志云驪戎故城在雍州新豐縣東南十六里殷周時驪戎國城也按駁馬赤鬣縞身目如黃金文王以獻紂也）有熊九駟（正義曰括地志云鄭州新鄭縣本有熊氏之墟也按九駟三十六匹馬也）他奇怪物因殷嬖臣費仲而獻之紂紂大說曰此一物足以釋西伯（索隱曰一物謂㜪氏之美女也以殷紂淫昏好色故知然）況其多乎乃赦西伯賜之弓矢斧鉞使西伯得征伐曰譖西伯者崇侯虎也西伯乃獻洛西之地以請紂去炮烙之刑紂許之西伯陰行善諸侯皆來決平於是虞芮之人（地理志虞在河東太陽縣芮在馮翊臨晉縣。正義曰括地志云故虞城在陝州河北縣東北五十里虞山之上古虞國也故芮城縣西二十里古芮國也晉太康地記云虞西百四十里有芮城括地志云又閒原在河北縣西六十五里詩云虞芮質厥成毛萇云虞芮之君相與爭田久而不平乃相謂曰西伯仁人盍往質焉乃相與朝周二國君相謂曰我等小人不可履君子之庭乃相讓所爭地以為閒原至今尚在注引地理志芮在臨晉者恐疎然閒原在河東復與虞芮相接臨晉在河西同州非臨晉芮城明矣）有獄不能決乃如周入界耕者皆讓畔民俗皆讓長虞芮之人未見西伯皆慙相謂曰吾所爭周人所恥何往為秪取辱耳遂還俱讓而去諸侯聞之曰西伯蓋受命之君明年伐犬戎（山海經曰有人人面獸身名曰犬戎。正義曰又云黃帝生苗龍苗龍生融吾融吾生并明并明生白犬白犬有二是為犬戎說文云赤狄本犬種故字從犬又後漢書云犬戎槃瓠之後也今長沙武陵之郡太半是也又

毛詩疏云犬戎昆夷是也）明年伐密須（應劭曰密須氏姞姓之國瓚曰安定陰密縣是。正義曰括地志云陰密故城在涇州鶉觚縣西其東接縣城即古密國杜預云姞姓國在安定陰密縣也）明年敗耆國（徐廣曰一作𨚕。正義曰即黎國也鄒誕生云本或作黎孔安國云黎在上黨東北括地志云故黎城黎侯國也在路州黎城縣東北十八里尚書云西伯既戡黎是也）殷之祖伊聞之懼以告帝紂紂曰不有天命乎是何能為明年伐邘（徐廣曰邘城在野王縣西北音于。正義曰括地志云故邘城在懷州河內縣西北二十七里古邘國城也左傳云邘晉應韓武王之穆也）明年伐崇侯虎（正義曰皇甫謐云夏鯀封虞夏商周皆有崇國崇國蓋在豐鎬之間詩云既伐于崇作邑于豐是國之地也）而作豐邑（徐廣曰豐在京兆鄠縣東有靈臺鎬在上林昆明北有鎬池去豐二十五里皆在長安南數十里。正義曰括地志云周豐宮周文王宮也在雍州鄠縣東三十五里鎬在雍州西南三十二里）自岐下而徙都豐明年西伯崩（徐廣曰文王九十七乃崩。正義曰括地志云周文王墓在雍州萬年縣西南二十八里原上也）太子發立是為武王西伯蓋即位五十年其囚羑里蓋益易之八卦為六十四卦（正義曰乾鑿度云垂黃策者羲益卦演德者文成命者孔也易正義云伏羲制卦文王卦辭周公爻辭孔十翼也按太史公言蓋者乃疑辭也文王著演易之功作周紀方贊其美不敢專定重易故稱蓋也）詩人道西伯蓋受命之年稱王而斷虞芮之訟（正義曰二國相讓後諸侯歸西伯者四十餘國咸尊西伯為王蓋此年受命之年稱王也帝王世紀云文王即位四十二年歲在鶉火文王更為受命之元年始稱王矣又毛詩云文王九十七而終終時受命九年則受命之元年年八十九也）後十年而崩（正義曰十當為九其說在後）謚為文王（正義曰謚法經緯天地曰文）改法度制正朔矣追尊古公為太王公季為王季（正義曰易緯云文王受命改正朔有王號於天下鄭玄信而用之言文王稱王已改正朔布王號矣

按天無二日土無二王豈殷紂尚存而周稱王哉若文王自稱王改正朔則是功業成矣武王何復得云大勳未集欲卒父業也禮記大傳云牧之野武成大事而退追王大王亶父王季歷文王昌據此文乃是追王爲王何得文王自稱王改正朔也**蓋王瑞自太王興**正義曰古公在邠被戎狄攻戰奪民大王曰民之在我與彼何異殺人父子而君之予不忍爲遂遠去邠止於岐下邠人舉國盡歸古公他國聞古公仁亦多歸之乃貶戎狄之俗爲室屋邑落而分別居之季歷又生昌有聖瑞蓋是王瑞自大王興時而興起也然自西伯蓋即位五十年以下至大王興在西伯崩後重述其事爲經傳不同不可全棄乃略而書之引次其下事必可疑故數言蓋也**武王即位**正義曰謚法克定禍亂曰武春秋元命包云武王駢齒是謂剛強也**太公望爲師周公旦爲輔召公畢公之徒左右王師修文王緒業九年武王上祭于畢**馬融曰畢文王墓地名也。索隱曰按文云上祭于畢則畢天星之名畢星主兵故師出而祭畢星也。正義曰上音時掌反尚書武成篇云我文考文王誕膺天命以撫方夏惟九年大統未集

太誓篇序云惟十有一年武王伐殷太誓篇云惟十有三年春大會于孟津大戴禮云文王十五而生武王則武王少文王十四歲矣禮記文王世子云文王九十七而終武王九十三而終按文王崩時武王已八十三矣八十四即位至九十三崩武王即位適滿十年言十三年伐紂者續文王受命年欲明其卒父業故也金縢篇云惟克商二年王有疾不愈按文王受命九年而崩十一年武王服闋觀兵孟津十三年克紂十五年有疾周公請命王有瘳後四年而崩則武王年九十三矣而太史公云九年王觀兵十一年伐紂則以爲武王即位年數與尚書違甚疎矣**東觀兵至于盟津**徐廣曰譙周云史記武王十一年東觀兵十三年克紂**爲文王木主載以車中軍武王自稱太子發言奉文王以伐不敢自專乃告司馬司徒司空諸節**馬融曰諸受符節有司也**齊栗信哉予無知以先祖有德臣小子受先功**徐廣曰一云予小子受先公功**畢立賞罰以定其功遂興師師尚父號曰**

鄭玄曰號令之軍法重者**總爾衆庶與爾舟楫後至者斬武王渡河中流白魚躍入王舟中**馬融曰魚者介鱗之物兵象也白者殷家之正色言殷之兵衆與周之象也。索隱曰此已下至火復王屋爲烏皆見周書及今文泰誓**武王俯取以祭既渡有火自上復于下至于王屋流爲烏其色赤其聲魄云**馬融曰王屋王所居屋流行也魄然安定意也鄭玄曰書說云烏有孝名武王卒父大業故烏瑞臻赤者周之正色也。索隱曰按今文泰誓流爲鵰鵰摯鳥也馬融云明武王能伐紂鄭玄云烏是孝鳥言武王能終父業亦各隨文而解也**是時諸侯不期而會盟津者八百諸侯諸侯皆曰紂可伐矣武王曰女未知天命未可也乃還師歸居二年聞紂昏亂暴虐滋甚殺王子比干囚箕子太師疵少師彊抱其樂**

器而犇周於是武王徧告諸侯曰殷有重罪不可以不畢伐徐廣曰一作滅**乃遵文王遂率戎車三百乘虎賁三千人**孔安國曰虎賁勇士稱也若虎賁言其猛也**甲士四萬五千人以東伐紂十一年十二月戊午師畢渡盟津**正義曰畢盡也盡從何南渡河北**諸侯咸會曰孳孳無怠武王乃作太誓告于衆庶今殷王紂乃用其婦人之言自絕于天毀壞其三正**馬融曰動逆天地人也。正義曰按三正三統也周以建子爲天統殷以建丑爲地統夏以建寅爲人統也**離逷其王父母弟**鄭玄曰王父母弟祖父母之族必言母弟舉親者言之也**乃斷弃其先祖之樂乃爲淫聲用變亂正聲怡說婦人**徐廣曰怡一作辭**故今予發維**

共行天罰勉哉夫子鄭玄曰夫子丈夫之稱不可再不可三二月徐廣曰一作正此建丑之月殷之正月周之二月也甲子昧爽孔安國曰昧冥也爽明早旦也武王朝至于商郊牧野乃誓孔安國曰癸亥夜陳甲子朝誓之。正義曰括地志云衛州城故老云周武王伐紂至於商郊牧野乃築此城酈元注水經云自朝歌南至清水土地平衍據皐跨澤悉牧野也括地志又云紂都朝歌在衛州東北七十三里朝歌故城是也本妹邑殷王武丁始都之帝王世紀云帝乙復濟河北徙朝歌其子紂仍都焉武王左杖黃鉞右秉白旄孔安國曰鉞以黃金飾斧左手杖鉞示無事於誅右手把旄示有事於教令以麾曰遠矣西土之人孔安國曰勞苦之武王曰嗟我有國冢君馬融曰冢大也司徒司馬司空亞旅師氏孔安國曰亞次旅衆大夫也其位次卿師氏大夫官以兵守門千夫長百夫長孔安國曰師率卒率及庸蜀羌髳微纑彭濮人孔安國曰八國皆蠻夷戎狄羌在西蜀叟髳微在巴蜀纑彭在西北庸濮在江漢之南馬融曰武王所率將來伐紂也。正義曰髳音矛括地志云房州竹山縣及金州古庸國也益州及巴利等州皆古蜀國隴右岷洮叢最等州以西羌也姚府以南古髳國之地戎府之南古微纑彭三國之地濮在楚西南有髳州微濮州瀘府彭州焉武王率西南夷諸州伐紂也稱爾戈孔安國曰稱舉也比爾干立爾矛予其誓王曰古人有言牝雞無晨牝雞之晨惟家之索孔安國曰索盡也晳婦人知外事雌代雄鳴則家盡也今殷王紂維婦人言是用自棄其先祖肆祀不答鄭玄曰肆祭名答問也昏棄其家國遺其王父母弟不用乃維四方之多罪逋逃是崇是長是信是使孔安國曰言紂棄其賢臣而尊長逃亡罪人信用之也俾暴虐于百姓以姦軌于商國今予發維共行天之罰

今日之事不過六步七步乃止齊焉孔安國曰今日戰事不過六步七步乃止相齊言當旅進一心也夫子勉哉不過於四伐五伐六伐七伐乃止齊焉孔安國曰伐謂擊刺也少則四五多則六七以爲例也勉哉夫子尚桓桓鄭玄曰桓桓威武兒如虎如羆如豺如離徐廣曰此訓與螭同于商郊不御克犇以役西土鄭玄曰御彊禦謂彊暴也克殺也不得暴殺紂師之犇走者當以爲周之役也勉哉夫子爾所不勉其于爾身有戮鄭玄曰所言且也誓已諸侯兵會者車四千乘陳師牧野帝紂聞武王來亦發兵七十萬人距武王武王使師尚父與百夫致師周禮環人掌致師鄭玄曰致師者致其必戰之志也古者將戰先使勇力之士犯敵焉春秋傳曰楚許伯御樂伯攝叔爲右以致晉師許伯曰吾聞致師者御靡旌摩壘而還樂伯曰吾聞致師者左射以菆代御執轡御下兩馬掉鞅而還攝叔曰吾聞致師者右入壘折馘執俘而還皆行其所聞而復以大卒馳帝紂師徐廣曰帝一作商。正義曰大卒謂戎車三百五十乘士卒二萬六千二百五十人有虎賁三千人紂師雖衆皆無戰之心心欲武王亟入紂師皆倒兵以戰以開武王武王馳之紂兵皆崩畔紂紂走反入登于鹿臺之上蒙衣其珠玉正義曰衣音於既反周書云甲子夕紂取天智玉琰五環身以自焚注天智玉之善者縫環其身自厚也凡焚四千玉也庶玉則銷天智玉不銷紂身不盡也自燔于火而死武王持大白旗以麾諸侯諸侯畢拜武王武王乃揖諸侯正義曰武王率諸侯伐天子天子已死諸侯畢賀故武王揖諸侯言先拊循之心也諸侯畢從武王至商國正義曰謂至朝歌商國百姓咸待於郊於是武

王使羣臣告語商百姓曰上天降休商人皆再拜稽首武王亦答拜 索隱曰武王雖以臣伐君頗有慙德不應荅商人之拜太史公失辭耳尋上文諸侯畢拜賀武王武王尚且報揖無容遂下拜商人 遂入至紂死所武王自射之三發而後下車以輕劍擊之 正義曰周書作輕呂擊之輕呂劍名也 以黃鉞斬紂頭縣大白之旗已而至紂之嬖妾二女二女皆經自殺武王又射三發擊以劍斬以玄鉞 司馬法曰夏執玄鉞宋均曰玄鉞用鐵不磨礪 縣其頭小白之旗武王已乃出復軍其明日除道修社及商紂宮及期百夫荷罕旗以先驅 蔡邕獨斷曰前驅有九旒雲罕東京賦曰雲罕九旒薛綜曰旒旗名 武王弟叔振鐸奉陳常車周公旦把大鉞畢公把小鉞以夾武王散宜生太顛閎夭皆執劍以衛武王既入立于社南大卒之左右畢從毛叔鄭奉明水 周禮曰司烜氏以鑑取明水於月鄭玄曰鑑鏡屬也取月之水欲得陰陽之絜氣陳明水以為玄酒○索隱曰明明水也舊本皆無水字今本有水字若惟云奉明其義未見不知是明何物也烜音毀 衛康叔封布茲 徐廣曰茲者籍席之名諸侯病曰負茲○索隱曰茲一作苙公明草也言茲舉成器言苙見絜草也 召公奭贊采 正義曰贊佐也采幣也 師尚父牽牲尹佚筴祝曰 正義曰尹佚讀筴書祝文以祭社也 殷之末孫季紂 正義曰周書作末孫受德受德紂字也 殄廢先王明德侮蔑神祇不祀昏暴商邑百姓其章顯聞于天皇上帝於是武王再拜稽首曰膺更 監本作受 大命革殷受天明命武

王又再拜稽首乃出封商紂子祿父殷之餘民武王為殷初定未集乃使其弟管叔鮮蔡叔度相祿父治殷 正義曰地理志云河內殷之舊都周既滅殷分其畿內為三國詩邶鄘衛是邶以封紂子武庚鄘管叔尹之衛蔡叔尹之以監殷民謂之三監帝王世紀云自殷都以東為衛管叔監之殷都以西為鄘蔡叔監之殷都以北為邶霍叔監之是為三監按二說各異未詳也 已而命召公釋箕子之囚 徐廣曰釋一作原 命畢公釋百姓之囚表商容之閭命南宮括散鹿臺之財發鉅橋之粟以振貧弱萌隸命南宮括史佚展九鼎保玉 徐廣曰保一作寶 命閎夭封比干之墓 正義曰封謂益其土及畫疆界括地志云比干墓在衛州汲縣北十里二百五十步 命宗祝享祠于軍乃罷兵西歸行狩記政事作武成 孔安國曰武功成也 封諸侯班賜宗彝作分殷之器物 鄭玄云宗彝宗廟樽也作分器著王之命及受物 武王追思先聖王乃襃封神農之後於焦 地理志弘農陝縣有焦城故焦國也 黃帝之後於祝 正義曰左傳云祝其實夾谷杜預云夾谷即祝其也服虔云東海郡祝其縣也 帝堯之後於薊 地理志燕國有薊縣 帝舜之後於陳 正義曰括地志云陳州宛丘縣在陳城中即古陳國也帝舜後遏父為周武王陶正武王賴其器用封其子嬀滿於陳都宛丘之側 大禹之後於杞 正義曰括地志云汴州雍丘縣古杞國地理志云古杞國理此城周武王封禹後於杞號東樓公二十一代為楚所滅 於是封功臣謀士而師尚父為首封封尚父於營丘曰齊 爾雅曰水出其前而左曰營丘郭璞曰今齊之營丘淄水過其南及東○正義曰水經注今臨菑城中有丘云古縣丘之地呂望所封齊之都也營丘在縣北百步外城中輿地志云秦立為縣城臨淄水故曰臨淄也 封弟

周公旦於曲阜曰魯應劭曰曲阜在魯城中委曲長七八里。正義曰帝王世紀云炎帝自陳營都於魯曲阜黃帝自窮桑登帝位後徙曲阜少昊邑于窮桑以登帝位都曲阜顓頊始都窮桑徙商丘窮桑在魯北或云窮桑即曲阜也又爲大庭氏之故國又是商奄之地皇甫謐云黃帝生於壽丘在魯城東門之北居軒轅之丘於山海經云此地窮桑之際西射之南是也括地志云兗州曲阜縣外城即周公旦子伯禽所築古魯城也封召公奭於燕正義曰封帝堯之後於薊封召公奭於燕觀其文稍似重也水經注云薊城西北隅有薊丘因取名焉括地志云燕山幽州漁陽縣東南六十里國都城記云周武王封召公奭於燕地在燕山之野故國取名焉按周封以五等之爵薊燕二國俱武王立因燕山薊丘爲名其地足自立國薊微燕盛乃并薊居之薊名遂絕焉今幽州薊縣古燕國也封弟叔鮮於管正義曰括地志云鄭州管城縣外城古管國城也周武王弟叔所封弟叔度於蔡正義曰括地志云豫州北七十里上蔡縣古蔡國武王封弟叔度於蔡是也縣東十里有蔡岡因名也餘各以次受封武王徵九牧之君登豳之

阜以望商邑正義曰括地志云豳州三水縣西十里有豳原周先公劉所都之地也豳城在此原上因公爲名按蓋武王登此城望商邑武王至于周自夜不寐正義曰周鎬京也武王伐紂還至鎬京憂未定天之保安故自夜不得寐也周公旦即王所曰曷爲不寐王曰告女維天不饗殷自發未生於今六十年麋鹿在牧徐廣曰此事出周書及隨巢子云夷羊在牧牧郊也夷羊怪物也蜚鴻滿野索隱曰按高誘曰蜚鴻蠛蠓也言飛蟲蔽田滿野故爲災非是鴻鴈也隨巢子作飛拾飛拾蟲也。正義曰蜚音飛古飛字也於今猶當今於今六十年從帝乙十年至伐紂年也麋鹿在牧喻讒佞小人在朝位也飛鴻滿野喻忠賢君子見放棄也言紂父帝乙立後殷國益衰至伐紂六十年間諂佞小人在於朝位忠賢君子放遷於野故詩云鴻鴈于飛肅肅其羽之子于征劬勞于野毛萇云之子侯伯卿士也鄭玄云鴻鴈知避陰陽寒暑喻民知去無道就有道天不享殷乃今有成索隱曰言上天不歆享殷家故見災異我周今乃有成王業者也

維天建殷其登名民三百六十夫不顯亦不賓滅徐廣曰一云不顧亦不賓滅一又云不顧亦不恤也。索隱曰言天初建殷國亦登進名賢之人三百六十夫既無非大賢未能興化致理故殷家不大光昭亦不即擯滅以至于今也亦見周書及隨巢子頗復脫錯而劉氏音破六爲古其字義亦無所通徐廣云一本作不顧亦不賓滅蓋是學者以周書及隨巢不同逐音改易耳隨巢子曰天鬼不顧亦不賓滅天鬼即天神也以至今我未定天保何暇寐王曰定天保依天室悉求夫惡貶從殷王受索隱曰言今悉求取夫惡人不知天命不順周家者咸貶責之與紂同罪故曰貶從殷王受日夜勞來我西土徐廣曰一云肯來。索隱曰八字連作一句讀我維顯服及德方明正義曰服事也武王答周公云定知天之安保我位得依天之宮室退除殷紂之惡日夜勞民又安定我之西土我維明於事及我之德教施四方明行之乃可至於寢寐也自此已上爲至周自夜不寐周公問之故先書自洛汭延于伊汭

居易毋固其有夏之居徐廣曰夏居何南初在陽城後居陽翟。索隱曰言自洛汭及伊汭其地平易無險固是有夏之舊居。正義曰括地志云自禹至太康與唐虞皆不易都城然則居陽城爲禹避商均時非之都也帝王世紀云禹封夏伯今何南陽翟是汲冢古文云太康居斟尋羿亦居之桀又居之括地志云故鄩城在洛州鞏縣西南五十八里也我南望三塗北望嶽鄙顧詹有河徐廣曰周書度邑曰武王問太公曰吾將因有夏之居也南望過于三塗北詹望于有河。索隱曰杜預曰三塗在陸渾南嶽蓋河北太行山鄙都鄙謂近嶽之邑度邑周書篇名度音徒各反。正義曰括地志云太行恒山連延東北接碣石接嶽山言北望太行恒山之邊鄙都邑也又晉州霍山一名太岳在洛西北山在洛東北二說皆通粵詹雒伊毋遠天室正義曰粵者審慎之辭也言審慎瞻雒伊二水之陽無遠離此爲天室也營周居于雒邑而後去正義曰括地志云故王城一名河南城本郟鄏周公新築在洛州河南縣北九里苑內東北隅自平王以下十二王皆都此城至敬王乃遷都成周至赧王又居王城也帝王世紀云王城西

有郟鄏陌左傳云成王定鼎於郟鄏京相璠地名云郟山名鄏邑名縱馬於華山之陽正義曰華山在華陰縣南八里山南曰陽也放牛於桃林之虛孔安國曰桃林在華山東。正義曰括地志云桃林在陝州桃林縣西山海經云夸父之山其北有林焉名曰桃林廣圓三百里中多馬湖水出焉北流入河也偃干戈振兵釋旅公羊傳曰入曰振旅示天下不復用也武王已克殷後二年問箕子殷所以亡箕子不忍言殷惡以存徐廣曰一作前亡國宜告索隱曰六字連一句讀。正義曰箕子殷人不忍言殷惡以周國之所言告武王爲洪範九類武王以類問天道武王亦醜故問以天道武王病天下未集羣公懼穆卜孔安國曰穆敬也周公乃祓齋正義曰祓音廢又音拂齋音扎皆反祓謂除不祥求福也自爲質正義曰音至周公祓齋自以贄幣告三王請代武王武王病乃瘳也欲代武王武王有瘳後

而崩徐廣曰封禪書曰武王克殷二年天下未寧而崩皇甫謐曰武王定位元年歲在乙酉六年庚寅崩駰案皇覽曰文王武王周公冢皆在京兆長安鎬聚東社中也。正義曰括地志云武王墓在雍州萬年縣西南二十八里畢原上也太子誦代立是爲成王成王少周初定天下周公恐諸侯畔周公乃攝行政當國管叔蔡叔羣弟疑周公與武庚作亂畔周周公奉成王命伐誅武庚管叔放蔡叔以微子開代殷後國於宋正義曰今宋州也頗收殷餘民以封武王少弟封爲衛康叔正義曰尚書洛誥云我卜瀍水東亦惟洛食以居邶鄘衛之衆又多士篇序云成周既成遷殷頑民按是爲東周古洛陽城也括地志云洛陽故城在洛州洛陽縣東北二十六里周公所築即成周城也輿地志云以周地在王城東故曰東周敬王避子朝亂自洛邑東居此以其迫阨不受王都故壞翟泉而廣之按武王滅殷國爲邶鄘衛三

監尹之武庚作亂周公滅之徙三監之民於成周頗收其餘衆以封康叔爲衛侯即今衛州是也孔安國云以三監之民國康叔爲衛侯周公懲其數叛故使賢母弟主之也晉唐叔得嘉穀鄭玄曰二苗同爲一穗獻之成王成王以歸周公于兵所徐廣曰歸一作餽周公受禾東土魯天子之命徐廣曰尚書序云旅天子之命初管蔡畔周周公討之三年而畢定故初作大誥次作微子之命孔安國曰封命之書次歸禾次嘉禾次康誥酒誥梓材孔安國曰告康叔以爲政之道亦如梓人之治材也其事在周公之篇周公行政七年成王長周公反政成王北面就羣臣之位成王在豐使召公復營洛邑如武王之意周公復卜申視卒營築居九鼎焉曰此天下之

中四方入貢道里均作召誥洛誥成王既遷殷遺民周公以王命告作多士無佚召公爲保周公爲師東伐淮夷殘奄鄭玄曰奄國在淮夷之北。正義曰奄音於險反括地志云泗水徐城縣北三十里古徐國即淮夷也兗州曲阜縣奄至即奄國之地也遷其君薄姑馬融曰齊地。正義曰括地志云薄姑故城在青州博昌縣東北六十里薄姑氏殷諸侯封於此周滅之也成王自奄歸在宗周正義曰伐奄歸鎬京也作多方孔安國曰告衆方天下諸侯既絀殷命襲淮夷歸在豐作周官孔安國曰言周家設官分職用人之法古文尚書序周官書篇名興正禮樂度制於是改而民和睦頌聲興何休曰頌聲者太平歌頌之聲帝王之高致也成王既伐東夷息愼來賀王賜榮伯作賄息愼之命孔安國曰賄賜也馬融曰榮伯

周同姓畿內諸侯爲卿大夫也成王將崩懼太子釗之不任正義曰釗音招又古堯反任而針反乃命召公畢公率諸侯以相太子而立之成王既崩二公率諸侯以太子釗見於先王廟申告以文王武王之所以爲王業之不易務在節儉毋多欲以篤信臨之作顧命鄭玄曰臨終出命故謂之顧顧將去之意也太子釗遂立是爲康王康王即位徧告諸侯宣告以文武之業以申之作康誥故成康之際天下安寧刑錯四十餘年不用應劭曰錯置也民不犯法無所置刑康王命作策畢公分居里成周郊孔安國曰分別民之居里異其善惡也成定東周郊境使有保護也作畢命康王卒子昭王瑕

立昭王之時王道微缺昭王南巡狩不返卒於江上正義曰帝王世紀云昭王德衰南征濟于漢船人惡之以膠船進王王御船至中流膠液船解王及祭公俱沒于水中而崩其右辛游靡長臂且多力游振得王周人諱之其卒不赴告諱之也立昭王子滿是爲穆王穆王即位春秋已五十矣王道衰微穆王閔文武之道缺乃命伯臩孔安國曰伯臩名也申誡徐廣曰一作部太僕應劭曰太僕周穆王所置蓋太御眾僕之長中大夫也國之政作臩命正義曰尚書序云穆王令伯臩爲太僕正應劭云太僕周穆王所置蓋大御眾僕之長中大夫也復寧穆王將征犬戎徐廣曰犬一作畎祭公謀父諫韋昭曰祭畿內之國周公之後爲王卿士謀父字也○正義曰括地志云故祭城在鄭州管城縣東北十五里鄭大夫祭仲邑也釋例云祭城在河南上有敖倉周公後所封也曰不可先王燿德不觀

兵夫兵戢而時動動則威觀則玩玩則無震韋昭曰震懼也是故周文公之頌韋昭曰文公周公旦之謚曰載戢干戈載櫜弓矢唐固曰櫜韜也我求懿德肆于時夏允王保之韋昭曰言武王常求美德故陳其功於是夏而歌之信哉武王能保此時夏之美樂章大者曰夏先王之於民也茂正其德而厚其性阜其財求而利其器用明利害之鄉韋昭曰鄉方也以文修之使之務利而辟害懷德而畏威故能保世以滋大昔我先王世后稷韋昭曰謂弃與不窋也唐固曰父子相繼曰世以服事虞夏及夏之衰也正義曰謂太康也弃稷不務正義曰言太康弃廢稷官我先王不窋用失其官而自竄於戎狄之間不敢怠業時

序其德遵修其緒徐廣曰遵一作選修其訓典朝夕恪勤守以敦篤奉以忠信奕世載德不忝前人正義曰前人謂后稷也言不窋亦世載德不忝后稷及文王武王無不務農事至于文王武王昭前之光明而加之以慈和事神保民無不欣喜商王帝辛大惡于民庶民不忍訢載武王以致戎于商牧正義曰紂近郊地名牧野是故先王非務武也勤恤民隱而除其害也夫先王之制邦內甸服邦外侯服侯衛賓服韋昭曰此總言之也侯侯圻衛衛圻也夷蠻要服戎翟荒服甸服者祭韋昭曰供日祭侯服者祀韋昭曰供月祀賓服者享韋昭曰供時享要服者貢韋昭曰供歲貢荒服者王韋昭曰王王事天子也詩

曰莫敢不來王日祭月祀時享歲貢終王先王之順祀也有徐廣曰外傳云先王之訓有不祭則修意韋昭曰先修志意以自責也畿內近知王意也有不祀則修言韋昭曰言號令也有不享則修文韋昭曰文典法也有不貢則修名韋昭曰名謂尊卑職貢之名號也有不王則修德韋昭曰遠人不服則修文德以來之序成而有不至則修刑韋昭曰序成謂上五者次序已成有不至則有刑罰也於是有刑不祭伐不祀征不享讓不貢告不王於是有刑罰之辟有攻伐之兵有征討之備有威讓之命有文告之辭布令陳辭而有不至則增修於德無勤民於遠是以近無不聽遠無不服今自大畢伯士之終也徐廣曰犬戎之君犬戎氏以其職來王正義曰賈逵云大畢伯士犬戎氏之二君也白狼白鹿犬戎之職貢也按大畢伯士終後犬戎氏常以其職來王天子曰正義曰祭公穆王之意故云天子曰予必以不享征之且觀之兵無乃廢先王之訓而王幾頓乎正義曰幾音祈吾聞犬戎樹敦徐廣曰樹一作橶駰案韋昭曰樹立也言犬戎立性敦篤也率舊德而守終純固其有以禦我矣王遂征之得四白狼四白鹿以歸自是荒服者不至諸侯有不睦者甫侯言於王作修刑辟鄭玄曰書說云周穆王以甫侯為相王曰吁來有國有土告汝祥刑孔安國曰告汝善用刑之道也在今爾安百姓何擇非其人王肅曰訓以安百姓之道當何所選擇乎非當選擇賢人乎何敬非其刑何居非其宜與孔安國曰

當何所敬非惟五刑乎當何所居非惟及世輕重所宜也兩造具備徐廣曰造一作遭師聽五辭孔安國曰兩謂囚證造至也兩至具備則衆獄官聽其入五刑辭。正義曰漢書刑法志云五聽一曰辭聽二曰色聽三曰氣聽四曰耳聽五曰目聽周禮云辭不直則言繁目不直則視眊耳不直則對荅惑色不直則貌赧氣不直則數喘也五辭簡信正於五刑孔安國曰五辭簡核信有罪驗則正之於五刑矣五刑不簡正於五罰孔安國曰不簡核謂不應五刑當正五罰出金贖罪也五罰不服正於五過孔安國曰不服不應罰也正於五過從赦免之五過之疵官獄內獄閱實其罪孔安國曰使與罰名相當。索隱曰按呂刑云惟反惟內惟貨惟來今此似闕少或從省文惟鈞其過馬融曰以此五過出入人罪與犯法者等五刑之疑有赦五罰之疑有赦其審克之孔安國曰刑疑赦從罰罰疑赦從免其當清察能得其理也簡信有衆惟訊有稽孔安國曰簡核誠信有合衆心惟察其貌有所考合重之至也。索隱曰訊依尚書音貌也無簡不疑共嚴天威孔安國曰無簡核誠信不聽治其獄當嚴敬天威無輕用刑黥辟疑赦其罰百率徐廣曰率即鍰也音刷孔安國曰六兩曰鍰鍰黃鐵也。索隱曰鍰黃鐵鋝亦六兩故馬融曰鋝量名與呂刑鍰同舊本率亦作選閱實其罪劓辟疑赦其罰倍灑徐廣曰一作五倍曰蓰孔安國曰倍百為二百鍰也。索隱曰灑音徙蓰音所解反閱實其罪臏辟疑赦其罰倍差馬融曰倍二百為四百鍰也差者又加四百之三分一凡五百三十三三分一也。正義曰倍中之差二百去三分一合三百三十三鍰二兩也宮刑其罰五百臏刑既輕其數豈加故知孔馬之說非也閱實其罪宮辟疑赦其罰五百徐廣曰一作六率閱實其罪大辟疑赦其罰千率閱實其罪墨罰之屬千劓罰之屬千臏罰之屬五百宮罰之屬三百大辟之罰其屬二百五刑之屬三千命曰甫刑穆王立五十五年崩子共王繄扈立（索隱曰世本作伊扈）共王游於涇上密康公從（韋昭曰康公密國之君姬姓也。正義曰括地志云陰密故城在涇州鶉觚縣西東接縣城故密國也）有三女奔之其母曰必致之王（列女傳曰康公母姓隗氏）夫獸三為羣人三為衆女三為粲王田不取羣（正義曰曹大家云羣衆粲皆多之名也田獵得三獸王不盡收以其害深也）公行不下衆（正義曰曹大家云公諸侯也公之所與衆人共議也）王御不參一族（韋昭云御妻官也參三也一族一父子也故取姪娣以備三不參一族之女也）夫粲美之物也衆以美物歸女而何德以堪之王猶不堪況爾之小醜乎小醜備物終必亡康公不獻一年共王滅密共王崩子

懿王囏立（索隱曰世本作堅）懿王之時王室遂衰詩人作刺（索隱曰宋忠曰懿王自鎬徙都犬丘一曰廢丘今槐里是也時王室衰始作詩也）懿王崩共王弟辟方立是為孝王孝王崩諸侯復立懿王太子燮是為夷王（正義曰紀年云三年致諸侯翦齊哀公昴帝王世紀云十六年崩也）夷王崩子厲王胡立厲王即位三十年好利近榮夷公大夫芮良夫（正義曰芮伯也）諫厲王曰王室其將卑乎夫榮公好專利而不知大難夫利百物之所生也天地之所載也而有專之其害多矣天地百物皆將取焉何可專也所怒甚多而不備大難以是教王王其能久乎夫王人者將導利而布

之上下者也使神人百物無不得極（韋昭曰極中也）猶曰怵惕懼怨之來也故頌曰思文后稷克配彼天立我蒸民莫匪爾極大雅曰陳錫載周（唐固曰言文王布錫施利以載成周道也）是不布利而懼難乎故能載周以至于今今王學專利其可乎匹夫專利猶謂之盜王而行之其歸鮮矣榮公若用周必敗也厲王不聽卒以榮公為卿士用事王行暴虐侈傲國人謗王召公諫曰（韋昭曰召康公之後穆公虎為王卿士也）民不堪命矣王怒得衛巫（韋昭曰衛國之巫也）使監謗者（正義曰監音口銜反監察也以巫人神靈有謗毀必察也）以告則殺之其謗鮮矣諸侯不朝三十四

年王益嚴國人莫敢言道路以目（韋昭曰以目相眄而已）厲王喜告召公曰吾能弭謗矣乃不敢言召公曰是鄣之也防民之口甚於防水水壅而潰傷人必多民亦如之是故為水者決之使導為民者宣之使言故天子聽政使公卿至於列士獻詩（正義曰上詩風刺）瞽獻典（韋昭曰典樂典）史獻書（正義曰史太史也上書諫）師箴（正義曰音針師樂大師也上箴戒之文）瞍賦（韋昭曰無眸子曰瞍賦公卿列士所獻詩也）矇誦（韋昭曰有眸子而無見曰矇周禮矇主絃歌諷誦箴諫之語也）百工諫庶人傳語（韋昭曰庶人卑賤見時得失不得言傳以語王。正義曰傳音逐緣反庶人微賤見時得失不得上言乃在街巷相傳語）近臣盡規（近臣驂僕之屬）親戚補察（正義曰言親戚補王過失及察是非也）瞽史教

誨瞽樂太師史太史也耆艾脩之韋昭曰耆艾師傅也脩理瞽史之教以聞於王而後王斟酌焉是以事行而不悖民之有口也猶土之有山川也財用於是乎出猶其有原隰衍沃也唐固曰下平曰衍有溉曰沃衣食於是乎生口之宣言也善敗於是乎興行善而備敗所以產財用衣食者也夫民慮之於心而宣之於口成而行之若壅其口其與能幾何王不聽於是國莫敢出言三年乃相與畔襲厲王厲王出奔於彘韋昭曰彘晉地漢爲縣屬河東今曰永安。正義曰括地志云晉州霍邑縣本漢彘縣後改彘曰永安從鄗犇晉也厲王太子靜匿召公之家國人聞之乃圍之召公曰昔吾驟諫王王不從以及此難也今殺王太子王其以我爲讎而懟怒乎夫事君者險而不讎懟韋昭曰在危險之中怨而不怒況事王乎乃以其子代王太子太子竟得脫召公周公二相行政號曰共和索隱曰共音如字若汲冢紀年則云共伯干王位共音恭共國伯爵言共伯攝王政故云干王位也。正義曰共音巨用反韋昭云彘之亂公卿相與和而脩政事號曰共和也魯連子云衛州共城縣本周共伯之國也共伯名和好行仁義諸侯賢之周厲王無道國人作難王犇于彘諸侯奉和以行天子事號曰共和元年十四年厲王死於彘共伯使諸侯奉王子靖爲宣王而共伯復歸國于衛也世家云釐侯十三年周厲王出犇于彘共和行政焉二十八年周宣王立四十二年釐侯卒太子共伯餘立爲君共伯弟和襲攻共伯於墓上共伯入釐侯羨自殺衛人因葬釐侯旁謚曰共伯而立和爲衛侯是爲武公按此文共伯不得立而和立爲武公武公之立在共伯卒後年歲又不相當年表亦同明紀年及魯連子非也共和

周紀

十四年厲王死于彘太子靜長於召公家二相乃共立之爲王是爲宣王宣王即位二相輔之脩政法文武成康之遺風諸侯復宗周十二年魯武公來朝宣王不脩籍於千畝正義曰應劭云古者天子耕籍田千畝爲天下先賛曰籍蹈籍也按宣王不脩親耕之禮也虢文公諫曰文王母弟虢仲之後爲王卿士也韋昭曰文公虢叔之後西虢也宣王都鎬在畿內也。正義曰括地志云虢故城在岐州陳倉縣東南十里又云千畝原在晉州岳陽縣北九十里也不可索隱曰國語曰虢文公諫云夫人之大事在農上帝之粢盛於是乎出事之繁庶於是乎生人之供給於是乎取事具載國語王弗聽三十九年戰于千畝索隱曰地名也在西河介休縣王師敗績于姜氏之戎韋昭曰西夷別種四嶽之後也宣王既亡南國之師乃料民於太原韋昭曰敗於姜戎時所亡也南國漢江之閒料數也唐固曰南國南陽也仲山甫正義曰毛萇云仲山甫樊穆仲也括地志云漢樊縣城在兗州瑕丘縣西南三十五里古樊國仲山甫所封也諫曰民不可料也宣王不聽卒料民四十六年宣王崩正義曰周春秋云宣王殺杜伯而無辜後三年宣王會諸侯田于圃日中杜伯起於道左衣朱衣冠操朱弓矢射宣王中心折脊而死國語云杜伯射王於鄗子幽王宮湦立徐廣曰一作生幽王二年西周三川皆震徐廣曰涇渭洛也駰案韋昭曰西周鎬京地震動故三川亦動。正義曰按涇渭二水在雍州北洛水一名漆沮在雍州東北南流入渭此時以王城爲東周鎬京爲西周伯陽甫曰周將亡矣韋昭曰伯陽甫周大夫也唐固曰伯陽父周柱下史老子也夫天地之氣不失其序若過其序民亂之也韋昭曰過失也言民不敢斥王者也陽伏而不能出陰迫而不能蒸韋昭曰蒸升也陽氣在下陰氣迫之使不能升

周紀

也於是有地震今三川實震是陽失其所而塡陰也韋昭曰爲陰所鎭笮也陽失而在陰韋昭曰在陰下也原必塞原塞國必亡夫水土演而民用也韋昭曰水土氣通爲演演猶潤也演則生物民得用之土無所演民乏財用不亡何待昔伊洛竭而夏亡韋昭曰禹都陽城伊洛所近也河竭而商亡韋昭曰商人都衛河水所經也今周德若二代之季矣其川原又塞塞必竭夫國必依山川山崩川竭亡國之徵也川竭必山崩韋昭曰水泉不潤枯朽而崩也若國亡不過十年數之紀也韋昭曰數起於一終於十十則更故曰紀也天之所弃不過其紀是歲也三川竭岐山崩三年幽王嬖愛褒姒索隱曰褒國名夏同姓姓姒氏

禮婦人稱國及姓其女是龍漦妖子爲人所收褒人納之于王故曰褒姒。正義曰括地志云褒國故城在梁州褒城縣東二百步古褒國也褒姒生子伯服幽王欲廢太子太子母申侯女而爲后後幽王得褒姒愛之欲廢申后并去太子宜臼以褒姒爲后以伯服爲太子周太史伯陽讀史記曰正義曰諸國皆有史以記事故曰史記周亡矣昔自夏后氏之衰也有二神龍止於夏帝庭而言曰余褒之二君虞翻曰龍自號褒之二先君也夏帝卜殺之與去之與止之莫吉卜請其漦而藏之乃吉韋昭曰漦龍所吐沫沫龍之精氣也於是布幣而策告之韋昭曰以簡策之書告龍而請其漦也龍亡而漦在櫝而去之韋昭曰櫝匱也夏亡傳此器殷殷

亡又傳此器周比三代莫敢發之至厲王之末虞翻曰末年王流彘之歲發而觀之漦流于庭不可除厲王使婦人裸而譟之韋昭曰譟讙呼也唐固曰羣呼曰譟漦化爲玄黿以入王後宮索隱曰亦作蚖音元玄蚖蜥蜴也後宮之童妾既齓而遭之韋昭曰毀齒曰齓女七歲而毀也既笄而孕正義曰笄音雞禮記云女子許嫁而笄鄭玄云笄今簪無夫而生子懼而弃之宣王之時童女謠曰檿弧箕服實亡周國韋昭曰山桑曰檿弧弓也箕木名服矢房也於是宣王聞之有夫婦賣是器者宣王使執而戮之逃於道而見鄉者後宮童妾所弃妖子徐廣曰妖一作夭夭幼少也出於路者正義曰夫婦賣檿弧者宣王欲執戮之遂逃於路遇此妖子哀而收之聞其

夜啼哀而收之夫婦遂亡犇於褒褒人有罪請入童妾所弃女子者於王正義曰國語云周幽王伐有褒褒人以褒姒女焉與虢石甫比也以贖罪弃女子出於褒是爲褒姒當幽王三年王之後宮見而愛之生子伯服竟廢申后及太子以褒姒爲后伯服爲太子索隱曰左傳所謂攜王奸命是也太史伯陽曰禍成矣無可奈何褒姒不好笑幽王欲其笑萬方故不笑幽王爲熢燧正義曰熢遂二音晝日燃熢以望火煙夜舉燧以望火光也熢土魯也燧炬火也皆山上安之有寇舉之大鼓有寇至則舉熢火諸侯悉至至而無寇褒姒乃大笑幽王說之爲數舉熢火其後不信諸侯益亦不至幽

王以虢石父爲卿用事國人皆怨石父爲人佞
巧徐廣曰佞一作諂善諛好利王用之又廢申后去太子
也申侯怒與繒正義曰自陵反國語云繒姒姓夏禹後括地志云繒縣在沂州承縣古侯國禹
後西夷犬戎攻幽王索隱曰繒國名夏同姓幽王舉烽火徵
兵兵莫至遂殺幽王驪山下索隱曰在新豐縣南故驪戎國也舊音黎徐廣虜
音力知反○正義曰括地志云驪山在雍州新豐縣南十六里土地記云驪山即藍田山按驪山之陽即藍田山
褒姒盡取周賂而去汲冢紀年曰自武王滅殷以至幽王凡二百五十七年也○正義曰
按汲冢書晉咸和五年汲郡汲縣發魏襄王冢得古書冊七十五卷於是諸侯乃即申侯
而共立故幽王太子宜臼是爲平王以奉周祀
平王立東遷于雒邑正義曰即王城也平王以前號東都至敬王以後及戰國爲西周也

史記周紀四　二十七

辟戎寇平王之時周室衰微諸侯彊并弱齊楚
秦晉始大政由方伯周禮曰九命作伯鄭衆云長諸侯爲方伯四十九年
魯隱公即位五十一年平王崩太子洩父正義音甫蚤
死立其子林是爲桓王桓王平王孫也桓王三
年鄭莊公朝桓王不禮索隱曰在魯隱公六年五年鄭怨與
魯易許田許田天子之用事太山田也索隱曰左傳鄭伯以
璧假許田卒易祊祊是鄭祀太山之田許是魯朝京師之湯
沐邑有周公廟鄭以其近故易取之此云許田天子用事太
山田誤○正義曰杜預云成王營王城有遷都之志故賜周
公許田以爲魯國朝宿之邑後世因而立周公別廟焉鄭桓
公友周宣王之母弟封鄭有助祭泰山湯沐邑在祊鄭以天
子不能復巡狩故欲以祊易許田各從本國所近之宜也恐
魯以周公別廟爲疑故云已廢太山之祀而欲爲魯祀周公
遜辭以有求也括地志云許田許州許昌縣南四十里有魯

周紀

城周公廟在城中祊田在沂州費縣東南按宛鄭大夫八年魯殺隱公正義曰子允令公子
翬殺隱公也立桓公十三年伐鄭索隱曰在魯桓五年鄭射傷桓王
桓王去歸索隱曰左傳繻葛之役祝聃射王中肩是也二十三年桓王崩
子莊王佗立莊王四年周公黑肩欲殺莊王而
立王子克賈逵曰莊王弟子儀也辛伯告王賈逵曰辛伯周大夫也王殺
周公索隱曰左傳云初子儀有寵於桓王桓王屬諸周公辛伯諫曰並后匹嫡兩政偶國亂之本也周公不從
故及於難然周公阿先王旨自取誅夷辛伯正君臣之義卒安王業二卿優劣誠可識也王子克奔燕
正義曰杜預云南燕姞姓也十五年莊王崩子釐王正義曰釐音僖諡作毋凉
也胡齊立釐王三年齊桓公始霸五年釐王崩
子惠王閬立索隱曰世本名毋凉惠王二年初莊王嬖姬姚

史周紀四　二十八

正義曰杜預云姚姓也生子穨索隱曰莊王子釐王弟惠王之叔父也穨有寵及惠
王即位奪其大臣園以爲圃左傳曰大臣蔿國也故大夫邊
伯等五人作亂左傳曰五人者蔿國邊伯詹父子禽祝跪也謀召燕衛師
正義曰南燕滑州胙城衛澶州衛南也伐惠王惠王奔溫正義曰左傳云蘇忿生十二邑
桓王奪蘇子十二邑與鄭故蘇子同五大夫伐惠王溫十二邑之一也杜預云河內溫縣也已居鄭之
櫟服虔曰櫟鄭大都○正義曰杜預云櫟今河南陽翟縣也立釐王弟穨爲王樂及
徧舞賈逵曰徧舞皆舞六代之樂也鄭虢君怒四年鄭與虢君伐
殺王穨正義曰賈逵云鄭厲公卒虢公林父也復入惠王惠王十年賜
齊桓公爲伯二十五年惠王崩子襄王鄭立襄
王母早死後母曰惠后左傳曰陳媯歸于京師實惠后也○正義曰按陳國舜後

周紀

媯姓也惠后生叔帶索隱曰惠王子襄王弟封於甘故左傳稱甘昭公○正義曰惠王子襄王弟封之於甘括地志云故甘城在洛州河南縣西南二十五里左傳云甘昭公王子叔帶也洛陽記云河南縣西南二十五里有水出焉北流入洛山上有甘城即甘公采邑也有寵於惠王襄王畏之三年叔帶與戎翟謀伐襄王襄王欲誅叔帶叔帶犇齊齊桓公使管仲平戎于周使隰朋平戎于晉服虔曰戎伐周晉伐戎救周故和也王以上卿禮管仲管仲辭曰臣賤有司也有天子之二守國高在杜預曰國子高子天子所命為齊守臣皆上卿也若節春秋來承王命何以禮焉賈逵曰節時也王肅曰春秋聘享之節也陪臣敢辭服虔曰陪重也諸侯之臣於天子故曰陪臣王曰舅氏余嘉乃勳賈逵曰舅氏言伯舅之使也○正義曰武王娶太公女為后故呼舅氏遠言之我善汝有平戎之功勳毋逆朕命管仲卒受下卿之禮而還正義曰杜預云管仲不敢以職自高卒受本位之禮也九年齊桓公卒十二年叔帶復歸于周左傳曰王召之十三年鄭伐滑賈逵曰滑姬姓之國案左傳曰滑人叛鄭而服於衛也○正義曰杜預云滑故國都河南緱氏縣為秦所滅時屬鄭晉後屬周事在魯釐公二十年括地志云緱氏故城本費城也在洛州緱氏縣南東二十五里也王使游孫伯服請滑賈逵曰二子周大夫鄭人囚之鄭文公怨惠王之入不與厲公爵服虔曰惠王以后之鞶鑑與鄭厲公而獨與虢公玉爵○正義曰左傳云莊公二十一年王巡虢狩虢公為王宮于玤王與之酒泉鄭伯之享王王以后之鞶鑑與之虢公請器王與之爵鄭伯由是怨王也杜預云后鞶帶而以鏡為飾也爵飲酒器也玤地酒泉周邑又怨襄王之與衛滑服虔曰滑小國近鄭世世服從而更違叛鄭師伐之聽命後自怨於王王以與衛故囚伯服王怒將以翟伐鄭富

辰諫服虔曰富辰周大夫曰凡我周之東徙晉鄭焉依子頹之亂又鄭之由定今以小怨弃之王不聽十五年王降翟師以伐鄭王德翟人將以其女為后富辰諫曰平桓莊惠皆受鄭勞王弃親親翟不可從王不聽十六年王絀翟后翟人來誅殺譚伯唐固曰譚伯周大夫原伯毛伯也○索隱曰按國語亦云殺譚伯而左傳太叔之難獲周公忌父原伯毛伯唐固據傳文讀譚為原然春秋有譚何妨此時亦仕王朝預獲被殺國語既云殺譚伯故太史公依之不從左傳說也富辰曰吾數諫不從如是不出王以我為懟乎乃以其屬死之初惠后欲立王子帶故以黨開翟人翟人遂入周襄王出犇鄭正義曰公羊傳云王者無外此其言出何不能事母也鄭居王于氾杜預曰鄭南氾在襄城縣南○正義曰氾音凡括地志云故汎城在許州襄城縣一里左傳云天王出居於鄭處於氾是子帶立為王取襄王所絀翟后與居溫正義曰括地志云故溫城在懷州溫縣西三十里漢晉為縣本周司寇蘇忿生之邑左傳云周與鄭人蘇忿生十二邑溫其一也地理志云溫縣故國己姓蘇忿生所封也十七年襄王告急于晉晉文公納王而誅叔帶襄王乃賜晉文公珪鬯弓矢為伯以河內地與晉正義曰賈逵云晉有功賞之以地楊樊溫原欑茅之田也二十年晉文公召襄王襄王會之河陽踐土賈逵曰河陽晉之溫也踐土鄭地名在河內○正義曰括地志云故王宮在鄭州滎澤縣西北十五里王宮城中左傳云晉文公敗楚於城濮至於衡雍作王宮於踐土也按王城則所作在踐土城內東北隅有踐土一臺東去衡雍三十餘里也諸侯畢朝書諱曰天王狩于河陽左傳曰仲尼曰以臣

召君不可以訓故書曰狩二十四年晉文公卒三十一年秦穆公卒三十二年襄王崩子頃王壬臣立頃王六年崩子匡王班立匡王六年崩弟瑜立是為定王定王元年楚莊王伐陸渾之戎地理志陸渾縣屬弘農郡○正義曰渾音魂杜預云允姓之戎居陸渾在秦西北二國誘而徙伊川遂從戎號今洛州陸渾縣取其號也後漢書云陸渾戎自瓜州遷於伊川左傳云初平王之東遷也辛有適伊川見被髮而祭於野者曰不及百年此其戎乎其禮先亡矣按至僖公二十二年秋秦晉遷陸渾之戎於伊川計至辛有言適百年也括地志云故麻城謂之蠻中在汝州梁縣界左傳單浮餘圍蠻氏杜預云城在河南新城東南伊洛之戎陸渾蠻氏城也俗以為麻蠻聲相近故耳按新城今伊闕縣是也次洛使人問九鼎王使王孫滿應設以辭賈逵曰王孫滿周大夫也楚兵乃去十年楚莊王圍鄭鄭伯降已而

復之十六年楚莊王卒二十一年定王崩子簡王夷立簡王十三年晉殺其君厲公迎子周於周立為悼公十四年簡王崩子靈王泄心立靈王二十四年齊崔杼弒其君莊公二十七年靈王崩皇覽曰靈王冢在河南城西南柏亭西周山上蓋以靈王生而有髭而神故謚靈王其冢民祀之不絕子景王貴立索隱曰名貴按國語景王二十一年鑄大錢及無射單穆公及泠州鳩各設辭以諫今此不言亦其略耳景王十八年后太子聖而蚤卒二十年景王愛子朝賈逵曰景王之長庶子欲立之正義曰左傳云子朝用成周之寶珪沉於河津人得諸河上杜預云禱河求福也珪自水出也按河神不敢受故會崩皇覽曰景王冢在洛陽太倉中秦封呂不韋洛陽十萬戶故大其城并園景王冢也子丐之黨與爭立國人立長

子猛為王子朝攻殺猛猛為悼王晉人攻子朝而立丐是為敬王賈逵曰敬王猛母弟敬王元年晉人入敬王子朝自立敬王不得入居澤賈逵曰澤邑周地也四年晉率諸侯入敬王于周子朝為臣春秋曰子朝奔楚皇覽曰子朝冢在南陽西鄂縣今西鄂晁氏自謂子晁後也諸侯城周十六年子朝之徒復作亂敬王犇于晉十七年晉定公遂入敬王于周三十九年齊田常殺其君簡公四十一年楚滅陳孔子卒四十二年敬王崩徐廣曰皇甫謚曰敬王四十四年元已卯崩壬戌也子元王仁立徐廣曰世本云貞王介也元王八年崩子定王介立徐廣曰世本云元王赤也皇甫謚曰元王十一年癸未三晉滅智伯二十八年崩三子爭立立應為貞王

○索隱曰世本云元王赤皇甫謚云貞定王考據二文則是元有兩名一名仁一名赤如史記則元王為定王父定王即貞王也依世本則元王是貞王子必有一乘誤然此定當為貞字誤耳豈周家有兩定王代數又非遠乎皇甫謚見此疑而不決遂獨縫史記世本之錯謬因謂為貞定王未為得也定王十六年三晉滅智伯分有其地二十八年定王崩徐廣曰皇甫謚曰貞定王十年元癸亥崩壬申長子去疾立是為哀王哀王立三月弟叔襲殺哀王而自立是為思王思王立五月少弟嵬攻殺思王而自立是為考王此三王皆定王之子考王十五年崩徐廣曰皇甫謚曰考哲王元辛丑崩乙卯子威烈王午立考王封其弟于河南正義曰帝王世紀云考哲王封弟揭於河南續周公之官是為西周桓公按自敬王遷都成周號東周也桓公都王城號西周桓公是為桓公以續周

公之官職桓公卒子威公代立威公卒子惠公代立乃封其少子於鞏徐廣曰東惠公之子也○正義曰鞏音拱鄩緣生述征記鞏縣周地鞏伯邑史記周顯王二年西周惠公封少子班於鞏以奉王室爲東周惠公爲秦所滅以奉王號東周惠公索隱曰考王封其弟于河南爲桓公卒子威公立卒子惠公立長子曰西周公又封少子於鞏仍襲父號曰東周惠公於是有東西二周也按世本西周桓公名揭居河南東周惠公名班居洛陽是也

威烈王二十三年九鼎震命韓魏趙爲諸侯二十四年崩徐廣曰皇甫謐曰元丙辰崩己卯騆案宋忠曰威烈王葬洛陽城中東北隅也子安王驕立是歲盜殺楚聲王安王立二十六年崩皇甫謐曰安王元庚辰崩乙巳子烈王喜立烈王二年周太史儋索隱曰老子列傳曰儋即老子耳又曰非也驗其年代是別人○正義曰幽王時有伯陽甫唐固曰伯陽甫老子也按幽王元年至孔子卒三百餘年孔子卒後一百二十九年儋見秦獻公然老子當孔子時唐固說非也見秦獻公曰正義曰秦本紀云獻公十一年見後十五年周顯王致文武胙於秦孝公是復合時也始周與秦國合而別別五百載復合應劭曰周孝王封伯翳之後爲侯伯與周別五百載至昭王時西周君臣自歸受罪獻其邑三十六城合也韋昭曰周封秦爲始別謂秦仲也五百歲謂從秦仲至孝公彊大顯王致伯與之親合也○索隱曰按周封非子爲附庸邑之秦號曰秦嬴是始合也及秦襄公始列爲諸侯是別之也自秦列爲諸侯至昭王五十二年西周君臣獻邑三十六城以入於秦凡五百一十六年是合也云五百舉其大數合十七歲而霸王者出焉徐廣曰從此後十七年而秦昭王立騆案韋昭曰武王昭王皆伯至始皇而王天下○索隱曰霸王謂始皇也自周以邑入秦至始皇初立政由太后嫪毐至九年誅毐正十七年○正義曰周始與秦國合者謂周秦俱黃帝之後至非子未別封是合也而別者謂非子末年周封非子爲附庸邑秦後二十九君至秦孝公二年五伯載周顯王致文武胙於秦孝公復與之親是復合也合十七歲而霸王者出謂從秦

孝公三年至十九年周顯王致胙於秦孝公是霸也孝公子惠王稱王是王者出也然五百載者非子生秦侯已下二十八君至孝公二年都合四百八十六年兼非子邑秦之後十四年則成五百載十年烈王崩弟扁立正義扁邊典反是爲顯王顯王五年賀秦獻公獻公稱伯九年致文武胙於秦孝公胙膰肉也左傳曰王使宰孔賜齊侯胙曰天子有事于文武二十五年秦會諸侯於周二十六年周致伯於秦孝公三十三年賀秦惠王三十五年致文武胙於秦惠王四十四年秦惠王稱王正義曰秦本紀云惠王十三年與韓魏趙並稱王其後諸侯皆爲王索隱曰謂韓魏齊趙也

四十八年顯王崩子慎靚王定立慎靚王立六年崩子赧王延立索隱曰皇甫謐云名誕赧非謚謚法無赧正以微弱竊鈇逃債赧然慙愧故號曰赧耳又按尚書中候以赧爲然鄭玄云然讀曰赧王邵按古音人扇反今音奴板反爾雅面慙曰赧王赧時東西周分治索隱曰西周河南也東周鞏也王赧微弱西周與東分王政理各居一都故曰東西周按高誘曰西周王城今河南東周成周故洛陽之地王赧徙都西周正義曰敬王從王城東從成周十世至王赧從成周西從王城西周武公居焉西周武公徐廣曰惠公之長子○索隱曰按戰國策作東周武公之共太子死有五庶子毋適立司馬翦正義曰翦音子踐反楚臣也謂楚王曰不如以地資公子咎爲請太子左成曰正義曰楚臣也不可周不聽是公之知困而交疏於周也正義曰言以地資公子咎請爲太子周若不許是楚於周交益疏不如請周君孰欲立以微告翦正義曰楚命翦適周觀周君欲立誰以微言告於翦翦令楚賀之以地周果立咎爲太子也此以上至西周武公是楚令周立公子咎爲太子也翦請令

楚賀之以地果立公子咎爲太子八年秦攻宜
陽正義曰括地志云故韓城一名宜陽城在洛州福昌縣東十四里即韓宜陽縣城也楚救之而楚
以周爲秦故將伐之索隱曰宜陽韓地秦攻而楚救之周爲韓出兵而楚疑周爲秦因加
兵伐周蘇代爲周說楚王曰何以周爲秦之禍也
索隱曰蘇代爲周說楚王王何以道周爲秦周實不爲秦今王責周道爲秦周懼楚必入秦是爲禍也言周
之爲秦甚於楚者欲令周入秦也故謂周秦也
索隱曰周秦相近秦欲并周而外睦於周故當時諸侯咸謂周秦周知其不可解必入
於秦此爲秦取周之精者也正義曰解音紀買反代言周若知楚疑親秦其
計定不可解免周必親於秦也是爲秦取周精妙之計爲王計者周於秦因善
之不於秦亦言善之以疏之於秦正義曰代言爲王計者周親我

因而善之周不親亦言善之楚若善周周必疏於秦也周絕於秦必入於郢矣
正義曰郢楚都也楚既親周秦必絕周親楚矣以上至八年蘇代說楚合周秦借道兩周之
間正義曰上借音精夕反下音子夜反將以伐韓周恐借之畏於韓不
借畏於秦史厭正義烏減反又於點反謂周君索隱曰周君西周武公也時王
赧微弱不主盟會寄居西周耳曰何不令人謂韓徐廣曰一作何應劭曰氏姓註云以何姓
爲韓後公叔曰秦之敢絕周而伐韓者信東周也
公何不與周地發質使之楚正義曰質音竹利反使音所吏反質使令公子
及重臣等往楚爲質使秦疑楚又得不信周也質乎敵不相負也秦必疑楚不信周是
韓不伐也又謂秦曰韓彊與周地將以疑周於
秦也周不敢不受秦必無辭而令周不受正義曰又

謂秦曰韓強與周地今秦疑周親則周不敢不受秦必無巧辭而令周不敢不受韓地也是受地於韓
而聽於秦索隱曰此史厭說韓令與周地使質於楚令秦疑楚不信周得不假道伐韓而猶聽命於秦
秦召西周君西周君惡往故令人謂韓王索隱曰按
戰國策云或人爲周君謂魏王曰秦召西周君將以使攻王之南
陽也王何不出兵於南陽周君將以爲辭於秦
索隱曰高誘註戰國策曰以魏兵在河南爲辭周君不往朝秦也周君不入秦秦必不
敢踰河而攻南陽矣正義曰南陽今懷州也杜預云在晉山南以上至秦召西周君是西
周君說韓令出兵向南謀秦也東周與西周戰韓救西周或爲東
周說韓王曰正義曰爲音于僞反及或人爲東周說王令按兵無出則周德韓矣西周故
天子之國多名器重寶王案兵毋出可以德東

周正義曰韓按兵不出伐東周而東周甚媿韓之恩德也而西周之寶必可以盡
矣正義曰韓出兵助西周雖不攻東周西周媿其佐助寶器必盡歸於韓以上至東周與西周戰是或人說韓令無救
西周也王赧謂成君楚圍雍氏徐廣曰陽翟雍氏城也戰國策曰韓兵入西周
西周令成君辯說秦求救當是說此事而脫誤也○索隱曰如徐此說自合當改而註結之不合與楚圍雍氏連註○正
義曰雍音於恭反括地志云故雍城在洛州陽翟縣東北二十五里故老云黃帝臣雍作杵臼所封也按其地時屬韓也
韓徵甲與粟於東周東周君恐召蘇代而告之
代曰君何患於是臣能使韓毋徵甲與粟於周
又能爲君得高都徐廣曰今河南新城縣高都城也○索隱曰高誘云高都韓邑今屬上黨
也○正義曰括地志云高都故城一名郜都城在洛州伊闕縣北三十五里周君曰子苟能
請以國聽子代見韓相國曰漢書百官表曰相國秦官駰謂韓亦有相國然

則諸國共攻秦也。索隱曰相國公仲侈也楚圍雍氏期三月也今五月不能拔是楚病也正義曰謂楚兵敝弱也今相國乃徵甲與粟於周是告楚病也韓相國曰善使者已行矣索隱曰已止也代曰何不與周高都韓相國大怒曰吾毋徵甲與粟於周亦已多矣正義曰言幸甚也何故與周高都也代曰與周高都是周折而入於韓也秦聞之必大怒忿周即不通周使是以獘高都得完周也曷為不與相國曰善果與周高都正義曰以上至楚圍雍氏是蘇代為東周說韓令不徵甲而得高都三十四年蘇厲謂周君曰秦破韓魏扑師武徐廣曰扑一作仆戰國策曰秦敗魏將犀武於伊闕北取趙藺

離石者地理志曰西河有藺離石二縣。正義曰藺音力刃反括地志云離石縣今石州所理縣也藺近離石皆趙二邑皆白起也是善用兵又有天命今又將兵出塞攻梁正義曰謂伊闕塞也在洛州南十九里伊闕山今名鍾山酈元注水經云兩山相對望之若闕伊水歷其間故謂之伊闕按今謂之龍門禹鑿以通水也梁破則周危矣君何不令人說白起乎曰楚有養由基者善射者也去柳葉百步而射之百發而百中之左右觀者數千人皆曰善射有一夫立其旁曰善可教射矣養由基怒釋弓搤劍曰客安能教我射乎客曰非吾能教子支左詘右也索隱曰按列女傳曰左手如拒右手如附枝右手發之左手不知此射之道也又越絕書曰左手如附太山右手如抱嬰兒夫去柳葉百步而

射之百發而百中之不以善息索隱曰言不以其善而且停息息止也少焉氣衰力倦弓撥矢鉤一發不中者百發盡息索隱曰息猶弃言并弃前射今破韓魏扑師武北取趙藺離石者公之功多矣今又將兵出塞過兩周倍韓攻梁一舉不得前功盡弃公不如稱病而無出正義曰以上至三十四年是蘇厲為周說白起無伐梁也四十二年秦破華陽約徐廣曰一作厄。正義曰司馬彪云華陽亭名在密縣秦昭王三十三年秦背魏約使客卿胡傷擊魏將芒卯華陽破之六國年表云白起擊魏華陽芒卯走括地志云故華陽城在鄭州管城縣南四十里是按馬犯見秦破魏華陽約懼周危故謂請梁城周也馬犯謂周君曰請令梁城周索隱曰華陽地名司馬彪曰華陽亭名在密縣秦昭王三十三年秦背魏約使客卿胡傷擊魏將芒卯華陽破之是馬犯見秦破魏約懼周危故謂周君

請梁城周而誤說計也乃謂梁王曰周王病若死則犯必死矣正義曰馬犯周臣也乃說梁王曰秦破魏華陽之軍去周甚近周王憂懼國破循身之重病若死則犯必死也犯請以九鼎自入於王王受九鼎而圖犯索隱曰圖謀也犯謂梁王我方入鼎於王王當謀救援已也梁王曰善遂與之卒言戍周正義曰戍守也周雖未入九鼎於梁而梁信馬犯矯言遂與之卒令守周因謂秦王曰正義曰梁兵非戍周也將躐伐周而取九鼎寶器王若不信試出師於境以觀梁王之變也梁非戍周也將伐周也王試出兵境以觀之秦果出兵又謂梁王曰正義曰馬犯說秦得秦出兵於境又重歸說梁王也周王病甚矣犯請後可而復之索隱曰按戰國策甚作瘉犯請後可而復之者言王病愈所圖不遂請得在後有可之時以鼎入梁也。正義曰復音扶富反復重也秦既破華陽軍今又出兵境上是周國病秦久矣犯前請卒戍周諸侯皆心疑梁取周

後可更重請益卒守周乎今王使卒之周諸侯皆生心後舉事且不信不若令卒為周城以匿事端索隱曰梁實圖周九鼎且外遣卒戍周和合秦舉兵欲侵周梁不救周是本無善周之事止是欲周危而取九鼎故諸侯皆心不信梁矣故不如匿事端使卒為周城。正義曰既諸侯生心不如令卒便為築城以隱匿疑伐周之事端絕諸侯不信之心解諸侯之疑也梁王曰善遂使城周正義曰以上至四十二年是馬犯說梁王為周築城也四十五年周君之秦客謂周最索隱曰最音詞踰反周之公子也曰公不若譽秦王之孝因以應為太后養地徐廣曰地理志云應今潁川父城縣應鄉是也。索隱曰戰國策作原原周地太后秦昭王母宣太后芈氏也。正義曰括地志云故應城殷時應國在城父按應城此時屬周太后秦昭王母宣太后芈氏秦王必喜是公有秦交交善周君必以為公功交惡勸周君

入秦者必有罪矣正義曰客謂周最曰周君與秦交善是最之功也與秦交惡勸周君入秦者周最令必得勸周君之罪也以上四十五年是周客說周最令周君以應入秦得交善而歸也秦攻周而周最謂秦王曰為王計者不攻周攻周實不足以利聲畏天下天下以聲畏秦必東合於齊兵獘於周合天下於齊則秦不王矣天下欲獘秦勸王攻周秦與天下獘則令不行矣正義曰令音力政反秦欲攻周最說秦曰周天子之國雖有重器名寶土地狹少不足利秦國王若攻之乃有攻天子之聲而令天下以攻天子之聲畏秦使諸侯歸於齊秦兵獘於周則秦不王矣是天下欲獘秦故勸王攻周令秦受天下獘而令教命不行於諸侯矣以上秦攻周是周最說秦也五十八年三晉距秦周令其相國之秦以秦之輕也還其行正義曰以秦輕易周相故相國於是反歸周也客

謂相國曰秦之輕重未可知也正義曰言秦之輕相國重相國亦未可知秦欲知三國之情公不如急見秦王曰請為王聽東方之變秦王必重公重公是秦重周周以取秦也齊重則固有周聚徐廣曰一作最最亦古之聚字。正義曰按周聚事齊而和於齊周故得齊重今相國又得秦重是相國收秦周聚收齊周常不失大國之交也以收齊是周常不失重國之交也秦信周發兵攻三晉正義曰三晉韓魏趙也以上至五十八年是客說周相國令報三國之情得秦重也五十九年秦取韓陽城負黍徐廣曰陽城有負黍聚。正義曰括地志云陽城洛州縣也負黍亭在陽城縣西南三十五里故周邑左傳云鄭伐周負黍是也今屬韓國也西周恐倍秦與諸侯約從文穎曰關東為從關西為橫孟康曰南北為從東西為橫瓚曰以利合曰從以威勢相脅曰橫。正義曰按諸說未

允關東地南北長長為從六國共居之關西地東西廣廣為橫秦獨居之將天下銳師出伊闕攻秦正義曰西周以秦取韓陽城負黍恐懼倍秦之約共諸侯連從領天下銳師從洛州南出伊闕攻秦軍令不得通陽城令秦無得通陽城秦昭王怒使將軍摎漢書百官表曰前後左右將軍皆周末官也。正義曰摎音糺虯反攻西周西周君犇秦頓首受罪盡獻其邑三十六口三萬正義曰謂西周武公索隱曰秦昭王之五十一年秦受其獻歸其君於周周君王赧卒宋忠曰謚曰西周武公。索隱曰非也徐以西周武公是惠公之長子此周君即西周武公也蓋此時武公與王赧皆卒故連言也。正義曰劉伯莊云赧是慙恥之甚輕微危弱寄住東西足為慙赧故號之曰赧帝王世紀云名誕雖居天子之位號為諸侯之所役逼與家人無異名負責於民無以得歸乃上臺避之故周人名其臺曰逃責臺周民遂東亡秦取九鼎寶器而遷西周公於𢇛狐徐廣

曰巢音俾巢狐聚與陽人聚相近在洛陽南百五十里梁新城之間。索隱曰西周蓋武公之太子文公也武公卒而立爲秦所遷而東周亦不知其名號戰國策雖有周文君亦不知滅時定當何主蓋周室衰微略無紀錄故太史公雖考衆書以卒其事然二國代系甚不分明。正義曰括地志云汝州外古梁城即巢狐聚也陽人故城即陽人聚也在汝州梁縣西四十里秦遷東周居也梁亦古梁城也在汝州梁縣西南十五里新城今洛州伊闕縣也按巢狐陽人傍在三城之間

後七歲秦莊襄王滅東西周 徐廣曰周比亡之時凡七縣河南洛陽穀城平陰偃師鞏緱氏。正義曰括地志云故穀城在洛州河南縣西北十八里苑中河陰縣城本漢平陰縣在洛州洛陽縣東北五十里十三州志云在平津大河之南也魏文帝改曰河陰 東西周皆入于秦周既不祀 皇甫謐曰周凡三十七王八百六十七年。索隱曰既盡也日食盡曰既言周祚盡滅無主祭祀。正義曰按王赧卒後天下無主三十五年七雄並爭至秦始皇立天下一統十五年海內咸歸於漢矣

太史公曰學者皆稱周伐紂居洛邑綜其實不然武王營之成王使召公卜居居九鼎焉而周復都豐鎬至犬戎敗幽王周乃東徙于洛邑所謂周公葬我畢畢在鎬東南杜中 徐廣曰一作社 秦滅周漢興九十有餘載天子將封太山東巡狩至河南求周苗裔封其後嘉三十里地號曰周子南君 瓚曰汲冢古文謂衛將軍文子爲子南彌牟其後有子南勁朝于魏後惠成王如衛命子南爲侯秦并六國衛最爲後疑嘉是衛後故氏子南而稱君也。正義曰括地志云周承休城一名梁雀塢在汝州梁縣東北二十六里帝王世紀云漢武帝元鼎四年東巡河洛思周德乃封姬嘉三千戶地方三十里爲周子南君以奉周祀元鼎三年嘉弟昭進爵爲承休侯在此城也平帝元始四年進爲鄭公光武建武二年封姬觀爲衛公顏師古云子南其封邑之號故總言周子南君按自嘉以下皆姓姬氏著在史傳瓚言子南爲氏恐非 比列侯以奉其先祭祀

徐廣曰自周亡乙巳至元鼎四年戊辰一百四十四年漢之九十四年也漢武元鼎四年封周後也

索隱述贊曰

后稷居邰 太王作周 丹開雀錄
火降烏流 三分既有 八百不謀
蒼兕誓衆 白魚入舟 太師抱樂
箕子拘囚 成康之日 政簡刑措
南巡不還 西服莫附 共和之後
王室多故 檿弧興謠 龍漦作蠱
頹帶挂禍 實傾周祚

史計捌阡肆伯捌拾玖字
註壹萬伍阡玖伯陸拾玖字

周本紀第四 史記四

秦本紀第五　史記五

索隱曰秦雖嬴政之祖本西戎附庸之君豈以諸侯之邦而與五帝三王同稱本紀斯必不可可降爲秦世家

秦之先帝顓頊之苗裔孫曰女脩正義曰黃帝之孫號高陽氏女脩織玄鳥隕卵女脩吞之生子大業索隱曰女脩顓頊之裔女吞乙子而生大業其父不著而秦趙以母族而祖顓頊非生人之義也按左傳郯國少昊之後而嬴姓蓋其族也則秦趙宜祖少昊氏。正義曰列女傳云陶子生五歲而佐禹曹大家注云陶子者皐陶之子伯益也按此即知大業是皐陶大業取少典之子曰女華女華生大費索隱曰扶味反一音祕尋費後以爲氏則扶味反爲得此即秦趙之祖嬴姓之先一名伯翳尚書謂之伯益系本漢書謂之伯益是也尋檢史記上下諸文伯翳與伯益是一人不疑而陳杞系家即敘伯翳與伯益爲二未知太史公疑而未決邪抑亦謬誤爾與禹平水土已成帝錫玄圭禹受曰非予能成亦大費爲輔帝舜曰咨爾費贊禹功其賜爾皁游索隱曰游音旒謂賜以皁色旌旆之旒色與玄圭色副言其大功成也然其事亦當有所出爾後嗣將大出索隱曰出猶生也言爾後嗣繁昌將大生出子孫也故左傳亦云晉公子姬出也乃妻之姚姓之玉女徐廣曰皇甫謐云賜之玄玉妻以姚姓之女也大費拜受佐舜調馴鳥獸鳥獸多馴服是爲柏翳舜賜姓嬴氏大費生子二人一曰大廉實鳥俗氏索隱曰以仲衍鳥身人言故爲鳥俗氏二曰若木實費氏索隱曰俗一作洛若木以王父字爲費氏也其玄孫曰費昌子孫或在中國或在夷狄索隱曰郯紂時費仲即昌之後也費昌當夏桀之時去夏歸商爲湯御以敗

桀於鳴條大廉玄孫曰孟戲中衍索隱曰舊解以孟戲仲衍是一人今以孟仲分字當是二人名也鳥身人言正義曰身體是鳥而能人言又云口及手足似鳥也帝太戊聞而卜之使御吉遂致使御而妻之自太戊以下中衍之後遂世有功正義曰謂費昌及仲衍以佐殷國故嬴姓多顯遂爲諸侯其玄孫曰中潏徐廣曰一作滑。正義曰中音仲潏音決宋忠注世本云仲滑生飛廉在西戎保西垂生蜚廉蜚廉生惡來惡來有力晏子春秋曰手裂虎兕蜚廉善走父子俱以材力事殷紂周武王之伐紂并殺惡來是時蜚廉爲紂石北方徐廣曰皇甫謐云作石椁於北方。索隱曰石下無字則不成文意亦無所見必是史記本脫皇甫謐尚得其說徐雖引之而竟不云是脫何字專質之甚也。正義曰爲于僞反劉伯莊云霍太山紂都之北也霍太山在晉州霍邑縣按在衛州朝歌之西方也還無所報爲壇霍太山地理志霍太山在河東彘縣而報得石棺正義曰紂既以崩無所歸報故爲壇就霍太山而祭紂報云作得石椁銘曰帝令處父不與殷亂索隱曰處父蜚廉別號賜爾石棺以華氏死遂葬於霍太山皇甫謐云去彘縣十五里有冢常祠之。索隱曰言處父至忠國滅君死而不忘臣節故天賜石棺以光華其族事蓋非實譙周深所不信蜚廉復有子曰季勝正義音升季勝生孟增孟增幸於周成王是爲宅皐狼正義曰地理志云西河郡皐狼縣也按孟增居皐狼而生衡父皐狼生衡父衡父生造父造父以善御幸於周繆王得驥溫驪徐廣曰溫一作盜駰案郭璞云爲馬細頸驪黑色。索隱曰溫音盜徐廣亦作盜鄒誕生本作駣音陶劉氏音義云盜驪騧也騧淺青色八駿既因色爲名騧驪爲得之也驊

騄郭璞曰色如華而赤今名馬驃赤者爲棗騮騮馬赤也騄耳之駟郭璞曰紀年云北唐之君來見以一驪馬是生綠耳八駿皆因其毛色以爲名號騆案穆天子傳穆王有八駿之乘此紀不具者也。索隱曰按穆王傳曰赤驥盜驪白義渠黃驊騮騟騧騄耳山子。正義騄音錄西巡狩樂而忘歸郭璞紀年云穆王十七年西征於崑崙丘見西王母。正義曰括地志云崑崙山在肅州酒泉縣南八十里六國春秋云前涼張駿酒泉守馬岌上言酒泉南山即崑崙之丘也周穆王見西王母樂而忘歸即謂此有石室王母堂珠璣鏤飾煥若神宮按肅州在京西北二千九百六十里即小崑崙也非河源出處者徐偃王作亂地理志曰臨淮有徐縣云故徐國尸子曰徐偃王有筋而無骨騆謂號偃由此。正義曰括地志云大徐城在泗州徐城縣北三十里古徐國也博物志云徐君宮人有娠而生卵以爲不祥棄於水濱洲孤獨無有犬鵠蒼銜所棄卵以歸覆煖之乃成小兒生偃故宮人聞之更取養之及長襲爲徐君後鵠蒼臨死生角而九尾化爲黃龍也鵠蒼或名后蒼括地志又云徐城在越州鄮縣東南入海二百里夏侯志云翁洲上有徐偃王城傳云昔周穆王巡狩諸侯共尊偃王穆王聞之令造父御乘騕褭之

馬日行千里自還討之或云命楚王帥師伐之偃王乃於此處立城以終造父爲繆王御長驅歸周以救亂正義曰古史考云徐偃王與楚文王同時去周穆王遠矣且王者行有周衛豈得救亂而獨長驅日行千里乎並言此事非實按年表穆王元年去楚文王元年三百一十八年矣繆王以趙城封造父徐廣曰趙城在河東永安縣。正義曰括地志云趙城今晉州趙城縣是本彘縣地後改曰永安即造父之邑也造父族由此爲趙氏自蜚廉生季勝已下五世至造父別居趙趙衰其後也惡來革者蜚廉子也早死有子曰女防女防生旁皐旁皐生太几太几生大駱大駱生非子以造父之寵皆蒙趙城姓趙氏非子居犬丘徐廣曰今槐里也。正義曰括地志云犬丘故城一名槐里亦曰廢丘在雍州始平縣東南十里地理志云扶風槐里縣周曰犬丘懿王都之秦更名廢

秦紀

丘高祖三年更名槐里也好馬及畜正義好火到反畜許救反善養息之犬丘人言之周孝王孝王召使主馬于汧渭之間正義曰汧音牽言於二水之間在隴州以東馬大蕃息孝王欲以爲大駱適嗣申侯之女爲大駱妻生子成爲適申侯乃言孝王曰昔我先酈山之女正義曰申侯之先娶於酈山爲戎胥軒妻正義曰胥軒仲衍曾孫也生中潏以親故歸周保西垂西垂以其故和睦今我復與大駱妻生適子成申駱重婚西戎皆服所以爲王正義曰言申駱重婚重直龍反西戎皆從所以得爲王王即孝王王其圖之於是孝王曰昔伯翳爲舜主畜畜多息故有土賜姓嬴今其後世亦爲朕息

馬朕其分土爲附庸邑之秦徐廣曰今天水隴西縣秦亭也。正義曰括地志云秦州清水縣本名秦嬴姓邑十三州志云秦亭秦谷是也周太史儋云始周與秦國合而別故天子邑之秦使復續嬴氏祀號曰秦嬴秦嬴亦不廢申侯之女子爲駱適者以和西戎秦嬴生秦侯秦侯立十年卒生公伯公伯立三年卒生秦仲秦仲立三年周厲王無道諸侯或叛之西戎反王室滅犬丘大駱之族周宣王即位徐廣曰秦仲之十八年也乃以秦仲爲大夫誅西戎西戎殺秦仲秦仲立二十三年死於戎毛詩序曰秦仲始大有車馬禮樂侍御之好也有子五人其長者曰莊公周宣王乃召莊公昆弟五人與兵七千人使伐

秦紀

西戎破之於是復予秦仲後及其先大駱地犬丘并有之爲西垂大夫正義曰注水經云秦莊公伐西戎破之周宣與大駱犬丘之地爲西垂大夫括地志云秦州上邽縣西南九十里漢隴西郡縣是也莊公居其故西犬丘生子三人其長男世父世父曰戎殺我大父仲我非殺戎王則不敢入邑遂將擊戎讓其弟襄公襄公爲太子莊公立四十四年卒太子襄公代立襄公元年以女弟繆嬴爲豐王妻襄公二年正義曰括地志云故汧城在隴州汧源縣東南三里帝王世紀云秦襄公二年徙都汧即此城戎圍犬丘世父世父擊之爲戎人所虜歲餘復歸世父七年春周幽王用褒姒廢太子立褒姒子爲適

數欺諸侯諸侯叛之西戎犬戎與申侯伐周殺幽王酈山下而秦襄公將兵救周戰甚力有功周避犬戎難東徙雒邑正義曰周平王徙居王城即雒邑云我卜澗水東瀍水西者也襄公以兵送周平王平王封襄公爲諸侯賜之岐以西之地曰戎無道侵奪我岐豐之地秦能攻逐戎即有其地與誓封爵之襄公於是始國與諸侯通使聘享之禮乃用騮駒徐廣曰赤馬黑髦曰騮黃牛羝羊各三祠上帝西畤徐廣曰年表云立西畤祠白帝。索隱曰襄公始列爲諸侯自以居西畤西畤縣名故作西畤祠白帝畤止也言神靈之所依止也亦音市謂爲壇以祭天也十二年伐戎而至岐卒生文公文公元年居西垂宮

正義曰即上西縣是也三年文公以兵七百人東獵四年至汧渭之會曰昔周邑我先秦嬴於此後卒獲爲諸侯乃卜居之占曰吉正義曰括地志云郿縣故城在岐州郿縣東北十五里毛萇云郿地名也秦文公東獵汧渭之會卜居之乃營邑焉即此城也即營邑之十年初爲鄜畤徐廣曰鄜縣屬馮翊。索隱曰音敷亦縣名於鄜地作畤故曰鄜畤故封禪書曰秦文公夢黃蛇自天而下屬之地上於鄜衍史敦以爲神故立畤也。正義曰括地志云三畤原在岐州雍縣南二十里封禪書云秦文公作鄜畤襄公作西畤靈公作吳陽上畤並此原上因名也用三牢十三年初有史以紀事民多化者十六年文公以兵伐戎戎敗走於是文公遂收周餘民有之地至岐岐以東獻之周十九年得陳寶索隱曰按漢書郊祀志云文公獲若石云于陳倉北坂城祠之其神來若雄雉

其聲殷殷云野雞夜鳴以一牢祠之號曰陳寶又臣瓚云陳倉縣有寶夫人祠歲與葉君神會也蘇林云質如石似肝云語辭。正義曰括地志云寶雞神祠在岐州陳倉縣東二十里故陳倉城中晉太康地志云秦文公時陳倉人獵得獸若彘不知名牽以獻之逢二童子童子曰此名爲媦常在地中食死人腦即欲殺之拍捶其首媦亦語曰二童子名陳寶得雄者王得雌者霸陳倉人乃逐二童子化爲雉雌上陳倉北阪爲石秦祠之搜神記云其雄者飛至南陽其後光武起於南陽皆如其言也二十年法初有三族之罪張晏曰父母兄弟妻子也如淳曰父族母族妻族也二十七年伐南山大梓豐大特徐廣曰今武都故道有怒特祠圖大牛上生樹本有牛從木中出後見於豐水之中。正義曰括地志云大梓樹在岐州陳倉縣南十里倉山上錄異傳云秦文公時雍南山有大梓樹文公伐之輒有大風雨樹生合不斷時有一人病夜往山中聞有鬼語樹神曰秦若使人被髮以朱絲繞樹伐汝汝得不困耶樹神無言明日病人語聞公如其言伐樹斷中有一青牛出走入豐水中其後牛出豐水中使騎擊之不勝有騎墮地復上髮解牛畏之入不出故置髦頭漢魏晉因之武都郡立怒特祠是大梓牛神也按

今俗畫青牛障是 四十八年文公太子卒賜謚爲竫公 徐廣
曰文公之四十四年魯隱之元年 竫公之長子爲太子是文公孫也
五十年文公卒葬西山 徐廣曰皇甫謐云葬於西山在今隴西之西縣 竫公
子立是爲寧公 徐廣曰一作曼 寧公二年公徙居平陽 徐廣
曰郿之平陽亭。正義曰帝王世紀云秦寧公都平陽按岐山縣有陽平鄉鄉內有平陽聚括地志云平陽故城在岐州
岐山縣西四十六里秦寧公徙都之處 遣兵伐蕩社 徐廣曰蕩音湯社一作杜。索隱曰西戎之君
號曰亳王蓋成湯之胤其邑曰蕩社徐廣云一作湯杜言湯邑在杜縣之界故曰湯杜也。正義曰括地志云雍州三原
縣有湯陵又有湯臺在始平縣西北八里按其國蓋在三原始平之界矣 三年與亳戰亳王
奔戎遂滅蕩社 皇甫謐云亳王號湯西夷之國也 四年魯公子翬
正義曰音暉即羽父也 弒其君隱公十二年伐蕩氏取之寧
公生十歲立立十二年卒葬西山 正義曰括地志云秦寧公墓在
岐州陳倉縣西北三十七里秦陵山帝王世紀云秦寧公葬西山大麓故號秦陵山也按文公亦葬西山蓋秦陵山也
生子三人長男武公爲太子武公弟德公同母
魯姬子 正義曰德公母號魯姬子 生出子寧公卒大庶長弗忌
威壘 正義音力追反 三父廢太子而立出子爲君出子
六年三父等復共令人賊殺出子出子生五歲
立立六年卒三父等乃復立故太子武公武公
元年伐彭戲氏 正義曰戲音許宜反戎號也蓋同州彭衙故城是也 至于華山
下 正義曰即華嶽之下也 居平陽封宮 正義曰宮名在岐州平陽城內也 三年
誅三父等而夷三族以其殺出子也鄭高渠眯

殺其君昭公 索隱曰春秋魯桓公十七年左傳作高渠彌也 十年伐邽冀戎
初縣之 地理志隴西有上邽縣應劭曰即邽戎邑也冀縣屬天水郡 十一年初縣杜
鄭 地理志京兆有鄭縣杜縣也。正義曰括地志云下杜故城在雍州長安縣東南九里古杜伯國華州鄭縣也毛詩
譜云鄭國者周畿內之地宣王封其弟於咸林之地是爲鄭桓公按秦得皆縣之 滅小虢 班固曰西虢在
雍州。正義曰虢音古伯反括地志云故虢城在岐州陳倉縣東四十里次西十餘里又有城亦名虢城輿地志云此虢
文王母弟虢叔所封是曰西虢按此虢滅時陝州之虢猶謂之小虢又云小虢羌之別種 十三年齊人
管至父連稱等殺其君襄公而立公孫無知晉
滅霍魏耿 索隱曰春秋魯閔公元年左傳云晉滅耿滅霍又曰賜趙夙耿賜畢萬魏杜預註曰平陽
皮氏縣東南有耿鄉永安縣東北有霍太山三國皆姬姓。正義曰括地志云霍晉州霍邑縣又春秋時霍伯國韋昭云
霍姬姓也括地志云故耿城今名耿倉城在絳州龍門縣東南十二里故耿國也都城記云耿嬴姓國也 齊雍
廩 正義曰雍於宮反廩力甚反是雍林邑人姓名也 殺無知管至父等而立
齊桓公齊晉爲彊國十九年晉曲沃始爲晉侯
索隱曰晉穆侯少子成師居曲沃號曲沃桓叔至武公稱滅晉侯緡始爲晉君也 齊桓公伯於鄄
正義伯音霸 二十年武公卒葬雍平陽初以人從死從
死者六十六人有子一人名曰白白不立封平
陽 正義曰即雍平陽也平陽時屬雍並在岐州解在上也 立其弟德公德公元年
初居雍城 徐廣曰今縣在扶風 大鄭宮 正義曰括地志云岐州雍縣南七里故雍城秦德公
大鄭公城也 以犧三百牢祠鄜畤卜居雍後子孫飲馬
於河 正義曰卜居雍之後國益廣大後代子孫得東飲馬於龍門之河 梁伯芮伯來朝
索隱曰梁嬴姓芮姬姓梁國馮翊夏陽芮國馮翊臨晉。正義曰括地志云南芮鄉故城在同州朝邑縣南三十里又有

北芮城皆古芮伯國鄭玄云周同姓之國在畿內為王卿士者左傳云桓公三年芮伯萬之母芮姜惡芮伯之多寵人故逐之出居魏今按州芮城縣界有芮國城蓋是㓨末虞芮爭田之芮國是也二年初伏孟康曰六月伏日初也周時無至此乃有之。正義曰六月三伏之節起秦德公為之故云初伏伏者隱伏避盛暑也曆忌釋云伏者何以金氣伏藏之日也四時代謝皆以相生立春木代水水生木立夏火代木木生火立冬水代金金生水立秋以金代火故至庚日必伏庚者金故曰伏也以狗禦蠱徐廣曰年表云初作伏祠社磔狗邑四門也。正義曰蠱者熱毒惡氣為傷害人故磔狗以禦之年表云初作伏祠社磔狗邑四門按磔禳也狗陽畜也以狗張磔於郭四門禳却熱毒氣也左傳云皿蟲為蠱顧野王云穀皆積變為飛蠱也德公生三十三歲而立立二年卒生子三人長子宣公中子成公少子穆公長子宣公立宣公元年衞燕伐周正義曰衞惠公都即今衞州也燕南燕也周天王也括地志云滑州故城古南燕國應劭云南燕姞姓之國黃帝之後出惠王立王子穨三年鄭伯虢叔正義曰括地志云洛州汜水縣古東虢國亦鄭之制邑漢之成皐亦周穆王虎牢城左傳云宮之奇曰虢仲虢叔王季之穆也殺子穨而入惠王四年作密畤正義曰括地志云漢有五畤在岐州雍縣南則鄜畤吳陽上畤下畤密畤北畤秦文公夢黃蛇自天而下屬地其口止於鄜衍作畤郊祭白帝曰鄜畤秦宣公作密畤於渭南祭青帝秦靈公作吳陽上畤祭黃帝作下畤祠黃帝漢高帝曰天有五帝今四何也待我而具五遂立黑帝曰北畤是也與晉戰河陽勝之十二年宣公卒生子九人莫立立其弟成公成公元年梁伯正義曰括地志云同州韓城縣南二十二里少梁故城古少梁國都城記云梁伯國嬴姓之後與秦同祖秦穆公二十二年滅之芮伯來朝齊桓公伐山戎次于孤竹正義曰括地志云孤竹故城在平州盧龍縣十二里殷時諸侯竹國也成公立四年卒子七人莫立立其弟繆公索隱曰秦自宣公已上皆

史失其名今按世本古史考得繆公名任好繆公任好元年自將伐茅津正義曰劉伯莊云戎號也括地志云茅津及茅城在陝州河北縣西二十里注水經云茅亭茅戎號勝之四年迎婦於晉晉太子申生姊也其歲齊桓公伐楚至邵陵五年晉獻公滅虞虢虜虞君與其大夫百里傒以璧馬賂於虞故也既虜百里傒以為秦繆公夫人媵於秦百里傒亡秦走宛地理志南陽有宛縣。正義曰宛於元反今鄧州縣楚鄙人執之繆公聞百里傒賢欲重贖之恐楚人不與乃使人謂楚曰吾媵臣百里傒在焉請以五羖羊皮贖之楚人遂許與之當是時百里傒年已七十餘繆公釋其囚與語國事謝曰臣亡國之臣何足問繆公曰虞君不用子故亡非子罪也固問語三日繆公大說授之國政號曰五羖大夫百里傒讓曰臣不及臣友蹇叔蹇叔賢而世莫知臣常游困於齊而乞食銍人徐廣曰銍一作銍。正義曰銍音珍栗反銍地名在沛縣蹇叔收臣臣因而欲事齊君無知蹇叔止臣臣得脫齊難遂之周周王子穨好牛臣以養牛干之及穨欲用臣蹇叔止臣臣去得不誅事虞君蹇叔止臣臣知虞君不用臣臣誠私利祿爵且留再用其言得脫一不用及虞君難是以知其賢於是穆公

秦紀

使人厚幣迎蹇叔以爲上大夫秋繆公自將伐晉戰於河曲徐廣曰一作西駰案公羊傳曰河千里而一曲也服虔曰河曲晉地杜預曰河曲在蒲坂南。正義曰按河曲在華陰縣界也晉驪姬作亂太子申生死新城正義曰韋昭云曲沃新爲太子城括地志云絳州曲沃縣有曲沃故城土人以爲晉曲沃新城重耳夷吾出奔正義曰重耳奔翟夷吾奔少梁也九年齊桓公會諸侯於葵丘正義曰括地志云葵丘在曹州考城縣東南一里一百五十步郭內即桓公會處又青州臨淄縣有葵丘即傳連稱管至父所戍處晉獻公卒立驪姬子奚齊其臣里克殺奚齊荀息立卓子徐廣曰一作倬克又殺卓子及荀息夷吾使人請秦求入晉於是繆公許之使百里傒將兵送夷吾夷吾謂曰誠得立請割晉之河西八城正義曰謂同華等州地與秦及至已立而使丕鄭謝秦背約不與河西城而殺里克丕鄭聞之恐因與繆公謀曰晉人不欲夷吾實欲重耳今背秦約而殺里克皆呂甥郤芮之計也願君以利急召呂郤呂郤至則更入重耳便繆公許之使人與丕鄭歸召呂郤呂郤等疑丕鄭有閒乃言夷吾殺丕鄭丕鄭子丕豹奔秦說繆公曰晉君無道百姓不親可伐也繆公曰百姓苟不便何故能誅其大臣能誅其大臣此其調也正義曰調音徒聊反言能誅大臣丕鄭云是夷吾於百姓調和也劉伯莊音徒弔反按調選也邪臣誅忠臣用是夷吾能調選兩通也不聽而陰用

秦紀

豹十二年齊管仲隰朋死晉旱來請粟丕豹說繆公勿與因其饑而伐之繆公問公孫支服虔曰秦大夫公孫子桑支曰饑穰更事耳不可不與問百里傒傒曰夷吾得罪於君其百姓何罪於是用百里傒公孫支言卒與之粟以船漕車轉自雍相望至絳賈逵曰雍秦國都絳晉國都也十四年秦饑請粟於晉晉君謀之羣臣虢射曰正義射音石也因其饑伐之可有大功晉君從之十五年興兵將攻秦繆公發兵使丕豹將自往擊之九月壬戌與晉惠公夷吾合戰於韓地正義曰左傳云僖公十五年秦晉戰于韓原秦獲晉侯以歸括地志云韓原在同州韓城縣西南十八里十六國春秋云魏顆夢父結草抗秦將杜回亦在韓原晉君棄其軍與秦爭利還而馬鷙正義曰鷙音致又勑利反國語云晉師潰戎馬還濘而止韋昭云濘深泥也繆公與麾下馳追之不能得晉君反爲晉軍所圍晉擊繆公繆公傷於是岐下食善馬者三百人馳冒晉軍晉軍解圍遂脫繆公而反生得晉君初繆公亡善馬岐下野人共得而食之者三百餘人正義曰括地志云野人塢在岐州雍縣東北二十里按野人盜馬食處因名焉吏逐得欲法之繆公曰君子不以畜產害人吾聞食善馬肉不飲酒傷人乃皆賜酒而赦之三百人者聞秦擊晉皆求從從而見繆公窘亦皆推鋒爭死以

報食馬之德於是繆公虜晉君以歸令於國齊
宿吾將以晉君祠上帝周天子聞之曰晉我同
姓爲請晉君夷吾姊亦爲繆公夫人夫人聞之
乃衰經跣曰妾兄弟不能相救以辱君命繆公
曰我得晉君以爲功今天子爲請夫人是憂乃
與晉君盟許歸之更舍上舍而饋之七牢賈逵曰諸
侯雍餼七牢牛一羊一豕一爲一牢也十一月歸晉君夷吾夷吾獻其
河西地使太子圉爲質於秦秦妻子圉以宗女
是時秦地東至河正義曰晉河西八城入秦秦東境至河即龍門河也十八年
齊桓公卒二十年秦滅梁芮正義曰梁芮國皆在同州秦得其地故滅二國

之君二十二年晉公子圉聞晉君病曰梁我母家
也正義曰子圉母梁伯之女也而秦滅之我兄弟多即君百歲
後秦必留我而晉輕亦更立他子子圉乃亡歸
晉二十三年晉惠公卒子圉立爲君秦怨圉亡
去乃迎晉公子重耳於楚而妻以故子圉妻重
耳初謝後乃受繆公益禮厚遇之二十四年春
秦使人告晉大臣欲入重耳晉許之於是使人
送重耳二月重耳立爲晉君是爲文公文公使
人殺子圉子圉是爲懷公其秋周襄王弟帶以
翟伐王王出居鄭正義曰王居于氾邑也二十五年周王使

人告難於晉秦秦繆公將兵助晉文公入襄王
殺王弟帶二十八年晉文公敗楚於城濮正義曰衞
地也今濮州三十年繆公助晉文公圍鄭正義曰左傳僖公三十年晉侯
秦伯圍鄭杜預云文公過鄭鄭不禮之鄭使人言繆公曰亡鄭厚晉於
晉而得矣而秦未有利晉之彊秦之憂也繆公
乃罷兵歸晉亦罷三十二年冬晉文公卒鄭人
有賣鄭於秦曰我主其城門鄭可襲也繆公問
蹇叔百里傒對曰徑數國千里而襲人希有得
利者且人賣鄭庸知我國人不有以我情告鄭
者乎不可繆公曰子不知也吾已決矣遂發兵

使百里傒子孟明視蹇叔子西乞術及白乙丙
將兵行日百里傒蹇叔二人哭之繆公聞怒曰
孤發兵而子沮哭吾軍何也正義曰沮自呂反沮毀也左傳云蹇叔哭之曰
孟子吾見師之出不見其入也二老曰臣非敢沮君軍軍行臣監本
作吾子與往正義與音預臣老遲還恐不相見故哭耳二
老退謂其子曰汝軍即敗必於殽阨矣正義曰殽音故交反
阨音厄春秋云魯僖公三十三年晉人及姜戎敗秦師于殽括地志云三殽山又名嶔岑山在洛州永寧縣西北二十里
即古之殽道也三十三年春秦兵遂東更晉地過周北門
周王孫滿曰秦師無禮正義曰左傳云秦師過周北門左右免冑而下超乘者三
百乘王孫滿尚幼觀之言於王曰秦師輕而無禮必敗杜預云王城北門也謂過天子門不卷甲束兵超乘示勇也不

敗何待兵至滑正義曰爲八反括地志云緱氏故城在洛州緱氏縣東二十五里滑伯國也韋昭云姻姓小國也鄭販賣賈人正義曰賣麥卦反賈音古左傳作商人也弦高人姓名持十二牛將賣之周見秦兵恐死虜因獻其牛曰聞大國將誅鄭鄭君謹修守禦備使臣以牛十二勞軍士秦三將軍相謂曰將襲鄭鄭今已覺之往無及已滅滑滑晉之邊邑也當是時晉文公喪尚未葬太子襄公怒曰秦侮我孤因喪破我滑遂墨衰絰發兵遮秦兵於殽擊之大破秦軍無一人得脫者虜秦三將以歸文公夫人秦女也服虔曰繆公女爲秦三囚將請曰繆公之怨此

三人入於骨髓願令此三人歸令我君得自快烹之晉君許之歸秦三將三將至繆公素服郊迎嚮三人哭曰孤以不用百里傒蹇叔言以辱三子三子何罪乎子其悉心雪恥毋怠遂復三人官秩如故愈益厚之三十四年楚太子商臣弑其父成王代立繆公於是復使孟明視等將兵伐晉戰于彭衙杜預曰馮翊郃陽縣西北有衙城。正義曰括地志云彭衙故城在同州白水縣東北六十里秦不利引兵歸戎王使由余正義曰戎人姓名於秦由余其先晉人也亡入戎能晉言聞繆公賢故使由余觀秦秦繆公示以宮室積聚由余曰

使鬼爲之則勞神矣使人爲之亦苦民矣繆公怪之問曰中國以詩書禮樂法度爲政然尚時亂今戎夷無此何以爲治不亦難乎由余笑曰此乃中國所以亂也夫自上聖黃帝作爲禮樂法度身以先之僅以小治及其後世日以驕淫阻法度之威以責督於下下罷極正義罷音皮則以仁義怨望於上上下交爭怨而相篡弑至於滅宗皆以此類也夫戎夷不然上含淳德以遇其下下懷忠信以事其上一國之政猶一身之治不知所以治此眞聖人之治也於是繆公退而問

內史廖曰漢書百官表曰內史周官也孤聞鄰國有聖人敵國之憂也今由余賢寡人之害將奈之何內史廖曰戎王處辟匿未聞中國之聲君試遺其女樂以奪其志徐廣曰奪一作徇爲由余請以疏其閒留而莫遣以失其期戎王怪之必疑由余君臣有閒乃可虜也且戎王好樂必怠於政繆公曰善因與由余曲席而坐正義曰按牀在繆公左右相連而坐謂之曲席也傳器而食問其地形與其兵勢盡詧而後令內史廖以女樂二八遺戎王戎王受而說之終年不還於是秦乃歸由余由余數諫不聽繆公又數使人閒

要由余由余遂去降秦繆公以客禮禮之問伐
戎之形正義曰韓國云秦穆公都地方三百里并國十四辟地千里隴西北地郡是也三十六
年繆公復益厚孟明等使將兵伐晉渡河焚船
大敗晉人取王官及鄗徐廣曰左傳作郊駰案服虔曰此晉地不能有○正義曰鄗音
郊左傳作郊杜預云書取言易也括地志云王官故城在同州澄城縣西北九十里又云南郊故城在縣北十七里又有
北郊故城又有西郊古城左傳云文公三年秦伯伐晉濟河焚舟取王官及郊也括地志云蒲州猗氏縣南二里又有王
官故城亦秦伯取者上文云秦東地至河蓋猗氏王官是也以報殽之役晉人皆
城守不敢出於是繆公乃自茅津徐廣曰在太陽○正義曰括地
志云茅津在陝州河北縣太陽縣也渡河正義曰自茅津南度河也封殽中尸賈逵曰封識之
○正義曰左傳云秦伯伐晉濟河焚舟晉人不出遂自茅津濟封殽尸而還杜預云封埋藏也爲發喪哭

之三日乃誓於軍曰嗟士卒聽無譁余誓告汝
古之人謀黃髮番番正義曰音婆字當作皤皤白頭皃言髮白而更黃故云黃髮番
番以申思謂蹇叔百里奚也則無所過以申思不用蹇叔百里
傒之謀故作此誓令後世以記余過君子聞之
皆爲垂涕曰嗟乎秦繆公之與人周也服虔曰周備也卒
得孟明之慶三十七年秦用由余謀伐戎王益
國十二開地千里遂霸西戎天子使召公過賀
繆公以金鼓三十九年繆公卒葬雍皇覽曰秦繆公冢在橐泉
宮祈年觀下○正義曰廟記云橐泉宮秦孝公造祈年觀德公起蓋在雍州城內括地志云秦穆公冢在岐州雍縣東南
二里從死者百七十七人秦之良臣子輿氏三人

正義曰毛萇云良善也三善臣也左傳云子車氏之三子杜預云子車秦大夫也名曰奄息仲
行鍼虎亦在從死之中正義曰行音胡郎反鍼音其廉反應劭云秦穆公與羣臣飲酒
酣公曰生共此樂死共此哀於是奄息仲行鍼虎許諾及公薨皆從死黃鳥詩所爲作也杜預云以人葬爲殉也括地志
云三良冢在岐州雍縣一里故城內秦人哀之爲作歌黃鳥之詩君子
曰秦繆公廣地益國東服彊晉西霸戎夷然不
爲諸侯盟主亦宜哉死而弃民收其良臣而從
死且先王崩尚猶遺德垂法況奪之善人良臣
百姓所哀者乎是以知秦不能復東征也繆公
子四十人其太子罃代立是爲康公康公元年
往歲繆公之卒晉襄公亦卒襄公之弟名雍秦

出也正義曰雍毋秦女故言秦出也在秦晉趙盾欲立之使隨會
正義曰韓昭云晉正卿士蔿之孫成伯之子季武子也食采於隨范故曰隨會或曰范會季范子字也來迎
雍秦以兵送至令狐杜預曰在河東○正義曰令音零括地志云令狐故城在蒲州猗氏
縣界十五里也晉立襄公子而反擊秦師秦師敗隨會
來奔二年秦伐晉取武城正義曰括地志云故武城一名武平城在華州鄭縣
東北十三里也報令狐之役四年晉伐秦取少梁正義曰前入秦
後歸晉今秦又取之六年秦伐晉取羈馬服虔曰晉邑也戰於河曲
大敗晉軍晉人患隨會在秦爲亂乃使魏讎餘
服虔曰晉之魏邑大夫○正義曰讎音受又作犨音同詳反正義曰詳音羊合謀會詐而
得會會遂歸晉康公立十二年卒子共公立索隱

（曰名假十代至靈公又並失名）共公二年晉趙穿弒其君靈公三
年楚莊王彊北兵至雒問周鼎共公立五年卒
子桓公立桓公三年晉敗我一將十年楚莊王
服鄭北敗晉兵於河上當是之時楚霸為會盟
合諸侯二十四年晉厲公初立與秦桓公夾河
而盟歸而秦倍盟與翟合謀擊晉二十六年晉
率諸侯伐秦秦軍敗走追至涇而還桓公立二
十七年卒子景公立（徐廣曰世本云景公名后伯車也。索隱曰景公已下名又錯亂始皇本紀作哀公）景公四年晉欒書弒其君厲公十五年救
鄭敗晉兵於櫟（杜預曰晉地也。正義曰櫟音歷括地志云洛州陽翟縣古櫟邑也）是時
晉悼公為盟主十八年晉悼公彊數會諸侯率
以伐秦敗秦軍秦軍走晉兵追之遂渡涇至棫
林而還（徐廣曰棫音域駰案杜預曰秦地也）二十七年景公如晉與
平公盟已而背之三十六年楚公子圍弒其君
而自立是為靈王景公母弟后子鍼（正義音鉗）有寵
景公母弟富或譖之恐誅乃奔晉車重千乘晉
平公曰后子富如此何以自亡對曰秦公無道
畏誅欲待其後世乃歸三十九年楚靈王彊會
諸侯於申（正義曰在鄧州南陽縣三十里）為盟主殺齊慶封景公
立四十年卒子哀公立（索隱曰始皇本紀作畢公）后子復來歸

秦哀公八年楚公子棄疾弒靈王而自立是為
平王十一年楚平王來求秦女為太子建妻至
國女好而自娶之十五年楚平王欲誅建建亡
（正義曰太子建亡之鄭鄭殺之）伍子胥奔吳晉公室卑而六卿彊
欲內相攻是以久秦晉不相攻三十一年吳王
闔閭與伍子胥伐楚楚王亡奔隨吳遂入郢楚
大夫申包胥來告急（正義曰包胥姓公孫封於申故號申包胥左傳云申包胥如秦乞師曰吳為封豕長蛇以荐食上國虐始於楚寡君失守社稷越在草莽使下臣告急曰夷德無厭若鄰於君疆埸之患也逮吳之未定君其取分焉若楚之遂亡君之土也若以君靈撫之世以事君）七日不食日夜哭
泣（正義曰左傳云申包胥對秦伯曰寡君越在草莽未獲所伏下臣何敢即安立依於庭牆而哭日夜不絕聲勺飲不入口七日秦哀公為賦無衣九頓首而坐秦師乃出）於是秦乃發五百乘救楚
（正義曰左傳魯定公五年秦子蒲子虎帥車五百乘以救楚敗吳師於軍祥）敗吳師吳師歸
楚昭王乃得復入郢哀公立三十六年卒太子
夷公夷公蚤死不得立立夷公子是為惠公惠
公元年孔子行魯相事五年晉卿中行范氏反
晉晉使智氏趙簡子攻之范中行氏亡奔齊惠
公立十年卒子悼公立悼公二年齊臣田乞弒
其君孺子立其兄陽生為悼公六年吳敗齊師
齊人弒悼公立其子簡公九年晉定公與吳王
夫差盟爭長於黃池卒先吳（徐廣曰外傳云吳王先歃）吳彊陵

中國十二年齊田常弒簡公立其弟平公常相之十三年楚滅陳秦悼公立十四年卒子厲共公立孔子以悼公十二年卒厲共公二年蜀人來賂十六年塹河旁以兵二萬伐大荔取其王城徐廣曰今之臨晉也臨晉有王城○正義曰荔音戾括地志云同州東三十里朝邑縣東三十步故王城大荔近王城邑二十一年初縣頻陽地理志馮翊有頻陽縣○正義曰括地志云頻陽故城在雍州同官縣界古頻陽縣城也晉取武成二十四年晉亂殺智伯分其國與趙韓魏二十五年智開與邑人來奔徐廣曰一本二十六年城南鄭也○正義曰開智伯子伯被趙襄子等滅其國其子與從屬來奔秦三十三年伐義渠虜其王應劭曰義渠北地也○正義曰括地志云寧慶二州春秋及戰國時爲義渠戎國之地也三十四年日食厲共公卒子躁公立躁公二年南鄭反正義曰南鄭今梁州所理縣也春秋及戰國時其地屬於楚也十三年義渠來伐至渭南十四年躁公卒立其弟懷公索隱曰厲共公子也生昭太子未立而卒太子之子是爲靈公懷公四年庶長鼂正義曰長丁丈反鼂竹遙反鼂人名也劉伯莊音潮與大臣圍懷公懷公自殺懷公太子曰昭子蚤死大臣乃立太子昭子之子是爲靈公索隱曰生獻公也靈公懷公孫也靈公六年晉城少梁秦擊之十三年城籍姑正義曰括地志云籍姑故城在同州韓城縣北三十五里靈公卒子獻公不得立索隱曰獻公名師隰立靈公季父悼子是爲簡公簡公昭子之弟而懷公子也索隱曰簡

公懷公弟靈公季父也子惠公立始皇本紀云靈公生簡公誤也又紀年云簡公九年卒次敬公立十二年卒乃立惠公○正義曰劉伯莊云簡公是昭子之弟懷公之子厲公之孫今史記謂簡公是厲公子者抄寫之誤簡公六年令吏初帶劍正義曰春秋官吏各得帶劍塹洛城重泉地理志重泉縣屬馮翊○正義曰重直龍反括地志云重泉故城在同州蒲城縣東南四十五里也十六年卒徐廣曰表云十五年也子惠公立惠公十二年子出子生十三年伐蜀取南鄭惠公卒出子立出子二年庶長改迎靈公之子獻公于河西而立之正義曰西者秦州西縣秦之舊地時獻公在西縣故迎立之殺出子及其母沈之淵旁秦以往者數易君君臣乖亂故晉復彊奪秦河西地正義曰奪前所上八城也獻公元年徐廣曰丁酉止從死二年城櫟陽徐廣曰徙都之今萬年是也○正義曰括地志云櫟陽故城一名萬年城在雍州東北百二十里櫟陽漢七年分櫟陽城內爲萬年縣隋文帝開皇三年遷都於龍首川今京城也改萬年爲大興縣至唐武德元年又改曰萬年置在州東七里四年正月庚寅孝公生十一年周太史儋見獻公曰周故與秦國合而別別五百歲復合合七十七歲而霸王出十六年桃冬花十八年雨金櫟陽正義曰言雨金於秦國都明金瑞見也二十一年與晉戰於石門正義曰括地志云石門山俗名石門在雍州三原縣西北三十三里上有路其狀若門故老云堯鑿山爲門因名之武德年中於此山南置石門縣貞觀年中改爲雲陽縣斬首六萬天子賀以黼黻周禮曰白與黑謂之黼黑與青謂之黻二十三年與魏晉戰少梁虜其將公孫痤正義在戈反二十四年獻公卒徐廣曰表云二十三年

子孝公立 索隱曰名渠梁 年已二十一歲矣孝公元年 徐廣曰庚申也 河山以東彊國六與齊威楚宣魏惠燕悼韓哀趙成侯並淮泗之間 正義曰並白浪反謂淮泗二水 小國十餘楚魏與秦接界 正義曰楚北及魏西與秦相接北自梁州漢中郡南有巴渝過江南有黔中巫郡也魏西界與秦相接南自華州鄭縣西北過渭水濱洛水東岸向北有上郡鄜州之地皆築長城以界秦境洛即漆沮水也 魏築長城自鄭濱洛以北有上郡楚自漢中南有巴黔中周室微諸侯力政爭相併秦僻在雍州不與中國諸侯之會盟夷翟遇之孝公於是布惠振孤寡招戰士明功賞下令國中曰昔我繆公自岐雍之閒修德行武東平晉亂以河為界 正義曰即龍門河也 西霸戎翟廣地千里天子致伯諸侯畢賀為後世開業甚光美會往者厲躁簡公出子之不寧國家內憂未遑外事三晉攻奪我先君河西地諸侯卑秦醜莫大焉獻公即位鎮撫邊境徙治櫟陽且欲東伐復繆公之故地脩繆公之政令寡人思念先君之意常痛於心賓客羣臣有能出奇計彊秦者吾且尊官與之分土於是乃出兵東圍陝城西斬戎之獂王 地理志天水有獂道縣應劭曰獂戎邑音桓 衛鞅聞是令下西入秦因景監 正義曰監甲暫反閹人也 求見孝公二年天子致胙三年衛鞅

說孝公變法脩刑內務耕稼外勸戰死之賞罰孝公善之甘龍杜摯等弗然相與爭之卒用鞅法百姓苦之居三年百姓便之乃拜鞅為左庶長其事在商君語中七年與魏惠王會杜平 正義曰在同州澄城縣界也 八年與魏戰元里 正義曰祁城在同州澄城縣界 有功十年衛鞅為大良造將兵圍魏安邑降之 地理志曰河東有安邑縣。正義曰括地志云安邑故城在絳州夏縣東北十五里本夏之都 十二年作為咸陽 正義曰括地志云咸陽故城亦名渭城在雍州咸陽縣東十五里京城北四十五里即秦孝公徙都之者今咸陽縣古之杜郵白起死處 築冀闕 正義曰劉伯莊云冀猶記事闕即象魏也 秦徙都之并諸小鄉聚 正義曰萬二千五百家為鄉聚猶村落之類也 集為大縣縣一令 漢書百官表曰縣令長皆秦官萬戶以上為令秩千石至六百石減萬戶為長秩五百石至三百石皆有丞尉 四十一縣為田開阡陌 索隱曰風俗通曰南北曰阡東西曰陌河東以東西為阡南北為陌 東地渡洛十四年初為賦 徐廣曰制貢賦之法也。索隱曰譙周云初為軍賦也 十九年天子致伯 正義曰伯音霸又如字孝公十九年天子始封爵為霸即大史儋云合七十七歲而霸王出之年故天子致伯桓譚新論云夫上古稱三皇五帝而次有三王五伯此天下君之冠首也故言三皇以道理而五帝用德化三王由仁義五伯以權智其說之曰無制令刑罰謂之皇有制令而無刑罰謂之帝賞善誅惡諸侯朝事謂之王興兵約盟以信義矯世謂之伯 二十年諸侯畢賀秦使公子少官率師會諸侯逢澤 徐廣曰開封東北有逢澤。正義曰括地志云逢澤亦名逢池在汴州浚儀縣東南十四里 朝天子二十一年齊敗魏馬陵 正義曰虞喜志林云濮州甄城縣東北六十餘里有馬陵澗谷深可以置伏按龐涓敗即此也 二十二年衛鞅擊魏虜魏公子卬封鞅為列侯號商君正義曰商州商洛縣在州東八十九里鞅所封也契所封地二十四年與晉戰鴈門索隱曰紀年云與魏戰岸門此云鴈門恐聲誤也又下云敗韓岸門蓋一地也尋秦與韓魏戰不當遠至鴈門也○正義曰括地志云岸門在許州長社縣西北二十八里今名西武亭虜其將魏錯正義七故反孝公卒子惠文君立索隱曰名駟是歲誅衛鞅鞅之初為秦施法正義曰為于偽反法不行太子犯禁鞅曰法之不行自於貴戚君必欲行法先於太子太子不可黥黥其傅師於是法大用秦人治及孝公卒太子立宗室多怨鞅鞅亡因以為反而卒車裂以徇秦國漢書曰商君為法於秦戰斬一首賜爵一級欲為官者五千石其爵名一為公士二上造三簪褭四

不更五大夫六公大夫七官大夫八公乘九五大夫十左庶長十一右庶長十二左更十三中更十四右更十五少上造十六大上造十七駟車庶長十八大庶長十九關內侯二十徹侯惠文君元年楚韓趙蜀人來朝二年天子賀三年王冠正義曰冠音館禮記云年二十行冠禮也四年天子致文武胙齊魏為王索隱曰齊威王魏惠王五年陰晉人犀首正義曰犀音西地理志云華陰縣故陰晉秦惠王五年更名寧秦高祖八年更名華陰為大良造犀首官名姓公孫名衍○索隱曰官名若虎牙之類姓公孫名衍魏人也六年魏納陰晉陰晉更名寧秦徐廣曰今之華陰也七年公子卬與魏戰虜其將龍賈斬首八萬八年魏納河西地九年渡河取汾陰皮氏地理志云二縣屬河東○正義曰渡河東取之括地志云汾陰故城俗名殷湯城在蒲州汾陰縣北也皮氏在絳州龍門縣西一里八十步即古皮氏城也與魏

王會應正義曰應乙陵反括地志云故應城因應山為名古之應國在汝州魯山縣東三十里左傳云邘晉應韓武之穆也圍焦降之正義曰括地志云焦城在陝州城內東北百步因焦水為名周同姓所封左傳云虞虢焦滑霍陽韓魏皆姬姓也杜預云八國皆為晉所滅按武王封商封神農之後於焦而後封姬姓也十年張儀相秦魏納上郡十五縣正義曰今鄜綏等州也魏前納陰晉次納同丹二州今納上郡而盡河西濱洛之地矣十一年縣義渠正義曰地理志云北地郡義渠道秦縣也括地志云寧原慶三州秦北地郡戰國及春秋時為義渠戎國之地周先公劉不窋居之古西戎也歸魏焦曲沃正義曰括地志云曲沃在陝州縣西南三十二里因曲沃水為名按焦曲沃二城相近本魏地適屬秦今還魏故言歸也義渠君為臣更名少梁曰夏陽十二年初臘正義曰臘盧盍反十二月臘日也秦惠文王始效中國為之故云初臘獵禽獸以歲終祭先祖因立此日也風俗通云禮傳云夏曰嘉平殷曰清祀周曰蜡漢改曰臘禮曰天子大蜡八伊耆氏始為蜡蜡者索也歲十二月合聚

萬物而索饗之十三年四月戊午魏君為王韓亦為王正義曰魏襄王韓宣惠王也使張儀伐取陝出其人與魏十四年更為元年二年張儀與齊楚大臣會齧桑三年韓魏太子來朝張儀相魏五年王游至北河徐廣曰戎地在河上○正義曰按王游觀北河至靈夏州之黃河也七年樂池正義曰樂音岳池徒何反裴氏音池也相秦韓趙魏燕齊帥匈奴共攻秦秦使庶長疾與戰脩魚虜其將申差正義曰脩魚韓邑也年表云秦敗我脩魚得韓將軍申差敗趙公子渴韓太子奐斬首八萬二千八年張儀復相秦九年司馬錯伐蜀滅之索隱曰蜀西南夷蠶有君長故昌意娶蜀山氏女也其後有杜宇自立為王號曰望帝蜀王元年秦惠本紀曰張儀伐蜀蜀王開戰不勝為儀

所滅之也伐取趙中都西陽地理志太原有中都縣。正義曰括地志云中都故縣在汾州平遙縣西十二里即西都也西陽即中陽也在汾州隰城縣南十里地理志云西都中陽屬西河郡此云伐取趙中都西陽趙世家云秦即取我西都及中陽年表云秦惠文王後元九年取趙中都西陽安邑趙武靈王十年秦取中都安陽本紀世家年表其縣名異年歲寔同所伐唯一處故具錄之以示後學十年韓太子蒼來質伐取韓石章正義曰韓地名也伐敗趙將泥徐廣曰將一作莊。正義曰趙將名也伐取義渠二十五城十一年樗里疾攻魏焦降之敗韓岸門斬首萬其將犀首走公子通封於蜀徐廣曰是歲王振元年。索隱曰華陽國志曰振王元年秦惠王封子通國爲蜀侯以陳莊爲相徐廣所云亦據國志而言之燕君讓其臣子之十二年王與梁王會臨晉庶長疾攻趙虜趙將莊張儀相楚十三年

庶長章擊楚於丹陽虜其將屈匄斬首八萬又攻楚漢中取地六百里置漢中郡楚圍雍氏秦使庶長疾助韓而東攻齊到滿正義曰滿或作蒲秦將姓名也助魏攻燕十四年伐楚取召陵丹犂臣蜀正義曰二戎號也臣伏於蜀蜀相殺蜀侯并丹犂二國降秦在蜀西南姚府管內本西南夷戰國時蜀滇國唐初置犂州丹州也相壯徐廣曰一作狀殺蜀侯來降惠王卒子武王立索隱曰名蕩韓魏齊楚越徐廣曰一作趙皆賓從武王元年與魏惠王會臨晉徐廣曰表云哀王。正義曰按魏惠王卒已二十五年矣誅蜀相壯張儀魏章皆東出之魏伐義渠丹犂二年初置丞相應劭曰丞者承也相助也樗里疾甘茂爲左右丞相張儀死於魏三

年與韓襄王會臨晉外正義曰外謂臨晉城外外字一作水南公揭卒樗里疾相韓武王謂甘茂曰寡人欲容車通三川窺周室死不恨矣其秋使甘茂庶長封伐宜陽正義曰在河南府福昌縣東十四里故韓城是也此韓之大郡伐取之三川路乃通也四年拔宜陽斬首六萬涉河城武遂徐廣曰韓邑也。正義曰按此邑本屬韓近平陽韓世家云貞子居平陽九世至哀侯徙鄭韓世家云而韓猶服事秦者以先王墓在平陽而秦之武遂去之七十里故知近平陽魏太子來朝武王有力好戲力士任鄙烏獲孟說皆至大官王與孟說舉鼎絕臏徐廣曰一作脈。正義曰臏音頻忍反絕斷也臏脛骨也八月武王死皇覽曰秦武王冢在扶風安陵縣西北畢陌中大冢是也人以爲周文王冢非也周文王冢在杜中。正義曰括地志云秦悼武王陵在雍州咸陽縣西北十五里也

族孟說武王取魏女爲后無子立異母弟是爲昭襄王索隱曰名則一名稷武王弟昭襄母楚人姓羋氏號宣太后武王死時昭襄王爲質於燕燕人送歸得立昭襄王元年嚴君疾爲相正義曰蓋封蜀郡嚴道縣因號嚴君疾名也甘茂出之魏二年彗星見正義曰彗似歲反又先到反庶長壯與大臣諸侯公子爲逆皆誅及惠文后皆不得良死徐廣曰迎婦於楚者悼武王后出歸魏三年王冠與楚王會黃棘正義曰棘紀力反蓋在房襄二州也與楚上庸地理志漢中有上庸縣。正義曰括地志云上庸今房州竹邑縣及金州是也四年取蒲坂正義曰括地志云蒲坂故城在蒲州河東縣南二里即堯舜所都也彗星見五年魏王來朝應亭徐廣曰魏世家

二云會臨晉。正義應音乙陵反復與魏蒲坂六年蜀侯煇反索隱曰煇音暉華陽國志曰秦封王子煇為蜀侯蜀侯祭歸胙於王後母疾之加毒以進王大怒使司馬錯賜煇劍此煇不同也司馬錯定蜀庶長奐伐楚斬首二萬涇陽君質於齊索隱曰名市日食晝晦七年拔新城正義曰楚世家云懷王二十九年秦復伐楚大破楚軍楚軍死二萬殺我將軍景缺年表云秦敗我襄城殺景缺括地志云許州襄城縣即古新城縣也按世家年表則新字誤作襄字樗里子卒八年使將軍芈戎攻楚取新市晉帝記曰江夏有新市縣齊使章子魏使公孫喜韓使暴鳶共攻楚方城取唐眛索隱曰暴鳶韓將姓名趙破中山其君亡竟死齊魏公子勁韓公子長為諸侯索隱曰別封之邑比之諸侯猶商君趙長安君然九年孟嘗君薛文來相秦奐攻

楚取八城殺其將景快十年楚懷王入朝秦秦留之薛文以金受免正義曰金受秦丞相姓名免奪其丞相樓緩為丞相十一年齊韓魏趙宋中山五國共攻秦正義曰蓋中山此時屬趙故云五國也至鹽氏而還徐廣曰鹽一作監。正義曰括地志云鹽故城一名司鹽城在蒲州安邑縣按掌鹽池之官因稱氏秦與韓魏河北及封陵以和正義曰年表云秦與魏封陵與韓武遂以和按河外陝虢曲沃等地封陵在古蒲坂縣西南河曲之中武遂平陽地也彗星見楚懷王走之趙趙不受還之秦即死歸葬十二年樓緩免穰侯正義曰括地志云穰鄧州所理縣即古穰侯國魏冄為相予楚粟五萬石十三年向壽伐韓取武始地理志魏郡有武始縣。正義曰括地志云武始故城在洛州武始縣西南十里左更白起攻新

城正義曰白起傳云白起為左庶長將兵擊韓之新城括地志云洛州伊闕縣本是漢新城縣隋文帝改為伊闕在洛州南七十里五大夫禮出亡奔魏任鄙為漢中守漢書百官表曰郡守秦官十四年左更白起攻韓魏於伊闕正義曰括地志云伊闕在洛州南十九里注水經云昔大禹疏龍門以通水兩山相對望之若闕伊水歷其間故謂之伊闕按今洛南猶謂之龍門也斬首二十四萬虜公孫喜拔五城十五年大良造白起攻魏取垣正義曰垣音袁前秦取蒲坂復以蒲坂與魏魏以為垣今又取魏垣復與之後秦以為蒲坂皮氏復予之攻楚取宛十六年左更錯取軹及鄧地理志河內有軹縣南陽有鄧縣。正義曰括地志云故軹城在懷州濟源縣東南十三里故鄧城在懷州河陽縣西三十一里並六國時魏邑也按二城相連故云及也冄免封公子市宛公子悝鄧索隱曰悝號高陵君初封於彭昭襄王弟也魏冄陶為諸侯

十七年城陽君正義曰括地志云濮州雷澤縣本漢郕陽縣古郕伯姬姓之國周武王封弟季載於郕其後遷城之陽也入朝及東周君來朝秦以垣為蒲坂皮氏索隱曰為當為易蓋字訛也。正義曰蒲坂今河東縣也皮氏故縣在絳州龍門縣西一里八十步王之宜陽十八年錯攻垣正義曰蓋蒲坂皮氏又歸魏魏復以為垣今重攻取之也河雍決橋取之徐廣曰汲冢紀年云魏哀王二十四年改宜陽曰河雍改向曰高平向在軹之西十九年王為西帝齊為東帝皆復去之呂禮來自歸齊破宋宋王在魏死溫任鄙卒二十年徐廣曰秦地有父馬生駒王之漢中又之上郡北河二十一年徐廣曰有牡馬生牛而死錯攻魏河內魏獻安邑秦出其人募徙河東賜爵赦罪人遷之涇陽君封宛二十二年蒙武

伐齊河東爲九縣與楚王會宛與趙王會中陽地理志西河有中陽縣二十三年尉斯離正義曰尉都尉斯離名也與三晉燕伐齊索隱曰尉秦官斯離其姓名破之濟西王與魏王會宜陽與韓王會新城二十四年與楚王會鄢正義曰鄢於建反又音偃括地志云故偃城在襄州安養縣北三里古郾子之國又會穰秦取魏安城地理志云汝南有安城縣。正義曰括地志云安城在豫州汝陽縣東南十七里至大梁燕趙救之秦軍去魏冉免相二十五年拔趙二城與韓王會新城與魏王會新明邑二十六年赦罪人遷之穰侯冉復相二十七年錯攻楚赦罪人遷之南陽正義曰南陽及上遷之穰皆今鄧州也白起攻趙取代光狼

城正義曰括地志云光狼故城在澤州高平縣西二十里又使司馬錯發隴西因蜀攻楚黔中正義曰今黔府也拔之二十八年大良造白起攻楚取鄢鄧正義曰鄢鄧二城並在襄州赦罪人遷之二十九年大良造白起攻楚取郢爲南郡正義曰括地志云郢城在荊州江陵縣東北六里楚平王築都之地也楚王走周君來王與楚王會襄陵地理志河東有襄陵縣。正義曰括地志云襄陵在晉州臨汾縣東南三十五里土地十三州志云襄陵晉大夫犨邑也白起爲武安君正義曰言能撫養軍士戰必克得百姓安集故號武安故城在潞州武安縣西南五十里七國時趙邑即趙奢救閼與處也三十年蜀守若伐取巫郡正義曰華陽國志張若爲蜀中郡守括地志云巫郡在夔州東百里及江南爲黔中郡正義曰括地志云黔中故城在辰州沅陵縣西二十里江南今黔府亦其地也三十一年白起

伐魏取兩城楚人反我江南正義曰黔中郡反歸楚三十二年相穰侯攻魏至大梁破暴鳶斬首四萬鳶走魏入三縣請和三十三年客卿胡傷攻魏卷地理志河南有卷縣。正義曰卷音丘袁反括地志云故卷城在鄭州原武縣西北七里即衡雍也蔡陽長社取之地理志潁川有長社縣。正義曰括地志云蔡陽今豫州上蔡水之陽古城在豫州北七十里長社故城在許州長社縣西一里皆魏邑也擊芒卯華陽破之司馬彪曰華陽亭名在密縣。索隱曰芒卯魏將譙周云孟卯也。正義曰括地志云故華城在鄭州管城縣南三十里國語云史伯對鄭桓公號鄶十邑華其一也華陽即此城也按是時韓趙聚兵於華陽攻秦即此矣斬首十五萬魏入南陽以和徐廣曰河內脩武古曰南陽秦始皇更名河內屬魏地荊州之南陽郡本屬韓地。正義曰括地志云懷州獲嘉縣即古之南陽杜預云在晉州山南河北故曰南陽秦破芒卯軍斬首十五萬魏入南陽以和三十

四年秦與魏韓上庸地爲一郡南陽免臣遷居之三十五年佐韓魏楚伐燕初置南陽郡正義曰今鄧州也前已屬秦秦置南陽郡在漢水之北釋名云在中國之南而名陽地故以爲名焉張衡南都賦云陪京之南居漢之陽三十六年客卿竈攻齊取剛壽正義曰括地志云故剛城在兗州龔丘縣界壽鄆州之縣予穰侯三十八年中更胡傷攻趙閼與孟康曰音焉與邑名在上黨涅縣西。正義曰閼於達反與音預閼與聚城一名烏蘇城在潞州銅鞮縣西北二十里趙奢破秦軍處又儀州和順縣即古閼與城亦云趙奢破秦軍處然儀州與潞州相近二所未詳又閼與山在潞州武安縣西南五十里趙奢拒秦軍於閼與即山北也按閼與山在武安故城西南又近武安故城蓋儀州是所封故地不能取四十年悼太子死魏歸葬芷陽徐廣曰今霸陵。正義曰括地志云芷陽在雍州藍田縣西六里三秦記云麗原東有霸川之西坂故芷陽也四十一年夏攻

魏取邢丘懷徐廣曰邢丘在平皐駰案韓詩外傳武王伐紂到于邢丘勒兵於甯更名邢丘曰懷甯曰脩武。正義曰括地志云平皐故城本邢丘邑漢置平皐縣在懷州武德縣東南二十里故懷城周之懷邑在懷州武陟縣西十一里四十二年安國君爲太子十月宣太后薨徐廣曰芊氏葬芷陽酈山正義曰酈力知反在雍州新豐縣南十四里也九月穰侯出之陶四十三年武安君白起攻韓拔九城斬首五萬四十四年攻韓南郡取之四十五年五大夫賁正義曰音奔五大夫官疑賁名也攻韓取十城葉陽一云華陽。正義葉車涉反悝出之國未至而死四十七年秦攻韓上黨上黨降趙秦因攻趙趙發兵擊秦相距秦使武安君白起擊大破趙於長平四十餘萬盡

殺之四十八年十月韓獻垣雍司馬彪曰河南卷縣有垣雍城秦軍分爲三軍武安君歸王齕將伐趙武安皮牢拔之司馬梗北定太原盡有韓上黨正月兵罷復守上黨其十月五大夫陵攻趙邯鄲四十九年正月益發卒佐陵陵戰不善免王齕代將其十月將軍張唐攻魏爲蔡尉正義曰爲于僞反蔡姓尉名捐弗守還斬之五十年十月武安君白起有罪爲士伍遷陰密如淳曰嘗有爵而以罪奪爵皆稱士伍。正義曰括地志云陰密故城在涇州鶉觚縣西即古密須國也張唐攻鄭拔之十二月益發卒軍汾城旁正義曰括地志云臨汾故城在絳州正平縣東北二十五里即古臨汾縣城也按汾城即此城是也武安君

白起有罪死齕攻邯鄲不拔去還奔汾軍二月餘攻晉軍斬首六千晉楚流死河二萬人徐廣曰楚一作走。正義曰按此時無楚軍走字是也攻汾城即從唐拔寧徐廣曰一作曼此趙邑也。正義曰唐今晉州平陽堯都也括地志云寧新中七国時魏邑秦昭襄王拔魏寧新中更名安陽城即今相州外城是也新中寧新中更名安陽徐廣曰魏郡有安陽縣。正義曰今相州外城古安陽城初作河橋正義曰此橋在同州臨晉縣東度河至蒲州今蒲津橋也五十一年將軍摎攻韓取陽城負黍正義曰今河南府縣也負黍亭在陽城縣西南三十五里本周邑亦時屬韓也斬首四萬攻趙取二十餘縣首虜九萬西周君正義曰武公背秦與諸侯約從將天下銳兵出伊闕攻秦令秦毋得通陽城於是秦使將軍摎

攻西周西周君走來自歸頓首受罪盡獻其邑三十六城口三萬秦王受獻歸其君於周五十二年周民東亡其器九鼎入秦正義曰器謂寶器也禹貢金九牧鑄鼎於荊山下各象九州之物故言九鼎歷殷至周赧王十九年秦昭王取九鼎其一飛入泗水餘八入於秦中周初亡五十三年天下來賓魏後秦使摎伐魏取吳城徐廣曰在大陽。正義曰括地志云虞城故城在陝州河北縣東北五十里虞山之上亦名吳山周武王封弟虞仲於周之北故夏墟吳城即此城也韓王入朝魏委國聽令五十四年王郊見上帝於雍五十六年秋昭襄王卒子孝文王立索隱曰名柱五十三而立立一年卒葬壽陵子莊襄王尊唐八子爲唐太后徐廣曰八子者妾媵之號姓唐。正義曰孝文王之母也先死故尊之晉灼云除皇后自昭儀以下

秩至百石凡十四等漢書外戚傳云八子視千石比中更而合其葬於先王正義曰以其母
唐太后與昭王合葬韓王衰絰入弔祠諸侯皆使其將相來
弔祠視喪事孝文王元年赦罪人修先王功臣
襃厚親戚弛苑囿孝文王除喪十月己亥即位
三日辛丑卒子莊襄王立索隱曰名子楚三十二而立立四年卒葬陽陵子始
皇帝莊襄王元年大赦罪人修先王功臣施德厚
骨肉而布惠於民東周君與諸侯謀秦秦使相
國呂不韋誅之盡入其國秦不絕其祀以陽人
地地理志河南梁縣有陽人聚賜周君奉其祭祀使蒙驁伐韓
韓獻成皋鞏正義曰括地志云洛州汜水縣古之虢國亦鄭之制邑又名虎牢漢之成皋鞏恭竦

反今洛州鞏縣爾時秦滅東周韓亦得其地又獻於秦秦界至大梁初置三川
郡韋昭曰有河洛伊故曰三川索隱地理志漢高祖更曰河南郡二年使蒙驁攻趙定
太原三年蒙驁攻魏高都汲徐廣曰一作波波縣亦在河內○正義曰
汲音急括地志云高都故城今澤州是汲故在衛州所理汲縣西南二十五里孟康云漢波縣今鄴城是也括地志云故
鄴城在衛州河內縣西二十二里左傳云蘇忿生七十二邑鄴其一也拔之攻趙榆次新
城狼孟正義曰括地志云榆次并州縣即古榆次地也新城一名小平城在朔州善陽縣西南四十七里狼
孟故城在并州陽曲縣東北二十六里按取三十七城并代朔三州之地矣取三十七城四
月日食四年王齕攻上黨正義曰上黨又反秦故攻之初置太
原郡正義曰上黨以北皆太原地即上三十七城也魏將無忌率五國兵擊
秦正義曰信陵君也率燕趙韓楚魏之兵擊秦也秦卻於河外正義曰蒙驁被五國兵敗遂解

而卻至於河外河外陝華二州也蒙驁敗解而去五月丙午莊襄
王卒子政立是為秦始皇帝索隱曰十三而立立三十七年崩葬酈邑子二
世皇帝秦王政立二十六年初并天下為三十六
郡號為始皇帝始皇帝五十一年而崩子胡亥
立是為二世皇帝索隱曰十二而立紀云二十一立三年葬宜春秦自襄公至二世凡六百
一十七歲此實本紀而註別舉之以非本文耳三年諸侯並起叛秦趙高殺
二世立子嬰子嬰立月餘諸侯誅之遂滅秦其
語在始皇本紀中
太史公曰秦之先為嬴姓其後分封以國為姓
有徐氏郯氏莒氏終黎氏徐廣曰世本作鍾離應劭曰氏姓註云有姓終黎者

是運奄氏菟裘氏將梁氏黃氏江氏脩魚氏白
冥氏蜚廉氏秦氏然秦以其先造父封趙城為
趙氏
索隱述贊曰
栢翳佐舜　皁游是旌　蜚廉事紂
石榑斯營　造父善馭　封之趙城
非子息馬　厥號秦嬴　禮樂射御
西垂有聲　襄公救周　始命列國
金祠白帝　龍祚水德　祥應陳寶
妖除豐特　里奚致霸　衛鞅任刻

厥后吞并　卒成凶慝

史捌阡伍伯陸拾陸字
註壹萬玖伯壹拾貳字

秦本紀第五　　史記五

秦始皇本紀第六　史記六

秦始皇帝者秦莊襄王子也索隱曰莊襄王者孝文王之中子昭襄王之孫也名子楚按戰國策本名子異後爲華陽夫人嗣夫人楚人因改名子楚也莊襄王爲秦質子於趙正義曰質音致國彊欲待弱之來相事故遣子及貴臣爲質如上音國弱懼其侵伐令子及貴臣往爲質音直實反又二國敵亦爲交質音致左傳云周鄭交質王子狐爲質於鄭鄭公子忽爲質於周是也見呂不韋姬悅而取之索隱曰按不韋傳云不韋陽翟大賈也其姬邯鄲豪家女善歌舞有娠而獻於子楚生始皇以秦昭王四十八年正月生於邯鄲及生名爲政姓趙氏徐廣曰一作正宋忠云以正月旦生故名正。索隱曰系本作政又生於趙故曰趙政一曰秦與趙同祖以趙城爲榮故姓趙氏。正義曰正音政周正建子之正也始皇以正月旦生於趙因爲政後以始皇諱故音征年十三歲莊襄王死政代立爲秦王。當是之時秦地已幷巴蜀漢中越宛有郢置南郡矣北收上郡以東有河東太原上黨郡東至滎陽滅二周置三川郡呂不韋爲相封十萬戶號曰文信侯招致賓客游士欲以幷天下李斯爲舍人文穎曰主廄內小吏官名或曰侍從賓客謂之舍人也蒙驁王齮徐廣曰一作齕。索隱曰蒙驁齊人蒙武之父蒙恬之祖王齮即王齮昭王二十九年代大夫陵伐趙者。正義曰齮魚綺反劉伯莊云音綺後同麃公等爲將軍應劭曰麃秦邑。索隱曰麃公蓋麃邑公史失其姓名。正義曰麃彼苗反蓋秦之縣邑大夫稱公若楚制王年少初即位委國事大臣。晉陽反

元年將軍蒙驁擊定之

二年麃公將卒攻卷正義曰將子匠反卒子必反卷丘員反斬首三萬

三年蒙驁攻韓取十三城王齮死十月將軍蒙驁攻魏氏暘有詭徐廣曰暘音場。索隱曰音暢魏之邑名歲大飢

四年拔暘有詭三月軍罷秦質子歸自趙趙太子出歸國十月庚寅蝗蟲從東方來蔽天天下疫百姓內粟千石拜爵一級

五年將軍驁攻魏定酸棗地理志陳留有酸棗縣。正義曰括地志云酸棗故城在滑州酸棗縣北十五里古酸棗縣南燕虛長平徐廣曰一作千騏案地理志汝南有長平縣也。索隱曰二邑名春秋桓十二年會于虛又戰國策曰拔燕酸棗虛桃人桃人亦魏邑虛地今闕蓋與諸縣相近按今東郡燕縣東三十里有故桃城則亦非遠。正義曰燕烏田反括地志云南燕城古燕國也滑州胙城縣是也姚虛在濮州雷澤縣東十三里孝經援神契云帝舜生於姚墟即東郡也長平故城在陳州宛丘縣西六十六里雍丘山陽城地理志陳留有雍丘縣河內有山陽縣。正義曰雍於用反汴州縣皆拔之取二十城初置東郡冬雷

六年韓魏趙衛楚共擊秦取壽陵正義曰徐廣云在常山按本趙邑也秦出兵五國兵罷拔衛迫東郡其君角率其支屬徙居野王阻其山以保魏之河內

七年彗星先出東方見北方五月見西方正義曰彗音似歲反見並音行練反孝經內記云彗出北斗兵大起彗在三台臣害君彗在太微君害臣彗在天獄諸侯作亂所指其處大惡彗在日旁子欲殺父將軍驁死以攻龍孤慶都徐廣曰慶一作麃。正義曰括地志云定州恒陽縣西南四十里有白龍水又有挾龍山又定州唐縣東北五十四里有孤山蓋都山也帝王紀云

望堯母慶都所居張晏云堯山在北堯母慶都山在南相去五十里北登堯山南望慶都山也注水經云望都故城東有山不連陵名之曰孤孤都聲相近疑即都山孤山及望都故城三處相近 還兵攻汲彗星復見 正義復扶富反見行見反 西方十六日夏太后死 索隱曰莊襄王所生母。正義曰子楚母也

八年王弟長安君成蟜 正義曰蟜音紀兆反成蟜者長安君名也號爲長安君 將軍擊趙反 正義曰將如字將猶領也又子匠反 死屯留 正義曰括地志云屯留故城在潞州長子縣東北三十里漢屯留吁國也 軍吏皆斬死遷其民於臨洮 正義曰臨洮水故名臨洮洮州在隴右去京千五百五十一里言屯留之民被成蟜略衆共反故遷之於臨洮郡 將軍壁死 正義曰壁邊覓反言成蟜自殺壁壘之内 卒屯留蒲鶮反戮其屍 徐廣曰鶮一作鶮屯留蒲鶮皆地名也壁於此地時士卒死者皆戮其屍。索隱曰臨洮在隴西髙誘云屯留上黨之縣名謂成蟜爲將軍而反秦兵擊之而蟜壁於屯留而死屯留蒲鶮二邑之反卒雖死猶皆戮其屍鶮古鶴字。正義曰卒子忽反鶮音高汪同蒲鶮皆地名 河魚大上 索隱曰謂河水溢魚大上平地亦言遭水害也即漢書五行志劉向所謂豕蟲之孽明年嫪毐誅魚陰類小人象。正義曰始皇八年黃河之魚西上入渭渭水也漢書五行志云魚者陰類臣民之象也十七年滅韓二十六年盡并天下自滅韓至并天下盡十年矣周本紀云十年數之紀也天下之所棄不過其紀明關東後屬秦其象類先見也 輕車重馬東就食 徐廣曰一無此重字。索隱曰言河魚大上秦人皆輕車重馬並就食於東言往河旁食魚也一云河魚大上爲災人遂東就食皆輕車重馬而去 嫪毐 正義上躬虬反下酷改反 封爲長信侯予之山陽地 正義曰予音與括地志云山陽故城在懷州修武縣西北太行山東南 令毐居之 索隱曰嫪姓毐字按漢書嫪氏出邯鄲王劭云賈侍中說秦始皇母子嫪毐淫坐誅故世人罵淫曰嫪毐也 宮室車馬衣服苑囿馳獵恣毐事無小大皆決於毐又以河西 徐廣曰河一作汾 太原郡更爲毐國

九年彗星見或竟天攻魏垣蒲陽 正義垣作垣垣音袁括地志云故垣城漢縣治本魏王垣也在絳州垣縣西北二十里蒲邑故城在隰州縣北四十五里在蒲水之北故言蒲陽即晉公子重耳所居邑也 四月上宿雍 蔡邕曰上者尊位所在也裴駰云司馬迁記事當言帝則依違但言上不敢媟言尊尊之意也 己酉王冠帶劍 徐廣曰年二十二。正義曰冠音灌禮記云年二十而冠按年二十一也 長信侯毐作亂而覺矯王御璽 蔡邕曰御者進也凡衣服加於身飲食入於口妃妾接於寢皆曰御之親愛者曰幸璽者印信也天子璽白玉螭虎鈕古者尊卑共之月令曰固封璽左傳曰季武子璽書追而与之此諸侯大夫印稱璽也衞宏曰秦以前民皆以金玉爲印龍虎鈕唯其所好秦以來天子獨以印稱璽又獨以玉羣臣莫敢用。正義曰崔浩云李斯磨和璧作之漢諸帝世傳服之謂傳国璽韋曜吳書云璽方四寸上勾交五龍文曰受命于天既壽永昌漢書云文曰昊天之命皇帝壽昌按二文不同漢書元后傳云王莽令王舜逼太后取璽王太后怒投地其角小缺吳志云孫堅入洛掃除漢陵廟軍於甄官井得璽後帰魏晉懷帝永嘉五年六月帝蒙塵平陽璽入前趙劉聰至東晉成帝咸和四年石勒滅前趙得璽穆帝永和八年石勒爲慕容儁滅濮陽太守戴施入鄴得璽使何融送晉傳宋宋傳南齊南齊傳梁梁傳至天正二年侯景破梁至廣陵北齊將辛術定廣陵得璽送北齊至周建德六年正月平北齊璽入周周傳隋隋傳唐也 及太后璽以發縣卒 正義子忽反下同 及衞卒官騎戎翟君公舍人將欲攻蘄年宮爲亂 地理志蘄年宮在雍。正義曰蘄巨衣反括地志云蘄年宮在岐州城西故城內 王知之令相國昌平君昌文君發卒攻毐 索隱曰昌平君楚之公子立以爲相後反於郢項燕立爲荊王史失其名昌文君亦不知也 戰咸陽 正義曰括地志云咸陽故城亦名渭城在雍州北五里今咸陽縣東十五里秦孝公已下並都此城始皇鑄金人十二於咸陽即此也 斬首數百皆拜爵及宦者皆在戰中亦拜爵

一級毐等敗走即令國中有生得毐賜錢百萬殺之五十萬盡得毐等衛尉竭〔漢書百官表曰衛尉秦官〕內史肆佐弋竭〔漢書百官表曰秦時少府有佐弋漢武帝改爲佽飛掌弋射者。正義弋音翊〕中大夫令齊等〔正義曰令力政反中大夫令秦官也齊名也〕二十人皆梟首〔縣首於木上曰梟。正義曰梟古堯反縣首於木上曰梟〕車裂以徇滅其宗〔正義曰說苑云秦始皇太后不謹幸郎嫪毐始皇取毐四支車裂之取兩弟撲殺之取太后遷之咸陽宮下令曰以太后事諫者戮而殺之蒺蔾其脊諫而死者二十七人茅焦乃上說曰齊客茅焦願以太后事諫皇帝曰走告若不見闕下積死人耶使者問焦焦曰陛下車裂假父有嫉妬之心囊撲兩弟有不慈之名遷母咸陽有不孝之行蒺蔾諫士有桀紂之治天下聞之盡瓦解無向秦者王乃自迎太后歸咸陽立茅焦爲傅又爵之上卿括地志云茅焦滄州人也〕及其舍人輕者爲鬼薪〔應劭曰取薪給宗廟爲鬼薪也如淳曰律說鬼薪作三歲。正義曰言毐舍人罪重者已刑戮輕者罰徒役三歲〕及奪爵遷蜀四千餘家家房陵〔正義曰括地志云房陵即今房州房陵縣古楚漢中郡地也是巴蜀之境地理志云房陵縣屬漢中郡在益州部接東南一千三百一十里也〕四月寒凍有死者〔正義曰四月建巳之月孟夏寒凍民有死者以秦法酷急則天應之而史書之故尚書洪範云急常寒若孔注云君行急則常寒順之〕楊端和攻衍氏〔索隱曰端和秦將衍氏魏邑。正義曰衍羊善反在鄭州〕彗星見西方又見北方從斗以南八十日

十年〔徐廣曰甲子〕相國呂不韋坐嫪毐免桓齮爲將軍齊趙來置酒齊人茅焦說秦王曰秦方以天下爲事而大王有遷母太后之名恐諸侯聞之由此倍秦也秦王乃迎太后於雍而入咸陽〔說苑〕

〔曰始皇帝立茅焦爲傅又爵之上卿太后大喜曰天下亢直使敗復成安秦社稷使妾母子復相見者茅君之力也〕復居甘泉宮〔徐廣曰表云咸陽南宮也〕大索逐客李斯上書說乃止逐客令李斯因說秦王請先取韓以恐他國於是使斯下韓韓王患之與韓非謀弱秦大梁人尉繚來說秦王曰以秦之彊諸侯譬如郡縣之君臣但恐諸侯合從翕而出不意此乃智伯夫差湣王之所以亡也願大王毋愛財物賂其豪臣以亂其謀不過亡三十萬金則諸侯可盡秦王從其計見尉繚亢禮衣服食飲與繚同曰秦王爲人蜂準〔徐廣曰蜂一作隆。正義曰蜂孚逢反準章允反蜂蠆也高鼻也文穎曰準鼻也〕長目摯鳥膺〔正義曰摯鳥鶻膺突向前其性悍勇〕豺聲少恩而虎狼心居約易出人下〔正義曰易以豉反言始皇居儉約之時易以謙卑〕得志亦輕食人〔正義曰言始皇得天下之志亦輕易而啖食於人〕我布衣然見我常身自下我誠使秦王得志於天下天下皆爲虜矣不可與久游乃亡去秦王覺固止以爲秦國尉〔正義曰若漢太尉大將軍之比也〕卒用其計策而李斯用事

十一年王翦桓齮楊端和攻鄴取九城王翦攻閼與橑楊〔徐廣曰橑音老在并州。正義曰漢表在清河十三州志云橑陽上黨西北百八十里也〕皆并爲一軍翦將十八日軍歸斗食以下〔漢書百官表曰百石

以下有斗食佐史之秩。正義曰一曰得斗粟爲料皆歸斗食以下无功佐史升中稚擇二人令從軍耳什推二人從軍索隱曰言王翦爲將軍中取鄴安陽桓齮將

十一年文信侯不韋死竊葬索隱曰按不韋飲鴆死其賓客數千人竊共葬於洛陽北芒山其舍人臨者晉人也逐出之正義曰臨力禁反臨哭也若是三晉之人逐出令歸也秦人六百石以上奪爵遷正義曰上音時掌反若是秦人哭臨者奪其官爵迁移於房陵五百石以下不臨遷勿奪爵正義曰若是秦人不哭臨不韋者不奪官爵亦迁移於房陵自今以來操國事不道如嫪毐不韋者籍其門視此徐廣曰門一作文。索隱曰謂籍沒其一門皆爲徒隸後並視此爲常。正義曰籍錄其子孫禁不得仕官秋復嫪毐舍人遷蜀者。當是之時天下大旱六月至八月乃雨

十三年桓齮攻趙平陽正義曰括地志云平陽故城在相州臨漳縣西二十五里又云平陽戰國時屬韓後屬趙殺趙將扈輒正義曰扈音戶輒張獵反趙之將軍斬首十萬。王之河南。正月彗星見東方。十月桓齮攻趙。

十四年攻趙軍於平陽取宜安正義曰括地志云宜安故城在常州槀城縣西南二十五里也破之殺其將軍桓齮定平陽武城正義曰即貝州武成縣外城是也七國時趙邑韓非使秦秦用李斯謀留非非死雲陽正義曰括地志云雲陽城在雍州雲陽縣西八十里秦始皇甘泉宮在焉韓王請爲臣。

十五年大興兵一軍至鄴一軍至太原取狼孟

地理志太原有狼孟縣地動

十六年九月發卒受地韓南陽假守正義曰假格雅反守音狩騰。初令男子書年。魏獻地於秦。秦置麗邑正義曰麗力知反括地志云雍州新豐縣本周時驪戎邑左傳云晉獻公伐驪戎杜注云在京兆新豐縣其後秦滅之以爲邑

十七年內史騰攻韓得韓王安盡納其地正義曰韓王安之九年秦盡滅之以其地爲郡命曰潁川地動華陽太后卒。民大飢。

十八年徐廣曰巴郡出大人長二十五丈六尺大興兵攻趙王翦將上地正義曰上都上縣今綏州等是也下井陘服虔曰山名在常山今爲縣音刑端和將河內羌瘣伐趙端和圍邯鄲城

十九年王翦羌瘣正義曰胡罪反盡定取趙地東陽得趙王索隱曰趙王遷也。正義曰趙幽繆王遷八年秦取趙地至平陽平陽在貝州歷亭縣界遷王於房陵引兵欲攻燕屯中山秦王之邯鄲諸嘗與王生趙時母家有仇怨皆阬之秦王還從太原上郡歸始皇帝母太后崩趙公子嘉率其宗數百人之代自立爲代王東與燕合兵軍上谷大飢

二十年燕太子丹患秦兵至國恐使荊軻刺秦王秦王覺之體解正義曰紅買反軻以徇而使王翦辛勝攻燕燕代發兵擊秦軍秦軍破燕易水之西

二十一年王賁正義音奔攻薊乃益發卒詣王翦軍

遂破燕太子軍取燕薊城得太子丹之首燕王東收遼東而王之正義王于放反王翦謝病老歸新鄭反昌平君徙於郢大雨雪正義雨于遇反深二尺五寸

二十二年王賁攻魏引河溝灌大梁大梁城壞其王請降索隱曰魏王假也盡取其地

二十三年秦王復召王翦彊起之使將擊荊正義曰秦號楚爲荊以莊襄王名子楚諱之故言荊也取陳以南至平輿地理志汝南有平輿縣○正義曰輿音餘平輿豫州縣也楚淮北之地盡入於秦虜荊王索隱曰荊王負芻也楚稱荊者以避莊襄王諱故稱荊秦王游至郢陳荊將項燕立昌平君爲荊王反秦於淮南徐廣曰淮一作江○正義曰昌平也楚淮北之地盡入於秦

二十四年王翦蒙武攻荊破荊軍昌平君死項燕遂自殺

二十五年大興兵使王賁將攻燕遼東得燕王喜正義曰燕王喜之五十三年燕亡還攻代虜代王嘉王翦遂定荊江南地正義曰言王翦遂平定楚及江南地降越君置爲會稽郡降越君正義曰降閑江反楚威王已滅其餘自稱君長今降秦置會稽郡五月天下大酺服虔曰酺音蒲文頴曰酺周礼族師掌春秋祭酺爲人物災害之神蘇林曰陳留俗三月上巳水上飲食爲酺○正義曰天下歡樂大飲酒也秦既平韓趙魏燕楚五國故天下大酺也

二十六年齊王建與其相后勝正義音升齊相姓名發兵守其西界不通秦秦使將軍王賁從燕南攻齊得

齊王建索隱曰六國皆滅也十七年得韓王安十九年得趙王遷二十二年魏王假降二十三年虜荊王負芻二十五年得燕王喜二十六年得齊王建○正義曰齊王建之三十四年齊國亡秦初并天下令丞正義曰令力政反乃今之赦令赦書相御史曰異日韓王納地效璽正義曰效猶至見請爲藩臣已而倍約與趙魏合從畔秦故興兵誅之虜其王寡人以爲善庶幾息兵革趙王使其相李牧來約盟故歸其質子正義曰質音致已而倍盟反我太原故興兵誅之得其王趙公子嘉乃自立爲代王故舉兵擊滅之魏王始約服入秦已而與韓趙謀襲秦秦兵吏誅遂破之荊王獻青陽以西漢書鄒陽傳曰越水長沙還舟青陽張晏曰青陽地名蘇林曰青陽長沙縣是也已而畔約擊我南郡故發兵誅得其王遂定其荊地燕王昏亂其太子丹乃陰令荊軻爲賊兵吏誅滅其國齊王用后勝計絕秦使欲爲亂兵吏誅虜其王平齊地寡人以眇眇之身興兵誅暴亂賴宗廟之靈六王咸伏其辜天下大定今名號不更無以稱成功傳後世其議帝號丞相綰御史大夫劫漢書百官表曰御史大夫秦官應劭曰侍御史之率故稱大夫也○索隱曰綰姓王劫姓馮廷尉斯等漢書百官表曰廷尉秦官應劭曰聽獄必質諸朝廷與衆共之兵獄同制故稱廷尉皆曰昔者五帝地方千里其外侯服夷服諸侯或朝或否天子不能制今陛下蔡邕

曰陛階也所由升堂也天子必有近臣立於陛側以戒不虞
謂之陛下者羣臣與天子言不敢指斥故呼在陛下者與之
言因卑達尊之意也上書亦如之興義兵誅殘賊平定天下海內
爲郡縣正義曰郡人所羣聚也法令由一統自上古以來未
嘗有五帝所不及臣等謹與博士議曰漢書百官表曰
博士秦官掌通古今古有天皇有地皇有泰皇索隱曰按天皇地皇之下即云
泰皇當人皇也而封禪書云昔者太帝使素女鼓瑟而悲蓋三皇已前稱泰皇一云泰皇太昊也泰皇最
貴臣等昧死上尊號王爲泰皇命爲制令爲詔
蔡邕曰制書帝者制度之命也其文曰制詔詔書詔告○正義曰令音力政反制詔三代無文秦始有之天子
自稱曰朕蔡邕曰朕我也古者上下共稱之貴賤不嫌則可以同號之義也皐陶與舜言朕言惠可底行
屈原曰朕皇考至秦然後天子獨以爲稱漢因而不改王曰去泰著皇正義曰去音丘呂反

采上古帝位號號曰皇帝他如議制曰可蔡邕曰羣臣有
所奏請尚書令奏之下有司曰制天子荅之曰可追尊莊襄王爲太上皇漢高
祖尊父曰太上皇亦放此也制曰朕聞太古有號毋諡中古有
號死而以行爲諡如此則子議父臣議君也甚
無謂朕弗取焉自今已來除諡法諡法周公所作朕爲始
皇帝後世以計數正義色主反二世三世至于萬世傳
之無窮始皇推終始五德之傳鄭玄曰音亭傳○索隱曰音張戀反
傳次也謂五行之德始終相次也漢書郊祀志曰齊人鄒子之徒論著終始五德之運始皇采用以爲周
得火德秦代周德從所不勝正義曰勝申證反秦以周爲火德能滅火者水
也故稱從其所不勝於秦方今水德之始索隱曰封禪書曰秦文公獲黑龍以爲水瑞秦皇因

自謂爲水德也改年始朝賀正義曰周以建子之月爲正秦以建亥之月爲正故其年始用十月而朝
賀皆自十月朔衣服旄旌節旗正義曰旌音精旄音毛旗音其周禮云析
羽爲旌熊虎爲旗旄節者編毛爲之以象竹節漢書云蘇武
執節在匈奴牧羊節毛盡落是也韋昭云節者山國用人節
澤國用龍節皆以金爲之道路以旌節
門關用符節都鄙用管節皆用竹爲之皆上黑正義曰以水德屬北
方故上黑數以六爲紀符法冠皆六寸而輿六尺六
尺爲步乘六馬張晏曰水北方黑終數六故以六寸爲符六尺爲步瓚曰水數六故以六爲名
譙周曰步以人足爲數非獨秦制然○索隱曰管子司馬法
皆云六尺爲步譙周以爲步以人足非獨秦制又按禮記王
制曰古者八尺爲步今以周尺六
尺四寸爲步步之尺數亦不同更名河曰德水以爲
水德之始剛毅戾深事皆決於法刻削毋仁恩
和義然後合五德之數索隱曰水主陰陰刑殺故急法刻削以合五德之數於

是急法久者不赦丞相綰等言諸侯初破燕齊
荊地遠不爲正義于僞反置王毋以塡之請立諸子唯
上幸許始皇下其議於羣臣羣臣皆以爲便廷
尉李斯議曰周文武所封子弟同姓甚衆然後
屬疏遠相攻擊如仇讎諸侯更相誅伐周天子
弗能禁止今海內賴陛下神靈一統皆爲郡縣
諸子功臣以公賦稅重賞賜之甚足易制天下
無異意正義易音以職反則安寧之術也置諸侯不便始
皇曰天下共苦戰鬭不休以有侯王賴宗廟天
下初定又復立國是樹兵也而求其寧息豈不

難哉廷尉議是分天下以爲三十六郡三十六郡者三川河
東南陽南郡九江鄣郡會稽潁川碭郡泗水薛郡東郡琅邪齊郡上谷漁陽右北平遼西遼東代郡鉅鹿邯鄲上黨太原
雲中九原鴈門上郡隴西北地漢中巴郡蜀郡黔中長沙凡三十五與內史爲三十六郡。正義曰風俗通云周制天子
方千里分爲百縣縣有四郡故左傳云上大夫受縣下大夫受郡秦始皇初置三十六郡以監縣也郡置守
尉監漢書百官表曰秦郡守掌治其郡有丞尉掌佐守典武職甲卒監御史掌監郡更名民曰
黔首應劭曰黔亦黎黑也大酺收天下兵應劭曰古者以銅爲兵聚之咸
陽銷以爲鍾鐻徐廣曰音巨金人十二重各千石正義
曰漢書五行志云二十六年有大人長五丈足履六尺皆夷狄服凡十二人見于臨洮故銷兵器鑄而象之謝承後漢書
云銅人翁仲其名也三輔舊事云聚天下兵器鑄銅人十二各重二十四萬斤漢世在長樂宮門魏志董卓傳云椎破銅
人十及鍾鐻以鑄小錢關中記云董卓壞銅人餘二枚徙淸門裏魏明帝欲將詣洛載到霸城重不可致後石季龍徙之

鄴符堅又徙入長安而銷之英雄記云昔大人見臨洮而銅人鑄至董卓而銅人毀也置廷宮中一
法度衡石丈尺車同軌書同文字地東至海暨
朝鮮正義曰暨其記反朝音潮鮮音仙海謂渤海南至揚蘇台等州之東海也暨及也東北朝鮮國括地志云
高驪治平壤城本漢樂浪郡王險城即古朝鮮也西至臨洮羌中正義曰洮吐高反括地志
云臨洮郡即今洮州亦古西羌之地在京西千五百五十一里羌中從臨洮西南芳州扶松府以西並古諸羌地也南
至北嚮戶吳都賦曰開北戶以向日劉逵曰日南之北戶猶日北之南戶也北據河爲
塞並陰山至遼東地理志西河有陰山縣。正義曰塞先代反並白浪反謂靈夏勝等州之
北黃河陰山在朔州北塞外從河傍陰山東至遼東築長城爲北界徙天下豪富於咸
陽十二萬戶諸廟及章臺上林皆在渭南秦每
破諸侯寫放其宮室作之咸陽北阪上徐廣曰在長安西北

漢武時別名渭城。正義曰今咸陽縣北阪上南臨渭自雍門徐廣曰在高陵縣。正義曰今
岐州雍縣東以東至涇渭殿屋複道周閣相屬正義曰複音福
屬之欲反廟記云北至九嵕甘泉南至長楊五柞東至河西至汧渭之交東西八百里離宮別館相望屬也木衣綈繡土
被朱紫宮人不徙窮年忘歸猶不能遍也所得諸侯美人鍾鼓以充入之
正義曰三輔舊事云始皇表河以爲秦東門表汧以爲秦西門表中外殿觀百四十五後宮列女萬餘人氣上衝于天
二十七年始皇巡隴西正義曰隴西今隴右北地正義曰今寧州也出
雞頭山正義曰括地志云雞頭山在成州上祿縣東北二十里在京西南九百六十里酈元云蓋大隴山異
名也後漢書隗囂傳云王孟塞雞頭即此也按原州高縣西百里亦有笄頭山在京西北八百里黃帝雞山之所過
回中焉應劭曰回中在安定高平孟康曰回中在北地。正義曰括地志云回中宮在雍州西四十里言始
皇欲西巡隴西之北從咸陽向西北出寧州西南行至成州出雞頭山東還過岐州回中宮作信宮渭

南已更命信宮爲極廟象天極索隱曰爲宮廟象天極故曰極廟天
官書曰中宮曰天極是也自極廟道通酈山作甘泉前殿築甬
道應劭曰築垣牆如街巷。正義曰築音竹甬音勇應劭云謂於馳道外築牆天子於中行外人不見自咸
陽屬之是歲賜爵一級治馳道應劭曰馳道天子道也道若今之中
道然漢書賈山傳曰秦爲馳道於天下東窮燕齊南極吳楚江湖之上瀕海之觀畢至道廣五十步三丈而樹厚築其外
隱以金椎樹以青松
二十八年始皇東行郡縣上鄒嶧山韋昭曰鄒魯縣山在其北
。正義曰上時掌反嶧音亦國系云邾嶧山亦名鄒山在兗州鄒縣南二十二里魯穆公改邾作鄒其山遂從
邑變山北去黃河三百餘里立石與魯諸儒生議刻石頌秦德
議封禪正義曰晉太康地記云爲壇於太山以祭天示增高也爲墠於梁父以祭地示增廣也祭尚玄酒而俎

魚蟬皆廣長十二丈壇高三尺階三等而樹石太山之上高二丈一尺廣三尺秦之刻石云文望祭山川之事乃遂上泰山正義曰太山一曰岱宗東嶽也在兗州博城縣西北三十里山海經云泰山其上多玉其下多石郭璞云從泰山下至山頭百四十八里三百步道書福地記云泰山高四千九百丈二尺周迴二千里多芝草玉石長津甘泉仙人室又有地獄六曰鬼神之府從西上下有洞天周迴三千里鬼神考謫之府立石封祠祀服虔曰增天之高歸功於天張晏曰天高不可及於泰山上立封禪而祭之冀近神靈也瓚曰積土為封謂負土於泰山上為壇而祭之下風雨暴至休於樹下因封其樹為五大夫正義封作復音福禪梁父服虔曰禪闡廣土地也瓚曰古者聖王封泰山禪亭亭或梁父皆太山下小山除地為墠祭於梁父後改墠曰禪。正義曰父音甫在兗州泗水縣北八十里刻所立石其辭曰皇帝臨位作制明法臣下脩飭索隱曰此泰山刻石銘其詞每三句為韻凡十二韻下之罘碣石會稽三銘皆然。正義飭音敕二十有六

年初并天下罔不賓服親巡遠方黎民登茲泰山周覽東極從臣思迹正義從財用反本原事業祗誦功德正義祗音脂治道運行諸產得宜皆有法式大義休明垂于後世順承勿革皇帝躬聖既平天下不懈於治夙興夜寐建設長利正義長直良反專隆教誨訓經宣達遠近畢理咸承聖志貴賤分明男女禮順慎遵職事昭隔內外徐廣曰隔一作融靡不清淨施于後嗣化及無窮遵奉遺詔永承重戒於是乃並勃海以東正義並白浪反勃作渤蒲忽反過黃腄地理志東萊有黃縣腄縣。正義曰腄逐瑞反字或作陲括地志云黃縣故城在萊州黃縣東南二十五里古萊子國也牟平縣城在黃縣南百三

十里十三州志云牟平縣古腄縣也窮成山登之罘地理志之罘山在腄縣。正義曰罘音浮括地志云在萊州文登縣東北百八十里成山在文登縣西北百九十里窮猶登極也封禪書云八神五曰陽主祠之罘七曰日主祠成山成山斗入海又云之罘山在海中文登縣古腄縣也立石頌秦德焉而去南登琅邪正義曰今兗州東沂州密州即古琅耶也大樂之留三月乃徙黔首三萬戶琅邪臺下地理志云越王勾踐嘗治琅邪縣起臺館。索隱曰山海經琅耶臺在渤海間蓋海畔有山形如臺在琅邪故曰琅耶臺。正義曰括地志云密州諸城縣東南百七十里有琅耶臺越王勾踐觀臺也臺西北十里有琅耶故吳春秋云越王勾踐二十五年徙都琅耶立觀臺以望東海遂號令秦晉齊楚以尊輔周室歃血盟即勾踐起臺處括地志云琅耶山在密州諸城縣東南百四十里始皇立層臺於山上謂之琅耶臺孤立眾山之上秦王樂之留三月立石山上頌秦德也復十二歲正義曰復音福復三萬戶徙臺下者今琅耶臺作琅邪臺立石刻頌秦德明得意曰索隱曰二

句為韻維二十六年皇帝作始端平法度萬物之紀以明人事合同父子聖智仁義顯白道理東撫東土以省卒士正義省山井反卒子忽反事已大畢乃臨于海皇帝之功勤勞本事上農除末黔首是富普天之下摶心揖志索隱曰摶古專字左傳云如琴瑟之專壹揖音集器械一量正義曰內成曰器甲胄兜鍪之屬外成曰械戈矛弓戟之屬壹量者同度量同書文字日月所照舟輿所載皆終其命莫不得意應時動事是維皇帝匡飭異俗陵水經地正義陵作凌猶歷也經界也憂恤黔首朝夕不懈除疑定法咸知所辟正義音避方伯分職諸治經易正義曰易音以豉反言方伯分職治所理常在平易舉錯必當

莫不如畫正義曰畫音戶卦反謂政理齊整分明若畫無邪惡皇帝之明臨察
四方尊卑貴賤不踰次行正義音胡郎反姦邪不容皆務
貞良細大盡力莫敢怠荒遠邇辟隱正義辟匹亦反專
務肅莊端直敦忠事業有常皇帝之德存定四
極誅亂除害興利致福節事以時諸產繁殖黔
首安寧不用兵革正義協韻音棘六親相保終無寇賊驩
欣奉教盡知法式六合之內皇帝之土西涉流
沙正義解見夏紀南盡北戶東有東海北過大夏索隱曰協韻音戶下人迹
無不臣者音諸澤及牛馬音姥○正義曰杜預云大夏太原晉陽縣按在今并州遷實沉於大夏主參即此也
所至無不臣者功蓋五帝澤及牛馬莫不受德

各安其宇維秦王兼有天下立名為皇帝乃撫
東土至于琅邪列侯張晏曰列侯者見序例武城侯王離列
侯通武侯王賁倫侯建索隱曰爵卑於列侯無封邑者倫類也亦列侯之類成
侯趙亥倫侯昌武侯成倫侯武信侯馮毋擇丞
相隗林索隱曰隗姓林名有本作狀者非顏之推云隋開皇初京師穿地得鑄秤權有銘云始皇時量器丞
相隗狀王綰二人列名其作狀貌之字時令校寫親所按驗王劭亦云然斯遠古之證也○正義曰隗音五罪反丞
相王綰卿李斯卿王戊五大夫趙嬰五大夫楊
樛正義音居虯反從與正義曰上才用反下預言王離以下十人從始皇咸與始皇議功德於海上立石於
琅邪臺下十人名字並刻頌議於海上正義曰此頌前後序兩句為韻此三句為韻曰古
之帝者地不過千里正義曰過音戈千里謂王畿諸侯各守其

封域或朝或否相侵暴亂殘伐不止猶刻金石
以自為紀古之五帝三王知教不同法度不明
假威鬼神正義曰言五帝三王假借鬼神之威以欺服遠方之民若萇弘之比也以欺遠
方實不稱名正義稱尺證反故不久長其身未歿諸侯倍
叛法令不行今皇帝并一海內以為郡縣天下
和平昭明宗廟體道行德尊號大成羣臣相與
誦皇帝功德刻于金石以為表經既已齊人徐
市等上書言海中有三神山名曰蓬萊方丈瀛
洲正義曰漢書郊祀志云此三神山者其傳在勃海中去人不遠蓋曾有至者諸仙人及不死之藥皆在焉其物禽獸盡白而黃金白銀為宮闕未至望之如雲及至三神山乃居水下臨之患且至風輒引船而去終莫能至云世主莫不甘

心焉僊人居之請得齋戒與童男女求之於是遣
徐市發童男女數千人入海求僊人正義曰括地志云亶洲在
東海中秦始皇使徐福將童男女入海求仙人止在一作王此洲其數萬家至今洲上人有至會稽市易者吳人外國圖云
亶州去琅耶萬里始皇還過彭城正義曰彭城徐州所理縣也州東外城古之彭國也搜神
記云陸終第三子曰籛鏗封於彭為商伯外傳云殷末滅彭祖氏齋戒禱祠欲出周鼎
泗水使千人沒水求之弗得乃西南渡淮水之
衡山正義曰括地志云衡山一名岣嶁山在衡州湘潭縣西四十一里岣音苟嶁音樓南郡正義曰今
荊州也言欲向衡山即西北過南郡入武關至咸陽浮江至湘山祠正義曰括地志云黃陵廟
在岳州湘陰縣北五十七里舜二妃之神二妃冢在湘陰北一百六十里青草山上盛弘之荊州記云青草湖南有青草
山湖因山名焉列女傳云舜陟方死於蒼梧二妃死於江湘之間因葬焉按湘山者乃青草山山近湘水廟在山南故言

湘山祠逢大風幾不得渡上問博士曰湘君何神博士對曰聞之堯女舜之妻而葬此索隱曰列女傳亦以湘君爲堯女按楚詞九歌有湘君湘夫人夫人是堯女則湘君當是舜今此文以湘君爲堯女是總而言之於是始皇大怒使刑徒三千人皆伐湘山樹赭其山正義赭音者上自南郡由武關歸應劭曰武關秦南關通南陽文穎曰武關在析西百七十里弘農界。正義曰括地志云故武關在商州商洛縣東九十里春秋時少習也杜預云習商縣武關也

二十九年始皇東游至陽武博狼沙中地理志河南陽武縣有博狼沙。正義狼音浪爲盜所驚求弗得乃令天下大索十日登之罘刻石其辭曰索隱曰三句爲韻維二十九年時在中春正義曰中音仲古者帝王巡狩常以仲月陽和方起皇帝東游巡

登之罘臨照于海從臣嘉觀正義從才用反觀音琯原念休烈追誦本始大聖作治建定法度顯著綱紀外教諸侯光施文惠明以義理六國回辟正義必亦反貪戾無厭正義於廉反虐殺不已皇帝哀衆遂發討師奮揚武德義誅信行威燀旁達徐廣曰燀充善反莫不賓服烹滅彊暴振救黔首周定四極普施明法經緯天下永爲儀則大矣哉宇縣之中宇宇宙縣赤縣承順聖意索隱曰協韻音憶羣臣誦功請刻于石表垂于常式其東觀曰維二十九年皇帝春游覽省遠方逮于海隅遂登之罘昭臨朝陽觀望廣麗從臣咸

念原道至明聖法初興清理疆內外誅暴彊武威旁暢振動四極禽滅六王闡并天下甾害絕息永偃戎兵皇帝明德經理宇內視聽不怠索隱曰怠協旗疑韻怠音銅基反故國語范蠡曰得時不怠時不再來亦以怠與基爲韻作立大義昭設備器咸有章旗職臣遵分各知所行事無嫌疑黔首改化遠邇同度臨古絕尤常職既定後嗣循業長承聖治羣臣嘉德祗誦聖烈請刻之罘旋遂之琅邪道上黨入索隱曰道猶從也

三十年無事

三十一年徐廣曰使黔首自實田也十二月更名臘曰嘉平太原眞人茅盈內紀曰始皇三十一年九月庚子盈曾祖父濛乃於華山之中乘雲駕龍白日升天先是其邑謠歌曰神仙得者茅初成駕龍上升入泰清時下玄洲戲赤城繼世而往在我盈帝若學之臘嘉平始皇聞謠歌而問其故父老具對此仙人之謠歌勸帝求長生之術於是始皇欣然乃有尋仙之志因改臘曰嘉平。索隱曰廣雅曰夏曰清祀殷曰嘉平周曰大蜡亦曰臘秦更曰嘉平蓋應歌謠之詞而改從殷號也道書茅濛字初成今此云茅濛初成者爲神仙之道其意失也蓋由裴氏所引不明或後人增益濛字遂令七言之詞有衍爾賜黔首里六石米二羊始皇爲微行咸陽張晏曰若微賤之所爲故曰微行也與武士四人俱夜出逢盜蘭池地理志渭城縣有蘭池宮。正義曰括地志云蘭池陂即古之蘭池在咸陽縣界秦記云始皇都長安引渭水爲池築爲蓬瀛刻石爲鯨長二百丈逢盜之處也見窘武士擊殺盜關中大索二十日米石千六百

三十二年始皇之碣石使燕人盧生求羨門韋昭

（曰古仙人）高誓（正義曰亦古仙人）刻碣石門（徐廣曰一作盟）壞城郭決通隄防其辭曰（正義曰此一頌三句為韻）遂興師旅誅戮無道為逆滅息武殄暴逆文復無罪（徐廣曰復一作優○正義曰復音福言秦以武力能殄息暴逆以文訓道令無罪失故復除之）庶心咸服惠論功勞賞及牛馬恩肥土域皇帝奮威德并諸侯初一泰平墮壞城郭（正義曰墮音許規反壞音怪墮毀也壞坼也言始皇毀坼關東諸侯舊城郭也夫自頹曰壞音戶怪反）決通川防夷去險阻地勢既定黎庶無繇（正義音遙）天下咸撫男樂其疇女修其業事各有序惠被諸產久並來田（徐廣曰久一作分）莫不安所群臣誦烈請刻此石垂著儀矩因使韓終侯公石生求仙

史紀六　二十一

人不死之藥始皇巡北邊從上郡入燕人盧生使（正義音所吏反）入海還以鬼神事因奏錄圖書曰亡秦者胡也（鄭玄曰胡胡亥秦二世名也秦見圖書不知此為人名反備北胡）始皇乃使將軍蒙恬發兵三十萬人北擊胡略取河南地（正義曰今靈夏勝等州秦略取之）

三十三年發諸嘗逋亡人贅壻（瓚曰贅謂居窮有子使就其婦家為贅壻）賈人略取陸梁地（正義曰嶺南之人多處山陸其性強梁故曰陸梁）為桂林（韋昭曰今鬱林是也○索隱曰謂南方之人其性陸梁故曰陸梁）象郡（韋昭曰今日南）南海（正義曰即廣州南海縣）以適遣戍（徐廣曰五十萬人守五嶺○正義曰適音直革反戍守也廣州記云五嶺者大庾始安臨賀揭楊桂陽輿地志云一曰臺嶺亦名塞上今名大庾二曰騎田三曰都龐四曰萌諸五曰越嶺）

西北斥逐匈奴自榆中（徐廣曰在金城）並河以東（服虔曰並音傍傍依也）屬之陰山（徐廣曰在五原北○正義曰屬之欲廣按五原今勝州也）以為三十四縣城河上為塞又使蒙恬渡河取高闕（正義曰山名在五原北兩山相對若闕甚高故言高闕）陶山北假中（晉灼曰王莽傳云五原北假膏壤殖穀北假地名也○索隱曰高闕山名北假地名近五原○正義曰酈元注水經云黃河逕河目縣故城西縣在北假中北假地名按河目縣屬勝州名河北漢書地理志云屬五原縣）築亭障以逐戎人徙謫實之初縣（索隱曰徙有罪而謫之以實初縣即上自榆中屬陰山以為三十四縣是也故漢七科謫亦因於秦）禁不得祠明星出西方（徐廣曰皇甫謐云彗星見）三十四年適治獄吏不直者築長城及南越地（正義曰謂戍五嶺是南方越地）始皇置酒咸陽宮博士七十人前

史紀六　二十二

為壽僕射（正義音夜）周青臣（漢書百官表曰僕射秦官古者重武官有主射以督課之應劭曰僕主也）進頌曰他時秦地不過千里賴陛下神靈明聖平定海內放逐蠻夷日月所照莫不賓服以諸侯為郡縣人人自安樂無戰爭之患傳之萬世自上古不及陛下威德始皇悅博士齊人淳于越進曰臣聞殷周之王千餘歲封子弟功臣自為枝輔今陛下有海內而子弟為匹夫卒有田常六卿之臣無輔拂（正義音弼）何以相救哉事不師古而能長久者非所聞也今青臣又面諛以重陛下之過非忠臣始皇下其議丞相李

斯曰五帝不相復三代不相襲各以治非其相反時變異也今陛下創大業建萬世之功固非愚儒所知且越言乃三代之事何足法也異時諸侯並爭厚招游學今天下已定法令出一百姓當家則力農工士則學習法令辟禁（正義令力性反辟音避）今諸生不師今而學古以非當世惑亂黔首丞相臣斯昧死言古者天下散亂莫之能一是以諸侯並作語皆道古以害今飾虛言以亂實人善其所私學（徐廣曰私一作知）以非上之所建立今皇帝并有天下別黑白而定一尊私學而相與非

法教人聞令下則各以其學議之入則心非出則巷議夸主（正義夸口瓜反）以為名異取以為高率羣下以造謗如此弗禁則主勢降乎上黨與成乎下禁之便臣請史官非秦記皆燒之非博士官所職天下敢有藏詩書百家語者悉詣守尉雜燒之有敢偶語詩書者棄市（應劭曰禁民聚語畏其謗已。正義曰偶對也）以古非今者族吏見知不舉者與同罪令下三十日不燒黥為城旦（如淳曰律說論決為髡鉗輸邊築長城晝日伺寇虜夜暮築長城城旦四歲也）所不去者醫藥卜筮種樹之書若欲有學法令（徐廣曰一無法令二字）以吏為師制曰可

三十五年除道道九原（地理志五原郡有九原縣）抵雲陽（徐廣曰表云道九原通甘泉）塹山堙谷直通之於是始皇以為咸陽人多先王之宮廷小吾聞周文王都豐武王都鎬豐鎬之閒帝王之都也乃營作朝宮渭南上林苑中先作前殿阿房（正義曰房白郎反括地志云秦阿房宮亦曰阿城在雍州長安縣西北一十四里按宮在上林苑中雍州郭城西南面即阿房宮城東面也顏師古云阿近也以其去咸陽近且號阿房）東西五百步南北五十丈上可以坐萬人下可以建五丈旗（索隱曰此以其形名宮也言其宮四阿旁廣也故云下可建五丈之旗也阿房後為宮名。正義曰三輔舊事云阿房宮東西三里南北五百步庭中可受萬人又鑄銅人十二於宮前阿房宮以慈石為門阿房宮之北闕門也）周馳為閣道自殿下直抵南山表南

山之顛以為闕為復道自阿房渡渭屬之咸陽以象天極閣道絕漢抵營室也（索隱曰謂為複道渡渭屬咸陽象天文閣道絕漢抵營室也天官書曰天極紫宮後十七星絕漢抵營室曰閣道）阿房宮未成成欲更擇令名名之作宮阿房故天下謂之阿房宮隱宮（正義曰餘刑見於市朝宮刑一百日隱於蔭室養之乃可故曰隱宮下蠶室是）徒刑者七十餘萬人乃分作阿房宮或作麗山發北山石椁乃寫蜀荊地材皆至關中計宮三百關外四百餘於是立石東海上朐界中以為秦東門因徙三萬家麗邑（正義麗音離）五萬家雲陽皆復不事十歲盧生說始皇曰臣等求芝奇藥仙者常

弗遇類物有害之者方中人主時爲微行以辟
惡鬼惡鬼辟眞人至人主所居而人臣知之則
害於神眞人者入水不濡入火不爇正義而說反陵雲
氣與天地久長今上治天下未能恬惔願上所
居宮毋令人知然後不死之藥殆可得也於是
始皇曰吾慕眞人自謂眞人不稱朕乃令咸陽
之旁二百里內宮觀二百七十復道甬道相連
帷帳鍾鼓美人充之各案署不移徙行所幸有
言其處者罪死始皇帝幸梁山宮徐廣曰在好畤。○正義曰括地志云俗名望宮山在雍州好畤縣西十二里北去梁山九里秦始皇起從山上見丞相車騎衆弗善卽此山也從山

上見丞相車騎衆弗善也中人或告丞相丞相
後損車騎始皇怒曰此中人泄吾語案問莫服
當是時詔捕諸時在旁者皆殺之自是後莫知
行之所在聽事羣臣受決事悉於咸陽宮侯生
說苑云曰韓客侯生也盧生相與謀曰始皇爲人天性剛戾自
用起諸侯并天下意得欲從以爲自古莫及已
專任獄吏獄吏得親幸博士雖七十人特備員
弗用丞相諸大臣皆受成事倚辦於上上樂以
刑殺爲威正義樂五孝反天下畏罪持祿莫敢盡忠上不
聞過而日驕下懾伏謾欺以取容秦法不得兼

方徐廣曰一云并力。○正義曰言秦施法不得兼方者令民之有方伎不得兼兩齊試不驗輒賜死言法酷不驗
輒死然候星氣者至三百人皆良士畏忌諱諛
不敢端言其過天下之事無小大皆決於上上
至以衡石量書石百二十斤。○正義曰衡秤衡也言表牋奏請秤取一石日夜有程期不滿不休息日夜有呈不中呈正義中竹仲反不得休息貪於權勢
至如此未可爲求仙藥於是乃亡去始皇聞亡
乃大怒曰吾前收天下書不中用者盡去之悉
召文學方術士甚衆欲以興太平方士欲練以
求奇藥徐廣曰一云欲以練求今聞韓衆正義音終去不報徐市
等費以巨萬計終不得藥徒姦利相告日聞徐廣曰一作間

盧生等吾尊賜之甚厚今乃誹謗我以重
吾不德也諸生在咸陽者吾使人廉問或爲訞
言以亂黔首於是使御史悉案問諸生諸生傳
相告引乃自除犯禁者四百六十餘人皆阬之
咸陽使天下知之以懲後益發謫徙邊徐廣曰表云徙於北河榆中耐徙三處拜爵一級始皇長子扶蘇諫曰天下初定
遠方黔首未集諸生皆誦法孔子今上皆重法
繩之臣恐天下不安唯上察之始皇怒使扶蘇
北監蒙恬於上郡正義曰括地志云上郡故城在綏州上縣東南五十里秦之上郡城也
三十六年熒惑守心有墜星下東郡至地爲石

徐廣曰表云石晝隕黔首或刻其石曰始皇帝死而地分始皇聞之遣御史逐問莫服盡取石旁居人誅之因燔銷其石始皇不樂使博士為仙真人詩及行所游天下傳令正義曰傳逐戀反令力呈反樂人謌弦之秋使者從關東夜過華陰平舒道正義曰括地志云平舒故城在華州華陰縣西北六里水經注云渭水又東經平舒北城枕渭濱半破淪水南面通衢昔秦之將亡也江神返璧於華陰平舒道即其處也有人持璧遮使者曰為吾遺滈池君服虔曰水神也張晏曰武王居鎬鎬池君則武王也武王伐商故神云始皇荒淫若紂矣今亦可伐也孟康曰長安西南有滈池。索隱曰按服虔云水神是也江神以璧遺滈池之神告始皇之將終也且秦水德王故其君將亡水神先自相告也。正義曰遺庚季反滈湖老反括地志云滈水源出雍州長安縣西北滈池酈元注水經云滈水承滈池北流入渭今按滈池水流入來通渠蓋酈元誤矣張晏云武王居滈滈池君則武王也伐商故神云始皇荒淫若紂矣今武王可伐矣

因言曰今年祖龍死蘇林曰祖始也龍人君象謂始皇也服虔曰龍人之先象也言王亦人之先也應劭曰祖人之先龍君之象使者問其故因忽不見置其璧去使者奉璧具以聞始皇默然良久曰山鬼固不過知一歲事也退言曰祖龍者人之先也使御府視璧乃二十八年行渡江所沈璧也於是始皇卜之卦得游徙吉遷北河榆中三萬家正義曰謂北河勝州也榆中即今勝州榆林縣也言徙三萬家以應卜卦游徙吉也拜爵一級

三十七年十月癸丑始皇出游左丞相斯從右丞相去疾守少子胡亥愛慕請從上許之十一月行至雲夢望祀虞舜於九疑山正義曰括地志云九疑山在永州唐興縣東南一百里皇覽冢墓記云舜冢在零陵郡營浦縣九疑山言始皇至雲夢望祭虞舜於九疑山也浮江下觀籍柯渡海渚正義曰括地志云舒州同安縣東按舒州在江中疑海字誤即此州也過丹陽正義曰括地志云丹陽郡故在潤州江寧縣東南五里秦兼并天下以為鄣郡也至錢唐正義曰錢唐今杭州縣臨浙江晉灼曰江水至會稽山陰為浙江音折水波惡乃西百二十里從狹中渡徐廣曰蓋在餘杭也顧夷曰餘杭者秦始皇至會稽經此立為縣上會稽祭大禹正義曰上音上掌反越州會稽山上有夏禹穴及廟望于南海而立石刻頌秦德索隱曰三句為韻凡二十四韻其文曰正義曰此二頌三句為韻其碑見在會稽山上其文及書皆李斯其字四寸畫如小指圓鐫今文字整頓是小篆字皇帝休烈平一宇內德惠脩長索隱曰脩亦長也重文耳王劭按張徽所錄會稽南山秦

始皇碑文脩作攸三十有七年親巡天下周覽遠方遂登會稽宣省習俗黔首齋莊羣臣誦功本原事迹追首高明索隱曰今檢會稽刻石文首字作道雅符人情也秦聖臨國始定刑名顯陳舊章正義作彰音章碑文作畫璋也初平法式審別職任以立恒常六王專倍貪戾慠猛率眾自彊正義曰碑文作率衆邦強暴虐恣行正義寒彭反負力而驕數動甲兵正義數音朔陰通間使正義曰間紀莧反又如字使所吏反以事合從正義合音閤從子容反行為辟方正義行下孟反辟疋亦反內飾詐謀索隱曰刻石文謀作計外來侵邊遂起禍殃義威誅之殄熄徐廣曰音息。正義殄田典反暴悖正義暴白報反悖音背亂賊滅亡聖德廣密六合之中

被澤無疆皇帝并宇兼聽萬事遠近畢清運理羣物考驗事實各載其名貴賤並通善否陳前靡有隱情飾省宣義徐廣曰省一作非。正義曰飾音式省山景反飾謂文飾也省過也有子而嫁正義曰謂夫死有子棄之而嫁倍死不貞防隔內外禁止淫泆男女絜誠夫爲寄豭索隱曰豭牡豬也言夫淫他室若寄豭之豬也豭音加殺之無罪男秉義程妻爲逃嫁正義曰謂棄夫而逃嫁於人子不得母正義曰言妻棄夫逃嫁子乃失母咸化廉清大治濯俗天下承風蒙被休經皆遵度軌和安敦勉莫不順令正義力呈反黔首脩潔人樂同則正義樂音岳嘉保太平後敬奉法常治無極輿舟不傾從臣誦烈正義曰從音才用反烈美也所隨巡從諸臣咸誦美請刻此石請刻此石光垂休銘還過吳從江乘渡地理志丹陽有江乘縣。正義曰乘音時升反江乘故縣在潤州句容縣北六十里本秦舊縣也渡潤京兆也並海上北至琅邪方士徐市等入海求神藥數歲不得費多恐譴乃詐曰蓬萊藥可得然常爲大鮫魚所苦正義鮫音交苦音若故反故不得至願請善射與俱見則以連弩射之始皇夢與海神戰如人狀問占夢博士曰水神不可見以大魚蛟龍爲候今上禱祠備謹而有此惡神當除去而善神可致乃令入海者齎捕巨魚具而自以連弩候大魚出射之自琅邪北至榮成山正義曰即山也在萊

州弗見至之罘見巨魚射殺一魚遂並海西至平原津而病徐廣曰渡河而西。正義曰今德州平原縣南六十里有張公故城城東有水津焉後名張公渡恐此平原郡古津也漢書公孫弘平津侯亦近此蓋平津即此津始皇渡此津而疾始皇惡言死羣臣莫敢言死事上病益甚乃爲璽書賜公子扶蘇曰與喪會咸陽而葬書已封在中車府令趙高伏儼曰主乘輿路車行符璽事所未授使者七月丙寅始皇崩於沙丘平臺徐廣曰年五十沙丘去長安二千餘里趙有沙丘宮在鉅鹿武靈王之死處。正義曰括地志云沙丘臺在邢州平鄉縣東北二十里又云平鄉縣東北四十里按始皇崩在沙丘之宮平臺之中邢州去京一千六百五十里丞相斯爲上崩在外正義爲于僞反恐諸公子及天下有變乃祕之不發喪棺載轀涼車中正義棺音館又古患反故幸宦者參乘所至上食百官奏事如故宦者輒從轀涼車中可其奏事獨子胡亥趙高及所幸宦者五六人知上死趙高故嘗教胡亥書及獄律令法事胡亥私幸之高乃與公子胡亥丞相斯陰謀破去始皇所封書正義去丘呂反賜公子扶蘇者而更詐爲丞相斯受始皇遺詔沙丘立子胡亥爲太子更爲書賜公子扶蘇蒙恬數以罪正義數音色具反其賜死語具在李斯傳中行遂從井陘徐廣曰在常山抵九原正義曰抵丁禮反抵至也從沙丘至勝州三千里會暑上轀車臭乃詔從官令車載一石鮑魚

正義鮑白卯反以亂其臭行從直道至咸陽發喪太子胡
亥襲位爲二世皇帝九月葬始皇酈山始皇初
即位穿治酈山及并天下天下徒送詣七十餘
萬人穿三泉下銅徐廣曰一作錮錮鑄塞。正義曰顏師古云三重之泉言至水也而
致槨宮觀百官奇器珍怪徙臧滿之正義曰言冢內作宮觀及
百官位次奇器珍怪徙滿冢中臧才浪反令匠作機弩矢有所穿近者輒
射之以水銀爲百川江河大海機相灌輸正義灌音
館輸音戍上具天文下具地理以人魚膏爲燭徐廣曰人
魚似鮎四脚。正義曰廣志云鯢魚聲如小兒啼有四足形
如鱧可以治牛出伊水異物志云人魚似人形長尺餘不堪
食皮利於鮫魚鋸材木入項上有小穿氣從中出秦始皇冢
中以人魚膏爲燭即此魚也出東海中今台州有之按今帝
王用漆燈冢中則火不滅度不滅者久之正義度音田洛反二世曰先帝
後宮非有子者出焉不宜皆令從死死者甚衆
葬既已下或言工匠爲機藏皆知之藏重即泄
大事畢已藏閉中羨正義曰音延下同謂冢中神道下外羨門盡
閉工匠藏者無復出者樹草木以象山皇覽曰墳高五十餘
丈周廻五里餘。正義曰關中記云始皇陵在驪山泉本北
流障使東西流有土無石取大石於渭山諸山括地志云秦
始皇陵在雍州新豐縣西南十里
二世皇帝元年年二十一徐廣曰表云十月戊寅大赦罪人趙高爲
郎中令漢書百官表曰秦官掌宮殿門戶任用事二世下詔增始皇
寢廟犧牲及山川百祀之禮令羣臣議尊始皇

廟羣臣皆頓首言曰古者天子七廟諸侯五大
夫三雖萬世世不軼毀正義軼徒結反今始皇爲極廟四
海之內皆獻貢職增犧牲禮咸備毋以加先王
廟或在西雍正義曰於用反西雍在咸陽西今岐州雍縣故城是也又一云西雍雍西縣也或
在咸陽天子儀當獨奉酌祠始皇廟自襄公已
下軼毀所置凡七廟羣臣以禮進祠以尊始皇
廟爲帝者祖廟皇帝復自稱朕二世與趙高謀
曰朕年少初即位黔首未集附先帝巡行郡縣
以示彊威服海內今晏然不巡行即見弱毋以
臣畜天下春二世東行郡縣李斯從到碣石並
海南至會稽而盡刻始皇所立刻石石旁著正義丁略反
大臣從者名以章先帝成功盛德焉皇帝曰
金石刻盡始皇帝所爲也今襲號而金石刻辭
不稱正義尺證反始皇帝其於久遠也正義曰二世言始滅六國威振古今自五帝三王未及既已襲位而見金石盡刻其頌不稱始皇成功盛德甚遠矣如後嗣爲之者
不稱成功盛德丞相臣斯臣去疾徐廣曰姓馮。正義去兵呂反
御史大夫臣德昧死言臣請具刻詔書刻石因
明白矣臣昧死請制曰可遂至遼東而還於是
二世乃遵用趙高申法令乃陰與趙高謀曰大
臣不服官吏尚彊及諸公子必與我爭爲之柰

何高曰臣固願言而未敢也先帝之大臣皆天下累世名貴人也積功勞世以相傳久矣今高素小賤陛下幸稱舉令在上位管中事大臣鞅鞅特以貌從臣其心實不服今上出不因此時案郡縣守尉有罪者誅之上以振威天下下以除去上生平所不可者今時不師文而決於武力願陛下遂從時毋疑即羣臣不及謀明主收舉餘民賤者貴之貧者富之遠者近之則上下集而國安矣二世曰善乃行誅大臣及諸公子以罪過連逮少近官三郎 索隱曰逮訓及也謂連及俱被捕故云連逮少小也近近侍之臣三郎謂中郎外郎散郎○正義曰漢書百官表云有議郎中郎散郎又有左右三將謂郎中車郎戶郎 無得立者而六公子戮死於杜公子將閭昆弟三人囚於內宮議其罪獨後二世使使令將閭曰公子不臣罪當死吏致法焉將閭曰闕廷之禮吾未嘗敢不從賓贊也廊廟之位吾未嘗敢失節也受命應對吾未嘗敢失辭也何謂不臣願聞罪而死使者曰臣不得與謀奉書從事將閭乃仰天大呼天者三曰天乎吾無罪昆弟三人皆流涕拔劍自殺宗室振恐羣臣諫者以為誹謗大吏持祿取容黔首振恐四月二世還至咸

陽曰先帝為咸陽朝廷小故營阿房宮為室堂未就會上崩罷其作者復土 正義曰謂出土為陵既成還復其土故言復土 酈山酈山事大畢今釋阿房宮弗就則是章先帝舉事過也復作阿房宮外撫四夷如始皇計盡徵其材士 正義曰謂材官蹶張之士 五萬人為屯衛咸陽令教射狗馬禽獸當食者多 正義曰謂材士及狗馬 度不足下調 正義度田洛反下行嫁反調田山反謂下令調斂也 郡縣轉輸菽粟芻藁皆令自齎糧食咸陽三百里內不得食其穀用法益刻深七月戍卒陳勝 正義音升 等反故荊地為張楚 李奇曰張大楚國也 勝自立為楚王居陳遣諸將徇地山東郡縣少年苦秦吏皆殺其守尉令丞反以應陳涉相立為侯王合從西鄉名為伐秦不可勝數也謁者 漢書百官表曰謁者秦官掌賓贊受事 使東方來以反者聞二世二世怒下吏後使者至上問對曰羣盜郡守尉方逐捕今盡得不足憂上悅武臣自立為趙王魏咎為魏王田儋 服虔曰音負擔 為齊王沛公起沛項梁舉兵會稽郡

二年冬陳涉所遣周章等將西至戲 應劭曰戲弘農湖西界孟康曰水名今戲亭是也蘇林曰邑名在新豐東南三十里○正義曰戲音許宜反括地志云戲水源出雍州新豐縣西南驪山水經注云戲水出驪山馮公谷東北流今新豐縣東北十一里戲水當官道即至處 兵數十萬二

世大驚與羣臣謀曰奈何少府章邯曰漢書百官表曰少府
秦官應劭曰掌山澤陂池之稅名曰禁錢以給私養自別爲藏少者小也故稱少府。正義胡甘反盜已至
衆彊今發近縣不及矣酈山徒多請赦之授兵
以擊之二世乃大赦天下使章邯將擊破周章
軍而走遂殺章曹陽晉灼曰亭名在弘農東十三里魏武帝改曰好陽。正義曰括地志
云曹陽故亭一名好陽亭在陝州桃林縣東南十四里即章邯殺周章處二世益遣長史司
馬欣董翳佐章邯擊盜殺陳勝城父正義曰父音甫括地志云
城父亳州所理縣破項梁定陶正義曰今曹州定陶縣滅魏咎臨濟正義
曰今齊州縣楚地盜名將已死章邯乃北渡河擊趙王
歇等於鉅鹿正義曰括地志云邢州平鄉縣城本鉅鹿離圍趙王歇即此城趙高說二
世曰先帝臨制天下久故羣臣不敢爲非進邪
說今陛下富於春秋初即位柰何與公卿廷決
事事即有誤示羣臣短也天子稱朕固不聞聲
索隱曰言天子常處禁中臣下瞻望纔有兆朕耳不見其形也於是二世常居禁中蔡邕
曰禁中者門戶有禁非侍御者不得入故曰禁中與高決諸事其後公卿希
得朝見盜賊益多而關中卒發東擊盜者毋已
右丞相去疾左丞相斯將軍馮劫進諫曰關東
羣盜並起秦發兵誅擊所殺亡甚衆然猶不止
盜多皆以戍漕轉作事苦賦稅大也請且止阿
房宮作者減省正義上色反四邊戍轉二世曰吾聞之

韓子曰堯舜采椽不刮索隱曰采木名刮音括茅茨不翦飯
土塯徐廣曰呂靜曰飯器謂之塯索隱曰如字一音鎦不作塯。啜土形如淳曰土形飯器之屬
器也。索隱曰飯器以瓦爲之雖監門之養正義以讓反不瞉於此索隱曰謂
監門之卒養即卒也有廝養卒瞉音學謂盡也又古學反。正義曰又苦角反爾雅云瞉盡也言堯舜采椽不刮茅茨不
翦飯土塯啜土形雖監守門之人供養亦不盡此之疏陋也禹鑿龍門通大夏正義
曰括地志云大夏今并州晉陽及汾絳等州是昔高辛氏子實沈居之西近河言禹鑿龍門河水通得大通并州之地不
壅塞也決河亭水正義曰亭平也又云決亭壅之水放之海身自持築
臿正義曰臿音初洽反築牆杵也臿鍬也爾雅云鍬謂之臿脛毋毛臣虜之勞不烈
於此矣正義曰烈美也言臣虜之勞猶不美於此矣又烈酷也禹鑿龍門通大夏道決黃河洪水放之海身
持鍬杵使膝脛無毛賤臣奴虜之勤勞不酷烈於此辛苦矣凡所爲貴有天下者
得肆意極欲主重正義直拱反明法下不敢爲非以制
御海內矣夫虞夏之主貴爲天子親處窮苦之
實以徇百姓尚何於法朕尊萬乘毋其實吾欲
造千乘之駕萬乘之屬充吾號名且先帝起諸
侯兼天下天下已定外攘四夷以安邊境正義音竟
作宮室以章得意而君觀先帝功業有緒今朕
即位二年之間羣盜並起君不能禁又欲罷先
帝之所爲是上毋以報先帝次不爲朕盡忠力
正義爲于偽反何以在位下去疾斯劫吏案責他罪去疾
劫曰將相不辱自殺斯卒囚正義曰卒子律反囚在由反謂禁錮也就

五刑
三年章邯等將其卒圍鉅鹿楚上將軍項羽將
楚卒往救鉅鹿冬趙高爲丞相竟案李斯殺之
夏章邯等戰數却二世使人讓邯邯恐使長史
欣請事趙高弗見又弗信欣恐亡去高使人捕
追不及欣見邯曰趙高用事於中將軍有功亦
誅無功亦誅項羽急擊秦軍虜王離邯等遂以
兵降諸侯八月己亥徐廣曰一作卯趙高欲爲亂恐羣臣
不聽乃先設驗持鹿獻於二世曰馬也二世笑
曰丞相誤邪謂鹿爲馬問左右左右或默或言

馬以阿順趙高或言鹿者高因陰中諸言鹿者
以法後羣臣皆畏高高前數言關東盜毋能爲
也及項羽虜秦將王離等鉅鹿下而前章邯等
軍數却上書請益助燕趙齊楚韓魏皆立爲王
自關以東大氐正義曰丁禮反氐猶畧盡畔秦吏應諸侯諸
侯咸率其衆西鄉沛公將數萬人已屠武關使
人私於高高恐二世怒誅及其身乃謝病不朝
見二世夢白虎齧其左驂馬殺之心不樂怪問
占夢卜曰涇水爲祟正義祟雖遂反二世乃齋於望夷宮
張晏曰望夷宮在長陵西北長平觀道東故亭處是也臨涇水作之以望北夷○正義曰括地志云秦望夷宮在雍州咸

陽縣東南八里張晏云臨涇水作之望北夷欲祠涇沈四白馬使使責讓
高以盜賊事高懼乃陰與其壻咸陽令閻樂其
弟趙成謀曰上不聽諫今事急欲歸禍於吾宗
吾欲易置上更立公子嬰子嬰仁儉百姓皆載
其言使郎中令爲內應徐廣曰一云郎中令趙成詐爲有大賊
令樂召吏發卒追劫樂母置高舍遣樂將吏卒
千餘人至望夷宮殿門縛衛令僕射曰賊入此
何不止衛令曰周廬設卒甚謹西京賦曰徼道外周千廬內傳薛綜曰士傳宮外向爲廬舍晝則巡行非常夜則警備不虞安得賊敢入宮樂遂斬
衛令直將吏入行射郎宦者大驚或走或格格

者輒死死者數十人郎中令與樂俱入射上幄
坐幃二世怒召左右左右皆惶擾不鬭旁有宦
者一人侍不敢去二世入內謂曰公何不蚤告
我乃至於此宦者曰臣不敢言故得全使臣蚤
言皆已誅安得至今閻樂前即二世數曰足下
驕恣蔡邕曰羣臣士庶相與言曰殿下閣下足下侍者執事皆謙類誅殺無道天下
共畔足下足下其自爲計二世曰丞相可得見
否樂曰不可二世曰吾願得一郡爲王弗許又
曰願爲萬戶侯弗許曰願與妻子爲黔首比諸
公子閻樂曰臣受命於丞相爲天下誅足下足

下雖多言臣不敢報麾其兵進二世自殺閻樂歸報趙高趙高乃悉召諸大臣公子告以誅二世之狀曰秦故王國始皇君天下故稱帝今六國復自立秦地益小乃以空名爲帝不可宜爲王如故便立二世之兄子公子嬰爲秦王以黔首葬二世杜南宜春苑中令子嬰齋當廟見受王璽齋五日子嬰與其子二人謀曰丞相高殺二世望夷宮恐羣臣誅之乃詳以義立我我聞趙高乃與楚約滅秦宗室而王關中今使我齋見廟此欲因廟中殺我我稱病不行丞相必自來來則殺之高使人請子嬰數輩子嬰不行高果自往曰宗廟重事王柰何不行子嬰遂刺殺高於齋宮三族高家以徇咸陽子嬰爲秦王四十六日楚將沛公破秦軍入武關遂至霸上（應劭曰霸水上地名在長安東三十里古者滋水秦穆公更名霸水）使人約降子嬰子嬰即係頸以組白馬素車（應劭曰組者天子黻也係頸者言欲自殺也素車白馬喪人之服也）奉天子璽符降軹道旁（徐廣曰在霸陵駰案蘇林曰亭名在長安東十三里）沛公遂入咸陽封宮室府庫還軍霸上居月餘諸侯兵至項籍爲從長（索隱曰謂合關東爲從長也）殺子嬰及秦諸公子宗族遂屠咸陽燒其宮室虜其子女收

其珍寶貨財諸侯共分之滅秦之後各分其地爲三名曰雍王塞王翟王號曰三秦項羽爲西楚霸王主命分天下王諸侯秦竟滅矣後五年天下定於漢

太史公曰秦之先伯翳嘗有勳於唐虞之際受土賜姓及殷夏之間微散至周之衰秦興邑于西垂自繆公以來稍蠶食諸侯竟成始皇始皇自以爲功過五帝地廣三王而羞與之侔善哉乎賈生推言之也曰秦并兼諸侯山東三十餘郡繕津關據險塞修甲兵而守之然陳涉以戍卒散亂之衆數百奮臂大呼不用弓戟之兵鉏櫌白梃（徐廣曰櫌田器音憂○索隱曰徐以櫌爲田器非也孟康以櫌爲鉏柄蓋得其近也）望屋而食（索隱曰言其兵蠶食天下不裹粮而行）橫行天下（索隱曰謂輕前敵不部伍旅進也舞陽侯曰橫行匈奴中也）秦人阻險不守關梁不闔長戟不刺彊弩不射楚師深入戰於鴻門曾無藩籬之艱於是山東大擾諸侯並起豪俊相立（鶡冠子曰德萬人者謂之儁德千人者謂之豪德百人者謂之英○索隱曰謂武臣田儋魏豹之屬）秦使章邯將而東征章邯因以三軍之衆要市於外（索隱曰此評失也章邯之降由趙高用事不信任軍將一則恐誅二則楚兵既盛王離見虜遂降耳非三軍要市於外以求封明矣）以謀其上羣臣之不信可見於此矣子嬰立遂不寤藉

使子嬰有庸主之材僅得中佐山東雖亂秦之地可全而有宗廟之祀未當絕也秦地被山帶河以爲固四塞之國也自繆公以來至於秦王二十餘君常爲諸侯雄豈世世賢哉其勢居然也且天下嘗同心并力而攻秦矣當此之世賢智並列良將行其師賢相通其謀然困於阻險而不能進秦乃延入戰而爲之開關百萬之徒逃北而遂壞豈勇力智慧不足哉形不利勢不便也秦小邑并大城徐廣曰大一作小守險塞而軍高壘毋戰閉關據阨荷戟而守之諸侯起於匹夫以利合非有素王之行也其交未親其下未附名爲亡秦其實利之也彼見秦阻之難犯也必退師安土息民以待其敝索隱曰賈誼書曰安作案收弱扶罷以令大國之君不患不得意於海內貴爲天子富有天下而身爲禽者其救敗非也秦王足己不問遂過而不變二世受之因而不改暴虐以重禍子嬰孤立無親危弱無輔三主惑而終身不悟亡不亦宜乎當此時也世非無深慮知化之士也然所以不敢盡忠拂過者秦俗多忌諱之禁忠言未卒於口而身爲戮沒矣故使天下之

士傾耳而聽重足而立拑口而不言是以三主失道忠臣不敢諫智士不敢謀天下已亂姦不上聞豈不哀哉先王知雍蔽之傷國也故置公卿大夫士以飾法設刑而天下治其彊也禁暴誅亂而天下服其弱也五伯征而諸侯從其削也內守外附而社稷存故秦之盛也繁法嚴刑而天下振及其衰也百姓怨望而海內畔矣故周五索隱曰賈誼書五作王序得其道而千餘歲不絕秦本末並失故不長久由此觀之安危之統相去遠矣野諺曰前事之不忘後事之師也是以君子爲國觀之上古驗之當世參以人事察盛衰之理審權勢之宜去就有序變化有時故曠日長久而社稷安矣秦孝公據殽函之固擁雍州之地君臣固守而窺周室有席卷天下索隱曰按春秋緯曰諸侯氷散席卷也包舉宇內囊括四海之意張晏曰括結囊也言其能包含天下○索隱註同并吞八荒之心當是時商君佐之索隱曰商君衛公孫鞅仕秦爲左庶長變爲秦制法孝公致霸封之於商號商君內立法度務耕織修守戰之備外連衡而鬬諸侯索隱曰戰國策曰蘇秦亦爲秦連衡高誘曰合關東從道之秦故曰連衡也於是秦人拱手而取西河之外孝公既沒惠王武王蒙故業因遺冊南兼漢中西舉

巴蜀東割膏腴之地收要害之郡諸侯恐懼會盟而謀弱秦不愛珍器重寶肥美之地以致天下之士合從締交漢書音義曰締結也相與為一當是時齊有孟嘗趙有平原楚有春申魏有信陵此四君者皆明知而忠信寬厚而愛人尊賢而重士約從離衡索隱曰言孟嘗等四君皆為其國共相約結為從以離散秦之橫并韓魏燕楚齊趙宋衛中山之衆於是六國之士索隱曰六國者韓魏趙燕楚齊是也與秦為七雄又六國與宋衛中山為九國其三國弱微又前亡有甯越徐尚蘇秦杜赫之屬為之謀徐廣曰越一作經或自別有此人不必甯越也○索隱曰甯越趙人賈誼作甯越徐尚未詳蘇秦東周洛陽人呂氏春秋杜赫以安天下說周昭文君高誘曰杜赫周人也齊明周最陳軫昭滑樓緩翟景蘇厲樂毅之徒通其意索隱曰戰國策齊明東周臣後仕秦楚及韓周最周之公子亦仕秦陳軫夏人亦仕秦昭滑楚人樓緩魏文侯之弟所謂樓子也蘇厲秦之弟仕齊樂毅本齊臣入燕燕昭王以客禮待之以為亞卿翟景未詳也吳起孫臏帶佗兒良王廖田忌廉頗趙奢之朋制其兵索隱曰吳起衛人事魏文侯為將孫臏孫武之後也春秋曰王廖貴先兒良貴後二人皆天下之豪士田忌齊將也廉頗趙奢皆趙之將也常以十倍之地百萬之衆叩關而攻秦秦人開關延敵九國之師逡巡遁逃而不敢進秦無亡矢遺鏃之費而天下諸侯已困矣於是從散約解爭割地而奉秦秦有餘力而制其敝追亡逐北伏尸百萬流血漂鹵徐廣曰鹵楯也因利乘便宰

割天下分裂河山彊國請服弱國入朝延及孝文王莊襄王享國日淺國家無事及至秦王續六世之餘烈張晏曰孝公惠文王武王昭王孝文王莊襄王振長策而御宇內吞二周而亡諸侯履至尊而制六合執棰拊徐廣曰拊音府一作搞朴○索隱曰賈本論作搞朴以鞭笞天下威振四海南取百越之地韋昭曰越有百邑以為桂林象郡百越之君俛首係頸委命下吏乃使蒙恬北築長城而守藩籬卻匈奴七百餘里胡人不敢南下而牧馬士不敢彎弓而報怨於是廢先王之道焚百家之言以愚黔首隳名城應劭曰壞堅城恐人復阻以害己也殺豪俊收天下之兵聚之咸陽銷鋒鑄鐻以為金人十二以弱黔首之民然後斬華為城徐廣曰斬一作踐駰案服虔曰斷華山為城○索隱曰踐亦出賈本論又崔浩云踐登也因河為津據億丈之城臨不測之谿以為固良將勁弩守要害之處信臣精卒陳利兵而誰何如淳曰何猶問也○索隱曰崔浩云何或為呵漢舊儀宿衛郎官分五夜誰呵呵夜行者誰也何呵字同天下以定秦王之心自以為關中之固金城千里索隱曰金城言其實且堅也韓子曰雖有金城湯池漢書張良亦曰關中所謂金城千里天府之國子孫帝王萬世之業也秦王既沒餘威振於殊俗陳涉甕牖繩樞之子服虔曰以繩係戶樞也孟康曰尾甕口為窗也甿隸之人如淳曰甿古氓字氓民也而遷徙之徒才能

不及中人非有仲尼墨翟之賢陶朱猗頓之富躡足行伍之閒而倔起什伯之中漢書音義曰首出十長百長之中如淳曰時皆辟屈在十百之中率罷散之卒將數百之衆而轉攻秦斬木爲兵揭竿爲旗天下雲集響應贏糧而景從山東豪俊遂並起而亡秦族矣且夫天下非小弱也雍州之地殽函之固自若也韋昭曰殽謂二殽函函谷關也陳涉之位非尊於齊楚燕趙韓魏宋衛中山之君鉏櫌棘矜服虔曰以鉏柄及棘作矛槿也如淳曰櫌椎塊椎也非銛於句戟長鎩也徐廣曰錟一作銛駰案如淳曰長刃矛也又曰矛刃下有鐵横方上曲勾鎩音所拜反適戍之衆非抗於九國之師深謀遠慮行軍用

兵之道非及鄉時之士也然而成敗異變功業相反也試使山東之國與陳涉度長絜大漢書音義曰絜束之絜比權量力則不可同年而語矣然秦以區區之地千乘之權招八州而朝同列百有餘年矣然後以六合爲家殽函爲宮一夫作難而七廟墮身死人手爲天下笑者何也仁義不施而攻守之勢異也秦并海內兼諸侯南面稱帝徐廣曰一本有此篇無前者秦孝公已下而又以秦并兼諸侯山東三十餘郡繼此末也○索隱曰按賈誼過秦論以孝公已下爲上篇秦兼并諸侯山東三十餘郡爲下篇鄒誕生云太史公刪賈誼過秦篇著此論富其義而省其辭褚先生增續既已混殽而世俗小智不唯刪省之旨合寫本論於此不同也今顛亦不可分別以養四海天下

之士斐然鄉風若是者何也曰近古之無王者久矣周室卑微五霸既殁令不行於天下是以諸侯力政彊侵弱衆暴寡兵革不休士民罷敝今秦南面而王天下是上有天子也既元元之民冀得安其性命莫不虛心而仰上當此之時守威定功安危之本在於此矣秦王懷貪鄙之心行自奮之智不信功臣不親士民廢王道立私權禁文書而酷刑法先詐力而後仁義以暴虐爲天下始夫并兼者高詐力安定者貴順權此言取與守不同術也秦離戰國而王天下其

道不易其政不改是其所以取之守之者異也孤獨而有之故其亡可立而待借使秦王計上世之事並殷周之迹以制御其政後雖有淫驕之主而未有傾危之患也故三王之建天下名號顯美功業長久今秦二世立天下莫不引領而觀其政夫寒者利裋褐徐廣曰一作短小襦也音豎○索隱曰趙岐曰褐以毛織之若馬衣或以褐編衣也裋一音豎蓋謂褐布豎裁爲勞役之衣短而且狹故謂之短褐亦曰豎褐而飢者甘糟糠天下之嗷嗷新主之資也此言勞民之易爲仁也鄉使二世有庸主之行而任忠賢臣主一心而憂海內之患縞素而正先帝之過

裂地分民以封功臣之後建國立君以禮天下虛囹圄而免刑戮除去收帑汙穢之罪使各反其鄉里發倉廩散財幣以振孤獨窮困之士輕賦少事以佐百姓之急約法省刑以持其後使天下之人皆得自新更節修行各慎其身塞萬民之望而以威德與天下天下集矣即四海之內皆讙然各自安樂其處唯恐有變雖有狡猾之民無離上之心則不軌之臣無以飾其智而暴亂之姦止矣二世不行此術而重之以無道壞宗廟與民（徐廣曰一無此上五字）更始作阿房宮繁刑嚴誅吏治刻深賞罰不當賦斂無度天下多事吏弗能紀百姓困窮而主弗收恤然後姦偽並起而上下相遁蒙罪者衆刑戮相望於道而天下苦之自君卿以下至于衆庶人懷自危之心親處窮苦之實咸不安其位故易動也是以陳涉不用湯武之賢不藉公侯之尊奮臂於大澤而天下響應者其民危也故先王見始終之變知存亡之機是以牧民之道務在安之而已天下雖有逆行之臣必無響應之助矣故曰安民可與行義而危民易與爲非此之謂也貴爲天子

富有天下身不免於戮殺者正傾非也是二世之過也襄公立享國十二年初爲西畤葬西垂（索隱曰此巳下重序列秦之先君立年及葬處皆當據秦紀爲說與正史小有不同今取異說重列於後襄公秦仲孫莊公子救周周始命爲諸侯初爲西畤祠白帝立十三年葬西土）生文公文公立居西垂宮五十年死葬西垂（索隱曰作鄜畤又作陳寶祠）生靜公靜公不享國而死生憲公憲公享國十二年居西新邑死葬衙（地理志馮翊有衙縣。索隱曰憲公滅蕩社居新邑葬衙本紀憲公徙居平陽葬西山）生武公德公出子出子享國六年居西陵（索隱曰一云居西陂）庶長弗忌威累參父三人率賊賊出子鄙衍葬衙（葬衙本紀不云）武公立武公享國二十年居平陽封宮（徐廣曰一云居平封宮）葬宣陽聚東南（索隱曰紀云葬平陽初以人從死）三庶長伏其罪德公立德公享國二年居雍大鄭宮生宣公成公繆公葬陽初伏以御蠱（索隱曰二年初伏本紀此巳下居葬絕不言也）宣公享國十二年居陽宮葬陽（索隱曰四年作密畤）初志閏月成公享國四年居雍之（徐廣曰之一作走）宮葬陽齊伐山戎孤竹繆公享國三十九年天子致霸葬雍繆公學著人（索隱曰著音貯又音宁著即宁也門屏之間曰宁謂學於宁門之人故詩云俟我於著乎而是也）生康公康公享國十二年居雍高寢葬竘社生共公共公享國五年居雍高寢葬康公南生桓公桓公享國二十七年居雍太寢

葬義里丘北生景公索隱曰一作僖公系本云名后伯車景公享國四
十年居雍高寢葬丘里正義曰丘一作二也南生畢公徐廣曰春
秋作哀公畢公享國三十六年正義作三十七年葬車里北生
夷公夷公不享國死葬左宮生惠公正義曰十年葬車里元年
孔子行魯相事惠公享國十年葬車里康景生悼公悼公
享國十五年正義曰雍本紀作十四年葬僖公西城雍生刺正義
曰一作利龔公索隱曰一作厲共公刺龔公享國三十四年葬入
里徐廣曰一作人生躁公索隱曰又作趮公。正義曰十四年居受寢葬悼公南也懷公正義
曰四年葬櫟圉氏其十年彗星見躁公享國十四年居受
寢葬悼公南其元年彗星見徐廣曰年表云星晝見懷公從
晉來享國四年葬櫟圉氏生靈公諸臣圍懷公
懷公自殺肅靈公昭子子也徐廣曰懷公生昭子昭子生靈公○索隱曰紀
年及系本無肅字立十年表同紀十二年居涇陽享國十年葬悼公西生
簡公簡公從晉來享國十五年葬僖公西索隱曰按
本紀簡公名悼子即刺龔公之子懷公弟也且紀及系本皆以爲然今此文云靈公謬也立十六年葬僖公西生惠
公其七年百姓初帶劍惠公享國十三年葬陵
圉索隱曰王劭按紀年云簡公後次敬公敬公立十三年乃至惠公辭即難憑時參異說生出公出
公享國二年索隱曰系本謂少主出公自殺葬雍獻公享國
二十三年徐廣曰靈公子。○索隱曰系本無元獻公立二十二年表同紀二十四年葬囂圉生
孝公孝公享國二十四年索隱曰本紀十二年葬弟圉生

惠文王其十三年始都咸陽正義曰本紀云十二年作咸陽築冀闕是十三
年始都之惠文王享國二十七年索隱曰十九而立葬公陵正義
曰括地志云秦惠文王陵在雍州咸陽縣西北一十四里生悼武王悼武王享國
四年葬永陵徐廣曰皇甫謐曰葬畢今安陵西畢陌。○索隱曰系本作武烈王十九而立立三年本紀
四年。○正義曰括地志云秦悼武王陵在雍州咸陽縣西十里俗名周武王陵非也昭襄王享國
五十六年葬芷陽索隱曰十九年而立葬芷陵也。○正義曰括地志云秦莊襄王陵在雍州
新豐縣西南三十五里俗亦謂爲子楚始皇陵在北故亦謂爲見子陵生孝文王孝文王
享國一年葬壽陵生莊襄王莊襄王享國三年
葬芷陽生始皇帝呂不韋相獻公立七年初行
爲市十年爲戶籍相伍孝公立十六年時桃李
冬華惠文王生十九年而立立二年初行錢有
新生嬰兒曰秦且王悼武王生十九年而立立
三年渭水赤三日昭襄王生十九年而立立四
年初爲田開阡陌孝文王生五十三年而立莊
襄王生三十二年而立立二年取太原地莊襄
王元年大赦脩先王功臣施德厚骨肉布惠於
民東周與諸侯謀秦秦使相國不韋誅之盡入
其國秦不絕其祀以陽人地賜周君奉其祭祀
始皇享國三十七年葬酈邑正義酈力知反生二世皇
帝始皇生十三年而立二世皇帝享國三年葬

宜春正義曰括地志云秦故胡亥陵在雍州萬年縣南三十四里上文葬以黔首也趙高爲丞相安武侯二世生十二年而立徐廣曰本紀云二十一右秦襄公至二世六百一十歲正義曰案本紀自襄公至二世五百七十六年矣年表自襄公至二世五百六十一年三說並不同未知孰是孝明皇帝正義曰班固典引云後漢明帝永平十七年詔問班固太史遷贊語中寧有非耶班固上表陳秦過失及賈誼言荅之十七年十月十五日乙丑日索隱曰此已下是漢孝明帝訪班固評賈馬贊中論秦二世亡天下之得失後人因取其說附之此末周曆已移正義曰周初卜世三十卜年七百以五序得其道故王至三十七歲至八百六十七曆數既過秦并天下是周曆已移也仁不代母秦直其位索隱曰周曆已移周王也仁不代母謂周得木德木生火周爲漢母也言曆運之道仁恩之情子不代母而王謂火不代木言漢不合即代周也秦值其閏位得在木之間也此論者之辭也。正義曰始皇以爲周火德秦代周從所不勝爲水德之始也按周木德也秦水德也五行之運水生木木生火火生土土生金金生水所生者爲母出者爲子帝王之次子代母秦稱水是母代子故言若有德之君相代不母承其子直音值言秦并天下稱帝是秦德值帝王之位呂政殘虐以諸侯十三始皇初爲秦王年十三也。索隱曰呂政者始皇名政是呂不韋幸姬有娠獻莊襄王而生始皇故云呂政并兼天下極情縱欲養育宗親三十七年兵無所不加制作政令施於後王正義曰謂置郡縣壞井田開阡陌不立侯王始爲伏臘又置丞相太尉御史大夫奉常郎中令僕射廷尉典客宗正少府中尉將作詹事水衡都尉監守縣令丞等皆施於後王至于隋唐矣盖得聖人之威河神授圖正義曰盖者疑辭也言始皇之威能吞并天下稱帝疑得聖人之威靈河神之圖錄據狼狐蹈參伐佐攻驅除正義曰狼音郎狼狐主弓矢星天官書云參伐主斬艾事言秦據蹈狼狐參伐之氣驅滅天下距之正義上音巨之至也稱始皇始皇既歿胡亥極愚酈

山未畢復作阿房以遂前策云凡所爲貴有天下者肆意極欲大臣至欲罷先君所爲誅斯去疾任用趙高痛哉言乎人頭畜鳴正義曰畜許又反言胡亥人身有頭面口能言語不辨好惡若六畜之鳴不威不伐惡正義曰此五字爲一句也不篤不虛云正義曰言胡亥藉帝王之威器殘酷暴虐滋己惡惡既深篤以至滅亡豈其虛哉距之不得留殘虐以促期雖居形便之國猶不得存子嬰度次得嗣冠正義音綰玉冠佩華紱正義音拂車黃屋蔡邕曰黃屋者蓋以黃爲裏從百司正義從才用反謁七廟小人乘非位莫不怳忽失守偷安日日獨能長念却慮父子作權近取於戶牖之間竟誅猾臣爲正義于僞反君討賊高死之後宮婚未得盡相勞餐未及下咽酒未及濡脣楚兵已屠關中眞人翔霸上素車嬰組奉其符璽以歸帝者鄭伯茅旌鸞刀嚴王退舍公羊傳曰楚莊王伐鄭鄭伯肉袒左執茅旌右執鸞刀以逆莊王莊王退舍七里何休曰茅旌鸞刀祭祀宗廟所用也執宗廟器者示以宗廟血食自歸。正義旌音精嚴音莊河決不可復壅魚爛不可復全索隱曰宋均曰言如魚之爛從內而出賈誼司馬遷曰向使嬰有庸主之才僅得中佐山東雖亂秦之地可全而有宗廟之祀未當絕也秦之積衰天下土崩瓦解正義曰言秦國敗壞若屋宇崩頹衆瓦解散也雖有周旦之材無所復陳其巧而以責一日之孤正義曰日音馹一日之孤謂子嬰誤哉俗傳

秦始皇起罪惡胡亥極得其理矣復責小子正義曰亦謂子嬰云秦地可全所謂不通時變者也紀季以酅春秋不名春秋曰紀季以酅入于齊公羊傳曰何以不名賢之也謂設五廟以存姑姊妹也。正義曰酅音戶圭反括地志云安平城在青州臨淄縣東十九里古紀之酅邑帝王紀云周之紀國姜姓也紀侯譖齊哀公於周懿王王烹之外傳曰紀侯入為周士竹書云齊襄公滅紀郱鄑郚又括地志云郱城在青州臨朐縣東三十里鄑城在北海縣東北七十里郚城在密州安丘縣界郱音駢鄑音訾按秦始起罪惡胡亥極得其理國既崩絕賈子比干尚不能存勢庸主子嬰焉能救秦之敗以賈誼史遷不通時變不如紀季之深識也季紀侯少弟不書名故曰紀季吾讀秦紀至於子嬰車裂趙高未嘗不健其決憐其志嬰死生之義備矣徐廣曰班固典引曰永平十七年詔問臣固太史遷贊語中寧有非邪臣對賈誼言子嬰得中佐秦未絕也此言非是臣素知之耳

索隱述贊曰　六國陵替　二周淪亡
并一天下　號為始皇　阿房崇搆
金狄成行　南遊勤石　東瞰浮梁
滈池見遺　沙丘告喪　二世矯制
趙高是與　詐因指鹿　災生噬虎
子嬰見推　恩報君父　下乏中佐
上乃庸主　欲振頽綱　云誰克補

史壹萬叁阡壹伯柒拾捌字
注壹萬叁阡伍伯柒拾伍字

秦始皇本紀第六　史記六

項羽本紀第七

史記七

索隱曰項羽掘起爭雄一朝假號西楚竟未踐天子之位而身首別離斯亦不可稱本紀宜降爲世家

項籍者下相人也 地理志臨淮有下相縣。索隱曰縣名屬臨淮案應劭云相水名出沛國沛國有相縣其水下流又因置縣故名下相也。正義曰括地志云相故城在泗州宿預縣西北七十里秦縣項胡講反 字羽 索隱曰按序傳籍字子羽也 初起時年二十四其季父項梁 索隱云崔浩云伯仲叔季兄弟之次故叔云叔父季云季父 梁父即楚將項燕 正義曰燕烏賢反 爲秦將王翦所戮者也 始皇本紀云項燕自殺。索隱曰此云爲王翦所殺與楚漢春秋同而始皇本紀云項燕自殺不同者蓋燕爲王翦所圍逼而自殺故不同也 項氏世世爲楚將封於項 索隱曰地理志項城縣屬汝南。正義曰括地志云今陳州項城縣城即古項子國 故姓項氏項籍少時學書不成去學劍又

不成項梁怒之籍曰書足以記名姓而已劍一人敵不足學學萬人敵於是項梁乃教籍兵法籍大喜略知其意又不肯竟學項梁嘗有櫟陽逮 索隱曰按逮訓及謂有罪相連及爲櫟陽縣所逮錄也故漢史制獄有逮捕。正義曰櫟音藥逮音代 乃請蘄 蘇林曰蘄音機縣屬沛國 獄掾曹咎書抵櫟陽獄掾司馬欣以故事得已 應劭曰項梁曾坐事傳繫櫟陽獄從蘄獄掾曹咎取書與司馬欣抵歸已也韋昭曰抵至也謂梁嘗被櫟陽縣逮捕梁乃請蘄獄掾曹咎書至櫟陽獄掾司馬欣事故得止息也。索隱曰服虔云抵歸也劉伯莊云抵相憑託也 項梁殺人與籍避仇於吳中吳中賢士大夫皆出項梁下每吳中有大繇役及喪項梁常爲主辦陰以兵法部勒賓客及子弟以是知

其能秦始皇帝游會稽渡浙江 索隱曰韋昭云浙江在今錢塘浙音折晉灼音逝非也蓋其流曲折莊子所謂制河即其水也制折聲相近 梁與籍俱觀籍曰彼可取而代也梁掩其口曰毋妄言族矣梁以此奇籍籍長八尺餘力能扛鼎 韋昭曰扛舉也。索隱曰說文云扛橫關對舉也音江 才氣過人雖吳中子弟皆已憚籍矣秦二世元年七月陳涉等起大澤中 索隱曰徐氏云在沛郡蘄縣 其九月會稽守 徐廣曰爾時未言太守。正義曰守音狩漢書云景帝中二年七月更郡守爲太守 通謂梁曰 楚漢春秋曰會稽假守殷通。正義曰按言假者兼攝之也 江西皆反此亦天亡秦之時也吾聞先即制人後則爲人所制 索隱曰謂先舉兵能制得人後則爲人所制故荀子曰制人之與爲人制也相去遠矣 吾欲發

兵使公及桓楚將 正義曰張晏云項羽殺宋義時桓楚爲羽使懷王 是時桓楚亡在澤中梁曰桓楚亡人莫知其處獨籍知之耳梁乃出誡籍持劍居外待梁復入與守坐曰請召籍使受命召桓楚守曰諾梁召籍入須臾梁眴籍曰可行矣於是籍遂拔劍斬守頭項梁持守頭佩其印綬門下大驚擾亂籍所擊殺數十百人 索隱曰此不定數也自百已下或至八十九十故云數十百 一府中皆慴伏 索隱曰說文云慴失氣也音之涉反 莫敢起梁乃召故所知豪吏諭以所爲起大事遂舉吳中兵使人收下縣得精兵八千人梁部署吳中豪傑爲校尉候司馬有

一人不得用自言於梁梁曰前時某喪使公主
其事不能辦以此不任用公衆乃皆伏於是梁
爲會稽守籍爲裨將徇下縣李奇曰徇略也如淳曰徇音撫徇之徇徇其人
民廣陵人召平於是爲陳王徇廣陵正義曰揚州未能
下正義曰下胡嫁反以兵威服之曰下聞陳王敗走秦兵又且至乃渡
江矯陳王命正義曰矯紀兆反召平從廣陵渡京口江至吳詐陳王命拜梁拜梁爲楚
王上柱國徐廣曰二世之二年正月也駰案應劭曰上柱國上卿官若今相國也曰江東
已定急引兵西擊秦項梁乃以八千人渡江而
西聞陳嬰已下東陽晉灼曰東陽縣本屬臨淮郡漢明帝分屬下邳後復分屬廣陵
○索隱曰下音如字按以兵威服之曰下胡嫁反彼自歸伏曰下如字讀他皆倣此東陽縣名屬廣陵○正義曰括地志

東陽故城在楚州盱眙縣東七十里秦東陽縣城也在淮水南使使欲與連和俱西陳嬰
者故東陽令史晉灼曰漢儀注曰令吏曰令史丞吏曰丞史○正義曰楚漢春秋云東陽獄史
陳嬰居縣中素信謹稱爲長者東陽少年殺其
令相聚數千人欲置長無適用乃請陳嬰嬰謝
不能遂彊立嬰爲長縣中[illegible]從者得二萬人少年
欲立嬰便爲王異軍蒼頭特起應劭曰蒼頭特起言與衆異也蒼頭謂士卒皂巾若赤眉青領以相別也如淳曰魏君兵卒之號也戰國策魏有蒼頭二十萬○索隱曰晉灼曰殊異其軍爲蒼頭謂著青帽如淳云特起猶言新起也按爲蒼頭軍特起欲立陳嬰爲王嬰母不許[illegible]稱王言天下方亂未知瞻烏所止
陳嬰母謂嬰曰自我爲汝家婦未嘗聞汝先
古之有貴者今暴得大名不祥不如有所屬事

成猶得封侯事敗易以亡非世所指名也張晏曰陳嬰母潘旌人墓在潘旌○索隱曰潘旌是邑聚之名後爲縣屬臨淮嬰乃不敢爲王謂其軍
吏曰項氏世世將家有名於楚今欲舉大事將
非其人不可我倚名族亡秦必矣於是衆從其
言以兵屬項梁項梁渡淮黥布蒲將軍服虔曰英布起於蒲地因以爲號如淳曰言當陽君蒲將軍皆屬項羽此自更有蒲將軍○索隱曰按布姓英坐罪被黥故改姓黥以應相者之言韋昭云蒲姓也是英布與蒲將軍二人共以兵屬項梁也故服虔以爲英布起蒲非也按黥布初起於江湖之間亦以兵屬焉凡六七萬人軍下邳正義曰被悲反下邳泗水縣也應劭云邳在薛徙此故曰下邳按有上邳故曰下邳當是時秦嘉陳涉世家曰秦嘉廣陵人
已立景駒爲楚王文穎曰景駒楚族景氏駒名軍彭城東正義

曰括地志云徐州彭城縣古相國也言秦嘉軍於此城之東欲距項梁項梁謂軍吏
曰陳王先首事戰不利未聞所在今秦嘉倍陳
王而立景駒逆無道乃進兵擊秦嘉秦嘉軍敗
走追之至胡陵鄧展曰今胡陸屬山陽漢章帝改曰胡陵嘉還戰一日嘉
死軍降景駒走死梁地項梁已并秦嘉軍軍胡
陵將引軍而西章邯軍至栗徐廣曰縣名在沛項梁使別
將朱雞石餘樊君與戰餘樊君死朱雞石軍敗
亡走胡陵項梁乃引兵入薛正義曰括地志云故薛城古薛侯國也在徐州滕縣界黃帝之所封左傳曰定公元年薛宰云薛之祖奚仲居薛爲夏車正後爲孟嘗君田文封邑也誅雞
石項梁前使項羽別攻襄城正義曰許州襄城縣襄城堅

項羽紀

守不下已拔皆阬之還報項梁項梁聞陳王定死召諸別將會薛計事此時沛公亦起沛往焉居鄛人范增索隱曰晉灼音勦絕之勦地理志居鄛縣在廬江郡音巢是故巢國夏桀所奔荀悅漢紀云范增阜陵人年七十素居家好奇計往說項梁曰陳勝敗固當正義曰顧著作云固宜當應敗也當音如字夫秦滅六國楚最無罪自懷王入秦不反楚人憐之至今故楚南公曰徐廣曰楚人也善言陰陽駰案文穎曰南方老人也○正義曰虞喜志林云南公者道士識廢興之數知亡秦者必於楚漢書藝文志云南公十三篇六國時人在陰陽家流楚雖三戶亡秦必楚也瓚曰楚人怨秦雖三戶猶足以亡秦也○索隱曰臣瓚與蘇林解同韋昭以為三戶楚三大姓昭屈景也二說皆非按左氏以畀楚師于三戶杜預註云今丹水縣北三戶亭則是地名不疑○正義曰按服虔云三戶漳水津也孟康云津峽名也在

鄴西三十里括地志云濁漳水又東經葛公亭北經三戶峽為三戶津在相州滏陽縣界然則南公辨陰陽識廢興之數知秦亡必於三戶故出此言後項羽果度三戶津破章邯軍降章邯秦遂亡是南公之善識今陳勝首事不立楚後而自立其勢不長今君起江東楚蠭起之將如淳曰蠭起猶言蠭午也眾蠭飛起交橫若午言其多也○索隱曰凡物交橫為午言蜂之起交橫屯聚也故劉向傳註云蜂午雜沓也鄭玄云一縱一橫為午皆爭附君者以君世世楚將為能復立楚之後也正義為于偽反於是項梁然其言乃求楚懷王孫心民間為人牧羊立以為楚懷王徐廣曰此時二世之二年六月從民所望也應劭曰以祖謚為號者順民望陳嬰為楚上柱國封五縣與懷王都盱台鄭玄曰音吁怡○正義曰盱況于反眙以之反盱眙今楚州臨淮水懷王都之項梁自號為武信君

項羽紀

居數月引兵攻亢父正義曰亢音剛又若浪反父音甫括地志云亢父故城在兖州任城縣南五十一里與齊田榮司馬龍且正義曰子余反軍救東阿正義曰括地志云東阿故城在濟州東阿縣西南二十五里漢東阿縣城秦時齊之阿也大破秦軍於東阿田榮即引兵歸逐其王假假亡走楚假相田角亡走趙角弟田閒故齊將居趙不敢歸田榮立田儋子市為齊王項梁已破東阿下軍遂追秦軍數使使趣齊兵欲與俱西正義曰下使色吏反趣音促田榮曰楚殺田假趙殺田角田閒乃發兵項梁曰田假為與國之王如淳曰相與交善為與國黨與也○索隱曰高誘註戰國策云與國同福之國也窮來從我不忍殺之趙亦不殺田角田閒

以市於齊張晏曰若市買相貿易以利也梁殺榮讎猶不用命梁念殺假等榮未必多出兵不如依春秋寄公待以禮也又可以貿易他利以除己害遂背德可輔假以伐齊故曰市貿易也晉灼曰假故齊王建之弟欲令楚殺之以為己利而楚保全不殺以買其計故曰市也○索隱曰韋昭云市利於齊也劉氏亦云市猶要也留田假而不殺欲以要脅田榮也齊遂不肯發兵助楚項梁使沛公及項羽別攻城陽正義曰括地志云濮州雷澤縣本漢郕陽縣在州東九十一里地理志云城陽屬濟陰郡古郕伯國姬姓之國史記周武王封季弟載于郕其後遷於城之陽故曰城陽屠之西破秦軍濮陽東正義曰括地志云濮陽縣在濮州西八十六里濮縣也古昆吾之國按攻城陽屠之西破秦軍濮陽縣也東即此縣東秦兵收入濮陽沛公項羽乃攻定陶正義曰定陶曹州城也從濮陽南攻定陶定陶未下去西略地至雝丘正義曰雍丘今汴州縣也地理志云古杞國武王封禹後於杞號東樓公二十一世簡公為楚所滅即此城也大破秦軍斬

李由應劭曰由李斯子也還攻外黃正義曰括地志云故周城即外黃之地在雍丘縣東張晏
曰魏郡有內黃縣故加外也臣瓚曰縣有黃溝故名外黃未下項梁起東阿西
北至定陶再破秦軍項羽等又斬李由益輕秦
有驕色宋義乃諫項梁曰戰勝而將驕卒惰者
敗今卒少惰矣秦兵日益臣爲君畏之項梁弗
聽乃使宋義使於齊道遇齊使者高陵君顯張晏
曰顯名也高陵縣名○索隱曰晉灼云高陵屬琅邪曰公將見武信君乎曰然
曰臣論武信君軍必敗公徐行即免死疾行則
及禍秦果悉起兵益章邯擊楚軍大破之定陶
項梁死沛公項羽去外黃攻陳留陳留堅守不
能下沛公項羽相與謀曰今項梁軍破士卒恐
乃與呂臣軍俱引兵而東呂臣軍彭城東項羽
軍彭城西沛公軍碭應劭曰碭屬梁國蘇林曰碭音唐○正義曰括地志云宋州碭山縣
本漢碭縣也在宋州東百五十里章邯已破項梁軍則以爲楚地
兵不足憂乃渡河擊趙大破之當此時趙歇爲
王陳餘爲將張耳爲相皆走入鉅鹿城章邯令
王離涉閒圍鉅鹿張晏曰涉姓閒名秦將也章邯軍其南築甬
道而輸之粟應劭曰恐敵抄輜重故築牆垣如街巷也陳餘爲將將卒
數萬人而軍鉅鹿之北此所謂河北之軍也楚
兵已破於定陶懷王恐從盱台之彭城并項羽

呂臣軍自將之以呂臣爲司徒以其父呂青爲
令尹應劭曰天子曰師尹諸侯曰令尹時去六國尚近故置令尹瓚曰諸侯之卿唯楚稱令尹時立楚之後故
置官司皆如楚舊以沛公爲碭郡長蘇林曰長如郡守也封爲武安
侯將碭郡兵初宋義所遇齊使者高陵君顯在
楚軍見楚王曰宋義論武信君之軍必敗居數
日軍果敗兵未戰而先見敗徵此可謂知兵矣
王召宋義與計事而大說之因置以爲上將軍
項羽爲魯公爲次將范增爲末將救趙諸別將
皆屬宋義號爲卿徐廣曰一作慶子冠軍文穎曰卿子時人相褒尊之辭猶言
公子也上將故言冠軍張晏曰若霍去病功冠三軍因封爲冠軍侯至今爲縣名行至安陽留四
十六日不進索隱曰傅寬傳云從攻安陽扛里則安陽與扛里俱在河南顏師古以爲今相州安陽縣
按此兵猶未渡河不應即至相州安陽今撿後魏書地形志云巳氏有安陽城改巳氏爲楚丘今宋州楚丘西北四十里
有安陽故城是也○正義曰括地志云安陽縣相州所理縣七國時魏寧新中邑秦昭王拔魏寧新中更名安陽張耳傳
云章邯軍鉅鹿南築甬道河餉王離項羽數絕邯甬道王離軍乏食項羽悉引兵渡河遂破章邯圍鉅鹿下又云渡河湛
船持三日糧按從滑州白馬津齎三日糧不至邢州明此渡河相州漳河也宋義遣其子襄相齊送之至無鹽即今鄆州
之東宿城是也若依顏監說在相州安陽宋義送子不可棄軍渡河南向齊西南入魯界飲酒高會非入齊之義雖知送
子曲由宋州安陽理順然向鉅鹿甚遠不能數絕章邯甬道及持三日糧至也均之二理安陽送子至無鹽爲長濟河絕
甬道持三日糧寧有遲留史家多不委曲說之也項羽曰吾聞秦軍圍趙王
鉅鹿疾引兵渡河楚擊其外趙應其內破秦軍
必矣宋義曰不然夫搏牛之蝱不可以破蟣蝨

（如淳曰用力多而不可以破蟣蝨猶言欲以大力伐秦而不可以救趙也○索隱曰張晏云搏音博韋昭云蝱大在外蝨小在內故顔師古言以手擊牛可以殺其上蝱而不能破其內蝨喻方欲滅秦不可與章邯即戰也鄒氏言蝱之搏牛本不擬破其上之蟣蝨以言志在大不在小也）今秦攻趙戰勝則兵罷我承其敝不勝則我引兵鼓行而西必舉秦矣故不如先鬭秦趙夫被堅執銳義不如公坐而運策公不如義因下令軍中曰猛如虎很如羊（正義很何懇反）貪如狼彊不可使者皆斬之乃遣其子宋襄相齊身送之至無鹽（索隱曰按地理志東平郡之縣在今鄆州之東）飲酒高會（韋昭曰古召尊爵故云高會○索隱曰服虔云大會也）天寒大雨士卒凍飢項羽曰將戮力而攻秦久留不行今歲饑民貧士卒食芋菽（徐廣曰芋一作半半五升器也駰案瓚曰士卒食蔬菜以菽雜半之○索隱曰芋蹲鴟也菽豆也臣瓚義亦通漢書作半菽王劭曰半量器名容半升也）軍無見糧（正義曰胡練反顔監云無見在之糧）乃飲酒高會不引兵渡河因趙食與趙并力攻秦乃曰承其敝夫以秦之彊攻新造之趙其勢必舉趙趙舉而秦彊何敝之承且國兵新破王坐不安席埽境內而專屬於將軍國家安危在此一舉今不恤士卒而徇其私（索隱曰謂使其子相齊是徇其私情）非社稷之臣（崔浩云徇營也）項羽晨朝上將軍宋義即其帳中斬宋義頭出令軍中曰宋義與齊謀反楚楚王陰令羽誅之當是時諸將皆慴服莫敢枝

梧（如淳曰梧音悟枝梧猶枝撐也瓚曰小柱爲枝邪柱爲梧今屋梧邪柱是也○正義曰枝音之移反梧音悟）皆曰首立楚者將軍家也今將軍誅亂乃相與共立羽爲假上將軍（正義曰未得懷王命也假攝也）使人追宋義子及之齊殺之使桓楚報命於懷王懷王因使項羽爲上將軍（徐廣曰二世三年十一月）當陽君蒲將軍皆屬項羽項羽已殺卿子冠軍威震楚國名聞諸侯乃遣當陽君蒲將軍將卒二萬渡河（正義曰漳水）救鉅鹿戰少利陳餘復請兵項羽乃悉引兵渡河皆沈船破釜甑燒廬舍持三日糧以示士卒必死無一還心於是至則圍王離與秦軍遇九戰絕其甬道大破之殺蘇角（文穎曰秦將也）虜王離涉閒不降楚自燒殺當是時楚兵冠諸侯諸侯軍救鉅鹿下者十餘壁莫敢縱兵及楚擊秦諸將皆從壁上觀楚戰士無不一以當十楚兵呼聲動天諸侯軍無不人人惴恐（漢書音義曰惴音章瑞反）於是已破秦軍項羽召見諸侯將入轅門（張晏曰軍行以車爲陣轅相向爲門故曰轅門）無不膝行而前莫敢仰視項羽由是始爲諸侯上將軍諸侯皆屬焉章邯軍棘原（張晏曰在鉅鹿南晉灼曰地名在漳南）項羽軍漳南（正義曰括地志云濁漳水一名漳水今俗名柳河在邢州平鄉縣南注水經云漳水一名大漳水兼有滾水之目也）相持未戰秦軍數卻二世使人

讓章邯章邯恐使長史欣請事至咸陽留司馬門凡言司馬門者宮垣之內兵衛所在四面皆有司馬主武事捴言之外門爲司馬門也○索隱曰按天子門有兵欄曰司馬門也三日趙高不見有不信之心長史欣恐還走其軍不敢出正義曰走音奏故道趙高果使人追之不及欣至軍報曰趙高用事於中下無可爲者今戰能勝高必疾妒吾功戰不能勝不免於死願將軍孰計之陳餘亦遺章邯書曰白起爲秦將南征鄢郢北阬馬服索隱曰韋昭云趙奢子括也代號馬服崔浩云馬服趙官名言服武事攻城略地不可勝計而竟賜死蒙恬爲秦將北逐戎人開榆中地數千里索隱曰服虔云金城縣所治蘇林曰在上郡崔浩云蒙恬樹榆爲塞也竟斬陽周孟康曰縣屬上郡○正義曰括地志云寧州羅川縣在州東南七十里漢陽周縣何者功多秦不能盡封因以法誅之今將軍爲秦將三歲矣所亡失以十萬數而諸侯並起滋益多彼趙高素諛日久今事急亦恐二世誅之故欲以法誅將軍以塞責使人更代將軍以脫其禍夫將軍居外久多內卻有功亦誅無功亦誅且天之亡秦無愚智皆知之今將軍內不能直諫外爲亡國將孤特獨立而欲常存豈不哀哉將軍何不還兵與諸侯爲從索隱曰此諸侯謂關東諸侯也何以知然文穎曰關東爲從關西爲橫高誘曰關東地形從長蘇秦相六國號爲合從關西地形橫長張儀相秦壞

關東從使與秦合號曰連橫約共攻秦分王其地南面稱孤此孰與身伏鈇質索隱曰公羊傳云加之鈇質何休云要斬之罪崔浩云質斬人椹也又郭注三蒼云質椹也妻子爲僇乎章邯狐疑陰使候始成張晏曰候軍候○索隱曰候軍候官名始成其名使項羽欲約約未成項羽使蒲將軍日夜引兵度三戶服虔曰漳水津也張晏曰三戶地名在梁淇西南孟康曰津峽名也在鄴西三十里○索隱曰水經注云漳水東經三戶峽爲三戶津也淇當爲湛案晉八王故事云王俊伐鄴前至梁湛孟康云在鄴西四十里又闞駰十三州志云鄴北五十里梁期故縣也字又不同軍漳南與秦戰再破之項羽悉引兵擊秦軍汙水上徐廣曰在鄴西○索隱曰汙音于郡國志鄴縣有汙城酈元云汙水出武安山東南經汙城北入漳○正義曰括地志云汙水源出懷州河內縣北大行山又云故邗城在河內縣西北二十七里古邗國地也左傳云邗晉應韓武之穆也大破之

章邯使人見項羽欲約項羽召軍吏謀曰糧少欲聽其約軍吏皆曰善項羽乃與期洹水南殷虛上徐廣曰二世三年七月也駰案應劭曰洹水在湯陰界殷墟故殷都也瓚曰洹水在今安陽縣北去朝歌殷都一百五十里然則此殷虛非朝歌也汲冢古文曰盤庚遷于此汲冢曰殷虛南去鄴三十里是舊殷乎然則朝歌非盤庚所遷者○索隱曰按釋例云洹水出汲郡林慮縣東北至長樂入清水是也汲冢古文云盤庚自奄遷于北冢曰殷虛南去鄴州三十里是殷虛南舊地名號北冢也已盟章邯見項羽而流涕爲言趙高項羽乃立章邯爲雍王置楚軍中使長史欣爲上將軍將秦軍爲前行正義曰胡郎反到新安正義曰括地志云新安故城在洛州澠池縣東一十三里漢新安縣城也即坑秦卒處諸侯吏卒異時故繇使屯戍過秦中秦中吏卒遇之多無

狀及秦軍降諸侯諸侯吏卒乘勝多奴虜使之輕折辱秦吏卒秦吏卒多竊言曰章將軍等詐吾屬降諸侯今能入關破秦大善即不能諸侯虜吾屬而東秦必盡誅吾父母妻子諸將微聞其計以告項羽項羽乃召黥布蒲將軍計曰秦吏卒尚衆其心不服至關中不聽事必危不如擊殺之而獨與章邯長史欣都尉翳入秦於是楚軍夜擊阬秦卒二十餘萬人新安城南（徐廣曰漢元年十一月）行略定秦地函谷關（文穎曰時關在弘農縣衡山嶺今移在河南穀城縣。索隱曰顔師古云今桃林縣南有洪溜澗水即古之函關按山形如函故稱函關。正義曰括地志云函谷關在陝州桃林縣西南十二里秦函谷關也圖記云西去長安四百餘里路在谷中故以爲名）有兵守關不得入又聞沛公已破咸陽項羽大怒使當陽君等擊關項羽遂入至于戲西沛公軍霸上未得與項羽相見沛公左司馬曹無傷使人言於項羽曰沛公欲王關中使子嬰爲相珍寶盡有之項羽大怒曰旦日饗士卒爲擊破沛公軍當是時項羽兵四十萬在新豐鴻門（孟康曰在新豐東十七里舊大道北下阪口名也）沛公兵十萬在霸上范增說項羽曰沛公居山東時貪於財貨好美姬今入關財物無所取婦女無所幸此其志不在小吾令人望其氣

皆爲龍虎成五采此天子氣也急擊勿失楚左尹項伯者項羽季父也（索隱曰名纏字伯後封射陽侯）素善留侯張良張良是時從沛公項伯乃夜馳之沛公軍私見張良具告以事欲呼張良與俱去曰毋從俱死也張良曰臣爲韓王送沛公（正義曰爲于僞反）沛公今事有急亡去不義不可不語良乃入具告沛公沛公大驚曰爲之柰何張良曰誰爲大王爲此計者曰鯫生（徐廣曰鯫音士垢反魚名駰案服虔曰鯫音淺鯫小人貌也瓚曰楚漢春秋鯫姓也）說我曰距關毋內諸侯秦地可盡王也故聽之良曰料大王士卒足以當項王乎沛公默然曰固不如也且爲之柰何張良曰請往謂項伯言沛公不敢背項王也沛公曰君安與項伯有故張良曰秦時與臣游項伯殺人臣活之今事有急故幸來告良沛公曰孰與君少長良曰長於臣沛公曰君爲我呼入吾得兄事之張良出要項伯項伯即入見沛公沛公奉卮酒爲壽約爲婚姻曰吾入關秋豪不敢有所近籍吏民封府庫而待將軍所以遣將守關者備他盜之出入與非常也日夜望將軍至豈敢反乎願伯具言臣之不敢倍德也項伯許諾謂沛公曰旦日

不可不蚤自來謝項王沛公曰諾於是項伯復夜去至軍中具以沛公言報項王因言曰沛公不先破關中公豈敢入乎今人有大功而擊之不義也不如因善遇之項王許諾沛公旦日從百餘騎來見項王至鴻門謝曰臣與將軍戮力而攻秦將軍戰河北臣戰河南然不自意能先入關破秦得復見將軍於此今者有小人之言令將軍與臣有郤項王曰此沛公左司馬曹無傷言之不然籍何以生此項王即日因留沛公與飲項王項伯東嚮坐亞父南嚮坐亞父者范

增也如淳曰亞次也尊敬之次父猶管仲爲仲父沛公北嚮坐張良西嚮侍范增數目項王舉所佩玉玦以示之者三項王默然不應范增起出召項莊正義曰項羽從弟謂曰君王爲人不忍若入前爲壽壽畢請以劍舞因擊沛公於坐殺之不者若屬皆且爲所虜莊則入爲壽壽畢曰君王與沛公飲軍中無以爲樂請以劍舞項王曰諾項莊拔劍起舞項伯亦拔劍起舞常以身翼蔽沛公莊不得擊於是張良至軍門見樊噲樊噲曰今日之事何如良曰甚急今日項莊拔劍舞其意常在沛公也噲曰此迫

矣臣請入與之同命噲即帶劍擁盾入軍門正義曰擁紆拱反盾食允反交戟之衛士欲止不內樊噲側其盾以撞正義直江反衛士仆地噲遂入披帷西嚮立瞋目視項王正義瞋昌眞反頭髮上指目眥盡裂正義眥自賜反項王按劍而跽曰索隱曰其紀反謂長跪客何爲者張良曰沛公之參乘樊噲者也項王曰壯士賜之卮酒則與斗卮酒噲拜謝起立而飲之項王曰賜之彘肩則與一生彘肩樊噲覆其盾於地加彘肩上拔劍切而啗之索隱曰音徒覽反凡以食餧人則去聲自食則上聲項王曰壯士能復飲乎樊噲曰臣死且不避卮酒安足辭夫

秦王有虎狼之心殺人如不能舉刑人如恐不勝天下皆叛之懷王與諸將約曰先破秦入咸陽者王之今沛公先破秦入咸陽豪毛不敢有所近封閉宮室還軍霸上以待大王來故遣將守關者備他盜出入與非常也勞苦而功高如此未有封侯之賞而聽細說欲誅有功之人此亡秦之續耳竊爲大王不取也項王未有以應曰坐樊噲從良坐坐須臾沛公起如廁因招樊噲出沛公已出項王使都尉徐廣曰一本無都字陳平召沛公沛公曰今者出未辭也爲之柰何樊噲曰大

行不顧細謹大禮不辭小讓如今人方爲刀俎我爲魚肉何辭爲於是遂去乃令張良留謝良問曰大王來何操曰我持白璧一雙欲獻項王玉斗一雙欲與亞父會其怒不敢獻公爲我獻之張良曰謹諾當是時項王軍在鴻門下沛公軍在霸上相去四十里沛公則置車騎脫身獨騎與樊噲夏侯嬰靳彊紀信等索隱曰漢書作紀通通紀成之子四人持劒盾步走從酈山下道芷陽閒行沛公謂張良曰從此道至吾軍不過二十里耳度我至軍中公乃入沛公已去閒至軍中張良入謝

曰沛公不勝桮杓不能辭謹使臣良奉白璧一雙再拜獻大王足下玉斗一雙再拜奉大將軍足下項王曰沛公安在良曰聞大王有意督過之脫身獨去已至軍矣如淳曰脫身逃還其軍項王則受璧置之坐上亞父受玉斗置之地拔劒撞而破之曰唉徐廣曰唉烏來反○索隱曰唉音虛其反皆歎恨發聲之辭豎子不足與謀奪項王天下者必沛公也吾屬今爲之虜矣沛公至軍立誅殺曹無傷居數日項羽引兵西屠咸陽殺秦降王子嬰燒秦宮室火三月不滅收其貨寶婦女而東人或說項王曰關中阻山河四

塞徐廣曰東函谷南武關西散關北蕭關地肥饒可都以霸項王見秦宮室皆以燒殘破又心懷思欲東歸曰富貴不歸故鄉如衣繡夜行誰知之者說者曰人言楚人沐猴而冠耳果然張晏曰沐猴獼猴也○索隱曰言獼猴不任久著冠帶以喻楚人性躁暴果然言果如人言也項王聞之烹說者楚漢春秋楊子法言云說者是蔡生漢書云是韓生項王使人致命懷王懷王曰如約乃尊懷王爲義帝項王欲自王先王諸將相謂曰天下初發難時服虔曰兵初起時○正義難乃憚反假立諸侯後以伐秦然身被堅執鋭首事暴露於野正義暴蒲北反三年滅秦定天下者皆將相諸君與籍之力也義帝雖無

功故當分其地而王之諸將皆曰善乃分天下立諸將爲侯王項王范增疑沛公之有天下業已講解蘇林曰講和也○索隱曰服虔云解折伏也說文云講和解也漢書作媾解蘇林云媾和也是媾之與講俱訓和也業事也言雖有疑心然事已和解也又惡負約恐諸侯叛之乃陰謀曰巴蜀道險秦之遷人皆居蜀乃曰巴蜀亦關中地也故立沛公爲漢王徐廣曰以正月立王巴蜀漢中都南鄭正義曰括地志云南梁州所理縣也而三分關中王秦降將以距塞漢王項王乃立章邯爲雍王王咸陽以西都廢丘索隱曰孟康曰縣名今槐里是也韋昭曰周時名太丘懿王所都秦欲廢之故曰廢丘○正義曰括地志云太丘故城一名廢丘古城在雍州始平縣東南十里地理志云漢高二年引水灌廢丘章邯

自殺更廢丘曰槐里長史欣者故為櫟陽獄掾嘗有德於項梁都尉董翳者本勸章邯降楚故立司馬欣為塞王韋昭曰在長安東名桃林塞王咸陽以東至河都櫟陽蘇林曰櫟音藥○正義曰括地志云櫟陽故城一名萬年城在雍州櫟陽東北二十五里秦獻公之城櫟陽即此也立董翳為翟王王上郡都高奴文穎曰上郡秦所置項羽以董翳為翟王更名為翟○索隱曰按今鄜州有高奴城○正義曰括地志云延州州城即漢高奴縣徙魏王豹為西魏王王河東都平陽瑕丘徐廣曰一云瑕丘公也申陽者服虔曰瑕丘縣屬山陽申姓陽名文穎曰姓瑕丘字申陽瓚曰瑕丘公申陽是瑕丘縣名張耳嬖臣也先下河南郡迎楚河上故立申陽為河南王都雒陽正義曰括地志云洛陽故城在洛州洛陽縣東北二十六里周公所築即成周城也輿地志云成周之地

秦莊襄王以為洛陽縣三川守理之後漢都洛陽改為雒漢以火德忌水故去洛旁水而加隹隹於行次為土土水之忌也水得土而流土得水而柔故除隹以加水韓王成因故都都陽翟正義曰括地志云陽翟洛州縣也左傳云鄭伯突入于櫟杜預云櫟鄭別都今河南陽翟縣是也地理志云陽翟縣是屬潁川郡夏禹之國趙將司馬卬定河內數有功故立卬為殷王王河內都朝歌徙趙王歇為代王趙相張耳素賢又從入關故立耳為常山王王趙地都襄國正義曰括地志云邢州城本漢襄國縣秦置三十六郡於此置信都縣屬鉅鹿郡項羽改曰襄國立張耳為常山王理信都地理志云故邢侯國也帝王世紀云邢侯為紂三公以忠諫被誅史記云周武王封周公旦之子為邢侯左傳云凡蔣邢茅周公之胤也當陽君黥布為楚將常冠軍故立布為九江王都六正義曰括地志云故六城在壽州安豐縣南百三十二里本六國偃姓皋繇之

後所封也黥布亦皋繇之後居六國鄱君吳芮韋昭曰鄱音蒲河反初吳芮為鄱令故號曰鄱君今鄱陽縣是也○正義鄱作番音婆率百越佐諸侯又從入關故立芮為衡山王都邾文穎曰邾音朱縣名屬江夏○正義曰說文云音誅括地志云故邾城在黃州黃岡縣東南二十里本春秋時邾國邾子曹姓挾居至魯隱公徙蘄音機義帝柱國共敖正義共音恭將兵擊南郡功多因立敖為臨江王漢書音義曰本南郡改為臨江國都江陵正義曰江陵荊州縣史記江陵故郢都也徙燕王韓廣為遼東王徐廣曰都無終燕將臧荼從楚救趙因從入關故立荼為燕王都薊徙齊王田市為膠東王徐廣曰都即墨○正義曰括地志云即墨故城在萊州膠水縣南六十里古齊地本漢舊縣膠音交在膠水之東齊將田都從共救趙因從入關故立都為齊王都臨

菑索隱曰按高紀及田儋傳云臨濟此言臨菑誤○正義曰菑側其反括地志云青州臨菑縣地即古臨菑地也一名齊城古營丘之地所封齊之都也少昊時有爽鳩氏虞夏時有季崱殷時有逢伯陵殷末有薄姑氏為諸侯國此地後太公封方五百里故秦所滅齊王建孫田安項羽方渡河救趙田安下濟北數城引其兵降項羽故立安為濟北王都博陽正義曰在濟北田榮者數負項梁又不肯將兵從楚擊秦以故不封成安君正義曰地理志云成安縣在潁川郡屬豫州陳餘棄將印去不從入關然素聞其賢有功於趙聞其在南皮正義曰括地志云故南皮城在滄州南皮縣北四里本漢皮縣城即陳餘所封也故因環封三縣漢書音義曰繞南皮三縣以封之番君將梅鋗韋昭曰呼玄反功多故封十萬戶侯項王自立為

西楚霸王正義曰貨殖傳云淮南北沛郡汝南郡爲西楚也彭城以東東海吳廣陵爲東楚也衡山九江江南豫章長沙爲南楚孟康云舊名江陵爲南楚吳爲東楚彭城爲西楚王九郡都彭城孟康曰舊名江陵爲南楚吳爲東楚彭城爲西楚。正義曰彭城徐州縣漢之元年四月諸侯罷戲下各就國索隱曰戲音羲水名也言下者如許下洛下然也按上文云項羽入至戲西鴻門沛公還軍霸上是羽初停軍於戲水下今言諸侯罷戲下是各受封邑號令訖自戲下各就國何須假借文字以爲旌麾之下乎顏師古劉伯莊之說皆非項王出之國使人徙義帝曰古之帝者地方千里必居上游文穎曰居水之上流也游或作流乃使使徙義帝長沙郴縣如淳曰郴音綝趣義帝行其羣臣稍稍背叛之乃陰令衡山臨江王擊殺之江中文穎曰郴縣有義帝冢歲時常祠不絕韓王成無軍功項王不使之國

與俱至彭城廢以爲侯已又殺之臧荼之國因逐韓廣之遼東廣弗聽荼擊殺廣無終并王其地田榮聞項羽徙齊王市膠東而立齊將田都爲齊王乃大怒不肯遣齊王之膠東因以齊反迎擊田都田都走楚齊王市畏項王乃亡之膠東就國田榮怒追擊殺之即墨榮因自立爲齊王而西擊殺濟北王田安并王三齊漢書音義曰齊與濟北膠東。正義曰三齊記云右即墨中臨淄左平陸謂之三齊榮與彭越將軍印令反梁地陳餘陰使張同夏說說齊王田榮曰項羽爲天下宰不平今盡王故王於醜地而王其羣

臣諸將善地逐其故主趙王乃北居代餘以爲不可聞大王起兵且不聽不義願大王資餘兵請以擊常山以復趙王請以國爲扞蔽齊王許之因遣兵之趙陳餘悉發三縣兵與齊并力擊常山大破之張耳走歸漢陳餘迎故趙王歇於代反之趙趙王因立陳餘爲代王是時漢還定三秦項羽聞漢王皆已并關中且東齊趙叛之大怒乃以故吳令鄭昌爲韓王以距漢令蕭公角等蘇林曰官號也或曰蕭令也時令皆稱公擊彭越彭越敗蕭公角等漢使張良徇韓乃遺項王書曰漢王失職欲

得關中如約即止不敢東又以齊梁反書遺項羽曰齊欲與趙并滅楚楚以此故無西意而北擊齊徵兵九江王布布稱疾不往使將將數千人行項王由此怨布也漢之二年冬項羽遂北至城陽田榮亦將兵會戰田榮不勝走至平原平原民殺之遂北燒夷齊城郭室屋皆阬田榮降卒係虜其老弱婦女徇齊至北海多所殘滅齊人相聚而叛之於是田榮弟田橫收齊亡卒得數萬人反城陽項王因留連戰未能下春漢王部徐廣曰一作劫。索隱曰按漢書作劫字五諸侯兵徐廣曰塞翟魏殷河南駰案應劭曰

雍翟塞翮韓也韋昭曰塞翟翮韓魏雍時已敗也。索隱曰按徐廣韋昭皆數翟塞及翮韓等顏師古不數三秦謂常山河南韓魏翮顏氏意略同乃以陳餘兵爲五未知孰是鄙意按韓王鄭昌拒漢漢使韓信擊破之則是韓兵不下而已破散也韓不在此數五諸侯者塞翟河南魏翮也。正義按師古曰諸家之説皆非張良遺羽書曰漢欲得關中如約即止不敢復東謂出關之東也今羽聞漢東之時漢固已得三秦矣五諸侯者謂常山河南韓魏翮也此年十月常山王張耳降河南王申陽降韓王鄭昌降魏王豹降虜翮王卬皆漢東之後故知謂此爲五諸侯時雖未得常山之地功臣年表云張耳棄國與大臣歸漢則當亦有士卒爾時雍王猶在廢丘被圍即非五諸侯之數也尋此紀文昭然可曉前賢注釋並失指趣高紀及漢書皆言刼五諸侯兵凡兵初降士卒未有自指麾故須刼略而行又云發關中兵收三河士發謂差點發也收謂刼略收斂也韋昭云河南河東河內申陽都雒陽韓王成都陽翟皆河南也魏豹都平陽河東也司馬卬都朝歌張耳都襄國河內也此三河士則五諸侯兵也更著雍塞翟則成入諸侯矣重明顏公之説是故韓信傳云漢二年出關收魏河南韓翮王皆降是凡五十六萬人東伐楚項王聞之

即令諸將擊齊而自以精兵三萬人南從魯出胡陵正義按括地志云徐州魯兗州曲阜縣也地理志云胡陵在山陽縣屬也四月漢皆已入彭城收其貨寶美人日置酒高會項王乃西從蕭正義曰括地志云徐州蕭縣古蕭叔之國春秋時爲宋附庸帝王世紀云周封子姓之別爲附庸也晨擊漢軍而東至彭城日中大破漢軍張晏曰一日之中也或曰旦擊之至日中大破漢軍皆走相隨入穀泗水瓚曰二水皆在沛郡彭城殺漢卒十餘萬人漢卒皆南走山正義走音奏楚又追擊至靈壁東徐廣曰在彭城。索隱曰孟康曰故小縣在彭城南。正義曰括地志云靈壁故城在徐州符離縣西北九十里睢水上徐廣曰睢水於彭城入泗水。正義曰睢音雖括地志云睢水首受浚儀縣莨蕩水東經取慮入泗過郡西行千二百六十里漢軍卻爲楚所擠服虔曰擠

音濟民之濟瓚曰排擠也多殺漢卒十餘萬人皆入睢水睢水爲之不流正義爲于僞反圍漢王三匝於是大風從西北而起折木發屋揚沙石窈冥晝晦徐廣曰窈亦作窅字逢迎楚軍楚軍大亂壞散而漢王乃得與數十騎遁去欲過沛收家室而西楚亦使人追之沛取漢王家家皆亡不與漢王相見漢王道逢得孝惠魯元服虔曰元長也食邑於魯韋昭曰元謚也乃載行楚騎追漢王漢王急推墮孝惠魯元車下滕公常下收載之如是者三曰雖急不可以驅柰何棄之於是遂得脫求太公呂后不相遇審食其瓚曰其音基。索隱曰食音異按酈審趙

三人同名其音合並同以六國時衛有司馬食其並慕其名從太公呂后間行如淳曰間出間步微行皆同義也求漢王反遇楚軍楚軍遂與歸報項王項王常置軍中是時呂后兄周呂侯徐廣曰名澤。正義曰蘇林云以姓名侯也晉灼云外戚表周呂令武侯澤也呂縣名封於呂以爲國顏師古云周呂封名令武其謚也蘇云以姓名侯非也爲漢將兵居下邑徐廣曰在梁。正義曰括地志云宋州碭山縣本下邑縣也在宋州東一百五十里按今下邑在宋州東一百一十里漢王間往從之稍稍收其士卒至滎陽諸敗軍皆會蕭何亦發關中老弱未傅悉詣滎陽服虔曰傅音附孟康曰古者二十而傅三年耕有一年儲故二十三年而後役之如淳曰律年二十三傅之疇官各從其父疇內學之高不滿六尺二寸以下爲罷癃漢儀註民年二十三爲正一歲爲衛士一歲爲材官騎士習射御騎馳戰陣又曰年五十六衰老乃得免爲庶民就田里今老弱未嘗傅者皆發

之未二十三爲弱過五十六爲老食貨志曰月爲更卒已復爲正一歲屯戍一歲力役三十倍於古者。索隱曰按姚氏云古者更卒不過一月踐更五月而休又顏云五當爲三言一歲之中三月居更三日戍邊揔九十三日古者役人歲不過三日此所謂一歲力役三十倍於古也斯說得之復大振楚起於彭城常乘勝逐北與漢戰滎陽南京索閒漢敗楚應劭曰京縣名屬河南有索亭晉灼曰索音柵。正義曰括地志云京縣城在鄭州滎陽縣東南二十里鄭之京邑也晉太康地志云鄭太叔段所居邑滎陽縣即大索城杜預云成皐東有大索城又有小索故城在滎陽縣北四里京相璠地名云京縣有大索亭小索亭大小氏兄弟居之故有小大之號按楚與漢戰滎陽南京索閒即此三城耳楚以故不能過滎陽而西項王之救彭城追漢王至滎陽田橫亦得收齊立田榮子廣爲齊王漢王之敗彭城諸侯皆復與楚而背漢漢軍滎陽築甬道屬之河以取敖倉粟瓚曰敖地名在滎陽西北山臨河有大倉。正義曰括地志云敖倉在鄭州滎陽縣西十五里縣門之東北臨汴水南帶三皇山秦時置倉於敖山名敖倉云漢之三年項王數侵奪漢甬道漢王食乏恐請和割滎陽以西爲漢項王欲聽之歷陽正義曰括地志云和州歷陽縣本漢舊縣也淮南子云歷陽之都一夕而爲湖漢帝時歷陽淪爲歷湖侯范增曰漢易與耳今釋弗取後必悔之項王乃與范增急圍滎陽漢王患之乃用陳平計閒項王項王使者來爲太牢具舉欲進之見使者詳驚愕曰吾以爲亞父使者乃反項王使者更持去以惡食食正義曰上如字下音寺項王使者使者歸報項王項王乃疑范增與漢

有私稍奪之權范增大怒曰天下事大定矣君王自爲之願賜骸骨歸卒伍項王許之行未至彭城疽發背而死皇覽曰亞父冢在廬江居巢縣郭東居巢廷中有亞父井吏民皆祭亞父於居巢廷上長吏初視事皆祭然後從政後更造祠於郭東至今祠之。正義曰疽七餘反崔浩云疽附骨癰也括地志云髑髏山在廬州巢縣東北五里昔范增居北山之陽後佐項羽漢將紀信說漢王曰事已急矣請爲王誑楚爲王王可以閒出於是漢王夜出女子滎陽東門被甲二千人楚兵四面擊之紀信乘黃屋正義曰李斐云天子車以黃繒爲蓋裏車傅左纛李斐曰纛毛羽幢也在乘輿車衡左方上注之。蔡邕曰以犛牛尾爲之如斗或在騑頭或在衡上也曰城中食盡漢王降楚軍皆呼萬歲漢王亦與數十騎從城西門出走成皐正義曰括地志云成皐故縣在洛州氾水縣西南二里項王見紀信問漢王安在信曰漢王已出矣項王燒殺紀信漢王使御史大夫周苛樅公樅音七從反魏豹守滎陽周苛樅公謀曰反國之王難與守城乃共殺魏豹楚下滎陽城生得周苛項王謂周苛曰爲我將我以公爲上將軍封三萬戶周苛罵曰若不趣降漢漢今虜若若非漢敵也項王怒亨周苛并殺樅公漢王之出滎陽南走宛葉得九江王布行收兵復入保成皐漢之四年項王進兵圍成皐漢王逃晉灼曰獨出意。索隱曰音徒凋反漢書作跳字

獨與滕公出成皋北門徐廣曰北門名玉門渡河走脩武從張耳韓信軍諸將稍稍得出成皋從漢王楚遂拔成皋欲西漢使兵距之鞏令其不得西是時彭越渡河擊楚東阿殺楚將軍薛公項王乃自東擊彭越漢王得淮陰侯兵欲渡河南鄭忠說漢王乃止壁河內使劉賈將兵佐彭越燒楚積聚正義積音積賜反項王東擊破之走彭越漢王則引兵渡河復取成皋軍廣武就敖倉食項王已定東海來西與漢俱臨廣武而軍孟康曰於滎陽築兩城相對爲廣武在敖倉西三皇山上○正義曰括地志云東廣武西廣武在鄭州滎陽縣西二十里戴延之側西征記云三皇山上有二城東曰東

廣武西曰西廣武各在一山頭相去百步汴水從廣澗中東南流今澗無水城各有三面在敖倉西郭緣生述征記云一澗橫絕上過名曰廣武相對皆立城塹遂號東西廣武相守數月當此時彭越數反梁地絕楚糧食項王患之爲高俎置太公其上如淳曰高俎几之上李奇曰軍中巢櫓方面人謂之俎也○索隱曰俎亦机之類故夏侯湛新論爲机机櫓俎也比太公於牲肉故置之俎上姚察按左氏楚子登巢車以望晉軍杜預謂車上櫓也故李氏云軍中巢櫓又引時人亦謂此爲俎也○正義曰括地志云東廣武城有高壇即是項羽坐太公俎上者今名項羽堆亦呼爲太公亭顏師古云俎者所以薦肉示欲烹之故置俎上告漢王曰今不急下吾烹太公漢王曰吾與項羽俱北面受命懷王曰約爲兄弟吾翁即若翁必欲烹而翁則幸分我一桮羹項王怒欲殺之項伯曰天下事未可知且爲天

下者不顧家雖殺之無益秖益禍耳項王從之楚漢久相持未決丁壯苦軍旅老弱罷轉漕項王謂漢王曰天下匈匈數歲者徒以吾兩人耳願與漢王挑戰李奇曰挑身獨戰不復須眾也挑音荼了反瓚曰挑戰擿嬈敵求戰古謂之致師決雌雄毋徒苦天下之民父子爲也漢王笑謝曰吾寧鬭智不能鬭力項王令壯士出挑戰漢有善騎射者樓煩應劭曰樓煩胡也今樓煩縣楚挑戰三合樓煩輒射殺之項王大怒乃自被甲持戟挑戰樓煩欲射之項王瞋目叱之樓煩目不敢視手不敢發遂走還入壁不敢復出漢王使人閒問

之乃項王也漢王大驚於是項王乃即漢王相與臨廣武閒而語漢王數之項王怒欲一戰漢王不聽項王伏弩射中漢王漢王傷走入成皋項王聞淮陰侯已舉河北破齊趙且欲擊楚乃使龍且韋昭曰音子閭反往擊之淮陰侯與戰騎將灌嬰擊之大破楚軍殺龍且韓信因自立爲齊王項王聞龍且軍破則恐使盱台人武涉往說淮陰侯淮陰侯弗聽是時彭越復反下梁地絕楚糧項王乃謂海春侯大司馬曹咎等曰謹守成皋則漢欲挑戰慎勿與戰毋令得東而已我十五

日必誅彭越定梁地復從將軍乃東行擊陳留正義曰括地志云陳留汴州縣也在州東五十里本漢陳留郡及陳留縣之地孟康云留鄭邑也後爲陳所并故曰陳留臣瓚又按宋有留彭城留是也此留屬陳故曰陳留外黃外黃不下數日已降項王怒悉令男子年十五已上詣城東欲阬之外黃令舍人兒年十三蘇林曰令之舍人兒也瓚曰緬兒者以其幼弱故係其父春秋傳曰仍叔之子是也往說項王曰彭越彊劫正義彊其兩反外黃外黃恐故且降待大王大王至又皆阬之百姓豈有歸心從此以東梁地十餘城皆恐莫肯下矣項王然其言乃赦外黃當阬者東至睢陽正義曰括地志云宋州外城本漢睢陽縣地地理志云睢陽縣故宋國也聞之皆爭下項王漢

果數挑楚軍戰楚軍不出使人辱之五六日大司馬怒渡兵汜水張晏曰汜水在濟陰界如淳曰汜音祀左傳曰鄙在鄭地汜瓚曰高祖攻曹咎成皋渡汜水而戰今成皋城東汜水是也○索隱曰按今此水見名汜水音似張晏云在濟陰亦未全失按古濟水當此截河而南又東流溢爲滎澤然水南曰陰此亦在濟之陰非彼濟陰郡耳臣瓚之說是○正義曰括地志云汜水源出洛州汜水縣東南三十二里方山山海經云浮戲之山汜水出焉士卒半渡漢擊之大破楚軍盡得楚國貨賂大司馬咎長史翳塞王欣皆自剄汜水上鄭玄曰剄音經鼎反以刀割頸爲剄大司馬咎者故蘄獄掾長史欣亦故櫟陽獄吏兩人嘗有德於項梁是以項王信任之當是時項王在睢陽聞海春侯軍敗則引兵還漢軍方圍鍾離眛漢書音義

項羽紀

曰眛音末於滎陽東項王至漢軍畏楚盡走險阻是時漢兵盛食多項王兵罷食絕漢遣陸賈說項王請太公項王弗聽漢王復使侯公往說項王項王乃與漢約中分天下割鴻溝以西者爲漢文穎曰於滎陽下引河東南爲鴻溝以通宋鄭陳蔡曹衛與濟汝淮泗會於楚即今官渡水也○正義曰應劭云在滎陽東二十里張華云大梁城在浚儀縣北縣西北渠水東經此城南又北屈分爲二渠其一渠東南流始皇鑿引河水以灌大梁謂之鴻溝楚漢會此處也其一渠東經陽武縣南爲官渡水按張華此說是鴻溝而東者爲楚項王許之即歸漢王父母妻子軍皆呼萬歲漢王乃封侯公爲平國君正義曰楚漢春秋云上欲封之乃肯見曰此天下之辯士所居傾國故號曰平國君按說歸太公呂后能和平郡國匿弗肯復見曰此天

下辯士所居傾國故號爲平國君項王已約乃引兵解而東歸漢欲西歸張良陳平說曰漢有天下太半韋昭曰凡數三分有二爲太半一爲少半而諸侯皆附之楚兵罷食盡此天亡楚之時也不如因其機而遂取之今釋弗擊此所謂養虎自遺患也正義遺唯季反漢王聽之漢五年漢王乃追項王至陽夏如淳曰夏音賈○正義曰括地志云陳州太康縣本漢陽夏縣也續漢書郡國志云陽夏縣屬陳國按太康縣城夏后太康所築隋改陽夏爲太康南止軍與淮陰侯韓信建成侯彭越期會而擊楚軍至固陵徐廣曰在陽夏駰案晉灼曰即固始也○正義曰括地志云固陵縣名也在陳州宛丘縣西北四十二里而信越之兵不會楚擊漢軍大破之

漢王復入壁深塹而自守謂張子房曰諸侯不從約爲之柰何對曰楚兵且破信越未有分地李奇曰信越等未有益地之分也韋昭曰信等雖名爲王未爲所畫經界其不至固宜君王能與共分天下今可立致也即不能事未可知也君王能自陳以東傅海正義曰傅音附著也陳即陳州古陳國都也自陳著海并齊舊地盡與齊王韓信也盡與韓信睢陽以北至穀城正義曰括地志云穀城故在齊州東阿縣東二十六里睢陽宋州也自宋州以北至濟州穀城際黃河盡與相國彭越以與彭越使各自爲戰正義爲于僞反則楚易敗也漢王曰善於是乃發使者告韓信彭越曰并力擊楚楚破自陳以東傅海與齊王睢陽以北至穀城與

彭相國使者至韓信彭越皆報曰請今進兵韓信乃從齊往劉賈軍從壽春並行屠城父如淳曰並行並擊之。正義曰父音甫壽州壽春縣也城父亳州縣也屠謂多刑殺也劉賈入圍壽州引兵過淮北屠殺亳州城父而東北至垓下至垓下徐廣曰在沛之洨縣洨下交切駰案應劭曰垓音該李奇曰沛洨縣聚邑名也。索隱曰張揖三蒼注云垓堤名在沛郡。正義曰按垓下是高岡絕巖今猶高三四丈其聚邑及堤在垓之側因取名焉今在亳州真源縣東十里與老君相接洨音户交反大司馬周殷叛楚以舒屠六如淳曰以舒之衆屠破六縣。正義曰括地志云舒今廬江則故舒城是也故六城在壽州安豐南百三十二里匽姓咎繇之後按周殷叛楚兼舉九江郡之兵隨劉賈而至垓下舉九江兵正義曰九江郡壽州也楚考烈王二十二年自陳徙壽春號云郢至王負芻爲秦將王翦蒙武所滅於此置九江郡應劭云自廬江尋陽分爲北江隨劉賈彭越皆會垓下詣項王項王軍壁垓下

兵少食盡漢軍及諸侯兵圍之數重夜聞漢軍四面皆楚歌應劭曰楚歌者謂雞鳴歌也漢已略得其地故楚歌者多雞鳴時歌也。正義曰顏師古云楚人之歌也猶言吳謳越吟若雞鳴爲歌之名於理則可不得云雞鳴時也高祖戚夫人楚舞自爲楚歌豈亦雞鳴時乎按顏說是也項王乃大驚曰漢皆已得楚乎是何楚人之多也項王則夜起飲帳中有美人名虞徐廣曰一云姓虞氏。正義曰括地志云虞姬墓在濠州定遠縣東六十里長老傳云項羽美人冢也常幸從駿馬名騅正義曰音隹顧野王云青白色也釋畜云蒼白雜毛騅也常騎之於是項王乃悲歌忼慨自爲詩曰力拔山兮氣蓋世時不利兮騅不逝騅不逝兮可柰何虞兮虞兮柰若何歌數闋美人和之正義曰和音胡卧反楚漢春秋云歌曰漢兵已略地四方

楚歌聲大王意氣盡賤妾何聊生項王泣數行下正義數色庚反行色郎反左右皆泣莫能仰視於是項王乃上馬騎正義曰其倚反凡單乘曰騎後同麾下正義麾亦作戲同乎危反壯士騎從者八百餘人直夜潰圍南出馳走平明漢軍乃覺之令騎將灌嬰以五千騎追之項王渡淮騎能屬者正義屬音燭百餘人耳項王至陰陵徐廣曰在淮南。正義曰括地志云陰陵縣故城在濠州定遠縣西北六十里地理志云陰陵縣屬九江郡迷失道問一田父田父紿曰左文穎曰紿欺也欺令左去左乃陷大澤中以故漢追及之項王乃復引兵而東至東城漢書音義曰縣名屬臨淮。正義曰括地志云東城縣故城在濠州定遠縣東南五十里地理志云東城縣屬九江郡乃有二十八騎漢騎

追者數千人項王自度不得脫謂其騎曰吾起兵至今八歲矣身七十餘戰所當者破所擊者服未嘗敗北遂霸有天下然今卒困於此正義曰卒子律反此天之亡我非戰之罪也今日固決死願為諸君快戰必三勝之為諸君潰圍斬將刈旗令諸君知天亡我非戰之罪也乃分其騎以為四隊四嚮漢軍圍之數重項王謂其騎曰吾為公取彼一將令四面騎馳下期山東為三處正義曰期遇山東分為三處漢軍不知項羽處括地志云九頭山在滁州全椒縣西北九十六里江表傳云項羽敗至烏江漢兵追月至此一日九戰因名於是項王大呼正義曰火故反馳下漢軍皆披靡正義曰上披彼反靡言精體低垂遂斬漢一將是時赤泉侯為騎將追項王項王瞋目而叱之赤泉侯人馬俱驚辟易數里正義曰言人馬俱驚開張易舊處乃至數里與其騎會為三處漢軍不知項王所在乃分軍為三復圍之項王乃馳復斬漢一都尉殺數十百人復聚其騎亡其兩騎耳乃謂其騎曰何如騎皆伏曰如大王言於是項王乃欲東渡烏江瓚曰在牛渚○索隱曰按晉初屬臨淮○正義曰括地志云烏江亭即和州烏江縣是也晉初為縣注水經云水又北左傳黃律口漢書所謂烏江亭長檥船以待項羽即此也烏江亭長檥船待徐廣曰檥音儀一音俄騶案應劭曰檥正也孟康曰檥音蟻附也附船着岸也如淳曰南方人謂整船向岸曰檥○索隱曰檥字諸家各以意解爾鄒誕本作檥船以尚反劉氏亦

項羽紀

有此音謂項王曰江東雖小地方千里眾數十萬人亦足王也願大王急渡今獨臣有船漢軍至無以渡項王笑曰天之亡我我何渡為且籍與江東子弟八千人渡江而西今無一人還縱江東父兄憐而王我我何面目見之縱彼不言籍獨不愧於心乎乃謂亭長曰吾知公長者吾騎正義曰音奇此馬五歲所當無敵嘗一日行千里不忍殺之以賜公乃令騎皆下馬步行持短兵接戰獨籍所殺漢軍數百人項王身亦被十餘創顧見漢騎司馬呂馬童曰若非吾故人乎馬童面之張晏曰以故人故難視斫之故背之如淳曰面不正視也指王翳曰如淳曰指示王翳此項王也項王乃曰吾聞漢購我頭千金正義曰漢以一斤金為千金當一萬錢也邑萬戶吾為汝德徐廣曰亦可是功德之德乃自刎而死○正義曰為于偽反言呂馬童與項羽先是故人舊有恩德於羽一云德行也王翳取其頭餘騎相蹂踐爭項王相殺者數十人最其後郎中騎楊喜騎司馬呂馬童郎中呂勝楊武各得其一體五人共會其體皆是分其地為五封呂馬童為中水侯索隱曰按晉書地道記其中水縣屬河間○正義曰地理志云中水縣屬涿郡應劭云在易渡二水之中故曰中水封王翳為杜衍侯索隱曰按地理志縣在南陽按表作王翥也○正義曰括地志云杜衍故縣在鄧州南陽縣西八里封楊喜

項羽紀

為赤泉侯索隱曰南陽有丹水縣疑赤泉後改按漢書表及後漢作㥣㥣音火志反封楊武為吳防侯索隱曰地理志縣名屬汝南故房子國。正義曰吳防豫州縣括地志云吳房縣本漢舊縣孟康云吳王闔廬弟夫概奔楚楚封於此為唐谿氏本房子國以封吳故曰吳房封呂勝為涅陽侯徐廣曰五人後卒皆謚壯侯。索隱曰地理志南陽縣名。正義曰涅年結反括地志云涅陽故城在鄧州穰縣東北六十里本漢舊縣也應劭云在涅水之陽項王已死徐廣曰漢五年之十二月也項王以始皇十五年己巳歲生死時年三十一楚地皆降漢獨魯不下漢乃引天下兵欲屠之為其守禮義為主死節乃持項王頭視魯魯父兄乃降始楚懷王初封項籍為魯公及其死魯最後下故以魯公禮葬項王穀城皇覽曰項羽冢在東郡穀城東去縣十五里。正義曰括地志云項羽墓在濟州東阿縣東二十七里穀城西三里述征記項羽墓在穀城西北三里半許毀壞有碣石項王之墓漢王為發哀泣之而去諸項氏枝屬漢王皆不誅乃封項伯為射陽侯正義曰射音食夜反括地志云楚州山陽本漢射陽縣吳地志云在射水之陽故曰射陽桃侯徐廣曰名襄其子舍為丞相。正義曰括地志云故城在滑州胙城縣東四十里漢書云高祖十二年封劉襄為桃侯也平皋侯徐廣曰名佗。正義曰括地志云平皋故城在懷州武德縣東二十里漢平皋縣按佗音徒何反玄武侯徐廣曰諸侯表中不見皆項氏賜姓劉氏

太史公曰吾聞之周生曰文穎曰周時賢者。正義曰孔文祥云周生漢時儒者姓周也按太史公云吾聞之周生則是漢人與太史公耳目相接明矣舜目蓋重瞳子尸子曰舜兩眸子是謂重瞳又聞項羽亦重瞳子羽豈其苗裔邪何興之暴也夫秦失其政陳涉首難豪傑蠭起相與並爭不可勝數然羽非有尺寸乘勢起隴畝之中三年遂將五諸侯滅秦此時山東六國而齊趙韓魏燕五國並起從伐秦故云五諸侯分裂天下而封王侯政由羽出號為霸王位雖不終近古以來未嘗有也及羽背關懷楚正義曰顏師古云背關背約不王高祖於關中懷楚謂思東歸而都彭城放逐義帝而自立怨王侯叛己難矣自矜功伐奮其私智而不師古謂霸王之業欲以力征經營天下五年卒亡其國正義曰卒音子律反五年謂高帝元年至五年殺項羽東城身死東城尚不覺寤而不自責過矣乃引天亡我非用兵之罪也豈不謬哉

索隱述贊曰　亡秦鹿走　僞楚狐鳴
雲鬱沛谷　劍挺吳城　勳開魯甸
勢合碭兵　卿子無罪　亞父推誠
始救趙歇　終誅子嬰　違約王漢
背關懷楚　常遷上游　臣迫故主
靈壁大振　成皋久拒　戰非無功
天實不與　嗟彼蓋代　卒為凶豎

史計九千零九十四字
注計九千三百二十四字

項羽本紀第七　史記七

高祖本紀第八　史記八

高祖 漢書音義曰諱邦張晏曰禮謚法無高以爲功最高而爲漢帝之太祖故特起名焉 沛豐邑中陽里人姓劉氏 李斐曰沛小沛也劉氏隨魏徙大梁移在豐居中陽里孟康曰後沛爲郡豐爲縣。索隱曰按高祖劉累之後別食邑於范士會之裔留秦不反更爲劉氏劉氏隨魏徙大梁後居豐今言姓劉氏者是左傳天子建德因生以賜姓胙之土命之氏諸侯以字爲謚因以爲族說者以爲天子賜姓命氏諸侯命族族者氏之別名也然則因生賜姓若舜生嬀汭以爲姚姓封之於虞即號有虞氏是也若其後子孫更不得賜姓即遂以虞爲姓云姓虞氏今此云姓劉氏亦其義也故姓者所以統繫百代使不別也氏者所以別子孫之所出又系本篇言姓則在上言氏則在下故五帝本紀云禹姓姒氏契姓子氏弃姓姬氏是也按漢改泗水爲沛郡治相城故註以沛爲小沛也 字季 索隱曰按漢書名邦字季此單云字亦又可疑按漢高祖長兄名伯次名仲不見別名則季亦是名也故項岱云高祖小字季即位易名邦後因諱邦不諱季所以季布猶稱姓 父曰太公 索隱曰皇甫謐云名執嘉王符云太上皇名煓與端同音。正義曰春秋握成圖云劉媼夢赤鳥如龍戲己生執嘉 母曰劉媼 文穎曰幽州及漢中皆謂老嫗爲媼孟康曰長老尊稱也左師謂太后曰媼愛燕后賢長安君禮樂志地神曰媼媼母別名也音烏老反。索隱曰韋昭云媼婦人長老之稱皇甫謐云媼蓋姓王氏又據春秋握成圖以爲執嘉妻含始游洛池生劉季詩含神霧亦云姓字皆非正史所出蓋無可取今近有人云母溫氏貞時打得班固泗水亭長古碑文其字分明作溫字云母溫氏貞與賈膺復徐彥伯魏奉古等執對反覆沉歎古人未聞聊記異見於何取實也孟康註地神曰媼者禮樂志云后土富媼張晏云坤爲母故稱媼也。正義曰帝王世紀云漢昭靈后含始游洛池有寶雞銜赤珠出炫日后吞之生高祖詩含神霧亦云含始即昭靈后也陳留風俗傳云沛公起兵野戰喪皇妣於黃鄉天下平定使使者以梓宮招幽魂於是丹蛇在水自洒濯入梓宮其浴處有遺髮謚曰昭靈夫人漢儀注云高帝母起兵時死小黃城後於小黃立陵廟括地志云小黃故城在汴州陳留縣東北三十三里顏師古云皇甫謐等妄引讖記好奇騁博強爲高祖父母名字皆非正史所說蓋無取焉寧有劉媼本姓實存史遷肯不詳載即理而言斷可知矣 其先劉媼嘗息大

澤之陂夢與神遇是時雷電晦冥太公往視則見蛟龍於其上 索隱曰按詩含神霧云赤龍感女媼劉季興又廣雅云有鱗曰蛟龍 已而有身遂產高祖高祖爲人隆準而龍顏 服虔曰準音拙應劭曰隆高也準頰權準也顏頷顙也齊人謂之顙汝南淮泗之間曰顏文穎曰準鼻也。索隱曰始皇蜂目長準蓋鼻高起文穎說是高祖感龍而生故其顏貌似龍長頸而高鼻 美須髯左股有七十二黑子 正義曰河圖云帝劉季口角戴勝斗胸龜背龍股長七尺八寸合成圖云赤帝體爲朱鳥其表龍顏多黑子按左陽也七十二黑子者赤帝七十二日之數也木火土金水各居一方一歲三百六十日四方分之各得九十日土居中央並索四季各十八日俱成七十二日故高祖七十二黑子者應火德七十二日之徵也有一本七十日者非也許北人呼爲黶子吳楚謂之誌誌記也 仁而愛人喜施 正義喜許記反施尸豉反 意豁如也 服虔曰豁達也 常有大度不事家人生產作業及壯試爲吏 應劭曰試補吏 爲泗水亭長 正義曰秦法十里一亭十亭一鄉亭長主亭之吏高祖爲泗水亭長也國語有寓室即今之亭也亭長蓋今里長也民有訟諍吏留平辨得成其政括地志云泗水亭在徐州沛縣東一百步有高祖廟也 廷中吏無所不狎侮好酒及色常從王媼武負貰酒 韋昭曰貰賒也。索隱曰鄒誕貰音世與字林聲韻並同又音時夜反廣雅云貰賒也說文云貰貸也臨淮有貰陽縣漢書功臣表貰陽侯劉纏而此紀作射陽則貰亦射也 醉臥武負王媼見其上常有龍怪之高祖每酤留飲酒讎數倍 如淳曰讎亦售。索隱曰樂彥云借讎爲售蓋古字少假借耳今亦依字讀蓋高祖大度既貰飲且讎其數倍價也 及見怪歲竟此兩家常折券棄責 索隱曰周禮小司寇云聽稱責以傅別鄭司農云傅別券書也蓋子云傅別謂大字書於札中而別之也然則古用簡札書故可折至歲終揔弃不責也 高祖常繇咸陽 應劭曰徭役也。索隱曰韋昭云秦所都武帝更名

渭城應劭云今長安也按關中記云孝公都咸陽今渭城是在渭北始皇都咸陽今城南大城是也名咸陽者山南曰陽水北亦曰陽其地在渭水之北又在九峻諸山之南故曰咸陽縱觀觀秦皇帝正義曰包愷云上音館下音官恣意故縱觀也喟然太息曰嗟乎大丈夫當如此也單父人呂公漢書音義曰單音善父音斧○索隱曰韋昭云單父縣名屬山陽崔浩云史失其名但舉姓而言公又按漢書舊儀云呂公汝南新蔡人又相經云魏人呂公名文字叔平也善沛令避仇從之客因家沛焉沛中豪桀吏聞令有重客皆往賀蕭何為主吏孟康曰主吏功曹也主進文穎曰主賦斂禮進為之帥○索隱曰鄭氏云主賦斂禮錢也顏師古曰進者會禮之財字本作賮聲轉為進宣帝數負進義與此同令諸大夫曰正義曰大夫客之貴者揔稱之進不滿千錢坐之堂下高祖為亭長素易諸吏乃紿為謁曰應劭曰紿欺也音殆○索隱曰

韋昭云紿詐也劉氏云紿欺負也何休云紿疑也謂高祖素狎易諸吏乃詐為謁謂以札書姓名若今之通刺而兼載錢穀也賀錢萬實不持一錢謁入呂公大驚起迎之門呂公者好相人見高祖狀貌因重敬之引入坐蕭何曰劉季固多大言少成事高祖因狎侮諸客遂坐上坐正義上在果反下在卧反無所詘正義音丘勿反酒闌文穎曰闌言希也謂飲酒者半罷半在謂之闌呂公因目固留高祖正義曰不敢對衆顯言故目動而留之高祖竟酒後呂公曰臣少好相人張晏曰古人相與語多自稱臣自卑下之道若今人相與語皆自稱僕相人多矣無如季相願季自愛臣有息女正義曰息生也謂所生之女也願為季箕帚妾酒罷呂媼怒呂公曰公始常欲奇此女與貴人

沛令善公求之不與何自妄許與劉季呂公曰此非兒女子所知也卒與劉季呂公女乃呂后也生孝惠帝魯元公主服虔曰元長也食邑於魯韋昭曰元謚也○正義曰漢帝制女曰公主儀比諸侯姊妹曰長公主儀比諸侯王姑曰大長公主儀比諸侯王高祖為亭長時常告歸之田服虔曰告音如嗥呼之嗥李斐曰休謁之名也吉曰告凶曰寧孟康曰古者名吏休假曰告告又音嚳漢律吏二千石有予告賜告予告者在官有功最法所當得者也賜告者病滿三月當免天子優賜復其告使得帶印紱將官屬歸家治疾也○索隱曰韋昭云告請歸乞假也音告語之告戰國策曰商君告歸延篤以為告歸今之歸寧也劉伯莊顏師古並音古篤服音如嗥呼之嗥按東觀漢記田邑傳云邑年三十歷卿大夫號歸罷厭事少所嗜欲尋號與嗥同古者當有此語今服虔雖據田邑號歸亦恐未為得然此告字當音誥誥號聲相近故後告歸號歸遂變也呂后與兩子居田中耨有一老父過請飲呂后

因餔之正義曰必捕反以食飼人也父本請飲呂后因飼之國語云囿中童子無不餔老父相呂后曰夫人天下貴人令相兩子見孝惠曰夫人所以貴者乃此男也相魯元亦皆貴老父已去高祖適從旁舍來呂后具言客有過相我子母皆大貴高祖問曰未遠乃追及問老父老父曰鄉者夫人嬰兒皆似君君相貴不可言高祖乃謝曰誠如父言不敢忘德及高祖貴遂不知老父處高祖為亭長乃以竹皮為冠令求盜之薛治之應劭曰以竹始生皮作冠今鵲尾冠是也求盜者舊時亭有兩卒其一為亭父掌開閉埽除一為求盜掌逐捕盜賊薛魯國縣也有作冠師故往治之○索隱曰應劭云一名長冠側竹皮裹以縱前高七寸廣三寸如板又

蔡邕獨斷云長冠楚製也高祖以竹皮爲之謂之劉氏冠司馬彪輿服志亦以劉氏冠爲鵲尾冠應劭云舊亭卒名弩父陳楚謂之亭父或云亭部淮泗謂之求盜也時時冠之正義音館下同及貴常冠所謂劉氏冠正義曰音官顏師古云後號爲劉氏冠其後詔曰爵非公乘以上不得冠劉氏冠即此也乃是也高祖以亭長爲縣送徒酈山徒多道亡自度比至皆亡之正義度田洛反比必寐反到豐西澤中止飲夜乃解縱所送徒曰公等皆去吾亦從此逝矣徒中壯士願從者十餘人高祖被酒正義曰被加也夜徑澤中索隱曰舊音經按廣雅云徑小道音古定反言酒後放徒夜徑行澤中不敢由正路且從小徑令一人行前正義行音下孟反行前者還報曰前有大蛇當徑索隱曰鄭玄云步道曰徑願還高祖醉曰壯士行何畏乃前拔

劍擊斬蛇索隱曰漢舊儀云斬蛇劍長七尺又高祖云吾以布衣提三尺劍取天下二文不同者崔豹古今註當高祖爲亭長理應提三尺劍耳及貴當別得七尺寶劍故儀因言之。正義曰按其蛇大理須別求是劍斬之三尺劍者常佩之括地志云斬蛇溝源出徐州豐縣中平地故老云高祖斬蛇處至縣西五十里入泡水也蛇遂分爲兩索隱曰謂斬蛇分爲兩段徑開行數里醉因臥後人來至蛇所有一老嫗夜哭人問何哭嫗曰人殺吾子故哭之人曰嫗子何爲見殺嫗曰吾子白帝子也化爲蛇當道今爲赤帝子斬之應劭曰秦襄公自以居西戎主少昊之神作西時祠白帝至獻公時櫟陽雨金以爲瑞又作畦時祠白帝少昊金德也赤帝堯後謂漢也殺之者明漢當滅秦也秦自謂水漢初自謂土皆失之至光武乃改定。索隱曰按太康地理志云畦在櫟陽故城內其時若畦故曰畦時畦音戶圭反應劭註云秦自謂水者按秦文公獲黑龍命河爲德水是也又按春秋合誠圖云水神哭子褒敗宋均

以爲高祖斬白蛇而神母哭則此母水精也此皆謬說又註云至光武乃改者謂改漢爲火德秦爲金德與雨金及赤帝子之理合者也故哭人乃以嫗爲不誠欲笞之徐廣曰一作苦。索隱曰說文云笞擊也漢書作苦謂欲困辱之嫗因忽不見後人至高祖覺索隱曰包愷伯莊音古孝反後人告高祖高祖乃心獨喜自負應劭曰負恃也。索隱曰晉灼云自恃斬蛇事諸從者日益畏之秦始皇帝常曰東南有天子氣於是因東游以猒之索隱曰猒音一涉反又一冉反廣雅云猒鎮也高祖即自疑亡匿隱於芒碭山澤巖石之間徐廣曰芒今臨淮縣也碭縣在梁騶案應劭曰二縣之界有山澤之固故隱於其間也。正義曰括地志云宋州碭山縣在州東一百五十里本漢碭陽縣也碭山在縣東呂后與人俱求常得之高祖怪問之呂后曰季所居上常有雲氣

正義曰京房易兆候云何以知賢人隱顏師古曰四方常有大雲五色具而不雨其下有賢人隱矣故呂后望雲氣而得之故從往常得季高祖心喜沛中子弟或聞之多欲附者矣秦二世元年徐廣曰高祖時年四十八。索隱曰應劭云始皇欲以一至萬示不相襲始者一故至子稱二世崔浩云二世始皇子胡亥又按善文稱隱士云趙高爲二世殺十七兄而立今王則二世是第十八子也秋陳勝等起蘄至陳而王號爲張楚索隱曰蘄縣名屬沛音機又音祈諸郡縣皆多殺其長吏以應陳涉沛令恐欲以沛應涉掾主吏蕭何曹參索隱曰按漢書蕭曹傳參爲獄掾何爲主吏乃曰君爲秦吏今欲背之率沛子弟恐不聽願君召諸亡在外者可得數百人因劫衆索隱曰說文云以力脅之也衆不敢不聽乃令樊噲召

劉季劉季之衆已數十百人矣 索隱曰漢書作數百人劉伯莊云數十人或至百人則是百人已下也 於是樊噲從劉季來沛令後悔恐其有變乃閉城城守欲誅蕭曹蕭曹恐踰城保劉季 韋昭曰以爲保鄣 劉季乃書帛射城上謂沛父老曰天下苦秦久矣今父老雖爲沛令守諸侯並起今屠沛 索隱曰范曄謂剋城多所誅殺故云屠 沛今共誅令擇子弟可立者立之以應諸侯則家室完不然父子俱屠無爲也父老乃率子弟共殺沛令開城門迎劉季欲以爲沛令劉季曰天下方擾諸侯並起今置將不善壹敗塗地 索隱曰言一朝破敗使肝腦塗地 吾非敢自愛恐能薄 正義曰能才能也高祖謙言材能薄劣不能完全其衆能者獸形色似熊足似鹿爲物堅中而彊力人之有賢才者皆謂之能也 不能完父兄子弟此大事願更相推擇可者蕭曹等皆文吏自愛恐事不就後秦種族其家盡讓劉季諸父老皆曰平生所聞劉季諸珍怪當貴且卜筮之莫如劉季最吉於是劉季數讓衆莫敢爲乃立季爲沛公 徐廣曰九月也駰案漢書音義曰舊楚僭稱王其縣宰爲公陳涉爲楚王沛公起應涉故從楚制稱曰公 祠黃帝祭蚩尤於沛庭 應劭曰左傳曰黃帝戰於阪泉以定天下蚩尤好五兵故祠祭之求福祥也瓚曰管仲云葛盧山交而出水金從之蚩尤受之以作劍戟○索隱曰按管子云葛盧之山發而出金今註引發作交誤也 而釁鼓 應劭曰釁祭也殺牲以血塗鼓曰釁瓚曰案禮記及大戴禮有釁廟之禮皆無祭事○索隱曰說文云釁血祭也司

馬法曰血于鼙鼓者神戎器也顏師古曰殺牲以血祭者皆名爲釁[illegible]瓚以爲皆無祭事非也又古人新成鍾鼎亦必釁之應劭云釁呼爲釁馬融註周禮灼龜之兆云謂其象似玉瓦原之釁是用名之此說皆非釁音火稼反 旗幟皆赤 索隱曰墨翟云幟帛長丈五廣半幅字林又云熊旗五斿謂與士卒爲期於其下故曰旗也幟或作識或作志[illegible]康音試蕭該音織 由所殺蛇白帝子殺者赤帝子故上赤於是少年豪吏如蕭曹樊噲等皆爲收沛子弟二三千人攻胡陵方與 鄭德曰音房豫屬山陽郡○索隱曰鄧展曰胡陵縣名屬山陽章帝改曰胡陸 還守豐秦二世二年陳涉之將周章軍西至戲而還 索隱曰應劭云章字文陳人文穎云戲在新豐東二十里戲亭北孟康云水名也又述征記云戲水自驪山馮公谷北流歷戲亭東入渭按今其水東惟有戲驛存還謂爲章邯所破而還邯音酣 燕趙齊魏皆自立爲王 索隱曰按高紀二世二年八月武臣自立爲趙王田儋自立爲齊王韓廣自立爲燕王魏咎自立爲魏王

大[illegible]五十五 小[illegible]二十五

項氏起吳秦泗川監平 文穎曰泗川今沛郡也高祖更名沛秦時御史監郡若今刺史平名也○索隱曰如淳云秦并天下爲三十六郡置守尉監故此有監平下有守壯則平壯皆名也 將兵圍豐二日出與戰破之命雍齒守豐引兵之薛泗川守壯 如淳曰壯名也 敗於薛走至戚 如淳曰戚音將毒反○索隱曰晉灼云東海縣也鄭德包愷並如字讀李登音千笠反○正義曰括地志云沂州臨沂縣有漢戚縣故城地理志云臨沂縣屬東海郡 沛公左司馬得泗川守壯殺之 索隱曰顏師古云得司馬之名非也按後云左司馬曹無傷自此已下更不見替易蓋是左司馬無傷得泗川守壯而殺之 沛公還軍亢父 鄭德曰亢音人相亢答父音甫屬任城郡○索隱曰舊音罡劉伯莊包愷並同音苦浪反○正義曰音剛又苦浪反括地志云亢父縣也沛公屯軍於此也 至方與周巿來攻方與未戰陳王使魏人周巿略地周

市使人謂雍齒曰豐故梁徙也文穎曰梁惠王孫假為秦所滅轉東徙於豐故曰豐梁徙今魏地已定者數十城齒今下魏魏以齒為侯守豐不下且屠豐雍齒雅不欲屬沛公服虔曰雅故也蘇林曰雅素也及魏招之即反為魏守豐沛公引兵攻豐不能取沛公病還之沛沛公怨雍齒與豐子弟叛之聞東陽甯君秦嘉文穎曰秦嘉東陽郡人也為甯縣君瓚曰陳勝傳曰廣陵人秦嘉然則嘉非東陽人也秦嘉初起兵於郯號曰大司馬又不為甯縣君東陽甯君自一人秦嘉又自一人。索隱曰按下文直云東陽甯君秦嘉又別言秦嘉明臣瓚之說為得顏師古以甯是姓君者時人號之立景駒為假王在留索隱曰韋昭云今彭城留縣。正義曰括地志云故留城在徐州沛縣東南五十里即張良所封處乃往從之欲請兵以攻豐是時秦將章邯從陳別將司馬𡰱如淳曰從陳涉將也涉在陳其將相別在他許皆稱陳𡰱章邯司馬。索隱曰謂章邯從陳別將將兵向他處而遣司馬𡰱將領兵士北定楚地孔文祥曰邯別遣𡰱屠相又一說云從謂追逐之言章邯討逐陳別將而司馬𡰱別將兵北定楚地此理亦通也將兵北定楚地屠相至碭索隱曰韋昭云相沛縣應劭云碭梁國蘇林音唐又音宕。正義曰括地志云故相城在徐州符離縣西北九十里碭在宋州東一百五十里東陽甯君沛公引兵西與戰蕭西索隱曰韋昭云蕭沛之縣名謂在蕭縣之西不利還收兵聚留引兵攻碭三日乃取碭因收碭兵得五六千人攻下邑拔之索隱曰范曄云得城為拔韋昭云下邑縣名屬梁國也還軍豐聞項梁在薛正義曰今徐州滕縣故薛城也從騎百餘往見之徐廣曰二月項梁益沛公卒五千人五大夫將十人蘇林曰五大夫第九爵也以五大夫為將凡十人也

沛公還引兵攻豐徐廣曰表云拔之雍齒奔魏從項梁月餘項羽已拔襄城索隱曰韋昭云潁川縣。正義曰襄城許州縣還項梁盡召別將居薛聞陳王定死因立楚後懷王孫心為楚王治盱台索隱曰韋昭云臨淮縣音吁夷。正義曰楚縣也項梁號武信君居數月北攻亢父救東阿索隱曰韋昭云東郡之縣名。正義曰濟州縣也破秦軍齊軍歸楚獨追北服虔曰師敗曰北使沛公項羽別攻城陽屠之索隱曰地理志城陽屬濟陰軍濮陽之東正義曰濮陽故城在濮州西八十六里本漢濮陽縣與秦軍戰破之秦軍復振李奇曰振整也如淳曰振起也收敗卒自振迅而復起也守濮陽環水文穎曰決水以自環守為固也張晏曰依河水以自環繞作壘。正義曰按二說皆通其濮陽縣北臨黃河言秦軍北阻黃河南鑿溝引黃河水環繞作壁壘為固楚軍乃去楚軍去而攻定陶索隱曰地理志云濟陰縣定陶未下沛公與項羽西略地至雍丘之下索隱曰韋昭云故杞國今陳留縣與秦軍戰大破之斬李由還攻外黃索隱曰韋昭云上陳留縣。正義曰在雍丘東外黃未下項梁再破秦軍有驕色宋義諫不聽索隱曰荀悅漢紀云故楚令尹宋義當別有所出秦益章邯兵夜銜枚擊項梁周禮有銜枚氏鄭玄曰銜枚止言語囂讙也枚狀如箸橫銜之繣結於項若繣音獲大破之定陶項梁死沛公與項羽方攻陳留聞項梁死引兵與呂將軍俱東呂臣軍彭城東項羽軍彭城西沛公軍碭章邯已破項梁軍則以為楚地兵不足憂乃渡河北擊趙大破之當

是之時趙歇爲王索隱曰歇蘇林音如字鄭德音遏絶之遏徐廣音烏轄反今依字讀秦
將王離圍之鉅鹿城此所謂河北之軍也秦二
世三年楚懷王見項梁軍破恐徙盱台都彭城
并呂臣項羽軍自將之以沛公爲碭郡長正義曰括
地志云宋州本秦碭郡蘇林云長如郡守韋昭云秦名曰守是時改曰長封爲武安侯將碭
郡兵封項羽爲長安侯號爲魯公呂臣爲司徒
其父呂青爲令尹索隱曰按表青封信陽侯。正義曰應劭云天子曰師尹諸侯曰令尹時
去六國近故置令尹臣瓚曰諸侯之卿唯楚稱令尹其餘國不稱時立楚之後故置官司皆如楚舊也趙數
請救懷王乃以宋義爲上將軍項羽爲次將范
增爲末將北救趙令沛公西略地入關與諸將

約先入定關中者王之索隱曰韋昭云函谷武關也又三輔舊事云西以散關爲
限東以函谷爲界二關之中謂之關中當是時秦兵彊常乘勝逐北諸
將莫利先入關獨項羽怨秦破項梁軍奮索隱曰韋
昭云憤激也願與沛公西入關懷王諸老將皆曰項羽
爲人僄悍猾賊索隱曰說文云僄疾也悍勇也亦云僄輕也音四妙反漢書作禍賊也項
羽嘗攻襄城襄城無遺類徐廣曰遺一作噍噍食也音在妙反駰案如淳曰類
無復有活而噍食者也青州俗言無孑遺爲無噍類皆阬之諸所過無不殘滅
且楚數進取如淳曰楚謂陳涉也數進取多所攻取前陳王漢書音義曰陳涉也項
梁皆敗不如更遣長者扶義而西正義曰遣長者扶持仁義而西
告諭秦長少令降下也告諭秦父兄秦父兄苦其主久矣今

誠得長者往毋侵暴宜可下今項羽僄悍今徐廣
曰一無此字不可遣獨沛公素寬大長者可遣卒不許
項羽而遣沛公西略地收陳王項梁散卒乃道
碭漢書音義曰道由碭也至成陽與杠里漢書音義曰二縣名。索隱曰成陽縣名在濟
陰韋昭云在潁川非也服虔云杠里縣名如淳云秦軍所屯地名秦軍壁破魏二軍
楚軍出兵擊王離大破之徐廣曰表云三年十月攻破東郡尉及王離軍於成
武南沛公引兵西遇彭越昌邑正義曰地理志云昌邑縣屬山陽括地志云在
曹州成武縣東北三十二里有梁丘故城是也因與俱攻秦軍戰不利還至
栗索隱曰韋昭云縣名屬沛也遇剛武侯應劭曰楚懷王將也漢書音義曰功臣表云棘蒲剛侯陳
武武一姓柴剛武侯宜爲剛侯武魏將也瓚曰功臣表柴武以將軍起薛別救東阿至霸上入漢中非懷王將也又非魏

將也剛武未稱謚。正義曰顔師古云史失其名姓唯識其爵號不知誰也不當改爲剛侯武應氏以爲懷王將又云魏將
無據矣表六年三月封孟顔二人說是奪其軍可四千餘人并之與魏
將皇欣魏申徒武蒲之軍正義曰並魏將也欣字或作訢音許斤反蒲漢書作
滿並通也并攻昌邑昌邑未拔西過高陽文穎曰聚邑名也屬陳留
圉縣瓚曰陳留傳曰在雍丘西南酈食其鄭德曰音歷異基謂監門曰諸將
過此者多吾視沛公大人長者乃求見說沛公
沛公方踞牀使兩女子洗足酈生不拜長揖曰
足下必欲誅無道秦不宜踞見長者於是沛公
起攝衣謝之延上坐食其說沛公襲陳留漢書音義
曰春秋傳曰輕行無鍾鼓曰襲得秦積粟乃以酈食其爲廣野君

索隱曰韋昭云在山陽酈商爲將將陳留兵與偕攻開封索隱曰韋昭云河南縣開封未拔西與秦將楊熊戰白馬索隱曰韋昭云東郡縣。正義曰括地志云白馬故城在滑州衛南縣西南二十四里戴延之西征記云白馬城故衛之曹邑又戰曲遇東大破之索隱曰徐廣云曲遇在中牟韋昭云志不載司馬彪郡國志中牟有曲遇聚也楊熊走之滎陽索隱曰韋昭云故衛地河南縣也二世使使者斬以徇徐廣曰四月南攻潁陽屠之因張良遂略韓地轘轅文穎曰河南新鄭南至潁川南北皆韓地也以良累世相韓故因之贊曰轘轅險道名在緱氏東南。索隱曰按十三州志云河南緱氏縣以山爲名一云轘轅爲九十二曲是險道也當是時趙別將司馬卬方欲渡河入關沛公乃北攻平陰地理志河南有平陰縣今河陰是也絕河津南戰雒陽東軍不利還至陽城

正義曰今洛州夏禹所都收軍中馬騎與南陽守齮戰犨東地理志南陽有犨縣。索隱曰齮音蟻許慎以爲側齧也破之略南陽郡南陽守齮走保城守宛正義曰守音狩宛於元反括地志云南陽縣地城在宛大城之南隅其西南有二面皆故宛城沛公引兵過而西張良諫曰沛公雖欲急入關秦兵尚衆距險今不下宛宛從後擊彊秦在前此危道也於是沛公乃夜引兵從他道還更旗幟黎明圍宛城三匝索隱曰黎音犂黎猶比也謂比至天明也漢書作遲音值值侍也謂侍天明時皆言早意也楚漢春秋曰上南攻宛匿旌旗人銜枚馬束舌雞未鳴已圍宛城三匝南陽守欲自剄其舍人陳恢曰死未晚也乃踰城見沛公曰臣聞足下約先入咸陽者王之今足下

留守宛宛大郡之都也連城數十人民衆積蓄多吏人自以爲降必死故皆堅守乘城索隱曰李奇曰乘守也韋昭曰乘登也今足下盡日止攻士死傷者必多引兵去宛宛必隨足下後足下前則失咸陽之約後又有彊宛之患爲足下計莫若約降封其守因使止守引其甲卒與之西諸城未下者聞聲爭開門而待足下通行無所累沛公曰善徐廣曰七月也乃以宛守爲殷侯索隱曰韋昭曰在河內封陳恢千戶引兵西無不下者至丹水正義曰括地志云故丹城在鄧州內鄉縣西南百三十里南去丹水二百步汲冢紀年云后稷放帝子丹朱于丹水是也輿地志云秦爲丹水縣也地理志云丹水縣屬弘農郡抱朴子云丹水出

丹魚先夏至十日夜伺之魚浮水側光照如火網而取之割其血以塗足可以步行水上長居川中不溺高武侯鰓蘇林曰鰓音魚鰓之鰓晉灼曰功臣表戚鰓也襄侯王陵降西陵韋昭曰漢封王陵爲安國侯初起兵時在南陽南陽有穰縣疑襄當爲穰而無禾字省耳今邵公或作召字此類多矣贊曰時韓成封穰侯江夏有襄是所封。索隱曰按王陵封安國侯是定天下爲丞相時封耳此言襄侯當如臣瓚解蓋初封江夏之襄也還攻胡陽一云陵。索隱曰韋昭云南陽縣遇番君別將梅鋗與皆降析酈如淳曰持益反。索隱曰鄒誕生音錫歷蘇林如淳音擲析屬弘農酈屬南陽出地理志而左傳云析一名白羽析今內鄉縣酈今菊潭縣也遣魏人甯昌使秦使者未來是時章邯已以軍降項羽於趙矣初項羽與宋義北救趙及項羽殺宋義代爲上將軍諸將黥布皆屬破秦將王離軍降章邯諸侯皆附及趙

高已殺二世使人來欲約分王關中沛公以為詐乃用張良計使酈生陸賈往說秦將啗以利因襲攻武關破之索隱曰左傳云楚司馬起豐析以臨上雒謂晉人曰將通於少習杜預以為商縣武關又大康地理志武關當冠軍縣西峣關在武關之西又與秦軍戰於藍田南益張疑兵旗幟諸所過毋得掠鹵應劭曰鹵與虜同秦人憙秦軍解因大破之又戰其北大破之乘勝遂破之

漢元年十月如淳曰張蒼傳云以高祖十月至霸上故因秦以十月為歲首。正義曰沛公已未年七月至霸上項羽封十八諸侯沛公漢王後劉項五年戰鬬漢遂滅楚天下歸漢故知書初至霸上戰之沛公兵遂先諸侯至霸上正義曰故霸陵在雍州萬年縣東北二十五里漢霸陵文帝之陵邑

也東南去霸陵十里地理志云霸陵故芷陽文帝更名三秦記云霸城秦穆公築為宮因名霸城漢於此置霸陵廟記云霸城漢文帝築沛公入關遂至霸上即此也秦王子嬰素車白馬係頸以組封皇帝璽符節索隱曰韋昭云天子印稱璽又獨以玉符發兵將也節使者所擁也說文云符信也漢制以竹長六寸分而相合釋名云節為號令賞罰之節也又節毛上下相重取象竹節又漢官儀曰子嬰上始皇璽因服御之代代傳受號云漢傳國璽。正義曰按天子有六璽皇帝行璽皇帝之璽皇帝信璽天子行璽天子之璽天子信璽皇帝信璽凡事皆用之璽令施行天子信璽以遷拜封王侯之璽以發兵皆以武都紫泥封青布索白素兩端無縫三秦記云紫泥水在今成州輿地志云漢封詔璽用紫泥則此水之泥也降軹道旁索隱曰軹音只漢書宮殿疏云軹道亭東去霸水百步蘇林云在長安東十三里。正義曰軹音紙括地志云軹道在雍州萬年縣東北十六里苑中諸將或言誅秦王索隱曰楚漢春秋曰樊噲請殺之沛公曰始懷王遣我固以能寬容且人已服

降又殺之不祥乃以秦王屬吏正義曰屬之欲反屬付也遂西入咸陽欲止宮休舍正義曰休息也言欲居止宮殿中而息也樊噲張良諫乃封秦重寶財物府庫還軍霸上召諸縣父老豪桀曰父老苦秦苛法久矣誹謗者族索隱曰劉伯莊樂彥同音方未反偶語者弃市應劭曰秦禁民聚語偶對也瓚曰始皇本紀曰偶語經書者弃市。索隱曰按禮云刑人於市與衆弃之故今律謂絞刑為弃也吾與諸侯約先入關者王之吾當王關中與父老約法三章耳殺人者死傷人及盜抵罪應劭曰抵至也又當也除秦酷政但至於罪也李斐曰傷人有曲直盜賊有多少罪名不可預定故凡言抵罪未知抵何罪也張晏曰秦法一人犯罪舉家及隣伍坐之今但當其身坐合於康誥父子兄弟罪不相及也。索隱曰韋昭云抵當也謂使各當其罪今按秦法有三族之刑漢但約法三章耳殺人者

死傷人及盜者使之抵罪餘並不論其辜以言省刑也則抵訓為至殺人以外唯傷人及盜使至罪名耳餘悉除去秦法諸吏人皆案堵如故應劭曰案次第堵牆堵也凡吾所以來為父老除害非有所侵暴無恐且吾所以還軍霸上待諸侯至而定約束耳乃使人與秦吏行縣鄉邑告諭之秦人大喜爭持牛羊酒食獻饗軍士沛公又讓不受曰倉粟多非乏不欲費人人又益喜唯恐沛公不為秦王或說沛公索隱曰楚漢春秋云解先生云遣守函谷無內項王而張良世家云鯫生說我言鯫小也小生即解生曰秦富十倍天下地形彊今聞章邯降項羽項羽乃號為雍王王關中今則來沛公恐不得有此可

急使兵守函谷關（正義曰顏師古曰今桃林南有洪留澗古函谷也其水北流入河西岸猶有舊關餘跡西征記云道形如函也其水山原壁立數十仞谷中容一車）無內諸侯軍稍徵關中兵以自益距之沛公然其計從之十一月中項羽果率諸侯兵西欲入關關門閉聞沛公已定關中大怒使黥布等攻破函谷關十二月中遂至戲（正義許宜反）沛公左司馬曹無傷聞項王怒欲攻沛公使人言項羽曰沛公欲王關中令子嬰為相珍寶盡有之欲以求封（正義曰曹無傷欲就項羽求封）亞父勸項羽擊沛公（索隱曰范增也項羽得范增號曰亞父言尊之亞於父猶管仲齊謂仲父父並音甫）方饗士旦日合戰是時項羽兵四十萬號百萬沛公兵十萬號二十萬力不敵會項伯欲活張良夜往見良因以文諭項羽（正義曰項羽本紀云項伯曰沛公不先破關中公豈敢入乎今人有大功擊之不義也以文諭之）項羽乃止沛公從百餘騎驅之鴻門（索隱曰姚察云在新豐古城東未至戲水道南有斷原南北洞門是也）見謝項羽項羽曰此沛公左司馬曹無傷言之不然籍何以生此沛公以樊噲張良故得解歸歸立誅曹無傷項羽遂西屠燒咸陽秦宮室所過無不殘破秦人大失望然恐不敢不服耳項羽使人還報懷王懷王曰如約項羽怨懷王不肯令與沛公俱西入關而北救趙後天下約（正義曰懷王初約先入咸陽者王之今羽北救趙故失約在後也）乃曰懷王者吾家項梁所立耳非有功伐何以得主約本定天下諸將及籍也乃佯尊懷王為義帝實不用其命正月（正義曰崔浩云史官以正月紀四時故書正月也荀悅云先春後正月也顏師古云凡此諸月號皆太初正曆之後記事者追改之非當時本稱也以十月為歲首即以十月為正月今此正月當是謂之四月也他皆放此）項羽自立為西楚霸王王梁楚地九郡都彭城負約更立沛公為漢王（正義曰梁州本漢中郡以漢水為名）王巴蜀漢中（徐廣曰二十二縣）都南鄭三分關中立秦三將章邯為雍王（正義曰以岐州雍縣為名）都廢丘司馬欣為塞王（正義曰塞先代反韋昭云在長安東名桃林塞按桃林塞今華州潼關也顏師古云取河華之固為阸塞耳非桃林）都櫟陽（索隱曰因葬太上皇改名曰萬年）董翳為翟王（正義曰文穎云本上郡秦所置項羽以董翳為王更名曰翟也）都高奴楚將瑕丘申陽為河南王（正義曰在黃河之南故曰河南即今河南府）都洛陽趙將司馬卬為殷王（正義曰以商帝盤庚國殷中之地改商為殷郡在相州安陽縣即北冢殷墟南去朝歌百三十六里故號殷王都朝歌）都朝歌趙王歇徙王代趙相張耳為常山王都襄國當陽君黥布為九江王都六（索隱曰韋昭云當陽南郡縣六名地理志六縣屬六安國）懷王柱國共敖為臨江王（正義曰孟康云本南郡改為臨江國是也）都江陵番君吳芮為衡山王都邾（索隱曰太康地理志云楚滅邾遷其人於江南因名縣）燕將臧荼為燕王都薊故燕王韓廣徙王遼東廣不聽臧荼攻殺之無終封成安君陳餘河間三

縣居南皮封梅銷十萬戶四月兵罷戲下 正義曰戲音麾許慎注淮南子云戲大旗也 諸侯各就國漢王之國項王使卒三萬人從楚與諸侯之慕從者數萬人從杜南 正義曰韋昭云杜今陵邑括地志云杜陵故城在雍州萬年縣東南十五里漢杜陵縣宣帝陵邑也北去宣帝陵五里廟記云故杜伯國 入蝕中 李奇曰蝕音力在杜南如淳曰蝕入漢中道川谷名。索隱曰孟康音食王劭按說文作鐘器名也地形似器故名之 去輒燒絕棧道 索隱曰按系家是用張良計也棧道閣道也音士諫反包愷音士版反崔浩云險絕之處傍鑿山巖而施版梁為閣 以備諸侯盜兵襲之亦示項羽無東意至南鄭諸將及士卒多道亡歸士卒皆歌思東歸韓信說漢王曰 徐廣曰韓王信非淮陰侯信也 項羽王諸將之有功者而王獨居南鄭是遷也 韋昭曰若有罪見遷徙 軍吏士卒皆山東之人也日夜跂而望歸 正義曰跂音丘賜反說文云跂舉踵也司馬彪云跂望也 及其鋒而用之可以有大功天下已定人皆自寧不可復用不如決策東鄉爭權天下項羽出關使人徙義帝曰古之帝者地方千里必居上游 正義音流 乃使使徙義帝長沙郴縣趣義帝行 正義趣音促 羣臣稍倍叛之乃陰令衡山王臨江王擊之殺義帝江南項羽怨田榮立齊將田都為齊王田榮怒因自立為齊王殺田都而反楚予彭越將軍印令反梁地楚令蕭公角擊彭越彭越大破之陳餘怨

項羽之弗王己也令夏說說田榮 正義上音悅下音稅 請兵擊張耳齊予陳餘兵擊破常山王張耳張耳亡歸漢迎趙王歇於代復立為趙王趙王因立陳餘為代王項羽大怒北擊齊八月漢王用韓信之計從故道 地理志武都有故道縣 還襲雍雍王章邯迎擊漢陳倉 正義曰今岐州縣也 雍兵敗還走止戰好畤 孟康曰畤音止神靈之所在也縣名屬右扶風 又復敗走廢丘漢王遂定雍地東至咸陽引兵圍雍王廢丘 索隱曰按荀悅漢紀令樊噲圍之 而遣諸將略定隴西北地上郡令將軍薛歐 音惡后反 王吸出武關 索隱曰按表歐以舍人從為將軍封廣平侯吸以中涓從為將軍封清陽侯 因王陵兵南陽 如淳曰王陵亦聚黨數千人居南陽。正義曰括地志云王陵故城在商州上洛縣南三十一里荊州記云昔漢高祖入秦王陵起兵丹水以應之此城王陵所築因名也 以迎太公呂后於沛楚聞之發兵距之陽夏 索隱曰韋昭云縣名屬淮陽後屬陳夏音更雅反 不得前令故吳令鄭昌為韓王距漢兵二年漢王東略地塞王欣翟王翳河南王申陽皆降韓王昌不聽使韓信擊破之於是置隴西北地上郡渭南 徐廣曰京兆 河上 徐廣曰馮翊 中地郡 徐廣曰扶風 關外置河南郡 徐廣曰漢王十月至陝 更立韓太尉信為韓王諸將以萬人若以一郡降者封萬戶繕治河上塞 晉灼曰晁錯傳秦時北攻胡築河上塞 諸故秦苑囿園池皆令

人得田之正月虜雍王弟章平大赦罪人漢王
之出關至陜撫關外父老還張耳來見漢王厚
遇之二月令除秦社稷更立漢社稷三月漢王
從臨晉渡魏王豹將兵從下河內虜殷王置河
內郡南渡平陰津至雒陽新城正義曰括地志云洛州伊闕縣在州南七
十里本漢新城也隋文帝改新城為伊闕取伊闕山為名也三老董公遮說漢王正義
曰百官表云十里一亭亭有長十亭一鄉鄉有三老三老掌教化皆秦制也又樂彥云橫道自言曰遮楚漢春秋云董公
八十二遂封為成侯以義帝死故漢王聞之袒而大哭如淳曰袒
亦如禮袒踊遂為義帝發喪臨三日發使者告諸侯曰
天下共立義帝北面事之今項羽放殺義帝於
江南大逆無道寡人親為發喪諸侯皆縞素悉
發關內兵收三河士韋昭曰河南河東河內南浮江漢以下
正義曰南收三河士發關內兵從雍州入子午道至漢中歷漢水而下從務東行至徐州擊楚願從諸侯
王擊楚之殺義帝者是時項王北擊齊田榮與
戰城陽田榮敗走平原正義曰德州平原縣是平原民殺之
齊皆降楚楚因焚燒其城郭係虜其子女齊人
叛之田榮弟橫立榮子廣為齊王齊王反楚城
陽項羽雖聞漢東既已連齊兵欲遂破之而擊
漢漢王以故得劫五諸侯兵遂入彭城項羽聞
之乃引兵去齊從魯正義曰兗州曲阜也出胡陵正義曰地理志云胡陵在

山陽郡至蕭正義曰徐州蕭縣與漢大戰彭城靈壁東正義曰在
徐州符離縣西北九十里睢水上大破漢軍多殺士卒睢水為
之不流乃取漢王父母妻子於沛置之軍中以
為質當是時諸侯見楚彊漢敗還皆去漢復為
楚塞王欣亡入楚呂后兄周呂侯為漢將兵居
下邑徐廣曰在梁漢王從之稍收士卒軍碭漢王乃西
過梁地至虞徐廣曰在梁使謁者隨何之九江王布所
曰公能令布舉兵叛楚項羽必留擊之得留數
月吾取天下必矣隨何往說九江王布布果背
楚楚使龍且往擊之漢王之敗彭城而西行使
人求家室家室亦已不相得敗後乃獨得孝惠
六月立為太子大赦罪人令太子守櫟陽諸侯
子在關中者皆集櫟陽為衛引水灌廢丘廢丘
降章邯自殺更名廢丘為槐里於是令祠官祀
天地四方上帝山川以時祀之興關內卒乘塞
李奇曰乘守也是時九江王布與龍且戰不勝與隨何閒
行歸漢漢王稍收士卒與諸將及關中卒益出
是以兵大振滎陽破楚京索閒
三年魏王豹謁歸視親疾至即絕河津反為楚
漢王使酈生說豹豹不聽漢王遣將軍韓信擊

大破之虜豹遂定魏地置三郡曰河東正義曰今蒲州也太原正義曰今并州上黨正義曰今潞州漢王乃令張耳與韓信遂東下井陘擊趙斬陳餘趙王歇其明年立張耳爲趙王漢王軍滎陽南築甬道正義曰甬音勇韋昭云起土築墻中間爲道應劭云恐敵抄輜重故築垣墻如街巷屬之河以取敖倉正義曰孟康云敖地名在滎陽西北山上臨河有大倉太康地理志云秦建敖倉於成皋與項羽相距歲餘項羽數侵奪漢甬道漢軍乏食遂圍漢王漢王請和割滎陽以西者爲漢項王不聽漢王患之乃用陳平之計予陳平金四萬斤以閒疏楚君臣於是項羽乃疑亞父亞父是時勸項羽遂下滎

陽及其見疑乃怒辭老願賜骸骨歸卒伍未至彭城而死漢軍絕食乃夜出女子東門二千餘人被甲楚因四面擊之將軍紀信乃乘王駕詐爲漢王誑楚楚皆呼萬歲之城東觀以故漢王得與數十騎出西門遁令御史大夫周苛魏豹樅公守滎陽諸將卒不能從者盡在城中周苛樅公相謂曰反國之王難與守城因殺魏豹徐廣曰案月表二年七月王出滎陽八月殺魏豹而又云四年三月周苛死四月魏豹死二者不同項羽殺紀信周苛樅公皆是三年中漢王之出滎陽入關收兵欲復東袁生說漢王曰漢與楚相距滎陽數歲漢常困願君王

出武關項羽必引兵南走王深壁令滎陽成皋間且得休使韓信等輯河北趙地連燕齊君王乃復走滎陽未晚也如此則楚所備者多力分漢得休復與之戰破楚必矣漢王從其計出軍宛葉間正義曰宛於元反葉式涉反宛鄧州縣也葉汝州縣水經注云本楚惠王封諸梁子兼號曰葉城即子高之故邑也與黥布行收兵項羽聞漢王在宛果引兵南漢堅壁不與戰是時彭越渡睢水與項聲薛公戰下邳彭越大破楚軍項羽乃引兵東擊彭越漢王亦引兵北軍成皋項羽已破走彭越聞漢王復軍成皋乃復引兵西拔滎陽誅周苛樅

公而虜韓王信遂圍成皋漢王跳徐廣曰音逃。索隱曰如淳云跳走也晉灼按劉澤傳跳驅至長安說文音徒調反通俗文云超踊爲跳獨與滕公共車出成皋玉門徐廣曰項羽紀云北門名玉門。索隱曰夏侯嬰爲滕令故呼爲滕公北渡河馳宿脩武自稱使者晨馳入張耳韓信壁而奪之軍乃使張耳北益收兵趙地使韓信東擊齊漢王得韓信軍則復振引兵臨河南饗軍小脩武南晉灼曰在大脩武城東欲復戰郎中鄭忠乃說止漢王使高壘深塹勿與戰漢王聽其計使盧綰蘇林曰綰音以繩綰結物之綰劉賈將卒二萬人騎數百渡白馬津索隱曰即黎陽津也南界東郡白馬縣入楚地與彭越復擊破楚軍燕郭西索隱曰故南燕國也在東郡秦以為縣遂復下梁地十餘城淮陰已受命東未渡平原漢王使酈生往說齊王田廣廣叛楚與漢和共擊項羽韓信用蒯通計遂襲破齊齊王烹酈生東走高密項羽聞韓信已舉河北兵破齊趙且欲擊楚則使龍且周蘭徐廣曰一作簡往擊之韓信與戰騎將灌嬰擊大破楚軍殺龍且齊王廣奔彭越當此時彭越將兵居梁地往來苦楚兵絕其糧食

四年項羽乃謂海春侯大司馬曹咎曰謹守成皋若漢挑戰正義挑田平反下同慎勿與戰無令得東而已

我十五日必定梁地復從將軍乃行擊陳留外黃睢陽下之漢果數挑楚軍楚軍不出使人辱之五六日大司馬怒度兵汜水正義曰汜音祀在成皋故城東士卒半渡漢擊之大破楚軍盡得楚國金玉貨賂大司馬咎長史欣皆自剄汜水上項羽至睢陽聞海春侯破乃引兵還漢軍方圍鍾離眛於滎陽東項羽至盡走險阻韓信已破齊使人言曰齊邊楚文穎曰邊近也權輕不為假王恐不能安齊漢王欲攻之留侯曰不如因而立之使自為守乃遣張良操印綬立韓信為齊王徐廣曰二月項羽聞龍

且軍破則恐使盱台人武涉往說韓信韓信不聽楚漢久相持未決丁壯苦軍旅老弱罷轉饟漢王項羽相與臨廣武之閒而語項羽欲與漢王獨身挑戰漢王數項羽曰始與項羽俱受命懷王曰先入定關中者王之項羽負約王我於蜀漢罪一索隱曰負音佩也項羽矯殺卿子冠軍而自尊罪二徐廣曰卿一作慶○索隱曰韋昭云宋義之號如傳曰卿者卿大夫之尊子者子男之爵冠者人之首也尊宋義故加此號項羽已救趙當還報而擅劫諸侯兵入關罪三懷王約入秦無暴掠項羽燒秦宮室掘始皇帝冢私收其財物罪四又彊殺秦降王子嬰

罪五詐阬秦子弟新安二十萬王其將罪六項羽皆王諸將善地索隱曰謂章邯等而徙逐故主索隱曰謂田氏趙歇韓廣之屬也令臣下爭叛逆罪七項羽出逐義帝彭城自都之奪韓王地并王梁楚多自予罪八項羽使人陰弒義帝江南罪九夫為人臣而弒其主殺已降為政不平主約不信天下所不容大逆無道罪十也吾以義兵從諸侯誅殘賊使刑餘罪人擊殺項羽何苦乃與公挑戰項羽大怒伏弩射中漢王漢王傷匈乃捫足曰虜中吾指索隱曰捫摸也中匈而捫足者蓋以矢初中痛悶不知所在故爾或云匈而捫足權以安士卒之心也漢王病

創卧張良彊請漢王起行勞軍以安士卒毋令楚乘勝於漢漢王出行軍正義行寒孟反病甚因馳入成皋索隱曰三輔故事曰楚漢相拒於京索閒六年身被大創十二矢石通中過者有四言漢王病創也病愈西入關至櫟陽存問父老置酒梟故塞王欣頭櫟陽市索隱曰梟懸首於木也欣自剄於汜水上今梟之於櫟陽者以舊都故梟以示之也留四日復如軍軍廣武關中兵益出當此時彭越將兵居梁地往來苦楚兵絕其糧食田橫往從之項羽數擊彭越等齊王信又進擊楚項羽恐乃與漢王約中分天下割鴻溝而西者為漢鴻溝而東者為楚索隱曰應劭云在滎陽東南二十里蓋引河東南入淮泗也張華云一渠東流經浚儀是

大二百八十七 小一百九十 高祖紀八 二十七

始皇所鑿引河灌大梁謂之鴻溝一渠東至陽武南為官渡水北征記云中牟臺下臨汴水是為官渡水也項王歸漢王父母妻子軍中皆呼萬歲乃歸而別去項羽解而東歸漢王欲引而西歸用留侯陳平計乃進兵追項羽至陽夏南止軍與齊王信建成侯彭越期會而擊楚軍至固陵不會楚擊漢軍大破之漢王復入壁深塹而守之用張良計於是韓信彭越皆往及劉賈入楚地圍壽春正義曰今壽州漢王敗固陵晉灼曰即固始乃使使者召大司馬周殷舉九江兵而迎之徐廣曰周殷以兵隨劉賈武王行屠城父正義曰父音甫今亳州縣隨何劉賈齊梁諸侯皆大會垓下徐廣

曰七月立武王布為淮南王

五年高祖與諸侯兵共擊楚軍與項羽決勝垓下淮陰侯將三十萬自當之孔將軍居左費將軍居右皇帝在後絳侯柴將軍在皇帝後項羽之卒可十萬淮陰先合不利卻孔將軍費將軍縱正義曰二人韓信將也縱兵擊項羽也以縱字為絕句孔將軍蓼侯孔熙費將軍費侯陳賀也楚兵不利淮陰侯復乘之正義曰復扶富反乘猶登也進也大敗垓下項羽卒聞漢軍之楚歌索隱曰應劭云今雞鳴歌也顏游秦云楚歌猶吳謳也按高祖令戚夫人楚舞自為楚歌是楚人之歌聲也以為漢盡得楚地項羽乃敗而走是以兵大敗使騎將灌嬰追殺項羽東城徐廣

大二百六十九 小一百三十 史高祖八 二十八

曰十二月斬首八萬遂略定楚地魯為楚堅守不下漢王引諸侯兵北示魯父老項羽頭魯乃降遂以魯公號葬項羽穀城還至定陶馳入齊王壁奪其軍正月諸侯及將相相與共請尊漢王為皇帝漢王曰吾聞帝賢者有也空言虛語非所守也吾不敢當帝位群臣皆曰大王起微細誅暴逆平定四海有功者輒裂地而封為王侯大王不尊號皆疑不信臣等以死守之漢王三讓不得已曰諸君必以為便便國家甲午徐廣曰月甲午乃即皇帝位氾水之陽蔡邕曰上古天子稱皇其次稱帝其次稱王秦承三王之末為漢驅

除白以德兼三皇五帝故并以爲號漢高祖受命功德宜之因而不改○正義曰汜音敷劒反括地志云高祖即位壇在曹州濟陰縣界張晏曰汜水在濟陰界取其汜愛弘大而潤下 皇帝曰義帝無後齊王韓信習楚風俗徙爲楚王都下邳正義曰音被悲反泗州下邳縣是楚王韓信之都 立建成侯彭越爲梁王都定陶正義曰曹州濟陰縣城是梁王彭越之都 故韓王信爲韓王都陽翟正義曰洛州陽翟縣是韓王信之都 徙衡山王吳芮爲長沙王都臨湘正義曰括地志云潭州長沙縣本漢臨湘縣長沙王吳芮都之芮墓在長沙縣北四里 番君之將梅鋗有功從入武關故德番君淮南王布燕王臧荼趙王敖皆如故天下大定高祖都雒陽諸侯皆臣屬故臨江王驩徐廣曰一作尉爲項羽叛漢令盧綰劉賈圍之

不下數月而降殺之雒陽五月兵皆罷歸家諸侯子在關中者復之十二歲其歸者復之六歲食之正義食音寺 一歲高祖置酒雒陽南宮正義曰括地志云南宮在雒州雒陽縣東北二十六里洛陽故城中輿地志云秦時已有南北宮 高祖曰列侯諸將無敢隱朕皆言其情吾所以有天下者何項氏之所以失天下者何高起王陵對曰孟康曰姓高名起瓚曰漢帝年紀高帝時有信平侯臣陵都武侯臣起魏相丙吉奏事高帝時奏事有將軍臣陵臣起 陛下慢而侮人項羽仁而愛人然陛下使人攻城略地所降下者因以予之與天下同利也項羽妬賢嫉能有功者害之賢者疑之戰勝而不予人功得

地而不予人利此所以失天下也高祖曰公知其一未知其二夫運籌策帷帳之中決勝於千里之外吾不如子房鎭國家撫百姓給餽饟不絕糧道吾不如蕭何連百萬之軍戰必勝攻必取吾不如韓信此三者皆人傑也吾能用之此吾所以取天下也項羽有一范增而不能用此其所以爲我擒也高祖欲長都雒陽齊人劉敬說及留侯勸上入都關中高祖是日駕入都關中六月大赦天下十月燕王臧荼反攻下代地高祖自將擊之得燕王臧荼即立太尉盧綰爲

燕王使丞相噲將兵攻代其秋利幾反正義曰幾音機姓名也項羽之將爲陳縣令降漢高帝欲諸侯利幾恐故反 高祖自將兵擊之利幾走利幾者項氏之將項氏敗利幾爲陳公不隨項羽亡降高祖高祖侯之潁川高祖至雒陽舉通侯籍召之如淳曰得在通侯之籍 而利幾恐故反

六年高祖五日一朝太公如家人父子禮太公家令說太公曰天無二日土無二王今高祖雖子人主也太公雖父人臣也奈何令人主拜人臣如此則威重不行後高祖朝太公擁篲李奇曰爲恭也如今卒持帚若也 迎門卻行高祖大驚下扶太公太公

曰帝人主也奈何以我亂天下法於是高祖乃尊太公為太上皇蔡邕曰不言帝非天子也。索隱曰按本紀秦始皇追尊莊襄王為太上皇已有故事矣蓋太上者無上也皇者德大於帝故尊其父號太上皇也心善家令言賜金五百斤索隱曰顏氏按荀悅云故雖天子必有尊也無父猶設三老況其存乎家令之言過矣晉劉寶云善其發悟己心因得尊從父號也十二月人有上變事告楚王信謀反上問左右左右爭欲擊之用陳平計乃僞遊雲夢韋昭曰在南郡華容縣會諸侯於陳楚王信迎即因執之是日大赦天下田肯賀索隱曰漢紀及漢書作宵劉顯云相傳作肯也因說高祖曰陛下得韓信又治秦中如淳曰時山東人謂關中為秦中秦形勝之國張晏曰秦地帶山河得形勢之勝便者。索隱曰韋昭云地形險固故能勝人

帶河山之險縣隔千里持戟百萬秦得百二焉應劭曰山河之險與諸侯相懸隔地絕千里所以能禽諸侯者得天下之利百二也李斐曰河山之險內地勢高順流而下易故天下於秦秦懸隔千里持戟百萬秦得百二焉蘇林曰得百中之二焉秦地險固二萬人足當諸侯百萬人也。索隱曰服虔云謂函谷關去長安千里為懸隔按丈以何山險固形勝其勢如隔千里虞喜云百二者得百之二言諸侯持戟百萬秦地險固百倍於天下故云得百二焉言倍之也蓋言秦兵當二百萬也齊得十二亦如之故為東西秦言勢相敵但立文相避故云十二言餘諸侯十萬齊地形號亦倍於他國當二十萬人地勢便利其以下兵於諸侯譬猶居高屋之上建瓴水也如淳曰瓴盛水瓶也居高屋之上而翻瓴水言其向下之勢易也建音蹇晉灼曰許慎曰瓴甕似瓶者夫齊東有琅邪即墨之饒南有泰山之固西有濁河之限晉灼曰齊西有平原河水東北過高唐高唐即平原也孟津號黃河故曰濁河北有勃海之

利索隱曰崔浩云勃旁跌也旁跌出者橫在濟北故齊都賦云海旁出為勃名曰勃海郡地方二千里持戟百萬縣隔千里之外索隱曰以言齊境闊不啻千里故云千里之外齊得十二焉應劭曰齊得十之二故齊愍王稱東帝後復歸之卒為秦所滅者利鈍之勢異也李斐曰齊有山河之限地方二千里是為天下懸隔也設有持戟百萬之衆齊得十中之二焉百萬十分之二亦二十萬也但文相避耳故言東西秦其勢亦敵也蘇林曰十二得十中之二二十萬人當百萬言齊雖固不如秦二萬乃當百萬故此東西秦也非親子弟莫可使王齊矣高祖曰善賜黃金五百斤後十餘日封韓信為淮陰侯分其地為二國高祖曰將軍劉賈數有功以為荊王索隱曰乃王吳地在淮東也姚察按虞喜云捴言吳別言荊者以山命國也今西南有荊山在陽羨界賈封吳地而號荊王指取此義太康地理志陽羨縣本名荊溪王淮東弟交為楚王王

淮西子肥為齊王王七十餘城民能齊言者皆屬齊漢書音義曰此言時民流移故使齊言者還齊也。正義曰按言齊之遠國次秦中故封子肥七十餘城近齊城邑能齊言者咸割屬齊親子故大其都也孟說恐非乃論功與諸列侯剖符行封徙韓王信太原索隱曰信初都陽翟也七年匈奴攻韓王信馬邑正義曰搜神記云昔秦人築城於武周塞以備胡城將成而崩者數矣有馬馳走周旋反覆父老異之因依以築城乃不崩遂名馬邑括地志云朔州城漢鴈門郡馬邑縣城也攻韓信於馬邑即此城信因與同謀反太原白土徐廣曰在上郡曼丘臣王黃立故趙將趙利為王以反高祖自往擊之會天寒士卒墮指者什二三遂至平城正義曰括地志云朔州定襄縣本漢平城縣縣東北三十里有白登山山上有臺名曰白登臺漢書匈奴傳云冒頓圍高帝於

白登七日即此也服虔云白登臺名去平城七里李穆叔趙記云平城東七里有土山高百餘尺方十餘里亦謂此也

匈奴圍我平城七日而後罷去令樊噲止定代地立兄劉仲為代王二月高祖自平城過趙雒陽至長安長樂宮成丞相已下徙治長安索隱曰漢儀注高祖六年更名咸陽曰長安三輔舊事渭城本咸陽地高帝為新城七年屬長安也

八年高祖東擊韓王信餘反寇於東垣地理志云東垣高帝更名曰真定蕭丞相營作未央宮正義曰括地志云未央宮在雍州長安縣西北十里長安故城中顏師古云未央殿雖南嚮而當上書奏事謁見之徒皆詣北闕公車司亦在北焉是則以北闕為正門而又有東門東闕至於西南兩面無門闕也蕭何初立未央宮以厭勝之術理宜然也按北闕為正者蓋象秦作前殿渡渭水屬之咸陽以象天極閣道絕漢抵營室立東闕北闕關中記曰東有蒼龍闕北有玄武闕玄武所謂

北闕。索隱曰東闕名蒼龍北闕名玄武無西南二闕者蓋蕭何以厭勝之法故不立說文云闕門觀也秦家舊宮皆在渭北而立東闕北闕蓋取其便前殿武庫太倉高祖還見宮闕壯甚怒謂蕭何曰天下匈匈苦戰數歲成敗未可知是何治宮室過度也蕭何曰天下方未定故可因遂就宮室且夫天子以四海為家非壯麗無以重威且無令後世有以加也高祖乃說高祖之東垣過柏人正義曰括地志云柏人故城在邢州柏人縣西北十二里漢柏人屬趙國趙相貫高等謀弒高祖高祖心動因不留代王劉仲棄國亡自歸雒陽廢以為合陽侯正義曰括地志云郃陽故城在同州河西縣三里魏文侯十七年攻秦至鄭而還築在郃水之陽也

九年趙相貫高等事發覺夷三族廢趙王敖為宣平侯是歲徙貴族楚昭屈景懷齊田氏關中

未央宮成高祖大朝諸侯羣臣置酒未央前殿高祖奉玉卮應劭曰鄉飲酒禮器也受四升起為太上皇壽曰始大人常以臣無賴晉灼曰許慎曰賴利也無利入於家也或曰江湖之間謂小兒多詐狡猾為無賴不能治產業不如仲力今某之業所就孰與仲多殿上羣臣皆呼萬歲大笑為樂

十年十月淮南王黥布梁王彭越燕王盧綰荊王劉賈楚王劉交齊王劉肥長沙王吳芮皆來朝長樂宮正義曰括地志云秦櫟陽故宮在雍州櫟陽縣北三十五里秦獻公所造三輔黃圖云高祖都

長安未有宮室居櫟陽宮也春夏無事七月太上皇崩櫟陽宮楚王梁王皆來送葬漢書云葬萬年赦櫟陽囚更命酈邑曰新豐正義作麗音力知反括地志云新豐故城在雍州新豐縣西南四里漢新豐宮也太上皇時悽愴不樂高祖切因左右問故荅以平生所好皆屠販少年酤酒賣雞蹴踘以此為歡今皆無此故不樂高祖乃作新豐徙諸故人實之太上皇乃悅按前于驪邑築城寺徙其民實之未改其名太上皇崩後命曰新豐八月趙相國陳豨鄧展曰東海人名豨曰豨反代地上曰豨嘗為吾使甚有信代地吾所急也故封豨為列侯徐廣曰豨以攻定臧荼有功封陽夏侯以相國守代今乃與王黃等劫掠代地代地吏民非有罪也其赦代吏民九月上自東往擊之至邯鄲上喜曰豨不南據邯鄲而阻漳水吾

知其無能爲也聞豨將皆故賈人也上曰吾知所以與之乃多以金啗豨將豨將多降者十一年高祖在邯鄲誅豨等未畢豨將侯敞將萬餘人游行王黃軍曲逆文穎曰今中山蒲陰是張春渡河正義曰陳豨將也又劉伯莊云彼時聊城在黃河之東王莽時乾今濁河西北也今在博州西北深丘道里記云王莽元城人居近河側祖父墳墓爲水所衝引河入深川此王莽河因枯也擊聊城徐廣曰在平原○正義曰括地志云故聊城在博州聊城縣西二十里春秋時齊之西界聊攝也戰國時亦爲齊地秦漢皆爲東郡之聊城也漢使將軍郭蒙與齊將擊大破之太尉周勃漢書百官表曰太尉秦官應劭曰自上安下曰尉武官悉以爲稱道太原入韋昭曰道猶從定代地至馬邑馬邑不下即攻殘之豨將趙利守東垣高祖攻之不下月餘卒罵高祖高祖怒城降令出罵者斬之不罵者原之於是乃分趙山北立子恒以爲代王都晉陽如淳曰文紀言都中都又文帝過太原復晉陽中都二歲似遷都於中都也春淮陰侯韓信謀反關中夷三族夏梁王彭越謀反廢遷蜀復欲反遂夷三族立子恢爲梁王子友爲淮陽王秋七月淮南王黥布反東并荆王劉賈地北渡淮楚王交走入薛高祖自往擊之立子長爲淮南王

十二年十月高祖已擊布軍會甀徐廣曰在蘄縣西駰案漢書音義曰會音儈保邑名甀音直僞反○索隱曰漢書甀作缶音保非也布走令別將追之高

祖還歸過沛留置酒沛宮正義曰括地志云沛宮故地在徐州沛縣東南二十里步悉召故人父老子弟縱酒發沛中兒得百二十人教之歌酒酣應劭曰不醒不醉曰酣一曰酣洽也高祖擊筑韋昭曰筑古樂有弦擊之不鼓○正義曰音竹應劭云狀似瑟而大頭安弦以竹擊之故名曰筑顏師古云今筑形似瑟而小細項自爲歌詩曰大風起兮雲飛揚威加海內兮歸故鄉安得猛士兮守四方令兒皆和習之高祖乃起舞慷慨傷懷泣數行下謂沛父兄曰游子悲故鄉吾雖都關中萬歲後吾魂魄猶樂思沛且朕自沛公以誅暴逆遂有天下其以沛風俗通義曰漢書註沛人語初發聲皆言其者楚言也高祖始登帝位教令言其後以爲常耳爲朕湯沐邑復其民世世無有所與沛父兄諸母故人日樂飲極驩道舊故爲笑樂十餘日高祖欲去沛父兄固請留高祖高祖曰吾人衆多父兄不能給乃去沛中空縣皆之邑西獻如淳曰獻牛酒高祖復留止張張晏曰張帷帳。正義音張亮反飲三日沛父兄皆頓首曰沛幸得復豐未復唯陛下哀憐之高祖曰豐吾所生長極不忘耳吾特爲其以雍齒故反我爲魏沛父兄固請乃并復豐比沛於是拜沛侯劉濞服虔曰濞音帔爲吳王漢將別擊布軍洮水南北徐廣曰洮音道在江淮間皆大破之追得斬布鄱陽樊噲別將兵定代斬陳豨當城索隱曰代之縣名。正義曰括地志云當城在朔州定襄縣界土地十三州記云當城在高柳東八十里縣當常山故曰當城十一月高祖自布軍至長安十二月高祖曰秦始皇帝楚隱王索隱曰世家作幽王名悍負芻之兄陳涉魏安釐王索隱曰史闕名昭王之子王假之祖齊湣王索隱曰名地宣王子王建祖趙悼襄王索隱曰名偃孝成王冊之子幽王遷之父皆絕無後予守冢各十家秦皇帝二十家魏公子無忌五家赦代地吏民爲陳豨趙利所劫掠者皆赦之陳豨降將言豨反時燕王盧綰使人之豨所與陰謀上使辟陽侯迎綰正義曰審食其也括地志云辟陽故城在冀州信都縣西三十五里漢舊縣綰稱病辟陽侯歸具言綰反有端矣二月使樊噲周

勃將兵擊燕王綰赦燕吏民與反者立皇子建爲燕王高祖擊布時爲流矢所中行道病病甚呂后迎良醫醫入見高祖問醫醫曰病可治於是高祖嫚罵之曰吾以布衣持三尺劍取天下此非天命乎命乃在天雖扁鵲何益遂不使治病賜金五十斤罷之已而呂后問陛下百歲後蕭相國即死令誰代之上曰曹參可問其次上曰王陵可然陵少戇陳平可以助之陳平智有餘然難以獨任周勃重厚少文然安劉氏者必勃也可令爲太尉呂后復問其次上曰此後亦

非而所知也盧綰與數千騎居塞下候伺幸上病愈自入謝四月甲辰高祖崩長樂宮皇甫謐曰高祖以秦昭王五十一年生至漢十二年年六十三四日不發喪呂后與審食其謀曰諸將與帝爲編戶民今北面爲臣此常怏怏今乃事少主非盡族是天下不安人或聞之語酈將軍漢書曰酈商酈將軍往見審食其曰吾聞帝已崩四日不發喪欲誅諸將誠如此天下危矣陳平灌嬰將十萬守滎陽樊噲周勃將二十萬定燕代此聞帝崩諸將皆誅必連兵還鄉以攻關中大臣內叛諸侯外反亡可翹足而待也審

食其入言之乃以丁未發喪大赦天下盧綰聞高祖崩遂亡入匈奴丙寅葬徐廣曰五月己巳立太子正義曰丙寅葬後四日至己巳即立太子爲帝有本脫巳字者妄引漢書云巳下者非至太上皇廟正義曰三輔黃圖云太上皇廟在長安城香室南馮翊府北括地志云漢太上皇廟在雍州長安縣西北長安故城中酒池之北高帝廟北高帝廟亦在故城中也羣臣皆曰高祖起微細撥亂世反之正平定天下爲漢太祖功最高上尊號爲高皇帝太子襲號爲皇帝孝惠帝也令郡國諸侯各立高祖廟以歲時祠及孝惠五年思高祖之悲樂沛以沛宮爲高祖原廟徐廣曰光武紀曰上幸豐祠高祖於原廟駰案謂原者再也先既已立廟今又再立故謂之原廟高祖所教歌兒百二十人

皆今為吹樂後有缺輒補之高帝八男長庶齊悼惠王肥次孝惠呂后子次戚夫人子趙隱王如意次代王恒已立為孝文帝薄太后子次梁王恢呂太后時徙為趙共王次淮陽王友呂太后時徙為趙幽王次淮南厲王長次燕王建

太史公曰夏之政忠忠之敝小人以野鄭玄曰忠質厚也野少禮節也故殷人承之以敬敬之敝小人以鬼鄭玄曰多威儀如事鬼神故周人承之以文文之敝小人以僿徐廣曰一作薄駰案史記音隱曰僿音西志反鄭玄曰文尊卑之差也薄苟習文法無悃誠也○索隱曰鄭音先代反鄒本作薄音扶各反本一作僿而徐廣云一作薄是本亦不同也然此語本出禮表記作其民之敝利而巧文而不慙賊而蔽也裴又引音隱云僿音先志者蔽僿聲相近故以蔽為僿耳故救僿莫若以忠鄭玄曰復反始三王之道若循環終而復始周秦之閒可謂文敝矣秦政不改反酷刑法豈不繆乎故漢興承敝易變使人不倦得天統矣朝以十月車服黃屋左纛葬長陵皇甫謐曰長陵山東西廣百二十步高十三丈在渭水北去長安城三十五里○正義曰括地志云長陵在雍州咸陽縣東三十里

索隱述贊曰

高祖初起　始自徒中　言從泗上
即號沛公　嘯命豪傑　奮發材雄
彤雲鬱碭　素靈告豐　龍變星聚
蛇分徑空　項氏主命　負約棄功
王我巴蜀　實憤于衷　三秦既北
五兵遂東　汜水即位　咸陽築宮
威加四海　還歌大風

高祖本紀第八　史記八

呂后本紀第九　　史記九

索隱曰呂太后本以女主臨朝自孝惠崩後立少帝而始稱制正合附惠紀而論之不然或別為呂后本紀豈得全沒孝惠而獨稱呂后本紀合依班氏分為二紀焉

呂太后者 徐廣曰呂后父呂公漢元年為臨泗侯四年卒高后元年追謚曰呂宣王 高祖微時妃也 漢書音義曰諱雉。索隱曰字娥姁也 生孝惠帝 漢書音義曰諱盈 女魯元太后及高祖為漢王得定陶戚姬 如淳曰姬音怡衆妾之總稱也漢官曰姬妾數百蘇林曰清河國有妃里而題門作姬瓚曰漢秩祿令及茂陵書姬內官也秩比二千石位次倢伃下在七子八子之上。索隱曰如淳音怡非也茂陵書云姬是內官是矣然官號及婦人通稱姬者姬周之姓所以左傳稱伯姬叔姬以言天子之宗女貴於他姓故遂以姬為婦人美號故詩曰雖有姬姜不弃顦悴是也 愛幸生趙隱王如意孝惠為人仁弱高祖以為不類我常欲廢太子立戚姬子如意如意類我戚姬幸常從上之關東日夜啼泣欲立其子代太子呂后年長常留守希見上益疏如意立為趙王後幾代太子者數矣 索隱曰幾音其紀反又音祈 賴大臣爭之及留侯策 索隱曰謂張良叔孫通等令太子卑詞安車以迎四皓也 太子得毋廢

呂后為人剛毅佐高祖定天下所誅大臣多呂后力呂后兄二人皆為將長兄周呂侯 徐廣曰名澤高祖八年卒謚令武侯追謚曰悼武王 死事封其子呂台為酈侯 徐廣曰酈一作鄜。索隱曰鄜鄜台並音怡蘇林音胎 子產為交侯 徐廣曰台弟也 次兄呂釋之為建成侯 徐廣曰惠帝二年卒謚康王 高祖十二年四月甲辰崩長樂宮太子襲號為帝是時高祖八子長男肥孝惠兄也異母 索隱曰母曰曹姬 肥為齊王餘皆孝惠弟戚姬子如意為趙王薄夫人子恒為代王諸姬子子恢為梁王子友為淮陽王子長為淮南王子建為燕王高祖弟交為楚王兄子濞為吳王非劉氏功臣番君吳芮子臣為長沙王

呂后最怨戚夫人及其子趙王迺令永巷 如淳曰列女傳曰周宣姜后脫簪珥待罪永巷後改為掖庭。索隱曰永巷別宮名有長巷故名之也韋昭云以為在掖門內故謂之掖庭也 囚戚夫人而召趙王使者三反趙相建平侯周昌謂使者曰高帝屬臣趙王趙王年少竊聞太后怨戚夫人欲召趙王并誅之臣不敢遣王王且亦病不能奉詔呂后大怒迺使人召趙相趙相徵至長安迺使人復召趙王王來未到孝惠帝慈仁知太后怒自迎趙王霸上與入宮自挾與趙王起居飲食太后欲殺之不得閒孝惠元年十二月帝晨出射趙王少不能蚤起太后聞其獨居使人持酖飲之 應劭曰酖鳥食蝮以其羽畫酒中飲之立死 犂明孝惠還 徐廣曰犂猶比也諸言犂明者將明之時 趙王已死於是迺徙淮陽王友為趙王夏詔賜酈侯父追謚為令武侯 索隱曰令音鈴 太后遂斷戚夫人手足去眼煇耳飲瘖藥

使居廁中命曰人彘居數日迺召孝惠帝觀人彘孝惠見問迺知其戚夫人迺大哭因病歲餘不能起使人請太后曰此非人所為臣為太后子終不能治天下孝惠以此日飲為淫樂不聽政故有病也二年楚元王齊悼惠王皆來朝十月孝惠與齊王燕飲太后前孝惠以為齊王兄置上坐如家人之禮太后怒迺令酌兩卮酖置前令齊王起為壽齊王起孝惠亦起取卮欲俱為壽太后迺恐自起泛孝惠卮 索隱曰泛音捧泛也 齊王怪之因不敢飲詳醉去問知其酖齊王恐自以為不得脫長安憂齊內史士 徐廣曰一作出 說王曰太后獨有孝惠與魯元公主 如淳曰公羊傳曰天子嫁女於諸侯必使諸侯同姓者主之故謂之公主百官表列侯所食曰國皇后公主所食曰邑諸侯王女曰公主蘇林曰公五等尊爵也春秋聽臣子以稱君父婦人稱主有主孟啗我之比故云公主瓚曰天子之女雖食湯沐之邑不君其民○索隱曰啗音徒濫反按主是謂里克妻即優施之語事見國語孟者且也言且啗我物我教汝婦事夫之道此即婦人稱主之意耳比音必二反 今王有七十餘城而公主迺食數城王誠以一郡上太后為公主湯沐邑太后必喜王必無憂於是齊王迺上城陽之郡尊公主為王太后 如淳曰張敖子偃為魯王故公主得為太后 呂后喜許之迺置酒齊邸 正義曰漢法諸侯各起邸第於京師也 樂飲罷歸齊王三年方築長安城四年就

半五年六年城就 索隱曰漢宮闕疏四年築東面五年築北面漢舊儀城方六十三里經緯各十二里三輔舊事云城形似北斗也 諸侯來會十月朝賀七年秋八月戊寅孝惠帝崩 皇甫謐曰帝以秦始皇三十七年生崩時年二十三 發喪太后哭泣不下留侯子張辟彊為侍中 應劭曰入侍天子故曰侍中 年十五謂丞相曰太后獨有孝惠今崩哭不悲君知其解乎 正義曰解紀賣反言哭解惰有所思也又音戶賣反解節解也又紀買反謂解說也 丞相曰何解辟彊曰帝毋壯子 正義曰毋音無 太后畏君等君今請拜呂台呂產呂祿為將將兵居南北軍及諸呂皆入宮居中用事如此則太后心安君等幸得脫禍矣丞相迺如辟彊計太后說其哭迺哀呂氏權由此起迺大赦天下九月辛丑葬 漢書云葬安陵皇覽曰山高三十二丈廣袤百二十步居地六十畝皇甫謐曰去長陵十里去長安北三十五里 太子即位為帝謁高廟元年號令一出太后太后稱制議欲立諸呂為王問右丞相王陵王陵曰高帝刑白馬盟曰非劉氏而王天下共擊之今王呂氏非約也太后不說問左丞相陳平絳侯周勃勃等對曰高帝定天下王子弟今太后稱制王昆弟諸呂無所不可太后喜罷朝王陵讓陳平絳侯曰始與高帝啑血盟 索隱曰啑鄒音使接反又云或作喢又音丁牒反 諸君不在邪今高帝崩太后女主

欲王呂氏諸君縱欲阿意背約何面目見高帝地下陳平絳侯曰於今面折廷爭臣不如君夫全社稷定劉氏之後君亦不如臣王陵無以應之十一月太后欲廢王陵乃拜爲帝太傅應劭曰古官傅者覆也瓚曰大戴禮曰傅之德義奪之相權王陵遂病免歸迺以左丞相平爲右丞相以辟陽侯審食其爲左丞相索隱曰韋昭云辟陽信都之縣名左丞相不治事令監宮中如郎中令食其故得幸太后常用事公卿皆因而決事迺追尊酈侯父爲悼武王欲以王諸呂爲漸四月太后欲侯諸呂迺先封高祖之功臣郎中

令無擇徐廣曰姓馮爲博城侯正義曰括地志云兗州博城本漢博城縣城魯元公主薨賜謚爲魯元太后子偃爲魯王魯王父宣平侯張敖也封齊悼惠王子章爲朱虛侯索隱曰虛音墟琅邪縣也。正義曰括地志云朱虛故城在青州臨朐縣東六十里漢朱虛也十三州志云丹朱遊故虛故云朱虛也虛猶丘也朱猶丹也以呂祿女妻之齊丞相壽爲平定侯徐廣曰姓齊少府延爲梧侯徐廣曰姓陽成也延以軍匠起作宮築城也乃封呂種爲沛侯徐廣曰釋之子也。正義曰括地志云徐州沛縣古城也呂平爲扶柳侯徐廣曰呂后姊子也母字長姁。正義曰括地志云扶柳故城在冀州信都縣西三十里漢扶柳縣也有澤澤中多柳故曰扶柳張買爲南宮侯徐廣曰其父越人爲高祖騎將太后欲王呂氏先立孝惠後宮子彊爲淮陽王韋昭

曰今陳留郡子不疑爲常山王正義曰括地志云常山故城在恒州眞定縣南八里本漢東垣邑也子山爲襄成侯索隱曰按下文更名義又改名弘漢書襄成侯唯云名弘蓋史省文耳按志襄城屬潁川子朝爲軹侯索隱曰韋昭云河內有軹縣音紙。正義曰括地志云故軹城在懷州終原縣東南十三里七國時魏邑子武爲壺關侯太后風大臣大臣請立酈侯呂台爲呂王正義曰初呂台爲呂王後呂產王梁更名梁曰呂太后許之建成康侯釋之卒嗣子有罪廢立其弟呂祿徐廣曰釋之少子爲胡陵侯正義曰縣名屬山陽章帝改曰胡陸續康侯後二年常山王薨以其弟襄成侯山爲常山王更名義十一月呂王台薨謚爲肅王太子嘉代立爲王三年無事漢書云秋星晝見四年封呂嬃爲

臨光侯呂他爲俞侯索隱曰他音陁俞音輸。正義曰括地志云故鄃城在德州平原縣西南三十里本漢鄃縣呂他邑也呂更始爲贅其侯徐廣曰表云呂后弟子淮陽丞相呂勝爲贅其侯。索隱曰按表贅其在臨淮呂忿爲呂成侯正義曰括地志云故呂城在鄧州南陽縣西三十里呂尚先祖封及諸侯丞相五人徐廣曰中邑侯朱通山都侯王恬開松茲侯徐厲滕侯呂更始醴陵侯越宣平侯女爲孝惠皇后時無子詳爲有身取美人子名之正義曰劉伯莊云諸美人元幸呂氏懷身而入宮生子殺其母立所名子爲太子孝惠崩太子立爲帝帝壯或聞其母死非眞皇后子迺出言曰后安能殺吾母而名我我未壯壯即爲變太后聞而患之恐其爲亂迺幽之永巷中言帝病甚左

右莫得見太后曰凡有天下治爲萬民命（徐廣曰一無此字）者蓋之如天容之如地上有懽心以安百姓百姓欣然以事其上懽欣交通而天下治今皇帝病久不已廼失惑惛亂不能繼嗣奉宗廟祭祀不可屬天下其代之羣臣皆頓首言皇太后爲天下齊民計所以安宗廟社稷甚深羣臣頓首奉詔帝廢位太后幽殺之五月丙辰立常山王義爲帝更名曰弘不稱元年者以太后稱天下事也以軹侯朝爲常山王置太尉官絳侯勃爲太尉五年八月淮陽王薨以弟壺關侯武爲淮陽王六年十月太后曰呂王嘉居處驕恣廢之以肅王台弟呂產爲呂王夏赦天下封齊悼惠王子興居爲東牟侯（索隱曰韋昭云東萊縣）七年正月太后召趙王友友以諸呂女爲后弗愛愛他姬諸呂女妒怒去讒之於太后誣以罪過曰呂氏安得王太后百歲後吾必擊之太后怒以故召趙王趙王至置邸不見令衛圍守之弗與食其羣臣或竊饋輒捕論之趙王餓乃歌曰諸呂用事兮劉氏危迫脅王侯兮彊授我妃我妃既妒兮誣我以惡讒女亂國兮上曾不寤我無忠臣

兮何故棄國自決中野兮蒼天舉直（徐廣曰舉一作與）于嗟不可悔兮寧蚤自財爲王而餓死兮誰者憐之呂氏絕理兮託天報仇丁丑趙王幽死以民禮葬之長安民冢次己丑日食晝晦太后惡之心不樂乃謂左右曰此爲我也二月徙梁王恢爲趙王呂王產徙爲梁王梁王不之國爲帝太傅立皇子平昌侯太爲呂王更名梁曰呂呂曰濟川太后女弟呂嬃（索隱曰韋昭云樊噲妻封林光侯）有女爲營陵侯劉澤妻澤爲大將軍太后王諸呂恐即崩後劉將軍爲害廼以劉澤爲琅邪王以慰其心梁王恢之徙王趙心懷不樂太后以呂產女爲趙王后王后從官皆諸呂擅權微伺趙王趙王不得自恣王有所愛姬王后使人酖殺之王乃爲歌詩四章令樂人歌之王悲六月即自殺太后聞之以爲王用婦人棄宗廟禮廢其嗣宣平侯張敖卒以子偃爲魯王敖賜謚爲魯元王秋太后使使告代王欲徙王趙代王謝願守代邊太傅產丞相平等言武信侯呂祿（徐廣曰呂后兄子也前封胡陵侯蓋號曰武信）上侯位次第一（如淳曰功大者位在上功臣侯表有第一第二之次也）請立爲趙王太后許之追尊祿父康侯爲趙昭王九月

燕靈王建薨有美人子太后使人殺之無後國除八年十月立呂肅王子東平侯呂通爲燕王封通弟呂莊爲東平侯三月中呂后祓還正義曰祓芳弗反又音廢後同過軹道見物如蒼犬據徐廣曰音戟高后掖忽弗復見卜之云趙王如意爲祟高后遂病掖傷高后爲外孫魯元王偃年少蚤失父母孤弱迺封張敖前姬兩子侈爲新都侯壽爲樂昌侯徐廣曰今細陽之池陽鄉以輔魯元王偃及封中大謁者張釋爲建陵侯徐廣曰一云張釋卿駰案如淳曰百官表謁者掌賓贊受事灌嬰爲中謁者後常以奄人爲之諸官加中者多奄人也呂榮爲祝兹侯徐廣曰呂后昆弟子諸中宦者令丞皆

爲關內侯食邑五百戶如淳曰列侯出關就國關內侯但爵其身有加異者與關內之邑食其租稅也風俗通義曰秦時六國未平將帥皆家關中稱關內侯七月中高后病甚迺令趙王呂祿爲上將軍軍北軍呂王產居南軍呂太后誡產祿曰高帝已定天下與大臣約曰非劉氏王者天下共擊之今呂氏王大臣弗平我即崩帝年少大臣恐爲變必據兵衛宮愼毋送喪毋爲人所制辛巳高后崩遺詔賜諸侯王各千金蔡邕曰皇子封爲王者其實古諸侯也加號稱王故謂之諸侯王王子封爲侯者謂之諸侯將相列侯郎吏皆以秩賜金大赦天下以呂王產爲相國以呂祿女爲帝后高后已葬皇甫謐曰

合葬長陵皇覽曰高帝呂后山各一所也以左丞相審食其爲帝太傅朱虛侯劉章有氣力東牟侯興居其弟也皆齊哀王弟居長安當是時諸呂用事擅權欲爲亂畏高帝故大臣絳灌等未敢發朱虛侯婦呂祿女陰知其謀恐見誅迺陰令人告其兄齊王欲令發兵西誅諸呂而立朱虛侯欲從中與大臣爲應齊王欲發兵其相弗聽八月丙午齊王欲使人誅相相召平迺反舉兵欲圍王王因殺其相遂發兵東詐奪琅邪王兵并將之而西語在齊王語中齊王迺遺諸侯王書曰高帝平定天下

王諸子弟悼惠王王齊悼惠王薨孝惠帝使留侯良立臣爲齊王孝惠崩高后用事春秋高聽諸呂擅廢帝更立又比殺三趙王索隱曰比音如字比猶頻也趙隱王如意趙幽王友趙王恢是三趙王也滅梁趙燕以王諸呂分齊爲四忠臣進諫上惑亂弗聽今高后崩而帝春秋富未能治天下固恃大臣諸侯而諸呂又擅自尊官聚兵嚴威劫列侯忠臣矯制以令天下宗廟所以危寡人率兵入誅不當爲王者漢閒之相國呂產等迺遣潁陰侯灌嬰將兵擊之灌嬰至滎陽迺謀曰諸呂權兵關中欲危劉氏而自立

今我破齊還報此益呂氏之資也迺留屯滎陽使使諭齊王及諸侯與連和以待呂氏變共誅之齊王聞之迺還兵西界待約呂祿呂產欲發亂關中內憚絳侯朱虛等外畏齊楚兵又恐灌嬰畔之欲待灌嬰兵與齊合而發猶豫未決索隱曰猶鄒音以獸反與音預又作豫崔浩云猶猿類也卬鼻長尾性多疑又說文云猶獸名多疑故比之也按狐性亦多疑度水而聽水聲故云狐疑也今解者又引老子與猶兮冬涉川猶兮若畏四鄰故以為猶與且按狐聽水而此云猶兮冬涉川則猶與是狐類不疑若畏四鄰則猶定是獸自不㴱同類故云畏四鄰也當是時濟川王太淮陽王武常山王朝名為少帝弟及魯元王呂后外孫皆年少未之國居長安趙王祿梁王產各將兵居南北軍皆呂氏之人列侯羣臣莫自堅其命太尉絳侯勃不得入軍中主兵曲周侯酈商老病其子寄與呂祿善絳侯迺與丞相陳平謀使人劫酈商令其子寄往紿說呂祿曰高帝與呂后共定天下劉氏所立九王索隱曰吳楚齊淮南琅邪代常山王朝淮陽王武濟川王太是九王也呂氏立三王索隱曰梁王產趙王祿趙王通也皆大臣之議事已布告諸侯諸侯皆以為宜今太后崩帝少而足下佩趙王印不急之國守藩迺為上將將兵留此為大臣諸侯所疑足下何不歸將印以兵屬太尉請梁王歸相國印與大

臣盟而之國齊兵必罷大臣得安足下高枕而王千里此萬世之利也呂祿信然其計欲歸將印以兵屬太尉使人報呂產及諸呂老人或以為便或曰不便計猶豫未有所決呂祿信酈寄時與出游獵過其姑呂嬃嬃大怒曰若為將而弃軍呂氏今無處矣索隱曰顏師古以為言見誅滅無處所也迺悉出珠玉寶器散堂下曰毋為他人守也左丞相食其免八月庚申旦平陽侯窋行御史大夫事見相國產計事郎中令賈壽使從齊來因數產曰王不蚤之國今雖欲行尚可得邪具以灌嬰與齊楚合從欲誅諸呂告產迺趣產急入宮平陽侯頗聞其語迺馳告丞相太尉太尉欲入北軍不得入襄平侯通徐廣曰姓紀尚符節張晏曰紀信子也尚主也今符節令○索隱曰張晏云紀信子又晉灼云信被焚死不見有後按功臣表襄平侯紀通父成以將軍定三秦死事子侯則通非信子張說謬誤迺令持節矯內太尉北軍太尉復令酈寄與典客劉揭漢書百官表曰典客秦官也掌諸侯歸義蠻夷先說呂祿曰帝使太尉守北軍欲足下之國急歸將印辭去不然禍且起呂祿以為酈兄徐廣曰音況字也名寄不欺己遂解印屬典客而以兵授太尉太尉將之入軍門行令軍中曰為呂氏右襢為劉氏左襢軍中皆

左襢爲劉氏太尉行至將軍呂祿亦已解上將印去太尉遂將北軍然尚有南軍平陽侯聞之以呂產謀告丞相平丞相平迺召朱虛侯佐太尉太尉令朱虛侯監軍門令平陽侯告衛尉毋入相國產殿門呂產不知呂祿已去北軍迺入未央宮欲爲亂殿門弗得入裴回往來平陽侯恐弗勝馳語太尉太尉尚恐不勝諸呂未敢訟言誅之徐廣曰訟一作公駰案韋昭曰訟猶公也○索隱曰韋昭以訟爲公徐廣亦云然蓋公爲得之公言猶明言也又解者云訟誦說也迺遣朱虛侯謂曰急入宮衛帝朱虛侯請卒太尉予卒千餘人入未央宮門遂見產廷中日餔時遂擊產產走天風大起以故其從官亂莫敢鬬逐產殺之郎中府吏廁中如淳曰百官表郎中令掌宮殿門戶故其府在宮中後轉爲光祿勳也朱虛侯已殺產帝命謁者持節勞朱虛侯朱虛侯欲奪節信謁者不肯朱虛侯則從與載因節信馳走斬長樂衛尉呂更始還馳入北軍報太尉太尉起拜賀朱虛侯曰所患獨呂產今已誅天下定矣遂遣人分部悉捕諸呂男女無少長皆斬之辛酉捕斬呂祿而笞殺呂嬃使人誅燕王呂通而廢魯王偃壬戌以帝太傅食其復爲左丞相戊辰徙濟川王

王梁立趙幽王子遂爲趙王遣朱虛侯章以誅諸呂氏事告齊王令罷兵灌嬰兵亦罷滎陽而歸諸大臣相與陰謀曰少帝及梁淮陽常山王皆非真孝惠子也呂后以計詐名他人子殺其母養後宮令孝惠子之立以爲後及諸王以彊呂氏今皆已夷滅諸呂而置所立即長用事吾屬無類矣不如視諸王最賢者立之或言齊悼惠王高帝長子今其適子爲齊王推本言之高帝適長孫可立也大臣皆曰呂氏以外家惡而幾危宗廟亂功臣今齊王母家駟駟鈞惡人也即立齊王則復爲呂氏欲立淮南王以爲少母家又惡迺曰代王方今高帝見子最長仁孝寬厚太后家薄氏謹良且立長故順以仁孝聞於天下便迺相與共陰使人召代王代王使人辭謝再反然後乘六乘傳張晏曰備漢朝有變欲馳還也或曰傳車六乘後九月晦日文穎曰即閏九月也時律曆廢不知閏謂之後九月也以十月爲歲首至九月則歲終後九月則閏月己酉至長安舍代邸大臣皆往謁奉天子璽上代王共尊立爲天子代王數讓群臣固請然後聽東牟侯興居曰誅呂氏吾無功請得除宮迺與太僕汝陰侯滕公入宮前謂少帝曰足下非

劉氏不當立乃顧麾左右執戟者掊兵罷去徐廣曰掊音仆有數人不肯去兵宦者令張澤諭告亦去兵滕公迺召乘輿車載少帝出蔡邕曰律曰敢盜乘輿服御物天子至尊不敢渫瀆言之故託於乘輿也乘猶載也輿猶車也天子以天下爲家不以京師宮室爲常處則當乘車輿以行天下故羣臣託乘輿以言之也故或謂之車駕少帝曰欲將我安之乎滕公曰出就舍舍少府迺奉天子法駕蔡邕曰天子有大駕小駕法駕法駕上乘金根車駕六馬有五時副車駕四馬侍中參乘屬車三十六乘迎代王於邸報曰宮謹除代王即夕入未央宮有謁者十人持戟衛端門曰天子在也足下何爲者而入代王迺謂太尉太尉往諭謁者十人皆掊兵而去代王遂入而聽政夜有司分部誅滅梁淮陽常山王及少帝於邸代王立爲天子二十三年崩謚爲孝文皇帝

太史公曰孝惠皇帝高后之時黎民得離戰國之苦君臣俱欲休息乎無爲故惠帝垂拱高后女主稱制政不出房戶天下晏然刑罰罕用罪人是希民務稼穡衣食滋殖

索隱述贊曰　高祖猶微　呂氏作妃　及正軒掖　尚私食其　志懷安忍　性挾猜疑　置鴆齊悼　殘彘戚姬　孝惠崩殞　其哭不悲　諸呂用事　天下示私　大臣葅醢　支孽芟夷　禍盈斯驗　蒼狗爲菑

史肆阡伍伯畢捌字

注貳阡壹伯伍拾肆字

呂后本紀第九　史記九

孝文本紀第十

史記十

孝文皇帝漢書音義曰諱恒高祖中子也高祖十一年春已破陳豨軍定代地立爲代王都中都正義曰括地志云中都故城在汾州平遥縣西南十二里秦屬太原郡也太后薄氏子即位十七年高后八年七月高后崩九月諸呂呂產等欲爲亂以危劉氏大臣共誅之謀召立代王事在呂后語中丞相陳平太尉周勃等使人迎代王代王問左右郎中令張武等張武等議曰漢大臣皆故高帝時大將習兵多謀詐此其屬意非止此也特畏高帝呂太后威耳今已誅諸呂新啑

血京師公羊傳曰京大師衆也天子之居必以衆大之辭言也○索隱曰漢書啑作喋音跕丁牒反漢書陳湯杜業皆言喋血無盟歃事廣雅云喋履也謂履涉之此以迎大王爲名實不可信願大王稱疾毋往以觀其變中尉宋昌進曰索隱曰東觀漢記宋揚傳宋義後有宋昌又會稽典録昌宋義孫也羣臣之議皆非也夫秦失其政諸侯豪桀並起人人自以爲得之者以萬數然卒踐天子之位者劉氏也天下絕望一矣高帝封王子弟地犬牙相制索隱曰言封子弟境土交接若犬之牙不正相當而相銜入也此所謂盤石之宗也索隱曰言其固如盤石此語見太公六韜天下服其彊二矣漢興除秦苛政約法令施德惠人人自安難動搖三矣夫以呂太后之

嚴立諸呂爲三王擅權專制然而太尉以一節入北軍索隱曰即紀通所矯帝之節一呼士皆左袒爲劉氏叛諸呂卒以滅之此乃天授非人力也今大臣雖欲爲變百姓弗爲使其黨寧能專一邪方今内有朱虛東牟之親外畏吳楚淮南琅邪齊代之彊方今高帝子獨淮南王與大王大王又長賢聖仁孝聞於天下故大臣因天下之心而欲迎立大王大王勿疑也代王報太后計之猶與未定卜之龜卦兆得大橫應劭曰以荆灼龜文正横占曰大橫庚庚余爲天王夏啓以光服虔曰庚橫貌也李奇曰庚其繇文也張晏曰橫行無思

不服庚更也言去諸侯而即帝位也先是五帝官天下老則禪賢王啓始傳父爵乃能光治先君之基業文帝亦襲父迹言似夏啓者也○索隱曰荀悅云大横龜兆横理也按庚猶更言以諸侯更帝位也繇抽也所以抽出吉凶之情也杜預云繇兆辭也音胄漢書蓋寬饒云五帝官天下三王家天下官以傳賢人家以傳子孫官猶公也謂不私也代王曰寡人固已爲王矣又何王卜人曰所謂天王者乃天子於是代王乃遣太后弟薄昭往見絳侯絳侯等具爲昭言所以迎立王意薄昭還報曰信矣毋可疑者代王乃笑謂宋昌曰果如公言乃命宋昌參乘張武等六人乘傳詣長安至高陵休止正義曰括地志云高陵故城在雍州高陵縣西南一里本名横橋架渭水上三輔舊事云秦於渭南有興宮渭北有咸陽宮秦昭王欲通二宮之間造横長橋三百八十步橋北京石水中舊有留神象此神曾與魯班

語班令其出留曰我負醜鄉善圖物容不出班於是拱手與語曰出頭見我留乃出首班以腳畫地忖留覺之便没水故
置其象於水上唯有胷以上魏太祖馬見而驚命移下之而使宋昌先馳之長安
觀變昌至渭橋蘇林曰在長安北三里。索隱曰三輔故事咸陽宮在渭北興樂宮在渭南秦
昭王通兩宮之間作渭橋長三百八十步又關中記云石柱以北屬扶風石柱以南屬京兆也丞相以下
皆迎宋昌還報代王馳至渭橋羣臣拜謁稱臣
代王下車拜太尉勃進曰願請間言索隱曰包愷音閑言欲向
空閒處語顏師古云間容也猶言中間請容暇之頃當有所陳不欲即公論也宋昌曰所言公
公言之所言私王者不受私太尉乃跪上天子
璽符代王謝曰至代邸而議之索隱曰說文云邸屬國舍遂馳
入代邸羣臣從至丞相陳平太尉周勃大將軍

陳武御史大夫張蒼宗正劉郢漢書百官表曰宗正秦官應劭曰周
成王時彤伯入爲宗正朱虛侯劉章東牟侯劉興居典客劉
揭皆再拜言曰子弘等皆非孝惠帝子不當奉
宗廟臣謹請與陰安侯蘇林曰高帝兄伯妻羹頡侯終母丘嫂也列侯
頃王后徐廣曰代頃王劉仲之妻駰案蘇林曰仲子濞爲吳王故追謚爲頃王也如淳曰頃王后封陰安侯
時呂須爲林光侯蕭何夫人亦爲酇侯又宗室表此時無陰安侯知其爲頃王后也。索隱曰按蘇林徐廣韋昭以爲一人
封號而樂彥如淳以頃王后別封陰安侯與漢祠令相會今以陰安是別人封爵非也頃王后是代頃王后文帝之伯母
代王降爲郃陽侯故云列侯頃王后韋昭曰陰安屬魏郡也與琅邪王宗室大臣列
侯吏二千石議曰大王高帝長子宜爲高帝嗣
願大王即天子位代王曰奉高帝宗廟重事也

寡人不佞不足以稱宗廟願請楚王計宜者蘇林
曰楚王名交高帝弟。索隱曰交高帝弟最尊言更請楚王計宜者故下云皆爲宜也寡人不敢當
羣臣皆伏固請代王西鄉讓者三南鄉讓者再
如淳曰讓羣臣也或曰賓主位東西面君臣位南北面故西鄉坐三讓不受羣臣猶稱宜乃更迴坐示變即君位之漸也
丞相平等皆曰臣伏計之大王奉高帝宗廟最
宜稱雖天下諸侯萬民以爲宜臣等爲宗廟社
稷計不敢忽願大王幸聽臣等臣謹奉天子璽
符再拜上代王曰宗室將相王列侯以爲莫宜
寡人寡人不敢辭遂即天子位羣臣以禮次侍
乃使太僕嬰與東牟侯興居清宮應劭曰舊典天子行幸所至必

遣靜宮令先案行清靜殿中以虞非常。索隱曰按漢儀云皇帝起居索室清宮而後行奉天子法駕
迎于代邸索隱曰漢官儀云天子鹵簿有大駕法駕小駕大駕公卿奉引大將軍參乘屬車八十一乘法
駕公卿不在鹵簿中惟京兆尹執金吾長安令奉引侍中參乘屬車三十六乘皇帝即日夕入
未央宮乃夜拜宋昌爲衛將軍鎮撫南北軍以
張武爲郎中令行殿中還坐前殿於是夜下詔
書曰間者諸呂用事擅權謀爲大逆欲以危劉
氏宗廟賴將相列侯宗室大臣誅之皆伏其辜
朕初即位其赦天下賜民爵一級女子百戶牛
酒蘇林曰男賜爵女子賜牛酒。索隱曰按封禪書云百戶牛一頭酒十石樂彥云婦人無夫或無子不霑爵故賜之
酺五日文穎曰漢律三人已上無故羣飲罰金四兩今詔橫賜得令會聚飲食五日。索隱曰說文云酺王

者布德大飲酒也出錢爲醵出食爲醵又按趙武靈王滅中山醵五日是其所起遠也
孝文皇帝元年十月庚戌徙立故琅邪王澤爲
燕王辛亥皇帝即阼正義曰主人階也謁高廟右丞相平
正義曰此時尚右徙爲左丞相太尉勃爲右丞相大將軍
灌嬰爲太尉諸呂所奪齊楚故地皆復與之壬
子遣車騎將軍薄昭迎皇太后于代皇帝曰呂
產自置爲相國呂祿爲上將軍擅矯遣灌將軍
嬰將兵擊齊欲代劉氏嬰留滎陽弗擊與諸侯
合謀以誅呂氏呂產欲爲不善丞相陳平與太
尉周勃謀奪呂產等軍朱虛侯劉章首先捕呂

產等太尉身率襄平侯通持節承詔入北軍典
客劉揭身奪趙王呂祿印益封太尉勃萬戶賜
金五千斤丞相陳平灌將軍嬰邑各三千戶金
二千斤朱虛侯劉章襄平侯通東牟侯劉興居
邑各二千戶金千斤徐廣曰十一月辛丑封典客揭爲陽信
侯索隱曰韋昭云勃海縣。正義曰括地志云陽信故城在滄州無棣縣東南三十里漢陽信縣賜金千
斤十二月上曰法者治之正也所以禁暴而率
善人也今犯法已論而使毋罪之父母妻子同
產坐之及爲收帑朕甚不取其議之有司皆曰
民不能自治故爲法以禁之相坐坐收所以累

其心使重犯法所從來遠矣如故便上曰朕聞
法正則民愨罪當則民從且夫牧民而導之善
者吏也其既不能導又以不正之法罪之是反
害於民爲暴者也何以禁之朕未見其便其熟
計之有司皆曰陛下加大惠德甚盛非臣等所
及也請奉詔書除收帑諸相坐律令應劭曰帑子也秦法一人
有罪并坐其家室今除此律正月有司言曰蚤建太子所以尊
宗廟請立太子上曰朕既不德上帝神明未歆
享天下人民未有嗛志索隱曰嗛者不滿之意也未有嗛志言天下皆志不滿也
漢書嗛作慊音篋今縱不能博求天下賢聖有德之人而

禪天下焉而曰豫建太子是重吾不德也謂天
下何其安之索隱曰言何以謂於天下也其發聲也安者徐也言徐徐且待也有司曰
豫建太子所以重宗廟社稷不忘天下也上曰
楚王季父也春秋高閱天下之義理多矣如淳曰閱
猶言多所更歷也明於國家之大體吳王於朕兄也惠仁
以好德淮南王弟也秉德以陪朕文穎曰陪輔也豈爲
不豫哉諸侯王宗室昆弟有功臣多賢及有德
義者若舉有德以陪朕之不能終是社稷之靈
天下之福也今不選舉焉而曰必子人其以朕
爲忘賢有德者而專於子非所以憂天下也朕

甚不取也有司皆固請曰古者殷周有國治安皆千餘歲古之有天下者莫長焉用此道也（索隱曰言古之有天下者無長於立子故云莫長焉用此道者用殷周立子之道故安治千有餘歲也）立嗣必子所從來遠矣高帝親率士大夫始平天下建諸侯爲帝者太祖諸侯王及列侯始受國者皆亦爲其國祖子孫繼嗣世世弗絕天下之大義也故高帝設之以撫海內今釋宜建而更選於諸侯及宗室非高帝之志也更議不宜（索隱曰言不宜更別議）子某最長純厚慈仁請建以爲太子上乃許之因賜天下民當代父後者爵各一級（韋昭曰文帝以立子爲後不欲獨饗其福故賜天下爲父後者爵）封將軍薄昭爲軹侯（徐廣曰正月乙巳也）三月有司請立皇后薄太后曰諸侯皆同姓立太子母爲皇后（索隱曰謂帝之子爲諸侯王皆同姓姓生也言皆同母生故立太子母也）皇后姓竇氏上爲立后故賜天下鰥寡孤獨窮困及年八十已上孤兒九歲已下布帛米肉各有數上從代來初即位施德惠天下塡撫諸侯四夷皆洽驩乃循從代來功臣上曰方大臣之誅諸呂迎朕朕狐疑皆止朕唯中尉宋昌勸朕朕以得保奉宗廟已尊昌爲衛將軍其封昌爲壯武侯（徐廣曰四月辛亥封封三十四年景帝中四年奪侯國除○索隱曰韋昭云膠東縣○正義曰

括地志云壯武故城在萊州即墨縣西六十里古萊夷國有漢壯武縣故城）諸從朕六人官皆至九卿（正義曰漢置九卿一曰太常二曰光祿三曰衛尉四曰太僕五曰廷尉六曰大鴻臚七曰宗正八曰大司農九曰少府是爲九卿也）上曰列侯從高帝入蜀漢中者六十八人皆益封各三百戶故吏二千石以上從高帝潁川守尊等十人食邑六百戶淮陽守申徒嘉等十人五百戶衛尉定等十人四百戶封淮南王舅父趙兼爲周陽侯（正義曰括地志云周陽故城在絳州聞喜縣東二十九里）齊王舅父駟鈞爲清郭侯（如淳曰邑名六國時齊有清郭君清音靜○索隱曰按表駟鈞封鄡侯不同者蓋後徙封於鄡鄡屬鉅鹿）秋封故常山丞相蔡兼爲樊侯（索隱曰韋昭云樊東平縣名○正義曰括地志云漢樊縣城在兗州瑕丘西南二十五里地理志云樊縣古樊國仲山甫所封）人或說右丞相曰君本誅諸呂迎代王今又矜其功受上賞處尊位禍且及身右丞相勃乃謝病免罷左丞相平專爲丞相（徐廣曰八月中）

二年十月丞相平卒復以絳侯勃爲丞相上曰朕聞古者諸侯建國千餘歲各守其地以時入貢民不勞苦上下驩欣靡有遺德今列侯多居長安邑遠吏卒給輸費苦而列侯亦無由教馴其民（正義曰馴古訓字）其令列侯之國爲吏及詔所止者遣太子（張晏曰爲吏謂以卿大夫爲兼官者詔所止特以恩愛見留者）十一月晦日有

食之正義曰按說文云日蝕則朔月蝕則望而云晦日蝕之恐曆錯誤十二月望日又食徐廣曰此云望日又食案漢書及五行志無此日食文也一本作月食然史書不紀月食上曰朕聞之天生蒸民爲之置君以養治之人主不德布政不均則天示之以菑以誡不治乃十一月晦日有食之適見于天菑孰大焉朕獲保宗廟以微眇之身託于兆民君王之上天下治亂在朕一人唯二三執政猶吾股肱也朕下不能理育羣生上以累三光之明其不德大矣令至其悉思朕之過失及知見思之所不及匄以告朕及舉賢良方正能直言極諫者以匡朕之不逮因

各飭其任職務省繇費以便民朕既不能遠德故憪然念外人之有非漢書音義曰憪然猶介然也非姧非也。索隱曰蘇林云憪寢視不安之貌蓋近其意餘說皆踈音下板反是以設備未息今縱不能罷邊屯戍而又飭兵厚衛其罷衛將軍軍太僕見馬遺財足索隱曰遺猶留也財字與纔同言太僕見在之馬今留纔足充事也餘皆以給置傳索隱曰按廣雅云置驛也續漢書云驛馬三十里一置故樂彥亦云傳置一也言乘傳者以傳次受名乘置者以馬取四傳音丁戀反如淳云律四馬高足爲傳置四馬中足爲馳置下足爲乘置一馬二馬爲軺置急乘一馬曰乘也正月上曰農天下之本其開籍田應劭曰古者天子耕籍田千畝爲天下先籍者帝王典籍之常韋昭曰籍借也借民力以治之以奉宗廟且以勸率天下使務農也瓚曰景帝詔曰朕親耕后親桑爲天下先本以躬親爲義不得以假借爲稱也籍蹈籍也朕親率耕以給

宗廟粢盛應劭曰黍稷曰粢在器中曰盛三月有司請立皇子爲諸侯王上曰趙幽王幽死朕甚憐之已立其長子遂爲趙王遂弟辟彊及齊悼惠王子朱虛侯章東牟侯興居有功可王乃立趙幽王少子辟彊爲河閒王以齊劇郡立朱虛侯爲城陽王立東牟侯爲濟北王皇子武爲代王子參爲太原王子揖爲梁王上曰古之治天下朝有進善之旌應劭曰旌幡也堯設之五達之道令民進善也如淳曰欲有進善者立於旌下言之誹謗之木服虔曰堯作之橋梁交午柱頭應劭曰橋梁邊板所以書政治之愆失也至秦去之今乃復施也。索隱曰按尸子云堯立誹謗之木誹音非亦音沸韋昭云慮政有闕失使書於木此堯時然也後代因以爲飾今宮外橋梁頭四柱木是鄭玄註禮

云一縱一横爲午謂以木貫表柱四出即今之華表崔浩以爲木貫柱四出名桓陳楚俗桓聲近和又云和表則華與和又相訛也所以通治道而來諫者今法有誹謗妖言之罪是使衆臣不敢盡情而上無由聞過失也將何以來遠方之賢良其除之民或祝詛上以相約結而後相謾漢書音義曰民相結共祝詛上也謾者而後謾而止之不畢祝詛也。索隱曰韋昭云謾相抵閡也說文云謾欺也謂初相約共行祝後相欺誑中道而止之也吏以爲大逆其有他言而吏又以爲誹謗此細民之愚無知抵死朕甚不取自今以來有犯此者勿聽治九月初與郡國守相爲銅虎符竹使符應劭曰銅虎符第一至第五國家當發兵遣使者至郡合符符合乃聽受之竹使符皆以竹箭五枚長五寸鐫刻篆書第一至第五張晏曰符以代

古之珪璋從簡易也。索隱曰漢舊儀銅虎符發兵長六寸竹使符出入徵發說文云符分而合之小顏云右留京師左與之古今註云銅虎符銀錯書之張晏云銅取其同心也

三年十月丁酉晦日有食之十一月上曰前日計遣列侯之國或辭未行丞相朕之所重其爲朕率列侯之國絳侯勃免丞相就國以太尉潁陰侯嬰爲丞相罷太尉官屬丞相四月城陽王章薨淮南王長與從者魏敬殺辟陽侯審食其五月匈奴入北地居河南爲寇帝初幸甘泉蔡邕曰天子車駕所至民臣以爲僥倖故曰幸至見令長三老官屬親臨軒作樂賜食帛越巾刀佩帶民爵有級數或賜田租之半故因是謂之幸。索隱曰應劭云甘泉宮名在雲陽一名林光臣瓚云甘泉山名林光秦離宮名又顧氏按邢承宗

西征賦註云甘泉水名今按因地有甘泉以名山則山水皆通也六月帝曰漢與匈奴約爲昆弟毋使害邊境所以輸遺匈奴甚厚今右賢王離其國將衆居河南降地非常故往來近塞捕殺吏卒驅保塞蠻夷令不得居其故陵轢邊吏入盜甚敖無道非約也其發邊吏騎八萬五千詣高奴遣丞相潁陰侯灌嬰擊匈奴匈奴去發中尉漢書百官表曰中尉秦官材官屬衛將軍軍長安辛卯帝自甘泉之高奴因幸太原見故羣臣皆賜之舉功行賞諸民里賜牛酒復晉陽中都民正義曰故城在汾州平遥縣西南十三里三歲留游太原十餘日濟北王

興居聞帝之代欲往擊胡乃反發兵欲襲滎陽於是詔罷丞相兵遣棘蒲侯陳武爲大將軍將十萬往擊之祁侯賀徐廣曰姓繒以文帝十一年卒謚曰敬。索隱曰漢書音義祁音遲賀姓繒繒古國夏同姓也。正義曰括地志云并州祁縣城晉大夫祁奚之邑爲將軍軍滎陽七月辛亥帝自太原至長安迺詔有司曰濟北王背德反上詿誤吏民爲大逆濟北吏民兵未至先自定及以軍地邑降者皆赦之復官爵與王興居去來亦赦之徐廣曰乃去乃來也駰案張晏曰雖始與興居反今降赦之八月破濟北軍虜其王赦濟北諸吏民與王反者六年有司言淮南王長廢先帝法不聽天子詔

居處毋度出入擬於天子擅爲法令與棘蒲侯太子奇謀反遣人使閩越及匈奴發其兵欲以危宗廟社稷羣臣議皆曰長當弃市帝不忍致法於王赦其罪廢勿王羣臣請處王蜀嚴道邛都徐廣曰漢書本或作邛字或直云邛僰邛都乃本是西南夷爾時未通嚴道有邛僰山。正義曰邛其恭反括地志云嚴道今爲縣即邛州所理縣也縣有蠻夷曰道故曰嚴道邛都縣本邛都國漢爲縣今巂州也西南夷傳云滇池以北君長以十數邛都最大是也按羣臣請處淮南王長蜀之嚴道不爾更遠邛都西有邛僰山也。又云邛僰山在雅州滎經縣界滎經武德年間置本秦嚴地華陽國志云邛筰山故邛人筰人界也山巖峭峻曲回九折乃至上下有凝冰按即王尊登者也今從九折西南行至巂州山多雨少晴俗呼名爲漏天帝許之長未到處所行病死上憐之後十六年追尊淮南王長謚爲

厲王立其子三人爲淮南王索隱曰名安阜陵侯也衡山王索隱曰名勃安陽侯也廬江王索隱曰名賜周陽侯也十三年夏上曰蓋聞天道禍自怨起而福繇德興百官之非宜由朕躬今祕祝之官移過于下應劭曰祕祝之官移過于下國家諱之故曰祕以彰吾之不德朕甚不取其除之五月齊太倉令淳于公有罪當刑索隱曰名意爲齊太倉令故謂之倉公也詔獄逮徙繫長安太倉公無男有女五人太倉公將行會逮罵其女曰生子不生男有緩急非有益也其少女緹縈索隱曰緹音啼鄒氏音體也自傷泣乃隨其父至長安上書曰妾父爲吏齊中皆稱其廉平今坐法當刑妾傷夫死者不可復生刑者不可復屬雖復欲改過自新其道無由也妾願沒入爲官婢贖父刑罪使得自新書奏天子天子憐悲其意乃下詔曰蓋聞有虞氏之時畫衣冠異章服以爲僇正義曰晉書刑法志云三皇設言而民不違五帝畫衣冠而民知禁犯黥者皁其巾犯劓者丹其服犯臏者墨其體犯宮者雜其屨大辟之罪殊刑之極布其衣裾而無領緣投之於市與衆棄之而民不犯何則至治也今法有肉刑三李奇曰約法三章無肉刑文帝則有肉刑孟康曰黥劓二左右趾合一凡三○索隱曰韋昭云斷趾黥劓之屬崔浩漢律序云文帝除肉刑而宮不易張斐註云以淫亂人族類故不易之也而姦不止其咎安在非乃朕德薄而教不明歟吾甚自愧故夫馴道不

純而愚民陷焉詩曰愷悌君子民之父母今人有過教未施而刑加焉或欲改行爲善而道毋由也朕甚憐之夫刑至斷支體刻肌膚終身不息何其楚痛而不德也豈稱爲民父母之意哉其除肉刑上曰農天下之本務莫大焉今勤身從事而有租稅之賦是爲本末者毋以異李奇曰本農也末賈也言農與賈俱出租無異也故除田租其於勸農之道未備其除田之租稅

十四年冬匈奴謀入邊爲寇攻朝那塞殺北地都尉卬徐廣曰姓孫封其子單爲缾侯匈奴所殺上乃遣三將軍軍隴西北地上郡中尉周舍爲衛將軍郎中令張武爲車騎將軍軍渭北車千乘騎卒十萬帝親自勞軍勒兵申教令賜軍吏卒帝欲自將擊匈奴羣臣諫皆不聽皇太后固要帝如淳曰必不得自征也帝乃止於是以東陽侯張相如爲大將軍成侯赤徐廣曰姓董也爲內史欒布爲將軍擊匈奴匈奴遁走春上曰朕獲執犧牲珪幣以事上帝宗廟十四年于今歷日縣長以不敏不明而久撫臨天下朕甚自愧其廣增諸祀墠場珪幣昔先王遠施不求其報望祀不祈其福右賢左戚韋昭曰右猶高左猶下也○索隱曰劉德

二云先賢後親也先民後已至明之極也今吾聞祠官祝釐
如淳曰釐福也賈誼傳受釐坐宣室。索隱曰音禧福也皆歸福朕躬不爲百姓朕
甚愧之夫以朕不德而躬享獨美其福百姓不
與焉是重吾不德其令祠官致敬毋有所祈是
時北平侯張蒼爲丞相方明律歷魯人公孫臣
上書陳終始傳五德事索隱曰五行之德帝王相承傳易終而復始故云終始傳
五德之事傳音轉也言方今土德時土德應黃龍見當改正
朔服色制度天子下其事與丞相議丞相推以
爲今水德始明正十月上黑事以爲其言非是
請罷之

十五年黃龍見成紀韋昭曰成紀縣屬天水天子乃復召魯
公孫臣以爲博士申明土德事於是上乃下詔
曰有異物之神見于成紀無害於民歲以有年
朕親郊祀上帝諸神禮官議毋諱以勞朕漢書音義
曰言無所諱勿以朕爲勞有司禮官皆曰古者天子夏躬親禮
祀上帝於郊故曰郊於是天子始幸雍郊見五
帝以孟夏四月荅禮焉趙人新垣平以望氣見
因說上設立渭陽五廟韋昭曰在渭城欲出周鼎當有
玉英見瑞應圖二云玉英五常並脩則見
十六年上親郊見渭陽五帝廟亦以夏荅禮而

尚赤
十七年得玉杯應劭曰新垣平詐令人獻之刻曰人主延壽於是
天子始更爲元年索隱曰秦本紀惠文王十四年更爲元年又汲冢竹書魏惠王亦有後元
當取法於此又按封禪書以新垣平候日再中故改元也令天下大酺其歲新垣
平事覺夷三族後二年上曰朕既不明不能遠
德是以使方外之國或不寧息夫四荒之外不
安其生索隱曰頋胤按爾雅孤竹北户西王母日下謂之四荒也封畿之內勤勞
不處二者之咎皆自於朕之德薄而不能遠達
也間者累年匈奴並暴邊境多殺吏民邊臣兵
吏又不能諭吾內志以重吾不德也夫久結難

連兵中外之國將何以自寧今朕夙興夜寐勤
勞天下憂苦萬民爲之怛惕不安未嘗一日忘
於心故遣使者冠蓋相望結軼音轍於道韋昭曰使車往還故
轍如結也相如曰結軼還轍。索隱曰鄒氏軼音逸漢書作轍轍頋氏按司馬彪云結謂車轍回旋錯結也以諭
朕意於單于今單于反古之道計社稷之安便
萬民之利親與朕俱棄細過偕之大道結兄弟
之義以全天下元元之民索隱曰戰國策二云制海內子元元非兵不可高誘註
二云元元善也又按姚察二云古者謂人二云善人也因善爲元故二云黎元其言元元者非一人也頋野王二云元元猶喁喁可憐
愛之貌未安其說聊記異也和親已定始于今年後六年冬匈奴
三萬人入上郡三萬人入雲中以中大夫令勉

徐廣曰衛尉改名也駰案漢書百官表景帝初改衛尉為中
大夫令非此年也。索隱曰中大夫令是官號勉其名後此
官改為光祿勳虞世南以此稱中大夫令是史家追書耳顏
遊秦以令是姓勉是名為中大夫據風俗通令姓令尹子文
之後為車騎將軍軍飛狐如淳曰在代郡蘇林曰在上黨故楚相蘇
意為將軍軍句注應劭曰山險名也鴈門陰館。索隱曰伏儼句音俱包愷音鉤也將
軍張武屯北地河內守周亞夫為將軍居細柳
徐廣曰在長安西駰案如淳曰長安圖細柳倉在渭北近石徼張揖曰在昆明池南今有柳市是也。索隱曰按三輔故
事細柳在直城門外阿房宮西北維又匈奴傳云細柳在長安西如淳云在渭北非也宗正劉禮為
將軍居霸上祝茲侯徐廣曰表作松茲侯姓徐名悍軍棘門徐廣曰在渭北
駰案孟康曰在長安北秦時宮門也如淳曰三輔黃圖棘門在橫門外以備胡數月胡人
去亦罷天下旱蝗帝加惠令諸侯毋入貢弛山

澤韋昭曰弛廢廢其常禁以利民減諸服御狗馬損郎吏員發倉
庾應劭曰水漕倉曰庾胡公曰在邑曰倉在野曰庾。索隱曰郭璞註三蒼云庾倉無屋也胡公名廣後漢太尉作漢
官解詁也以振貧民民得賣爵索隱曰崔浩云富人欲爵貧人欲錢故聽買賣孝
文帝從代來即位二十三年宮室苑囿狗馬服
御無所增益有不便輒弛以利民嘗欲作露臺
徐廣曰露一作靈。索隱曰頓氏按新豐南驪山上猶有臺之舊址也召匠計之直百金
上曰百金中民十家之產吾奉先帝宮室常恐
羞之何以臺為上常衣綈衣如淳曰賈誼云身衣皁綈所幸慎
夫人令衣不得曳地幃帳不得文繡以示敦朴
為天下先治霸陵皆以瓦器不得以金銀銅錫

為飾不治墳欲為省毋煩民南越王尉佗自立
為武帝然上召貴尉佗兄弟以德報之佗遂去
帝稱臣與匈奴和親匈奴背約入盜然令邊備
守不發兵深入惡煩苦百姓吳王詐病不朝就
賜几杖群臣如袁盎等稱說雖切常假借用之
蘇林曰假音休假借音以物借人群臣如張武等受賂遺金錢覺
上乃發御府金錢賜之以愧其心弗下吏專務
以德化民是以海內殷富興於禮義後七年六
月己亥帝崩於未央宮徐廣曰年四十七遺詔曰朕聞蓋
天下萬物之萌生靡不有死死者天地之理物

之自然者奚可甚哀當今之時世咸嘉生而惡
死厚葬以破業重服以傷生吾甚不取且朕既
不德無以佐百姓今崩又使重服久臨以離寒
暑之數哀人之父子傷長幼之志損其飲食絕
鬼神之祭祀以重吾不德也謂天下何朕獲保
宗廟以眇眇之身託于天下君王之上二十有
餘年矣賴天地之靈社稷之福方內安寧瓚曰方四
方也內中也猶云中外也靡有兵革徐廣曰一云方內安兵革息朕既不敏常
畏過行以羞先帝之遺德維年之久長懼于不
終今乃幸以天年得復供養于高廟朕之不明

與嘉之如淳曰與發聲也得卒天年已善矣其奚哀悲之有其令天下吏民令到出臨三日皆釋服毋禁取婦嫁女祠祀飲酒食肉者自當給喪事服臨者皆無踐服虔曰踐翦也謂無斬衰也孟康曰踐跣也晉灼曰漢語作跣跣徒跣也。索隱曰漢語是書名荀爽所作絰帶無過三寸毋布車及兵器應劭曰無以布衣車及兵器也不施輕車介士也毋發人男女哭臨宮殿宮殿中當臨者皆以旦夕各十五舉聲禮畢罷非旦夕臨時禁毋得擅哭已下服大紅十五日小紅十四日纖七日釋服服虔曰當言大功小功布也纖細布衣也應劭曰紅者中祥大祥以紅爲領緣也纖者禫也凡三十六日而釋服。索隱曰已下謂柩已下於壙劉德云紅功也男功非一故以工力爲字而女工唯在於絲故以糸工爲字三十六日以日

易月也佗不在令中者皆以此令比率從事布告天下使明知朕意霸陵山川因其故應劭曰因山爲藏不復起墳山下川流不遏絕也就其水名以爲陵號。索隱曰霸是水名水徑於山亦曰霸山即芷陽地也毋有所改歸夫人以下至少使應劭曰夫人以下有美人良人八子七子長使少使凡七輩皆遣歸家重絕人類也令中尉亞夫爲車騎將軍屬國悍徐廣曰姓徐駰案漢書百官表典屬國秦官掌蠻夷降者爲將屯將軍李奇曰馮奉世爲右將軍以將屯將軍爲名此主諸屯也郎中令武爲復土將軍如淳曰主穿壙塡瘞事者。索隱曰復音伏謂穿壙出土下棺已而塡之即以爲墳故云復土復反還也又音福發近縣見卒萬六千人發內史卒萬五千人索隱曰百官表云內史掌理京師之官景帝更名京兆尹藏郭穿復土屬將軍武乙巳漢書云乙巳葬皇甫謐曰霸陵

去長安七十里羣臣皆頓首上尊號曰孝文皇帝太子即位于高廟丁未襲號曰皇帝孝景皇帝元年十月制詔御史蓋聞古者祖有功而宗有德應劭曰始取天下者爲祖高帝稱高祖是也始治天下者爲宗文帝稱太宗是也制禮樂各有由聞歌者所以發德也舞者所以明功也高廟酎張晏曰正月旦作酒八月成名曰酎酎之言純也至武帝時因八月嘗酎會諸侯廟中出金助祭所謂酎金也奏武德文始五行之舞孟康曰武德高祖所作也文始舜舞也五行周舞也武德者其舞人執干戚文始舞執羽籥五行舞冠冕服法五行色見禮樂志。索隱曰應劭云禮樂志文始舞本舜韶舞高祖更名文始示不相襲五行舞本周武舞秦始皇更名五行舞按今言奏武德文始五行之舞者其樂總象武王樂言高祖以武定天下既示不相襲其作樂之始先奏文始以羽籥衣文繡居先次即奏五行五行即武舞執干戚而衣有五行之色也孝惠廟酎

奏文始五行之舞孝文皇帝臨天下通關梁不異遠方張晏曰孝文十二年除關不用傳令遠近若一除誹謗去肉刑賞賜長老收恤孤獨以育羣生減嗜欲不受獻徐廣曰減一作滅不私其利也罪人不帑蘇林曰刑不及妻子不誅無罪除肉刑出美人重絕人之世朕既不敏不能識此皆上古之所不及而孝文皇帝親行之德厚侔天地李奇曰侔齊等利澤施四海靡不獲福焉明象乎日月而廟樂不稱朕甚懼焉其爲孝文皇帝廟爲昭德之舞文穎曰景帝采高祖武德舞作昭德舞舞之於文帝廟見禮樂志以明休德然後祖宗之功德著於竹帛施於萬世永永

無窮朕甚嘉之其與丞相列侯中二千石禮官具爲禮儀奏丞相臣嘉等言陛下永思孝道立昭德之舞以明孝文皇帝之盛德皆臣嘉等愚所不及臣謹議世功莫大於高皇帝德莫盛於孝文皇帝高皇廟宜爲帝者太祖之廟孝文皇帝廟宜爲帝者太宗之廟天子宜世世獻祖宗之廟郡國諸侯宜各爲孝文皇帝立太宗之廟諸侯王列侯使者侍祠天子歲獻祖宗之廟張晏曰王及列侯歲時遣使詣京師侍祠助祭也如淳曰若光武廟在章陵南陽太守稱使者往祭是也不使侯王祭者諸侯不得祖天子也凡臨祭祀宗廟皆爲侍祭請著之竹帛宣布天下制曰可

太史公曰孔子言必世然後仁孔安國曰三十年曰世如有受命王者必三十年仁政乃成善人之治國百年亦可以勝殘去殺王肅曰勝殘暴之人使不爲惡去殺不用殺也誠哉是言漢興至孝文四十有餘載德至盛也廩廩鄉改正服封禪矣謙讓未成於今嗚呼豈不仁哉

索隱述贊曰

孝文在代　兆遇大橫　宋昌建策
絳侯奉迎　南面而讓　天下歸誠
務農先籍　布德偃兵　除帑削謗
政簡刑清　綈衣率俗　露臺不營
法寬張武　獄恤緹縈　霸陵如故
千年頌聲

史伍阡陸佰柒拾玖字
註肆阡肆佰柒拾伍字

孝文本紀第十　史記十

孝景本紀第十一　史記十一

孝景皇帝者漢書音義曰諱啓。正義曰謚法曰繇義而濟曰景孝文之中子也。母竇太后。孝文在代時，前后有三男，及竇太后得幸，前后死，及三子更死，故孝景得立。

元年四月乙卯，赦天下。乙巳，賜民爵一級。五月，除田半租。為孝文立太宗廟。令羣臣無朝賀。匈奴入代，與約和親。

二年春，封故相國蕭何孫係為武陵侯。徐廣曰漢書亦作係鄒誕生本作傒音奚又案漢書功臣表及蕭何傳皆云孫嘉疑其人有二名。○索隱註同男子二十而得傅。索隱曰音附荀悅云傳正卒也小顏云舊法二十三而傅今改也四月壬午，孝文太后崩。索隱曰薄后也葬芷陽西曰少陵也廣川、長沙王皆之國。索隱曰廣川王彭祖長沙王發皆景帝子遣就國丞相申屠嘉卒。八月，以御史大夫開封侯陶青為丞相。彗星出東北。秋，衡山雨雹，正義曰雨于付反大者五寸，深者二尺。熒惑逆行，守北辰。月出北辰間。歲星逆行天廷中。置南陵及內史祋祤為縣。徐廣曰地理志云文帝七年置駰案地理志百官表南陵縣文帝置也分內史為左右及祋祤為縣皆景帝二年不得皆如徐所云。○索隱曰鄒誕生祋音都會反又音丁活反祤音羽又音詡

三年正月乙巳，赦天下。長星出西方。天火徐廣曰漢志無燔雒陽東宮大殿城室。徐廣曰雒一作淮。○索隱曰漢書作淮陽王宮災故從王於會也吳王濞正義曰音披備反高祖兄仲子故漢高祖十二年封三十三年反年表云都吳其實在江都也、楚王戊正義曰高祖弟楚王交孫嗣二十一年反都彭城、趙王遂正義曰高祖孫幽王友子嗣二十六年反都邯鄲、膠西王卬正義曰卬五郎反高祖孫齊悼惠王悼惠王子故昌侯十年反都密州高密縣、濟南王辟光正義曰辟音壁高祖孫齊悼惠王子故初侯立十一年反括地志云濟南故城在淄州長山縣西北三十里、菑川王賢正義曰高祖孫齊悼惠王子故武城侯立十一年反都劇括地志云菑州縣也故劇城在青州壽光縣南三十一里故紀國、膠東王雄渠正義曰高祖孫齊悼惠王子故白石侯立十一年反都即墨括地志云即墨故城在密州膠水縣東南六十里即膠東國反，發兵西鄉。天子為誅晁錯，遣袁盎諭告，不止，遂西圍梁。正義曰梁孝王都睢陽今宋州上乃遣大將軍竇嬰、太尉周亞夫將兵誅之。六月乙亥，赦亡軍及楚元王子蓺等正義曰蓺魚曳反字亦作藝音同與謀反者。封大將軍竇嬰為魏其侯。正義曰地理志云魏其屬琅耶立楚元王子平陸侯正義曰應劭云平陸西河縣劉禮為楚王。索隱曰韋昭云平陸西河縣禮即向之從曾祖王父也立皇子端為膠西王，子勝為中山王。徙濟北王志正義曰濟子禮反濟北國今濟州盧縣即濟北王所都為菑川王，淮陽王餘正義曰淮陽國今陳州為魯王，正義曰今兗州曲阜縣汝南王非正義曰汝南國今豫州為江都王。正義曰江都國今揚州也吳王濞所都反誅景帝改為江都國封皇子非也齊王將盧正義曰齊國青州臨淄也將盧齊悼惠王之孫襄王之子年表云、燕王嘉皆薨。徐廣曰表云五年薨。○索隱曰盧悼惠王孫齊王襄之子漢書作閭嘉劉澤之子

四年夏，立太子。立皇子徹為膠東王。六月甲戌，赦天下。後九月，更以弋陽為陽陵。正義曰括地志云漢景帝陵也

在雍州咸陽縣東三十里按杜作壽陵也復置津關用傳出入應劭曰文帝十二年除關無用傳至此復置傳以七國新反備非常也張晏曰傳信也若今過所也如淳曰傳音檄傳而傳兩行書繒帛分持其一出入關合之乃得過謂之傳○索隱曰傳音丁戀反冬以趙國為邯鄲郡地理志趙國景帝以為邯鄲郡

五年三月作陽陵索隱曰景帝豫作壽陵也按趙系家趙肅侯十五年起壽陵後代因之也渭橋五月募徙陽陵予錢二十萬江都大暴風從西方來壞城十二丈丁卯封長公主子蟜為隆慮侯索隱曰音林閭避殤帝諱改之徙廣川王為趙王

六年春封中尉趙綰為建陵侯正義曰括地志云建陵故縣在沂州承縣界江都丞相嘉徐廣曰姓程為建平侯隴西太守渾

邪為平曲侯正義曰括地志云平曲縣故城在瀛州文安縣北七十里趙丞相嘉徐廣曰姓蘇為江陵侯故將軍布為鄃侯梁楚二王皆薨後九月伐馳道樹殖蘭池徐廣曰殖一作填○正義曰按馳道天子秦始皇作之丈而樹

七年冬廢栗太子為臨江王正義曰臨江忠州縣雖王臨江而都江陵十二月晦日有食之春免徒隸作陽陵者丞相青免二月乙巳以太尉條侯正義曰條田彫反字亦作蓨音同周亞夫為丞相四月乙巳立膠東王太后為皇后索隱曰按系家太后槐里人父仲兒信封蓋侯后故金氏妻女弟姁兒也丁巳立膠東王為太子名徹

中元年封故御史大夫周苛孫平徐廣曰一作應○索隱曰苛周昌之兄為繩侯故御史大夫周昌子左車為安陽侯四月乙巳赦天下賜爵一級除禁錮地動衡山原都雨雹大者尺八寸

中二年二月匈奴入燕遂不和親三月召臨江王來即死中尉府中夏立皇子越為廣川王子寄為膠東王封四侯文穎曰楚相張尚太傅趙夷吾趙相建德內史王悍此四人各諫其王無使反不聽皆殺之故封其子○索隱曰韋昭云張尚子當居趙夷吾子周建德子橫王悍子弃九月甲戌日食

中三年冬罷諸侯御史中丞春匈奴王二人率

其徒來降皆封為列侯正義曰漢書表云中三年安陵侯子軍桓侯賜遒侯陸彊容城侯徐盧易侯僕黥范陽侯代翕侯邯鄲七人以匈奴王降皆封為列侯按紀言二人者是匈奴二王為首降立皇子方乘為清河王三月彗星出西北丞相周亞夫死以御史大夫桃侯劉舍為丞相四月地動九月戊戌晦日食軍東都門外按三輔黃圖東出北第一門曰宣平門外曰東都門○索隱註同

中四年三月置德陽宮瓚曰是景帝廟也帝自作之諱不言廟故言宮西京故事云景帝廟為德陽宮大蝗秋赦徒作陽陵者

中五年夏立皇子舜為常山王封七侯正義曰惠景間年表云亞王侯盧他之龍慮侯陳蟜乘氏侯劉買桓邑侯劉明蓋侯王信按其五人是中元五年封餘檢不獲中元三年匈

奴王二人降封爲列侯惠景閒表云匈奴王降爲侯者有七人疑其五人是十侯之數六月丁巳赦天下賜爵一級天下大潦更命諸侯丞相曰相秋地動中六年二月己卯行幸雍郊見五帝三月雨雹四月梁孝王正義曰都睢陽今宋州城陽共王正義曰城陽今濮州雷澤縣古城陽也共音恭謚法嚴敬故事曰恭汝南王皆薨立梁孝王子明爲濟川王正義曰表云分梁置也子彭離爲濟東王正義曰表云分梁置也子定爲山陽王正義曰地理志云景帝中六年別爲山陽國屬兗州子不識爲濟陰王正義曰地理志云景帝中六年別爲濟陰國屬兗州案今曹州是也梁分爲五封四侯更命廷尉爲大理將作少府爲將作大匠主爵

中尉爲都尉漢書百官表曰主爵中尉秦官掌列侯長信詹事漢書百官表曰詹事秦官掌皇后太子家應劭曰詹省也給也讚曰茂陵書詹事秩二千石爲長信少府張晏曰以太后所居宮爲名長信宮則曰長信少府長樂宮則曰長樂少府將行爲大長秋漢書百官表曰將行秦官應劭曰長秋皇后卿大行爲行人服虔曰天子死未有謚稱大行晉灼曰禮有大行小行主謚官故以此名之如淳曰不反之辭也瓚曰大行是官名掌九儀之制以賓諸侯○索隱曰鄭玄云命者五謂公侯伯子男爵者四孤卿大夫士是九也奉常爲太常漢書百官表曰奉常秦官掌宗廟禮儀典客爲大行索隱曰韋昭云大行官名秦時云典客景帝初改云大行後更名大鴻臚武帝因而不改故漢書景紀有大鴻臚百官表又云武帝改名大鴻臚臚附也以言其掌四夷賓客若皮臚之在外附於身也復有大行令故諸侯薨大鴻臚奏謚列侯薨則大行奏誄按大行令即鴻臚之屬官也治粟內史爲大農漢書百官表曰治粟內史秦官掌穀貨也以大內爲二千石韋昭曰大內京師府藏

置左右內官屬大內索隱曰主天子之私財曰小內小內即屬大內也七月辛亥日食八月匈奴入上郡後元年冬更命中大夫爲衛尉正義曰漢書百官表云衛尉秦官掌宮闈門衛屯兵景帝初更名中大夫令後元年復爲衛尉三月丁酉赦天下賜爵一級中二千石諸侯相爵右庶長四月大酺五月丙戌徐廣曰丙一作甲地動其蚤食時復動上庸地動二十二日壞城垣七月乙巳日食丞相劉舍免八月壬辰以御史大夫綰爲丞相封爲建陵侯索隱曰姓衛後二年正月地一日三動郅將軍正義曰郅眞栗反郅都傳云匈

奴刻木爲郅都而射不中擊匈奴酺五日令內史郡不得食馬粟沒入縣官令徒隸衣七緵布正義曰衣於旣反緵祖工反緵八十縷也與布相似七升布用五百六十縷止馬舂索隱曰止人爲馬舂粟爲歲不登也爲歲不登禁天下食不造歲省列侯遣之國晉灼曰文紀遣列侯之國今又省之三月匈奴入鴈門十月租長陵田大旱衡山國河東雲中郡正義曰衡山國今衡州河東今蒲州雲中郡今勝州民疫後三年十月日月皆食赤五日十二月晦雷徐廣曰一作雷字又作圖字實所未詳日如紫五星逆行守太微月貫天庭中索隱曰天庭即龍星右角也按石氏星傳曰龍在左角曰天田右角曰天廷正月甲寅皇太子冠甲子孝景皇帝崩皇甫謐曰帝以孝惠七年生年四十

八遺詔賜諸侯王以下至民爲父後爵一級天下戶百錢出宮人歸其家復無所與太子即位是爲孝武皇帝漢書云二月癸酉帝葬陽陵皇甫謐曰陽陵山方百二十步高十四丈去長安四十五里三月封皇太后弟蚡蘇林曰蚡音鼢○索隱曰蚡音扶粉反按外戚世家皇太后母臧兒初嫁王氏生子信而寡更嫁長陵田氏生蚡及勝爲武安侯弟勝爲周陽侯置陽陵

太史公曰漢興孝文施大德天下懷安至孝景不復憂異姓而鼂錯刻削諸侯遂使七國俱起合從而西鄉以諸侯太盛而錯爲之不以漸也及主父偃言之而諸侯以弱卒以安索隱曰主父偃上言令天子下推恩之令令諸侯各得分邑其子弟於是遂弱卒以安也安危之機豈不以哉

索隱述贊曰景帝即位因脩靜默勉人於農率下以德制度斯創禮法可則一朝吴楚乍起凶慝提局成疊拒輪致戮鼂錯雖誅梁城未克條侯出將追奔逐北坐見梟剠立翦牟賊如何太尉後卒下獄惜哉明君斯功不録

孝景本紀第十一　史記十一

孝武本紀第十二　史記十二

太史公自序曰作今上本紀又其述事皆云今上今天子或有言孝武帝者悉後人所定也張晏曰武紀褚先生補作也褚先生名少孫漢博士也○索隱曰按褚先生補史記合集武帝事以編年今止取封禪書補之信其才之薄也又張晏云褚先生潁川人仕元成閒韋稜云褚顗家傳褚少孫梁相褚大弟之孫宣帝時爲博士寓居于沛事大儒王式故號爲先生續太史公書阮孝緒亦以爲然

孝武皇帝者漢書音義曰諱徹○正義曰謚法云克定禍亂曰武孝景中子也索隱曰按景十三王傳廣川王已上皆是武帝兄自河閒王德以至廣川九有八人則帝第九也母曰王太后孝景四年以皇子爲膠東王孝景七年栗太子廢爲臨江王以膠東王爲太子孝景十六年崩太子即位爲孝武皇帝張晏曰武帝以景帝元年生七歲爲太子爲太子十歲而景帝崩時年十六矣孝武皇帝初即位尤敬鬼神之祀

元年漢興已六十餘歲矣徐廣曰六十七年歲在辛丑天下乂安薦紳之屬索隱曰薦音搢搢挺也言挺笏於紳帶之閒事出禮內則今作薦者古字假借耳漢書作縉紳臣瓚云縉赤白色○正義曰乂音魚廢反皆望天子封禪改正度也而上鄉儒術招賢良趙綰王臧等以文學爲公卿欲議古立明堂城南以朝諸侯索隱曰城南長安城南門外也關中記云明堂在長安城門外杜門之西草巡狩封禪改歷服色事未就會竇太后治黃老言不好儒術使人微得趙綰等姦利事徐廣曰纖微伺察之召案綰臧綰臧自殺正義曰漢書孝武帝二年御史大夫趙綰坐請無奏事太皇太后及郎中令王臧皆下獄自殺應劭云王臧儒者欲立明堂辟雍太后素好黃老術非薄五經因欲絕奏事太后太后怒故令殺諸所興爲者皆廢後六年竇太后崩其明年上徵文學之士公孫弘等明年上初至雍郊見五時正義曰時音止括地志云漢五帝時在岐州雍縣南孟康云時者神靈之所止或曰以雍州雍縣南孟康云時者神靈上帝也按五時者鄜時密時吳陽時北時先是文公作鄜時祭白帝秦宣公作密時祭青帝秦靈公作吳陽上時下時祭赤黃帝漢高祖作北時祭黑帝是五時也後常三歲一郊是時上求神君正義曰漢武帝故事云起柏梁臺以處神君長陵女子也先是嫁爲人妻生一男數歲死女子悼痛之歲中亦死而靈宛若祠之遂聞言宛若爲生民人多往請福說家人小事有驗平原君亦事之至後子孫尊貴及上即位太后延於宮中祭之聞其言不見其人至是神君求出乃營柏梁臺舍之初霍去病微時自禱神君及見其形自修飾欲與去病交接去病不肯謂神君曰吾以神君精絜故齋戒祈福今欲婬此非也自絕不復往神君慚之乃去也舍之上林中蹏氏觀徐廣曰蹏音啼○索隱曰鄒誕生音斯又音蹄觀名也神君者長陵女子以子死悲哀故見神於先後宛若孟康曰產乳而死兄弟妻相謂先後宛若○索隱曰鄒誕生音先後並去聲即今妯娌也孟康以兄弟妻相謂也韋昭云先姒後娣宛音冤宛若祠之其室民多往祠平原君往祠徐廣曰武帝外祖母也駰案蔡邕曰異姓婦人以恩澤封者曰君儀比長公主○索隱曰徐云武帝外祖母則是臧兒也其後子孫以尊顯及武帝即位則厚禮置祠之內中聞其言不見其人云是時而李少君亦以祠竈穀道卻老方見上李奇曰食穀道引或曰辟穀不食之道○索隱曰如淳云祠竈可以致福按禮竈者老婦之祭盛於盆尊於瓶說文周禮以竈祠祝融淮南子炎帝作火官死爲今之竈神司馬彪注莊子云浩竈神也如美女衣赤李弘範音浩上尊之少君者故深澤侯徐廣曰姓趙景帝時絕封入以主方徐廣曰進納於天子

孝武紀

而生方一云侯人主方驅棄如淳曰侯家人主方藥者也匿其年及所生長常自謂七十能使物卻老如淳曰物鬼物也瓚曰物藥物也其游以方偏諸侯無妻子人聞其能使物及不死更饋遺之常餘金錢帛衣食人皆以爲不治產業而饒給又不知其何所人愈信爭事之少君資好方善爲巧發奇中如淳曰時時發言有所中也嘗從武安侯飲索隱曰服虔云田蚡也韋昭云武安屬魏郡坐中有年九十餘老人少君乃言與其大父游射處老人爲兒時從其大父行識其處一坐盡驚少君見上上有故銅器問少君少君曰此器齊桓公十年陳於柏寢服虔曰地名有臺也瓚曰晏子書柏寢臺名也○正義曰括地志云柏寢臺在青州千乘縣東北二十一里韓子云景公與晏子遊於少海登柏寢之臺而望其國公曰美哉堂乎後代孰將有此晏子云其田氏乎公曰寡人有國而田氏家奈何對曰奪之則近賢遠不肖治其煩亂輕其刑罰服窮乏恤孤寡行恩惠崇節儉雖十田氏其如堂何即此也已而案其刻果齊桓公器一宮盡駭以少君爲神數百歲人也少君言於上曰祠竈則致物致物而丹砂可化爲黃金黃金成以爲飲食器則益壽益壽而海中蓬萊僊者可見見之以封禪則不死黃帝是也臣嘗游海上見安期生索隱曰服虔云古之真人○正義曰列仙傳云安期生琅耶阜鄉亭人也賣藥海邊秦始皇請語三夜賜金數千萬出於阜鄉亭皆置去留書以赤玉舄一重爲報曰後千歲求我於蓬萊山下食巨棗大如瓜安期生僊者通蓬萊

中合則見人不合則隱於是天子始親祠竈而遣方士入海求蓬萊安期生之屬而事化丹砂諸藥齊爲黃金矣索隱曰齊音劑分劑之劑居久之李少君病死正義曰漢書起居云李少君將去武帝夢與共登嵩高山半道有使乘龍時從雲中云太一請少君帝謂左右將舍我去矣數月而少君病死又發棺看唯衣冠在也天子以爲化去不死也而使黃錘韋昭曰人姓名正義音直爲反史寬舒受其方漢書音義曰二人皆方士○正義曰姓史名寬舒求蓬萊安期生莫能得而海上燕齊怪迂之方士多相效更言神事矣亳人薄誘忌徐廣曰一云亳人謬忌也○索隱曰亳山陽縣名姓謬名忌居亳故下稱薄忌此丈則衍薄字而謬又誤作誘也奏祠泰一方曰天神貴者泰一索隱曰按樂汁徵圖云紫微宮北極天一太一宋均以爲天一太一北極之別名春秋緯云紫極之別名又云紫宮天皇曜魄寶之所理也泰一佐曰五帝正義曰五帝五天帝也國語云蒼帝靈威仰赤帝赤熛怒白帝白招矩黑帝叶光紀黃帝含樞紐尚書帝命驗云蒼帝名靈威仰赤名文祖黃帝名神計白帝名顯紀黑帝名玄矩佐者謂配祭也古者天子以春秋祭泰一東南郊用太牢具七日徐廣曰一云日一太牢具七日爲壇開八通之鬼道於是天子令太祝立其祠長安東南郊常奉祠如忌方其後人有上書言古者天子三年一用太牢具祠神三一天一地一泰一天子許之令太祝領祠之忌泰一壇上如其方後人復有上書言古者天子常以春秋解祠祠黃帝用一梟破鏡孟康曰梟鳥名食母破鏡獸名食父

黃帝欲絕其類使百物祠皆用之破鏡如貙而虎眼或云直用破鏡如淳曰漢使東郡送梟五月五日爲梟羹以賜百官以惡鳥故食之冥羊用羊祠服虔曰神明也馬行正義曰神名也用一青牡馬泰一皋山山君地長正義曰丁丈反三並神名用牛武夷君正義曰神名用乾魚陰陽使者以一牛漢書音義曰陰陽之神也令祠官領之如其方而祠於忌泰一壇旁其後天子苑有白鹿以其皮爲幣索隱曰按食貨志幣以白鹿皮方尺緣以績以薦璧得以黃金一斤代之又漢律皮幣率鹿皮方尺直金一斤以發瑞應造白金焉正義曰白金三品武帝所鑄也如淳曰雜鑄銀錫爲白金也平準書云造銀錫爲白金以爲天用莫如龍地用莫如馬人用莫如龜故曰白金三品其一曰重八兩圜之其文龍名曰白選直三千二曰重差小方之其文馬直五百三曰復小隋之其文龜直三百錢譜云白金第一其形圓如錢肉好圓文爲一龍白銀第二其形方小長肉好亦小長好上下文爲二馬白銀第三其形以龜肉好小是文爲龜甲也其明年郊雍獲一角獸若麃然韋昭曰楚人謂麋爲麃○索隱曰麃音步交反按韋昭云體若麕而一角春秋所謂有麕而角是也楚人謂麋爲麃又周書王會云麃者若鹿爾雅云麋大鹿也牛尾一角郭璞云漢武獲一角獸若鹿謂之麟是也有司曰陛下肅祇郊祀上帝報享錫一角獸蓋麟云正義曰漢書終軍傳云從上雍獲白麟一角戴肉設武備而不爲害所以爲仁於是以薦五時時加一牛以燎正義曰力召反燎也賜諸侯白金以風符應合于天地晉灼曰符瑞也贊曰風示諸侯以此符瑞之應於是濟北王以爲天子且封禪乃上書獻泰山及其旁邑天子受之更以他縣償之常山王有辠遷天子封其弟於眞定以續先王祀而以常山爲郡然後五嶽皆在

天子之郡其明年齊人少翁正義曰漢武故事云少翁年二百歲色如童子以鬼神方見上上有所幸王夫人徐廣曰齊懷王閎之母也駰案桓譚新論云武帝有所愛幸姬王夫人窈窕好容質姓嬛安○正義曰漢書作李夫人夫人卒少翁以方術蓋夜致王夫人及竈鬼之貌云天子自帷中望見焉於是乃拜少翁爲文成將軍賞賜甚多以客禮禮之文成言曰上即欲與神通宮室被服不象神神物不至乃作畫雲氣車及各以勝日漢書音義曰如火勝金用內與丁日不用庚辛駕車辟惡鬼又作甘泉宮中爲臺室畫天地泰一諸神而置祭具以致天神居歲餘其方益衰神不至乃爲帛書以飯牛正義曰飯房晚反書絹帛上爲怪言語以飼牛詳弗知也言此牛腹中有奇殺而視之得書書言甚怪天子疑之有識其手書問之人果爲書於是誅文成將軍正義曰漢武故事云文成誅月餘日使者藉貨關東還逢之於漕亭還見言之上乃疑發其棺無所見唯有竹筒一枚捕驗閒無蹤跡也而隱之其後則又作柏梁桐柱承露僊人掌之屬矣蘇林曰仙人以手掌擎盤承甘露也○索隱曰服虔云用梁栢頭按今字皆作栢三輔故事云臺高二十丈用香栢爲殿梁香聞十里中建章宮承露盤高三十丈大七圍以銅爲之上有仙人掌承露和玉屑飲之故張衡賦曰立脩莖之仙掌承雲表之清露是也文成死明年天子病鼎湖甚晉灼曰在湖縣韋昭曰地名近宜春○索隱曰湖縣名屬京兆後屬弘農昔黃帝採首陽山銅鑄鼎於湖曰鼎湖即今之湖城縣也韋昭以爲近宜春亦甚疏巫醫無所不致至不愈游水發根

服虔曰游水縣名發根人名姓晉灼曰地理志游水水名在臨淮涌也。索隱曰顏師古以游水姓發根名蓋或因水爲姓或曰發樹根也乃言曰上郡有巫病而鬼下之上召置祠之甘泉及病使人問神君韋昭曰即病巫之神神君言曰天子毋憂病病少愈強與我會甘泉於是病愈遂幸甘泉病良已孟康曰良已蓋已愈也大赦天下置壽宮神君服虔曰立此便宮也瓚曰宮奉神之宮也楚辭曰蹇將憺兮壽宮神君最貴者大夫其佐曰大禁司命之屬皆從之非可得見聞其音與人言等時去時來來則風肅然也居室帷中時晝言然常以夜天子祓然後入漢書音義曰崇絜自祓除然後入因巫爲主人關飲食所欲者言行下李奇曰神

所欲言上輒爲下之又置壽宮北宮正義曰括地志云壽宮北宮皆在雍州長安縣西北三十里長安故城中漢書云武帝壽宮以處神君張羽旗設供具以禮神君神君所言上使人受書其言命之曰書法漢書音義曰或云策書之法也。正義曰書音獲按畫一之法其所語世俗之所知也毋絕殊者而天子獨喜其事祕世莫知也其後三年有司言元宜以天瑞命不宜以一二數蘇林曰得黃龍鳳皇諸瑞以名年。正義曰孝景以前即位以一二數年至其終武帝即位初有年號改元以建元爲始一元曰建元二元以長星曰元光三元以郊得一角獸曰元狩云徐廣曰案諸紀元光後有元朔元朔後得元狩其明年冬天子郊雍議曰今上帝朕親郊而后土毋祀則禮不荅也

有司與太史公韋昭曰說者以談爲太史公失之矣史記稱遷爲太史公者是外孫楊惲所稱。索隱曰姚察按司馬遷傳亦以談爲太史公非惲所加又按虞喜志林云古者主天官皆上公自周至漢其職轉卑然朝會坐位猶居公上尊天之道其官屬仍以舊名尊而稱公公名當起於此故如淳云太史公位在丞相上天下郡國計書先上太史公副上丞相其義是也而桓譚新論以爲太史公造書書成示東方朔朔爲平定因署其下太史公者皆東方朔所加之也楊惲繼此而稱耳祠官寬舒等議天地牲角繭栗今陛下親祀后土后土宜於澤中圜丘爲五壇壇一黃犢太牢具已祠盡瘞而從祠衣上黃於是天子遂東始立后土祠汾陰脽上徐廣曰元鼎四年時也駰案蘇林曰脽音誰如淳曰河之東岸特堆堀長四五里廣二里餘高十餘丈汾陰縣在脽之上后土祠在縣西汾在脽之北西流與河合也。索隱曰漢書舊儀作葵上者蓋河東人呼誰與葵同故耳如寬舒等議上

親望拜如上帝禮禮畢天子遂至滎陽而還過雒陽下詔曰三代邈絕遠矣難存其以三十里地封周後爲周子南君以奉先王祀焉是歲天子始巡郡縣侵尋於泰山矣索隱曰侵尋即侵淫也故晉灼云遂往之意也其春樂小顏云侵淫漸染之義蓋尋淫聲相近假借用耳師古叔父遊秦亦解漢書故稱師古爲小顏也成侯徐廣曰姓丁名義後與欒大俱誅也。索隱曰韋昭云河間縣按郊祀志樂成侯登而徐廣據表云姓丁名義未詳耳上書言欒大欒大膠東宮人服虔曰王家人故嘗與文成將軍同師已而爲膠東王尚方而樂成侯姊爲康王后孟康曰膠東王后也毋子康王死他姬子立爲王而康后有淫行與王不相中得相危以法

康后聞文成已死而欲自媚於上乃遣欒大因樂成侯求見言方天子既誅文成後悔恨其早死惜其方不盡及見欒大大捝大爲人長美言多方略而敢爲大言處之不疑大言曰臣嘗往來海中見安期羨門之屬 索隱曰韋昭云羨門古仙人應劭云名子高 顧以爲臣賤不信臣又以爲康王諸侯耳不足予方臣數言康王康王又不用臣臣之師曰黃金可成而河決可塞不死之藥可得僊人可致也臣恐效文成則方士皆掩口惡敢言方哉上曰文成食馬肝死耳子誠能脩其方我何愛乎大曰臣師非有求人人者求之陛下必欲致之則貴其使者令有親屬以客禮待之勿卑使各佩其信印乃可使通言於神人神人尚肯邪不邪致尊其使然後可致也於是上使先驗小方鬬旗旗 正義曰音其文本或作棊說文云棋博棊也高誘註淮南子云取雞血與針磨擣之以和磁石用塗棊頭曝乾之置局上即相拒不止也 自相觸擊是時上方憂河決而黃金不就 正義曰鍊丹砂鉛錫爲黃金不就 乃拜大爲五利將軍居月餘得四金印佩天士將軍地士將軍大通將軍天道將軍印制詔御史昔禹疏九江決四瀆閒者河溢皋陸隄繇不息 正義曰顏師古云皋水旁地也廣平曰陸言水大氾

溢自皋及陸而築作堤傜役甚多不暇休息 朕臨天下二十有八年天若遺朕士而大通焉 韋昭曰言欒大能通天意故封樂通。索隱曰樂通在臨淮高平縣 乾稱蜚龍鴻漸于般 漢書音義曰般水涯堆也漸進也武帝云得欒大如鴻進於般一舉千里得道若飛龍在天 意庶幾與焉其以二千戶封地士將軍大爲樂通侯 韋昭曰樂通臨淮高平也 賜列侯甲第 漢書音義曰第有甲乙第次故曰第 僮千人乘轝斥車馬 漢書音義曰或云斥不用也韋昭曰嘗在服御。索隱曰孟康云斥不用之車馬是也 帷帳器物以充其家又以衛長公主妻之 孟康曰衛太子妹如淳曰衛太子姊也蔡邕曰帝女曰公主儀比諸侯姊妹曰長公主儀比諸侯王騊案此帝女也而云長公主未詳 齎金萬斤更名其邑曰當利公主 地理志云東萊有當利縣 天子親如五利之第使者存問所給連屬於道自大主 徐廣曰武帝姑也騊案韋昭曰竇太后之女也 將相以下皆置酒其家獻遺之於是天子又刻玉印曰天道將軍使使衣羽衣夜立白茅上五利將軍亦衣羽衣立白茅上受印以示弗臣也而佩天道者且爲天子道天神也於是五利常夜祠其家欲以下神神未至而百鬼集矣然頗能使之其後治裝行東入海求其師云大見數月佩六印貴振天下而海上燕齊之間莫不搤捥 服虔曰滿手曰搤攅曰搤執持也 而自言有禁方能神僊矣其夏六月中汾陰巫錦 應劭曰錦巫名 爲民祠魏脽后土營旁 應劭曰魏故魏國也脽若丘之類見地如鉤狀掊視得鼎索隱曰說文掊把也音步溝反鼎大異於衆鼎文鏤無款識韋昭曰款刻也○索隱曰識猶表識怪之言吏吏告河東太守勝勝以聞天子使使驗問巫錦得鼎無姦詐乃以禮祠迎鼎至甘泉從行上薦之如淳曰以鼎從行上甘泉將薦之於天也至中山徐廣曰河渠書鑿涇水自中山西○索隱曰此山在馮翊谷口縣西近九嵏山土人呼爲中山河渠書韓使水工鄭國說秦鑿涇水自中山西即此山也晏温如淳曰三輔謂日出清濟爲晏晏而温也○索隱曰許慎註淮南云晏無雲也有黃雲蓋焉有鹿過上自射之因以祭云至長安徐廣曰上言從行薦之或曰祭鼎乎公卿大夫皆議請尊寶鼎天子曰閒者河溢歲數不登故巡祭后土祈爲百姓育穀今年豐廡未有報鼎曷爲出哉有司皆曰聞昔太帝興神鼎一索隱曰師古以太帝即太昊伏犧氏以文在黃帝之前故也一者一統天地萬物所繫終也黃帝作寶鼎三象天地人也禹收九牧之金鑄九鼎皆嘗鬺亨徐廣曰亨煮也鬺音觴皆嘗以亨牲牢而祭祀也○索隱曰言鼎以亨牲而饗嘗也鬺字亦作䰞音殤漢書郊祀志云鼎空足曰鬲以象三德鬲音歷謂足中不寶者名之也上帝鬼神服虔曰以祭祀上帝或曰嘗亨酌也遭聖則興正義曰遭逢也鼎雖淪泗水逢聖興起故出汾陰西至甘泉也遷于夏商周德衰宋之社亡正義曰社主民也社以石爲之宋社即亳社也周武王伐紂乃立亳社以爲監戒覆上棧下使通天地陰陽之氣周禮衰國將危民故宋之社爲亡鼎復也鼎乃淪伏而不見頌云自堂徂基正義曰此以下至胡考之休是周頌絲衣之詩自堂從內往外基門內塾也鄭玄云門側之堂謂之塾繹

禮輕使士升堂視壺濯及籩豆之屬降往於塾牲自羊徂牛充包乃舉鼎告潔禮之次也自羊徂牛正義曰自堂往塾先視羊後及牛也毛萇云先小後大也鼐鼎及鼒韋昭曰爾雅云鼎絕大謂之鼐圜弇上謂之鼒不虞不驁胡考之休索隱曰毛詩傳云吳譁也姚氏案何承天云此虞吳當爲吳音供霸反說文以吳一口大言也此作虞者與吳聲相近故假借也或者本文借此虞爲驩娛字也今鼎至甘泉光潤龍變承休無疆合茲中山有黃白雲降韋昭曰與中山所見黃雲之氣合也蓋若獸爲符服虔曰雲若獸在車蓋也晉灼曰蓋辭也或曰符謂瑞應也路弓乘矢韋昭曰路大也四矢爲乘集獲壇下報祠大饗徐廣曰一云大報享祠也惟受命而帝者心知其意服虔曰高祖受命知之也宜見鼎於其廟而合德焉鼎宜見於祖禰藏於帝廷以合明應制曰可入海求蓬萊者正義曰蓬萊方丈瀛洲勃海中三神山也言蓬萊不遠而不能至者殆不見其氣上乃遣望氣佐候其氣云其秋上幸雍且郊索隱曰以雍地形高故云上或曰五帝泰一之佐也宜立泰一而上親郊之上疑未定齊人公孫卿曰今年得寶鼎其冬辛巳朔旦冬至與黃帝時等卿有札書曰黃帝得寶鼎宛侯問於鬼臾區漢書音義曰區黃帝時人○索隱曰鄭玄云黃帝佐也李奇曰黃帝時諸侯本作申區者非藝文志作鬼容區也區對曰黃帝得寶鼎神策是歲己酉朔旦冬至得天之紀終而復始於是黃帝迎日推策後率二十歲正義曰率音律又音類又所反三音並通後皆放此也得朔旦冬至凡二十推三百八十年

黃帝僊登于天卿因所忠欲奏之所忠視其書
不經疑其妄書謝曰寶鼎事已決矣尚何以爲
卿因嬖人奏之上大說召問卿對曰受此書申
功（封禪書功字作公）申公已死上曰申功何人也卿曰申
功齊人也與安期生通受黃帝言無書獨有此
鼎書曰漢興復當黃帝之時漢之聖者在高祖
之孫且曾孫也寶鼎出而與神通封禪封禪七
十二王（正義曰河圖云王者封太山禪梁父易姓奉崇有七十二君也）唯黃帝得上泰
山封申功曰漢主亦當上封上封則能僊登天
矣黃帝時萬諸侯而神靈之封居七千（應劭曰黃帝時諸侯
會封禪者七千人李奇曰說仙道得封者七千國張晏曰神靈之封謂山川之守）天下名山八而

三在蠻夷五在中國中國華山首山太室泰山
東萊此五山黃帝之所常遊與神會黃帝且戰
且學僊患百姓非其道乃斷斬非鬼神者百餘
歲然後得與神通黃帝郊雍上帝宿三月鬼臾
區號大鴻死葬雍故鴻冢是也（蘇林曰今雍有鴻冢）其後黃
帝接萬靈明廷明廷者甘泉也所謂寒門者谷
口也（徐廣曰寒一作塞漢書音義曰黃帝仙於寒門也○索隱曰服虔云寒門黃帝所僊之處小顏云谷中山之谷口漢時爲縣今呼爲治谷去甘泉八十里盛夏凜然故曰寒門）黃帝采首山銅鑄鼎
於荊山下（晉灼曰地理志首山屬河東蒲阪荊山在馮翊懷德縣）鼎既成有龍

垂胡顳下迎黃帝（索隱曰顏師古云胡謂頸下垂肉也顳其毛也故童謠曰何當爲君鼓龍
胡是也）黃帝上騎羣臣後宮從上龍七千餘人龍
乃上去餘小臣不得上乃悉持龍顳龍顳拔墮
（正義曰徒果反）黃帝之弓百姓仰望黃帝既上天乃抱其
弓與龍胡顳號（正義曰戶高反下同）故後世因名其處曰鼎
湖（正義曰括地志云湖水原出虢州湖城縣南三十五里夸父山北流入河即鼎湖也）其弓曰烏號
於是天子曰嗟乎吾誠得如黃帝吾視去妻子
如脫躧耳乃拜卿爲郎東使候神於太室上遂
郊雍至隴西西登空桐（正義曰空桐山在原州平高縣西一百里）幸甘泉
令祠官寬舒等具泰一祠壇壇放薄忌泰一壇

壇三垓（徐廣曰垓次也駰案李奇曰垓重也三重壇也○索隱曰鄒氏云垓一作陔言壇階三重）五帝
壇環居其下各如其方黃帝西南除八通鬼道
（服虔曰坤位在未黃帝從土位）泰一所用如雍一時物而加醴棗
脯之屬殺一犛牛以爲俎豆牢具而五帝獨有
俎豆（韋昭曰無犛牛醴之屬）醴進（索隱曰師古云具俎豆酒醴而進之一曰進謂雜物之具所以加禮
也）其下四方地爲餟食（索隱曰餟音竹芮反謂聯續而祭之漢志作腏古字亦通說文云餟祭酹也○正義曰劉伯莊云謂繞壇設諸神祭座相連綴也）羣神從者及北斗云
已祠胙餘皆燎之其牛色白鹿居其中彘在鹿
中水而洎之（徐廣曰洎音居器反肉汁也駰案晉灼曰此說合牲物燎之也○正義曰劉伯莊云以大羹和祭食燎之按以鹿內牛中以彘內鹿中水之酒也）祭日以牛祭月以羊彘特

索隱曰特一牲也言若牛若羊若豕止一特也泰一祝宰則衣紫及繡五帝
各如其色日赤月白十一月辛巳朔旦冬至昧
爽天子始郊拜泰一朝朝日夕夕月應劭曰天子春朝日秋夕
月拜日東門之外朝日以朝夕月以夕瓚曰漢儀郊泰一時皇帝平旦出竹宮東向揖日其夕西向揖月便用郊日不用
春秋也則揖而見泰一如雍禮其贊饗曰天始以
寶鼎神策授皇帝朔而又朔終而復始皇帝敬
拜見焉而衣上黃其祠列火滿壇壇旁亨炊
具有司云祠上有光焉公卿言皇帝始郊見泰
一雲陽正義曰括地志云漢雲陽宮在雍州雲陽縣北八十一里有通天臺即黃帝以來祭天圜丘之處武
帝以五月避暑八月乃還也有司奉瑄玉孟康曰璧大六寸謂之瑄○索隱曰瑄音宣嘉

牲薦饗正義曰漢書儀云祭天養牛五歲至二千斤是夜有美光及晝黃
氣上屬天太史公祠官寬舒等曰神靈之休祐
福兆祥宜因此地光域徐廣曰地一作夜立泰畤壇以明
應令太祝領祀及臘閒祠三歲天子一郊見其
秋為伐南越告禱泰一以牡徐廣曰一作牡荊畫幡如淳曰荊
之無子者皆以絜齋之道也晉灼曰牡荊節間不相當者韋昭曰以牡荊為柄者也日月北斗登龍
以象天一三星為泰一鋒徐廣曰天官書曰天極星明者泰一常居也斗口三
星曰天一駟案晉灼曰畫一星在後三星在前為太一鋒也名曰靈旗正義曰李奇云畫旗樹泰一壇
上名靈旗畫日月北斗登龍等為兵禱正義曰為于偽反則太史奉以指所
伐國正義曰韋昭云牡剛也荊強按用牡荊指伐國取其剛為幡故畫此旗指之而五利將

軍使不敢入海之泰山祠上使人微隨驗實無
所見五利妄言見其師其方盡多不讎上乃誅
五利正義曰漢武故事云東方朔言欒大無狀上發怒乃斬之其冬公孫卿候神河
南見僊人跡緱氏城上有物若雉往來城上天
子親幸緱氏城視跡問卿得毋效文成五利乎
卿曰僊者非有求人主人主求之其道非少寬
假神不來言神事事如迂誕正義曰迂音于誕音但迂遠也誕大也積
以歲乃可致於是郡國各除道繕治宮觀名山
神祠所以望幸矣其年既滅南越上有嬖臣李
延年以好音見上善之下公卿議曰民間祠尚

有鼓舞之樂今郊祠而無樂豈稱乎公卿曰古
者祀天地皆有樂而神祇可得而禮或曰泰帝
使素女索隱曰亦謂太昊○正義曰泰帝謂太昊伏羲氏鼓五十弦瑟悲帝
禁不止故破其瑟為二十五弦於是塞南越禱
祠泰一后土始用樂舞益召歌兒作二十五弦
徐廣曰瑟也及箜篌瑟自此起徐廣曰應劭云武帝令樂人侯調始造箜篌其來
年冬上議曰古者先振兵澤旅徐廣曰古釋字作澤然後封
禪乃遂北巡朔方勒兵十餘萬還祭黃帝冢橋
山釋兵須如李奇曰地名也上曰吾聞黃帝不死今有冢
何也或對曰黃帝已僊上天羣臣葬其衣冠既

至甘泉爲且正義曰爲于僞反將僞封禪也用事泰山正義曰道書福地記云泰山高
四千九百丈二尺周迴二千里先類祠泰一自得寶鼎上與公卿
諸生議封禪正義曰白虎通云王者易姓而起天下太平功成封禪以告太平禪梁父之趾廣厚
也刻石紀號著己之功績天以高爲尊地以厚爲德故增泰山之高以放天禪梁甫之趾以報地封者附廣之禪者將以
功相傳授之封禪用希曠絶莫知其儀禮而羣儒采
封禪尚書周官王制之望祀射牛事蘇林曰當祭朝射其牲以
除不祥贊曰射牛示親殺也○索隱曰天子射牛示親殺也事見國語齊人丁公年九十
餘曰封者合不死之名也秦皇帝不得上封陛
下必欲上稍上即無風雨遂上封矣上於是乃
令諸儒習射牛草封禪儀索隱曰見應劭漢官儀也數年至且

史記孝武紀十二　十七

行天子既聞公孫卿及方士之言黃帝以上封
禪皆致怪物與神通欲放黃帝以嘗接神僊人
蓬萊士高世比德於九皇張晏曰三皇之前有人皇九首韋昭曰上古人皇者
九人也而頗采儒術以文之羣儒既以不能辯明
封禪事又牽拘於詩書古文而不敢騁上爲封
祠器示羣儒羣儒或曰不與古同徐偃又曰太
常諸生行禮不如魯善周霸屬圖封事服虔曰屬會也
會諸儒圖封事於是上絀偃霸盡罷諸儒弗用三月遂
東幸緱氏禮登中嶽文穎曰崧高山也在潁川陽城縣太室韋昭曰崧高山
有太室少室之山山有石室故以名之從官在山下聞若有言萬歲云

正義曰漢儀注云有稱萬歲可十萬人聲問上上不言問下下不言於是
以三百戶封太室奉祠命曰崇高邑正義曰顏師古云以崇奉
嵩高山故謂之崇高也東上泰山山之草木葉未生乃令人
上石立之泰山顛上遂東巡海上行禮祠八神
文穎曰武帝登泰山祭太一并祭名山於泰壇西南開除八通鬼道故言八神也一曰八方之神○索隱曰韋昭云八神
謂天地陰陽日月星辰主四時之屬今按郊祀志一曰天主祠天齊二曰地主祠太山梁父三曰兵主祠蚩尤四曰陰主
祠三山五曰陽主祠之罘六曰月主祠之萊山七曰日主祠盛山八曰四時主祠琅邪齊人之上疏
言神怪奇方者以萬數然無驗者乃益發船令
言海中神山者數千人求蓬萊神人公孫卿持
節常先行候名山至東萊言夜見一人長數丈
就之則不見見其跡甚大類禽獸云羣臣有言
見一老父牽狗言吾欲見巨公漢書音義曰巨公謂武帝已忽
不見上既見大跡未信及羣臣有言老父則大
以爲僊人也宿留海上與方士傳車及間使求
僊人以千數四月還至奉高上念諸儒及方士
言封禪人人殊不經難施行天子至梁父禮祠
地主乙卯令侍中儒者皮弁薦紳射牛行事封
泰山下東方如郊祠泰一之禮封廣丈二尺高
九尺其下則有玉牒書書祕禮畢天子獨與侍
中奉車子侯漢書百官表曰奉車都尉掌乘輿車武帝初置韋昭曰子侯霍去病之子也上

史記孝武紀十二　十八

泰山亦有封其事皆禁明日下陰道丙辰禪泰
山下阯東北肅然山如祭后土禮天子皆親拜
見衣上黃而盡用樂焉江淮閒一茅三脊孟康曰所
謂靈茅也爲神藉五色土益雜封縱遠方奇獸蜚禽
及白雉諸物頗以加祠兕旄牛犀象之屬弗用
皆至泰山然後去封禪祠其夜若有光晝有白
雲起封中天子從封禪還坐明堂漢書音義曰天子初封泰山山
東北阯古時有明堂處則此所坐者明年秋乃作明堂羣臣更上壽於是制詔御
史朕以眇眇之身承至尊兢兢焉懼弗任維德
菲薄不明于禮樂脩祀泰一若有象景光屑如

有望瓚曰聞呼萬歲者三依依震於怪物欲止不敢遂登封
泰山至於梁父而后禪肅然服虔曰肅然山名在梁父自新嘉
與士大夫更始賜民百戶牛一酒十石加年八
十孤寡布帛二匹復博奉高蛇丘鄭玄曰蛇音移歷城毋
出今年租稅其赦天下如乙卯赦令行所過毋
有復作事在二年前皆勿聽治又下詔曰古者
天子五載一巡狩用事泰山諸侯有朝宿地其
令諸侯各治邸泰山下正義曰諸侯各於太山朝宿地起第准擬天子用事太山而居
止天子既已封禪泰山既無風雨菑而方士
更言蓬萊諸神山若將可得於是上欣然庶幾

遇之乃復東至海上望冀遇蓬萊焉奉車子侯
暴病一日死上乃遂去並海上北至碣石巡自
遼西歷北邊至九原五月返至甘泉漢書音義曰周萬八千里
也有司言寶鼎出爲元鼎以今年爲元封元年
其秋有星茀于東井韋昭曰秦分野也後衞太子兵亂○茀音佩後十餘
日有星茀于三能韋昭曰三能三公後連坐誅之望氣王朔言候
獨見其星出如瓠索隱曰郊祀志塡星出如瓠故顏師古以德星即鎮星今按此紀唯上言
德星則德星歲星也歲星所在有福故曰德星食頃復入焉有司言曰陛下
建漢家封禪天其報德星云其來年冬郊雍五
帝還拜祝祠泰一贊饗曰德星昭衍厥維休祥壽星

仍出索隱曰壽星南極老人星也見則天下理安故言之也淵耀光明信星昭
見索隱曰信星鎮星也信屬土土曰鎮星漢志爲得之皇帝敬拜泰徐廣曰一無此字祝
之饗其春公孫卿言見神人東萊山若云見天
子天子於是幸緱氏城拜卿爲中大夫遂至東
萊宿留之索隱曰音秀溜宿留遲待之意若依字讀則言宿而留亦是有所待並通也數日
毋所見見大人跡復遣方士求神怪采芝藥以
千數是歲旱於是天子既出毋名乃禱萬里沙
應劭曰萬里沙神祠也在東萊曲城孟康曰沙徑三百餘里過祠泰山鄧展曰泰山自東復有小泰山
瓚曰即今之泰山還至瓠子服虔曰瓠子隄名蘇林曰在甄城以南濮陽以北廣百步深五丈所瓚曰所決
河名○索隱註同自臨塞決河索隱曰按河渠書武帝自臨塞決河將軍已下皆負薪塡之留

二日沈祠而去索隱曰按沈白馬祭河決於是作瓠子歌見河渠書使二卿將卒塞決河河徙二渠復禹之故跡焉是時既滅南越越人勇之韋昭曰越地人名也乃言越人俗信鬼而其祠皆見鬼數有效昔東甌王敬鬼壽至百六十歲後世謾怠故衰耗乃令越巫立越祝祠安臺無壇亦祠天神上帝百鬼而以雞卜漢書音義曰持雞用卜如鼠卜○正義曰雞卜法用雞一狗一生祝願訖即殺雞狗煮熟又祭獨取雞兩眼骨上自有孔裂似人物形則吉不足則凶今嶺南猶行此法也上信之越祠雞卜始用焉公孫卿曰僊人可見而上往常遽以故不見今陛下可爲觀如緱氏城韋昭曰如緱比也置脯棗神人宜可致且僊人好

樓居於是上令長安則作蜚廉桂觀應劭曰飛廉神禽能致風氣晉灼曰身如鹿頭如雀有角而蛇尾文如豹文也甘泉則作益延壽觀使卿持節設具而候神人乃作通天臺徐廣曰在甘泉○索隱曰漢書作通天臺於甘泉宮按漢書舊儀臺高五十丈去長安二百里望見長安城置祠具其下將招來神僊之屬於是甘泉更置前殿始廣諸宮室索隱曰姚氏按揚雄云甘泉本因秦離宮既奢泰武帝復增通天高光迎風宮外近則有洪厓旁皇儲胥弩陆遠則石關封巒枝鵲露寒棠梨師得遊觀屈奇瑰偉又有高華溫德法相曾成宮白虎走狗天梯瑤臺仙人弩思觀皆壯麗也夏有芝生殿防內中徐廣曰元封二年也○索隱曰按生芝九莖作芝之房歌天子爲塞河興通天臺若有光云李奇曰爲此作事而有光應瓚曰作通天臺也乃下詔曰甘泉防生芝九莖應劭曰芝芝草也其葉相連如淳曰

瑞應圖云王者敬事耆老不失舊故則芝草生赦天下毋有復作其明年伐朝鮮夏旱公孫卿曰黃帝時封則天旱乾封正義曰乾音干蘇林云天旱欲使封土乾燥也顏師古云三歲不雨暴所封之土令乾鄭氏云但祭不立尸爲乾封三年上乃下詔曰天旱意乾封乎蘇林曰天旱欲使封土乾燥如淳曰但祭不立尸爲乾封其令天下尊祠靈星焉正義曰靈星即龍星也張晏云龍星左角曰天田則農祥也見而祭之其明年上郊雍通回中道巡之徐廣曰在扶風汧縣春至鳴澤服虔曰鳴澤澤名也在涿郡遒縣北界從西河歸其明年冬上巡南郡徐廣曰元封五年至江陵而東登禮潛之天柱山號曰南嶽應劭曰潛縣屬廬江南嶽霍山也文穎曰天柱山在潛縣南有祠浮江自尋陽出樅陽地理志廬江有樅陽縣過彭蠡祀其名山川

北至琅邪並海上四月中至奉高脩封焉初天子封泰山泰山東北阯古時有明堂處處險不敞上欲治明堂奉高旁未曉其制度濟南人公玉帶上黃帝時明堂圖索隱曰玉或音肅公玉姓帶名姚氏案風俗通齊湣王臣有公玉冉其後也音語錄反三輔決錄云杜陵有玉氏音肅說文以爲從玉音畜牧之畜今讀公玉與決錄音同然二姓單複有異單姓者音肅後漢司徒玉況是其後也明堂圖中有一殿四面無壁以茅蓋通水圜宮垣爲複道上有樓從西南入命曰昆侖索隱曰玉帶明堂圖中爲復道有樓從西南入名其道曰昆侖言其似昆侖山之五城十二樓故名之也天子從之入以拜祠上帝焉於是上令奉高作明堂汶上徐廣曰在元封二年秋如帶圖及五年脩封

則祠泰一五帝於明堂上坐令高皇帝祠坐對之祠后土於下房以二十太牢天子從昆侖道入始拜明堂如郊禮禮畢燎堂下而上又上泰山有祕祠其顛而泰山下祠五帝各如其方黃帝并赤帝而有司侍祠焉泰山上舉火下悉應之其後二歲十一月甲子朔旦冬至推歷者以本統天子親至泰山以十一月甲子朔旦冬至日祠上帝明堂 徐廣曰常五年一脩耳今適二年故但祀明堂 每脩封禪其贊饗曰天增授皇帝泰元神筴 索隱曰按贊饗之辭言天授皇帝泰元神筴周而復始又按黃帝得寶鼎神筴則太元者古昔上皇創曆之號故此云太元神筴者周而復始也 周而復始皇帝敬拜泰一東至海上考入海及方士求神者莫驗然益遣冀遇之十一月乙酉 徐廣曰二十二日也 柏梁烖十二月甲午朔上親禪高里 伏儼曰山名在泰山下 祠后土臨勃海將以望祠蓬萊之屬冀至殊庭焉 漢書音義曰蓬萊庭。○索隱曰冀漢書作幾幾近也冀望也並通服虔曰蓬萊中仙人殊庭者異也言入仙人異域也 上還以柏梁烖故朝受計甘泉 正義曰顧胤云栢梁被燒故受計之物於甘泉也顏師古云受郡國計簿也 公孫卿曰黃帝就青靈臺十二日燒 徐廣曰日一作月 黃帝乃治明庭明庭甘泉也方士多言古帝王有都甘泉者其後天子又朝諸侯甘泉甘泉作諸侯邸勇之乃曰越俗有火烖

復起屋必以大用勝服之於是作建章宮 正義曰括地志曰建章宮在雍州長安縣西二十里長安故城西 度爲千門萬戶前殿度高未央其東則鳳闕高二十餘丈 索隱曰三輔黃圖云武帝營建章起鳳闕高二十五丈關中記一名別風闕以言別四方之風西京賦曰閶闔之內別風嶕嶢是也三輔故事云北有圜闕高二十丈上有銅鳳凰故曰鳳闕也 其西則唐中數十里虎圈 索隱曰如淳云詩云中唐有甓鄭玄曰唐堂庭也爾雅以廟中路謂之唐西京賦曰前開唐中弥望曠象也。○正義曰圈其遠反括地志云虎圈今在長安城中西偏也 其北治大池漸臺 正義曰顏師古云漸浸也臺在池中爲水所浸故曰漸按王莽死此臺也 高二十餘丈名曰泰液 正義曰臣瓚云泰液言象陰陽津液以作池也 池中有蓬萊方丈瀛洲壺梁象海中神山龜魚之屬 索隱曰三輔故事云殿北海池北岸有石魚長二丈廣五尺西岸有石龜二枚各長六尺 其南有玉堂璧門大鳥之屬 索隱曰漢武故事玉堂基與未央前殿等去地十二丈 乃立神明臺 索隱曰漢宮闕疏云臺高五十丈上有九室常置九天道士百人 井幹樓度五十餘丈輦道相屬焉 索隱曰關中記宮北有井幹臺高五十丈積木爲樓言築累萬木轉相交架如井幹司馬彪註莊子云井幹井欄也又崔譔云井以四邊爲幹猶築牆之有楨榦又諸本多作幹一本作榦音說文云榦井橋 夏漢改曆以正月爲歲首而色上黃官名 徐廣曰一無名字 更印章以五字 張晏曰漢據土德土數五故用五爲印文也若丞相曰丞相之印章諸卿及守相印文不足五字者以之足也 因爲太初元年是歲西伐大宛蝗大起丁夫人 韋昭曰丁姓夫人名也 雒陽虞初等以方祠詛匈奴大宛焉其明年有司言雍五時無牢熟具芬芳不備乃命祠官進時犢

牢具五色食所勝孟康曰若火勝金則祠赤帝以白牲而以木耦馬代駒焉索隱曰一音偶孟康云寓寄龍形於木又姚氏云寓假也以言假木龍馬一駟非寄寓龍馬形於木也獨五帝用駒行親郊用駒及諸名山川用駒者悉以木耦馬代行過乃用駒他禮如故其明年東巡海上考神僊之屬未有驗者方士有言黃帝時為五城十二樓應劭曰崑崙縣圃五城十二樓僊人之所常居也以候神人於執期漢書音義曰執期地名也命曰迎年正義曰顏師古云迎年若言祈年上許作之如方明年上親禮祠上帝衣上黃焉公玉帶曰黃帝時雖封泰山然風后封鉅應劭曰封鉅黃帝師岐伯正義曰張揖云岐伯黃帝太醫令黃帝封東泰山禪凡山合符然後不死焉徐廣曰在琅邪朱虛縣汶水所出凡山亦在朱虛天子既令設祠具至東泰山東泰山卑小不稱其聲乃令祠官禮之而不封禪焉其後令帶奉祠候神物夏遂還泰山脩五年之禮如前而加禪祠石閭石閭者在泰山下阯南方方士多言此僊人之閭也故上親禪焉其後五年復至泰山脩封徐廣曰天漢三年李陵以天漢二年敗也還過祭常山今天子所興祠泰一后土三年親郊祠建漢家封禪五年一脩封薄忌泰一及三一冥羊馬行赤星五寬舒之祠官李奇曰祀名也○索隱曰赤星即上靈星祠也靈星龍左角赤故曰赤星五者太一也三一也冥羊也馬行也赤星也凡五竝令祠官寬舒領之

以歲時致禮凡六祠索隱曰五者之外有正太一后土祠故云六也皆太祝領之至如八神諸神明年凡山他名祠行過則祀去則已方士所興祠各自主其人終則已祠官弗主他祠皆如其故今上封禪其後十二歲而還徧於五嶽四瀆矣而方士之候祠神人入海求蓬萊終無有驗而公孫卿之候神者猶以大人跡為解無其效天子益怠厭方士之怪迂語矣然終羈縻弗絕冀遇其真自此之後方士言祠神者彌衆然其效可睹矣徐廣曰猶今人一云其事已可知矣皆不信之耳又數本皆無可字

太史公曰余從巡祭天地諸神名山川而封禪焉入壽宮侍祠神語究觀方士祠官之言於是退而論次自古以來用事於鬼神者具見其表裏後有君子得以覽焉至若俎豆珪幣之詳獻酬之禮則有司存焉

索隱述贊曰

孝武纂極　四海承平　志尚奢麗
尤敬神明　壇開八道　接通五城
朝親五利　夕拜文成　祭非祀典
巡乖卜征　登嵩勤岱　望景傳聲

迎年祀日　改曆定正　疲耗中土
事彼邊兵　日不暇給　人無聊生
俯觀嬴政　幾欲齊衡

史陸阡伍伯肆拾貳字
註陸阡玖伯捌拾壹字

孝武本紀第十二　史記十二

三代世表第一　史記十三

（索隱曰應劭云表者錄其事而見之按禮有表記而鄭玄云表明也謂事微而不著須表明也故言表○正義曰言代者以五帝久古傳記少見夏殷以來乃有尚書略有年月比於五帝事迹易明故舉三代為首表者明也明言事儀）

太史公曰五帝三代之記尚矣（索隱曰按此表依帝繫及系本其實叙五帝三代而篇唯名三代系表者以三代代系長遠宜以名篇且三代皆出自五帝故叙三代要從五帝而起首也劉氏云尚猶久古也尚矣之文元出大戴禮彼云黃帝尚矣）自殷以前諸侯不可得而譜（正義曰譜布也列其事也）周以來乃頗可著孔子因史文次春秋紀元年正時日月蓋其詳哉至於序尚書則略無年月或頗有然多闕不可錄故疑則傳疑蓋其慎也余讀諜記（索隱曰諜音牒牒者記系謚之書也下云稽歷譜諜謂歷代之譜諜也）黃帝以來皆有年數稽其歷譜諜終始五德之傳（索隱曰音轉謂帝王更王以金木水火土之五德傳次相承終而復始故云終始五德之傳也）古文咸不同乖異夫子之弗論次其年月豈虛哉於是以五帝繫諜尚書集世紀黃帝以來訖共和為世表（索隱曰按大戴禮有五帝德及帝繫篇蓋太史公取此二篇之諜及尚書集而紀黃帝以來為系表也厲王奔彘周召二公共相王室故曰共和皇甫謐云共伯和干王位則以共國伯爵和其名也干王位言篡也与史迁之說不同蓋異說耳）

帝王世國號	黃帝號有熊	帝顓頊 黃帝孫起黃帝至顓頊三世	帝俈 黃帝曾孫起黃帝至帝俈四世號高辛	帝堯 起黃帝至俈子五世號唐堯	帝舜 黃帝玄孫之玄孫號虞	帝禹 黃帝耳孫號夏
顓頊屬	黃帝生昌意	昌意生顓頊顓頊為高陽氏				
俈屬	黃帝生玄囂	玄囂生蟜極	蟜極生高辛高辛生帝俈（索隱曰黃帝玄孫）			
堯屬	黃帝生玄囂	玄囂生蟜極	蟜極生高辛高辛生放勛	放勛為堯		
舜屬	黃帝生昌意	昌意生顓頊顓頊生窮蟬（索隱曰系本作窮係宋衷云窮係謚也）	窮蟬生敬康敬康生句望	句望生蟜牛蟜牛生瞽叟	瞽叟生重華是為帝舜	
夏屬	黃帝生昌意	昌意生顓頊			顓頊生鯀鯀生文命（索隱曰漢書顓頊五代而生鯀此及帝系皆云顓頊生鯀是古文闕其代系也）	文命是為禹
殷屬	黃帝生玄囂	玄囂生蟜極蟜極生高辛	高辛生卨	卨為殷祖	卨生昭明	昭明生相土
周屬	黃帝生玄囂	玄囂生蟜極蟜極生高辛	高辛生后稷為周祖	后稷生不窋	不窋生鞠	鞠生公劉

帝啓 伐有扈作甘誓					祖土生昌若	公劉生慶節
帝太康					昌若生曹圉曹圉生冥	慶節生皇僕皇僕生差弗
帝仲康 太康弟					冥生振	差弗生毀渝毀渝生公非
帝相					振生微微生報丁	公非生高圉高圉生亞圉
帝少康					報丁生報乙報乙生報丙	亞圉生公祖類

年表一　卷十三　三

帝予 索隱曰直呂反亦作佇○正義曰相爲過澆所滅后緡歸有仍生少康其子予復禹績					報丙生主壬主壬生主癸	公祖類生太王亶父
帝槐 索隱曰音回一音懷系本作芬					主癸生天乙是爲殷湯從湯至黃帝十七世	亶父生季歷季歷生文王昌益易卦
帝芒 索隱曰音亡一作荒						文王昌生武王發
帝泄 索隱曰音薛						
帝不降						

三代世表

帝扃 不降弟○索隱曰古熒反

帝廑 索隱曰其靳反又音勤

帝孔甲 不降子好鬼神淫亂不好德二龍去

帝皐 索隱曰宋衷云墓在崤南陵

帝發 索隱曰帝皐子也系本云帝皐生發及履癸履癸一名桀

帝履癸 是爲桀

從禹至桀十七世從黃帝至桀二十世

殷湯代夏氏殷湯 從黃帝至湯十七世

帝外丙 湯太子太丁蚤卒故立次弟外丙

帝仲壬 外丙弟

年表一　卷十三　四

帝太甲 故太子太丁子淫伊尹放之桐宮三年悔過自責伊尹乃迎之復位

帝沃丁 伊尹卒

帝太庚 沃丁弟

帝小甲 太庚弟殷道衰諸侯或不至○索隱曰殷本紀及系本皆云小甲太康子

帝雍己 小甲弟

帝太戊 雍己弟以桑穀生稱中宗

帝中丁 俗本作仲丁

帝外壬 中丁弟

帝河亶甲 外壬弟

帝祖乙

帝祖辛

帝沃甲 祖辛弟。○索隱曰系本作開甲

帝祖丁 祖辛子

帝南庚 沃甲子

帝陽甲 祖丁子

帝盤庚 陽甲弟。從河南

帝小辛 盤庚弟

帝小乙 小辛弟

帝武丁 雉升鼎耳雊。得傅說。稱高宗

帝祖庚

帝甲 祖庚弟。淫。徐廣曰一云淫德殷衰

帝廩辛 索隱曰或作馮辛。系本作祖辛。誤也。按上祖乙已生祖辛。故知非也

帝庚丁 廩辛弟。殷徙河北

帝武乙 慢神震死

帝太丁

帝乙 殷益衰

帝辛 是為紂。弒

從湯至紂二十九世。從黃帝至紂四十六世

周武王伐殷 從黃帝至武王十九世

	魯	齊	晉	秦	楚	宋	衛	陳	蔡	曹	燕
成王誦 索隱曰本或作庸，非	周公旦 武王弟 初封	太公尚 文王武王師 初封	唐叔虞 武王子 初封	惡來助紂 父飛廉有力 二 初封	熊繹 繹父鬻熊 事文王 初封	微子啓 紂庶兄 初封	康叔 武王弟 初封	胡公滿 舜之後 初封	叔度 武王弟 初封	叔振鐸 武王弟 初封	召公奭 周同姓 初封
康王釗 刑錯四十餘年 索隱曰亮堯反 又音昭	魯公伯禽	丁公呂伋	晉侯燮	女防	熊乂	微仲 啓弟	康伯 索隱曰康叔子王孫牟父也	申公	蔡仲		九世至惠侯
昭王瑕 南巡不返。不赴，諱之。○索隱曰音遐。宋衷云昭王南伐楚，辛由靡為左，涉漢中流而隕，由靡承王，遂卒不復，周乃侯其後于西翟也	考公	乙公	武侯	旁皋	熊黮 索隱曰吐感反，又徒感反，又杜減反。鄒氏又作黕音	宋公	孝伯	相公	蔡伯	太伯	
穆王滿 作甫刑。荒服不至	煬公 考公弟	癸公	成侯	大几	熊勝	丁公	嗣伯	孝公	宮侯	仲君	

恭王伊扈	幽公	哀公	厲侯	大駱	熊煬	湣公 丁公弟	疌伯 （索隱曰音捷）	愼公	厲侯	宮伯	
懿王堅 周道衰詩人作刺	魏公 （索隱曰系本作微公名弗其）	胡公	靖侯	非子	熊渠	煬公 湣公弟	靖伯	幽公	武侯	孝伯	
孝王方 懿王弟	厲公	獻公 弑胡公		秦侯	熊無康	厲公	貞伯	釐公		夷伯	
夷王燮 懿王子	獻公 厲公弟	武公		公伯	熊摯紅	釐公	頃侯				
厲王胡 以惡聞遇亂出奔遂死于彘	眞公			秦仲	熊延 紅弟		釐侯				
共和 二伯行政	武公 眞公弟				熊勇						

張夫子問褚先生曰（索隱曰褚先生名少孫元成間爲博士張夫子未詳）詩言契后稷皆無父而生今案諸傳記咸言有父父皆黃帝子也（索隱曰按上契及后稷皆帝嚳子此云黃帝子者謂是黃帝之子孫耳按嚳是黃帝曾孫而契棄是玄孫也）得無與詩謬乎褚先生曰不然詩言契生於卵后稷人迹者欲見其有天命精誠之意耳

鬼神不能自成須人而生柰何無父而生乎一言有父一言無父信以傳信疑以傳疑故兩言之堯知契稷皆賢人天之所生故封之契七十里後十餘世至湯王天下堯知后稷子孫之後王也故益封之百里其後世且千歲至文王而有天下詩傳曰湯之先爲契無父而生契母與姊妹浴於玄丘水有燕銜卵墮之契母得故含之誤吞之即生契（索隱曰按史所引出詩緯故曰詩傳殷本紀云玄鳥翔水遺卵娀簡狄取而吞之）契生而賢堯立爲司徒姓之曰子氏子者茲茲益大也詩人美而頌之曰殷社（詩云土）芒芒天命玄鳥降而生商商者質殷號也文王之先爲后稷后稷亦無父而生后稷母爲姜嫄（索隱曰有邰氏之女也韋昭云姜姓嫄字也）出見大人蹟而履踐之知於身則生后稷姜嫄以爲無父賤而棄之道中羊牛避不踐也抱之山中（抱音普茅反○索隱曰抱又如字）山者養之又抱之大澤鳥覆席食之姜嫄怪之於是知其天子乃取長之堯知其賢才立以爲大農姓之曰姬氏姬者本也詩人美而頌之曰厥初生民深修益成而道后稷之始也孔子曰昔者堯命契爲子氏爲有湯也命后稷爲姬氏爲有文王也

太王命季歷明天瑞也太伯之吳遂生源也索隱曰言太伯之讓季歷居吳不反者欲使傳文王武王撥亂反正成周道遂天下生生之原本也天命難言非聖人莫能見舜禹契后稷皆黃帝子孫也黃帝策天命而治天下德澤深後世故其子孫皆復立爲天子是天之報有德也人不知以爲氾從布衣匹夫起耳夫布衣匹夫安能無故而起王天下乎其有天命然黃帝後世何王天下之久遠邪曰傳云天下之君王爲萬夫之黔首請贖民之命者帝有福萬世黃帝是也五政明則脩禮義因天時舉兵征伐而利者王有福千世蜀王黃帝後世也索隱

曰按系本蜀無姓相承云黃帝後世子孫也且黃帝二十五子分封賜姓或於蠻夷蓋當然也蜀王本紀云朱提有男子杜宇從天而下自稱望帝亦蜀王也則杜姓出唐杜氏蓋陸終氏之胤亦黃帝之後也○正義曰譜記普云蜀之先肇於人皇之際黃帝與子昌意娶蜀山氏女生帝告立封其支庶於蜀歷虞夏商周衰先稱王者蠶叢國破子孫居姚巂等處至今在漢西南五千里常來朝降輸獻於漢非以其先之有德澤流後世邪行道德豈可以忽乎哉人君王者舉而觀之漢大將軍霍子孟名光者亦黃帝後世也索隱曰按系本云霍國眞姓後周武王封弟叔處於霍是姬姓亦黃帝後也此可爲博聞遠見者言固難爲淺聞者說也何以言之古諸侯以國爲姓霍者國名也武王封弟叔處於霍後世晉獻公滅霍公後世爲

庶民往來居平陽平陽在河東河東晉地分爲衞國以詩言之亦可爲周世周起后稷后稷無父而生以三代世傳言之后稷有父名高辛高辛黃帝曾孫黃帝終始傳曰索隱曰蓋謂五行讖緯之說若今之童謠也漢興百有餘年有人不短不長出白燕之鄉正義本作燕正義曰一作白彘按霍光平陽人平陽今晉州霍邑本秦時霍伯國漢爲彘縣後漢改彘曰永安隋又改爲霍邑遍檢記傳無白燕之名疑白彘是鄉之名持天下之政時有嬰兒主索隱曰謂昭帝也郤行車索隱曰言霍光持政擅權遏帝令如郤行車使不前也霍將軍者本居平陽白燕臣爲郎時與方士考功正義曰謂年老爲方士最功也會旗亭下西京賦曰旗亭五里薛綜曰旗亭市樓也立旗於上故取名焉爲臣

言豈不偉哉索隱曰褚先生蓋腐儒也設主客引詩傳云契棄無父及據帝系皆帝嚳之子是也而末引蜀主霍光竟欲證何事而言之不經蕪穢正史輒云豈不偉哉一何誣也

索隱述贊曰高辛之胤大啓禎祥脩己吞薏石紐興王天命玄鳥簡狄生商姜嫄履跡祚流岐昌俱膺曆運互有興亡風餘周召刑措成康出彘之後諸侯日彊

三代世表第一　　史記十三

十二諸侯年表第二　史記十四

索隱曰篇言十二實敘十三者賤夷狄不數吳又霸在後故也不數吳而敘之者闔閭霸盟上國故也

太史公讀春秋曆譜諜 索隱曰案劉杳云三代系表旁行邪上並效周譜譜起周代藝文志有古帝王譜又自古爲春秋斈者有年曆譜諜之說故杜元凱作春秋長曆及公子譜蓋因於舊說故太史公得讀焉也 至周厲王未嘗不廢書而歎也曰嗚呼師摯見之矣 鄭玄曰師摯太師之名周道衰微鄭衛之音作正樂廢而失節魯太師摯識關雎之聲首理其亂也 紂爲象箸而箕子唏 索隱曰鄒氏及劉氏箸皆音直慮反即筯也今案箕子云爲象箸必爲玉杯則箸者是櫡也音治略反唏數聲音許既反又音希希亦聲餘故記曰夫子曰嘻其甚也亦音餘 周道缺詩人本之衽席關雎作仁義陵遲鹿鳴刺焉及至厲王以惡聞其過 索隱曰惡音烏故反過音古臥反故國語云厲王止謗道路以目是 公卿懼誅而禍作厲王遂奔于彘 索隱曰彘地名在河東後爲永安縣也 亂自京師始而共和行政焉是後或力政彊乘弱興師不請天子然挾王室之義 索隱曰挾音協 以討伐爲會盟主政由五伯 索隱曰伯音霸五伯者齊桓公晉文公秦穆公宋襄公楚莊王也 諸侯恣行 索隱曰行音下孟反 淫侈不軌賊臣簒子滋起矣齊晉秦楚其在成周微甚封或百里或五十里晉阻三河齊負東海楚介江淮 索隱曰介音界言楚以江淮爲界一云介者夾也 秦因雍州之固四國迭興更爲伯主文武所褒大封皆威而服焉是以孔子明王道干七十餘君莫能用故西觀周室論

史記舊聞興於魯而次春秋上記隱下至哀之獲麟約其辭文去其煩重 索隱曰去音羌呂反重音逐龍反言約史記修春秋去其重複之文也 以制義法王道備人事浹七十子之徒口受其傳指 索隱曰傳音逐宣反 爲有所刺譏褒諱挹損之文辭不可以書見也魯君子左丘明懼弟子人人異端各安其意失其眞故因孔子史記具論其語成左氏春秋鐸椒爲楚威王傅爲王不能盡觀春秋采取成敗卒四十章爲鐸氏微 索隱曰鐸椒所撰名鐸氏微者春秋有微婉之辭故也 趙孝成王時其相虞卿上采春秋下觀近勢亦著八篇爲虞氏春秋 正義曰按其文八篇藝文志云十五篇虞卿撰 呂不韋者秦莊襄王相亦上觀尚古刪拾春秋集六國時事以爲八覽六論十二紀爲呂氏春秋及如荀卿孟子公孫固韓非之徒各往往捃摭春秋之文以著書不可勝紀 索隱曰荀況孟軻韓非皆著書自稱子宋有公孫固无所述此固蓋齊人韓固傳詩者也 漢相張蒼歷譜五德 索隱曰按張蒼著終始五德傳也 上大夫董仲舒推春秋義頗著文焉 索隱曰作春秋繁露是

太史公曰儒者斷其義馳說者騁其辭不務綜其終始歷人取其年月數家 索隱曰數音踈具反謂陰陽術數之家也 隆於神運 徐廣曰一作通也 譜諜獨記世謚其辭略欲一

觀諸要難。索隱曰觀音官。難音奴丹反。於是譜十二諸侯，自共和訖孔子，表見春秋國語學者所譏盛衰大指著于篇，爲成學治古文者要刪焉。索隱曰言表見春秋國語本爲成學之人欲覽其要，故刪爲此篇焉。徐廣曰一云治國聞者也。攻文之士以欲覽其要故刪爲此篇焉

		庚申
周		共和元年。以宣王少，大臣共和行政。徐廣
魯	真公濞 索隱曰系本作慎公摯鄭誕本作慎公嚊真公伯禽之玄孫	十五年 一云十四年
齊	武公壽 索隱曰太公五代孫獻公子也 宋衷曰武公十年宣王大臣共行政故號曰共和十四年宣王即位	十年
晉	靖侯宜臼 索隱曰唐叔五代孫厲侯之子 宋衷曰唐叔已下五代無年紀	十八年
秦	秦仲 索隱曰非子曾孫公伯之子宣王命爲大夫誅西戎也	四年
楚	熊勇 索隱曰楚芈姓鬻熊之後因氏熊熊勇熊延之子熊繹九代孫	七年
宋	釐公 索隱曰微仲七代孫厲公之子	十八年
衛	釐侯 索隱曰康叔七代孫頃侯之子頃侯賂周始命爲侯	十四年
陳	幽公寧 索隱曰胡公五代孫也	十四年
蔡	武侯 索隱曰蔡仲五代孫也	二十三年
曹	夷伯喜 索隱曰名喜振鐸六代孫也	二十四年
鄭		
燕	惠侯 索隱曰召公奭九世孫也	二十四年
吳		

曰自共和元年，歲在庚申，訖敬王四十三年，凡三百六十五年。共和在春秋前一百一十九年。○索隱曰宣王少，周召二公共相王室，故曰共和。宣王，厲王之子也

				甲子	
周	二 厲王子居召公宮，是爲宣王	三	四	五	六
魯	十六	十七	十八	十九	二十
齊	十一	十二	十三	十四	十五
晉	晉釐侯司徒元年	二	三	四	五
秦	五	六	七	八	九
楚	八	九	十	楚熊嚴元年	二
宋	十九	二十	二十一	二十二	二十三
衛	十五	十六	十七	十八	十九
陳	十五	十六	十七	十八	十九
蔡	二十四	二十五	二十六	蔡夷侯元年	二
曹	二十五	二十六	二十七	二十八	二十九
鄭					
燕	二十五	二十六	二十七	二十八	二十九
吳					

七	八	九	十	十一	十二	十三	十四 宣王即位共和罷。索隱曰二相還政宣王稱元年也
二十一	二十二	二十三	二十四	二十五	二十六	二十七	二十八
十六	十七	十八	十九	二十	二十一	二十二	二十三
六	七	八	九	十	十一	十二	十三
十	十一	十二	十三	十四	十五	十六	十七
三	四	五	六	七	八	九	十
二十四	二十五	二十六	二十七	二十八	宋惠公覸元年 索隱曰覸音閑又音下板反	二	三
二十	二十一	二十二	二十三	二十四	二十五	二十六	二十七
二十	二十一	二十二	二十三	陳釐公孝元年	二	三	四
三	四	五	六	七	八	九	十
三十	曹幽伯彊元年	二	三	四	五	六	七
三十	三十一	三十二	三十三	三十四	三十五	三十六	三十七

甲戌						
宣王元年厲王子	二	三	四	五	六	七
二十九	三十	魯武公敖元年	二	三	四	五
二十四	二十五	二十六	齊厲公無忌元年	二	三	四
十四	十五	十六	十七	十八	晉獻侯籍元年	二
十八	十九	二十	二十一	二十二	二十三	秦莊公元年
楚熊霜元年	二	三	四	五	六	楚熊徇
四	五	六	七	八	九	十
二十八	二十九	三十	三十一	三十二	三十三	三十四
五	六	七	八	九	十	十一
十一	十二	十三	十四	十五	十六	十七
八	九	曹戴伯鮮元年	二	三	四	五
三十八	燕釐侯莊元年 索隱曰徐廣云二无莊字按燕失年紀及君名此言莊者衍字也	二	三	四	五	六

				甲申					
	八	九	十	十一	十二	十三	十四	十五	十六
	六	七	八	九	十	魯懿公戲元年	二	三	四
	五	六	七	八	九	齊文公赤元年	二	三	四
	三	四	五	六	七	八	九	十	十一
索隱曰其名也案秦之先公並不記名恐非其名	二	三	四	五	六	七	八	九	十
元年	二	三	四	五	六	七	八	九	十
	十一	十二	十三	十四	十五	十六	十七	十八	十九
	三十五	三十六	三十七	三十八	三十九	四十	四十一	四十二	衛武公和元年
	十二	十三	十四	十五	十六	十七	十八	十九	二十
	十八	十九	二十	二十一	二十二	二十三	二十四	二十五	二十六
	六	七	八	九	十	十一	十二	十三	十四
	七	八	九	十	十一	十二	十三	十四	十五

				甲午	
十七	十八	十九	二十	二十一	二十二
五	六	七	八	九	魯孝公稱元年伯御立為君稱為諸公子云伯御武公孫
五	六	七	八	九	十
穆侯弗生元年索隱曰按系家名費生或作瀆生系本名弗生則生是穆公之名費瀆弗不同爾	二	三	四取齊女為夫人	五	六
十一	十二	十三	十四	十五	十六
十一	十二	十三	十四	十五	十六
二十	二十一	二十二	二十三	二十四	二十五
二	三	四	五	六	七
二十一	二十二	二十三	二十四	二十五	二十六
二十七	二十八	蔡釐侯所事元年	二	三	四
十五	十六	十七	十八	十九	二十
					鄭桓公友元年始封周宣王母弟○索隱曰宣王二十
十六	十七	十八	十九	二十	二十一

	二十三	二十四	二十五	二十六	二十七	二十八	二十九
	二	三	四	五	六	七	八
	十一	十二	齊成公說元年索隱曰系家說作脫	二	三	四	五
	七以伐條生太子仇	八	九	十以千畝戰生仇弟成師二子名反君子譏之後乱	十一	十二	十三
	十七	十八	十九	二十	二十一	二十二	二十三
	十七	十八	十九	二十	二十一	二十二	楚熊鄂元年
	二十六	二十七	二十八	二十九	三十	三十一宋惠公薨	宋戴公立元年
	八	九	十	十一	十二	十三	十四
	二十七	二十八	二十九	三十	三十一	三十二	三十三
	五	六	七	八	九	十	十一
	二十一	二十二	二十三	二十四	二十五	二十六	二十七
二年封之鄭立三十六年与幽王俱死犬戎	二	三	四	五	六	七	八
	二十二	二十三	二十四	二十五	二十六	二十七	二十八

甲戌

三十	三十一	三十二	三十三	三十四	三十五	三十六	三十七	三十八
九	十	十一周宣王誅伯御立其弟稱是為孝公	十二	十三	十四	十五	十六	十七
六	七	八	九	齊莊公贖元年	二	三	四	五
十四	十五	十六	十七	十八	十九	二十	二十一	二十二
二十四	二十五	二十六	二十七	二十八	二十九	三十	三十一	三十二
二	三	四	五	六	七	八	九	楚若敖元年索隱曰熊儀也号若敖
二	三	四	五	六	七	八	九	十
十五	十六	十七	十八	十九	二十	二十一	二十二	二十三
三十四	三十五	三十六	陳武公靈元年	二	三	四	五	六
十二	十三	十四	十五	十六	十七	十八	十九	二十
二十八	二十九	三十	曹惠公伯雉元年索隱曰雉一作兕	二	三	四	五	六
九	十	十一	二十	十三	十四	十五	十六	十七
二十九	三十	三十一	三十二	三十三	三十四	三十五	三十六	燕頃侯元年

		甲寅							
三十九	四十	四十一	四十二	四十三		四十四	四十五	四十六	幽王元年
十八	十九	二十	二十一	二十二		二十三	二十四	二十五	二十六
六	七	八	九	十		十一	十二	十三	十四
二十三	二十四	二十五	二十六	二十七 穆侯卒弟殤叔自立太子仇出奔		晉殤叔元年	二	三	四 仇攻殺殤叔立為文侯
三十三	三十四	三十五	三十六	三十七		三十八	三十九	四十	四十一
二	三	四	五	六		七	八	九	十
十一	十二	十三	十四	十五		十六	十七	十八	十九
二十四	二十五	二十六	二十七	二十八		二十九	三十	三十一	三十二
七	八	九	十	十一		十二	十三	十四	十五
二十一	二十二	二十三	二十四	二十五		二十六	二十七	二十八	二十九
七	八	九	十	十一		十二	十三	十四	十五
十八	十九	二十	二十一	二十二		二十三	二十四	二十五	二十六
二	三	四	五	六		七	八	九	十

			甲子					
二 三川震	三 王取褒姒	四	五	六	七	八	九	十
二十七	二十八	二十九	三十	三十一	三十二	三十三	三十四	三十五
十五	十六	十七	十八	十九	二十	二十一	二十二	二十三
晉文侯仇元年	二	三	四	五	六	七	八	九
四十二	四十三	四十四	秦襄公元年	二	三	四	五	六
十一	十二	十三	十四	十五	十六	十七	十八	十九
二十	二十一	二十二	二十三	二十四	二十五	二十六	二十七	二十八
三十三	三十四	三十五	三十六	三十七	三十八	三十九	四十	四十一
陳夷公說元年	二	三	陳平公燮元年	二	三	四	五	六
三十	三十一	三十二	三十三	三十四	三十五	三十六	三十七	三十八
十六	十七	十八	十九	二十	二十一	二十二	二十三	二十四
二十七	二十八	二十九	三十	三十一	三十二	三十三	三十四	三十五
十一	十二	十三	十四	十五	十六	十七	十八	十九

				甲戌		
十一幽王為犬戎所殺	平王元年東徙雒邑	二	三	四	五	六
三十六	三十七	三十八	魯惠公弗湟元年索隱曰系家作弗湟系本作弗皇	二	三	四
二十四	二十五	二十六	二十七	二十八	二十九	三十
十	十一	十二	十三	十四	十五	十六
七始列為諸侯	八初立西畤祠白帝	九	十	十一	十二伐戎至岐而死	秦文公元年
二十	二十一	二十二	二十三	二十四	二十五	二十六
二十九	三十	三十一	三十二	三十三	三十四	宋武公司空元年
四十二	四十三	四十四	四十五	四十六	四十七	四十八
七	八	九	十	十一	十二	十三
三十九	四十	四十一	四十二	四十三	四十四	四十五
二十五	二十六	二十七	二十八	二十九	三十	三十一
三十六以幽王故為犬戎所殺	鄭武公元年索隱曰名滑突滑一作掘並音胡忽反	二	三	四	五	六
二十	二十一	二十二	二十三	二十四	燕哀侯元年	二

							甲申
七	八	九	十	十一	十二	十三	十四
五	六	七	八	九	十	十一	十二
三十一	三十二	三十三	三十四	三十五	三十六	三十七	三十八
十七	十八	十九	二十	二十一	二十二	二十三	二十四
二	三	四	五	六	七	八	九
二十七	楚霄敖元年索隱曰按系家若敖子熊坎立是為霄敖此作霄敖恐是霄變為霄也劉伯莊但隨字而音更不分析	二	三	四	五	六	楚蚡冒元年索隱曰
二	三	四	五	六	七	八	九
四十九	五十	五十一	五十二	五十三	五十四	五十五	衛莊公
十四	十五	十六	十七	十八	十九	二十	二十一
四十六	四十七	四十八	蔡共侯興元年	二	蔡戴侯元年	二	三
三十二	三十三	三十四	三十五	三十六	曹穆公元年	二	三
七	八	九	十取申侯女武姜	十一	十二	十三	十四生莊公寤生
燕鄭侯元年	二	三	四	五	六	七	八

	十五	十六	十七	十八	十九	二十	二十一	二十二
	十三	十四	十五	十六	十七	十八	十九	二十
	三十九	四十	四十一	四十二	四十三	四十四	四十五	四十六
	二十五	二十六	二十七	二十八	二十九	三十	三十一	三十二
	十作鄜時	十一	十二	十三	十四	十五	十六	十七
鄒氏云蚡一作粉音憤冒音亡報反又音默	二	三	四	五	六	七	八	九
	十	十一	十二	十三	十四	十五	十六	十七
楊元年	二	三	四	五	六	七	八	九
	二十二	二十三	陳文公圉元年生桓公鮑厲公他他母蔡女	二	三	四	五	六
	四	五	六	七	八	九	十	蔡宣侯措論元年
	曹桓公終生元年	二	三	四	五	六	七	八
	十五	十六	十七生大叔段	十八	十九	二十	二十一	二十二
	九	十	十一	十二	十三	十四	十五	十六

	甲午							
二十三	二十四	二十五	二十六	二十七	二十八	二十九	三十	三十一
二十一	二十二	二十三	二十四	二十五	二十六	二十七	二十八	二十九
四十七	四十八	四十九	五十	五十一	五十二	五十三	五十四	五十五
三十三	三十四	三十五	晉昭侯元年封其季弟成師于曲沃曲沃大於国君子譏曰晉人乱自曲沃始矣	二	三	四	五	六
十八	十九作祠陳寶	二十	二十一	二十二	二十三	二十四	二十五	二十六
十	十一	十二	十三	十四	十五	十六	十七	武王立
十八生魯桓公母	宋宣公力元年	二	三	四	五	六	七	八
十	十一	十二	十三	十四	十五	十六	十七愛妾子州吁州吁好兵	十八
七	八	九	十文公卒	桓公元年	二	三	四	五
二	三	四	五	六	七	八	九	十
九	十	十一	十二	十三	十四	十五	十六	十七
二十三	二十四	二十五	二十六	二十七	母欲立段公不聽鄭莊公寤生元年祭仲生	二	三	四
十七	十八	十九	二十	二十一	二十二	二十三	二十四	二十五

		甲辰					
三十二	三十三	三十四	三十五	三十六	三十七	三十八	三十九
三十	三十一	三十二	三十三	三十四	三十五	三十六	三十七
五十六	五十七	五十八	五十九	六十	六十一	六十二	六十三
潘父殺昭侯納成師不克昭侯子立是為孝侯○索隱曰昭侯文侯仇之子系家云晉大臣潘父弒昭侯迎曲沃桓叔晉人攻之立昭侯子平是為孝侯	二	三	四	五	六	七	八
二十七	二十八	二十九	三十	三十一	三十二	三十三	三十四
二	三	四	五	六	七	八	九
九	十	十一	十二	十三	十四	十五	十六
十九	二十	二十一	二十二	二十三	夫人无子桓公立衛桓公完元年	二弟州吁驕完黜之出奔	三
六	七	八	九	十	十一	十二	十三
十一	十二	十三	十四	十五	十六	十七	十八
十八	十九	二十	二十一	二十二	二十三	二十四	二十五
五	六	七	八	九	十	十一	十二
二十六	二十七	二十八	二十九	三十	三十一	三十二	三十三

表二 記十四 十七

					甲寅			
四十	四十一	四十二	四十三		四十四	四十五	四十六	四十七
三十八	三十九	四十	四十一		四十二	四十三	四十四	四十五
六十四	齊釐公祿父元年	二同母弟夷仲生公孫毋知也	三		四	五	六	七
九曲沃桓叔成師卒子代立為莊伯	十	十一	十二		十三	十四	十五	十六曲沃莊伯殺孝侯晉人立孝侯子郤為鄂侯郤鄂音噩
三十五	三十六	三十七	三十八		三十九	四十	四十一	四十二
十	十一	十二	十三		十四	十五	十六	十七
十七	十八	十九公卒命立弟和為穆公	宋穆公和元年		二	三	四	五
四	五	六	七		八	九	十	十一
十四	十五	十六	十七		十八	十九	二十	二十一
十九	二十	二十一	二十二		二十三	二十四	二十五	二十六
二十六	二十七	二十八	二十九		三十	三十一	三十二	三十三
十三	十四	十五	十六		十七	十八	十九	二十
三十四	三十五	三十六	燕穆	侯元年	二	三	四	五

表二 記十四 十八

四十八	四十九	五十	五十一	桓王元年
四十六	魯隱公息姑元年母聲子徐廣曰春秋隱元年歲在己未索隱曰系家名息系本名息如也	二	三二月日蝕	四
八	九	十	十一	十二
元年曲沃彊於晉索隱曰有本郤作都者誤也鄂邑郤其名	二	三	四	五
四十三	四十四	四十五	四十六	四十七
十八	十九	二十	二十一	二十二
六	七	八	九公屬孔父立殤公馮奔鄭	宋殤公與夷元年
十二	十三	十四	十五	十六州吁弒公自立
二十二	二十三	二十四	二十五	二十六衛石碏來告故執州吁
二十七	二十八	二十九	三十	三十一
三十四	三十五	三十六	三十七	三十八
二十一	二十二段作亂奔	二十三公悔思母不見穿地相見	二十四侵周取禾	二十五
六	七	八	九	十

十二諸侯年表

	甲子				
二使虢公伐晉之曲沃	三	四	五	六	七
五公觀魚于棠君子譏之	六鄭人來渝平	七	八易許田君子譏之	九三月大雨雹	十
十三	十四	十五	十六	十七	十八
六鄂侯卒曲沃莊伯復攻晉立鄂侯子光為哀侯	晉哀侯光元年	二莊伯卒子稱立為武公	三	四	五
四十八	四十九	五十	秦寧公元年	二	三
二十三	二十四	二十五	二十六	二十七	二十八
二鄭伐我我伐鄭	三	四	五	六	七諸侯敗我我師与衛人伐鄭
衛宣公元年晉共立之討州吁	二	三	四	五	六
二十七	二十八	二十九	三十	三十一	三十二
三十二	三十三	三十四	三十五	蔡桓侯封人元年	二
三十九	四十	四十一	四十二	四十三	四十四
二十六	二十七始朝王王不禮	二十八	二十九與魯璧易許田	三十	三十一
十一	十二	十三	十四	十五	十六

					甲戌
八	九	十	十一	十二	十三 伐鄭
十一 大夫翬請殺桓公求為相公不聽即殺公	魯桓公允元年母宋武公女生手文為魯夫人 索隱曰允音一作軌音五怨反徐廣云一作軌	二 宋賂以鼎入於太廟君子譏之	三 翬迎女齊侯送女君子譏之	四	五
十九	二十	二十一	二十二	二十三	二十四
六	七	八	晉小子元年	二	三
四	五	六	七	八	九
二十九	三十	三十一	三十二	三十三	三十四
八	九	華督見孔父妻好悅之 華督殺孔父及殺殤公 宋公馮元年 華督為相	二	三	四
七	八	九	十	十一	十二
三十三	三十四	三十五	三十六	三十七	三十八
三	四	五	六	七	八
四十五	四十六	四十七	四十八	四十九	五十
三十二	三十三 以璧加魯易許田	三十四	三十五	三十六	三十七 伐周傷王
十七	十八	燕宣侯元年	二	三	四

表二 記十四 二十一

十二諸侯年表

十四	十五	十六	十七	十八	十九	二十	二十一
六	七	八	九	十	十一	十二	十三
二十五 山戎伐我	二十六	二十七	二十八	二十九	三十	三十一	三十二
曲沃武公殺小子因伐曲沃立晉哀侯弟湣為晉侯晉侯湣元年 索隱曰湣音旻	二	三	四	五	六	七	八
十	十一	十二	秦出公元年	二	三	四	五
三十五 侵隨隨為善政得止	三十六	三十七 伐隨弗拔但盟罷兵	三十八	三十九	四十	四十一	四十二
五	六	七	八	九	十 執祭仲	十一	十二
十三	十四	十五	十六	十七	十八 太子伋弟壽爭死	十九	衛惠公朔元年
弟他殺太子免代立國亂再赴 陳厲公他元年 索隱曰他音徒何反 陳大夫五父後立為厲公	二 生敬仲完	三 周史卜完後世王齊	四	五	六	七 公淫蔡蔡殺公	陳莊公林元年
九	十	十一	十二	十三	十四	十五	十六
五十一	五十二	五十三	五十四	五十五	曹莊公射姑元年	二	三
三十八 太子忽救齊齊將妻之	三十九	四十	四十一	四十二	四十三	鄭厲公突元年	二
五	六	七	八	九	十	十一	十二

年表二 記十四 二十二

		甲申			
	二十二	二十三	莊王元年生子頹	二有兄弟	三
	十四	十五天王求車非礼	十六公會曹謀伐鄭	十七日蝕不書日官失之	十八公与夫人如齊齊侯通焉使彭生殺公於車上
毋知驕公令秩服如太子	三十三	齊襄公諸兒元年貶毋知秩服毋知怨	二	三	四殺魯桓公誅彭生
	九	十	十一	十二	十三
	六三公殺出公立其兄武公	秦武公元年彭至華山	二	三	四
	四十三	四十四	四十五	四十六	四十七
	十三	十四	十五	十六	十七
	二	三朔奔齊立黔牟	衛黔牟元年	二	三
桓公子	二	三	四	五	六
	十七	十八	十九	二十	蔡哀侯獻舞元年
	四	五	六	七	八
	三諸侯伐我報宋故	四蔡仲立忽公出居櫟	鄭昭公元年忽母鄧女蔡仲取之	二渠弥殺昭公	鄭子亹元年齊殺子亹昭公弟
	十三	燕桓公元年	二	三	四

表二 紀十四 廿三

十二諸侯年表

						甲午
四周公欲殺王而立子克王誅周公克奔燕	五	六	七	八	九	十
魯莊公同元年	二	三	四	五与齊伐衛納惠公	六	七星隕如雨与雨
五	六	七	八伐紀去其都邑	九	十	十一
十四	十五	十六	十七	十八	十九	二十
五	六	七	八	九	十	十一
四十八	四十九	五十	五十一王伐隋夫人心動王卒軍中	楚文王貲元年始都郢	二伐申過鄧鄧人曰楚可取鄧侯不許	三
十八	十九	宋湣公捷元年	二	三	四	五
四	五	六	七	八	九	十齊立
七	陳宣公杵臼元年杵臼莊公弟	二	三	四	五	六
二	三	四	五	六	七	八
九	十	十一	十二	十三	十四	十五
鄭子嬰元年子亹之弟	二	三	四	五	六	七
五	六	七	燕莊公元年	二	三	四

表二 紀十四 廿四

	十一	十二	十三
雨借	八 子糾來奔與管仲俱避毋知乱	九 魯欲與糾入後小白齊距魯使生致管仲	十 齊伐我為糾故
	十二 毋知弒君自立	齊桓公小白元年春齊殺毋知	二
	二十一	二十二	二十三
	十二	十三	十四
	四	五 息夫人陳女過蔡蔡不礼惡之楚	六 伐蔡獲哀侯以歸
	六	七	八
惠公黔牟奔周	衛惠公朔復入十四年	十五	十六
	七	八	九
	九	十	十一 楚虜我侯
	十六	十七	十八
	八	九	十
	五	六	七

十四	十五	釐王元年	二
十一 臧文仲弔宋水	十二	十三 曹沬劫桓公反所亡地	十四
三	四	五 與魯人會柯	六
二十四	二十五	二十六	二十七
十五	十六	十七	十八
七	八	九	十
九 宋大水公自罪魯使臧文仲來弔	十 万殺君仇牧有義	宋桓公御説元年莊公子	二
十七	十八	十九	二十
十	十一	十二	十三
十二	十三	十四	十五
二十九	三十	三十一	三十二
十一	十二	十三	十四
八	九	十	十一

		甲辰
三	四	五
十五	十六	十七
七 齊衛會諸侯於鄭	八	九
二十八 曲沃武公滅晉侯湣以寶獻周周命武公為晉君并其地	晉武公稱并晉已立二十八年不更元因其元年	二十九 武公卒子詭諸立為獻公
十九	二十 葬雍初以人從死	秦德公元年武公弟
十一	十二 伐鄧滅之	十三
三	四	五
二十一	二十二	二十三
十四	十五	十六
十六	十七	十八
二十三	二十四	二十五
鄭厲公元年厲公亡後七歲復入	二 諸侯伐我	三
十二	十三	十四

惠王元年取陳后	二 燕衛伐王
十八	十九
十	十一
晉獻公詭諸元年	二
二 初作伏祠磔狗邑四門	秦宣公
楚堵敖囏元年 徐廣曰作勤索隱曰囏音艱系家作莊敖劉音壯此作堵敖劉氏云亦作杜堵杜聲相近又與系家乖未詳其由也	二
六	七 取衛
二十四	二十五
十七	十八
十九	二十
二十六	二十七
四	五
十五	十六 伐王

王奔溫立子頹	三	四誅頹入惠王	五		六	七	八	九
	二十	二十一	二十二		二十三公如齊觀社	二十四	二十五	二十六
	十二	十三	十四陳完自陳來奔田常始此也○正義曰齊桓公十四年陳宣公	二十一年周惠王之五年	十五	十六	十七	十八
	三	四	五伐驪戎得姬		六	七	八盡殺故晉侯羣公子	九始城絳都之
元年	二	三	四作密畤		五	六	七	八
	三	四	五弟惲殺堵敖自立		楚成王惲元年	二	三	四
莊公弟	八	九	十		十一	十二	十三	十四
	二十六	二十七	二十八		二十九	三十	三十一	衛懿公赤元年
	十九	二十	二十一厲公子完奔齊		二十二	二十三	二十四	二十五
	蔡穆侯肸元年	二	三		四	五	六	七
	二十八	二十九	三十		三十一	曹釐公夷元年	二	三
	六	七救周亂入王	厲文公捷元年		二	三	四	五
王奔溫立子頹	十七鄭執我仲父	十八	十九		二十	二十一	二十二	二十三

甲寅						
十賜齊侯命	十一	十二	十三	十四	十五	十六
二十七	二十八	二十九	三十	三十二	三十二莊公弟叔牙鴆死子般季友奔陳立湣公	魯湣公開元年
十九	二十	二十一	二十二	二十三伐山戎為燕也	二十四	二十五
十	十一	十二太子申生居曲沃重耳居蒲城夷吾居屈驪姬故	十三	十四	十五	十六伐魏取霍始封趙夙耿畢万魏始此
九	十	十一	十二	秦成公元年	二	三
五	六	七	八	九	十	十一
十五	十六	十七	十八	十九	二十	二十一
二	三	四	五	六	七	八翟伐我公好鶴士不戰滅我国
二十六	二十七	二十八	二十九	三十	三十一	三十二
八	九	十	十一	十二	十三	十四
四	五	六	七	八	九	曹昭公元年
六	七	八	九	十	十一	十二
二十四	二十五	二十六	二十七	二十八	二十九	三十

				甲子	
十七	十八	十九		二十	二十一
二慶父殺湣公季友自陳立申為釐公殺慶父	魯釐公申元年哀姜喪自齊至	二		三	四
二十六	二十七殺女弟魯莊公夫人淫故	二十	八為衛築楚丘救戎狄伐	二十九與蔡姬共舟蕩公公怒歸蔡姬	三十率諸侯伐蔡蔡潰遂
十七申生將軍君子知其廢	十八	十九	荀息以幣假道于虞以伐虢滅下陽	二十	二十一申生以驪姬讒自殺
四	秦穆公任好元年	二		三	四迎婦於晉
十二	十三	十四		十五	十六齊伐我至陘使屈完
二十二	二十三	二十	四	二十五	二十六
國怨惠公亂滅其後更立黔牟弟衛戴公元年	衛文公燬元年戴公弟也	二	齊桓公率諸侯為我城楚丘	三	四
三十三	三十四	三	十五	三十六	三十七
十五	十六	十七		十八以女故齊伐我	十九
二	三	四		五	六
十三	十四	十五		十六	十七
三十一	三十二	三十	三	燕襄公元年	二

	二十二	二十三	二十四	二十五襄王立畏太叔徐廣曰皇甫謐云二十四年惠王崩	襄王元年諸侯立王
	五	六	七	八	九齊率戎伐晉亂至高梁還
伐楚責包茅貢	三十一	三十二率諸侯伐鄭	三十三	三十四	三十五夏會諸侯于葵丘天子使宰孔
重耳奔蒲夷吾奔屈	二十二滅虞虢重耳奔狄	二十三夷吾奔梁	二十四	二十五伐翟以重耳故	二十六公卒立奚齊里克殺之及
	五	六	七	八	九夷吾使郤芮賂求入夷吾
盟	十七	十八伐許許公肉袒謝楚從之	十九	二十	二十一
	二十七	二十八	二十九	三十公疾太子茲父讓兄目夷賢公不聽	三十一公薨未葬齊桓會葵丘
	五	六	七	八	九
	三十八	三十九	四十	四十一	四十二
	二十	二十一	二十二	二十三	二十四
	七	八	九	曹共公元年	二
	十八	十九	二十	二十一	二十二
	三	四	五	六	七

				甲戌
	二	三 戎伐我太叔帶召之欲誅叔帶奔齊	四	五
	十	十一	十二	十三
賜胙命無拜	三十六 使隰朋立晉惠公	三十七	三十八 使管仲平戎于周欲以上卿禮管仲受下卿禮	三十九 使仲孫請王言叔帶王怒
卓子立夷吾	晉惠公夷吾元年誅里克倍秦約	二	三	四 饑請粟秦與我
	十 丕鄭子豹亡來	十一 救王伐戎戎去	十二	十三 丕豹欲無與公不聽輸晉粟起雍至絳
	二十二	二十三 [illegible]	二十四	二十五
	宋襄公茲父元年目夷相	二	三	四
	十	十一	十二	十三
	四十三	四十四	四十五	陳穆公款元年
	二十五	二十六	二十七	二十八
	三	四	五	六
	二十三	二十四 有妾夢天與之蘭生穆公蘭	二十五	二十六
	八	九	十	十一

六	七	八		九	十	十一
十四	十五 五月日有食之不書史官失之	十六		十七	十八	十九
四十	四十一	四十二 王以戎寇告齊	齊徵諸侯戍周	四十三	孝公昭元年	二
五 秦饑請粟晉倍之	六 秦虜惠公復立之	七 重耳聞管仲死去翟	之齊	八	九	十
十四	十五 以盜食善馬士得破晉	十六 為河東置官司		十七	十八	十九 滅梁梁好成不居民罷相驚故亡秦
二十六 滅六英	二十七	二十八		二十九	三十	三十一
五	六	七 隕五石六鶂退飛過	我都	八	九	十
十四	十五	十六		十七	十八	十九
二	二	四		五	六	七
二十九	蔡莊公甲午元年	二		三	四	五
七	八	九		十	十一	十二
二十七	二十八	二十九		三十	三十一	三十二
十二	十三	十四		十五	十六	十七

					甲申	
	十二	十三	十四 叔帶復歸於周		十五	十六 王奔氾氾鄭地也索隱曰
	二十	二十一	二十二		二十三	二十四
	三	四	五 歸王弟帶		六 伐宋以其不同盟	七
	十一	十二	十三 太子圉質秦亡歸索隱曰圉晉惠公夷吾之子	也音傑頻音致又姑字	十四 圉立為懷公	晉文公元年誅子圉魏武為魏大夫趙衰為
隱曰好去聲龐音皮	二十	二十一	二十二		二十三 迎重耳於楚厚禮之妻之女重耳願歸	二十四 以兵送重耳
	三十二	三十三 執宋襄公復歸之	三十四		三十五 重耳過厚禮之	三十六
	十一	十二 召楚盟	十三 泓之戰楚敗之索隱曰穀梁傳戰於泓	水之上系家云十二年宋師敗傷股	十四 公疾死泓戰	宋成公王臣元
	二十	二十一	二十二		二十三 重耳從齊過無禮	二十四
	八	九	十		十一	十二
	六	七	八		九	十
	十三	十四	十五		十六 重耳過無禮僖負羈私善	十七
	三十三	三十四	三十五 君如楚宋	伐我	三十六 重耳過無禮叔詹諫	三十七
	十八	十九	二十		二十一	二十二

氾音九又音似	十七 晉納王	十八	十九		二十 王狩河陽	二十一
	二十五	二十六	二十七		二十八 公如踐土會朝	二十九
	八	九	十 孝公薨弟潘因	衛子開方殺孝公子立潘	齊昭公潘元年會晉敗楚朝周王	二
原大夫咎犯曰求霸莫如內王	二	三 宋服	四 救宋報曹	衛恥	五 侵曹伐衛取五鹿執曹伯諸侯敗楚而朝河陽周命賜公土地	六
	二十五 欲內王軍河上	二十六	二十七		二十八 會晉伐楚朝周	二十九
	三十七	三十八	三十九 使子玉伐	宋	四十 晉敗子玉于城濮	四十一
年	二	三 倍楚親晉	四 楚伐我我告急	於晉	五 晉救我楚兵去	六
	二十五	衛成公鄭元年	二		三 晉伐我取五鹿公出奔立公子瑕會晉朝復歸晉	四 晉以衛與宋
	十三	十四	十五		十六 會晉伐楚朝周王	陳共公朔元年
	十一	十二	十三		十四 晉伐執我公復歸之	十五
	十八	十九	二十		二十一 晉伐執我公復歸之	二十二
	三十八	三十九	四十		四十一	四十二
	二十三	二十四	二十五		二十六	二十七

			甲午			
二十二	二十三	二十四	二十五		二十六	二十七
三十	三十一	三十二	三十三 僖公薨		魯文公興元年	二
三	四	五	六 狄侵我		七 伐衛衛伐我	八
七 聽周歸衛成公與秦圍鄭	八	九 文公薨	晉襄公驩元年	破秦於殽	二	三 秦報我殽敗于汪
三十 圍鄭有奇言即去	三十一	三十二 將襲鄭蹇叔曰不可	三十三 襲鄭晉敗	我殽	三十四 敗殽將亡歸公復其官	三十五 伐晉報殽敗我
四十二	四十三	四十四	四十五		四十六 王欲殺太子立職太子恐與傅潘崇殺王王欲食熊蹯死不聽自立為王	楚穆王商臣元年以其太子宅賜
七	八	九	十		十一	十二
五 周入成公復衛	六	七	八		九 晉伐我我伐晉	十
二	三	四	五		六	七
十六	十七	十八	十九		二十	二十一
二十三	二十四	二十五	二十六		二十七	二十八
四十三 秦晉圍我以晉故	四十四	四十五 文公薨	鄭穆公蘭元年秦襲	我弦高詐之	二	三
二十八	二十九	三十	三十一		三十二	三十三

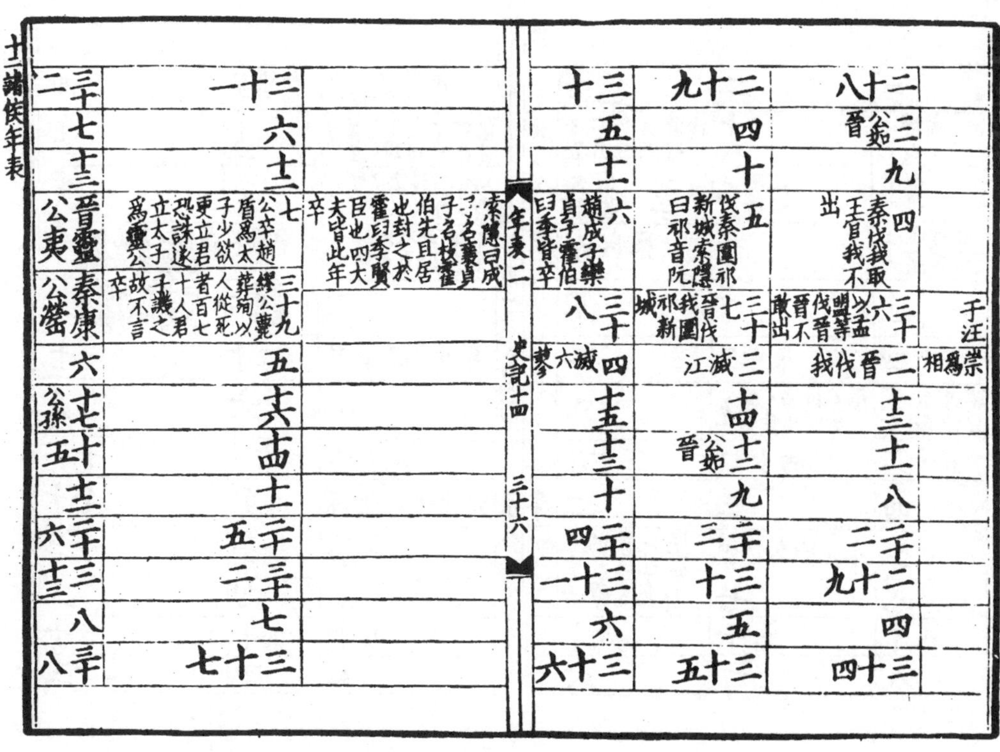

	二十八	二十九	三十		三十一	三十二
	三 公如晉	四	五		六	七
	九	十	十一		十二	十三
	四 秦伐我取王官我不出	五 伐秦圍祁新城索隱曰祁音阮	六 趙成子欒貞子霍伯臼季皆卒	索隱曰成子名衰貞子名枝霍伯先且居也封之於霍臼季胥臣也四大夫皆此年卒	七 公卒趙盾為太子少欲更立君恐誅遂立太子為靈公	晉靈公夷
于汪	三十六 以孟明等伐晉晉不敢出	三十七 晉伐我圍祁新城	三十八		三十九 繆公薨葬殉以人從死者百七十人君子譏之故不言卒	秦康公罃
崇為相	二 晉伐我	三 滅江	四 滅六蓼		五	六
	十三	十四	十五		十六	十七 公孫
	十一	十二 公如晉	十三		十四	十五
	八	九	十		十一	十二
	二十二	二十三	二十四		二十五	二十六
	二十九	三十	三十一		三十二	三十三
	四	五	六		七	八
	三十四	三十五	三十六		三十七	三十八

			甲辰	
	三十三 襄王崩	頃王元年	二	三
	八 王使衛來求金以葬非禮	九	十	十一 敗長翟于鹹而歸得長翟
	十四	十五	十六	十七
皐元年 趙盾專政	二 秦伐我取武城報令狐之戰	三 率諸侯救鄭	四 伐秦拔少梁秦取我北徵 索隱曰徵音懲蓋今之澄城也	五
元年 索隱曰罃音乙耕反	二	三	四 晉伐我取少梁我伐晉取北徵	五
	七	八 伐陳以其服晉	九	十
固殺成公	宋昭公杵臼元年 襄公之子 徐廣曰一云成公少子 索隱曰徐廣說是也	二	三	四 敗長翟長丘
	十六	十七	十八	十九
	十三	十四	十五	十六
	二十七	二十八	二十九	三十
	三十四	三十五	曹文公壽元年	二
	九	十 楚伐我	十一	十二
	三十九	四十	燕桓公元年	二

四	五 頃王崩	六 公卿爭政故不赴	匡王元年	二	三
十二	十三	十四 彗星入北斗周史曰十年齊君晉君死	十五 六月辛丑日蝕 齊伐我	十六	十七 齊伐我
十八	十九	二十 昭公卒弟商人殺太子自立是為懿公	齊懿公商人元年	二 不得民心	三 伐魯
六 秦取我羈馬与秦戰河曲秦師遁	七 得隨會	八 趙盾以車八百乘納捷菑平王室	九 我入蔡	十	十一 率諸侯平宋
六 伐晉取羈馬怒與我大戰河曲	七 晉詐得隨會	八	九	十	十一
十一	十二	楚莊王侶元年	二	三 滅庸	四
五	六	七	八	九 襄夫人使衛伯殺昭公弟鮑立	宋文公鮑元年 昭公弟
二十	二十一	二十二	二十三	二十四	二十五
十七	十八	陳靈公平國元年	二	三	四
三十一	三十二	三十三	三十四 晉伐我莊侯薨	蔡文公申元年	二
三	四	五	六 齊入我郛	七	八
十三	十四	十五	十六	十七	十八
三	四	五	六	七	八

				甲寅
	四	五		六匡王崩
	十八襄仲殺嫡立庶子為宣公	魯宣公俀	元年魯立宣公不正公室卑	二
	四公刖邴歜父而奪閻職妻二人共殺公立悼公子惠公	齊惠公元	年取魯濟西之田	二王子成父敗長翟
	十二	十三趙盾	救陳宋伐鄭	十四趙穿殺靈公趙盾使穿迎公子黑臀于周立之趙氏賜公族
	十二	秦共公和	元年	二
	五	六伐宋陳以	倍我服晉故	七
弟晉率諸侯平我	二	三楚鄭伐我	以我倍楚故也	四華元以羊羹陷鄭
	二十六	二十	七	二十八
	五	六		七
	三	四		五
	九	十		十一
	十九	二十與楚侵陳	遂侵宋晉使趙盾伐我以倍晉故	二十一與宋師戰獲華元
	九	十		十一

定王元年	二	三		四	五	六	七
三	四	五		六	七	八七月日蝕	九
三	四	五		六	七	八	九
晉成公黑臀元年伐鄭	二	三中行桓子荀林父救鄭伐陳		四與鄭侵陳	五	六與魯伐秦獲秦諜殺之絳市六日而蘇	七使桓子
三	四	五		秦桓公元年	二	三晉伐我獲諜	四
八伐陸渾至雒問鼎輕重	九若敖氏為亂滅之伐鄭	十		十一	十二	十三伐陳滅舒蓼	十四伐鄭
五贖華元亡歸圍曹	六	七		八	九	十	十一
二十九	三十	三十一楚伐鄭與我平晉中行桓子距	楚救鄭伐我	三十二與晉侵陳	三十三	三十四	三十五
八	九	十		十一晉衛侵我	十二	十三楚伐我滅舒蓼	十四
六	七	八		九	十	十一	十二
十二宋圍我	十三	十四		十五	十六	十七	十八
二十二華元亡歸	鄭靈公夷元年公子歸生以黿故殺靈公	鄭襄公堅元年靈公	庶弟楚伐晉來救	二	三	四	五楚伐
十二	十三	十四		十五	十六	燕宣公元年	二

干支													
				伐楚以諸侯師伐陳救鄭成公殺		晉郤缺救鄭敗我						我晉來救敗楚師	
	八	十 四月日蝕	十 公卒崔杼有寵高國奔衛	景公據元年與宋伐鄭	五	十五	十二	衛穆公遬元年齊高國來奔	十五 夏徵舒以其母辱殺靈公	十三	十九	六 晉宋楚伐我	三
	九	十一	齊頃公無野元年	二	六	十六 率諸侯誅陳夏徵舒立陳靈公子午	十三	二	陳成公午元年靈公太子	十四	二十	七	四
甲子	十	十二	二	三 救鄭為楚所敗河上	七	十七 圍鄭鄭伯肉袒謝釋之	十四 伐陳	三	二	十五	二十一	八	五 楚圍我我卑辭以解
	十一	十三	三	四	八	十八	十五	四	三	十六	二十二	九	六
	十二	十四	四	五 伐鄭	九	十九 圍宋為殺使者	十六 殺楚使者楚圍我	五	四	十七	二十三 文公薨	十 晉伐我	七
	十三	十五 初稅畝	五	六 救宋執解楊有使節秦伐我	十 伐晉	二十 圍宋五月華元告子反以誠楚罷	十七 華元告楚楚去	六	五	十八	曹宣公盧元年	十一 佐楚伐宋執解楊	八

十二諸侯年表

干支													
	十四	十六	六	七 隨會滅赤翟	十一	二十一	十八	七	六	十九	二	十二	九
	十五	十七 日蝕	七 晉使郤克來齊婦人笑之克怒歸去	八 使郤克使齊婦人笑之克怒歸	十二	二十二	十九	八	七	二十 文侯薨	三	十三	十
	十六	十八 宣公薨	八 晉伐敗我	九 伐齊質子彊兵罷	十三	二十三 莊王薨	二十	九	八	蔡景侯固元年	四	十四	十一
	十七	魯成公黑肱元年	九	十	十四	楚共王審元年	二十一	十	九	二	五	十五	十二
		春齊取我隆											
	十八	二 與晉伐齊齊歸我汶陽竊與楚盟	十 晉郤克敗公於鞌虜逢丑父	十一 與曹敗齊	十五	二 秋申公巫臣竊徵舒母奔晉以為邢大夫冬伐衛魯救齊	二十二	十一 穆公薨與諸侯敗齊反侵地楚伐我	十	三	六	十六	十三
	十九	三 會晉宋衛曹伐楚鄭	十一 頃公如晉欲王晉晉不敢受	十二 始置六卿率諸侯伐鄭	十六	三	宋共公瑕元年	衛定公臧元年	十一	四 伐鄭	七	十七 晉率諸侯伐我	十四
甲戌	二十	四 公如晉晉不敬公欲倍	十二	十三 魯公來不敬	十七	四 子反救鄭	二	二	十二	五	八	十八 晉欒書取	十五

	二十一	簡王元年	二	三	四	五
晉合於楚	五	六	七	八	九	十公如晉送葬諱之
	十三	十四	十五	十六	十七頃公薨	齊靈公環元年
	十四梁山崩伯宗隱其人而用其言	十五使欒書救鄭遂侵蔡	十六以巫臣始通於吳而謀楚	十七復趙武田邑侵蔡	十八執鄭成公伐鄭秦伐我	十九
	十八	十九	二十	二十一	二十二伐晉	二十三
	五伐鄭倍我故也鄭悼公來訟	六	七伐鄭	八	九救鄭冬與晉成	十
	三	四	五	六	七	八
	三	四	五	六	七	八
	十三	十四	十五	十六	十七	十八
	六	七晉侵我	八	九晉侯伐我	十	十一
	九	十	十一	十二	十三	十四
我氾襄公薨	鄭悼公費元年公如楚訟	二悼公薨楚伐我晉使欒書來救	鄭成公睔元年悼公弟也楚伐我索隱曰睔音古困反	二	三與楚盟公如晉執公伐我	四晉率諸侯伐我
	燕昭公元年	二	三	四	五	六
		吳壽夢元年	二巫臣來謀伐楚	三	四	五

			甲申				
六	七	八	九	十	十一	十二	十三
十一	十二	十三會晉伐秦	十四	十五始與吳通會鍾離	十六宣伯告晉欲殺季文子文子得以義脫	十七	十八成公薨
二	三	四伐秦	五	六	七	八	九
晉厲公壽曼元年	二	三伐秦至涇敗之獲其將成差	四	五三郤讒伯宗殺之伯宗好直諫	六敗楚鄢陵	七	八欒書中
二十四與晉侯夾河盟歸倍盟	二十五	二十六	二十七	秦景公元年	二	三	四
十一	十二	十三	十四	十五許畏鄭請徙葉	十六救鄭不利子反醉軍敗殺子反歸	十七	十八為魚
九	十	十一晉率我伐秦	十二	十三宋華元奔晉復還	宋平公成元年	二	三楚伐
九	十	十一	十二定公薨	衛獻公衎元年	二	三	四
十九	二十	二十一	二十二	二十三	二十四	二十五	二十六
十二	十三	十四	十五	十六	十七	十八	十九
十五	十六	十七晉率我伐秦	曹成公負芻元年	二晉執我公以歸	三	四	五
五	六	七伐秦	八	九	十倍晉盟楚晉伐我楚來救	十一	十二與楚
七	八	九	十	十一	十二	十三昭公薨	燕武
六	七	八	九	十與魯會鍾離	十一	十二	十三

							甲午
	十四 簡王崩	靈王元年生有髭	二		三	四	五
	魯襄公午元年 圍宋彭城	二 會晉城虎牢	三		四 公如晉	五 季文子卒	六
	十 我不救鄭晉伐我使太子光質於晉	十一	十二 伐吳		十三	十四	十五
行偃殺厲公立襄公孫為悼公	晉悼公元年 圍宋彭城	二 率諸侯伐鄭城虎牢	三 魏絳	辱楊干	四 魏絳說和戎狄狄朝晉	五	六
	五	六	七		八	九	十
石伐宋彭城	十九 侵宋救鄭	二十	二十一 使子重伐吳至	衡山使何忌侵陳	二十二 伐陳	二十三 伐陳	二十四
彭城封魚石	四 楚侵我取犬丘晉誅魚石歸我彭城	五	六		七	八	九
	五 圍宋彭城	六	七		八	九	十
六	二十七	二十八	二十九 倍楚	盟楚侵我	三十 楚伐我	成公薨 陳哀公弱元年	二
	二十	二十一	二十二		二十三	二十四	二十五
	六	七	八		九	十	十一
伐宋	十三 晉伐敗我兵於洧上楚來救	十四 成公薨晉率諸侯伐我	鄭釐公惲	元年	二	三	四
公元年	二	三	四		五	六	七
	十四	十五	十六	楚伐我	十七	十八	十九

六	七	八	九 王叔奔晉	十	十一
七	八 公如晉	九 與晉伐鄭會河上問公年十二可冠於衛	十 楚鄭侵我西鄙	十一 三桓分為三軍各將軍	十二 公如晉
十六	十七	十八 與晉伐鄭	十九 令太子光高厚會諸侯鍾離	二十	二十一
七	八	九 率齊魯宋衛曹伐鄭秦伐我	十 率諸侯伐鄭荀罃伐秦	十一 率諸侯伐鄭秦敗我櫟吾用魏絳九合諸侯	十二
十一	十二	十三 伐晉楚為我援	十四 晉伐我	十五 我使庶長鮑伐晉救魏敗之櫟	十六
二十五 圍陳	二十六 伐鄭	二十七 伐鄭師于武城為秦	二十八 使子囊救鄭	二十九 鄭晉伐我	三十
十	十一	十二 晉率我伐鄭師	十三 鄭伐我衛來救	十四 楚伐我	十五
十一	十二	十三 晉率我伐鄭師曹鞭公幸妾	十四 救宋	十五 救鄭敗晉師櫟	十六
三 楚圍我為公亡歸	四	五	六	七	八
二十六	二十七 鄭侵我	二十八 晉師我伐鄭	二十九	三十	三十一
十二	十三	十四	十五	十六	十七
五 子駟使賊夜殺釐公詐以病卒赴諸侯	鄭簡公嘉元年 釐公子	二 誅子駟晉率諸侯伐我我與盟楚怒伐我	三 晉率諸侯伐我楚來救子孔作亂子產攻之	四 與楚伐宋晉率諸侯伐我秦來救	五
八	九	十	十一	十二	十三
二十	二十一	二十二	二十三	二十四	二十五 壽夢卒

			甲辰		
十二	十三	十四	十五	十六	十七
十三	十四 日蝕	十五 日蝕齊伐我	十六 齊伐我地震齊復伐我北鄙	十七 齊伐我北鄙	十八 與晉伐齊
二十二	二十三 衛獻公來奔	二十四 伐魯	二十五 伐魯	二十六 伐魯	二十七 晉圍臨淄晏嬰大破之
十三	十四 率諸侯大夫伐秦敗棫林索隱曰棫音域	十五 悼公薨	晉平公彪元年伐敗楚于湛坂索隱曰湛音視林反地名也	二	三 率魯宋衛鄭圍齊大破之
十七	十八 晉諸侯大夫伐我敗棫林	十九	二十	二十一	二十二
三十一 吳伐我敗之共王薨	楚康王招元年共王太子出奔吳索隱曰系本名招	二	三 晉伐我敗湛坂	四	五 伐鄭
十六	十七	十八	十九	二十 伐陳	二十一 晉帥我伐齊
十七	十八 孫文子攻公公奔齊立定公弟狄	衛殤公狄元年定公弟	二	三 伐曹	四
九	十	十一	十二	十三 宋伐我	十四
三十二	三十三	三十四	三十五	三十六	三十七
十八	十九	二十	二十一	二十二 衛伐	二十三 成公薨
六	七	八	九	十	十一 晉率我圍齊楚伐我
十四	十五	十六	十七	十八	十九 武公薨
吳諸樊元年楚敗我	二 季子讓位楚伐我	三	四	五	六

十八	十九	二十	二十一	二十二	二十三	二十四
十九	二十 日蝕	二十一 公如晉日再蝕	二十二 孔子生	二十三	二十四 侵齊日再蝕	二十五
二十八 廢光立子牙為太子光與崔杼殺牙自立晉衛伐我	齊莊公元年	二	三 晉欒逞來奔晏嬰曰不如歸之索隱曰音盈晉大夫也	四 欲遣欒逞入曲沃伐晉取朝歌	五 畏晉通楚晏子謀	六 晉伐我報
四 與衛伐齊	五	六 魯襄公來殺羊舌虎	七 欒逞奔齊	八	九	十 伐齊
二十三	二十四	二十五	二十六	二十七	二十八	二十九
六	七	八	九	十	十一 與齊通率陳蔡伐鄭救齊	十二 吳伐我以報舟
二十二	二十三	二十四	二十五	二十六	二十七	二十八
五 晉率我伐齊	六	七	八	九 齊伐我	十	十一
十五	十六	十七	十八	十九	二十 楚率我伐鄭	二十一
三十八	三十九	四十	四十一	四十二	四十三 楚率我伐鄭	四十四
曹武公勝元年	二	三	四	五	六	七
十二 子產為卿	十三	十四	十五	十六	十七 子產曰范宣子為政我請伐陳	十八 伐陳入陳
燕文公元年	二	三	四	五	六	燕懿
七	八	九	十	十一	十二	十三

	甲寅			
	二十五	二十六	二十七	景王元年
齊伐我北鄙以報孝伯之師	二十六	二十七日蝕	二十八公如楚葬康王	二十九吳季子來觀周樂盡知樂所為
朝歌崔杼以莊公通其妻殺之立其弟為景公	齊景公杵臼元年如晉請歸衛獻公	二慶封欲專誅崔氏杼自殺	三冬鮑高欒氏謀慶封發兵攻慶封慶封奔吳	四吳季札來使與晏嬰歡
至高唐報太行之役	十一誅衛殤公復入獻公	十二	十三	十四吳季札來曰晉政卒歸韓魏趙
公如晉盟不結	三十	三十一	三十二	三十三
師之役射殺吳王	十三率陳蔡伐鄭	十四	十五康王薨	楚熊郟敖元年
	二十九	三十	三十一	三十二
	十二	衛獻公衎後元年	二	三
鄭伐我	二十二楚率我伐鄭	二十三	二十四	二十五
	四十五	四十六	四十七	四十八
	八	九	十	十一
	十九楚率陳蔡伐我	二十	二十一	二十二季札謂子產曰政將歸子子以禮幸脫於戹矣
公元年	二	三	四懿公薨	燕惠公元年齊高止來奔
諸樊伐楚迫巢門傷射以薨	吳餘祭元年	二	三齊慶封來奔	四守門閽殺餘祭季札使諸侯

二	三	四	五	六	七
三十	三十一襄公薨昭公年十九有童心	魯昭公稠元年	二公如晉至河晉謝還之	三	四稱病不會楚
五	六	七	八齊田無宇送女	九	十
十五	十六	十七秦后子來奔	十八齊田無宇來送女	十九	二十
三十四	三十五	三十六秦后子來奔晉車千乘	三十七	三十八	三十九
二	三王季父圍為令尹	四令尹圍殺郟敖自立靈王	楚靈王圍元年共王子肘玉	二	三夏合諸侯宋地盟伐吳朱方誅慶封
三十三	三十四	三十五	三十六	三十七	三十八
衛襄公惡元年	二	三	四	五	六稱病不會
二十六	二十七	二十八	二十九	三十	三十一
四十九為太子取楚女公通焉太子殺公自立	蔡靈侯班元年	二	三	四	五
十二	十三	十四	十五	十六	十七稱病不
二十三諸公子爭寵相殺子產子成止之	二十四	二十五	二十六	二十七夏如晉冬如楚	二十八子產曰三國不
二	三	四	五	六公欲殺公卿立幸臣公卿誅幸臣公恐出奔齊	七
五	六	七	八	九	十楚誅慶封

	甲子						
	八	九	十		十一	十二	十三
	五	六	七 季武子卒 日蝕		八 公如楚楚召之賀章華臺	九	十 四月日蝕
	十一	十二 公如晉請伐燕入其君	十三 入燕君		十四	十五	十六
	二十一 秦后子歸秦	二十二 齊景公來請伐燕入其君	二十三 入燕君		二十四	二十五	二十六 春有星出
	四十 公卒 后子自晉歸	秦哀公元年	二		三	四	五
慶封冬報我取五城	四 率諸侯伐吳	五 伐吳次乾谿	六 執芊尹亡人入	章華	七 就章華臺 內亡人實之	八 弟疾將兵定陳	九
	三十九	四十	四十一		四十二	四十三	四十四 平公薨
楚	七	八	九 夫人姜氏無子		衛靈公元年	二	三
	三十二	三十三	三十四		三十五 弟招作亂 哀公自殺	陳惠公吳元年 哀公孫也 楚來定我	二
	六	七	八		九	十	十一
會楚	十八	十九	二十		二十一	二十二	二十三
會	二十九	三十	三十一		三十二	三十三	三十四
	八	九 齊伐我	燕悼公元年	惠公歸至卒	二	三	四
	十一 楚率諸侯伐我	十二 楚伐我次乾谿	十三		十四	十五	十六

					甲戌		
	十四	十五	十六		十七	十八 后太子卒	十九
	十一	十二 朝晉至河 晉謝之歸	十三		十四	十五 日蝕	十六 公如晉晉留之葬公恥之
	十七	十八 公如晉	十九		二十	二十一	二十二
[illegible]十月公薨	晉昭公夷元年	二	三		四	五	六 公卒 六卿彊 公室卑矣
	六	七	八		九	十	十一
	十 醉殺蔡侯使棄疾圍之棄疾居之為蔡侯	十一 王伐徐以恐吳次乾谿民罷於役怨王	十二 棄疾作亂自立	靈王自殺 復陳蔡	楚平王居元年 共王子抱玉	二 王為太子取秦女好自取之	三
	宋元公佐元年	二	三		四	五	六
	四	五 公如晉朝嗣君	六		七	八	九
	三	四	五 楚平王復陳立	惠公	六	七	八
	十二 靈侯如楚楚殺之使棄疾居之為蔡侯	蔡侯廬元年 景侯子	楚平王復我立景侯子	靈侯孫[illegible]曰一本景侯子盧	三	四	五
	二十四	二十五	二十六		二十七	曹平公須元年	二
	三十五	三十六 公如晉	鄭定公	寧元年	二	三	四 火 欲禳之 子產曰 不如修德
	五	六	七		燕共公元年	二	三
	十七	吳餘昧元年	二		三	四	吳僚元年

二十	二十一	二十二	二十三		二十四	二十五	敬王元年
十七正月朔日蝕彗星見長	十八	十九地震	二十齊景公與晏子狩入魯問	禮	二十一公如晉至河晉謝之歸月蝕	二十二日蝕	二十三地震
二十三	二十四	二十五	二十六獵魯界因入魯		二十七	二十八	二十九
晉頃公棄疾元年	二	三	四		五	六周室亂公平亂立敬王	七
十二	十三	十四	十五		十六	十七	十八
四與吳戰	五	六	七誅伍奢尚太子建奔宋伍	胥奔吳	八蔡侯來奔	九	十吳伐敗我
七	八火	九	十公毋信詐殺公子楚太子建來	奔見亂之鄭	十一	十二	十三
十	十一火	十二	十三		十四	十五	十六
九	十火	十一	十二		十三	十四	十五吳敗我兵取胡沈
六	七	八	九平公薨靈公孫東國殺平	侯子而自立	蔡悼侯東國元年奔楚	二	三
三	四平公薨	曹悼公午元年	二		三	四	五
五	六火	七	八楚太子建從宋來奔		九	十	十一楚建作亂殺之
四	五共公薨	燕平公元年	二		三	四	五
二與楚戰	三	四	五伍員來奔		六	七	八公子光敗楚

	甲申					
二	三	四		五	六	七
二十四鸜鵒來巢	二十五公欲誅季氏三桓氏攻公公出居鄆索隱曰音運	二十六齊取我鄆以處公		二十七	二十八公如晉求入晉弗聽處之乾侯	二十九公自乾侯如鄆齊侯曰主君公
三十	三十一	三十二彗星見晏子曰田氏有德	於齊可畏	三十三	三十四	三十五
八	九	十知櫟趙鞅內王於王城		十一	十二六卿誅公族分其邑各使其子為大夫	十三
十九	二十	二十一		二十二	二十三	二十四
十一吳卑梁人爭桑伐取我鍾離	十二	十三欲立子西子西不肯秦女	子為昭王	楚昭王珍元年誅無忌以說衆	二	三
十四	十五	宋景公頭曼元年索隱曰曼	音萬	二	三	四
十七	十八	十九		二十	二十一	二十二
十六	十七	十八		十九	二十	二十一
蔡昭侯申元年悼侯弟	二	三		四	五	六
六	七	八		九	曹襄公元年徐廣曰一作聲	二
十二	十三	十四		十五	十六	鄭獻公蠆
六公如晉請內王	七	八		九	十	十一
九	十	十一		十二公子光使專諸殺僚光立	吳闔閭元年	二

							甲午	
	八	九	十晉使諸侯為我築城	十一		十二	十三	十四與晉率諸侯侵楚
恥之復之頓侯	三十	三十一日蝕	三十二公卒乾侯	魯定	公宋元年昭公喪自乾侯至	二	三	四
	三十六	三十七	三十八	三十	九	四十	四十一	四十二
	十四頃公薨	晉定公午元年	二率諸侯為周築城	三		四	五	六周與我率
	二十五	二十六	二十七	二十	八	二十九	三十	三十楚包
	四吳三公子來奔封以扞吳	五吳伐我六潛	六	七囊瓦伐	吳敗我豫章蔡侯來朝索隱曰囊瓦楚大夫子常也子囊之孫	八	九蔡昭侯留三歲得裘故歸	十吳蔡伐我入郢昭王亡
	五	六	七	八		九	十	十一
	二十三	二十四	二十五	二十	六	二十七	二十八	二十九與
	二十二	二十三	二十四	二十	五	二十六	二十七	二十八
	七	八	九	十	朝楚以喪故留	十一	十二與子常求裘得歸如晉請伐楚	十三與衛爭長衛侵我吳與
	三	四	五平公弟通殺襄公自立	曹隱	公卒	二	三	四
	二	三	四	五		六	七	八
	十二	十三	十四	十五		十六	十七	十八
	三三公子奔楚	四伐楚六潛	五	六	楚伐我迎擊敗之取楚之居巢	七	八	九與蔡伐楚入郢

楚	十五	十六王子朝之徒作亂故王奔晉	十七劉子迎王晉入王	十八	十九
	五陽虎執季桓子與盟釋之日蝕	六	七齊伐我	八陽虎欲伐三桓三桓攻陽虎虎奔陽關	九伐陽虎虎奔齊
	四十三	四十四	四十五侵衛伐魯	四十六魯伐我我伐魯	四十七囚陽虎虎奔晉
諸侯侵楚	七	八	九入周敬王	十伐衛	十一陽虎來奔
胥請救	三十二	三十三	三十四	三十五	三十六襄公薨
伍子胥鞭平王墓	十一秦救至吳去昭王復入	十二吳伐我番楚恐徙鄀索隱曰鄀音若	十三	十四子西為民泣民亦泣蔡昭侯恐	十五
	十二	十三	十四	十五	十六陽虎來奔
蔡爭長	三十	三十一	三十二齊侵我	三十三晉魯侵伐我	三十四
	陳懷公柳元年	二	三	四公如吳吳留之因死吳	陳湣公越元年
我伐楚郢	十四	十五	十六	十七	十八
	曹靖公路元年	二	三	四靖公薨	曹伯陽元年
	九	十魯侵我	十一	十二	十三獻公薨
	十九	燕簡公元年	二	三	四
	十	十一伐楚取番	十二	十三陳懷公來留之死於吳	十四

十二諸侯年表

			甲辰		
二十	二十一	二十二	二十三	二十四	二十五
十 公會齊侯於夾谷孔子相齊歸我地索隱曰司馬彪郡國志夾谷在祝其縣西南	十一	十二 齊來歸女樂季桓子受之孔子行	十三	十四	十五 定公薨 日蝕
四十八	四十九	五十 遺魯女樂	五十一	五十二	五十三
十二	十三	十四	十五 趙鞅伐范中行	十六	十七
秦惠公元年 彗星見	二 生躁公懷公簡公	三	四	五	六
十六	十七	十八	十九	二十	二十一 滅胡以吳敗我倍之
十七	十八	十九	二十	二十一	二十二 鄭伐我
三十五	三十六	三十七 伐曹	三十八 孔子來祿之如魯	三十九 太子蒯聵出奔	四十
二	三	四	五	六 孔子來	七
十九	二十	二十一	二十二	二十三	二十四
二	三 國人有夢衆君子立社宮謀亡曹振鐸請待公孫彊許之	四 衛伐我	五	六 公孫彊好射獻鴈君使為司城夢者	七
鄭聲公勝元年鄭益弱	二	三	四	五 子產卒	六 伐宋
五	六	七	八	九	十
十五	十六	十七	十八	十九 伐越敗我傷闔閭指以死	吳王夫差元年

年表二　史記卷十四　五十七

十二諸侯年表

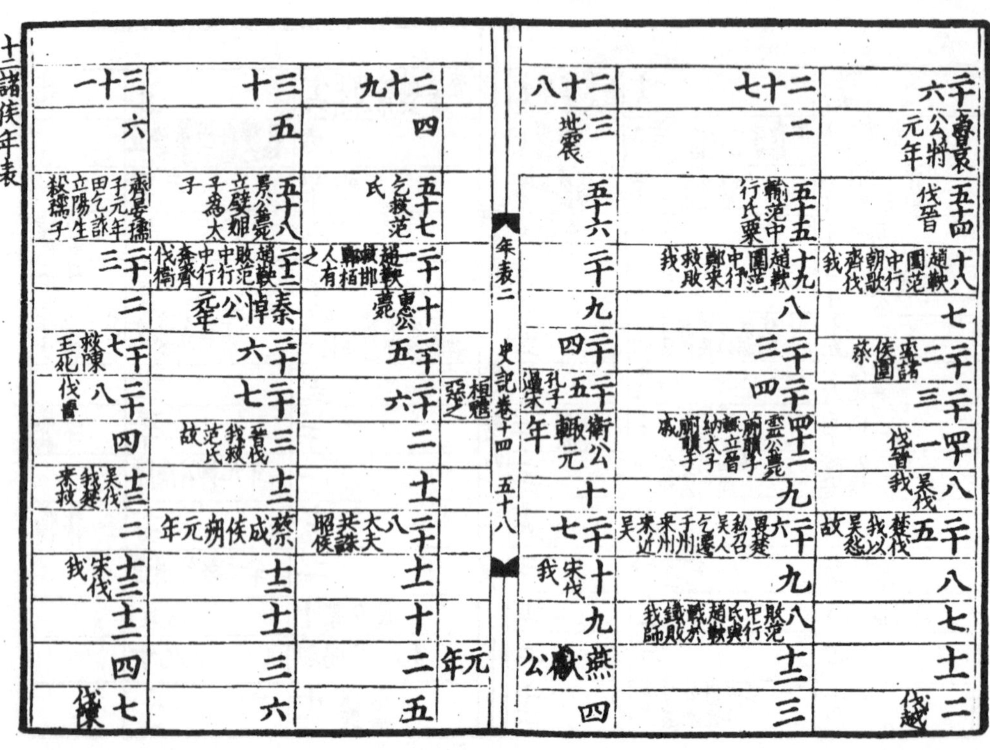

二十六	二十七	二十八	二十九	三十	三十一
魯哀公將元年	二	三 地震	四	五	六
五十四 伐晉	五十五 輸范中行氏粟	五十六	五十七 乞救范氏	五十八 景公薨立嬖姬子為太子	齊晏孺子元年田乞詐立陽生殺孺子
十八 趙鞅圍范中行朝歌齊伐我	十九 趙鞅圍范中行鄭來救敗我	二十	二十一 趙鞅拔邯鄲栢人有之	二十二 趙鞅敗范中行中行奔齊伐衛	二十三
七	八	九	十 惠公薨	秦悼公元年	二
二十二 率諸侯圍蔡	二十三	二十四	二十五	二十六	二十七 救陳王死
二十三	二十四	二十五 孔子過宋桓魋惡之	二十六	二十七	二十八 伐曹
四十一 伐晉	四十二 靈公薨蒯聵子輒立晉納太子蒯聵于戚	衛公輒元年	二	三 晉伐我救范氏故	四
八 吳伐我	九	十	十一	十二	十三 吳伐我楚來救
二十五 楚伐我以吳故	二十六 畏楚私召吳人乞遷于州來州來近吳	二十七	二十八 大夫共誅昭侯	蔡成侯朔元年	二
八	九	十 宋伐我	十一	十二	十三 宋伐我
七	八 敗范中行氏與趙鞅戰於鐵敗我師	九	十	十一	十二
十一	十二	燕獻公元年	二	三	四
二 伐越	三	四	五	六	七 伐陳

年表二　史記卷十四　五十八

	甲寅				
三十二	三十三	三十四	三十五	三十六	三十七
七 公會吳王于繒徵百牢季康子使子貢謝之	八 吳為鄒伐我至城下盟而去齊取我三邑	九	十 與吳伐齊	十一 齊伐我冉有言故迎孔子孔子歸	十二 與吳會橐皋用田賦索隱曰橐音託皋音高縣名在壽春
齊悼公陽生元年	二 伐魯取三邑	三	四 吳魯伐我鮑子殺悼公齊人立其子任為簡公	齊簡公元年魯與吳敗我	二
二十四 侵衛	二十五	二十六	二十七 使趙鞅伐齊	二十八	二十九
三	四	五	六	七	八
楚惠王章元年	二 子西召建子勝於吳為白公	三 伐陳陳與吳故	四 伐鄭	五	六 白公勝數請子西伐鄭以父怨故
二十九 侵鄭圍曹	三十 曹倍我我滅之	三十一 鄭圍我敗之于雍丘	三十二 伐鄭	三十三	三十四
五 晉侵我	六	七	八 孔子自陳來	九 孔子歸魯	十 公如晉與吳會橐皋
十四	十五	十六 倍楚與吳成	十七	十八	十九
三	四	五	六	七	八
十四 宋圍我鄭救我	十五 宋滅曹虜伯陽				
十三	十四	十五 圍宋敗我師雍丘伐我	十六	十七	十八 宋伐我
五	六	七	八	九	十
八 魯會我繒	九	十	十一 與魯伐齊救陳誅伍員	十二 與魯敗齊	十三 與魯會橐皋

三十八	三十九	四十	四十一	四十二
十三 與吳會黃池	十四 西狩獲麟衛出公來奔	十五 子服景伯使齊子貢為介齊歸我侵地	十六 孔子卒	十七
三	四 田常殺簡公立其弟驁為平公常相之專國權	齊平公驁元年景公子也齊自是稱田氏索隱曰驁音五高反	二	三
三十 與吳會黃池爭長	三十一	三十二	三十三	三十四
九	十	十一	十二	十三
七 伐陳	八	九	十 白公勝殺令尹子西攻惠王葉公攻白公白公自殺惠王復國	十一
三十五 鄭敗我師	三十六	三十七 熒惑守心子韋曰善	三十八	三十九
十一	十二 父蒯聵入輒出亡	衛莊公蒯聵元年	二	三 莊公辱戎州人戎州人與趙簡子攻莊公莊公出奔
二十	二十一	二十二	二十三 楚滅陳殺湣公	二十四
九	十	十一	十二	十三
十九	二十	二十一	二十二	二十三
十一 敗宋師	十二	十三	十四	十五
十四 與晉會黃池	十五	十六	十七	十八 越敗我

甲子
四十三敬王崩徐廣曰歲在甲子
十八二十七卒
四二十五卒
三十五二十七卒
十四卒子厲公立
十二五十七卒
四十六十四卒
衛君起元年石專逐起出輒後入索隱曰傳音圖或作專音數
十四十九卒
二十四三十八卒
十六二十八卒
十九二十三卒索隱曰二十三年滅

索隱述贊曰太史表次抑有條理起自共和訖於孔子十二諸侯各編年紀興亡繼及盛衰臧否惡不揜過善必揚美絕筆獲麟義取同恥

十二諸侯年表第二　史記十四

六國表第三　史記十五

索隱曰六國乃魏韓趙楚燕齊并秦凡七國號曰七雄

太史讀秦記索隱曰即秦國之史記也故下云秦燒詩書諸侯史記尤甚獨有秦記又不載日月是也至犬戎敗幽王周東徙洛邑秦襄公始封爲諸侯作西畤用事上帝僭端見矣禮曰天子祭天地諸侯祭其域內名山大川今秦雜戎翟之俗先暴戾後仁義位在藩臣而臚於郊祀君子懼焉索隱曰按臚字訓陳也出爾雅又以言秦是諸侯而陳天子郊祀實僭也猶季氏旅於泰山然○正義曰臚作臚音旅祭名又旅陳也及文公踰隴攘夷狄尊陳寶營岐雍之間而穆公脩政東竟至河則與齊桓晉文中國侯伯侔矣是後陪臣執政大夫世祿六卿擅晉權征伐會盟威重於諸侯及田常殺簡公而相齊國諸侯晏然弗討海內爭於戰功矣三國終之卒分晉田和亦滅齊而有之六國之盛自此始務在彊兵并敵謀詐用而從衡短長之說起矯稱蠭出誓盟不信雖置質剖符猶不能約束也秦始小國僻遠諸夏賓之比於戎翟至獻公之後常雄諸侯論秦之德義不如魯衛之暴戾者量秦之兵不如三晉之彊也然卒并天下非必險固便形埶利也蓋若天所助焉或曰

東方物所始生西方物之成孰夫作事者必於東南收功實者常於西北故禹興於西羌皇甫謐曰孟子稱禹生石紐西夷人也傳曰禹生自西羌是也○正義曰禹生於茂州汶川縣本冉駹國皆西羌湯起于亳徐廣曰京兆杜縣有亳亭周之王也以豐鎬伐殷秦之帝用雍州興漢之興自蜀漢秦既得意燒天下詩書諸侯史記尤甚爲其有所刺譏也詩書所以復見者多藏人家而史記獨藏周室以故滅惜哉惜哉獨有秦記又不載日月其文略不具然戰國之權變亦有可頗采者何必上古秦取天下多暴然世異變成功大索隱曰以言人君制法當隨時代之異而變易其政則其成功大若居今行古猶膠柱而調瑟也傳曰法後王何也以其近已而俗變相類議卑而易行也正義曰易以豉反後王近代之王法與已連接世俗之變及相類也故議卑淺而易識行耳學者牽於所聞見秦在帝位日淺不察其終始因舉而笑之索隱曰舉猶皆也不敢道此與以耳食無異索隱曰按言俗學淺識舉而笑秦此猶耳食不能知味也悲夫余於是因秦記踵春秋之後起周元王索隱曰按此表起周元王元年春秋迄元王八年表六國時事訖二世凡二百七十年著諸所聞興壞之端後有君子以覽觀焉

周	秦	魏獻子	韓宣子	趙簡子	楚	燕	齊

六国表

元王元年 徐廣曰乙丑皇甫謐曰元年癸酉二十八年庚子崩 索隱曰元王名仁系本名赤敬王子八年崩子定王介立	厲共公元年 索隱曰悼公子三十四年卒子躁公立	衛出公輒後元年 索隱曰二十一年季父黜逐出公而自立為悼公		四十二 索隱曰系家簡子名鞅文子武之孫景叔之子成	楚惠王章十三年 吳伐我徐廣曰亦魯哀公十九年 索隱曰五十七年卒	燕獻公十七年 索隱曰二十八年卒	齊平公鶩五年 索隱曰二十九年卒
二	二 蜀人來賂	晉定公卒 索隱曰系本定公名午		四十三 索隱曰按簡子以頃公九年在位頃公十四年卒而定公立定公四十七年卒是四十三為簡子在位之年又至出公十七年是在位六十年也	十四 越圍吳 吳怨	十八	六
三	三	晉出公錯元年 索隱曰系本名鑿		四十四	十五	十九	七 越人始來
四	四			四十五	十六 越滅吳	二十	八

史記年表三　十五　三

六国表

五	五 楚人來賂			四十六	十七 蔡景侯卒 索隱曰按景字誤合作成侯徐廣不辨即言或作成按景侯即成侯之高祖父	二十一	九 晉知伯瑤來伐我
六	六 義渠來賂緜諸乞援 音義曰一作爰			四十七	十八 蔡聲侯元年 索隱曰名產成侯之子	二十二	十
七	七 彗星見			四十八 衛莊公飲大夫不解襪公怒即攻公公奔宋	十九 王子英奔秦	二十三	十一
八	八			四十九	二十	二十四	十二
定王元年 徐廣曰癸酉左傳盡此皇甫謐曰貞定王元年癸亥十年壬申崩 索隱曰定王名介二十八年崩	九			五十	二十一	二十五	十三

史記年表三　十五　四

二	十 庶長將兵拔魏城彗星見音義拔一作捕			五十一	二十二 魯哀公卒索隱曰系本名蔣	二十六	十四
三	十一			五十二	二十三	二十七	十五
四	十二			五十三	二十四 魯悼公元年三桓勝魯如小侯 索隱曰系本悼公名寧	二十八	十六
五	十三		知伯伐鄭駟桓子如齊求救	五十四 知伯謂簡子欲廢太子襄子襄子怨知伯	二十五	燕孝公元年	十七 救鄭晉師去中行文子謂田常乃今知以亡
六	十四		鄭聲公卒索隱曰聲公名勝獻公子也三十七年卒子哀公易立八年鄭殺哀公立弟丑爲共公也	五十五	二十六	二	十八
七	十五		鄭哀公元年	五十六	二十七	三	十九
八	十六 塹阿旁伐大荔補龐戲城			五十七	二十八	四	二十

九	十七			五十八	二十九	五	二十一
十	十八			五十九	三十	六	二十二
十一	十九			六十	三十一	七	二十三
十二	二十 公將師與緜諸戰			襄子元年未除服登夏屋誘代王以金斗殺代王封伯魯子周爲代成君 索隱曰襄子名無恤後四年與韓魏敗智伯晉陽分其地始有三晉也	三十二 蔡聲侯卒	八	二十四
十三	二十一	晉哀公忌元年 正義曰表云晉出公錯十八年晉哀公忌二年晉懿公驕十七年而卒世本云昭公生桓子雝雝生忌忌生懿公驕世家云晉出公十七年晉哀公驕十八年而無懿公按出公道死知伯乃立昭公曾孫驕爲晉君是爲哀公哀公大父雍晉昭公少子號戴子生忌忌善智伯早死故智伯欲幷晉未敢乃立忌子驕爲君據三處不同未知孰是		二	三十三 蔡元侯元年	九	二十五
十四	二十二	衛悼公黔元年		三	三十四	十	齊宣公就匝元年

	十五	十六	十七	十八	十九	二十
	二十三	二十四	二十五 晉大夫知開率其邑人來奔	二十六 左庶長城南鄭	二十七	二十八 越人來迎女
		魏桓子敗知伯于晉陽 索隱曰桓子名駒			衛敬公元年	
		韓康子敗知伯晉陽 索隱曰康子名虎				
	四 與智伯分范中行地	五 襄子敗知伯晉陽與魏韓三分其地	六	七	八	九
	三十五	三十六	三十七	三十八	三十九 蔡侯齊元年	四十
	十一	十二	十三	十四	十五	燕成公元年
本作積 索隱曰積平公子立五十一年子康公貸立	二	三	四	五 宋景公卒徐廣曰案左傳景公死至此九十九年 索隱曰系家景公元公子名頭曼又已見十二諸侯表 徐廣云諡景公立六十四年卒公子特殺太子自立號昭公與前昭公杵臼相去略九十年知徐誤	六 宋昭公元年	七

二十一	二十二	二十三	二十四	二十五	二十六	二十七	二十八	考王元年 徐廣曰辛丑	二	三	四
二十九 晉大夫知伯寬率其邑人來奔	三十	三十一	三十二	三十三 伐義渠虜其王	三十四 日蝕晝晦星見	秦躁公元年	二 南鄭反	三	四	五	六
											晉幽公柳元年服韓魏
十	十一	十二	十三	十四	十五	十六	十七	十八	十九	二十	二十一
四十一	四十二 楚滅蔡	四十三	四十四 滅杞杞夏之後	四十五	四十六	四十七	四十八	四十九	五十	五十一	五十二
二	三	四	五	六	七	八	九	十	十一	十二	十三
八	九	十	十一	十二	十三	十四	十五	十六	十七	十八	十九

五	七			二十二	五十三	十四	二十
六	八 六月雨雪日月蝕			二十三	五十四	十五	二十一
七	九			二十四	五十五	十六	二十二
八	十			二十五	五十六	燕湣公元年	二十三
九	十一			二十六	五十七	二	二十四
十	十二	衛昭公元年		二十七	楚簡王仲元年滅莒	三	二十五
十一	十三 義渠伐秦侵至渭陽			二十八	二	四	二十六
十二	十四			二十九	三 魯悼公卒	五	二十七
十三	秦懷公元年生靈公			三十	四 魯元公元年	六	二十八
十四	二			三十一	五	七	二十九
十五	三			三十二	六	八	三十
威烈王元年 徐廣曰丙辰 索隱曰名午考王子	四 庶長鼂殺懷公太子蚤死大臣立太子之子為靈公	衛悼公亹元年		三十三 襄子卒	七	九	三十一

二	秦靈公元年生獻公	魏文侯斯元年 索隱曰生武侯擊	韓武子元年 索隱曰生景侯虔	趙桓子元年 索隱曰桓子嘉襄子弟也元年卒明年國人共立襄子子獻侯晚	八	十	三十二
三	二	二	二 鄭幽公元年韓殺之	趙獻侯元年	九	十一	三十三
四	三 作上下畤	三	三 鄭立幽公子為繻公元年	二	十	十二	三十四
五	四	四	四	三	十一	十三	三十五
六	五	五 魏誅晉幽公立其弟止	五	四	十二	十四	三十六
七	六	六 晉烈公止元年魏城少梁	六	五	十三	十五	三十七
八	七 與魏戰少梁	七	七	六	十四	十六	三十八
九	八 城塹河瀕初以君主妻河 索隱曰謂初以此年取他女為君主君主猶公主也妻河謂嫁之河伯故魏俗猶為河伯取婦蓋其遺風殊異其事故云初	八 復城少梁	八	七	十五	十七	三十九

十	十一	十二	十三	十四	十五	十六	十七
九	十 補龐城城籍姑靈公卒立其季父悼子是為簡公 索隱曰按龐及籍姑皆城邑之名謂補者修也謂修龐而城籍姑也	秦簡公元年	二 與晉戰敗鄭下	三	四	五 日蝕	六 初令吏帶劍
九	十	十一 衛慎公元年	十二	十三 公子擊圍繁龐出其民	十四	十五	十六 伐秦築臨晉元里
九	十	十一	十二	十三	十四	十五	十六
八	九	十 中山武公初立 徐廣曰周定之孫西周桓公之子	十一	十二	十三 城平邑	十四	十五
十六	十七	十八	十九	二十	二十一	二十二	二十三
十八	十九	二十	二十一	二十二	二十三	二十四	二十五
四十	四十一	四十二	四十三 伐晉敗黃城圍陽狐	四十四 伐魯莒及安陽	四十五 伐魯取都 徐廣曰世家云取一城	四十六	四十七

十八	十九	二十	二十一	二十二	二十三 九鼎震	二十四
七 塹洛城重泉 初租禾	八	九	十	十一	十二	十三
十七 擊宋中山伐秦至鄭還築洛陽 徐廣曰一云擊宋中山置合陽世家云攻秦至鄭而還築合陽洛陽	十八 文侯受經子夏過段干木之閭常式	十九	二十 卜相李克翟黃爭	二十一	二十二 初為侯	二十三
韓景侯虔元年 伐鄭取雍丘鄭城京	二 鄭敗韓于負黍	三	四	五	六 初為侯	七
趙烈侯籍元年 魏使太子伐中山	二	三	四	五	六 初為侯	七 烈侯好音欲賜歌者田徐越侍以仁義乃止
二十四 簡王卒	楚聲王當元年 魯穆公元年	二	三	四	五 魏韓趙始列為諸侯	六 盜殺聲王
二十六	二十七	二十八	二十九	三十	三十一	燕釐公元年
四十八 取魯郕	四十九 與鄭會于西城伐衛取毋丘	五十	五十一 田會以廩丘反	齊康公貸元年	二 宋悼公元年	三

安王元年 徐廣曰庚辰	二	三 王子定奔晉	四	五	六	七	八
十四 伐魏至陽狐	十五	秦惠公元年 索隱曰簡公子史無名	二	三 日蝕	四	五 伐緜	六
二十四 伐秦至陽狐	二十五 太子罃生	二十六 虢山崩壅河	二十七	二十八	二十九	三十	三十一
八	九 鄭圍陽翟	韓列侯元年 索隱曰名取系本作武侯也	二 鄭殺其相駟子陽	三 鄭人殺君三月盜殺韓相俠累徐廣曰一作法其	四 鄭相子陽之徒殺其君繻公	五 鄭康公元年	六 救魯鄭負黍反
八	九	趙武公元年	二	三	四	五	六
楚悼王類元年	二 三晉來伐我至乘丘	三 歸榆關于鄭	四 敗鄭師圍鄭鄭人殺子陽	五	六	七	八
二	三	四	五	六	七	八	九
四	五	六	七	八	九	十 宋休公元年	十一 伐魯取最

九	十	十一	十二	十三	十四	十五	十六
七	八	九 伐韓宜陽取六邑	十 與晉戰武城縣陝	十一 太子生	十二	十三 蜀取我南鄭	秦出公元年 索隱曰惠公子
三十二 伐鄭城酸棗	三十三 晉孝公傾元年	三十四	三十五 齊伐取襄陽	三十六 秦侵晉	三十七	三十八	魏武侯元年 襲邯鄲敗焉 索隱曰武侯名擊
七	八	九 秦伐宜陽取六邑	十	十一	十二	十三	韓文侯元年
七	八	九	十	十一	十二	十三	趙敬侯元年 武公子朝作亂奔魏
九 韓伐我負黍	十	十一	十二	十三	十四	十五	十六
十	十一	十二	十三	十四	十五	十六	十七
十二	十三	十四	十五 魯敗我平陸	十六 與晉衞會濁澤	十七	十八	十九 田常曾孫田和始列為諸侯遷康公海上食一城 索隱曰和田常曾孫亦號太公

十七	十八	十九	二十	二十一	二十二	二十三	二十四
二 庶長改迎靈公太子立為獻公誅出公	秦獻公元年 索隱曰名師隰靈公太子	二 城櫟陽	三 日蝕晝晦	四 孝公生	五	六 初縣蒲藍田善明氏	七
二 城安邑王垣	三	四	五	六	七 伐齊至桑丘	八	九 翟敗我澮伐齊至靈丘
二 伐鄭取陽城伐宋到彭城執宋君	三	四	五	六	七 伐齊至桑丘鄭敗晉	八	九 伐齊至靈丘
二	三	四 魏敗我兔臺 索隱曰兔音吐故反亦作菟	五	六	七 伐齊至桑丘	八 襲衛不克	九 伐齊至靈丘
十七	十八	十九	二十	二十一	楚肅王臧元年	二	三
十八	十九	二十	二十一	二十二	二十三	二十四	二十五
二十 伐魯破之田和卒	二十一 田和子桓公午立	二十二	二十三	二十四	二十五 伐燕取桑丘	二十六 康公卒田氏遂并齊而有之太公望之後絕祀	齊威王因齊元年 自田常至威王威王始以齊彊天下

二十五	二十六	烈王元年 徐廣曰丙午	二	三	四	五	六 徐廣曰齊威王朝周
八	九	十 日蝕	十一 縣櫟陽	十二	十三	十四	十五
十 晉靜公俱酒元年	十一 魏韓趙滅晉絕無後	十二	十三	十四	十五 衛聲公元年敗趙北藺	十六 伐楚取魯陽	惠王元年
十	十一 韓哀侯元年分晉國	二 滅鄭康公二十年滅無後	三	四	五	六 韓嚴殺其君	莊侯元年 索隱曰系家作懿侯系本無名
十	十一 分晉國	十二	趙成侯元年	二	三 伐衛取都鄙七十三魏敗我藺	四	五 伐齊于甄魏敗我懷
四 蜀伐我茲方	五	六 魯共公元年	七	八	九	十 魏取我魯陽	十一
二十六	二十七	二十八	二十九	三十 敗齊林孤	燕桓公元年	二	三
二	三 三晉滅其君	四	五	六 魯伐入陽關晉伐到鱄陵 索隱曰劉氏鱄音鱄沈反又音專	七 宋辟公元年 索隱曰辟音壁辟公名辟兵生剔成按宋後微弱君薨未必有謚辟兵其名也猶剔成然也	八	九 趙伐我甄

七	十六 民大疫 日蝕	二 敗韓馬陵	二 魏敗我馬陵	六 魏敗涿澤圍惠王	楚宣王良夫元年	四	十 宋剔成元年
顯王元年徐廣曰癸丑	十七 櫟陽雨金四月至八月	三 齊伐我觀津	三	七 侵齊至長城	二	五	十一 伐魏取觀趙取我長城
二	十八	四	四	八	三	六	十二
三	十九 敗韓魏洛陽	五 與韓會宅陽城武都	五	九	四	七	十三
四	二十	六 伐宋敗儀臺	六	十	五	八	十四

五 賀秦	二十一 章蟜徐廣曰一云車騎與晉戰石門天子賀徐廣曰一作阿斬首六萬	七	七	十一	六	九	十五
六	二十二	八	八	十二	七	十	十六
七	二十三 與魏戰少梁虜其太子	九 與秦戰少梁虜我太子	九 魏敗我于澮大雨一月	十三 魏敗我于澮	八	十一	十七
八	秦孝公元年 彗星見西方	十 取趙皮牢 衛成侯元年	十	十四	九	燕文公元年	十八

六國表

九 致胙于秦徐廣曰紀年東周惠公傑薨	二 天子致胙	十一	十二	十五	十	二	十九
十	三	十二 星晝墮有聲	十二	十六	十一	三	二十
十一	四	十三	韓昭侯元年 秦敗我西山	十七	十二	四	二十一 鄒忌以鼓琴見威王
十二	五	十四 與趙會鄗	二 宋取我黃池魏取我朱	十八 趙孟如齊	十三 君尹黑迎女秦	五	二十二 封鄒忌爲成侯

史記年表三　十五

十三	六	十五 魯衛宋鄭侯來徐廣曰紀年一曰魯共侯來朝邯鄲成侯會燕成侯平安邑	三	十九 與燕會河與齊宋會平陸	十四	六	二十三 與趙會平陸
十四	七 與魏王會杜平	十六 徐廣曰與秦孝公會杜平 侵宋黃池宋復取之	四	二十	十五	七	二十四 與魏會田於郊
十五	八 與魏戰元里斬首七千取少梁	十七 與秦戰元里秦取我少梁	五	二十一 魏圍我邯鄲	十六	八	二十五

十六	十七	十八	十九	二十	二十一	二十二	二十三
九	十 衛公孫鞅為大良造伐安邑降之	十一 城商塞衛鞅圍固陽降之	十二 初取小邑為三十一縣令為田開阡陌	十三 初為有秩史	十四 初為賦	十五	十六
十八 邯鄲降齊敗桂陵	十九 諸侯圍我襄陵築長城塞固陽	二十 歸趙邯鄲	二十一 與秦遇彤 索隱曰彤地名商君死彤地劉氏云阡陌道非也	二十二	二十三	二十四	二十五
六 伐東周取陵觀廩丘	七	八 申不害相	九	十 韓姬弒其君悼公 索隱曰姬一作玘同音怡韓之大夫姓名按韓無悼公未詳	十一 昭侯如秦	十二	十三
二十二 魏敗邯鄲	二十三	二十四 魏歸邯鄲與魏盟漳水上	二十五	趙肅侯元年 索隱曰名語	二	三 公子范襲邯鄲不勝死	四
十七	十八 魯康公元年	十九	二十	二十一	二十二	二十三	二十四
九	十	十一	十二	十三	十四	十五	十六
二十六 敗魏桂陵	二十七	二十八	二十九	三十	三十一	三十二	三十三 殺其大夫牟辛

六國表

二十四	二十五 諸侯會	二十六 致伯秦	二十七	二十八	二十九	三十
十七	十八	十九 城武城從東方牡丘來歸天子致伯	二十 諸侯畢賀會諸侯于澤朝天子 徐廣曰紀年作逢澤	二十一 馬生人	二十二 封大良造商鞅	二十三 與晉戰岸門
二十六	二十七 丹封名會丹魏大臣	二十八	二十九 中山君為相	三十 齊虜我太子申殺將軍龐涓	三十一 秦商君伐我虜我公子卬	三十二 公子赫為太子
十四	十五	十六	十七	十八	十九	二十
五	六	七	八	九	十	十一
二十五	二十六	二十七 魯景公偃元年	二十八	二十九	三十	楚威王熊商元年
十七	十八	十九	二十	二十一	二十二	二十三
三十四	三十五 田忌襲齊不勝	三十六	齊宣王辟彊元年	二 敗魏馬陵田忌田嬰田盼將孫子為帥 徐廣曰楚世家云田盼者齊之將而齊世家不說田盼或者爾時三人皆出征	三 與趙會伐魏	四

三十一	三十二	三十三	三十四	三十五	三十六	三十七	三十八
二十四 秦大荔圍合陽孝公薨商君反死彤地	秦惠文王元年楚韓趙蜀人來	二 天子賀行錢宋太丘社亡	三 王冠拔韓宜陽	四 天子致文武胙魏夫人來	五 陰晉人犀首爲大良造	六 魏以陰晉爲和命曰寧秦徐廣曰今之華陰	七 義渠內亂庶長操將兵定之
三十三 衛鞅亡歸我我恐弗內	三十四	三十五 孟子來王問利國對曰君不可言利	三十六	魏襄王元年與諸侯會徐州以相王	二 秦敗我彫陰	三 伐趙衛平侯元年	四
二十一	二十二 申不害卒	二十三	二十四 秦拔我宜陽	二十五 旱作高門屈宜臼曰昭侯不出此門	二十六 高門成昭侯卒不出此門	韓宣惠王元年	二
十二	十三	十四	十五	十六	十七	十八 齊魏伐我我決河水浸之	十九
二	三	四	五	六	七 圍齊於徐州	八	九
二十四	二十五	二十六	二十七	二十八 蘇秦說燕	二十九	燕易王元年	二
五	六	七 與魏會平河南	八 與魏會於甄	九 與魏會徐州諸侯相王	十 楚圍我徐州	十一 與魏伐趙	十二

三十九	四十	四十一	四十二	四十三	四十四	四十五	四十六
八 魏入少梁河西地于秦	九 度河取汾陰皮氏圍焦降之與魏會應	十 張儀相公子桑圍蒲陽降之魏納上郡	十一 義渠君爲臣歸魏焦曲沃	十二 初臘會龍門	十三 四月戊午魏君爲王	相張儀將兵取陝初更元年	二 相張儀與齊楚會齧桑
五 與秦河西地少梁秦圍我焦曲沃	六 與秦會應秦取汾陰皮氏	七 入上郡于秦	八 秦歸我焦曲沃	九	十	十一 衛嗣君元年	十二
三	四	五	六	七	八 魏敗我韓舉	九	十 君爲王
二十	二十一	二十二	二十三	二十四	趙武靈王元年魏敗我趙護	二 城鄗	三
十	十一 魏敗我陘山	楚懷王槐元年	二	三	四	五	六 敗魏襄陵
三	四	五	六	七	八	九	十 君爲王
十三	十四	十五 宋君偃元年	十六	十七	十八	十九	齊湣王元年

四十七	三 張儀免相相魏	十三 秦取曲沃平周女化爲丈夫	十	四 韓會區鼠	七	十一	二
四十八	四	十四	十二	五 取韓女爲夫人	八	十二	三 封田嬰於薛
慎靚王元年 徐廣曰辛丑	五 王北遊戎地至河上	十五	十三	六	九	燕噲王元年	四 迎婦于秦
二	六	十六	十四 秦來擊我取鄢	七	十 城廣陵	二	五
三	七 五國共擊秦不勝而還	魏哀王元年 擊秦不勝	十五 擊秦不勝	八 擊秦不勝	十一 擊秦不勝	三 擊秦不勝	六
四	八 與韓趙戰斬首八萬張儀復相	二 齊敗我觀津	十六 秦敗我脩魚得韓將軍申差	九 與韓魏擊秦秦敗我觀澤	十二	四	七 敗魏趙觀澤
五	九 擊蜀滅之取趙中都西陽安邑	三	十七	十 秦取我中都西陽安邑	十三	五 君讓其臣子之國顧爲臣	八
六	十	四	十八	十一 秦敗我將軍英	十四	六	九

周赧王元年 徐廣曰丁未 索隱曰赧音泥簡反宋衷曰赧謚也皇甫謐云名誕也	十一 侵義渠得二十五城	五 秦拔我曲沃歸其人走犀首岸門	十九	十二 徐廣曰紀年云立燕公子職	十五 魯平公元年	七 君及太子噲子之皆死	十
二	十二 樗里子擊藺陽虜趙將公子繇通封蜀 索隱曰繇音由秦之公子	六 秦來立公子政爲太子與秦王會臨晉	二十	十三 秦拔我藺虜將趙莊	十六 張儀來相	八	十一
三	十三 庶長章擊楚斬首八萬	七 擊齊虜聲子於濮與秦擊燕	二十一 秦助我攻楚圍景座	十四	十七 秦敗我將屈丐 索隱曰匄音蓋 虜大夫	九 燕人共立公子平	十二
四	十四 蜀相殺蜀侯	八 圍衛	韓襄王元年	十五	十八	燕昭王元年	十三
五	秦武王元年 誅蜀相壯張儀魏章皆死於魏	九 與秦會臨晉	二	十六 吳廣入女生子何立爲惠王后	十九	二	十四

六	七	八	九	十	十一	十二	十三
二 初置丞相樗里子甘茂為丞相	三	四 拔宜陽城斬首六萬涉河城武遂	秦昭王元年	二 彗星見桑君為亂誅	三	四 彗星見	五
十 張儀死	十一 與秦會應徐廣曰在潁川大城	十二 太子往朝秦	十三 秦擊皮氏未拔而解	十四 秦武王后來歸	十五	十六 秦拔我蒲坂晉陽封陵	十七 與秦會臨晉復我蒲坂
三	四 與秦會臨晉秦擊我宜陽	五 秦拔我宜陽斬首六萬	六 秦復與我武遂	七	八	九 秦取武遂	十 太子嬰與秦王會臨晉因至咸陽而歸
十七	十八	十九 初胡服	二十	二十一	二十二	二十三	二十四
二十	二十一	二十二	二十三	二十四 秦來迎婦	二十五 與秦王會黃棘秦復歸我上庸	二十六 太子質秦	二十七
三	四	五	六	七	八	九	十
十五	十六	十七	十八	十九	二十	二十一	二十二

十四	十五	十六	十七	十八	十九	二十
六 蜀反司馬錯往誅蜀守煇定蜀日蝕晝晦伐楚	七 樗里子卒擊楚斬首三萬魏冉為相	八 楚王來因留之	九	十 楚懷王亡之趙趙弗內	十一 彗星見復與魏封陵	十二 樓緩免穰侯魏冉為丞相
十八 與秦擊楚	十九	二十 與齊王會於韓	二十一 與齊韓共擊秦	二十二 擊秦於函谷河渭絕一日	二十三	魏昭王元年秦尉錯來擊我襄城
十一 秦取我穰與秦擊楚	十二	十三 齊魏王來立咎為太子	十四 與齊魏共擊秦	十五	十六 與齊魏擊秦秦與我武遂和	韓釐王咎元年
二十五 趙攻中山惠后卒	二十六	二十七	趙惠文王元年	二 以公子勝為相封平原君	三	四 圍殺主父與齊燕共滅中山
二十八 秦韓魏齊敗我將軍唐眛於重丘	二十九 秦取我襄城殺景缺	三十 王入秦秦取我八城	楚頃襄王元年	二 秦敗我十六城	三 懷王卒於秦來歸葬	四 魯文侯元年徐廣曰一作湣
十一	十二	十三	十四	十五	十六	十七
二十三 與秦擊楚使公子將大有功	二十四 秦使涇陽君來為質	二十五 涇陽君復歸秦薛文入相秦	二十六 與魏韓共擊秦	二十七 擊秦至[illegible]歸相齊	二十八	二十九 佐趙滅中山

二十一	十三 任鄙爲漢中守	二 與秦戰解不利	二	五	五	十八	三十 田甲劫王相薛文走
二十二	十四 白起擊伊闕斬首二十四万	三 佐韓擊秦秦敗我伊闕	三 秦敗我兵伊闕二十四萬虜將喜	六	六	十九	三十一
二十三	十五 魏冉免相	四	四	七 迎婦秦	七	二十	三十二
二十四	十六	五	五 秦拔我宛城	八	八	二十一	三十三
二十五	十七 魏入河東四百里	六 芒卯以詐見重	六 與秦武遂地方二百里	九	九	二十二	三十四
二十六	十八 客卿錯擊魏至軹取城大小六十一	七 秦擊我取城大小六十一	七	十	十	二十三	三十五
二十七	十九 十月爲帝十二月復爲王任鄙卒	八	八	十一 秦拔我桂陽徐廣曰一作梗	十一	二十四	三十六 爲東帝二月復爲王
二十八	二十	九 秦拔我新垣曲陽之城	九	十二	十二	二十五	三十七
二十九	二十一 魏納安邑及河內	十 宋王死我溫	十 秦敗我兵夏山	十三	十三	二十六	三十八 齊滅宋

三十	二十二 蒙武擊齊	十一	十一	十四 與秦會中陽	十四 與秦會宛	二十七	三十九 秦拔我列城九
三十一	二十三 尉斯離與韓魏燕趙共擊齊破之	十二 與秦擊齊濟西與秦王會西周	十二 與秦擊齊濟西與秦王會西周	十五 取齊淮北	十五 取齊淮北	二十八 與秦三晉擊齊燕獨入至臨菑取其寶器	四十 五國共擊湣王王走莒
三十二	二十四	十三 秦拔我安城兵至大梁而還	十三	十六 與秦王會穰	十六	二十九	齊襄王法章元年
三十三	二十五	十四 大水衛懷君元年	十四 與秦會兩周間	十七 秦拔我兩城	十七	三十	二
三十四	二十六 魏冉復爲丞相	十五	十五	十八 秦拔我石城	十八	三十一	三
三十五	二十七 擊趙斬首二萬地動壞城	十六	十六	十九 秦敗我軍斬首三萬	十九 秦擊我與秦漢北及上庸地	三十二	四
三十六	二十八	十七	十七	二十 與秦會黽池藺相如從	二十 秦拔我西陵	三十三	五 殺燕騎劫
三十七	二十九 白起擊楚拔郢更東至竟陵以爲南郡	十八	十八	二十一	二十一 秦拔我郢燒夷陵王亡走陳	燕惠王元年	六

三十八	三十九	四十	四十一	四十二	四十三	四十四。
三十 白起封為武安君	三十一	三十二	三十三	三十四 白起擊魏華陽軍芒卯走得三晉將斬首十五萬	三十五	三十六
十九	魏安釐王元年 秦拔我兩城封弟公子無忌為信陵君	二 秦拔我兩城軍大梁韓來救與秦溫以和	三 秦拔我四城斬首四萬	四 與秦南陽以和	五 擊燕	六
十九	二十	二十一 暴鳶救魏為秦所敗走開封	二十二	二十三	韓桓惠王元年	二
二十一	二十三	二十四	二十五	二十六	二十七	二十八 藺相如攻齊至平邑
二十二 秦拔我巫黔中	二十三 秦所拔我江旁反秦	二十四	二十五	二十六	二十七 擊燕魯頃公元年	二十八
二	三	四	五	六	七	燕武成王元年
七	八	九	十	十一	十二	十三

四十五	四十六	四十七	四十八	四十九	五十	五十一	五十二
三十七	三十八	三十九	四十 太子質於魏者死歸葬芷陽	四十一	四十二 宣太后薨安國君為太子	四十三	四十四 秦攻韓取南陽徐廣曰一作郡
七	八	九 秦拔我懷城	十	十一 秦拔我廩丘徐廣曰或作邢丘	十二	十三	十四
三	四	五	六	七	八	九 秦拔我城汾旁	十 秦擊我太行
二十九 秦拔我閼與趙奢將擊秦大敗之賜號曰馬服	三十 秦擊我閼與城不拔	三十一	三十二	三十三	趙孝成王元年 秦拔我三城平原君相	二	三
二十九	三十	三十一	三十二	三十三	三十四	三十五	三十六
二	三	四	五	六	七 齊田單拔中陽	八	九
十四 秦楚擊我剛壽	十五	十六	十七	十八	十九	齊王建元年	二

五十三	五十四	五十五	五十六	五十七	五十八	五十九		
四十五 秦攻韓取十城	四十六 王之南鄭	四十七 白起破趙長平殺卒四十五萬	四十八	四十九	五十 王齕鄭安平圍邯鄲及齕還軍拔新中	五十一 徐廣曰乙巳赧王卒	五十二 取西周王 徐廣曰丙午王稽棄市	五十三
十五	十六	十七	十八	十九	二十 公子無忌救邯鄲秦兵解去	二十一 韓魏楚救趙新中秦兵罷	二十二	二十三
十一	十二	十三	十四	十五	十六	十七	十八	十九
四	五 使廉頗距秦於長平	六 使趙括代廉頗將白起破括四十五萬	七	八	九 秦圍我邯鄲楚魏救我	十	十一	十二
楚考烈王元年 秦取我州 黃歇為相	二	三	四	五	六 春申君救趙	七 救趙新中	八 取魯魯君封於莒	九
十	十一	十二	十三	十四	燕孝王元年	二	三	燕王喜元年
三	四	五	六	七	八	九	十	十一

五十四	五十五	五十六	秦孝文王元年 徐廣曰辛亥文王后曰華陽后生莊襄王子楚母曰夏太后	秦莊襄王楚元年 徐廣曰王子 蒙驁取城皋滎陽元年初置三川郡呂不韋相取東西周	蒙驁擊趙榆次新城狼孟得三十七城 日蝕	王齮徐廣曰一作齕擊上黨初置太原郡魏公子無忌率五國卻我軍河外蒙驁解去
二十四	二十五 衛元君元年	二十六	二十七	二十八	二十九	三十 無忌率五國兵敗秦軍河外
二十	二十一	二十二	二十三	二十四 秦拔我城皋滎陽	二十五	二十六 秦拔我上黨
十三	十四	十五 平原君卒	十六	十七	十八	十九
十 徙於鉅陽	十一	十二 柱國景伯死	十三	十四 楚滅魯頃公遷下邑為家人絕祀	十五 春申君徙封於吳	十六
二	三	四 伐趙趙破我軍殺栗腹 索隱曰人姓字燕相	五	六	七	八
十二	十三	十四	十五	十六	十七	十八

始皇帝元年 徐廣曰乙卯 擊取晉陽作鄭國渠	三十一	二十七	二十 秦敗我晉陽	十七	九	十九
二	三十二	二十八	二十一	十八	十	二十
三 蒙驁擊韓取十二城王齮死	三十三	二十九 秦拔我十二城	趙悼襄王偃元年	十九	十一	二十一
四 七月蝗蔽天下百姓納粟千石拜爵一級	三十四 信陵君死	三十	二 太子從質秦歸	二十	十二 趙拔我武遂方城	二十二
五 蒙驁取酸棗二十城初置東郡	魏景湣王元年 秦拔我二十城	三十一	三 趙相魏相會柯盟	二十一	十三 劇辛死於趙	二十三
六 五國共擊秦	二 秦拔我朝歌衛從濮陽徙野王	三十二	四	二十二 王東徙壽春命曰郢	十四	二十四
七 彗星見北方西方夏太后薨蒙驁死	三 秦拔我汲	三十三	五	二十三	十五	二十五
八 嫪毐封長信侯	四	三十四	六	二十四	十六	二十六

六国表

史年表三 十五 三十三

九 彗星見竟天嫪毐為亂遷其舍人于蜀彗星復見	五	韓王安元年	七	二十五 李園殺春申君	十七	二十七
十 相國呂不韋免齊趙來置酒太后入咸陽大索	六	二	八 入秦置酒	楚幽王悍元年	十八	二十八 入秦置酒
十一 呂不韋之河南王翦擊鄴閼與取九城	七	三	九 秦拔我閼與鄴取九城	二	十九	二十九
十二 發四郡兵助魏擊楚呂不韋卒復嫪毐舍人遷蜀者	八 秦助我擊楚	四	趙王遷元年 徐廣曰幽愍元年	三 秦魏擊我	二十	三十
十三 桓齮擊平陽殺趙扈輒斬首十萬因東擊趙王之河南彗星見	九	五	二 秦拔我平陽敗扈輒斬首十萬○索隱曰扈輒人姓字趙將漢別有扈輒也	四	二十一	三十一
十四 桓齮定平陽武城宜安韓使非來我殺非韓王請為臣	十	六	三 秦拔我宜安	五	二十二	三十二

六國表

史年表三 十五 三十四

十五 興軍至鄴一軍至太原取狼孟	十六 置麗邑發卒受韓南陽地	十七 內史勝擊得韓王安盡取其地置潁川郡華陽太后薨	十八	十九 王翦拔趙虜王遷之邯鄲帝太后薨	二十 燕太子使荊軻刺王覺之王翦將擊燕	二十一	二十二 王賁擊魏得其王假盡取其地
十一	十二 獻城秦	十三	十四 衛君角元年	十五	魏王假元年	二	三 秦虜王假
七	八 秦來受地	九 秦虜王安	秦滅韓				
四 秦拔我狼孟鄱吾軍鄴。索隱曰鄱音婆又音盤縣名在常山	五 地大動	六	七	八 秦王翦虜王遷邯鄲公子嘉自立為代王	代王嘉元年	二	三
六	七	八	九	十 幽王卒弟郝立為哀王三月負芻殺哀王	楚王負芻元年負芻哀王庶兄	二 秦大破我取十城	三
二十三 太子丹質於秦亡來歸	二十四	二十五	二十六	二十七	二十八 太子丹使荊軻刺秦王秦伐我	二十九 秦拔我薊得太子丹王徙遼東	三十
三十三	三十四	三十五	三十六	三十七	三十八	三十九	四十

二十三 王翦蒙武擊破楚軍殺其將項燕	二十四 王翦蒙武破楚虜其王負芻	二十五 王賁擊燕虜王喜又擊得代王嘉五月天下大酺	二十六 王賁擊齊虜	王建初并天下立為皇帝	二十七 更命河為德水為金人十二命民曰黔首同天下書分為三十六郡	二十八 為阿房宮之衡山治馳道帝之琅邪道南郡入為太極廟賜戶三十爵一級	二十九 郡縣大索十日帝之琅邪道上黨入	三十
四	五	六 秦將王賁虜王嘉秦滅趙						
四 秦破我將項燕	五 秦虜王負芻	秦滅楚						
三十一	三十二	三十三 秦虜王喜拔遼東	秦滅燕					
四十一	四十二	四十三	四十四	秦虜王建秦滅齊				

三十一 更命臘曰嘉平賜黔首里六石米二羊以嘉平大索二十日

三十二 帝之碣石道上郡入

三十三 遣諸逋亡及賈人贅壻略取陸梁為桂林南海象郡以適戍西北戎為四十四縣徐廣曰一云四十四縣是也又云二十四縣築長城河上蒙恬將三十萬

三十四 適治獄吏不直者築長城及南方越地覆獄故失

三十五 為直道道九原通甘泉

三十六 徙民於北河榆中耐徙三處徐廣曰一作家拜爵一級石晝下東郡有文言地分

三十七 十月帝之會稽琅邪還至沙丘崩子胡亥立為二世皇帝殺蒙恬道九原入復行錢

二世元年 十月戊寅大赦罪人十一月為兔園十二月就阿房宮其九月郡縣皆反楚兵至戲章邯擊卻之出衛君角為庶人

二 將軍章邯長史司馬欣都尉董翳追楚兵至河誅丞相斯去疾將軍馮劫

三 趙高反二世自殺高立二世兄子嬰子嬰立刺殺高夷三族諸侯入秦嬰降為項羽所殺尋誅羽天下屬漢

索隱述贊曰春秋之後王室益卑楚殭南服秦霸西垂三卿分晉八代興嬀遂主盟

會互為雄雌二周前滅六國後隳壯哉嬴氏吞并若斯

六國表第三　史記十五

秦楚之際月表第四

索隱曰張晏云時天下未定參錯變易不可以年記故列其月今案秦楚之際擾攘僭篡運數又促故以月紀事而名表也

太史公讀秦楚之際曰初作難發於陳涉虐戾滅秦自項氏撥亂誅暴平定海內卒踐帝祚成於漢家五年之閒號令三嬗音善。索隱曰古禪字音市戰反三嬗謂陳涉項氏漢高祖也自生民以來未始有受命若斯之亟也索隱曰音己力反亟訓急也昔虞夏之興積善累功數十年德洽百姓攝行政事考之于天韋昭曰謂舜受禪在璇璣玉衡以齊七政然後在位湯武之王乃由契后稷修仁行義十餘世不期而會孟津八百諸侯猶以為未可其後乃放弒索隱曰案謂湯放桀武王討紂也秦起襄公章於文繆獻孝之後稍以蠶食六國百有餘載至始皇乃能并冠帶之倫以德若彼索隱曰即契后稷及秦襄公文公繆公也用力如此索隱曰謂湯武及始皇也蓋一統若斯之難也秦既稱帝患兵革不休以有諸侯也於是無尺土之封墮壞名城銷鋒鏑徐廣曰一作鍉。索隱曰鏑音的注鍉字亦音的案秦銷鋒鏑作金人十二以弱天下之兵也鉏豪桀維萬世之安索隱曰維訓度謂討度令萬代安也然王跡之興起於閭巷合從討伐軼於三代鄉秦之禁適足以資賢者為驅除難耳索隱曰鄉音向許亮反謂秦前時之禁兵及不封樹諸侯

適足以資後之賢者即高帝也言為之驅除患難也故憤發其所為天下雄索隱曰指漢高祖安在無土不王白虎通曰聖人無土不王使舜不遭堯當如夫子老於闕里也此乃傳之所謂大聖乎索隱曰高祖起布衣卒傳之天位實所謂大聖豈非天哉豈非天哉非大聖孰能當此受命而帝者乎

秦 二世元年徐廣曰壬辰。正義曰七月陳涉起陳八月武臣起趙九月項梁起吳田儋起齊沛公初起韓廣起燕十二月魏咎起魏陳王立之三年六月韓成起韓項梁立之也	七月	八月
楚	楚隱王陳涉起兵入秦。索隱曰涉起凡六月盡二世元年十二月也	二 葛嬰為涉徇九江立襄彊為楚王。索隱曰涉之二月也
項		
趙		武臣始至邯鄲自立為趙王始。索隱曰凡四月為李良所殺當二世元年八月也
齊		
漢		
燕		
魏		
韓		

九月 楚兵至戲	三 周文兵至戲敗。而陳嬰聞張王即殺彊	項梁號武信君。索隱曰二世元年九月立至二年九月章邯殺梁於定陶	二	齊王田儋始。儋狄人，諸田宗彊，從弟榮、弟橫。索隱曰至二世二年六月章邯殺儋	沛公初起。索隱曰凡十四月懷王封沛公為武安侯將碭郡兵	韓廣為趙略地至薊，自立為燕王始。索隱曰項羽後分燕為二，臧荼為燕王，廣為遼東王，後韓信殺廣	魏王咎始。咎在陳不得歸國。廣曰魏咎曹咎字皆作咎音臼。索隱曰至二世二年六月咎自殺	
二年十月	四 誅葛嬰	二	三	二 儋之起殺狄令自王	二 擊胡陵方與破秦監軍	二	二	
十一月	五 周文死	三	四 李良殺武臣，張耳、陳餘走	三	三 殺泗水守。徐廣曰泗水屬東海。拔薛西。周市東略地豐沛間	三	三 齊趙共立周市，市不肯，曰必立魏咎云	
十二月	六 陳涉死	四	五	四	四 雍齒叛沛公以豐降魏。沛公還攻豐不能下	四	四 咎自陳歸立。陳涉死	

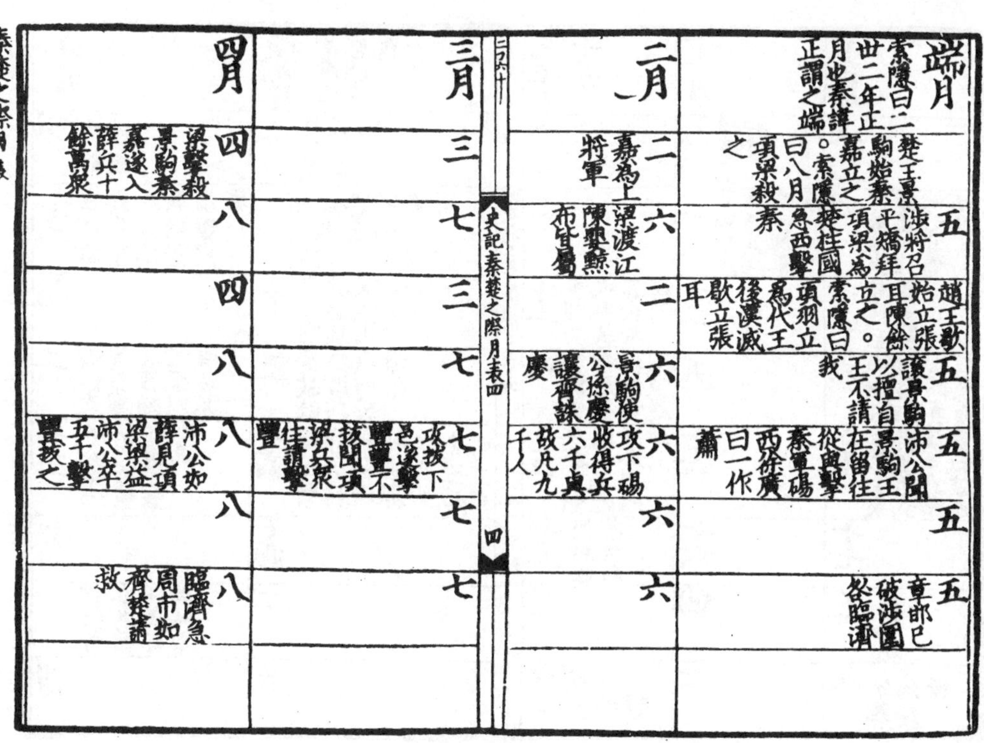

端月 索隱曰二世二年正月也。秦諱正，謂之端	楚王景駒始。秦嘉立之。索隱曰八月項梁殺之	五 涉將召平矯拜項梁為楚柱國急西擊秦	趙王歇始。立張耳陳餘立之。索隱曰項羽立為代王。後漢滅歇立張耳	五 讓景駒以擅自王不請我	五 沛公聞景駒王在留，往從與擊秦軍碭西。徐廣曰一作蕭	五	五 章邯已破涉，圍咎臨濟	
二月	二 嘉為上將軍	六 梁渡江，陳嬰、黥布皆屬	二	六 景駒使公孫慶讓齊，誅慶	六 攻下碭，收得兵六千，與故凡九千人	六	六	
三月	三	七	三	七	七 攻拔下邑，遂擊豐，豐不拔。聞項梁兵眾，往請擊豐	七	七	
四月	四 梁擊殺景駒、秦嘉，遂入薛，兵十餘萬眾	八	四	八	八 沛公如薛見項梁，梁益沛公卒五千，擊豐，拔之	八	八 臨濟急，周市如齊、楚請救	

五月	六月	七月	八月
五	楚懷王始都盱台，故懷王孫，梁立之。索隱曰：懷王孫名心也，項梁與諸侯尊為義帝，羽殺之	二 陳嬰為柱國	三
九	十 梁求楚懷王孫，得之民間，立為楚王	十一 天大雨，三月不見星	十二 救東阿，破秦軍，乘勝至定陶，項梁有驕色
五	六	七	八
九	十 儋救臨濟，章邯殺田儋，榮走東阿	十一 齊立田假為王，秦急圍榮東阿	十二 楚救榮，得解歸，逐田假，立儋子市為齊王始
九 雍齒奔魏	十 沛公如薛共立楚懷王	十一 沛公與項羽北救東阿，破秦軍濮陽東，屠城陽	十二 沛公與項羽西略地，斬三川守李由於雍丘
九	十	十一	十二
九	十 咎自殺，臨濟降秦	十一 咎弟豹走東阿	十二
	韓王成韓始。索隱曰：項羽更王之，不使就封，數月殺之，立鄭昌為韓王，降漢。漢封韓信為王	二	三

九月	後九月 徐廣曰：應閏建酉	三年十月	十一月	十二月
四 從都彭城	五 拜宋義為上將軍	六	七 拜籍上將軍	八
十三 章邯破殺項梁於定陶，項羽恐，還軍彭城	懷王封項羽於魯，為次將，屬宋義，北救趙	二	三 羽矯殺宋義，將其兵渡河救鉅鹿	四 大破秦軍鉅鹿下，諸侯將皆屬項羽
九	十 秦軍圍歇鉅鹿，陳餘出救兵	十一 章邯失邯鄲，徙其民於河內	十二	十三 楚救至，秦圍解
二 田假走楚，楚趣齊救趙，田榮以假故不肯	三 齊救假，乃出兵，項羽怒田榮	四 齊將田都叛榮，往助項羽救趙	五	六 故齊王建孫田安下濟北，從項羽救趙
十三 沛公聞項梁死，還軍從懷王，軍於碭	十四 懷王封沛公為武安侯，將碭郡兵西，約先至咸陽王之	十五 攻破東郡尉及王離軍於成武南	十六	十七 救趙至栗，得皇訢、武蒲軍，與秦軍戰，破之
十三	十四	十五 使將臧荼救趙	十六	十七
魏豹自立為魏王，都平陽始	二	三	四	五 豹救趙
四	五	六 從項羽略入關	七	八 分魏為殷國

端月	九	五 虜秦將王離	十四 張耳怒陳餘，棄將印去	七 項羽田榮、分齊爲三國	十八	十八	六	九
二月	十	六 攻破章邯，章邯軍卻	十五	八	十九 得彭越軍昌邑，襲陳留，用酈食其策，軍得積粟	十九	七	十
三月	十一	七	十六	九	二十 攻開封，破秦將楊熊，熊走滎陽，秦斬熊以徇	二十	八 分韓爲河南國	十一
四月	十二	八 楚急攻章邯，章邯恐，使長史欣歸秦請兵，趙高讓之	十七	十	二十一 攻潁陽，略韓地，北絕河津	二十一	九	十二
五月	二年 一月	九 趙高欲誅欣，欣恐亡走，告章邯謀叛秦	十八	十一	二十二	二十二	十	十三

六月	二	十 章邯與楚約降，未定，項羽許而擊之	十九 張耳從楚西入秦	十二	二十三 攻南陽守齮，破之陽城郭東。徐廣曰陽城在南陽	二十三	十一	十四
七月	三	十一 項羽與章邯期殷虛，章邯等已降，與盟，以邯爲雍王	二十	十三	二十四 降下南陽，封其守齮	二十四	十二	十五 申陽下河南，降楚
八月 趙高殺二世	四	十二 以秦降都尉翳、長史欣爲上將，將秦降軍	二十一 趙王歇留國，陳餘亡居南皮	十四	二十五 攻武關，破之	二十五	十三	十六
九月 子嬰爲王。徐廣曰歲在乙未	五	十三	二十二	十五	二十六 攻下嶢及藍田，以留侯策，不戰皆降	二十六	十四	十七

十月	十一月	十二月
六	七	八
十四 項羽將諸侯兵四十餘萬，行略地，西至於河南	十五 羽詐阬殺秦降卒二十萬人於新安	十六 至關中，誅秦王子嬰，屠燒咸陽，分天下，立諸侯
二十三 張耳從楚西入秦	二十四	二十五 分趙為代國
十六	十七	十八 項羽怨榮，殺之，分齊為三國。索隱曰：臨淄、濟北、膠東
二十七 漢元年。秦王子嬰降。沛公入破咸陽，平秦，還軍霸上，待諸侯約	二十八 沛公出令三軍，秦民大悅	二十九 與項羽有郄，見之戲下，講解。羽倍約，分關中為四國。索隱曰：漢、雍、塞、翟
二十七	二十八	二十九 臧荼從入，分燕為二國。索隱曰：燕、遼東也
十五 從項羽略地，遂入關	十六	十七 分魏為殷國
十八	十九	二十 分韓為河南國

義帝元年

九 諸侯尊懷王為義帝

十七 項籍自立為西楚霸王

分楚為四　分為衡山

分為臨江

分為九江

二十六 更名為常山

分為代

十九 更名為臨菑

分為濟北

分為膠東

正月 分關中為漢

分關中為雍

分關中為塞

分關中為翟

三十 燕

分為遼東

十八 更為西魏

分為殷

二十一 韓

分為河南

二 從都江南郴

西楚主伯項籍始為天下主命立十八王

索隱曰高祖及十八諸侯受封之月漢書異姓王表云一月應劭云諸侯王始受封

王吳芮始故番君

王共敖始故楚柱國

王英布始故楚將

王張耳始故楚將。索隱曰故趙相

二十七 王趙歇始故趙王

王田都始故齊將

王田安始故齊將

二十 王田市始故齊王

二月 漢王始故沛公

王章邯始故秦將

王司馬欣始故秦將。索隱曰故秦長史

王董翳始故秦將。索隱曰故秦都尉

王臧荼始故燕將

三十一 王韓廣始故燕王

十九 王魏豹始故魏王

王司馬卬始故趙將

二十二 王韓成始故韓將。索隱曰故韓王

王申陽始故楚將

之月十八王同時稱一月以非元正故云

一月高祖十月至霸上改元至此月漢四

三

二都彭城

月也

二都江都。索隱曰漢表云二月應劭云諸侯王始都國之月十八王同時稱

二都郴

二都江陵

二都六

二都襄國

二十八都代

二都臨菑

二都博陽

二十一都即墨

三月都南鄭

二都廢丘

二都櫟陽

二都高奴

二都薊

三十二都無終

二十都平陽。索隱曰後從漢又叛

韓信之廣漢四年周苛殺豹也

二都朝歌

二十三都陽翟。索隱曰姚氏云

韓成是項梁所立不與十七國封此云十

二都洛陽

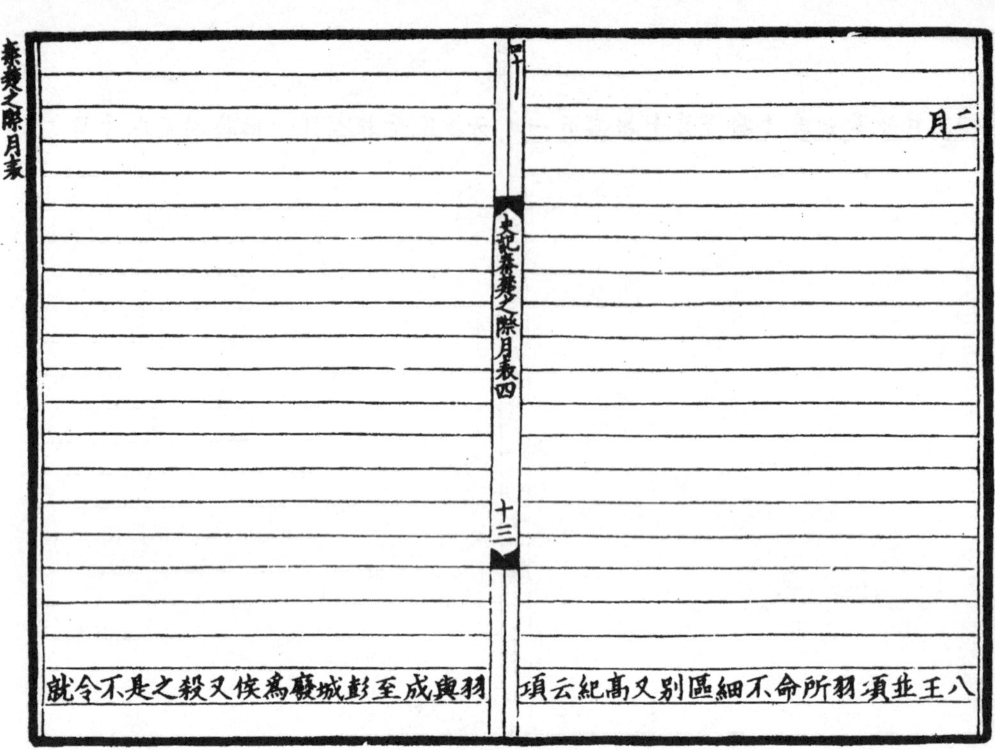

二月

八王並須羽所命不細區別又高紀云項羽與成至彭城廢為侯又殺之是不令就

國當以陽翟為都而不之其所封國也

四

三 諸侯罷戲下皆之國

三

三

三

三

二十九 索隱曰趙歇前為趙王已二十六

三

三

二十二

四月

三

三

三

三

三十三

二十一

三

二十四

三

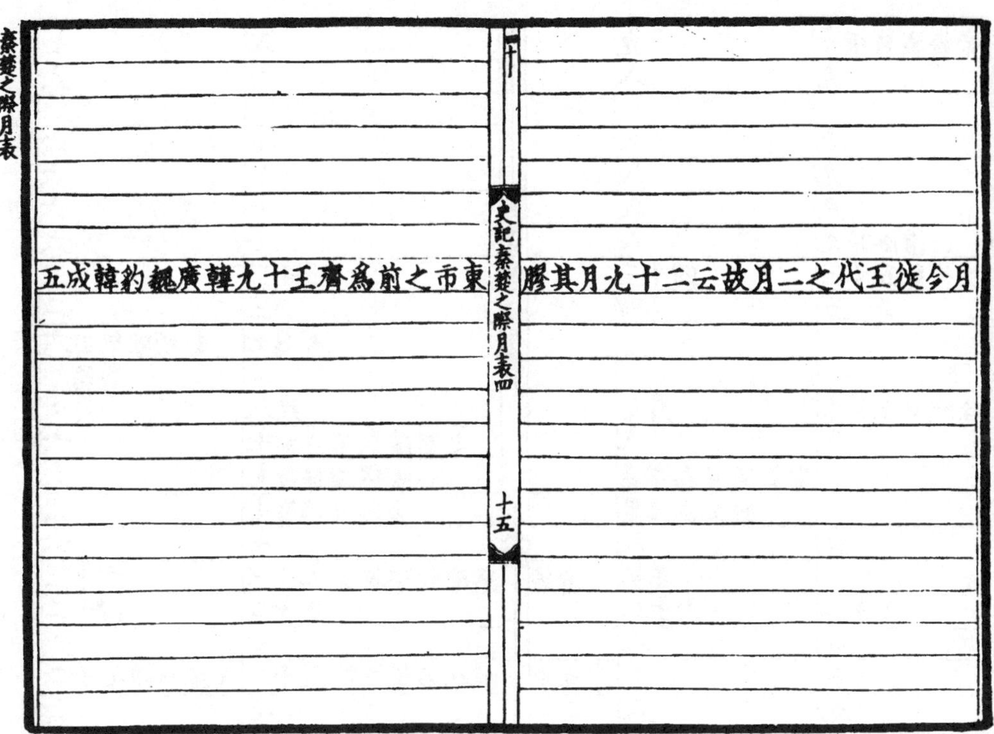

月今徙王代之二月故云二十九月其膠

東市之前爲齊王十九韓廣魏豹韓成五

	五	六
	四	五
	四	五
	四	五
	四	五
	四	五
人並先爲王已經多月故因舊月而數	三十	三十一
	四田榮擊都都降楚	五齊王田榮始故齊相
	四	五
	二十三	二十四田榮擊殺市
	五月	六月
	四	五
	四	五
	四	五
	四	五
	三十四	三十五
	二十二	二十三
	四	五
	二十五	二十六
	四	五

七	八	九	十項羽滅義帝
六	七	八	九
六	七	八	九
六	七	八	九
六	七	八	九
六	七	八	九耳降漢
三十二	三十三	三十四	三十五歇復王
二	三	四	五
六田榮擊殺安屬齊	七屬齊		
七月	八月	九月	十月王至陝徐
六	七邯守廢丘漢圍之	八	九
六	七欣降漢國除	屬漢為河南上郡	
六	七翳降漢國除	屬漢為上郡	
六	七	八	九
三十六	三十七臧荼擊殺廣無終滅之	屬燕	
二十四	二十五	二十六	二十七
六	七	八	九
二十七項羽誅成	二十八韓王鄭昌始項王立之	二	三
六	七	八	九

索隱曰使九江王布殺之漢王為舉哀		
	十	十一
	十	十一
	十	十一
	十	十一
		歇以陳餘為代王
趙	三十六代王歇還王趙	三十七
	六	七
	十一月	十二月
廣曰弘農陝縣		
	十漢拔我隴西	十一
	十	十一
	二十八	二十九
	十	十一
	韓王信始漢立之	二
	屬漢為河南郡	

	十二	二年一月	二
	十二	二年一月	二
	十二	十三	十四
	十二	二年一月	二
號成安君	二	三	四
	三十八	三十九	四十
	八項籍擊榮走平原平原民殺之	項籍立故齊王田假為齊王	二田榮弟横
	正月	二月	三月王擊彭
	十二漢拔我北城	二年一月	二
	十二	二年一月	二
	三十	三十一	三十二降漢
	十二	十三	十四降漢印
	三	四	五

	三項羽以兵三	萬破漢兵五十六萬	四
	三		四
	十五		十六
	三		四
	五		六
	四十一		四十二
反城陽擊假走楚楚殺假	三齊王田廣始	廣榮子横立之	二
	四月王伐楚至	彭城懷定	五月王走滎陽
	三		四
	三		四
為廢王	三十三從漢伐	楚	三十四豹歸叛漢
廢	為河內郡屬漢		
	六從漢伐楚		七

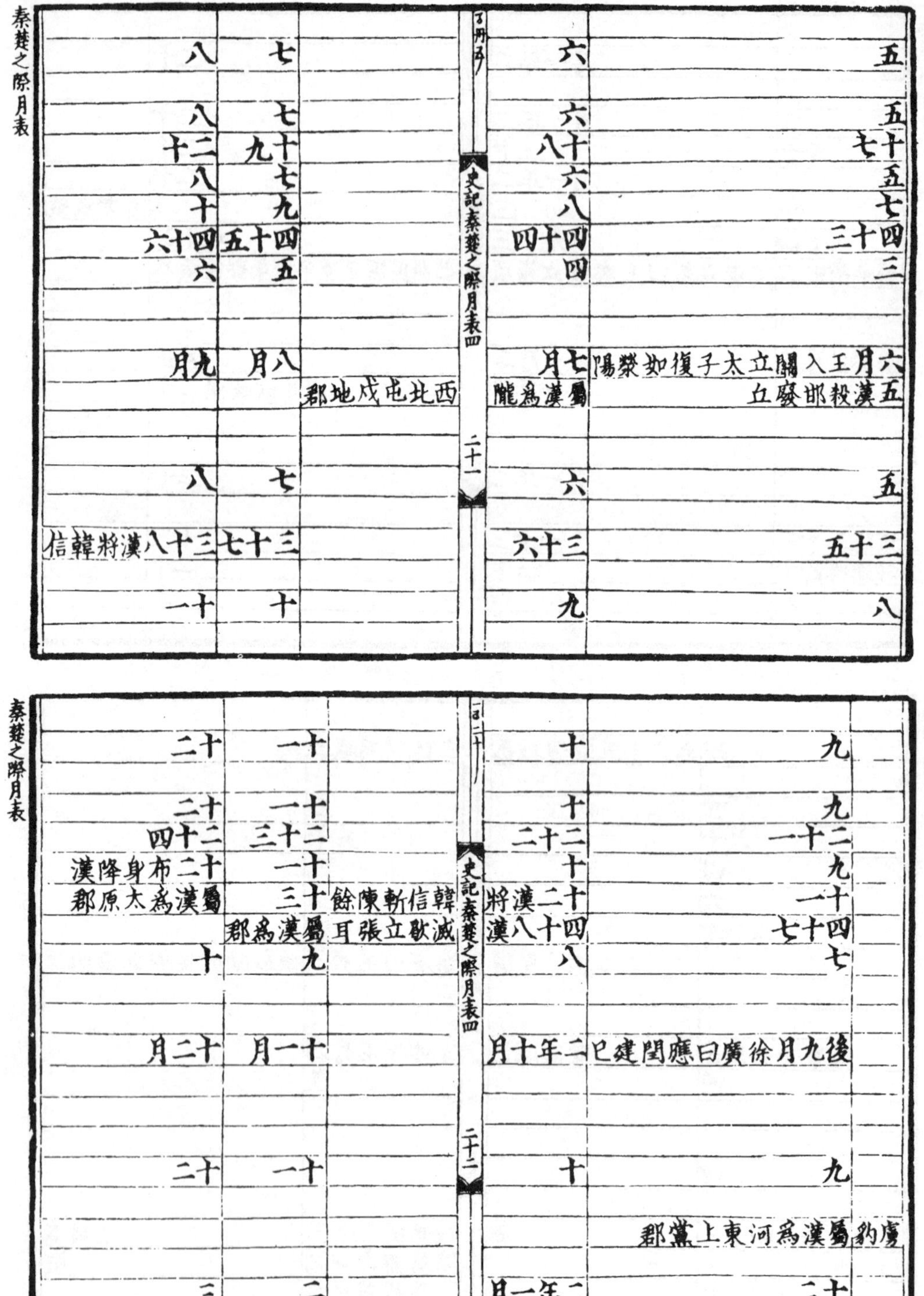

五	六		七	八
五	六		七	八
十七	十八		十九	二十
五	六		七	八
七	八		九	十
四十三	四十四		四十五	四十六
三	四		五	六
六月王入關立太子復如滎陽	七月		八月	九月
五漢殺邯廢丘	屬漢為隴	西北屯戍地郡		
五	六		七	八
三十五	三十六		三十七	三十八漢將韓信
八	九		十	十一

	九	十		十一	十二
	九	十		十一	十二
	二十一	二十二		二十三	二十四
	九	十		十一	十二布身降漢
	十一	十二漢將	韓信斬陳餘	十三	屬漢為太原郡
	四十七	四十八漢	滅歇立張耳	屬漢為郡	
	七	八		九	十
	後九月徐廣曰應閏建巳	二年十月		十一月	十二月
	九	十		十一	十二
虜	豹屬漢為河東上黨郡				
	十二	二年一月		二	三

三年一月	二	三	四		五	六	七
三年一月	二	三	四		五	六	七
二十五地屬項籍	二十六	二十七	二十八		二十九	三十	三十一王敖薨
十一	十二	十三	十四		十五	十六	十七
正月	二月	三月	四月楚圍王	滎陽	五月	六月	王出滎陽徐廣曰項羽
三年一月	二	三	四		五	六	七
四	五	六	七		八	九	十

	八	九	十	十一漢將韓信破殺龍且
	八	九	十	十一
	臨江王驩始敖子	二	三	四
				趙王張耳始漢立之
	十八	十九	二十	二十一漢將韓信擊殺廣
高紀七月出滎陽	八月周苛樅公殺魏豹	九月	四年十月	十一月
	八	九	十	十一
	十一	十二	三年一月	二

十二	四年一月	二	三漢御史周苛入楚	四
十二	四年一月	二	三	四
五	六	七	八	九
二	三	四	五	六
屬漢為郡		齊王韓信始漢立之	二	三
十二月	正月	二月立信王齊	三月周苛入楚	四月王出滎陽豹死
十二	四年一月	二	三	四
三	四	五	六	七

	五	六	七	八	九
	五	六	七	八	九
	十	十一	十二	十三	十四
			淮南王英布始漢立之	二	三
	七	八	九	十	十一
	四	五	六	七	八
徐廣曰項羽紀曰王出成皋	五月	六月	七月立布為淮南王	八月	九月太公呂后
	五	六	七	八	九
	八	九	十	十一	十二

十	十一	十二誅籍	齊王韓信徙楚王	二
十	十一	十二	十三徙王長沙	屬淮南
十五	十六	十七漢虜驩	屬漢爲南郡	
四	五	六	七淮南國	八
十二	二年一月	二	三趙國	四
九	十	十一	十二徙王楚屬漢南四郡	
歸自楚	五年十月	十一月	正月殺項籍天下平諸侯臣屬漢	二月甲
十	十一	十二	五年一月燕國	二
			復置梁國	一月梁
四年一月	二	三	四韓王信	五徙王
			分臨江爲長沙國	衡山王

	三	四	五	六	七
國					
	九	十	十一	十二	二年一月
	五	六	七	八	九耳薨謚景王
午王更號即皇帝位於定陶	三月	四月	五月	六月帝入關	七月
	三	四	五	六	七
王彭越始	二	三	四	五	六
代都馬邑	六	七	八	九	十
吳芮爲長沙王。索隱曰改封也	二	三	四	五	六薨謚文王

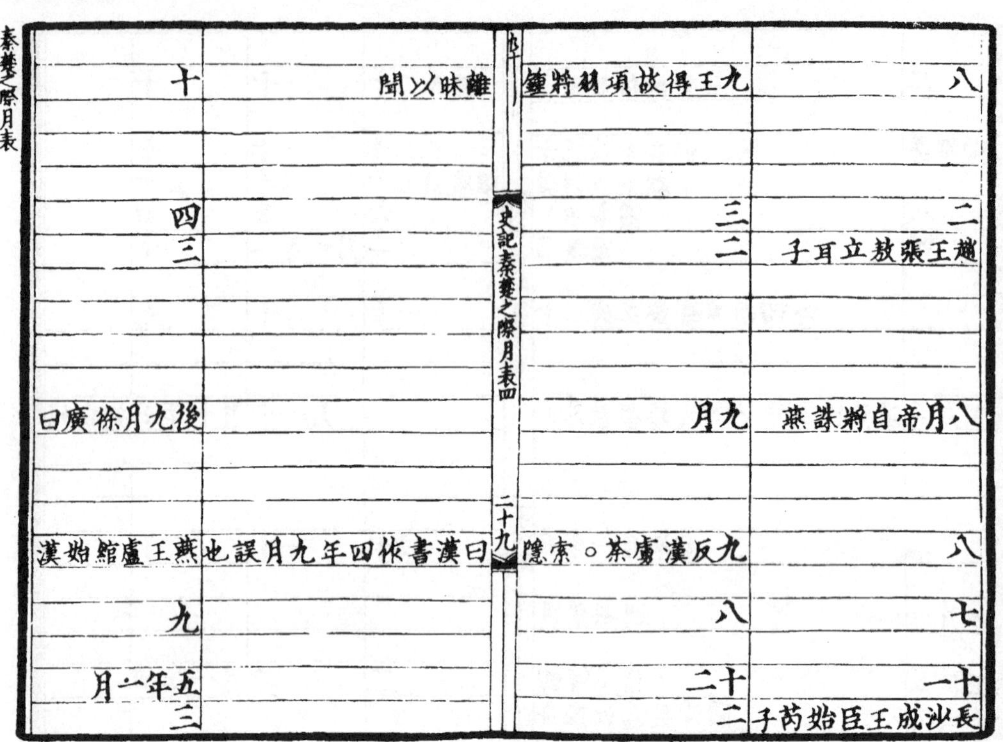

八	九王得故項籍將鍾	離昧以聞	十
二	三		四
趙王張敖立耳子	二		三
八月帝自將誅燕	九月		後九月徐廣曰
八	九反漢虜荼○索隱	曰漢書作四年九月誤也	燕王盧綰始漢
七	八		九
十一	十二		五年二月
長沙成王臣始芮子	二		三

應閏建寅

太尉

索隱述贊曰

秦失其鹿　羣雄競逐　狐鳴楚祠
龍興沛谷　武臣自王　魏豹必復
田儋據齊　英布居六　項王主命
義帝見戮　以月繫年　道悠運速
洶洶天下　瞻烏誰屋　眞人霸上
卒享天祿

秦楚之際月表第四　史記十六

漢興以來諸侯年表第五　史記十七

索隱曰應劭云雖名爲王其實如古之諸侯

太史公曰殷以前尚矣周封五等公侯伯子男然封伯禽康叔於魯衛地各四百里親親之義襃有德也太公於齊兼五侯地尊勤勞也武王成康所封數百而同姓五十五索隱曰案漢書封國八百同姓五十餘顧氏據左傳魏子謂成鱄云武王克商光有天下兄弟之國十有五人姬姓之國四十人是也地上不過百里下三十里以輔衛王室管蔡康叔曹鄭或過或損厲幽之後王室缺侯伯彊國興焉天子微弗能正非德不純形勢弱也索隱曰純善也亦云純一言周王非德不純一形勢弱也漢興序二等韋昭曰漢封功臣大者王小者侯也高祖末年非劉氏而王者若無功上所不置徐廣曰一云非有功上所置而侯者天下共誅之高祖子弟同姓爲王者九國徐廣曰齊楚荆淮南燕趙梁代淮陽○索隱曰徐氏九國不數吳蓋以荆絕乃封吳故也仍以淮陽爲九今案下文所列有十國者以長沙異姓故言九國也唯獨長沙異姓而功臣侯者百有餘人自鴈門太原以東至遼陽韋昭曰遼東陽縣爲燕代國常山以南大行左轉度河濟阿甄以東薄海爲齊趙國自陳以西南至九疑東帶江淮穀泗徐廣曰穀水在沛薄會稽爲梁楚吳淮南長沙國皆外接於胡越而內地北距山以東盡諸侯地大者

或五六郡連城數十置百官宮觀僭於天子漢獨有三河東郡潁川南陽自江陵以西至蜀北自雲中至隴西與內史正義曰京兆也凡十五郡而公主列侯頗食邑其中何者天下初定骨肉同姓少故廣彊庶孽以鎮撫四海用承衛天子也漢定百年之間親屬益疏諸侯或驕奢忕邪臣計謀爲淫亂索隱曰忕音誓忕訓習言習於邪臣之謀計故爾雅云忕忕猶細也細亦訓習大者叛逆小者不軌于法以危其命殞身亡國天子觀於上古然後加惠使諸侯得推恩分子弟國邑索隱曰案武帝用主父偃言而下推恩之令也故齊分爲七徐廣曰城陽濟北濟南菑川膠西膠東是分爲七趙分爲六徐廣曰河間廣川中山常山清河梁分爲五徐廣曰濟陽濟川濟東山陽也淮南分三徐廣曰廬江衡山及天子支庶子爲王王子支庶爲侯百有餘焉吳楚時前後諸侯或以適削地索隱曰適音宅或作過是以燕代無北邊郡吳淮南長沙無南邊郡如淳曰長沙之南更置郡燕代以北更置緣邊郡其所有饒利兵馬器械三國皆失之也○正義曰景帝時漢境北至燕代燕代之北未列爲郡吳長沙之國南至嶺南嶺南越未平亦無南邊郡齊趙梁楚支郡名山陂海咸納於漢諸侯稍微大國不過十餘城小侯不過數十里上足以奉貢職下足以供養祭祀以蕃輔京師而漢郡八九十形錯諸侯間犬牙相臨索隱曰錯音七各反錯謂交錯相銜如犬牙故云犬

牙相制言犬牙參差也秉其阸塞地利彊本幹弱枝葉之勢也尊卑明而萬事各得其所矣臣遷謹記高祖以來至太初諸侯譜其下益損之時令後世得覽形勢雖彊要之以仁義為本

高祖元年

楚 索隱曰高祖五年封韓信六年王弟交也

齊 索隱曰四年封韓信六年封子肥

荊 索隱曰六年封劉賈十一年賈為英布所殺其年立吳國封兄子濞也

淮南 索隱曰四年封英布十一年反誅立子長

燕 索隱曰五年封盧綰十一年亡入匈奴十二年立子建也

趙 索隱曰四年封張耳其年薨子敖立八年廢為宣平侯九年立子

梁 索隱曰五年封彭越十一年反誅十二年立子恢

淮陽 索隱曰十一年封子友後二年為郡高后元年復為國封惠帝子彊

代 索隱曰二年封韓王信五年降匈奴十一年立子恒

長沙 索隱曰五年吳芮薨子成王臣立為長沙王

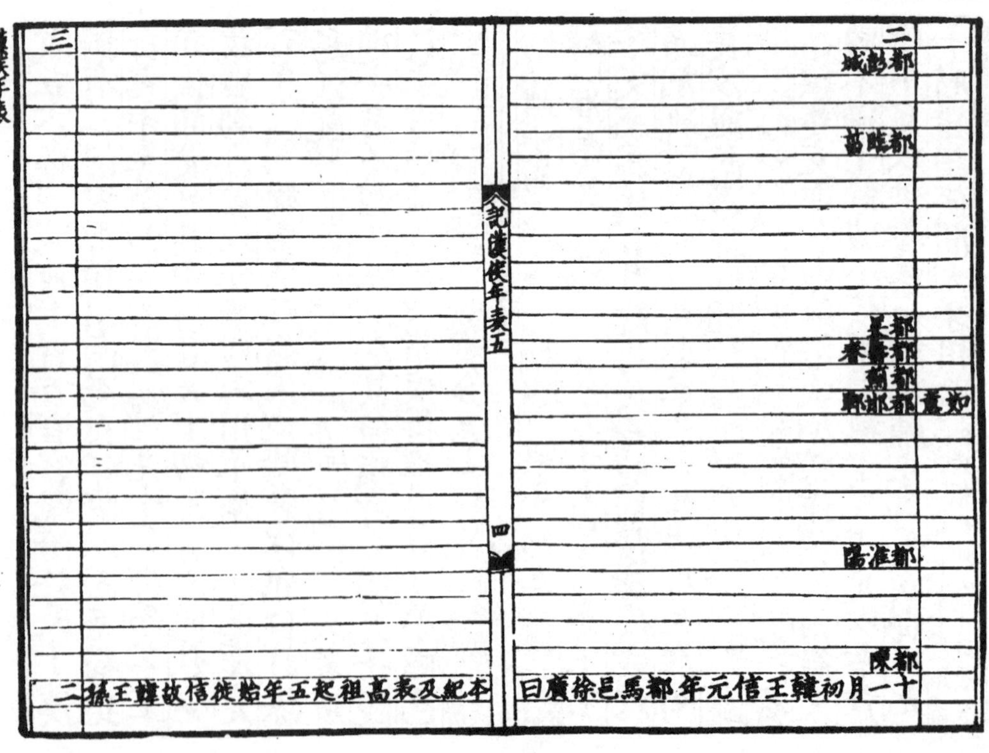

二

都彭城

都臨菑

都吳

都壽春

都薊

如意 都邯鄲

都淮陽

都陳

十一月初韓王信元年都馬邑徐廣曰本紀及表高祖五年始徙信故韓王孫 二

三

四	五
	齊王信徙爲楚
初王信元年故相國	二徙楚
十月乙丑初王武王英布元年	二
	九月壬子初王
	初王張耳元年
	初王彭越元年
三	四降匈奴國除
	二月乙未初王

	六
王元年反廢	正月丙午初王交元年高
	正月甲子初王悼惠王肥元
	正月丙午初王劉賈元年
	三
盧綰元年	二
	二
	二
爲郡	
文王吳芮元年薨	成王臣元年

	七	八	九
祖弟也	二	三	四來朝
年肥高祖子	二	三	四來朝
	二	三	四
	四	五	六來朝
	三	四	五
	三	四廢	初王隱王如意元年如
	三	四	五來朝
	二	三	四

	十	十一
	五來朝	六
	五來朝	六
	五來朝	六爲英布所殺國除
	七來朝反誅	十二月庚午屬王長
	六來朝	七徐廣曰一云十月
意高祖子	二	三
	六來朝反誅	二月丙午初王濞元
		二月丙寅初王交元
	後置代都中都	二月丙子初王元年
	五來朝	六

二十 孝惠元年
七 八
七 八
爲郡 更爲吳國十月辛丑初王濞 元年濞高祖兄仲子 二故沛侯
元年長高祖子 二 三
云入奏而敗 三月甲午初王靈王建元年 建高祖子 二
四元 淮南王徙於趙名友元年
年欲高祖子 三 三
年友高祖子徙趙 二 爲郡
二 三
七 八

二 三 四 五 六 七 高后元年
九來朝 十 十一來朝 十二 十三 十四來朝 十五
初置魯國 四月元王張偃元年偃
九來朝 十 十一來朝 十二 十三薨 哀王襄元年 二
三 四 五 六來朝 七 八來朝 九
四 五 六來朝 七 八 九來朝 十
三 四 五 六來朝 七 八來朝 九
長[illegible]王 二 三 四來朝 五 六 七來朝 八
初置常山國 四月辛卯哀王不疑元
四 五 六 七 八 九來朝 十
初置呂國 四月辛卯呂王台元年
復置淮陽國 四月辛卯初王懷王強
四 五 六 七 八 九 十
哀王回元年 二 三 四 五 六 七

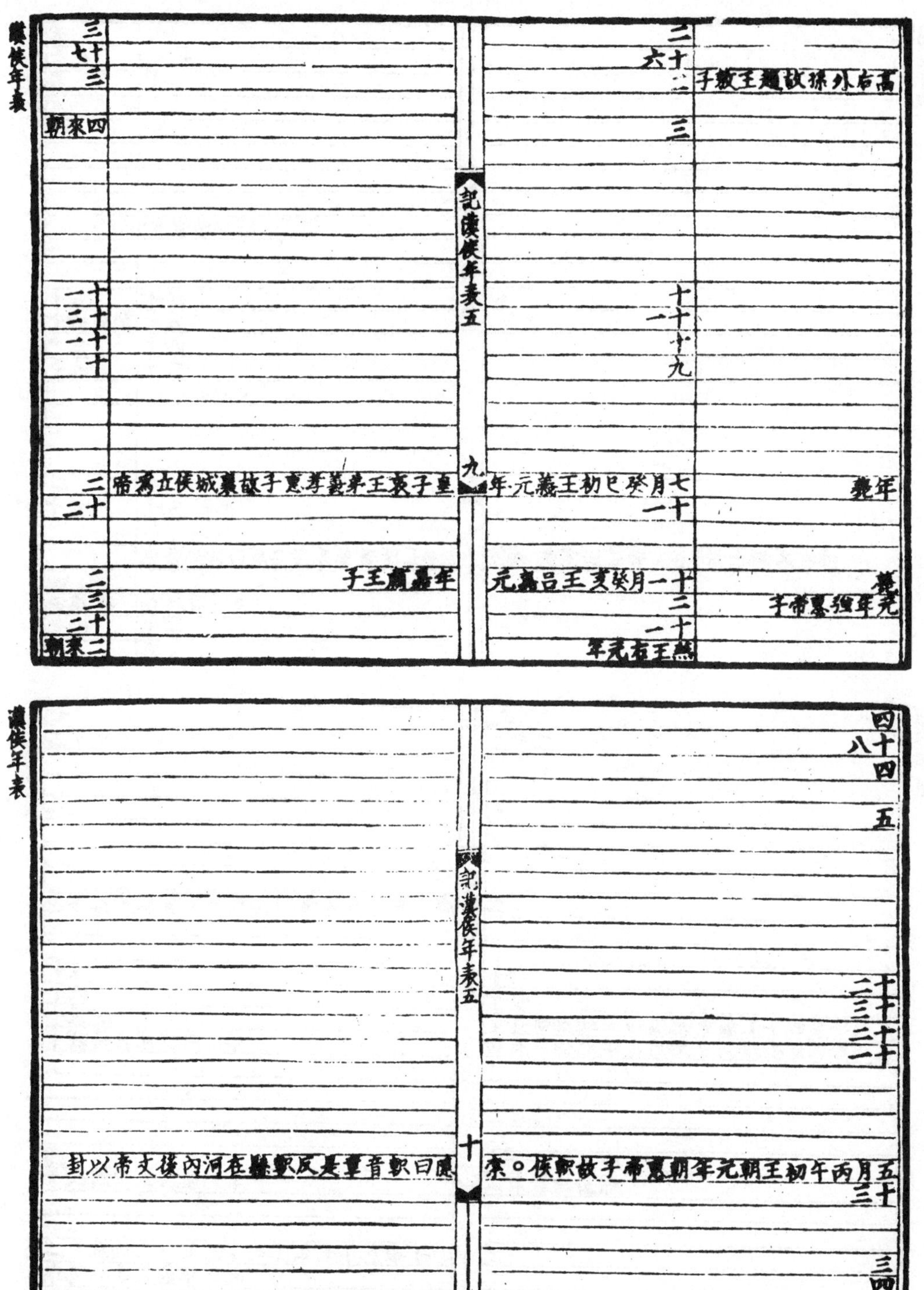

二十六
高后外孫故趙王敖子　二
三
十
十一
十
九
年　七月癸巳初王義元年　九
皇子哀王弟義孝惠子故襄城侯立為帝　二
十一　二十
義
元年強寖帝子　十一月癸亥王呂嘉元年　年嘉驩王子　二
二　三
十一　二十
燕王右元年　來朝二
三
七十
三
來朝四
十二
十三
十一
十

四十八
四
五
十二
十三
十二
十一
五月丙午初王朝元年朝惠帝子故軹侯。索隱曰軹音章是反軹縣在河內後文帝以封
三十
三
四十三
三

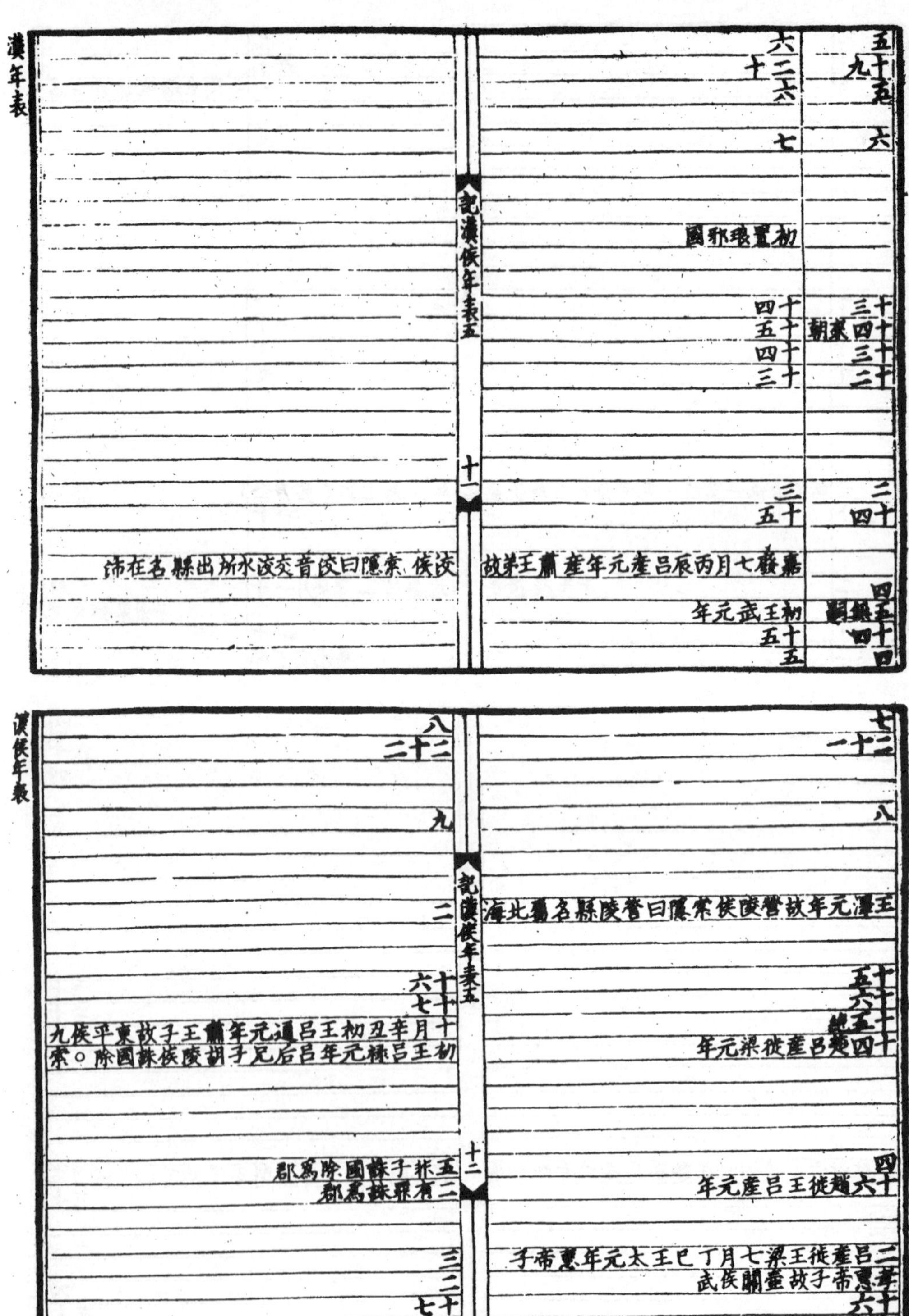

漢年表

五十九 五 | 六二十六 十

六 | 七

初置琅邪國

十三 | 十四

朝 十四 | 十五

十三 | 十四

十二 | 十三

二 | 三

十四 | 十五

嘉薨。七月丙辰，呂產元年。產，肅王弟，故洨侯。索隱曰：洨音交。洨水所出，縣名，在沛。

四

初王武元年 | 五 十四 | 十五

十四 | 五

史記漢興以來諸侯年表五　十一

漢年表

七 | 八

十二一 | 二十二

八 | 九

王澤元年。故營陵侯。索隱曰：營陵，縣名，屬北海。 | 二

十五 | 十六

十六 | 十七

十七 | 十月辛丑，初王呂通元年。肅王子，故東平侯。

四十 呂產徙梁元年 | 初王呂祿元年。呂后兄子，胡陵侯。誅，國除。○索

四 | 五 張子，誅，國除，為郡。

十六 趙徙王呂產元年 | 二 有罪，誅，為郡。

二 呂產徙王梁，七月丁巳，王太元年。惠帝子。 | 三

惠帝子，故壼關侯武。 | 二

十六 | 十七

六 | 七

史記漢興以來諸侯年表五　十二

	孝文前元	年	二
	二十三		楚王郢元年
	十薨		文王則元年
	初置成陽	郡	二月乙卯景王章元年
	初置濟北		二月乙卯王興居元年悼
	三徙燕		國除為郡
	十七		十八
	十八		十九
月誅國除○索隱曰東平縣屬梁國	十月庚戌	琅邪王澤徙燕元年	二長為敬王薨
隱曰胡陵縣屬山陽	十月庚戌	趙王遂元年	二幽王子
	分為河間	都洛城	二月乙卯初王文王辟彊
	初置太原	都晉陽	二月乙卯初王參元年參
	復置梁國		二月乙卯初王懷王勝元
	三武誅國	除	
	十八為文	帝	二月乙卯初王武元年武
	八		九

記漢侯年表五　十三

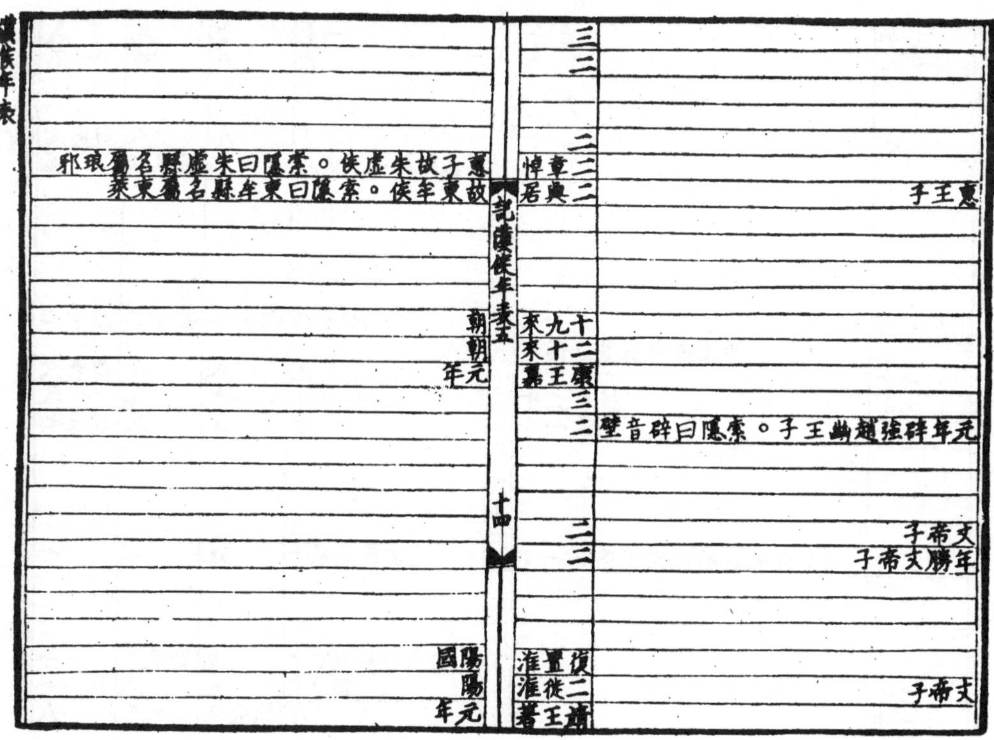

	三	
	二	
	二	
	二章悼	惠子故朱虛侯○索隱曰朱虛縣名屬琅邪
惠王子	二興居	故東牟侯○索隱曰東牟縣名屬東萊
	十九來	朝
	二十來	朝
	懷王嘉	元年
	三	
元年辟彊趙幽王子○索隱曰辟音璧	二	
文帝子	二	
年勝文帝子	二	
	復置淮	陽國
文帝子	二徙淮	陽
	靖王著	元年

記漢侯年表五　十四

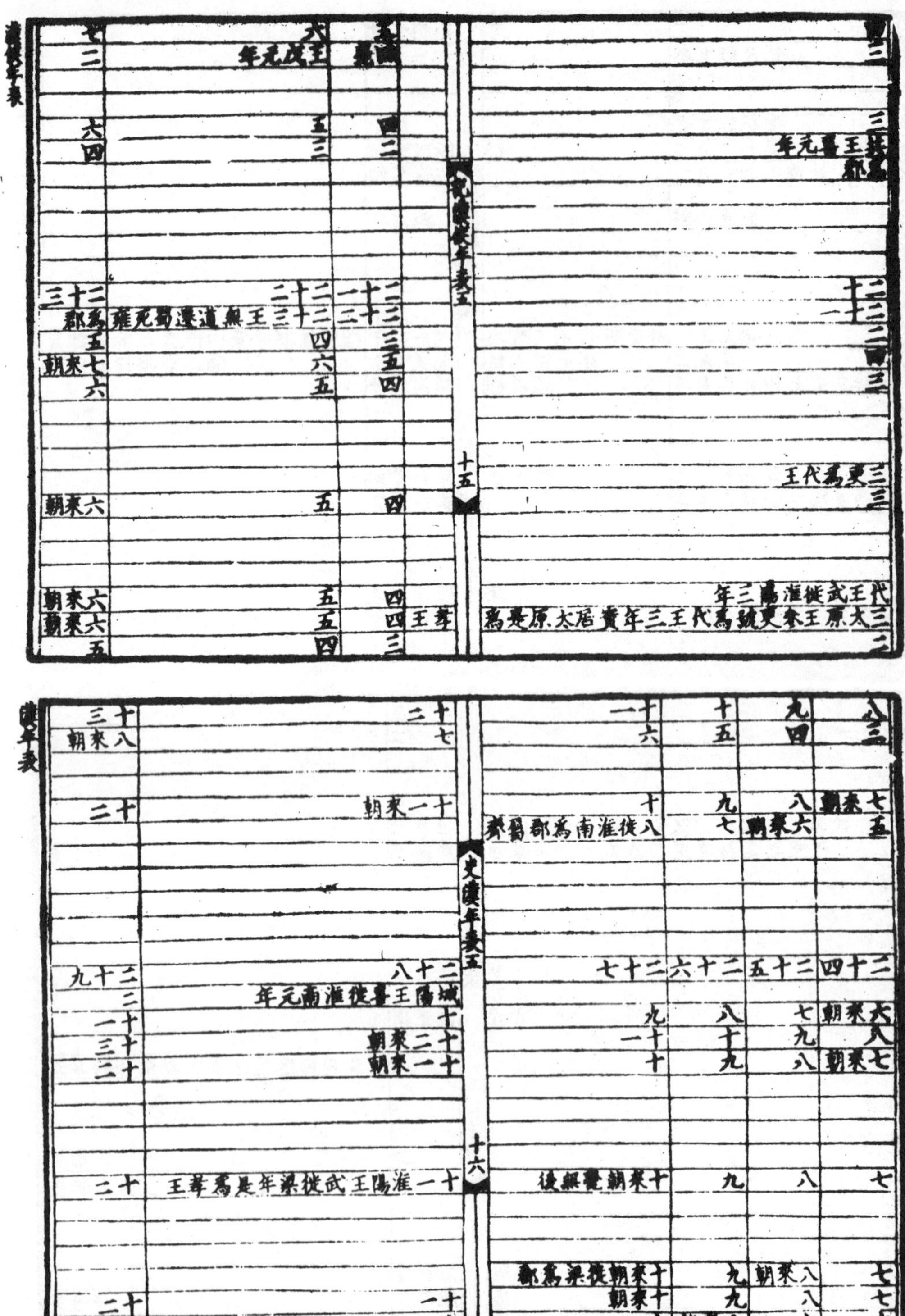

[illegible]		五	六	七
二		國除	王戊元年	二
三		四	五	六
[illegible]王[illegible]元年		二	三	四
[illegible]郡				
二十		二十一	二十二	二十三
二十一		二十二	二十三 王無道遷蜀死雍	為郡
二		三	四	五
四		五	六	七 來朝
三		四	五	六
三 更為代王				
三		四	五	六 來朝
代王武徙淮陽三年		四	五	六 來朝
三 太原王參更號為代王三年實居太原是為	孝王	四	五	六 來朝
二		三	四	五

八	九	十	十一	十二	十三
三	四	五	六	七	八 來朝
七 來朝	八	九	十	十一 來朝	十二
五	六 來朝	七	八 徙淮南為郡屬[illegible]		
二十四	二十五	二十六	二十七	二十八	二十九
				城陽王喜徙淮南元年	二
六 來朝	七	八	九	十	十一
八	九	十	十一	十二 來朝	十三
七 來朝	八	九	十	十一 來朝	十二
七	八	九	十 來朝薨無後	十一 淮陽王武徙梁年是為孝王	十二
七	八 來朝	九	十 來朝徙梁為郡		
七	八	九	十 來朝	十一	十二
六	七	八 來朝	九	十	十一

十四	十五	十六	後元年
九	十	十一	十二
	初置衡山	四月丙寅王勃元年	二淮南厲王子故安
十三	十四薨無後	四月丙寅孝王將閭元年	二齊悼惠王子故陽
	復置城陽國	淮南王喜徙城陽十三年	十四
	復置濟北國	四月丙寅初王志元年	二齊悼惠王子故安
	分爲濟南國	四月丙寅初王辟光元年	二齊悼惠王子故朸
	分爲菑川都劇	四月丙寅初王賢元年	二齊悼惠王子故武
	分爲膠西都宛徐廣曰樂安有宛縣	四月丙寅初王卬元年	二齊悼惠王子故平
	分爲膠東都即墨	四月丙寅初王雄渠元年	二齊悼惠王子故白
三十	三十一	三十二	三十三
三	四徙城陽	四月丙寅王安元年	二淮南厲王子故阜
十二來朝	十三來朝	十四	十五
十四	十五	十六	十七
十三薨	哀王福元年薨無後國除爲郡		
	初置廬江國	四月丙寅王賜元年	二淮南厲王子故陽
十三	十四來朝	十五	十六
十三	十四	十五	十六
十二	十三	十四	十五

	二	三	四	五	六	七
	十三	十四	十五	十六來朝	十七	十八
陽侯	三	四	五	六	七	八
虛侯	三	四來朝	五	六	七	八
	十五	十六	十七	十八來朝	十九	二十
都侯	三	四來朝	五來朝	六	七	八
侯	三	四來朝	五	六	七	八
成侯	三	四	五	六來朝	七	八
昌侯	三	四	五	六	七	八
石侯	三	四	五	六來朝	七	八
	三十四	三十五	三十六	三十七	三十八	三十九
陵侯	三	四	五	六	七來朝	八
	十六	十七	十八來朝	十九	二十	二十一
	十八	十九	二十來朝	二十一	二十二	二十三
周侯	三	四	五	六	七	八
	十七	十八來朝	十九	二十	二十一	二十二
	十七薨	共王登元年	二	三	四	五
	十六	十七	十八	十九	二十來朝	二十一來朝薨無後國除

孝景前元年	二	三
十九	二十來朝	二十一反誅
	分楚復置魯國	六月乙亥淮陽王徙魯元
九	十	十一
九	十	十一
二十一	二十二	二十三
九	十來朝	十一徙菑川
九	十	十一反誅
九	十	十一賢反誅濟北王志徙
九	十	十一反誅六月乙亥子王
九	十	十一反誅
四十	四十一	四十二反誅
九	十	十一
二十二	二十三	二十四
二十四	二十五來朝	二十六
復置河間國	三月甲寅初王獻王德元年景帝子	二來朝
初置廣川都信都	三月甲寅彭祖王元年景帝子	二來朝
	初置中山都盧奴	六月乙亥靖王勝元年景
九	十	十一
二十三	二十四來朝	二十五來朝
初置臨江都江都	三月甲寅初王閼元年景帝子。索隱曰閼音遏	二
初置汝南國	三月甲寅初王非元年景帝子	二
初置淮陽國	三月甲寅初王餘元年景帝子徙魯	二
六	七	八
復置長沙國	三月甲寅定王發元年景帝子	二

	四四月乙巳立太子
	文王禮元年王子故平陸侯
年是為恭王	二來朝
	十二徙濟北廬江王賜徙衡山王元年
	懿王壽元年
	二十四
	十二
	為郡
菑川十一年是為懿王	十二
端元年景帝子。索隱曰謚法能優其德曰子	二
	四月乙巳初王元年是為孝武帝
	初置江都六月乙亥汝南王非為江都王元年
	十二
	二十五
	為郡
帝子	三
	三
	二
	十二徙魯山國除為郡
	二十六
	三薨無後國除為郡
	三徙江都
	為郡
	九
	三

漢侯年表

記漢侯年表五　廿一

五		六
二		三來朝薨
三		四
二		三
二來	朝	三
二十	五	二十六
十三	薨是爲勇王	武王胡元年
十三		十四
三		四
二		三
二是爲易王○索隱曰謚法好更故舊爲易		三
十三	來朝	十四
二十	六薨	王定國元年
廣川	王彭祖徙趙四年是爲敬肅王	五
四		五
四徙	趙國除爲信都郡	
三		四
二十	七	二十八
		復置臨江國
十		十一
四		五來朝

漢年表

記漢侯年表五　二十二

七十一月乙丑太子發		中元	二
安王道元年		二來朝	三
五		六來朝	七
四		五	六
四		五	六
二十七		二十八	二十九來朝
三		三	四
十五		十六來朝	十七來朝
五		六來朝	七
四四月丁巳爲太子復置膠東國		五復置膠東國	四月乙巳初王康王寄元
四		五	六
十五		十六	十七
二		三	四
六		七	八來朝
六		七	八來朝
		復置廣川國	四月乙巳惠王越元年景
五來朝		六	七
			初置清河都濟陽
二十九來朝		十三	三十一來朝
十一月乙丑初王閔王榮元年景帝子太子發	爲王	二	三
十二		十三	十四
六來朝		七	八

	三	
	八	
	七來朝	
	七	
	三十	
	五	
	十八	
	八	
年景帝子	二	
	七	
	十八	
	五來朝	
	九	
	九	
帝子	二	
	八	
	三月丁巳哀王乘元年景帝子	
	三十二	
	四坐寢廟壖垣爲宮自殺國除爲	南郡○索隱曰音如川反壖垣廟境外之埂邊
	十五來朝	
	九	

	四	五		六
	五	六來朝		七
	九	十		十一
	八	九		十
	八	九		十
	三十一	三十二		三十三
	六	七		八
	十九	二十		二十一
	九	十		十一
	三	四來朝		五
	八	九		十
	十九來朝	二十		二十一
	六	七		八
	十	十一		十二
	十	十一		十二
	三	四		五
	九來朝	十		十一
	二	三		四
	復置常山國	三月丁巳初王憲王舜元年	孝景子	二
	三十三	三十四		三十五來朝薨
		分爲濟川國		五月丙戌初王明元年梁孝王子
也		分爲濟東國		五月丙戌初王彭離元年梁孝王子
		分爲山陽國		五月丙戌初王定元年梁孝王子
		分爲濟陰國		五月丙戌初王不識元年梁孝王子
	十六	十七		十八
	十來朝	十一來朝		十二

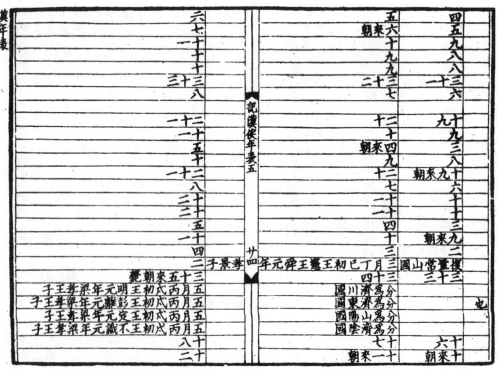

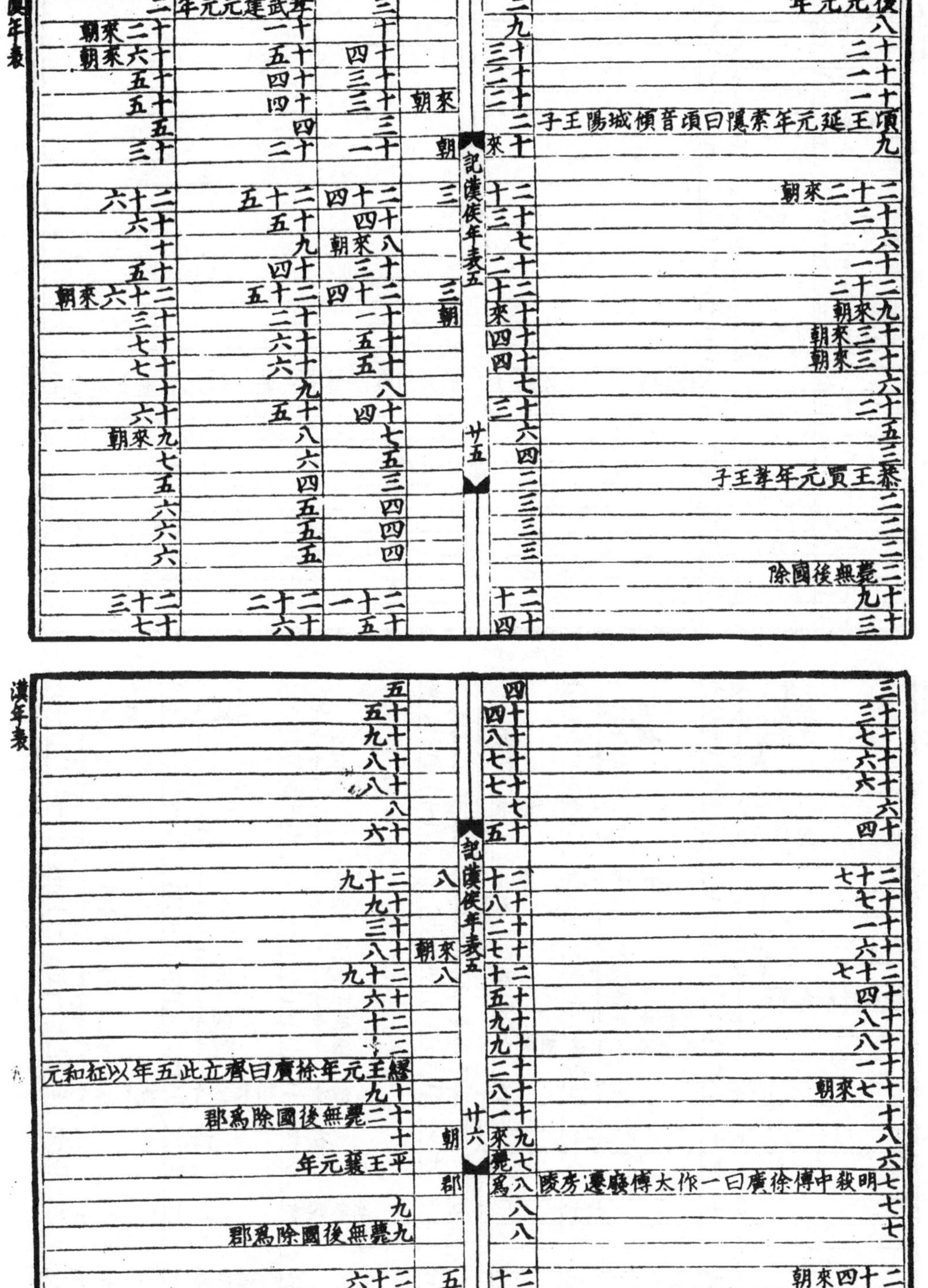

後元元年	二		三	孝武建元元年	二
八	九		十	十一	十二來朝
十二	十三		十四	十五	十六來朝
十一	十二		十三	十四	十五
十一	十二	來朝	十三	十四	十五
頃王延元年索隱曰頃音傾城陽王子	二		三	四	五
九	十來	朝	十一	十二	十三
二十二來朝	二十	三	二十四	二十五	二十六
十二	十三		十四	十五	十六
六	七		八來朝	九	十
十一	十二		十三	十四	十五
二十二	二十	三	二十四	二十五	二十六來朝
九來朝	十來	朝	十一	十二	十三
十三來朝	十四		十五	十六	十七
十三來朝	十四		十五	十六	十七
六	七		八	九	十
十二	十三		十四	十五	十六
五	六		七	八	九來朝
三	四		五	六	七
恭王賈元年孝王子	二		三	四	五
二	三		四	五	六
二	三		四	五	六
二	三		四	五	六
薨無後國除					
十九	二十		二十一	二十二	二十三
十三	十四		十五	十六	十七

三	四		五
十三	十四		十五
十七	十八		十九
十六	十七		十八
十六	十七		十八
六	七		八
十四	十五		十六
二十七	二十	八	二十九
十七	十八		十九
十一	十二		十三
十六	十七	來朝	十八
二十七	二十	八	二十九
十四	十五		十六
十八	十九		二十
十八	十九		二十
十一	十二		繆王元年徐廣曰齊立此五年以征和元
十七來朝	十八		十九
十	十一		十二薨無後國除爲郡
八	九來	朝	十
六	七薨		平王襄元年
七明殺中傅徐廣曰一作太傅廢遷房陵	八爲	郡	
七	八		九
七	八		九薨無後國除爲郡
二十四來朝	二十	五	二十六
十八來朝	十九		二十

		六	元光元年
		十六	十七
		二十	二十一
		十九	二十
		十九	二十
		九	十來朝
		十七	十八
		三十	三十一
		二十來朝	二十一
		十四	十五來朝
		十九	二十
		三十	三十一
		十七	十八來朝
		二十一來朝	二十二
		二十一	二十二
年乙丑有罪病死謚曰懿○索隱曰廣川惠王	子謚法名與實乖曰繆	二	三
		二十	二十一
		十一	十二
		二	三
		十	十一
		二十七	二十八
		二十一	二十二

二	三	四	五		六	元朔元年
十八來朝	十九來朝	二十	二十	一	二十二薨	襄王注元年
二十二	二十三	二十四	二十	五	二十六薨	安王光元年
二十一	二十二	二十三	二十	四	二十五	二十六
二十一	二十二卒	厲王次昌元年	二		三	四
十一	十二	十三	十四	來朝	十五	十六
十九	二十	二十一	二十	二	二十三	二十四來朝
三十二	三十三	三十四	三十	五薨	靖王建元年	二
二十二	二十三	二十四	二十	五	二十六	二十七
十六	十七	十八	十九		二十	二十一
二十一	二十二	二十三	二十	四	二十五	二十六
三十二	三十三	三十四	三十	五	三十六	三十七
十九	二十	二十一	二十	二	二十三	二十四坐禽獸行自殺
二十三	二十四	二十五	二十	六	二十七來朝	二十八
二十三	二十四	二十五	二十	六來朝	恭王不害元年	二
四	五	六	七		八	九
二十二來朝	二十三來朝	二十四	二十	五	二十六	二十七
十三	十四	十五	十六		十七	十八
四	五	六	七		八	九
十二	十三	十四來朝	十五		十六	十七
二十九	王義元年	二	三		四	五
二十三來朝	二十四來朝	二十五	二十	六	二十七	康王庸元年

	二	三	四	五	六
	二	三	四來朝	五	六
	二	三	四	五	六
	二十七	二十八	二十九	三十	三十一
	五薨無後國除爲郡				
	十七	十八	十九	二十	二十一
	二十五	二十六	二十七	二十八	二十九
	三	四	五	六	七
	二十八來朝	二十九	三十	三十一	三十二
	二十二	二十三	二十四	二十五來朝	二十六
	王建元年	二	三	四	五
	三十八	三十九	四十	四十一安有罪削國二縣	四十二
國除爲郡					
	二十九	三十	三十一	三十二	三十三
	三	四薨	剛王堪元年	二	三
	十	十一	十二	十三	十四來
	二十八	二十九來朝	三十	三十一	三十二
	十九	二十	二十一	二十二來朝	二十三
	十來朝	十一	十二	十三	十四
	十八	十九	二十來朝	二十一	二十二
	六	七	八	九	十
	二	三	四	五	六

	元狩元年	二	
	七	八	
	七	八來朝	
	三十二反自殺國除		
來朝	二十二	二十三	
	三十	三十一	
	八	九	
	三十三	三十四	
	二十七	二十八	
	六	七反自殺國除	爲廣陵郡
	四十三反自殺爲六安郡	以故陳爲都七	月丙子徐廣曰一云壬子初王恭王慶元年膠
	三十四來朝	三十五	
	四	五	
朝	十五	十六	
	三十三	三十四	
	二十四	二十五	
	十五	十六	
	二十三	二十四	
	十一	二十來朝	
	七	八來朝	

	三	四	五		六
	九	十來朝	十一		十二
	九	十	十一		十二
			復置齊國		四月乙巳初王懷王閎元年閎武帝子
	二十四	二十五	二十六來	朝薨	敬王義元年
	三十二來朝	三十三	三十四		三十五
	十	十一	十二來朝		十三
	三十五	三十六	三十七		三十八
	哀王賢元年	二	三		四
			更爲廣陵	國	四月乙巳初王胥元年武帝子
東王子	二	三	四		五
			復置燕國		四月乙巳初王剌王旦元年武帝子。索
	三十六	三十七	三十八		三十九
	六	七	八		九來朝
	十七	十八	十九		二十
	三十五來朝	三十六	三十七		三十八
	二十六	二十七	二十八		二十九來朝
	十七	十八	十九		二十
	二十五	二十六來朝	二十七		二十八
	十三	十四	十五		十六
	九	十	十一		十二

	元鼎元年		二	三
	十三		十四薨	節王純元年
	十三		十四來朝	十五
				初置泗水都郯徐
	二		三	四
	二		三	四
	三十六		三十七	三十八
	十四		十五	十六
	三十九		四十	四十一
	五		六	七
	二		三	四
	六		七	八
隱曰謚法暴慢無親曰剌	二		三	四
	四十		四十一	四十二
	十		十一	十二薨
	二十一來朝		二十二	二十三
	三十九		四十	四十一來朝
				復置清河郡
	三十		三十一	三十二薨子爲王
	二十一		二十二	二十三
	二十九剌攻殺人遷	上幷國爲太河郡		
	十七		十八來朝	十九徙清河爲太
	十三		十四	十五來朝

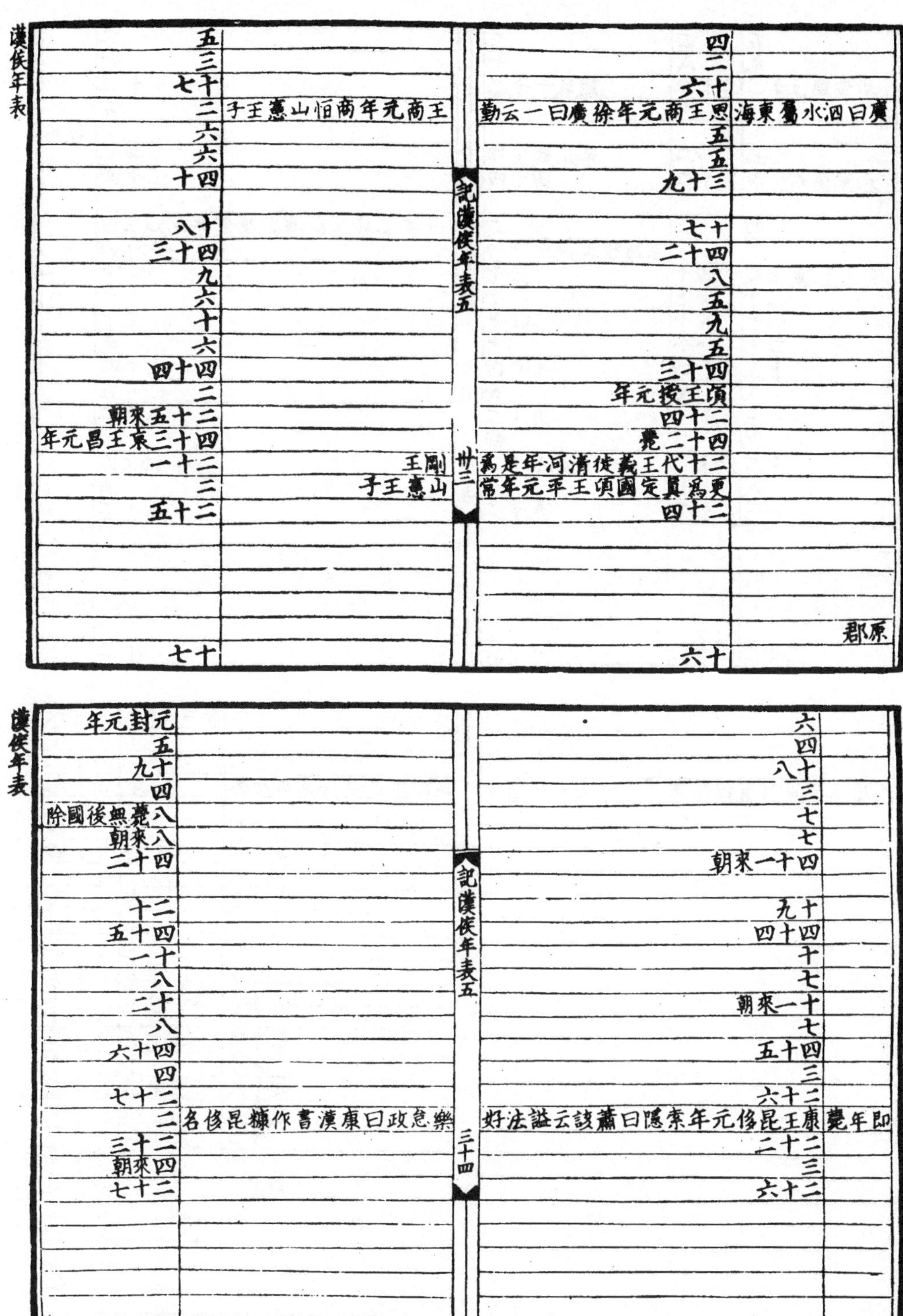

漢侯年表

四
二
十六
廣日泗水屬東海 | 思王商元年徐廣曰一云勤
五
五
三十九

十七
四十二
八
五
九
五
四十三
頃王授元年
二十四
四十二薨
二十代王義徙清河年是爲 | 卅三 | 剛王
更爲眞定國頃王平元年常 | 山憲王子
二十四
原郡
十六

五
三
十七
王商元年商恒山憲王子 | 二
六
六
四十

十八
四十三
九
六
十
六
四十四
二
二十五來朝
四十三哀王昌元年
二十一
二
二十五
十七

記漢侯年表五

漢侯年表

六
四
十八
三
七
七
四十一來朝

十九
四十四
十
七
十一來朝
七
四十五
三
二十六
即年薨康王昆侈元年索隱曰蕭該云謚法好 | 三十四 | 樂怠政曰康漢書作糠昆侈名
二十二
三
二十六
十八

元封元年
五
十九
四
八薨無後國除
八來朝
四十二

二十
四十五
十一
八
十二
八
四十六
四
二十七
二
二十三
四來朝
二十七
十九

記漢侯年表五

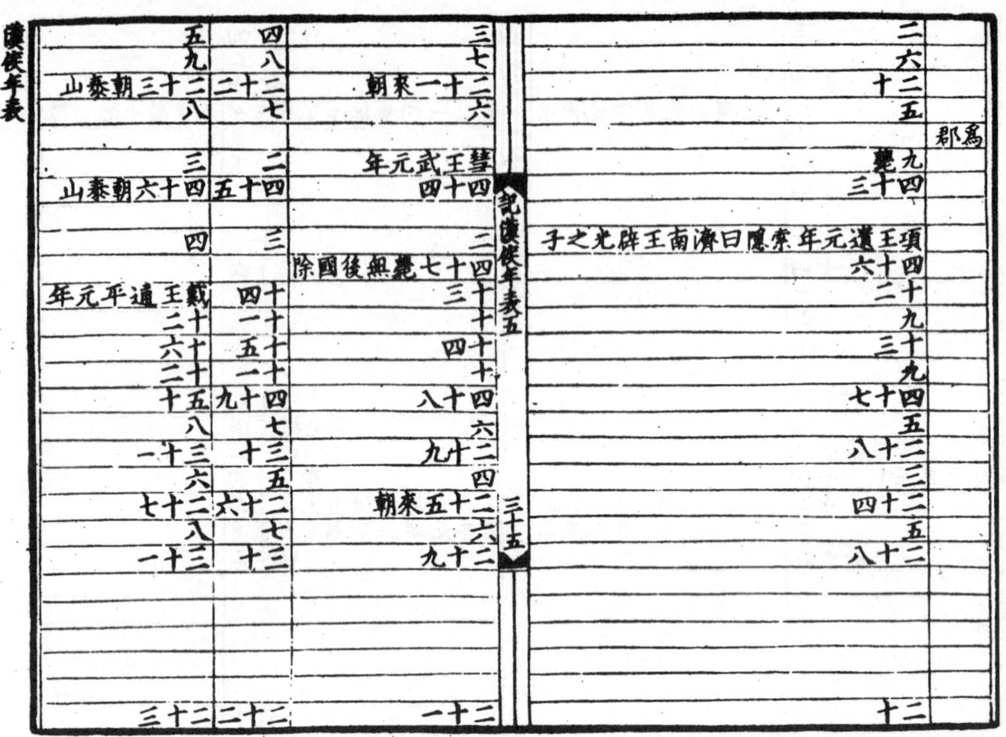

	二	三	四	五
	六	七	八	九
	二十	二十一來朝	二十二	二十三朝泰山
	五	六	七	八
為郡				
	九薨	彗王武元年	二	三
	四十三	四十四	四十五	四十六朝泰山
	項王遺元年索隱曰濟南王辟光之子	二	三	四
	四十六	四十七薨無後國除		
	二十	十三	十四	戴王遺平元年
	九	十	十一	十二
	十三	十四	十五	十六
	九	十	十一	十二
	四十七	四十八	四十九	五十
	五	六	七	八
	二十八	二十九	三十	三十一
	三	四	五	六
	二十四	二十五來朝	二十六	二十七
	五	六	七	八
	二十八	二十九	三十	三十一
	二十	二十一	二十二	二十三

六	太初元年	二	
十	十一	十二	
二十四	二十五	二十六	
九	十	薨子哀王安世元年即薨	王賀元年安世子。索隱曰賀廣川惠王子
四	五	六	
四十七	四十八	四十九	
五	六	七	
二	三	四	
十三	十四	十五	
十七	十八來朝	十九	
十三	十四	十五	
五十一	五十二	五十三	
九	十	十一	
三十二	三十三	三十四	
七	八	九來朝	
二十八	二十九	三十	
九來朝	十	十一	
三十二	三十三	三十四	
二十四	二十五	二十六	

三	四
十三	十四
二十七	二十八
二	三
七薨	薨王賀元年
五十	五十一
八	九
五	六
十六	十七
二十	二十一
十六	十七
五十四	五十五
十二	十三
三十五	三十六
十一	十二
三十一	三十二
十二	十三
三十五	三十六來朝
二十七	二十八來朝

徐廣曰孝武太始二年廣陵中山眞定五年朝孝宣本始元年趙來朝二年廣川來朝四年清河來朝孝宣地節元年梁來朝二年河間來朝三年濟北來朝濟北分平原太山二郡

索隱述贊曰

漢有天下　爰鑒興亡　始誓河岳
言峻寵章　淮陰就楚　彭越封梁
荆燕懿戚　齊趙棣棠　犬牙相制
麟趾有光　降及文景　代有英王
魯恭梁孝　濟北城陽　仁賢足紀
忠烈斯彰

漢興以來諸侯年表第五　史記十七

高祖功臣侯年表第六　史記十八

正義曰高祖初定天下表明有功之臣而侯之若蕭曹等

太史公曰古者人臣功有五品以德立宗廟定社稷曰勳以言曰勞用力曰功明其等曰伐積日曰閱封爵之誓曰使河如帶泰山如厲國以永寧爰及苗裔始未嘗不欲固其根本而枝葉稍陵夷衰微也余讀高祖侯功臣察其首封所以失之者曰異哉所聞書曰協和萬國遷于夏商或數千歲蓋周封八百幽厲之後見於春秋尚書有唐虞之侯伯歷三代千有餘載自全以蕃衛天子豈非篤於仁義奉上法哉漢興功臣受封者百有餘人索隱曰案下文高祖功臣百三十七人兼外戚及王子凡一百四十三人受封天下初定故大城名都散亡戶口可得而數者十二三索隱曰言十分纔二三在耳是以大侯不過萬家小者五六百戶後數世民咸歸鄉里戶益息蕭曹絳灌之屬或至四萬小侯自倍索隱曰倍其初封時戶數也富厚如之子孫驕溢忘其先淫嬖至太初百年之間見侯五正義曰謂平陽侯曹宗曲終侯酈終根楊阿侯卞仁載侯秋家穀陵侯韓偃也餘皆坐法隕命亡國耗矣罔亦少密焉然皆身無兢兢於當世之禁云居今之世志古之道所以自鏡也索隱曰言居今之代志識古之道得以自鏡當代之存亡也未必盡同帝王者各殊禮而異務要以成功為統紀豈可緄乎觀所以得尊寵及所以廢辱亦當世得失之林也索隱曰言觀今人臣所以得尊寵者必由忠厚被廢辱者亦由驕淫是言見在興廢亦當代得失之林也何必舊聞於是謹其終始表見其文頗有所不盡本末著其明疑者闕之後有君子欲推而列之得以覽焉

正義曰此國名匡左行一	國名	道成是諸侯所封國名也
	侯功	
十二	高祖	
七	孝惠	
八	高后	
二十三	孝文	
十六	孝景	
建元至元封六年三十六	太初	元年盡後元二年十八
索隱曰姚氏云蕭何第一曹參二張敖三周勃四樊噲五酈商六奚涓七夏侯嬰八灌嬰九傅寬十靳歙十一王陵十二陳武十三王吸十四薛歐十五周昌十六丁復十七蟲達十八史記與漢書表同	侯第	而楚漢春秋則不同者陸賈記事在高祖惠帝時漢書是後定功臣等列及陳平受呂后命而定或已改邑號故人名亦別且高祖初定唯十八侯呂后令陳平終竟巳下列侯第錄凡一百四十三人也

平陽		信武
漢書音義曰曹參位第二而表在首以前後故 **平陽** 索隱曰漢書地理平陽縣屬河	東	索隱曰地理志無信武 **信武** 縣當是後廢也
以中涓從起沛至霸上侯以將軍入漢以左丞相出征齊魏以右丞相為平陽侯萬六百戶如淳曰謁主通書謁出納君命石奮為謁中涓受謁陳平湯是也春秋傳曰	涓人疇漢儀註天子有中涓如黃門皆中官者	以中涓從起宛朐入漢以騎都尉定三秦擊項羽別定江陵侯五千三百戶以車騎將軍攻黥布陳豨
六年十二月甲申懿侯曹 **七** 參元年○索隱曰懿謚也		六年十二月甲申肅侯靳歙元年○索隱 **七** 曰靳姓音紀覲反歙音攝又音吸
其二年 **五** 為相國 六年十月靖 **二** 侯窋元年		**七**
八		**五** 六年夷侯 **三** 亭元年
十九 後元四年簡 **四** 侯奇元年		後元三年侯亭坐事 **十八** 國人過律奪侯國除
三 四年夷侯時元年○索隱曰時或作時音止又音市案漢 **十三** 書衛青傳平西曹壽尚陽信公	主即此人當是字訛也	
十 元光五年恭侯襄元年 **十六** 元鼎三年今侯宗元年		
索隱曰漢書音義曰曹參位第二而表在首蕭何位第一而表在十三者以封先後故也又按封參在六 **二** 年十二月封何在六年正月高祖十月因秦改元故十二月在正月前也漢表	具記位次而亦依封前後錄也	**十一**

清陽	汝陰
索隱曰漢表作清河定侯地理 **清陽** 志清陽縣屬清河郡也	索隱曰汝陰縣屬汝南凡縣名 **汝陰** 皆據地理志不言者從省文
以中涓從起豐至霸上為騎郎將入漢以將軍擊項羽功侯三千一百戶	以令史從降沛為太僕常奉車為滕公竟定天下入漢中全孝惠魯元侯六千九百戶常為太僕
六年十二月甲申定侯王吸元年○索 **七** 隱曰楚漢春秋作清陽侯王隆	六年十二月甲申文 **七** 侯夏侯嬰元年
七	**七**
八	**八**
元年哀侯彊元年 **七** 索隱曰彊音其良切 八年孝侯伉元年 **十六** 索隱曰伉音苦浪切	**八** 九年夷侯 **七** 竈元年 十六年恭 **八** 侯賜元年
四 五年哀侯 **十二** 不害元年	**十六**
元光二年侯不害 **七** 薨無後國除	元光二年 **七** 侯頗元年 元鼎二年頗坐尚公主與 **十九** 父御婢姦罪自殺國除
十四	**八**

陽陵　索隱曰：陽陵縣屬馮翊。楚漢春秋作陰陵。

以舍人從起橫陽，至霸上，為騎將，入漢，定三秦，屬淮陰，定齊，為齊丞相，侯，二千六百戶。

七　六年十二月甲申，景侯傅寬元年。

五

二　六年，頃侯靖元年。

八

十四

九　十五年，恭侯則元年。

三

十三　前四年，侯偃元年。

十八　元狩元年，侯偃與淮南王謀反，國除。

十

廣嚴　索隱曰：晉書地道記廣縣在東莞。嚴，諡也。下又云壯，班、馬二史並謬。

以中涓從起沛，至霸上，為連敖，入漢，以騎將定燕、趙，得將軍，侯，二千二百戶。

七　六年十二月甲申，壯侯呂歐元年。○索隱曰：歐，烏后切。

七

八

一　二年，戴侯勝元年。

九

十三　十一年，恭侯嘉元年。至後元七年，嘉薨，無後，國除。

二十八

廣平　索隱曰：縣名，屬臨淮。

以舍人從起豐，至霸上，為郎中，入漢，以將軍擊項羽、鍾離昧，功侯，四千五百戶。

七　六年十二月甲申，敬侯薛歐元年。

七

八　元年，靖侯山元年。

十八

五　後元三年，侯澤元年。

八　中二年，有罪，絕。

平棘

五　中五年，復封節侯澤元年。

十　其十年，為丞相。

五　元朔四年，侯穰元年。

三　元狩元年，穰受淮南王財物，稱臣，在赦前，詔問謾罪，國除。

十五

博陽　索隱曰：博陽縣在汝南。

以舍人從起碭，以刺客將，入漢，以都尉擊項羽滎陽，絕甬道，擊殺追卒，功，侯。

七　六年十二月甲申，壯侯陳濞元年。○索隱曰：楚漢春秋名膭。

七

八

十八

五　後元三年，侯始元年。

四　前五年，侯始有罪，國除。

塞

五　中五年，封始。○索隱曰：塞在桃林之西。

二　後元元年，始有罪，國除。

十九

曲逆 索隱曰縣名屬中山章帝改曰蒲陰	堂邑 索隱曰縣名屬臨淮
以故楚都尉漢王二年初從稍武為都尉遷為護軍中尉出六奇計定天下侯五千户	以自定東陽為將屬項梁為楚柱國四歲項羽死屬漢定豫章折江都折自立為王壯思侯千八百户復相楚元年王十一年
六年十二月甲申 七 獻侯陳平元年	六年十二月甲申 七 安侯陳嬰元年
其五年為 七 左丞相	七
其元年徙為右丞相後專為丞 八 相相孝文二年	四 五年恭侯 四 祿元年
三年恭侯 二 買元年 五年簡侯 十九 悝元年	二 三年夷侯 二十一 午元年
四 五年侯 十二 何元年	十六
元光五年侯何坐 十 略人妻棄市國除	元光六年 十一 季須元年 元鼎元年侯須坐母長公主卒未除 十三 服姦兄弟爭財當死自殺國除
四十七	八十六

周呂 索隱曰應劭云周呂國也按周及呂皆國名濟陰有呂都縣	建成 索隱曰縣名屬沛郡
以呂后兄初起以客從入漢為侯還定三秦將兵先入碭漢王之解彭城往從之復發兵佐高祖定天下功侯	以呂后兄初起以客從擊三秦漢王入漢而釋之還豐沛奉衛呂宣王太上皇天下巳平封釋之為建成侯○索隱曰呂宣王呂公子也
六年正月丙戌令武侯呂澤元年○索隱曰令武謚也一云令 三 邑武謚也又改封令令縣名在縈陽出晉地道記 九年子台封鄜侯元年○索隱 四 曰鄜音歷一作鄜音數皆縣名	六年正月丙戌 七 康侯釋之元年
七 有罪	三年侯 二 則元年 有 五 罪
	元年五月丙寅封則弟太 胡陵 中大夫呂祿元年 八年祿為趙王國除追尊康侯為昭王祿 七 以趙王謀為不善大臣誅祿遂滅呂

留　索隱曰韋昭云留今在彭城

以廄將從起下邳以韓申徒下韓國言上張旗志秦王恐降解上與項羽之郤爲漢王請漢中地常計謀平天下侯萬戶

六年正月丙戌文成侯張良元年
七

七
一

三年不疑元年
二
六

五年侯不疑坐與門大夫謀殺故楚內史當死贖爲城旦國除
四

六十二

射陽　索隱曰縣名屬臨淮射一作貰

兵初起與諸侯共擊秦爲楚左令尹漢王與項羽有郤於鴻門項伯纏解難以破子羽纏嘗有功封射陽侯

六年正月丙午侯項纏元年賜姓劉氏○索隱曰即項伯也
七

三年侯纏卒嗣子睢有罪國除
二

酇　索隱曰酇音贊縣名在沛劉氏云以何子祿嗣無後國除呂后封何夫人於南陽酇恐非也

以客初起從入漢爲丞相備守蜀及關中給軍食佐上定諸侯法令立宗廟侯八千戶

六年正月丙午文終侯蕭何元年
七
元年爲丞相九年爲相國

二
三年哀侯祿元年
五

一
二年懿侯同元年同祿弟
七

筑陽○索隱曰筑音逐縣名
十
元年同有罪封何小子延元年
九
後四年煬侯遺元年
一
五年侯則元年
三

有罪
一
前一年封煬侯弟幽侯嘉元年（武陽）
七
中一年侯勝元年
八

元朔二年侯勝坐不敬絕
十
元狩三年封何孫恭侯慶元年
三
元狩六年侯壽成元年
酇
元封四年壽成爲太常犧牲不如令國除
二十

一

曲周　索隱曰縣名屬廣平

以將軍從起岐攻長社以南別定漢中及蜀定三秦擊項羽侯四千八百戶

六年正月丙午景侯酈商元年
七

七

八

元年侯寄元年
二十三

有罪
九
絕
中三年封商地子靖繆侯堅元年
七

元光四年康侯遂元年
九
元朔三年侯宗元年
五
元鼎二年侯終根元年
十三
後二年五月侯終根坐呪詛誅國除
十八

六

絳　索隱曰縣名屬河東

以中涓從起沛至霸上為侯定三秦食邑為將軍入漢定隴西擊項羽守嶢關定泗水東海八千一百戶

六年正月丙午　七　武侯周勃元年

七

八
其四年為太尉

元年為右丞相　十一　三年免復為丞相
十二年侯　六　勝元年
後元二年封勃　條　子亞夫元年

其三為太尉七為　十　丞相有罪國除
平　三　曲
後元元年封勃　三　子恭侯堅元年

元朔五年侯　十　建德元年
六
元鼎五年侯建　十二　德坐酎金國除

四

舞陽　索隱曰縣名屬潁川

以舍人起沛從至霸上為侯入漢定三秦為將軍擊項籍再益封從破燕執韓信侯五千戶

六年正月丙午　七　武侯樊噲元年
其七年為將軍相國三月

六
七年侯伉元　一　年呂須子

坐呂氏　八　誅族

元年封樊噲子　二十三　荒侯市人元年

七年侯它　六　廣元年
中元五年侯它廣非　六　荒侯市人子國除

五

潁陰　索隱曰縣名屬潁川

以中涓從起碭至霸上為昌文君入漢定三秦食邑以車騎將軍屬淮陰定齊淮南及下邑殺項籍侯五千戶

六年正月丙午　七　懿侯灌嬰元年

七

八

四
其一為太尉三為丞　十九　相五年平侯何元年

九
中三年侯　七　彊元年

有罪　六　絕
元光二年封嬰孫臨　九　汝侯侯賢元年
元朔五年侯賢行財罪國除

九

汾陰　索隱曰縣名屬河東

初起以職志擊破秦入漢出關以內史堅守敖倉以御史大夫定諸侯比清陽侯二千八百戶○索隱曰如淳云職志官名主幡旗

六年正月丙午　七　悼侯周昌元年

四年哀侯　三　開方元年
有罪　建　四　平　絕

八

四
前五年侯　十　意元年
有罪　三　絕

中二年封昌孫左車　安陽八　後元元年有罪國除

十六

梁鄒
索隱曰梁鄒縣名屬濟南

兵初起以謁者從擊破秦入漢以將軍擊定諸侯功比博陽侯二千八百戶

六年正月丙午孝侯武儒元年　七　○索隱曰漢表儒作虎

五年侯　四　最元年

索隱曰最　三　音辭取反

八

二十三

十六

元光元年頃　六　侯嬰齊元年

元光四年侯　三　山柎元年

元鼎五年侯山柎坐酎金　二十　國除○索隱曰柎音趺

二十

成
索隱曰縣名屬涿郡

兵初起以舍人從擊秦爲都尉入漢定三秦出關以將軍定諸侯功比厭次侯二千八百戶

六年正月丙午敬侯董渫元年　七　○索隱曰渫音息列反

元年康侯　七　赤元年

八

二十三

有罪　六　絕
鄡氏

中五年復封康侯赤元　五　年○索隱曰鄡氏縣名

建元四年恭　二　侯霸軍元年

元光三年　五　侯朝元年

元狩三年侯朝爲濟南太守與成陽　十二　王女通不敬國除

二十五

蓼
索隱曰縣名屬六安

以執盾前元年從起碭以左司馬入漢以將軍三以都尉擊項羽屬韓信功侯○索隱曰即漢五年圍羽壞下淮陰侯將四十萬自當之孔將軍居左費將軍居右是也費將軍即下費侯陳賀也

六年正月丙午侯孔聚元年○索隱曰姚氏案孔子家語云子武生子　七　魚及子文文子生最字子産說文以最爲積聚字此作聚不同

七

八

九年侯　十五　臧元年

十六

元朔三年侯臧坐爲太常南陵橋壞衣冠車不得度國除○索隱曰案孔藂云臧歷位九卿爲御史大夫辭曰臣經學乞爲太常典禮臣業以　十四　安國綱紀古訓武帝難違其意遂拜太常典禮賜如三公臧子琳位至諸吏琳子璜失侯爵此云臧國除當是後更封其子也

三十

費
索隱曰費音秘一音扶未反縣名屬東海

以舍人前元年起碭以左司馬入漢用都尉屬韓信擊項羽有功爲將軍定會稽浙江湖陽侯

六年正月丙午圉侯陳賀元年徐廣　七　曰圉或作幽

七

八

元年共侯　二十三　常元年

二年侯　一　偃元年

中元二年　八　有罪絕

中元六年封賀　巢　子侯最元年

後元三年最　四　薨無後國除

陽夏 索隱曰縣名屬淮陽

以特將將卒五百人前元年從起宛朐至霸上為侯以游擊將軍別定代已破臧荼封豨為陽夏侯○索隱曰豨音虛肥反

六年正月丙午 五 侯陳豨元年

十年八月豨以趙相國將兵守代漢使召豨豨反以其兵與王黃等略代自立為燕漢殺豨靈丘

隆慮 索隱曰縣名屬河內音林閭隆避殤帝諱故改之

以卒從起碭以連敖入漢以長鈹都尉擊項羽有功侯○索隱曰徐廣以連敖為典客官長鈹為官名說文云鈹者劍刀裝也鈹音皺皮反漢表作鋌音丕

六年正月丁未哀侯周竈元年 七 ○索隱曰漢表哀作克

七

八

後元二年 十七 六 侯通元年

七

中元年侯通有罪國除

三十四

陽都 索隱曰漢志闕晉書地道記屬琅邪

以趙將從起鄴至霸上為樓煩將入漢定三秦別降翟王屬悍武王殺龍且彭城為大司馬破羽軍葉拜為將軍忠臣侯七千八百户

六年正月戊申敬侯丁復元年 七 ○索隱曰復音伏

七

六年趮侯寧元年 五 三

十年侯安成元年 九 十四

一 二年侯安成有罪國除

十七

新陽 索隱曰漢表作陽信縣名屬汝南

以漢五年用左令尹初從功比堂邑侯千户

六年正月壬子 七 胡侯呂清元年

四年頃侯 三 臣元年 四

八

七年懷侯 六 二 義元年
九年惠侯 十五 它元年

四 五 七 中三年侯譚元年

元鼎五年侯譚 二十八 坐酎金國除

八十一

東武 索隱曰縣名屬琅邪郡

以戶衛徐廣曰一云從起薛為悼武王破秦軍杠里楊熊軍曲遇入漢為越徐廣曰一云城將軍定三秦以都尉堅守敖倉為將軍破籍軍功侯二千戶

七 六年正月戊午貞侯郭蒙元年

七

五 六年侯他元年
三

二十三

五
六年侯他棄市國除

四十一

汁邡 如淳曰汁音什邡音方○索隱曰汁又如字縣屬廣漢

以趙將前三年從定諸侯二千五百戶功比平定侯齒故沛豪有力與上有郤故晚從

七 六年三月戊子肅侯雍齒元年

二 三年荒侯巨元年
五

八

二十三

二 三年侯野元年
十
四 中元六年終侯桓元年

二十七 元鼎五年終侯桓坐酎金國除

五十七

棘蒲

以將軍前元年率將二千五百人起薛別救東阿至霸上二歲十月入漢擊齊歷下軍田既功侯

七 六年三月丙申剛侯陳武元年

七

八

十六 後元年侯武薨嗣子奇反不得置後國除

十三

都昌

以舍人前元年從起沛以騎隊卒先降翟王虜章邯功侯

七 六年三月庚子莊侯朱軫元年

七

八 元年剛侯率元年

七
十六 八年夷侯詘元年

二 元年恭侯偃元年
三年侯辟彊元年
五 中元元年辟彊薨無後國除

二十三

武彊

以舍人從至霸上，以騎將入漢，還擊項羽，屬丞相寧，功侯，用將軍擊黥布侯

六年三月庚子 七 莊侯莊不識元年

七

七年簡侯嬰元年 六 二

十六 後元二年侯青翟元年

十六

元鼎二年侯青翟坐為丞相與長史朱買臣等逮御史大夫湯不直國除 二十五

三十三

索隱曰縣名屬鉅鹿 貰 貰音世一音時夜反

以越戶將從破秦入漢定三秦以都尉擊項羽千六百戶功比臺侯

六年三月庚子齊侯呂元年徐廣曰呂一 二 作台索隱曰謚法執心克莊曰齊

八年恭侯方山元年 五

七

八

元年煬侯赤元年 十一

十二年康侯遺元年 十二

十六

元朔五年侯倩元年 十六 索隱曰倩音七淨反

元鼎元年侯倩坐殺人弃市國除 八

三十六

索隱曰海陽亦 海陽 南越縣地理志闕

以越隊將從破秦入漢定三秦以都尉擊項羽侯千八百戶

六年三月庚子齊信侯搖毋餘 七 元年。索隱曰毋餘東越之族也

三年哀侯昭襄元年 二 五

五年侯建元年 四 四

二十三

四年哀侯省元年 三

中六年侯省 十 薨无後國除

三十七

索隱曰縣名屬犍為 南安 建安亦有此縣

以河南將軍漢王三年降晉陽以亞將破臧荼侯九百戶。索隱曰亞將漢表作逵將

六年三月庚子 七 莊侯宣虎元年

七

八

九年共侯戎元年 八 十一

後元四年侯千秋元年 四

七

中元元年千秋坐傷人免

六十三

肥如　索隱曰縣名屬遼西

以魏太僕三年初從以車騎都尉破龍且及彭城侯千戶

六年三月庚子　七　敬侯蔡寅元年

七

八

三年莊侯成元年　二　十四

後元年侯奴元年　七

元年侯奴薨無後國除

六十六

曲城　索隱曰漢志闕表在涿郡

以曲城戶將卒三十七人初從起碭至霸上為執珪為二隊將屬悼武王入漢定三秦以都尉破項羽軍陳下功侯四千戶為將軍擊燕代拔之

六年三月庚子圉侯蟲逢元年○索隱曰楚漢春秋云夜侯蟲達蓋改封也夜縣屬東萊又謚法威德彊武曰圉子恭侯捷封垣故位父曰夜侯垣亦誤　七

七

八

元年侯　八　捷元年

有罪絕

後三年復封　五　恭侯捷元年

十一　有罪絕

中五年復封　五　恭侯捷元年

建元元年侯　一

二年侯皋柔元年　二十五

元鼎三年侯皋柔坐為汝南太守知民不用赤側錢為賦國除

索隱曰時用赤側錢而汝南不用為賦

十八

河陽　索隱曰縣名屬河內

以卒前元年起碭從以二隊將入漢擊項羽身得郎將處功侯以丞相定齊地

六年三月庚子　七　莊侯陳涓元年

七

八

元年侯　三　信元年

四年侯信坐不償人責過六月奪侯國除

二十九

淮陰　索隱曰縣名屬臨淮

兵初起以卒從項梁梁死屬項羽為郎中至咸陽亡從入漢為連敖典客蕭何言為大將軍別定魏齊為王徙楚坐擅發兵廢為淮陰侯○索隱曰典客漢表作粟客蓋字誤傳作治粟都尉或先為連敖典客也

六年四月侯　五　韓信元年

十一年信謀反關中呂后誅信夷三族國除

芒 索隱曰縣名屬沛

以門尉前元年初起碭至霸上爲武定君入漢還定三秦以都尉擊項羽侯

六年侯昭元年徐廣曰昭一作起漢書年表云芒侯耏跖○索隱曰耏跖音而只耏 三 又音人才反字林以多鬚髮音耏耏姓也左傳有耏班

九年侯昭有罪國除

孝景三年昭以故芒侯將兵從 十二 張 太尉亞夫擊吳楚有功後封

後元元年三月張侯申元年

元朔六年侯申坐尚南宮公主不敬國除○索隱曰主 十一 景帝女初南宮侯張生尚之有罪後張侯耏申尚之

敬市 索隱曰縣名屬河南

以執盾初起入漢爲河上守遷爲假相擊項羽侯千户功比平定侯

六年四月癸未 三 侯閻澤赤元年

九年夷侯 四 毋害元年

七

後四年戴 十九 四 侯續元年

孝景五年 四 十二 侯穀嗣

元鼎五年侯穀 二十八 坐酎金國除

五十五

柳丘 索隱曰縣名屬勃海

以連敖從起薛以二隊將入漢定三秦以都尉破項籍軍爲將軍侯千戶

六年六月丁亥 七 齊侯戎賜元年

七

五年定侯 四 安國元年

四

二十三

四年敬侯 三 嘉成元年

後元元年侯角 十 嗣有罪國除

三十九

魏其 索隱曰縣名屬琅邪

以舍人從沛以郎中入漢爲周信侯定三秦遷爲郎中騎將破籍東城侯千戶

六年六月丁亥 七 莊侯周定元年

七

五年侯 四 間元年

四

二十三

二

前三年侯間反國除

四十四

祁 索隱曰縣名屬太原

以執盾漢王三年初起從晉陽以連敖擊項籍漢王敗走賀方將軍擊楚追騎以故不得進漢王顧謂賀祁子留彭城軍執圭東擊羽急絶其近壁侯千四百戶徐廣曰戰彭城爲尉敗斬將又云漢王顧歎賀祁戰彭城斬將

六年六月丁亥穀侯繒賀元年 七 索隱曰謚法行見中外曰穀

七

八

十一 十二年頃侯湖元年 十二

五 六年侯它元年 十一

元光二年侯它坐從射擅罷不敬國除 徐廣曰射一作酎 八

五十二

平 索隱曰縣名屬河南

兵初起以舍人從擊秦以郎中入漢以將軍定諸侯守洛陽功侯比費侯賀千三百戶

六年六月丁亥悼侯沛嘉元年 六 十二年靖侯奴元年 一

七

八

十五 十六年侯執元年 八

十一 中元五年侯執有罪國除

三十二

魯 索隱曰縣名屬魯國

以舍人從起沛至咸陽爲郎中入漢以將軍從定諸侯侯四千八百戶功比舞陽侯死事母代侯徐廣曰漢書云魯侯奚涓涓死無子封母疵

六年中母侯疵元年 七

七

四 五年母侯疵薨無後國除

七

故城 索隱曰漢表作城父屬沛郡

兵初起以謁者從入漢以將軍擊諸侯以右丞相備守淮陽功比厭次侯二千戶

六年中莊侯尹恢元年 七

一 三年侯開方元年 五

二 三年侯方奪侯爲關內侯

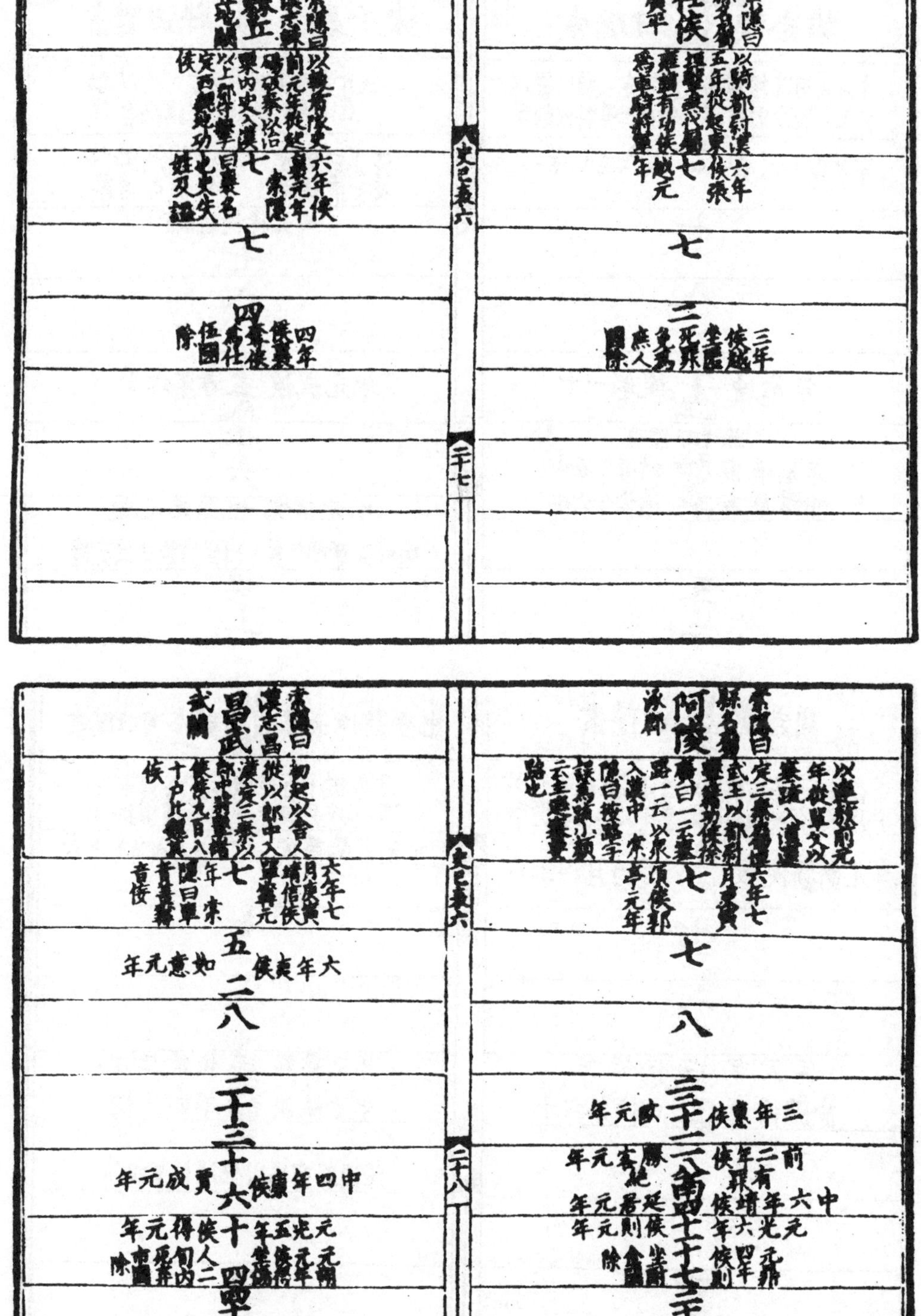

索隱曰：縣名，屬廣平。任侯

以騎都尉漢五年從起東垣，擊燕、代，屬雍齒，有功，侯，為車騎將軍。

六年，侯張越元年。七

七

三　三年，侯越坐匿死罪，免為庶人，國除。

索隱曰：漢志闕。棘丘　表在地闕

以執盾隊史前元年從起碭，破秦，以治粟內史入漢，以上郡守擊定西魏地，功侯。

六年，侯襄元年。索隱曰：襄，名也。史失姓，又諡。七

七

四　四年，侯襄奪侯，為士伍，國除。

史記表六　二十七

索隱曰：縣名，屬涿郡。阿陵

以連敖前元年從單父，以塞疏入漢，還定三秦，屬悼武王，以都尉擊項羽，功侯。索隱曰：一云塞路。一云以泉入漢中。索隱曰：按字誤為疏，小顏云塞路，塞要路也。

六年七月庚寅，侯郭亭元年。七

七

八

三年，侯歐元年。二十三

前二年，侯勝客元年。有罪，絕。二

中六年，侯延居元年。十八

元光六年，侯則元年。四

元鼎四年，侯則坐[illegible]，國除。十七

二十七

索隱曰：漢志昌武闕。昌武

初起以舍人從，以郎中入漢，定三秦，以郎中騎將擊諸侯，侯九百八十戶，比[illegible]侯。

六年七月庚寅，靖信侯單甯元年。索隱曰：單音善，甯音佞。七

五　六年，侯如意元年。二

八

二十三

中四年，侯賈成元年。十六

元光五年，侯得元年。十

元朔[illegible]年，侯得坐[illegible]人宮內二[illegible]，棄市，國除。四

四十五

史記表六　二十八

高苑　索隱曰縣名屬千乘

初起以舍人從入漢定三秦以中尉破籍侯千六百戶比斥丘侯

六年七月戊戌制侯丙倩元年　**七**　索隱曰倩音七淨反

元年簡侯得元年

七

八

十六年孝侯武元年　**十五**　**八**

十六

建元元年侯信元年　**二**

建元三年侯信坐出入屬車間奪侯國除

四十一

宣曲　索隱曰漢志闕

以卒從起留以騎將入漢定三秦破籍軍滎陽為郎騎破鍾離昧軍固陵侯六百七十戶

六年七月戊戌　**七**　齊侯丁義元年

七

八

十一年侯通元年　**十**　**十三**

有罪除　**四**

中五年復封　**發**　侯通元年

中六年侯通　**婁**　有罪國除

四十三

絳陽　索隱曰漢志闕漢表作終陵也

以越將從起留入漢定三秦擊臧荼侯七百四十戶從攻馬邑及布

六年七月戊戌齊　**七**　侯華無害元年

七

八

四年恭侯　**三**　勃齊元年

後元四年　**十六**　侯祿元年

四

三

前四年侯祿坐出界有罪國除

四十六

東茅　索隱曰漢志闕

以舍人從碭至霸上以二隊入漢定三秦以都尉擊項羽破臧荼侯捕韓信為將軍益邑千戶

六年八月丙辰　**七**　敬侯劉釗元年

七

八

三年侯　**二**　吉元年

十六年侯吉　**十三**　奪爵國除

四十八

斥丘　索隱曰縣名屬魏郡

以舍人從起豐以左司馬入漢以亞將攻籍剋敵爲東郡都尉擊破籍武城爲漢中尉擊布爲斥丘侯千戶徐廣曰一云城武

六年八月丙辰懿侯唐厲元年　八

七

八

九年恭侯鼂元年　八
十
後元六年侯賢元年　三

元鼎二年侯尊元年　三
十
元鼎五年侯尊坐酎金國除　三

四十

臺　索隱曰臨淄郡有臺鄉縣

以舍人從起碭用隊率入漢以都尉擊籍籍死轉擊臨江屬將軍賈功侯以將軍擊漢

六年八月甲子定侯戴野元年　七

七

八

三
四年侯才元年　二十

二
三年侯才反國除

五十三

安國　索隱曰縣名屬中山

以客從起豐以廄將別定東郡南陽從至霸上入漢守豐上東因從戰不利奉孝惠魯元出淮水中及堅守豐于雍侯五千戶

六年八月甲子武侯王陵元年定侯安國　七

其六年爲右丞相　七

七
八年哀侯忌元年　一

元年終侯游元年徐廣曰游一作昭　二十三

十六

建元元年三月安侯辟方元年　二
元狩三年侯定元年　十
元鼎五年侯定坐酎金國除　八

二十

樂成　索隱曰漢志闕

以中涓騎從碭中爲騎將入漢定三秦侯以都尉擊籍屬灌嬰殺龍且更爲樂成侯千户

六年八月甲子節侯丁禮元年　七

七

八

五年夷侯馬從元年　四
十
後七年武侯客元年　八一

十六

元鼎二年侯義元年　二
十
元鼎五年侯義坐言五利侯不道棄市國除　五三

二十四

	辟陽
國名	辟陽 索隱曰縣名屬信都
侯功	以舍人初起侍呂后孝惠沛三歲十月呂后入楚食其從一歲侯
高祖十二	七 六年八月甲子幽侯審食其元年
孝惠七	七
高后八	
孝文二十三	三 二十 四年侯平元年
孝景十六	二 三年平坐反國除
建元至元封六年三十六	
太初已後	
侯第	五十九

	安平
國名	安平 索隱曰縣名屬涿郡
侯功	以謁者漢王三年初從定諸侯有功秩舉蕭何功侯二千户
高祖十二	七 六年八月甲子敬侯諤千秋元年
孝惠七	二 五 孝惠三年簡侯嘉元年
高后八	七 一 八年頃侯應元年
孝文二十三	十三 十 十四年煬侯寄元年
孝景十六	十五 一 後三年侯但元年
建元至元封六年三十六	十八 元狩元年坐與淮南王女陵通遺淮南書稱臣盡力棄市國除
太初已後	
侯第	六十二

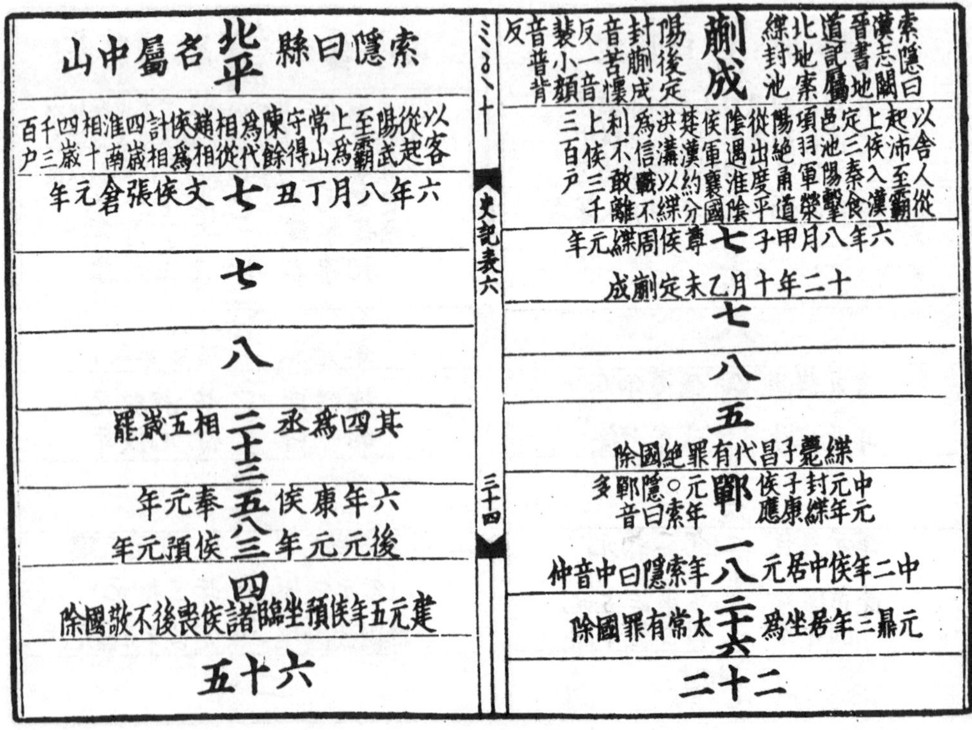

	蒯成
國名	蒯成 索隱曰漢志闕晉書地道記屬北地索緤封池陽後定封蒯成音苦懷反一音裴小顏音普背反
侯功	以舍人從起沛至霸上侯入漢定三秦食邑池陽擊項羽軍滎陽絕甬道從出度平陰遇淮陰侯軍襄國楚漢約分鴻溝以緤爲信戰不利不敢離上侯三千三百户
高祖十二	七 六年八月甲子尊侯周緤元年 十二年十月乙未定蒯成
孝惠七	七
高后八	八
孝文二十三	五 緤薨子昌代有罪絶國除
孝景十六	中元元年封緤子康侯應 鄲 元年○索隱曰鄲音多 一 八 中二年侯中居元年索隱曰中音仲
建元至元封六年三十六	二十六 元鼎三年居坐爲太常有罪國除
太初已後	
侯第	二十二

	北平
國名	北平 索隱曰縣名屬中山
侯功	以客從起陽武至霸上爲常山守得陳餘爲代相從相爲趙相侯爲計相四歲淮南相十四歲千三百户
高祖十二	七 六年八月丁丑文侯張蒼元年
孝惠七	七
高后八	八
孝文二十三	二十三 其四爲丞相五歲罷
孝景十六	五 六年康侯奉元年 八 三 後元元年侯預元年
建元至元封六年三十六	四 建元五年侯預坐臨諸侯喪後不敬國除
太初已後	
侯第	六十五

高胡	厭次
高胡 索隱曰漢志闕	厭次 索隱曰漢志闕晉書地道記屬平原後乃屬樂陵國也
以卒從起杠里入漢以都尉擊籍以都尉定燕侯千戶	以慎將前元年從起留入漢以都尉守廣武功侯
七 六年中侯陳夫乞元年	七 六年中侯元頃元年 徐廣曰漢書作衰類
七	七
八	八
四 五年殤侯程嗣薨無後國除	五 元年侯賀元年 六年侯賀謀反國除
八十二	二十四

平皐	復陽
平皐 索隱曰縣名屬河內	復陽 索隱曰縣名屬南陽復音伏應劭云在桐栢山下復水之陽
項它漢六年以碭郡長初從賜姓爲劉氏功比戴侯彭祖五百八十戶	以卒從起薛以將軍入漢以右司馬擊項籍侯千戶
六 七年六月癸亥煬侯劉它元年	六 七年十月甲子剛侯陳胥元年
四 三 五年恭侯遠元年	七
八	八
二十三	十 十三 十一年恭侯嘉元年
十六 元年節侯光元年	五 十一 六年康侯拾元年
二 建元元年侯勝元年	十二 元朔元年侯彊元年
十八 元鼎五年侯勝坐酎金國除	七 元狩二年侯彊坐父拾非嘉子國除
百二十一	四十九

陽河 索隱曰縣名屬上黨

以中謁者從入漢以郎中騎從定諸侯侯五百戶功比高胡侯

三 七年十月甲子齊哀侯元年漢表云齊侯其石

三 十年侯安國元年

七

八

二十三

十六 中元四年侯午元年中絕

二 元鼎四年恭侯章元年

十七 元封元年埤山侯仁元年索隱曰埤音卑

三十 征和二年十月仁與母坐祝詛大逆無道國除

八十三

朝陽 索隱曰縣名屬南陽

以舍人從起薛以連敖入漢以都尉擊項羽後攻韓王信侯千戶

六 七年三月丙寅齊侯華寄元年

七

八 元年文侯要元年

十三 十 十四年侯當元年

十六

十三 元朔二年侯當坐教人上書枉法罪國除

六十九

棘陽 索隱曰棘音紀力反縣名屬南陽

以卒從胡陵入漢以郎將迎左丞相軍以擊諸侯侯千戶

六 七年七月丙辰莊侯杜得臣元年

七

八

五 十八 六年質侯但元年

十六

九 元光四年懷侯武元年

七 元朔五年侯武薨無後國除

八十一

涅陽 索隱曰縣名屬南陽

以騎士漢王二年從出關以郎將擊斬項羽侯千五百戶比杜衍侯

六 七年中莊侯呂勝元年○索隱曰五侯斬項籍皆謚莊漢表以避諱皆改作嚴誤也

七

八

四 五年莊侯子成實非子不當為侯國除

百四

平棘　索隱曰縣名屬常山

以客從起亢父斬章邯所署蜀守用燕相侯千户

七年中懿侯執元年　六　徐廣曰漢書作林摯

七

七　八年侯辟　一　彊元年

五　六年侯辟彊有罪鬼薪國除

六十四

羹頡

以高祖兄子從軍擊反韓王信爲郎中將信毋嘗有罪高祖微時太上憐之故封爲羹頡侯

七年中侯劉信元年　六　索隱曰高祖兄子

七

元年信有罪削爵一級爲關內侯

四十六

深澤　索隱曰縣名屬中山

以趙將漢王三年降屬淮陰侯定趙齊楚以擊平城侯七百户

八年十月癸丑齊侯趙將夜元　五　年○索隱曰漢表作將夕

七

奪　一　絶
三年復封封二年薨

十四年復封　四　將夜元年
後元二年戴　六　侯頭元年

三年侯　二　循元年
中五年封頭子　[illegible]五　夷侯胡元年

元朔五年夷侯　十六　胡薨無後國除

九十八

柏至　索隱曰漢至闕

以騈憐從起昌邑以詵衛入漢以中尉擊籍侯千戶漢表師古曰二馬曰騈憐謂並兩騎爲軍翼也詵讀曰稅詵衛謂軍行止舍主爲衛也○索隱曰姚氏憐聲近騈鄰猶比鄰也

七年七月戊辰靖侯許温元年　六　○索隱曰漢表作許盎靖音淨

七

二年有　一　罪絶
三年復封　六　温如故

元年簡侯　十四　禄元年
十五年哀　九　侯昌元年

十六

元光二年共　七　侯如安元年
元狩三年　十三　侯福元年
元鼎二年侯　五　福有罪國除

五十八

索隱曰縣名屬涿郡 **中水** 應劭云易滱二水之中

以郎中騎將漢王元年從起好時以司馬擊龍且後共斬項羽侯千五百戶

六 七年正月己酉莊侯呂馬童元年

七

八

九 十年夷侯假元年
三 十三年共侯青肩元年
十一

十六

五 建元六年靖侯德元年
一 元光元年侯宜成元年
二十三 元鼎五年侯宜成坐酎金國除

百一

索隱曰縣名屬南陽 **杜衍**

以郎中騎漢王三年從起下邳屬淮陰從灌嬰共斬項羽侯千七百戶

六 七年正月己酉莊侯王翳元年 ○索隱曰漢表作王翥

七

五 六年共侯福元年
三

四 五年侯市臣元年
七 十二年侯翕元年
十二

十三 有罪絕後元元年復封翳子彊侯郢人元年徐廣曰彊一作景

九 元光四年侯定國元年
十二 元狩四年侯定國有罪國除

百二

索隱曰 **赤泉** 漢志闕

以郎中騎漢王二年從起杜屬淮陰後從灌嬰共斬項羽侯千九百戶

六 七年正月己酉莊侯楊嘉元年

七

一 元年奪絕
七 二年復封

十一 十二年定侯殷元年
十二

三 四年侯無害元年
六 有罪絕
臨汝
五 中五年復封無害元年

七 元光二年侯無害有罪國除

百三

索隱曰縣名屬扶風音荀故周 **栒** 文王封其子之邑河東亦有郇城

以燕將軍漢王四年從曹咎軍為燕相告燕王荼反侯以燕相國定盧奴千九百戶

五 八年十月丙辰項侯溫疥元年

七

八

五 六年文侯仁元年
十七 後元七年侯河元年
一

十 中元四年侯河有罪國除

九十一

武原　索隱曰漢志闕

漢七年以梁將軍初從擊韓信陳豨黥布功侯二千八百戶功比高陵

五　八年十二月丁未靖侯衛胠元年。索隱曰漢表胠作膝音怯

三　四年共侯寄元年　四

八

二十三

三　四年侯不害元年　十三　後二年不害坐葬過律國除

九十二

磨　索隱曰漢志闕表作歷歷縣在信都劉氏依字讀言天下地名、多既無定諡但依字是不決之詞地之與邑並無磨誤也

以趙衛將軍漢王三年從起盧奴擊項羽敖倉下爲將軍攻藏荼有功侯千戶

五　八年七月癸丑簡侯程黑元年

七

二　六　三年孝侯釐元年

十六　七　後元年侯竈元年

七　中元元年竈有罪國除

九十二

槀　索隱曰漢志槀縣屬山陽

高帝七年爲將軍從擊代陳豨有功侯六百戶

五　八年十二月丁未祗侯陳錯元年。索隱曰漢表作錯音楷三蒼云九江人名鐵曰錯

二　三年懷侯嬰元年　五

八

六　七年共侯應元年　十四　後五年侯安元年　三

十六

十二　不得千秋父。徐廣曰千秋父以元朔元年位

七　元狩二年侯千秋元年

九　元鼎五年侯千秋坐酎金國除

百二十四

宋子　索隱曰漢志宋子縣屬鉅鹿

以漢三年以趙羽林將初從擊定諸侯功比磨侯五百四十戶

四　八年十二月丁卯惠侯許瘛元年瘛音充志反。索隱曰瘛音尺制反郭璞音胡計反亦作懕字林音巨月反

一　十二年共侯不疑元年

七

八

九　十年侯九元年　十四

八　中元二年侯九坐買塞外禁物罪國除

九十九

猗氏　索隱曰縣名屬河東

以舍人從起豐入漢以都尉擊項羽侯二千四百戶

五　八年三月丙戌敬侯陳遫元年○索隱曰遫音速

六一　七年靖侯交元年

八

二十三

二　三年頃侯差元年薨無後國除

五十

史記表六　四十五

清　索隱曰清縣屬東郡

以弩將初起從入漢以都尉擊項羽代侯比彭侯千戶

五　八年三月丙戌簡侯空中元年徐廣曰空一作窒○索隱曰窒中姓見風俗通

七　元年頃侯聖元年

八

七十六　八年康侯鮒元年

十六

二十七一　元狩三年恭侯右元年
元鼎四年侯生元年
元鼎五年生坐酎金國除

七十一

彊　索隱曰漢志彊闕

以客吏初起從入漢以都尉擊項羽代侯比彭侯千戶

三　八年三月丙辰簡侯留勝元年
二　十一年戴侯章元年

七

八

十二三　十三年侯服元年
十五年侯服有罪國除

七十三

史記表六　四十六

彭　索隱曰漢表屬東海郡

以卒從起薛以弩將入漢以都尉擊項羽代侯千戶

五　八年三月丙戌簡侯秦同元年

七

八

二十三　三年戴侯執元年

二十一　三年侯武元年
後元元年武有罪國除

七十

吳房 索隱曰縣名屬汝南

以郎中騎將漢王元年從下邽擊陽夏以都尉斬項羽有功侯七百戶

八年二月辛巳莊侯楊武元年 五

七

八

十一 十二年侯去疾元年

十二

後元元年去疾有罪國除 十四

九十四

寧 索隱曰漢表寧陽屬濟南郡

以舍人從起碭入漢以都尉擊臧荼功侯千戶

八年四月辛卯莊侯魏選元年 五

七

八

十六年恭侯連元年 十五 八

元年侯指元年 三 四年侯指坐出界有罪國除

七十八

昌 索隱曰縣名屬琅邪

以齊將漢王四年從淮陰侯起無鹽定齊擊籍及韓王信於代侯千戶

八年六月戊申圉侯盧卿元年○索隱曰漢表姓弦弦即盧古孫弓字 五

七

八

十五年侯通元年 十四 九

二年侯通反國除 二

百九

共 索隱曰縣名屬河內

以齊將漢王四年從淮陰侯起臨菑擊籍及韓王信於平城有功侯千二百戶

八年六月壬子莊侯盧罷師元年 五

七

八

七年惠侯黨元年 六

十五年懷侯商元年 八

後四年侯商薨無後國除 五

百十四

閼氏　索隱曰縣名屬安定

以代太尉漢王三年降為鴈門守以特將平代反寇侯千戶○索隱曰漢表太尉作太與爵名音余

八年六月壬子節侯　四　馮解敢元年

十二年恭　一　侯它元年
薨無後絕

二年封恭侯遺腹　十四　子文侯遺元年
十六年共侯　八　勝之元年

五
前六年侯　十一　平元年

二十八　元鼎五年侯平坐酎金國除

安丘　索隱曰安丘縣屬北海

以卒從起方與屬魏豹二歲五月以執鈹入漢以司馬擊籍以將軍定代侯三千戶

八年七月癸酉懿侯張說　五　元年○索隱曰說音悅

七

八

十二
十三年恭　十一　侯奴元年

四年敬侯　三　執元年
十
三年康侯　三　訢元年

元狩元年　十八　侯指元年
元鼎四年侯指坐入上林謀盜鹿國除　九

合陽　索隱曰合陽屬馮翊

高祖兄兵初起侍太公守豐天下已平以六年正月立仲為代王高祖八年匈奴攻代王弃國亡廢為合陽侯

八年九月丙子侯劉　五　仲元年徐廣曰一名嘉

仲子濞　二　為吳王

以子吳王故尊仲謚為代頃侯

襄平　索隱曰縣名屬臨淮

兵初起紀成以將軍從擊破秦入漢定三秦功定平侯戰好時死事子通襲成功侯

八年九月丙午　五　侯紀通元年

七

八

二十三

中元三年康　九　侯相夫元年
七

元朔元年　十二　夷吾元年
元封二年夷吾　十九　薨無後國除

龍 索隱曰盧江有龍舒縣蓋其地也

以卒從漢王元年起霸上以謁者擊籍斬曹咎侯千戶

五 八年後九月己未敬侯陳署元年

七

六 二 七年侯堅元年

十六 後元元年侯堅奪侯國除

八十四

繁 索隱曰地理志魏郡有繁陽恐別有繁縣志闕

以趙騎將從漢三年從擊諸侯族比吳房侯千五百戶

四 九年十一月壬寅莊侯彊瞻元年。索隱曰漢表作平嚴侯張瞻

四 三 五年康侯昫獨元年一云侯惲

八

二十三

三 六 七 四年侯寄元年 中三年侯安國元年

十八 元狩元年安國為人所殺國除

九十五

陸梁 索隱曰如淳據始皇紀所謂陸梁地按今在江南也

詔以為列侯自置吏受令長沙王

二 九年三月丙辰侯須毋元年。索隱曰漢表作須無

一 十二年共侯桑元年

七

八

十五 後三年康侯慶忌元年

十六 元年侯冉元年

二十八 元鼎五年侯冉坐酎金國除

百三十七

高京 徐廣曰一作景

周苛起兵以內史入從擊破秦爲御史大夫入漢圍取諸侯堅守滎陽功比辟陽苛以御史大夫死事子成爲後襲侯

四 九年四月丙寅侯周成元年

七

八

二十 後五年坐謀反繫死國除絕

繩 中元年封成孫應元年

侯平嗣不得元年

元狩四年平坐爲太常不繕治園陵不敬國除

六十

離

元年四月戊寅鄧弱元年

失此侯始所起及所絕○索隱曰案楚漢春秋亦闕漢表成帝時光祿大夫滑堪曰旁占驗曰鄧弱以長沙將兵侯是所起也

義陵　徐廣曰一作陽○索隱曰義陽縣在汝南

以長沙柱國侯千五百戶

四　九年九月丙子侯吳程元年

三　四　四年侯種元年

六　七年侯種薨無後國除皆失謚

百三十四

宣平　索隱曰楚漢春秋南宮侯張耳此作宣平侯敖敖耳子陳平錄第時耳巳薨故也

兵初起張耳誅秦爲相合諸侯兵鉅鹿破秦定趙爲常山王陳餘反襲耳棄國與大臣歸漢漢定趙爲王卒子敖嗣其臣貫高不善廢爲侯

四　九年四月武侯張敖元年

七

六　信平　薨子偃爲魯王國除徐廣曰改封信平

十五　元年以故魯王爲南宮侯
八　十六年哀侯歐元年

九　七　中三年侯生元年

七　罪絕
睢陽　十八　元光三年封偃孫侯廣元年
元鼎二年侯昌元年
十三　太初三年侯昌爲太常乏祠國除漢表師古曰祠學有闕乏也

三

東陽　索隱曰縣名屬臨淮

高祖六年爲中大夫以河間守擊陳豨力戰功侯千三百戶

二　十一年十二月癸巳武侯張相如元年

七

八

十五　十六年共侯殷元年
五　後五年戴侯安國元年
三

三　十三　四年哀侯彊元年

建元元年侯彊薨無後國除

百十八

開封 索隱曰縣名屬河南	沛 索隱曰縣名屬沛郡
以右司馬漢王五年初從以中尉擊燕定代侯比共侯二千户	高祖兄合陽侯劉仲子侯
一 十一年十二月丙辰閔侯陶舍元年 一 十二年夷侯青元年	二 十一年二月癸巳劉侯濞元年 十二年十月辛丑侯濞爲吳王國除
七 景帝時爲丞相	
八	
二十三	
九 七 中元三年節侯偃元年	
十 元光五年侯睢元年 十八 元鼎五年侯睢坐酎金國除	
百十五	

慎陽 索隱曰曰慎陽汝南如淳曰音震闞騶云合作滇陽永平五年失印更刻遂誤以水爲心續漢書作須陽也	禾成 索隱曰漢志闕
爲淮陰舍人告淮陰侯信反侯二千户	以卒漢二年初從以郎中擊代斬陳豨侯千九百户
二 十三年十二月甲寅侯欒說元年○索隱曰漢表作樂說	二 十二年正月己未孝侯公孫耳元年○索隱曰漢表耳作昔
七	七
八	八
二十三	四 五年懷侯漸元年 九 十四年侯漸薨無後國除
十二 四 中元六年靖侯願之元年	
二 建元元年侯買之元年 十二 元狩五年侯買之坐鑄白金弃市國除	
百三十一	百十七

堂陽　索隱曰縣名屬鉅鹿

以中涓從起沛以郎入漢以將軍擊籍為惠侯坐守滎陽降楚免後復來以郎擊籍為上黨守擊豨侯八百戶

十一年正月己未哀侯孫赤元年　二

七

元年侯德元年　八

二十三

中六年侯德有罪國除　十三

七十七

祝阿　索隱曰縣名屬平原

以客從起齧桑以十隊將入漢以將軍定魏太原破井陘屬淮陰侯以缻度軍擊籍及攻豨侯八百戶

十一年正月己未孝侯高邑元年　二

七

八

五年侯成元年　四　十四　後三年侯成坐事國人過律國除

二十四

長脩　索隱曰縣名屬河東

以漢二年用御史初從出關以內史擊諸侯功比須昌侯以廷尉死事千九百戶

十一年正月丙辰平侯杜恬元年一云杜格○索隱曰案位次曰信平侯　二

三年懷侯中元年　二　五

八

五年侯喜元年　四　十九

罪絕　八　陽　五　十五　中五年復封侯相夫元年

元封四年侯相夫坐為太常與樂令無可當鄭繹人擅繇不如令闌出函谷關國除　三十三

百八

江邑　索隱曰漢志闕

以漢五年為御史用奇計從御史大夫周昌為趙相而代陳豨功侯六百戶

十一年正月辛未侯趙堯元年　二

七

元年侯堯有罪國除

營陵　索隱曰縣名屬北海

以三年爲郎中擊項羽以將軍擊陳豨得王黄爲侯與高祖踈屬劉氏世爲衛尉萬二千户

二　十一年侯劉澤元年

七

五　六年侯澤爲琅耶王國除

八十八

土軍　索隱曰包愷云地理志西河有土軍縣

高祖六年爲中地守以廷尉擊陳豨侯千二百户就國後爲燕相

二　十一年二月丁亥武侯宣義元年○索隱曰案位次曰信成侯也

五　六年孝侯莫如元年
二

八

二十三

二　二年康侯平元年
十四

五　建元六年侯生元年

八　元朔二年生坐與人妻姦罪國除

百二十二

廣阿　索隱曰縣名屬鉅鹿

以客從起沛爲御史守豐二歲擊籍爲上黨守陳豨反堅守侯千八百户後遷御史大夫

二　十一年二月丁亥懿侯任敖元年

七

八

三　三年夷侯竟元年
二十　四年敬侯但元年

十六

四　建元五年侯越元年
二十　元鼎二年侯越坐爲太常廟酒酸不敬國除

八十九

須昌　索隱曰縣名屬東郡

以謁者漢王元年初起漢中雍軍塞陳謁上上計欲還衍言從它道道通後爲河間守陳豨反誅都尉相如功侯千四百户

二　十一年二月己酉貞侯趙衍元年

七

八

十五　十六年戴侯福元年
四　後元四年侯不害元年

四　五年侯不害在罪國除

一

百七

臨轅

初起從為郎以都尉守蘄城以中尉侯五百戶

二 十一年二月乙酉堅侯戚鰓元年

四 五年夷侯觸龍元年 三

八

二十三

三 四年共侯忠元年 十三

三 建元四年侯賢元年 二十五 元鼎五年侯賢坐酎金國除

百十六

汲侯 索隱曰漢表作伋伋與汲並縣名屬河內

高祖六年為太僕擊代豨有功侯千二百戶為趙太傅

二 十一年二月己巳終侯公上不害元年〇索隱曰公上姓不害名也

一 二年夷侯武元年 六

十三 十四年康侯通元年 十

十六

一 建元二年侯廣德元年

九 元光五年廣德坐妻精大逆罪頗連廣德棄市國除

百二十三

甯陵 索隱曰縣名屬陳留

以舍人從陳留以郎入漢破曹咎成皐為上解隨馬都尉擊陳豨功侯千戶

二 十一年二月辛亥夷侯呂臣元年

七

八

十 十一年戴侯射元年 十三

三 四年惠侯始元年

一 五年侯始薨無後國除

七十三

汾陽 索隱曰縣名屬太原

以郎中騎千人前二年從起陽夏擊項羽以中尉破鍾離昧功侯

二 十一年二月辛亥侯靳彊元年

七

二 三年共侯解元年 六

二十三

四 五年康侯胡元年 十二

絕 江鄒 元鼎五年侯石元年

太始四年五月丁卯侯石坐為太常行太僕事治嗇夫可年益縱年國除

九十六

索隱曰戴地名音再應邵云章 戴 帝改曰考城在故留縣

以卒從起沛以卒開沛城門爲太公僕以中令擊綈侯千二百戶

十一年三月癸酉敬侯彭祖元年○索隱曰漢表彭祖姓秘音 二 繇韋昭音符蔑反非也今檢史記諸本並作秘今見有姓秘氏

七

二 三年共侯悼元年 六

七 八年夷侯安國元年 十六

十六

十六 元朔五年侯安期元年 十二 元鼎五年侯蒙元年 二十八 後元元年五月甲戌坐祝詛無道國除

六十二百

索隱曰 衍 漢志闕

以漢二年爲燕令以都尉下楚九城堅守燕侯九百戶

十一年七月乙巳簡侯翟旰元 二 年○索隱曰旰音況干反

七

三 四年侯祗山元年 二 六年侯節嘉元年 三

二十三

十六

二 建元三年侯不疑元年 十 元朔元年不疑坐挾詔書論罪國除

十三百

索隱曰漢志闕晉書 平州 地道記屬巴郡

漢王四年以燕相從擊籍還擊荼以故二千石將爲列侯千戶

十一年八月甲辰共侯昭涉掉 二 尾元年○索隱曰昭涉姓掉尾名

七

八

一 二年侯戴福元年 三 五年侯懷它人元年 四 九年侯孝馬童元年 十五

十四 後元二年侯昧元年 二

三十二 元狩五年侯昧坐行馳道中更呵馳去罪國除

一十百

索隱曰縣 中牟 名屬河南

以卒從起沛入漢以郎中擊布功侯二千三百戶始高祖微時有急給高祖一馬故得侯

十二年十月乙未共侯單父聖 一 元年○索隱曰漢表作單父左車

七

八

七 八年敬侯繒元年 五 十二年戴侯終根元年 十二

十六

十 元光五年侯舜元年 十八 元鼎五年侯舜坐酎金國除

五十二百

邔 漢書音義曰音巨巳反。○索隱曰邔縣屬南郡。周成雜字解詁云邔音跽

以故群盜長臨江將，已而為漢擊臨江王及諸侯，破布，功侯，千戶

十一年十月戊戌，莊侯黃極忠元年 一

七

八

十一 十二年慶侯榮盛元年 九 後元五年共侯明元年 三

十六

元朔五年侯遂元年 十六 元鼎元年，遂坐賣宅縣官故貴，國除 八

百十一

博陽 索隱曰縣名屬彭城

以卒從起豐，以隊卒入漢，擊籍成皋有功，為將軍，布反，定吳郡，侯，千四百戶

十二年十一月辛丑，節侯周聚元年 一

七

八

八 九年侯遬元年 十五

十二 中五年侯遬奪爵一級，國除

五十三

陽義 徐廣曰一作羨。○索隱曰縣屬宜陽，漢表羨作美

以荊令尹，漢王五年初從，擊鍾離昧及陳公利幾，破之，徙為漢大夫，坐至陳取韓信，還為中尉，從擊布，功侯，二千戶

十二年十月壬寅，定侯靈常元年 一

七

六 七年共侯賀元年 二

六 七年哀侯勝元年 六 十二年侯勝薨無後，國除

百九

下相 索隱曰縣名屬臨淮

以客從起沛，用兵從擊破齊田解軍，以楚丞相堅守彭城，距布軍，功侯，二千戶

十二年十月乙酉，莊侯泠耳元年 一

七

八

二 三年侯慎元年 二十一

二 三年三月侯慎反，國除

八十五

德　索隱曰漢志闕，表在濟南

以代頃王子侯。頃王，吳王濞父也。廣，濞之弟也。

十二年十一月　一　庚辰，哀侯劉廣元年。

七

二六　三年，頃侯通元年。

十三

五十一　六年，侯齕元年。

二十七　元鼎四年，侯何元年。

一　元鼎五年，侯何坐酎金，國除。

百二十七

高陵　索隱曰高陵縣屬琅邪

以騎司馬漢王元年從起廢丘，以都尉破田橫、龍且，追籍至東城，以將軍擊布，九百戶。

十二年十一月丁亥，圉侯王周　一　元年。索隱曰漢表作王虞人

七

二六　三年，惠侯并弓元年。

十二十一　十三年，侯行元年。

二　二年，反，國除。

九十二

期思　索隱曰縣名，屬汝南

淮南王布中大夫，有郄，上書告布反，侯，二千石。布盡殺其宗族。

十二年十二月癸卯，康侯賁赫　一　元年。索隱曰賁姓，音肥，又如字

七

八

十三　十四年，賁赫薨，無後，國除。

百三十二

穀陵

以卒從前二年起柘，擊籍，定代，為將軍，功侯。

十二年正月乙丑，定侯　一　馮谿元年

七

八

六十七　七年，共侯熊元年。

二三十二　三年，隱侯卬元年。五年，獻侯解元年。

三　建元四年，侯偃元年。

百五

戚 索隱曰漢志闕晉地道記屬東海

以都尉漢二年初起櫟陽攻廢丘破之因擊項籍別屬丞韓信破齊軍攻臧荼遷爲將軍擊信侯合千戶

十二年十二月癸卯圉侯季必元年○索隱曰 一 案灌嬰傳云重泉人李必此作季誤也

七

八

三 四年齊侯班元年 二十

十六

建元三年侯 二 信成元年

元狩五年侯信成坐爲太常縱 二十 丞相侵神道壖不敬國除

九十

壯 徐廣曰一作莊○索隱曰漢表作嚴避明帝諱

以楚將漢三年降起臨濟以郎中擊籍陳絺功侯六百戶

一

十二年正月乙丑敬侯許倩元年

七

八

二十三

一 三年共侯恢元年 十五

建元二年殤 一 侯則元年

元光五年侯 九 廣宗元年

元鼎元年侯廣 十五 宗坐酎金國除

百二十

成陽 索隱曰縣名屬汝南

以魏郎漢王二年從起陽武擊籍屬魏豹反屬相國彭越太原尉定代侯六百戶

一

十二年正月乙酉定侯意元年

七

八

十 十一年侯信元年 十三

十六

建元元年侯信罷鬼薪國除

百一十

桃 索隱曰縣名屬信都

以客從漢王二年從起定陶以大謁者擊布侯千戶爲淮陰守項氏親也賜姓

一

十二年二月丁巳安侯劉襄元年

七

奪絕二年 一 七 復封襄

十年哀侯舍元年 九 十四 景帝時爲丞相

十六

建元元年厲 十 侯申元年

元朔二年侯 三 自爲元年

元鼎五年侯自 十五 爲坐酎金国除

百三十五

高梁	食其兵起以客從擊破秦以列侯入漢還定諸侯常使約和諸侯列卒兵聚侯功比平侯嘉以死事子疥襲食其功侯九百户	十二年三月丙寅共侯酈疥元年 一	七	八	二十三	十六	元光三年侯勃元年 八 元狩元年坐詐詔衡山王取金當死病死國除		六十六
紀信	以中涓從起豐以騎將入漢以將軍擊籍後攻盧綰侯七百户	十二年六月丙辰匡侯陳倉元年 一	七	二 三年夷侯開元年 六	十七 後二年六月侯陽元年 六	二 三年陽反國除			八十

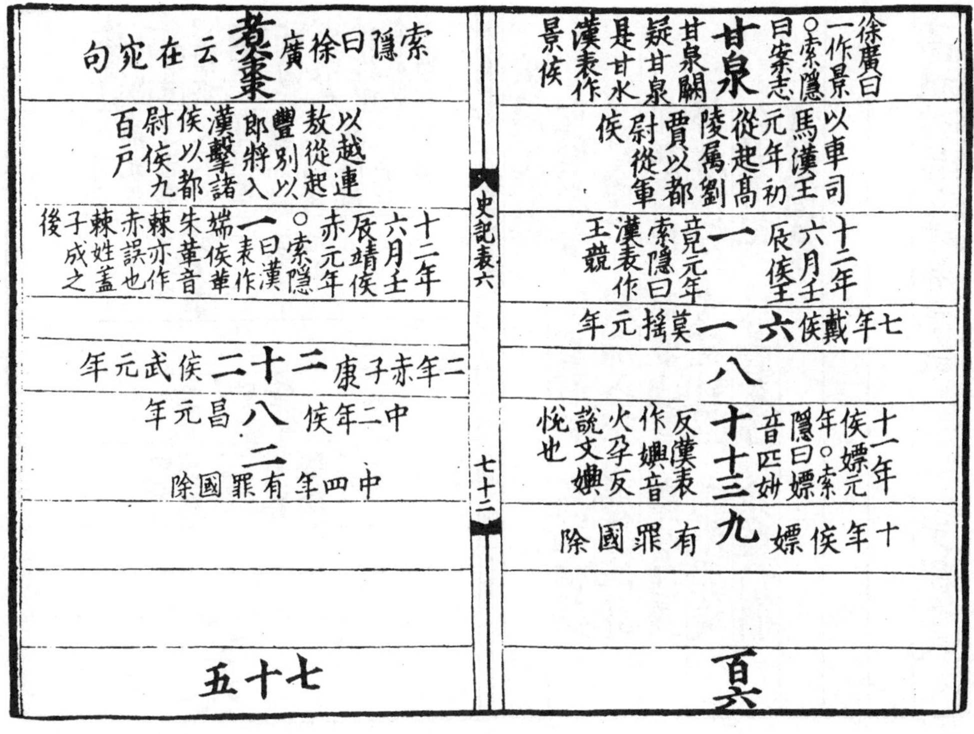

甘泉 徐廣曰一作景○索隱曰案志甘泉闕疑甘泉是甘水漢表作景侯	以車司馬漢王元年初從起高陵屬劉賈以都尉從軍侯	十二年六月壬辰侯王竟元年索隱曰漢表作王競 一	七年戴侯莫搖元年 六 一	八	十一年侯嫖元年○索隱曰嫖音匹妙反漢表作嬹音火孕反說文嬹悅也 十 十三	十年侯嫖有罪國除 九			百六
煮棗 索隱曰徐廣云在宛句	以越連敖從起豐別以郎將入漢擊諸侯以都尉侯九百户	十二年六月壬辰靖侯赤元年○索隱曰漢表作端侯華朱華音棘亦作赤誤也棘姓蓋子成之後 一			二年赤子康侯武元年 二十二	中二年侯昌元年 八 二 中四年有罪國除			七十五

索隱曰縣名屬廣平 張

以中涓騎從起豐，以郎將入漢，從擊諸侯，七百戶

十二年六月壬辰，節侯毛澤元年。○索隱曰亦作釋之　一

七

八

十二　十一年夷侯慶元年　十一　十三年侯舜元年

十二　中六年侯舜有罪國除

二十九

索隱曰縣名屬潁川 鄢陵

以卒從起豐，入漢，以都尉擊籍，七年，侯，七百戶

十二年中，莊侯朱濞元年　一

七

三　五　四年恭侯慶元年

六　七年恭侯慶薨，無後，國除

五十二

菌 徐廣曰一作鹵。○索隱曰漢志闕。音求隕反，徐作鹵，音魯，又作鹵

以中涓前元年從起單父，不入關，以擊籍布燕王綰，得南陽，侯，二千七百戶

十二年六月，莊侯張平元年　一

七

四　四　五年侯勝元年

三　四年侯勝有罪國除

四十八

索隱述贊曰

聖賢影響，風雲潛契。高祖膺籙，功臣命世。起沛入秦，憑謀仗計。紀勳書爵，河盟山誓。蕭曹輕重，絳灌權勢。咸就封國，式盟罪戾。仁賢者祀，昏虐者替。永監前脩，良慙固帶。

高祖功臣年表卷第六　史記十八

惠景閒侯者年表第七　史記十九

太史公讀列封至便侯索隱曰便音鞭縣名吳淺所封曰有以也夫長沙王者著令甲稱其忠焉鄧展曰漢約非劉氏不王如芮王故著令使特王或曰以芮至忠故著令也瓚曰漢以芮忠故特王之以非制故特著令昔高祖定天下功臣非同姓疆土而王者八國索隱曰謂齊王韓信韓王信燕王盧綰梁王彭越趙王張耳淮南王英布臨江王共敖長沙王吳芮也至孝惠時唯獨長沙全禪五世以無嗣絕徐廣曰孝文後七年靖王著死無嗣。索隱曰禪者傳也案諸侯王表芮國至五世而絕也竟無過爲藩守職信矣故其澤流枝庶毋功而侯者數人索隱曰案此表芮子淺封便侯傳至玄孫又封成王臣之子爲沅陵侯亦至曾孫及孝惠訖孝景閒五十載追脩高祖時遺功臣及從代來吳楚之勞諸侯子弟若肺腑索隱曰肺音柿腑音附柿木札也附木皮也以喻人主疎末之親如木札出於木樹皮附於樹也詩云如塗塗附注云附木皮是也外國歸義封者九十有餘咸表始終當世仁義成功之著者也異姓國八王者吳芮英布張耳臧荼韓王信彭越盧綰韓信也

國名	侯功	孝惠七	高后八	孝文二十三	孝景十六	建元至元封六年三十六	太初已後
便 索隱曰漢志縣名屬桂陽便音鞭	長沙王子侯二千石	七 元年九月頃王吳淺元年	八	二十二 一 後七年恭侯信元年	五 十一 前六年侯廣志元年	二十九 元鼎五年侯千秋坐酎金國除	

國名	侯功	孝惠七	高后八	孝文二十三	孝景十六	建元至元封六年三十六	太初已後
軑 音大。索隱曰縣名在江夏	長沙相侯七百戶	六 二年四月庚子侯利倉元年。索隱曰漢書作軑侯朱倉	二 六 三年侯豨元年	十五 八 十六年侯彭祖元年	十六	三十 元封元年侯秩爲東海太守行過不請擅發卒兵爲衛當斬會赦國除	
平都 索隱曰屬東海	以齊將高祖三年降定齊侯千戶	二 五年六月乙亥孝侯劉到元年	八	二 二十一 三年侯成元年	十四 後元二年侯成有罪國除		

右孝惠時三

國名	侯功	孝惠七	高后八	孝文二十三	孝景十六	建元至元封六年三十六	太初已後
扶柳 索隱曰縣名屬信都	高后姊長姁子侯		七 元年四月庚寅侯呂平元年 八年侯平坐呂氏事誅國除				
郊 索隱曰縣名屬沛郡一作汶	呂后兄悼武王身佐高祖定天下呂氏佐高祖治天下天下大安封武王少子產爲郊侯		五 元年四月辛卯侯呂產元年 六年七月壬辰產爲呂王國除 高后八年九月產以呂王爲漢相謀爲不善大臣誅產遂滅諸呂				
南宮 索隱曰縣名屬信都	以父越人爲高祖騎將從軍以大中大夫侯		七 元年四月丙寅侯張買元年 高后八年侯買坐呂氏事誅國除				

梧 索隱曰縣名屬彭城	以軍匠從起郟入漢後為少府作長樂未央宮築長安城先就功侯五百戶		元年四月乙酉齊侯陽成延元年 六 七年敬侯去疾元年 二	二十三	九 中元三年靖侯偃元年 七	八 元光三年侯戎奴元年 十四 元狩五年侯戎奴坐謀殺季父棄市國除	
平定 索隱曰漢志闕或鄉名	以卒從高祖起留以家車吏入漢以梟騎都尉擊項籍得樓煩將功用齊丞相侯一云項涓		元年四月乙酉敬侯齊受元年 八	一 二年齊侯市人元年 四 六年恭侯應元年 十八	十六	七 元光二年康侯延居元年 十八 元鼎二年侯昌元年 二 元鼎四年侯昌有罪國除	
博成	以悼武王郎中兵初起從高祖起豐攻雍丘擊項籍力戰奉衛悼武王出滎陽功侯		元年四月乙酉敬侯馮無擇元年 三 四年侯代元年 四 八年侯代坐呂氏事誅國除				
沛 索隱曰縣名屬沛郡	呂后兄康侯少子侯奉呂宣王寢園		元年四月乙酉侯呂種元年 七 為不其侯 一 高后八年侯種坐呂氏事誅國除				
襄成 索隱曰縣名屬潁川	孝惠子侯		元年四月辛卯侯義元年 一 高后四年侯義為常山王國除				

軹 索隱曰縣名屬河內	孝惠子侯		元年四月辛卯侯朝元年 三 高后四年侯朝為常山王國除				
壺關	孝惠子侯		元年四月辛卯侯武元年 四 高后五年侯武為淮陽王國除				
沅陵 索隱曰縣近長沙漢志屬武陵	長沙嗣成王子侯		元年十一月壬申頃侯吳陽元年 八	十七 後二年頃侯福元年 六	十一 中元五年哀侯周元年 四 後二年侯周薨無後國除		
上邳	楚元王子侯		二年五月丙申侯劉郢客元年 七	孝文元年侯郢客為楚王國除 一			
朱虛 索隱曰縣名屬琅邪	齊悼惠王子侯		二年五月丙申侯劉章元年 七	孝文二年侯章為城陽王國除 一			
昌平 索隱曰縣名屬上谷	孝惠子侯		四年二月癸未侯太元年 三 高后七年太為呂王國除				

贅其 索隱曰縣名屬臨淮	中邑	樂成	山都	松茲 徐廣曰松一作祝。索隱曰縣名屬廬江
呂后昆弟子用淮陽丞相侯	以執矛從高祖入漢以中尉破曹咎用呂相侯六百戶	以隊卒從高祖起沛屬皇訢以郎擊陳餘用衛尉侯六百戶	高祖五年為郎中柱下令以衛將軍擊陳豨用梁相侯	兵初起以舍人從起沛以郎吏入漢還得雍王邯家屬功用常山丞相侯
四年四月丙申侯勝元年 四 八年侯勝坐呂氏事誅國除	四年四月丙申貞侯朱通元年 五	四年四月丙申節侯衛無擇元年 二 六年恭侯勝元年 三	四年四月丙申貞侯王恬開元年 五	四年四月丙申夷侯徐厲元年 五
	十七 後元二年侯悼元年 六	二十三	三 四年惠侯中黃元年 二十	六 七年康侯悼元年 十七
	十五 後元三年侯悼有罪國除	十五 後元三年侯偯元年 一	三 四年敬侯觸龍元年 十三	十二 中元六年侯偃元年 四
		五 建元六年侯偯坐以買田宅不法又請求吏罪國除	二十二 元狩五年侯當元年 八 元封元年侯當坐與奴闌入上林苑國除	五 建元六年侯偃有罪國除

成陶 徐廣曰一作陰。索隱曰漢志闕	俞 如淳曰音輸。索隱曰縣名屬清河	滕 索隱曰劉氏云作勝恐悞今按滕縣屬沛郡	醴陵 索隱曰縣名屬長沙	呂成	東牟 索隱曰縣名屬東萊
以卒從高祖起單父為呂氏舍人度呂氏淮之功用河南守侯五百戶	以連敖從高祖破秦入漢以都尉定諸侯功比朝陽侯嬰死子它襲功用太中大夫侯。索隱曰它音馳	以舍人郎中十二歲以都尉屯霸上用楚相侯	以卒從漢王三年初起櫟陽以卒吏擊項籍為河內都尉長沙相侯六百戶	呂氏昆弟子侯	齊悼惠王子侯
四年四月丙申夷侯周信元年 五	四年四月丙申侯呂它元年 四 八年侯它坐呂氏事誅國除	四年四月丙申侯呂更始元年 四 八年侯更始坐呂氏事誅國除	四年四月丙申侯越元年 五	四年四月丙申侯呂忿元年 四 八年侯忿坐呂氏事誅國除	六年四月丁酉侯劉興居元年 三
十一 十二年孝侯勃元年 三 十五年侯勃有罪國除			三 孝文四年侯越有罪國除		一 孝文二年侯興居為濟北王國除

鍾	一作鉅。索隱曰縣名屬東萊	呂肅王子侯		六年四月丁酉侯呂通元年。二。高后八年侯通為燕王坐呂氏事國除			
信都	索隱曰縣名屬信都	以張敖魯元太后子侯		八年四月丁酉侯侈元年。一	孝文元年侯侈有罪國除		
樂昌		以張敖魯元太后子侯		八年四月丁酉侯受元年。一	孝文元年侯受有罪國除		
祝茲	索隱曰漢書作琅邪	呂后昆弟子侯		八年四月丁酉侯呂榮元年坐呂氏事誅國除			
建陵	索隱曰漢表在東海	以大謁者侯宦者多奇計		八年四月丁酉侯張澤元年高后八年九月奪侯國除。索隱曰澤一名釋			
東平	徐廣曰一作康。索隱曰縣名屬東平	以燕王呂通弟侯		八年五月丙辰侯呂莊元年坐呂氏事誅國除			

右高后時三十一　孝文二十三　孝景十六

陽信	索隱曰表在新野志屬勃海恐有二縣	高祖十二年為郎以典客奪趙王呂祿印關殿門拒呂產等入共尊立孝文侯二千戶			元年二月辛丑侯劉揭元年。十四。十五年侯中意元年。九	景帝六年侯中意有罪國除。五	
軹	索隱曰縣名屬河內	高祖十年為郎從軍十七歲為太中大夫迎孝文代用車騎將軍迎太后侯萬戶薄太后弟			元年四月乙巳侯薄昭元年。十。十年易侯戎奴元年。十三	十六	建元二年侯梁元年。一
壯武	索隱曰縣名屬膠東	以家吏從高祖起山東以都尉從之滎陽食邑以代中尉勸代王入驂乘至代邸王卒為帝功侯千四百戶			元年四月辛亥侯宋昌元年。二十三	十一。中元四年侯昌奪侯國除	
清都	徐廣曰一作鄡音苦堯反。索隱曰漢表作鄡侯鄡太原縣	以齊哀王舅父侯。索隱曰舅父即舅猶姨曰姨母也			元年四月辛未侯駟鈞元年。五。孝文前六年鈞有罪國除		
周陽	索隱曰縣名屬上郡	以淮南厲王舅父侯			元年四月辛未侯趙兼元年。五。孝文前六年兼有罪國除		

國名	侯功	孝惠七	高后八	孝文二十三	孝景十六	建元至元封六年三十六	太初已後
樊　索隱曰縣名，屬東平	以睢陽令高祖初起從阿，以韓家子還定北地，用常山相侯，千二百戶			十四　元年六月丙寅侯蔡兼元年 九　十五年康侯客元年。徐廣曰客一作容	九 七　中元三年恭侯平元年	十二　元朔二年侯辟方元年 十四　元鼎四年侯辟方有罪，國除	
管　索隱曰管古國，今為縣，屬滎陽	齊悼惠王子侯			二　四年五月甲寅恭侯劉罷軍元年 十八　六年恭侯戎奴元年	二　三年侯戎奴反，國除		
瓜丘　索隱曰縣在魏郡	齊悼惠王子侯			十一　四年五月甲寅侯劉寧國元年 九　十五年侯偃元年	二　三年侯偃反，國除		
營　索隱曰表在濟南	齊悼惠王子侯			十　四年五月甲寅平侯劉信都元年 十　十四年侯廣元年	二　孝景三年侯廣反，國除		
楊虛	齊悼惠王子侯			十二　四年五月甲寅恭侯劉將盧元年。索隱曰漢書作將閭 十六年侯將盧為齊王，有罪，國除			
朸　音力。索隱曰縣名，屬平原	齊悼惠王子侯。索隱曰為濟南王			十二　四年五月甲寅侯劉辟光元年 十六年侯辟光為濟南王，國除			

國名	侯功	孝惠七	高后八	孝文二十三	孝景十六	建元至元封六年三十六	太初已後
安都	齊悼惠王子侯。索隱曰為濟北王			十二　四年五月甲寅侯劉志元年 十六年侯志為濟北王，國除			
平昌　索隱曰縣名，屬平原	齊悼惠王子侯。索隱曰為膠西王			十二　四年五月甲寅侯劉卬元年 十六年為膠西王，國除			
武城　索隱曰漢志闕，凡闕者或鄉名或尋廢，故志不載	齊悼惠王子侯。索隱曰為菑川王			十二　四年五月甲寅侯劉賢元年 十六年侯賢為菑川王，國除			
白石　索隱曰縣名，屬金城	齊悼惠王子侯。索隱曰為膠東王			十二　四年五月甲寅侯劉雄渠元年 十六年侯雄渠為膠東王，國除			
波陵　索隱曰漢表波作泜，音坻	以陽陵君侯			五　七年三月甲寅康侯魏駟元年 孝文十二年康侯魏駟薨，無後，國除			
南郎　徐廣曰一作朝。索隱曰韋昭音貞，一音程。李彤云河南有郎亭，音頹	以信平君侯			七年三月丙寅侯起元年。索隱曰起名也，史失其姓 孝文時坐復父故奪爵，級關內侯			

阜陵 索隱曰縣名屬九江	以淮南厲王子侯			八年五月丙午侯劉安元年 八 孝文十六年安爲淮南王國除			
安陽 索隱曰縣名屬馮翊	以淮南厲王子侯			八年五月丙午侯勃元年 八 孝文十六年侯勃爲衡山王國除			
陽周	以淮南厲王子侯 索隱曰爲盧江王			八年五月丙寅侯劉賜元年 八 孝文十六年侯賜爲盧江王國除			
東城 索隱曰縣名屬九江	以淮南厲王子侯			八年五月丙寅哀侯劉良元年 七 孝文十五年侯良薨無後國除			
犂 索隱曰縣名屬東郡	以齊相召平子侯千四百一十戶			十年四月癸丑頃侯召奴元年 十三 後五年侯澤元年 三	十六	元朔五年侯延元年 十六 元封六年侯延坐不出持馬斬國除 十九	
鉼 索隱曰縣名屬琅耶	以北地都尉孫卬匈奴入北地力戰死事子侯			十四年三月丁巳侯孫鄲元年 十	孝景前二年侯鄲謀反國除 二		

弓高 索隱曰漢表在營陵	以匈奴相國降故韓王信孽子侯千二百三十七戶			十六年六月丙子莊侯韓頽當元年 八	十六 前元年侯則元年	十六 元朔五年侯則薨無後國除	
襄成 索隱曰志屬潁川	以匈奴相國降侯故韓王信太子之子侯千四百三十二戶			十六年六月丙子哀侯韓嬰元年 七 後元七年侯澤之元年 一	十六	十五 元朔四年侯澤之坐詐病不從不敬國除	
故安 索隱曰縣名屬涿郡	孝文元年舉淮陽守從高祖入漢功侯食邑五百戶用丞相侯一千七百一十二戶			後元三年四月丁巳節侯申屠嘉元年 五	二 前三年恭侯元年 十四	元狩二年清安侯臾元年 十二 九 五 元鼎元年臾坐爲九江太守有罪國除	
章武 索隱曰縣名屬渤海	以孝文后弟侯萬一千八百六十九戶			後元七年六月乙卯景侯竇廣國元年 一	六 前七年恭侯完元年 十	元光三年侯常坐元年 八 十 元狩元年侯常坐謀殺人未殺罪國除	

南皮 索隱曰縣名屬渤海

以孝文后兄竇長君子侯六千四百六十戶

後元七年六月乙卯侯竇彭祖元年

十六

五 建元六年夷侯良元年

五 元光五年侯桑林元年

十八 元鼎五年侯桑林坐酎金罪國除

平陸 索隱曰縣名屬西河又有東平陸在東平

楚元王子侯三千二百六十七戶

元年四月乙巳侯劉禮元年 一云乙卯

二 孝景三年侯禮爲楚王國除

右孝文時二十八 孝景十六

休

楚元王子侯

元年四月乙巳侯富元年

二 孝景三年侯富以兄子戊爲楚王反富與家屬至長安北闕自歸不能相教上印綬詔復王後以平陸侯爲楚王更封富爲紅侯

沈猶 索隱曰漢表在高苑

楚元王子侯千二百八十戶

元年四月乙巳夷侯劉穢元年

十六

四 建元五年侯受元年

十八 元狩三年侯受坐故爲宗正聽謁不具宗室不敬國除

紅

楚元王子侯千七百五十戶 索隱曰楚元王傅休侯富免後封紅侯此則並列誤也漢表一書而已紅休蓋二鄉名王莽封劉歆爲紅休侯一云紅即虹縣

三年四月乙巳莊侯富元年

四

一 前七年悼侯澄元年

九 中元年敬侯發元年 一作嘉

十五 元朔四年侯章元年

一 元朔五年侯章薨無後國除

宛朐 索隱曰縣名屬濟陰

楚元王子侯

元年四月乙巳侯劉埶元年。索隱曰蕭該埶音藝

二 孝景三年侯埶反國除

魏其 索隱曰縣名屬琅耶

以大將軍屯滎陽扞吳楚七國反已破爲侯三千三百五十戶

十四 三年六月乙巳侯竇嬰元年

九 建元元年爲丞相二歲免

元光四年侯嬰坐爭灌夫事上書稱爲先帝詔矯制害棄市國除

棘樂

楚元王子侯戶千二百一十三

十四 三年八月壬子敬侯劉調元年

二十 建元二年恭侯應元年

元朔元年侯慶元年

十六 元鼎五年侯慶坐酎金國除

俞　索隱曰俞音輸縣名屬清河	以將軍吳楚反時擊齊有功布故彭越舍人越反時布使齊還已梟越布祭哭之當亨出忠言高祖赦之黥布反布為都尉戶千八百				六年四月丁卯侯欒布元年 六 中元五年侯布薨	元狩六年侯賁坐為太常廟犧牲不如令有罪國除一云元朔二年侯賁元年	
建陵	以將軍擊吳楚功用中尉侯戶一千三百一十				六年四月丁卯敬侯衛綰元年 十一	十 元光五年侯信元年 十八 元鼎五年侯信坐酎金國除	
建平　索隱曰縣名屬沛郡	以將軍擊吳楚功用江都相侯戶三千一百五十				六年四月丁卯哀侯程嘉元年 十一	七 元光二年節侯橫元年 一 元光三年侯回元年 一 元光四年侯回薨無後國除	
平曲　索隱曰漢表在高城	以將軍擊吳楚功用隴西太守侯戶三千二百二十				六年四月己巳侯公孫昆邪元年。索隱曰漢書昆作渾 五 中元四年侯昆邪有罪國除太僕賀父		

江陽　索隱曰縣在東海	以將軍擊吳楚功用趙相侯戶二千五百四十一				六年四月壬申康侯蘇嘉元年。徐廣曰蘇一作籍。索隱曰漢表作蘇息 四 中元二年懿侯盧元年。徐廣曰一作哀侯 七	二 建元三年侯明元年 十 元朔六年侯雕元年 六 元鼎五年侯雕坐酎金國除 十一	
遽　索隱曰漢表鄉名在常山	以趙相建德王遂反建德不聽死事子侯戶千九百七十				中元二年四月乙巳侯橫元年。索隱曰史失其姓 六 後元二年侯橫有罪國除		
新市　索隱曰縣名屬鉅鹿	以趙內史王慎王遂反慎不聽死事子侯戶一千十四				中元二年四月乙巳侯康元年 五 後元元年殤侯始昌元年 三	九 元光四年殤侯始昌為人所殺國除	
商陵　索隱曰漢表在臨淮	以楚太傅趙夷吾王戊反不聽死事子侯戶一千四十五				中元二年四月乙巳侯周元年 八	二十九 元鼎五年侯周坐為丞相知列侯酎金輕下廷尉自殺國除	

山陽	以楚相張尚王戊反尚不聽死事子侯戶一千一百一十四				中元二年四月乙巳侯當居元年 八	十六 元朔五年侯當居坐為太常程博士弟子故不以實罪國除 徐廣曰程一作澤	
安陵	以匈奴王降侯戶一千五百一十七				中元三年十一月庚子侯子軍元年 七	五 建元六年侯子軍薨無後國除	
垣 索隱曰縣名屬河東	以匈奴王降侯				中元三年十二月丁丑侯賜元年 三 六年賜死不得及嗣		
道 索隱曰縣名屬涿郡音[illegible]嬀反	以匈奴王降侯戶五千五百六十九				中元三年十二月丁丑侯隆彊元年不得隆彊嗣	後元年四月甲辰侯則坐使巫齊少君祠祝詛上大逆無道國除 徐廣曰漢書云武後二年	
容成 索隱曰縣名屬涿郡	以匈奴王降侯七百戶				中元三年十二月丁丑侯唯徐盧元年 七	十四 建元二年康侯綽元年 二 元朔三年侯光元年	十八 後二年五月壬辰侯光坐祠祝詛國除

易 索隱曰縣名屬涿郡	以匈奴王降侯				中元二年十二月丁丑侯僕黥元年 六 後元二年侯僕黥薨無嗣		
范陽 索隱曰縣名屬涿郡	以匈奴王降侯戶千一百九十七				中元三年十二月丁丑端侯代元年 七	七 元光二年懷侯德元年 二 元光四年侯德薨無後國除	
翕 索隱曰漢表在內黃	以匈奴王降侯				中元三年十二月丁丑侯邯鄲元年 七	九 元光四年侯邯鄲坐行來不請長信不敬國除	
亞谷 索隱曰一作亞父漢表在河內	以匈奴東胡王降故燕王盧綰子侯千五百戶				中元五年四月丁巳簡侯它父元年 二 三 後元元年安侯種元年	十一 建元元年康侯偏元年 二十四 元光六年侯賀元年	十五 征和三年七月辛巳侯賀坐太子事國除
隆慮 索隱曰音林閭縣名屬河內	以長公主嫖子侯戶四千一百二十六				中元五年五月丁丑侯蟜元年 五 徐廣曰按本紀乃前五年非中元年	二十四 元鼎元年侯蟜坐母長公主薨未除服姦禽獸行當死自殺國除	

乘氏 索隱曰縣名屬濟陰	以梁孝王子侯				中元五年五月丁卯侯買元年 一 中元六年侯買嗣為梁王國除		
桓邑	以梁孝王子侯				中元五年五月丁卯侯明元年 一 孝景中六年為濟川王國除		
蓋 索隱曰漢表在渤海	以孝景后兄侯戶二千八百九十				中元三年五月甲戌靖侯王信元年 五	二十 元狩三年侯偃元年 八 元鼎五年侯偃坐酎金國除	
塞	以御史大夫前將軍兵擊吳楚功侯戶千四十六				後元元年八月侯直不疑元年 三	三 建元四年侯相如元年 十二 元朔四年侯堅元年 十三 元鼎五年堅坐酎金國除	
武安 索隱曰縣名屬魏郡	以孝景后同母弟侯戶八千三百一十四				後元三年三月侯田蚡元年 一	九 元光四年侯梧元年 五 元朔三年侯梧坐衣襜褕入宮廷中不敬國除	

周陽 索隱曰縣名屬上郡	以孝景后同母弟侯戶六千五十一				後元三年三月懿侯田勝元年 一	十二 元光六年侯彭祖元年 八 元狩二年侯彭祖坐當歸與章侯宅不與罪國除	

右孝景時三十一

索隱述贊曰

惠景之際　天下已平　諸呂構禍
吳楚連兵　條侯出討　壯武奉迎
薄竇恩澤　張趙忠貞　本枝分蔭
外腑歸誠　新市死事　建陵勳榮
咸開青社　俱受丹青　旋窺甲令
吳便有聲

惠景閒侯者年表第七　史記十九

建元以來侯者年表第八

索隱曰七十二國太史公舊餘四十五國褚先生補也

太史公曰匈奴絕和親攻當路塞閩越擅伐東甌請降二夷交侵當盛漢之隆以此知功臣受封侔於祖考矣何者自詩書稱三代戎狄是膺荊荼是懲（毛詩傳曰膺當也鄭玄曰懲艾。索隱曰荼音舒懲音澄）齊桓越燕伐山戎武靈王以區區趙服單于秦繆用百里霸西戎吳楚之君以諸侯役百越況乃以中國一統明天子在上兼文武席卷四海內輯億萬之衆豈以晏然不為邊境征伐哉自是後遂出師北討彊胡南誅勁越將卒以次封矣

國名	侯功	元光	元朔	元狩	元鼎	元封	太初已後
翕 索隱曰音吸案漢表在內黃	匈奴相降侯元朔二年屬車騎將軍擊匈奴有功益封	三 四年七月壬午侯趙信元年	五 六年侯信為前將軍擊匈奴遇單于兵敗信降匈奴國除				
持裝 索隱曰漢表裝作轅在南陽	匈奴都尉降侯	一 六年後九月丙寅侯樂元年	六	六	元鼎元年侯樂死無後國除		

國名	侯功	元光	元朔	元狩	元鼎	元封	太初已後
親陽 索隱曰漢表在舞陽	匈奴相降侯	三 四年十月癸巳侯月氏元年	五 元朔五年侯月氏坐亡斬國除				
若陽 索隱曰表在平氏	匈奴相降侯	三 四年十月癸巳侯猛元年	五 元朔五年侯猛坐亡斬國除				
南奅 徐廣曰匹孝反	以騎將軍從大將軍青擊匈奴得王功侯太初二年以丞相封為葛繹侯		二 五年四月丁未侯公孫賀元年	六	四 元鼎五年賀坐酎金國除絕十歲		十 太初二年三月丁卯封葛繹侯 三 征和二年賀子敬聲有罪國除
合騎 索隱曰表在高城	以護軍都尉三從大將軍擊匈奴至右賢王庭得王功侯元朔六年增封		二 五年四月丁未侯公孫敖元年	一 元狩二年侯敖將兵擊匈奴與驃騎將軍期後畏懦當斬贖為庶人國除			
樂安 索隱曰表在昌地理志昌縣在琅耶	以輕車將軍再從大將軍青擊匈奴得王功侯		二 五年四月丁未侯李蔡元年	四 元狩五年侯蔡以丞相侵盜孝景園神道壖地罪自殺國除			

	龍頟	隨成	從平	長平	平陵
國名	龍頟 索隱曰地理志縣名屬平原劉氏音額崔浩音洛額反濟又云在河間有龍額村與弓高相近	隨成 索隱曰表在千乘	從平 索隱曰表在樂昌邑	長平 索隱曰地理志縣名屬汝南	平陵 索隱曰表在武當
侯功	以都尉從大將軍青擊匈奴得王功侯元朔六年以橫海將軍擊東越功為案道侯。索隱曰漢表以龍額二人封非也韋昭云案道屬齊	以校尉三從大將軍青擊匈奴攻農吾先登石累得王侯功。索隱曰累音壘險阻地名漢表作盧音門	以校尉三從大將軍青擊匈奴至右賢王庭數為鴈行上石山先登功侯	以元朔二年再以車騎將軍擊匈奴取朔方河南功侯元朔五年以大將軍擊匈奴破右賢王益封三千戶	以都尉從車騎將軍青擊匈奴功侯以元朔五年用游擊將軍從大將軍益封
元光					
元朔	二 五年四月丁未侯韓說元年	二 五年四月乙卯侯趙不虞元年	二 五年四月乙卯公孫戎奴元年	五 二年三月丙辰烈侯衛青元年。徐廣曰青以元封五年薨	五 二年二月丙辰侯蘇建元年
元狩	六	三 元狩三年侯不虞坐為定襄都尉匈奴敗太守以聞非實謾國除。索隱曰謾上聞天子狀不實為謾音木干反	一 元狩二年侯戎奴坐為上郡太守發兵擊匈奴不以聞謾國除	六	六
元鼎	四 元鼎五年侯說坐酎金國絕二歲復侯			六	六 元狩六年侯建為右將軍與翕侯信俱敗獨身脫來歸當斬贖國除
元封	六 元封元年五月丁卯侯說以按道侯元年			六	
太初	三十 征和三年子長代有罪絕子曾復封為龍頟侯			太初元年今侯伉元年	

	岸頭	平津	涉安	昌武	襄城
國名	岸頭 索隱曰漢表在皮氏	平津	涉安	昌武 索隱曰表在武陽	襄城 索隱曰漢表作襄武侯不同案韓嬰亦封襄城侯地理志襄城在潁川襄武在隴西
侯功	以都尉從車騎將軍青擊匈奴功侯元朔六年從大將軍益封	以丞相詔所褒侯	以匈奴單于太子降侯	以匈奴王降侯以昌武侯從驃騎將軍擊左賢王功益封	以匈奴相國降侯
元光					
元朔	五 二年六月壬辰侯張次公元年	四 三年十一月乙丑獻侯公孫弘元年	三 三年四月丙子侯於單元年。五年卒無後國除。索隱曰單音丹	三 四月七月庚申堅侯趙安稽元年	三 四年七月庚申侯無龍元年。一云乘龍
元狩	元狩元年次公坐與淮南王女陵姦及受財物罪國除	二 元狩三年侯慶元年 四		六	六
元鼎		六		六	六
元封		三 元封四年侯慶坐為山陽太守有罪國除		一 二年侯充國元年 三	六
太初				太初元年侯充國薨亡後國除	一 太初二年無龍從浞野侯戰死 二 四年侯病已元年

涉軹	宜春
索隱曰漢表軹在西安無涉字地理志西安在齊郡涉軹猶從驃然皆當時意也故上又有涉安侯	索隱曰志縣名屬汝南豫章亦有之
以校尉三從大將軍青擊匈奴至右賢王庭得王虜閼氏功侯	以父大將軍青破右賢王功侯
五年四月丁未侯李朔元年 二	五年四月丁未侯衛伉元年 二
元狩元年侯朔有罪國除	六
	元鼎元年侯伉坐矯制不害國除

陰安	發干	博望
索隱曰志縣名屬魏郡	索隱曰志縣名屬東郡	索隱曰志縣名屬南陽
以父大將軍青破右賢王功侯	以父大將軍青破右賢王功侯	以校尉從大將軍六年擊匈奴知水道及前使絕國大夏功侯
五年四月丁未侯衛不疑元年 二	五年四月丁未侯衛登元年 一	六年三月甲辰侯張騫元年 一
六	六	元狩二年侯騫坐以將軍擊匈奴畏懦當斬贖國除 一
元鼎五年侯不疑坐酎金國除 四	元鼎五年侯登坐酎金國除 四	

冠軍	衆利
索隱曰縣名屬南陽	索隱曰表在陽城姑莫後以封伊即軒也
以嫖姚校尉再從大將軍六年擊匈奴斬相國功侯元狩二年以驃騎將軍擊匈奴至祁連益封迎渾邪王益封擊左右賢王益封	以上谷太守四從大將軍六年擊匈奴首虜千級以上功侯
六年四月壬申景桓侯霍去病元年 一	六年五月壬辰侯郝賢元年。索隱曰郝音呼惡反又音釋 一
六	元狩二年侯賢坐為上谷太守入戍卒財物上計謾罪國除 一
元鼎元年哀侯嬗元年 六	
元封元年哀侯嬗薨無後國除。徐廣曰嬗字子侯為武帝奉車登封泰山暴病死	

潦	宜冠
索隱曰表在舞陽	索隱曰冠音官表在昌也
以匈奴趙王降侯	以校尉從驃騎將軍二年出再擊匈奴功侯故匈奴歸義
元年七月壬午悼侯趙王煖訾元年。索隱曰煖音況遠反訾即移反 一 元狩二年煖訾死無後國除	二年正月乙亥侯高不識元年 二 元狩四年不識擊匈奴戰軍功增首不以實當斬贖罪國除

煇渠 索隱曰鄉名表在魯陽煇上下並音徽	從驃 索隱曰以從驃騎得封故曰從驃後封浞野侯	下麾 索隱曰表在猗氏麾音揮	潦陰 索隱曰表在平原
以校尉從驃騎將軍二年再出擊匈奴得王功侯以校尉從驃騎將軍二年虜五王功益封匈奴歸義	以司馬再從驃騎將軍數深入得兩王千騎將功侯以匈河將軍元封三年擊樓蘭功復侯	以匈奴王降侯	以匈奴渾邪王將眾十萬降侯萬戶
五 二年二月乙丑忠侯僕多元年。索隱曰侯表作僕朋此云僕多衛青傳作僕朋	五 二年五月丁丑侯趙破奴元年	五 二年六月乙亥侯呼毒尼元年	四 二年七月壬午定侯渾邪元年
三 元鼎四年侯電元年 三	四 元鼎五年侯破奴坐酎金國除	四 元鼎五年煬侯伊即軒元年 二	六 元鼎元年魏侯蘇元年。索隱曰魏侯蘇魏謚法克捷行軍曰魏也
六	浞野 三年侯破奴元年 四	六	五 元封五年魏侯蘇薨無後國除
四	一 二年侯破奴以浚稽將軍擊匈奴失軍為虜所得國除	四	

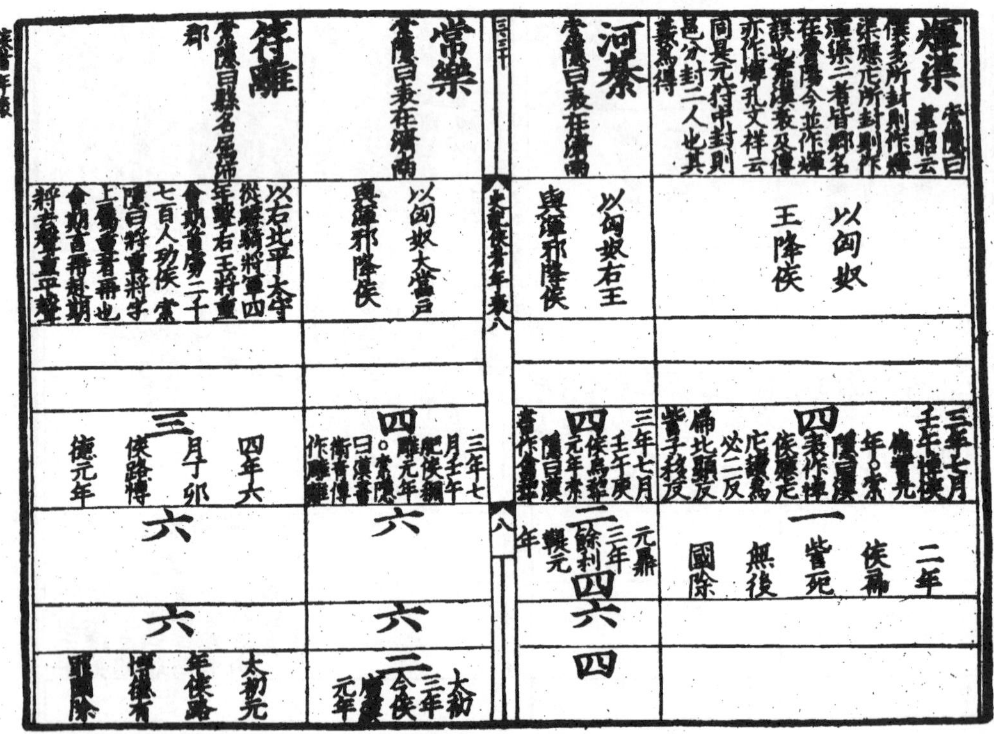

煇渠 索隱曰韋昭云僕多所封則作煇渠應庀所封則作渾渠二者皆鄉名在魯陽今並作煇誤也案漢表及傳亦作煇孔文祥云同是元狩中封則邑分封二人也其義為得	河綦 索隱曰表在濟南	常樂 索隱曰表在濟南	符離 索隱曰縣名屬沛郡
以匈奴王降侯	以匈奴右王與渾邪降侯	以匈奴大當戶與渾邪降侯	以右北平太守從驃騎將軍四年擊右王將重會期首虜二千七百人功侯。索隱曰將重會將字上屬會者非也會期言將重會期將去聲重平聲
四 三年七月壬午悼侯扁訾元年。索隱曰漢表作煇渠悼侯應庀庀音必二反扁北顯反訾子移反	四 三年七月壬午康侯烏犁元年。索隱曰漢書作烏黎	四 三年七月壬午肥侯稠雕元年。索隱曰漢書衛青傳作稠雕	三 四年六月丁卯侯路博德元年
一 二年侯扁訾死無後國除	二 元鼎三年餘利鞮元年 四	六	六
	六	六	六
	四	二 太初三年今侯廣漢元年	太初元年侯路博德有罪國除

壯 索隱曰表在東平	以匈奴歸義因淳王從驃騎將軍四年擊左王以少破多，捕虜二千一百人功侯			三 四年六月丁卯侯復陸支元年	二 元鼎三年今侯偃元年 四	六	四
衆利	以匈奴歸義樓剸王從驃騎將軍四年擊右王，手自劍合功侯。索隱曰剸音專。手自劍，謂手刺其王而合戰得封			三 四年六月丁卯侯伊即軒元年。索隱曰軒居言反	六	五 六年今侯當時元年 一	四
湘成 索隱曰表在陽城	以匈奴符離王降侯			三 四年六月丁卯侯敞屠洛元年	四 元鼎五年侯敞屠洛坐酎國除		
義陽 索隱曰表在平氏	以北地都尉從驃騎將軍四年擊左王，得王功侯			三 四年六月丁卯侯衛山元年	六	六	四
散 索隱曰表在陽城	以匈奴都尉降侯			三 四年六月丁卯侯董荼吾元年。索隱曰劉氏荼音大姑反，蓋誤耳。今以其人名余吾，余吾匈奴水名也	六	六	二 太初三年今侯安漢元年 二

臧馬 索隱曰表在朱虛	以匈奴王降侯			四年六月丁卯康侯延年元年 一 五年侯延年死，不得置後，國除		
周子南君 索隱曰表在長社	以周後紹封				三 四年十一月丁卯侯姬嘉元年	三 四年君買元年 三
樂通 索隱曰韋昭云在臨淮高平	以方術侯				一 四年四月乙巳侯五利將軍欒大元年 五年侯大有罪斬，國除	
瞭 索隱曰音遼。表在舞陽	以匈奴歸義王降侯				一 四年六月丙午侯次公元年 五年侯次公坐酎金，國除	
術陽 索隱曰表在下邳	以南越王兄越高昌侯				一 四年侯建德元年 五年侯建德有罪，國除	
龍亢 索隱曰亢音炕。左傳云齊侯圍龍，龍，魯邑。蕭該云廣德所封止是龍，有亢者誤也	以校尉摎世樂擊南越死事子侯。索隱曰摎居虯反				二 五年三月壬午侯廣德元年	六 元封六年侯廣德有罪，國除

成安 索隱曰表在郟志在陳留	以校尉韓千秋擊南越死子延年侯				二 五年三月壬子侯延年元年	六 元封六年侯延年有罪國除	
昆 索隱曰表在鉅鹿	以屬國大且渠擊匈奴功侯				二 五年五月戊戌昆侯渠復累元年。索隱曰渠復累力妻反顏師古音力追反	六	四
騏 索隱曰志屬河東表在北屈	以屬國騎擊匈奴捕單于兄功侯				二 五年五月壬子侯駒幾元年一云騎幾	六	四
梁期 索隱曰志屬魏郡	以屬國都尉五年間出擊匈奴得復累絺縵等功侯				二 五年七月辛巳侯任破胡元年	六	四
牧丘 索隱曰表在平原	以丞相及先人萬石積德謹行侯				二 五年九月丁丑恪侯石慶元年	六	二 三年侯德元年 二
瞭 索隱曰表在下邳	以南越將降侯				一 六年三月乙酉侯畢取元年。索隱曰初以封次公又封畢取	六	四

史記侯者年表八　十一

將梁	以樓船將軍擊南越椎鋒卻敵侯				一 六年三月乙酉侯楊僕元年	三 元封四年侯僕有罪國除	
安道 索隱曰表在南陽	以南越揭陽令聞漢兵至自定降侯				一 六年三月乙酉侯揭陽令定元年	六	四
隨桃 索隱曰表在南陽	以南越蒼梧王聞漢兵至降侯				一 六年四月癸亥侯趙光元年	六	四
湘成 索隱曰表在堵陽	以南越桂林監聞漢兵破番禺諭甌駱兵四十餘萬降侯				一 六年五月壬申侯監居翁元年。索隱曰監官也居姓翁字	六	四
海常 索隱曰表在琅邪	以伏波司馬捕得南越王建德功侯				一 六年七月乙酉莊侯蘇弘元年	六	太初元年侯弘死無後國除
北石 索隱曰漢表作外石在濟南	以故東越衍侯佐繇王斬餘善功侯					六 元年正月壬午侯吳陽元年	三 太初四年今侯首元年
下鄜 索隱曰漢表作鄜	以故甌駱左將斬西于王功侯					六 元年四月丁酉侯左將黃同元年。索隱曰西南夷傳甌駱將左黃同則左是姓恐誤漢表云將黃同則左將是官不疑	四

史記侯者年表八　十二

繚嫈 索隱曰繚音繚繞之繚嫈搜字林音乙耕反西南夷傳音聊嫈	以故校尉從橫海將軍說擊東越功侯					元年五月乙卯侯劉福元年 一 二年侯福有罪國除	
蘌兒 索隱曰韋昭云在吳越界今為鄉也	以軍卒斬東越徇北將軍功侯					元年閏月癸卯莊侯轅終古元年徐廣曰閏四月也 六	太初元年終古死無後國除
開陵 索隱曰表在臨淮	以故東越建成侯與繇王共斬東越王餘善功侯					元年閏月癸卯侯建成元年 六	四

臨蔡 索隱曰表在河內	以故南越郎聞漢兵破番禺為伏波得南越相呂嘉功侯					元年閏月癸卯侯孫都元年 六	四
東成 索隱曰表在九江	以故東越繇王斬東越王餘善功侯萬戶					元年閏月癸卯侯居服元年 六	四
無錫 索隱曰表在會稽	以東越將軍漢兵至弃軍降侯					元年侯多軍元年 六	四

涉都 索隱曰表在南陽	以父弃故南海守漢兵至以城邑降子侯					元年中侯嘉元年 六	太初二年侯嘉薨無後國除 二
平州 索隱曰表在梁父	以朝鮮將漢兵至降侯					三年四月丁卯侯唊元年如淳曰唊音頰 一 四年侯唊薨無後國除	
荻苴 索隱曰音狄葅表在勃海	以朝鮮相漢兵至圍之降侯					三年四月侯朝鮮相韓陰元年 四	四

澅清 索隱曰表在齊澅音獲水名在齊又音乎卦反	以朝鮮尼谿相使人殺其王右渠來降侯					三年六月丙辰侯朝鮮尼谿相侯參元年 四	四
騠兹 索隱曰騠音啼表在琅邪	以小月氏若苴王將眾降侯。索隱曰苴音子餘反					四年十一月丁卯侯稽谷姑元年 三	太初元年侯稽谷姑薨無後國除
浩	以故中郎將將兵捕得車師王功侯					四年正月甲申侯王恢元年 一 四年四月侯恢坐使酒泉矯制害當死贖國除 封凡三月	

國名	侯功						
瓡讘 徐廣曰在河東。瓡音胡。讘之涉反。○索隱曰縣名。案表在河東。漢志亦同，即狐字	以小月氏王將衆千騎降侯					四年正月乙酉侯扜者元年。索隱曰扜音烏，亦音汙 二 六年侯勝元年	四
幾 索隱曰音機。表在河東	以朝鮮王子漢兵圍朝鮮降侯					四年三月癸未侯張䧄歸義元年。○索隱曰韋昭云䧄姑落反 二 元封六年侯張䧄使朝鮮謀反死國除	
涅陽 索隱曰表在齊，志屬南陽	以朝鮮相路人漢兵至首先降道死其子侯					三 四年三月壬寅庚侯子最元年	二 太初二年侯最死無後國除

右太史公本表

當塗 索隱曰表在九江 魏不害以圉守尉捕淮陽反者公孫勇等侯

蒲 索隱曰表在琅邪 蘇昌以圉尉史捕淮陽反者公孫勇等侯

潦陽 索隱曰潦音遼表在清河 江德以園廄嗇夫共捕淮陽反者公孫勇等侯

富民 索隱曰表在蘄 田千秋家在長陵以故高廟寢郎上書諫孝武曰子弄父兵罪當笞父子之怒自古有之蚩尤畔父黃帝涉江上書至意

拜爲大鴻臚征和四年爲丞相封三千戶至昭帝時病死子順代立爲虎牙將軍擊匈奴不至質誅死國除漢書音義曰質所期處也

右孝武封國名

後進好事儒者褚先生曰太史公記事盡於孝武之事故復修記孝昭以來功臣侯者編于左方令後好事者得覽觀成敗長短絕世之適得以自戒焉當世之君子行權合變度時施宜希世用事以建功有土封侯立名當世豈不盛哉觀其持滿守成之道皆不謙讓驕蹇爭權喜揚聲譽知進不知退終以殺身滅國以三得之以三得之者即上所謂行權合變度時施宜希世用事也及身失之不能傳功於後世令恩德流子孫豈不悲哉夫龍頟侯曾爲前將軍世俗順善厚重謹信不與政事退讓愛人其先起於晉六卿之世有土君國以來爲王侯子孫相承不絕歷年經世以至于今凡八百餘歲豈可與功臣及身失之者同日而語之哉悲夫後世其誡之

博陸 霍光家在平陽以兄驃騎將軍故貴前事

武帝覺捕得侍中謀反者馬何羅等功侯三千戶（文穎曰：博，廣；陸，平。取其嘉名，無此縣也。食邑北海、河東。瓚曰：漁陽有博陸城也）中輔幼主昭帝爲大將軍謹信用事擅治尊爲大司馬益封邑萬戶後事宣帝歷事三主天下信鄉之益封二萬戶子禹代立謀反族滅國除

秺（漢書音義曰：音妒，在濟陰成武，今有亭矣）金翁叔名日磾以匈奴休屠王太子從渾邪王將衆五萬降漢歸義侍中事武帝覺捕侍中謀反者馬何羅等功侯三千戶中事昭帝謹厚益封三千戶子弘代立爲奉車都尉事宣帝

安陽（索隱曰：表在蕩陰，志屬汝南）上官桀家在隴西以善騎射從軍稍貴事武帝爲左將軍覺捕斬侍中謀反者馬何羅弟重合侯通功侯三千戶中事昭帝與大將軍霍光爭權因以謀反族滅國除

桑樂（索隱曰：表在千乘）上官安以父桀爲將軍故貴侍中事昭帝安女爲昭帝夫人立爲皇后故侯三千戶驕蹇與大將軍霍光爭權因以父子謀反族滅國除

富平（索隱曰：志屬平原）張安世家在杜陵以故御史大夫張湯子武帝時給事尚書爲尚書令事昭帝謹厚習事爲光祿勳右將軍輔政十三年無適過侯三千戶及事宣帝代霍光爲大司馬用事益封萬六千戶子延壽代立爲太僕侍中

義陽（索隱曰：表在平氏）傅介子家在北地以從軍爲郎爲平樂監昭帝時刺殺外國王天子下詔書曰平樂監傅介子使外國殺樓蘭王以直報怨不煩師有功其以邑千三百戶封介子爲義陽侯子厲代立爭財相告有罪國除

商利（索隱曰：表在徐郡）王山齊人也故爲丞相史會騎將軍上官安謀反山說安與俱入丞相斬安山以軍功爲侯三千戶上書願治民爲代太守爲人所上書言繫獄當死會赦出爲庶人國除

建平（索隱曰：表在濟陽）杜延年以故御史大夫杜周子給事大將軍幕府發覺謀反者騎將軍上官安等罪封爲侯邑二千七百戶拜爲太僕

元年出為西河太守五鳳三年入為御史大夫

弋陽（索隱曰志屬汝南） 任宮以故上林尉捕格謀反者左將軍上官桀殺之便門封為侯二千戶後為太常及行衛尉事節儉謹信以壽終傳於子孫

宜城（索隱曰表在濟陰） 燕倉以故大將軍幕府軍吏發謀反者騎將軍上官安有罪功封侯邑二千戶為汝南太守有能名

宜春（索隱曰志屬汝南） 王訢家在齊本小吏佐史稍遷至右輔都尉武帝數幸扶風郡訢共置辦拜為右扶風至孝昭時代桑弘羊為御史大夫元鳳三年代田千秋為丞相封二千戶立二年為人所上書言暴自殺不殊子代立為屬國都尉

安平（索隱曰表在汝南志屬涿郡） 楊敞家在華陰故給事大將軍幕府稍遷至大司農為御史大夫元鳳六年代王訢為丞相封二千戶立二年病死子賁代立十三年病死子翁君代立為典屬國三歲以季父惲故出惡言繫獄當

侯者年表

死得免為庶人國除

右孝昭時所封國名

陽平（索隱曰志屬東郡） 蔡義家在溫故師受韓詩為博士給事大將軍幕府為杜城門候入侍中授昭帝韓詩為御史大夫是時年八十衰老常兩人扶持乃能行然公卿大臣議以為為人主師當以為相以元平元年代楊敞為丞相封二千戶病死絕無後國除

扶陽（索隱曰志屬沛郡表在蕭） 韋賢家在魯通詩禮尚書為博士授魯大儒入侍中為昭帝師遷為光祿大夫大鴻臚長信少府以為人主師本始三年代蔡義為丞相封扶陽侯千八百戶為丞相五歲多恩不習吏事免相就第病死子玄成代立為太常坐祠廟騎奪爵為關內侯

平陵（索隱曰表在武當） 范明友家在隴西以家世習外國事使護西羌事昭帝拜為度遼將軍擊烏桓功侯二千戶取霍光女為妻地節四年與諸霍子禹等謀反族滅國除

營平（索隱曰表在濟南） 趙充國以隴西騎士從軍得官侍

中事武帝數將兵擊匈奴有功爲護軍都尉中事昭帝昭帝崩議立宣帝決疑定策以安宗廟功侯封二千五百戶

陽成 索隱曰表在濟陰非也且濟陰有城陽縣耳而頴川汝南又各有陽城縣城字從土在陽之下今此似誤不可分別也 田延年以軍吏事昭帝發覺上官桀謀反事後留遲不得封爲大司農本造廢昌邑王議立宣帝決疑定策以安宗廟功侯二千七百戶逢昭帝崩方上事並急因以盜都內錢三千萬漢書百官表曰司農屬官有都內發覺自殺國除

平立 索隱曰志屬陳留表在肥城 王遷家在衛索隱曰一作衛音牙地理志衛縣在馮翊爲尚書郎習刀筆之文侍中事昭帝帝崩立宣帝決疑定策以安宗廟功侯二千戶爲光祿大夫秩中二千石坐受諸侯王金錢財漏洩中事誅死國除

樂成 索隱曰表在平氏志屬南陽 霍山山者大將軍光兄子也光未死時上書曰臣兄驃騎將軍去病從軍有功病死賜謚景桓侯絕無後臣光願以所封東武陽邑三千五百戶分與山天子許之拜山爲侯後坐謀反族滅國除

冠軍 索隱曰志屬南陽 霍雲以大將軍兄驃騎將軍適孫爲侯地節三年天子下詔書曰驃騎將軍去病擊匈奴有功封爲冠軍侯薨卒子侯伐立病死無後春秋之義善善及子孫其以邑三千戶封雲爲冠軍侯後坐謀反族滅國除

平恩 索隱曰志屬魏郡 許廣漢家昌邑坐事下蠶室獨有一女嫁之宣帝未立時素與廣漢出入相通卜相者言當大貴以故廣漢施恩甚厚地節三年封爲侯邑三千戶病死無後國除

昌水 索隱曰表在於陵 田廣明故郎爲司馬稍遷至南郡都尉淮陽太守鴻臚左馮翊昭帝崩議廢昌邑王立宣帝決疑定策以安宗廟本始三年封爲侯邑二千三百戶爲御史大夫後爲祁連將軍擊匈奴軍不至質當死自殺國除

高平 索隱曰志屬臨淮 魏相家在濟陰少學易爲府卒史以賢良舉爲茂陵令遷河南太守坐賊殺不辜繫獄當死會赦免爲庶人有詔守茂

陵令爲揚州刺史入爲諫議大夫復爲河
南太守遷爲大司農御史大夫地節三年
譖毀韋賢代爲丞相封千五百戶病死長
子賓代立坐祠廟失侯

博望 索隱曰志屬南陽 許中翁名舜 以平恩侯許廣漢弟封
爲侯邑二千戶亦故有私恩爲長樂衛尉
死子延年代立

樂平 許翁孫以平恩侯許廣漢少弟故爲侯封
二千戶拜爲彊弩將軍擊破西羌還更拜
爲大司馬光祿勳亦故有私恩故得封嗜

酒好色以早病死子湯代立

將陵 史子回名曾 以宣帝大母家封爲侯二千六
百戶與平臺侯昆弟行也子回妻宜君故
成王孫嫉妒絞殺侍婢四十餘人盜斷婦
人初產子臂膝以爲媚道爲人所上書言
論棄市子回以外家故不失侯

平臺 索隱曰志屬常山 史子叔名玄 以宣帝大母家封爲侯
二千五百戶衛太子時史氏內一女於太
子嫁一女魯王今見魯王亦史氏外孫也
外家有親以故貴數得賞賜

樂陵 索隱曰志屬臨淮平原亦有樂陵 史子長名高 以宣帝大母家貴
侍中重厚忠信以發覺霍氏謀反事封三
千五百戶

博成 索隱曰表在臨淮 張章父故潁川人爲長安亭長失
官之北闕上書寄宿霍氏第舍卧馬櫪間
夜聞養馬奴相與語言諸霍氏子孫欲謀
反狀因上書告反爲侯封三千戶

都成 索隱曰志屬潁川 金安上先故匈奴以發覺故大將
軍霍光子禹等謀反事有功封侯二千八
百戶安上者奉車都尉秺侯從羣子行謹

善退讓以自持欲傳功德於子孫

平通 索隱曰表在博陽 楊惲家在華陰故丞相楊敞少子
任爲郎好士自喜知人居衆人中常與人
顏色以故高昌侯董忠引與屏語言霍氏
謀反狀共發覺告反侯二千戶爲光祿勳
到五鳳四年作爲妖言大逆罪腰斬國除

高昌 索隱曰志屬千乘 董忠父故潁川陽翟人以習書詣
長安忠有材力能騎射用短兵給事期門 漢書東方朔傳曰武帝微行出與侍中常侍武騎及待詔隴西北地良家子能騎射者期諸殿門故有期門之號
與張章相習知章告語忠霍禹謀反狀

忠以語常侍騎郎楊惲共發覺告反侯二
千戶今為梟騎都尉侍中坐祠宗廟乘小
車奪百戶

爰戚 趙成 索隱曰漢表作趙長平 用發覺楚國事侯二千三
百戶地節元年楚王與廣陵王謀反成發
覺反狀天子推恩廣德義下詔書曰無治
廣陵王廣陵王不變更後復坐祝詛滅國
自殺國除今帝復立子為廣陵王

酇 地節三年天子下詔書曰朕閒漢之興相國
蕭何功第一今絕無後朕甚憐之其以邑

三千戶封蕭何玄孫建世為酇侯

平昌 王長君 名無故 家在趙國常山廣望邑人也
衛太子時嫁太子家為太子男史皇孫為
配生子男絕不聞聲問行且四十餘歲至
今元康元年中詔徵立以為侯封五千戶
宣帝舅父也

樂昌 索隱曰表在汝南 王稚君 名武 家在趙國常山廣望邑
人也以宣帝舅父外家封為侯邑五千戶
平昌侯王長君弟也

邛成 索隱曰表在濟陰 王奉光家在房陵以女立為宣帝

皇后故封千五百戶言奉光初生時夜見
光其上傳聞者以為當貴云後果以女故
為侯

安遠 索隱曰表在慎 鄭吉家在會稽以卒伍起從軍為
郎使護將弛刑士田渠黎會匈奴單于死
國亂相攻日逐王將眾來降漢先使語吉
吉將吏卒數百人往迎之眾頗有欲還者
因斬殺其渠率遂與俱入漢以軍功侯二
千戶

博陽 索隱曰表在南頓 邴吉家在魯本以治獄為御史屬

給事大將軍幕府常施舊恩宣帝遷為御
史大夫封侯二千戶神爵二年代魏相為
丞相立五歲病死子翁孟代立為將軍侍
中甘露元年坐祠宗廟不乘大車而騎至
廟門有罪奪爵為關內侯

建成 索隱曰表在沛 黃霸家在陽夏以役使徙雲陽以
廉吏為河內守丞遷為廷尉監行丞相長
史事坐見知夏侯勝非詔書大不敬罪久
繫獄三歲從勝學尚書會故以賢良舉為
揚州刺史潁川太守善化男女異路耕者

讓畔賜黃金百斤秩中二千石居潁川入爲太子太傅遷御史大夫五鳳三年代邴吉爲丞相封千八百戶

西平 索隱曰表在臨淮 于定國家在東海本以治獄給事爲廷尉史稍遷御史中丞上書諫昌邑王遷爲光祿大夫爲廷尉乃師受春秋變道行化謹厚愛人遷爲御史大夫代黃霸爲丞相

右孝宣時所封

陽平 索隱曰表在東郡 王稚君名傑。索隱曰漢表名禁 家在魏郡故丞相史女爲太子妃太子立爲帝女爲皇后故侯千二百戶初元以來方盛貴用事游宦求官於京師者多得其力未聞其有知略廣宣於國家也

索隱述贊曰

孝武之代天下多虞南討甌越北擊單于長平鞠旅冠軍前驅術陽銜璧臨蔡破禺博陸上宰平津巨儒金章且佩紫綬行紆昭帝已後勳寵不殊惜哉絕筆褚氏補諸

建元以來侯者年表第八　史記二十

建元已來王子侯者年表第九　史記二十一

制詔御史諸侯王或欲推私恩分子弟邑者令各條上朕且臨定其號名

太史公曰盛哉天子之德一人有慶天下賴之

國名	王子號	元光	元朔	元狩	元鼎	元封	太初
茲	河間獻王子	五年正月壬子侯劉明元年 二	元朔三年侯明坐謀反殺人弃市國除 徐廣曰一作掠殺人弃市				
安成 索隱曰表在豫章	長沙定王子	六年七月乙巳思侯劉蒼元年 一	六	六	元年今侯自當元年 六	六	四
宜春	長沙定王子	六年七月乙巳侯劉成元年 一	六	六	四 五年侯成坐酎金國除		
句容 索隱曰表在會稽	長沙定王子	六年七月乙巳哀侯劉黨元年 一	元朔元年哀侯黨薨無後國除				
句陵 徐廣曰一作容陵	長沙定王子	六年七月乙巳侯劉福元年 一	六	六	四 五年侯福坐酎金國除		

國名	王子號	元光	元朔	元狩	元鼎	元封	太初
杏山	楚安王子	六年後九月壬戌侯劉成元年 一	六	六	四 五年侯成坐酎金國除		
浮丘 索隱曰表在沛	楚安王子	六年後九月壬戌侯劉不審元年 一	六	四 五年今侯霸元年 二	四 五年侯霸坐酎金國除		
廣戚	魯共王子		元年十一月丁酉節侯劉擇元年 徐廣曰擇一作將 六	元年侯始元年 六	四 五年侯始坐酎金國除		
丹楊 索隱曰表在無湖	江都易王子		元年十二月甲辰哀侯敢元年 六	元狩元年侯敢薨無後國除			
盱台	江都易王子		元年十二月甲辰侯劉象之元年。索隱曰表作蒙之 六	六	四 五年侯象之坐酎金國除		
湖孰 索隱曰表在丹陽	江都易王子		元年正月丁亥頃侯劉胥元年。索隱曰表名胥行 六	六	四 五年今侯聖元年 二	六	四
秩陽 索隱曰表作秩陵	江都易王子		元年正月丁卯終侯劉漣元年。索隱曰表名纏 六	六	三 四年終侯漣薨無後國除		
睢陵 索隱曰表在淮陵	江都易王子		元年正月丁卯侯劉定國元年 六	六	四 五年侯定國坐酎金國除		

龍丘	索隱曰表在琅邪	江都易王子		二年五月乙巳侯劉代元年 五	六	五年侯代坐酎金国除 四		
張梁		江都易王子		二年五月乙巳哀侯劉仁元年 五	六	二 三年今侯須元年 四	六	四
劇		菑川懿王子		二年五月乙巳原侯劉錯元年 五	六	一 二年孝侯廣昌元年 五	六	四
壤		菑川懿王子		二年五月乙巳夷侯劉高遂元年 五	六	元年今侯延元年 六	六	四
平望		菑川懿王子		二年五月乙巳夷侯劉賞元年 五	二 二年今侯楚人元年 四	六	六	四
臨原	索隱曰表作臨衆	菑川懿王子		二年五月乙巳敬侯劉始昌元年 五	六	六	六	四
葛魁	徐廣曰葛一作莒。索隱曰表志闕，或鄉名	菑川懿王子		二年五月乙巳節侯劉寬元年 五	三 四年今侯戚元年 三	二 元鼎三年侯戚坐殺人弃市國除		
益都		菑川懿王子		二年五月乙巳侯劉胡元年 五	六	六	六	四

平酌	索隱曰漢表作平的，志屬北海	菑川懿王子		二年五月乙巳戴侯劉彊元年 五	六	元年忠侯中時元年 六	六	四
劇魁	索隱曰志屬北海	菑川懿王子		二年五月乙巳夷侯劉墨元年 五	六	六	元年侯昭元年 三 四年侯德元年	四
壽梁	索隱曰表在壽樂	菑川懿王子		二年五月乙巳侯劉守元年 五	六	五年侯守坐酎金国除 四		
平度	索隱曰志屬東萊	菑川懿王子		二年五月乙巳侯劉衍元年 五	六	六	六	四
宜成	索隱曰表在平原	菑川懿王子		二年五月乙巳康侯劉衍元年 五	六	元年侯福元年 六	六	太初元年侯福坐殺弟弃市国除
臨朐	索隱曰表在東海	菑川懿王子		二年五月乙巳哀侯劉奴元年 五	六	六	六	四
雷	索隱曰表在東海	城陽共王子		二年五月甲戌劉稀元年 五	六	五年侯稀坐酎金國除 五		
東莞	索隱曰志在琅邪	城陽共王子		三年五月甲戌侯劉吉元年 三 元朔五年侯吉有痼疾不朝廢國除				

辟 索隱曰表在東海	城陽共王子		二年五月甲戌節侯劉壯元年 三 五年侯朋元年 二	六	四 五年侯朋坐酎金國除		
尉文 索隱曰表在南郡	趙敬肅王子		二年六月甲午節侯劉丙元年 五	元年侯犢元年 六	四 元鼎五年侯犢坐酎金國除		
封斯 索隱曰志屬常山	趙敬肅王子		二年六月甲午共侯劉胡陽元年 五	六	六	六	一 四年今侯如意元年
榆丘	趙敬肅王子		二年六月甲午侯劉壽福元年 五	六	四 元鼎五年侯壽福坐酎金國除		
襄嚵 索隱曰韋昭云廣平縣嚵音仕咸反又仕儉反	趙敬肅王子		二年六月甲午侯劉建元年 五	六	四 元鼎五年侯建坐酎金國除		
邯會 索隱曰志屬魏郡	趙敬肅王子		二年六月甲午侯劉仁元年 五	六	六	六	四
朝 索隱曰凡侯不言郡縣皆表志闕	趙敬肅王子		二年六月甲午侯劉義元年 五	六	二 二年今侯祿元年 四	六	四
東城 索隱曰志屬九江	趙敬肅王子		二年六月甲午侯劉遺元年 五	六	元年侯遺有罪國除		

陰城	趙敬肅王子		二年六月甲午侯劉蒼元年 五	六	六	元年侯蒼有罪國除	
望廣 索隱曰志屬涿郡	中山靖王子		二年六月甲午侯劉安中元年 五	六	六	六	四
將梁 索隱曰表在涿郡	中山靖王子		二年六月甲午侯劉朝平元年 五	六	四 元鼎五年侯朝平坐酎金國除		
新館 索隱曰表在涿郡	中山靖王子		二年六月甲午侯劉未央元年 五	六	四 元鼎五年侯未央坐酎金國除		
新處 索隱曰表在涿郡	中山靖王子		二年六月甲午侯劉嘉元年 五	六	四 元鼎五年侯嘉坐酎金國除		
陘城 索隱曰表在涿郡志屬中山	中山靖王子		二年六月甲午侯劉貞元年 五	六	四 元鼎五年侯貞坐酎金國除		
蒲領 索隱曰表在東海	廣川惠王子		三年十月癸酉侯劉嘉元年 四				
西熊	廣川惠王子		三年十月癸酉侯劉明元年 四				

東彊 索隱曰志屬清河	廣川惠王子		三年十月癸酉侯劉安元年 四				
畢梁 索隱曰表在魏郡	廣川惠王子		三年十月癸酉侯劉嬰元年 四	六	六	元封四年侯嬰有罪國除 二	
房光 索隱曰表在魏郡	河間獻王子		三年十月癸酉侯劉殷元年 四	六	元鼎元年殷有罪國除		
距陽	河間獻王子		三年十月癸酉侯劉匄元年 四	四 五年侯渡元年 二	元鼎五年侯渡有罪國除 四		
蔞安 索隱曰蔞音力俱反漢表蔞節侯與安字節謚也	河間獻王子		三年十月癸酉侯劉邈元年 四	六	六	元年今侯嬰元年 六	四
阿武	河間獻王子		三年十月癸酉湣侯劉豫元年 四	六	六	六	三年今侯寬元年 二
參戶 索隱曰志屬渤海	河間獻王子		三年十月癸酉侯劉勉元年 四	六	六	六	四

州鄉 索隱曰志屬涿郡	河間獻王子		三年十月癸酉節侯劉禁元年 四	六	六	六年今侯惠元年 五 一	四
成平 索隱曰表在南皮	河間獻王子		三年十月癸酉侯劉礼元年 四	元狩三年侯礼有罪國除 二			
廣 索隱曰表在渤海	河間獻王子		三年十月癸酉侯劉順元年 四	六	元鼎五年侯順坐酎金國除 四		
蓋胥 索隱曰漢志在太山表在魏郡	河間獻王子		三年十月癸酉侯劉讓元年 四	六	元鼎五年侯讓坐酎金國除 四		
陪安 索隱曰表在魏郡	濟北貞王子		三年十月癸酉康侯劉不害元年 四	六	二年哀侯秦客元年 一 元鼎三年侯秦客薨無後國除 二		
滎關 徐廣曰一作營簡。索隱曰漢表作滎關在茌平	濟北貞王子		三年十月癸酉侯劉騫元年 四	三年侯騫有罪國除 二			
周堅	濟北貞王子		三年十月癸酉侯劉何元年 四	四 五年侯當時元年 二	元鼎五年侯當時坐酎金國除 四		

安陽 索隱曰表在平原	濟北貞王子		三年十月癸酉侯劉桀元年 四	六	六	六	四
五據 索隱曰表在泰山	濟北貞王子		三年十月癸酉侯劉臒丘元年。索隱曰臒作臒音劬劉氏烏霍反 四	六	四 元鼎五年侯臒丘坐酎金國除		
富	濟北貞王子		三年十月癸酉侯劉龔元年 四	六	六	六	四
陪 索隱曰表在平原	濟北貞王子		三年十月癸酉繆侯劉明元年 四	六	三年侯邑元年 二 元鼎五年侯邑坐酎金國除		
叢 徐廣曰一作散。索隱曰叢音緅表作前在平原今平原無前縣此例非一葢鄉名也	濟北貞王子		三年十月癸酉侯劉信元年 四	六	四 元鼎五年侯信坐酎金國除		
平 索隱曰志屬河南	濟北貞王子		三年十月癸酉侯劉遂元年 四	元狩元年侯遂有罪國除			

羽 索隱曰志屬平原	濟北貞王子		三年十月癸酉侯劉成元年 四	六	六	六	四
胡毋 索隱曰表在泰山	濟北貞王子。索隱曰自陪安侯不害已下十一人是濟北貞王子而漢表自安陽侯已下是濟北式王子同是元朔三年十月封恐因此誤也		三年十月癸酉侯劉楚元年 四	六	四 元鼎五年侯楚坐酎金國除		
離石 索隱曰表在上黨志屬西河	代共王子		三年正月壬戌侯劉綰元年 四	六	六	六	四
部 索隱曰表在山陽	代共王子		三年正月壬戌侯劉慎元年 四	六	六	六	四
利昌 索隱曰志屬齊郡	代共王子		三年正月壬戌侯劉嘉元年 四	六	六	六	四
藺 索隱曰志屬西河	代共王子		三年正月壬戌侯劉憙元年				

臨河 索隱曰志屬朔方	代共王子		三年正月壬戌侯劉賢元年				
隰成 索隱曰志屬西河	代共王子		三年正月壬子侯劉忠元年				
土軍 索隱曰志屬西河	代共王子		三年正月壬戌侯劉郢客元年		侯郢客坐與人妻姦棄市		
皋狼 索隱曰表在臨淮	代共王子		三年正月壬戌侯劉遷元年				
千章 徐廣曰一作斥。索隱曰表在平原	代共王子		三年正月壬戌侯劉遇元年				
博陽 索隱曰志屬濟南	齊孝王子		三年三月乙卯康侯劉就元年 四	六	二 三年侯終吉元年 二 元鼎五年侯終吉坐酎金國除		
寧陽 索隱曰表在濟南	魯共王子		三年三月乙卯節侯劉恢元年 四	六	六	六	四

瑕丘 索隱曰志屬山陽	魯共王子		三年三月乙卯節侯劉貞元年 四	六	六	六	四
公丘 索隱曰志屬沛郡	魯共王子		三年三月乙卯夷侯劉順元年 四	六	六	六	四
郁狼 索隱曰韋昭云屬魯志不載狼音魯黨反又音郎	魯共王子		三年三月乙卯侯劉騎元年 四	六	四 元鼎五年侯騎坐酎金國除		
西昌	魯共王子		三年三月乙卯侯劉敬元年 四	六	四 元鼎五年侯敬坐酎金國除		
陘城 索隱曰漢表作陸地在辛處於理爲得靖王子貞已封陘二人不應重封	中山靖王子		三年三月癸酉侯劉義元年 四	六	四 元鼎五年侯義坐酎金國除		
邯平 索隱曰表在廣平	趙敬肅王子 索隱曰以異年封故別見於此		三年四月庚辰侯劉順元年 四	六	四 元鼎五年侯順坐酎金國除		

武始 索隱曰表在魏	趙敬肅王子 索隱曰後立爲趙王		三年四月庚辰侯劉昌元年 四	六	六	六	四
象氏 索隱曰韋昭云在鉅鹿	趙敬肅王子		三年四月庚辰節侯劉賀元年 四	六	六	二 元封三年思侯安德元年 四	四
易 索隱曰志屬涿郡表在鄗	趙敬肅王子		三年四月庚辰安侯劉平元年 四	六	六	四 五年今侯種元年 二	四
洛陵 索隱曰表作路陵在南陽	長沙定王子		四年三月乙丑侯劉章元年 三	一 元鼎二年侯章有罪國除			
攸輿 索隱曰按今長沙有攸縣本名攸輿伞表在南陽	長沙定王子		四年三月乙丑侯劉則元年 三	六	六	六	太初元年侯則篡死罪弃市國除
茶陵 索隱曰表在桂陽志屬長沙	長沙定王子		四年三月乙丑侯劉欣元年 三	六	一 二年哀侯陽元年 五	六	太初元年侯陽薨無後國除
建成 索隱曰表在豫章	長沙定王子		四年三月乙丑侯劉拾元年 三	五 元狩六年拾坐不朝不敬國除			

安衆 索隱曰志屬南陽	長沙定王子		四年三月乙丑康侯劉丹元年 三	六	六	二 六年今侯山拊元年 索隱曰拊音趺 一	四
葉 索隱曰葉音攝縣名屬南陽	長沙定王子		四年三月乙丑康侯劉嘉元年 三		四 元鼎五年侯嘉坐酎金國除		
利鄉	城陽共王子		四年三月乙丑康侯劉嬰元年 三	二 元狩三年侯嬰有罪國除			
有利 索隱曰表在東海	城陽共王子		四年三月乙丑侯劉釘元年 三	元狩元年侯釘坐遺淮南書稱臣弃市國除			
東平 索隱曰表在東海	城陽共王子		四年三月乙丑侯劉慶元年 三	三 元狩三年侯慶坐與姊妹姦有罪國除			
運平 索隱曰表在東海	城陽共王子		四年三月乙丑侯劉訢元年 三	六	四 元鼎五年侯訢坐酎金國除		
山州	城陽共王子		四年三月乙丑侯劉齒元年 三	六	四 元鼎五年侯齒坐酎金國除		

海常 索隱曰表在琅耶	城陽共王子		四年三月乙丑侯劉楊元年 三	六	四 元鼎五年侯楊坐酎金國除		
鈞丘 索隱曰漢表作騶丘	城陽共王子		四年三月乙丑侯劉憲元年 三	三 四年今侯執德元年 三	六	六	四
南城	城陽共王子		四年三月乙丑侯劉貞元年 三	六	六	六	四
廣陵 徐廣曰一作陽	城陽共王子		四年三月乙丑常侯劉表元年 三	四 五年侯成元年 二	四 元鼎五年侯成坐酎金國除		

莊原 索隱曰漢表作杜原	城陽共王子		四年三月乙丑侯劉皋元年 三	六	四 元鼎五年侯皋坐酎金國除		
臨樂 索隱曰韋昭云縣名屬渤海	中山靖王子		四年四月甲午敦侯劉光元年。索隱曰謚法善行不怠曰敦 三	六	六	五 六年今侯建元年 一	四
東野	中山靖王子		四年四月甲午侯劉章元年 三	六	六	六	四

高平 索隱曰表在平原	中山靖王子		四年四月甲午侯劉嘉元年 三	六	四 元鼎五年侯嘉坐酎金國除		
廣川	中山靖王子		四年四月甲午侯劉頗元年 三	六	四 元鼎五年侯頗坐酎金國除		
千鍾 徐廣曰一作重。索隱曰漢表作重侯在平原地理志有重丘也	河間獻王子		四年四月甲午侯劉搖元年。一云劉陰 三	一 元狩二年侯陰不使人為秋請有罪國除			

披陽 索隱曰鄒誕披音皮劉氏音皮彼反志屬千乘	齊孝王子		四年四月乙丑敬侯劉燕元年 三	六	四 五年今侯隅元年 二	六	四
定 索隱曰定地名	齊孝王子		四年四月乙卯敬侯劉越元年。索隱曰漢表作數侯數謚也說文云數讀如躍 三	六	三 四年今侯德元年 三	六	四
稻 索隱曰志屬琅耶	齊孝王子		四年四月乙丑夷侯劉定元年 三	六	二 二年今侯都陽元年 四	六	四

山 索隱曰表在勃海	齊孝王子		四年四月乙卯侯劉國元年 三	六	六	六	四
繁安	齊孝王子		四年四月乙卯侯劉忠元年 三	六	六	六	三 四年今侯壽元年 三
柳	齊孝王子		四年四月乙卯康侯劉陽元年 三	六	三 四年侯罷師元年 三	四 五年侯自爲元年 二	四
雲 索隱曰志屬琅邪	齊孝王子		四年四月乙卯夷侯劉信元年 三	六	五 六年今侯歲發元年 一	六	四
牟平 徐廣曰一作羊。索隱曰志屬東萊	齊孝王子		四年四月乙卯共侯劉渫元年。索隱曰渫音薛 三	二 四年今侯奴元年 四	六	六	四
柴 索隱曰志屬泰山	齊孝王子		四年四月乙卯原侯劉代元年 三	六	六	六	四
柏陽 索隱曰表在中山	趙敬肅王子		五年十一月辛酉侯劉終古元年 二	六	六	六	四

鄗 索隱曰漢表鄗作獻音許昭反志屬常山郡	趙敬肅王子		五年十一月辛酉侯劉延年元年 二	六	四 元鼎五年侯延年坐酎金国除		
桑丘 索隱曰表在深澤	中山靖王子		五年十一月辛酉節侯劉洋元年。索隱曰漢表名將夜 二	六	三 四年今侯德元年 三	六	四
高丘	中山靖王子		五年三月癸酉哀侯劉破胡元年 二	六	元鼎元年侯破胡薨无後国除		
柳宿 索隱曰表在涿郡	中山靖王子		五年三月癸酉夷侯劉蓋元年 二	二 二年侯蘇元年 四	四 元鼎五年侯蘇坐酎金国除		
戎丘	中山靖王子		五年三月癸酉侯劉讓元年 二	六	四 元鼎五年侯讓坐酎金国除		
樊輿	中山靖王子		五年三月癸酉節侯劉條元年 二	六	六	六	四
曲成 索隱曰表在涿郡	中山靖王子		五年三月癸酉侯劉万歲元年 二	六	四 元鼎五年侯万歲坐酎金国除		

安郭 索隱曰表在涿郡	安險 索隱曰志屬中山	安遙 索隱曰表作安道	夫夷	舂陵 索隱曰志屬南陽	都梁 索隱曰志屬零陵	洮陽 索隱曰志屬零陵洮音滔又音道
中山靖王子	中山靖王子	中山靖王子	長沙定王子	長沙定王子	長沙定王子	長沙定王子
五年三月癸酉侯劉傅元年 二	五年三月癸酉侯劉應元年 二	五年三月癸酉侯劉恢元年 二	五年三月癸酉敬侯劉義元年 二	五年六月壬子侯劉買元年 二	五年六月壬子敬侯劉遂元年 二	五年六月壬子靖侯劉狗彘元年。索隱曰漢表名將燕 二
六	六	六	六	六	六	五 元狩六年侯狗彘薨無後國除
六	四 元鼎五年侯應坐酎金國除	四 元鼎五年侯恢坐酎金國除	四 五年今侯禹元年 二	六	一 元年今侯係元年 六	
六			六	六	六	
四			四	四	四	

泉陵 索隱曰志屬零陵	終弋 索隱曰表在汝南	麥 索隱曰表在琅耶	鉅合 索隱曰表在平原	昌 索隱曰志屬琅耶	蕢 索隱曰或作費音秘又扶味反表在琅耶	雩殷 索隱曰志屬琅耶表作虖殷音呼加	石洛 索隱曰表在琅邪
長沙定王子	衡山王賜子	城陽頃王子	城陽頃王子	城陽頃王子	城陽頃王子	城陽頃王子	城陽頃王子
五年六月壬子節侯劉賢元年 二	六年四月丁丑侯劉廣置元年 二						
六	六	元年四月戊寅侯劉昌元年 六	元年四月戊寅侯劉發元年 六	元年四月戊寅侯劉差元年 六	元年四月戊寅侯劉方元年 六	元年四月戊寅康侯劉澤元年 六	元年四月戊寅侯劉敬元年 六
六	四 元鼎五年侯廣置坐酎金國除	四 元鼎五年侯昌坐酎金國除	四 元鼎五年侯發坐酎金國除	四 元鼎五年侯差坐酎金國除	四 元鼎五年侯方坐酎金國除	六	六
六						六	六
四						四	四

國名	王子號						
扶濅　索隱曰漢表作挾術，在琅耶。濅音浸	城陽頃王子			元年四月戊寅侯劉昆吾元年 六	六	六	四
挍　索隱曰音効。志闕。說者或以為琅耶被縣，恐非	城陽頃王子			元年四月戊寅侯劉霸元年。索隱曰按城陽頃王子二十人，挍侯名雲，挾釐侯名霸，此止十九人，疑脫 六	六	六	四
朸　索隱曰音勒。朸縣屬平原	城陽頃王子			元年四月戊寅侯劉讓元年 六	六	六	四
父城　徐廣曰一作六。索隱曰志在遼西，表在東海	城陽頃王子			元年四月戊寅侯劉光元年 六	四 元鼎五年侯光坐酎金國除		
庸　索隱曰表在琅耶	城陽頃王子			元年四月戊寅侯劉譚元年。索隱曰漢表名餘 六	六	六	四
翟　索隱曰表在東海	城陽頃王子			元年四月戊寅侯劉壽元年 六	四 元鼎五年侯壽坐酎金國除		

國名	王子號						
鱣　索隱曰表在襄賁。賁音奔，又音肥，縣名	城陽頃王子			元年四月戊寅侯劉應元年 六	四 元鼎五年侯應坐酎金國除		
彭　索隱曰表在東海	城陽頃王子			元年四月戊寅侯劉偃元年 六	四 元鼎五年侯偃坐酎金國除		
瓡　徐廣曰一作報。索隱曰縣名，表屬北海。顏師古曰即狐字	城陽頃王子			元年四月戊寅侯劉息元年 六	六	六	四
虛水　索隱曰虛音墟，志屬琅耶	城陽頃王子			元年四月戊寅侯劉禹元年 六	六	六	四
東淮　索隱曰表在東海	城陽頃王子			元年四月戊寅侯劉類元年 六	四 元鼎五年侯類坐酎金國除		
栒　索隱曰栒音荀，表作栒，音俱，在東海。案志栒在扶風，與栒別也	城陽頃王子			元年四月戊寅侯劉買元年 六	四 元鼎五年侯買坐酎金國除		
涓　索隱曰表作涓，在東海，音育。按涓水在南陽，南陽有涓陽縣，疑表非也	城陽頃王子			元年四月戊寅侯劉不疑元年 六	四 元鼎五年侯不疑坐酎金國除		

陸 索隱曰表在壽光	菑川靖王子			元年四月戊寅侯劉何元年 六	六	六	四
廣饒 索隱曰志屬齊郡	菑川靖王子			元年十月辛卯康侯劉國元年 六	六	六	四
缾 索隱曰缾音瓶韋昭云古缾邑音蒲經反志屬琅耶	菑川靖王子			元年十月辛卯侯劉成元年 六	六	六	四
俞閭	菑川靖王子			元年十月辛卯侯劉不害元年 六	六	六	四
甘井 索隱曰表在鉅鹿	廣川穆王子			元年十月乙酉侯劉元元年 六	六	六	四
襄陵 索隱曰表在鉅鹿志屬河東	廣川穆王子			元年十月乙酉侯劉聖元年 六	六	六	四
皐虞 索隱曰志屬琅耶	膠東康王子				元年五月丙午侯劉建元年 三 四年今侯處元年 三	六	四
魏其 索隱曰志屬琅耶	膠東康王子				元年五月丙午暢侯劉昌元年 六	六	四

祝茲 索隱曰案表志松茲在廣丘亦作祝茲表在琅耶劉氏云諸侯封名史漢表多有不同不敢輒改今亦略檢表志同異以備多識也	膠東康王子				元年五月丙午侯劉延元年 四 元鼎五年延坐弃印綬出國不敬國除		

索隱述贊曰

漢氏之初，矯枉過正。欲大本枝，先封同姓。建元已後，藩翰克盛。主父上言，推恩下令。長沙濟北，中山趙敬。分邑廣封，振振在詠。扞城禦侮，曄曄煒煒。百足不僵，一人有慶。

建元已來王子侯者年表第九　史記二十一

漢興以來將相名臣年表第十　史記二十二

年	大事記（索隱曰謂誅伐封建薨叛）	相位（索隱曰置立丞相太尉三公）	將位（索隱曰命將興師）	御史大夫位（索隱曰亞相）
高皇帝元年	春沛公為漢王之南鄭秋還定雍	一　丞相蕭何守漢中		御史大夫周苛守滎陽
二　立太子	春定塞翟魏河南韓殷國夏伐項籍至彭城還據滎陽	二　守關中	一　太尉長安侯盧綰	
三	魏豹反使韓信別定魏伐趙楚圍我滎陽	三	二	
四	使韓信別定齊及燕太公自楚歸與楚界洪渠	四	三　周苛守滎陽死	御史大夫汾陰侯周昌。索隱曰汾陰屬河東
五　入都關中。索隱曰咸陽也東函谷南嶢武西散關北蕭關在四關之中用劉敬婁敬之計故也	冬破楚垓下殺項籍春王踐皇帝位定陶。索隱曰垓音陔堤名在洨縣定陶在濟陰今沇水之陽	五　罷太尉官	四　後九月綰為燕王	
六	尊太公為太上皇劉仲為代王立大市更命咸陽曰長安索隱曰案上有盧綰已封長安侯者蓋當時別有長安號	六　封為酇侯張蒼為計相。索隱曰計相主天下書計及計吏		

年	大事記	相位	將位	御史大夫位
七	長樂宮成自櫟陽徙長安伐匈奴匈奴圍我平城	七		
八	擊韓信反虜於趙城貫高作亂明年覺誅之匈奴攻代代王棄國亡廢為郃陽侯。索隱曰郃音合在馮翊劉仲封	八		
九	未央宮成置酒前殿太上皇輦上坐帝奉玉卮上壽曰始常以臣不如仲力今臣功孰與仲多太上皇笑殿上稱萬歲徙齊田楚昭屈景于關中	九　遷為相國		御史大夫昌為趙丞相
十	太上皇崩陳豨反代地	十		御史大夫江邑侯趙堯
十一	誅淮陰彭越黥布反	十一	周勃為太尉攻代後官省	
十二	冬擊布還過沛夏上崩葬長陵	十二		
孝惠元年	趙隱王如意死始作長安城西北方除諸侯丞相為相	十三		
二	楚元王齊悼惠王來朝　七月辛未何薨	十四　七月癸巳齊相平陽侯曹參為相國		

年	大事記	相位	將位	御史大夫位
三	初作長安城蜀湔氐反擊之。索隱曰湔音煎氐音低蜀郡縣名	二		
四	三月甲子赦無所復作	三		
五	為高祖立廟於沛城成置歌兒一百二十人 八月乙丑參卒	四		
六	七月齊悼惠王薨立太倉西市八月赦齊	一 十月乙巳安國侯王陵為右丞相十月己巳曲逆侯陳平為左丞相	[illegible]	廣阿侯任敖為御史大夫徐廣曰漢書在高后元年
七	上崩大臣用張辟彊計呂氏權重以呂台為呂王立少帝己卯葬安陵	二		
高后元年	王孝惠諸子置孝悌力田	三 十一月甲子徙平為右丞相辟陽侯審食其為左丞相		
二	十二月呂王台薨子嘉代立為呂王行八銖錢	四 平 二 食其		平陽侯曹窋一本為御史大夫在六年。索隱曰窋音竹律反
三		五 三		

年	大事記	相位	將位	御史大夫位
四	廢少帝更立常山王弘為帝	六 置太尉官 四	一 絳侯周勃為太尉	
五	八月淮陽王薨以其弟壺關侯武為淮陽王令戍卒歲更	七 五	二	
六	以呂產為呂王四月丁酉赦天下晝昏	八 六	三	
七	趙王幽死以呂祿為趙王梁王徙趙自殺	九 七	四	
八	七月高后崩九月誅諸呂後九月代王至踐位皇帝 後九月食其免相	十 七月辛巳為帝太傅九月丙戌復為丞相 八	五 隆慮侯竈為將軍擊南越徐廣曰姓周	御史大夫蒼君
孝文元年	除收帑相坐律立太子賜民爵	十一 十一月辛巳平徙為左丞相太尉絳侯周勃為右丞相	六 勃為相潁陰侯灌嬰為太尉	
二	除誹謗律皇子武為代王參為太原王勝為梁王 十月丞相平薨	一 十一月乙亥絳侯勃復為丞相	一	
三	徙代王武為淮陽王上幸太原濟北王反匈奴大入上郡以地盡與太原太原更號代 十一月壬子勃免相之國	一 十二月乙亥太尉潁陰侯灌嬰為丞相 罷太尉官	二 棘蒲侯陳武為大將軍擊濟北昌侯盧卿共侯盧罷師甯侯遬深澤侯將夜皆為將軍屬武祁侯賀將兵屯滎陽徐廣曰遬姓魏將夜姓趙	

年	大事記	相位	將位	御史大夫位
四	十二月乙巳，丞相嬰卒	一 正月甲午，御史大夫北平侯張蒼為丞相	安丘侯張說為將軍，擊胡，出代	關中侯申屠嘉為御史大夫
五	除錢律，民得鑄錢	二		
六	廢淮南王，遷嚴道，道死雍。索隱曰嚴道在蜀，雍在扶風	三		
七	四月丙子，初置南陵	四		
八	太僕汝陰侯滕公卒。索隱曰滕公夏侯嬰為滕令，故曰滕公	五		
九	溫室鐘自鳴。以芷陽鄉為霸陵。索隱曰芷音止，又音昌改反。地理志有芷陽縣，霸陵今霸水	六		御史大夫敬
十	諸侯王皆至長安	七		
十一	上幸代。地動	八		
十二	河決東郡金堤。徙淮陽王為梁王	九		
十三	除肉刑及田租稅律、戍卒令	十		
十四	匈奴大入蕭關，發兵擊之，及屯長安旁	十一	成侯董赤、內史欒布、昌侯盧卿、隆慮侯竈、甯侯遬皆為將軍，東陽侯張相如為大將軍，皆擊匈奴。中尉周舍、郎中令張武皆為將軍，屯長安旁	

年	大事記	相位	將位	御史大夫位
十五	黃龍見成紀。上始郊見雍五帝	十二		
十六	上始見渭陽五帝	十三		
後元元年	新垣平詐言方士，覺，誅之	十四		
二	匈奴和親。地動。八月戊戌，蒼免相	十五 八月庚午，御史大夫申屠嘉為丞相，封故安侯		御史大夫青
三	置谷口邑	二		
四		三		
五	上幸雍	四		
六	匈奴三萬人入上郡，二萬人入雲中	五	以中大夫令免為車騎將軍，軍飛狐；故楚相蘇意為將軍，軍句注；將軍張武屯北地；河內守周亞夫為將軍，軍細柳；宗正劉禮軍霸上；祝茲侯徐厲軍棘門：以備胡。數月，胡去，亦罷。索隱曰句如字，又音鉤	
七	六月己亥，孝文皇帝崩。其年丁未，太子立。民出臨三日，葬霸陵	六	中尉亞夫為車騎將軍，郎中令張武為復土將軍，屬國捍為將屯將軍。詹事戎奴為車騎將軍，侍太后。索隱曰復音伏。捍戶幹反，亦作悍。徐廣曰姓徐，一名厲，即祝茲侯	

年	大事記	相位	將位	御史大夫位
孝景元年	立孝文皇帝廟郡國為太宗廟	七　置司徒官		
二	立皇子德為河閒王，閼為臨江王，餘為淮南王，非為汝南王，彭祖為廣川王，發為長沙王。四月中，孝文太后崩。嘉卒	八　開封侯陶青為丞相		御史大夫錯
三	吳楚七國反，發兵擊，皆破之。皇子端為膠西王，勝為中山王	二　置太尉官	中尉條侯周亞夫為太尉，擊吳楚；曲周侯酈寄為將軍，擊趙；竇嬰為大將軍，屯滎陽；欒布為大將軍，擊齊。○索隱曰：條一作修，勃海有修市縣	
四	立太子	三	二　太尉亞夫	御史大夫蚡
五	置陽陵邑。丞相北平侯張蒼卒	四	三	
六	徙廣川王彭祖為趙王	五	四	御史大夫陽陵侯岑邁
七	廢太子榮為臨江王。四月丁巳，膠東王立為太子。青罷相	六月乙巳，太尉條侯亞夫為丞相。罷太尉官	五　遷為丞相	御史大夫舍
中元元年		二		
二	皇子越為廣川王，寄為膠東王	三		

年	大事記	相位	將位	御史大夫位
三	皇子乘為清河王。亞夫免相	四　御史大夫桃侯劉舍為丞相		御史大夫綰
四	臨江王徵自殺，葬藍田，燕數萬為銜土置冢上	二		
五	皇子舜為常山王	三		
六	梁孝王武薨，分梁為五國，王諸子：子買為梁王，明為濟川王，彭離為濟東王，定為山陽王，不識為濟陰王	四		
後元元年	五月地動。七月乙巳日蝕。舍免	五　八月壬辰，御史大夫建陵侯衛綰為丞相		御史大夫不疑
二		二	六月丁巳，御史大夫岑邁卒	
三	正月甲子，孝景崩。二月丙子，太子立	三		
孝武建元元年（索隱曰：年之有號，始自武帝，自建元至後元，共十一號）	綰免	四　魏其侯竇嬰為丞相。置太尉	武安侯田蚡為太尉	御史大夫抵（漢表云牛抵）

年	大事記	相位	將位	御史大夫位
二	置茂陵 嬰免相	二月乙未太常柏至侯許昌為丞相 蚡免太尉罷太尉官		御史大夫趙綰。索隱曰代衛綰者
三	東甌王廣武侯望率其衆四萬餘人來降處廬江郡	二		御史大夫青翟。索隱曰姓莊
四		三		
五	行三分錢徐廣曰漢書云半兩四分曰兩	四		
六	正月閩越王反孝景太后崩徐廣曰景帝母竇氏 昌免相	五 六月癸巳武安侯田蚡為丞相	青翟為太子太傅	御史大夫安國

年	大事記	相位	將位	御史大夫位
元光元年		二		
二	帝初之雍郊見五畤	三	夏御史大夫韓安國為護軍將軍衛尉李廣為驍騎將軍太僕公孫賀為輕車將軍大行王恢為將屯將軍太中大夫李息為材官將軍篡單于馬邑不合誅恢	
三	五月丙子決河於瓠子	四		
四	十二月丁亥地動 蚡卒	五 平棘侯薛澤為丞相		御史大夫歐

年	大事記	相位	將位	御史大夫位
五	十月族灌夫家棄魏其侯市	二	太中大夫衛青為車騎將軍出上谷衛尉李廣為驍騎將軍出鴈門太中大夫公孫敖為騎將軍出代太僕公孫賀為輕車將軍出雲中皆擊匈奴	
六	南夷始置郵亭	三		
元朔元年	衛夫人立為皇后	四	車騎將軍青出鴈門擊匈奴衛尉韓安國為將屯將軍軍代明年屯漁陽卒	
二		五	春車騎將軍衛青出雲中至高闕取河南地	

年	大事記	相位	將位	御史大夫位
三	匈奴敗代太守友徐廣曰太守姓共名友	六		御史大夫弘
四	匈奴入定襄代上郡	七		
五	匈奴敗代都尉朱英 澤免相	八 十一月乙丑御史大夫公孫弘為丞相封平津侯	春長平侯衛青為大將軍擊右賢衛尉蘇建為游擊將軍左內史李沮為彊弩將軍太僕賀為車騎將軍代相李蔡為輕車將軍岸頭侯張次公為將軍大行息為將軍皆屬青大將軍擊匈奴。索隱曰沮音子如反	

六	元狩元年	二	三	四
	十月中淮南王安衡山王賜謀反皆自殺國除	匈奴入鴈門代郡江都王建反膠東王子慶立為六安王 弘卒	匈奴入右北平定襄	
二	三	四 御史大夫樂安侯李蔡為丞相	二	三
大將軍青再出定襄擊胡合騎侯公孫敖為中將軍太僕賀為左將軍郎中令李廣為後將軍翕侯趙信為將軍敗降匈奴衛尉蘇建為將軍敗身脫皆屬青左內史沮為彊弩將軍		冠軍侯霍去病為驃騎將軍擊胡至祁連合騎侯敖為將軍出北地博望侯張騫郎中令李廣為將軍出右北平		大將軍青出定襄郎中令李廣為前將軍太僕公孫賀為左將軍主爵趙食其為右將軍平陽侯曹襄為後將軍擊單于
	御史大夫蔡	御史大夫湯		

史記年表十　十一

五	六	元鼎元年	二	三	四	五	六	元封元年	二
蔡坐侵園堧自殺 索隱曰堧而戀反堧垣外垣短牆也	四月乙巳皇子閎為齊王旦為燕王胥為廣陵王		青翟有罪自殺	立常山憲王子平為真定王商為泗水王六月中河東汾陰得寶鼎		三月中南越相嘉反殺其王及漢使者 八月周坐酎金自殺	十二月東越反		
四 太子少傅武彊侯莊青翟為丞相	二	三	四 太子太傅高陵侯趙周為丞相	二	三	四 九月辛巳御史大夫石慶為丞相封牧丘侯	二	三	四
			湯有罪自殺			衛尉路博德為伏波將軍出桂陽主爵楊僕為樓船將軍出豫章皆破南越	故龍額侯韓說為橫海將軍出會稽樓船將軍楊僕出豫章中尉王溫舒出會稽皆破東越		秋樓船將軍楊僕左將軍荀彘出遼東擊朝鮮
			御史大夫慶					御史大夫寬 索隱曰兒寬	

史記年表十　十二

大事記	相位		將位	御史大夫位
三		五		
四		六		
五		七		
六		八		
太初元年	改曆以正月為歲首。索隱曰始用夏正也	九		
二	正月戊申慶卒	十 三月丁卯太僕公孫賀為丞相封葛繹侯		
三		二		御史大夫延廣
四		三		
天漢元年		四		御史大夫卿 索隱曰王卿
二		五		
三		六		御史大夫周 索隱曰杜周
四		七	春貳師將軍李廣利出朔方至余吾水上游擊將軍韓說出五原因杅將軍公孫敖皆擊匈奴。索隱曰杅音于因杅地名	

大事記	相位		將位	御史大夫位
太始元年 班固云司馬遷記事訖于天漢自此巳後後人所續。索隱曰即褚先生所補也後史所記不無異呼故今不討論也		八		
二		九		
三		十		御史大夫勝之
四		十一		
征和元年	冬賀坐巫蠱死	十二		
二	七月壬午太子發兵殺游擊將軍說使者江充	三月丁巳涿郡太守劉屈氂為丞相封彭城侯		御史大夫成
三	六月劉屈氂因蠱斬	二	春貳師將軍李廣利出朔方以兵降胡重合侯莽通出酒泉御史大夫商丘成出河西擊匈奴	
四		六月丁巳大鴻臚田千秋為丞相封富民侯		
後元元年		二		

二	孝昭始元元年	二	三	四	五	六	元鳳元年	二	三	四
	九月日磾卒									三月甲戌千秋卒
三	四	五	六	七	八	九	十	十一	十二	三月乙丑御史大夫王訢為丞相封富春侯
二月己巳光祿大夫霍光為大將軍博陸侯都尉金日磾為車騎將軍秺侯太僕安陽侯上官桀為大將軍				三月癸酉衛尉王莽為左將軍騎都尉上官安為車騎將軍			九月庚午光祿勳張安世為右將軍		十二月庚寅中郎將范明友為度遼將軍擊烏丸	
							御史大夫訢			御史大夫楊敞

五	六	元平元年	孝宣本始元年	二	三
十二月庚戌訢卒		敞卒			三月戊子皇后崩 六月乙丑義薨
二	十一月乙丑御史大夫楊敞為丞相封安平侯	九月戊戌御史大夫蔡義為丞相封陽平侯	二	三	六月甲辰長信少府韋賢為丞相封扶陽侯 田廣明田順擊胡還皆自殺充國奪將軍印
	九月庚寅衛尉平陵侯范明友為度遼將軍擊烏丸	四月甲申光祿大夫龍額侯韓曾為前將軍五月丁酉水衡都尉趙充國為後將軍右將軍張安世為車騎將軍		七月庚寅御史大夫田廣明為祁連將軍龍額侯韓曾為後將軍營平侯趙充國為蒲類將軍度遼將軍平陵侯范明友為雲中太守富民侯田順為虎牙將軍擊匈奴	
		御史大夫昌水侯田廣明			御史大夫魏相

四	地節元年	二	三	四	元康元年	二	三	四	神爵元年	二	三
十月乙卯立霍后			立太子 五月甲申丞相賢老賜金百斤						上郊甘泉太畤汾陰后土	上郊雍五畤祋栩出寶璧玉器	
二	三	四 三月庚午將軍光卒	六月壬辰御史大夫魏相為丞相封高平侯	二 七月壬寅禹要斬	三	四	五	六 八月丙寅安世卒	七	八	三月丙午相卒 四月戊戌御史大夫邴吉為丞相封博陽侯
		二月丁卯侍中中郎將霍禹為右將軍	七月安世為大司馬衛將軍禹為大司馬						四月樂成侯許延壽為彊弩將軍後將軍充國擊羌酒泉太守辛武賢為破羌將軍韓曾為大司馬車騎將軍		
			御史大夫邴吉								御史大夫望之

四	五鳳元年	二	三	四	甘露元年	二	三	四	黃龍元年	孝元初元元年	二	三
			正月吉卒			赦殊死賜高年及鰥寡孤獨帛女子牛酒	三月己丑霸薨					
二	三	四 五月己丑曾卒	三月壬申御史大夫黃霸為丞相封建成侯	二	三 三月丁未延壽卒	四	七月丁巳御史大夫于定國為丞相封西平侯	二	三	四	五	六
		五月延壽為大司馬車騎將軍							樂陵侯史子長為大司馬車騎將軍太子太傅蕭望之為前將軍			十二月執金吾馮奉世為右將軍
		御史大夫霸	御史大夫延年			御史大夫定國	太僕陳萬年為御史大夫					

年	大事記	相位	將位	御史大夫位
四		七		
五		八	二月丁巳平恩侯許嘉爲左將軍	中少府貢禹爲御史大夫十二月丁未長信少府薛廣德爲御史大夫
永光元年	十月戊寅定國免〔倒書〕	九　七月子長免就第〔倒書〕	九月衛尉平昌侯王接爲大司馬車騎將軍　二月廣德免〔倒書〕	七月太子太傅韋玄成爲御史大夫
二	三月壬戌朔日食	二月丁酉御史大夫韋玄成爲丞相封扶陽侯丞相賢子	七月太常任千秋爲奮威將軍擊西羌雲中太守韓次君爲建威將軍擊羌後不行	二月丁酉右扶風鄭弘爲御史大夫
三		二	右將軍平恩侯許嘉爲車騎將軍侍中光祿大夫樂昌侯王商爲右將軍右將軍馮奉世爲左將軍	
四		三		
五		四		
建昭元年		五		
二		六	弘免〔倒書〕	光祿勳匡衡爲御史大夫
三	六月甲辰丞玄成薨〔倒書〕	七月癸亥御史大夫匡衡爲丞相封樂安侯		衛尉繁延壽爲御史大夫

年	大事記	相位	將位	御史大夫位
四		二		
五		三		
竟寧元年		四	六月己未衛尉楊平侯王鳳爲大司馬大將軍　延壽卒〔倒書〕	三月丙寅太子少傅張譚爲御史大夫
孝成建始元年		五		
二		六		
三	十二月丁丑衡免〔倒書〕	七　八月癸丑遣光祿勳詔嘉上印綬免賜金二百斤〔倒書〕	十月右將軍樂昌侯王商爲光祿大夫右將軍執金吾弋陽侯任千秋爲右將軍　譚免〔倒書〕	廷尉尹忠爲御史大夫
四		三月甲申右將軍樂昌侯王商爲右丞相	任千秋爲左將軍長樂衛尉史丹爲右將軍　十月己亥尹忠自殺〔倒書〕	少府張忠爲御史大夫
河平元年		二		
二		三		
三		四	十月辛卯史丹爲左將軍太僕平安侯王章爲右將軍	
四	四月壬寅丞相商免〔倒書〕	六月丙午諸吏散騎光祿大夫張禹爲丞相		
陽朔元年		二		

二	三	四	鴻嘉元年
			三月禹卒
三		七月乙丑右將軍光祿勳平安侯王章卒	四月庚辰薛宣為丞相
張忠卒	九月甲子御史大夫王音為車騎將軍	閏月壬戌永卒	
六月太僕王音為御史大夫	十月乙卯光祿勳于永為御史大夫		

索隱述贊曰

高祖初起　嘯命羣雄　天下未定
王我漢中　三傑既得　六奇獻功
章邯已破　蕭何築宮　周勃厚重
朱虛至忠　平津作相　條侯總戎
丙魏立志　湯尭飾躬　天漢之後
表述非功

漢興以來將相名臣年表第十　史記二十二

禮書第一　　史記二十三

（索隱曰書者五經六籍總名也此之八書記國家大體班氏謂之志志亦記也○正義曰天地位日月明四時序陰陽和風雨節羣品滋茂萬物宰制君臣朝儀尊卑貴賤有序咸謂之禮經六籍咸謂之書故曲禮云道德仁義非禮不成教訓正俗非禮不備分爭辯訟非禮不決云云）

太史公曰洋洋美德乎（索隱曰洋音羊洋洋美盛貌鄒誕生音翔非也）宰制萬物役使羣衆豈人力也哉（正義曰言天地宰制萬物役使羣品順四時而動成有成功豈籍人力營爲哉是美善盛大衆多之德也故孔子曰四時行焉百物生焉）余至大行禮官（索隱曰大行秦官主禮儀漢景帝改曰大鴻臚鴻臚者掌九賓之儀也）觀三代損益乃知緣人情而制禮依人性而作儀其所由來尚矣人道經緯萬端規矩無所不貫誘進以仁義束縛以刑罰故德厚者位尊祿重者寵榮所以總一海內而整齊萬民也人體安駕乘（正義時證反）爲之金輿錯衡以繁其飾（周禮王之五路有金路鄭玄曰以金飾諸末○索隱曰錯鏤衡扼爲文飾也詩曰約軝錯衡毛傳云錯衡文衡也○正義爲于僞反錯作總七公反）目好五色爲之黼黻文章以表其能耳樂鐘磬爲之調諧八音以蕩其心口甘五味爲之庶羞酸鹹以致其美（周禮曰羞用百有二十品鄭玄曰羞出于牲及禽獸以備其滋味謂之庶羞鄭衆曰羞者進也）情好珍善爲之琢磨圭璧以通其意故大路越席（服虔曰大路祀天車也越席結括草以爲席也王肅曰不緣也○正義按括草蒲草越户括反）皮弁布裳（周禮曰王視朝則皮弁之服鄭玄曰皮弁之服十五升白布衣積素爲裳也○正義曰以鹿子皮爲弁也按襞積素布爲裳也）朱紘洞越（鄭玄曰朱紘練朱絲紘也越瑟底孔）大羹玄酒（鄭玄曰大羹肉湆不調以鹽菜也玄酒水也）所以防其淫侈救其彫敝（索隱曰彫謂彫飾也言彫飾是奢侈之弊也）是以君臣朝廷尊卑貴賤之序下及黎庶車輿衣服宮室飲食嫁娶喪祭之分事有宜適物有節文仲尼曰禘自既灌而往者吾不欲觀之矣（孔安國曰禘祫之禮爲序昭穆也故毀廟之主及羣廟之主皆合食于太祖灌者酌鬱鬯灌于太祖以降神也既灌之後列尊卑序昭穆而魯逆祀躋僖公亂昭穆故不欲觀之）周衰禮廢樂壞大小相踰管仲之家兼備三歸（包氏曰三歸娶三姓女也婦人謂嫁曰歸）循法守正者見侮於世奢溢僭差者謂之顯榮自子夏門人之高弟也（索隱曰言子夏是孔子門人之中高弟者謂才優而品第高也故論語四科有文學子游子夏也）猶云出見紛華盛麗而說入聞夫子之道而樂二者心戰未能自決而況中庸以下漸漬於失教被服於成俗乎孔子曰必也正名於衞所居不合（論語曰子路曰衞君待子而爲政子將奚先子曰必也正名乎馬融曰正百事之名）仲尼沒後受業之徒沈湮而不舉或適齊楚或入河海（正義曰論語云太師摯適齊亞飯干適楚鼓方叔入于河少師陽擊磬襄入于海魯哀公時禮壞樂崩人皆去也）豈不痛哉至秦有天下悉內六國禮儀采擇其善雖不合聖制其尊君抑臣朝廷濟濟依古以來（正義曰秦採擇六國禮儀尊君抑臣朝廷濟濟依古以來典法行之）至于高祖光有四海叔孫通頗有所增

益減損大抵皆襲秦故(應劭曰抵至也瓚曰抵歸也○索隱曰按大抵猶大略也臣瓚以抵訓爲歸則是大略大歸其義皆通於一)自天子稱號(正義稱尺證反)下至佐僚及宮室官名少所變改孝文即位有司議欲定儀禮孝文好道家之學以爲繁禮飾貌無益於治躬化謂何耳(正義曰孝文本紀云上身衣弋綈所幸愼夫人令衣不曳地幃帳不得文繡治霸陵皆以瓦器是躬化節儉謂何嫌耳不須繁禮飾貌也)故罷去之孝景時御史大夫鼂錯明於世務刑名數干諫孝景曰諸侯藩輔臣子一例古今之制也今大國專治異政不稟京師恐不可傳後孝景用其計而六國畔逆(正義曰吳楚趙菑川濟南膠西謂六國也齊孝王狐疑城守三國兵圍齊齊使路中大夫告天子不言七國也)以錯首名天子誅錯以解難(正義曰上紀買反下乃憚反)事在袁盎語中是後官者養交安祿而已莫敢復議今上即位招致儒術之士令共定儀十餘年不就或言古者太平萬民和喜瑞應辨至(正義曰辨音遍)乃采風俗定制作上聞之制詔御史曰蓋受命而王各有所由興殊路而同歸謂因民而作追俗爲制也議者咸稱太古百姓何望漢亦一家之事典法不傳謂子孫何化隆者閎博治淺者褊狹可不勉與乃以太初之元改正朔(應劭曰初用夏正以正月爲歲首改年爲太初)易服色封太山定宗廟百官之

儀以爲典常垂之於後云禮由人起人生有欲欲而不得則不能無忿忿而無度量則爭(正義音諍)爭則亂先王惡其亂故制禮義以養人之欲給人之求使欲不窮於物物不屈於欲(正義曰屈羣物反)二者相待而長是禮之所起也故禮者養也稻粱五味所以養口也椒蘭芬茝所以養鼻也(索隱曰茝音止又音昌改反)鐘鼓管弦所以養耳也刻鏤文章所以養目也疏房牀笫几席所以養體也(服虔曰簀謂之笫○索隱曰疏謂窗也○正義曰疏謂窗也笫側里反)故禮者養也君子既得其養又好其辨也所謂辨者貴賤有等長少有差貧富輕重皆有稱也故天子大路越席所以養體也(正義曰謂蒲華爲席既潔且柔潔可以祀神柔可以養體也)側載臭茝所以養鼻也(索隱曰劉氏云側持也臭香也茝香草也言天子行持得以香草自隨也其餘則不臭爲香者山海經云臭如蘼蕪易曰其臭如蘭是臭爲草之香也今以側爲邊側載者置也言天子之側常置芳香於左右)前有錯衡所以養目也(注見前)和鸞之聲(鄭玄曰和鸞皆鈴也所以爲車行節也韓詩內傳曰鸞在衡和在軾前升車則馬動馬動則鸞鳴鸞鳴則和應服虔曰鸞在鑣和在衡續漢書輿服志曰鸞雀立衡也○正義曰皇侃云鸞以金爲鸞懸鈴其中於衡上以爲遲疾之節所以正威儀行舒疾也)步中武象驟中韶護所以養耳也(鄭玄曰武武王樂也象武舞也韶舜樂也護湯樂也○正義曰步趨緩車則和鸞之音中於武象驟車中於韶護也)龍旂九斿所以養信也(周禮曰交龍爲旂○正義曰斿音旒)寢兕持虎鮫韅(徐廣曰鮫魚皮可以

飾服器音交鞻者當馬掖之革音呼見反○索隱曰䝟兕一以兕牛皮爲席持虎者以猛獸皮文飾倚較及伏軾故云持虎劉氏云畫之於旌竿及楯杖等以今所見爲說也鮫鞻者以鮫魚皮飾鞻韅馬腹帶也○正義曰兕音似爾雅云兕似牛彌龍所以養威也徐廣曰乘輿車金薄璆龍爲輿倚較文虎伏軾龍首銜軛○索隱曰彌亦音弭謂金飾銜軛爲龍此皆王者服御崇飾所以示威武故云所以養威也此文皆出大戴禮蓋是荀卿所說劉氏云薄猶飾也璆然龍貌音虯故大路之馬必信至教順然後乘之所以養安也孰知夫士出死要節之所以養生也索隱曰言人誰知夫志士推誠守死要立名節仍是養生安身之本故下云人苟生之爲見若者必死是解上意言人苟以貪生之爲見不能見危致命若者必死若猶如也言孰心爲見如此者必刑戮及身故云必死下文皆放此也○正義曰夫音扶要音腰孰知猶審知也出死猶處死也審知志士推誠處死要立名節若曹沫茅焦所以養生命也孰知夫輕費用之所以養財也正義曰費音芳味反輕猶薄言

審知費薄貴用則能畜聚所以養財貨也孰知夫恭敬辭讓之所以養安也正義曰言審知恭敬辭讓所以養體安身孰知夫禮義文理之所以養情也正義曰言審知禮義文章道理所以養其情性此四科是儒者有禮義故兩得之也人苟生之爲見若者必死正義曰苟且若如此也言平凡好生之人且見操節之士以禮義處死養得其生有効如此者必死也苟利之爲見若者必害正義曰言平凡好利之人且見利義之士以輕省費用養得其財有効如此者必害身也怠惰之爲安若者必危正義曰惰徒卧反言平凡怠惰之人且有見禮之士以恭敬禮讓養得安樂有効如此者必危亡也情勝之爲安若者必滅索隱曰覆解上禮義文理之所以養情也○正義曰勝音叔證反言平凡好勝之人且見義之士禮義文理養得情有効如此者必滅亡也此四科是墨者無禮義故兩失之也故聖人一之於禮義則兩得之矣一之於情性則兩失

之矣故儒者將使人兩得之者也墨者將使人兩失之者也索隱曰墨者不尚禮義而任儉嗇無仁恩故使人兩失之詩曰恍以使人人忘其死是也是儒墨之分正義曰分音扶問反分猶等也若儒等而是治辯之極彊固之本威行之道功名之總則天下歸矣治辨之極也彊固之本也索隱曰自此已下皆是儒分之功也○正義曰固堅固也言國以禮義四方欽仰無有攻伐故爲彊而且堅固之本也威行之道也正義曰以禮義導天下天下伏而歸之故爲威行之道也功名之揔也正義曰以禮義率天下天下咸遵之故爲功名之總也合也聚也王公由之所以一天下正義曰由禮義也臣諸侯也弗由之所以捐社稷也故堅革利兵不足以爲勝索隱曰覆上功名之揔也高城深池不足以爲固嚴令繁刑不足以爲威由其道則行不由其

道則廢楚人鮫革犀兕所以爲甲堅如金石宛之鉅鐵徐廣曰大剛曰鉅○正義曰宛城今鄧州南陽縣城是音於元反鉅剛鐵也施鑽如蠭蠆索隱曰鑽謂矛刃及矢鏃也輕利剽遬正義曰上四妙反下音速剽遬疾也卒如熛風正義曰卒村忽反熛必遙反熛風疾也然而兵殆於垂涉唐昧死焉許慎曰垂邊地名也莊蹻起楚分而爲四索隱曰蹻音其略反楚將之名言其起兵亂後楚遂分爲四按漢志滇王莊蹻之後也○正義曰以起字爲絕句或云楚莊王苗裔也括地志云師州黎州在京西南五千六百七十里戰國楚威王時莊蹻王滇則爲滇國之地楚昭王徙都鄀莊蹻王滇楚襄王徙都陳楚考烈王徙都壽春咸被秦逼乃四分也然昭王雖在莊蹻之前故荀卿兼言之也參是豈無堅革利兵哉索隱曰參參者驗也言驗是楚豈無利兵哉○正義曰參七含反言蹻楚國豈無堅甲利兵哉爲其不由禮義故衆分也其所以統之者非其道故也汝潁以

爲險正義曰括地志云水源出汝州魯山縣西伏牛山亦名猛山汝水至豫州郾城縣名濆水爾雅云河有灉汝有濆亦汝之別名潁水源出洛水嵩高縣東南三十五里陽乾山俗名潁山地理志高陵山汝出東南至新蔡縣入淮陽乾山潁水出東至下蔡入淮也江漢以爲池正義曰江即岷江從蜀入楚在荊州南漢江從漢中東南入江四水爲楚之險固也阻之以鄧林山海經曰夸父與日逐走日入渴欲得飲飲於渭河不足北飲大澤未至道渴而死棄其杖化爲鄧林駰謂鄧林後遂爲林名○索隱曰按裴氏引山海經以爲夸父弃杖爲鄧林其言北飲大澤蓋非在中國也劉氏以爲今襄州南鳳林山是古鄧祁侯之國在楚之北境故云阻以鄧林也○正義曰括地志云方城房州竹山縣東南四十一里其山頂上平四面險峻山南有城長十餘里名爲方城即此山也緣之以方城然而秦師至鄢郢舉若振槁索隱曰振動也擊也槁乾葉也○正義曰鄢音偃括地志云故城在襄州安養縣北三里古鄢子之國鄧之南鄙也又率道縣南九里有故鄢城漢惠帝改曰宜城也郢城荊州江陵縣東北六里即吳公子光伐楚楚平王恐城郢者也又楚武王始都郢絕南故城是也在江陵北十五里也是豈無固塞險阻哉其所以統之者非其道故也紂剖比干囚箕子爲炮烙刑殺無辜時臣下懍然莫必其命索隱曰言無人必保其性命然而周師至而令不行乎下不能用其民是豈令不嚴刑不陖哉其所以統之者非其道故也古者之兵戈矛弓矢而已然而敵國不待試而詘徐廣曰試一作誠也○正義曰詘丘勿反試用也城郭不集溝池不掘正義曰求勿反又求厥反固塞不樹機變不張然而國晏然不畏外而固者無他故焉明道而均分之正義曰分扶問反言明儒墨之分使禮義均等則下應之如影響耳時使而誠愛之則下應之如景響有

不由命者然後俟之以刑正義曰事君以禮義民有不由禮義者然後待之以刑則民之罪伏刑矣則民知辠矣故刑一人而天下服辠人不尤其上知辠之在己也是故刑罰省而威行如流無他故焉由其道故也故由其道則行不由其道則發古者帝堯之治天下也蓋殺一人刑二人而天下治傳曰威厲而不試刑措而不用天地者生之本也先祖者類之本也正義曰類種類也君師者治之本也無天地惡生正義曰惡音烏無先祖惡出無君師惡治三者偏亡則無安人索隱曰鄒氏偏音遍○正義曰偏疋然反故禮上事天下事地尊先祖而隆君師是禮之三本也故王者天太祖毛詩敘曰文武之功起后稷故推以配天焉諸侯不敢懷索隱曰懷思於言諸侯不敢懷思以太祖配天而食也又一解王之子孫爲諸侯不思祀其父祖故禮云諸侯不敢祖天子蓋與此同意大夫士有常宗禮記曰別子爲祖繼別爲宗百世不遷者謂別子之後也所以辨貴賤貴賤治得之本也郊疇乎天子索隱曰疇類也天子類得郊天餘並不合祭今大戴禮作郊止乎天子當是也止或作疇因誤耳社至乎諸侯索隱曰言天子已下至諸侯得立社函及士大夫函音含○索隱曰含謂包容諸侯已下至士大夫得祭社故禮云大夫成羣立社曰置社亦曰里社也鄒誕生音啗徒濫反意義亦通但不見古文各以意爲說耳今按大戴禮作導及士大夫導亦通也今此爲啗者當以導與蹈同後足字失止唯有口存故使解者得以穿鑿而用也所以辨尊者事尊卑者事卑宜鉅者鉅宜小者小故有天下者事七世有一國

者事五世有五乘之地者事三世鄭玄曰古者方十里其中六十四井出兵車一乘此兵法之賦有三乘之地者事二世穀梁傳曰天子至于士皆有廟天子七諸侯五大夫三士二始封之者必爲其太祖有特牲而食者不得立宗廟禮記曰庶人祭於寢所以辨積厚者流澤廣積薄者流澤狹也大饗上玄尊俎上腥魚鄭玄曰大饗祫祭先王以腥魚爲俎實不臑孰之也先大羹貴食飲之本也大饗上玄尊而用薄酒食先黍稷而飯稻粱祭嚌先大羹鄭玄曰嚌至齒而飽庶羞貴本而親用也貴本之謂文親用之謂理兩者合而成文以歸太一是謂大隆索隱曰貴本親用兩者合而成文以歸太一太一者天地之本也得禮之文理是合於太一也隆者盛也高也得禮文理歸于太一是禮之盛也故尊之上玄尊也正義曰皇侃云玄酒水也上古未有酒而始之祭但酌水用之至晚世雖有酒存古禮尚用水代酒也俎之上腥魚也豆之上大羹一也索隱曰樽之上玄樽俎之上腥魚豆之上大羹三者如一皆是本故云一也利爵弗啐也鄭玄曰啐入口也○索隱曰按儀禮祭畢獻祝西面告成是爲利爵祭初未行無筭爵故不啐入口也成事俎弗嘗也索隱曰成事卒哭之祭故記曰卒哭曰成事既是卒哭始從吉祭故受胙爵而不嘗俎也三宥之弗食也索隱曰禮祭必立宥以勸尸食至三飯而後止每飯有宥一人故有三宥既是勸尸故不相食也大昏之未發齊也索隱曰發齊謂婚禮父親醮子而迎之前故曲禮云齊戒以告鬼神是婚禮有齊也大廟之未內尸也始絕之未小斂一也索隱曰此五者皆以禮之初始質而未備亦是貴本之義故云一也大路之素幬也禮記曰乘素車貴其質也鄭玄曰素車殷輅也○索隱曰幬音稠謂車蓋以素帷亦質之也郊之

禮書

麻絻周禮曰王祀昊天上帝服大裘而冕論語曰麻冕禮也孔安國曰冕緇布冠古者績麻三十升布以爲之○正義絻音免亦作冕喪服之先散麻一也儀禮士喪禮曰始死主人散帶垂之三尺禮記曰大功已上散帶也○索隱曰大路已下三事相似如一故云一也散麻取其質無文飾亦貴本也三年哭之不反也禮記曰斬衰之哭若往而不反清廟之歌鄭玄曰清廟謂作樂歌清廟一倡而三歎鄭玄曰倡發歌句者三歎三人從歎縣一鍾尚拊膈徐廣曰一作搏膈○索隱曰縣音懸拊音撫膈音格膈縣鍾格也不擊其鍾而拊其格不取其聲亦質也鄒氏膈音膊蓋依大戴禮也而鄭注禮云搏拊祝敔也朱弦而通越一也索隱曰大瑟而練朱其絃又通其下孔使聲濁且遲上質而貴本不取其聲又自三年已下四事皆不取其聲也凡禮始乎脫索隱曰脫猶疏略也始初也言禮之初尚疏略也成乎文索隱曰言禮成就有文飾也終乎稅徐廣曰一作悅○索隱曰音悅言禮終卒和悅人情大戴禮作終於隆隆盛也故至備情文俱盡徐廣曰古情字或假借作請諸子中多有此○正義曰言情文俱盡言是禮之至備也其次情文代勝索隱曰音昇又音尸證反或文勝情情勝文是情文更代相勝大戴禮作迭興其下復情以歸太一索隱曰言其次情文俱失歸心渾沌天地之初復禮之本是歸太一也天地以合日月以明四時以序星辰以行江河以流萬物以昌好惡以節喜怒以當以爲下則順以爲上則明正義曰自天地以下八事大禮之備情文俱盡故用爲下則順用爲上則明也太史公曰至矣哉索隱曰已下亦是太史公取荀卿禮論之意極言禮之損益以結禮書之論也立隆以爲極而天下莫之能益損也本末相順索隱曰謂禮之盛文理合以歸太一至禮之殺復情以歸太一隆殺皆歸太一者是本末相順也終始相應索隱曰禮始於脫略終於稅稅亦殺也殺與脫略是始終相應也○正義曰應乙陵反應當也至文

禮書

有以辨索隱曰言禮之至文能辨尊卑貴賤故云有以辨也至察有以說索隱曰言禮之至察有以明隆殺損益委曲情文足以悅人心故云有以說也天下從之者治不從者亂從之者安不從者危小人不能則也正義曰小人猶庶人也則法也言天下士以上至于帝王能從禮者則治安不能從禮者則危亂庶人據於事不能法禮也禮之貌誠深矣索隱曰有本作貇誠深者非也○正義曰言禮之貌信深厚矣雖有鄒子堅白同異之辯明察入於禮義之中自然成懦弱敗壞之體也堅白同異之察入焉而弱其貌誠大矣正義曰言禮之貌信廣大矣雖有擅作典制褊陋之說文辭入於禮義之中自然成淫俗褊陋之言擅作典制褊陋之說入焉而望索隱曰言擅作典制褊陋之說入禮則自慊望知其失其貌誠高矣正義曰言禮之貌信尊高矣雖有暴慢恣睢輕俗以爲高之屬入於禮義之中自然成隊墜落暴慢輕俗之人暴慢恣睢輕俗以

爲高之屬入焉而隊索隱曰恣睢猶毀訾也言訾毀禮者自取墜滅故繩誠陳鄭玄曰誠猶審也陳設也謂單畫也則不可欺以曲直衡誠縣索隱鄭玄曰衡稱也縣謂錘也○正義曰音玄則不可欺以輕重規矩誠錯索隱曰錯置也規車也矩曲尺也○正義曰錯七故反則不可欺以方員君子審禮則不可欺以詐僞正義曰詐僞謂堅白同異擅作典制暴戾恣睢自高也故陳繩曲直定懸衡輕重分錯規矩方員自消滅矣故繩者直之至也衡者平之至也規矩者方員之至也禮者人道之極也然而不法禮不足禮謂之無方之民鄭玄曰方猶道也法禮足禮謂之有方之士禮之中能思索索隱曰索求也謂之能慮能慮勿易正義曰易謂輕易也謂之能固能慮能

固加好之焉聖矣正義曰好火到反言人以得禮之中又能思審索求其禮謂之能思慮又不輕易其禮謂之能堅固能慮能固其禮更加好之乃聖人矣天者高之極也地者下之極也日月者明之極也無窮者廣大之極也聖人者道之極也正義曰道謂禮義也言人有禮義則爲聖人比於天地日月廣大之極也以財物爲用以貴賤爲文以多少爲異以隆殺爲要索隱曰隆猶厚也殺猶薄也文貌繁情欲省禮之隆也文貌省情欲繁禮之殺也文貌情欲相爲內外表裏並行而雜禮之中流也正義曰言文飾情用表裏外內合於儒墨是得禮情之中而流行不息也君子上致其隆下盡其殺而中處其中正義曰中謂情文也步驟馳騁廣騖不外正義曰騖音務言君子之人上存文飾下

務減省而合情文處得其中縱有戰陣殺戮邪惡則不棄於禮義矣二皇步五帝驟三王馳五伯騖也是以君子之性守宮庭也索隱曰言其性守正不謾遠行如常守宮庭也○正義曰宮庭聽朝處喻君子心內常守禮義若宮庭焉人域是域士君子也索隱曰域居也言君子之行非人居弗居也○正義曰處平凡人域之中能知禮義之域限即爲士及君子也外是民也索隱曰外謂人域之外非人所居之地以喻禮義之外別爲它行即是小人故云外是人也於是中焉房皇周浹曲直得其次序聖人也索隱曰房音旁旁皇猶徘徊也周浹猶周匝言徘徊周浹委曲得禮之序動不失中則是聖人之行也故厚者禮之積也大者禮之廣也索隱曰言君子聖人有厚大之德則爲禮之所歸積益弘廣也故曰甘受和白受采忠信之人可以學禮苟無忠信之人則禮不虛道然此文皆荀卿禮論之所載者也高者禮之隆也明者禮之盡也正義曰言君子內守其禮德厚大積至於高尊明禮則是禮之終竟也

此書是褚先生取荀卿禮論兼爲之

索隱述贊曰

禮因人心　非從天下　合誠飾貌

救弊興雅　以制黎甿　以事宗社

情文可重　豐殺難假　仲尼坐樹

孫通蕝野　聖人作教　罔不由者

史記札書一　十三

禮書第一　史記二十三

樂書第二　史記二十四

正義曰天有日月星辰地有山陵河海歲有萬物成孰國有聖賢宮觀周域官僚人有言語衣服體貌端脩咸謂之樂樂書者猶樂記也鄭玄云以其記樂之義也按別錄目屬樂記蓋十一篇合爲一篇十一篇者有樂本有樂論有樂施有樂言有樂禮有樂情有樂化有象法有賓牟有師乙有魏文侯今雖合之亦略有分焉劉向校書得樂書二十三篇著於別錄今樂記雖有十一篇其名猶存也

太史公曰余每讀虞書至於君臣相敕維是幾安而股肱不良萬事墮壞未嘗不流涕也成王作頌推己懲艾（正義音刈）悲彼家難（正義曰乃憚反家難謂文王囚羑里）可不謂戰戰恐懼善守善終哉（正義曰言成王作頌悲文王戰戰恐懼推己戒勵爲治是善守善終也）君子不爲約則脩德（正義爲于僞反）滿則棄禮佚能思初安能惟始沐浴膏澤而歌詠勤苦非大德誰能如斯傳曰治定功成禮樂乃興海內人道益深其德益至所樂者益異滿而不損則溢盈而不持則傾凡作樂者所以節樂（正義曰音洛言不樂至荒淫也）君子以謙退爲禮以損減爲樂樂其如此也以爲州異國殊情習不同故博采風俗協比聲律（正義比音鼻）以補短移化助流政教天子躬於明堂臨觀而萬民咸盪滌邪穢斟酌飽滿以飾厥性故云雅頌之音理而民正嘄噭之聲興而士奮（索隱曰嘄音姑堯反又音叫噭音擊）鄭衛之曲動而心淫及其調和諧合鳥獸盡感而況懷五常含好惡自然之勢也治道虧缺而鄭音興起封君世辟（索隱曰辟亦君也○正義辟并亦反）名顯鄰州爭以相高自仲尼不能與齊優遂容於魯（索隱曰齊人歸女樂而孔子行言不能遂容於魯而去也或作逐客謬耳）雖退正樂以誘世作五章以刺時（索隱曰按家語云孔子嗤季桓子作歌引詩曰彼婦之口可以出走彼婦之謁可以死敗優哉游哉聊以卒歲此是五章之刺也）猶莫之化陵遲以至六國流沔沉佚遂往不返卒於喪身滅宗并國於秦秦二世尤以爲娛丞相李斯進諫曰放棄詩書極意聲色祖伊所以懼也（正義曰祖伊諫紂紂不聽孔安國云祖己後賢臣也）輕積細過恣心長夜紂所以亡也趙高曰五帝三王樂各殊名示不相襲朝廷下至人民得以接懽喜合殷勤非此和說不通解澤不流（正義曰說音悅解音蟹言非此樂和適亦悅樂之不通散恩澤之事不流各一世之化也諫二世故名之也）亦各一世之化度時之樂何必華山之騄耳而后行遠乎二世然之高祖過沛詩三侯之章令小兒歌之（索隱曰按過沛詩即大風歌也其辭曰大風起兮雲飛揚威加海內兮歸故鄉安得猛士兮守四方是也侯語辭也詩曰侯其禕而者是也兮亦語辭也沛詩有三兮故云三侯也）高祖崩令沛得以四時歌儛宗廟孝惠孝文孝景無所增更於樂府習常肄舊而已（正義肄音

異至今上即位作十九章索隱曰按礼樂志安世房中樂有十九章令侍
中李延年次序其聲拜爲協律都尉通一經之
士不能獨知其辭皆集會五經家相與共講習
讀之乃能通知其意多爾雅之文漢家常以正
月上辛祠太一甘泉以昏時夜祠到明而終常
有流星經於祠壇上使僮男僮女七十人俱歌
春歌青陽夏歌朱明瓚曰爾雅云春曰青陽夏曰朱明秋歌西皥
韋昭曰西方少皥也冬歌玄冥正義曰禮記月令云玄冥水官也世多有故不
論索隱曰言四時歌多有其詞故此不論載今見漢書禮樂志又嘗得神馬渥洼
水中李斐曰南陽新野有暴利長當武帝時遭刑屯田燉煌界人數於此水旁見羣野馬中有奇異者與凡馬
異來飲此水傍利長先爲土人持勒靽於水傍後馬玩習久之代土人持勒靽收得其馬獻之欲神異此馬云從水中出
蘇林曰洼音窐曲之窐也○索隱曰洼音烏花反蘇林音窐窐即窊也復次以爲太一之
歌歌曲曰太一貢兮天馬下索隱曰按礼樂志貢作況況與貢意亦通○正
義曰太一北極大星也霑赤汗兮沫流赭應劭曰大宛馬汗血霑濡也流沫如赭騁
容與兮跇萬里孟康曰跇音逝如淳曰跇謂超踰也○索隱曰鄒誕生云跇一作世音跇今
安匹兮龍爲友後伐大宛得千里馬馬名蒲梢
應劭曰大宛舊有天馬種蹋石汗血汗從前肩髆出如血號一日千里○索隱曰梢音史交反又作騒亦同音次作
以爲歌歌詩曰天馬來兮從西極經萬里兮歸
有德承靈威兮降外國涉流沙兮四夷服中尉
汲黯進曰凡王者作樂上以承祖宗下以化兆

民今陛下得馬詩以爲歌協於宗廟先帝百姓
豈能知其音邪上默然不說丞相公孫弘曰黯
誹謗聖制當族凡音之起由人心生也正義曰皇侃云此章
有三品故名爲樂本備言音聲所起故名樂本夫樂之起其事有二一是人心感樂樂聲從心而生一是樂感人心心隨
樂聲而變也人心之動物使之然也正義曰物者外境也外有善惡來觸於心則應
觸而動故云物使之然也感於物而動故形於聲鄭玄曰宮商角徵羽雜比曰音
單出曰聲形猶見也王肅曰物事也謂哀樂喜怒和敬之事感人而動見於聲聲相應故生變
鄭玄曰樂之器彈其宮則衆宮應然而不足樂是以變之使雜也○正義曰崔靈恩云緣五聲各自相應不足爲樂故變
使雜令聲音諧和也變成方謂之音鄭玄曰方猶文章○正義曰皇侃云單聲不足故變雜五
聲使交錯成文乃謂爲音也比音而樂之及干戚羽旄謂之樂
也鄭玄曰干楯也戚斧也武舞所執也羽翟羽也旄旄牛尾文舞所執也○正義曰比音鼻次也音五音也言五音雖
雜猶未足爲樂復須次比器之音及文武所執之物共相諧會乃是由音得名爲樂武陰文陽故所執有輕重異樂
者音之所由生也正義曰合音乃成樂是樂由音而生諸樂生起所由之生也其本
在人心感於物也正義曰本猶初也物外境也言將欲明樂隨心見故更陳此句也是
故其哀心感者其聲噍以殺鄭玄曰噍踧也○索隱曰噍音如字鄒誕生作
噍音將妙反○正義曰殺所介反噍踧急也若外境痛苦則其心哀感哀感在心故樂聲踧急而殺也此下六者皆人君
見前境來感己而制樂音隨心見之也其樂心感者其聲嘽以緩鄭玄
曰嘽寬綽之貌○正義曰嘽寬也若外境可美則其心歡樂歡樂在心故樂聲必隨而寬緩也其喜心感
者其聲發以散鄭玄曰發揚也○正義曰若外境會意其心喜悅悅喜在心故樂聲發揚也
其怒心感者其聲麤以厲正義曰若外境乖失故已心怒謂怒隨心心隨

怒而發揚故無輟破則樂聲麤麤彊而嚴厲也其敬心感者其聲直以廉正義曰廉隅也若外境尊高故已心悚敬悚敬在內則樂聲直而有廉角也其愛心感者其聲和以柔正義曰柔軟也若外境憐慕故已心愛惜愛惜在內則樂和柔也六者非性也正義曰性本靜寂無此六事六事之生由應感見而動故云非性感於物而後動鄭玄曰言人聲在所見非有常是故先王慎所以感之正義曰六事隨見而動非關本性先王聖人在上制正礼以防之故先王愼所以感之者也故禮以道其志樂以和其聲政以壹其行正義曰胡孟反刑以防其姦禮樂刑政其極一也鄭玄曰極至也○正義曰四事防愼所感之由也用禮教尊其志用由樂諧和其聲用法律齊其行用刑辟防其凶民不復流僻徒感防之使同其一敬不爲非也極至也所以同民心而出治道也鄭玄曰此其所謂至也○正義曰上四事功成民同其心俱不邪僻故治道出也民心所觸有前六者不同故聖人用後四者制之

凡音者生人心者也正義曰此樂本章第二段明樂感人心也人心即君人心也樂音善惡由君上心之所好故云生於人心者也情動於中故形於聲正義曰情君之情也中猶心也心既感物而動故形見於聲也聲成文謂之音正義曰謂之音清濁雖異各見於外成於文彩並謂之音也是故治世之音安以樂其政和正義曰樂音洛言平理之世其樂音安靜而歡樂也正政同也亂世之音怨以怒其政乖徐廣曰一作煩○正義曰亂世之音民心怨怒樂聲亦怨由其政乖僻故亡國之音哀以思其民困正義曰思音四亡國謂將欲滅亡之國樂音悲哀而愁思亡國之時民之心哀思其樂音亦哀思由其民困苦故也聲音之道與政通矣鄭玄曰言以八音和否隨政也○正義曰政和則聲音安樂政乖則聲音怨怒是聲音之道與政通矣宮爲君王肅曰居中揔四方○索隱曰宮絃最大用八十一絲聲重而尊故爲君○正義曰宮屬土居中央揔四方君之象也

商爲臣王肅曰秋義斷○索隱曰商是金金爲決斷臣事也絃用七十二絲次宮如臣次君者也角爲民王肅曰春物並生各以區別民之象也○索隱曰絃用六十四絲聲居宮羽之中比君爲劣比物爲優故云清濁中人之象也○正義曰角屬木以其清濁中民之象徵爲事王肅曰夏物盛故事多○索隱曰徵屬夏夏時生長萬物皆成形體事亦有體故配事絃用五十四絲○正義曰徵屬火以其徵清事之象也羽爲物王肅曰冬物聚○索隱曰羽爲水最清物之象故爲物絃用四十八絲五者不亂則無怗懘之音矣鄭玄曰怗懘獘敗不和之貌也○索隱曰又本作点懘省也○正義曰怗懘弊也懘怗敗也君臣民事物五者各得其用不相壞亂則五音之響無獘敗也宮亂則荒鄭玄曰荒猶散○正義曰宮亂則其聲放散由其君驕溢故也其君驕商亂則搥徐廣曰搥今禮作陂也○索隱曰搥音都回反陂音詖○正義曰商音亂其聲欹邪不正由其臣不理於官壞故也其臣壞角亂則憂正義曰角音亂其聲憂愁由政虐民怨故也其民怨徵亂則哀正義曰徵音亂其聲哀苦由繇役不休其民事勤勞也其事勤羽亂則危正義曰羽音亂其聲傾危由君賦重於其民貧乏故也其財匱五者皆亂迭相陵謂之慢正義曰迭互也陵越也五聲並不和則君臣上下互相陵越所以謂之爲慢也如此則國之滅亡無日矣鄭玄曰君臣民事物也其道亂則其音應而亂也○索隱曰無日猶言無復一日也以言君臣交慢如此無復一日則國之滅亡朝夕可待也鄭衛之音亂世之音也比於慢矣鄭玄曰比猶同○正義曰鄭音好濫淫志衛國之音促速煩志並是亂世音雖亂而未滅亡故比慢也比必以反桑間濮上之音鄭玄曰濮水之上地有桑間在濮陽南○正義曰昔殷紂使師延作長夜靡靡之樂以致亡國武王伐紂此樂師師延將樂器投濮水而死後晉國樂師師涓夜過此水聞水中作此樂因聽而寫之既得還國爲晉平公奏之師曠撫之曰此亡國之音也得此必於桑間濮上乎紂之所由亡也亡國之音也其政散其民流誣上行私而不可止正義

曰若用此濮上之音其政必離散而民人流徙逃亡緣臣無上各行私情國即滅亡而不可禁止也凡音者生於人心者也正義曰此樂章第三段也前第一明人心感樂第二段明樂感人心此段聖人制正樂以應之此段自有二重自凡音至反人道爲一重却應第二段樂感人心也又自人心生而靜至王道備矣爲一重却應第一段人心感樂也樂者通於倫理者也鄭玄曰倫猶類也理分也○正義曰音初生自君心形而成樂樂成則能通於百姓使各盡其類分故曰通倫理者也是故知聲而不知音者禽獸是也知音而不知樂者衆庶是也唯君子爲能知樂鄭玄曰禽獸知此爲聲耳不知其宮商之變八音並作克諧曰樂是故審聲以知音正義曰聲爲音本若欲知音當須審定其聲然後音可知審音以知樂正義曰音爲樂本前審定其音然後可知樂也審樂以知政正義曰樂爲政本前審定其樂然後政可知也而治道備矣正義曰前審定其本後識其末則爲治之道乃可備也是故不知聲者不可與言音不知音者不可與言樂知樂則幾於禮矣鄭玄曰幾近也○正義曰禮謂治國之禮包萬事萬事備具始是禮極今知樂者但正君臣民事物五者之情於禮未極故云幾於禮也禮樂皆得謂之有德德者得也鄭玄曰聽樂而知政之得失則能正君臣民事物之禮○正義曰若聽樂而知禮則是禮樂皆得二者備具則是有德之君也又言有德之人是能得禮樂之情故云德者得也是故樂之隆非極音也鄭玄曰隆猶盛也極猶窮也○正義曰大樂之盛本在移風易俗非窮鐘鼓之音故云非極音也故論語樂云樂云鐘鼓云乎哉是也食饗之禮非極味也正義曰食音嗣食享謂宗廟祭也夫禮之盛本在安上治民非崇玉帛至味故云非極味也故論語禮云禮云玉帛云乎哉是也清廟之瑟鄭玄曰清廟謂作樂歌清廟王肅曰於清廟中所鼓之瑟朱絃而踈越鄭玄曰越瑟底孔畫踈之使聲遲一倡而三歎有遺音者矣鄭玄

曰遺猶餘也王肅曰未盡音之極○正義曰倡音唱一唱謂一人始唱歌三歎謂三人讚歎也樂歌此文王之道不極音聲故但以熟弦廣孔少唱寡和此音有德傳於無窮是有餘音不已一云所重在德本不在音是有遺餘音念之不忘也大饗之禮正義曰大享即食享也變食言大崇其名故也不尚重味故食言大也此言禮盛不作至味之事尚玄酒正義曰祫祭之禮則列玄尊在上五齊在下也而俎腥魚正義曰凡俎有肴生腊是俎腥魚者生魚也俎雖有三牲而兼載生魚也大羹不和正義曰和胡卧反大羹肉汁也祫祭有肉汁爲羹無鹽菜之芼和也有遺味者矣正義曰遺亦餘也此著質素之食禮人主誠設之道不極滋味故尚明水而腥魚此禮可重流芳竹帛傳之無已有餘味一云禮本在德不在甘味故用水魚而遺味也是故先王之制禮樂也非以極口腹耳目之欲也將以教民平好惡而反人道之正也鄭玄曰教之使知好惡○正義曰好火到反惡一故反平均也言先王制禮作樂本是教訓澆民平於好惡之理故去惡歸善不爲口腹耳目之欲令反歸人之正道也人生而靜天之性也正義曰此第三段第二重也人初生未有情欲其情欲至靜稟于自然是天之性也感於物而動性之頌也徐廣曰頌音容今禮作欲○正義曰其心雖靜感於外情因物而動是性之貪欲也物至知知然後好惡形焉王肅曰事至能以智知之然後情之好惡見○正義上知音智內知誘於外不能反己天理滅矣王肅曰內無定節智爲物所誘於外情從之動而失其天性○正義曰言好惡不自節量於心唯知情慾誘之於外不能反還己躬之善則天性滅絕矣夫物之感人無窮而人之好惡無節則是物至而人化物也鄭玄曰隨物變化○正義曰夫物不一故言無窮也若人心嗜慾無度隨好惡不能節之則與之而化故云人化物人化物也者滅天理而窮人欲者也鄭玄曰言無所不爲○正義曰心隨物化則滅天性而恣人心之欲也於是有悖逆詐僞

之心有淫佚作亂之事是故彊者脅弱衆者暴寡知者詐愚勇者苦怯疾病不養老幼孤寡不得其所此大亂之道也是故先王制禮樂人爲之節鄭玄曰爲作法度以遏其欲也王肅曰以人爲之節言得其中也衰麻哭泣正義曰此以下並是陳禮節人之事也制五服哭泣所以紀喪事之節而不使背死忘生也事死者難故以哀哭爲前也所以節喪紀也鍾鼓干戚所以和安樂也婚姻冠笄所以別男女也鄭玄曰男二十而冠女許嫁而笄○正義曰冠音貫笄音雞射鄉食饗所以正交接也鄭玄曰射鄉大射鄉飲酒禮節民心樂和民聲政以行之刑以防之禮樂刑政四達而不悖則王道備矣樂者爲同禮者爲異鄭玄曰同謂協

好惡也異謂別貴賤○正義曰此第二章名爲樂論其中有四段此章論禮樂同異也夫樂使率土合和是爲同也禮使父子殊別是爲異也同則相親異則相敬樂勝則流王肅曰流遁不能自還禮勝則離王肅曰離析而不親○正義曰勝式證反勝猶過也禮樂雖有同異而又相須也若樂過和同而無禮則流慢無復尊卑之敬若禮過殊隔無樂則親屬離析無復骨肉之愛也合情飾貌者禮樂之事也鄭玄曰欲其並行彬彬然○正義曰樂和內是合情也禮檢迹是飾貌也禮義立則貴賤等矣鄭玄曰等階級樂文同則上下和矣正義曰文謂聲成文也若作樂文采諧同則上下並和是樂和民聲也好惡著則賢不肖別矣正義曰好惡並去聲又並如字著張慮反若法律分明善惡章著則賢愚斯別是政化行矣刑禁暴爵舉賢則政均矣正義曰王者爲用刑則禁制暴慢踈爵以舉賞賢良則政治均平是刑以防之矣既是禁暴而又言舉賢者示刑賞爲重不宜獨行必須賞罰兼明也然禮樂之用非政不行明須四事連行也仁以愛之義以正之如此則民治行矣正義曰言禮樂刑政既均又須仁以愛民義以正民如此則民順理正行矣樂由中出鄭玄曰和在心○正義曰此樂論第二段謂樂功也出猶生也爲人在中和有未足故生此樂禮自外作鄭玄曰敬在貌○正義曰作猶起也爲人在外敬有未足起此禮也樂由中出故靜正義曰樂和心在內故云靜禮自外作故文鄭玄曰文猶動○正義曰禮肅人貌貌在外故云動大樂必易正義曰易以豉反朱絃疏越是也大禮必簡鄭玄曰易簡若於清廟大饗然正義曰玄酒腥魚是也樂至則無怨禮至則不爭鄭玄曰至猶達也行也○正義曰樂行主和和達則民無復怨怒也禮行主謙謙達則民不爭競也揖讓而治天下者禮樂之謂也暴民不作諸侯賓服兵革不試鄭玄曰賓協也試用也五刑不用百姓無患天子不怒如此則樂

達矣合父子之親正義曰前云禮至不爭故致天下尊卑之序也禮使父慈子孝是合父子之親也即父事三老也明長幼之序正義曰長坐幼立是明長幼之序即兄事五更是也以敬四海之內正義曰孝經云教以孝所以敬天下之爲人父教以弟所以敬天下之爲人兄教以臣所以敬天下之爲君即是敬四海之內也天子如此則禮行矣正義曰言天子能躬行禮則臣下必用禮如此則禮行矣合父子以下悉自天子自身行之也大樂與天地同和正義曰此樂論第三段論禮與樂唯聖能識也言天地以氣氤氳合生萬物大樂之理順陰陽律呂生養萬物是大樂與天地同和大禮與天地同節鄭玄曰言順天地之氣與其數也○正義曰言天有日月地有山川高卑殊形生用各別大禮辯尊卑貴賤等差異別是大禮與天地同節和故百物不失鄭玄曰不失其性○正義曰樂與天地同和能生成性萬物節故祀天祭地鄭玄曰成物有功報焉○正義曰禮與天地生成同節有尊卑上下報萬物之功明則有禮樂鄭玄

曰教人者也○正義曰明猶外也言聖王能使樂與天地同和禮與天地同節又能顯明其禮樂以教人也幽則有鬼神鄭玄曰助天地成物者也易曰知鬼神之情狀然則聖人精氣謂之神賢智之精氣謂之鬼也○正義曰幽內也言聖王又能內敬鬼神助天地生成萬物如此則四海之內合敬同愛矣正義曰言行禮同節故四海合敬矣樂同和故四海同愛矣禮者殊事合敬者也正義曰尊卑貴賤之別是殊事也施之同以莊敬是合敬也樂者異文合愛者也正義曰宮商錯而成文隨事而制變是異文同以勸愛是合愛也禮樂之情同故明王以相沿也鄭玄曰沿猶因述也殷因於夏周因於殷○正義曰樂情主和禮情主敬致化是同以其致化情同故明王相因述也故事與時並鄭玄曰舉事在其時也王肅曰有其時然後得立其事○正義曰言聖王所爲之事與所當之時並行也若堯舜揖讓之事與淳和之時並行湯武干戈之事與澆薄之時並行此句明孔也名與功偕鄭玄曰爲名在於其功也偕猶俱也王肅曰有功然後得受其名○正義曰名謂樂名也偕俱也功者揖讓干戈之功也聖王制樂之名與所建之功俱作也若堯舜樂名咸池大韶湯武樂名大濩大武也故鐘鼓管磬羽籥干戚樂之器也正義曰此陳樂事也鐘鼓之屬是樂之器有形質故爲事也詘信俯仰級兆舒疾徐廣曰綴今礼作綴駰案鄭玄曰兆其外營域○索隱曰綴舞者酇列也又按下文其舞行及遠及短禮皆作綴蓋是字之殘缺訛變耳故此爲級而下又爲及也並依字讀義亦雖通恐違古記耳樂之文也正義曰文飾之事也簠簋俎豆制度文章禮之器也升降上下周旋裼襲禮之文也故知禮樂之情者能作正義曰既能窮本知末知變又能著誠去僞所以能述作故謂之聖也識禮樂之文者能述鄭玄曰述謂訓其義○正義曰謂上文屈伸俯仰升降上下也作者之謂聖正義曰堯舜禹湯之屬是也述者之謂明正義曰游夏之屬是也明聖者述作之謂

也樂者天地之和也禮者天地之序也正義曰此樂論第四段也謂禮樂之情也樂法天地之氣故云天地之和禮法天地之形故云天地之序禮樂從天地而來王者必明於天地然後能興禮樂也和故百物皆化序故羣物皆別鄭玄曰化猶生也別謂形體異樂由天作禮以地制鄭玄曰言法天地○正義曰天用和氣化物物從氣化是由天作也地有高下區分以生萬物禮有品節殊文是由地制也過制則亂過作則暴鄭玄曰過猶誤也暴失文武意也明於天地然後能興禮樂也正義曰禮樂既不可誤故須明天地者乃可制作也論倫無患樂之情也王肅曰言能合道論中倫理而無患也○正義曰既云唯聖人識禮樂之情此以下更說其情狀不同也倫類也賀瑒云樂使物得類序而無害是樂之情也欣喜驩愛樂之容也正義曰容猶事也賀瑒云八音克諧使物欣喜此樂之事迹也中正無邪禮之質也鄭玄曰質猶本○正義曰明禮情也質本也禮以心內中正無有邪僻是禮之本莊敬恭順禮之制也正義曰明禮情之事也謂容貌莊敬謙恭謹慎是禮之節制也若夫禮樂之施於金石越於聲音用於宗廟社稷事于山川鬼神則此所以與民同也王肅曰自天子至民人皆貴禮之敬樂之和以事鬼神先祖也○正義曰言四者施用祭祀隨世而異則前王所不專故文云則此所以與民同言隨世也王者功成作樂治定制禮鄭玄曰功成治定同時耳功主于王業治主于教民○正義曰此第三章名樂禮章言明王爲治制禮作樂故名樂禮章其中有三段一明禮樂齊其用必對二明禮樂法天地之事三明天應禮樂也其功大者其樂備其治辯者其禮具徐廣曰辯一作別駰案鄭玄曰辯偏也○正義曰辯皮勉反又邊練反夫禮樂必由功治有小大故禮樂應之而廣狹也若上世民淳易化故王者功治廣偏是以禮樂備也而殷周民澆難化故王者功治偏狹則禮樂亦不具干戚之舞非備樂也鄭玄曰樂以文

德爲備若咸池也○正義曰諸樂不備也干戚周武也樂以文德爲備故用朱絲疏越干戚之舞故非備樂也亨孰而祀非達禮也鄭玄曰達猶具也至敬不饗味而貴氣臭○正義曰解禮不具也謂腥俎玄尊表誠象古而已不在芬苾孰味是乃澆世爲之非達禮也五帝殊時不相沿樂三王異世不相襲禮鄭玄曰言其有損益○正義曰庾蔚之云樂興於五帝禮成於三王樂興王者之功禮隨世之質文崔靈恩云五帝淳澆不同故不得相沿爲樂三王文質之不等故不得相襲爲禮樂極則憂禮粗則偏矣鄭玄曰樂人之所好也害在淫侈禮人之所勤害在倦略及夫敦樂而無憂鄭玄曰敦厚也禮備而不偏者其唯大聖乎天高地下萬物散殊而禮制行也鄭玄曰禮爲異○正義曰天高於上地卑於下萬物布散殊別於其中而大聖制禮別異尊卑是衆大而行故云禮制行矣禮以節制爲義故云禮制流而不息合同而化而樂興也鄭玄曰樂爲同○正義曰

天地二氣流行不息合同氤氳化生萬物而大聖作樂合同人心是以象天地而起故云樂興也春作夏長仁也秋斂冬藏義也仁近於樂義近於禮鄭玄曰言樂法陽而生禮法陰而成○正義曰近其靳反春夏生長萬物故爲仁愛樂主陶和萬性故仁近於樂也秋則殺斂冬則蟄藏並是義主斷割禮爲節限故義近於禮也樂者敦和率神而從天鄭玄曰敦和樂貴同○正義曰此釋仁近樂之義言樂之爲體敦厚和同因循聖人之神氣而從順於天禮者辨宜居鬼而從地鄭玄曰別宜禮尚異也孫炎曰居鬼品處人鬼之志○正義曰此解義近禮之由居鬼循循神也鬼謂先賢也禮之爲體尊卑殊別各有其宜因居先賢鬼氣而從順於地分別禮分故聖人作樂以應天作禮以配地禮樂明備天地官矣鄭玄曰各得其事也王肅曰各得其位也天尊地卑君臣定矣正義曰此樂禮章第二段也明樂禮法天地事也言君尊於上臣卑於下是象天地定矣高卑已陳貴賤

位矣鄭玄曰高卑謂山澤也位矣尊卑之位象山澤動靜有常小大殊矣鄭玄曰動靜陰陽用事也小大萬物也大者常存小者隨陰陽出入方以類聚物以羣分則性命不同矣鄭玄曰方謂行蟲物謂殖生者性之言生也命生之長短○正義曰性生也萬物各有嗜好謂之性命者長短夭壽也所祖之物既禀大小之殊故性命夭壽不同也在天成象在地成形鄭玄曰象光耀形體貌○正義曰言日月星辰之光耀草木鳥獸之體貌也如此則禮者天地之別也正義曰結禮之別也此天地明聖制禮殊別是天地之分別也亦別辨宜居鬼而從地也地氣上隮鄭玄曰隮升也天氣下降正義曰明禮樂法天地氣也天地二氣之升降合而生物故樂以氣法地弦歌聲氣升降相合以教民也然氣從下升此樂象氣故從地始也形以上尊故禮象形從天始也陰陽相摩正義曰二氣切摩而萬物生發作樂亦令聲氣切摩使民心生敬也天地相蕩鄭玄曰蕩動也○正義曰天地八節蕩動也天地化物八節更相感動作樂亦令八音相感動也

鼓之以靁霆正義曰萬物雖以氣生而物未發故雷霆以鼓動之如樂用鍾鼓以發節也大雷曰霆奮之以風雨鄭玄曰奮迅也○正義曰萬物皆以風雨奮迅而出如樂用儛奮迅以象之使發人情也動之以四時正義曰萬物生長隨四時而動如樂各逐心內所須而奏之煖之以日月正義曰煖音喧遠反萬物之生必須日月煖照如樂有蘊藉使人宣昭也蘊藉者歌不直言而長言嗟歎之屬也而百物化興焉鄭玄曰百物化生如此則樂者天地之和也正義曰結樂之和也如此有聖人作樂法天地和同是樂者天地之和也亦是敦和率神而從天地化不時則不生正義曰此樂禮章第三段明天地應於禮樂也前聖人既作禮樂此明天地應樂也若人主行化失時天地應以惡氣毀物故云化不時則不生也男女無別則亂登鄭玄曰登成也樂失則害物禮失則亂人○正義曰此明天地應禮也登成也若人君行禮男女無別則天地應而錯亂成之也此天地之情也正義曰結隨禮得失而應之是天地之情也然樂是氣化故云害物

禮是形教故言亂人也及夫禮樂之極乎天而蟠乎地鄭玄曰極至也蟠猶委也行乎陰陽而通乎鬼神正義曰言陰陽和四時順以應禮樂禮樂與鬼神並助天地而成化也窮高極遠而測深厚鄭玄曰高遠三辰也深厚山川也言禮樂之道上至於天下委於地則其間無所不之樂著太始而禮居成物王肅曰著明也明太始謂法天也成物謂地也居亦謂法也○索隱曰樂能明太始是法天也地能成萬物故禮所以法地也○正義曰著猶處也天爲萬物之始故曰太始天著而氣化樂亦氣化故云處太始也成物地也體盤薄長成萬物也在地成形禮亦形教故云居成地也地卑故曰居天高故曰著也著不息者天也著不動者地也鄭玄曰著猶明白也息謂休止也○索隱曰運生不息者天之功也故易乾卦云天行健君子以自強不息著養萬物不動者地之德也故易坤卦云安貞之吉是也○正義曰此美禮樂配天地也著亦處也言樂氣處運生不息者配天也禮制尊卑定位成養萬物處不移動者配地也一動一靜者

天地之間也鄭玄曰間謂百物也○正義曰此美禮樂若分則配天地若合則與百物齊一也靜動而生百物稟天動地靜而生故呼百物爲天地之間也故聖人曰禮云樂云鄭玄曰言禮樂之法天地也○正義曰引聖證此章也言聖人云明此一章是禮樂法天地也故言聖人曰禮云樂云樂動禮靜其並用事如天地間物有動靜也昔者舜作五絃之琴以歌南風鄭玄曰南風長養之風也言父母之長養己也其辭未聞也王肅曰南風育養民之詩也其辭曰南風之薰兮可以解吾民之慍兮○索隱曰此詩之辭出尸子及家語○正義曰此第四章明樂施明禮樂前備後施布天下也中有三段一明施樂以賜諸侯也二明施樂須節既賜之所以宜節也三明禮樂所施各有本意本德世本神農作琴今云舜作者非謂舜始造也改用五弦琴特歌南風詩始自舜也五弦者無文武二弦唯宮商角徵羽之五絃也南風是孝子之詩也南風養萬物而孝子之歌也得父母生長如萬物得南風也舜有孝行故以五絃之琴歌南風詩以教理天下之孝也夔始作樂以賞諸侯鄭玄曰夔欲舜與天下之君共此樂故天子之爲

樂也以賞諸侯之有德者也德盛而教尊五穀時孰正義曰陳其合賞也若諸侯孝德明盛教化尊嚴年穀豐稔故天子賞樂也天下因而法之也然後賞之以樂故其治民勞者其舞行綴遠正義曰行音胡郎反綴音子儒反本或作綴音同此明雖得樂賜而隨功德優劣也舞位行列也綴謂纘列也若諸侯治民勞苦由君德薄王賞之以樂則舞人少不滿將去纘疏遠也其治民佚者其舞行綴短王肅曰遠以象民行之勞近以象民行之逸○正義曰佚音逸若諸侯治民暇逸由君德盛王賞舞人多則滿將去纘促近也更蔚之云此爲虞夏禮也虞夏猶淳故可隨功賜樂殷周漸澆易生忿怨不宜猶有優劣是以同制諸侯六佾故與周禮不同也故觀其舞而知其德正義曰觀其舞位人多少去綴近遠即知其君德薄厚也聞其謚而知其行鄭玄曰謚者行之迹○正義曰行音故孟反制死謚隨君德故聞死謚則知生行此一句比擬其舞也大章章之也鄭玄曰堯樂名言堯德章明○正義曰既生時舞則

知德死則聞謚驗行故更引死後聞樂則知行事解之也大章堯樂也章明也民樂堯德大明故名樂曰大章後人聞大章則知堯生時德大明上章是堯德之明下章是後明於堯德白虎通云大章大明天地之道咸池備也鄭玄曰黃帝所作樂名堯增修而用之咸皆也池之言施也言德之無不施也王肅曰包容浸潤行化皆然故曰備也韶繼也鄭玄曰舜樂名言能繼堯之德夏大也鄭玄曰禹樂名言禹能大堯舜之德殷周之樂盡也鄭玄曰言盡人事也周禮曰殷曰大護周曰大武天地之道寒暑不時則疾正義曰此則樂施章第二段明施樂須節也既必須節故引譬例寒暑天地之氣也若寒暑不得則民多疾疫也風雨不節則饑正義曰風雨天事也風雨有聲形故爲事也若飄灑淒厲不有時節則穀損民饑也教者民之寒暑也鄭玄曰教謂樂也教不時則傷世正義曰寒暑不時既爲民疾苦樂教不時則傷世俗之化也事者民之風雨也事不節則無功正義曰風雨不節則民饑饉禮事不節則治無功也然

則先王之爲樂也以法治也王肅曰作樂所以法其治行也善則行象德矣王肅曰君行善即臣下之行皆象君之德○正義曰此廣樂所以須節已言先王爲樂必以法治善則臣下之行皆象君之德也夫豢豕爲酒鄭玄曰以穀食犬豕曰豢爲作也非以爲禍也正義曰此言禮須節也豢養也言前王豢犬豕及作酒之事本以爲禮祀神祇設賓客和親族禮賢能而賓非爲民作禍災也而獄訟益煩則酒之流生禍也鄭玄曰小人飲之善酗以致獄訟○正義曰此禮事也言民得豢酒無復節限卒至沉酗鬬爭殺傷而刑獄益生煩多則是酒之流害生其禍也是故先王因爲酒禮一獻之禮賓主百拜鄭玄曰一獻士飲酒之禮百拜以喻多也終日飲酒而不得醉焉此先王之所以備酒禍也故酒食者所以合歡也正義曰此結節功也既防酒禍故飲不醉爭以時合歡適也樂者所以象德也正義曰此樂施章第三段明禮樂之所施各有本意在於象德也此言樂意也言樂之所施於人本有和愛之德禮者所以閑淫也正義曰此言禮意也言禮之所施於人大止邪淫過失也是故先王有大事必有禮以哀之鄭玄曰大事謂死喪○正義曰民有喪則先王制衰麻哭泣之禮以節之使其各遂哀情是禮以哀之也有大福必有禮以樂之正義曰樂音洛大福祭祀者慶也民慶必歌舞飲食庶羞之禮使不過而各遂歡樂是有以樂之也哀樂之分皆以禮終正義曰分扶問反結二事哀樂雖反皆用禮節各終其分故云皆以禮終樂也者施也禮也者報也鄭玄曰言樂出而不反而禮有往來○正義曰施式豉反此第六段樂象法章第五段不以次第而亂升在此此段明禮樂用別也庾蔚之云樂者所以宣暢四氣導達情性功及物而不知其所報卽是出而不反所以謂施也禮者所以通彼之意故有往必有來所以謂報也樂樂其所自生鄭玄曰自由也○正義曰此廣施也樂名所起由民下之心所樂生非有所報也而禮反其所自

始正義曰此廣報也反猶報也禮生無名但是事耳隨時得質文之事而報之樂章德正義曰聞名知德若大章是也禮報情反始也孫炎曰作樂者緣民所樂於已之德若舜之民樂其紹堯也周之民樂其伐紂而作韶武也制禮者本已所由得民心殷尚質周尚文是也○正義曰禮報人情而制隨質文之始也所謂大路者天子之輿也正義曰此以下廣言禮以報爲體之事輿車也大路天子之車也諸侯朝天子脩其職貢若有勳勞者天子賜之大路也龍旂九旒天子之旌也正義曰庾蔚之云龍旂九旒上公之旌青黑緣者天子之葆龜也公羊傳曰龜青緣何休曰緣甲頓也千歲之龜青頓明乎吉凶也○索隱曰葆與寶同史記多作此字頓音耳占反○正義曰緣以絹反從之以牛羊之羣則所以贈諸侯也鄭玄曰贈諸侯謂來朝將去送之以禮也○正義曰合結上諸事皆是天子送諸侯禮也言五等諸侯朝畢反去天子贈之大路龍旂寶龜又送以牛羊之羣也樂也者情之不可變者也正義曰此第七章明樂之情與之符達鬼神合而不可變也中有三段一明禮樂情達鬼神也二證禮樂達鬼神之事三明識禮樂之本可尊也前第六章明象象必見情故以樂主情樂變則情變故云情之不可變也禮也者理之不可易者也鄭玄曰理猶事也○正義曰禮主事禮別也故云事之不可易者也樂統同正義曰解情不變也統領也同和合之情者也禮別異鄭玄曰統同和合也辨異異尊卑之位○正義曰解事不可易也禮別於尊卑之事也禮樂之說貫乎人情矣正義曰貫猶通也言人情莫過於同異而禮樂能統同辨異故其說理能通人情窮本知變樂之情也正義曰庾蔚之云樂能通和性分使各不失其所是窮自然之本也使人不守其所守是知變通之情也著誠去僞禮之經也正義曰著竹慮反去丘呂反著明也經常也著明誠信違去詐僞是禮之常行也禮樂順天地之誠正義曰見胡練反合明禮樂也禮出於地尊卑有序是見地情也樂出於天遠近和合是見天之情也達神明之德正義曰達通也禮樂不失

則天降甘露地出醴泉是通於神明之德也降興上下之神鄭玄曰降下也興猶出也○正義曰樂六變天神下八變地祇出是與降上下之神而凝是精粗之體領父子君臣之節鄭玄曰凝猶成也精粗謂萬物大小也領猶理治也是故大人舉禮樂則天地將為昭焉正義曰為于偽反昭音照此樂情章第二段明禮樂能通達鬼神之事前既云能通鬼神此明其事也大人聖人與天地合德故舉禮樂為教而天地從之大明也天地欣合陰陽相得正義曰欣喜也合猶蒸也禮樂化行故天氣下地氣蒸合陰陽交會故相得也論體謂之天地論氣謂之陰陽也煦嫗覆育萬物鄭玄曰氣曰煦體曰嫗然後草木茂區萌達鄭玄曰屈生曰區○正義曰區音勾草木據其成體之茂區萌據其新牙故曰達達猶出也荍豆之屬直出曰萌稻稷之屬也羽翮奮角觡生鄭玄曰無䚡曰觡○索隱曰牛羊有䚡曰角麋鹿無䚡曰觡○正義曰觡加客反羽翮鳥也角觡獸也鳥獸得天地覆育煦嫗故飛者則奮翅翮走者則生角

觡也蟄蟲昭蘇鄭玄曰昭曉也凡蟄蟲以發出為曉更息曰蘇○正義曰蟄蟲得陰陽煦嫗故皆出地上如夜得曉如死更有氣也羽者嫗伏毛者孕鬻鄭玄曰孕任也鬻生也○正義曰伏房富反羽鳥也毛獸也二氣既交萬物生乳故鳥生卵嫗伏之獸懷孕而生育之也胎生者不殰而卵生者不殈鄭玄曰內敗曰殰殈猶裂也○正義曰殰音讀殈音呼覓反胎生獸也卵生鳥也懷任在內而死曰殰卵坼不成子曰殈今和氣不殰殈也則樂之道歸焉耳孫炎曰樂和陰陽故歸此也○正義曰更蘇之云一論天地二氣萬物各得其所乃歸於樂耳樂者非謂黃鍾大呂弦歌干揚也鄭玄曰揚越也○索隱曰干楯也揚鉞也揚與鍚同皇侃以揚為舉恐非也○正義曰此樂情章第三段明識禮樂本者為尊識末者為卑黃鍾大呂之屬故云非謂也揚舉也謂舉楯以舞也樂之末節也正義曰黃鍾巳下是樂之末節也故童者舞之正義曰末事易之不足貴重故使童子小兒舞奏之也布筵席陳樽俎列籩豆以

升降為禮者正義曰此亦明末也用禮之本在著誠去偽安上理民不在鋪筵席樽俎升降為禮之事也禮之末節也正義曰布筵以下是禮之末節也故有司掌之鄭玄曰言禮樂之本由人君也禮本著誠去偽樂本窮本知變○正義曰有司典禮小官也末節事易解不爲可重故小官掌其事也樂師辯乎聲詩故北面而弦王肅曰但能別聲詩不知其義故北面而弦鄭玄曰弦謂鼓琴瑟○正義曰此更引事證樂師曉樂者辯別聲詩聲謂歌也言樂師雖能別歌詩並是末事故北面言坐處卑也宗祝辯乎宗廟之禮故後尸正義曰此禮事也宗祝大祝即有司之屬也雖能分別正宗廟之禮然佐於尸而非爲敬之主爲卑故在尸後也商祝辯乎喪禮鄭玄曰商祝祝習商禮者商人教以敬於接神故後主人鄭玄曰後尸居後贊禮儀也此言知本者尊知末者卑○正義曰商祝者[illegible]商之神祝習商家神祀以相佐喪事故云辯喪禮其雖掌喪事而非發哀之主故在主人後言立處賤也是故德成而上正義曰上謂堂也德成謂人君禮樂

德成則為君故居堂上南面尊之也藝成而下正義曰下堂下也藝成謂樂師伎藝雖成唯識禮樂之末故在堂下北面卑之也行成而先正義曰行胡孟反先猶前也尸及喪主也行成謂尸尊而人孝故為行成事成而後鄭玄曰德三德也行三行也藝才技也先謂位在上也後謂位在下也○正義曰事為劣故為在宗商二祝也識尸及主人後也是故先王有上有下有先有後然後可以有制於天下也鄭玄曰言尊卑備乃可制作以為治○正義曰故先王使上下前後尊卑分乃可制禮作樂以班於天下也如周公六年乃為禮也樂者聖人之所樂也正義曰此樂施章第三段後也誤在此閒淫之後又用此章廣為象其德故云聖人之所以觀德也而可以善民心其感人深其風移俗易故先王著其教焉鄭玄曰謂立司樂以下使教國子也夫人有血氣心知之性正義曰此第五章名樂言明樂歸趣之事中有三段一言人心隨王之樂也二明前王制正樂化民也三言邪

樂不可化民也前既以施人人必應之言其歸趣也此言人心隨王之樂也夫人不生則已既已生必有血氣心知之性
也 而無哀樂喜怒之常 正義曰性合五常之行有喜怒哀樂之分但其發無常時
隨外境所觸故亦無常也 應感起物而動 正義曰解所有四事之由也緣外物來感心心觸感
來起動應之故有上四事也 然後心術形焉 鄭玄曰言在所以感之也術所由也形猶見也
是故志微焦衰之音作 鄭玄曰志微意細也吳公子札曰其細已甚 而民思
憂 正義曰殺音所界反又色例反思音先利反此以下皆言心樂感而應見外事也若人君叢脞情志細劣其樂
音噍戚殺急不舒緩也音既局促故民應之而憂也 嘽緩慢易繁文簡節之音
作 鄭玄曰簡節少易也 而民康樂 正義曰嘽昌單反易以豉反樂音洛嘽綽也緩和也慢疏也繁
文多也康和樂安也言人君道德綽和疏易則樂音多文采與節奏簡略而下民所以安 粗厲猛起奮
末廣賁之音作 王肅曰粗厲亢厲猛起發揚奮末浸疾廣賁廣大之也 而民剛
毅 正義曰粗音麤賁房扮反又音墳粗麤也厲嚴也猛剛起動也末支體也廣大也賁氣充也言人君若性麤嚴
剛動而四支奮躍則樂充大民應之所以剛毅也 廉直經正 孫炎曰經法也○索隱曰經今禮本作勁
莊誠之音作而民肅敬 正義曰經音勁言人君廉直勁而剛正則樂音矜嚴而誠
信故民應之所以肅敬也 寬裕肉好 王肅曰肉好言音之洪美 順成和動之音
作而民慈愛 正義曰肉仁救反好火到反肉肥也謂音如肉之肥言人君寬容肥好則樂音順成
而和動故民應之所以慈愛也 流辟邪散狄成滌濫之音作 王肅曰狄
成言成而似夷狄之音也滌放蕩濫僭差也 而民淫亂 正義曰辟疋亦反邪音斜狄音惕狄滌皆
往來疾速也往來速而成故云狄成往來疾而僭濫故云滌濫也言君上流淫縱僻回邪放散則樂音有往來速疾僭差
之響故民應之而淫亂也心本無此六事由隨王而起也 是故先王本之情性 正義
曰此樂言章第二段也前言民隨樂變此言先王制正樂化民也言聖人制樂必本人之性情也 稽之度

數制之禮義 正義曰稽考也制樂又考天地度數爲之如律呂應十二月八音應八風之屬也
合生氣之和道五常之行 鄭玄曰生氣陰陽也五常五行也○正義曰道音導
行胡孟反合應也 使之陽而不散陰而不密 鄭玄曰密之言閉也○正義曰
陽謂亶稟陽氣多人也陽氣舒散人亶稟陽多則奢陰氣閉密人亶稟陰多則密鎮今以樂通二者之性皆使中和故陽者不散陰
者不密也 剛氣不怒柔氣不懾 鄭玄曰懾猶恐懼也○正義曰懾之涉反懼也性剛
者好怒柔者好懼今以樂和使各得其所不至怒懼也 四暢交於中而發作於
外 正義曰四陰陽剛柔也暢通也交互也中心也今以樂調和四事通暢交互於中心而行用舉動發於外不至散密
怒懾者也 皆安其位而不相奪也 正義曰此結樂爲本情性之事也閉陽開陰抑
剛引柔令使中庸故天下安其位無復相侵奪之也 然後立之學等 鄭玄曰等差也各用
其材之差學之也○正義曰前用樂陶情和暢然後乃以樂語樂舞二事教之民各隨已性才等差而學之以備分也
廣其節奏省其文采 鄭玄曰廣增習之也省猶審習之也文采謂節奏合也 以
繩德厚也 鄭玄曰繩猶度也王肅曰繩法也法其德厚薄也 類小大之稱 孫炎
曰作樂器大小稱十二律○索隱曰類今禮作律 比終始之序 鄭玄曰始於宮終於羽 以
象事行 鄭玄曰宮爲君商爲臣 使親疏貴賤長幼男女之理
皆形見於樂 正義曰此結本人之情以下緣本而教親疏以下之理悉章著樂功使聞者皆知而
見緝睦情也 故曰樂觀其深矣 正義曰此引古語證觀感人之深矣 土敝
則草木不長水煩則魚鼈不大 正義曰此樂言章第三段言邪樂不
可化民將言邪樂之由故此前以天地爲譬此以地爲譬也弊猶勞孰煩猶數攪動也土過勞孰水過撓動則草木魚鼈
不長大也 氣衰則生物不育 正義曰此以天譬也氣者天時氣也氣若衰微則生物不
復成遂也 世亂則禮廢而樂淫 正義曰此合譬也世謂時世亂其禮不備樂不節故

流淫過度水土勞褻則草木魚鼈不長大如時世濁亂之禮樂不可爲化矣是故其聲哀而不莊樂而不安正義曰樂音洛此謟樂淫之事也淫樂則聲哀而無莊故雖奏以自樂必致傾危非自安之道故云樂而不安若關雎樂而不淫哀而不傷則是有莊敬而安者也慢易以犯節正義曰易以豉反言無莊敬慢易也無節奏故云犯節也即是哀而不莊也流湎以忘本正義曰湎音沔靡靡無窮失於終止故言忘本即樂而不安也廣則容姦正義曰言淫慝禮樂聲無節也廣聲緩也容含也其聲緩者則含容姦僞也狹則思欲王肅曰其音廣大則容姦僞其狹者則使人思利欲也○正義曰狹聲急也其聲急者則思欲之攻也感滌蕩之氣而滅平和之德正義曰感動也言此惡樂能動善人滌蕩之善氣使失其所而滅善人平和之德也是以君子賤之也正義曰君子用樂調和是故賤於動滅平和之氣也凡姦聲感人而逆氣應之正義曰此第六章名象法也本第八失次也明人君作樂則天地必法象應之中有五段一明淫樂正樂俱能成象二明君子所從正樂皆有本非可假僞四證第三段有本不僞之由五明禮樂之用前有證故明其用別也今此明淫正二樂俱能成象故先言淫樂爲習應人事也言君奏姦聲之樂以感動人民則天地應之而生逆亂之氣也逆氣成象鄭玄曰成象謂人樂習之也而淫樂興焉正義曰興生也若逆氣流行於世而民又習之爲法故云成象既習亂爲法故民之樂聲生於淫佚也正聲感人而順氣應之順氣成象而和樂興焉正義曰言順氣流行民習成法故樂聲亦生於和也倡和有應正義曰倡音昌尚反和胡卧反君唱之天地和之民應之故云唱和有應也回邪曲直各歸其分正義曰分房問反此是有應也回邪不正也曲折也直不邪也言相應和表直影正表曲影邪各歸其分也而萬物之理以類相動也正義曰姦聲致應正響招順是以天下萬物之理各隨君善惡以類而相動也是故君子反情以和其志鄭玄曰反猶本也○正義曰此樂象章第二段也明君子從正樂也君子人君也反

猶本也民下所習既從於君故君宜本情不使流宕以自安和其志也比類以成其行正義曰行胡孟反萬物之理以類相動故君子比於正類以成己行也姦聲亂色不流聰明淫樂慝禮不接於心術惰慢邪辟之氣不設於身體正義曰此以下皆反情性之類事也術道也既本情和志又比類成行故姦聲亂色不留視聽淫樂穢禮不與心道相接情慢邪僻不設置已身也聲色是事故云聰明而氣無形故於身爲設也使耳目鼻口心知百體皆由順正以行其義正義曰百體謂身體百節既不行姦亂已下諸事故能使諸行並由順正以行其德美化其天下也不留聰明於姦聲亂色故耳目得順正也不用心術接淫慝禮樂故心知得順正也不設身於情僻故百體得順正也不言鼻口者嗜不一也亦因戒臭味順正也然後發以聲音文以琴瑟正義曰其身已正故然後乃可制樂爲化故用歌之音聲內發已之德用琴瑟之響外發已之行歌者在上此是堂上之樂故前明之也動以干戚飾以羽旄從以簫管正義曰又用干戚羽旄簫管從而播之絲竹在下此是堂下之樂故後明之也奮至德之光動四氣之和以著萬物之理孫炎曰奮發也至德之光天地之道也四氣之和四時之化也著猶誠也是故清明象天廣大象地終始象四時周旋象風雨王肅曰清明廣大終始周旋皆樂之節奏容儀發動也○正義曰歷解樂所以能通天地言歌聲清明是象天氣也廣大謂鐘鼓有形質是象地形也謂奏歌周而復始如四時循還也若樂六變九變是也謂舞人廻旋如風雨從天而下五色成文而不亂八風從律而不姦百度得數而有常鄭玄曰五色五行也八風從律應節至也百度百刻也言日月晝夜不失正也王肅曰至樂之極能使然耳小大相成正義曰大小謂日晦小大相通以成歲也賀瑒云十二律互相爲宮羽而相成也終始相生正義曰歲月終而更始也賀瑒云五行宮商迭相爲終始也倡和清濁代相爲經鄭玄曰清謂蕤賓至應鐘也濁

樂書

謂黃鍾至仲呂也○正義曰代更也經常也日月半歲陰陽更相爲常也即還相爲宮也故樂行而倫清鄭玄曰倫謂人道也○正義曰謂上正樂之行也謂下事張本也即樂行之事也由正樂既行故人民之道清也耳目聰明正義曰不視聽姦亂故視聰聽明血氣和平正義曰口鼻心之百體皆由從正故血氣和平移風易俗天下皆寧正義曰既皆由從正以行其義故風移俗華天下陰陽皆安寧移是移徙之名易是改易之稱也文王之國自有文王之風桀紂之邦亦有桀紂之風桀紂之後文王之風被於紂民易前之惡俗從今之善俗上行謂之風下習謂之俗故曰樂者樂也正義曰引舊語樂名廣證前事也前事正之樂雖異並是其人所樂故名曰樂也君子樂得其道正義曰雖其人所樂而名爲樂而人心不同故所樂有異有異而名通故皆名樂君子堯舜也道謂仁義故制樂亦仁義也小人樂得其欲正義曰小人桀紂也人欲邪淫也以道制欲則樂而不亂正義曰若君子在上小人在下君子樂用仁義以制小人之欲則天下安樂而不敢爲亂也

以欲忘道則惑而不樂鄭玄曰道謂仁義也欲謂邪淫也○正義曰若小人在上君子在下則小人肆縱其慾忘正道而天下從化皆爲亂惑不得安樂是故君子反情以和其志正義曰若以道制欲則是君子以欲忘道則爲小人故君子之人本情脩性以和其志不使逐欲忘道反情以至其行也廣樂以成其教正義曰內本情和志而外又廣於樂以成其教然後發以聲音以著萬物之理也樂行而民鄉方正義曰君上內和志行樂教流行故民皆向君子之道即仁義制欲者故樂行而倫清以至天下安寧也可以觀德矣鄭玄曰方猶道也○正義曰結樂使人知上之事故觀知其德也德者性之端也正義曰此樂象章第二段明邪正有本皆可爲也德得理也性之端本也言人稟性皆以得理爲本也樂者德之華也正義曰得理於內樂爲外故云德華也金石絲竹樂之器也正義曰歷解飾所須也樂爲德華若莫之能用故須金石之器也詩言其志也正義曰前金石爲器須用詩述申其志志在心

樂書

不述不暢故用詩述之也歌詠其聲也正義曰若直述其志則無醞藉之美故又長言歌詠使聲音之美可得而聞之也舞動其容也正義曰若直詠歌未暢故又舉手蹈足以動其形容也三者本乎心然後樂氣從之正義曰三者志聲容也樂氣詩歌舞也君子前有三德爲本乎心後乃詩歌舞可觀故云然後樂氣從之也是故情深而文明正義曰德爲性本故曰情深也樂爲德華故云文明氣盛而化神正義曰歌舞蹈樂氣從之故云氣盛天下咸寧故曰化神也和順積中而英華發外唯樂不可以爲僞鄭玄曰三者本志也聲也容也言無此本於內則不能爲樂耳○正義曰內外符合而無有虛假不可以爲僞也樂者心之動也正義曰此樂象章第四段也明蓋前第三段樂本之事緣有前境可樂而心動應之故云樂者心之動也聲者樂之象也正義曰象法也樂舞無聲則不彰故聲爲樂之法也文采節奏聲之飾也正義曰若直有聲而無法度故須文采節奏聲之儀飾也君子動其本正義曰本德也心之動必應德也樂其象正義曰德行必應法是也然後治其飾正義曰飾文采節奏也前動心有德然行樂有法然後乃理其文飾也

故先鼓以警戒鄭玄曰將奏樂先擊鼓以警戒衆也○正義曰此引武王伐紂之事證前有德後有飾也武王聖人是前有德也而用此節奏是後有飾也先皷者爲武王伐紂未戰之前鳴皮皷以警戒使軍衆逆備也今作武王樂者未奏之前鳴皮鼓以敕人使豫備具也是明志後有事也三步以見方鄭玄曰將舞必先三舉足以見其舞之漸也王肅曰舞武樂三步爲一節者以見伐道也○正義曰見胡練反三步足三步也見方謂方戰也武王伐紂未戰之前兵士樂奮其勇出軍陣前三步示勇氣方將戰也今作樂象之纘列畢而舞者將欲舞先舉足三頓爲步以表方將舞之勢也再始以著往鄭玄曰武舞再更始以明伐紂時再往之○正義曰著竹慮反再始謂兩過爲始也著明也文王受命十一年而武王除喪軍至孟津觀兵曰紂未可伐也乃還師是一始也至十三年更興師伐之是再始也今舞武者前成列將欲舞而不舞是一始也去復更來是二過始明象武王

再性故云再始著往也復亂以飭歸鄭玄曰謂鳴鐃而退明以整歸德也○正義曰復者伏也
飾音勑復亂者紂凶亂而安復之飾歸者武王伐紂勝鳴金鐃整武而歸也以去奏皮鼓歸奏金鐃者皮文也金武也初
示文德使紂自改之則不伐紂既不改因而用兵用兵既竟故鳴金鐃而歸示用已竟也今奏武舞初皮鼓警衆末鳴鐃
以歸象伐紂已竟也鐃鐸鐸也奮疾而不拔也王肅曰舞雖奮疾而不失節若樹木得疾風而
不拔○正義曰謂舞形也奮迅疾速也拔傾側也伐紂時士卒歡喜奮迅急速以尚威勢猛而不傾側也今武舞亦奮迅
急而速不傾倒象極幽而不隱鄭玄曰極幽謂歌也○正義曰皆謂文采節奏也獨樂
其志不厭其道王肅曰樂能使仁人獨樂其志不厭倦其道也○正義曰言武王諸將人各忻
悅象武王有德天下之志並無厭于戈君臣之道備舉其道不私其欲正義曰緣
人人不厭故作樂者事事法之欲備舉武王之道耳非爲私情之所欲也是以情見而義立
正義曰不厭武王之道其情既見則不私其欲義亦立也樂終而德尊正義曰爲樂之理既終是

象德之事其德亦尊顯也君子以好善小人以息過正義曰樂理周足象德可
尊以此教世何往而不可君子聞之則好善小人聞之則改過也故曰生民之道樂爲
大焉正義曰此引舊語結樂道之爲大君子曰禮樂不可以斯須
去身正義曰此第十章名爲樂化章第十以化民右次賓牟賈成第十也其章中皆言樂陶化爲善也凡四段
一明人生禮樂恒與已俱也二明禮樂不可偏用各有一失也三明聖人制禮作樂之由也四明聖人制禮作樂天下服
從此初段人生禮樂恒與已俱也恒故能化化故在前也引君子之言以張本也斯須俄頃也失之者死故俄頃不可去
身者也致樂以治心鄭玄曰致猶深審也樂由中出故治心也則易直子諒
之心油然生矣王肅曰易平易直正直子諒愛信也鄭玄曰油新生好貌易直子
諒之心生則樂樂則安安則久久則天天則神
天則不言而信神則不怒而威鄭玄曰若善心生則寡於利欲寡於

利欲則樂矣志明行成不言而見信如天也不怒而見畏如神也致樂以治心者也正義
曰結所由也有威信由於深審樂以結心之故致禮以治躬者也正義曰前明樂治心今明
禮撿迹若深審於禮以治身則莊敬也鄭玄云禮自外作故治身也治躬則莊敬莊敬則
嚴威鄭玄曰禮自外作故治身也○正義曰既身莊敬儼然人望而畏之是威嚴也治內難見發明樂句多治
外易觀發明禮句少而又結也心中斯須不和不樂而鄙詐之心
入之矣鄭玄曰謂利欲生也外貌斯須不莊不敬而慢易之
心入之矣鄭玄曰易輕易也故樂也者動於內者也禮也
者動於外者也樂極和禮極順內和而外順則
民瞻其顏色而弗與爭也望其容貌而民不生
易慢焉德煇動乎內而民莫不承聽理發乎外

而民莫不承順鄭玄曰德煇顏色潤澤也理容貌進止也孫炎曰德煇明惠也理言行也故
曰知禮樂之道舉而錯之天下無難矣正義曰錯七故
反引舊語民莫不承聽莫不承順也聖王有能詳審極致禮樂之道舉而措之於天下天下悉從無難爲之事也樂
也者動於內者也禮也者動於外者也正義曰此樂化章第
三段也明禮樂不可偏用各有一失既方明所失故前更言其所發外內不同也動亦感觸故禮主其
謙鄭玄曰人所倦也王肅曰自謙損也樂主其盈鄭玄曰人所權也王肅曰充氣志也禮
謙而進以進爲文鄭玄曰進者謂自勉強也文猶美也善也王肅曰禮自減損所以進德修
業也樂盈而反以反爲文鄭玄曰反謂自抑止也王肅曰樂充氣志而反本也禮
謙而不進則銷樂盈而不反則放鄭玄曰放淫於聲樂不能止也
故禮有報孫炎曰報謂禮尚往來以勸進之王肅曰禮自減損而以進爲報也而樂有反

孫炎曰反謂曲終還更始 禮得其報則樂樂得其反則安禮之
報樂之反其義一也 鄭玄曰俱起立於中不銷不放 夫樂者樂也
人情之所不能免也 正義曰此樂化章第三段也明聖人所以制樂由人樂於歌舞故聖
人制樂以和樂之故云樂者樂也但懽樂是人所貪貪不能自止故云人情也 樂必發諸聲音
形於動靜人道也 鄭玄曰人道人之所爲也 聲音動靜性術之
變盡於此矣 鄭玄曰不可過 故人不能無樂樂不能無
形 鄭玄曰形聲音動靜也 形而不爲道不能無亂先王惡其
亂故制雅頌之聲以道之使其聲足以樂而不
流使其文足以綸而不息 鄭玄曰文篇辭也息銷也 使其曲直
繁省廉肉節奏 鄭玄曰曲直歌之曲折繁省廉肉聲之洪殺也 足以感動人

之善心而已矣不使放心邪氣得接焉是先王
立樂之方也 鄭玄曰方道也 是故樂在宗廟之中君臣上
下同聽之則莫不和敬在族長鄉里之中長幼
同聽之則莫不和順在閨門之內父子兄弟同
聽之則莫不和親故樂者審一以定和比物以
飾節節奏合以成文 鄭玄曰審一審其人聲也比物謂雜金革土匏之屬以成文五聲八
音克諧相應和也 所以合和父子君臣附親萬民也是先
王立樂之方也故聽其雅頌之聲志意得廣焉
正義曰前云先王制之聲音形於動靜故此證其事也此是發於聲音也民聽正聲得益盛德之美志意得廣大也 執
其干戚習其俯仰詘信容貌得莊焉行其綴兆

鄭玄曰綴表也所以表行列也 要其節奏 鄭玄曰要猶會也 行列得正焉
進退得齊焉故樂者天地之齊中和之紀 鄭玄曰紀
揔要之名 人情之所不能免也夫樂者先王之所以
飾喜也 正義曰此樂化章第四段也明樂唯聖人在上者制作天下乃從服也若內有喜則外歌舞以飾之
故云王以樂飾喜也 軍旅鈇鉞者先王之所以飾怒也故先
王之喜怒皆得其齊矣喜則天下和之怒則暴
亂者畏之先王之道禮樂可謂盛矣魏文侯問
於子夏曰 正義曰此章第八明文侯問也文侯故晉大夫畢萬之後見子夏而問於樂也 吾端
冕而聽古樂 鄭玄曰端玄衣也古樂先王之正樂○正義曰此文侯問事也謂玄冕凡冕服其制
正幅袂二尺二寸故稱端也著玄冕衣與玄端同色故曰端冕聽古樂也此當是廟中聽樂玄冕祭服也 則唯

恐臥聽鄭衛之音則不知倦敢問古樂之如彼
何也新樂之如此何也子夏答曰今夫古樂進
旅而退旅 鄭玄曰旅猶俱也俱進俱退言其齊一也○正義曰子夏之荅凡有三初則舉古禮次新樂以
酬問意又因更別說以誘引文侯欲使更問也此是荅述古樂之情旅衆也 和正以廣 鄭玄曰無
姦聲也 弦匏笙簧合守拊鼓 鄭玄曰合皆也言衆皆待擊鼓乃作也拊者以韋爲
表裝之以糠也○正義曰拊音敷武反拊一名相亦奏古笙
樂也弦琴也匏瓠也四十六簧笙十九至十三簧也簧施
於匏笙之管端者也合會也守待也拊者皮爲之以糠實如
革囊也用手撫之鼓也言奏弦匏笙簧之時若欲令堂上作
樂則撫拊堂上樂工聞撫拊乃弦歌也若欲令堂下作樂則
擊鼓堂下樂工聞鼓乃吹管播樂也言弦匏笙簧皆待拊爲
節故言會守拊鼓也 始奏以文止亂以武 鄭玄曰文謂鼓武謂金也 治亂
以相訊疾以雅 孫炎曰整其亂行節之以相赴敵迅疾趨之以雅鄭玄曰相即拊也亦以節樂

雅亦樂器名狀如漆筩中有椎君子於是語於是道古修身及家平均天下此古樂之發也今夫新樂進俯退俯鄭玄曰俯猶曲也言不齊一也○正義曰此第二述雜樂也俯曲也新樂行列不齊進退曲也姦聲以淫溺而不止王肅曰姦聲淫使人溺而不能自止及優侏儒王肅曰俳優短人也獶雜子女不知父子鄭玄曰優獼猴也言舞者如獼猴戲亂男女尊卑也樂終不可以語不可以道古此新樂之發也正義曰此結新樂荅也今君之所問者樂也所好者音也正義曰此第三別謗引文侯更問前故說此句言文侯所問乃是樂而好鏗鎗之音非律呂克諧之正樂也夫樂之與音相近而不同鄭玄曰鏗鎗之類皆為音應律乃為樂文侯曰敢問如何鄭玄曰欲知音樂異意子夏答曰夫古者天地順而四時當正義曰當丁浪反此荅古樂之由也天地從四時當聖人在上故也民有德而五穀昌疾疢不作而無祅祥此之謂大當鄭玄曰當謂不失其所也然後聖人作為父子君臣以為之紀綱紀綱既正天下大定天下大定然後正六律和五聲弦歌詩頌此之謂德音德音之謂樂詩曰莫其德音其德克明克明克類克長克君王此大邦克順克俾鄭玄曰德正應和曰莫照臨四方曰明勤施無私曰類教誨不倦曰長慶賞刑威曰君慈和徧服曰順俾當為比擇善而從之曰比俾於文王其德靡悔既受帝祉施于孫子此之謂也鄭玄曰施延也言文王之德皆能如此故受天福延及後世今君之所好者其溺音與鄭玄曰言無文王之德則所好非樂文侯曰敢

問溺音者何從出也子夏答曰鄭音好濫淫志鄭玄曰濫濫竊姦聲也○正義曰子夏歷述四國之所由以荅文侯也宋音燕女溺志王肅曰燕歡悅衛音趣數煩志孫炎曰趣數音促速而數變也鄭玄曰煩勞也齊音驁辟驕志四者皆淫於色而害於德是以祭祀不用也鄭玄曰言四國出此溺音詩曰肅雍和鳴先祖是聽夫肅肅敬也雍雍和也夫敬以和何事不行鄭玄曰古者樂敬且和故無事而不用溺音無所施為人君者謹其所好惡而已矣君好之則臣為之上行之則民從之詩曰誘民孔易此之謂也鄭玄曰誘進也孔甚也言民從君之所好惡進之於善無難也然後聖人作為鞉鼓椌楬壎篪鄭玄曰椌楬謂柷敔○索隱曰壎以土為之大如鵝子形似錘吹之為聲篪以竹為之六孔一孔上出名翹橫吹之今之橫笛是也詩云伯氏吹壎仲氏吹篪是也此六者德音之音也鄭玄曰六者為本以其聲質然後鐘磬竽瑟以和之干戚旄狄以舞之此所以祭先王之廟也所以獻醻酳酢也所以官序貴賤各得其宜也鄭玄曰官序貴賤謂尊卑樂器列數有差此所以示後世有尊卑長幼序也鐘聲鏗鏗以立號鄭玄曰號令所以警眾也王肅曰鐘聲高故以之立號也號以立橫鄭玄曰橫充也謂氣作充滿橫以立武君子聽鐘聲則思武臣石聲硜王肅曰硜聲果勁硜以立別鄭玄曰謂分明於節義別以致死君子聽磬聲則思死封疆之臣絲聲哀哀以立廉鄭玄曰廉廉隅廉以立志君子聽琴瑟之聲則思

志義之臣竹聲濫王肅曰濫會諸音濫以立會會以聚衆君子聽竽笙簫管之聲則思畜聚之臣鼓鼙之聲讙讙以立動動以進衆君子聽鼓鼙之聲則思將帥之臣鄭玄曰聞讙囂則人意動作也君子之聽音非聽其鏗鎗而已也彼亦有所合之也鄭玄曰以聲合己意賓牟賈侍坐於孔子正義曰此第九章名賓牟賈問者蓋孔子之問本爲牟賈亦設故云牟賈問也孔子與之言及樂曰夫武之備戒之已久何也鄭玄曰武謂周武也備戒擊鼓警衆也○正義曰此孔子問牟賈及樂之事凡問有五此其一也備戒者謂將欲作樂前鳴鼓警戒使樂人各備容儀言初欲奏樂時既已備戒使有節奏故令武儛者備戒已久疑其遲久故問之也答曰病不得其衆也鄭玄曰病猶憂也以不得衆心爲憂憂其難○正義曰牟賈答也亦有五而二

答是三答非今答是也言武王伐紂時憂不得衆心故前鳴鼓戒衆久之乃出戰也故今舞者久久乃出象武王憂不得衆心故也永歎之淫液之何也鄭玄曰永歎淫液歌遲之也○正義曰此第二問也答曰恐不逮事也鄭玄曰逮及也事伐事也○正義曰此答亦是也言衆士望武王欲伐速恒恐不及伐事之機故有詠歎淫液之聲發揚蹈厲之已蚤何也王肅曰厲疾也備戒雖久至其發作又疾也○正義曰第三問也發初也揚奮袂也蹈頓足蹋地厲顏色勃然如戰色也問樂舞何意發初揚袂又蹈頓足蹋地勃然作色何忽如此何也答曰及時事也鄭玄曰時至武事當施也王肅曰欲令之事各及時○正義曰此答非也牟賈意言發揚蹈厲象武王一人意欲及時之事故早爲此也鄭亦隨賈意注之也武坐致右憲左何也王肅曰右膝至地左膝去地也○正義曰憲音軒第四問也坐跪也致至也軒起也問舞人何忽有時而跪也答曰非武坐也鄭玄曰言武之事無坐也○正義曰此答亦非也牟賈言武奮之士不應有坐也聲淫及商何也王肅曰聲

深淫貪商○正義曰第五問也答曰非武音也王肅曰言武王不獲已爲天下除殘非貪商○正義曰此荅又非也子曰若非武音則何音也正義曰孔子評其荅武音不貪但不知其實解理空言其非故問也答曰有司失其傳也鄭玄曰有司典樂者傳猶說也○正義曰傳直戀反賈荅言武王非有貪是有司傳之謬妄故有此矣如非有司失其傳則武王之志荒矣鄭玄曰荒老耄也言典樂者失其說時人妄說也○正義曰賈又云假令非傳者謬妄則是武王末年年志荒耄之時故有貪商之聲也子曰唯丘之聞諸萇弘亦若吾子之言是也鄭玄曰萇弘周大夫○索隱曰大戴禮云孔子適周訪禮於老聃學樂於萇弘是也○正義曰萇音直良反吾子牟賈也言我聞萇弘所言亦如賈今所言之也賓牟賈起免席而請曰正義曰免猶避也前所荅四事五不被叩問今疑不知前荅之是非故起所疑而問也夫武之備戒之已久則既聞命矣孫炎曰聞命謂

言是敢問遲之遲而又久何也鄭玄曰遲之遲謂久立於綴子曰居吾語汝鄭玄曰居猶安坐也夫樂者象成者也王肅曰象成功而爲樂揔干而山立王肅曰揔持干楯山立不動武王之事也正義曰此下明應象成之事也荅所以遲也象武王伐紂持楯立以待諸侯至故云武王之事也發揚蹈厲太公之志也王肅曰志在鷹揚也○正義曰荅遲久已竟而牟賈前荅發揚蹈厲以爲象武王欲及時事非也言此是太公志耳太公相武王伐紂志願武王之速得自奮其威勇以助也武亂皆坐周召之治也王肅曰武亂武之治也皆坐以象安民無事也○正義曰賈前荅武坐非也因又爲之說言當伐紂時士卒行伍有亂者周召二公以治正之使其跪敬致右軒左以待處分故今八佾象鬬時之亂者相正之則俱跪跪乃更起以作行列象周召之事耳非武舞有坐之也且夫武始而北出鄭玄曰始奏象觀兵盟津時也○正義曰說五事既竟而遲久之意未周故更廣其象成之事非荅前五事故云且夫也始而北出者謂奏樂象武

王觀兵孟津之時也王居鎬在南紂居朝歌在河北故儛者南來時楯向北尚象之也再成而滅商鄭玄曰成猶奏也再奏象克殷時○正義曰再成謂儛者再來奏時也儛者初始前一向北而不儛象武王前觀孟津不伐而反也至再往而向北遂奏成擊刺三成而南王肅曰誅紂已而南○正義曰儛者第三奏往而轉向南象武王勝紂向南還鎬之時也四成而南國是疆王肅曰有南國以爲疆界○正義曰儛者第四奏象周太平時南方荆蠻並來歸服爲周之疆界五成而分陝周公左召公右王肅曰分陝東西而治○正義曰儛者至第五奏而東西中分之爲左右二部象周太平後周公邵公分職爲左右二伯之時六成復綴以崇天子鄭玄曰六奏象兵還振旅也復綴反位止也王肅曰以象尊崇天子夾振之而四伐盛振威於中國也王肅曰振威武也四伐者伐四方與紂同惡者一擊一刺爲一伐也○正義曰夾音古合反夾振謂武王與大將軍夾軍而奮鐸振動士卒也言當奏武樂時亦兩人執鐸夾之爲節之象也凡四伐到一止當伐紂時士卒皆四伐一止也

故牧誓云今日之事不過四伐五伐是也故作武樂儛者亦以干戈伐之象也分夾而進徐廣曰一作遲事蚤濟也王肅曰分部而並進者欲事早成久立於綴以待諸侯之至也鄭玄曰象武王伐紂待諸侯也且夫女獨未聞牧野之語乎鄭玄曰欲語以作武樂之意○正義曰今衛州所理汲縣即牧野之地也更欲語牟賈奏武樂遲久之意其語即下所陳是也武王克殷反商鄭玄曰反當爲及謂至紂都也未及下車正義曰車戎車也軍法一車三人乘之步卒七十二人故誓云戎車三百兩則二萬二千五百人也而封黃帝之後於薊封帝堯之後於祝正義曰地理志云平原即祝阿縣也薊音計幽州縣是也封帝舜之後於陳正義曰陳州宛丘縣故陳城是也下車而封夏后氏之後於杞正義曰汴州雍丘縣故杞國封殷之後於宋封王子比干之墓鄭玄曰積土爲封封比干之墓崇賢也釋箕

子之囚使之行商容而復其位徐廣曰周本紀曰命召公釋箕子之囚又曰表商容之閭庶民弛政庶士倍祿鄭玄曰弛政去紂時苛役倍祿復其紂時薄者濟河而西正義曰濟渡也河黃河也武王伐紂事畢從懷州河陽縣南渡河至洛州從洛城而西歸鎬京也馬散華山之陽鄭玄曰散猶放而弗復乘牛散桃林之野徐廣曰在弘農縣今曰桃丘而不復服正義曰示無復用服亦乘也桃林在華山之旁此二處並是牛馬放生地初伐就此取之今事竟歸之前處故尚書武成篇序云武王伐殷往伐歸獸是也車甲弢徐廣曰音韜而藏之府庫而弗復用倒載干戈苞之以虎皮鄭玄曰包干戈以虎皮明能以武服兵也將率之士使爲諸侯名之曰建櫜王肅曰所以能櫜弓矢而不用者將率之士力也故建以爲諸侯謂之建櫜也然後天下知武王之不復用兵也散軍而

郊射鄭玄曰郊射爲射宮於郊也王肅曰郊有學宮可以習禮也左射貍首右射騶虞鄭玄曰左東學右西學也貍首騶虞所歌爲節也而貫革之射息也鄭玄曰貫革射穿甲革也裨冕搢笏鄭玄曰裨冕衣裨衣而冠冕也裨衣衮之屬也搢插也而虎賁之士稅劍也祀乎明堂鄭玄曰文王之廟爲明堂而民知孝朝覲然後諸侯知所以臣耕藉鄭玄曰耕藉藉田也然後諸侯知所以敬五者天下之大教也食三老五更於大學鄭玄曰老更互言之耳皆老人更知三德五事者也周名太學曰東膠天子袒而割牲執醬而饋執爵而酳冕而摠干鄭玄曰冕而摠干在舞位所以教諸侯之悌也若此則周道四達禮樂交通則夫武之遲久不亦宜乎鄭玄曰言武遲久爲重禮

樂也子貢見師乙而問焉鄭玄曰師樂官也乙名也曰賜聞聲歌各有宜也鄭玄曰氣順性如賜者宜何歌也師乙曰乙賤工也鄭玄曰樂人稱工也何足以問所宜請誦其所聞而吾子自執焉鄭玄曰執猶處也寬而靜柔而正者宜歌頌廣大而靜疏達而信者宜歌大雅恭儉而好禮者宜歌小雅正直清廉而謙者宜歌風肆直而慈愛者鄭玄曰肆正也宜歌商溫良而能斷者宜歌齊夫歌者直己而陳德鄭玄曰各因其德歌所宜動己而天地應焉四時和焉星辰理焉萬物育焉鄭玄曰育生也故商者五帝之遺聲也商人志之故謂之商齊者三代之遺聲也齊人志之故謂之齊明乎商之詩者臨事而屢斷鄭玄曰以其肆直明乎齊之詩者見利而讓也鄭玄曰以其溫良而能斷也臨事而屢斷勇也見利而讓義也有勇有義非歌孰能保此故歌者上如抗下如隊曲如折止如槀木居中矩句中鉤累累乎殷如貫珠鄭玄曰言歌聲之著動人心之審而有此聲故歌之爲言也長言之也鄭玄曰長言引其聲說之故言之言之不足故長言之長言之不足故嗟歎之嗟歎之不足故不知手之舞之足之蹈之鄭玄曰手舞足蹈歎之至子貢問樂正義曰結此前事悉是荅子貢問之事其樂記者公孫尼子次撰也爲樂記通天地貫人情辯政治故細解之以前劉向

別録篇次与鄭目録同而樂記篇次又不依鄭目今此文篇次顛倒者以褚先生升降故今亂也今逐舊次第隨段記之使後略知也以後文出褚意耳凡音由於人心天之與人有以相通如景之象形響之應聲故爲善者天報之以福爲惡者天與之以殃其自然者也故舜彈五弦之琴歌南風之詩而天下治紂爲朝歌北鄙之音身死國亡舜之道何弘也紂之道何隘也夫南風之詩者生長之音也舜樂好之樂與天地同意得萬國之驩心故天下治也夫朝歌者不時也北者敗也鄙者陋也紂樂好之與萬國殊心諸侯不附百姓不親天下畔之故身死國亡而衛靈公之時正義曰時衛都楚丘楚丘故城在宋州楚丘縣北三十里衛之楚丘邑也將之晉至於濮水之上舍正義曰括地志云在曹州離狐縣界即師延投處也夜半時聞鼓琴聲問左右皆對曰不聞乃召師涓曰吾聞鼓琴音問左右皆不聞其狀似鬼神爲我聽而寫之師涓曰諾因端坐援琴聽而寫之明日曰臣得之矣然未習也請宿習之靈公曰可因復宿明日報曰習矣即去之晉見晉平公平公置酒於施惠之臺正義曰一本虒祁之堂左傳云虒祁之宮杜預云虒祁地名也在絳州西四十里臨汾水也酒酣靈公曰今者來聞新聲請奏之平公曰可即令師涓坐師曠旁援琴鼓之

未終師曠撫而止之曰此亡國之聲也不可聽平公曰何道出師曠曰師延所作也與紂爲靡靡之樂武王伐紂師延東走自投濮水之中故聞此聲必於濮水之上先聞此聲者國削平公曰寡人所好者音也願遂聞之師涓鼓而終之平公曰音無此最悲乎師曠曰有平公曰可得聞乎師曠曰君德義薄不可以聽之平公曰寡人所好者音也願聞之師曠不得已援琴而鼓之一奏之有玄鶴二八集乎廊門再奏之延頸而鳴舒翼而舞平公大喜起而爲師曠壽反坐

問曰音無此最悲乎師曠曰有昔者黃帝以大合鬼神今君德義薄不足以聽之聽之將敗平公曰寡人老矣所好者音也願遂聞之師曠不得已援琴而鼓之一奏之有白雲從西北起再奏之大風至而雨隨之飛廊瓦左右皆奔走平公恐懼伏於廊屋之閒晉國大旱赤地三年聽者或吉或凶夫樂不可妄興也

太史公曰夫上古明王舉樂者非以娛心自樂快意恣欲將欲爲治也正教者皆始於音音正而行正故音樂者所以動盪血脈通流精神而

和正心也故宮動脾而和正聖商動肺而和正義角動肝而和正仁徵動心而和正禮羽動腎而和正智故樂所以內輔正心而外異貴賤也上以事宗廟下以變化黎庶也琴長八尺一寸正度也弦大者爲宮而居中央君也商張右傍其餘大小相次不失其次序則君臣之位正矣故聞宮音使人溫舒而廣大聞商音使人方正而好義聞角音使人惻隱而愛人聞徵音使人樂善而好施聞羽音使人整齊而好禮夫禮由外入樂自內出故君子不可須臾離禮須臾離

禮則暴慢之行窮外不可須臾離樂須臾離樂則姦邪之行窮內故樂音者君子之所養義也夫古者天子諸侯聽鐘磬未嘗離於庭卿大夫聽琴瑟之音未嘗離於前所以養行義而防淫佚也夫淫佚生於無禮故聖王使人耳聞雅頌之音目視威儀之禮足行恭敬之容口言仁義之道故君子終日言而邪辟無由入也

索隱述贊曰

樂之所興　在乎防欲　陶心暢志
舞手蹈足　舜曰簫韶　融稱屬續

審音知政　觀風變俗　端如貫珠
清同叩玉　洋洋盈耳　咸英餘曲

樂書第二　史記二十四

律書第三　　史記二十五

王者制事立法物度軌則壹稟於六律 索隱曰案律有十二陽六爲律黃鐘太簇姑洗蕤賓夷則無射陰六爲呂大呂夾鐘中呂林鐘南呂應鐘是也名曰律者釋名云律述也所以述陽氣也律曆志云呂旅助陽氣也案古律用竹又用玉漢末以銅爲之呂亦稱間故有六律六間之說元間大呂二間夾鐘是也漢京房知五音六律之數十二律之變至六十猶八卦之變爲六十四卦也故中呂上生執始執始下生去滅上下相生終於南呂而六十律畢 六律爲萬事根本焉 索隱曰律曆志云夫推曆生律制器規圜矩方權重衡平準繩嘉量探賾索隱鉤深致遠莫不用焉是萬事之根本也 其於兵械尤所重 索隱曰易稱師出以律是於兵械尤重也。正義曰內成曰器外成曰械械謂弓矢殳矛戈戟劉伯莊云吹律審聲聽樂知政師曠審歌知晉楚之彊弱故云兵家尤所重 故云望敵知吉凶 正義曰凡兩軍相敵上皆有雲氣及日暈天官書云暈等力鈞厚長大有勝薄短小無勝故望雲氣知勝負彊弱引舊語乃曰故云 聞聲效勝負 正義曰周禮云太師執同律以聽軍聲而詔其吉凶左傳云師曠知南風之不競即其類 百王不易之道也武王伐紂吹律聽聲 索隱曰其事當有所出今則未詳 推孟春以至于季冬殺氣相并 正義曰人君暴虐酷急即常寒應寒生北方乃殺氣也武王伐紂吹律從春至冬殺氣相并律亦應之故洪範咎徵云急常寒若是也 而音尚宮 正義曰兵書云夫戰太師吹律合商則戰勝軍事張彊角則軍擾多變失志宮則軍和士卒同心徵則將急數怒軍士勞羽則兵弱少威焉 同聲相從物之自然何足怪哉兵者聖人所以討彊暴平亂世夷險阻救危殆自含血戴角之獸見犯則校而況於人懷好惡喜怒之氣喜則愛心

生怒則毒螫加 正義曰螫音釋 情性之理也昔黃帝有涿鹿之戰以定火災 文穎曰神農子孫暴虐黃帝伐之故以定火災 顓頊有共工之陳以平水害 文穎曰共工主水官也少昊氏衰秉政作虐故顓頊伐之本主水官因爲水行也 成湯有南巢之伐以殄夏亂 正義曰南巢今廬州巢縣是也淮南子云湯敗桀於歷山與末喜同舟浮江奔南巢之山而死按巢即山名古巢伯之國云南巢者在中國之南也 遞興遞廢勝者用事所受於天也自是之後名士迭興晉用咎犯 正義曰狐偃也咎季也又云舅臣也 而齊用王子 索隱曰徐廣云子成父 吳用孫武申明軍約賞罰必信卒伯諸侯兼列邦土雖不及三代之誥誓然身寵君尊當世顯揚可不謂榮焉豈與世儒闇於大較 索隱曰大較大法也淳于髡曰車不較則不勝其任是也較音角 不權輕重猥云德化不當用兵大至窘辱失守 索隱曰徐廣云如宋襄公是也 小乃侵犯削弱遂執不移等哉故教笞不可廢於家刑罰不可捐於國誅罰不可偃於天下用之有巧拙行之有逆順耳夏桀殷紂手搏豺狼足追四馬勇非微也百戰克勝諸侯懾服權非輕也秦二世宿軍無用之地 索隱曰謂常擁兵於郊野之外也。正義曰謂三十萬備北闕五十萬守五嶺也云連兵於邊垂即是宿兵無用之地也 連兵於邊陲力非弱也結怨匈奴絓禍於越 正義曰絓胡卦反顧野王云絓者所礙 勢非寡也及其威盡勢極閭巷之人爲

敵國咎生窮武之不知足甘得之心不息也高祖有天下三邊外畔大國之王雖稱蕃輔臣節未盡會高祖厭苦軍事亦有蕭張之謀故偃武一休息羈縻不備歷至孝文即位將軍陳武等議曰南越朝鮮正義曰潮仙二音高驪平壤城本漢樂浪郡王險城即古朝鮮地時朝鮮王滿據之也自全秦時內屬為臣子後且擁兵阻阸選蠕觀望阸音厄賣反選音思兗反蠕音而兗反。索隱曰蠕音輭選蠕謂動身欲有進取之狀也高祖時天下新定人民小安未可復興兵今陛下仁惠撫百姓恩澤加海內宜及士民樂用征討逆黨以一封疆孝文曰朕能任衣冠正義曰朕音而禁反念不到此會呂氏之亂功臣宗室共不羞恥誤居正位常戰戰慄慄恐事之不終且兵凶器雖克所願動亦耗病謂百姓遠方何又先帝知勞民不可煩故不以為意朕豈自謂能今匈奴內侵軍吏無功邊民父子荷兵日久正義曰荷音何我反朕常為動心傷痛無日忘之今未能銷距願且堅邊設候結和通使休寧北陲為功多矣且無議軍故百姓無內外之繇得息肩於田畝天下殷富粟至十餘錢鳴雞吠狗煙火萬里可謂和樂者乎

太史公曰文帝時會天下新去湯火索隱曰謂秦亂楚漢交兵之時如遺墜湯火即書云民墜塗炭也人民樂業因其欲然能不擾亂故百姓遂安自年六七十翁亦未嘗至市井游敖嬉戲如小兒狀孔子所稱有德君子者邪索隱曰論語曰善人為邦百年亦可以勝殘去殺也書曰七正二十八舍索隱曰七正日月五星七者可以正天時又孔安國曰七正日月五星各異政二十八舍即二十八宿之所舍也舍止也宿次也言日月五星運行或舍於二十八次之分也律曆天所以通五行八正之氣索隱曰八正謂八節之氣以應八方之風天所以成孰萬物也舍者日月所舍舍者舒氣也不周風居西北主殺生東壁居不周風東主辟生氣索隱曰辟音闢而東之至於營室索隱曰定星也定中而可作室故曰營室也。正義曰天官書云營室為清廟曰離宮閣道是有宮室象此言王營胎陽氣而產之二說不同營室者主營胎陽氣徐廣曰一作含而產之東至于危危垝也索隱曰垝音鬼毀反言陽氣之危垝故曰危十月也律中應鐘正義曰應乙證反白虎通云應者應也言萬物應陽而動下藏也漢初依秦以十月為歲首故起應鐘應鐘者陽氣之應不用事也其於十二子為亥亥者該也索隱曰律曆志云該閡於亥。言陽氣藏於下故該也正義曰孟康云閡藏塞也陰雜陽氣藏塞為萬物作種也廣莫風居北方廣莫者言陽氣在下陰莫陽廣大也故曰廣莫東至於虛虛者能實能虛言陽氣冬則宛藏於虛正義曰宛音蘊日冬至則一陰下藏

一陽上舒故曰虛東至于須女索隱曰婺女名也言萬物變動其所陰陽氣未相離尚相如胥也故曰須女十一月也律中黃鍾正義曰白虎通云黃中和之氣言陽氣於黃泉之下動養萬物也黃鍾者陽氣踵黃泉而出也其於十二子爲子子者滋也滋者言萬物滋於下也其於十母爲壬癸壬之爲言任也言陽氣任養萬物於下也癸之爲言揆也言萬物可揆度故曰癸東至牽牛牽牛者言陽氣牽引萬物出之也牛者冒也言地雖凍能冒而生也牛者耕植種萬物也東至於建星建星者建諸生也十二月律中

大呂大呂者其於十二子爲丑正義曰徐廣云此中闕不說大呂及丑也按此下闕文或一本云丑者紐也言陽氣在上未降萬物厄紐未敢出也丑者紐也言陽氣在上未降萬物厄紐未敢出條風居東北主出萬物條之言條治萬物而出之故曰條風南至於箕箕者言萬物根棋徐廣曰一作橫也故曰箕正月也律中泰蔟正義曰蔟音千豆反白虎通云泰者太也蔟者湊也言萬物始大湊地而出之也泰蔟者言萬物蔟生也故曰泰蔟其於十二子爲寅索隱曰音以真反寅言萬物始生螾然也索隱曰螾音引又音慎故曰寅南至於尾言萬物始生如尾也南至於心言萬物始有華心也徐廣曰一作莖南至於房

房者言萬物門戶也至于門則出矣明庶風居東方明庶者明衆物盡出也二月也律中夾鍾正義曰白虎通云夾孚甲也言萬物孚甲種類分也夾鍾者言陰陽相夾廁也其於十二子爲卯卯之爲言茂也言萬物茂也其於十母爲甲乙甲者言萬物剖符甲而出也符音孚○索隱曰符甲猶孚甲也乙者言萬物生軋軋也南至于氐正義曰氐音丁禮反氐者言萬物皆至也南至於亢亢者言萬物亢見也南至于角角者言萬物皆有枝格如角也三月也律中姑洗正義曰姑音沽洗音先典反白虎通云沽者故也洗者鮮也言萬物去故就新莫不鮮明也姑洗者言萬物洗生其於

十二子爲辰辰者言萬物之蜄也蜄音之愼反○索隱曰蜄音振或作娠同音律曆志云振美於辰清明風居東南維主風吹萬物而西之軫軫者言萬物益大而軫軫然西至於翼翼者言萬物皆有羽翼也四月也律中仲呂正義曰中音仲白虎通云言陽氣將極中充大也故復中言之也仲呂者言萬物盡旅而西行也其於十二子爲巳巳者言陽氣之巳盡也西至于七星七星者陽數成於七故曰七星西至于張張者言萬物皆張也西至于注索隱曰注音丁救反注咮也天官書云柳爲鳥咮則注柳星也注者言萬物之始衰陽氣下注故曰注五月也律中蕤賓正義曰蕤音仁佳反

白虎通云蕤者下也賓者敬也言陽氣上極陰氣始賓敬之也蕤賓者言陰氣幼少故曰蕤痿陽不用事故曰賓景風居南方景者言陽氣道竟故曰景風其於十二子爲午午者陰陽交故曰午索隱曰律曆志云咢布於午也其於十母爲丙丁丙者言陽道著明故曰丙丁者言萬物之丁壯也故曰丁西至于弧弧者言萬物之吳落徐廣曰吳一作柔且就死也西至于狼狼者言萬物可度量斷萬物故曰狼涼風居西南維主地地者沈奪萬物氣也正義曰沈一作洗六月也律中林鐘正義曰白虎通云林者衆也言萬物成熟種類多也林鐘者言萬物就死氣林林然其於

十二子爲未未者言萬物皆成有滋味也索隱曰律曆志昧薆於未其意殊北至於罰罰者言萬物氣奪可伐也北至于參正義曰音所林反參言萬物可參也故曰參七月也律中夷則正義曰白虎通云夷傷也則法也言萬物始傷被刑法也夷則言陰徐廣曰一作陽氣之賊徐廣曰一作則萬物也其於十二子爲申申者言陰用事申賊萬物徐廣曰一作則○索隱曰律曆志物堅於申也故曰申北至于濁索隱曰按爾雅云濁謂之畢濁者觸也言萬物皆觸死也故曰濁北至于留索隱曰留即卯也毛傳亦以留爲卯留者言陽氣之稽留也故曰留八月也律中南呂正義曰白虎通云南任也言陽氣尚任包大生薺麥也南呂者言陽氣之

旅入藏也其於十二子爲酉酉者萬物之老也索隱曰律曆志留孰於酉也故曰酉閶闔風居西方閶者倡也闔者藏也言陽氣道萬物闔黃泉也其於十母爲庚辛庚者言陰氣庚萬物故曰庚辛者言萬物之辛生故曰辛北至于胃胃者言陽氣就藏皆胃胃也北至于婁婁者呼萬物且內之也北至于奎徐廣曰一作畫○索隱曰天官書奎爲溝瀆婁爲聚衆胃爲天倉今此說異及六律十母又與漢書不同各是異家之說也奎者主毒螫殺萬物也奎而藏之九月也律中無射正義曰音亦白虎通云射終也言萬物隨陽而終當復隨陰而起無有終已此說六呂十干十二支與漢書不同無射者陰氣盛用事陽氣

無餘也故曰無射其於十二子爲戌戌者言萬物盡滅故曰戌索隱曰律曆志畢入於戌也

律數

九九八十一以爲宮

三分去一五十四以爲徵

三分益一七十二以爲商

三分去一四十八以爲羽

三分益一六十四以爲角

黃鐘長八寸七分一宮索隱曰案上文云律九九八十一故云長八寸十分一而漢書云黃鐘長九寸者九分之寸也劉歆鄭玄等皆以長九寸即十分之寸不依此法也云宮者黃鐘爲律之首宮

爲五音之長十一月以黃鍾爲宮則聲得其正舊本多作七分蓋誤也

大呂長七寸五分三分一 索隱曰謂十一月以黃鍾爲宮五行相次大呂爲商者大呂所以助陽宣化

太蔟長七寸七分二角

夾鍾長六寸一分三分一

姑洗長六寸七分四羽 索隱曰亦以金生水故也

仲呂長五寸九分三分二徵

蕤賓長五寸六分三分一

林鍾長五寸七分四角 索隱曰水生木故以爲角不用蕤賓者以陰氣起陽不用事故去也

夷則長五寸四分三分二商

南呂長四寸七分八徵

無射長四寸四分三分二

應鍾長四寸二分三分二羽

生鍾分 索隱曰此筭術生鍾律之法也。正義曰分音扶問反

子一分 索隱曰自此已下十一辰皆以三乘之爲黃鍾積實之數也

丑三分二 索隱曰案子律黃鍾長九寸林鍾爲衡衡長六寸以九比六三分少一故云丑三分二即是黃鍾三分去一下生林鍾數也

寅九分八 索隱曰十二律以黃鍾爲主黃鍾長九寸太蔟長八寸圍八分寅九分八即是林鍾三分益一上生太蔟之義也。正義曰孟康云元氣始起於子未分之時天地人混合爲一故子數獨一漢書律曆志云太極元氣函三爲一行於十二辰始動於子參之於丑得三又參之於寅得九又參之於卯得二十七又參之於辰得八十一又參之於巳得二百四十三又參之於午得七百二十九又參之於未得二千一百八十七又參之於申得六千五百六十一又參之於酉得萬九千六百八十三又參之於戌得五萬九千四十九又參之於亥得十七萬七千一百四十七此陰陽合德氣鍾於子化生萬物者也然丑三分二寅九分八者並是分之餘數而漢書不說也

卯二十七分十六 索隱曰此以丑三乘寅寅三乘卯得二十七南呂爲卯衡長五寸三分寸之一以三約二十七得九即黃鍾之本數又以三約十六得五縣三分之一即南呂之長故云卯二十七分十六亦是太蔟三分去一下生南呂之義已下八辰並准此然丑三分二寅九分八者皆分之餘數也

辰八十一分六十四

巳二百四十三分一百二十八

午七百二十九分五百一十二

未二千一百八十七分一千二十四

申六千五百六十一分四千九十六

酉一萬九千六百八十三分八千一百九十二

戌五萬九千四十九分三萬二千七百六十八

亥十七萬七千一百四十七分六萬五千五百三十六

生黃鍾

術曰以下生者倍其實三其法 索隱曰案蔡邕云陽生陰爲下生陰生陽爲上生又律曆志云陰陽相生自黃鍾始而左旋八八爲五孟康註云從子數辰至未得八下生林鍾數又自未至寅亦得八上生太蔟律是也然上下相生皆以此爲率今云以下生者謂黃鍾下生林鍾黃鍾長九寸倍其實者二九十八三其法者以三爲法約之得六爲林鍾之長也

以上生者四其實三其法 索隱曰四其實者謂林鍾上生太蔟林鍾長六寸以四乘六得二十四以三約之得八即爲太蔟之長也

上九商八羽七角六宮五徵九 索隱曰此五聲之數亦上生三

分益一上生三分宮宮去一下生徵徵益一上生商商去一下生羽羽益一上生角然此文似數錯未暇研覈也 置一而九三之以爲法 索隱曰漢書律曆志曰太極元氣函三爲一行之於十二辰始動於子參之於丑得三又參之於寅得九是謂置一而九三之也韋昭曰置一而九以三乘之是也樂彥云一氣生於子至丑而三是一三也又自丑至酉爲九皆以三乘之是九三也 實如法得長一寸 索隱曰實謂以子一乘丑三至亥得十七萬七千一百四十七爲實數如法謂以上萬九千六百八十三之法除實得九爲黃鍾之長言得一者筭術設法辭也得下有長一下有寸者皆衍字也韋昭云得九寸之一也姚氏謂得一即黃鍾之子數 凡得九寸命曰黃鍾之宮故曰音始於宮窮於角 索隱曰即如上文宮下生徵徵上生商商下生羽羽上生角是其窮也 數始於一終於十成於三氣始於冬至周而復生神生於無形 正義曰無形爲太陽氣天地未形之時言神本在太虛之中而無形也 成於有形 正義曰天地既分二儀已質萬物之形成於天地之間神在其中 然後數形而成聲 正義曰數謂天數也聲謂宮商角徵羽也言天數既形則能成其五聲也 故曰神使氣氣就形形理如類有可類或未形而未類或同形而同類類而可班類而可識聖人知天地識之別故從有以至未有 正義曰從有謂萬物形質也未有謂天地未形也 以得細若氣微若聲 正義曰氣謂太易之氣聲謂五聲之聲也 然聖人因神而存之 正義曰言聖人因神理其形體尋迹至於太易之氣故云因神而存之上云從有以至未有是也 雖妙必效情核其華道者明矣 正義曰妙謂微妙之性也效猶見也核研核也華道神妙之道也言人雖有微妙之性必須程督已之情理然後研核神妙之道乃能究其形骿辨其成聲故謂明矣故下云非有聖心以乘聰明孰能存天下之神而成形之情哉是也 非

其聖心以乘聰明孰能存天地之神而成形之情哉神者物受之而不能知及其去來 正義曰言萬物受神妙之氣不能知覺及神去來亦不能識其往復也 故聖人畏而欲存之唯欲存之神之亦存 正義曰言聖人畏神妙之理難識而欲常存之唯欲常存之故其神亦存也 其欲存之者故莫貴焉 正義曰言平凡之人欲得精神存者故亦莫如貴神之妙焉

太史公曰故旋璣玉衡以齊七政即天地二十八宿 正義曰宿音息袖反又音肅謂東方角亢氐房心尾箕南方井鬼柳星張翼軫西方奎婁胃昴畢觜參北方斗牛女虛危室壁凡二十八宿一百二十八宿星也 十母 正義曰甲乙丙丁戊己庚辛壬癸 十二子 正義曰子丑寅卯辰巳午未申酉戌亥 鍾律調自上古建律運歷造日度可據而度也 正義曰度音田洛反 合符節通道德即從斯之謂也

索隱述贊曰自昔軒后爰命伶倫雄雌是聽厚薄伊均以調氣候以軌星辰軍容取節樂器斯因自微知著測化窮神大哉虛受含養生人

律書第三　史記二十五

歷書第四　史記二十六

昔自在古歷建正作於孟春索隱曰案古歷者謂黃帝調歷以前有上元太初歷等皆以建寅爲正謂之孟春也及顓頊夏禹亦以建寅爲正唯黃帝及殷周魯並建子爲正而秦正建亥漢初因之至武帝元封七年始改用太初歷仍以周正建子爲十一月朔旦冬至改元太初歷焉今案此文至於十二月節皆出大戴禮虞史伯夷之辭也於時冰泮發蟄百草奮興秭鳺先滜徐廣曰秭音姊鳺音規子鳺鳥也一名鷤鴂。索隱曰秭鳺先滜謂子鳺鳥春氣發動則先出野澤而鳴也又案大戴禮作瑞雉無釋未測其旨當是字體各有訛變耳鷤音弟鴂音桂楚詞云鷤鴂之先鳴使夫百草爲之不芳解者以鷤鴂爲杜鵑也物廼歲具生於東次順四時卒于冬分時索隱曰卒音子律反分如字卒盡也言建歷起孟春盡季冬則一歲之事具也冬盡之後分爲來春故云冬分也雞三號卒明徐廣曰卒一作平又云卒斯也。索隱曰三號三鳴也言夜至雞三鳴則天曉乃始爲正月一日言異歲也徐廣云卒一作平又作斯於文皆便撫十二節卒于丑正義曰撫猶循也自平明寅至雞鳴丑凡十二辰辰盡丑又至明朝寅使一日一夜故曰幽明日月成故明也明者孟也幽者幼也幽明者雌雄也雌雄代興而順至正之統也日歸于西起明於東月歸於東起明于西正不率天又不由人索隱曰此文出大戴禮是孔子稱周太史之詞則凡事易壞而難成矣王者易姓受命必慎始初改正朔易服色推本天元順承厥意索隱曰言王者易姓而興必當推本天之元氣行運所在以定正朔以承天意故云承順厥意也

太史公曰神農以前尚矣蓋黃帝考定星歷索隱曰系本及律歷志黃帝使羲和占日常儀占月臾區占星氣伶倫造律呂大橈作甲子隸首作筭數容成綜此六術而著調歷也建立五行起消息正義曰皇侃云乾者陽生爲息坤者陰死爲消也正閏餘漢書音義曰以歲之餘爲閏故曰閏餘。正義曰鄧平落下閎云一月之日二十九日八十一分日之四十八按計其餘分成閏故云正閏餘也每一歲三百六十六日餘六日小月六日是一歲餘十二日大計三十三月則一閏之耳於是有天地神祇物類之官正義曰應劭云黃帝受命有雲瑞故以雲紀官春官爲青雲夏官爲縉雲秋官爲白雲冬官爲黑雲中官爲黃雲按黃帝置五官各以物類名其職掌也是謂五官各司其序不相亂也民是以能有信神是以能有明德民神異業敬而不瀆故神降之嘉生應劭曰嘉穀也民以物享正義曰劉伯莊云物事也人皆順事而享福也災禍不生所求不匱少皞氏之衰也九黎亂德漢書音義曰少皞時諸侯作亂者民神雜擾不可放物索隱曰放音昉依也禍菑薦至莫盡其氣索隱曰荐音在見反荐集也字或作薦古字假借用爾顓頊受之乃命南正重司天以屬神命火正黎司地以屬民應劭曰黎陰官也火數二二地數也故火正司地以屬萬民。索隱曰案左傳重爲勾芒木正黎爲祝融火正此言南者劉氏以爲南字誤非也蓋重黎二人元是木火之官兼司天地職而天是陽南是陽位故木亦是陽所以木正爲南正也而火是地正亦稱北正者火數二二地數地陰主北方故火正亦稱北正爲此故也臣瓚以爲古文火字似北未爲深得也使復舊常無相侵瀆其後三苗服九黎之德正義曰孔安國云三苗縉雲氏之後諸侯也按服從也言九黎之君在少皞之世作亂今三苗之君從九黎亂德故南北二官皆廢使曆數失序故二官咸廢所職而閏餘乖次孟陬殄滅攝提無紀曆

數失序漢書音義曰次十二次也史推歷失閏則斗建與月名錯正月爲孟陬閏餘乖錯不與正歲相值謂之殄滅攝提星名隨斗杓所指建十二月若歷誤春三月當指辰而指巳是謂失序。索隱曰案正月爲陬陬音鄒又作疾反楚詞云攝提貞乎孟陬言歷數乖誤乃使孟陬殄滅不得其正也天官書云攝提三星若鼎足句直斗杓所指以建時節故爲攝提格格至也言攝隨月建至故云格也堯復遂重黎之後不忘舊者使復典之而立羲和之官明時正度則陰陽調風雨節茂氣至民無夭疫年耆禪舜申戒文祖云徐廣曰戒一作敕。正義曰言於文祖之廟以申戒舜也天之曆數在爾躬何晏曰曆數謂列次也舜亦以命禹孔安國曰舜亦以堯命已之辭命禹也由是觀之王者所重也夏正以正月殷正以十二月周正以十一月蓋三王之正若循環窮

史記曆書四　三

則反本天下有道則不失紀序無道則正朔不行於諸侯幽厲之後周室微陪臣執政史不記時君不告朔鄭玄曰禮人君每月告朔於廟有祭謂之朝享故疇人子弟分散如淳曰家業世世相傳爲疇律年二十三傳之疇官各從其父學。索隱曰韋昭云疇類也孟康云同類之人明歷者也樂彥云疇昔知星人也或在諸夏或在夷狄是以其禨祥廢而不統如淳曰呂氏春秋荆人鬼而越人禨今之巫祝禱祠淫祀之比也晉灼曰禨音珠璣之璣周襄王二十六年閏三月而春秋非之先王之正時也履端於始韋昭曰謂正歷必先稱端始也若十一月朔旦冬至也舉正於中韋昭曰氣在望中則時日昏明皆正也歸邪音餘於終韋昭曰餘分也終閏月也中氣在晦則後月閏在望是其正中也履端於始序則不

愆舉正於中民則不惑歸邪音餘於終事則不悖其後戰國並爭在於彊國禽敵救急解紛而已豈遑念斯哉是時獨有鄒衍明於五德之傳正義曰傳音竹戀反五德五行也而散消息之分以顯諸侯而亦因秦滅六國兵戎極煩又升至尊之日淺未暇遑也而亦頗推五勝漢書音義曰五行相勝秦以周爲火用水勝之也而自以爲獲水德之瑞更名河曰德水而正正義曰音征以秦始皇名諱之故改也以十月色上黑然歷度閏餘未能睹其眞也漢興高祖曰北畤待我而起亦自以爲獲水德之瑞雖明習歷及張蒼等咸以爲然是時

史記曆書四　四

天下初定方綱紀大基高后女主皆未遑故襲秦正朔服色至孝文時魯人公孫臣以終始五德上書言漢德土德宜更元改正朔易服色當有瑞瑞黃龍見事下丞相張蒼張蒼亦學律歷以爲非是罷之其後黃龍見成紀張蒼自黜所欲論著不成而新垣平以望氣見頗言正歷服色事貴幸後作亂故孝文帝廢不復問至今上即位招致方士唐都分其天部漢書音義曰謂分部二十八宿爲距度而巴落下閎運算轉歷徐廣曰陳術云徵士巴郡落下閎也。索隱曰姚氏案益部耆舊傳云閎字長公明曉天文隱於落下武帝徵待詔太史於地中轉渾天改顓頊歷作太初歷拜侍中不

受也然後日辰之度與夏正同乃改元更官號封泰山因詔御史曰乃者有司言星度之未定也廣延宣問以理星度未能詹也徐廣曰詹一作售也。索隱曰漢書作讎讎即售也故徐廣作售韋昭云讎比校也鄭德云相應爲讎也蓋聞昔者黃帝合而不死名察度驗定清濁起五部建氣物分數應劭曰言黃帝造歷得仙名節會察寒暑致啓閉分至定清濁起五部五部金木水火土也建氣物分數皆敘歷之意也孟康曰合作也黃帝作歷歷終復始無窮已故曰不死清濁律聲之清濁也五部五行也天有四時爲五行也氣二十四氣物萬物也分歷數之分也瓚曰黃帝聖德與虛合契升龍登仙於天故曰合而不死題名宿度候察進退謂三辰之度吉凶之驗也。索隱曰臣瓚解爲得案漢書作名察發斂韋昭云發散擊斂也又續漢書以爲道義之發斂景人之長短則發斂是日行道去極盈縮者也然蓋尚矣書缺樂弛朕

甚閔焉朕唯未能循明也紬續日分索隱曰紬音宙又如字紬續者女工紬緝之意以言造歷筭運者猶若女工緝而織之也率應水德之勝徐廣曰蓋以爲應土德土勝水今日順夏至索隱曰謂夏至冬至也黃鐘爲宮林鐘爲徵太簇爲商南呂爲羽姑洗爲角自是以後氣復正羽聲復清名復正變以至子日當冬至則陰陽離合之道行焉十一月甲子朔旦冬至已詹其更以七年爲太初元年索隱曰改元封七年爲太初元年然漢始以建亥爲年首今改以建子故以七年爲元年韋昭云漢興至此百二歲案律歷志云乃以前歷上元太初四千六百一十七歲至元封七年復得閼逢攝提之歲中冬十一月甲子朔旦冬至也年名焉逢攝提格徐廣曰歲陰在寅左行歲星在丑右行。索隱曰爾雅云歲在甲曰焉逢寅曰攝提

格則此甲寅之年十一月甲子朔旦夜半冬至也此篇末亦云寅名攝提則是甲寅不疑也又據二年名單閼三年名執徐等年次分明而漢志以爲其年在丙子當是班固用三統與太初歷不同故與太史公說有異而爾雅近代之作所記年名又皆不同也蘇林云左行右行歲與星行所在之次月名畢聚日得甲子夜半朔旦冬至文穎曰律居陰而治陽歷居陽而治陰更相治閒不容期忽五家文悖異推太初之元也。索隱曰聚音娵案傳公云天元之始於十一月甲子夜半朔旦冬至日月若連珠俱起牽牛之初歲雄在閼逢雌在攝提格月雄在畢雌在訾訾則娵訾之宿日雄在甲雌在子是陽氣支干之首也

曆術甲子篇索隱曰以十一月朔旦冬至得甲子甲子是陽氣支干之首故以甲子命曆術爲篇首非謂此年歲在甲子也

太初元年歲名焉逢索隱曰甲歲雄也漢書作閼逢亦音焉與此音同攝提格索隱曰寅歲陰也此依爾雅甲寅之歲若據漢志以爲丙子之年也月名畢聚索隱

曰謂月值畢及娵訾也畢月雄也聚月雌也日得甲子索隱曰謂十一月冬至朔旦得甲子也。正義曰置大餘五十四筭每年加五十四日滿六十日除之奇筭留之每至閏後一年加二十三筭亦滿六十日除之奇筭留之若續足六十日明年云無大餘無小餘也又明年以置五十四筭如上法置小餘三百四十八筭每年加三百八分滿九百三十八分成一日歸上餘筭留之若至閏後一年加八百四十七分亦滿九百四十八分成日歸大餘奇留之明年以加三百四十八筭如上法也夜半朔旦冬至索隱曰以建子爲正故以夜半爲朔其至與朔同日故云夜半朔旦冬至若建寅爲正者則以平旦爲朔。正義曰置大餘五筭加五日滿六十日則除之後年更置五筭如上法置小餘八筭每年加八筭滿三十二分爲一百歸大餘後年更置八分如上法大餘者日也小餘者日之奇分也正北索隱曰謂蔀首十一月甲子朔旦時加子爲冬至故云正北也然每歲行周天全度外餘有四分一以十二辰分之冬至常居四仲故子年在子丑年在卯寅年在午辰年在酉至後十九年章首在酉故云正西其正南正東並准此。正義曰黃鍾管子時氣應稱正北順行四時仲所至爲正月

一日是歲之始晝一章十九年黃鐘管應在酉則稱正西他皆放此 十二 索隱曰歲有十二月有閏則云十三月

無大餘 無小餘 索隱曰其歲甲子朔旦日月合於牽牛之初餘分皆盡故無大小餘 正義曰無大小餘者以出閏月之歲有三百五十四日三百四十八分除五甲三百日餘有五十四日三百四十八分緣未滿六十日故置爲來年大小餘亦爲太初元年日得甲子朔旦冬至前年無奇日分故無大小餘也

無大餘 無小餘 索隱曰上大小餘朔之大小餘此謂冬至大小餘冬至亦與朔同日並無餘分至與朔法異故重列之

焉逢攝提格太初元年 索隱曰漢志太初元年歲在丙子據此則甲寅歲爾雅釋天云歲陽者甲乙丙丁戊己庚辛壬癸十干是也歲陰者子丑寅卯辰巳午未申酉戌亥十二支是也歲陽在甲云焉逢謂歲干也歲陰在寅云攝提格謂歲支也。正義曰焉音於乾反後同 十二

大餘五十四 索隱曰歲十二月六大六小合三百五十四日以六除之五六三十

除三百日餘五十四日故下云大餘者日也。正義曰月朔旦甲子日法也

小餘三百四十八 索隱曰太初歷法一月之日二十九日四十分日之四百九十九每兩月合成五十九日又餘五十八今十二月合餘六箇五十八得此三百四十八數故云小餘者月也。正義曰未滿日之分數也其分每滿九百四十則成一日即歸上成五十日矣大餘五十四日每歲除小月六日則成三百五十四日除五甲三百日猶除五十四日爲未滿六十日故稱大餘五十四小餘三百四十八者其大數五十四之外更除分三百四十八故稱小餘三百四十八也此大小餘是月朔甲子日朔以出閏月之數一歲則有三百五十四日三百四十八分每六十日之餘爲未滿六十日故有大小餘也是太初元年奇日奇分也

大餘五 索隱曰周天三百六十五度四分度之一日行一度去歲十一月朔在牽牛初爲冬至今歲十一月十二日又至牛初爲一周以六甲除之六六三十六除三百六十餘五故云大

餘五也。正義曰冬至甲子日法也

小餘八 索隱曰即四分之一小餘滿三十二從大餘一四八三十二故云小餘八明年又加八得十六故下云小餘十六次明年又加八得二十四故下云小餘二十四又明年加八得三十二爲滿故下云無小餘並可依太初歷法行之也。正義曰未滿日之分數也其分每滿三十二則成一日即歸上成六日矣大餘五者每歲三百六十五日除六甲三百六十日猶餘五日故稱大餘五日也小餘八者每歲三百六十五日四分日之一則一日三十二分是一歲三百六十五日八分故稱小餘是冬至甲子日法未出閏月之數每六十日除之爲未滿六十日故有大小餘也此是太初元年奇日奇分也

端蒙單閼二年 徐廣曰單閼一作亶安。索隱曰端蒙乙也爾雅作旃蒙單閼卯也丹遏二音又音蟬焉歲在乙卯也。正義曰單音丹又音特連反閼音烏葛反又於連反 閏十三

大餘四十八 小餘六百九十六

大餘十 小餘十六

游兆執徐三年 索隱曰游兆景也爾雅作柔兆執徐辰也。正義曰三年丙辰歲也 十二

大餘十二 小餘六百三

大餘十五 小餘二十四

彊梧大荒落四年 索隱曰彊梧丁也大荒落巳也正義曰梧音語四年丁巳歲也 十二

大餘七 小餘十一

大餘二十一 無小餘

徒維敦牂天漢元年 索隱曰徒維戊也敦牂午也。正義曰牂音作郎反天漢元年戊午歲 閏十三

大餘一　小餘三百五十九
大餘二十六　小餘八
祝犁協洽二年　索隱曰祝犁己也爾雅作著雍協洽未也○正義曰二年己未歲也　十二
大餘二十五　小餘二百六十六
大餘三十一　小餘十六
商橫涒灘三年　索隱曰商橫庚也爾雅作上章涒灘申也本作赤奮若非也天官書及爾雅申爲涒灘丑爲赤奮若今自太初已來計歲次與天官書不同者有四蓋後之歷術改也○正義曰涒音吐魂反灘音吐丹反又作涒漢字音與上同三年庚申歲也　十二
大餘十九　小餘六百一十四
大餘三十六　小餘二十四

昭陽作噩四年　索隱曰昭陽辛也爾雅作重光作噩酉也○正義曰四年辛酉歲也　閏十三
大餘十四　小餘二十二
大餘四十二　無小餘
橫艾淹茂太始元年　索隱曰橫艾壬也爾雅作玄黓淹茂戌也○正義曰元年壬戌歲也　十二
大餘三十七　小餘八百六十九
大餘四十七　小餘八
尚章大淵獻二年　索隱曰尚章癸也爾雅作昭陽大淵獻亥也一本作困敦非也天官書子爲困敦與爾雅同正義曰二年癸亥歲也　閏十三
大餘三十二　小餘二百七十七

大餘五十二　小餘一十六
焉逢困敦三年　索隱曰焉逢甲也困敦子也一本作大淵獻非也天官書云亥爲大淵獻與爾雅同○正義曰敦音頓三年甲子歲也　十二
大餘五十六　小餘一百八十四
大餘五十七　小餘二十四
端蒙赤奮若四年　索隱曰端蒙乙也赤奮若丑也一本作涒灘非也天官書申爲涒灘與爾雅同四年已後自太始征和已下訖篇末其年次甲乙皆准此並褚先生所續也○正義曰四年乙丑歲也　十二
大餘五十　小餘五百三十二
大餘三　無小餘　正義曰准前解小餘是日之餘分也
自右曆書已下大餘又非是年名復不周備恐褚先生及後人所加

游兆徐廣曰作游桃攝提格征和元年　正義曰李巡注云爾雅云萬物承陽而起故曰攝提格起也孔文祥云以歲在寅正月出東方爲衆星之紀以攝提宿故曰攝提以其爲歲月之首起於孟陬故云格正也　閏十三
大餘四十四　小餘八百八十
大餘八　小餘八
彊梧單閼二年　正義曰李巡注云言陽氣推萬物而起故曰單閼單盡閼止也　十二
大餘八　小餘七百八十七
大餘十三　小餘十六
徒維執徐三年　正義曰李巡云伏蟄之物皆敷舒而出故云執徐也　十二
大餘三　小餘一百九十五

大餘十八　小餘二十四

祝犁大芒落四年　芒一作荒。正義曰姚察云言萬物皆熾盛而大出霍然落之故云荒落也　閏十三

大餘五十七　小餘五百四十三

大餘二十四　無小餘

商橫敦牂後元元年　正義曰爾雅云敦盛也牂壯也言萬物盛壯也　十二

大餘二十一　小餘四百五十

大餘二十九　小餘八

昭陽汁洽二年　汁一作協。正義曰李巡云言陰陽化生萬物和合故曰協洽也　閏十三

大餘十五　小餘七百九十八

大餘三十四　小餘十六

橫艾涒灘始元元年正西　涒灘一作芮漢。正義曰孫炎注云爾雅云涒灘萬物吐秀乃傾垂之貌也　十二

大餘三十九　小餘七百五

大餘三十九　小餘二十四

尚章作噩二年　噩一作鄂。正義曰李巡云作鄂萬物皆落枝起之貌也　十二

大餘三十四　小餘一百一十三

大餘四十五　無小餘

焉逢淹茂三年　淹一作閹。正義曰李巡云言萬物皆蔽冒故曰閹茂蔽冒也　閏十三

大餘二十八　小餘四百六十一

大餘五十　小餘八

端蒙困敦四年　正義曰孫炎云困敦混沌也言萬物萌混沌於黃泉之下也　十二

大餘五十二　小餘三百六十八

大餘五十五　小餘十六

游兆困敦五年　十二

大餘四十六　小餘七百一十六

無大餘　小餘二十四

彊梧赤奮若六年　正義曰李巡云陽氣奮迅萬物而起無不若其性故曰赤奮若陽色奮迅也若順也　閏十三

大餘四十一　小餘一百二十四

大餘六　無小餘

徒維攝提格元鳳元年　十二

大餘五　小餘三十一

大餘十一　小餘八

祝犁單閼二年　十二

大餘五十九　小餘三百七十九

大餘十六　小餘十六

商橫執徐三年　閏十三

大餘五十三　小餘七百二十七

大餘二十一　小餘二十四

昭陽大荒落四年 十二
大餘十七 小餘六百三十四
大餘二十七 無小餘
橫艾敦牂五年 閏十三
大餘十二 小餘四十二
大餘三十二 小餘八
尚章汁洽六年 十二
大餘三十五 小餘八百八十九
大餘三十七 小餘十六
焉逢涒灘元平元年 十二
大餘三十 小餘二百九十七
大餘四十二 小餘二十四
端蒙作噩本始元年 閏十三
大餘二十四 小餘六百四十五
大餘四十八 無小餘
游兆閹茂二年 十二
大餘四十八 小餘五百五十二
大餘五十三 小餘八
彊梧大淵獻三年正義曰孫炎云淵獻深也獻萬物於天深於藏蓋也 十二
大餘四十二 小餘九百

大餘五十八 小餘十六
徒維困敦四年 閏十三
大餘三十七 小餘三百八
大餘三 小餘二十四
祝犂赤奮若地節元年 十二
大餘一 小餘二百一十五
大餘九 無小餘
商橫攝提格二年 閏十三
大餘五十五 小餘五百六十三
大餘十四 小餘八
昭陽單閼三年正南 十二
大餘十九 小餘四百七十
大餘十九 小餘十六
橫艾執徐四年 十二
大餘十三 小餘八百一十八
大餘二十四 小餘二十四
尚章大荒落元康元年 閏十三
大餘八 小餘二百二十六
大餘三十 無小餘
焉逢敦牂二年 十二

大餘三十二　小餘一百三十三
大餘三十五　小餘八
端蒙協洽三年　十二
大餘二十六　小餘四百八十一
大餘四十　小餘十六
游兆涒灘四年　閏十三
大餘二十　小餘八百二十九
大餘四十五　小餘二十四
彊梧作噩神雀元年　十二
大餘四十四　小餘七百三十六
大餘五十一　無小餘
徒維淹茂二年　十二
大餘三十九　小餘一百四十四
大餘五十六　小餘八
祝犂大淵獻三年　閏十三
大餘三十三　小餘四百九十二
大餘一　小餘十六
商橫困敦四年　十二
大餘五十七　小餘三百九十九
大餘六　小餘二十四

昭陽赤奮若五鳳元年　閏十三
大餘五十一　小餘七百四十七
大餘十二　無小餘
橫艾攝提格二年　十二
大餘十五　小餘六百五十四
大餘十七　小餘八
尚章單閼三年　十二
大餘十　小餘六十二
大餘二十二　小餘十六
焉逢執徐四年　閏十三
大餘四　小餘四百一十
大餘二十七　小餘二十四
端蒙大荒落甘露元年　十二
大餘二十八　小餘三百一十七
大餘三十三　無小餘
游兆敦牂二年　十二
大餘二十二　小餘六百六十五
大餘三十八　小餘八
彊梧協洽三年　閏十三
大餘十七　小餘七十三

大餘四十三　小餘十六
徒維涒灘四年　十二
大餘四十　小餘九百二十
大餘四十八　小餘二十四
祝犂作噩黃龍元年　閏十三
大餘三十五　小餘三百二十八
大餘五十四　無小餘
商橫淹茂初元元年正東　十二
大餘五十九　小餘二百三十五
大餘五十九　小餘八

昭陽大淵獻二年　十二
大餘五十三　小餘五百八十三
大餘四　小餘十六
橫艾困敦三年　閏十三
大餘四十七　小餘九百三十一
大餘九　小餘二十四
尚章赤奮若四年　十二
大餘十一　小餘八百三十八
大餘十五　無小餘
焉逢攝提格五年　十二

大餘六　小餘二百四十六
大餘二十　小餘八
端蒙單閼永光元年　閏十三
無大餘　小餘五百九十四
大餘二十五　小餘十六
游兆執徐二年　十二
大餘二十四　小餘五百一
大餘三十　小餘二十四
彊梧大荒落三年　十二
大餘十八　小餘八百四十九

大餘三十六　無小餘
徒維敦牂四年　閏十三
大餘十三　小餘二百五十七
大餘四十一　小餘八
祝犂協洽五年　十二
大餘三十七　小餘一百六十四
大餘三十六　小餘十六
商橫涒灘建昭元年　閏十三
大餘三十一　小餘五百一十二
大餘五十一　小餘二十四

昭陽作噩二年　十二
大餘五十五　小餘四百一十九
大餘五十七　無小餘
橫艾閹茂三年　十二
大餘四十九　小餘七百六十七
大餘二　小餘八
尚章大淵獻四年　閏十三
大餘四十四　小餘一百七十五
大餘七　小餘十六
焉逢困敦五年　十二
大餘八　小餘八十二
大餘十二　小餘二十四
端蒙赤奮若竟寧元年　十二
大餘二　小餘四百三十
大餘十八　無小餘
游兆攝提格建始元年　閏十三
大餘五十六　小餘七百七十八
大餘二十三　小餘八
彊梧單閼二年　十二
大餘二十　小餘六百八十五

大餘二十八　小餘十六
徒維執徐三年　閏十三
大餘十五　小餘九十三
大餘三十三　小餘二十四
祝犁大荒落四年

右歷書大餘者日也小餘者月也端蒙者年名也支丑名赤奮若寅名攝提格干丙名游兆正北冬至加子時正西加酉時正南加午時正東加卯時

索隱述贊曰歷數之興其來尚矣重黎是司容成斯紀推步天象消息母子五勝輪環三正互起孟陬貞歲疇人順軌敬授之方獲端爲美

歷書第四　史記二十六

天官書第五　史記二十七

索隱曰案天文有五官官者星官也星座有尊卑若人之官曹列位故曰天官。正義曰張衡云文曜麗乎天其動者有七日月五星是也日者陽精之宗月者陰精之宗五星五行之精衆星列布體生於地精成於天列居錯峙各有所屬在野象物在朝象官在人象事其以神著有五列焉是有三十五名一居中央謂之北斗四布於方各七爲二十八舍日月運行歷示吉凶也

中宮天極星索隱曰姚氏案春秋元命包云宮之爲言宣也宮氣立精爲神垣又文耀鉤曰中宮大帝其精北極星含元出氣流精生一也爾雅云北極謂之北辰又春秋合誠圖云北辰其星五在紫微中楊泉物理論云北極天之中陽氣之北極也極南爲太陽極北爲太陰日月五星行太陰則無光行太陽則能照故爲昏明寒暑之限極也**其一明者太一常居也**索隱曰案春秋合誠圖云紫微大帝室太一之精也。正義曰泰一天帝之別名也劉伯莊云泰一天神之最尊貴者也**旁三星三公**

正義曰三公三星在北斗杓東又三公三星在北斗魁西並爲太尉司徒司空之象主變出陰陽主佐機務占以從爲不吉居常則安金火守之並爲咎也**或曰子屬後句四星末大星正妃**索隱曰句音鉤句曲也援神契云辰極橫后妃四星從大妃光明又按星經以後句四星名爲四輔其勾陳六星爲六宮亦主六軍與此不同也**餘三星後宮之屬也環之匡衛十二星藩臣皆曰紫宮**索隱曰元命包曰紫之言此也宮之言中也言天神運動陰陽開閉皆在此中也宋均又以爲十二軍中外位各定總謂之紫宮也**前列直斗口三星隨北端兌**索隱曰劉氏直音如字直當也又音值隨音他果反斗一作北案漢書天文志北作比端作耑兌作銳銳謂星形尖邪也**若見若不曰陰德**正義曰星經云陰德二星在紫微宮內尚書西主施德惠者故贊陰德遺惠周急賑撫占以不明爲宜明新君踐極也又云陰德星中宮女主之象星動搖釁起宮掖貴嬪內妾惡之**或曰天一**索隱曰文耀鉤曰陰德爲天下剛宋均以

爲陰行德者道常也。正義曰天一一星疆閶闔外天帝之神主戰鬬知人吉凶明而有光則陰陽和萬物成人主吉不然反是太一一星次天一南亦天帝之神主使十六神知風雨水旱兵革饑饉疾疫占以不明及移爲災也星經云天一太一二星主王者即位令諸立赤子而傳國位者星不欲微微則廢立不當其次宗廟不享食矣**紫宮左三星曰天槍右五星曰天棓**蘇林曰音掊打之掊。索隱曰槍音七庚反棓音皮韋昭音剖詩緯云槍三星棓五星在斗杓左右主槍人棓人石氏星讚云槍棓八星備非常之變也。正義曰龐掌反天棓五星在女牀東北天子先驅所以禦兵也占星不具國兵起也**後六星絕漢抵營室曰閣道**索隱曰絕度也抵屬也又案樂汁圖云閣道北斗之輔石氏云閣道六星神所乘也。正義曰漢天河也直度曰絕抵至也營室七星天子之宮亦爲玄宮亦爲清廟主上公亦天子離宮別館也王者道被草木營室曆九象而可觀閣道六星在王良北飛閣之道天子欲遊別宮之道占一星不見則輦路不通動搖則宮掖之內起兵也**北斗七星所謂旋璣玉衡以**

齊七政索隱曰春秋運斗樞云斗第一天樞第二旋第三璣第四權第五衡第六開陽第七搖光第一至第四爲魁第五至第七爲標合而爲斗文耀鉤云斗者天之喉舌玉衡屬杓魁爲旋璣整長曆云北斗七星星間相去九千里其二陰星不見者相去八千里也尚書旋作璿馬融云璿美玉也璣渾天儀可轉旋故曰璣衡其中橫筩以璿爲璣以玉爲衡蓋貴天象也鄭玄註大傳云渾儀其中筩爲旋璣外規爲玉衡者是也尚書大傳云七政謂春秋冬夏天文地理人道所以爲政也人道正而萬事順成又馬融註尚書云七政者北斗七星各有所主第一曰主日法天第二曰主月法地第三曰命火謂熒惑也第四曰煞土謂塡星也第五曰伐水謂辰星也第六曰危木謂歲星也第七曰罰金謂太白也日月五星各異故各曰七政也**杓攜龍角**孟康曰杓北斗杓也龍角東方宿也攜連也。正義曰按角星爲天關其間天門其內天庭黃道所經七耀所行左角爲理主刑其南爲太陽道右角爲將主兵其北爲太陰道也蓋天之三門故其星明大則天下太平賢人在位不然反是也**衡殷南斗魁枕參首**晉灼曰衡斗之中央殷中也。索隱曰宋均云殷當也。正義曰枕之禁

反衡斗衡也魁斗第一星也言北方斗斗衡直當北之魁枕於參星之道北斗之杓連於龍角南斗六星爲天廟丞相太宰之位主薦賢良授爵禄又主兵天機南二星魁天梁中央一星天相北二星天府庭也占斗星盛明王道和平爵禄行不然反是參主斬刈又爲天獄主殺罰其中三星横列者三將軍東主後將軍西南曰右足主偏將軍故軒轅氏占之以北曰左肩主左將軍西北曰右肩主右將軍東南曰左足應七將也中央三小星曰伐天之都尉也主戎狄之國不欲明若芒角張明與參等大臣謀亂兵起夷狄內戰七將皆明天下主兵振王道缺參失色軍散敗動搖邊候有急參左足入玉井中及金火守皆爲起兵**用昏建者杓杓自華以西南**孟康曰傳曰斗第七星法太白主杓斗之尾也尾爲陰又其用昏昏陰位在西方故主西南。索隱曰說文云杓斗柄音匹遙反即招搖也。正義曰杓東北第七星也華華山也言北斗昏建用斗杓星指寅也杓華山西南之地也**夜半建者衡**徐廣曰第五星**衡殷中州河濟之閒**孟康曰假令杓昏建寅衡夜半亦建寅。正義曰衡北斗衡也言北斗夜半建用斗衡指寅殷當也斗衡黃河淸水之間地也**平旦建者魁魁海岱以東北也**孟康曰傳曰斗第一星法於日主齊也魁斗之首首陽也又其用在明陽與明德在東方故主東北齊分。正義曰言北斗旦建用斗魁指寅也海岱代郡也言魁星主海岱之東北地也隨三時所指有前三建也**斗爲帝車運于中央**索隱曰姚氏案宋均云言是大帝乘車巡狩故無所不紀也**臨制四鄉分陰陽建四時均五行移節度定諸紀皆繫於斗**

斗魁戴匡六星晉灼曰似戴故曰戴匡也**曰文昌宮**索隱曰文耀鉤云文昌宮爲天府孝經援神契云文者精所聚昌者揚天紀輔拂並居以成天象故曰文昌宮**一曰上將二曰次將三曰貴相四曰司命五曰司中六曰司禄**索隱曰春秋元命包曰上將建威武次將正左右貴相理文緒司禄賞功進士司命主災咎司灾主左理也**在斗魁中貴人之牢**孟康曰傳曰天理四星在斗魁中貴人牢名曰天理。索隱曰樂汁圖曰天寶理貴人牢宋均曰以理牢獄也。正義曰占明及其中有星比貴人下獄也

魁下六星兩兩相比者名曰三能蘇林曰音三台。索隱曰漢書東方朔頌陳泰階六符孟康曰泰階三台也台星凡六星六符六星之符驗也應劭引黃帝泰階六符經曰泰階者天子之三階上階上星爲男主下星爲女主中階上星爲諸侯三公下星爲卿大夫下階上星爲士下星爲庶人三階平則陰陽和風雨時不平則稼穡不成冬雷夏霜天行暴令好興甲兵修宮榭廣苑囿則上階爲之坼也**三能色齊君臣和不齊爲乖戾輔星**孟康曰在北斗第六星旁。正義曰大臣之象也占欲其小而明若大而明則臣奪君政小而明則臣不任職明大與斗合國兵暴起暗而遠斗臣不死則奪若近臣專賞用賢排佞則輔生角近臣擅國符印將謀社稷則輔生翼不然則死也**明近輔臣親彊斥小疏弱**蘇林曰斥遠也**杓端有兩星一內爲矛招搖**孟康曰近北斗者招搖招搖爲天矛晉灼曰更河三星天矛鋒招搖一星耳。索隱曰案詩紀歷樞云更河中招搖爲胡兵宋均云招搖星在更河內樂汁圖云更河天矛星宋均以爲更河名天矛則更河是星名也**一外爲盾天鋒**晉灼曰外遠北斗也在招搖南一名玄戈。正義曰星經云梗河星爲戟劍之星若星不見或進退不定鋒鏑亂起將爲邊境之患也**有句圜十五星**索隱曰句音鉤圜音貞其形如連環即貫索星也**屬杓**正義曰屬音燭**曰賤人之牢**索隱曰詩紀歷樞云賤人牢一曰天獄又樂汁圖云連營賤人牢宋均以爲連營貫索星也。正義曰貫索九星在七公前一曰連索主法律禁暴強也爲賤人牢也且一星爲門欲其開也占星悉見則獄事繁不見則刑務簡動搖則斧鉞用中虛則改元口開則有赦人主憂若閉口及星入牢中有自繫死者常夜候之一星不見有小喜二星不見則賜祿三星不見則人主德令且赦遠十七日近十六日若有客星出見其小大大有大赦小亦如之也**其牢中星實則囚多虛則開出天一槍棓矛盾動搖角大兵起**李奇曰角芒角**東宮蒼龍房心心爲明堂**索隱曰文耀鉤云東

宮蒼帝其精爲龍爾雅云大辰房心尾也李巡曰大辰蒼龍宿體最明也春秋説題辭云房心爲明堂天王布政之宮尚書運期授曰所謂房四表之道宋均云四星間有三道日月五星所從出入也大星天王前

後星子屬索隱曰鴻範五行傳曰心之大星天王也前星太子後星庶子不欲直直

則天王失計房爲府曰天駟索隱曰爾雅云天駟房也詩紀歷樞云房爲天馬主車駕宋均云房既近心爲明堂又別爲天府及天駟也其陰右驂正義曰房星君之位亦主左驂亦主良馬故爲駟王者恒祠之是馬祖也旁有兩星曰衿索隱曰音其炎反元命包曰鈎鈐兩星以閑防神府闓舒爲主鈎距以備非常也。正義曰占明而近房天下同心鈎鈐房心之間有客星出及疎拆者皆地動之祥也北一星曰舝徐廣曰音轄。正義曰説文云舝車軸耑鍵也兩相穿背也星經云鍵閉一星在房東北掌管籥也占一反不居其所則津梁不通宮門不禁居則反是也東北

曲十二星曰旗正義曰兩旗者左旗九星在河鼓左也右旗九星在河鼓右也皆天之鼓旗所

以爲旌表占欲其明大光潤將軍吉不然爲兵憂及不居其所則津梁不通動搖則兵起也旗中四

星曰天市正義曰天市二十三星房心東北主國市聚交易之所一曰天旗明則市吏急商人無利忽然不明反是市中星衆則歲實稀則歲虛熒惑犯戮不忠之臣彗星出當徙市易都客星入兵大起出之有貴喪也中六星曰市樓市中星衆者實其虛則耗正義曰耗貧無也房南衆星曰騎官左角李右角將索隱曰李即理法官也故元命包云左角理物以起右角將率而動又石氏云左角爲天田右角爲天門也大角

者天王帝廷索隱曰援神契云大角爲坐候宋均云坐帝坐也。正義曰大角一星在兩攝提間人君之象也占其明盛黃潤則天下大同也其兩旁各有三星鼎足

句之曰攝提晉灼曰如鼎之句曲。索隱曰元命包云攝提之爲言提攜也言能提斗攜角以接於下也。正義曰攝提六星夾大角大臣之象恒直斗杓所指紀八節察萬事者也占色溫溫不明而大者人君恐

客星入之聖人受制也攝提者直斗杓所指以建時節故曰

攝提格亢爲疏廟索隱曰元命包云亢四星爲廟廷文耀鉤爲疏廟宋均以爲疏外也廟或爲朝也。正義曰聽政之所也其占明大則輔臣忠天下寧不然則反是也主疾其南北

兩大星曰南門正義曰南門二星在庫樓南天之外門占明則氐羌貢暗則諸夷叛客星守之外兵且至也氐爲天根正義曰星經云氐四星爲露寢聽朝所居其占明大則臣下奉度合誠圖云氐爲宿宮也主疫索隱曰爾雅云天根氐也孫炎以爲角亢下繫於氐若木之有根宋均云疫疾也三月榆莢落故主疾疫也然此時物雖生而日宿在奎行毒氣故有疫疾也。正義曰氐房心三宿爲灾於辰在卯宋之分野尾爲九子索隱曰宋均云屬後宮場故得兼子子必九者取尾有九星也元命包云尾九星箕四星爲後宮之場也。正義曰尾箕尾爲析木之津於辰在寅燕之分野尾九星爲後宮亦爲九子星近心第一星爲后妃次三星妃次三嬪末二星爲妾占均明大小相承則後宮敘而多子不然則不金火守之後宮

兵起若明暗不常妃嫡乖亂妾媵失序曰君臣斥絕不和箕爲敖客

曰口舌索隱曰宋均云敖調弄也箕以簸揚調弄爲象箕又受物有去去來來客之象也詩云維南有箕載翕其舌又詩緯云箕爲天口主出氣是箕有舌象讒言故詩曰哆兮侈兮成是南箕謂爲敖客行請謁也。正義曰敖音傲箕主八風亦后妃之府也移徙入河國人相食金火入守天下亂月宿其野爲風起火犯

守角則有戰索隱曰韋昭曰火熒惑。正義曰熒惑犯守箕尾氐星自生芒角則有戰陣之事若熒惑守房心及房心自生芒角則王者惡之也房心王者惡之也南宮朱

鳥正義曰柳八星爲朱鳥咮天之廚宰主尚食和滋味權衡孟康曰軒轅爲權太微爲衡。索隱曰文耀鉤云南宮赤帝其精爲朱鳥也。正義曰權四星在軒轅尾西主烽火備警急占以明爲安靜明一訓警急動搖芒角亦如之衡太尾之庭也衡太微三光之廷索隱曰宋均曰太微天帝南宮也三光日月五星也匡衛十二星藩臣索隱曰春秋合誠圖曰太微主法式陳星十二以備

武急也。正義曰太微宮垣十星在翼軫地天子之宮庭五帝之坐十二諸侯之府也其外藩九卿也南藩中二星閒於端門次東第一星爲左執法廷尉之象第二星爲上相第三星爲次相第四星爲次將第五星爲上將端門西第一星爲右執法御史大夫之象也第二星爲上將第三星爲次將第四星爲次相第五星爲上相其東垣北左執法上相兩星間名曰左掖門上相兩星間名曰東華門上相次相上將次將間名曰太陽門其西垣右執法上將間名曰右掖門上將次將間名曰西華門次將次相間名曰中華門次相兩星間名曰太陰門各依其名是其職也占與紫宮垣同也**西將東相南四星執法中端門門左右掖門門內六星諸侯**正義曰內五諸侯五星列在帝庭其星並欲光明潤澤若枯燥則各於其處受其災變大至誅戮小至流亡若動搖則擅命以干主者審其分以占之則無惑也又云諸侯五星在東井北河主刺舉戒不虞又曰理陰陽察得失一曰帝師二曰帝友三曰三公四曰博士五曰太史此五者爲天子定疑議也占明大潤澤大小齊等則國之福不然則上下相猜忠臣不用**其內五星五帝坐**索隱曰詩含神霧云五精星坐其東蒼帝坐神名靈威仰精爲青龍之類也。正義曰黃帝坐一星在太微宮中含樞紐之神四星夾黃帝坐蒼帝東方靈威仰之神赤帝南方赤熛怒之神白帝西方白昭矩之神黑帝北方叶光紀之神五帝並設神靈集謀者也占五座明而光則天子得天地之心不然則失位金火來守入太微若順入軌道司其出之所守則爲天子所誅也其逆入若不軌道以所犯名之中坐成形**後聚一十五星蔚然**徐廣曰一云哀烏**曰郎位**索隱曰漢書作哀烏則哀烏蔚然皆星之貌狀其星昭然所以象郎位也。正義曰郎位五星在太微中帝坐東北周之元士漢之光祿中散諫議此三署郎中是今之尚書郎占欲其大小均耀光國有之吉也**傍一大星將位也**索隱曰宋均云爲羣郎之將帥也。正義曰將子象反郎將一星在郎位東北所以爲武備今之左右中郎將占大而明角將恣不可當也**月五星順入軌道**索隱曰韋昭云謂循軌道不邪逆也順入從西入也。正義曰謂月五星順入軌道入太微庭也**司其出所守天子所誅也**索隱曰宋均云司察日月五星所守列宿若請官屬不去十日者於是天子命使誅之也**其逆入若不軌道以所犯命之中坐成形**晉灼曰中坐犯帝坐也成形禍福之形見也。索隱曰宋均云逆入從東入不軌道不由康衢而入也以其所犯命者亦謂隨所犯之位天子必命誅討其人也**皆羣下從謀也**正義曰命名也謂月五星逆入不依軌道司察其所犯太微中帝坐帝坐必成其刑戮皆是羣下相從而謀上也**金火尤甚**索隱曰案火主銷物而金爲兵故尤急則水土木爲小變也。正義曰若金火逆入不軌道犯帝坐尤甚於月及水土木也**廷藩西有隋星五**隋音他果反。索隱曰宋均云南北爲隋隋謂垂下也**曰少微士大夫**索隱曰春秋合誠圖云少微處士位又天官占云一名處士星也。正義曰少微四星在太微南北列第一星處士也第二星議士也第三星博士也第四星大夫也占以明大黃潤則賢士舉不明反是月五星犯守處士憂宰相易也**權軒轅軒轅黃龍體**孟康曰形如騰龍。索隱曰援神契曰軒轅十二星后宮所居石氏星讚以軒轅龍

體主后妃也。正義曰軒轅十七星在七星北黃龍之體主雷雨之神後宮之象也陰陽交感雷激爲雨怒爲風亂爲霧凝爲霜散爲露聚爲雲氣立爲虹蜺離爲背璚分爲抱珥二十四變皆軒轅主之其大星女主也次北一星夫人也次北一星妃也其次諸星皆次妃之屬女主南一小星女御也左一星少民后宗也占欲其小黃而明吉大明則爲後宮爭競移徙則國人流迸東西角大張而振后族敗水火金守軒轅女主惡也**前大星女主象旁小星御者後宮屬月五星守犯者如衡占**索隱曰宋均云責在后黨嬉讒賊與占此祥天子亦當誅之**東井爲水事**索隱曰元命包云東井八星主水衡也**其西曲星曰鉞**正義曰東井八星鉞一星輿鬼五星爲質一星爲鶉首於辰在未皆秦之分野一八星黃道云所經爲天之亭候主水衡事法令所取平也王者用法平則井星明而端列鉞一星附井之前主伺奢淫而斬之占不欲其明與井齊或搖動則天子用鉞於大臣月宿井有風雨之變也**鉞北北河南南河**正義曰南河三星北河三星分夾東井南北置而爲戒一曰陽

門亦曰越門北河北戒一曰陰門亦爲胡門兩戒間三光之常道也占以南星不見則南道不通北亦如之動搖及火守中國兵起也又云動則胡越爲變或連近臣以結之**兩河天闕間爲關梁**索隱曰宋均云兩河六星知逆邪言關梁之限知邪僞也。正義曰闕丘二星在河南天子之雙闕諸侯之兩觀亦象魏縣書之府金火守之兵戰闕下也**輿鬼鬼祠事中白者爲質**晉灼曰輿鬼五星其中白者爲質。正義曰輿鬼四星主祠事天田也主視明察姦謀東北星主積馬東南星主積兵西南星主積布帛西北星主積金玉隨其變占之中一星爲積屍一名質主喪死祠祀占鬼星明大穀成不明百姓散質欲其沒不明明則兵起大臣誅下人死之**火守南北河兵起穀不登故德成衡觀成潢**晉灼曰日月五星不軌道也衡太微廷也觀占也潢五帝車舍**傷成鉞**晉灼曰賊傷之占先成形於鉞。索隱曰案德成衡衡則能平物故有德公平者先成形於衡觀成潢潢爲帝車舍言王者遊觀亦先成形於潢也傷成鉞者傷敗也言王者敗德亦先成形於鉞以言有敗亂則有鉞誅之然案文耀鉤

則云德成潢敗成鉞其意異也又此下文禍成井誅成質皆是東井下義總列於此也**禍成井**晉灼曰東井主水事火入一星居其旁天子且以火敗故曰禍也**誅成質**晉灼曰熒惑入輿鬼天質占曰大臣有誅**柳爲鳥注主木草**索隱曰案漢書天文志注作喙爾雅云鳥喙謂之柳孫炎云喙朱鳥之口柳其星聚也以注爲柳星故主草木也。正義曰喙丁救反一作注柳八星星一星張六星爲鶉火於辰在午皆周之分野柳爲朱鳥咮天之厨宰主尚食和滋味占以順明爲吉金火守之國兵大起**七星頸爲員官主急事**索隱曰案宋均云頸朱鳥頸也員官嚨喉也物在嚨喉終不久留故主急事也正義曰七星爲頸一名天都主衣裳文繡主急事以明爲吉暗爲凶金火守之國兵大起**張素爲厨主觴客**索隱曰素嗉也爾雅云鳥張嗉郭璞云鳥受食之處也。正義曰張六星六爲嗉主天厨飲食賞賚觴客占以明爲吉暗爲凶金火守之國兵大起**翼爲羽翮主遠客**正義曰翼二十星軫四星長沙一星轄二星合軫七星皆爲鶉尾於辰在巳楚之分野翼二十二星爲天樂府又主夷狄

亦主遠客占明大禮樂興四夷服徙則天子舉兵以罰亂者**軫爲車主風**索隱曰宋均云軫四星居中又有二星爲左右轄車之象也軫與巽同位爲風車動行疾似之也。正義曰軫四星主冢宰輔臣又主車騎亦主風占明大則車騎用太白守之天下學校散文儒失業兵戈大興熒惑守之南方有不用命之國當發兵伐之辰星守之徐泗有戮之者**其旁有一小星曰長沙**正義曰長沙一星在軫中主壽命占明主長壽子孫昌也**星星不欲明明與四星等若五星入軫中兵大起**索隱曰宋均云五星主行使使動兵車亦動也**軫南衆星曰天庫**正義曰天庫一星主太白秦也在五車中**樓庫有五車車星角若益衆及不具無處車馬西宮**索隱曰文耀鉤云西宮白帝其精白虎**咸池**正義曰咸池三星在五車中天潢南魚鳥之所託也金犯守之兵起火守之有灾也**曰天五潢五潢五帝車舍**索隱曰案元命包曰咸池主五穀其星五者各有所職咸池言

穀生於水含秀含實主秋垂故一名五帝車舍言以車載穀而販也。正義曰五車五星三柱九星在畢東北天子五兵車舍也西北大星曰天庫主太白秦也次東北星天獄主辰燕趙也次東曰天倉主歲衛魯也次東南曰司空主鎮楚也次西南曰卿主熒惑魏也占五車均明柱皆見則倉庫實不見其國絕食兵見起五車三柱有變各以其國占之三柱入出一月米貴三倍期二年出三月貴十倍一年柱出不與天倉相近軍出米貴轉粟千里柱倒王尤其火入天下旱金入兵水入水也**火入旱金兵水**索隱曰謂火金水入五潢則各致此灾也宋均云不言木土者木土德星於此不爲害也**水中有三柱柱不具兵起奎曰封豕爲溝瀆**正義曰奎苦圭反十六星婁三星爲降婁於辰在戌魯之分野奎天之府庫一曰天豕亦曰封豕主溝瀆西南大星所謂天豕目占以明爲吉星不欲團圓圓則兵起暗則臣干命之咎亦不欲開闔無常當有白衣稱命於山谷者五星犯奎臣主共謀權臣擅命不可禁者王者宗祀不潔則奎動搖若睒睒有光則近臣謀上之應亦庶人饑饉之厄太白守奎胡貊之憂可以伐之熒惑星守之則有水之憂連以三年填

星歲星守之中國之利外國不利可以興師動衆斷斷無道婁爲聚衆正義曰婁三星爲苑牧養犧牲以共郊祀亦曰聚衆占動搖則衆兵聚金火守之國死兵起也胃爲天倉正義曰胃三星昴七星畢八星爲大梁於辰在酉趙之分野謂主倉廩五穀之府也占明則天下和平五穀豐稔不然反是也其南衆星曰廥積如淳曰芻藁積爲廥也。正義曰芻藁六星在天苑西主積藁草者不見則牛馬暴死火守災起也昴曰髦頭正義曰昴一星爲髦頭胡星亦爲獄事明天下獄訟平暗爲刑罰濫六星明與大星等大水且至其兵大起搖動若跳躍者胡兵大起一星不見皆兵之憂也胡星也爲白衣會畢曰罕車正義曰畢八星曰罕車爲邊兵主弋獵其大星曰天高一曰邊將四夷之尉也星明大天下安遠夷入貢失色邊亂畢動兵起月宿則多雨毛萇云畢所謂掩兔也爲邊兵索隱曰爾雅云濁謂之畢孫炎云爲掩兔之畢或呼爲濁因以名星主弋獵其大星旁小星爲附耳正義曰附耳一星屬畢大星之下次天高東南隅主爲人主聽得失伺愆邪星明則中國微邊寇警移動則讒佞行入畢國起兵附耳搖動有讒亂臣在側昴畢間爲天街索隱曰元命包云畢爲天階爾雅云大梁昴孫炎云畢昴之間日月五星出入要道若津梁。正義曰天街二星在畢昴間主國界也街南爲華夏之國街北爲夷狄之國土金守胡兵入也其陰陰國陽陽國孟康曰陰西南坤維河山已北國陽河山已南國參爲白虎正義曰觜三星參三星外四星爲實沈於辰在申魏之分野爲白虎形也三星直是也爲衡石孟康曰參三星者白虎宿中西直似稱衡下有三星兌曰罰孟康曰在參間上小下大故曰銳晉灼曰三星少斜列無銳形爲斬艾事正義曰罰亦作伐春秋運斗樞云參伐事主斬艾也其外四星左右肩股也小三星隅置曰觜觿爲虎首主葆旅事如淳曰關中俗謂桑榆孽生爲葆晉灼曰葆菜也野生曰旅今之飢民采旅生也。索隱曰姚氏案宋均云葆守也旅猶軍旅也言佐參伐以斬除凶也。正義曰觜觿子思反觿胡規反

史天官書五　十二

葆音保觜觿爲虎首主收斂葆旅事也葆旅野生之可食也占金木來守國易正災起也其南有四星曰天廁正義曰天廁四星在屛主溷也占色黃吉青與白皆凶不見則人寢疾廁下一星曰天矢正義曰天矢一星在廁南占與天廁同也矢黃則吉青白黑凶其西有句曲正義曰句音鉤九星三處羅一曰天旗正義曰參旗九星在參西天旗也指麾遠近以從命者王者斬伐當理則天旗曲直順理不然則兵動於外可以憂之若明而稀則邊寇動不然則不二曰天苑正義曰天苑十六星如環狀在畢南天子養禽獸苑稀暗則多死也三曰九游徐廣曰音流。正義曰九游九星在玉井西南天子之兵旗所以導軍進退亦領州列邦並不欲搖動搖動則九州分散人又失業信命一不通於中國憂以金火守之亂起也其東有大星曰狼正義曰狼一星參東南狼爲野將主侵掠占非其處則人相食色黃白而明吉赤角兵起金木火守亦如之狼角變色多盜賊下有四星曰弧正義曰弧九星在狼東南天之弓也以伐叛懷遠又主備賊盜之知姦邪者弧矢向狼動移多盜明大變色亦如之矢不直狼又多盜引滿則天下盡兵也直狼狼比地有大星晉灼曰比地近地也曰南極老人正義曰老人一星在弧南一曰南極爲人主之壽命延長之應常以秋分之曙見於景春分之夕見於丁見國長命故謂之壽昌天下安寧不見人主憂也老人見治安不見兵起常以秋分時候之于南郊附耳入畢中兵起北宮玄武正義曰南斗六星牽牛六星並北宮玄武之宿虛危索隱曰文耀鉤云北宮黑帝其精玄武爾雅云玄枵虛也又云北陸虛也解者以陸爲道孫炎曰陸中也北方之宿中也。正義曰虛二星危三星爲玄枵於辰在子齊之分野虛主死喪哭泣事又爲邑居廟堂祭祀禱祝之事亦天之冢宰主平理天下覆藏萬物占動則有死喪哭泣之應火守則天子將兵水守則人饑饉金守臣下兵起危爲宗廟祀事主天市架屋占動則有土功火守天下兵水守下謀上也危爲蓋屋索隱曰宋均云危上一星高旁兩星

史天官書五　十三

隋下似乎蓋屋也。正義曰蓋屋二星在危南主天子所居宮室之官也占金火守入國兵起孛彗尤甚危爲架屋自有星恐文誤也
虛爲哭泣之事索隱曰姚氏案荊州占以爲其宿二星南星主哭泣虛中六星不欲明明則有大喪也
其南有衆星曰羽林天軍正義曰羽林三十五星三三而聚散在壘壁南天軍也亦天宿衞主兵革出不見則天下亂金火水入軍起也
軍西爲壘正義曰壘壁陳十二星橫列在營室南天軍之垣壘占之非故兵起將軍死也
或曰鉞旁有一大星爲北落北落若微亡軍星動角益希及五星犯北落正義曰北落師門一星在羽林西南天軍之門也長安城北落門以象此也主非常以候兵占明則軍安微弱則兵起金火守有兵爲虜犯塞土水則吉
入軍軍起火金水尤甚火軍憂水患木土軍吉漢書音義曰木星土星入北落則吉也
危東六星兩兩相比曰司空正義曰比音鼻比近也危東兩兩相比者是司命等星也司空唯一星耳又不在危東恐命字誤爲空也司命二星在虛北主喪送司祿二星在司命北主官司危二星在司祿北主危亡司非二星在危北主愆過皆眞司之職占大爲君憂常則吉也
營室索隱曰元命包云營室十星埏陶精類始立紀綱包物爲室又爾雅云營室謂之定郭璞云定正也天下作宮室皆以營室中爲正也
爲清廟曰離宮閣道索隱曰荊州占云閣道王良旗也有六星
漢中四星曰天駟索隱曰元命包云漢中四星曰騎一曰天駟也
旁一星曰王良索隱曰春秋合誠圖云王良主天馬也。正義曰王良五星在奎北河中天子奉御官也其動策馬則兵騎滿野客星守之津橋不通金火守入皆兵之憂
王良策馬正義曰策一星在王良前主天子僕也占以動搖移在王良前或居馬後別爲策馬策馬而兵動也按豫章周騰字叔達南昌人爲侍御史桓帝當南郊平明應出騰仰觀曰夫王者象星今宮中星及策馬星悉不動上明日必不出至四更皇太子卒遂止也
車騎滿野旁有八星絕漢曰天潢索隱曰元命包曰潢主河渠所以度神通四方宋均云天潢天津也津湊也主計度也
天潢旁江星正義曰天江四星在尾北主太陰也不欲明明而動水暴出其星明大水不禁也
江星動人涉水杵臼四星在危南正義曰杵臼三星在丈人星旁主軍糧占正下直曰吉與臼不相當軍糧絕也臼星在南主春其占覆則歲大饑仰則大熟也
匏瓜索隱曰荊州占云匏瓜一名天雞在河鼓東匏瓜明則歲大熟也。正義曰匏音白包反匏瓜五星在離珠北天子果園占明大光潤歲熟不則包果之實不登客守魚鹽貴也
有青黑星守之魚鹽貴南斗正義曰南斗六星在南也**爲廟**
其北建星正義曰建六星在斗北臨黃道天之都關也斗建之間七耀之道亦主旗輅占動搖則人勞不然則不月暈蛟龍見牛馬疫月五星犯守大臣相謀爲關梁不通及大水也
建星者旗也
牽牛正義曰牽牛爲犧牲亦爲關梁其北二星一曰即路一曰聚火又上一星主道路關梁通不明不通天下牛疫死移入漢中天下乃亂也
爲犧牲其北河鼓索隱曰爾雅云河鼓謂之牽牛孫炎云河鼓之旗十二星在牽牛北故或名河鼓爲牽牛也。正義曰河鼓三星在牽牛北主軍鼓蓋天子三將軍中央大星大將軍其南左星左將軍其北右星右將軍所以備關梁而拒難也占明大光潤將軍吉動搖差戾亂兵起直將有功曲則將失計也自昔傳逵牛織女七月七日相見此星也
河鼓大星上將左右左右將婺女索隱曰爾雅云須女謂之務女或作婺字。正義曰須女四星亦婺女天少府也南斗牽牛須女皆爲星紀於辰在丑越之分野而斗牛爲吳之分野也須女賤妾之稱婦職之卑者主布帛裁製嫁娶占水守之萬物不成火守布帛貴人多死土守有女喪金守兵起也
其北織女正義曰織女三星在河北天紀東天女也主果蓏絲帛珍寶占王者至孝於神明則三星俱明不然則暗而微天下女工廢明則理大星怒而角布帛湧貴不見則兵起晉書天文志云晉太史令陳卓總甘石巫咸三家所著星圖大凡二百八十三宮一千四百六十四星以爲定紀今略其昭昭者以備天官云
織女天女孫也徐廣曰孫一作名。索隱曰荊州占云織女一名天女天子女也
察日月之行正義曰晉灼云

太歲在四仲則歲行三宿太歲四孟四季則歲行二宿二八十六三四十二而行二十八宿十二歲而周天以揆歲星順逆索隱曰姚氏案天官占云歲星一曰應星一曰經星一曰紀星物理論云歲行一次謂之歲星則十二歲而星一周天也。正義曰天官云歲星者東方木之精蒼帝之象也其色明而內黃天下安寧夫歲星欲春不動動則農發歲星盈縮所在之國不可伐可以罰人失次則民多病見則喜夫所居國人主有福不可以搖動人主怒無光仁道失歲星順行仁德加也歲星農官主五穀天文志云春日甲乙四時春也五常仁五事貌也人主仁虧貌失逆時令傷木氣則罰見歲星曰東方木主春日甲乙義失者罰出歲星歲星贏縮索隱曰案天文志曰凡五星早出為贏贏為客晚出為縮縮為主人五星贏縮必有天應見杓也以其舍命國正義曰舍所止宿也命名也所在國不可伐可以罰人其趨舍而前曰贏索隱曰趨音聚謂促也退舍曰縮贏其國有兵不復縮其國有憂將亡正義曰將音子匠反國傾敗其所在五星皆從而聚於一舍索隱曰漢高帝元年五星皆聚于東井天文志云其年歲星在東井故四星從而聚也其下之國可以義致天下以攝提格歲索隱曰太歲在寅歲星正月晨出東方按爾雅歲在寅為攝提格李巡云言萬物承陽起故曰攝提格格起也歲陰左行在寅歲星右轉居丑正月與斗牽牛晨出東方名曰監德索隱曰歲星在正月晨見東方之名已下皆出石氏星經文乃云星在斗牽牛失次應見於杓也漢書天文志則載甘氏及太初星曆所在之宿不同也色蒼蒼有光其失次有應見柳歲早水晚旱歲星出東行十二度百日而止反逆行逆行八度百日復東行歲行三十度十六分度之七率日行十二分度之一十二

歲而周天出常東方以晨入於西方用昏單閼歲索隱曰在卯也歲星二月晨出東方爾雅云卯為單閼李巡云陽氣推萬物而起故曰單閼單盡也閼止也歲陰在卯星居子以二月與婺女虛危晨出曰降入索隱曰即歲星二月晨見東方之名其餘准此大有光其失次有應見張名曰降入其歲大水執徐歲索隱曰爾雅辰為執徐李巡云伏蟄之物皆振舒而出故曰執徐執蟄也徐舒也歲陰在辰星居亥以三月居與營室東壁晨出曰青章青青甚章其失次有應見軫曰青章歲早旱晚水大荒駱歲索隱曰爾雅云在巳為大荒駱姚氏云言萬物皆熾盛而大出霍然落落故曰荒駱也歲陰在巳星居戌以四月與奎婁胃昴晨出曰跰踵徐廣曰一曰路踵。索隱曰天文志作路踵字詁云踵今作踵也。正義曰跰白邊反踵之勇反能能赤色有光其失次有應見亢敦牂歲索隱曰爾雅云在午為敦牂孫炎云敦盛也牂壯也言萬物盛壯韋昭云敦音頓歲陰在午星居酉以五月與胃昴畢晨出曰開明徐廣曰一曰天津。索隱曰天文志作啓明炎炎有光正義曰炎鹽驗反偃兵唯利公王不利治兵其失次有應見房歲早旱晚水叶洽歲索隱曰爾雅云在未為叶洽李巡云陽氣欲化萬物故曰協洽協和也洽合也歲陰在未星居申以六月與觜觿正義曰觜子斯反觿胡規反參晨出曰長列昭昭有光利行兵其失次有應見箕涒灘歲索隱曰爾雅云在申為涒灘李巡云涒灘物吐秀傾垂之貌涒他昆反灘他丹反歲陰在申星居未以七月與東井

輿鬼晨出曰大音昭昭白其失次有應見牽牛作鄂歲索隱曰爾雅在酉爲作鄂李巡云作鄂皆物芒枝起之貌鄂音愕今案下文云作作有芒則李巡解亦近天文志作詻音五格反與史記及爾雅並異也歲陰在酉星居午以八月與柳七星張晨出曰爲長王作作有芒國其昌熟穀其失次有應見危曰大章有旱而昌有女喪民疾閹茂歲索隱曰爾雅云在戌曰閹茂孫炎云萬物皆蔽冒故曰閹茂閹蔽也茂冒也天文志作掩茂歲陰在戌星居巳以九月與翼軫晨出曰天睢索隱曰劉氏音吁唯反白色大明其失次有應見東壁歲水女喪大淵獻歲索隱曰爾雅云在亥爲大淵獻孫炎云淵深也大獻萬物於深謂蓋藏之於外也歲陰在亥星居辰以十月與角亢

晨出曰大章徐廣曰一曰大星。索隱曰天文志亦作大星蒼蒼然星若躍而陰出旦是謂正平起師旅其率必武其國有德將有四海其失次有應見婁困敦歲索隱曰爾雅在子爲困敦孫炎云困敦混沌也言萬物初萌混沌於黃泉之下也歲陰在子星居卯以十一月與氐房心晨出曰天泉玄色甚明江池其昌不利起兵其失次有應見昴赤奮若歲索隱曰爾雅云在丑爲赤奮若李巡云言陽氣奮迅若順也歲陰在丑星居寅以十二月與尾箕晨出曰天皓索隱曰音昊漢志亦作昊黫然黑色甚明索隱曰黫音烏閑反其失次有應見參當居不居居之又左右搖未當去去之與他星會其國

凶所居久國有德厚其角動乍小乍大若色數變人主有憂其失次舍以下進而東北三月生天棓正義曰棓音蒲講反歲星之精散而爲天槍天棓天衝天猾國皇天攙及登天荊眞若天猿天垣蒼彗皆以應凶災也天棓者一名覺星本類星者如末銳長四丈出東北方西方其出則天下兵爭也長四尺索隱曰天文志此皆甘氏星經文而志又兼載石氏此皆不取石氏名申夫甘氏名德末兌進而東南三月生彗星正義曰天彗者一名掃星本類星末類彗小者數寸長或竟天而體無光假日之光故夕見則東指晨見則西指若日南北皆隨日光而指光芒所及爲災變見則兵起除舊布新彗所指之處弱也長二丈類彗退而西北三月生天攙韋昭曰攙音參差之參。正義曰攙楚咸反天攙者在西南長四丈銳京房云天攙爲兵赤地千里枯骨籍籍天文志云天槍主兵亂也長四丈末兌退而西南三月生天槍正義

曰槍楚行反天槍者長數丈兩頭銳出西南方其見不過三月必有破國亂君伏死其辜天文志云孝文時天槍夕出西南占曰爲兵喪亂其六年十一月匈奴入上郡雲中漢起兵以衛京師也長數丈兩頭兌謹視其所見之國不可舉事用兵其出如浮如沈其國有土功如沈如浮其野亡色赤而有角其所居國昌迎徐廣曰一作御角而戰者不勝星色赤黃而沈所居野大穰正義曰穰人羊反豐熟也色青白而赤灰所居野有憂歲星入月其野有逐相與太白鬭韋昭曰星相擊爲鬭其野有破軍歲星一曰攝提曰重華曰應星曰紀星營室爲清廟歲星廟也察剛徐廣曰一作罰氣以處熒惑索隱曰案姚氏引廣雅熒惑謂之執法天官占云熒惑方伯象

司察妖孽則徐云察罰氣爲是春秋緯文耀鉤云赤帝熛怒之神爲熒惑位在南方禮失則罰出晉灼云常以十月入太微受制而出行列宿司無道出入無常也曰南方火主夏日丙丁禮失罰出熒惑熒惑失行是也出則有兵入則兵散以其舍命國熒惑熒惑爲勃亂殘賊疾喪饑兵徐廣曰以下云熒惑爲理外則理兵內則理政。正義曰天官占云熒惑爲執法之星其行無常以其舍命國爲殘賊爲疾爲喪爲饑爲兵環繞勾已芒角動搖乍前乍後其殃逾甚熒惑主死喪大鴻臚之象主甲兵大司馬之義伺驕奢亂孽執法官也其精爲風伯惑童兒歌謠嬉戲也反道二舍以上居之三月有殃五月受兵七月半亡地九月太半亡地因與俱出入國絕祀居之殃還至雖大當小索隱曰案還音旋旋疾也君熒惑反道居其舍所致殃禍速疾則雖大反小久而至當小反大

索隱曰久謂行遲也如此禍小反大言久腊毒也其南爲丈夫北爲女子喪索隱曰宋均云熒惑守輿鬼南爲丈夫受其咎北則女子受其凶也若角動繞環之及乍前乍後左右殃益大與他星鬭正義曰凡五星鬭皆爲戰鬭兵不在外則爲內亂鬭謂光芒相及光相逮爲害不相逮不害五星皆從而聚于一舍正義曰三星若合是謂驚立絕行其國外內有兵與喪人民饑乏改立侯王四星若合是爲太陽其國兵喪暴起君子憂小人流五星若合是謂易行有德者受慶掩有四方無德者受殃乃以滅亡也其下國可以禮致天下法出東行十六舍而止逆行二舍六旬復東行自所止數十舍十月而入西方伏晉灼曰伏不見行五月出東方其出西方曰反明主命者惡之東行急一日行一度

半其行東西南北疾也兵各聚其下用戰順之勝逆之敗熒惑從太白軍憂離之軍卻出太白陰有分軍行其陽有偏將戰當其行太白逮之破軍殺將索隱曰宋均云太白宿主軍來衝拒也其入守犯太微孟康曰犯七寸已內光芒相及也韋昭曰自下觸之曰犯居其宿曰守軒轅營室主命惡之心爲明堂熒惑廟也謹候此曆斗之會以定填星之位索隱曰晉灼曰常以甲辰之元始建斗歲鎮一宿二十八歲而周天廣雅曰填星一名地侯文耀鉤曰鎮黃帝含樞紐之精其體旋璣中宿之分也曰中央土主季夏日戊己黃帝主德女主象也歲填一宿其所居國吉未當居而居若已去而復還還居之其國得土不乃得女若當居而不居既已居之又西東去其國失土不乃失女不可舉事用兵其居久其國福厚易福薄徐廣曰易猶輕速也其一名曰地侯主歲

歲行十二度百十二分度之五日行二十八分度之一二十八歲周天其所居五星皆從而聚于一舍其下之國可重正義曰重音逐龍反言五星皆從填星其下之國倚重而致天下以填主木土故也致天下禮德義殺刑盡失而填星乃爲之動搖贏爲王不寧其縮有軍不復填星其色黃光芒音曰黃鐘宮其失次上二三宿曰贏有主命不成不乃大水失次下二三宿曰縮有

后戚其歲不復不乃天裂若地動斗爲文太室
填星廟天子之星也木星與土合爲內亂饑正義
曰星經云凡五星木與土合爲內亂饑與水合爲變謀更事與火合爲旱與金合爲白衣會也主勿用
戰敗水則變謀而更事火爲旱金爲白衣會若
水金在南牝牡索隱曰晉灼曰歲陽也太白陰也故曰牝牡。正義曰星經云金在南木
在北名曰牝牡年穀大孰金在北木在南其年或有或無年穀熟金在北歲偏無
火與水合爲焠晉灼曰火入水故曰焠。索隱曰案謂火與水俱從填星合也。正義曰焠忽
內反星經凡五星火與水合爲焠用兵舉事大敗與金合爲鑠爲喪不可舉事用兵從軍爲憂離之軍却與土合爲
憂主孽卿與木合饑戰敗也與金合爲鑠爲喪皆不可舉事用
兵大敗土爲憂主孽卿索隱曰文耀鉤云水土合則成鑪冶鑪冶成則火興火興

則土之子焠金成銷鑠金鑠則土無子無子輔父則益妖孽故子憂也大饑戰敗爲北
軍正義曰爲北軍北也凡軍敗曰北軍困舉事大敗土與水合穰
而擁閼正義曰擁於拱反閼烏葛反有覆軍徐廣曰或云木火土三星若合是謂驚位
絕行其國不可舉事出亡地入得地金爲疾爲內
兵亡地三星若合其宿地國外內有兵與喪改
立公王四星合兵喪並起君子憂小人流五星
合是謂易行有德受慶改立大人掩有四方子
孫蕃昌無德受殃若亡五星皆大其事亦大皆
小事亦小蚤出者爲贏贏者爲客晚出者爲
縮縮者爲主人必有天應見於杓星同舍爲合

相凌爲鬬孟康曰凌相冒占過也韋昭曰突掩爲凌七寸以內必之矣
索隱曰韋昭云必有禍也五星色白圜爲喪旱赤圜則中不平
爲兵青圜爲憂水黑圜爲疾多死黃圜則吉赤
角犯我城黃角地之爭白角哭泣之聲青角有
兵憂黑角則水意徐廣曰一作志行窮兵之所終五星
同色天下偃兵百姓寧昌春風秋雨冬寒夏暑
動搖常以此填星出百二十日而逆西行西行
百二十日反東行見三百三十日而入入三十
日復出東方太歲在甲寅鎮星在東壁故在營
室察日行以處位太白索隱曰太白辰出東方曰啓明故察日行以處太白之位

韓詩云太白晨出東方爲啓明昏見西方爲長庚又孫炎註爾雅亦以爲晨出東方高三丈命曰啓明昏見西方高
三舍命曰太白。正義曰晉灼云常以正月甲寅與熒惑晨出東方二百四十日而入又出西方二百四十日而入
入三十五日而復出東方出以寅戌入以丑未天官占云太白者西方金之精白帝之子上公大將軍之象也一名
殷星一名大正一名熒星一名官星一名梁星一名滅星一名大囂一名大衰一名大爽徑一百里天文志云其日
庚辛四時秋也五常義也五事言也人主義虧言失逆時令傷金氣罰見太白春見東方以晨秋見西方以夕曰
西方秋司兵月行及天矢正義曰太白五芒出早爲月蝕晚爲天矢及彗其精
散爲天杵天柎伏靈大敗司姦天狗賊星天殘卒起星是古曆星若竹彗牆星猿星白彗皆以示變也日庚
辛主殺殺失者罰出太白太白失行以其舍命
國其出行十八舍二百四十日而入入東方伏
行十一舍百三十日其入西方伏行三舍十六

日而出，當出不出，當入不入，是謂失舍，不有破軍，必有國君之篡。其紀上元，（正義曰：其紀上元是星古曆初起上元之法也）以攝提格之歲，與營室晨出東方，至角而入；與營室夕出西方，至角而入；與角晨出，入畢；與角夕出，入畢；與畢晨出，入箕；與畢夕出，入箕；與箕晨出，入柳；與箕夕出，入柳；與柳晨出，入營室；與柳夕出，入營室。凡出入東西各五，為八歲，二百二十日。（徐廣曰：一云三十二日）復與營室晨出東方。其大率，歲一周天。（索隱曰：案上元是古曆之名，言用上元紀曆法，則攝提歲而太白與營室晨出東方，至角而入；與營室夕出西方，至角而入。凡出入東西各五，為八歲二百三十日，復與營室晨出東方，大率歲一周天也）其始出東方，行遲，率日半度，一百二十日，必逆行一二舍；上極而反，東行，行日一度半，一百二十日入。其庳，近日，曰明星，柔；高，遠日，曰大囂，（徐廣曰：一作爨）剛。其始出西（方），行疾，率日一度半，百二十日；上極而行遲，日半度，百二十日，旦入，必逆行一二舍而入。其庳，近日，曰太白，柔；高，遠日，曰大相，剛。出以辰、戌，入以丑、未。當出不出，未當入而入，天下偃兵，兵在外，入。未當出而出，當入而不入，下起兵，有破國。其當期出也，其國昌。其出東為東，入東為北方；出西為西，入西為南方。所居久，其鄉

利；疾，（蘇林曰：疾過也）其鄉凶。出西逆行至東，正西國吉。出東至西，正東國吉。其出不經天；經天，天下革政。（索隱曰：孟康曰謂出東入西，出西入東也。太白陰星，出東當伏東，出西當伏西，過午為經天。又晉灼曰：日，陽也，日出則星沒，太白晝見午上為經天也）小以角動，兵起。始出大，後小，兵弱；出小，後大，兵強。出高，用兵深吉，淺凶；庳，淺吉，深凶。日方南金居其南，日方北金居其北，曰贏，（正義曰：鄭玄云方猶向也，謂晝漏半而置土圭表陰陽，審其南北也。影短於土圭謂之日南，是地於日為近南也；長於土圭謂之日北，是地於日為近北也。凡日影於地，千里而差一寸。周禮云日南則影短多暑，日北則影長多寒。孟康云會謂太白也，影日中之影也）侯王不寧，用兵進吉退凶。日方南金居其北，日方北金居其南，曰縮，侯王有

憂，用兵退吉進凶。用兵象太白：太白行疾，疾行；遲，遲行。角，敢戰。動搖躁，躁。圜以靜，靜。順角所指，吉；反之，皆凶。出則出兵，入則入兵。赤角，有戰；白角，有喪；黑圜角，憂，有水事；青圜小角，憂，有木事；黃圜和角，有土事，有年。（正義曰：太白星圓，天下和平；若芒角，有土事；有年謂豐熟也）其已出三日而復，有微入，入三日乃復盛出，是謂耎，（晉灼曰：耎，退之不進。索隱曰：耎音奴亂反）其下國有軍敗將北。其已入三日又復微出，出三日而復盛入，其下國有憂；師有糧食兵革，遺人用之；（正義曰：遺，唯季反）卒雖眾，將為人虜。其出西失行，外國敗；其出東失

行中國敗其色大圜黃滜音澤可爲好事其圜大赤兵盛不戰太白白比狼正義曰比卑耳反下同比類也晉書天文志云凡五星有色大小不同各依其行而應時節色變有類凡青比參左肩赤比心大星黃比參右肩白比狼星黑比奎大星不失本色而應其四時者吉色害其行凶也赤比心黃比參正義曰參色林反下同左肩蒼比參右肩黑比奎大星五星皆從太白而聚乎一舍其下之國可以兵從天下居實有得也正義曰晉書天文志云凡五星所出所直之辰其國爲得位者歲星以德熒惑爲禮鎮星有福太白兵強辰陰陽和所直之辰順其色而角者勝其色害者敗居實有得居虛無得也勝位勝色行得盡勝也居虛無得也索隱曰實謂星所合居之宿虛謂贏縮也行勝色晉灼曰太白行得度者勝色也正義曰勝音升剩反下同色勝位有位勝無位有色勝無色行

得盡勝之晉灼曰行應天度唯有色得位行盡勝之行重而色位輕星經得字作德出而留桑榆閒晉灼曰行遲而下也正出氣言平正出桑榆上者餘二千里疾其下國正義曰疾漢書作病也上而疾未盡其日過參天晉灼曰三分天過之其一此在戌酉之間疾其對國孟康曰謂出東入西出西入東上復下下復上有反將其入月將僇金木星合光其下戰不合兵雖起而不鬬合相毀野有破軍出西方昏而出陰陰兵彊暮食出小弱夜半出中弱雞鳴出大弱是謂陰陷於陽其在東方乘明而出陽陽兵之彊雞鳴出小弱夜半出中弱昏出大弱是謂陽陷於陰太白伏也以出兵兵有殃其出卯南

南勝北方出卯北北勝南方正在卯東國利出酉北北勝南方出酉南南勝北方正在酉西國勝其與列星相犯小戰五星大戰其相犯太白出其南南國敗出其北北國敗行疾武不行文色白五芒出蚤爲月蝕晚爲天夭及彗星將發其國出東爲德舉事左之迎之吉出西爲刑舉事右之背之吉反之皆凶太白光見景戰勝晝見而經天是謂爭明彊國弱小國彊女主昌亢爲疏廟太白廟也太白大臣也其號上公其他名殷星太正營星觀星宮星明星大衰大澤終

星大相天浩序星月緯大司馬位謹候此察日辰之會正義曰晉灼云常以二月春分見奎婁五月夏至見東井八月秋分見角亢十一月冬至見牽牛出以辰戌入以丑未二旬而入晨候之東方夕候之西方也以治辰星之位索隱曰即正四時以治辰星之位是也皇甫謐辰星一名毚星或曰鉤星元命包曰北方辰星水生物布其紀故辰星理四時宋均曰辰星正四時之法得與北辰同名也曰北方水太陰之精主冬日壬癸刑失者罰出辰星正義曰天官占云辰星北水之精黑帝之子宰相之祥也一名細極一名鉤星一名爨星一名伺祠徑一百里亦偏將廷尉象也天文志云其日壬癸四時冬也五常智也五事聽也人主智虧聽失逆時令傷水氣則罰見辰星也以其宿命國是正四時仲春春分夕出郊奎婁胃東五舍爲齊仲夏夏至夕出郊東井輿鬼柳東七舍爲楚仲秋秋分

夕出郊角亢氐房東四舍爲漢仲冬冬至晨出郊東方與尾箕斗牽牛俱西爲中國其出入常以辰戌丑未其蚤爲月蝕孟康曰辰星月相凌不見者則所蝕也。索隱曰宋均云星辰與月同精月爲大臣先期而出是蹤也失則當誅故月蝕者所以爲災祥也晚爲彗星張晏曰彗所以除舊布新。索隱曰宋均云辰星陰也彗亦陰陰謀未成故晚出也及天夭其時宜效不效爲失正義曰効見也言宜見不見爲失罰之也追兵在外不戰一時不出其時不和四時不出天下大飢其當效而出也色白爲旱黃爲五穀孰赤爲兵黑爲水出東方大而白有兵於外解常在東方其赤中國勝其西而赤外國利無兵於外而赤兵

起其與太白俱出東方皆赤而角外國大敗中國勝其與太白俱出西方皆赤而角外國利五星分天之中積于東方中國利積于西方外國用者利五星皆從辰星而聚于一舍其所舍之國可以法致天下辰星不出太白爲客其出太白爲主出而與太白不相從野雖有軍不戰出東方太白出西方若出西方太白出東方爲格野雖有兵不戰索隱曰謂辰星出西方辰水也太白出東方太白金也水生金母子不相從故上有軍不戰今母子各出一方故爲格格謂不和同故野雖有兵不戰也失其時而出爲當寒反溫當溫反寒當出不出是謂擊卒兵大

起其入太白中而上出破軍殺將客軍勝下出客亡地辰星來抵太白太白不去將死正旗上出正義曰旗星名有九星言辰星上則破軍殺將客勝也破軍殺將客勝索隱曰案旗蓋太白芒角似旌旗下出客亡地視旗所指以命破軍其繞環太白若與鬭大戰客勝兔過太白索隱曰案廣雅云辰星謂之兔星則辰星之別名兔或作㲃也閒可椷劒蘇林曰椷音函函容也其閒可容一劒。索隱曰案蘇林所說則椷字本有函音故字從咸也。正義曰漢書云辰星過太白閒太白可椷劒明廣雅是也小戰客勝兔居太白前軍罷出太白左小戰摩太白有數萬人戰主人吏死出太白右去三尺軍急約戰青角兵憂黑角水赤行窮兵之所終兔七

命曰小正辰星天攙安周星細爽能星鈎星索隱曰謂兔星凡有七名命者名也小正一也辰星二也天兔三也安周星四也細爽五也能星六也鈎星七也其色黃而小出而易處天下之文變而不善矣兔五色青圜憂白圜喪赤圜中不平黑圜吉赤角犯我城黃角地之爭白角號泣之聲其出東方行四舍四十八日其數二十日而反入于東方其出西方行四舍四十八日其數二十日而反入于西方其一候之營室角畢箕柳出房心閒地動辰星之色春青黃夏赤白秋青白而歲熟冬黃而不明即變其色其時不昌春不見大風

秋則不實夏不見有六十日之旱月蝕秋不見有兵春則不生冬不見陰雨六十日有流邑夏則不長角亢氐兖州房心豫州尾箕幽州斗江湖牽牛婺女楊州虛危青州營室至東壁并州奎婁胃徐州昴畢冀州觜觿參益州正義曰括地志云漢武帝置十三州改梁州為益州廣漢廣漢今益州咎縣是也分今河內上黨雲中然按星經益州魏地畢觜參之分今河內上黨雲中是未詳也東井輿鬼雍州柳七星張三河翼軫荊州七星為員官辰星廟蠻夷星也兩軍相當日暈如淳曰暈讀曰運暈等力鈞厚長大有勝薄短小無勝重抱大破無抱為和背不和為分離

相去直為自立立侯王指暈若曰殺將負且戴有喜圍在中中勝在外外勝青外赤中以和相去赤外青中以惡相去氣暈先至而後去居軍勝先至先去前利後病後至後去前病後利後至先去前後皆病居暈不勝見而去其發疾雖勝無功見半日以上功大白虹屈短李奇曰屈或為尾也韋昭曰短而直上下兊有者下大流血日暈制勝近期三十日遠期六十日其食食所不利復生生所利而食不盡為主位以其直及日所宿加以日時用命其國也月行中道安寧和平陰間多水陰事

外北三尺陰星北三尺索隱曰案中道房室星之中間也房有四星若人之房三間有四表然故曰房南為陽間北為陰間則中道房星之中間也故房是日月五星之常行道然黃道亦經房星若月行得中道故陰陽和平若行陰間多陰事陽間則人主驕恣若歷陰星陽星之南北太陰太陽之道則有大水若兵及大旱若喪也太陽亦在陽間之南各三尺也太陰大水兵陽間驕恣陽星多暴獄太陽大旱喪也索隱曰太陰太陽皆道也月行近之故有水旱兵喪也角天門十月為四月十一月為五月索隱曰謂月行入角與天門若十月犯之當為來年四月成災十一月則主五月也十二月為六月水發近三尺遠五尺犯四輔輔臣誅索隱曰案謂月犯房星也四輔房四星也房以輔心故曰四輔也行南北河以陰陽言正義曰南河三星北河二星若月行北河以陰則南河以陽則水旱兵喪也旱水兵喪月蝕歲星正義曰孟康云凡星入月見月中為星蝕月月掩星星滅為月蝕星也其宿地饑若亡熒惑也亂塡星也下犯上太白也彊國以戰敗辰星也女亂食大角徐廣曰一云食于大角。○正義曰大角一星在兩攝提間人君之象也主命者惡之心則為內賊亂也列星其宿地憂索隱曰謂月蝕列星二十八宿當其分地有憂憂謂兵及喪也月食始日五月者六六月者五五月復六六月者一而五月者凡五百一十三月而復始索隱曰始日謂蒼始起之日也依此文計唯有一百二十一月與元數甚為懸校既無太初曆術不可得而推定今以漢志統曆法計則五月者六六月者一又五月者一六月者五五月者一凡一百三十五月而復始耳或術家各異或傳寫錯謬故此不同無以明知也故月蝕常也日蝕為不臧也甲乙四海之外日月不占晉灼

曰海外遠甲乙日時不以占候丙丁江淮海岱也戊己中州河濟
也庚辛華山以西壬癸恒山以北日蝕國君月
蝕將相當之國皇星正義曰皇星者大而赤類南極老人去地三丈如炬火見則內
外有兵喪之難大而赤孟康曰歲星之精散所爲也五星之精散爲六十四變記不盡狀類
南極徐廣曰老人星也所出其下起兵兵彊其衝不利
昭明星索隱曰案春秋合誠圖云赤帝之精象如太白七芒釋名爲筆星氣有一枝末銳似筆亦曰日
華星也大而白無角乍上乍下孟康曰形如三足机机上有九彗上向熒惑之
精所出國起兵多變
五殘星索隱曰孟康云星表有青氣暈有毛塡星之精也。正義曰五殘一名五鋒出正東東方之分
野狀類辰星去地可六七丈見則五穀毀敗之徵大臣誅亡之象出正東東方之野

其星狀類辰星去地可六丈大徐廣曰大一作六
賊星孟康曰形如彗九尺太白之精。正義曰天賊星者一名六賊出正南南方之野星去地可六丈大
而赤數動有光出則福合天下出正南南方之野星去地可六丈
大而赤數動有光
司危星孟康曰星大而有尾兩角熒惑之精也。正義曰司危者出正西西方分野也大如太白去地
可六丈見則以天子不義失國而豪傑起出正西西方之野星去地可
六丈大而白類太白
獄漢星孟康曰青中赤表下有三彗縱橫亦塡星之精漢書天文志獄漢一名咸漢出正
北北方之野星去地可六丈大而赤數動察之
中青此四野星所出出非其方其下有兵衝不

利四塡星所出四隅去地可四丈
地維咸光。正義曰四鎭星出四隅去地可四丈地維咸光星亦出四隅去地可三丈若月始出所
見下有亂者亡有德者昌也亦出四隅去地可三丈若月始出
所見下有亂亂者亡有德者昌
燭星狀如太白孟康曰星上有三彗上出亦塡星之精其出也不行見
則滅所燭者城邑亂如星非星如雲非雲命曰
歸邪李奇曰邪音蛇孟康曰星有兩赤彗上向上有蓋狀如氣下連星歸邪出必有
歸國者星者金之散氣本曰火孟康曰星名星衆國
吉少則凶漢者亦金之散氣索隱曰案水生金散氣即水氣河圖括地
象曰河精爲天漢也其本曰水漢星多多水少則旱孟康曰漢河漢

也水生於金多少謂漢中星其大經也天鼓有音如雷非雷音
在地而下及地其所往者兵發其下
天狗狀如大奔星孟康曰星有尾旁有短彗下有如狗形者亦太白之精有聲
其下止地類狗所墮及炎火索隱曰炎音豔望之如火
光炎炎衝天其下圜如數頃田處上兌者則有
黃色千里破軍殺將
格澤星者索隱曰格澤一音鶴鐸又音格澤格胡客反如炎火之狀黃
白起地而上下大上兌其見也不種而穫不有
土功必有大害
蚩尤之旗孟康曰熒惑之精也晉灼曰呂氏春秋曰其色黃上下白類彗而後曲

象旗見則王者征伐四方旬始出於北斗旁（徐廣曰蚩尤也旬一作營）狀如雄雞其怒青黑象伏鼈（李奇曰怒當音帑晉灼曰帑雌也或曰怒色青）枉矢類大流星蛇行而倉黑望之如有毛羽然長庚如一匹布著天（正義曰著音直略反）此星見兵起星墜至地則石也（正義曰春秋云星隕如雨是也今吳郡西鄉見有落星石其石天下多有也）河濟之間時有墜星天精而見景星（孟康曰精明也有赤方氣與青方氣相連赤方中有兩黃星青方中一黃星凡三星合為景星○索隱曰韋昭云精謂青朗漢書作姓亦作暒郭璞註三蒼云暒雨止無雲也。正義曰景星狀如半月生於晦朔助月為明見則人君有德明聖之慶也）景星者德星也其狀無常出於有道之國凡望雲

氣（正義曰春秋元命包云陰陽聚為雲氣也釋名云雲猶云云衆盛也氣猶餼然也有聲即無形也）仰而望之三四百里平望在桑榆上餘二千里登高而望之下屬地者三千里雲氣有獸居上者勝（正義曰勝音升剩反雲雨氣相敵也兵書云雲雄或如雄雞臨城有城必降）自華以南氣下黑上赤嵩高三河之郊氣正赤恒山之北氣下黑上青勃碣海岱之間氣皆黑江淮之間氣皆白徒氣白土功氣黃車氣乍高乍下往往而聚騎氣卑而布卒氣摶（如淳曰摶專也或曰摶徒端反）前卑而後高者疾前方而後高兌而卑者卻其氣平者其行徐前高而後卑者不止而反氣相遇者卑

勝高（索隱曰遇音偶漢書作禺）兌勝方氣來卑而循車通者（車通車轍也避漢武諱故曰通）不過三四日去之五六里見氣來高七八尺者不過五六日去之十餘里見氣來高丈餘二丈者不過三四十日去之五六十里見稍雲精白者其將悍其士怯其大根而前絕遠者當戰青白其前低者戰勝其前赤而仰者戰不勝陣雲如立垣杼雲類杼軸（索隱曰姚氏案兵書云營上雲氣如織勿與戰也）雲摶兩端兌杓雲如繩者居前亘天（索隱曰劉氏杓音時酌反說文音丁了反許慎註淮南云杓引也）其半半天其蛪者類闕旗（索隱曰蛪音五結反亦作蜺音同）故鉤雲句曲（正義曰句音古侯反）諸

此雲見以五色合占而澤摶密（正義曰崔豹古今注云黃帝與蚩尤戰於涿鹿之野常有五色雲氣金枝玉葉止於帝上有花葩之象故因作華蓋也京房易兆候云視四方常有火雲五色具其下賢人隱也青雲潤澤蔽日在西北為舉賢良也）其見動人及有占兵必起合鬭其直王朔所候決於日旁日旁雲氣人主象（正義曰洛書云有雲象人青衣無手在日西天子之氣）皆如其形以占故北夷之氣如羣畜穹閭（索隱曰鄒氏云一作弓閭天文志作弓字音穹蓋謂以氈為閭崇穹然而宋均云穹獸名亦異說也）南夷之氣類舟船幡旗大水處敗軍場破國之虛下有積錢（徐廣曰古作泉字）金寶之上皆有氣不可不察海旁蜄氣象樓臺廣野氣成宮闕然雲氣各象其山川人民所聚

積正義曰淮南子云土地各以類生人是故山氣多男澤氣多瘖風氣多聾林氣多癃木氣多傴石氣多力險阻氣多壽谷氣多痺丘氣多狂廟氣多仁陵氣多貪輕土多利足重土多遲清水音小濁水音大湍水人重中土多聖人皆象其氣皆應其類也故候息耗者入國邑視封疆田疇之正治如淳曰蔡邕云麻田曰疇城郭室屋門戶之潤澤次至車服畜產精華實息者吉虛耗者凶若煙非煙若雲非雲郁郁紛紛蕭索輪囷是謂卿雲正義曰卿音慶卿雲見喜氣也若霧非霧索隱曰霧音如字一音蒙又亡遘反爾雅云天氣下地不應曰霧言蒙昧不明也衣冠而不濡見則其域被甲而趨天雷電蝦虹辟歷夜明者陽氣之動者也春夏則發秋冬則藏故候者無不司之天開縣物孟康曰謂天裂而見物象天開示縣象地動坼絕正義曰趙世家幽繆王遷五年代地動自樂徐以西北至平陰臺屋牆垣太半壞地坼東西百三十步山崩及徙川塞谿垘徐廣曰土雍曰垘音服駰案孟康曰谿谷也垘崩也蘇林曰垘瀬也水澹澤竭地長見象城郭門閭閨臬枯槁宮廟邸第人民所次謠俗車服觀民飲食五穀草木觀其所屬倉府廄庫四通之路六畜禽獸所產去就魚鼈鳥鼠觀其所處鬼哭若呼其人逢俉化言俉迎也伯莊曰音五故反索隱曰逢俉謂相逢而驚也俉亦作迕音同化當為訛字之誤耳誠然凡候歲美惡謹候歲始歲始或冬至日產氣始萌臘明日人眾卒歲一會飲食發陽氣故曰初歲正月旦王

者歲首立春日四時之卒始也索隱曰謂立春日是去年四時之終卒今年之始也四始者候之日正義曰謂正月旦歲之始時之始日之始月之始故云四始言以四時之日候歲吉凶也而漢魏鮮孟康曰人姓名作占候者集臘明正月旦決八風風從南方來大旱西南小旱西方有兵西北戎菽為孟康曰戎菽胡豆也為成也。索隱曰韋昭云戎菽大豆也又郭璞註爾雅亦云胡豆與孟康同小雨徐廣曰一無此上兩字趣兵索隱曰趣音促謂風從西北來則戎菽成而又有小雨則其國趣兵起也北方為中歲東北為上歲韋昭曰歲大穰東方大水東南民有疾疫歲惡故八風各與其衝對課多者為勝多勝少久勝亟疾勝徐旦至食為麥食至日昳為稷昳至餔為黍餔至下餔為菽下餔至日入為麻欲終日有雨有雲有風有日正義曰正月旦欲其終一日有風有日則一歲之中五穀豐熟無災害也日當其時者深而多實無雲有風日當其時淺而多實有雲風無日當其時深而少實有日無雲不風當其時者稼有敗如食頃小敗熟五斗米頃大敗則風復起有雲其稼復起各以其時用雲色占種其所宜其雨雪若寒歲惡是日光明聽都邑人民之聲聲宮則歲善吉商則有兵徵旱羽水角歲惡或從正月旦比數雨索隱曰比音鼻律反數音踈舉反謂以比數日以候一歲之雨以知豐穰也率日食一升至七升而極孟康曰月一日雨民有一升之

食二日雨民有二升之食如此至七日過之不占數至十二日日直
其月占水旱孟康曰月一日雨正月水爲其環域千里內占則
其爲天下候竟正月孟康曰月三十日周天歷二十八宿然後可占天下。正義曰
按月列宿日風雲有變占其國并太歲所在則知其歲豐稔水旱飢饉也月所離列宿索隱曰韋
昭云離歷也日風雲占其國然必察太歲所在在金穰
水毀木饑火旱此其大經也正月上甲風從東
方宜蠶風從西方若旦黃雲惡冬至短極縣土
炭孟康曰先冬至三日縣土炭於衡兩端輕重適均冬至日陽氣至則炭重夏至日陰氣至則土重晉灼曰蔡邕律曆記候鍾律權土炭冬至陽氣應黃鍾通土炭輕而衡仰夏至陰氣應蕤賓通土炭重而衡低進退先後五日之中
炭動鹿解角蘭根出泉水躍略以知日至決要

晷景歲星所在五穀逢昌其對爲衡歲乃有殃
正義曰言晷景歲星行不失次則無災異五穀逢其昌盛若晷景歲星行而失舍有所衝則歲乃有殃禍災變也
太史公曰自初生民以來世主曷嘗不曆日月
星辰及至五家索隱曰案謂五紀歲月日星辰曆數各有一家顓學習之故曰五家也三
代正義曰五家黃帝高陽高辛唐虞堯舜也三代夏殷周也言生民以來何曾不曆日月星辰及至五帝三王亦
於紹繼而明天數陰陽也紹而明之內冠帶外夷狄分中國爲
十有二州仰則觀象於天俯則法類於地天則
有日月地則有陰陽天有五星地有五行天則
有列宿地則有州域三光者陰陽之精氣本在
地而聖人統理之幽厲以往尚矣所見天變皆

國殊窟穴家占物怪以合時應其文圖籍禨祥
不法正義曰禨音機顧野王云禨祥吉凶之先見也按自古以來所見天變國皆異具所說不同及家占
物怪用合時應者書其文并圖籍凶吉並不可法則故孔子論六經記異事而說其所應不書變見之蹤也是
以孔子論六經紀異而說不書至天道命不傳
傳其人不待告正義曰待須也言天道性命忽有志事可傳授之則傳其大指微妙自在天性
不須深告語也告非其人雖言不著正義曰著作慮反著明也言天道性命告非其
人雖爲言說不得著明微妙曉其意也昔之傳天數者高辛之前重
黎正義曰左傳云蔡墨曰少昊氏之子曰黎爲火正號祝融即火行之官知天數於唐虞羲和
正義曰羲氏和氏掌天地四時之官也有夏昆吾正義曰昆吾陸終之子虞翻云昆吾名樊爲己
姓封昆吾世本云昆吾衛者也殷商巫咸正義曰巫咸殷賢臣也本吳人冢在蘇州常熟海隅山上

子賢亦在此也周室史佚萇弘正義曰史佚周武王時太史尹佚也萇弘周靈王時大夫也
於宋子韋鄭則裨竈正義曰裨竈鄭大夫也在齊甘公徐廣
曰或曰甘公名德也本是魯人。正義曰七錄云楚人戰國時作天文星占八卷楚唐昧正義曰莫
葛反趙尹皋魏石申正義曰七錄云石申魏人戰國時作天文八卷也夫天運
三十歲一小變百年中變五百載大變三大變
一紀三紀而大備此其大數也爲國者必貴三
五索隱曰三五謂三十歲一小變五百歲一大變上下各千歲然後天人之
際續備太史公推古天變未有可考于今者蓋
略以春秋二百四十二年之閒正義曰謂從隱公元年至哀公十四年獲
麟也隱公十一年桓公十八年莊公三十二年閔公二年僖公三十三年文公十八年宣公十八年成公十八年襄

公三十一年昭公三十二年定公十五年哀公十四年凡二百四十二年也**日蝕三十六**正義曰謂隱公三年二月己巳桓公三年七月壬辰朔十七年十月朔莊公十八年三月朔二十五年六月辛未朔二十六年十二月癸亥朔三十年九月庚午朔僖公五年九月戊申朔十二年三月庚午朔十五年五月朔文公元年二月癸亥朔十五年六月辛卯朔宣公八年七月甲子朔十年四月丙辰朔十七年六月癸卯朔成公十六年六月丙辰朔十七年七月丁巳朔襄公十四年二月乙未朔十五年八月丁巳朔二十年十月丙辰朔二十一年九月庚戌朔十月庚辰朔二十三年二月癸酉朔二十四年七月甲子朔八月癸巳朔二十七年十二月乙亥朔昭公七年四月甲辰朔十五年六月丁巳朔十七年六月甲戌朔二十一年七月壬午朔二十二年十二月癸酉朔二十四年五月乙未朔三十年十二月辛亥朔定公五年三月辛亥朔十二年十一月丙寅朔十五年八月庚辰朔凡三十六也**彗星三見**正義曰謂文公十四年七月有星入于北斗昭公十七年冬有星孛于大辰哀公十三年有星孛于東方**宋襄公時星隕如雨**正義曰謂僖公十五年正月戊申朔隕石于宋五也**天子微諸侯力政**徐廣曰一作征**五伯代興**正義曰趙岐注孟子云齊桓晉文秦穆宋襄楚莊也**更為主命自是之後衆暴寡大并小秦楚吳越夷狄也為彊伯**正義曰秦祖非子初邑於秦地在西戎楚子熊繹始封丹陽荊蠻吳太伯居吳周章因封吳號句吳越祖少康之子初封於越以守禹祀地稱東越皆戎夷之地故言夷狄也後秦穆楚莊吳闔閭越勾踐皆得封為伯也**田氏篡齊**正義曰周安王二十三年康公卒田和并齊而立為齊侯**三家分晉**正義曰周安王二十六年魏武侯韓文侯趙敬侯共滅晉靜公而三分其地**并為戰國爭於攻取兵革更起城邑數屠因以饑饉疾疫焦苦臣主共憂患其察禨祥候星氣尤急近世十二諸侯七國相王**正義曰王于放反謂漢孝景帝三年吳王濞楚王戊趙王遂濟南王辟光淄川王賢膠東王雄渠也**言從衡者繼**

踵而皐唐甘石因時務論其書傳故其占驗凌雜米鹽正義曰凌雜六爻亂也米鹽細碎也言皐唐甘石等因時務論其書傳中災異所記錄者故其占驗六爻亂細碎其語在漢書五行志中也**二十八舍主十二州**正義曰二十八舍謂東方角亢氐房心尾箕北方斗牛女虛危室壁西方奎婁胃昴畢觜參南方井鬼柳星張翼軫星經云角亢鄭之分野兗州氐房心宋之分野豫州尾箕燕之分野幽州南斗牽牛吳越之分野揚州須女虛齊之分野青州危室壁衛之分野并州奎婁魯之分野徐州胃昴趙之分野冀州畢觜參魏之分野益州東井輿鬼秦之分野雍州柳星張周之分野三河翼軫楚之分野荊州也**斗秉兼之**正義曰言北斗所建秉十二辰兼十二州二十八宿自古所用從來久遠矣**所從來久矣秦之疆也候在太白占於狼弧**正義曰太白狼弧皆西方之星故秦占候也**吳楚之疆候在熒惑占於鳥衡**正義曰熒惑鳥衡皆南方之星故吳楚之占候也鳥衡柳星也一本作注張也**燕齊之疆候在辰星占於虛危**正義曰辰星虛危皆北方之星故燕齊占候也**宋鄭之疆候在歲星占於房心**正義曰歲星房心皆東方之星故宋鄭占候也**晉之疆亦候在辰星占於參罰**正義曰辰星參罰皆北方西方之星故晉占候也**及秦并吞三晉燕代自河山以南者中國**正義曰河黃河也山華山也從華山及黃河以南為中國也**中國於四海內則在東南為陽**正義曰爾雅云九夷八狄七戎六蠻謂之四海之內中國從河山東南為陽也**陽則日歲星熒惑填星**正義曰日人質反填音鎮日陽也歲星屬東方熒惑屬南方填星屬中央皆在南及東為陽也**占於街南畢主之**正義曰天街二星主畢昴主國界也街南為華夏之國街北為夷狄之國則畢星主陽**其西北則胡貉月氏諸衣旃裘引弓之民為陰**正義曰貉音陌氏音支從河山西北

及秦晉爲陰也陰則月太白辰星正義曰月陰也太白屬西方辰星屬北方皆在北及
西爲陰也占於街北昴主之正義曰天街星北爲夷狄之國則昴星主之陰也故
中國山川東北流其維首在隴蜀正義曰言中國山及川東北流
行若南山首在崑崙葱嶺東北行連隴山至南山華山渡河東北盡碣石山黃河首起崑崙山渭水岷江發源出隴
山皆東北東入勃海也尾沒于勃碣是以秦晉好用兵韋昭曰秦
晉西南維之北爲陰猶與胡狢引弓之民同故好用兵復占太白太白主中國
正義曰主猶領也入也星經云太白在北月在南中國敗太白在南月在北中國不敗也是狐狢數侵掠之也而
胡狢數侵掠獨占辰星辰星出入躁疾常主夷
狄其大經也此更爲客主人正義曰更格行反下同星經云辰星不出太白
爲客辰星出太白爲主人辰星太白不相從雖有軍不戰辰星出東方太白出西方若辰星出西方太白出東方爲

格野雖有兵不戰合宿乃戰辰星入太白中五日及入而上出破軍殺將客勝不出客亡地視旗所指熒惑
爲勃外則理兵內則理政故曰雖有明天子必
視熒惑所在索隱曰此案春秋緯文耀鉤故云故曰也諸侯更彊時菑
異記無可録者
秦始皇之時十五年彗星四見久者八十日長
或竟天其後秦遂以兵滅六王并中國外攘四
夷死人如亂麻因以張楚並起三十年之閒正義
曰謂從秦始皇十六年起兵滅韓至漢高祖五年滅項羽則三十六年矣兵相駘藉蘇林曰駘音臺
登躡也不可勝數自蚩尤以來未嘗若斯也項羽
救鉅鹿枉矢西流山東遂合從諸侯西坑秦人

誅屠咸陽漢之興五星聚于東井平城之圍索隱
曰漢高祖之七年月暈參畢七重索隱曰天文志其占者畢昴閒天街也街北胡也街
南中國也昴爲匈奴參爲趙畢爲邊兵是歲高祖自將兵擊匈奴至平城爲冒頓所圍七日乃解則天象有若符契
七重者主七日也諸呂作亂日蝕晝晦吳楚七國叛逆
彗星數丈天狗過梁野及兵起遂伏尸流血其
下元光元狩蚩尤之旗再見長則半天其後京
師師四出正義曰元光元年太中大夫衛青等伐匈奴元狩二年冠軍侯霍去病等擊胡元鼎五年
衛尉路博德等破南越及韓說破東越并破西南夷開十餘郡元年樓船將軍楊僕擊朝鮮也誅夷狄
者數十年而伐胡尤甚越之亡熒惑守斗正義曰南
斗爲吳越之分野朝鮮之拔星茀于河索隱曰茀音佩即孛星也天文志武帝元

封之中星孛于河戍其占曰南戍爲越門北戍爲胡門其後漢兵擊拔朝鮮以爲樂浪玄菟郡朝鮮在海中越之象
居北方胡之域也其河戍即南河北河也兵征大宛星茀招搖正義曰招搖一
星次北斗杓端主胡兵也占角變則兵革大行此其犖犖大者索隱曰犖音力卓反犖犖
大事之分明也若至委曲小變不可勝道由是觀之未有
不先形見而應隨之者也夫自漢之爲天數者
星則唐都氣則王朔占歲則魏鮮故甘石曆五
星法唯獨熒惑有反逆行逆行所守及他星逆
行日月薄蝕孟康曰日月無光曰薄京房易傳曰日赤黃爲薄或曰不交而蝕曰薄韋昭曰氣往
迫之爲薄虧毀爲蝕皆以爲占余觀史記考行事百年之
中五星無出而不反逆行反逆行嘗盛大而變

色白月薄蝕行南北有時此其大度也故紫宮正義曰中宮也房心正義曰東宮也權衡正義曰南宮也咸池虛危正義曰北宮也列宿部星正義曰五宮列宿部內之星也此天之五官坐位也爲經不移徙大小有差闊狹有常孟康曰闊狹若三台星相去遠近水火金木塡星徐廣曰木火土三星若合是謂驚位絕行此五星者天之五佐正義曰言水火金木土五星佐天行德也爲經緯見伏有時正義曰五星行南北爲經東西爲緯也所過行贏縮有度日變脩德月變省刑星變結和凡天變過度乃占國君彊大有德者昌弱小飾詐者亡太上脩德其次脩政其次脩救次脩禳正下無之夫常星之變希見而三光之占亟用日月暈適徐廣曰適者災變咎徵也李斐曰適見災于天劉向以爲日月蝕及星逆行非太平之常自周衰以來人事亂故天文應之遂變耳駰案孟康曰暈日旁氣也適日之將食先有黑氣之變雲風此天之客氣其發見亦有大運然其與政事俯仰最近大人之符此五者天之感動爲天數者必通三五索隱曰三謂三辰五謂五星也終始古今深觀時變察其精粗則天官備矣

蒼帝行德天門爲之開索隱曰謂王者行春令布德澤被天下則上應靈威仰之帝而天門爲之開以發德化也天門即左右角間也○正義曰爲于僞反下同蒼帝東方靈威仰之帝也春萬物開發東作起則天發其德化天門爲之開也赤帝行德天牢爲之空索隱曰謂王者行德以應火精之帝謂舉大禮封諸侯之

地則是赤帝行德夏暘主舒散故天牢爲之空則人主當赦過有罪者也○正義曰赤帝南方赤熛怒之帝也夏萬物茂盛功作大興則天施德惠天牢爲之空虛也天牢六星在北斗魁下不對中台主秉禁暴亦貴人之牢也黃帝行德天矢爲之起正義曰黃帝中央含樞紐之帝季夏萬物盛大則當大赦含養羣品也風從西北來必以庚辛一秋中五至大赦三至小赦白帝行德以正月二十日二十一日月暈圍常大赦載謂有太陽也一曰白帝行德索隱曰一曰二曰謂占星之家異說太史公兼記之耳畢昴爲之圍正義曰白帝西方白招矩之帝也秋萬物咸成則暈圍畢昴三暮帝德乃成也圍三暮德乃成不三暮及圍不合德不成二曰以辰圍不出其旬

黑帝行德天關爲之動正義曰黑帝北方叶光紀之帝也冬萬物閉藏爲之動爲之開閉也天一星在五車南畢西北爲天門日月五星所道主邊事亦爲限隔內外障絕往來禁道之作違者占芒角有兵起五星守之主貴人多死也天行德天子更立年索隱曰案天謂北極紫微宮言王者當天心則北辰有光耀是行德也若北辰有光耀則天子更立年也不德風雨破石三能三衡者天廷也索隱曰上云南宮朱鳥權衡衡太微三光之廷則三衡者即太微也其謂之三者日月五星也然斗星第六第五亦名衡又參三星亦名衡然並不爲天廷○正義曰晉書天文志云三台主開德宣符也所以和陰陽而理萬物也三衡者北斗魁四星爲璇璣杓三星爲玉衡人君之象號令主也又太微天子宮庭也太微爲衡衡主平也爲天庭理法平辭理也按言三台三衡者皆天帝之庭號令舒散平理也故言三台三衡言若有客星出三台三衡之廷必有奇異教令也客星出天廷有奇令

索隱述贊曰在天成象有同影響觀文察變其來自往天官既書太史攸掌雲物必記星辰可仰盈縮匪僭應驗無爽至哉玄監云誰欲罔

天官書第五　史記二十七

封禪書第六　史記二十八

正義曰此泰山上築土爲壇以祭天報天之功故曰封此泰山下小山上除地報地之功故曰禪言禪者神之也白虎通云或曰封者金銀繩或曰古泥金繩封之印璽也五經通義云易姓而王致太平必封泰山禪梁父荷天命以爲王使理羣生告太平於天報羣神之功

自古受命帝王曷嘗不封禪蓋有無其應而用事者矣未有睹符瑞見而不臻乎泰山者也雖受命而功不至至梁父矣而德不洽洽矣而日有不暇給是以即事用希傳曰三年不爲禮禮必廢三年不爲樂樂必壞每世之隆則封禪答焉及衰而息厥曠遠者千有餘載近者數百載故其儀闕然堙滅其詳不可得而記聞云尚書曰舜在璇璣玉衡以齊七政遂類于上帝禋于六宗望山川徧羣神輯五瑞擇吉月日見四岳諸牧還瑞（徐廣曰還一作班）歲二月東巡狩至于岱宗岱宗泰山也（正義曰括地志云泰山一曰岱宗東嶽也在兗州博城縣西北三十里周禮云兗州鎭曰岱宗）柴望秩于山川遂覲東后東后者諸侯也合時月正日同律度量衡脩五禮五玉三帛二牲一死贄五月巡狩至南岳南岳衡山也（正義曰括地志云衡山一名岣嶁山在衡州湘潭縣西四十一里）八月巡狩至西岳西岳華山也（正義曰括地志云華山在華州華陰縣南八里古文以爲敦物周禮云豫州鎭曰華山）十一月

巡狩至北岳北岳恒山也（正義曰括地志云恒山在定州恒陽縣西北百四十里周禮云幷州鎭曰恒山）皆如岱宗之禮中岳嵩高也（索隱曰獨不言至者蓋以天子所都也○正義曰括地志云嵩山亦名太室亦名外方也在洛州陽城縣西北二十三里）五載一巡狩禹遵之後十四世至帝孔甲淫德好神神瀆二龍去之（索隱曰如淳案國語二龍漦于夏庭是也）其後三世湯伐桀欲遷夏社不可作夏社後八世至帝太戊有桑穀生於廷一暮大拱懼伊陟（徐廣曰陟古作敕）曰妖不勝德太戊脩德桑穀死伊陟贊巫咸巫咸之興自此始（索隱曰尚書伊陟贊于巫咸孔安國云贊告也巫咸臣名今此巫咸之興起自此始則以巫咸爲巫覡然楚詞亦以巫咸主神蓋太史以巫咸是殷臣以巫接神事太戊使禳桑穀之災所以伊陟贊巫咸故一云巫咸之興自此始也）後十四世帝武丁得傅說爲相殷復興焉稱高宗有雉（徐廣曰一作鷮音嬌）登鼎耳雊武丁懼祖己曰脩德武丁從之位以永寧後五世帝武乙慢神而震死（索隱曰謂武乙射天後獵于河渭而震死也）後三世帝紂淫亂武王伐之由此觀之始未嘗不肅祗後稍怠慢也周官曰冬日至祀天於南郊迎長日之至夏日至祭地祇皆用樂舞而神乃可得而禮也天子祭天下名山大川五岳視三公四瀆視諸侯諸侯祭其疆內名山大川四瀆者江河淮濟也天子曰明堂辟雍（韋昭曰水外四周員如辟雍以節）諸侯曰

泮宮張晏曰制度半於天子之辟雍○索隱曰服虔云天子水匝爲辟雍諸侯水不匝至半爲泮宮禮統又云半有水而半有宮是也周公既相成王郊祀后稷以配天王肅曰配天於南郊祀之宗祀文王於明堂以配上帝鄭玄曰上帝者天之別名也神無二主故異其處避后稷也自禹興而修社祀后稷稼穡故有稷祠郊社所從來尚矣自周克殷後十四世世益衰禮樂廢諸侯恣行而幽王爲犬戎所敗徐廣曰犬一作畎周東徙雒邑秦襄公攻戎救周始列爲諸侯正義曰秦襄公周平王元年封也秦襄公既侯居西垂正義曰漢隴西郡西縣也今在秦州上邽縣西南九十里也自以爲主少皡之神作西畤祠白帝其牲用駵駒黃牛羝羊各一云索隱曰毛詩傳云赤馬黑鬣曰駵也羝牡羊其後十六年秦文公東獵汧渭之閒卜居之而吉索隱曰地理志汧水出汧縣西北入渭皇甫謐云文公徙都汧也○正義曰括地志云郿縣故城在岐州郿縣東北十五里即此城也文公夢黃蛇自天下屬地其口止於鄜衍李奇曰鄜音孚山阪曰衍○索隱曰鄜地名後爲縣屬馮翊衍者鄭衆註周禮云下平曰衍又李奇云三輔謂山陵閒爲衍也文公問史敦敦曰此上帝之徵君其祠之於是作鄜畤用三牲郊祭白帝焉自未作鄜畤也而雍旁故有吳陽武畤李奇曰於旁有吳陽也雍東有好畤皆廢無祠或曰自古以雍州積高神明之隩故立畤郊上帝諸神祠皆聚云蓋黃帝時嘗用事雖晚周亦郊焉

其語不經見搢紳者不道李奇曰搢插也插笏於紳紳大帶○索隱曰姚氏云縉當作搢鄭衆註周禮云搢讀曰薦謂垂之於紳帶之閒今案鄭意以搢爲薦則薦亦是進進而置於紳帶之閒故史記亦多作薦字也作鄜畤後九年文公獲若石云于陳倉北阪城祠之蘇林曰質如石也服虔曰在北或曰在陳倉北○索隱曰云語辭也○正義曰三秦記云太白山西有陳倉山山有石鷄與山鷄不別趙高燒山山鷄飛去而石鷄不去晨鳴山頭聲聞三里或言是玉鷄括地志云陳倉山在岐州陳倉縣南又云寶鷄神祠在漢陳倉縣故城中今陳倉縣東石鷄在陳倉山上祠在陳倉城故言獲若石于陳倉北阪城同其神或歲不至或歲數來來也常以夜光輝若流星從東南來集于祠城則若雄鷄其聲殷云野鷄夜雊如淳曰野鷄雉也呂后名雉故曰野鷄瓚曰殷聲也云足句之辭以一牢祠命曰陳寶瓚曰陳倉縣有寶夫人祠或一歲二歲與葉君合葉神來時天爲之殷殷雷鳴雉爲雊在長安正西五百里韋昭曰在陳倉縣寶而祠之故曰陳寶○索隱曰列異傳云陳倉人得異物以獻之道遇二童子云此名爲媦在地下食死人腦媦乃言云彼童子名陳寶得雄者王得雌者霸乃逐童子化爲雉秦穆公大獵果獲其雌爲立祠祭有光雷電之聲雄止南陽有赤光長十餘丈來入陳倉祠中所以代俗謂之寶夫人祠抑有由也葉縣名在南陽葉君即雄雉之神故時與寶夫人神合也作鄜畤後七十八年秦德公既立卜居雍後子孫飲馬於河遂都雍雍之諸祠自此興用三百牢於鄜畤索隱曰秦本紀德公元年以犧三百牢祠鄜畤今案百當爲白秦君西祀少昊牲尚白牢秦諸侯也雖奢侈僭祭郊本特牲不可用三百牢以祭天蓋字誤作伏祠索隱曰服虔云周時無伏秦始作之漢舊儀云伏者萬鬼行故閉晝日不干求也東觀漢記和帝初令伏閉晝日是也又曆忌釋曰伏者何金氣伏藏之名四時代謝皆以相生而春木代水水生木也夏火代木木生火也冬水代金金生水也至秋則以金代火金畏於

火故凡至庚日必伏庚者金也 磔狗邑四門以禦蠱菑 索隱曰案樂彥云左傳皿蟲爲蠱梟磔之鬼亦爲蠱故月令云大儺旁磔註云磔攘也厲鬼亦爲蠱將出害人旁磔於四方之門故此亦磔狗邑四門也風俗通云殺犬磔攘也 德公立二年卒其後六年秦宣公作密畤於渭南祭青帝其後十四年秦繆公立病卧五日不寤寤乃言夢見上帝上帝命繆公平晉亂史書而記藏之府而後世皆曰秦繆公上天秦繆公即位九年齊桓公既霸會諸侯於葵丘 正義曰括地志云葵丘在曹州考城縣東南一里五十步郭內即桓公所會處也 而欲封禪管仲曰 索隱曰今管子書封禪篇是 古者封泰山禪梁父者 正義曰括地志云梁父山在兗州泗水縣北八十里也 七十二家 正義曰韓詩外傳云孔子升泰山觀易姓而王可得而數者七十餘人不得而數者萬數也按管仲所記自無懷氏以下十二家其六十家無紀錄也 而夷吾所記者十有二焉昔無懷氏 服虔曰古之王者在伏羲前見莊子 封泰山禪云云 李奇曰云云山在梁父東。索隱曰晉灼云云云山在蒙陰縣故城東北下有云云亭也。正義曰括地志云云云山在兗州博城縣西南三十里也 虙羲封泰山禪云云神農封泰山禪云云炎帝封泰山禪云云 索隱曰鄧展云神農後子孫亦稱炎帝而登封者律曆志黃帝與炎帝戰于阪泉豈黃帝與神農身戰乎皇甫謐云炎帝傳位八代也 黃帝封泰山禪亭亭 徐廣曰在鉅平。駰案服虔曰亭亭山在牟陰。索隱曰應劭云亭亭在鉅平北十餘里服虔云在牟陰非也。正義曰括地志云亭亭山在兗州博城縣西南三十里也 顓頊封泰山禪云云帝俈封泰山禪云云堯封泰山禪云云舜封泰山禪

云云禹封泰山禪會稽 索隱曰晉灼云本名茅山吳越春秋云禹巡天下登茅山以朝羣臣乃大會計更名茅山爲會稽亦曰苗山也。正義曰括地志云會稽山一名衡山在越州會稽縣東南一十二里也 湯封泰山禪云云周成王封泰山禪社首 應劭曰山名在博縣晉灼曰在鉅平南十三里 皆受命然後得封禪桓公曰寡人北伐山戎 索隱曰服虔云蓋今鮮卑是 過孤竹 正義曰括地志云孤竹故城在平州盧龍縣南一十里殷時孤竹國也 西伐大夏涉流沙束馬懸車上卑耳之山 韋昭曰將上山纏束其馬懸鉤其車也卑耳即齊語所謂辟耳。索隱曰卑耳山名在河東大陽卑讀如字也齊語即春秋外傳國語之書也辟音僻賈逵云山險也 南伐至召陵 正義曰召音邵括地志云邵陵故城在豫州郾城縣東四十五里也 登熊耳山以望江漢 索隱曰荆州記順陽益陽二縣東北有熊耳山東西各一峯如熊耳狀因以爲名齊桓公太史公並登之或云弘農熊耳非也 兵車之會三 索隱曰案左傳兵車之會三謂魯莊十三年會北杏平宋亂僖四年侵蔡遂伐楚六年伐鄭圍新城是也 而乘車之會六 索隱曰案左氏乘車之會六謂莊十四年會于鄄十五年又會鄄十六年盟于幽僖五年會首止八年盟于洮九年會葵丘 九合諸侯一匡天下諸侯莫違我昔三代受命亦何以異乎於是管仲睹桓公不可窮以辭因設之以事曰古之封禪鄗上之黍北里之禾 應劭曰鄗上山也鄗音霍蘇林曰鄗上北里皆地名。索隱曰韋昭云設以不可得之物應劭云光武改高邑曰鄗姚氏云鄗縣屬常山一云鄗上山名 所以爲盛江淮之間一茅三脊 孟康曰所謂靈茅 所以爲藉也東海致比目之魚 韋昭曰各有一目不比不行其名曰鰈。索隱曰鰈音荅郭璞云如牛脾細鱗紫黑色有一眼兩片合乃得行今江東呼爲王餘亦曰阪

封禪書

魚也西海致比翼之鳥韋昭曰各有一翼不比不飛其名曰鶼鶼。索隱曰山海經云崇丘之山有鳥狀如鳧一翼一目相得乃飛名云蠻郭璞註爾雅亦作鶼鶼也然後物有不召而自至者十有五焉今鳳凰麒麟不來嘉穀不生而蓬蒿藜莠茂鴟梟數至而欲封禪毋乃不可乎於是桓公乃止是歲秦繆公內晉君夷吾其後三置晉國之君平其亂索隱曰三置晉君謂惠公懷公文公也繆公立三十九年而卒其後百有餘年而孔子論述六藝傳略言易姓而王封泰山禪乎梁父者七十餘王矣其俎豆之禮不章蓋難言之或問禘之說孔子曰不知知禘之說其於天下也視其掌孔安國曰爲魯諱也包氏曰孔子謂或人言知禘之說者於天下之事如指視以掌中之物言其易了詩云紂在位文王受命政不及泰山武王克殷二年天下未寧而崩爰周德之洽維成王成王之封禪則近之矣及後陪臣執政季氏旅於泰山仲尼譏之馬融曰旅祭名禮諸侯祭山川在封內者今陪臣祭泰山非禮是時萇弘以方事周靈王諸侯莫朝周周力少萇弘乃明鬼神事設射貍首貍首者諸侯之不來者徐廣曰貍一名不來依物怪欲以致諸侯諸侯不從而晉人執殺萇弘皇覽曰萇弘冢在河南洛陽東北山上也周人之言方怪者自萇弘其後百餘年秦靈公作吳陽上時祭

封禪書

黃帝徐廣曰凡去作密時二百五十年作下時祭炎帝索隱曰吳陽地名蓋在岳之南又上云雍旁有故吳陽武時今蓋因武時又作上下時以祭黃帝炎帝後四十八年周太史儋見秦獻公索隱曰儋音丁甘反孟康云即老子也韋昭案年表儋在孔子後百餘年非老聃也曰秦始與周合合而離五百歲當復合索隱曰大顏曆評諸家而云周平王封襄公始列爲諸矦是乃爲别至昭王五十二年西周君臣獻邑凡五百一十六年是爲合此言五百年舉全數也合十七年而霸王出焉索隱曰自昭王滅周之後至始皇元年誅嫪毐正一十七年孟康云謂周封秦爲别秦并周爲合此襄公爲霸始皇爲王故云霸王出者也。正義曰王于放反秦周俱黃帝之後至非子未别封是合也合而離者謂非子末年周封非子爲附庸邑之秦是離也五百歲當復合者謂從非子邑秦後二十九君至秦孝公二年五百歲周顯王致文武胙於秦孝公復與之親是復合也十七年霸王出焉者謂從秦孝公三年至十九年周顯王致伯於秦孝公是霸王也孝公惠王稱王者出焉然五百歲者非子生秦侯已下二十八君至孝公二年合四百八十六年兼非子邑秦之後十四年則成五百歲矣諸家解皆非也櫟陽雨金秦獻公自以爲得金瑞故作畦時櫟陽而祀白帝晉灼曰漢注在隴西西縣人先祠山下形如種韭畦畦各一土封。索隱曰漢舊儀云祭人先於隴西西縣人先山山上皆有土人山下有時如種韭畦畦中各有二十封故云畦時其後百二十歲而秦滅周徐廣曰去太史儋言時百二十年周之九鼎入于秦或曰宋太丘社亡爾雅曰古陵太丘索隱曰應劭云亡淪入地非也案亡謂社主亡也郭璞云宋有太丘社以社名此地也而鼎沒于泗水彭城下其後百一十五年而秦并天下秦始皇既并天下而帝或曰黃帝得土德黃龍地螾見應劭曰螾丘蚓也黃帝土位故地見其神蚓大五六圍長十餘文韋昭曰黃者地色螾亦地物故以爲瑞。索隱曰此史

所記出呂氏春秋也螾音引夏得木德青龍止於郊草木暢茂殷得金德銀自山溢蘇林曰流出也周得火德有赤烏之符索隱曰尚書中候及呂氏春秋皆云有火自天止于王屋流爲赤烏五至以數俱來今秦變周水德之時昔秦文公出獵獲黑龍此其水德之瑞於是秦更命河曰德水以冬十月爲年首色上黑度以六爲名正義曰張晏云水北方黑水終數六故以方六寸爲符六尺爲步音上大呂事統上法服虔曰政上法令也瓚曰水陰陰主刑殺故上法即帝位三年東巡郡縣祠騶嶧山頌秦功業索隱曰騶縣之嶧山騶縣本邾國魯穆公改作鄒從征記北巖有秦始皇所勒之銘於是徵從齊魯之儒生博士七十人至乎泰山下諸儒生或

史禪书之 九

議曰古者封禪爲蒲車惡傷山之土石草木索隱曰蒲車謂蒲裹車輪也埽地而祭席用葅稭應劭曰稭禾稾也去其皮以爲席如淳曰葅讀曰租稭讀曰戛晉灼曰葅藉也。索隱曰周禮祭祀供茅葅說文云葅茅藉也言其易遵也始皇聞此議各乖異難施用由此絀儒生而遂除車道上自太山陽至巔立石頌秦始皇帝德明其得封也從陰道下禪於梁父其禮頗采太祝之祀雍上帝所用而封藏皆祕之世不得而記也始皇之上太山中阪遇暴風雨休於大樹下諸儒生既絀不得與用於封事之禮聞始皇遇風雨則譏之於是始皇遂東游海上行禮

祠名山大川及八神求僊人羨門之屬八神將自古而有之或曰太公以來作之齊所以爲齊以天齊也蘇林曰當天中中齊其祀絕莫知起時八神一曰天主祠天齊天齊淵水居臨菑南郊山下者索隱曰顧氏案解道彪齊記云臨菑城南有天齊五泉並出有異於常言如天之腹齊也小顏云下下謂最下也二曰地主祠太山梁父蓋天好陰祠之必於高山之下小山之上命曰畤徐廣曰一云之下上畤命曰時。索隱曰此之一云與漢書郊祀志文同也地貴陽祭之必於澤中圜丘云三曰兵主祠蚩尤蚩尤在東平陸監鄉徐廣曰屬東平郡。索隱曰監音闞皇覽云蚩尤冢在東平郡壽張縣闞鄉城中也齊之西境也四曰陰主祠

史禪书之 十

三山索隱曰小顏以爲下所謂三神山顧氏案地理志東萊曲成有參山即此三山也非海中之三神山也五曰陽主祠之罘正義曰括地志云之罘山在萊州文登縣西北九十里六曰月主祠之萊山韋昭曰在東萊長廣縣皆在齊北並勃海七曰日主祠成山成山斗入海韋昭曰成山在東萊不夜斗入海不夜古縣名。索隱曰案解道彪齊記云不夜城蓋古有日夜出見於東境故萊子立城以不夜爲名也斗入海謂斗絕曲入海也最居齊東北陽以迎日出云八曰四時主祠琅邪索隱曰山海經云琅邪臺在勃海間案是山形如臺地理志琅邪縣有四時祠也琅邪在齊東方蓋歲之所始皆言用一牢具祠而巫祝所損益珪幣雜異焉自齊威宣之時索隱曰謂威王宣王也騶子之徒韋昭曰名衍論著終始五德之運如淳

曰今其書有五德始終五德各以所勝爲行秦謂周爲火德滅火者水故自謂之水德及秦帝而齊人奏之故始皇采用之而宋毋忌正伯僑充尚羨門子高韋昭曰皆慕古人名效神仙者○索隱曰樂彥引老子道經云月中仙人宋毋忌白澤圖云火之精曰宋毋忌蓋其人火仙也司馬相如云正伯僑古仙人顧氏案裴秀冀州記云緱氏仙人廟者昔有王喬犍爲武陽人爲柏人令於此得仙非王子喬也充尚無所見羨門高者秦始皇使盧生求羨門子高是也最後皆燕人索隱曰最後猶言甚後也服虔說止有四人是也小顏云自宋毋忌至最後凡五人劉伯莊亦同此說恐未詳爲方僊道形解銷化服虔曰尸解也張晏曰人老如解去故骨則變化也今山中有龍骨世人爲之龍解骨化去也依於鬼神之事騶衍以陰陽主運如淳曰今其書有主運五行相次轉用事隨方面爲服○索隱曰主運是鄒子之書篇名也顯於諸侯而燕齊海上之方士傳其術不能通然則怪迂阿諛苟合之徒自此興不可勝數也自威宣燕昭使人入海求蓬萊方丈瀛州此三神山者其傳在渤海中服虔曰傳音附或曰其傳書云爾瓚云世人相傳之去人不遠患且至則船風引而去蓋嘗有至者諸僊人及不死之藥皆在焉其物禽獸盡白而黃金銀爲宮闕未至望之如雲及到三神山反居水下臨之風輒引去終莫能至云世主莫不甘心焉索隱曰謂心甘羨也及至秦始皇并天下至海上則方士言之不可勝數始皇自以爲至海上而恐不及矣使人乃齎童男女入海求之船交

海中皆以風爲解索隱曰顧野王云皆自解說遇風不至也曰未能至望見之焉其明年始皇復游海上至琅邪過恒山從上黨歸後三年游碣石考入海方士服虔曰疑詐故考之瓚曰考校其虛實從上郡歸後五年始皇南至湘山遂登會稽並海上冀遇海中三神山之奇藥不得還至沙丘崩正義曰括地志云沙丘臺在邢州平鄉東北三十里二世元年東巡碣石並海南歷太山至會稽皆禮祠之而刻勒始皇所立石書旁以章始皇之功德索隱曰小顏云今此諸山皆有始皇所刻石及胡亥重刻其文並具存也其秋諸侯畔秦三年而二世弒死始皇封禪之後十二歲秦亡諸儒生疾秦焚詩書誅僇文學百姓怨其法天下畔之皆譌曰始皇上太山爲暴風雨所擊不得封禪此豈所謂無其德而用事者邪索隱曰即封禪書序云蓋有無其應而用事者矣此當有所本太史公再引以爲說也昔三代之君皆在河洛之間正義曰世本云夏禹都陽城避商均也又都平陽或在安邑或在晉陽也帝王世紀云殷湯都亳在梁又都偃師至盤庚徙河北又徙偃師也周文武都豐鄗至平王徙都河南按三代之居皆在河洛之間也故嵩高爲中嶽而四嶽各如其方四瀆咸在山東至秦稱帝都咸陽則五嶽四瀆皆并在東方自五帝以至秦軼興軼衰名山大川或在諸侯或在天子其禮損益世殊不可勝記及秦并天下令祠

官所常奉天地名山大川鬼神可得而序也於是自殽以東索隱曰殽即崤山杜預云崤在弘農澠池縣西南即今之二崤山是也亦音豪名山五大川祠二曰太室太室嵩高也恒山太山會稽湘山索隱曰地理志湘山在長沙水曰濟曰淮索隱曰風俗通云濟廟在臨邑淮廟在平氏也春以脯酒為歲祠因泮凍服虔曰解凍○索隱曰為音于偽反秋涸凍索隱曰案字林涸竭也音下各反小顏云涸讀與沍同沍凝也音下故反春則解秋則凝也冬賽禱祠索隱曰賽音先代反賽謂報神福也其牲用牛犢各一牢具珪幣各異自華以西名山七名川四曰華山正義曰括地志云華山在華州華陰縣南八里古文以為敦物也謂云華嶽本一山當河水過而行河神巨靈手盪脚蹋開而為兩今脚跡在東首陽下手掌在華山今呼為仙掌河流於二山之間也開山圖云巨靈胡者偏得神天之道能造山川出江河也薄山薄山者襄山也徐廣曰蒲阪縣有襄山或字誤也○索隱曰應劭云襄山在潼關北十餘里穆天子傳云自河首襄山酈元水經云薄山統目與襄山不殊在今芮城北與中條山相連是薄襄一山名○正義曰薄音白落反襄音色眉反括地志云薄山亦名襄山一名寸棘山一名渠山一名雷首山一名獨頭山一名首陽山一名吳山一名條山在陝州芮縣城北十里此山西起雷山東至吳坂凡十名以州縣分之多在蒲州今史文云自華以西未詳也岳山岐山徐廣曰武功縣有大壺山又有岳山○索隱曰地理志岐山在美陽縣西北也吳岳徐廣曰在汧也○索隱曰徐說非也案地理志汧有垂山無岳山也鴻冢瀆山瀆山蜀之汶山索隱曰黃帝臣大鴻葬雍鴻冢蓋因大鴻葬為名也地理志蜀郡湔氏道嶓山在西郭璞註云山在汶陽郡廣陽縣一名瀆山也水曰河祠臨晉索隱曰韋昭曰臨晉馮翊縣地理志臨晉有河水祠○正義曰即同州馮翊縣本漢臨晉縣也收大荔秦獲之更名括地志云大河祠在同州朝邑縣南三十里山海經云水夷人面乘兩龍也太公金

匱云馮脩也龍魚河圖云河伯姓呂公子夫人姓馮名夷河伯字也華陰潼鄉隄首人水死化為河伯應劭云夷馮夷乃水仙也沔祠漢中索隱曰水經云沔水出武都沮縣注云東南注漢所謂漢水故祠之漢中樂彥云漢女者漢神是也湫淵祠朝那蘇林曰湫淵在安定朝那縣方四十里停不流冬夏不增減不生草木音將蓼反○索隱曰湫音子小反又音子由反即龍之所處也○正義曰括地志云朝那湫祠在原州平高縣東南二十里湫谷水源出寧州安定縣江水祠蜀索隱曰風俗通云江出崏山崏山廟在江都地理志江都有江水祠蓋漢初祠之於源後祠之於委也廣雅云江神謂之奇湘江記云帝女也卒為江神華陽國志云蜀守李冰於彭門闕立江神祠三所漢舊儀云祭四瀆用三牲圭沉有車馬紺蓋○正義曰括地志云江瀆祠在益州成都縣南八里秦并天下江水祠蜀亦春秋泮涸禱賽如東方名山川而牲牛犢牢具珪幣各異而四大冢鴻岐吳岳皆有嘗禾孟康曰以新穀祭○索隱曰案謂四山為大冢爾雅云山頂曰冢蓋亦因鳴冢而為號也陳寶節來祠服虔曰陳寶神應節來其河加有嘗醪此皆在雍州之域近天子之都故加車一乘騮駒四霸產正義曰括地志云霸水古滋水也亦名曰藍谷水即秦嶺水之下流也滻州藍田縣滻水即荊溪狗枷之下流也在雍州萬年縣也長水灃澇徐廣曰音勞駰案漢書音義曰水名在鄠縣界○索隱曰百官表有長水校尉沈約宋書云營近長水因以為名水經云長水出白鹿原今之荊溪水是也十三州記灃水出鄠縣南也○正義曰括地志云灃水源在雍州長安縣西南山灃谷涇渭皆非大川以近咸陽盡得比山川祠而無諸加韋昭曰無車騮之屬汧洛正義曰括地志云汧水源出隴州汧源縣西南汧山東入渭洛水源出慶州洛源縣白於山南流入渭又云洛水商州洛南縣西冢嶺山東北流入河按有三洛水未知祠何者二淵正義曰地理志云三川源在慶州華池縣西子午嶺東三川合因名也鳴澤索隱曰服虔云鳴澤在涿郡道縣○正義曰括

地志云鳴澤在幽州范陽縣西十五里按遒縣在易州淶水縣北一里故遒城是也澤在遒南蒲山岳㟧山徐廣曰音先許反之屬為小山川亦皆歲禱賽泮涸祠禮不必同而雍有日月參辰索隱曰漢書舊儀云祭參辰於池陽谷口夾道在右為壇也雍地名南北斗熒惑太白歲星填星二十八宿風伯雨師四海九臣晉灼曰自此以下至天淵玉女凡二十六小神不說十四臣索隱曰九臣十四臣並不見其名數所出故昔賢皆不論也諸布諸嚴諸逑之屬百有餘廟索隱曰爾雅祭星曰布或云諸布是祭星之處逑亦未詳漢書作逐西亦有數十祠索隱曰西即隴西之西縣秦之舊都故有祠焉於湖有周天子祠索隱曰地理志湖縣屬京兆有周天子祠二所在於下邽有天神灃滈有昭明索隱曰案樂彥引河圖云熒惑星散為昭明天子辟池索隱曰樂彥云辟池未聞顧氏以為璧池即鎬池所謂華陰平舒道逢使者持璧以遺鎬池君故曰璧池今案謂天子辟池即周天子辟雍之地故周文王都酆武王都鎬既立靈臺則亦有辟雍耳張衡亦以辟池為雍也於社亳有三社主之祠韋昭曰亳音薄湯所都瓚曰濟陰薄縣是。索隱曰徐廣云京兆杜縣有亳亭則杜字誤合作杜亳且據文列於下皆是地邑則杜是縣案秦寧公與亳王戰亳王奔戎遂滅湯社皇甫謐亦云周桓王時自有亳王號湯非殷也而臣瓚以亳為成湯之邑故云在於濟陰非也案謂社亳二邑有三社主之祠也壽星祠索隱曰壽星蓋南極老人星也見則天下理安故祠之以祈福壽也。正義曰角亢在辰為壽星三月之時萬物始生建於春氣布養各盡其性不罹災夭故壽而雍菅廟亦有杜主李奇曰菅茅也杜主故周之右將軍索隱曰地理志杜陵故杜伯國有杜主祠四墨子云周宣王殺杜伯不以罪後宣王田於圃見杜伯執弓矢射宣王伏弢而死故祠之也。正義曰括地志云杜祠雍州長安縣西南二十五里其在秦中最小鬼之神者索隱曰謂其鬼雖最小而

有神靈者也各以歲時奉祠唯雍四畤上帝為尊索隱曰雍有五畤而言四者顧氏以為兼下文上帝為五非也案四畤據秦舊而言秦襄公始列為諸侯而作西畤文公卜居汧渭之閒而作鄜畤皆非雍也至秦德公卜居雍而後宣公作密畤祠青帝靈公作上畤祠黃帝下畤祠炎帝獻公作畦畤祠白帝是為四并高祖增黑帝而五也。正義曰括地志云鄜畤吳陽上下畤是言秦用四畤祠上帝青赤白最尊貴之也其光景動人民唯陳寶故雍四畤春以為歲禱因泮凍秋涸凍冬賽祠五月嘗駒及四仲之月月祠若月祠陳寶節來一祠春夏用騂秋冬用駵畤駒四匹木禺龍欒車一駟漢書音義曰禺寄也寄生龍形於木也。索隱曰禺音偶謂偶其形於木禺馬亦然欒車謂車有鈴乃有和欒之節故取名也木禺車馬一駟各如其帝色黃犢羔各四珪幣各有數皆生瘞埋無俎豆之具正義曰豆以木為之受四升高尺二寸漆其中大夫以上赤雲氣畫諸侯加象飾口足天子玉飾之也三年一郊秦以冬十月為歲首故常以十月上宿郊見李奇曰宿猶齋戒也通權火張晏曰權火烽火也狀若井挈皋矣其法類稱故謂之權欲令光明遠照通祀所也漢祀五畤於雍五里一烽火如淳曰權舉也。索隱曰權如字解如張晏一音爟周禮有司爟爟火官非也拜於咸陽之旁而衣上白其用如經祠云服虔曰經常也西畤畦畤祠如其故上不親往諸此祠皆太祝常主以歲時奉祠之至如他名山川諸鬼及八神之屬上過則祠去則已郡縣遠方神祠者民各自奉祠不領於天子之祝官祝官有祕祝即有菑祥輒

祝祠移過於下正義曰謂有災祥輒令祝官祠祭移其咎惡於衆官及百姓也漢興高祖之微時嘗殺大蛇有物曰蛇白帝子也而殺者赤帝子高祖初起禱豐枌榆社張晏曰枌白榆也社在豐東北十五里或曰枌榆鄉名高祖里社徇沛為沛公則祠蚩尤釁鼓旗遂以十月至灞上與諸侯平咸陽立為漢王因以十月為年首而色上赤二年東擊項籍而還入關問故秦時上帝祠何帝也對曰四帝有白青黃赤帝之祠高祖曰吾聞天有五帝而有四何也莫知其說於是高祖曰吾知之矣乃待我而具五也乃立黑帝祠命曰北時有司進

祠上不親往悉召故秦祝官復置太祝太宰如其故儀禮因令縣為公社李奇曰猶官社下詔曰吾甚重祠而敬祭今上帝之祭及山川諸神當祠者各以其時禮祠之如故徐廣曰高祖本紀曰二年六月令祠官祀天地四方上帝山川以時祀之後四歲天下已定詔御史令豐謹治枌榆社常以四時春以羊彘祠之令祝官立蚩尤之祠於長安長安置祠祝官女巫其梁巫祠天地天社天水房中堂上之屬索隱曰禮樂志有安世房中歌皆謂祭時房中堂上歌先祖之功德也晉巫祠五帝東君雲中司命巫社巫族人先炊之屬索隱曰廣雅云東君日也王逸註楚詞雲中雲也東君雲中亦見歸

藏易也周禮以槱燎祠司命鄭衆云司命文昌四星也。正義曰先炊古炊母之神也秦巫祠社主巫保族纍之屬索隱曰社主即上文三社之主巫保族纍二神名纍音力追反荊巫祠堂下巫先司命施糜之屬應劭曰先人所在之國及有靈施化民人又貴悉置祠巫祝博求神靈之意文穎曰巫掌神之位次者也范氏世仕於晉故祠祝有晉巫范會支庶留秦為劉氏故有秦巫劉氏隨魏都大梁故有梁巫後徙豐豐屬荊故有荊巫。索隱曰巫先謂古巫之先有靈者蓋巫咸之類也施糜鄭玄謂主施糜粥之神九天巫祠九天索隱曰孝武本紀云立九天廟於甘泉三輔故事云胡巫事九天於神明臺淮南子云中央曰鈞天東方曰蒼天東北旻天北方玄天西北幽天西方皓天西南朱天南方炎天東南陽天是為九天也。正義曰太玄經云一中天二羨天三徙天四更天五睟天六郭天七咸天八治天九成天也皆以歲時祠宮中其河巫祠河於臨晉而南山巫祠南山秦中秦中者二世皇帝張晏

曰子產云匹夫匹婦強死者魂魄能依人為厲各有時月其後二歲或曰周興而邑邰立后稷之祠至今血食天下正義曰顏師古云祭有牲牢故言血食遍於天下於是高祖制詔御史其令郡國縣立靈星祠張晏曰龍星左角曰天田則農祥也晨見而祭。正義曰漢舊儀云五年脩復周家舊祠祀后稷於東南為民祈農報厥功夏則龍星見而始雩龍星左角為天田右角為天庭天田為司馬教人種百穀為稷靈者神也辰之神為靈星故以壬辰日祠靈星於東南金勝為土相也廟記云靈星祠在長安城東十里常以歲時祠以牛高祖十年春有司請令縣常以春三月及時臘祠社稷以羊豕民里社各自財以祠制曰可其後十八年孝文帝即位即位十三年下詔曰今祕祝移過于下朕甚不取自今

除之始名山大川在諸侯諸侯祝各自奉祠天子官不領及齊淮南國廢（正義曰齊有泰山淮南有天柱山二山初天子祝官不領遂廢其祀令諸侯奉祠今令太祝盡以歲時致禮如秦故儀）令太祝盡以歲時致禮如故是歲制曰朕即位十三年于今賴宗廟之靈社稷之福方內艾安民人靡疾間者比年登朕之不德何以饗此皆上帝諸神之賜也蓋聞古者饗其德必報其功欲有增諸神祠有司議增雍五畤路車各一乘駕被具（正義曰顏師古云駕船被馬之飾皆具）西畤畦畤禺車各一乘禺馬四匹駕被具其河湫漢水（正義曰河湫黃河及湫泉）加玉各二（正義曰言二水祭時各加玉璧二枚）及諸祠各增廣壇場圭幣俎豆以差加之而祝釐者歸福於朕百姓不與焉自今祝致敬毋有所祈魯人公孫臣上書曰始秦得水德今漢受之推終始傳則漢當土德土德之應黃龍見宜改正朔易服色色上黃是時丞相張蒼好律曆以為漢乃水德之始故河決金堤（漢書音義曰在東郡界）其符也（索隱曰謂河決乃水德之符應也）年始冬十月色外黑內赤（服虔曰十月陰氣在外黑陽氣尚伏在地故內赤）與德相應如公孫臣言非也罷之後三歲黃龍見成紀（徐廣曰在文帝十五年春。正義曰按成紀云秦州縣也）文帝乃召公孫臣拜為博士與

諸生草改歷服色事其夏下詔曰異物之神見于成紀無害於民歲以有年朕祈郊上帝諸神禮官議無諱以勞朕有司皆曰古者天子夏親郊祀上帝於郊故曰郊於是夏四月文帝始郊見雍五畤祠衣皆上赤其明年趙人新垣平以望氣見上言長安東北有神氣成五采若人冠絻焉或曰東北神明之舍西方神明之墓也（張晏曰神明日也日出東方舍謂陽谷日沒於西也墓北谷也）天瑞下宜立祠上帝以合符應於是作渭陽五帝廟同宇（韋昭曰宇謂上同下異禮所謂複廟重屋也瓚曰一營宇之中立五廟。正義曰括地志云渭陽五帝廟在雍州咸陽縣東三十里宮殿疏云五帝廟一宇五殿也按一宇之內而設五帝各依其方帝別為一殿而門各如帝色也）帝一殿面各五門各如其帝色祠所用及儀亦如雍五畤夏四月文帝親拜霸渭之會（如淳曰二水之會。正義曰渭陽五廟在二水之合北岸）以郊見渭陽五帝五帝廟南臨渭北穿蒲池溝水（正義曰顏師古云蒲池謂蒲而種池也蒲字或作蘭言其水恐顏說非按括地志云渭北咸陽縣有蘭池而始皇逢盜蘭池者也言穿溝引渭水入蘭池也疑蒲字誤作為蒲重更錯失）權火舉而祠若光煇然屬天焉於是貴平上大夫賜累千金而使博士諸生刺六經中作王制（索隱曰小顏云刺謂采取之也劉向七錄云文帝所造書有本制兵制服制篇刺音七賜反）謀議巡狩封禪事文帝出長安門（徐廣曰在霸陵。駰案如淳曰亭名也。正義曰括地志云長門故亭在雍

州萬年縣東北苑中後館陶公主長門園武帝以長門名宮即此若見五人於道北遂因其直北立五帝壇孟康曰直值也值其立處以作壇祠以五牢具其明年新垣平使人持玉杯上書闕下獻之平言上曰闕下有寶玉氣來者已視之果有獻玉杯者刻曰人主延壽平又言臣候日再中索隱曰晉灼云淮南云魯陽公與韓構戰戰酣日暮援戈麾之日爲卻三舍豈其然乎居頃之日卻復中於是始更以十七年爲元年令天下大酺平言曰周鼎亡在泗水中今河溢通泗臣望東北汾陰直有金寶氣意周鼎其出乎兆見不迎則不至於是上使使治廟汾陰南臨河欲祠出周鼎徐廣曰是後二十七年鼎出汾陰人有上書告新垣平所言氣神事皆詐也下平吏治誅夷新垣平自是之後文帝怠於改正朔服色神明之事而渭陽長門五帝使祠官領以時致禮不往焉明年匈奴數入邊興兵守禦後歲少不登數年而孝景即位十六年祠官各以歲時祠如故無有所興至今天子自此後武帝事褚先生取爲武帝本紀注解已在第十二卷今直載徐義今天子初即位尤敬鬼神之祀元年漢興已六十餘歲矣天下艾安搢紳之屬皆望天子封禪改正度也而上鄉儒術招賢良趙綰王臧等以文學爲

公卿欲議古立明堂城南以朝諸侯草巡狩封禪改歷服色事未就會竇太后治黃老言不好儒術使人微伺得趙綰等姦利事召案綰臧綰臧自殺諸所興皆廢後六年竇太后崩其明年徵文學之士公孫弘等明年今上初至雍郊見五畤後常三歲一郊索隱曰漢舊儀云元年祭天二年祭地三年祭五畤三歲一遍皇帝自行也是時上求神君舍之上林中蹏氏觀神君者長陵女子以子死見神於先後宛若宛若祠之其室民多往祠平原君往祠其後子孫以尊顯及今上即位則厚禮置祠之內中聞其言不見其人云是時李少君亦以祠竈穀道卻老方見上上尊之少君者故深澤侯舍人索隱曰案表深澤侯趙將夜以高祖八年封侯至元朔五年夷侯胡薨無後國除主方匿其年及其生長常自謂七十能使物卻老其游以方徧諸侯無妻子人聞其能使物及不死更饋遺之常餘金錢衣食人皆以爲不治生業而饒給又不知其何所人愈信爭事之少君資好方善爲巧發奇中嘗從武安侯飲索隱曰武安侯田蚡也坐中有九十餘老人少君乃言與其大父游射處老人爲兒時從其大父識其處一坐盡驚少君見上上

有故銅器問少君少君曰此器齊桓公十年陳
於柏寢索隱曰韓子云齊景公與晏子游於少海登柏寢之臺而望其國已而案其
刻果齊桓公器一宮盡駭以爲少君神數百歲
人也少君言上曰祠竈則致物致物而丹沙可
化爲黃金黃金成以爲飲食器則益壽益壽
而海中蓬萊僊者乃可見見之以封禪則不
死黃帝是也臣嘗游海上見安期生安期生
食巨棗大如瓜索隱曰包愷云巨或作臣安期生僊者通蓬
萊中合則見人不合則隱於是天子始親祠竈
遣方士入海求蓬萊安期生之屬而事化丹沙

諸藥齊爲黃金矣居久之李少君病死天子以
爲化去不死而使黃錘徐廣曰音才恚反錘縣黃縣皆在東萊史寬
舒受其方求蓬萊安期生莫能得而海上燕
齊怪迂之方士多更來言神事矣亳人謬忌奏
祠太一方曰天神貴者太一索隱曰樂汁徵圖曰天宮紫微北極天一太一
宋均云天一太一北極神之別名春秋佐助期曰紫宮天皇曜魄寶之所理也石氏云天一太一各一星在紫宮門
外立承事天皇大帝太一佐曰五帝古者天子以春秋祭太
一東南郊用太牢七日爲壇開八通之鬼道索隱
曰司馬彪續漢書祭祀志云壇有八陛通道以爲門又三輔黃圖云上帝壇八觚神道八通廣三十步也於是
天子令太祝立其祠長安東南郊常奉祠如忌

方其後人有上書言古者天子三年壹用太牢
祠神三一天一地一太一天子許之令太祝領
祠之於忌太一壇上如其方後人復有上書言
古者天子常以春解祠索隱曰謂祠祭以解殃咎求福祥也祠黃帝
用一梟破鏡冥羊用羊祠馬行用一青牡馬太
一澤徐廣曰澤一作皐山君地長用牛索隱曰此則人上書言古天子祭太一太
一天神也澤山本紀作皐山澤山君地長謂祭地於皐山同用太牢故云用牛盖是異代之法也武夷
君用乾魚索隱曰顧氏案地理志云建安有武夷山溪有仙人葬處即漢書所謂武夷君是時既用
越巫勇之疑即此神今案其祀用乾魚兼不享牲牢或如顧說也陰陽使者以一牛
令祠官領之如其方而祠於忌太一壇旁其後

天子苑有白鹿以其皮爲幣以發瑞應造白金
焉索隱曰樂彥云謂龍馬龜也其明年郊雍徐廣曰武帝立已十九年獲一角
獸若麟然有司曰陛下肅祗郊祀上帝報享錫
一角獸蓋麟云於是以薦五畤畤加一牛以燎
錫諸侯白金風符應合于天也於是濟北王以
爲天子且封禪乃上書獻太山及其旁邑天子
以他縣償之常山王有罪遷天子封其弟於真
定以續先王祀徐廣曰元鼎四年時而以常山爲郡然後
五嶽皆在天子之郡其明年齊人少翁以鬼神
方見上上有所幸王夫人徐廣曰外戚傳封禪書曰趙之王夫人幸有子封爲

齊王夫人卒少翁以方蓋夜致王夫人及竈鬼之貌云索隱曰漢書作李夫人卒帝悼之李少翁致其形帝為作賦此云王夫人新論亦固未詳天子自帷中望見焉於是乃拜少翁為文成將軍賞賜甚多以客禮禮之文成言曰上即欲與神通宮室被服非象神神物不至乃作畫雲氣車及各以勝日駕車辟惡鬼索隱曰樂彥云畫以勝日者謂畫青車以甲乙畫赤車以丙丁畫玄車以壬癸畫白車以庚辛畫黃車以戊己將有水事則乘黃車故云駕車辟惡鬼也又作甘泉宮中為臺室畫天地太一諸鬼神而置祭具以致天神居歲餘其方益衰神不至乃為帛書以飯牛詳不知言曰此牛腹中有奇殺視得書書言甚怪天子識其手書問其人果是偽書於是誅文成將軍隱之其後則又作柏梁銅柱徐廣曰元鼎二年時承露仙人掌之屬矣文成死明年天子病鼎湖甚索隱曰三輔黃圖云鼎湖宮名在藍田韋昭云地名近宜春案湖本屬京兆後分屬弘農恐非鼎湖之處也巫醫無所不致不愈游水發根言上郡有巫病而鬼神下之上召置祠之甘泉及病使人問神君神君言曰天子無憂病病少愈彊與我會甘泉於是病愈遂起幸甘泉病良已大赦置酒壽宮神君壽宮神君最貴者太一其佐曰大禁司命之屬皆從之非可得見聞其言

言與人音等時去時來來則風肅然居室帷中時晝言然常以夜天子祓然後入因巫為主人關飲食所以言行下又置壽宮北宮張羽旗設供具以禮神君神君所言上使人受書其言命之曰書法其所語世俗之所知也無絕殊者而天子心獨喜其事祕世莫知也其後三年有司言元宜以天瑞命不宜以一二數一元曰建二元以長星曰光三元以郊得一角獸曰狩云其明年冬天子郊雍議曰今上帝朕親郊而后土無祀則禮不答也有司與太史公祠官寬舒議天地牲角繭栗今陛下親祠后土后土宜於澤中圜丘為五壇壇一黃犢太牢具已祠盡瘞而從祠衣上黃於是天子遂東始立后土徐廣曰元鼎四年祠汾陰脽丘如寬舒等議上親望拜如上帝禮禮畢天子遂至滎陽而還過雒陽下詔曰三代邈絕遠矣難存其以三十里地封周後為周子南君以奉其先祀焉是歲天子始巡郡縣浸尋於泰山矣其春樂成侯上書言欒大欒大膠東宮人故嘗與文成將軍同師已而為膠東王尚方而樂成侯姊為康王后索隱曰康王名寄無子康王死

他姬子立爲王徐廣曰以元狩二年薨而康后有淫行與王不相中索隱曰三蒼云中得也相危以法康后聞文成已死而欲自媚於上乃遣欒大因樂成侯求見言方天子既誅文成後悔其蚤死惜其方不盡及見欒大大說大爲人長美言多方略而敢爲大言處之不疑大言曰臣常往來海中見安期羨門之屬顧以臣爲賤不信臣又以爲康王諸侯耳不足與方臣數言康王康王又不用臣臣之師曰黃金可成而河決可塞不死之藥可得僊人可致也然臣恐效文成則方士皆奄口惡敢言方

哉上曰文成食馬肝死耳索隱曰論衡云氣勃而毒盛故食走馬肝馬肝殺人儒林傳曰食肉無食馬肝是也子誠能脩其方我何愛乎索隱曰上語欒大云子誠能修文成方我更何所愛惜乎謂不悋金寶祿位也大曰臣師非有求人人者求之陛下必欲致之則貴其使者令有親屬以客禮待之勿卑使各佩其信印乃可使通言於神人神人尚肯邪不邪致尊其使然後可致也於是上使驗小方鬬棊棊自相觸擊索隱曰顧氏案萬畢術云取雞血雜磨針鐵擣和磁石棊頭置局上自相抵擊也是時上方憂河決而黃金不就乃拜大爲五利將軍居月餘得四印索隱曰謂五利將軍天士將軍地士將軍大通將軍爲四也佩天士將軍地士將

軍大通將軍印制詔御史昔禹疏九江決四瀆閒者河溢皋陸隄繇不息朕臨天下二十有八年徐廣曰元鼎四年也天若遺朕士而大通焉乾稱蜚龍鴻漸于般朕意庶幾與焉其以二千戶封地士將軍大爲樂通侯賜列侯甲第僮千人乘轝斥車馬帷帳器物以充其家又以衛長公主妻之索隱曰衛子夫之子曰衛長公主非如帝姊曰長公主之例也齎金萬斤更命其邑曰當利公主索隱曰地理志東萊有當利縣天子親如五利之第使者存問供給相屬於道自大主徐廣曰武帝姑將相以下皆置酒其家獻遺之於是天子

又刻玉印曰天道將軍使使衣羽衣夜立白茅上五利將軍亦衣羽衣夜立白茅上受印以示不臣也而佩天道者且爲天子道天神也於是五利常夜祠其家欲以下神神未至而百鬼集矣然頗能使之其後裝治行東入海求其師云大見數月佩六印索隱曰更加樂通侯及天道將軍印爲六印貴震天下而海上燕齊之閒莫不搤捥而自言有禁方能神僊矣其夏六月中汾陰巫錦爲民祠魏脽后土營旁見地如鉤狀掊視得鼎鼎大異於衆鼎文鏤無款識怪之言吏吏告河東太守勝勝

以聞天子使使驗問巫得鼎無姦詐乃以禮祠
迎鼎至甘泉從行上薦之至中山徐廣曰河渠書曰鑿涇水自中
山西曣𣈶有黃雲蓋焉有鹿過上自射之因以祭
云徐廣曰上言從行上薦之或者祭鼎也至長安公卿大夫皆議請尊
寶鼎天子曰間者河溢歲數不登故巡祭后土
祈為百姓育穀今歲豐廡未報鼎曷為出哉有
司皆曰聞昔泰帝興神鼎一索隱曰孔文祥云泰帝太昊也一者
壹統天地萬物所繫終也黃帝作寶鼎三象天
地人禹收九牧之金鑄九鼎皆嘗亨鬺徐廣曰鬺亨煑
也音殤皆嘗以亨牲牢而祭祀上帝鬼神遭聖則興鼎遷于夏商

周德衰宋之社亡鼎乃淪沒伏而不見頌云自
堂徂基自羊徂牛鼐鼎及鼒不吳不驁胡考
之休今鼎至甘泉光潤龍變承休無疆合茲中
山徐廣曰關中亦復有中山也非魯中山有黃白雲降蓋若獸為符
路弓乘矢集獲壇下報祠大享徐廣曰一云大報祠享唯
受命而帝者心知其意而合德焉鼎宜見於祖
禰藏於帝廷以合明應制曰可入海求蓬萊者
言蓬萊不遠而不能至者殆不見其氣上乃遣
望氣佐候其氣云其秋上幸雍且郊或曰五帝
太一之佐也宜立太一而上親郊之上疑未定齊

人公孫卿曰今年得寶鼎其冬辛巳朔旦冬至
與黃帝時等卿有札書曰黃帝得寶鼎宛朐問
於鬼臾區鬼臾區對曰黃帝得寶鼎神策是歲
己酉朔旦冬至得天之紀終而復始於是黃帝
迎日推策後率二十歲復朔旦冬至凡二十推
三百八十年黃帝僊登于天卿因所忠欲奏之
所忠視其書不經疑其妄書謝曰寶鼎事已決
矣尚何以為卿因嬖人奏之上大說乃召問卿
對曰受此書申公申公已死上曰申公何人也
卿曰申公齊人與安期生通受黃帝言無書獨

有此鼎書曰漢興復當黃帝之時曰漢之聖者
在高祖之孫且曾孫也寶鼎出而與神通封禪
封禪七十二王唯黃帝得上太山封申公曰漢
主亦當上封上封則能僊登天矣黃帝時萬諸侯
而神靈之封居七千索隱曰韋昭云黃帝時萬國以其修神靈得封者七千國或為七十國樂彥云以舜為神明之後封媯滿於陳之類是也顧氏案國語仲尼云山川之守足以紀綱天下者其守為神汪芒氏之君守封禺之山也天下名山八而三在蠻夷五在中
國中國華山首山太室太山東萊此五山黃帝
之所常游與神會黃帝且戰且學僊患百姓非
其道者乃斷斬非鬼神者索隱曰謂有非毀鬼神之人乃斷理而誅斬之

百餘歲然後得與神通黃帝郊雍上帝宿三月鬼臾區號大鴻死葬雍故鴻冢是也其後黃帝接萬靈明廷明廷者甘泉也所謂寒（徐廣曰一作塞）門者谷口也黃帝采首山銅鑄鼎於荊山下鼎既成有龍垂胡髯下迎黃帝（索隱曰說文云胡牛垂頷也釋名云胡在咽下垂者則所謂龍胡也）黃帝上騎羣臣後宮從上者七十餘人龍乃上去餘小臣不得上乃悉持龍髯龍髯拔墮墮黃帝之弓百姓仰望黃帝既上天乃抱其弓與胡髯號故後世因名其處曰鼎湖其弓曰烏號於是天子曰嗟乎吾誠得如黃帝吾視去妻子如脫躧耳乃拜卿為郎東使候神於太室上遂郊雍至隴西西登崆峒幸甘泉令祠官寬舒等具太一祠壇祠壇放薄忌太一壇壇三垓（徐廣曰階次也）五帝壇環居其下各如其方黃帝西南除八通鬼道太一其所用如雍一畤物而加醴棗脯之屬殺一狸牛以為俎豆牢具而五帝獨有俎豆醴進其下四方地為餟食羣臣從者及北斗云已祠胙餘皆燎之其牛色白鹿居其中彘在鹿中水而洎之（徐廣曰洎一作酒灌水於釜中曰洎音暨）祭日以牛祭月以羊彘特（索隱曰樂彥云祭日以太牢月以少牢特不用牝也小顏云牛羊若彘止一牲故云特也）

太一祝宰則衣紫及繡五帝各如其色日赤月白十一月辛巳朔旦冬至昧爽天子始郊拜太一朝朝日夕夕月則揖而見太一如雍郊禮其贊饗曰（索隱曰顧氏云饗祀祠也漢舊儀云贊饗一人秩六百石是也）天始以寶鼎神策授皇帝朔而又朔終而復始皇帝敬拜見焉而衣上黃其祠列火滿壇壇旁亨炊具有司云祠上有光焉公卿言皇帝始郊見太一雲陽有司奉瑄玉嘉牲薦饗是夜有美光及晝黃氣上屬天太史公祠官寬舒等曰神靈之休祐福兆祥宜因此地光域立太畤壇以明應令太祝領秋及臘間祠三歲天子一郊見其秋為伐南越告禱太一以牡荊畫幡日月北斗登龍以象太一三星為太一鋒（徐廣曰天官書曰天極星明者太一常居也斗口三星曰太一）命曰靈旗為兵禱則太史奉以指所伐國而五利將軍使不敢入海之太山祠上使人隨驗實毋所見五利妄言見其師其方盡多不讎（索隱曰鄭德云相應為讎謂其言語不相應無驗也）上乃誅五利其冬公孫卿候神河南言見僊人跡緱氏城上有物如雉往來城上天子親幸緱氏城視跡問卿得毋效文成五利乎卿曰僊者非有求人主人主

者求之其道非少寬假神不來言神事事如迂誕積以歲乃可致也於是郡國各除道繕治宮觀名山神祠所以望幸也其春既滅南越上有嬖臣李延年以好音見上善之下公卿議曰民閒祠尚有鼓舞樂今郊祠而無樂豈稱乎公卿曰古者祠天地皆有樂而神祇可得而禮或曰太帝使素女鼓五十弦瑟悲帝禁不止故破其瑟爲二十五弦於是塞南越禱祠太一后土始用樂舞益召歌兒作二十五弦(徐廣曰瑟)及空侯(徐廣曰應劭云武帝令樂人侯調始造此器)琴瑟自此起其來年冬上議

曰古者先振兵澤旅(徐廣曰古釋字作澤)然後封禪乃遂北巡朔方勒兵十餘萬還祭黃帝冢橋山釋兵須如(徐廣曰須一作涼)上曰吾聞黃帝不死今有冢何也或對曰黃帝已僊上天羣臣葬其衣冠既至甘泉爲且用事太山先類祠太一自得寶鼎上與公卿諸生議封禪封禪用希曠絕莫知其儀禮而羣儒采封禪尚書周官王制之望祀射牛事齊人丁公年九十餘曰封禪者合不死之名也秦皇帝不得上封陛下必欲上稍上即無風雨遂上封矣上於是乃令諸儒習射牛草封禪

儀數年至且行天子既聞公孫卿及方士之言黃帝以上封禪皆致怪物與神通欲放黃帝以上接神僊人蓬萊士高世比德於九皇而頗采儒術以文之羣儒既已不能辨明封禪事又牽拘於詩書古文而不能騁上爲封禪祠器示羣儒羣儒或曰不與古同徐偃又曰太常諸生行禮不如魯善周霸屬圖封禪事於是上絀偃霸而盡罷諸儒不用三月遂東幸緱氏禮登中岳太室從官在山下聞若有言萬歲云問上上不言問下下不言於是以三百戶封太室奉祠

命曰崇高邑東上太山太山之草木葉未生乃令人上石立之太山巔上遂東巡海上行禮祠八神齊人之上疏言神怪奇方者以萬數然無驗者乃益發船令言海中神山者數千人求蓬萊神人公孫卿持節常先行候名山至東萊言夜見大人長數丈就之則不見見其跡甚大類禽獸云羣臣有言見一老父牽狗言吾欲見巨公已忽不見上即見大跡未信及羣臣有言老父則大以爲僊人也宿留海上予方士傳車及閒使求僊人以千數四月還至奉高上念諸儒

及方士言封禪人人殊不經難施行天子至梁
父禮祠地主乙卯令侍中儒者皮弁薦紳射牛
行事封太山下東方如郊祠太一之禮封廣丈
二尺高九尺其下則有玉牒書書祕禮畢天子
獨與侍中奉車子侯上太山亦有封其事皆禁
明日下陰道丙辰禪太山下阯東北肅然山如
祭后土禮天子皆親拜見衣上黃而盡用樂焉
江淮閒一茅三脊爲神藉五色土益雜封縱遠
方奇獸蜚禽及白雉諸物頗以加禮兕牛犀象
之屬不用皆至太山祭后土封禪祠其夜若有
光晝有白雲起封中天子從禪還坐明堂羣臣
更上壽於是制詔御史朕以眇眇之身承至尊
兢兢焉懼不任維德菲薄不明于禮樂脩祠太
一若有象景光屑如有望震於怪物欲止不敢
遂登封太山至于梁父而後禪肅然自新嘉與
士大夫更始賜民百戶牛一酒十石加年八十
孤寡布帛二匹復博奉高蛇丘歷城無出今年
租稅其大赦天下如乙卯赦令行所過毋有復
作事在二年前皆勿聽治又下詔曰古者天子
五載一巡狩用事太山諸侯有朝宿地其令諸

侯各治邸太山下天子既已封太山無風雨災
而方士更言蓬萊諸神若將可得於是上欣然
庶幾遇之乃復東至海上望冀遇蓬萊焉奉車
子侯暴病一日死（索隱曰新論云武帝出璽印石財有兆朕子侯則没印帝畏惡故殺之風俗通亦云然顧胤案武帝集帝與子侯家語云道士皆言子侯得仙不足悲此說是也）上乃遂
去並海上北至碣石巡自遼西歷北邊至九原
五月反至甘泉有司言寶鼎出爲元鼎以今年
爲元封元年其秋有星茀于東井後十餘日有
星茀于三能望氣王朔言候獨見其星出如瓜
食頃復入焉有司皆曰陛下建漢家封禪天其
報德星云（索隱曰樂彥包愷並作旗星旗星即德星也符瑞圖云旗星之極芒艷如旗本亦作旗也）
其來年冬郊雍五帝還拜祝祠太一贊饗曰德
星昭衍厥維休祥壽星仍出淵耀光明信星昭
見皇帝敬拜太祝之享其春公孫卿言見神人
東萊山若云欲見天子天子於是幸緱氏城拜
卿爲中大夫遂至東萊宿留之數日無所見見
大人跡云復遣方士求神怪采芝藥以千數是
歲旱於是天子既出無名乃禱萬里沙過祠太
山還至瓠子自臨塞決河留二日沈祠而去使
二卿將卒塞決河徙二渠復禹之故跡焉是時

既滅兩越越人勇之乃言越人俗鬼而其祠皆
見鬼數有效昔東甌王敬鬼壽百六十歲後世
怠慢故衰耗乃令越巫立越祝祠安臺無壇亦
祠天神上帝百鬼而以雞卜上信之越祠雞卜
始用公孫卿曰僊人可見而上往常遽以故不
見今陛下可爲觀如緱城徐廣曰一云如緱氏城置脯棗神
人宜可致也且僊人好樓居於是上令長安則
作蜚廉桂觀甘泉則作益延壽觀索隱曰小顏以爲作益壽延壽
二館漢武故事云作延壽觀高二十丈 使卿持節設具而候神人乃
作通天莖臺徐廣曰在甘泉。索隱曰漢書並無莖字疑衍也 置祠具其

下將招來僊神人之屬於是甘泉更置前殿始
廣諸宮室夏有芝生殿房內中徐廣曰元封二年 天子
爲塞河興通天臺若見有光云乃下詔甘泉房
中生芝九莖赦天下毋有復作其明年伐朝鮮
夏旱公孫卿曰黃帝時封則天旱乾封三年上
乃下詔曰天旱意乾封乎其令天下尊祠靈星
焉其明年上郊雍通回中道巡之春至鳴澤從
西河歸其明年冬上巡南郡至江陵徐廣曰元封五年而
東登禮灊之天柱山號曰南岳浮江自尋陽出
樅陽過彭蠡禮其名山川北至琅邪並海上

四月中至奉高脩封焉初天子封太山太山東
北阯古時有明堂處處險不敞上欲治明堂奉
高旁未曉其制度濟南人公玉帶上黃帝時明
堂圖明堂圖中有一殿四面無壁以茅蓋通水
圜宮垣爲複道上有樓從西南入命曰昆侖天
子從之入以拜祠上帝焉於是上令奉高作明
堂汶上徐廣曰在元封二年秋 如帶圖及五年脩封則祠
太一五帝於明堂上坐令高皇帝祠坐對之祠
后土於下房以二十太牢天子從昆侖道入始
拜明堂如郊禮禮畢燎堂下而上又上泰山自

有秘祠其巔而太山下祠五帝各如其方黃帝
并赤帝而有司侍祠焉山上舉火下悉應之其
後二歲十一月甲子朔旦冬至推曆者以本統
天子親至太山以十一月甲子朔旦冬至日祠
上帝明堂毋脩封禪徐廣曰常五年一脩耳今適二年故但祠於明堂 其贊
饗曰天增授皇帝太元神策周而復始皇帝敬
拜太一東至海上考入海及方士求神者莫驗
然益遣冀遇之十一月乙酉柏梁烖十二月甲
午朔上親禪高里祠后土臨勃海將以望祀蓬
萊之屬冀至殊廷焉上還以柏梁烖故朝受計

甘泉公孫卿曰黃帝就青靈臺十二日燒黃帝乃治明廷明廷甘泉也方士多言古帝王有都甘泉者其後天子又朝諸侯甘泉甘泉作諸侯邸勇之乃曰越俗有火災復起屋必以大用勝報之於是作建章宮度為千門萬戶前殿度高未央其東則鳳闕高二十餘丈其西則唐中數十里虎圈其北治大池漸臺高二十餘丈命曰太液池中有蓬萊方丈瀛洲壺梁象海中神山龜魚之屬其南有玉堂璧門大鳥之屬乃立神明臺井幹樓度五十丈輦道相屬焉夏漢改曆

以正月為歲首而色上黃官名更印章以五字為太初元年是歲西伐大宛蝗大起丁夫人雒陽虞初等以方祠詛匈奴大宛焉其明年有司上言雍五畤無牢熟具芬芳不備乃令祠官進畤犢牢具色食所勝而以木禺馬代駒焉獨五月嘗駒行親郊用駒及諸名山川用駒者悉以木禺馬代行過乃用駒他禮如故其明年東巡海上考神僊之屬未有驗者方士有言黃帝時為五城十二樓以候神人於執期命曰迎年上許作之如方命曰明年上親禮祠上帝焉公玉

帶曰黃帝時雖封太山然風后封巨岐伯令黃帝封東太山禪凡（徐廣曰一作丸）山合符然後不死焉天子既令設祠具至東太山太山卑小不稱其聲乃令祠官禮之而不封禪焉其後令帶奉祠候神物夏遂還太山脩五年之禮如前而加以禪祠石閭石閭者在太山下阯南方方士多言此僊人之閭也故上親禪焉其後五年復至太山脩封（徐廣曰天漢三年）還過祭恒山今天子所興祠太一后土三年親郊祠建漢家封禪五年一脩封薄忌太一及三一冥羊馬行赤星五寬舒之

祠官以歲時致禮（索隱曰案祀志云祠官寬舒議祠后土為五壇故謂之五寬舒祠官也）凡六祠皆太祝領之至如八神諸明年凡山他名祠行過則祠行去則已方士所興祠各自主其人終則已祠官不主他祠皆如其故今上封禪其後十二歲而還遍於五岳四瀆矣而方士之候伺神人入海求蓬萊終無有驗而公孫卿之候神者猶以大人之跡為解無有效天子益怠厭方士之怪迂語矣然羈縻不絕冀遇其真自此之後方士言神祠者彌眾然其效可睹矣

太史公曰余從巡祭天地諸神名山川而封禪焉入壽宮侍祠神語究觀方士祠官之意於是退而論次自古以來用事於鬼神者具見其表裏後有君子得以覽焉若至俎豆珪幣之詳獻酬之禮則有司存

索隱述贊曰禮載升中書稱肆類古今盛典皇王能事登封報天降禪除地飛英騰實金泥石記漢承遺緒斯道不墜仙閭肅然揚休勒誌

封禪書第六　史記二十八

河渠書第七　史記二十九
夏書曰禹抑鴻水十三年過家不入門索隱曰抑音憶抑者
遏也洪水滔天故禹遏之不令害人也漢書溝洫志作堙堙抑皆塞也陸行載車水行
載舟泥行蹈毳山行即橋徐廣曰橋近遙反一作橇橇直轅車也音已足反尸
子曰山行乘欙音力追反尸子又曰行塗以楯行險以撮行沙以軌又曰乘風車音去喬反。索隱曰毛毳字亦作橇
同音昌芮反注以欙子芮反又子絕反與蕝音同也以別九州隨山浚川任土
作貢通九道陂九澤正義曰顏師古云通九州之道及障遏其澤也度九
山正義曰度田洛反釋名云山者產也治水以志九州山澤所生物產言於地所宜商而度之以制貢賦然
河菑衍溢害中國也尤甚唯是為務故道河自
積石歷龍門正義曰在同州韓城縣北五十里為鑿廣八十步南到華陰正義

曰華陰縣也魏之陰晉秦惠文王更名寧秦漢高帝改曰華陰也東下砥柱正義曰底柱山俗名
三門山在硤石縣東北五十里在河之中也及孟津正義曰在洛州河陽縣南門外也雒汭
至于大邳正義曰孔安國云山再成曰邳按在衛州黎陽縣南七里也於是禹以
為河所從來者高水湍悍韋昭曰湍疾悍彊也難以行平
地數為敗乃厮二渠以引其河漢書音義曰厮分也二渠其一出貝
丘西南二折者也其一則漯川。索隱曰厮漢書作灑史記舊本亦作灑字從水按韋昭云疏決為灑字音疏跬反
厮即分其流泄其怒是也二渠其一則漯川其二王莽時遂空也北載之高地過降
水正義曰絳水源出潞州屯留縣西南方山東北至于大陸正義曰大陸澤在邢州及趙州界一
名廣河澤一名鉅鹿澤也播為九河正義曰言過絳水及大陸水之口至冀州分為九河也同
為逆河入于勃海瓚曰禹貢曰夾右碣石入于海然則河口之入海乃在碣石也武帝

河渠書

元光二年河徙東郡更注勃海禹時不注勃海也九川既疏九澤既灑諸
夏艾安功施于三代自是之後滎陽下引河東
南為鴻溝索隱曰楚漢中分之界文穎云即今官度水也蓋為二流一南經陽武為官度水一
東經大梁城即河溝今之汴河是也以通宋鄭陳蔡曹衛與濟汝淮
泗會于楚西方則通渠漢水雲夢之野東方則
通鴻溝江淮之閒於吳則通渠三江五湖韋昭曰五湖湖
名耳實一湖今太湖是也在吳西南。索隱曰三江按地理志北江從會稽毗陵縣北東入海中江從丹陽蕪湖縣
東北至會稽陽羨縣東入海南江從會稽吳縣南東入海故禹貢有北江中江也五湖者郭璞江賦云具區洮滆彭
蠡青草洞庭又云太湖周五百里故曰五湖也於齊則通菑濟之閒於蜀
蜀守冰漢書曰冰姓李鑿離碓晉灼曰古堆字辟沫水之害索隱

曰辟音避沫音末案說文云沫水出蜀西南徼外與青衣合東南入海也穿二江成都之
中正義曰括地志云大江一名汶江一名管橋水一名清江亦名白水江西南自溫江縣界流來又云郫江一名成
都江一名市橋江亦名中日江亦曰內江西北自新繁縣界流來二江並在益州成都縣界杜預益州記云二江者
郫江流江也風俗通云秦昭王使李冰為蜀守開成都縣兩江溉田萬頃神須取女二人以為婦冰自以女與神
婚徑至祠勸神酒酒杯澹澹因厲聲責之因忽不見良久有兩蒼牛鬭於江岸有閒輒還流江謂官屬曰吾鬭疲極
不當相助耶南向腰中正白者我綬也主簿刺殺北面者江神遂死華陽國志云蜀時濯錦流江中則鮮明也此
渠皆可行舟有餘則用溉浸百姓饗其利至于
所過往往引其水益用溉田疇之渠以萬億計
然莫足數也西門豹引漳水溉鄴正義曰括地志云漳水一名濁
漳水源出潞州長子縣西力黃山地理志云濁漳水出長子鹿谷山東至鄴入清漳按力黃鹿谷二山壯鹿池鄴相

河渠書

州之縣也以富魏之河內而韓聞秦之好興事欲罷之毋令東伐如淳曰欲罷勞之息秦伐韓之計乃使水工鄭國韋昭曰鄭國能治水故曰水工閒說秦令鑿涇水自中山西邸瓠口爲渠索隱曰小顏云中音仲即今九嵕山之東中山是也邸至也瓠口即谷口郊祀志所謂寒門谷口是也與池陽相近故曰田於河所池陽谷口也。正義曰括地志云中一名仲山在雍州雲陽縣西十五里又云焦穫藪亦名瓠在涇陽北城外也抵至也至渠首起雲陽縣西南二十五里今枯也並北山東注洛徐廣曰出馮翊懷德縣三百餘里欲以溉田中作而覺秦欲殺鄭國鄭國曰始臣爲閒然渠成亦秦之利也索隱曰溝洫志鄭國曰臣爲韓延數歲之命爲秦建萬代之功是也秦以爲然卒使就渠渠就用注塡閼之水溉澤鹵之地四萬餘頃索隱曰溉音古代反澤一作舄音昔本或作斥則如字讀之收皆畝一鍾於是關中爲沃野無凶年秦以富彊卒幷諸侯因命曰鄭國渠漢興三十九年孝文時河決酸棗東潰金隄正義曰括地志云金隄一名千里隄在白馬縣東五里於是東郡大興卒塞之其後四十有餘年今天子元光之中而河決於瓠子東南注鉅野正義曰括地志云鄆州鉅野縣東北大澤是通於淮泗於是天子使汲黯鄭當時興人徒塞之輒復壞是時武安侯田蚡爲丞相其奉邑食鄃索隱曰鄃音輸韋昭云淸河縣也。正義曰貝州縣也鄃居河北河決而南則鄃無水菑邑收多蚡言於上曰江河之決皆天

事未易以人力爲彊塞塞之未必應天而望氣用數者亦以爲然於是天子久之不事復塞也是時鄭當時爲大農言曰異時關東漕粟從渭中上度六月而罷而漕水道九百餘里時有難處引渭穿渠起長安並南山下至河三百餘里徑易漕度可令三月罷而渠下民田萬餘頃又可得以溉田此損漕省卒而益肥關中之地得穀天子以爲然令齊人水工徐伯表索隱曰舊說徐伯表水工姓名也小顏云表者巡行穿渠之處而表記之若今豎標表不是名也悉發卒徐廣曰一云悉衆數萬人穿漕渠三歲而通通以漕大便利其後漕稍多而渠下之民頗得以溉田矣其後河東守番係言漕從山東西索隱曰番音婆又音潘詩小雅云番維司徒番氏也係音系從山東西者謂從山東運漕而西入關也歲百餘萬石更砥柱之限敗亡甚多而亦煩費穿渠引汾正義曰括地志云汾水源出嵐州靜樂縣北百三十里管涔山北東南流入幷州即西南流入至絳州入河也溉皮氏正義曰括地志云皮氏故城在絳州龍門縣西百三十步自秦漢魏晉皮氏縣皆治也汾陰正義曰括地志云汾陰故城俗名殷湯城在蒲州汾陰縣北九里漢汾陰縣下引河溉汾陰蒲坂下度可得五千頃五千頃故盡河壖韋昭曰壖音而緣反謂緣河邊地。索隱曰又音人兗反棄地民茭牧其中耳索隱曰茭乾草也謂收茭及牧畜於中。今溉田之度可得穀二百萬石以上穀從渭上

與關中無異，而砥柱之東可無復漕。天子以為然，發卒數萬人作渠田。數歲，河移徙，渠不利，則田者不能償種。久之，河東渠田廢，予越人，令少府以為稍入。如淳曰時越人有徙者以田與之其租稅入少府○索隱曰其田既薄越人徙居者習水利故與之而稍少其稅入之於少府也其後人有上書欲通褒斜道，韋昭曰褒中縣也斜谷名音邪瓚曰褒斜二水名○正義曰括地志云褒谷在梁州褒城縣北五十里斜水源出褒城縣西北九十八里衙嶺山與褒水同源而派流漢書溝洫志云褒水通沔斜水通渭皆以行船是也按褒城即褒中縣也及漕事下御史大夫張湯。湯問其事，因言：「抵蜀從故道，正義曰括地志云鳳州兩當縣本漢故道縣也在州之西五十里故道多阪，回遠。今穿褒斜道，少阪，近四百里；而褒水通沔，斜水通渭，皆可以行船漕。漕從南陽正義曰南陽郡今鄧州上沔入褒，褒之絕水至斜，間百餘里，以車轉，從斜下下渭。如此，漢中之穀可致，山東從沔無限，正義曰限之言多也山東謂河南之東山南之東及江南淮南皆經砥柱上運今並從沔便於三門之漕也便於砥柱之漕。且褒斜材木竹箭之饒，擬於巴蜀。」天子以為然，拜湯子卬為漢中守，發數萬人作褒斜道五百餘里。道果便近，而水湍石，徐廣曰湍一作浚不可漕。其後莊熊羆言：「臨晉正義曰括地志云同州本臨晉城也一名大荔城亦曰馮翊城民願穿洛以溉重泉正義曰洛漆沮水也括地志云重泉故城在同州蒲城縣東南四十五里在同州西北四十五里以東萬餘頃

故鹵地。誠得水，可令畝十石。」於是為發卒萬餘人穿渠，自徵引洛水至商顏下。服虔曰顏音崖應劭曰徵在馮翊或曰商商顏山名○索隱曰徵音懲縣名也小顏云即今之澄城也顏又如字岸善崩，如淳曰洛水岸○正義曰言商原之崖岸土性疏故善崩毀也乃鑿井，深者四十餘丈。往往為井，井下相通行水。水頽以絕商顏，瓚曰下流曰頽東至山嶺十餘里間。井渠之生自此始。穿渠得龍骨，正義曰括地志云伏龍祠在同州馮翊縣西北四十里故老云漢時自徵穿渠引洛得龍骨其後立祠因以伏龍為名今祠頗有靈驗也故名曰龍首渠。作之十餘歲，渠頗通，猶未得其饒。

自河決瓠子後二十餘歲，歲因以數不登，而梁楚之地尤甚。天子既封禪巡祭山川，其明年，旱，乾封少雨。天子乃使汲仁、郭昌發卒數萬人塞瓠子決。於是天子已用事萬里沙，正義曰括地志云萬里沙在華州鄭縣東北二十里也則還自臨決河，沈白馬玉璧于河，令群臣從官自將軍已下皆負薪窴決河。是時東郡燒草，以故薪柴少，而下淇園之竹晉灼曰衛之苑也多竹篠以為楗。如淳曰樹竹塞水決之口稍稍布插接樹之水稍弱補令密謂之楗以草塞其裏乃以土填之有石以石為之○索隱曰楗音其免反楗者樹於水中稍下竹及土石者也天子既臨河決，悼功之不成，乃作歌曰：「瓠子決兮將奈何？皓皓旰旰兮閭殫為河！如淳曰殫盡也灑謂州閭盡為河殫為河兮地不得寧，功無已時兮吾山

平徐廣曰東郡東阿有魚山或者是乎駰案如淳曰恐水漸山使平也韋昭曰鑿山以填河也吾山平兮鉅野溢如淳曰瓠子決灌鉅野澤使溢也魚沸鬱兮柏冬日徐廣曰柏猶迫也冬日行天邊若與水相連矣駰案漢書音義曰鉅野滿溢則衆魚沸鬱而滋長也迫冬日乃止延道弛兮離常流徐廣曰延一作正駰案晉灼曰言河道皆弛壞。索隱曰言河之決由其源道延長弛溢故使其道皆離常流也蛟龍騁兮方遠遊歸舊川兮神哉沛瓚曰水還舊道則羣害消除神祐滂沛不封禪兮安知外為我謂河伯兮何不仁泛濫不止兮愁吾人齧桑浮兮淮泗滿張晏曰齧桑地名也如淳曰邑名為水所浮漂久不反兮水維緩一曰河湯湯兮激潺湲北渡污兮浚流難搴長茭兮沈美玉如淳曰搴取也茭草也音郊一曰茭竿也取長竿樹之用

著石間以塞決河瓚曰竹葦絙謂之茭下所以引致土石者也。索隱曰搴音己免反茭一作茇音廢鄒氏又音紼也河伯許兮薪不屬如淳曰旱燒故薪不足薪不屬兮衞人罪燒蕭條兮噫乎何以禦水穨林竹兮楗石菑如淳曰河決楗不能禁故言菑韋昭曰楗柱也木立死曰菑宣房塞兮萬福來於是卒塞瓠子築宮其上名曰宣房宮而道河北行二渠復禹舊迹而梁楚之地復寧無水災

自是之後用事者爭言水利朔方西河河西酒泉皆引河及川谷以溉田而關中輔渠靈軹如淳曰地理志盩厔有靈軹渠。索隱曰案溝洫志兒寬為左內史奏請穿六輔渠小顏云今尚謂之輔渠亦曰六渠也引堵水徐廣曰一作諸川汝南九江引淮東海引鉅定

瓚曰鉅定澤名太山下引汶水皆穿渠為溉田各萬餘頃佗小渠披山通道者不可勝言然其著者在宣房

太史公曰余南登廬山觀禹疏九江遂至于會稽太湟徐廣曰一作湿上姑蘇望五湖東闚洛汭大邳迎河行淮泗濟漯洛渠西瞻蜀之岷山及離碓北自龍門至于朔方曰甚哉水之為利害也余從負薪塞宣房悲瓠子之詩而作河渠書徐廣曰溝洫志行田二百畝分賦田與一夫二百畝以田惡故更歲耕之

索隱述贊曰水之利害自古而然禹疏溝洫隨山濬川爰洎後世非無聖賢鴻溝既劃龍骨斯穿填閼攸墾黎蒸有年宣房在詠梁楚獲全

河渠書第七　史記二十九

平準書第八　史記三十

漢書百官表曰大司農屬官有平準令○索隱曰大司農屬官有平準令丞者以鈞天下郡國輸斂貴則糶之賤則買之平賦以相準輸歸于京都故命曰平準

漢興接秦之弊丈夫從軍旅老弱轉糧饟作業劇而財匱自天子不能具鈞駟索隱曰天子駕駟馬其色宜齊同今言國家貧天子不能具鈞色之駟馬漢書作醇駟醇與純一色也或作騂非也而將相或乘牛車齊民無藏蓋如淳曰齊等無有貴賤故謂之齊民若今言平民矣晉灼曰中國被教之民也蘇林曰無物可蓋藏於是爲秦錢重難用更令民鑄錢漢書食貨志曰鑄榆莢錢○索隱曰顧氏案古今註云秦錢半兩徑寸二分重十二銖莢錢重三銖錢譜云文爲漢興也一黃金一斤索隱曰如淳云時以錢爲貨黃金一斤直萬錢非也又臣瓚下注云秦以一溢爲一金漢以一斤爲一金是其義約法省禁而不軌逐利之民蓄積餘業以稽市物物踊騰糶李奇曰稽蓄貯也如淳曰稽考也考校市物價貴賤有時晉灼曰踊甚也言計市物賤而豫益稸之也物貴而出賣故使物甚騰也漢書糶字作躍○索隱曰李奇云稽貯滯韋昭云稽留待也稽字當如李韋二釋晉灼及馬融訓稽爲計及考於義爲疎如淳云踊騰猶低昂也低昂者乍貴乍賤也今案漢書糶字作躍者謂物踊貴而價起有如物之騰躍而起也然糶者出賣之名故食貨志云大熟則上糶三而舍一是也米至石萬錢馬一匹則百金瓚曰秦以一溢爲一金漢以一斤爲一金天下已平高祖乃令賈人不得衣絲乘車重租稅以困辱之孝惠高后時爲天下初定復弛商賈之律然市井之子孫亦不得仕宦爲吏量吏祿度官用以賦於民而山川園

史記準書八　一

平準書

池市井正義曰古人未有市及井若朝聚井汲水便將貨物於井邊貨賣故言市井租稅之入自天子以至于封君湯沐邑皆各爲私奉養焉不領於天下之經費索隱曰案經訓常言封君已下皆以湯沐邑爲私奉養故不領入天子之常稅爲一年之費也漕轉山東粟以給中都官歲不過數十萬石索隱曰說文云漕水轉穀也一云車運曰轉水運曰漕中都猶都內也皆天子之倉府以給中都官者即今大倉以稸官儲者也至孝文時莢錢益多輕如淳曰如榆莢也乃更鑄四銖錢其文爲半兩令民縱得自鑄錢故吳諸侯也以即山鑄錢索隱曰案即訓就言就出銅之山鑄錢故下文云節名銅山是也一解即山山名也富埒天子徐廣曰埒者際畔言鄰接相次也駰案孟康曰富與天子等而微減也或曰埒等也其後卒以叛逆鄧通大夫也以鑄錢財過王者故吳鄧氏錢布天下而鑄錢之禁生焉匈奴數侵盜北邊屯戍者多邊粟不足給食當食者於是募民能輸及轉粟於邊者拜爵爵得至大庶長索隱曰漢書食貨志云文帝用鼂錯言令人入粟邊六百石爵上造稍增至四千石爲五大夫萬二千石爲大庶長各以多少爲差孝景時上郡以西旱亦復修賣爵令而賤其價以招民及徒復作得輸粟縣官以除罪益造苑馬以廣用索隱曰謂增益苑囿造廄而養馬以廣用則馬是軍國之用也而宮室列觀輿馬益增修矣至今上即位數歲漢興七十餘年之間國家無事非遇水旱之災民則人給家足都鄙廩庾

史準書八　二

平準書

皆滿而府庫餘貨財京師之錢累巨萬 韋昭曰巨萬今萬萬
貫朽而不可校 如淳曰校數也 大倉之粟陳陳相因充
溢露積於外至腐敗不可食衆庶街巷有馬阡
陌之間成羣而乘字牝者儐而不得聚會 漢書音義
曰皆乘父馬有牝馬閒其間則相踶齧故斥不得出會同 守閭閻者食粱肉為吏
者長子孫 如淳曰時無事吏不數轉至于子孫長大而不轉職任 居官者以為
姓號 如淳曰倉氏庾氏是也○索隱曰案如淳注出食貨志也 故人人自愛而
重犯法先行義而後絀恥辱焉當此之時網疏
而民富役財驕溢或至兼并豪黨之徒以武斷
於鄉曲 索隱曰鄉曲豪富無官位而以威勢主斷曲直故曰武斷也 宗室有土公

史準書八 三

卿大夫以下爭于奢侈室廬輿服僭于上無限
度物盛而衰固其變也自是之後嚴助朱買臣
等招來東甌 正義曰烏侯反今台州永寧是也 事兩越 正義曰南越及閩越南越
今廣州南海也閩越今建州建安也 江淮之間蕭然煩費矣唐蒙司
馬相如開路西南夷鑿山通道千餘里以廣巴
蜀巴蜀之民罷焉彭吳賈滅朝鮮置滄海之郡
索隱曰彭吳人姓名始開其道而滅之朝鮮番名 則燕齊之間靡然發動
及王恢設謀馬邑匈奴絕和親侵擾北邊兵連
而不解天下苦其勞而干戈日滋行者齎居者
送中外騷擾而相奉百姓抗弊以巧法 索隱曰三蒼抗音五

官反鄒氏又音五亂反案抗者耗也消耗之名言百姓貧弊故行巧抵之法也 財賂衰耗而不
贍入物者補官出貨者除罪選舉陵遲廉恥相
冒武力進用法嚴令具興利之臣自此始也 韋昭
曰弘羊孔僅之屬 其後漢將歲以數萬騎出擊胡及車
騎將軍衛青取匈奴河南地 正義曰謂靈夏三州地取在元朔二年 築
朔方 正義曰今夏州也括地志云夏州秦上郡漢分置朔方郡魏不改隋置夏州也 當是時漢
通西南夷道作者數萬人千里負擔饋糧率十
餘鍾致一石 漢書音義曰鍾六石四斗 散幣於邛僰以集之 索隱
曰應劭云臨邛屬蜀僰屬犍為 數歲道不通蠻夷因以數攻吏發
兵誅之 索隱曰謂發軍興以誅之也 悉巴蜀租賦不足以更之

史準書八 四

韋昭曰更續也或曰更償也 乃募豪民田南夷入粟縣官而內
受錢於都內 服虔曰入穀於外縣受錢於內府也 東至滄海之郡人
徒之費擬於南夷又興十萬餘人築衛朔方轉
漕甚遼遠山東咸被其勞費數十百巨萬府
庫益虛乃募民能入奴婢得以終身復為郎增
秩及入羊為郎始於此其後四年 徐廣曰元朔五年 而
漢遣大將將六將軍軍十餘萬擊右賢王獲首
虜萬五千級明年大將軍將六將軍仍再出擊胡
得首虜萬九千級捕斬首虜之士受賜黃金二
十餘萬斤虜數萬人皆得厚賞衣食仰給縣官

而漢軍之士馬死者十餘萬兵甲之財轉漕之費不與焉於是大農陳藏錢【韋昭曰陳久也】經耗賦稅既竭猶不足以奉戰士有司言天子曰朕聞五帝之教不相復而治禹湯之法不同道而王所由殊路而建德一也北邊未安朕甚悼之日者大將軍攻匈奴斬首虜萬九千級留蹛無所食【索隱曰蹛音逝謂貯也韋昭音滯蹛謂積也又案古今字詁蹛今滯字則蹛與滯同案謂富人貯滯積穀則貧者無所食也】議令民得買爵及贖禁錮免減罪請置賞官命曰武功爵【瓚曰茂陵中書有武功爵一級曰造士二級曰閑輿衛三級曰良士四級曰元戎士五級曰官首六級曰秉鐸七級曰千夫八級曰樂卿九級曰執戎十級曰左庶長十一級曰軍衛此武帝所制】以寵軍功級十七萬凡直三十餘萬金【索隱曰大顏云一金萬錢也計十一級級十七萬合百八十七萬金而此云三十餘萬金其數必有誤者顧氏案或解云初一級十七萬自此已上每級加二萬至十七級合成三十七萬也】諸買武功爵官首者試補吏先除【索隱曰官首武功爵第五也位稍高故得試爲吏先除用也】千夫如五大夫【索隱曰千夫武功十一等爵第七五大夫舊二十等爵第九也言千夫爵秩比於五大夫故楊僕以千夫爲吏殆謂此】其有罪又減二等爵得至樂卿【徐廣曰爵名也駰案漢書音義曰十爵左庶長以上至十八爵爲大庶長也名樂卿樂卿者朝位從九卿加樂者別正卿又十九爵爲樂公食公卿祿而無職索隱曰此言武功置爵惟得至於樂卿也臣瓚所引茂陵書蓋後人記其爵次耳今任稱十爵至十八庶長爲樂卿十九至二十爲樂公乃以舊二十爵釋武功爵蓋亦臆說爾非也大顏亦以爲然】以顯軍功軍功多用越等大者封侯卿大夫小者郎吏吏道

雜而多端則官職耗廢自公孫弘以春秋之義繩臣下取漢相張湯用峻文決理爲廷尉於是見知之法生【張晏曰吏見知不舉劾爲故縱】而廢格沮誹窮治之獄用矣【如淳曰廢格天子文法使不行也誹謂非上所行若顏異反脣之比也○索隱曰格音閣沮音才緒反誹音非謂廢格天子之命而不行及沮敗誹謗之者皆被窮治故云廢格沮誹之獄用矣】其明年淮南衡山江都王謀反迹見而公卿尋端治之竟其黨與而坐死者數萬人長吏益慘急而法令明察當是之時招尊方正賢良文學之士或至公卿大夫公孫弘以漢相布被食不重味爲天下先然無益於俗稍騖於功利矣其明年驃騎仍再出擊胡獲首四萬其秋渾邪王率數萬之衆來降於是漢發車二萬乘迎之既至受賞賜及有功之士是歲費凡百餘巨萬初先是往十餘歲河決觀【徐廣曰觀縣名也屬東郡光武改曰衛公國】梁楚之地固已數困而緣河之郡隄塞河輒決壞費不可勝計其後番係欲省底柱之漕穿汾河渠以爲溉田作者數萬人鄭當時爲渭漕渠回遠鑿直渠自長安至華陰作者數萬人朔方亦穿渠作者數萬人各歷二三期功未就費亦各巨萬十數天子爲伐胡盛養馬馬之來食長安者數

萬匹卒牽掌者關中不足乃調旁近郡而胡降者皆衣食縣官縣官不給天子乃損膳解乘輿駟出御府禁藏以贍之其明年山東被水菑民多飢乏於是天子遣使者虛郡國倉廥徐廣曰音膾以振貧民猶不足又募豪富人相貸假尚不能相救乃徙貧民於關以西及充朔方以南新秦中服虔曰地名在北方千里如淳曰長安已北朔方已南瓚曰秦逐匈奴以收河南地徙民以實之謂之新秦今以地空故復徙民以實之七十餘萬口衣食皆仰給縣官數歲假予產業使者分部護之冠蓋相望其費以億計不可勝數於是縣官大空而富商大賈或蹛財役貧漢書音義曰蹛停也一曰貯也。索隱曰蕭該案字林云貯塵也音佇此謂居積停滯塵久也子貢發貯鬻財是也轉轂百數李奇曰車也廢居居邑徐廣曰廢居者貯畜之名也有所廢發有所畜言其乘時射利也駰案服虔曰居轂於邑也如淳曰居賤物於邑中以待貴。索隱曰劉氏云廢出賣也居停蓄也是出賣於居者為廢故徐氏云有所費有所畜是也封君皆低首仰給晉灼曰低音抵距服虔曰仰給於商賈。索隱曰服虔說是也而劉伯莊以為封君及大商皆低首營私以自給不佐天子非也冶鑄煮鹽財或累萬金而不佐國家之急黎民重困於是天子與公卿議更錢造幣以贍用而摧浮淫并兼之徒是時禁苑有白鹿而少府多銀錫自孝文更造四銖錢至是歲四十餘年從建元以來用少縣官往往即多銅山而

鑄錢民亦閒盜鑄錢不可勝數錢益多而輕如淳曰磨錢取鋊故也瓚曰鑄錢者多故錢輕輕亦賤也物益少而貴如淳曰但鑄作錢不作餘物有司言曰古者皮幣諸侯以聘享金有三等黃金為上白金為中赤金為下漢書音義曰白金銀也赤金丹陽銅。索隱曰說文云銅赤金也注云丹陽銅者神異經云西方金山有丹陽銅也今半兩錢法重四銖韋昭曰文為半兩實重四銖而姦或盜摩錢裏取鋊徐廣曰音容呂靜曰冶器法謂之鋊錢益輕薄而物貴則遠方用幣煩費不省乃以白鹿皮方尺緣以藻繢徐廣曰藻一作紫也為皮幣直四十萬王侯宗室朝覲聘享必以皮幣薦璧然後得行又造銀錫為白金如淳曰雜鑄銀錫為白金也以為天用莫如龍索隱曰易云行天莫如龍是也地用莫如馬索隱曰易云行地莫如馬是也人用莫如龜索隱曰禮云諸侯以龜為寶是也故白金三品其一曰重八兩圜之其文龍名曰白選直三千索隱曰顧氏案錢譜其文為龍形隱起肉好皆圓文又作雲霞之象選蘇林音選擇之選包愷及劉氏音息戀反尚書大傳云夏后氏不殺不刑死罪罰二千饌馬融云饌六兩漢書作撰二字音同也晉灼案黃圖云直三千三百也二曰重差小方之其文馬直五百索隱曰謂以八兩差為三品此重六兩下小橢重四兩也云以重差小者謂半兩為重故差小重六兩而其形方錢譜肉好皆方隱起馬形肉好之下又有連珠文也三曰復小橢之其文龜直三百索隱曰橢音湯果反爾雅注橢者狹長也謂長而去四角也錢譜肉圓好方皆隱起龜甲文令縣官銷半兩錢更鑄三銖錢文如其重盜鑄諸金錢罪皆

死而吏民之盜鑄白金者不可勝數於是以東郭咸陽孔僅爲大農丞領鹽鐵事索隱曰東郭姓咸陽名也案風俗通東郭牙齊大夫咸陽其後也桑弘羊以計算用事侍中咸陽齊之大煑鹽孔僅南陽大冶皆致生累千金故鄭當時進言之弘羊雒陽賈人子以心計年十三侍中故三人言利事析秋豪矣索隱曰言百物毫芒至秋皆美細今言弘羊等三人言利事纖悉能分析其秋毫也法既益嚴吏多廢免兵革數動民多買復及五大夫徵發之士益鮮於是除千夫五大夫爲吏不欲者出馬故吏皆通適令伐棘上林韋昭曰欲令出馬無馬者令伐棘○索隱曰謂故吏先免者皆適令伐棘上林不謂無馬者韋説非也作昆明池索隱曰案黃圖武帝穿昆明池周四十里以習水戰荀悅云昆明子居滇河中故習水戰以伐之也其明年大將軍驃騎大出擊胡徐廣曰元狩四年得首虜八九萬級賞賜五十萬金漢軍馬死者十餘萬匹轉漕車甲之費不與焉是時財匱戰士頗不得祿矣有司言三銖錢輕易姦詐乃更請諸郡國鑄五銖錢周郭其下令不可磨取鋊焉大農上鹽鐵丞孔僅咸陽言山海天地之藏也皆宜屬少府索隱曰韋昭云少府天子私所給賜經用也公用屬大司農陛下不私以屬大農佐賦願募民自給費因官器作煑鹽官與牢盆如淳曰牢廩食也古者名廩爲牢也盆者煑鹽盆○索隱

曰蘇林云牢價直也今世人言雇手牢盆小顏云蘇説是樂彥云牢乃盆名其説異也浮食奇民欲擅管山海之貨張晏曰若人執倉庫之管籥或曰管固○索隱曰包愷奇音羈謂疾也非農工之儔故言奇也擅音善以致富羨役利細民索隱曰羨音弋戰反羨饒也與衍同義其沮事之議不可勝聽索隱曰沮止也僅等言山海之藏宜屬大農奇人欲擅其利必有沮止之議此不可聽許也敢私鑄鐵器煑鹽者釱左趾史記音義曰釱音徒計反韋昭曰釱以鐵爲之著左趾以代刖也○索隱曰三蒼云釱踏腳鉗也字林音大計反張斐漢晉律序云狀如跟衣著足下重六斤以代刖至魏武改以滅代釱也沒入其器物郡不出鐵者置小鐵官鄧展曰鑄故鐵便屬在所縣使孔僅東郭咸陽乘傳舉行天下鹽鐵作官府除故鹽鐵家富者爲吏吏道益雜不選而多賈人矣商賈以幣之變多積貨逐利於是公卿言郡國頗被菑害貧民無產業者募徙廣饒之地陛下損膳省用出禁錢以振元元寬貸賦而民不齊出於南畝李奇曰齊皆也商賈滋衆貧者畜積無有皆仰縣官異時算軺車賈人緡錢皆有差請算如故李斐曰緡絲也以貫錢也一貫千緡出二十算也詩云維絲伊緡如淳曰胡公名錢爲緡者詩云氓之蚩蚩抱布貿絲故謂之緡也○索隱曰異時猶前時也説文云軺小車也傅子言漢代賤乘軺今則貴之言算軺車者有軺車使出稅一算二算也緡音旻諸賈人末作貰貸賣買居邑稽諸物索隱曰稽者停留也即上文所謂廢居居邑也及商以取利者雖無市籍各以其物自占索隱曰郭璞云占自隱度也謂各自隱度其財物多

少爲丈簿洗之官也若不盡皆没入於官占音之贍反率緡錢二千而一算瓚曰此緡錢爲是儲緡錢也故隨其用所施施於利重者其筭亦多諸作有租及鑄如淳曰以手力所作而賣之率緡錢四千一算非吏比者三老北邊騎士如淳曰非吏而得與吏比者官謂三老北邊騎士也樓船令邊郡選富者爲車騎士軺車以一算商賈人軺車二算如淳曰商賈有軺車使出二算重其賦也船五丈以上一算匿不自占占不悉戍邊一歲没入緡錢索隱曰悉盡也具也若通其家財不周悉盡者罰戍邊一歲有能告者以其半畀之賈人有市籍者及其家屬皆無得籍名田以便農索隱曰謂賈人有市籍不許以名占田也敢犯令没入田僮索隱曰若賈人更占田則没其田及僕僮皆入之於官天子乃思卜式之言召

拜式爲中郎爵左庶長賜田十頃布告天下使明知之初卜式者河南人也以田畜爲事親死式有少弟弟壯式脫身出分獨取畜羊百餘田宅財物盡予弟式入山牧十餘歲羊致千餘頭買田宅而其弟盡破其業式輒復分予弟者數矣是時漢方數使將擊匈奴卜式上書願輸家之半縣官助邊天子使使問式欲官乎式曰臣少牧不習仕宦不願也使問曰家豈有冤欲言事乎式曰臣生與人無分爭式邑人貧者貸之不善者教順之所居人皆從式式何故見冤於

人無所欲言也使者曰苟如此子何欲而然式曰天子誅匈奴愚以爲賢者宜死節於邊有財者宜輸委如此而匈奴可滅也使者具其言入以聞天子以語丞相弘弘曰此非人情不軌之臣不可以爲化而亂法願陛下勿許於是上久不報式數歲乃罷式式歸復田牧歲餘會軍數出渾邪王等降縣官費衆倉府空其明年貧民大徙皆仰給縣官無以盡贍卜式持錢二十萬予河南守以給徙民河南上富人助貧人者籍天子見卜式名識之曰是固前而欲輸其家半

助邊乃賜式外繇四百人漢書音義曰外繇謂戍邊也一人出三百錢謂之過更式歲得十二萬錢也一說在繇役之外得復除四百人式又盡復予縣官是時富豪皆爭匿財唯式尤欲輸之助費天子於是以式終長者故尊顯以風百姓初式不願爲郎上曰吾有羊上林中欲令子牧之式乃拜爲郎布衣屩而牧羊韋昭曰屩草屣歲餘羊肥息上過見其羊善之式曰非獨羊也治民亦猶是也以時起居惡者輒斥去毋令敗羣上以式爲奇拜爲緱氏令試之緱氏便之遷爲成皋令將漕最上以爲式朴忠拜爲齊王太傅而孔僅之使天下鑄

作器三年中拜爲大農列於九卿（徐廣曰元鼎三年時丙寅歲）而桑弘羊爲大農丞筦諸會計事稍稍置均輸以通貨物矣（孟康曰謂諸當所輸於官者皆令輸其土地所饒平其所在時價官更於佗處賣之輸者既便而官有利漢書百官表大司農屬官有均輸令）始令吏得入穀補官郎至六百石自造白金五銖錢後五歲赦吏民之坐盜鑄金錢死者數十萬人其不發覺相殺者不可勝計赦自出者百餘萬人然不能半自出天下大抵無慮皆鑄金錢矣（索隱曰抵歸也劉氏云大抵猶大略也案大抵無慮者謂言大略歸於鑄錢更無他事從慮）犯者衆吏不能盡誅取於是遣博士褚大徐偃等分曹循行郡國（服虔曰分曹職案行）舉兼并之徒守相爲吏者而御史大夫張湯方隆貴用事減宣杜周等爲中丞義縱尹齊王溫舒等用慘急刻深爲九卿而直指夏蘭之屬始出矣而大農顏異誅（徐廣曰元狩四年時壬戌歲也）初異爲濟南亭長以廉直稍遷至九卿上與張湯既造白鹿皮幣問異異曰今王侯朝賀以蒼璧直數千而其皮薦反四十萬本末不相稱天子不說張湯又與異有郤及人有告異以它議事下張湯治異異與客語客語初令下有不便者（李奇曰異與客語道詔令初下有不便也）異不應微反脣湯奏異當九卿見令不

便不入言而腹誹論死自是之後有腹誹之法以此而公卿大夫多諂諛取容矣天子既下緡錢令而尊卜式百姓終莫分財佐縣官於是楊可告緡錢縱矣郡國多姦鑄錢（索隱曰謂多姦巧雜以鉛錫也）錢多輕而公卿請令京師鑄鍾官赤側（如淳曰以赤銅爲其郭也今錢見有赤側者不知作法云何○索隱曰鍾官掌鑄赤側之錢韋昭曰側邊也）一當五賦官用非赤側不得行（漢書音義曰俗所謂紫紺錢也）白金稍賤民不寶用縣官以令禁之無益歲餘白金終廢不行是歲也張湯死（徐廣曰元鼎二年）而民不思（索隱曰樂彥云諸所發興附上罔下皆自湯故人不思也）其後二歲赤側錢賤民巧法用之不便又廢於是悉禁郡國無鑄錢專令上林三官鑄（漢書百官表水衡都尉武帝元鼎二年初置掌上林苑屬官有上林均輸鍾官辨銅令然則上林三官其是此三令乎）錢既多而令天下非三官錢不得行諸郡國所前鑄錢皆廢銷之輸其銅三官而民之鑄錢益少計其費不能相當唯真工大姦乃盜爲之卜式相齊而楊可告緡徧天下（瓚曰商賈居積及伎巧之家非桑農所生出謂之緡茂陵中書有緡田奴婢是也○索隱曰楊姓可名也如淳云告緡令楊可所告言）中家以上大抵皆遇告杜周治之獄少反者（如淳曰治匿緡之罪其獄少有反者○索隱曰反音幡反謂反使從輕也案劉德爲京兆尹每行縣多所平反是也）乃分遣御史廷尉正監分曹（索隱曰如淳云曹輩也謂分曹輩而出爲使也）往即

治郡國緡錢，得民財物以億計，奴婢以千萬數，田大縣數百頃，小縣百餘頃，宅亦如之。於是商賈中家以上大率破，民偷甘食好衣，不事畜藏之產業，而縣官有鹽鐵緡錢之故，用益饒矣。益廣關，置左右輔。徐廣曰：元鼎三年丁卯歲，徙函谷關於新安東界。初，大農筦鹽鐵官布多，索隱曰：布謂泉布。置水衡，欲以主鹽鐵。及楊可告緡錢，上林財物眾，乃令水衡主上林。上林既充滿，益廣。是時越欲與漢用船戰逐，韋昭曰：戰鬬驅逐也。乃大脩昆明池，列觀環之。治樓船，高十餘丈，旗幟加其上，索隱曰：蓋始穿昆明池，欲與滇王戰，今乃更大修之，將與南越呂嘉戰逐，故作樓船，於是楊僕有將軍之號。又下云因南方樓船卒二十餘萬擊南越也。昆明池有豫章館。豫章，地名，以言將出軍於豫章也。甚壯。於是天子感之，乃作柏梁臺，高數十丈。宮室之脩，由此日麗。乃分緡錢諸官，而水衡、少府、大農、太僕各置農官，往往即郡縣比沒入田田之。索隱曰：謂比者所沒入之田也。其沒入奴婢，分諸苑養狗馬禽獸，及與諸官。諸官益新置多，如淳曰：水衡、少府、太僕、司農皆有農官，是為多。徒奴婢眾，而下河漕度四百萬石，索隱曰：樂彥云度猶運也。及官自糴乃足。索隱曰：謂天子所給廩食者多，故不如官自糴乃足也。所忠言：「世家子弟如淳曰：世世有祿秩家。○索隱曰：所忠，人姓名。服虔云掌故官，取書於司馬相如者。封禪書公孫卿因所忠言寶鼎是也。唯姚察獨以為所患，非也。富人或鬬雞走狗馬，弋

獵博戲，亂齊民。」索隱曰：晉灼云中國被教齊整之人也。乃徵諸犯令，相引數千人，命曰「株送徒」。入財者得補郎，郎選衰矣。應劭曰：株，根本也。送，引也。如淳曰：株，根蔕也。諸坐博戲事決為徒者，能入錢得補郎也。或曰先至者為根。○索隱曰：李奇云先至者為魁株也。送當作選，選，引也。應、李二音是。先至之人令之相引，似若得其株本則枝葉自窮，故曰株送徒。又文穎曰：凡鬬雞勝者為株。傳云陽溝之雞三歲為株。今則鬬雞走馬者用之，因其鬬雞本勝時名，故云株選徒者也。是時山東被河菑，及歲不登數年，人或相食，方一二千里。天子憐之，詔曰：「江南火耕水耨，應劭曰：燒草下水種稻，草與稻並生，高七八寸，因悉芟去，復下水灌之，草死，獨稻長，所謂火耕水耨也。令饑民得流就食江淮閒，欲留，留處。」遣使冠蓋相屬於道，護之，下巴蜀粟以振之。其明年，天子始巡郡國。東度河，河東守不意行至，不辦，自殺。行西踰隴，隴西守以行往卒，漢書音義曰：踰，度也。卒，倉卒。天子從官不得食，隴西守自殺。於是上北出蕭關，從數萬騎，獵新秦中，以勒邊兵而歸。新秦中或千里無亭徼，如淳曰：徼亦卒求盜之屬也。晉灼曰：徼，塞也。瓚曰：既無亭候，又不徼循，無衛邊之備也。於是誅北地太守以下，而令民得畜牧邊縣，漢書音義曰：令民得畜牧於邊縣也。瓚曰：先是新秦中千里無民，畏寇不敢畜牧，今設亭徼，故民得畜牧也。官假馬母，三歲而歸，及息什一，以除告緡，用充仞新秦中。李奇曰：邊有官馬，今令民能畜官母馬者，滿三歲歸之也。及有蕃息與當出緡筭者，皆復令居新秦中，又充仞之也。謂與民母馬，令得為馬種，令十母馬還官一駒，此為息什一也。瓚曰：前以邊用不足，故設告緡

之令設亭徼邊民無警皆得田牧新秦中已充故除告緡不復取於民既得寶鼎立后
土太一祠徐廣曰元鼎四年立后土五年立太畤公卿議封禪事而
天下郡國皆豫治道橋繕故宮及當馳道縣縣
治官儲設供具而望以待幸其明年南越反西
羌侵邊為桀於是天子為山東不贍赦天下因
南方樓船卒二十餘萬人擊南越數萬人發三
河以西騎擊西羌又數萬人度河築令居索隱曰令
音零姚氏音連韋昭云金城縣初置張掖酒泉郡徐廣曰元鼎六年而上
郡朔方西河河西開田官斥塞卒如淳曰塞候斥卒六十
萬人戍田之中國繕道餽糧遠者三千近者千
餘里皆仰給大農邊兵不足乃發武庫工官兵
器以贍之車騎馬乏絕縣官錢少買馬難得乃
著令令封君以下至三百石以上吏以差出牝
馬天下亭亭有畜牸馬歲課息齊相卜式上書
曰臣聞主憂臣辱南越反臣願父子與齊習船
者往死之天子下詔曰卜式雖躬耕牧不以為
利有餘輒助縣官之用今天下不幸有急而式
奮願父子死之雖未戰可謂義形於內賜爵關
內侯金六十斤田十頃布告天下天下莫應列
侯以百數皆莫求從軍擊羌越至酎少府省金

如淳曰省視諸侯金有輕有重也或曰至嘗酎飲宗廟時少府視其金多少也而列侯坐酎金
失侯者百餘人如淳曰漢儀注王子為侯侯歲以戶口酎黃金於漢廟皇帝臨受獻金以
助祭大祀日飲酎飲酎受金金少不如斤兩色惡王削縣侯免國○索隱曰劉氏云言列侯多以百而數故坐酎金
失侯者一百六人也乃拜式為御史大夫徐廣曰元鼎六年式既在
位見郡國多不便縣官作鹽鐵鐵器苦惡瓚曰謂作
鐵器民患苦其不好賈貴索隱曰言鹽既苦而器又惡故買賣貴也苦又音古言器苦窳不好凡病之器
云苦窳窳音庾事見本紀苦如字讀亦通或彊令民賣買之而船有算
商者少物貴乃因孔僅言船算事上由是不悅
卜式漢連兵三歲誅羌滅南越番禺以西至蜀
南者置初郡十七徐廣曰南越為九郡駰案晉灼曰元鼎六年定越地以為南海滄梧
鬱林合浦交阯九真日南珠崖儋耳郡定西南夷以為武都牂柯越巂沈黎文山郡及地理志西南夷傳所置犍為
零陵益州郡凡十七也且以其故俗治毋賦稅南陽漢中以
往郡各以地比給初郡索隱曰比音鼻南陽漢中已往之郡各以其地比近給初
郡初郡即西南初置之郡也吏卒奉食幣物傳車馬被具索隱曰奉
音扶用反包氏同而初郡時時小反殺吏漢發南方吏卒
往誅之間歲萬餘人費皆仰給大農大農以均
輸調鹽鐵助賦故能贍之然兵所過縣為以訾
給毋乏而已不敢言擅賦法矣徐廣曰擅一作經經常也唯取用足
耳不暇顧經常法則矣其明年元封元年卜式貶秩為太子
太傅而桑弘羊為治粟都尉領大農盡代僅筦

天下鹽鐵弘羊以諸官各自市相與爭物故騰躍而天下賦輸或不償其僦費索隱曰服虔謂載云僦言所輸物不足償其雇載之費也僦音子就反乃請置大農部丞數十人分部主郡國各往往縣置均輸鹽鐵官令遠方各以其物貴時商賈所轉販者爲賦而相灌輸置平準于京師都受天下委輸召工官治車諸器皆仰給大農大農之諸官盡籠天下之貨物貴即賣之賤則買之如此富商大賈無所牟大利如淳曰牟取也則反本而萬物不得騰踊故抑天下物名曰平準天子以爲然許之於是天子北至朔方東到太山巡海上並北邊以歸所過賞賜用帛百餘萬匹錢金以巨萬計皆取足大農弘羊又請令吏得入粟補官及罪人贖罪令民能入粟甘泉各有差以復終身不告緡他郡各輸急處索隱曰謂他郡能入粟輸所在急要之處也而諸農各致粟山東漕益歲六百萬石一歲之中太倉甘泉倉滿邊餘穀諸物均輸帛五百萬匹民不益賦而天下用饒於是弘羊賜爵左庶長黃金再百斤焉是歲小旱上令官求雨卜式言曰縣官當食租衣稅而已今弘羊令吏坐市列肆索隱曰謂吏坐市肆行列之市販物

求利亨弘羊天乃雨

太史公曰農工商交易之路通而龜貝金錢刀布之幣興焉索隱曰錢本名泉言貨之流如泉也故周有泉府之官及景王乃鑄大錢布泉者言貨流布故周禮有二夫之布食貨志貨布長二寸五分首長八分足枝長八分刀者錢也食貨志有契刀錯刀契刀長二寸直五百錯刀以黃金錯直五千以其形如刀故曰刀以其利於人也又古者貨貝寶龜食貨志有十朋五貝皆用爲貨其各有多少兩貝爲朋故直二百一十六元龜十朋故直二千一百六十已下各有差也所從來久遠自高辛氏之前尚矣靡得而記云故書道唐虞之際詩述殷周之世安寧則長庠序先本絀末以禮義防于利事變多故而亦反是是以物盛則衰時極而轉徐廣曰時一作衰一質一文終始之變也禹貢九州各因其土地所宜人民所多少而納職焉湯武承弊易變使民不倦各兢兢所以爲治而稍陵遲衰微齊桓公用管仲之謀通輕重之權管子有輕重之法徼山海之業以朝諸侯用區區之齊顯成霸名魏用李克盡地力爲彊君自是之後天下爭於戰國貴詐力而賤仁義先富有而後推讓故庶人之富者或累巨萬而貧者或不厭糟糠有國彊者或并羣小以臣諸侯而弱國或絕祀而滅世以至於秦卒并海內虞夏之幣金爲三品索隱曰即下或黃或白或赤也黃黃金也白白銀也赤赤銅也見食貨志

或黃或白或赤或錢或布（如淳曰布於民間也）或刀（如淳曰名錢爲刀者以其利於民）或龜貝及至秦中一國之幣爲二等黃金以溢名（孟康曰二十兩爲溢）爲上幣銅錢識曰半兩重如其文爲下幣而珠玉龜貝銀錫之屬爲器飾寶藏不爲幣然各隨時而輕重無常於是外攘夷狄內興功業海內之士力耕不足糧饟女子紡績不足衣服古者嘗竭天下之資財以奉其上猶自以爲不足也無異故云事勢之流相激使然曷足怪焉

索隱述贊曰平準之立通貨天下既入縣官或振華夏其名刀布其文龍馬增筭告緡裒多益寡弘羊心計卜式長者都內充殷取贍郊野

平準書第八　史記三十

吳太伯世家第一　史記三十一

索隱曰系家者記諸侯本系也言其下及子孫常有國故孟子曰陳仲子齊之系家又董仲舒曰王者封諸侯非官之也得以代代爲家者也

吳太伯韋昭曰後武王追封爲吳伯故曰吳太伯。索隱曰國語云黃池之會晉定公使謂吳王夫差曰夫命圭有命固曰吳伯不曰吳王是吳本伯爵也范甯解論語曰太者善大之稱伯者長也周太王之元子故曰太伯稱仲雍季歷皆以字配名則伯亦是字又是爵但其名史籍先闕爾。正義曰吳國號也太伯居梅里在常州無錫去東南六十里至十九世孫壽夢居之號句吳壽夢卒諸樊南徙吳至二十一代孫光使子胥築闔閭城都之今蘇州也太伯弟仲雍索隱曰伯仲季是兄弟次第之字若表德之字意義與名相符則系本曰吳孰哉居藩籬宋衷曰孰哉仲雍字藩籬今吳之餘暨也解者云雍是孰食故曰雍字孰哉也皆周太王之子而王季歷之兄也季歷賢而有聖子昌太王欲立季歷以及昌於是太伯仲雍二人乃犇荊蠻文身斷髮示不可用應劭曰常在水中故斷其髮文其身以象龍子故不見傷害。正義曰江熙云太伯少弟季歷生文王昌有聖德太伯知其必有天下故欲傳國於季歷以太王病託採藥於吳越不及太王薨而季歷立一讓也季歷薨而文王立二讓也文王薨而武王立遂有天下三讓也又釋云太王病而託採藥生不事之禮一讓也太王薨而不反使季歷主喪不葬之以禮二讓也斷髮文身示不可用使歷主祭祀不祭之以禮三讓也以避季歷季歷果立是爲王季而昌爲文王太伯之犇荊蠻自號勾吳宋衷曰勾吳太伯始所居地名。索隱曰荊者楚之舊號以州而言之曰荊蠻者閩也南夷之名蠻亦稱越此言自號勾吳吳名起於太伯明以前未有吳號地在楚越之界故稱荊蠻顏師古註漢書以吳言勾者夷之發聲猶言於越耳此言號勾吳當如顏解而註引宋衷以爲地名者系本居篇云孰哉居藩籬孰姑徙勾吳宋氏見史記有太伯自號勾吳之文遂彌縫解彼云是太伯始所居地名裴氏引之恐非其義藩籬既有其地勾吳何憖不知貞實吳人不聞別有城邑謂名勾吳則系本之文或難依信荊蠻義之從而歸之千餘家立爲吳太伯太伯卒皇覽曰太伯冢在吳縣北梅里聚去城十里無子弟仲雍立是爲吳仲雍仲雍卒索隱曰吳地記曰仲雍冢在吳鄉常孰縣西海虞山上與言偃冢並列子季簡立季簡卒子叔達立叔達卒子周章立是時周武王克殷求太伯仲雍之後得周章周章已君吳因而封之乃封周章弟虞仲於周之北故夏虛徐廣曰在河東太陽縣是爲虞仲索隱曰夏都安邑虞仲都太陽之虞城在安邑南故曰夏虛左傳曰太伯虞仲太王之昭則虞仲是太王之子必也又論語稱虞仲夷逸隱居放言是仲雍稱虞仲今周章之弟亦稱虞仲者蓋周章之弟字仲始封於虞故曰虞仲則仲雍本字仲而爲吳之始祖故後代亦稱虞仲所以祖與孫同號也列爲諸侯周章卒子熊遂立熊遂卒子柯相立正義曰柯音歌相音相匠反柯相卒子彊鳩夷立彊鳩夷卒子餘橋疑吾立正義橋音橋驕反餘橋疑吾卒子柯盧立柯盧卒子周繇立正義繇音遙又音由周繇卒子屈羽立正義屈居勿反屈羽卒子夷吾立夷吾卒子禽處立禽處卒子轉立索隱曰譙周古史考云柯轉轉卒子頗高立索隱曰古史考作頗夢頗高卒子句卑立索隱曰古史考云畢軫是時晉獻公滅周北虞公以開晉伐虢也索隱曰春秋經僖公五年冬晉人執虞公左氏二年傳曰晉荀息請以屈產之乘與垂棘之璧假道於虞以伐虢虞公許之且請先伐之遂伐虢滅下陽五年傳曰晉侯復假道伐虢宮之奇諫不聽以其族行曰虞不臘矣八月甲午晉侯圍上陽冬十有二月滅虢師還遂襲虞滅之句卑卒子去齊立去齊卒子壽夢立正義夢莫公反壽夢立而吴始益大稱王自太伯作吴五世而武王克殷封其後爲二其一虞在中國其一吴在夷蠻十二世而晉滅中國之虞中國之虞滅二世而夷蠻之吴興正義曰中國之虞滅後二世合七十一年至壽夢而興大稱王大凡從太伯至壽夢十九世索隱曰壽夢是仲雍十八代孫王壽夢二年索隱曰自壽夢已下始有其年春秋唯記卒計壽夢二年當成公七年楚之亡大夫申公巫臣怨楚將子反而犇晉自晉使吴教吴用兵乘車令其子爲吴行人服虔曰行人掌國賓客之禮籍以待四方之使賓大客受小客之幣辭。索隱曰左氏成二年曰巫臣聘齊及鄭使介反幣而以夏姬行遂奔晉七年傳曰子重子反殺巫臣之族而分其室巫臣遺二子書曰余必使爾罷於奔

命以死巫臣使於吴吴子壽夢說之乃通吴于晉教吴乘車教之戰陣教之叛楚寘其子狐庸焉使爲行人吴始伐楚伐巢伐徐鄢陵之會吴入州來子重子反於是乎一歲七奔命吴於是始通於中國吴伐楚十六年楚共王伐吴至衡山杜預曰吴興烏程縣南也。索隱曰春秋經襄三年楚公子嬰齊帥師伐吴左傳曰楚子重伐吴爲簡之師克鳩茲至于衡山也二十五年王壽夢卒索隱曰襄十二年經曰秋九月吴子乘卒左傳曰壽夢計從成六年至此正二十五年系本曰吴孰姑徙勾吴宋衷曰孰姑壽夢也代謂祝夢乘諸也壽孰音相近姑之言諸也毛詩傳讀姑爲諸孰姑壽夢是一人又名乘也壽夢有子四人長曰諸樊索隱曰春秋經書吴子遏左傳稱諸樊蓋遏是其名諸樊是其號公羊傳遏作謁次曰餘祭次曰餘眛索隱曰左氏曰閽戕戴吴杜預曰戴吴餘祭也又襄二十八年左氏齊慶封奔吴吴勾餘與之朱方杜預曰句餘吴子夷末也按餘祭以襄二十九年卒則二十八年賜慶封邑不得是夷末但句餘或別是一人杜預誤爲夷末爾夷末惟史記公羊作餘眛左氏及穀

梁並爲夷末夷末句餘音字各異不得爲一。正義祭側界反眛莫葛反次曰季札索隱曰公羊傳曰謁也餘祭也夷眛也與季子同母者四人季子弱而才兄弟皆愛之同欲以爲君季子謁請兄弟迭爲君而致國乎季子皆曰諾故謁也死餘祭也立餘祭也死夷眛也立夷眛也死則國宜之季子季子使而亡焉僚者長庶也即之闔閭曰將從先君之命與則國宜之季子也如不從君之命則宜立者我也僚惡得爲君乎於是使專諸刺僚史記壽夢四子亦約公羊文但以僚爲餘眛子爲異耳左氏其文不明服虔用公羊杜預依史記及吴越春秋下註徐廣引系本云夷眛生光引吴越春秋云王僚夷眛子今檢系本吴越春秋並無此語然按左氏狐庸對趙文子謂夷末甚德而度其天所啓也必此君之子孫實終之若以僚爲夷末子不應此言又光言我王嗣則光是夷眛子明僚是壽夢庶子季札賢而壽夢欲立之季札讓不可於是乃立長子諸樊攝行事當國王諸樊元年系本曰諸樊徙吴也。索隱曰按在左氏襄十四年諸樊已除喪讓位季札季札謝曰曹宣公

之卒也諸侯與曹人不義曹君服虔曰宣公曹伯盧也以魯成公十三年會晉侯伐秦卒于師曹君公子負芻也負芻在國聞宣公卒殺太子而自立故曰不義之也將立子臧子臧去之以成曹君服虔曰子臧負芻庶兄。索隱曰成十三年左傳曰曹宣公卒于師曹人使公子負芻守使公子欣時逆喪秋負芻殺其太子而自立杜預曰皆宣公庶子也負芻成公也欣時子臧也十五年傳曰會于戚討曹成公也執而歸諸京師諸侯將見子臧於王而立之子臧曰前志有之曰聖達節杜預曰聖人應天命不拘常禮也次守節杜預曰謂賢者下失節杜預曰愚者妄動也爲君非吾節也雖不能聖敢失守乎遂逃奔宋君子曰能守節矣君義嗣王肅曰義宜也嫡子嗣國得禮之宜杜預曰諸樊嫡子故曰義嗣。索隱曰君子者左丘明所爲史評仲尼之辭指仲尼爲君子也誰敢干君有國非吾節也札雖不材願附於子臧之義吴人固立季札季札棄其室而耕乃舍之正義舍音捨秋吴伐

楚楚敗我師四年晉平公初立 索隱曰左傳襄十六年春葬晉悼公平公即位是也 十三年王諸樊卒 索隱曰春秋經襄二十五年十有二月吳子遏伐楚門于巢卒是也左氏曰吳子諸樊伐楚以報舟師之役門于巢巢牛臣曰吳王勇而輕若啓之將親門我獲射之必殪是君也死疆其少安從之吳子門焉牛臣隱於短牆以射之卒 有命授弟餘祭欲傳以次必致國於季札而止以稱先王壽夢之意且嘉季札之義兄弟皆欲致國令以漸至焉季札封於延陵故號曰延陵季子 索隱曰襄三十一年左傳趙文子問於屈狐庸曰延州來季子其果立乎杜預曰延州來季札邑昭二十七年左傳曰吳子使延州來季子聘于上國杜預曰季子本封延陵後復封州來故曰延州來成七年左傳曰吳入州來杜曰州來楚邑淮南下蔡縣是昭十三年傳吳伐州來二十三年傳吳滅州來則州來本爲楚邑吳伐滅以封季子也地理志云會稽毗陵縣季札所居太康地理志曰故延陵邑季札所居栗頭有季札祠地理志云沛郡下蔡縣古州來國爲楚所滅後吳取之至夫差遷昭侯於州來公羊傳曰季子去之延陵終身不入吳國何休曰不入吳朝廷也此云封於延陵謂國而賜之以菜邑杜預春秋釋例土地名則云延州來闕不知何故而爲此言也 王餘祭三年齊相慶封有罪自齊來犇吳吳予慶封朱方之縣 吳地記曰朱方秦改曰丹徒 以爲奉邑以女妻之富於在齊四年吳使季札聘於魯 在春秋魯襄公二十九年 請觀周樂 服虔曰周樂魯所受四代之樂也杜預曰魯以周公故有天子禮樂 爲歌周南召南 杜預曰此皆各依其本國歌所常用聲曲 曰美哉始基之矣 王肅曰言始造王基也 猶未也 賈逵曰言未有雅頌之成功也杜預曰猶有商紂未盡善也 然勤而不怨 杜預曰未能安樂然其音不怨怒 歌邶鄘衛 杜預曰武王伐紂分其地爲三監三監叛周公滅之并三監之地更封康叔故三國盡被康叔之化 曰美哉淵乎憂而不困者

也 賈逵曰淵深也杜預曰亡國之音哀以思其民困衛康叔武公德化深遠雖遭宣公淫亂懿公滅亡民猶秉義不至於困 吾聞衛康叔武公之德如是是其衛風乎 賈逵曰康叔遭管叔蔡叔之難武公罹幽王褒姒之憂故曰康叔武公之德如是杜預曰康叔武公皆衛之令德君也聽聲以爲別故有疑言 歌王 服虔曰王室當在雅衰微而列在風故國人猶尊之故稱王猶春秋之王人也杜預曰王黍離也 曰美哉思而不懼其周之東乎 服虔曰平王東遷雒邑杜預曰宗周殞滅故憂思猶有先王之遺風故不懼也○正義思音肆 歌鄭 賈逵曰鄭風東鄭是 曰其細已甚民不堪也是其先亡乎 服虔曰其風細弱已甚攝於大國之間無遠慮持久之風故曰民不堪將先亡也 歌齊曰美哉泱泱乎大風也哉 服虔曰泱泱舒緩深遠有大和之意其詩風刺辭約而義微體疏而不切故曰大風○索隱曰泱於良反泱泱猶汪洋洋美盛貌也杜預曰弘大之聲 表東海者其太公乎 王肅曰言爲東海之表式 國未可量也 服虔曰國之興衰世數長短未可量也杜預曰言其或將復興 歌豳曰美哉蕩蕩乎樂而不淫 賈逵曰蕩蕩然無憂自樂而不荒淫也 其周公之東乎 杜預曰周公遭管蔡之變東征爲成王陳后稷先公不敢荒淫以成王業故言其周公東乎 歌秦曰此之謂夏聲夫能夏則大大之至也其周之舊乎 杜預曰秦仲始有車馬禮樂去戎狄之音而有諸夏之聲故謂之夏聲及襄公佐周平王東遷而受其故地故曰周之舊也 歌魏曰美哉渢渢乎大而婉儉而易行以德輔此則盟主也 徐廣曰盟一作明駰案賈逵曰其志大直而有曲體歸中和中庸之德難成而實易行故曰以德輔此則盟主也杜預曰惜其國小而無明君○索隱曰風音馮又音泛杜預曰中庸之聲婉約也大而約則儉節易行左傳盟作明故徐廣亦云一作明此以聽聲知政言其明聽爾非盟會也 歌唐曰思深哉其有陶唐氏之遺風乎不然何憂之遠也

杜預曰晉本唐國故有堯之遺風憂深思遠情發於聲也非令德之後誰能若是歌陳曰國無主其能久乎杜預曰淫聲放蕩無所畏忌故曰國無主自鄶以下無譏焉服虔曰鄶以下及曹風也其國小無所刺譏歌小雅杜預曰小雅小正亦樂歌之章曰美哉思而不貳杜預曰思文武之德無貳叛之心也怨而不言王肅曰非不能言畏罪咎也其周德之衰乎杜預曰衰小也猶有先王之遺民也杜預曰謂有殷王餘俗故未大衰歌大雅杜預曰大雅陳文王之德以正天下曰廣哉熙熙乎杜預曰熙熙和樂聲曲而有直體杜預曰論其聲其文王之德乎歌頌杜預曰頌者以其成功告於神明曰至矣哉賈逵曰言道備至也直而不倨杜預曰倨傲也曲而不詘杜預曰詘撓也近而不偪杜預曰謙退也遠而不攜杜預曰攜貳也遷而不淫服虔曰遷徙也文王徙酆武王居鄗杜預曰淫過蕩也復而不厭杜預曰常日新也哀而不愁杜預曰知命也樂而不荒杜預曰節之以禮也用而不匱杜預曰德弘大廣而不宣杜預曰不自顯也施而不費杜預曰因民所利而利之取而不貪杜預曰義然後取處而不底杜預曰守之以道行而不流杜預曰制之以義五聲和八風平杜預曰宮商角徵羽謂之五聲八方之氣謂之八風節有度守有序杜預曰八音克諧節有度也無相奪倫守有序也盛德之所同也杜預曰頌有殷魯故曰盛德之所同見舞象箾南籥者賈逵曰象文王之樂武象也箾舞曲也南籥以籥舞也。索隱曰箾音朔又蘇彫反曰美哉猶有憾服虔曰憾恨也恨不及已以伐紂而致太平也。索隱曰憾或作感字省爾亦讀為憾又音胡暗反見舞大武賈逵曰大武周公所作武王樂也曰美哉周之盛也其若此乎見舞韶護者賈逵曰韶護殷成湯樂大護也曰聖人之弘也賈逵曰弘大也猶

有慙德聖人之難也服虔曰慙於始伐而無聖佐故曰聖人之難也見舞大夏賈逵曰夏禹之樂大夏也曰美哉勤而不德服虔曰禹勤其身以治水土也非禹其誰能及之見舞招箾服虔曰有虞氏之樂大韶也。索隱曰韶箾二字體變耳曰德至矣哉大矣服虔曰至帝王之道極於韶也盡美盡善也如天之無不燾也賈逵曰燾覆也如地之無不載也雖甚盛德無以加矣觀止矣若有他樂吾不敢觀服虔曰周用六代之樂堯曰咸池黃帝曰雲門魯受四代下周二等故不舞其二季札知之故曰有他樂吾不敢請去魯遂使齊說晏平仲曰子速納邑與政服虔曰入邑與政職於公不與國家之事無邑無政乃免於難齊國之政將有所歸未得所歸難未息也故晏子因陳桓子以納政與邑是以免於欒高之難正義曰乃憚反在魯昭公八年欒施高彊二氏作難陳桓子和之乃解也去齊使於鄭見子產如舊交謂子產曰鄭之執政侈難將至矣政必及子子為政慎以禮服虔曰禮所以經國家利社稷也不然鄭國將敗去鄭適衛說蘧瑗史狗史鰌公子荊公叔發公子朝曰衛多君子子未有患也自衛如晉將舍於宿左傳曰將宿於戚。索隱曰按太史公欲自為一家事雖出於左氏文則隨義而換既以舍字替宿遂以宿字替戚爾戚既是邑名理應不易今宜讀宿為戚戚衛邑孫文子舊所食也聞鐘聲服虔曰孫文子鼓鐘作樂也曰異哉吾聞之辯而不德必加於戮服虔曰辯若鬭辯也夫以辯爭不以德居之必加於刑戮也夫子獲罪於君以在此賈逵曰夫子孫文子也獲罪出獻公以戚畔也懼猶

不足而又可以畔乎索隱曰按春秋左氏傳曰而又何樂此畔字宜讀曰樂樂謂聞鐘聲也畔非其義耳夫子之在此猶燕之巢于幕也王肅曰言至危也君在殯而可以樂乎賈逵曰衛君獻公棺在殯未葬遂去之文子聞之終身不聽琴瑟服虔曰聞義而改也琴瑟不聽況於鐘鼓乎適晉說趙文子索隱曰名武韓宣子索隱曰名起。正義曰世本云名秦魏獻子索隱曰名舒曰晉國其萃於三家乎服虔曰言晉國之祚將集於三家將去謂叔向曰吾子勉之君侈而多良大夫皆富政將在三家杜預曰富必厚施故政在三家也吾子直服虔曰直不能曲橈以從衆必思自免於難季札之初使北過徐君徐君好季札劒口弗敢言季札心知之爲使上國未獻還至徐徐君已死於是乃解其寶劒繫之徐君冢樹而去正義曰括地志云徐君廟在泗州徐城縣西南一里即延陵季子掛劒之徐君也從者曰徐君已死尚誰予乎季子曰不然始吾心已許之豈以死倍吾心哉七年楚公子圍弒其王夾敖而代立是爲靈王索隱曰春秋經襄二十五年吳子遏卒二十九年閽殺吳子餘祭昭十五年吳子夷末卒是餘祭立四年餘昧在位十七年系家倒錯二王之年此七年正是餘昧之三年昭元年經曰冬十有一月楚子麇卒左傳曰楚公子圍將聘于鄭未出竟聞王有疾而還入問王疾縊而弒之孫卿曰以冠纓絞之遂殺其二子幕及平夏葬王于郟謂之郟敖十年楚靈王會諸侯而以伐吳之朱方以誅齊慶封吳亦攻楚取三邑而去左傳曰吳伐楚入棘櫟麻以報朱方之役。索隱曰杜預註彼云皆楚東鄙邑也譙周云酇縣東北有棘亭汝陰新蔡縣東北有櫟

亭按解者以麻即襄城縣故麻城是也十一年楚伐吳至雩婁服虔曰雩婁楚之東邑。索隱曰昭五年左傳曰楚子伐吳使沈尹射待命於巢遠啓強待命雩婁今直言至雩婁略耳十二年楚復來伐次於乾谿杜預曰乾谿在譙國城父縣南楚東境楚師敗走十七年王餘祭卒索隱曰春秋襄二十九年經曰閽殺吳子餘祭左傳曰吳人伐越獲俘焉以爲閽使守舟吳子餘祭觀舟閽以刀殺之公羊傳曰近刑人則輕死之道也合在季札聘魯之前倒錯於此弟餘昧立王餘昧二年楚公子弃疾弒其君靈王代立焉索隱曰據春秋即餘昧十五年也昭十三年經曰夏四月楚公子比自晉歸于楚弒其君虔于乾谿楚公子弃疾殺公子比左氏具載詞繁不錄公子比弃疾皆靈王弟也比即子干也靈王公子圍也即位後易名爲虔弃疾即位後易名熊居是爲平王史記以平王遂有楚國故曰弃疾弒君春秋以子干爲王故曰比弒其君彼此各有意義也四年王餘昧卒欲授弟季札季札讓逃去於是吳人曰先王有命兄卒弟代立必致季子季子今逃位則王餘昧後立今卒其子當代乃立王餘昧之子僚爲王索隱曰此文以爲餘昧子公羊傳以爲壽夢庶子僚二年公子光伐楚徐廣曰世本云夷昧生光吳越春秋曰王僚夷昧子與史記同敗而亡王舟光懼襲楚復得王舟而還左傳曰舟名餘皇。索隱曰計僚元年當昭十六年比二年公子光亡王舟事在左氏昭十七年五年楚之亡臣伍子胥來奔公子光客之索隱曰左傳昭二十年曰伍員如吳言伐楚之利於州于杜預曰州于吳子僚也公子光曰是宗爲戮而欲反其讎不可從也員曰彼將有他志余姑爲之求士而鄙以待之乃見鱄設諸焉而耕於鄙是謂以客禮接之公子光者王諸樊之子也索隱曰此文以爲諸樊子系本以爲夷昧子也常以爲吾父兄弟四人當傳至

季子季子即不受國光父先立即不傳季子光
當立陰納賢士欲以襲王僚八年吳使公子光
伐楚敗楚師迎楚故太子建母於居巢以歸因
北伐敗陳蔡之師九年公子光伐楚拔居巢鍾
離服虔曰鍾離州來西邑也。索隱曰昭二十四年經曰冬吳滅巢左氏曰楚子爲舟師以略吳疆沈尹戌曰此行也
楚必亡邑不撫民而勞之吳不動而速之吳人踵楚邊人不備遂滅巢及鍾離而還地理志居巢屬廬江鍾離屬江南應
劭曰鍾離子之国也初楚邊邑卑梁氏之處女與吳邊邑之
女爭桑索隱曰左氏无其事二女家怒相滅兩國邊邑長聞
之怒而相攻滅吳之邊邑吳王怒故遂伐楚取
兩都而去正義曰兩都即鍾離居巢伍子胥之初奔吳說吳王

史記吳太伯世家一　十一

僚以伐楚之利公子光曰胥之父兄爲僇於楚
欲自報其仇耳未見其利於是伍員知光有他
志服虔曰欲取国乃求勇士專諸賈逵曰吳勇士。索隱曰專或作剸左傳作鱄設諸刺客
傳曰諸堂邑人也。正義曰吳越春秋云專諸豐邑人伍子胥初亡楚如吳時遇之於塗專諸方与人鬬甚不可當其妻
呼還子胥怪而問其狀專諸曰夫屈一人之下必申万人之上胥因而相之雄貌深目侈口熊背知其勇士見之光
光喜乃客伍子胥子胥退而耕於野以待專諸
之事索隱曰依左氏即上五年公子光客之是也事合記於五年不應略彼而更具於此也十二年
冬楚平王卒索隱曰昭二十六年春秋經書楚子居卒是也按十二諸侯年表及左傳合在僚十二年
十三年春吳欲因楚喪而伐之索隱曰據表及左氏僚止合有十二年事
並見昭二十七年左傳使公子蓋餘燭庸賈逵曰二公子皆吳王僚之弟。索隱曰春秋

作掩餘而史記並作蓋餘音同而字異者或謂太史公被腐刑不欲言掩也賈逵及杜預并刺客傳皆云二公子王僚母
弟而昭二十三年左傳曰光帥右掩餘帥左杜註云掩餘吳王壽夢子又系族譜亦云二公子並壽夢子若依公羊僚爲
壽夢子則與系族譜合也以兵圍楚之六灊杜預曰灊在廬江六縣西南使季
札於晉以觀諸侯之變服虔曰察彊弱楚發兵絕吳兵
後吳兵不得還於是吳公子光曰此時不可失
也賈逵曰時言可殺王時也告專諸曰不索何獲服虔曰不索當何時得也我
真王嗣當立吾欲求之季子雖至不吾廢也王肅
曰聘晉還至也專諸曰王僚可殺也母老子弱服虔曰母老子弱專諸託
其母子於光也王肅曰專諸言王母老子弱也。索隱曰依王肅解與史記同於理無失服虔杜預見左傳下文云我爾
身也以其子爲卿遂強解是無若我何猶言我無若是何語不近情過爲迂回非也而兩公子將

史記吳太伯世家一　十二

兵攻楚楚絕其路方今吳外困於楚而內空無
骨鯁之臣是無奈我何光曰我身子之身也服虔
曰言我身猶尔身也四月丙子光伏甲士於窟室杜預曰掘地爲室也。索
隱曰春秋經唯言夏四月左氏亦云丙子當別有按據不知出何書而謁王僚飲索隱曰謁請也本或
作請左氏作饗王王僚使兵陳於道自王宮至光之家門
階戶席皆王僚之親也人夾持鈹音披。索隱曰劉逵註吳都賦
鈹兩刃小刀公子光詳爲足疾入于窟室杜預曰恐難作王黨殺已素避
之也。索隱曰詳音陽爲如字左氏曰光僞足疾詳即僞也或讀此爲字音僞非也豈詳僞重言邪使專諸
置匕首於炙魚之中服虔曰全魚炙也。索隱曰劉氏曰匕首短劒也按鹽鐵論以爲長
尺八寸通俗文云其頭類匕故曰匕首也短刃可袖者以進食手匕首刺王僚鈹

交於匈賈逵曰交專諸匈也遂弑王僚公子光竟立爲王是爲吳王闔廬闔廬乃以專諸子爲卿季子至曰苟先君無廢祀民人無廢主社稷有奉乃吾君也吾敢誰怨乎哀死事生以待天命服虔曰待其天命之終也非我生亂立者從之先人之道也杜預曰吳自諸樊巳下兄弟相傳而不立適是亂由先人起也季子自知力不能討光故云復命哭僚墓服虔曰復命於僚哭其墓也。正義曰復音伏下同復位而待杜預曰復本位待光命吳公子燭庸蓋餘二人將兵遇圍於楚者聞公子光弑王僚自立乃以其兵降楚楚封之於舒索隱曰左氏昭二十七年曰掩餘奔徐燭庸奔鍾吾三十年經曰吳滅徐徐子奔楚左傳曰吳子使徐人執掩餘使鍾吾人執燭庸二公子奔楚楚子大封而定其徙無封舒之事當是舒徐字亂又且疎略也王闔廬元年舉伍子胥爲行人而與謀國事楚誅伯州犂其孫伯嚭亡奔吳徐廣曰伯嚭州犂孫也史記與吳越春秋同嚭音披美反吳以爲大夫三年吳王闔廬與子胥伯嚭將兵伐楚拔舒殺吳亡將二公子光謀欲入郢將軍孫武曰民勞未可待之索隱曰左傳此年有子胥對耳無孫武事也四年伐楚取六與灊五年伐越敗之六年楚使子常囊瓦伐吳正義曰左傳云楚囊瓦爲令尹杜預云囊之孫子常迎而擊之大敗楚軍於豫章取楚之居巢而還索隱曰在左傳定二年當爲闔廬七年九年吳王闔廬謂伍子胥孫武曰始子之言郢未可入今果如何

索隱曰言今欲果敢伐楚可否也二子對曰楚將子常貪而唐蔡皆怨之王必欲大伐必得唐蔡乃可闔廬從之悉興師與唐蔡西伐楚索隱曰定四年經蔡侯以吳子及楚人戰于柏舉楚師敗績吳入郢是也至於漢水楚亦發兵拒吳夾水陳正義音陣吳王闔廬弟夫槩正義音古代反欲戰闔廬弗許夫槩曰王已屬臣兵兵以利爲上尚何待焉遂以其部五千人襲冒楚楚兵大敗走於是吳王遂縱兵追之比至郢五戰楚五敗楚昭王亡出郢奔鄖服虔曰鄖楚縣鄖公弟正義曰左傳云鄖公辛之弟懷也欲弑昭王昭王與鄖公奔隨服虔曰隨楚與國也而吳兵遂入郢子胥伯嚭鞭平王之尸以報父讎索隱曰左氏無此事十年春越聞吳王之在郢國空乃伐吳吳使別兵擊越楚告急秦秦遣兵救楚擊吳吳師敗闔廬弟夫槩見秦越交敗吳吳王留楚不去夫槩亡歸吳而自立爲吳王闔廬聞之乃引兵歸攻夫槩夫槩敗奔楚楚昭王乃得以九月復入郢而封夫槩於堂谿爲堂谿氏司馬彪曰汝南吳房有堂谿亭。正義曰括地志云豫州吳房縣在州西北九十里應劭云吳王闔閭弟夫槩奔楚封之於堂谿氏本房子國以封吳故曰吳房十一年吳王使太子夫差伐楚取番楚恐而去郢徙鄀服虔曰鄀楚邑。○索隱曰定六年左傳四月己丑吳太子終纍敗楚舟師杜預曰闔廬子夫差兄此以爲夫差當謂名異而一人耳左傳又曰獲潘子臣小惟子及

大夫七人楚於是乎遷郢於鄀此言番番音潘。楚邑名子臣即其邑之大夫也十五年孔子相
魯索隱曰定十年左傳曰夏公會齊侯于祝其實夾谷孔丘相犂彌言於齊侯曰孔丘知禮而無勇是也杜預以爲相
會儀也而史遷孔子系家云攝行相事按左氏孔丘以公退曰士兵之又使茲無還揖對蓋是攝國相也十九
年夏吳伐越越王句踐迎擊之檇李賈逵曰檇李越地杜預曰
吳郡嘉興縣南有醉李城也檇音醉越使死士挑戰徐廣曰一作亶越世家亦然或者以爲人
名氏乎駰案賈逵曰死士死罪人也鄭衆曰死士欲以死報恩者也杜預曰敢死之士也。正義曰挑音田鳥反三
行造吳師呼自剄左傳曰使罪人三行屬劍於頸。正義曰行故郎反造千到反呼火故反
剄堅鼎反吳師觀之越因伐吳敗之姑蘇越絕書曰闔廬起姑蘇臺
三年聚材五年乃成高見三百里。索隱曰姑蘇臺名在吳縣西三十里傷吳王闔廬指軍
却七里吳王病傷而死索隱曰左傳云定十四年越子大敗之靈姑浮以戈擊闔

廬闔廬傷將指還卒於陘去檇李七里此云擊之檇李又云敗之姑蘇自爲乖異杜預註檇李在嘉興縣南靈姑浮越大
夫也闔廬使立太子夫差謂曰爾而忘句踐殺汝
父乎對曰不敢三年乃報越越絕書曰闔廬冢在吳縣昌門外名曰虎丘下
池廣六十步水深一丈五尺桐棺三重澒池六尺玉鳧之流扁諸之劍三千方員之口三千槃郢魚腸之劍在焉卒十餘
萬人治之取土臨湖葬之三日白虎居其上故號曰虎丘。索隱曰此以爲闔廬謂夫差夫差對闔廬若左氏傳則云對
曰者夫差對所使之人也澒音胡貢反以水銀爲池王夫差元年越絕書曰太伯到夫差二十六
代且千歲。索隱曰按太伯至壽夢十九代諸樊已下六王唯二十五年以大夫伯嚭爲太
宰索隱曰左傳定四年伯嚭爲太宰當闔廬九年非夫差代也習戰射常以報越爲
志二年吳王悉精兵以伐越敗之夫椒賈逵曰夫椒越地杜
預曰太湖中椒山也。索隱曰賈逵云越地蓋近得之然其地闕不知所在杜預以爲太湖中椒山非戰所夫椒與椒山

不得爲一且夫差以報越爲志又伐越當至越地何乃不離吳境近在太湖中又按越語云敗五湖也報姑
蘇也越王句踐乃以甲兵五千人棲於會稽賈逵
曰會稽山名。索隱曰鳥所止宿曰棲越爲吳敗依山林故以鳥棲爲喻左傳作保國語作棲使大夫種
因吳太宰嚭而行成服虔曰行成求成也。索隱曰大夫官也種名也吳越春秋以爲種
姓文而劉氏云姓大夫非也。正義曰國語云越飾美女八人納太宰嚭曰子苟然放越之罪請委國爲
臣妾吳王將許之伍子胥諫曰昔有過氏殺斟
灌以伐斟尋賈逵曰過國名也斟灌斟尋夏同姓也夏后相依斟灌而國故曰殺夏后相也。索隱曰
過音戈寒浞之子澆所封國也猗姓國晉地道記曰東萊掖縣有過鄉北有過城是古之過國者也斟灌斟尋夏同姓賈
氏據系本而知也按地理志北海壽光縣應劭曰古斟灌禹後今灌亭是也又平壽縣云故斟尋禹後今斟城是也斟與
斟同滅夏后帝相服虔曰夏后相啓之孫帝相之妃后緡方娠

賈逵曰緡有仍之姓也杜預曰娠懷身也逃於有仍賈逵曰有仍國名后緡之家而生少
康服虔曰后緡遺腹子少康爲有仍牧正王肅曰牧正牧官之長也有過又
欲殺少康少康奔有虞賈逵曰有虞帝舜之後杜預曰梁國虞縣有虞
思夏德於是妻之以二女而邑之於綸賈逵曰綸虞邑有
田一成有衆一旅賈逵曰方十里爲成五百人爲旅後遂收夏衆撫
其官職服虔曰因此基業稍收取夏遺民餘衆撫修夏之故官憲典使人誘之遂滅
有過氏索隱曰傳云使汝艾諜澆季杼誘殪遂滅過氏杜預曰諜候也復禹之績祀夏
配天服虔曰以鯀配天也不失舊物賈逵曰物職也杜預曰物事也今吳不如
有過之彊而句踐大於少康今不因此而滅之
又將寬之不亦難乎且句踐爲人能辛苦今不

滅後必悔之吳王不聽聽太宰嚭卒許越平與盟而罷兵去七年吳王夫差聞齊景公死而大臣爭寵新君弱乃興師北伐齊子胥諫曰越王句踐食不重味衣不重采弔死問疾且欲有所用其衆此人不死必爲吳患今越在腹心疾而王不先而務齊不亦謬乎吳王不聽遂北伐齊敗齊師於艾陵 杜預曰艾陵齊地。索隱曰此之七年魯哀公六年也左氏此年無伐齊事哀十一年有敗齊師于艾陵 至繒 杜預曰琅邪繒縣 召魯哀公而徵百牢季康子使子貢以周禮說太宰嚭乃得止 賈逵曰周禮王合諸侯享禮十有二牢上公九牢侯伯七牢子男五牢。索隱曰事在哀七年當夫差八年不應上連七年按左傳曰子服景伯對不聽乃與之非謂季康子使子貢說得不用百牢太宰嚭自別召康子乃使子貢辭之耳 因留略地於齊魯之南九年爲騶伐魯至與魯盟乃去 索隱曰左傳騶作邾杜預註左傳亦曰邾今魯國騶縣是也騶邾聲相近自亂耳騶宜音邾 十年因伐齊而歸十一年復北伐齊越王句踐率其衆以朝吳厚獻遺之吳王喜唯子胥懼曰是棄吳也 索隱曰左氏作豢吳豢養也 諫曰越在腹心今得志於齊猶石田無所用 王肅曰石田不可耕 且盤庚之誥有顛越勿遺 服虔曰顛隕也越墜也顛越無道則割絶無遺也。索隱曰左傳曰其顛越不共則劓殄無遺育無俾易種于茲邑是商所以興也今君易之此即艾陵戰時也 商之以興 徐廣曰一本作盤庚之誥有顛之越之商之以興子胥傳誥曰有顛越商之興 吳王不聽使子胥於齊子胥屬其子於齊

鮑氏 服虔曰鮑氏齊大夫。索隱曰左傳直云使於齊杜預云私使人至齊國屬其子按左氏又曰反役王聞之明非子胥自使也 還報吳王吳王聞之大怒賜子胥屬鏤之劍以死 服虔曰屬鏤劍名賜使自刎。索隱曰劍名見越絶書。正義曰屬音燭鏤音力于反 將死曰樹吾墓上以梓令可爲器 索隱曰傳云樹吾墓檟檟可材也吳其亡乎梓檟相類因變文爾 抉吾眼置之吳東門以觀越之滅吳也 索隱曰抉烏穴反此國語文彼以扶爲辟又云以手抉之王慍曰孤不使大夫得有見乃盛以鴟夷投之江也。正義曰吳俗傳云子胥亡後越從松江北開渠至橫山東北築城伐吳子胥乃與越軍夢令從東南入破吳越王即移向三江口岸立壇殺白馬祭子胥杯動酒盡越乃開渠子胥作濤盪羅城東開入滅吳至今猶號曰示浦門曰鱔鰐是從東門入滅吳也 齊鮑氏弒齊悼公吳王聞之哭於軍門外三日 服虔曰諸侯相臨之禮。索隱曰公名陽生左傳哀十年曰吳伐齊南鄙齊人殺悼公不言鮑氏又鮑叔以哀八年爲悼公所殺今言鮑氏盖其宗黨爾且此伐在艾陵戰之前年今記於後亦爲顛倒錯亂也 乃從海上 徐廣曰上作中 攻齊齊人敗吳吳王乃引兵歸十三年吳召魯衛之君會於橐皋 服虔曰橐皋地名也杜預曰在淮南逡遒縣東南。索隱曰哀十二年左傳曰公會吳于橐皋衛侯會吳于鄖此并言會衛橐皋者按左傳吳徵會于衛初衛殺吳行人懼謀於子羽子羽曰不如止也子木曰往也衛侯本不欲赴會故魯以夏會衛及秋乃會之爾所以太史公言其召魯衛會於橐皋也鄖發陽也廣陵海陵縣東南有發繇口橐皋縣名在壽春橐音吐各反皋音姑逡音七廵反遒音才猷反 十四年春吳王北會諸侯於黃池 杜預曰陳留封丘縣南有黃亭近濟水 欲霸中國以全周室六月戊子越王句踐伐吳乙酉越五千人與吳戰丙戌虜吳太子友丁亥入吳吳人告敗於王夫差夫差惡其聞也 賈逵

曰惡其聞諸侯或泄其語吳王怒斬七人於幕下服虔曰以絕口七
月辛丑吳王與晉定公爭長吳王曰於周室我
爲長杜預曰吳爲大伯後故爲長晉定公曰於姬姓我爲伯杜預
曰爲侯伯趙鞅怒將伐吳乃長晉定公徐廣曰黃池之盟吳先歃晉次之與
外傳同駰案賈逵曰外傳曰吳先歃晉亞之先敘晉晉有信又所以外吳。索隱曰此依左傳文按左傳趙鞅呼司馬寅
曰日旰矣大事未成二臣之罪也建鼓整列二臣死之長幼必可知也是趙鞅怒司馬寅對曰請姑視之反曰肉食者無
墨今吳王有墨國其勝乎杜預曰墨氣色下也國爲敵所勝也又曰太子死乎且夷德輕不忍久請少待之乃先晉人是
也徐賈所云據國語不與左傳合非也左氏曾襄之代晉楚爲會先書晉晉有信耳外傳即國語也書有二名也外吳者
吳夷賤之不許同中國故言外吳王已盟與晉別欲伐宋太宰嚭
曰可勝而不能居也乃引兵歸國國亡太子內

空王居外久士皆罷敝於是乃使厚幣以與越
平十五年齊田常殺簡公十八年越益彊越王
句踐率兵使伐敗吳師於笠澤楚滅陳二十年
越王句踐復伐吳索隱曰哀十九年左氏曰越人侵楚以誤吳也杜預曰誤吳使不爲備也
無伐吳事也二十一年遂圍吳二十三年十一月丁卯
越敗吳越王句踐欲遷吳王夫差於甬東賈逵曰甬
東越東鄙甬江東也韋昭曰勾章東海口外州也。索隱曰國語曰甬勾東越地會稽勾章縣東海中州也按今鄮縣即
是其處予百家居之吳王曰孤老矣不能事君王
也吾悔不用子胥之言自令陷此遂自剄死越絕
書曰夫差冢在猶亭西卑猶之位越王候干戈人一累土以葬之近太湖去縣五十七里。索隱曰左傳云乃縊越人以

歸猶亭亭名卑猶位三字共爲地名吳地記曰徐枕山一名卑猶山是也累音路禾反小竹籠以盛土也越王
滅吳誅太宰嚭以爲不忠而歸
太史公曰孔子言太伯可謂至德矣三以天下
讓民無得而稱焉王肅曰太伯弟季歷賢又生聖子昌昌必有天下故太伯以天下三讓於
王季其讓隱故無得而稱言之者所以爲至德也余讀春秋古文乃知中國
之虞與荊蠻句吳兄弟也延陵季子之仁心慕
義無窮見微而知清濁嗚呼又何其閎覽博物
君子也皇覽曰延陵季子冢在毗陵縣暨陽鄉至今吏民皆祀事
索隱述贊曰
太伯作吳　高讓雄圖　周章受國

別封於虞　壽夢初霸　始用兵車
三子遞立　延陵不居　光既篡位
是稱闔閭　王僚見殺　賊由專諸
夫差輕越　取敗姑蘇　甬東之恥
空慙伍胥

史叄阡捌伯單柒字
註捌阡零柒拾陸字

吳太伯世家第一　史記三十一

齊太公世家第二　史記三十二

正義曰括地志云天齊池在青州臨淄縣東南十五里封禪書云齊之所以爲齊者以天齊

太公望呂尚者東海上人呂氏春秋曰東夷之士。索隱曰譙周曰姓姜名牙炎帝之裔伯夷之後掌四岳有功封之於呂子孫從其封姓尚其後也按後文王得之渭濱云吾先君太公望子久矣故號太公望蓋牙是字尚是其名後武王號爲師尚父則尚父官名其先祖嘗爲四嶽佐禹平水土甚有功虞夏之際封於呂徐廣曰呂在南陽宛縣西或封於申姓姜氏索隱曰地理志申在南陽宛縣申伯之國呂亦在宛縣之西也夏商之時申呂或封枝庶子孫或爲庶人尚其後苗裔也本姓姜氏從其封姓故曰呂尚呂尚蓋嘗窮困年老矣索隱曰譙周曰呂望嘗屠牛於朝歌賣飯於孟津以漁釣奸周西伯正義曰奸音干括地志云茲泉水源出岐州岐山縣西南凡谷呂氏春秋云太公釣於茲泉遇文王酈元云磻磎中有泉謂之茲泉積水爲潭即太公釣處今謂之凡谷有石壁深高幽邃人跡罕及東南隅有石室蓋太公所居水次盤石釣處即太公垂釣之所其投竿跪餌兩膝遺跡猶存是磻磎之稱也其水清泠神異北流十二里注于渭說苑云呂望年七十釣于渭渚三日三夜魚無食者望即忿脫其衣冠上有農人者古之異人謂望曰子姑復釣必細其綸芳其餌徐徐而投無令魚駭望如其言初下得鮒次得鯉刺魚腹得書書文曰呂望封於齊望知其異西伯將出獵卜之曰所獲非龍非彲徐廣曰勑知反。索隱曰餘本亦作螭字非虎非羆所獲霸王之輔於是周西伯獵果遇太公於渭之陽與語大說曰自吾先君太公曰當有聖人適周周以興子眞是邪吾太公望子久矣故號之曰太公望載與俱歸立爲師或

曰太公博聞嘗事紂紂無道去之游說諸侯無所遇而卒西歸周西伯或曰呂尚處士隱海濱周西伯拘羑里散宜生閎夭素知而招呂尚呂尚亦曰吾聞西伯賢又善養老盍往焉三人者爲西伯求美女奇物獻之於紂以贖西伯西伯得以出反國言呂尚所以事周雖異然要之爲文武師周西伯昌之脫羑里歸與呂尚陰謀修德以傾商政其事多兵權與奇計正義曰六韜云武王問太公曰律之音聲可以知三軍之消息乎太公曰深哉王之問也夫律管十二其要有五宮商角徵羽此其正聲也萬代不易五行之神道之常也可以知敵金木水火土各以其勝攻之其法以天清靜無陰雲風雨夜半遣輕騎往至敵人之壘九伯步偏持律管橫耳大呼驚之有聲應管其來甚微角管聲應當以白虎徵管聲應當以玄武商管聲應當以勾陳五管盡不應無有商聲當以青龍此五行之府佐勝之徵陰敗之機也故後世之言兵及周之陰權皆宗太公爲本謀周西伯政平及斷虞芮之訟而詩人稱西伯受命曰文王伐崇密須犬夷索隱曰郡國志密須在東郡廩丘縣北今曰頓城密須姑姓在河南密縣東故密城是也與安定姬姓密國各不同大作豐邑天下三分其二歸周者太公之謀計居多文王崩武王即位九年欲修文王業東伐以觀諸侯集否師行師尚父劉向別錄曰師之尚之父之故曰師尚父父亦男子之美號也左杖黃鉞右把白旄以誓曰蒼兕蒼兕索隱曰本或作蒼雉按馬融曰蒼兕主舟楫官名又王充云蒼兕水獸九頭今誓眾令急濟故言蒼兕以

懼之然此文上下並今文太誓揔爾衆庶與爾舟楫後至者斬遂
至盟津諸侯不期而會者八百諸侯諸侯皆曰
紂可伐也武王曰未可還師與太公作此太誓
居二年紂殺王子比干囚箕子武王將伐紂卜
龜兆不吉風雨暴至羣公盡懼唯太公彊之勸
武王武王於是遂行十一年徐廣曰一作三年正月甲子
誓於牧野伐商紂紂師敗績紂反走登鹿臺遂
追斬紂明日武王立于社羣公奉明水索隱曰周本紀毛叔
鄭奉明水也衛康叔封布采席索隱曰周本紀衛康叔封布茲茲是席故此亦云綵席也
師尚父牽牲史佚策祝以告神討紂之罪散鹿

臺之錢發鉅橋之粟以振貧民封比干墓釋箕
子囚遷九鼎脩周政與天下更始師尚父謀居
多於是武王已平商而王天下封師尚父於齊
營丘正義曰括地志云營丘在青州臨淄北百步外城中東就國道宿行遲逆
旅之人曰吾聞時難得而易失客寢甚安殆非
就國者也太公聞之夜衣而行犂明至國索隱曰犂里奚
反犂猶比也又犂猶遲也萊侯來伐與之爭營丘營丘邊萊萊
人夷也會紂之亂而周初定未能集遠方是以
與太公爭國太公至國脩政因其俗簡其禮通
商工之業便魚鹽之利而人民多歸齊齊為大

國及周成王少時管蔡作亂淮夷正義曰孔安國云淮浦之夷徐
州之戎畔周乃使召康公服虔曰召公奭命太公曰東至海
西至河南至穆陵北至無棣服虔曰是皆太公始受封土地疆境所至也。
索隱曰舊說云穆陵在會稽非也按今淮南有故穆陵門是
楚之境無棣在遼西孤竹服虔以為太公受封境界所至不
然也蓋言其征伐所至之域五侯九伯實得征之杜預曰五等諸侯九州之伯皆
得征討其罪齊由此得征伐為大國都營丘蓋太公之
卒百有餘年禮記曰太公封於營丘比及五世皆反葬於周鄭玄曰太公受封留為太師死葬於周五
世之後乃葬齊皇覽曰呂尚冢在臨菑縣城南去縣十里子丁公呂伋。徐廣曰一作及正義曰諡法
述義不克曰丁立丁公卒子乙公得立乙公卒子癸公慈
母立索隱曰系本作祭公慈母譙周亦曰祭公慈心也癸公卒子哀公不辰

立索隱曰系本作不臣譙周亦作不辰宋衷曰哀公荒淫田遊史作還詩以刺之也哀公時紀侯
譖之周周烹哀公徐廣曰周夷王而立其弟靜是為胡公
正義曰諡法彌年壽考曰胡胡公徙都薄姑正義曰括地志云薄姑城在青州博昌縣東北
六十里而當周夷王之時哀公之同母少弟山怨
胡公乃與其黨率營丘人襲攻殺胡公而自立
是為獻公索隱曰宋衷云其黨周馬繻人將胡公於貝水殺之而山自立也獻公元年
盡逐胡公子因徙薄姑都治臨菑九年獻公卒
子武公壽立武公九年周厲王出奔居彘正義曰直
厲反括地志云晉州霍邑縣也鄭玄云霍山在彘本秦時霍伯國十年王室亂大臣行
政號曰共和二十四年周宣王初立二十六年

武公卒子厲公無忌立厲公暴虐故胡公子復入齊齊人欲立之乃與攻殺厲公胡公子亦戰死齊人乃立厲公子赤為君是為文公而誅殺厲公者七十人文公十二年卒子成公脫立索隱曰系本及譙周皆作說字成公九年卒子莊公購立索隱曰劉氏音神欲反系家及系本並作贖又上成公脫年表作說也莊公二十四年犬戎殺幽王周東徙雒秦始列為諸侯五十六年晉弒其君昭侯六十四年莊公卒子釐公祿甫立釐公九年魯隱公初立十九年魯桓公弒其兄隱公而自立為君二十五年北戎伐齊鄭使太子忽來救齊齊欲妻之忽曰鄭小齊大非我敵遂辭之三十二年釐公同母弟夷仲年死其子曰公孫無知釐公愛之令其秩服奉養比太子三十三年釐公卒太子諸兒立是為襄公襄公元年始為太子時嘗與無知鬬及立絀無知秩服無知怨四年魯桓公與夫人如齊齊襄公故嘗私通魯夫人魯夫人者襄公女弟也自釐公時嫁為魯桓公婦及桓公來而襄公復通焉魯桓公知之怒夫人夫人以告齊襄公齊襄公與魯君飲醉之使力士彭生抱上魯君車因拉殺魯桓公

公羊傳曰搚幹而殺之何休曰搚折聲也○正義曰拉音力合反桓公下車則死矣魯人以為讓索隱曰讓猶責也而齊襄公殺彭生以謝魯八年伐紀紀遷去其邑徐廣曰年表云去其都邑○索隱曰春秋莊四年紀侯大去其國左氏云違齊難也十二年初襄公使連稱管至父戍葵丘賈逵曰連稱管至父皆齊大夫○索隱曰杜預云臨淄西有地名葵丘又下三十五年會諸侯於葵丘當魯僖公九年杜預曰陳留外黃縣東有葵丘不同者蓋葵丘有兩處杜意以戍葵丘當不遠出齊境故引臨淄縣西之葵丘若三十五年會諸侯於葵丘杜又以不合在本國故引外黃東葵丘為註所以不同也瓜時而往及瓜而代服虔曰瓜時七月及瓜謂後年瓜時往戍一歲卒瓜時而公弗為發代或為請代公弗許故此二人怒因公孫無知謀作亂連稱有從妹在公宮無寵服虔曰為妾在宮也使之間襄公王肅曰候公之間隙曰事成以女為無知夫人冬十二月襄公游姑棼賈逵曰齊地也○正義音扶云反遂獵沛丘杜預曰樂安博昌縣南有地名貝丘○正義曰左傳云齊襄公田于貝丘墜車傷足即此也見彘從者曰彭生服虔曰公見彘從者乃見彭生鬼改形為豕也公怒射之彘人立而啼公懼墜車傷足失屨反而鞭主屨者茀三百茀正義曰非佛反下同茀主屨者也出宮而無知連稱管至父等聞公傷乃遂率其衆襲宮逢主屨茀茀曰且無入驚宮驚宮未易入也無知弗信茀示之創正義音瘡乃信之待宮外令茀先入茀先入即匿襄公戶間良久無知等恐遂入宮茀反與宮中及公之幸

臣攻無知等不勝皆死無知入宮求公不得或見人足於戶間發視乃襄公遂弒之而無知自立爲齊君桓公元年春齊君無知游於雍林賈逵曰渠丘大夫也。索隱曰本亦作雍廩左傳曰雍廩殺無知杜預曰雍廩齊大夫此云游雍林雍林人嘗有怨無知遂襲殺之蓋以雍林爲邑名其地有人殺無知賈言渠丘大夫者蓋雍林爲渠丘大夫也雍林人嘗有怨無知及其往游雍林人襲殺無知告齊大夫曰無知弒襄公自立臣謹行誅唯大夫更立公子之當立者唯命是聽初襄公之醉殺魯桓公通其夫人殺誅數不當淫於婦人數欺大臣羣弟恐禍及故次弟糾奔魯其母魯女也管仲召

忽傅之次弟小白奔莒鮑叔傅之小白母衛女也有寵於釐公小白自少好善大夫高傒賈逵曰齊正卿高敬仲也。正義傒音奚及雍林人殺無知議立君高國先陰召小白於莒魯聞無知死亦發兵送公子糾而使管仲別將兵遮莒道射中小白帶鉤小白佯死管仲使人馳報魯魯送糾者行益遲伐魯至齊則小白已入高傒立之是爲桓公桓公之中鉤佯死以誤管仲已而載溫車中馳行亦有高國內應故得先入立發兵距魯秋與魯戰于乾時杜預曰乾時齊地也時水在樂安界岐流旱則涸竭故曰乾時魯兵敗走齊兵

掩絕魯歸道齊遺魯書曰子糾兄弟弗忍誅請魯自殺之召忽管仲讎也請得而甘心醢之不然將圍魯魯人患之遂殺子糾于笙瀆賈逵曰魯地句瀆也。索隱曰按鄒誕生本作莘瀆莘笙聲相近笙如字瀆音豆論語作溝瀆蓋後代聲轉而字異故諸文不同也召忽自殺管仲請囚桓公之立發兵攻魯心欲殺管仲鮑叔牙曰臣幸得從君君竟以立君之尊臣無以增君君將治齊即高傒與叔牙足也君且欲霸王非管夷吾不可夷吾所居國國重不可失也於是桓公從之乃詳爲召管仲欲甘心實欲用之管仲知之故請往鮑叔牙迎受管仲及

堂阜而脫桎梏賈逵曰堂阜魯北境杜預曰堂阜齊地東莞蒙陰縣西北有夷吾亭或曰鮑叔解夷吾縛於此因以爲名也齋祓而見桓公桓公厚禮以爲大夫任政桓公既得管仲與鮑叔隰朋徐廣曰或作崩也高傒脩齊國政連五家之兵國語曰管子制國五家爲軌十軌爲里四里爲連十連爲鄉以爲軍令設輕重魚鹽之利索隱曰管子有理人輕重之法七篇輕重錢也又有捕魚煑鹽法以贍貧窮祿賢能齊人皆說二年伐滅郯徐廣曰一作譚。索隱曰春秋魯莊十年齊師滅譚是也杜預云譚國在濟南平陵縣西南然此郯乃東海郯縣蓋亦不當作譚字也郯子奔莒初桓公亡時過郯郯無禮故伐之五年伐魯魯將師敗魯莊公請獻遂邑以平杜預曰遂在濟北蛇丘縣東北桓公許與魯會柯而盟杜預曰此柯今濟北東阿

（齊之阿邑猶祝柯今爲祝阿）魯將盟曹沫以匕首劫桓公於壇上（何休曰土基三尺階三等曰壇會必有壇者爲升降揖讓稱先君以相接也）曰反魯之侵地桓公許之已而曹沫去匕首北面就臣位桓公後悔欲無與魯地而殺曹沫管仲曰夫劫許之而倍信殺之（徐廣曰一云已許之而背信殺劫也）愈一小快耳而棄信於諸侯失天下之援不可於是遂與曹沫三敗所亡地於魯諸侯聞之皆信齊而欲附焉七年諸侯會桓公於甄（杜預曰甄衛地今東郡甄城也）而桓公於是始霸焉十四年陳厲公子完（正義音桓）號敬仲來奔齊齊桓公欲以爲卿讓於是以爲工正（賈逵曰掌百工）田成

子常之祖也二十三年山戎伐燕（服虔曰山戎北狄蓋今鮮卑也何休曰山戎者戎中之別名也）燕告急於齊齊桓公救燕遂伐山戎至于孤竹而還燕莊公遂送桓公入齊境桓公曰非天子諸侯相送不出境吾不可以無禮於燕於是分溝割燕君所至與燕命燕君復脩召公之政納貢于周如成康之時諸侯聞之皆從齊二十七年魯湣公母曰哀姜桓公女弟也哀姜淫於魯公子慶父慶父弒湣公哀姜欲立慶父魯人更立釐公（徐廣曰史記僖字皆作釐）桓公召哀姜殺之二十八年衛文公有狄亂告急於齊齊率諸侯

城楚丘而立衛君（賈逵曰衛地也。索隱曰杜預曰不言城衛衛未遷楚丘武城縣南即今之衛南縣是也）二十九年桓公與夫人蔡姬戲船中蔡姬習水蕩公（賈逵曰蕩搖也）公懼止之不止出船怒歸蔡姬弗絕蔡亦怒嫁其女桓公聞而怒興師往伐三十年春齊桓公率諸侯伐蔡蔡潰（服虔曰民逃其上曰潰也）遂伐楚楚成王興師問曰何故涉吾地管仲對曰昔召康公命我先君太公曰五侯九伯若實征之以夾輔周室（左傳曰周公太公股肱周室夾輔成王也）賜我先君履（杜預曰所踐履之界）東至海西至河南至穆陵北至無棣楚貢包茅不入王祭不共（賈逵曰包茅菁茅包匭之也以供祭祀杜預曰尚書包匭菁茅茅之

爲異未審）是以來責昭王南征不復是以來問（服虔曰周昭王南巡狩涉漢未濟船解而溺昭王王室諱之不以赴諸侯不知其故故桓公以爲辭責問楚也。索隱曰宋衷云昭王南伐楚辛由靡爲右涉漢中流而隕由靡逐王遂卒不復周乃侯其後于西翟）楚王曰貢之不入有之寡人罪也敢不共乎昭王之出不復君其問之水濱（杜預曰昭王時漢非楚境故不受罪）齊師進次于陘（杜預曰陘楚地潁川召陵縣南有陘亭左傳曰凡師一宿爲舍再宿爲信過信爲次）夏楚王使屈完將兵扞齊齊師退次召陵（杜預曰召陵潁川縣）桓公矜屈完以其衆屈完曰君以道則可若不則楚方城以爲城（服虔曰方城山在漢南韋昭曰方城楚北之阨塞杜預曰方城山在南陽葉縣南是也。索隱曰地理志葉縣南有長城號曰方城則杜預韋昭說爲得而服氏云在漢南未知有何依據）江漢以爲溝君安

能進乎乃與屈完盟而去過陳陳袁濤塗詐齊
令出東方覺秋齊伐陳左傳曰討不忠也是歲晉殺太子
申生三十五年夏會諸侯于葵丘杜預曰陳留外黃縣東有葵丘
也周襄王使宰孔賜桓公文武胙彤弓矢大路
賈逵曰大路諸侯朝服之車謂之金路命無拜桓公欲許之管仲曰不
可乃下拜受賜韋昭曰下堂拜賜也秋復會諸侯於葵丘益
有驕色周使宰孔會諸侯頗有叛者公羊傳曰葵丘之會桓公
震而矜之叛者九國晉侯病後遇宰孔宰孔曰齊侯驕矣弟
無行從之是歲晉獻公卒里克殺奚齊卓子徐廣
曰史記卓多作悼正義曰卓丑角反秦穆公以夫人入公子夷吾為

晉君桓公於是討晉亂至高梁服虔曰晉地也杜預曰在平陽縣西
南使隰朋立晉君還是時周室微唯齊楚秦晉
為彊晉初與會正義曰與音預下同獻公死國內亂秦穆公
辟遠不與中國會盟楚成王初收荊蠻有之夷
狄自置唯獨齊為中國會盟而桓公能宣其德
故諸侯賓會於是桓公稱曰寡人南伐至召陵
望熊山北伐山戎離枝孤竹地理志曰令支縣有孤竹城疑離枝即令支也
令離聲相近應劭曰令音鈴鈴離聲亦相近管子亦作離字○索隱曰離枝音零支又音令祇又如字離枝孤竹皆古國
名秦以離支為縣故地理志云遼西令支縣有孤竹城爾雅曰孤竹北戶西王母日下謂之西荒也西伐大
夏涉流沙正義曰大夏并州晉陽是也束馬縣車登太行至卑

耳山正義曰卑音壁劉伯莊及韋昭並如字而還諸侯莫違寡人寡人
兵車之會三正義曰左傳云魯莊十三年會北杏以平宋亂僖四年侵蔡遂伐楚六年伐鄭圍新城也
乘車之會六正義曰左傳云魯莊十四年會于鄄十五年又會鄄十六年同盟于幽僖五年會首止八
年盟于洮九年會葵丘是也九合諸侯一匡天下正義曰匡正也一匡天下謂定襄王
為太子之位也昔三代受命有何以異於此乎吾欲封泰
山禪梁父管仲固諫不聽乃說桓公以遠方珍
怪物至乃得封桓公乃止三十八年周襄王弟
帶與戎翟合謀伐周齊使管仲平戎於周周欲
以上卿禮管仲管仲頓首曰臣陪臣安敢三讓
乃受下卿禮以見三十九年周襄王弟帶來奔

齊齊使仲孫請王為帶謝襄王怒弗聽四十一
年秦穆公虜晉惠公復歸之是歲管仲隰朋皆
卒正義曰括地志云管仲冢在青州臨淄縣南二十一里牛山上與桓公冢連隰朋墓在青州臨淄縣東北七里也
管仲病桓公問曰羣臣誰可相者管仲曰知臣
莫如君公曰易牙如何正義曰即雍巫也賈逵云雍巫雍人名巫易牙也對
曰殺子以適君非人情不可公曰開方如何正義
曰管子云衛公子開方去其千乘之太子而臣事君也對曰倍親以適君非人
情難近公曰豎刀如何正義曰刀鳥條反顏師古云豎刀易牙皆齊桓公臣管仲
有病桓公往問之曰將何以教寡人管仲曰願君遠易牙豎刀公曰易牙烹其子以快寡人尚可疑耶對曰人之情非不
愛其子也其子之忍又將何愛於君公曰豎刀自宮以近寡人猶尚疑耶對曰人之情非不愛其身也其身之忍又將何

有於君公曰諾管仲遂盡逐之而公食不甘心不怡者三年公曰仲父不已過乎於是皆即召反明年公有病易牙竪刀相與作亂塞宮門築高牆不通人有一婦人踰垣入至公所公曰我欲食婦人曰吾無所得又曰我欲飲婦人曰吾無所得公曰何故曰易牙竪刀相與作亂塞宮門築高牆不通人故無所得公慨然歎涕出曰嗟乎聖人所見豈不遠哉若死者有知我將何面目見仲父乎蒙衣袂而死乎壽宮蟲流於戶蓋以楊門之扇二月不葬也對曰自宮以適君非人情難親管仲死而桓公不用管仲言卒近用三子三子專權四十二年戎伐周周告急於齊齊令諸侯各發卒戍周是歲晉公子重耳來桓公妻之四十三年初齊桓公之夫人三曰王姬徐姬蔡姬皆無子索隱曰系本徐嬴姓禮婦人稱國及姓今此言徐姬者然姬是衆妾之惣稱故漢祿秩令云姬妾數百婦人亦惣稱姬未必盡是姓也桓公好內服虔曰內

婦官也多內寵如夫人者六人長衛姬生無詭索隱曰左氏作無虧少衛姬生惠公元鄭姬生孝公昭葛嬴生昭公潘密姬生懿公商人宋華子賈逵曰宋華氏之女子姓生公子雍桓公與管仲屬孝公於宋襄公以為太子雍巫有寵於衛共姬賈逵曰雍巫雍人名巫易牙字。索隱曰賈逵以雍巫為易牙字未知何據按管子有棠巫恐與雍巫是一人也因宦者竪刀以厚獻於桓公亦有寵桓公許之立無詭杜預曰易牙既有寵於公為長衛姬請立管仲卒五公子皆求立冬十月乙亥齊桓公卒易牙入與竪刀因內寵殺羣吏服虔曰內寵如夫人者六人羣吏諸大夫也杜預曰內寵內官之有權寵者而立公子無詭為君太子昭奔

宋桓公病五公子各樹黨爭立及桓公卒遂相攻以故宮中空莫敢棺正義音古患反桓公尸在牀上六十七日尸蟲出于戶十二月乙亥無詭立乃棺赴辛巳夜歛殯徐廣曰歛一作臨也桓公十有餘子要其後立者五人無詭立三月死無謚次孝公次昭公次懿公次惠公孝公元年三月宋襄公率諸侯兵送齊太子昭而伐齊齊人恐殺其君無詭齊人將立太子昭四公子之徒攻太子太子走宋宋遂與齊人四公子戰五月宋敗齊四公子師而立太子昭是為齊孝公宋以桓公與管仲屬

之太子故來征之以亂故八月乃葬齊桓公皇覽曰桓公冢在臨菑城南七里所菑水南。正義曰括地志云齊桓公墓在臨菑縣南二十一里牛山上亦名鼎足山一名牛首堈一所二墳晉永嘉末人發之初得版次得水銀池有氣不得入經數日乃牽犬入中得金蠶數十薄珠襦玉匣繒綵軍器不可勝數又以人殉葬骸骨狼籍也六年春齊伐宋以其不同盟于齊也服虔曰僖公十九年諸侯盟于齊以無忘桓公之德宋襄公欲行霸道不與盟故伐之夏宋襄公卒七年晉文公立十年孝公卒孝公弟潘因衛公子開方殺孝公子而立潘是為昭公昭公桓公子也其母曰葛嬴昭公元年晉文公敗楚於城濮正義曰賈逵云衛地也而會諸侯踐土朝周天子使晉稱伯正義曰音霸六年翟侵齊晉文公卒秦兵敗

於穀十二年秦穆公卒十九年五月昭公卒子舍立為齊君舍之母無寵於昭公國人莫畏昭公之弟商人以桓公死爭立而不得陰交賢士附愛百姓百姓說及昭公卒子舍立孤弱即與衆十月即墓上弒齊君舍而商人自立是為懿公懿公桓公子也其母曰密姬懿公四年春初懿公為公子時與丙戎之父獵爭獲不勝及即位斷丙戎父足而使丙戎僕賈逵曰僕御也。○索隱曰左氏作邴歜。僕。○正義曰左傳云乃掘而刖之杜預云斷其尸足也庸職之妻正義曰國語及左傳作閻職好公內之宮使庸職驂乘索隱曰左氏作閻職此言庸職不同者傳所云閻姓職名也此言庸職非姓蓋謂受雇職之妻史意不同字亦異耳五月懿公游於申池杜預曰齊南城門名申門齊城無池唯此門左右有池疑此是也左思齊都賦註曰申池海濱齊藪也二人浴戲職曰斷足子戎曰奪妻者二人俱病此言乃怨謀與公游竹中二人弒懿公車上棄竹中而亡去懿公之立驕民不附齊人廢其子而迎公子元於衛立之是為惠公惠公桓公子也其母衛女曰少衛姬避齊亂故在衛惠公二年長翟來穀梁傳曰身橫九畝斷其首而載之眉見於軾王子城父攻殺之賈逵曰王子城父齊大夫埋之於北門晉趙穿弒其君靈公十年惠公卒子頃公無野立正義曰頃音傾初崔杼有寵於惠公惠

公卒高國畏其偪也逐之崔杼奔衛頃公元年楚莊王彊伐陳二年圍鄭鄭伯降已復國鄭伯六年春晉使郤克於齊齊使夫人帷中而觀之郤克上夫人笑之郤克曰不是報不復涉河歸請伐齊晉侯弗許齊使至晉郤克執齊使者四人河內殺之八年晉伐齊齊以公子彊質晉晉兵去十年春齊伐魯衛魯衛大夫如晉請師皆因郤克索隱曰成二年左傳魯臧宣叔衛孫桓子如晉皆主於郤克是晉使郤克以車八百乘賈逵曰八百乘六萬人為中軍將士燮將上軍欒書將下軍以救魯衛伐齊六月壬申與齊侯兵合靡笄下徐廣曰靡一作摩賈逵曰靡笄山名也○索隱曰靡如字靡笄山名在濟南與代地磨山不同癸酉陳于鞌服虔曰鞌齊地名也逢丑父賈逵曰齊大夫為齊頃公右頃公曰馳之破晉軍會食射傷郤克流血至履克欲還入壁其御曰我始入再傷不敢言疾恐懼士卒願子忍之遂復戰戰齊急丑父恐齊侯得乃易處頃公為右車絓於木而止正義曰絓胡卦反止也有所礙也晉小將韓厥伏齊侯車前曰寡君使臣救魯衛戲之丑父使頃公下取飲正義曰左傳云及華泉驂絓於木而止丑父使公下如華泉取飲周父御左車苑茷為右載齊侯獲免也因得亡脫去入其軍晉郤克欲殺丑父丑父曰代君死而見僇後人臣

無忠其君者矣克舍之丑父遂得亡歸齊於是晉軍追齊至馬陵徐廣曰一作陘駰案賈逵曰馬陘齊地也齊侯請以寶器謝左傳曰賂以紀甗玉磬也不聽必得笑克者蕭桐叔子杜預曰桐叔蕭君之字齊侯外祖父子女也難斥言其母故遠言之賈逵曰蕭附庸子姓令齊東畝服虔曰欲令齊隴畝東行○索隱曰壟畝東行則齊車馬東向齊行易也對曰叔子齊君母齊君母亦猶晉君母子安置之且子以義伐而以暴爲後其可乎於是乃許令反魯衛之侵地正義曰左傳云晉師及齊國使齊人歸我汶陽之田也十一年晉初置六卿賞鞌之功齊頃公朝晉欲尊王晉景公索隱曰王劭按張衡曰禮諸侯朝天子執玉既授而反之若諸侯自相朝則不授玉齊頃公戰敗朝晉而授玉是欲尊晉侯爲王太史公採其言而書之此文不云

授玉王氏之說復有所依聯記異耳晉景公不敢受乃歸歸而頃公弛苑囿薄賦斂振孤問疾虛積聚以救民民亦大說厚禮諸侯竟頃公卒百姓附諸侯不犯十七年頃公卒皇覽曰頃公冢近呂尚冢子靈公環立靈公九年晉欒書弒其君厲公十年晉悼公伐齊齊令公子光質晉十九年立子光爲太子高厚傅之令會諸侯盟於鍾離正義曰括地志云鍾離故城在沂州承縣界二十七年晉使中行獻子伐齊索隱曰荀偃祖林父代爲中行後改姓爲中行氏獻子名偃齊師敗靈公走入臨菑晏嬰止靈公靈公弗從曰君亦無勇矣晉兵遂圍臨菑臨菑城守不敢出

晉焚郭中而去二十八年初靈公取魯女生子光以爲太子仲姬戎姬戎姬嬖仲姬生子牙屬之戎姬戎姬請以爲太子公許之仲姬曰不可光之立列於諸侯矣服虔曰數從諸侯征伐盟會今無故廢之君必悔之公曰在我耳遂東太子光賈逵曰徙之東垂也使高厚傅牙爲太子靈公疾崔杼迎故太子光而立之是爲莊公莊公殺戎姬五月壬辰靈公卒莊公即位執太子牙於句竇之丘殺之八月崔杼殺高厚晉聞齊亂伐齊至高唐杜預曰高唐在祝阿縣西北莊公三年晉大夫欒盈徐廣曰史記多作逞奔齊莊公厚客

待之晏嬰田文子諫公弗聽四年齊莊公使欒盈閒入晉曲沃賈逵曰欒盈之邑爲內應以兵隨之上太行入孟門賈逵曰孟門太行皆晉山隘也○索隱曰孟門山在朝歌東北太行山在河內溫縣西欒盈敗齊兵還取朝歌賈逵曰晉邑六年初棠公妻好賈逵曰棠公齊棠邑大夫棠公死崔杼取之莊公通之數如崔氏以崔杼之冠賜人侍者曰不可崔杼怒因其伐晉欲與晉合謀襲齊而不得閒莊公嘗笞宦者賈舉賈舉復侍爲崔杼閒公服虔曰伺公閒隙○正義閒音閑又如字以報怨五月莒子朝齊齊以甲戌饗之崔杼稱病不視事乙亥公問崔杼病遂從崔杼妻崔杼妻

入室與崔杼自閉戶不出公擁柱而歌（服虔曰公以爲姜氏不知已在外故歌以命之也一曰公自知見欺恐不得出故歌以自悔）宦者賈舉遮公從官而入閉門崔杼之徒持兵從中起公登臺而請解不許請盟不許請自殺於廟不許皆曰君之臣杼疾病不能聽命（服虔曰言不能親聽公命）近於公宮（服虔曰崔杼之宮近公宮淫者或詐稱公）陪臣爭趣（徐廣曰爭一作扞。索隱曰左傳作扞趣此爲爭趣者是太史公變左傳之文言陪臣但爭趣投有淫者耳更不知他命也）有淫者不知二命（杜預曰言得淫人受崔子命討之不知他命也）公踰牆射中公股公反墜遂弒之晏嬰立崔杼門外（賈逵曰聞難而來）曰君爲社稷死則死之爲社稷亡則亡之（服虔曰謂以公義爲社稷死亡也如是者臣亦隨之死亡）若爲己死己亡非其私暱誰敢任之（服虔曰言君自以己之私欲取死亡之禍則私近之臣所當任也杜預曰私暱所親愛也非所親愛無爲當其禍也）門開而入枕公尸而哭三踊而出人謂崔杼必殺之崔杼曰民之望也舍之得民（服虔曰置之所以得人心）丁丑崔杼立莊公異母弟杵臼（徐廣曰史記多作箸臼）是爲景公景公母魯叔孫宣伯女也景公立以崔杼爲右相慶封爲左相二相恐亂起乃與國人盟曰不與崔慶者死晏子仰天曰嬰所不獲唯忠於君利社稷者是從不肯盟慶封欲殺晏子崔杼曰忠臣也舍之齊太史書曰崔杼弒莊公崔杼殺之其弟復

書崔杼復殺之少弟復書崔杼乃舍之景公元年初崔杼生子成及彊其母死取東郭女生明東郭女使其前夫子無咎與其弟偃（正義曰杜預云東郭偃東郭姜之弟也）相崔氏成有罪（正義曰左傳云成有疾而廢之杜預云有惡疾也）二相急治之立明爲太子成請老於崔杼崔杼許之二相弗聽曰崔宗邑不可（杜預曰濟陽東朝陽縣西北有崔氏城也）成彊怒告慶封（正義曰左傳云成強告慶封曰夫子身亦子所知也唯無咎與偃是從父兄莫能進矣恐害夫子敢以告慶封曰苟利夫子必去之難吾助汝乃殺東郭偃棠無咎於崔氏朝也其妻及崔杼皆縊死崔明奔魯）慶封與崔杼有郤欲其敗也成彊殺無咎偃於崔杼家家皆奔亡崔杼怒無人使一宦者御見慶封慶封曰請爲子誅之使崔杼仇盧蒲嫳（賈逵曰嫳齊大夫慶封之屬）攻崔氏殺成彊盡滅崔氏崔氏婦自殺崔杼歸亦自殺慶封爲相國專權三年十月慶封出獵初慶封已殺崔杼益驕嗜酒好獵不聽政令慶舍用政（服虔曰舍慶封之子也生傳其職政與子）已有內郤田文子謂桓子曰亂將作田鮑高欒氏相與謀慶氏慶舍發甲圍慶封宮四家徒共擊破之慶封還不得入奔魯齊人讓魯封奔吳吳與之朱方聚其族而居之富於在齊其秋齊人徙葬莊公僇崔杼尸於市以說衆九年景公使晏嬰之晉與

叔向私語曰齊政卒歸田氏田氏雖無大德以
公權私有德於民民愛之十二年景公如晉見
平公欲與伐燕十八年公復如晉見昭公二十
六年獵魯郊因入魯與晏嬰俱問魯禮三十一
年魯昭公辟季氏難奔齊齊欲以千社封之 賈逵
曰二十五家為一社千社二萬五千家也 子家止昭公昭公乃請齊伐魯
取鄆 正義曰鄆鄆城也 以居昭公三十二年彗星見景公
坐柏寢嘆曰堂堂誰有此乎 服虔曰景公自恐德薄不能久享齊國故曰誰
有此也 群臣皆泣晏子笑公怒晏子曰臣笑群臣
諛甚景公曰彗星出東北當齊分野寡人以為
憂晏子曰君高臺深池賦斂如弗得刑罰恐弗
勝茀星將出彗星 正義曰茀音佩謂客星侵近邊側欲相害又曰彗息歲反若篲形見其境
有亂也 何懼乎公曰可禳否晏子曰使神可祝而
來 正義祝音章受反 亦可禳而去也百姓苦怨以萬數而
君令一人禳之安能勝眾口乎是時景公好治
宮室聚狗馬奢侈厚賦重刑故晏子以此諫之
四十二年吳王闔閭伐楚入郢四十七年魯陽
虎攻其君不勝奔齊請齊伐魯鮑子諫景公乃
囚陽虎陽虎得亡奔晉四十八年與魯定公好
會夾谷 服虔曰東海祝其縣是也 犂鉏曰孔丘知禮而怯請令

萊人為樂 杜預曰萊人齊所滅萊夷。索隱曰鉏音即餘反即犂彌也 因執魯君可
得志景公害孔丘相魯懼其霸故從犂鉏之計
方會進萊樂孔子歷階上使有司執萊人斬之
以禮讓景公景公慙乃歸魯侵地以謝而罷去
是歲晏嬰卒五十五年范中行反其君於晉晉
攻之急來請粟田乞欲為亂樹黨於逆臣說景
公曰范中行數有德於齊不可不救乃使乞救
而輸之粟五十八年夏景公夫人燕姬適子死
景公寵妾芮姬生子荼 索隱曰左傳云鬻姒之子荼鬻則荼母姓姒此作芮姬不同也
譙周依左氏作鬻姒鄒誕生本作芮姁姁音五句反 荼少其母賤無行諸大夫
恐其為嗣乃言願擇諸子長賢者為太子景公
老惡言嗣事又愛荼母欲立之憚發之口乃謂
諸大夫曰為樂耳國何患無君乎秋景公病命
國惠子高昭子 杜預曰惠子國夏也昭子高張也 立少子荼為太
子逐群公子遷之萊 服虔曰萊齊東鄙邑 景公卒 皇覽曰景公冢與桓公冢
同處 太子荼立是為晏孺子冬未葬而群公子畏
誅皆出亡荼諸異母兄公子壽駒黔奔衛 徐廣曰一
二云壽黔奔衛。索隱曰壽一作嘉三人奔衛。正義曰三公子 公子駔陽生奔魯 索隱曰左
氏作公子鉏二人奔魯 萊人歌之曰景公死乎弗與埋三軍
事乎弗與謀 服虔曰萊人見五公子遠遷鄙邑不得與景公葬埋之事及國三軍之謀故愍而歌杜預

曰緌謚蓋葬後而爲此歌哀羣公子失所也師乎師乎胡黨之乎服虔曰徒衆也黨所也言公子徒衆何所適也晏孺子元年春田乞僞事高國者每
朝乞驂乘言曰子得君大夫皆自危欲謀作亂
又謂諸大夫曰高昭子可畏及未發先之大夫
從之六月田乞鮑牧乃與大夫以兵入公宮攻
高昭子昭子聞之與國惠子救公公師敗田乞
之徒追之國惠子奔莒遂反殺高昭子晏圉奔
魯賈逵曰圉晏嬰之子八月齊秉意茲徐廣曰左傳八月齊邴意茲奔魯田乞
敗二相乃使人之魯召公子陽生陽生至齊私
匿田乞家十月戊子田乞請諸大夫曰常之母

有魚菽之祭何休曰齊俗婦人首祭事言魚豆者示薄陋無所有也幸來會飲會
飲田乞盛陽生橐中置坐中央發橐出陽生曰
此乃齊君矣大夫皆伏謁將與大夫盟而立之
鮑牧醉乞誣大夫曰吾與鮑牧謀共立陽生鮑
牧怒曰子忘景公之命乎諸大夫相視欲悔陽
生前頓首曰可則立之否則已鮑牧恐禍起乃
復曰皆景公子也何爲不可乃與盟立陽生是
爲悼公悼公入宮使人遷晏孺子於駘賈逵曰齊邑殺
之幕下而逐孺子母芮子芮子故賤而孺子少
故無權國人輕之悼公元年齊伐魯取讙闡杜預

曰闡在東平剛縣北。索隱曰二邑名讙在博城縣西南初陽生之在魯也季康子
以其妹妻之及歸即位使迎之季姬與季魴侯
通杜預曰魴侯康子叔父也言其情魯弗敢與故齊伐魯竟迎
季姬季姬嬖齊復歸魯侵地鮑子與悼公有郤
不善四年吳魯伐齊南方鮑子弒悼公赴于吳
吳王夫差哭於軍門外三日將從海入討齊齊
人敗之吳師乃去晉趙鞅伐齊至賴而去服虔曰賴齊邑
齊人共立悼公子壬是爲簡公徐廣曰年表云簡公壬者景公之子也
簡公四年春初簡公與父陽生俱在魯也監止
有寵焉賈逵曰闞止子我也。索隱曰左氏監作闞音苦濫反闞在東平須昌縣東南及即位

使爲政田成子憚之驟顧於朝杜預曰心不安故數顧也御鞅
言簡公賈逵曰鞅齊大夫也。索隱曰鞅名爲僕御之官故曰御鞅亦田氏之族按系本陳桓子无宇產子
亹亹產子獻獻產鞅也曰田闞不可並也君其擇焉杜預曰擇用一人也
弗聽子我夕服虔曰夕省事田逆殺人逢之服虔曰子我將往夕省事於君
而逢逆之殺人也杜預曰逆子行陳氏宗遂捕以入杜預曰執逆入至於朝也田氏方睦
服虔曰陳常方欲謀有齊國故和其宗族使囚病而遺守囚者酒服虔曰使陳逆詐病
而遺也醉而殺守者得亡子我盟諸田於陳宗服虔
曰子我見陳逆得生出而恐爲陳氏所怨故與盟而請和也陳宗宗長之家初田豹欲爲子
我臣賈逵曰豹陳氏族也使公孫言豹賈逵曰公孫齊大夫也杜預曰言介達之意豹
有喪而止後卒以爲臣杜預曰終喪也幸於子我子我謂

曰吾盡逐田氏而立女可乎對曰我遠田氏矣服虔曰言我與陳氏宗疏遠也且其違者不過數人服虔曰違者不從子我者何盡逐焉遂告田氏子行曰彼得君弗先必禍子服虔曰彼謂闞止也子謂陳常也子行舍於公宮服虔曰止於公宮為陳氏作內間也夏五月壬申成子兄弟四乘如公服虔曰成子兄弟八人二人共一乘故曰四乘。索隱曰系本陳僖子乞產成子常簡子齒宣子其夷穆子安廩丘子尚豎茲子芒盈惠子得凡七人杜預又取昭子莊以充八人之數按系本昭子是桓公之子成子之叔父又不名莊彊相證會言四乘有八人耳今按田完系家云田常兄弟四人如公宮與此事同今此惟稱四乘不云人數知四乘謂弟兄四人乘車而入非二人共乘也然其昆弟三人不見者蓋時或不在不同入公宮不可彊以四乘為八人添叔父為兄弟之數服虔杜預之失也子我在幄杜預曰幄帳也聽政之處也出逆之遂入閉門服虔曰成子兄弟見子我出遂突入閉門子我不得復入宦者御之服虔曰閹豎以兵禦陳氏子行殺宦者服虔曰舍於公宮故得殺之公與婦人飲酒於檀臺服虔曰當陳氏入時飲酒於此臺成子遷諸寢服虔曰欲徙公令居寢也公執戈將擊之杜預曰疑其作亂也太史子餘服虔曰齊大夫曰非不利也將除害也杜預曰言將為公除害也成子出舍于庫杜預曰以公怒故也聞公猶怒將出服虔曰出奔也曰何所無君子行拔劍曰需事之賊也杜預曰言需疑則害也誰非田宗杜預曰言陳氏宗族衆多所不殺子者有如田宗杜預曰言子若欲出我必殺子明如陳宗乃止子我歸屬徒服虔曰會徒衆攻闈與大門服虔曰宮中之門曰闈大門公門也皆弗勝乃出田氏追之豐丘人執子我以告賈逵曰豐丘陳氏邑也殺之郭關服虔曰齊關名

成子將殺大陸子方服虔曰子方子我黨大夫東郭賈也田逆請而免之以公命取車於道杜預曰子方取道中行人車出雍門杜預曰齊城門田豹與之車弗受曰逆為余請豹與余車余有私焉事子我而有私於其讎何以見魯衛之士服虔曰子方將欲奔魯衛也左傳曰東郭賈奔衛庚辰田常執簡公于徐州春秋作舒州賈逵曰陳氏邑也。索隱曰徐音舒其字從人左氏作舒舒陳氏邑說文作郐郐在薛縣也公曰余蚤從御鞅言不及此甲午田常弑簡公于徐州田常乃立簡公弟驁是為平公索隱曰系本及譙周皆作敬誤也平公即位田常相之專齊之政割齊安平以東為田氏封邑徐廣曰年表云平公之時抑自出稱田氏。索隱曰安平齊邑地理志云涿郡有安平縣

平公八年越滅吳二十五年卒子宣公積立宣公五十一年卒子康公貸立田會反廩丘索隱曰田會齊大夫廩邑名東郡有廩丘縣也康公二年韓魏趙始列為諸侯十九年田常曾孫田和始為諸侯遷康公海濱二十六年康公卒呂氏遂絕其祀田氏卒有齊國為齊威王彊於天下

太史公曰吾適齊自泰山屬之琅邪北被于海膏壤二千里其民闊達多匿知其天性也以太公之聖建國本桓公之盛脩善政以為諸侯會盟稱伯不亦宜乎洋洋哉固大國之風也

索隱述贊曰

太公佐周　實秉陰謀　旣表東海
乃居營丘　小白致霸　九合諸侯
及溺內寵　釁鍾蟲流　莊公失德
崔杼作仇　陳氏傳政　厚貨輕收
悼簡遘禍　田闞非儔　瀰瀰餘烈
一變何由

史柒阡貳伯叁拾壹字
註伍阡肆伯捌拾伍字

齊太公世家第二　史記三十二

魯周公世家第三　史記三十三

周公旦者周武王弟也譙周曰以太王所居周地爲其采邑故謂周公。索隱曰周地名在岐山之陽本太王所居後以爲周公之菜邑故曰周公即今之扶風雍東北故周城也謚曰周文公見國語自文王在時旦爲子孝篤仁異於羣子索隱曰鄒誕本孝作敬及武王即位旦常輔翼武王用事居多武王九年東伐至盟津周公輔行十一年伐紂至牧野正義曰衞州即牧野之地東北去朝歌七十三里周公佐武王作牧誓破殷入商宮已殺紂周公把大鉞召公把小鉞以夾武王釁社告紂之罪于天及殷民釋箕子之囚封紂子武庚祿父使管叔蔡叔傅之以續殷

祀徧封功臣同姓戚者封周公旦於少昊之虛曲阜正義曰括地志云兗州曲阜縣外城即魯公伯禽所築也是爲魯公周公不就封留佐武王武王克殷二年天下未集武王有疾不豫羣臣懼太公召公乃繆卜徐廣曰古書穆字多作繆周公曰未可以戚我先王孔安國曰戚近也未可以死近先王也鄭玄曰二公欲就文王廟卜戚憂也未可憂怖我先王也周公於是乃自以爲質設三壇周公北面立戴璧秉圭孔安國曰璧以禮神圭以爲贄告于太王王季文王孔安國曰告謂祝辭史策祝孔安國曰史爲策書祝詞也鄭玄曰策周公所作謂簡書也祝者讀此簡書以告三王曰惟爾元孫王發勤勞阻疾徐廣曰阻一作淹若爾三王是有負子之責於天以旦代王

發之身孔安國曰太子之責謂疾不可救也不可救于天則當以旦代之死生有命不可請代聖人敘臣子之心以垂世教。索隱曰尚書負爲丕今此爲負者謂三王負上天之責故我當代之鄭玄曰丕讀曰負旦巧能多材多藝能事鬼神孔安國曰旦言可以代武王之意乃王發不如旦多材多藝不能事鬼神乃命于帝庭敷佑四方馬融曰武王受命于天帝之庭布其道以佑助四方用能定汝子孫于下地四方之民罔不敬畏孔安國曰言武王用受命帝庭之故能定先人子孫於天下四方之民無不敬畏也無墜天之降葆命我先王亦永有所依歸孔安國曰言不救則墜天寶命也救之則先王長有所依歸矣鄭玄曰降下也寶猶神也有所依歸爲宗廟之主也。正義墜直類反今我其即命於元龜孔安國曰就受三王之命於元龜卜知吉凶者也馬融曰元龜大龜也爾之許我我以其璧與圭歸以俟爾

命孔安國曰許謂疾瘳待命當以事神也馬融曰待汝命武王當愈我當死也爾不許我我乃屛璧與圭孔安國曰不許不愈也屛藏言不得事神周公已令史策告太王王季文王欲代武王發於是乃即三王而卜卜人皆曰吉發書視之信吉孔安國曰占兆書也周公喜開籥乃見書遇吉王肅曰籥藏占兆書管也周公入賀武王曰王其無害旦新受命三王維長終是圖孔安國曰我新受三王命武王維長終是謀周之道茲道能念予一人馬融曰一人天子也鄭玄曰茲此也周公藏其策金縢匱中孔安國曰藏之於匱緘之以金不欲人開也誡守者勿敢言明日武王有瘳其後武王既崩成王少在強葆之中。索隱曰強葆即繈褓古字少假借用之。正義曰強闊八寸長八尺用約小兒

於背而負行葆小兒被也 周公恐天下聞武王崩而畔周公乃踐阼代成王攝行政當國管叔及其羣弟流言於國曰周公將不利於成王 孔安國曰放言於國以誣周公以惑成王也 周公乃告太公望召公奭曰我之所以弗辟 正義音避 而攝行政者恐天下畔周無以告我先王太王王季文王三王之憂勞天下久矣於今而后成武王蚤終成王少將以成周我所以為之若此於是卒相成王而使其子伯禽代就封於魯周公戒伯禽曰我文王之子武王之弟成王之叔父我於天下亦不賤矣然我一沐三捉髮一

飯三吐哺起以待士猶恐失天下之賢人子之魯慎無以國驕人管蔡武庚等果率淮夷而反周公乃奉成王命興師東伐作大誥遂誅管叔殺武庚放蔡叔收殷餘民以封康叔於衛封微子於宋以奉殷祀寧淮夷東土二年而畢定諸侯咸服宗周天降祉福唐叔得禾異母同穎 徐廣曰一作穗穎即穗也。索隱曰尚書作畝此為母義亦並通 獻之成王成王命唐叔以餽周公於東土作餽禾周公既受命禾嘉天子命 徐廣曰嘉一作魯今書序作旅也。索隱曰魯字誤史意云周公嘉天子命於文不必作魯 作嘉禾東土以集周公歸報成王乃為詩貽王命之

曰鴟鴞 毛詩序曰成王未知周公之志公乃為詩以遺王名之曰鴟鴞毛傳曰鴟鴞鸋鴂也 王亦未敢訓周公 徐廣曰訓一作誚。索隱曰尚書作誚誚讓也此作訓字誤耳義無所通徐氏合定其本何須云一作誚也 成王七年二月乙未王朝步自周至豐 馬融曰周鎬京也豐文王廟所在朝者舉事上朝將即土中易都大事故告文王武王廟鄭玄曰步行也堂下謂之步豐鎬異邑而言步者告武王廟即行出廟入廟不以遠為父恭也。索隱曰豐文王所作邑後武王都鎬於豐立文王廟接豐在鄠縣東臨豐水東去鎬二十五里也 使太保召公先之雒相土 鄭玄曰相視也 其三月周公往營成周雒邑 公羊傳曰成周者何東周也何休曰名為成周者周道始成王所都也 卜居焉曰吉遂國之成王長能聽政於是周公乃還政於成王成王臨朝周公之代成王治南面倍依以朝諸侯 禮記曰周公朝諸侯于明堂之位天子負

斧依南向而立鄭玄曰周公攝王位以明堂之禮儀朝諸侯也不於宗廟避王也天子周公也負之言倍也斧依為斧文屏風於戶牖之間周公於前立也 及七年後還政成王北面就臣位匔匔如畏然 徐廣曰匔匔謹敬貌也見三蒼音穹窮一本作夔夔也 初成王少時病周公乃自揃其蚤沈之河以祝於神曰王少未有識奸神命者乃旦也亦藏其策於府成王病有瘳及成王用事人或譖周公周公奔楚 索隱曰經典無文其事或別有所出而譙周云秦既燔書時人欲言金縢之事失其本末乃云成王少時病周公禱河欲代王死藏祝策于府成王用事人讒周公周公奔楚成王發府見策乃迎周公又與蒙恬傳同事或然也 成王發府見周公禱書乃泣反周公周公歸恐成王壯治有所淫佚乃作多士作毋逸毋逸稱為人

父母爲業至長父子孫驕奢忘之以亡其家爲人子可不愼乎故昔在殷王中宗嚴恭敬畏天命自度孔安國曰用法度也治民震懼不敢荒寧馬融曰知民之勞苦不敢荒廢自安也故中宗饗國七十五年其在高宗正義曰武丁也久勞于外爲與小人孔安國曰父小乙使之久居人間勞是稼穡與小人出入同事也馬融曰武丁爲太子時其父小乙使行役有所勞役於外與小人從事知小人艱難勞苦也鄭玄曰爲父小乙將師役於外也作其即位乃有亮闇三年不言孔安國曰武丁起其即王位則小乙死乃有信嘿三年不言言孝行著也鄭玄曰楣謂之梁闇謂廬也言乃讙鄭玄曰讙喜悅也言乃喜悅則民臣望其言久矣不敢荒寧密靖殷國馬融曰寧安也至于小大無怨孔安國曰小大之政民無怨者言無非也故高宗饗國五十五年尚書云五十九年

其在祖甲孔安國曰王肅云祖甲湯孫太甲也馬融曰鄭玄曰祖甲武丁子帝甲也。索隱曰按紀年太甲唯得十二年此云祖甲享國三十三年知祖甲是帝甲明也不義惟王久爲小人孔安國曰爲王不義久爲小人之行伊尹放之桐宮馬融曰祖甲有兄祖庚而祖甲賢武丁欲立之祖甲以王廢長立少不義逃亡民間故曰不義惟王久爲小人也武丁死祖庚立祖庚死祖甲立于外知小人之依能保施小民不侮鰥寡孔安國曰小人之所依依仁政也故能安順於衆民不敢侮慢惸獨也故祖甲饗國三十三年王肅曰先中宗後祖甲先盛德後有過也多士稱曰自湯至于帝乙無不率祀明德帝無不配天者孔安國曰無敢失天道者故無不配天也在今後嗣王紂誕淫厥佚不顧天及民之從也徐廣曰一作敬之也駰案馬融曰紂大淫樂其逸無所能顧念於天施顯道於民而敬之也其民皆可誅周多士文王日中昃

不暇食饗國五十年作此以誡成王成王在豐天下已安周之官政未次序於是周公作周官官別其宜作立政孔安國曰周公既致政成王恐其怠忽故以君臣立政爲戒也以便百姓百姓說周公在豐病將沒曰必葬我成周徐廣曰衛世家云管叔欲襲成周然則或說尚書者不以成周爲洛陽乎諸侯年表敘曰齊晉楚秦其在成周微之甚也以明吾不敢離成王周公既卒成王亦讓葬周公於畢正義曰括地志云周公墓在雍州咸陽北十三里畢原上從文王以明予小子不敢臣周公也周公卒後秋未穫暴風雷雨禾盡偃大木盡拔周國大恐成王與大夫朝服以開金縢書索隱曰尚書武王崩後有此雷風之異今此言周公卒後更有暴風之變始開金縢之書此不然也蓋由史遷不見古文尚書故謬爾王乃得周公所自以爲功代武王之說徐廣曰一作簡駰案孔安國曰所藏請命策書本也二公及王乃問史百執事孔安國曰二公倡王啓之故先見書也史百執事皆從周公請命者鄭玄曰問者問審然否也史百執事曰信有昔周公命我勿敢言成王執書以泣鄭玄曰泣者傷周公忠孝如是而無知之者曰自今後其無繆卜乎孔安國曰本欲敬卜吉凶今天意可知故止昔周公勤勞王家惟予幼人弗及知今天動威以彰周公之德惟朕小子其迎我國家禮亦宜之王肅曰亦宜褒有德也。正義曰孔安國云周公以成王未寤故留東未還成王改過自新遣使者逆之亦國家禮有德之宜也王孔二說非也按言成王以開金縢之書知天風雷以彰周公之德故成王亦設郊天之禮以迎我國家先祖配食之禮亦當宜之故成王出郊天乃雨反風也王出

郊天乃雨反風禾盡起孔安國曰郊以玉幣謝天也天即反風起禾明郊之是也馬融曰反風風還反也二公命國人凡大木所偃盡起而築之徐廣曰築拾也駰案馬融曰禾爲木所偃者起其木拾其下禾乃無所失亡也歲則大熟於是成王乃命魯得郊禮記曰魯君祀帝于郊配以后稷天子之禮祭文王禮記曰諸侯不得祖天子鄭玄曰魯以周公之故立文王之廟也魯有天子禮樂者以褒周公之德也周公卒子伯禽固已前受封是爲魯公索隱曰周公元子就封於魯次子留相王室代爲周公其餘食小國者六人凡蔣邢茅胙祭也魯公伯禽之初受封之魯三年而後報政周公周公曰何遲也伯禽曰變其俗革其禮喪三年然後除之故遲太公亦封於齊五月而報政周公周公曰何疾也曰吾簡其君臣禮從其俗爲也及後聞伯禽報政遲乃歎曰嗚呼魯後世其北面事齊矣夫政不簡不易民不有近平易近民民必歸之徐廣曰一本云政不簡不行不行不樂不樂則不平易平易近民民必歸之又一本云夫民不簡不易有近乎簡易民必歸之。索隱曰言爲政簡易者民必附近之近謂親近也伯禽即位之後有管蔡等反也淮夷徐戎亦並興反孔安國曰淮浦之夷徐州之戎並起爲寇於是伯禽率師伐之於肸作肸誓徐廣曰一作鮮一作獮。駰案尚書作粊孔安國曰魯東郊之地名也。索隱曰尚書作粊誓今尚書大傳作鮮誓鮮誓即肸誓古今字異義亦變也鮮獮也言於肸地誓眾因行獮田之禮以取鮮獸而祭故字或作鮮或作獮粊地名即魯卿季氏之費邑地名曰陳爾甲冑無敢不善無敢傷牿正義曰古毒反牿牛馬牢也今

臣無傷其牢恐牛馬逸馬牛其風臣妾逋逃鄭玄曰風走逸臣妾廝役之屬也勿敢越逐敬徐廣曰一作振復之孔安國曰勿敢弃越壘伍而求逐也眾人有得佚馬牛逃臣妾皆敬還無敢寇攘踰牆垣鄭玄曰寇劫取也因其失亡曰攘魯人三郊三隧王肅曰邑外曰郊郊外曰隧不言四者東郊留守故言三也峙爾芻茭糗糧楨榦孔安國曰皆當儲峙汝糗糧使足食多積芻茭供軍牛馬馬融曰楨榦皆築具楨在前榦在兩傍。正義曰糗去九反楨音貞無敢不逮我甲戌築而征徐戎孔安國曰甲戌日當築攻敵壘距堙之屬無敢不及有大刑馬融曰大刑死刑作此肸誓遂平徐戎定魯魯公伯禽卒徐廣曰皇甫謐云伯禽以成王元年封四十六年康王十六年卒子考公酋立索隱曰系本作就鄒本作遒考公四年卒立弟熙是謂煬公索隱曰熙一作怡煬公築茅徐廣曰一作第又作夷闕門世本曰煬公徙魯宋忠曰今魯國六年卒子幽公宰立索隱曰世本名圉幽公十四年幽公弟濆殺幽公而自立是爲魏公徐廣曰世本作微公。索隱曰系本濆作弗音沸魏作微且古書多用魏字作微則太史公意亦不殊魏公五十年卒子厲公擢立索隱曰系本作翟音持角反厲公三十七年卒魯人立其弟具是爲獻公獻公三十二年卒徐廣曰劉歆云五十年皇甫謐云三十六年子眞公濞立索隱曰眞音慎本亦作慎公按衛亦有眞侯可通也濞系本作摯或作鼻音匹位反鄒誕本作慎公鼻也眞公十四年周厲王無道出奔彘共和行政二十九年周宣王即位三十年眞公卒弟敖立是爲武公武公九年春武公與長子括少子戲正義曰許義反又音許宜反後同西朝周宣王

宣王愛戲欲立戲為魯太子周之樊仲山父諫宣王曰廢長立少不順不順必犯王命犯王命必誅之故出令不可不順也令之不行政之不立(韋昭曰令不行則政不立)行而不順民將棄上(韋昭曰使長事少故民將棄上)夫下事上少事長所以為順今天子建諸侯立其少是教民逆也(唐固曰言不教之順而教之逆)若魯從之諸侯效之王命將有所壅(韋昭曰言先王之命立長今魯之命將壅塞不行也)若弗從而誅之是自誅王命也(韋昭曰先王之命立長若誅之是自誅王命)誅之亦失不誅亦失(韋昭曰誅之誅王命不誅則王命廢)王其圖之宣王弗聽卒立戲為魯太子夏武公歸而卒(徐廣曰劉歆云立二年)戲立是為懿公懿公九年懿公兄括之子伯御(正義曰伯我嫁反下同也)與魯人攻弒懿公而立伯御為君伯御即位十一年周宣王伐魯殺其君伯御而問魯公子能道順(徐廣曰一作訓○正義曰道音導順音訓)諸侯者以為魯後樊穆仲曰(韋昭曰穆仲仲山父之謚也猶魯叔孫穆子謂之穆叔也)魯懿公弟稱(正義尺證反)肅恭明神敬事耆老賦事行刑必問於遺訓而咨於固實(徐廣曰固一作故韋昭曰故實故事之是者)不干所問不犯所知宣王曰然能訓治其民矣乃立稱於夷宮(韋昭曰夷宮者宣王祖父夷王之廟古者爵命必於祖廟)是為孝公自是後諸侯多畔王命孝公二十五年諸侯畔周犬戎殺幽

王秦始列為諸侯二十七年孝公卒子弗湟(徐廣曰表云弗生也○索隱曰系本作弗皇年表作弗生)立是為惠公惠公三十年晉人弒其君昭侯四十五年晉人又弒其君孝侯四十六年惠公卒長庶子息攝當國行君事是為隱公(索隱曰隱公名息系本名息姑)初惠公適夫人無子(正義適音的)公賤妾聲子生子息息長為娶於宋宋女至而好惠公奪而自妻之(索隱曰左傳宋武公生仲子手中有魯夫人文故歸魯生桓公今此云惠公奪息婦而自妻又經傳不言惠公無道左氏文亦分明不知太史公何據而為此說譙周亦深不信)生子允(徐廣曰一作軌○索隱曰一作兀五忽反)登宋女為夫人以允為太子及惠公卒為允少故魯人共令息攝政不言即位隱公五年觀漁於棠(賈逵曰棠魯地陳漁而觀之杜預曰高平方與縣北有武棠亭魯侯觀漁臺也)八年與鄭易天子之太山之邑祊及許田君子譏之(穀梁傳曰祊者鄭伯之所受命於天子而祭太山之邑也許田乃魯之朝宿之邑天子在上諸侯不得以地相與)十一年冬公子揮諂謂隱公曰百姓便君君其遂立吾請為君殺子允君以我為相(左傳曰羽父請殺桓公將以求太宰也)隱公曰有先君命吾為允少故攝代今允長矣吾方營菟裘之地而老焉(服虔曰菟裘魯邑也營菟裘以作宮室欲居之以終老也杜預曰菟裘在泰山梁父縣南)以授子允政揮懼子允聞而反誅之乃反譖隱公於子允曰隱公欲遂立去子子其圖之請為子殺隱公

子允許諾十一月隱公祭鍾巫賈逵曰鍾巫祭名也齊于社圃杜預曰社圃園名館于蔿氏服虔曰館舍也蔿氏魯大夫揮使人弒隱公于蔿氏而立子允為君是為桓公桓公元年鄭以璧易天子之許田麋信曰鄭以祊不足當許田故復加璧二年以宋之賂鼎入於太廟君子譏之穀梁傳曰桓公內殺其君外成人之亂受賂而退以事其祖非禮也公羊傳曰周公廟曰太廟三年使揮迎婦于齊為夫人六年夫人生子與桓公同日故名曰同同長為太子十六年會于曹伐鄭入厲公十八年春公將有行杜預曰始議行事也遂與夫人如齊申繻諫止賈逵曰申繻魯大夫公不聽遂如齊齊襄公通桓公夫人公怒

夫人夫人以告齊侯夏四月丙子齊襄公饗公服虔曰為公設享燕之禮公醉使公子彭生抱魯桓公因命彭生摺其脅公死于車魯人告于齊曰寡君畏君之威不敢寧居來脩好禮禮成而不反無所歸咎請得彭生以除醜於諸侯齊人殺彭生以說魯立太子同是為莊公莊公母夫人因留齊不敢歸魯莊公五年冬伐衛內衛惠公八年齊公子糾來奔九年魯欲內子糾於齊後桓公桓公發兵擊魯魯急殺子糾召忽死齊告魯生致管仲魯人施伯曰正義曰世本云施伯魯惠公孫齊欲得管仲非殺

之也將用之用之則為魯患不如殺以其屍與之索隱曰屍亦作死字莊公不聽遂囚管仲與齊齊人相管仲十三年魯莊公與曹沫會齊桓公於柯曹沫劫齊桓公求魯侵地已盟而釋桓公桓公欲背約管仲諫卒歸魯侵地十五年齊桓公始霸二十三年莊公如齊觀社韋昭曰齊因祀社蒐軍實以示軍容公往觀之三十二年初莊公築臺臨黨氏賈逵曰黨氏魯大夫任姓見孟女賈逵曰黨氏之女○索隱曰左傳云初公築臺臨黨氏見孟任從之閟杜預曰孟長任字也非姓耳說而愛之許立為夫人割臂以盟服虔曰割其臂以與公盟孟女生子斑斑長說梁氏女杜預曰梁氏魯大夫也往觀圉人犖自牆外

與梁氏女戲服虔曰圉人掌養馬者犖其名也○正義犖力角反斑怒鞭犖莊公聞之曰犖有力焉遂殺之是未可鞭而置也斑未得殺會莊公有疾莊公有三弟長曰慶父次曰叔牙次曰季友莊公取齊女為夫人曰哀姜哀姜無子哀姜娣正義曰田戾反曰叔姜生子開莊公無適嗣愛孟女欲立其子斑莊公病而問嗣於弟叔牙叔牙曰一繼一及魯之常也何休曰父死子繼兄死弟及慶父在可為嗣君何憂莊公患叔牙欲立慶父退而問季友季友曰請以死立斑也莊公曰曩者叔牙欲立慶父柰何季友以莊公命命

魯周公世家

牙待於鍼巫氏(杜預曰鍼巫氏魯大夫也)使鍼季劫飲叔牙以鴆(服虔曰鴆鳥一曰運日鳥)曰飲此則有後奉祀不然死且無後牙遂飲鴆而死魯立其子爲叔孫氏(杜預曰不以罪誅故得立後世繼其祿也)八月癸亥莊公卒季友竟立子斑爲君如莊公命侍喪舍于黨氏(正義曰未至公宮止於舅氏)先時慶父與哀姜私通欲立哀姜娣子開及莊公卒而季友立斑十月己未慶父使圉人犖殺魯公子斑於黨氏季友犇陳(服虔曰季友內知慶父之情力不能誅故避其難出奔)慶父竟立莊公子開是爲湣公(索隱曰系本名曰啓今此作開避漢景帝諱耳春秋作閔公也)湣公二年慶父與哀姜通益甚哀姜與慶父謀殺湣公而立慶父慶父使卜齮襲殺湣公於武闈(賈逵曰卜齮魯大夫也宮中之門謂之闈○正義曰齮魚綺反闈音韋)季友聞之自陳與湣公弟申如邾請魯求內之魯人欲誅慶父慶父恐奔莒於是季友奉子申入立之是爲釐公(索隱曰湣公之弟名曰申成季相之魯國以理於是魯人爲僖公作魯頌)釐公亦莊公少子哀姜恐奔邾季友以賂如莒求慶父慶父歸使人殺慶父慶父請奔弗聽乃使大夫奚斯行哭而往慶父聞奚斯音乃自殺齊桓公聞哀姜與慶父亂以危魯乃召之邾而殺之以其屍歸戮之魯釐公請而葬之季友母陳女故

亡在陳陳故佐送季友及子申季友之將生也父魯桓公使人卜之曰男也其名曰友間于兩社爲公室輔(賈逵曰兩社周社亳社也兩社之間朝廷執政之臣所在)季友亡則魯不昌及生有文在掌曰友遂以名之號爲成季其後爲季氏慶父後爲孟氏也釐公元年以汶陽鄪封季友(賈逵曰汶陽鄪魯二邑杜預曰汶陽汶水北地也汶水出泰山萊蕪縣○索隱曰鄪今作費同音祕按費在汶水之北則汶陽非邑賈言二邑非也地理志東海費縣班固云魯季氏邑盇尚書費誓郎是其地)季友爲相九年晉里克殺其君奚齊卓子(徐廣曰卓一作悼)齊桓公率釐公討晉亂至高梁而還(索隱曰晉地在平陽縣)立晉惠公十七年齊桓公卒二十四年晉文公即位三十三年釐公卒子興立是爲文公文公元年楚太子商臣弒其父成王代立三年文公朝晉襄公十一年十月甲午魯敗翟于鹹(服虔曰鹹魯地也)獲長翟喬如富父終甥春其喉以戈殺之(服虔曰富父終𥾴魯大夫也春猶衝)埋其首於子駒之門(賈逵曰子駒魯郭門名)以命宣伯(服虔曰宣伯叔孫得臣子喬如也得臣獲喬如以名其子使後世旌識其功)初宋武公之世鄋瞞伐宋(服虔曰武公周平王時在春秋前二十五年鄋瞞長翟國名○正義鄋作㝮音所劉反瞞莫寒反)司徒皇父帥師禦之以敗翟于長丘(杜預曰長丘宋地名)獲長翟緣斯(賈逵曰喬如之祖)晉之滅路(在魯宣公十五年)獲喬如弟棼如齊惠公二年鄋瞞伐齊齊王子

城父獲其弟榮如埋其首於北門 按年表齊惠公二年魯宣公之二年 衛人獲其季弟簡如 服虔曰獲與喬如同時 鄋瞞由是遂亡 杜預曰長翟之種絕 十五年季文子使於晉十八年二月文公卒文公有二妃長妃齊女哀姜 索隱曰此哀非謚蓋以哭而過市國人哀之謂之哀姜 生子惡及視次妃敬嬴嬖愛生子倭 徐廣曰一作倭○索隱曰音人唯反 倭私事襄仲 服虔曰襄仲公子遂 襄仲欲立之叔仲曰不可 服虔曰叔仲惠伯○ 襄仲請齊惠公惠公新立欲親魯許之冬十月襄仲殺子惡及視而立倭是爲宣公哀姜歸齊哭而過市曰天乎襄仲爲不道殺適 正義音的 立庶市人皆哭魯人謂之哀姜魯由此公室卑三桓彊 服虔曰三桓魯桓公之族仲孫叔孫季孫 宣公倭十二年楚莊王彊圍鄭鄭伯降復國之十八年宣公卒子成公黑肱 徐廣曰肱一作股 立是爲成公季文子曰使我殺適立庶失大援者襄仲 服虔曰援助也仲殺適立庶國政無常鄰國非之是失大援助也杜預曰襄仲立宣公南通於楚既不固又不能堅事齊晉故云失大援 襄仲立宣公公孫歸父有寵 服虔曰歸父襄仲之子 宣公欲去三桓與晉謀伐三桓會宣公卒季文子怨之歸父奔齊成公二年春齊伐取我隆 左傳作龍杜預曰魯邑在泰山博縣西南 夏公與晉郤克敗齊頃公於鞌齊復歸我侵地四年成公如晉晉景公不敬魯魯欲背晉

合於楚或諫乃不十年成公如晉晉景公卒因留成公送葬魯諱之 索隱曰經不書其葬唯言公如晉是諱之 十五年始與吳王壽夢會鍾離 正義曰括地志云鍾離國故城在濠州鍾離縣東五里 十六年宣伯告晉欲誅季文子 服虔曰宣伯叔孫喬如 文子有義晉人弗許十八年成公卒子午立是爲襄公是時襄公三歲也襄公元年晉立悼公往年冬晉欒書弒其君厲公四年襄公朝晉五年季文子卒家無衣帛之妾廄無食粟之馬府無金玉以相三君 索隱曰宣成襄也 君子曰季文子廉忠矣九年與晉伐鄭晉悼公冠襄公於衛 左傳曰冠于成公之廟假鍾磬焉禮也 季武子從相行禮十一年三桓氏分爲三軍 韋昭曰周禮天子六軍諸侯大國三軍魯伯禽之封舊有三軍其後削弱二軍而已季武子欲專公室故益中軍以爲三軍三家各征其一○索隱曰征謂起徒役也武子爲三軍故一卿主一軍之征賦 十二年朝晉十六年晉平公即位二十一年朝晉平公二十二年孔丘生 正義曰生在周靈王二十一年魯襄二十二年晉平七年吳諸樊十年 二十五年齊崔杼弒其君莊公立其弟景公二十九年吳延陵季子使魯問周樂盡知其意魯人敬焉三十一年六月襄公卒其九月太子卒 左傳曰毀也○索隱曰左傳云胡女敬歸之子子野立三月卒 魯人立齊歸之子裯爲君 徐廣曰裯一作袑服虔曰胡歸姓之國也齊謚也索隱曰系本作裯徐廣作袑袑音紹也 是爲昭公

年十九猶有童心服虔曰言無成人之志而有童子之心穆叔不欲立
索隱曰魯大夫叔孫豹宣伯僑如之弟曰太子死有母弟可立不即立
長服虔曰無母弟則立庶子之長年鈞擇賢義鈞則卜之杜預曰先人事後卜筮義
鈞謂賢等今禂非適嗣且又居喪意不在戚而有喜
色若果立必為季氏憂季武子弗聽卒立之比
及葬三易衰杜預曰言其嬉戲無度君子曰是不終也昭公
三年朝晉至河晉平公謝還之魯恥焉四年楚
靈王會諸侯於申昭公稱病不往七年季武子
卒八年楚靈王就章華臺召昭公昭公往賀春秋
云七年三月公如楚賜昭公寶器已而悔復詐取之左傳曰好以大屈服
虔曰大屈寶金可以為劍一曰大屈弓名魯連書曰楚子享魯侯于章華與之大曲之弓既而悔之大屈殆所謂大屈之
弓也十二年朝晉至河晉平公謝還之十三年楚
公子棄疾弒其君靈王代立十五年朝晉晉留
之葬晉昭公魯恥之二十年齊景公與晏子狩
竟因入魯問禮索隱曰齊系家亦然左傳無其事二十一年朝晉
至河晉謝還之二十五年春鸜鵒來巢周禮曰鸜鵒不踰濟
公羊傳曰非中國之禽也宜穴又巢穀梁傳曰來者來中國也師己曰文成之世童謠
賈逵曰師己魯大夫也文成魯文公成公鸜鵒來巢公在乾侯鸜鵒入
處公在外野季氏與郈氏徐廣曰一本作厚世本亦然鬬雞杜預
曰季平子郈昭伯二家相近故鬬雞季氏芥雞羽服虔曰擣芥子播其雞羽可以坌郈氏雞目杜預曰

或云以膠沙播之為介雞郈氏金距服虔曰以金錔距季平子怒而侵郈
氏服虔曰怒其不下已也侵郈氏之宮地以自益郈昭伯亦怒平子索隱曰系本昭伯名
惡魯孝公之後稱厚氏臧昭伯之弟會賈逵曰昭伯臧孫賜也。索隱曰系本臧會臧頃伯
也宣叔許之孫與昭伯賜為從父昆弟也僞讒臧氏匿季氏臧昭伯囚季
氏人季平子怒囚臧氏老服虔曰老臧氏家之大臣臧郈氏以
難告昭公昭公九月戊戌伐季氏遂入平子登
臺請曰君以讒不察臣罪誅之請遷沂上弗許
杜預曰魯城南自有沂水平子欲出城待罪也大沂水出蓋縣南入泗水請囚於鄪弗許服虔
曰鄪季氏邑請以五乘亡弗許服虔曰言五乘自省約以出子家駒曰
索隱曰魯大夫仲孫氏之族名駒謚懿伯也君其許之政自季氏久矣為
徒者衆衆將合謀弗聽郈氏曰必殺之叔孫氏
之臣戾左傳曰鬷戾謂其衆曰無季氏與有孰利皆
曰無季氏是無叔孫氏戾曰然救季氏遂敗公
師孟懿子賈逵曰懿子仲孫何忌聞叔孫氏勝亦殺郈昭伯
郈昭伯為公使故孟氏得之三家共伐公公遂
奔己亥公至于齊齊景公曰請致千社待君子
家曰弃周公之業而臣於齊可乎乃止子家曰
齊景公無信不如早之晉弗從叔孫見公還見
平子平子頓首初欲迎昭公孟孫季孫後悔乃
止二十六年春齊伐魯取鄆賈逵曰魯邑而居昭公焉

夏齊景公將內公令無受魯賂申豐汝賈（賈逵曰申豐汝賈魯大夫）許齊臣高齕子將粟五千庾（賈逵曰十六斗為庾五千庾八萬斗。索隱曰一本子將上有貨字子將即梁丘據也齕音紇子將家臣也左傳子將作子猶）子將言於齊侯曰羣臣不能事魯君有異焉（服虔曰異猶怪也）宋元公為魯如晉求內之道卒（春秋曰宋公佐卒于曲棘）叔孫昭子求內其君無病而死（索隱曰昭子名婼即穆叔子）不知天弃魯乎抑魯君有罪于鬼神也願君且待齊景公從之二十八年昭公如晉求入季平子私於晉六卿六卿受季氏賂諫晉君晉君乃止居昭公乾侯（杜預曰乾侯在魏郡斥丘縣晉竟內邑）二十九年昭公如鄆齊景公使

人賜昭公書自謂主君（服虔曰大夫稱主比公於大夫故稱主君）昭公恥之怒而去乾侯三十一年晉欲內昭公召季平子平子布衣跣行（王肅曰示憂戚）因六卿謝罪六卿為言曰晉欲內昭公眾不從晉人止三十二年昭公卒於乾侯魯人共立昭公弟宋為君是為定公定公立趙簡子問史墨（服虔曰史墨晉史蔡墨）曰季氏亡乎史墨對曰不亡季友有大功於魯受鄪為上卿至于文子武子世增其業魯文公卒東門遂殺適立庶（服虔曰東門遂襄仲也居東門故稱東門遂。索隱曰系本並作述鄒誕作秫又系本遂產子家歸父及昭子子嬰也）魯君於是失國政政在季氏於今四君

矣民不知君何以得國是以為君慎器與名不可以假人（杜預曰器車服名爵號）定公五年季平子卒陽虎私怒囚季桓子與盟乃捨之七年齊伐我取鄆以為魯陽虎邑以從政八年陽虎欲盡殺三桓適而更立其所善庶子以代之載季桓子將殺之桓子詐而得脫三桓共攻陽虎陽虎居陽關（服虔曰陽關魯邑）九年魯伐陽虎陽虎奔齊已而奔晉趙氏（正義曰左傳云仲尼曰趙氏其世有乱乎杜預云受乱人故）十年定公與齊景公會於夾谷孔子行相事齊欲襲魯君孔子以禮歷階誅齊淫樂齊侯懼乃止歸魯侵地而謝過

十二年使仲由毀三桓城（服虔曰仲由子路）收其甲兵孟氏不肯墮城（杜預曰墮毀）伐之不克而止季桓子受齊女樂孔子去（孔安國曰桓子使定公受齊女樂君臣相與觀之廢朝礼三日）十五年定公卒子將立是為哀公（索隱曰系本將亦作蔣）哀公五年齊景公卒六年齊田乞弒其君孺子七年吳王夫差彊伐齊至繒徵百牢於魯季康子使子貢說吳王及太宰嚭以禮詘之吳王曰我文身不足責禮乃止八年吳為鄒伐魯至城下盟而去齊伐我取三邑十年伐齊南邊十一年齊伐魯季氏用冉有有功思孔子孔子自衛歸魯十四年

齊田常弒其君簡公於徐州孔子請伐之哀公
不聽十五年使子服景伯子貢爲介適齊齊歸
我侵地田常初相欲親諸侯十六年孔子卒二
十二年越王句踐滅吳王夫差二十七年春季
康子卒夏哀公患三桓將欲因諸侯以劫之三
桓亦患公作難故君臣多間賈逵曰間隙也公游于陵阪
服虔曰陵阪地名遇孟武伯於衢索隱曰一本作衛非也左傳於孟氏之衢曰請問
余及死乎杜預曰問己可得以壽死不對曰不知也公欲以越
伐三桓八月哀公如陘氏杜預曰陘氏即有山氏三桓攻公
公奔于衛去如鄒遂如越國人迎哀公復歸卒

于有山氏徐廣曰皇甫謐云哀公元甲辰終庚午子寧立是爲悼公悼
公之時三桓勝魯如小侯卑於三桓之家十三
年三晉滅智伯分其地有之三十七年悼公卒
徐廣曰一本云悼公即位三十年乃於秦惠王卒楚懷王死年合又自悼公以下盡與劉歆曆譜合而反違年表未詳何
故皇甫謐云悼公四十年元辛未終庚戌子嘉立是爲元公元公二十一
年卒徐廣曰皇甫謐云元辛亥終辛未子顯立是爲穆公索隱曰系本顯作不
衍穆公三十三年卒徐廣曰皇甫謐云元壬申終甲辰子奮立是爲
共公共公二十二年卒徐廣曰皇甫謐云元乙巳終丙寅子屯立是
爲康公索隱曰屯音竹倫反康公九年卒徐廣曰皇甫謐云元丁卯終乙亥子匽
立是爲景公索隱曰匽音偃景公二十九年卒徐廣曰皇甫謐云元

丙子終甲辰子叔立是爲平公索隱曰系本叔作旅是時六國皆稱
王平公十二年秦惠王卒二十二年平公卒徐廣
曰皇甫謐云元乙巳終甲子子賈立是爲文公索隱曰系本作湣公鄒誕亦同系家或作
文公文公七年楚懷王死于秦二十三年文公卒
徐廣曰皇甫謐云元乙丑終丁亥子讎立是爲頃公頃公二年秦拔
楚之郢徐廣曰年表云文公十八年秦拔郢楚走陳楚頃王東徙于陳十
九年楚伐我取徐州徐廣曰徐州在魯東今薛縣○索隱曰說文䣄邾之下邑在魯東又
郡國志曰魯國薛縣六國時曰徐州又紀年云梁惠王三十一年下邳遷于薛故名曰徐州則徐與䣄並音舒也二
十四年楚考烈王伐滅魯頃公亡遷於下邑徐廣
曰下一作卞○索隱曰下邑謂國外之小邑本或作卞邑然魯有卞邑與此不同爲家人魯絕祀

頃公卒于柯徐廣曰皇甫謐云元戊子終辛亥○索隱曰春秋齊及魯盟于柯杜預云柯齊邑今濟北
東阿魯起周公至頃公凡三十四世
太史公曰余聞孔子稱曰甚矣魯道之衰也洙
泗之間齗齗如也徐廣曰漢書地理志云魯濱洙泗之間其民涉渡幼者扶老者而代其任
俗既薄長老不自安與幼者相讓故曰齗齗如也齗魚斤反東州語也蓋幼者患苦長者長者忿愧自守故齗齗爭辭所
以爲道衰也○索隱曰讀如論語誾誾如也言魯道雖微而洙泗之間尚誾誾如也鄒誕生亦音銀又作斷斷如尚書讀
則斷斷是專一之義徐廣又引地理志音五艱反云齗齗是鬪爭之貌故繫欽遂行賦云涉洙泗而歔馬恥少長之齗齗
是也今按下文云至于揖讓之禮則從矣魯尚有揖讓之風如論語音誾爲得之也觀慶父及叔
牙閔公之際何其亂也隱桓之事襄仲殺適立
庶三家北面爲臣親攻昭公昭公以奔至其揖

讓之禮則從矣而行事何其戾也

索隱述贊曰

武王既沒　成王幼孤　周公攝政
負扆據圖　及還臣列　北面躬如
元子封魯　少昊之墟　夾輔王室
世職不渝　降及孝公　穆仲致譽
隱能讓國　春秋之初　丘明執簡
褒貶備書

史伍阡捌伯玖拾貳字
註伍阡貳伯玖拾叁字

魯周公世家第三　史記三十三

燕召公世家第四　史記三十四

召公奭與周同姓姓姬氏譙周曰周之支族食邑於召謂之召公○索隱曰召者畿內采地奭始食於召故曰召公或說者以為文王受命取岐周故墟召地分爵二公故詩有周召二南言皆在岐山之陽故言南也後武王封之北燕在今幽州薊縣故城是也亦以元子就封而次子留周室代為邵公至宣王時邵康公虎其後也周武王之滅紂封召公於北燕世本曰居北燕宋忠曰有南燕故云北燕其在成王時召公為三公自陝以西召公主之自陝以東周公主之何休曰陝者蓋今弘農陝縣是也成王既幼周公攝政當國踐祚召公疑之作君奭孔安國曰尊之曰君陳古以告之故以名篇君奭不說周公馬融曰召公以周公既攝政致太平功配文武不宜復列在臣位故不說以為周公苟貪寵也周公乃稱湯時有伊尹假于皇天孔安國曰伊摯佐湯功至大天謂致太平也鄭玄曰皇天北極天帝也在太戊時則有若伊陟臣扈假于上帝巫咸治王家孔安國曰伊陟臣扈率伊尹之職使其君不隕祖業故至天之功不隕巫咸治王家言其不及二臣馬融曰道至于上帝謂奉天時也鄭玄曰上帝太微中其所統也在祖乙時則有若巫賢孔安國曰時賢臣有如此巫賢也賢咸子巫氏也在武丁時則有若甘般孔安國曰高宗即位甘般佐之後有傅說率維茲有陳保乂有殷徐廣曰一無此九字騶案王肅曰循此數臣有陳列之功安治有殷也於是召公乃說召公之治西方甚得兆民和召公巡行鄉邑有棠樹正義曰今之棠梨樹也括地志云邵伯廟在洛州壽安縣西北五里邵伯聽訟甘棠之下周人思之不伐其樹後人懷其德因立廟有棠在九曲城東阜上決獄政事其下自侯伯至庶人各得其所無失職

者召公卒而民人思召公之政懷棠樹不敢伐哥詠之作甘棠之詩自召公已下九世至惠侯索隱曰並國史先失也又自惠侯已下皆無名亦不言屬惟昭王父子有名蓋在戰國時旁見他說耳燕四十二代有二惠侯二釐侯二宣侯三桓侯二文侯蓋國史微失本謚故重耳燕惠侯當周厲王奔彘共和之時惠侯卒子釐侯立正義釐音僖是歲周宣王初即位釐侯二十一年鄭桓公初封於鄭三十六年釐侯卒子頃侯立頃侯二十年周幽王淫亂為犬戎所弒秦始列為諸侯二十四年頃侯卒子哀侯立哀侯二年卒子鄭侯立索隱曰謚法無鄭鄭或是名鄭侯三十六年卒子繆侯立繆侯七年而魯隱公元年也十八年卒子宣侯立索隱曰譙周云系本謂燕自宣侯已上皆父子相傳故無所疑桓侯已下並不言屬以其難明故也按今系本無燕代系宋忠依太史公書以補其闕尋徐廣作音尚引系本蓋近代始散逸耳宣侯十三年卒子桓侯立徐廣曰古史考曰世家自宣侯已下不說其屬以其難明故也桓侯七年卒系本曰桓侯徙臨易宋忠曰今河間易縣是也子莊公立莊公十二年齊桓公始霸十六年與宋衛共伐周惠王惠王出奔溫立惠王弟穨為周王譙周曰按春秋傳燕與子穨逐周惠王者乃南燕姞姓也系家以為北燕失之○索隱曰譙周云據左氏燕與衛伐周惠王乃是南燕姞姓而系家以為北燕伯故著史考云此燕是姞姓今檢左氏莊十九年衛師燕師伐周二十年齊伐山戎傳云執燕仲父三十年齊伐山戎傳曰謀山戎以其病燕故也據傳文及此記元是北燕不疑杜君妄說仲父是南燕伯為伐周故且燕衛俱是姬姓故有伐國納王之事若是姞燕與衛伐周則鄭何以獨伐燕而不

伐衛乎十七年鄭執燕仲父而內惠王于周二十七年山戎來侵我齊桓公救燕遂北伐山戎而還燕君送齊桓公出境桓公因割燕所至地予燕正義曰予音與括地志云燕留故城在滄州長盧縣東北十七里即齊桓公分溝割燕君所至地與燕因築此城故名燕留使燕共貢天子如成周時職使燕復脩召公之法三十三年卒子襄公立襄公二十六年晉文公為踐土之會稱伯三十一年秦師敗于殽三十七年秦穆公卒四十年襄公卒桓公立桓公十六年卒索隱曰譙周云系家襄伯生宣伯無桓公今驗史記並有桓公立十六年又宋忠據此史補系家亦有桓公是允南所見本異則是燕有二桓公也宣公立宣公十五年卒昭公立昭公十三年卒武公立是歲晉滅三郤大夫武公十九年卒文公立文公六年卒懿公立懿公元年齊崔杼弒其君莊公四年卒子惠公立惠公元年齊高止來奔六年惠公多寵姬公欲去諸大夫而立寵姬宋大夫共誅姬宋索隱曰宋其名也或作宗劉氏云其父兄為執政故諸大夫共滅之惠公懼奔齊四年齊高偃如晉請共伐燕入其君晉平公許與齊伐燕入惠公惠公至燕而死索隱曰春秋昭三年北燕伯款奔齊至六年又云齊伐北燕一與此文合左傳無納款之文而云將納簡公晏子曰燕君不入矣齊遂受賂而還事與此乖而又以款為簡公簡公後惠公四代則與春秋經傳不相協未可強言也燕立悼公悼公七年卒

共公立共公五年卒平公立晉公室卑六卿始彊大平公十八年吳王闔閭破楚入郢十九年卒簡公立簡公十二年卒獻公立索隱曰王劭按紀年簡公後次孝公無獻公然紀年之書多是訛謬聊記異耳晉趙鞅圍范中行於朝歌獻公十二年齊田常弒其君簡公十四年孔子卒二十八年獻公卒孝公立孝公十二年韓魏趙滅知伯分其地索隱曰按紀年智伯滅在成公二年也三晉彊十五年孝公卒成公立成公十六年卒索隱曰按紀年成侯名載湣公立湣公三十一年卒釐公立索隱曰年表作釐侯莊徐廣云一無莊字按燕失年紀及其君名表言莊者衍字也是歲三晉列為諸侯索隱曰按紀年作文公二十四年卒簡公立十三年而三晉命邑為諸侯與此不同釐公三十年伐齊敗于林營索隱曰林營地名一云林地名於林地立營故曰林營釐公卒索隱曰紀年作簡公四十五年卒妄也按上簡公生獻公則此當是釐但立年又誤耳桓公立桓公十一年卒文公立索隱曰系本已上文公為閔公則湣與閔同而上懿公之父又謚文公是歲秦獻公卒秦益彊文公十九年齊威王卒二十八年蘇秦始來見說文公文公予車馬金帛以至趙趙肅侯用之因約六國為從長正義從足從反長丁丈反秦惠王以其女為燕太子婦二十九年文公卒太子立是為易王易王初立齊宣王因燕喪伐我取十城蘇秦說齊使復歸燕十城十年燕君為王

索隱曰燕君即易王也言君初以十年即稱王也上言易王者易謚也後追書謚耳蘇秦與燕文
公夫人私通懼誅乃說王使齊爲反間欲以亂
齊孫子兵法曰反間者因敵間而用之者也凡軍之所欲擊城之所欲攻人之所欲殺必先知其守將左右謁者門者
舍人之姓名令吾間必索敵間之來間我者因而利導舍之故反間可得用也。正義曰使音所吏反間音紀莧反易
王立十二年卒子燕噲立燕噲既立齊人殺蘇
秦蘇秦之在燕與其相子之爲婚而蘇代與子
之交及蘇秦死而齊宣王復用蘇代燕噲三年
與楚三晉攻秦不勝而還子之相燕貴重主斷
蘇代爲齊使於燕索隱曰按戰國策曰子之使蘇代侍質子於齊齊使代報燕是也燕
王問曰齊王奚如對曰必不霸燕王曰何也對

曰不信其臣蘇代欲以激燕王以尊子之也於
是燕王大信子之子之因遺蘇代百金而聽正義
曰瓚云秦以一溢爲一金孟康云二十四兩曰溢其所使鹿毛壽徐廣曰一作厝毛又曰甘
陵縣本名厝。索隱曰春秋後語亦作厝毛壽又韓子作潘壽謂燕王不如以國讓相
子之人之謂堯賢者以其讓天下於許由許由
不受有讓天下之名而實不失天下今王以國
讓於子之子之必不敢受是王與堯同行也燕
王因屬國於子之子之大重索隱曰大重謂尊貴也或曰禹
薦益已索隱曰以已配益則益已是伯益而經傳無其文未知所由或曰已語終辭而以啓
人爲吏索隱曰人猶臣也謂以啓臣爲益吏及老而以啓人爲不足

任乎天下傳之於益已而啓與交黨攻益奪之
天下謂禹名傳天下於益已而實令啓自取之
今王言屬國於子之而吏無非太子人者索隱曰此人亦
訓臣也是名屬子之而實太子用事也王因收印
自三百石吏已上而效之子之索隱曰鄭玄云效呈也以印呈與子之
子之南面行王事而噲老不聽政顧爲臣索隱曰顧猶反
也言噲反爲子之臣也有本作願者非國事皆決於子之三年國大亂
百姓恫怨索隱曰恫猶痛也民皆恐懼將軍市被正義曰人姓名與太子
平謀將攻子之諸將謂齊湣王曰因而赴之破
燕必矣齊王因令人謂燕太子平曰寡人聞太

子之義將廢私而立公飭君臣之義正義飭音勑明父
子之位寡人之國小不足以爲先後正義先後並去聲雖
然則唯太子所以令之太子因要黨聚衆將軍
市被圍公宮攻子之不克將軍市被及百姓反
攻太子平將軍市被死以徇因搆難數月死者
數萬衆人恫恐百姓離志孟軻謂齊王曰今伐
燕此文武之時不可失也索隱曰謂如武王成文王之業伐紂之時然此語與
孟子不同王因令章子將五都之兵章子齊人見孟子。索隱曰五都即齊也
按臨淄是五都之一以因北地之衆以伐燕索隱曰北地即齊之北邊也士卒
不戰城門不閉燕君噲死齊大勝燕子之亡徐廣

曰年表云君噲及太子相子之皆死駰案汲冢紀年曰齊人禽子之而醢其身也二年而燕人共立太子平是爲燕昭王徐廣曰噲立七年而死其九年燕人共立太子平○索隱曰按上文太子平謀攻子之而年表又云君噲及太子相子之皆死紀年又云子之殺公子平今此文云立太子平是爲燕昭王則年表紀年爲謬也而趙系家云武靈王聞燕亂召公子職於韓立以爲燕王使樂池送之裴駰亦以此系家無趙送公子職之事當是遙立職而送之事竟不就則昭王名平非職明矣進退參詳是年表既誤而紀年因之而妄說耳燕昭王於破燕之後即位卑身厚幣以招賢者謂郭隗曰齊因孤之國亂而襲破燕孤極知燕小力少不足以報然誠得賢士以共國以雪先王之恥孤之願也先生視可者得身事之郭隗曰王必欲致士先從隗始況賢於隗者豈遠千

里哉於是昭王爲隗改築宮而師事之樂毅自魏往鄒衍自齊往劇辛自趙往士爭趨燕燕王弔死問孤與百姓同甘苦二十八年燕國殷富士卒樂軼輕戰於是遂以樂毅爲上將軍與秦楚三晉合謀以伐齊齊兵敗湣王出亡於外燕兵獨追北入至臨淄盡取齊寶燒其宮室宗廟齊城之不下者獨唯聊莒即墨索隱曰按餘篇及戰國策並無聊字其餘皆屬燕六歲昭王三十三年卒子惠王立惠王爲太子時與樂毅有隙及即位疑毅使騎劫代將樂毅亡走趙齊田單以即墨擊敗燕軍騎

劫死燕兵引歸齊悉復得其故城湣王死于莒乃立其子爲襄王惠王七年卒索隱曰按趙系家惠文王二十八年燕相成安君公孫操弒其王樂資以爲即惠王也徐廣按年表是年燕武成王元年武成即惠王子則惠王爲成安君弒明矣此不言者燕遠諱不告或太史公之說疎也韓魏楚共伐燕燕武成王立武成王七年齊田單伐我拔中陽十三年秦敗趙於長平四十餘萬十四年武成王卒子孝王立孝王元年秦圍邯鄲者解去三年卒子今王喜立索隱曰今王猶今上也有作金者非也按謚法無金今王喜四年秦昭王卒燕王命相栗腹約歡趙以五百金爲趙王酒還報燕王曰趙王壯者皆死長平其孤未壯可

伐也王召昌國君樂閒問之對曰趙四戰之國正義曰趙東鄰燕西接秦境南錯韓魏北連胡貊故言四戰其民習兵不可伐王曰吾以五而伐一索隱曰謂以五人而伐一人對曰不可燕王怒羣臣皆以爲可卒起二軍車二千乘栗腹將而攻鄗徐廣曰在常山今曰高邑○索隱曰鄗氏音火各反一音昊卿秦攻代正義曰今代州也戰國策云廉頗以二十萬遇栗腹於鄗樂乘以五萬遇爰秦於代燕人大敗與此不同也唯獨大夫將渠謂燕王曰索隱曰人名姓也一云上卿秦及此將渠皆卿將官秦渠其名也國史變文而書遂失姓爾戰國策云慶秦慶是姓也卿其官耳與人通關約交以五百金飲人之王使者報而反攻之不祥兵無成功燕王不聽自將偏軍隨之將渠引燕王綬止之曰王必

無自往往無成功王歎之以足將渠泣曰臣非以自為王也燕軍至宋子（徐廣曰屬鉅鹿）趙使廉頗將擊破栗腹於鄗破卿秦樂乘於代（索隱曰戰國策曰廉頗以二十萬遇栗腹於鄗樂乘以五萬遇慶秦於代燕人大敗與此不同）樂閒奔趙廉頗逐之五百餘里圍其國燕人請和趙人不許必令將渠處和燕相將渠以處和（以將渠為相。○索隱曰謂欲令將渠處之使和也）趙聽將渠解燕圍六年秦滅東西周置三川郡七年秦拔趙榆次三十七城秦置太原郡九年秦王政初即位十年趙使廉頗將攻繁陽（徐廣曰屬魏郡）拔之趙孝成王卒悼襄王立使樂乘代廉頗廉頗不聽攻樂乘樂乘走廉頗奔大梁十二年趙使李牧攻燕拔武遂（徐廣曰屬河間）方城（徐廣曰屬涿有督亢亭）劇辛故居趙與龐煖善（索隱曰煖音况遠反）已而亡走燕燕見趙數困于秦而廉頗去令龐煖將也欲因趙獘攻之問劇辛辛曰龐煖易與耳燕使劇辛將擊趙趙使龐煖擊之取燕軍二萬殺劇辛秦拔魏二十城置東郡十九年秦拔趙之鄴（正義曰即相州鄴縣也）九城趙悼襄王卒二十三年太子丹質於秦亡歸燕二十五年秦虜滅韓王安置潁川郡二十七年秦虜趙王遷滅趙趙公子嘉自立為代王燕

見秦且滅六國秦兵臨易水（徐廣曰出涿郡故安也）禍且至燕太子丹陰養壯士二十人使荊軻獻督亢地圖於秦（索隱曰徐廣云涿有督亢亭地理志屬廣陽然督亢之田在燕東甚良沃欲獻秦故畫其圖而獻焉）因襲刺秦王秦王覺殺軻使將軍王翦擊燕二十九年秦攻拔我薊燕王亡徙居遼東斬丹以獻秦三十年秦滅魏三十三年秦拔遼東虜燕王喜卒滅燕是歲秦將王賁（正義曰賁音奔王翦子）亦虜代王嘉

太史公曰召公奭可謂仁矣甘棠且思之況其人乎燕北迫蠻貉內措齊晉（索隱曰措交雜也又作錯劉氏云爭錯也）崎嶇彊國之間最為弱小幾滅者數矣然社稷血食者八九百歲於姬姓獨後亡豈非召公之烈耶

索隱述贊曰　召伯作相　分陝而治
人惠其德　甘棠是思　莊送霸主
惠羅寵姬　文公約趙　蘇秦騁辭
易王初立　齊宣我欺　燕噲無道
禪位子之　昭王待士　思報臨菑
督亢不就　卒見芟夷

燕召公世家第四　史記三十四

史貳阡陸伯叁拾字。註貳阡貳伯貳拾壹字

管蔡世家第五　史記三十五

管叔鮮正義曰音仙括地志云鄭州管城縣今州外城即管國城也是叔鮮所封國也蔡叔度者周文王子而武王弟也武王同母兄弟十人母曰太姒正義曰國語云杞繒二國姒姓夏禹之後太姒之家太姒文王之妃武王之母烈女傳云太姒者武王之母禹後姒氏之女也在郃之陽在渭之涘仁而明道文王喜之親迎於渭造舟爲梁及入太姒思任旦夕勤勞以進婦道太姒號曰文母文王理外文母治內太姒生十男教誨自少及長未嘗見邪僻之事言常以正道持之也文王正妃也其長子曰伯邑考次曰武王發次曰管叔鮮次曰周公旦次曰蔡叔度次曰曹叔振鐸次曰成叔武正義曰括地志云濮州雷澤縣在東南九十一里漢郕陽縣古郕伯姬姓之國其後遷於成之陽次曰霍叔處正義曰處昌汝反括地志云晉州霍邑縣本漢彘縣也鄭玄註周禮

云霍山在彘本春秋時霍伯國地次曰康叔封次曰冄季載正義冄作冄音奴甘反或作䑙音同冄國名也季載人名也伯邑考最長所以加伯諸中子咸言叔以載最少故言季載冄季載最少同母兄弟十人徐廣曰文王之子爲侯者十有六國唯發旦賢左右輔文王正義曰左右並去聲故文王舍伯邑考而以發爲太子及文王崩而發立是爲武王伯邑考既已前卒矣武王已克殷紂平天下封功臣昆弟於是封叔鮮於管杜預曰管在滎陽京縣東北封叔度於蔡世本曰居上蔡二人相紂子武庚祿父治殷遺民封叔旦於魯而相周爲周公封叔振鐸於曹封叔武於成索隱曰按春秋隱五年衛師入郕杜預曰東平剛父縣有郕鄉後漢地理志以爲成本國又地理志廩丘縣南有成

故城應劭云武王封弟季載於成是古之成邑應仲遠誤云季載封耳封叔處於霍索隱曰春秋閔元年晉滅霍地理志云河東彘縣霍太山在東北是霍叔之所封康叔封冄季載皆少未得封索隱曰孔安國曰康畿內國名地闕叔字也封叔名耳武王既崩成王少周公旦專王室管叔蔡叔疑周公之爲不利於成王乃挾武庚以作亂周公旦承成王命伐誅武庚殺管叔而放蔡叔遷之與車十乘徒七十人從而分殷餘民爲二其一封微子啓於宋以續殷祀其一封康叔爲衛君是爲衛康叔封季載於冄索隱曰冄國也載名也季字也冄或作䑙國語曰冄季鄭姬賈逵曰文王子䑙季之國也莊十八年楚武王克權遷於那處杜預云那處楚地南郡編縣有那口城冄與䑙皆音奴甘反冄季康叔皆

有馴行索隱曰如字音巡馴善也於是周公舉康叔爲周司寇冄季爲周司空索隱曰事見左傳定公四年以佐成王治皆有令名於天下蔡叔度既遷而死其子曰胡胡乃改行率德馴善周公聞之而舉胡以爲魯卿士索隱曰尚書云蔡仲克庸祇德周公以爲卿士叔卒乃命諸王邦之蔡元無仕魯之文又伯禽居魯乃是七年致政之後此言乃說居攝之初未知史遷何憑而有斯言也魯國治於是周公言於成王復封胡於蔡宋忠曰胡徙居新蔡以奉蔡叔之祀是爲蔡仲餘五叔皆就國無爲天子吏者索隱曰五叔管叔蔡叔成叔曹叔霍叔蔡仲卒子蔡伯荒立蔡伯荒卒子宮侯立宮侯卒子厲侯立厲侯卒子武侯立武侯之時

周厲王失國奔彘共和行政諸侯多叛周武侯卒子夷侯立夷侯十一年周宣王即位二十八年夷侯卒子釐侯所事立釐侯三十九年周幽王爲犬戎所殺周室卑而東徙秦始得封爲列侯（正義曰周幽王爲犬戎所殺平王東徙洛邑秦襄公以兵救周送平王至洛故平王封襄公）四十八年釐侯卒子共侯興立共侯二年卒子戴侯立戴侯十年卒子宣侯措父立宣侯二十八年魯隱公初立三十五年宣侯卒子桓侯封人立桓侯三年魯弑其君隱公二十年桓侯卒弟哀侯獻舞立哀侯十一年初哀侯娶陳息侯亦娶陳（杜預曰息國汝南新息縣）息夫人將歸過蔡蔡侯不敬息侯怒請楚文王來伐我我求救於蔡蔡必來楚因擊之可以有功楚文王從之虜蔡哀侯以歸哀侯留九歲死於楚凡立二十年卒蔡人立其子肸是爲繆侯繆侯以其女弟爲齊桓公夫人十八年齊桓公與蔡女戲船中夫人蕩舟桓公止之不止公怒歸蔡女而不絕也蔡侯怒嫁其弟（索隱曰弟女弟即蕩舟之姬）齊桓公怒伐蔡蔡潰遂虜繆侯南至楚邵陵已而諸侯爲蔡謝齊齊侯歸蔡侯二十九年繆侯卒子莊侯甲午立莊侯三年齊桓公

卒十四年晉文公敗楚於城濮二十年楚太子商臣弑其父成王代立二十五年秦穆公卒三十三年楚莊王即位三十四年莊侯卒子文侯申立文侯十四年楚莊王伐陳殺夏徵舒十五年楚圍鄭鄭降楚楚復醳之（正義曰醳音釋）二十年文侯卒子景侯固立景侯元年楚莊王卒二十九年景侯爲太子般娶婦於楚而景侯通焉太子弑景侯而自立是爲靈侯靈侯二年楚公子圍弑其王郟敖而自立爲靈王（正義郟紀洽反敖五高反）九年陳司徒招弑其哀公（索隱曰招或作苕又作昭並音時遙反）楚使公子棄疾滅陳而有之十二年楚靈王以靈侯弑其父誘蔡靈侯于申（正義曰故申城在鄧州）伏甲飲之醉而殺之刑其士卒七十人令公子棄疾圍蔡十一月滅蔡使棄疾爲蔡公（正義曰蔡公之大夫也）楚滅蔡三歲楚公子棄疾弑其君靈王代立爲平王平王乃求蔡景侯少子廬立之是爲平侯（宋忠曰平侯徙下蔡。索隱曰今系本無者近脫耳）是年楚亦復立陳楚平王初立欲親諸侯故復立陳蔡後（世本曰平侯者靈侯般之孫太子友之子）平侯九年卒靈侯般之孫東國攻平侯子而自立是爲悼侯悼侯父曰隱太子友者靈侯之太子平侯立而殺隱太

子故平侯卒而隱太子之子東國攻平侯子而
代立是爲悼侯悼侯三年卒弟昭侯申立昭侯
十年朝楚昭王持美裘二獻其一於昭王而自
衣其一楚相子常欲之不與子常讒蔡侯留之
楚三年蔡侯知之乃獻其裘於子常子常受之
乃言歸蔡侯蔡侯歸而之晉請與晉伐楚十三
年春與衞靈公會邵陵蔡侯私於周萇弘以求
長於衞服虔曰載書使蔡在衞上衞使史鰌言康叔之功德乃
長衞夏爲晉滅沈杜預曰汝南平輿縣有沈亭楚怒攻蔡蔡昭
侯使其子爲質於吳正義質音致以共伐楚冬與吳王
闔閭遂破楚入郢蔡怨子常子常恐奔鄭十四
年吳去而楚昭王復國十六年楚令尹爲其民
泣以謀蔡蔡昭侯懼二十六年孔子如蔡楚昭
王伐蔡蔡恐告急於吳吳爲蔡遠約遷以自近
易以相救昭侯私許不與大夫計吳人來救蔡
因遷蔡于州來索隱曰州來在淮南下蔡縣二十八年昭侯將
朝于吳大夫恐其復遷乃令賊利殺昭侯索隱曰利賊名也
巳而誅賊利以解過而立昭侯子朔是爲成
侯徐廣曰或作景成侯四年宋滅曹十年齊田常弒其君
簡公十三年楚滅陳十九年成侯卒子聲侯產

立聲侯十五年卒子元侯立元侯六年卒子侯
齊立侯齊四年楚惠王滅蔡蔡侯齊亡蔡遂絕
祀後陳滅三十三年索隱曰魯哀十七年楚滅陳其楚滅蔡絕其祀又在滅陳之後三十三年即在春秋後二十三年
伯邑考其後不知所封武王發其
後爲周有本紀言管叔鮮作亂誅死無後周公
旦其後爲魯有世家言蔡叔度其後爲蔡有世
家言曹叔振鐸其後爲曹有世家言索隱曰曹亦姬姓之國而文之昭春秋之時頗稱彊國傳數十代而後亡豈可附管蔡亡國之末而沒其篇第自合析爲一篇成叔武
其後世無所見霍叔處其後晉獻公時滅霍康
叔封其後爲衞有世家言冉季載其後世無所
見
太史公曰管蔡作亂無足載者然周武王崩成
王少天下既疑賴同母之弟成叔冉季之屬十
人爲輔拂是以諸侯卒宗周故附之世家言
曹叔世家索隱曰按上文叔振鐸其後爲曹有系家言即曹亦合題系家今附管蔡之末而不出題者蓋以曹小而少事迹因附管蔡之末不別題篇爾且又管雖無後仍是蔡曹之兄故顯管蔡而略曹曹叔振
鐸者周武王弟也武王已克殷紂封叔振鐸於
曹宋忠曰濟陽定陶縣叔振鐸卒子太伯脾立太伯卒子仲
君平立仲君平卒子宮伯侯立宮伯侯卒子孝
伯雲立孝伯雲卒子夷伯喜立夷伯二十三年

周厲王奔于彘三十年卒弟幽伯彊立幽伯九
年弟蘇殺幽伯代立是爲戴伯戴伯元年周宣
王已立三歲三十年戴伯卒子惠伯兕立孫檢曰兕音徐
子反曹惠伯或名雉或名弟或復名弟兕也○索隱曰按年表作惠公伯雉註引孫檢未詳何代或云齊人亦恐其人不註史記所以王儉七志阮孝緒七録並無不知裴駰何所從録惠伯二十五年周幽王
爲犬戎所殺因東徙益卑諸侯畔之秦始列爲
諸侯三十六年惠伯卒子石甫立其弟武殺之
代立是爲繆公繆公三年卒子桓公終生立孫檢
曰一作終湦湦音生桓公三十五年魯隱公立四十五年魯
弒其君隱公四十六年宋華父督弒其君殤公

及孔父五十五年桓公卒子莊公夕姑立索隱曰夕音亦
即射姑也同音亦莊公二十三年齊桓公始霸三十一年
莊公卒子釐公夷立釐公九年卒子昭公班立
昭公六年齊桓公敗蔡遂至楚召陵九年昭公
卒子共公襄立共公十六年初晉公子重耳其
亡過曹曹君無禮欲觀其駢脅韋昭曰駢者并幹也○正義曰駢白
邊反脅許業反釐負羈正義曰釐音僖曹大夫諫不聽私善於重耳
二十一年晉文公重耳伐曹虜共公以歸令軍
毋入釐負羈之宗族閭或說晉文公曰昔齊桓
公會諸侯復異姓今君囚曹君滅同姓何以令

於諸侯晉乃復歸共公二十五年晉文公卒三
十五年共公卒子文公壽立文公二十三年卒
子宣公彊立索隱曰左傳宣公名廬宣公十七年卒弟成公
負芻立成公三年晉厲公伐曹虜成公以歸已
復釋之索隱曰按左傳成十五年晉厲公執負芻歸于京師晉立宣公弟子臧子臧曰聖達節次守節下失節爲君非吾節也遂逃奔宋曹人請于晉晉人謂子臧反國吾歸而君子臧反晉於是歸負芻五年晉欒
書中行偃使程滑弒其君厲公二十三年成公
卒子武公勝立武公二十六年楚公子棄疾弒
其君靈王代立二十七年武公卒子平公須立
平公四年卒子悼公午立是歲宋衛陳鄭皆火

悼公八年宋景公立九年悼公朝於宋宋囚之
曹立其弟野是爲聲公悼公死於宋歸葬聲公
五年平公弟通弒聲公代立是爲隱公索隱曰譙周云春秋
無其事今檢系本及春秋悼伯卒弟露立謚靖公實無聲公隱公蓋是彼文自疎也隱公四年聲
公弟露弒隱公代立是爲靖公靖公四年卒子
伯陽立伯陽三年國人有夢衆君子立于社宮
賈逵曰社宮社也鄭衆曰社宮中有室屋者謀欲亡曹曹叔振鐸止之請
待公孫彊許之旦求之曹無此人夢者戒其子
曰我亡爾聞公孫彊爲政必去曹無罹曹禍索隱
曰離即罹罹被也及伯陽即位好田弋之事六年曹野人

公孫彊亦好田弋獲白鴈而獻之且言田弋之說因訪政事伯陽大說之有寵使為司城以聽政夢者之子乃亡去公孫彊言霸說於曹伯十四年曹伯從之乃背晉干宋（賈逵曰以小加大。索隱曰干謂犯也言曹因棄晉而犯宋遂至滅也裴氏引賈逵註云以小加大者加陵也小即曹大謂晉及宋也）宋景公伐之晉人不救十五年宋滅曹執曹伯陽及公孫彊以歸而殺之曹遂絕其祀

太史公曰（索隱曰檢諸本或無此論）余尋曹共公之不用僖負羈乃乘軒者三百人（正義曰晉世家云晉師入曹數之以其不用僖負羈言而美女乘軒者三百人也）知唯德之不建及振鐸之夢豈不欲引曹之祀者哉如公孫彊不脩厥政叔鐸之祀忽諸（正義曰至如公孫彊不脩霸道之政而伯陽之子立叔鐸猶尚饗祭祀豈合忽絕之哉）

索隱述贊曰

武王之弟　管蔡及霍
周公居相　流言是作
狼跋致艱　鴟鴞討惡
胡能改行　克復其爵
獻舞執楚　遇息禮薄
穆侯虜齊　蕩舟乖謔
曹共輕晉　負羈先覺
伯陽夢社　祚傾振鐸

史貳阡伍伯捌拾捌字。註壹阡叁伯柒拾柒字

管蔡世家第五　史記三十五

史記三十六

陳杞世家第六

陳胡公滿者虞帝舜之後也昔舜爲庶人時堯妻之二女居于嬀汭其後因爲氏姓姓嬀氏舜已崩傳禹天下而舜子商均爲封國（索隱曰按商均所封虞即今之梁國虞城是也）夏后之時或失或續（索隱曰按夏代猶封虞思虞遂是也）至于周武王克殷紂乃復求舜後（索隱曰按左傳虞遏父爲周陶正以服事武王杜注遏父舜之後陶正官名是生滿者也）得嬀滿封之於陳（索隱曰左傳曰武王以元女太姬配虞胡公而封之陳以備三恪）以奉帝舜祀是爲胡公胡公卒子申公犀侯立申公卒弟相公皋羊立相公卒立申公子突是爲孝公孝公卒子慎公圉戎立慎

公當周厲王時慎公卒子幽公寧立幽公十二年周厲王奔于彘二十三年幽公卒子釐公孝立釐公六年周宣王即位三十六年釐公卒子武公靈立武公十五年卒子夷公說立是歲周幽王即位夷公三年卒弟平公燮立（正義曰燮先牒反）平公七年周幽王爲犬戎所殺周東徙秦始列爲諸侯二十三年平公卒子文公圉立文公元年取蔡女生子佗（正義曰徒何反）十年文公卒長子桓公鮑立桓公二十三年魯隱公初立二十六年衛殺其君州吁三十三年魯弑其君隱公三十八年

正月甲戌己丑陳桓公鮑卒（索隱曰陳亂故再赴其日○正義曰甲戌己丑凡十六日）桓公弟佗其母蔡女故蔡人爲佗殺五父及桓公太子免而立佗（譙周曰春秋傳謂佗即五父世家與傳違○索隱曰譙周云世家與春秋傳違者按左傳桓公五年文公子他殺桓公太子免而代立經六年蔡人殺陳他立桓公子躍爲厲公而左傳以厲公名躍他立未踰年故無謚又莊二十二年傳云陳厲公蔡出也故蔡人殺五父而立之則他與五父俱爲蔡人所殺其事不異是一人明矣史記既以他爲厲公遂以躍爲利公尋厲利聲相近遂誤以他爲厲公五父爲別人是太史公錯耳而班固又以厲公爲桓公弟又誤也）是爲厲公桓公病而亂作國人分散故再赴（徐廣曰班氏云厲公躍者桓公之弟也）厲公二年生子敬仲完周太史過陳陳厲公使以周易筮之卦得觀之否（賈逵曰坤下巽上觀坤下乾上否觀爻在六四變而之否）是爲觀國之光

利用賓于王（杜預曰此周易觀卦六四爻辭也易之爲書六爻皆有變象又有互體聖人隨其義而論之）此其代陳有國乎不在此其在異國（正義曰六四變內卦爲中國外卦爲異國）非此其身在其子孫（正義曰內卦爲身外卦爲子孫變在外故知在子孫也）若在異國必姜姓（正義曰六四變此爻是辛未觀上體巽未爲羊巽爲女女乘羊故爲姜姜齊姓故知在齊）姜姓太嶽之後（杜預曰姜姓之先爲堯四嶽也）物莫能兩大陳衰此其昌乎（正義曰周敬王四十一年楚惠王殺陳湣公齊簡公周敬王三十九年被田常殺之）厲公取蔡女蔡女與蔡人亂厲公數如蔡淫七年厲公所殺桓公太子免之三弟長曰躍中曰林少曰杵臼共令蔡人誘厲公以好女與蔡人共殺厲公（公羊傳曰淫于蔡蔡人殺之）而立躍是爲利公

利公者桓公子也利公立五月卒立中弟林是
爲莊公莊公七年卒少弟杵臼立是爲宣公宣
公三年楚武王卒楚始彊十七年周惠王娶陳
女爲后二十一年宣公後有嬖姬生子欵欲立
之乃殺其太子禦寇禦寇素愛厲公子完完懼
禍及己乃奔齊齊桓公欲使陳完爲卿完曰羈
旅之臣 賈逵曰羈寄旅客也 幸得免負擔君之惠也不敢當
高位桓公使爲工正 正義曰周禮云冬官爲考工主作器械 齊懿仲欲
妻陳敬仲卜之占曰是謂鳳皇于飛和鳴鏘鏘
杜預曰雄曰鳳雌曰皇雄雌俱飛相和而鳴鏘鏘然也猶敬仲夫妻有聲譽 有嬀之後將育

于姜 杜預曰嬀陳姓姜齊姓 五世其昌並于正卿 服虔曰言完後五世與卿並
列 八世之後莫之與京 賈逵曰京大也○正義曰杜預云敬仲八代孫田常之子襄子盤也而杜以常爲八代者以桓子無宇生武子開與釐子乞皆相繼事齊故以常爲八代 三十七年齊
桓公伐蔡蔡敗南侵楚至召陵還過陳陳大夫
轅濤塗惡其過陳詐齊令出東道東道惡桓公
怒執陳轅濤塗是歲晉獻公殺其太子申生四
十五年宣公卒子欵立是爲穆公穆公五年齊
桓公卒十六年晉文公敗楚師于城濮是歲穆
公卒子共公朔立共公六年楚太子商臣弒其
父成王代立是爲穆王十一年秦穆公卒十八

年共公卒子靈公平國立靈公元年 正義曰謚法云亂而不損曰靈
楚莊王即位六年楚伐陳十年陳及楚平十四
年靈公與其大夫孔寧儀行父皆通於夏姬 正義曰列女傳云陳女夏姬者陳大夫夏徵舒之母御叔之妻也三爲王后七爲夫人公侯爭之莫不迷惑失意杜預云夏姬鄭穆公女陳大夫御叔之妻左傳云殺御叔殺靈侯戮夏南出孔儀喪陳國也 衷其衣以戲於
朝 左傳曰衷其衵服穀梁傳曰或衣其衣或中其襦 泄冶諫曰君臣淫亂民
何效焉靈公以告二子二子請殺泄冶公弗禁
遂殺泄冶 春秋曰陳殺其大夫泄冶 十五年靈公與二子飲於
夏氏公戲二子曰徵舒似汝二子曰亦似公 杜預曰靈公即位十五年徵舒已爲卿年大無嫌是公子也蓋以夏姬淫放故謂其子多似以爲戲也 徵舒怒

靈公罷酒出徵舒伏弩廄門射殺靈公 左傳曰公出自其廄
孔寧儀行父皆奔楚靈公太子午奔晉徵舒自
立爲陳侯徵舒故陳大夫也夏姬御叔之妻舒
之母也成公元年冬楚莊王爲夏徵舒殺靈公
率諸侯伐陳謂陳曰無驚吾誅徵舒而已已誅
徵舒因縣陳而有之羣臣畢賀申叔時使於齊
來還獨不賀 賈逵曰叔時楚大夫 莊王問其故對曰鄙語有
之牽牛徑人田田主奪之牛徑則有罪矣奪之
牛不亦甚乎今王以徵舒爲賊弒君故徵兵諸
侯以義伐之已而取之以利其地則後何以令

於天下是以不賀莊王曰善乃迎陳靈公太子午於晉而立之復君陳如故是爲成公孔子讀史記至楚復陳曰賢哉楚莊王輕千乘之國而重一言索隱曰謂申叔時之語。正義曰家語云孔子讀史記至楚復陳喟然曰賢哉楚莊王輕千乘之國而重一言之信非申叔時之忠弗能建其義非楚莊王之賢不能受其訓也二十八年楚莊王卒二十九年陳倍楚盟三十年楚共王伐陳是歲成公卒子哀公弱立楚以陳喪罷兵去哀公三年楚圍陳復釋之二十八年楚公子圍弒其君郟敖自立爲靈王三十四年初哀公娶鄭長姬生悼太子師少姬生偃索隱曰昭八年經云陳侯之弟招殺陳世子偃師左傳曰陳哀公元妃鄭姬生悼太子偃師今此云兩姬又分偃師爲二人亦恐此非二嬖妾長妾生留少妾生勝留有寵哀公哀公屬之其弟司徒招哀公病三月招殺悼太子立留爲太子哀公怒欲誅招招發兵圍守哀公哀公自經殺徐廣曰二十五年時招卒立留爲陳君四月陳使使赴楚楚靈王聞陳亂乃殺陳使者索隱曰即司徒招又一名詔使公子弃疾發兵伐陳陳君留奔鄭九月楚圍陳十一月滅陳使弃疾爲陳公招之殺悼太子也太子之子名吳出奔晉晉平公問太史趙曰陳遂亡乎對曰陳顓頊之族服虔曰陳祖虞舜舜出顓頊故爲顓頊之族陳氏得政

於齊乃卒亡賈逵曰物莫能兩盛自幕至于瞽瞍無違命賈逵曰幕舜後虞思也至于瞽瞍無閒違天命以廢絕者鄭衆曰幕舜之先也駰案國語賈義爲長。索隱曰賈逵以幕爲虞思非也傳言自幕而至瞽瞍知幕在瞽瞍之前非虞思明矣舜重之以明德至於遂杜預曰遂舜後蓋殷之興存舜之後而封遂言舜德乃至於遂也。索隱曰重音持用反杜預以謂舜有明德乃至遂有國義亦然也且文云自幕至瞽瞍無違命舜重之以明德是言舜有明德爲天子也乃云殷封遂代守之亦舜德也宋忠云虞思之後箕伯直柄中衰殷湯封遂於陳以爲舜後是也世世守之及胡公周賜之姓杜預曰胡公滿遂之後也事周武王賜姓曰嬀封之陳使祀虞帝且盛德之後必百世祀虞之世未也其在齊乎楚靈王滅陳五歲楚公子弃疾弒靈王代立是爲平王平王初立欲得和諸侯乃求故陳悼太子師之子吳立爲陳侯是爲惠公惠公立探續哀公卒時年而爲元空籍五歲矣索隱曰惠公探取哀公死楚陳滅之後爲元年故今空經年籍五歲矣一云籍借也爲借失國之後年爲五年七年陳火十五年吳王僚使公子光伐陳取胡沈而去索隱曰系本云胡歸姓沈姬姓沈國在汝南平輿胡亦在汝南二十八年吳王闔閭與子胥敗楚入郢是年惠公卒子懷公柳立懷公元年吳破楚在郢召陳侯陳侯欲往大夫曰吳新得意楚王雖亡與陳有故不可倍懷公乃以疾謝吳四年吳復召懷公懷公恐如吳吳怒其前不往留之因卒吳陳乃立懷公之子越是爲湣公索隱曰按左傳湣公名周是史官記不同

也湣公六年，孔子適陳。吳王夫差伐陳，取三邑而去。十三年，吳復來伐陳，陳告急楚，楚昭王來救，軍於城父，吳師去。是年，楚昭王卒於城父。時孔子在陳。索隱曰：按孔子以魯定公十四年適陳，當湣公之六年，上文說是。此十三年孔子仍在陳，凡經八年，何其久也。十五年，宋滅曹。十六年，吳王夫差伐齊，敗之艾陵，使人召陳侯。陳侯恐，如吳。楚伐陳。二十一年，齊田常弒其君簡公。二十三年，楚之白公勝殺令尹子西、子綦，襲惠王。葉公攻敗白公，白公自殺。二十四年，楚惠王復國，以兵北伐，殺陳湣公，遂滅陳而有之。是歲，孔子卒。

杞東樓公者，夏后禹之後苗裔也。索隱曰：杞，國名也。東樓公，謚號也。不名者並史先失耳。宋忠曰：杞，今陳留雍丘縣。故地理志云雍丘縣故杞國，周武王封禹後爲東樓公是也。蓋周封杞而居雍丘，至春秋時杞已遷東國，故左氏隱四年傳云「莒人伐杞，取牟婁」，牟婁者，東邑也。僖十四年傳云「杞遷緣陵」，地理志北海有營陵，淳于公之縣。臣瓚云即春秋緣陵，淳于公所都之邑。又州，國名，杞後改國號曰州，而稱淳于公，故春秋桓五年經云「州公如曹」，傳曰「淳于公如曹」是也。然杞後代又稱子者，以微小又僻居東夷故。襄二十九年經稱「杞子來盟」，傳曰「書曰子，賤之也」。殷時或封或絕。周武王克殷紂，求禹之後，得東樓公，封之於杞，宋忠曰：杞，今陳留雍丘縣也。以奉夏后氏祀。東樓公生西樓公，西樓公生題公，題公生謀娶公。徐廣曰：謀，一作謨。索隱曰：娶，子臾反。謀娶公當周厲王時。謀娶公生武公。武公立四十七年卒，子靖公立。靖公二十三年卒，子共公立。共公八年卒，子德公立。徐廣曰：世本曰惠公。○索隱曰：系本、譙周並作惠公，又云惠公生成公及桓公，是此系家脫成公一代。下云弟桓公姑容立，非也。且成公又見春秋經傳，故左氏莊二十五年云杞成公娶魯女，有婚姻之好。至僖二十三年卒，始赴而書。左傳云成公也，未同盟，故不書名。是杞有成公，必當如譙周所說也。德公十八年卒，弟桓公姑容立。徐廣曰：世本曰惠公立十八年，生成公及桓公。成公立十八年，桓公立十七年。桓公十七年卒，子孝公匄立。索隱曰：匄音蓋。孝公十七年卒，弟文公益姑立。文公十四年卒，弟平公鬱立。索隱曰：一作郁釐。譙周云名鬱來。蓋鬱郁、釐來聲相近，遂不同也。平公十八年卒，子悼公成立。悼公十二年卒，子隱公乞立。七月，隱公弟遂弒隱公自立，是爲釐公。釐公十九年卒，子湣公維

立。湣公十五年，楚惠王滅陳。十六年，湣公弟閼路弒湣公代立，是爲哀公。索隱曰：閼音遏。哀公殺兄湣公而立，謚哀。譙周云謚懿也。哀公立十年卒，湣公子敕立，徐廣曰：敕，一作速。是爲出公。出公十二年卒，子簡公春立。立一年，楚惠王之四十四年，滅杞。杞後陳亡三十四年。杞小微，其事不足稱述。舜之後，周武王封之陳，至楚惠王滅之，有世家言。禹之後，周武王封之杞，楚惠王滅之，有世家言。契之後爲殷，殷有本紀言。殷破，周封其後於宋，齊湣王滅之，有世家言。后稷之後爲周，秦昭王滅之，有本紀言。皋陶之後，或

封英六索隱曰本或作蓼六皆通然蓼六皆咎繇之後據系本二國皆偃姓故春秋文五年傳云楚人滅六臧文仲聞六與蓼滅曰皐陶庭堅不祀忽諸杜預云蓼與六皆咎繇後地理志云六安故國皐陶後偃姓為楚所滅又僖十七年齊人徐人伐英氏杜預曰英六皆皐陶後國名是有英蓼英六實未能詳或者英改號蓼楚穆王

滅之無譜伯夷之後至周武王復封於齊曰太公望陳氏滅之有世家言伯翳之後至周平王時封為秦項羽滅之有本紀言索隱曰秦祖伯翳解者以翳益則為一人今言十一人叙伯翳而又別言垂益則是二人也且按舜本紀叙十人無翳而有彭祖彭祖亦墳典不載未知太史公意如何恐多是誤然據秦本紀叙翳之功云佐舜馴調鳥獸與舜典命益作虞若予上下草木鳥獸文同則為一人必矣今未詳其所以垂益夔龍其後不知所封不見也右十一人者皆唐虞之際名有功德臣也其五人之後

皆至帝王索隱曰舜禹身為帝王其稷契及翳則後代皆為帝王也餘乃為顯諸侯滕薛騶夏殷周之間封也小不足齒列弗論也索隱曰滕不知本封蓋軒轅氏之子有滕姓是其祖也後周封文王子錯叔繡於滕故宋忠云今沛國公丘是滕國也薛奚仲之後任姓蓋夏殷所封故春秋有滕侯薛侯邾曹姓之國陸終氏之子會人之後邾國今魯國騶縣是也然三國微小春秋時亦預會盟蓋史缺無可敘列也又許太叔太岳之胤二邾曹姓之君並通好諸侯同盟大國不宜全没其事亦可叙其本末補許邾世家周武王時侯伯尚千餘人及幽厲之後諸侯力攻相并江黃胡沈之屬不可勝數索隱曰系本江黃二國並嬴姓又地理志江國在汝南安陽縣故弗采著于傳上

太史公曰舜之德可謂至矣禪位於夏而後世血食者歷三代及楚滅陳而田常得政於齊卒

為建國百世不絕苗裔茲茲有土者不乏焉至禹於周則杞微甚不足數也楚惠王滅杞其後越王句踐興

索隱述贊曰

盛德之祀　必及百世　舜禹餘烈
陳杞是繼　媯滿受封　東樓纂世
閼路篡逆　夏姬淫嬖　二國衰微
或淪或替　前并後虜　皆亡楚惠
勾踐勃興　田和吞噬　蟬聯血食
豈其苗裔

史貳阡肆伯玖拾陸字
註貳阡壹伯壹拾捌字

陳杞世家第十六　史記三十六

衛康叔世家第七　史記三十七

衛康叔索隱曰康畿內國名宋忠曰康叔從康徙封衛衛即殷墟定昌之地畿內之康不知所在也名封周武王同母少弟也其次尚有冄季冄季最少武王已克殷紂復以殷餘民封紂子武庚祿父比諸侯以奉其先祀勿絕爲武庚未集索隱曰集和也恐其有賊心武王乃令其弟管叔蔡叔傅相武庚祿父以和其民武王既崩成王少周公旦代成王治當國管叔蔡叔疑周公乃與武庚祿父作亂欲攻成周索隱曰成周洛陽其時周公相成王營洛邑猶居西周鎬京管蔡欲搆難先攻成周於是周公東居洛邑伐管蔡周公旦以成王命興師伐殷殺武庚祿父管叔放蔡叔以武庚殷餘民封康叔爲衛君居河淇間故商墟索隱曰宋忠云今定昌也周公旦懼康叔齒少乃申告康叔曰必求殷之賢人君子長者問其先殷所以興所以亡而務愛民告以紂所以亡者以淫於酒酒之失婦人是用故紂之亂自此始爲梓材正義曰若梓人爲材君子觀爲法則也梓匠人也示君子可法則故謂之康誥酒誥梓材以命之康叔之國既以此命能和集其民民大說成王長用事舉康叔爲周司寇賜衛寶祭器左傳曰分康叔以大路大旂少帛綪茷旃旌大呂賈逵曰大路金路也少帛雜帛也綪茷大赤也通帛爲旃析羽爲旌大呂鍾名鄭衆曰綪茷旆名也以

章有德康叔卒子康伯代立索隱曰系本康伯名髡宋忠曰即王孫牟也事周康王爲大夫按左傳所稱王孫牟父是也牟髡聲相近故不同耳譙周古史考無康伯而云子牟伯立蓋以不宜父子俱謚康故因其名云牟伯也康伯卒子考伯立考伯卒子嗣伯立嗣伯卒子𨑨伯立史記音隱曰音捷○索隱曰系本作摯伯𨑨伯卒子靖伯立靖伯卒子貞伯立索隱曰系本作箕伯貞伯卒子頃侯立頃侯厚賂周夷王夷王命衛爲侯索隱曰康誥稱命尒侯于東土又云孟侯朕其弟小子封則康叔初封已爲侯也比子康伯即稱伯者謂方伯之伯耳非至子即降爵爲伯也故孔安國曰孟長也五侯之長謂方伯方伯州牧也故五代孫祖恒爲方伯耳至頃侯德衰不監諸侯乃從本爵而稱侯非是至子而削爵及頃侯賂夷王而稱侯也頃侯立十二年卒子釐侯立釐侯十三年周厲王出犇于彘共和行政焉二十八年周宣王立四十二年釐侯卒太子共伯餘立爲君共伯弟和有寵於釐侯釐侯多予之賂和以其賂賂士以襲攻共伯於墓上共伯入釐侯羨自殺索隱曰羨音延延墓道又音以戰反共伯名餘也衛人因葬之釐侯旁謚曰共伯而立和爲衛侯是爲武公索隱曰和弒恭伯代立此說蓋非也按季札美康叔武公之德又國語稱武公年九十五矣猶箴誡於國恭恪于朝作抑自儆至於沒身謂之叡聖又詩著衛世子恭伯早卒不云被殺若武公殺兄而立豈可以爲訓而形之于國史乎蓋太史公採雜說而爲此記耳武公即位修康叔之政百姓和集四十二年犬戎殺周幽王武公將兵往佐周平戎甚有功周平王命武公爲公五十五年卒子莊公揚立

莊公五年取齊女為夫人好而無子又取陳女為夫人生子蚤死陳女女弟亦幸於莊公而生子完（索隱曰女弟戴嬀也子完為州吁所殺戴嬀歸陳詩燕燕于飛是也）完母死莊公令夫人齊女子之立為太子（索隱曰子之謂養之為子也齊女即莊姜也詩碩人篇閔之是也）莊公有寵妾生子州吁十八年州吁長好兵莊公使將石碏諫莊公（賈逵曰石碏衛上卿）曰庶子好兵使將亂自此起不聽二十三年莊公卒太子完立是為桓公

桓公二年弟州吁驕奢桓公絀之州吁出犇十三年鄭伯弟段攻其兄不勝亡而州吁求與之友十六年州吁收聚衛亡人以襲殺桓公州吁自立為衛君為鄭伯弟段欲伐鄭請宋陳蔡與俱三國皆許州吁州吁新立好兵弒桓公衛人皆不愛石碏乃因桓公母家於陳詳為善州吁至鄭郊石碏與陳侯共謀使右宰醜進食因殺州吁于濮（服虔曰右宰醜衛大夫濮陳地○索隱曰賈逵云濮陳地按濮水有受河又受汴汴亦受河東北至離狐分為二俱東北至鉅野入濟則濮在曹衛之間賈言陳地非也若據地理志陳留封丘縣濮水沒沛當言陳留水也）而迎桓公弟晉於邢而立之（賈逵曰邢周公之胤姬姓國）是為宣公

宣公七年魯弒其君隱公九年宋督弒其君殤公及孔父十年晉曲沃莊伯弒其君哀侯

十八年初宣公愛夫人夷姜夷

姜生子伋以為太子而令右公子傅之右公子為太子取齊女未入室而宣公見所欲為太子婦者好說而自取之更為太子取他女宣公得齊女生子壽子朔令左公子傅之（杜預曰左右媵之子因以為號）太子伋母死宣公正夫人與朔共讒惡太子伋宣公自以其奪太子妻也心惡太子欲廢之及聞其惡大怒乃使太子伋於齊而令盜遮界上殺之（正義曰左傳云衛宣公使太子伋之齊使盜待諸莘將殺之杜預云莘衛地）與太子白旄而告界盜見持白旄者殺之且行子朔之兄壽太子異母弟也知朔之惡太子而君欲殺之乃謂太子曰界盜見太子白旄即殺太子太子可毋行太子曰逆父命求生不可遂行壽見太子不止乃盜其白旄而先馳至界界盜見其驗即殺之壽已死而太子伋又至謂盜曰所當殺乃我也盜并殺太子伋以報宣公宣公乃以子朔為太子十九年宣公卒太子朔立是為惠公

左右公子不平朔之立也惠公四年左右公子怨惠公之讒殺前太子伋而代立乃作亂攻惠公立太子伋之弟黔牟為君惠公犇齊

衛君黔牟立八年齊襄公率諸侯奉王命共伐衛納衛惠

公、左右公子衛君黔牟犇于周，惠公復立。惠公立三年出亡，亡八年復入，與前通年凡十三年矣。二十五年，惠公怨周之容舍黔牟，與燕伐周。周惠王犇溫，衛、燕立惠王弟穨為王。二十九年，鄭復納惠王。三十一年，惠公卒，子懿公赤立。懿公即位，好鶴，正義曰括地志云故鶴城在滑州匡城縣西南十五里左傳云衛懿公好鶴鶴有乘軒者狄伐衛懿公欲戰國人受甲者皆曰使鶴鶴實有祿位余焉能戰俗傳懿公養鶴於此城因名也淫樂奢侈。九年，翟伐衛，衛懿公欲發兵，兵或畔。大臣言曰：「君好鶴，鶴可令擊翟。」翟於是遂入，殺懿公。懿公之立也，百姓大臣皆不服。自懿公父惠公朔

之讒殺太子伋代立至於懿公，常欲敗之，卒滅惠公之後而更立黔牟之弟昭伯頑之子申為君，是為戴公。戴公申元年卒。齊桓公以衛數亂，乃率諸侯伐翟，為衛築楚丘，正義曰括地志云城武縣有楚丘亭立戴公弟燬為衛君，賈誼書曰衛侯朝於周周行人問其名答曰衛侯辟彊周行人還之曰啓彊辟彊天子之號諸侯弗得用衛侯更其名曰燬然後受之。正義曰燬音毀是為文公。文公以亂故犇齊，齊人入之。初，翟殺懿公也，衛人憐之，思復立宣公前死太子伋之後，伋子又死，而代伋死者子壽又無子。太子伋同母弟二人：其一曰黔牟，黔牟嘗代惠公為君，八年復去；其二曰

衛康叔世家

昭伯。昭伯、黔牟皆已前死，故立昭伯子申為戴公。戴公卒，復立其弟燬為文公。文公初立，輕賦平罪，索隱曰輕賦税平斷刑地平或作卒卒謂士卒也罪字連下讀蓋亦一家之義耳身自勞，與百姓同苦，以收衛民。十六年，晉公子重耳過，無禮。十七年，齊桓公卒。二十五年，文公卒，子成公鄭立。成公三年，晉欲假道於衛救宋，成公不許。晉更從南河度，服虔曰南河齊南之東南流河也杜預曰從汲郡南度出衛南救宋。徵師於衛，衛大夫欲許，成公不肯。大夫元咺攻成公，成公出犇。索隱曰奔楚。正義曰咺況遠反晉文公重耳伐衛，分其地予宋，討前過無禮及不救宋患也。衛

成公遂出犇陳。索隱曰左傳衛侯聞楚師敗懼出奔楚遂適陳也二歲，如周求入，與晉文公會。晉使人鴆衛成公，成公私於周主鴆，令薄，得不死。索隱曰按私謂賂之也已而周為請晉文公，卒入之衛，而誅元咺，衛君瑕出犇。索隱曰是元咺所立者成公入而殺之故僖三十年經云衛殺其大夫元咺及公子瑕此言奔非也七年，晉文公卒。十二年，成公朝晉襄公。十四年，秦穆公卒。二十六年，齊邴歜弒其君懿公。索隱曰邴歜與左氏同而齊系家作丙戎者蓋邴歜掌御戎車故號邴戎邴音丙歜亦作[illegible]三十五年，成公卒，世本曰成公徙濮陽宋忠曰濮陽帝丘地名子穆公遬立。正義曰遬音速穆公二年，楚莊王伐陳，殺夏徵舒。三年，楚莊王圍鄭，鄭降，復釋之。十一

年孫良夫救魯伐齊復得侵地穆公卒子定公臧立定公十二年卒子獻公衎立獻公十三年公令師曹教宮妾鼓琴賈逵曰師曹樂人妾不善曹笞之妾以幸惡曹於公公亦笞曹三百十八年獻公戒孫文子甯惠子食皆往日旰不召服虔曰孫文子林父也甯惠子甯殖也敕戒二子欲共晏食皆服朝衣待命旰晏也而去射鴻於囿二子從之服虔曰從公於囿公不釋射服與之言左傳曰不釋皮冠二子怒如宿服虔曰孫文子邑也。索隱曰左傳作戚此亦音戚孫文子子數侍公飲使師曹歌巧言之卒章杜預曰巧言詩小雅也其卒章曰彼何人斯居河之麋無拳無勇職為亂階公欲以譬文子居河上而為亂師曹又怒公之嘗笞三百乃歌之欲以怒孫文子報衛獻公文子語蘧伯玉伯玉曰臣不知也賈逵曰伯玉衛大夫遂攻出獻公獻公犇齊齊置衛獻公於聚邑孫文子甯惠子共立定公弟秋為衛君是為殤公徐廣曰班氏云獻公弟焱

殤公秋立封孫文子林父於宿十二年甯喜與孫林父爭寵相惡殤公使甯喜攻孫林父林父犇晉復求入故衛獻公獻公在齊齊景公聞之與衛獻公如晉求入晉為伐衛誘與盟衛殤公會晉平公平公執殤公與甯喜而復入衛獻公獻公亡在外十二年而入獻公後元年誅甯喜

三年吳延陵季子使過衛見蘧伯玉史鰌曰衛多君子其國無故過宿孫林父為擊磬曰不樂音大悲使衛亂乃此矣是年獻公卒子襄公惡立襄公六年楚靈王會諸侯襄公稱病不往九年襄公卒初襄公有賤妾幸之有身夢有人謂曰我康叔也令若子必有衛名而子曰元妾怪之問孔成子服虔曰衛卿孔烝鉏成子曰康叔者衛祖也及生子男也以告襄公襄公曰天所置也名之曰元襄公夫人無子於是乃立元為嗣是為靈公

靈公五年朝晉昭公六年楚公子弃疾弒靈王自立為平王十一年火三十八年孔子來祿之如魯後有隙孔子去後復來三十九年太子蒯聵與靈公夫人南子有惡賈逵曰南子宋女欲殺南子蒯聵與其徒戲陽遬謀朝使殺夫人賈逵曰戲陽遬太子家臣。○正義曰戲音羲戲陽後悔不果蒯聵數目之夫人覺之懼呼曰太子欲殺我正義曰呼火故反靈公怒太子蒯聵犇宋已而之晉趙氏四十二年春靈公游于郊令子郢僕賈逵曰僕御也郢靈公少子也字子南靈公怨太子出犇謂郢曰我將立若為後郢對曰郢不足以辱社稷君其更圖之服虔曰郢自謂己無德不足立以玷辱社稷夏靈公

卒夫人命子郢爲太子曰此靈公命也郢曰亡人太子蒯聵之子輒在也不敢當於是衞乃以輒爲君是爲出公六月乙酉趙簡子欲入蒯聵乃令陽虎詐命衞十餘人衰絰歸服虔曰衰絰爲若從衞來迎太子也簡子送蒯聵衞人聞之發兵擊蒯聵蒯聵不得入入宿而保衞人亦罷兵出公輒四年齊田乞弑其君孺子八年齊鮑子弑其君悼公孔子自陳入衞九年孔文子問兵於仲尼仲尼不對其後魯迎仲尼仲尼反魯十二年初孔圉文子取太子蒯聵之姊生悝孔氏之豎渾良夫美好

孔文子卒良夫通於悝母太子在宿悝母使良夫於太子太子與良夫言曰苟能入我國報子以乘軒免子三死毋所與杜預曰軒大夫車也三死死罪三○正義曰杜預云三罪紫衣袒裘帶劒也紫衣君服也熱故偏袒不敬也衞侯求令名者與之食焉太子請使良夫良夫紫衣狐裘不釋劒而食太子使牽退數之罪而殺之與之盟許以悝母爲妻閏月良夫與太子入舍孔氏之外圃服虔曰圃園昏二人蒙衣而乘服虔曰二人謂良夫太子蒙衣爲婦人之服以巾蒙其頭而共乘也宦者羅御如孔氏孔氏之老欒甯問之服虔曰家臣稱老問其姓名稱姻妾以告賈逵曰婚姻家妾也遂入適伯姬氏服虔曰入孔氏家適伯姬所居旣食悝母杖戈而先服虔曰先至孔悝所太子與五人介輿猳從之

賈逵曰介被甲也輿猳豚欲以盟伯姬劫悝於廁彊盟之遂劫以登臺服虔曰於衞臺上召衞羣臣欒甯將飲酒炙未熟聞亂使告仲由服虔曰季路爲孔氏邑宰故告之召護駕乘車服虔曰召護衞大夫駕乘車不駕兵車也言無距父之意行爵食炙服虔曰欒甯使召季路乃行爵食炙奉出公輒奔魯服虔曰召護奉衞侯仲由將入遇子羔將出賈逵曰子羔衞大夫高柴孔子弟子也將出犇曰門已閉矣子路曰吾姑至矣杜預曰且欲至門子羔曰不及莫踐其難賈逵曰言家臣憂不及國不得踐履其難鄭衆曰是時輒以出不及事不當踐其難子羔言不及以爲季路欲死國也子路曰食焉不辟其難服虔曰言食悝之祿欲救悝之難此明其不死國也子羔遂出子路入及門公孫敢闔門曰毋入爲也服虔曰公孫敢衞大夫言輒已出無爲復入子路曰是公

孫也求利而逃其難由不然利其祿必救其患有使者出子路乃得入曰太子焉用孔悝雖殺之必或繼之王肅曰必有繼續其後攻太子且曰太子無勇若燔臺必舍孔叔太子聞之懼下石乞盂黶敵子路服虔曰二子蒯聵之臣敵當也○正義曰燔音煩舍音捨黶音乙減反以戈擊之割纓子路曰君子死冠不免服虔曰不使冠在地結纓而死正義曰纓冠綫也孔子聞衞亂曰嗟乎柴也其來乎由也其死矣孔悝竟立太子蒯聵是爲莊公莊公蒯聵者出公父也居外怨大夫莫迎立元年即位欲盡誅大臣曰寡人居外久矣子亦嘗聞之乎羣臣欲作

亂乃止二年魯孔丘卒三年莊公上城見戎州 賈逵曰戎州戎人之邑○索隱曰左傳云戎州人攻之是也隱二年公會戎于潛杜預云陳留濟陽縣東南有戎城濟陽與衛近故莊公登臺而望見戎州又七年云戎伐凡伯于楚丘是戎與衛相近也 曰戎虜何爲是戎州病之十月戎州告趙簡子簡子圍衛十一月莊公出奔 索隱曰左傳莊公本由晉趙氏納之立而背晉晉伐衛衛人出莊公公子般師晉師退莊公復入般師出奔初公登城見戎州己氏之妻髮美髡之以爲夫人髢也又欲翦戎州兼逐石圃故石圃攻莊公莊公懼踰北牆折股入己氏己氏殺之今系家不言莊公復入及死己氏直云出奔亦其疎也又左傳云衛復立般師齊伐衛立公子起執般師明年衛石圃逐其君起起奔齊出公輒復歸是左氏詳而系家略也 衛人立公子班師爲衛君 左傳曰班師襄公之孫 齊伐衛虜班師更立公子起爲衛君 服虔曰起靈公子 衛君起元年衛石曼專逐

其君起 索隱曰左傳作石圃此專音圃穀梁作曼姑專或音姑諸本多無曼字 起奔齊衛出公輒自齊復歸立初出公立十二年亡亡在外四年復入出公後元年賞從亡者立二十一年卒 索隱曰按出公初立十二年亡在外四年復入九年卒是立二十一年自即位至卒凡經二十五年而卒于越 出公季父黔攻出公子而自立是爲悼公悼公五年卒 索隱曰紀年云四年卒于越系本名虔 子敬公弗立 世本云敬公費也 敬公十九年卒子昭公糾立 索隱曰系本云敬公生橈公舟非也 是時三晉彊衛如小侯屬之 正義曰屬趙也 昭公六年公子亹 正義曰音尾 弒之代立是爲懷公懷公十一年公子頹弒懷公而代立是爲慎公慎公父公子適 索隱曰音的系本適作虔虔悼公也 適父敬公也慎公四十二年卒子聲公訓立 索隱曰訓亦作馴同休運反系本作聖公馳 聲公十一年卒子成侯速立 索隱曰音速系本作不逝按上穆公已名遫不可成侯更名則系本是也 成侯十一年公孫鞅入秦 索隱曰秦本紀云孝公元年鞅入秦又按年表成侯與秦孝公同年然則十一年當爲元年字誤耳 十六年衛更貶號曰侯二十九年成侯卒子平侯立平侯八年卒子嗣君立 索隱曰樂資據紀年以嗣君即孝襄侯 嗣君五年更貶號曰君獨有濮陽四十二年卒子懷君立懷君三十一年朝魏魏囚殺懷君魏更立嗣君弟是爲元君元君爲魏壻故魏立之 徐廣曰班氏云元君者懷君之弟 元君十四年秦拔魏東地

秦初置東郡更徙衛野王縣而并濮陽爲東郡 索隱曰魏都大梁濮陽黎陽並是魏之東地故立郡名東郡也 二十五年元君卒子君角立 年表云元君十一年秦置東郡十二年徙野王二十三年卒○索隱曰年表與此不同徐註備矣 君角九年秦并天下立爲始皇帝二十一年二世廢君角爲庶人衛絕祀

太史公曰余讀世家言至於宣公之太子以婦見誅弟壽爭死以相讓此與晉太子申生不敢明驪姬之過同俱惡傷父之志然卒死亡何其悲也或父子相殺兄弟相滅亦獨何哉

索隱述贊曰

司寇受封 梓材有作 成錫厥器
夷加其爵 暨武能修 從文始約
詩美歸燕 傳稱石碏 皮冠射鴻
乘軒使鶴 宣縱淫嬖 壽生伋朔
蒯聵得罪 出入台行惡 衛祚日衰
失於君角

史計叁阡肆伯玖拾字
註貳阡壹伯玖拾陸字

衛康叔世家第七 史記三十七

宋微子世家第八

微子開者孔安國曰微畿内國名子爵也爲紂卿士。索隱曰按尚書微子之命篇云命微子啓代殷後今此名開者避漢景帝諱也殷帝乙之首子而紂之庶兄也索隱曰按尚書亦以爲殷王元子而是紂之兄呂氏春秋云生微子時母猶爲妾及爲妃而生紂故微子爲紂同母庶兄紂既立不明淫亂於政微子數諫紂不聽及祖伊以周西伯昌之修德滅阢徐廣曰阢音耆。索隱曰耆即黎也鄒誕云本黎邑音黎孔安國云黎在上黨東北即今之黎亭阢國懼禍至以告紂紂曰我生不有命在天乎是何能爲於是微子度紂終不可諫欲死之及去未能自決乃問於太師少師孔安國曰太師三公箕子也少師孤卿比干也曰殷不有治政不治四方孔安國曰言殷不有治政四方之事將必亡也我祖遂陳於上馬融曰我祖湯也孔安國曰言湯遂其功陳力於上世也紂沈湎於酒婦人是用亂敗湯德於下馬融曰下下世也殷既小大好草竊姦宄孔安國曰草野盜竊又爲姦宄於外內卿士師師非度馬融曰非但小人學爲姦宄卿士已下轉相師效爲非法度皆有罪辜乃無維獲鄭玄曰獲得也言皆有是罪其爵祿又無常得之者言變相攻奪小民乃並興相爲敵讎孔安國曰卿士既亂而小民各起共爲敵讎言不和同今殷其典喪若涉水無津涯徐廣曰一作陟水無舟航言危也駰謂典國典也。索隱曰尚書典作淪篆字變易其義亦殊喪音息浪反殷遂喪越至于今馬融曰越於也於是至矣於今到矣曰太師少師馬融曰重呼告之我其發出往鄭玄曰發起也紂禍敗如此我其起作出往也。索隱曰往尚書作狂蓋亦今文尚書意異耳吾家保于喪徐廣曰一云於是家保駰

案馬融曰卿大夫稱家今女無故告王肅曰無意告我也是微子求教誨也予顛躋如之何其馬融曰躋猶墜也恐顛墜於非義當如之何也鄭玄曰其語助也齊魯之間聲如姬記曰何居太師若曰王子天篤下菑亡殷國孔安國曰微子帝乙子故曰王子天生紂爲亂是下菑也鄭玄曰少師不荅志在必死。正義曰菑音災乃毋畏畏不用老長孔安國曰上不畏天菑下不畏賢人違戾耆老之長不用其教今殷民乃陋淫神祇之祀徐廣曰一云今殷民侵神犧又一云陋淫侵神祇駰案馬融曰天曰神地曰祇。索隱曰尚書作攘竊劉氏云陋謠猶輕纖也今誠得治國國治身死不恨爲死終不得治不如去遂亡箕子者馬融曰箕國名也子爵也紂親戚也索隱曰司馬彪曰箕子名胥餘馬融王肅以箕子爲紂之諸父服虔杜預以爲紂之庶兄杜預云梁國蒙縣有箕子冢紂始爲象箸索隱曰箸音持略反按下文云爲象箸必爲玉杯杯箸事相近周禮六樽有犧象著壺泰山著尊著地無足是也劉氏音直慮反則杯箸亦食用之物並通爲器箕子歎曰彼爲象箸必爲玉桮爲桮則必思遠方珍怪之物而御之矣輿馬宮室之漸自此始不可振也紂爲淫泆箕子諫不聽人或曰可以去矣箕子曰爲人臣諫不聽而去是彰君之惡而自說於民吾不忍爲也乃被髮詳狂而爲奴遂隱而鼓琴以自悲故傳之曰箕子操風俗通義曰其道閉塞憂愁而作者命其曲曰操操者言遇菑遭害困厄窮迫雖怨恨失意猶守禮義不懼不懾樂道而不改其操也王子比干者亦紂之親戚也見箕子諫不聽而爲奴則曰君有過而不以死爭則百姓何辜乃直言諫紂紂怒曰吾

聞聖人之心有七竅信有諸乎乃遂殺王子比干刳視其心微子曰父子有骨肉而臣主以義屬故父有過子三諫不聽則隨而號之人臣三諫不聽則其義可以去矣於是太師少師乃勸微子去遂行時比干已死而云少師者似誤周武王伐紂克殷微子乃持其祭器造於軍門肉袒面縛索隱曰肉袒者袒而露肉也面縛者縛手於背而面向前也劉氏云面即背也義稍迂左牽羊右把茅膝行而前以告於是武王乃釋微子復其位如故武王封紂子武庚祿父以續殷祀使管叔蔡叔傅相之武王既克殷訪問箕子武王曰於乎維天陰定下民相和其居孔安國曰天不言而默定下民助合其居使有常生之資也我不知其常倫所序孔安國曰言我不知天所以定民之常道理次序問何由箕子對曰在昔鯀陻鴻水汨陳其五行孔安國曰陻塞汨亂也治水失道是亂陳五行帝乃震怒不從鴻範九等常倫所斁徐廣曰一作釋駰案鄭玄曰帝天也天以鯀如是乃震動其威怒不與天道大法九類言王所問所由敗也鯀則殛死禹乃嗣興鄭玄曰春秋傳曰舜之誅也殛鯀其舉也興禹天乃錫禹鴻範九等常倫所序孔安國曰天與禹洛出書也神龜負文而出列於背有數至于九禹遂因而第之以成九類初一曰五行二曰五事三曰八政四曰五紀五曰皇極六曰三德七曰稽疑八曰庶徵九曰嚮用五福畏用六極馬融曰言天所以畏懼人用六極五行一曰水

二曰火三曰木四曰金五曰土鄭玄曰此數本諸陰陽所生之次也水曰潤下火曰炎上孔安國曰言其自然之常性也木曰曲直孔安國曰木可揉使曲直也金曰從革馬融曰金之性從人而更可銷鑠土曰稼穡王肅曰種之曰稼斂之曰穡潤下作鹹孔安國曰水鹵所生炎上作苦孔安國曰焦氣之味曲直作酸孔安國曰木實之性從革作辛孔安國曰金氣之味稼穡作甘孔安國曰甘味生於百穀五行以下箕子所陳五事一曰貌二曰言三曰視四曰聽五曰思貌曰恭言曰從馬融曰發言當使可從視曰明聽曰聰思曰睿馬融曰睿通也恭作肅從作治馬融曰出令而從所以爲治也明作智聰作謀孔安國曰所謀必成審也馬融曰上聰則下進其謀睿作聖孔安國曰於事無不通謂之聖八政一曰食二曰貨三曰祀四曰司空馬融曰司空掌營城郭主空土以居民五曰司徒孔安國曰主徒衆教以禮義六曰司寇馬融曰主誅寇害七曰賓鄭玄曰掌諸侯朝覲之官八曰師鄭玄曰掌軍旅之官五紀一曰歲二曰月三曰日四曰星辰馬融曰星二十八宿辰日月之所會也鄭玄曰星五星也五曰歷數孔安國曰歷數節氣之度以爲歷敬授民時皇極皇建其有極孔安國曰大中之道大立其有中謂行九疇之義斂時五福用傅錫其庶民馬融曰當斂是五福之道用布與衆民維時其庶民于女極馬融曰以其能斂是五福故衆民於女取中正以歸心也錫女保極鄭玄曰又賜女以守中之道凡厥庶民毋有淫朋人毋有比德維皇作極孔安國曰民有善則無淫過朋黨之惡比周之德惟天下皆大爲中正也凡厥庶民有猷有爲有守女則念之馬融曰凡其衆民有謀有爲有所執守當思念其行有所趣舍也不協于極不離

于咎皇則受之孔安國曰凡民之行雖不合於中而不罹於咎惡皆可進用大法受之而安而色曰予所好德女則錫之福孔安國曰女當安女顏色以謙下人人曰我所好者德也女則與之爵祿時人斯其維皇之極孔安國曰不合于中之人女與之福則是人此其惟大之中言可勉進也毋侮鰥寡而畏高明馬融曰高明顯寵者不枉法畏之人之有能有爲使羞其行而國其昌王肅曰使進其行任之以政則國爲之昌凡厥正人既富方穀孔安國曰正直之人既當爵祿富之又當以善道接之女不能使有好于而家時人斯其辜孔安國曰不能使正人有好於國家則是人斯其詐取罪而去也于其毋好女雖錫之福其作女用咎鄭玄曰無好於女家之人雖錫之以爵祿其動作爲女用惡謂爲天子結怨於民毋偏毋頗遵王之義孔安國曰偏不平頗不正言當修先王正義以治民毋有作好

遵王之道馬融曰好私好也毋有作惡遵王之路毋偏毋黨王道蕩蕩孔安國曰言開辟也鄭玄曰黨朋黨毋黨毋偏王道平平孔安國曰言下治也毋反毋側王道正直馬融曰反反道也側傾側也會其有極鄭玄曰謂君也常會聚有中之人以爲臣也歸其有極鄭玄曰謂臣也當就有中之君而事之曰王極之傅言馬融曰王者當盡極行之使臣下布陳其言是夷是訓于帝其順馬融曰是大中而常行之用是敎訓天下於天爲順也凡厥庶民極之傅言馬融曰亦盡極敷陳其言於上也是順是行王肅曰民納言於上而得中者則順而行之以近天子之光王肅曰近猶益也順行民言所以益天子之光曰天子作民父母以爲天下王王肅曰政敎務中民善是用所以爲民父母而爲天下所歸往三德一曰正直鄭玄曰中平之人二曰剛克三曰柔克鄭玄曰克能也剛而能柔

柔而能剛寬猛相濟以成治立功平康正直孔安國曰世平康用正直治之彊不友剛克孔安國曰友順也世彊禦不順以剛能治之內友柔克孔安國曰世和順以柔能治之也。索隱曰內當爲燮燮和也沈漸剛克馬融曰沈陰也潛伏也陰伏之謀謂賊臣亂子非一朝一夕之漸君親無將將而誅。索隱曰尚書作沈潛此字作漸其義當依馬註高明柔克馬融曰高明君子亦以德懷也維辟作福維辟作威維辟玉食馬融曰辟君也玉食美食不言王者關諸侯也鄭玄曰作福專爵賞也作威專刑罰也玉食備珍美也臣無有作福作威玉食臣有作福作威玉食其害于而家凶于而國人用側頗辟民用僭忒孔安國曰在位不端平則下民僭差稽疑擇建立卜筮人孔安國曰龜曰卜蓍曰筮考正疑事當選擇知卜筮人而建立之乃命卜筮曰雨曰濟曰涕尚書作圛。索隱曰涕音亦尚書作驛孔安國云氣駱驛下連續今此文作涕是涕 泣亦

相連之狀也曰霧徐廣曰一曰涕曰被。索隱曰霧音蒙然蒙與霧亦通徐氏所見本涕作涕蒙作被義通而字變耳曰克曰貞曰悔凡七卜五占之用二衍貣鄭玄曰卜五占之用謂雨濟圛霧克也二衍貣謂貞悔也將立卜筮人乃先命名兆卦而分別之兆卦之名凡七龜用五易用二審此道者乃立之也雨者兆之體氣如雨然也濟者如雨止之雲氣在上者也圛者色澤而光明也霧者氣不釋鬱冥冥也克者如祲氣之色相犯也內卦曰貞貞正也外卦曰悔悔之言晦也晦猶終也卦象多變故言衍貣立時人爲卜筮鄭玄曰立是能分別兆卦之名者以爲卜筮人三人占則從二人之言鄭玄曰從其多者蓍龜之道幽微難明慎之深女則有大疑謀及女心謀及卿士謀及庶人謀及卜筮孔安國曰先盡謀慮然後卜筮以決之女則從龜從筮從卿士從庶民從是之謂大同孔安國曰大同於吉而身其康彊而子孫其逢吉孔安國曰動不違衆故後世遇

宋世家

吉也 女則從龜從筮從卿士逆庶民逆吉卿士從
龜從筮從女則逆庶民逆吉庶民從龜從筮從逆
女則逆卿士逆吉 鄭玄曰此三者皆從多故爲吉 女則從龜從筮逆
卿士逆庶民逆作內吉作外凶 鄭玄曰此逆者多以故擧事於境內則吉
境外則凶 龜筮共違于人用靜吉用作凶 孔安國曰安以守常則吉
動則凶鄭玄曰龜筮皆與人謀相違人雖三從猶不可以擧事 庶徵曰雨曰陽曰奧曰
寒曰風曰時 孔安國曰雨以潤物陽以乾物煖以長物寒以成物風以動物五者各以時所以爲衆驗
五者來備各以其序庶草繁廡 孔安國曰言五者備至各以次序則衆草
木繁廡滋豐也 一極備凶一極亡凶 孔安國曰一者備極過甚則凶一者極無不至亦凶謂其
不時失叙之謂也 曰休徵 孔安國曰叙美行之驗 曰肅時雨若 孔安國曰君行敬則

時雨順之 曰治時暘若 孔安國曰君政治則時暘順之 曰知時奧若 孔安國曰君昭
晳則時煖順之 曰謀時寒若 孔安國曰君能謀則時寒順之 曰聖時風若 孔安
國曰君能通理則時風順之 曰咎徵 孔安國曰叙惡行之驗也 曰狂常雨若 孔安
國曰君行狂妄則常雨順之 曰僭常暘若 孔安國曰君行僭差則常暘順之 曰舒常
奧若 孔安國曰君行逸豫則常煖順之。索隱曰舒依字讀按下有曰急 曰急常寒若 孔安
國曰君行急則常寒順之 曰霧常風若 孔安國曰君行霧闇則常風順之 王眚維
歲 馬融曰言王者所眚職如歲兼四時也 卿士維月 孔安國曰卿士各有所掌如月之有別 師
尹維日 孔安國曰衆正官之吏分治其職如日之有歲月也 歲月日時毋易 孔安國曰
各順常 百穀用成治用明 孔安國曰歲月日時無易則百穀成君臣無易則正治明 畯民
用章家用平康 孔安國曰賢臣顯用國家平寧 日月歲時既易百

宋微子世家

穀用不成治用昏不明畯民用微家用不寧庶
民維星 孔安國曰星民象故衆民惟若星也 星有好風星有好雨 馬融曰箕
星好風畢星好雨 日月之行有冬有夏 孔安國曰日月之行冬夏各有常度 月之
從星則以風雨 孔安國曰月經于箕則多風離于畢則多雨政教失常以從民欲亦所以亂 五
福一曰壽二曰富三曰康寧 鄭玄曰康寧平安 四曰攸好
德 孔安國曰所好者德福之道 五曰考終命 孔安國曰各成其短長之命以自終不橫夭 六
極一曰凶短折 鄭玄曰未齔曰凶未冠曰短未婚曰折。索隱曰未齔未毀齒也音楚忴反 二
曰疾三曰憂四曰貧五曰惡 孔安國曰醜陋也 六曰弱 鄭玄曰愚
懦不壯毅曰弱 於是武王乃封箕子於朝鮮 索隱曰朝鮮音潮仙地因水爲名
而不臣也其後箕子朝周過故殷虛感宮室毀

壞生禾黍箕子傷之欲哭則不可欲泣爲其近
婦人 索隱曰婦人之性多涕泣也 乃作麥秀之詩以歌詠之其詩
曰麥秀漸漸兮禾黍油油 索隱曰漸漸麥芒之狀音子廉反又依字讀油油者
禾黍之苗光悅貌 彼狡僮兮不與我好兮所謂狡童者紂
也殷民聞之皆爲流涕 杜預曰梁國蒙縣有箕子冢 武王崩成
王少周公旦代行政當國管蔡疑之乃與武庚
作亂欲襲成王周公 徐廣曰一云欲襲成周 周公既承成王
命誅武庚殺管叔放蔡叔乃命微子開代殷後
奉其先祀作微子之命以申之國于宋 世本曰宋更曰睢陽
微子故能仁賢乃代武庚故殷之餘民甚戴愛

之微子開卒立其弟衍是爲微仲禮記曰微子舍其孫腯而立衍也鄭玄曰微子適子死立其弟衍殷礼也。索隱曰家語微子弟仲思名衍一名泄嗣微子爲宋公雖遷爵易位而班級不過其故以舊官爲稱故二微雖爲宋公猶稱微至子稽乃稱宋公也微仲卒子宋公稽立索隱曰譙周云未諡故名之宋公稽卒子丁公申立丁公申卒子湣公共立湣公共卒弟煬公熙立煬公即位湣公子鮒祀弑煬公而自立徐廣曰鮒一作魴。索隱曰譙周亦作魴祀據左氏即湣公庶子也弑煬公欲立太子弗父何何讓不受曰我當立是爲厲公厲公卒子釐公舉立釐公十七年周厲王出奔彘二十八年釐公卒子惠公覸立呂忱曰覸音古莧反惠公四年周宣王即位三十年惠公卒子哀公立哀公

元年卒子戴公立戴公二十九年周幽王爲犬戎所殺秦始列爲諸侯三十四年戴公卒子武公司空立武公生女爲魯惠公夫人生魯桓公十八年武公卒子宣公力立宣公有太子與夷十九年宣公病讓其弟和曰父死子繼兄死弟及天下通義也我其立和和亦三讓而受之宣公卒弟和立是爲穆公穆公九年病召大司馬孔父謂曰先君宣公舍太子與夷而立我我不敢忘我死必立與夷也孔父曰羣臣皆願立公子馮穆公曰毋立馮吾不可以負宣公於是穆

公使馮出居于鄭八月庚辰穆公卒兄宣公子與夷立是爲殤公君子聞之曰宋宣公可謂知人矣立其弟以成義然卒其子復享之殤公元年衞公子州吁弑其君完自立欲得諸侯使告於宋曰馮在鄭必爲亂可與我伐之宋許之與伐鄭至東門而還二年鄭伐宋以報東門之役其後諸侯數來侵伐九年大司馬孔父嘉妻好出道遇太宰華督服虔曰戴公之孫督說目而觀之服虔曰目者極視精不轉也督利孔父妻乃使人宣言國中曰殤公即位十年耳而十一戰賈逵曰一戰伐鄭圍其東門二戰取其禾三戰取郜田四

戰邾鄭伐宋入其郛五戰伐鄭圍長葛六戰鄭以王命伐宋七戰魯敗宋師于菅八戰宋衞入鄭九戰伐戴十戰鄭入宋十一戰鄭伯以虢師大敗宋民若不堪皆孔父爲之我且殺孔父以寧民是歲魯弑其君隱公十年華督攻殺孔父取其妻殤公怒遂弑殤公而迎穆公子馮於鄭而立之是爲莊公莊公元年華督爲相九年執鄭之祭仲要以立突爲鄭君祭仲許竟立突十九年莊公卒子湣公捷立湣公七年齊桓公即位九年宋水魯使臧文仲往弔水賈逵曰問凶曰弔湣公自罪曰寡人以不能事鬼神政不脩故水臧文仲善此言此言乃公子子魚教湣公也十

年夏宋伐魯戰於乘丘徐廣曰乘一作媵駰案杜預曰乘丘魯地魯生
虜宋南宮萬賈逵曰南宮氏萬名宋卿宋人請萬萬歸宋十一
年秋湣公與南宮萬獵因博爭行湣公怒辱之
曰始吾敬若今若魯虜也萬有力病此言遂以
局殺湣公于蒙澤賈逵曰蒙澤宋澤名也杜預曰宋地梁國有蒙縣大夫仇
牧聞之以兵造公門萬搏牧牧齒著門闔死何休曰闔門扇
因殺太宰華督乃更立公子游為君諸公
子犇蕭公子禦說犇亳服虔曰蕭亳宋邑也杜預曰今沛國有蕭縣蒙縣西北有亳城也
萬弟南宮牛將兵圍亳冬蕭及宋之諸公
子共擊殺南宮牛弒宋新君游而立湣公弟禦

說是為桓公宋萬犇陳宋人請以賂陳陳人使
婦人飲之醇酒服虔曰宋萬多力勇不可執故先使婦人誘而飲之酒醉而縛之以革
裹之歸宋左傳曰以犀革裹之宋人醢萬也服虔曰醢肉醬桓公二年
諸侯伐宋至郊而去三年齊桓公始霸二十三
年迎衛公子燬於齊立之是為衛文公文公女
弟為桓公夫人秦穆公即位三十年桓公病太
子茲甫讓其庶兄目夷為嗣桓公義太子意竟
不聽三十一年春桓公卒太子茲甫立是為襄
公以其庶兄目夷為相未葬而齊桓公會諸侯
于葵丘襄公往會襄公七年宋地霣星如雨與

雨偕下左傳曰隕石于宋五隕星也六鶂退蜚公羊傳曰視之則六察之則鶂徐察之則退飛索隱曰按僖十六年左傳霣石于宋五霣星也六鶂退飛過宋都是當宋襄公之時訪內史叔興曰吉凶焉在對曰君將得諸侯而不終也然莊七年傳又云恒星不見夜中星霣如雨與雨偕也且與雨偕下自在別年不與霣石退鶂之事同此史以霣石為霣星遂連恒星不見之時與雨偕為文故與左傳小異也風疾也賈逵曰風起於遠至宋都高而疾故鶂逢風卻退
八年齊桓公卒宋欲為盟會十二
年春宋襄公為鹿上之盟杜預曰鹿上宋地汝陰有原鹿縣。索隱曰按汝陰原鹿其地在楚僖二十一年宋人楚人齊人盟于鹿上是也然襄公求諸侯於楚楚纔許之許未合至汝陰鹿上今濟陰乘氏縣北有鹿城蓋此地也以求諸侯於楚楚人許之公子目
夷諫曰小國爭盟禍也不聽秋諸侯會宋公盟
于盂杜預曰盂宋地目夷曰禍其在此乎君欲已甚何以

堪之於是楚執宋襄公以伐宋冬會于亳以釋
宋公子魚曰禍猶未也十三年夏宋伐鄭子魚
曰禍在此矣秋楚伐宋以救鄭襄公將戰子魚
諫曰天之棄商久矣不可冬十一月襄公與楚
成王戰于泓穀梁傳曰戰于泓水之上楚人未濟目夷曰彼眾
我寡及其未濟擊之公不聽已濟未陳又曰可
擊公曰待其已陳陳成宋人擊之宋師大敗襄
公傷股國人皆怨公公曰君子不困人於阨不
鼓不成列何休曰軍法以鼓戰以金止不鼓不戰也不成列未成陳子魚曰兵以勝
為功何常言與徐廣曰一云何尚何言與必如公言即奴事之

耳又何戰為楚成王已救鄭鄭享之去而取鄭
二姬以歸索隱曰謂鄭大夫芊氏姜氏之女既是鄭女故云二姬叔瞻曰成王無
禮正義曰謂取鄭二姬也其不沒乎為禮卒於無別有以知
其不遂霸也是年晉公子重耳過宋襄公以傷
於楚欲得晉援厚禮重耳以馬二十乘服虔曰八十四十
四年夏襄公病傷於泓而竟卒索隱曰春秋戰于泓在僖二十二年重耳
過宋及襄公卒在二十四年今此文以重耳過與傷泓共歲故云是年又重耳過與宋襄公卒共是一歲則不合更云十四年是進退俱不合於左氏蓋太史公之疏耳子成公王臣立成公元年晉
文公即位三年倍楚盟親晉以有德於文公也
四年楚成王伐宋宋告急於晉五年晉文公救

宋楚兵去九年晉文公卒十一年楚太子商臣
弒其父成王代立十六年秦穆公卒十七年成
公卒正義曰年表云公孫固殺成公成公弟禦殺太子及大司馬公
孫固正義曰世本云宋莊公孫名固為大司馬而自立為君宋人共殺君
禦而立成公少子杵臼正義曰年表云宋昭元年杵臼襄公之子徐廣曰一云成公少子是為昭公昭公四年宋敗長翟緣斯於長丘
曾世家云宋武公之世獲緣斯於長丘今云此時未詳。索隱曰春秋文公十一年魯敗翟于鹹獲長狄緣斯於長丘齊系家惠公二年長翟來王子城父攻殺之此並取左傳之說散於諸國系家今考其年歲亦頗相協而魯系家云武公此云昭公蓋此昭當為武然前代雖已有武公此杵臼當亦謚武也若特不然豈下五代公子特為君又豈謚昭乎七
年楚莊王即位九年昭公無道國人不附昭公

弟鮑革徐廣曰一無革字賢而下士先襄公夫人欲通於
公子鮑不可服虔曰襄公夫人周襄王之姊王姬也不可鮑不肯也乃助之施於
國正義曰施貳是反襄夫人助公子鮑布施恩惠於國人也因大夫華元為右師正義曰公子華元鮑因請得為右師華元戴公五代孫華督之曾孫也昭公出獵夫人王姬
使衛伯攻殺昭公杵臼弟鮑革立是為文公文
公元年晉率諸侯伐宋責以弒君聞文公定立
乃去二年昭公子因文公母弟須與武繆戴莊
桓之族為亂文公盡誅之出武繆之族賈逵曰出逐也四
年春鄭命楚伐宋宋使華元將鄭敗宋囚華元
華元之將戰殺羊以食士其御羊羹不及左傳曰御羊斟也

故怒馳入鄭軍故宋師敗得囚華元宋以兵
車百乘文馬四百疋賈逵曰文貍文也王肅曰文馬畫馬也。正義曰按文馬者裝飾其馬四伯匹用牽車伯乘遺鄭贖華元也又云文馬赤鬛縞身目如黃金贖華元未盡入華
元亡歸宋十四年楚莊王圍鄭鄭伯降楚楚復
釋之十六年楚使過宋宋有前仇執楚使九月
楚莊王圍宋十七年楚以圍宋五月不解宋城
中急無食華元乃夜私見楚將子反子反告莊
王王問城中何如曰析骨而炊何休曰析破人骨也易子而
食莊王曰誠哉言我軍亦有二日糧以信故遂
罷兵去二十二年文公卒子共公瑕立始厚葬

君子譏華元不臣矣共公九年華元善楚將子重又善晉將欒書兩盟晉楚十三年共公卒華元爲右師魚石爲左師司馬唐山攻殺太子肥欲殺華元華元犇晉魚石止之至河乃還皇覽曰華元冢在陳留小黃縣城北誅唐山乃立共公少子成是爲平公左傳曰魚石犇楚平公三年楚共王拔宋之彭城以封宋左師魚石四年諸侯共誅魚石而歸彭城於宋三十五年楚公子圍弒其君自立爲靈王四十四年平公卒子元公佐立元公三年楚公子棄疾弒靈王自立爲平王八年宋火十年元公毋信詐殺諸公子大夫華向氏作亂楚平王太子建來犇見諸華氏相攻亂建去如鄭十五年元公爲魯昭公避季氏居外爲之求入魯行道卒子景公頭曼立索隱曰按曼立音萬景公十六年魯陽虎來犇已復去二十五年孔子過宋宋司馬桓魋惡之欲殺孔子孔子微服去三十年曹倍宋又倍晉宋伐曹晉不救遂滅曹有之正義曰宋景公滅曹在魯哀公八年周敬王三十三年也三十六年齊田常弒簡公三十七年楚惠王滅陳熒惑守心心宋之分野也景公憂之司星子韋曰可移於相景公曰相吾之股肱曰可移

於民景公曰君者待民曰可移於歲景公曰歲饑民困吾誰爲君子韋曰天高聽卑君有君人之言三熒惑宜有動於是候之果徙三度六十四年景公卒宋公子特攻殺太子而自立是爲昭公索隱曰特一作得按左傳景公無子取元公庶曾孫公孫周之子得及啓畜于公宮及景公卒先立啓後立得是爲昭公與此全乖未知太史公據何爲此說昭公者元公之曾庶孫也昭公父公孫糾糾父公子褍秦徐廣曰褍音端褍秦即元公少子也景公殺昭公父糾索隱曰左傳云名周故昭公怨殺太子而自立昭公四十七年卒子悼公購由立年表云四十九年。索隱曰購音古候反悼公八年卒索隱曰紀年爲十八年子休公田立休公田二十三年卒子辟公辟兵立徐廣曰一云辟公兵。索隱曰紀年作桓侯璧兵則璧兵諡桓也又莊子云桓侯行未出城門其前驅呼辟蒙人止之後爲狂也司馬彪云呼辟使人避道蒙人以桓侯名辟而前驅呼辟故爲狂也辟公三年卒子剔成立年表云剔成君也。索隱曰王劭按紀年云宋剔成肝廢其君璧而自立剔成四十一年剔成弟偃攻襲剔成剔成敗犇齊偃自立爲宋君君偃十一年自立爲王索隱曰戰國策呂氏春秋皆以偃諡曰康王東敗齊取五城南敗楚取地三百里西敗魏軍乃與齊魏爲敵國盛血以韋囊縣而射之命曰射天淫於酒婦人羣臣諫者輒射之於是諸侯皆曰桀宋索隱曰晉太康地記言其似桀也宋其復爲紂所爲不可不

誅告齊伐宋王偃立四十七年齊湣王與魏楚伐宋殺王偃遂滅宋而三分其地年表云偃立四十三年

太史公曰孔子稱微子去之箕子爲之奴比干諫而死殷有三仁焉何晏曰仁者愛人三人行異而同稱仁者何也以其俱在憂亂寧民也夏侯玄曰微子仕之窮也箕子比干志之窮也故或盡材而止或盡心而留皆其極也致極斯君子之事矣是以三仁不同而歸其一揆也春秋譏宋之亂自宣公廢太子而立弟公羊傳曰君子大居正宋之禍宣公爲之也國以不寧者十世索隱曰公羊春秋有此說左氏則無譏焉襄公之時修行仁義欲爲盟主其大夫正考父美之故追道契湯高宗殷所以興作商頌韓詩商頌章句亦美襄公。索隱曰今按毛詩商頌序云正考父於周之太師得商頌十二篇以那爲首國語亦同此說

今五篇存皆是商家祭祀樂章非考父追作也又考父佐戴武宣則在襄公前且百許歲安得述而美之斯謬說耳襄公既敗於泓而君子或以爲多公羊傳曰君子大其不鼓不成列臨大事而不忘大禮有君而無臣以爲雖文王之戰亦不過此也傷中國闕禮義褒之也索隱曰襄公臨大事不忘大禮而君子或以爲多且傷中國之亂闕禮義之舉遂不嘉宋襄之盛德太史公褒而述之故云褒之也宋襄之有禮讓也

索隱述贊曰

殷有三仁　微箕紂親　一囚一去
不顧其身　頌美有客　書稱作賓
卒傳家嗣　或叙彝倫　微仲之後
世載忠勤　穆亦能讓　實爲知人
傷泓之役　有君無臣　偃號桀宋
天之弃殷

史肆阡叁佰單玖字
註肆阡伍佰肆拾陸字

宋微子世家第八　史記三十八

晉世家第九　史記三十九

唐叔虞者周武王子而成王弟 索隱曰唐叔以夢及手文而名曰虞至成王滅唐之後因戲削桐而封之叔字也故曰唐叔虞而唐有晉水至子燮改其國號曰晉侯然晉初封於唐故稱晉唐叔虞也且唐本堯後封在夏墟而都於鄂鄂今在大夏是也及成王滅唐之後又分徙之於許郢之間故春秋有唐成公是也即今之唐州者也 初武王與叔虞母會時 左傳曰邑姜方娠太叔服虔曰邑姜武王后齊太公女 夢天謂武王曰余命女生子名虞余與之唐及生子文在其手曰虞故遂因命之曰虞

武王崩成王立唐有亂 正義曰括地志云故唐城在絳州翼城縣西二十里即堯裔子所封春秋云夏孔甲時有堯苗裔劉累者以豢龍事孔甲夏后嘉之賜氏御龍以更豕韋之後龍一雌死潛醢之以食夏后既而使求之懼而遷於魯縣夏后召孟別封劉累之孫于大夏之墟爲侯至周成王時唐人作亂成王滅之而封大叔更遷唐人子孫于杜謂之杜伯即范丐所云在周爲唐杜氏按魯縣汝州魯山縣是今隨州棗陽縣東南一百五十里上唐鄉故城即後子孫徙於唐 周公誅滅唐成王與叔虞戲削桐葉爲珪以與叔虞曰以此封若史佚因請擇日立叔虞成王曰吾與之戲耳史佚曰天子無戲言言則史書之禮成之樂歌之於是遂封叔虞於唐唐在河汾之東方百里故曰唐叔虞 世本曰居鄂宋衷曰鄂地今在大夏。正義曰括地志云故鄂城在慈州昌寧縣東二里按與絳州夏縣相近禹都安邑故城在縣東北十五里故云在大夏也然封于河汾二水之東方百里正合在晉州平陽縣不合在鄂未詳 姓姬氏 字子于唐叔子燮是爲晉侯 正義曰燮先牒反括地志云故唐城在并州晉陽縣北二里城記云堯築也國都城記云唐叔虞之子燮父徙居晉水傍今并理故唐城唐者即燮父初徙之處其城南半入州城中削爲坊城牆北半見在毛詩譜云叔虞子燮父以堯墟南有晉水改曰晉侯 晉侯子寧族是爲武侯 索隱曰系本作曼期譙周作曼旗也 武侯之子服人是爲成侯成侯子福是爲厲侯 索隱曰系本作輻 厲侯子宜臼是爲靖侯靖侯已來年紀可推自唐叔至靖侯五世無其年數

靖侯十七年周厲王迷惑暴虐國人作亂厲王出奔于彘大臣行政故曰共和 正義曰厲王奔彘周召和其百姓行政號曰共和

十八年靖侯卒子釐侯司徒立 釐侯十四年周宣王初立十八年釐侯卒子獻侯籍立 索隱曰系本及譙周皆作蘇 獻侯十一年卒子穆侯費王立 索隱曰鄒誕本作弗生或作潰王並音祕

穆侯四年取齊女姜氏爲夫人七年伐條生太子仇 杜預曰條晉地 十年伐千畝有功 杜預曰西河界休縣南有地名千畝 生少子名曰成師 杜預曰意取能成其衆也 晉人師服曰 賈逵曰晉大夫 異哉君之命子也太子曰仇仇者讎也少子曰成師成師大號成之者也名自命也物自定也今適庶名反逆此後晉其能毋亂乎

二十七年穆侯卒弟殤叔自立太子仇出奔 殤叔三年周宣王崩 四年穆侯太子仇率其徒襲殤叔而立是爲文侯

文侯十年周幽王無道犬戎殺幽王周東徙而秦襄公始列爲諸侯

三十五年文侯仇卒子昭侯伯立 昭侯元年封

文侯弟成師于曲沃索隱曰河東之縣名漢武改曰聞喜也曲沃邑大於翼翼晉君都邑也索隱曰翼本晉都自孝侯已下一號翼侯平陽絳邑縣東翼城是也成師封曲沃號爲桓叔靖侯庶孫欒賓正義曰世本云欒叔賓父也相桓叔桓叔是時年五十八矣好德晉國之衆皆附焉君子曰晉之亂其在曲沃矣末大於本而得民心不亂何待七年晉大臣潘父弒其君昭侯而迎曲沃桓叔桓叔欲入晉晉人發兵攻桓叔桓叔敗還歸曲沃晉人共立昭侯子平爲君是爲孝侯誅潘父孝侯八年曲沃桓叔卒子鱓代桓叔是爲曲沃莊伯索隱曰鱓音時戰反又音善又音陁孝侯十五年曲沃莊伯弒其君晉孝侯于翼晉人攻曲沃莊伯莊伯復入曲沃晉人復立孝侯子郄爲君是爲鄂侯索隱曰系本作郄而他本亦作都○正義音丘戟反鄂侯二年魯隱公初立鄂侯六年卒曲沃莊伯聞晉鄂侯卒乃興兵伐晉周平王使虢公將兵伐曲沃莊伯莊伯走保曲沃晉人共立鄂侯子光是爲哀侯哀侯二年曲沃莊伯卒子稱代莊伯立正義曰稱尺證反是爲曲沃武公哀侯六年魯弒其君隱公哀侯八年晉侵陘廷賈逵曰翼南鄙邑名陘廷與曲沃武公謀九年伐晉于汾旁正義曰白郎反汾水之旁虜哀侯晉人乃立

哀侯子小子爲君是爲小子侯禮記曰天子未除喪曰余小子生名之死亦名之鄭玄曰晉有小子侯是取之天子也小子元年曲沃武公使韓萬殺所虜晉哀侯賈逵曰韓萬曲沃桓叔之子莊伯弟曲沃益彊晉無如之何晉小子之四年曲沃武公誘召晉小子殺之周桓王使虢仲正義曰馬融云周武王克商封文王異母弟虢仲於夏陽伐曲沃武公武公入于曲沃乃立晉哀侯弟緡爲晉侯晉侯緡四年宋執鄭祭仲而立突爲鄭君晉侯十九年齊人管至父弒其君襄公晉侯二十八年齊桓公始霸曲沃武公伐晉侯緡滅之盡以其寶器賂獻于周釐王釐王命曲沃武公爲晉君列爲諸侯於是盡併晉地而有之曲沃武公已即位三十七年矣更號曰晉武公晉武公始都晉國前即位曲沃通年三十八年武公稱者先晉穆侯曾孫也索隱曰晉有兩穆侯言先以別後曲沃桓叔孫也桓叔者始封曲沃武公莊伯子也自桓叔初封曲沃以至武公滅晉也凡六十七歲而卒代晉爲諸侯武公代晉二歲卒與曲沃通年即位凡三十九年而卒子獻公詭諸立獻公元年周惠王弟穨攻惠王惠王出奔居鄭之櫟邑索隱曰櫟鄭邑今河南陽翟是也故鄭之十邑有櫟有華五年伐驪戎得驪姬韋昭曰西戎之別在驪山

也驪姬弟俱愛幸之。八年，士蔿說公曰賈逵曰士蔿晉大夫故晉之羣公子多，不誅，亂且起。乃使盡殺諸公子，而城聚都之，賈逵曰聚晉邑命曰絳，始都絳。索隱曰春秋莊二十六年傳士蔿城絳是也杜預曰今平陽絳邑縣應劭曰絳水出西南也九年，晉羣公子既亡奔虢，虢以其故再伐晉，弗克。十年，晉欲伐虢，士蔿曰：「且待其亂。」十二年，驪姬生奚齊。獻公有意廢太子，乃曰：「曲沃吾先祖宗廟所在，而蒲邊秦，屈邊翟，韋昭曰蒲今蒲坂屈北屈皆在河東杜預曰蒲今平陽蒲子縣是也不使諸子居之，我懼焉。」於是使太子申生居曲沃，公子重耳居蒲，公子夷吾居屈。獻公與驪姬子奚齊居絳。

晉國以此知太子不立也。太子申生，其母齊桓公女也，曰齊姜，早死。申生同母女弟為秦穆公夫人。重耳母，翟之狐氏女也。夷吾母，重耳母女弟也。獻公子八人，而太子申生、重耳、夷吾皆有賢行。及得驪姬，乃遠此三子。十六年，晉獻公作二軍。左傳曰王使虢公命曲沃伯以一軍為晉侯今始為二軍公將上軍，太子申生將下軍，趙夙御戎，畢萬為右，伐滅霍，滅魏，滅耿。服虔曰三國皆姬姓魏在晉之蒲坂河東也杜預曰平陽皮氏縣東南有耿鄉永安縣東北有霍太山也○索隱曰按永安縣西南汾水西有霍城古霍國有霍水出霍太山地理志河東北縣古魏國地記亦以為然服虔云在蒲坂非也地記又曰皮氏縣汾水南耿城是故耿國也還，為太子城曲沃，賜趙夙耿，賜

畢萬魏，以為大夫。士蔿曰：「太子不得立矣。分之都城，服虔曰邑有先君之主曰都而位以卿，賈逵曰謂將下軍先為之極，服虔曰言其祿位極盡於此又安得立！不如逃之，無使罪至。為吳太伯，不亦可乎，王肅曰太伯知天命在王季奔吳不反猶有令名。」王肅曰雖去猶可有令名何與其坐而及禍也太子不從。卜偃曰：「畢萬之後必大。賈逵曰卜偃晉掌卜大夫郭偃萬，盈數也；魏，大名也。服虔曰數從一至萬為滿魏喻巍巍高大也以是始賞，天開之矣。服虔曰以魏賞畢萬是為天開其福天子曰兆民，諸侯曰萬民，今命之大，以從盈數，其必有眾。」杜預曰以魏從萬有眾多之象初，畢萬卜仕於晉國，遇屯之比。賈逵曰震下坎上屯坤下坎上比屯初九變之比辛廖占之曰：「吉。賈逵曰辛廖晉大夫屯固

比入，吉孰大焉。杜預曰屯險難也所以為堅固比親密所以得入其後必蕃昌。」十七年，晉侯使太子申生伐東山。賈逵曰東山赤狄別種里克諫獻公賈逵曰里克晉卿里季也曰：「太子奉冢祀社稷之粢盛，以朝夕視君膳者也，服虔曰膳飲食故曰冢子。君行則守，有守則從，服虔曰有代太子守則從之從曰撫軍，服虔曰助君撫循軍守曰監國，古之制也。夫率師，專行謀也；杜預曰率師者必專謀軍事誓軍旅，杜預曰宣號令君與國政之所圖也：賈逵曰國政正卿也非太子之事也。師在制命而已，杜預曰命將軍所制稟命則不威，專命則不孝，故君之嗣適不可以帥師。君失其官，杜預曰太子統師是失其官率師不威，將安用之？」杜預

曰專命則不孝是為師必不威也 公曰寡人有子未知其太子誰立里克不對而退見太子太子曰吾其廢乎里克曰太子勉之教以軍旅賈逵曰將下軍不共是懼何故廢乎且子懼不孝毋懼不得立服虔曰不得立已脩己而不責人則免於難太子帥師公衣之偏衣服虔曰偏裻之衣偏異色駁不純裻在中左右異故曰偏衣杜預曰偏衣左右異色其半似公服韋昭曰偏半也分身之半以授太子○正義曰上衣去聲下衣如字 佩之金玦服虔曰以金為玦也韋昭曰金玦兵要也○正義曰玦音決 里克謝病不從太子太子遂伐東山十九年獻公曰始吾先君莊伯武公之誅晉亂而虢常助晉伐我正義曰言虢助晉伐曲沃也 又匿晉亡公子果為亂弗誅後遺子孫憂乃使荀息以屈產之乘何休曰屈產出名馬之地乘備駟也 假道於虞虞假道遂伐虢賈逵曰虞在晉南虢在虞南 取其下陽以歸服虔曰下陽虢邑在大陽東北三十里穀梁傳曰下陽虞虢之塞邑 獻公私謂驪姬曰吾欲廢太子以奚齊代之驪姬泣曰太子之立諸侯皆已知之而數將兵百姓附之奈何以賤妾之故廢適立庶君必行之妾自殺也驪姬詳譽太子而陰令人譖惡太子而欲立其子二十一年驪姬謂太子曰君夢見齊姜太子速祭曲沃服虔曰齊姜廟所在 歸釐於君太子於是祭其母齊姜於曲沃上其薦胙於獻公獻公時出獵

置胙於宮中驪姬使人置毒藥胙中居二日索隱曰傳云六日 獻公從獵來還宰人上胙獻公獻公欲饗之驪姬從旁止之曰胙所從來遠宜試之祭地地墳韋昭曰將飲先祭示有先也墳起也 與犬犬死與小臣小臣死韋昭曰小臣官名掌陰事今閹士也 驪姬泣曰太子何忍也其父而欲弒代之況他人乎且君老矣旦暮之人曾不能待而欲弒之謂獻公曰太子所以然者不過以妾及奚齊之故妾願子母辟之他國若早自殺毋徒使母子為太子所魚肉也始君欲廢之妾猶恨之至於今妾殊自失於此索隱曰太子之行如此妾前見君欲廢而恨之今乃自以恨為失也 太子聞之奔新城韋昭曰新城曲沃也新為太子城 獻公怒乃誅其傅杜原款或謂太子曰為此藥者乃驪姬也太子何不自辭明之太子曰吾君老矣非驪姬寢不安食不甘即辭之君且怒之不可或謂太子曰可奔他國太子曰被此惡名以出人誰內我我自殺耳十二月戊申申生自殺於新城索隱曰國語云申生乃雉經於新城廟 此時重耳夷吾來朝人或告驪姬曰二公子怨驪姬譖殺太子驪姬恐因譖二公子申生之藥胙二公子知之二子聞之恐重耳走蒲夷吾走屈保其城自備守初獻公使

士蒍為 正義曰蒍為詭反為于僞反 二公子歎蒲屈城弗就夷吾以告公公怒士蒍士蒍謝曰邊城少寇安用之退而歌曰狐裘蒙茸一國三公吾誰適從 服虔曰蒙茸以言亂貌三公言君與二公子將敵故不知所從 卒就城及申生死二子亦歸保其城二十二年獻公怒二子不辭而去果有謀矣乃使兵伐蒲蒲人之宦者勃鞮 正義曰勃白没反鞮都提反韋昭云伯楚寺人勃之字也於文公時爲勃鞮也 命重耳促自殺重耳踰垣宦者追斬其衣袪 服虔曰袪袂也 重耳遂奔翟使人伐屈屈城守不可下是歲也晉復假道於虞以伐虢虞之大夫宮之奇諫虞君曰晉不可假道

也是且滅虞虞君曰晉我同姓不宜伐我宮之奇曰太伯虞仲太王之子也太伯亡去是以不嗣虢仲虢叔王季之子也爲文王卿士其記勳在王室藏於盟府 杜預曰盟府司盟之官也 將虢是滅何愛于虞且虞之親能親於桓莊之族乎桓莊之族何罪盡滅之虞之與虢脣之與齒脣亡則齒寒虞公不聽遂許晉宮之奇以其族去虞其冬晉滅虢虢公醜奔周 皇覽曰虢公冢在河內溫縣郭東濟水南大冢是也其城南有虢公臺 還襲滅虞虜虞公及其大夫井伯百里奚 正義曰南雍州記云百里奚宋井伯宛人也 以媵秦穆姬 杜預曰送女曰媵以屈辱之 而修虞

祀 服虔曰虞所祭祀命祀也 荀息牽曩所遺虞屈產之乘馬奉之獻公獻公笑曰馬則吾馬齒亦老矣 公羊傳曰蓋戲之也何休曰以馬齒戲喻荀息之年老也 二十三年獻公遂發賈華等伐屈 賈逵曰賈華晉右行大夫 屈潰 正義曰民逃其上曰潰 夷吾將奔翟冀芮曰不可 韋昭曰冀芮晉大夫 重耳已在矣今往晉必移兵伐翟翟畏晉禍且及不如走梁梁近於秦秦彊吾君百歲後可以求入焉遂奔梁二十五年晉伐翟翟以重耳故亦擊晉於齧桑 左傳作采桑服虔曰翟地○索隱曰裴氏云左傳作采桑按今平陽曲南七十里河水有采桑津是晉境服虔云翟地亦頗相近然字作齧齧桑衛地恐非也 晉兵解而去當此時晉彊西有河西與秦接境北

邊翟東至河內 索隱曰河內河曲也內音汭 驪姬弟生悼子 索隱曰左傳作卓子音恥角反弟女弟也 二十六年夏齊桓公大會諸侯於葵丘 正義曰在曹州考城縣東南一里 晉獻公病行後未至逢周之宰孔宰孔曰齊桓公益驕不務德而務遠略諸侯弗平君弟毋會 索隱曰弟但也 毋如晉何獻公亦病復還歸病甚乃謂荀息曰吾以奚齊爲後年少諸大臣不服恐亂起子能立之乎荀息曰能獻公曰何以爲驗對曰使死者復生生者不慙爲之驗 索隱曰謂荀息受公命而立奚齊雖復身死不背生命是謂死者復生也言生者見荀息不背君命而死不爲之羞慙也 於是遂屬奚齊於荀息荀息爲相主國政

秋九月獻公卒里克邳鄭欲內重耳以三公子之徒作亂賈逵曰邳鄭晉大夫三公子申生重耳夷吾謂荀息曰三怨將起秦晉輔之子將何如荀息曰吾不可負先君言十月里克殺奚齊于喪次獻公未葬也荀息將死之或曰不如立奚齊弟悼子而傅之荀息立悼子而葬獻公十一月里克弒悼子于朝列女傳曰鞭殺驪姬于市荀息死之君子曰詩所謂白珪之玷猶可磨也斯言之玷不可為也杜預曰詩大雅言此言之缺難治甚於白珪其荀息之謂乎不負其言初獻公將伐驪戎卜曰齒牙為禍韋昭曰齒牙謂兆端左右釁坼有似齒牙中有縱畫以象讒言之為害也及破驪戎獲驪姬愛之竟以亂晉里克等已殺奚齊悼子使人迎公子重耳於翟正義曰國語云里克及邳鄭使屠岸夷告公子重耳於翟曰國亂民擾得國在亂治民在擾子盍入乎欲立之重耳謝曰負父之命正義曰負音佩出奔父死不得脩人子之禮侍喪重耳何敢入大夫其更立他子還報里克里克使迎夷吾於梁夷吾欲往呂省正義曰省音眚杜預云姓瑕呂名飴生字子金郤芮正義曰郤成子即冀芮曰內猶有公子可立者而外求難信計非之秦輔彊國之威以入恐危乃使郤芮厚賂秦約曰即得入請以晉河西之地與秦乃遺里克書曰誠得立請遂封子於汾陽之邑賈逵

曰汾水名汾陽晉地也○索隱曰國語云命里克汾陽之田百萬命丕鄭以負蔡之田七十萬今此不言亦疎略也秦穆公乃發兵送夷吾於晉齊桓公聞晉內亂亦率諸侯如晉秦兵與夷吾亦至晉齊乃使隰朋會秦俱入夷吾立為晉君是為惠公齊桓公至晉之高梁而還歸惠公夷吾元年使邳鄭謝秦曰始夷吾以河西地許君今幸得入立大臣曰地者先君之地君亡在外何以得擅許秦者寡人爭之弗能得故謝秦亦不與里克汾陽邑而奪之權四月周襄王使周公忌父賈逵曰周卿士會齊秦大夫共禮晉惠公惠公以重耳在外畏里克為變賜里克死謂曰微里子寡人不得立雖然子亦殺二君一大夫服虔曰奚齊悼子荀息也為子君者不亦難乎里克對曰不有所廢君何以興欲誅之其無辭乎乃言為此臣聞命矣遂伏劍而死於是邳鄭使謝秦未還故不及難晉君改葬恭太子申生韋昭曰獻公時申生葬不如禮故改葬之秋狐突之下國服虔曰晉所滅國以為下邑一曰曲沃有宗廟故謂之國在絳下故曰下國也遇申生申生與載而告之杜預曰忽如夢而相見狐突本為申生御故復使登車曰夷吾無禮余得請於帝服虔曰帝天帝請罰有罪將以晉與秦秦將祀余狐突對曰臣聞神不食非其宗君其祀毋乃絕乎君其圖之

申生曰諾吾將復請帝後十日左傳曰七日新城西偏將有巫者見我焉杜預曰將因巫以見許之遂不見杜預曰狐突許其言申生之象亦沒及期而往復見申生告之曰帝許罰有罪矣弊於韓賈逵曰弊敗也韓晉韓原兒乃謠曰恭太子更葬矣索隱曰更改也更葬謂改葬後十四年晉亦不昌昌乃在兄邳鄭使秦聞里克誅乃說秦繆公曰呂省郤稱冀芮實為不從杜預曰三子晉大夫不從不與秦賂也○索隱曰呂省左傳作呂甥若重賂與謀出晉君入重耳事必就秦繆公許之使人與歸報晉厚賂三子三子曰幣厚言甘此必邳鄭賣我於秦遂殺邳鄭及里克邳鄭之黨

七輿大夫韋昭曰七輿申生下軍之衆大夫也杜預曰侯伯七命副車七乘邳鄭子豹奔秦言伐晉繆公弗聽惠公之立倍秦地及里克誅七輿大夫國人不附二年周使召公過韋昭曰召武公爲王卿士禮晉惠公惠公禮倨索隱曰謂受玉惰也事見僖十一年召公譏之四年晉饑乞糴於秦繆公問百里奚服虔曰百里奚秦大夫百里奚曰天菑流行國家代有救菑恤鄰國之道也與之邳鄭子豹曰伐之繆公曰其君是惡其民何罪卒與粟自雍屬絳五年秦饑請糴於晉晉君謀之慶鄭曰杜預曰慶鄭晉大夫以秦得立已而倍其地約晉饑而秦貸我今秦饑請糴與之何疑

而謀之虢射曰服虔曰虢射惠公舅往年天以晉賜秦秦弗知取而貸我今天以秦賜晉晉其可以逆天乎遂伐之惠公用虢射謀不與秦粟而發兵且伐秦秦大怒亦發兵伐晉六年春秦繆公將兵伐晉晉惠公謂慶鄭曰秦師深矣韋昭曰深入境一曰深尤重奈何鄭曰秦內君君倍其賂晉饑秦輸粟秦饑而晉倍之乃欲因其饑伐之其深不亦宜乎晉卜御右慶鄭皆吉公曰鄭不孫服虔曰孫順乃更令步陽御戎家僕徒為右服虔曰二子晉大夫也進兵九月壬戌秦繆公晉惠公合戰韓原索隱曰在馮翊夏陽北二十里今之韓城縣是惠公

馬鷙不行索隱曰鷙音竹二反謂馬重而陷之於泥秦兵至公窘召慶鄭為御鄭曰不用卜敗不亦當乎遂去更令梁繇靡御正義曰韋昭云梁由靡大夫也虢射為右輅秦繆公服虔曰輅迎也○索隱曰輅音五稼反鄒誕音或額反繆公壯士冒敗晉軍晉軍敗遂失秦繆公反獲晉公以歸秦將以祀上帝晉君姊為繆公夫人衰絰涕泣公曰得晉侯將以為樂今乃如此且吾聞箕子見唐叔之初封曰其後必當大矣晉庸可滅乎乃與晉侯盟王城杜預曰馮翊臨晉縣東有王城而許之歸晉侯亦使呂省等報國人曰孤雖得歸毋面目見社稷卜日立子圉晉人

閒之皆哭秦繆公問呂省晉國和乎對曰不和小人懼失君亡親（正義曰君惠公也親父母也言懼失君國亂恐亡父母不憚立子圉也）不憚立子圉曰必報讎寧事戎狄（正義曰小人言立子圉爲君之後必報秦終不事秦寧事戎狄耳）其君子則愛君而知罪以待秦命曰必報德有此二故不和於是秦繆公更舍晉惠公餽之七牢（正義曰餽音匱一牛一羊一豕爲一牢）十一月歸晉侯晉侯至國誅慶鄭修政教謀曰重耳在外諸侯多利內之欲使人殺重耳於狄重耳聞之如齊八年使太子圉質秦（正義曰質音致）初惠公亡在梁梁伯以其女妻之生一男一女梁伯卜之男爲人臣女爲人妾故名男爲圉女爲妾（服虔曰圉人掌養馬臣之賤者不聘曰妾）十年秦滅梁梁伯好土功治城溝（賈逵曰溝塹也）民力罷（正義曰罷音皮）怨其衆數相驚曰秦寇至民恐惑秦竟滅之十三年晉惠公病內有數子太子圉曰吾母家在梁梁今秦滅之我外輕於秦而內無援於國君即不起病大夫輕更立他公子乃謀與其妻俱亡歸秦女曰子一國太子辱在此秦使婢子侍（服虔曰曲禮云世婦以下自稱婢子婢子婦人之卑稱）以固子之心子亡矣我不從子亦不敢言子圉遂亡歸晉十四年九月惠公卒太子圉立是爲懷公子圉之亡

秦怨之乃求公子重耳欲內之子圉之立畏秦之伐也乃令國中諸從重耳亡者與期期盡不到者盡滅其家狐突之子毛及偃從重耳在秦弗肯召懷公怒囚狐突突曰臣子事重耳有年數矣今召之是教之反君也何以教之懷公卒殺狐突秦繆公乃發兵送內重耳使人告欒郤之黨（正義曰欒枝郤縠之屬）爲內應殺懷公於高梁入重耳重耳立是爲文公晉文公重耳晉獻公之子也自少好士年十七有賢士五人曰趙衰狐偃咎犯文公舅也賈佗先軫魏武子自獻公爲太子時重耳固已成人矣獻公即位重耳年二十一獻公十三年以驪姬故重耳備蒲城守秦獻公二十一年獻公殺太子申生驪姬讒之恐不辭獻公而守蒲城獻公二十二年獻公使宦者履鞮趣殺重耳（索隱曰履鞮即左傳之勃鞮亦曰寺人披也）重耳踰垣宦者逐斬其衣袪重耳遂奔狄狄其母國也是時重耳年四十三從此五士其餘不名者數十人至狄狄伐咎如（賈逵曰赤狄之別隗姓○索隱曰咎音高鄭誕本作困如又云或作四）得二女以長女妻重耳生伯儵（正義曰直留反）叔劉以少女妻趙衰生盾（索隱曰左傳云伐廧咎如獲其二女以叔隗妻趙衰生盾公子取季隗生伯儵叔劉則叔隗長）

而季隗少乃不同也居狄五歲而晉獻公卒里克已殺奚齊悼子乃使人迎欲立重耳重耳畏殺因固謝不敢入已而晉更迎其弟夷吾立之是爲惠公惠公七年畏重耳乃使宦者履鞮與壯士欲殺重耳重耳聞之乃謀趙衰等曰始吾奔狄非以爲可用興索隱曰興起也非翟可用興起故奔之也以近易通故且休足休足久矣固願徙之大國夫齊桓公好善志在霸王收恤諸侯今聞管仲隰朋死此亦欲得賢佐盍往乎於是遂行重耳謂其妻曰待我二十五年不來乃嫁其妻笑曰犂二十五年索隱曰犂猶比也。正義曰杜預云言將死入木也不復成嫁也吾冢上柏大矣雖然妾待子重耳居狄凡十二年而去過衛衛文公不禮去過五鹿賈逵曰衛地杜預曰今衛縣西北有地名五鹿平陽元城縣東亦有五鹿飢而從野人乞食野人盛土器中進之重耳怒趙衰曰土者有土也君其拜受之至齊齊桓公厚禮而以宗女妻之有馬二十乘重耳安之重耳至齊二歲而桓公卒會豎刀等爲內亂齊孝公之立諸侯兵數至留齊凡五歲重耳愛齊女毋去心趙衰咎犯乃於桑下謀行齊女侍者在桑上聞之以告其主其主乃殺侍者服虔曰懼孝公怒故殺之以滅口勸重耳趣

行重耳曰人生安樂孰知其他必死於此徐廣曰一云人生一世必死於此不能去齊女曰子一國公子窮而來此數士者以子爲命子不疾反國報勞臣而懷女德竊爲子羞之且不求何時得功乃與趙衰等謀醉重耳載以行行遠而覺重耳大怒引戈欲殺咎犯咎犯曰殺臣成子偃之願也重耳曰事不成我食舅氏之肉咎犯曰事不成犯肉腥臊何足食乃止遂行過曹曹共公不禮欲觀重耳駢脅曹大夫釐負羈曰晉公子賢又同姓窮來過我奈何不禮共公不從其謀負羈乃私遺重耳食置璧其下重耳受其食還其璧去過宋宋襄公新困兵於楚傷於泓聞重耳賢乃以國禮禮於重耳索隱曰以國君之禮禮之也宋司馬公孫固善於咎犯曰宋小國新困不足以求入更之大國乃去過鄭鄭文公弗禮鄭叔瞻諫其君曰晉公子賢而其從者皆國相且又同姓鄭之出自厲王而晉之出自武王鄭君曰諸侯亡公子過此者衆安可盡禮叔瞻曰君不禮不如殺之且後爲國患鄭君不聽重耳去之楚楚成王以適諸侯禮待之索隱曰適音敵重耳謝不敢當趙衰曰子亡在外十餘

年小國輕子況大國乎今楚大國而固遇子子其毋讓此天開子也遂以客禮見之成王厚遇重耳重耳甚卑成王曰子即反國何以報寡人重耳曰羽毛齒角玉帛君王所餘未知所以報王曰雖然何以報不穀重耳曰即不得已與君王以兵車會平原廣澤請辟王三舍（賈逵曰司馬法從遯不過三舍三舍九十里也）楚將子玉怒曰王遇晉公子至厚今重耳言不孫請殺之成王曰晉公子賢而困於外久從者皆國器此天所置庸可殺乎且言何以易之（索隱曰子玉請殺重耳楚成王不許言人之出言不可輕易之也）居楚數月而晉

太子圉亡秦秦怨之聞重耳在楚乃召之成王曰楚遠更數國乃至晉晉秦接境秦君賢子其勉行厚送重耳重耳至秦繆公以宗女五人妻重耳故子圉妻與往重耳不欲受司空季子（服虔曰胥臣臼季也）曰其國且伐況其故妻乎且受以結秦親而求入子乃拘小禮忘大醜乎遂受繆公大歡與重耳飲趙衰歌黍苗詩（韋昭曰詩云芃芃黍苗陰雨膏之）繆公曰知子欲急反國矣趙衰與重耳下再拜曰孤臣之仰君如百穀之望時雨是時晉惠公十四年秋惠公以九月卒子圉立十一月葬惠公十

二月晉國大夫欒郤等聞重耳在秦皆陰來勸重耳趙衰等反國爲內應甚衆於是秦繆公乃發兵與重耳歸晉晉聞秦兵來亦發兵拒之然皆陰知公子重耳入也唯惠公之故貴臣呂郤之屬（正義曰呂甥郤芮也）不欲立重耳重耳出亡凡十九歲而得入時年六十二矣晉人多附焉文公元年春秦送重耳至河咎犯曰臣從君周旋天下過亦多矣臣猶知之況於君乎請從此去矣重耳曰若反國所不與子犯共者河伯視之（索隱曰視猶見也）乃投璧河中以與子犯盟是時介子推從在船

中乃笑曰天實開公子而子犯以爲己功而要市於君固足羞也吾不忍與同位乃自隱渡河秦兵圍令狐晉軍于廬柳（韋昭曰廬柳晉地名）二月辛丑咎犯與秦晉大夫盟于郇（杜預曰解縣西北有郇城。索隱曰音荀即文王之子所封又音環）壬寅重耳入于晉師丙午入于曲沃丁未朝于武宮（賈逵曰文公之祖武公廟也）即位爲晉君是爲文公羣臣皆往懷公圉奔高梁戊申使人殺懷公懷公故大臣呂省郤芮本不附文公文公立恐誅乃欲與其徒謀燒公宮殺文公文公不知始嘗欲殺文公宦者履鞮知其謀欲以告文公解前罪求見文公文公不見使人讓曰蒲城之事女斬予袪其後我從狄君獵女為惠公來求殺我惠公與女期三日至而女一日至何速也女其念之宦者曰臣刀鋸之餘不敢以二心事君倍主故得罪於君君已反國其毋蒲翟乎且管仲射鉤桓公以霸今刑餘之人以事告而君不見禍又且及矣於是見之遂以呂郤等告文公文公欲召呂郤呂郤等黨多文公恐初入國國人賣己乃為微行會秦繆公於王城 索隱曰杜預云馮翊臨晉縣東有故王城今名武鄉城 國人莫知三月己丑呂郤等果反焚公宮

不得文公文公之衛徒與戰呂郤等引兵欲奔秦繆公誘呂郤等殺之河上晉國復而文公得歸夏迎夫人於秦秦所與文公妻者卒為夫人秦送三千人為衛以備晉亂文公修政施惠百姓賞從亡者及功臣大者封邑小者尊爵未盡行賞周襄王以弟帶難出居鄭地來告急晉晉初定欲發兵恐他亂起是以賞從亡未至隱者介子推推亦不言祿祿亦不及推曰獻公子九人唯君在矣惠懷無親外內棄之天未絕晉必將有主主晉祀者非君而誰天實開之二三子

以為己力不亦誣乎竊人之財猶曰是盜況貪天之功以為己力乎下冒其罪上賞其姦上下相蒙 服虔曰蒙欺也 難與處矣其母曰盍亦求之以死誰懟推曰尤而效之罪有甚焉且出怨言不食其祿母曰亦使知之若何對曰言身之文也身欲隱安用文之文之是求顯也其母曰能如此乎與女偕隱至死不復見介子推從者憐之乃懸書宮門曰龍欲上天五蛇為輔 索隱曰龍喻重耳五蛇即五臣狐偃趙衰魏武子司空季子及子推也舊云五臣有先軫顛頡今恐二人非其數 龍已升雲四蛇各入其宇一蛇獨怨終不見處所文公出見其

書曰此介子推也吾方憂王室未圖其功使人召之則亡遂求所在聞其入緜上山中 賈逵曰緜上晉地杜預曰西河介休縣南有地名緜上 於是文公環緜上山中而封之以為介推田 徐廣曰一作國 號曰介山以記吾過且旌善人 賈逵曰旌表也 從亡賤臣壺叔曰君三行賞賞不及臣敢請罪文公報曰夫導我以仁義防我以德惠此受上賞輔我以行卒以成立此受次賞矢石之難汗馬之勞此復受次賞若以力事我而無補吾缺者此受次賞三賞之後故且及子晉人聞之皆說二年春秦軍河上將入王 索隱曰河上晉地 趙衰

曰求霸莫如入王尊周周晉同姓晉不先入王後秦入之毋以令于天下方今尊王晉之資也三月甲辰晉乃發兵至陽樊服虔曰陽樊周地陽邑名也樊仲山之所居故曰陽樊圍溫入襄王于周四月殺王弟帶周襄王賜晉河內陽樊之地四年楚成王及諸侯圍宋宋公孫固如晉告急先軫曰報施定霸於今在矣狐偃曰楚新得曹而初婚於衛若伐杜預曰報宋贈馬之施曹衛楚必救之則宋免矣於是晉作三軍王肅曰始復成國之禮半周軍也趙衰舉郤穀將中軍郤臻佐之使狐偃將上軍狐毛佐之命趙衰為卿欒枝將下軍賈逵曰欒枝欒賓之孫先軫佐之荀林父御戎魏犨為右正義曰犨昌由反又音受往伐冬十二月晉兵先下山東而以原封趙衰杜預曰河內沁水縣西北有原城五年春晉文公欲伐曹假道於衛衛人弗許還自河南度侵曹伐衛正月取五鹿二月晉侯齊侯盟于斂盂杜預曰衛地也衛侯請盟晉晉人不許衛侯欲與楚國人不欲故出其君以說晉衛侯居襄牛服虔曰衛地也公子買守衛楚救衛不卒徐廣曰一作勝晉侯圍曹三月丙午晉師入曹數之以其不用釐負羈言而用美女乘軒者三百人也令軍毋入僖負羈宗家以報德楚圍宋宋復

告急晉文公欲救則攻楚為楚嘗有德不欲伐也欲釋宋宋又嘗有德於晉患之索隱曰晉若攻楚則傷楚子送其入秦之德又欲釋宋不救乃虧宋公贈馬之惠進退有難是以患之先軫曰執曹伯分曹衛地以與宋楚急曹衛其勢宜釋宋索隱曰楚初得曹又新婚於衛今晉執曹伯而分曹衛之地與宋則楚急曹衛其勢宜釋宋也於是文公從之而楚成王乃引兵歸楚將子玉曰王遇晉至厚今知楚急曹衛而故伐之是輕王王曰晉侯亡在外十九年困日久矣果得反國險阸盡知之能用其民天之所開不可當子玉請曰非敢必有功願以閒執讒慝之口也服虔曰子玉非敢求有大功但欲執蔿賈讒慝之口謂子玉過三百乘不能入也杜預曰執猶塞也楚王怒少與之兵於是子玉使宛春告晉賈逵曰宛春楚大夫請復衛侯而封曹臣亦釋宋咎犯曰子玉無禮矣君取一臣取二勿許韋昭曰君文公也臣子玉也一謂釋宋圍二謂復曹衛先軫曰定人之謂禮楚一言定三國子一言而亡之我則毋禮不許楚是弃宋也不如私許曹衛以誘之執宛春以怒楚韋昭曰怒楚令必戰既戰而後圖之杜預曰須勝負決乃定計晉侯乃因宛春於衛且私許復曹衛曹衛告絕於楚楚得臣怒得臣即子玉擊晉師晉師退軍吏曰為何退文公曰昔在楚約退三舍可倍乎楚師欲去得臣不肯

四月戊辰宋公齊將秦將與晉侯次城濮賈逵曰衛地也○索隱曰宋公成公王臣齊將國歸父秦將小子慭也己巳與楚兵合戰楚兵敗得臣收餘兵去甲午晉師還至衡雍杜預曰衡雍鄭地今滎陽卷縣也作王宮于踐土服虔曰既敗楚師襄王自往臨踐土賜命晉侯晉侯聞而為之作宮○索隱曰杜預云踐土鄭地然據此文晉師還至衡雍衡雍在河南也故劉氏云踐土在河南下文踐土在河北今元城縣西有踐土驛義或然也初鄭助楚楚敗懼使人請盟晉侯晉侯與鄭伯盟五月丁未獻楚俘於周正義曰俘音孚囚也駟介百乘徒兵千服虔曰駟介駟馬被甲也徒兵步卒也天子使王子虎命晉侯為伯賈逵曰王子虎周大夫賜大輅彤弓矢百玈弓矢千賈逵曰大輅金輅彤弓赤玈弓黑也諸侯賜弓矢然後征伐○正義曰彤徒冬反玈音盧秬鬯一

卣珪瓚賈逵曰秬黑黍鬯香酒也所以降神卣器名諸侯賜珪瓚然後為鬯虎賁三百人賈逵曰天子卒曰虎賁晉侯三辭然後稽首受之賈逵曰稽首首至地周作晉文侯命王若曰父義和孔安國曰同姓故稱曰父馬融曰王順曰父能以義和我諸侯○索隱曰尚書文侯之命是平王命晉文侯仇之語今此乃是襄王命文公重耳之事代數懸隔勳策全乖太史公雖復弥縫左氏而系家頗亦時有踈謬裴氏集解亦引孔馬之注而都不言時代乖角何習迷而同醉也然計平王至襄王為七代仇至重耳為十一代而十三侯又平王元年至魯僖二十八年當襄二十年為一百三十餘歲矣學者頗合討論之劉伯莊以為蓋天子命晉同此一辭尤為非也丕顯文武能慎明德孔安國曰文王武王能詳慎顯用明德昭登於上布聞在下馬融曰昭明也上謂天下謂人維時上帝集厥命于文武孔安國曰惟以是故集成其王命德流子孫恤朕身繼予一人永其在位孔安國曰當憂念我身則我一人長安在位於

是晉文公稱伯癸亥王子虎盟諸侯於王庭服虔曰王庭踐土也○索隱曰服氏知王庭是踐土者據二十八年五月公會晉侯盟于踐土又此上文四月甲午作王宮于踐土王庭即王宮也晉焚楚軍火數日不息文公歎左右曰勝楚而君猶憂何文公曰吾聞能戰勝安者唯聖人是以懼且子玉猶在庸可喜乎子玉之敗而歸楚成王怒其不用其言貪與晉戰讓責子玉子玉自殺晉文公曰我擊其外楚誅其內內外相應於是乃喜六月晉人復入衛侯壬午晉侯度河北歸國行賞狐偃為首或曰城濮之事先軫之謀文公曰城濮之事偃說我毋失信先軫

曰軍事勝為右吾用之以勝然此一時之說偃言萬世之功奈何以一時之利而加萬世功乎是以先之冬晉侯會諸侯於溫欲率之朝周力未能恐其有畔者乃使人言周襄王狩于河陽壬申遂率諸侯朝王於踐土索隱曰左氏五月盟于踐土冬會諸侯于溫天王狩於河陽壬申公朝於王所此文亦說冬朝于王當合於河陽溫地不合取五月踐土之文也孔子讀史記至文公曰諸侯無召王王狩河陽者春秋諱之也丁丑諸侯圍許曹伯臣或說晉侯曰齊桓公合諸侯而國異姓今君為會而滅同姓曹叔振鐸之後晉唐叔之後合諸侯而滅兄弟非

禮。晉侯說，復曹伯。於是晉始作三行。（服虔曰：辟天子六軍，故謂之三行。）荀林父將中行，先縠將右行，（索隱曰：左傳屠擊將右行，與此異。）先蔑將左行。（杜預曰：三行無佐，疑大夫帥也。○索隱曰：按左傳荀林父並是卿，而云大夫帥者，非也。不置佐者，當避天子也。或新置三行，官未備耳。）七年，晉文公、秦繆公共圍鄭，以其無禮於文公亡過時，及城濮時鄭助楚也。圍鄭，欲得叔瞻。叔瞻聞之，自殺。鄭持叔瞻告晉。晉曰：「必得鄭君而甘心焉。」鄭恐，乃閒令使謂秦繆公曰：（索隱曰：使謂燭之武也。）「亡鄭厚晉，於晉得矣，而秦未為利。君何不解鄭，得為東道交？」（索隱曰：交猶好也。諸本及左氏皆作主。）秦伯說，罷兵。晉亦罷兵。九年冬，晉文公卒。子襄公歡立。是歲鄭伯亦卒。鄭人或賣其國於秦，（正義：左傳云秦晉伐鄭，鄭燭之武說秦師罷，令杞子、逢孫、楊孫三大夫戍鄭。杞子自鄭使告於秦曰：鄭人使我掌其北門之管，若潛師以來，國可得也。）秦繆公發兵往襲鄭。十二月，秦兵過我郊。襄公元年春，秦師過周，無禮，王孫滿譏之。兵至滑，鄭賈人弦高將市于周，遇之，以十二牛勞秦師。秦師驚而還，滅滑而去。晉先軫曰：「秦伯不用蹇叔，反其眾心，此可擊。」欒枝曰：「未報先君施於秦，擊之，不可。」先軫曰：「秦侮吾孤，伐吾同姓，何德之報？」遂擊之。襄公墨衰絰。（賈逵曰：墨，變凶。杜預曰：以凶服從戎，故墨之。）四月，敗秦師于殽，虜秦三將孟明視、西乞秫、

白乙丙以歸。遂墨以葬文公。（服虔曰：非禮也。杜預曰：記禮所由變也。）文公夫人秦女，謂襄公曰：「秦欲得其三將戮之。」公許，遣之。先軫聞之，謂襄公曰：「患生矣。」軫乃追秦將。秦將渡河，已在船中，頓首謝，卒不反。後三年，秦果使孟明伐晉，報殽之敗，取晉汪以歸。（索隱曰：左氏傳文公二年秦孟明視伐晉，報殽之役，無取晉汪之事。又其年冬，晉先且居等伐秦，取汪、彭衙而還，則汪是秦邑，止可晉伐秦取之，豈得秦伐晉而取汪也？或者晉先取之，秦今伐晉而取汪，是汪從晉來，故云取晉汪而歸也。彭衙在郃陽北，汪不知所在。）四年，秦繆公大興兵伐我，渡河，取王官，（正義曰：括地志云王官故城在同州澄城縣西北六十里。左傳文三年秦伐晉取王官，即此。先言渡河，史文顛倒耳。）封殽尸而去。晉恐，不敢出，遂城守。五年，晉伐秦，取新城，（服虔曰：秦邑，新所作城也。）報王官役也。六年，趙衰成子、欒貞子、咎季子犯、霍伯皆卒。（賈逵曰：欒貞子，欒枝也。霍伯，先且居也。）趙盾代趙衰執政。七年八月，襄公卒。太子夷皋少。晉人以難故，（服虔曰：晉國數有患難。）欲立長君。趙盾曰：「立襄公弟雍。好善而長，先君愛之；且近於秦，秦故好也。立善則固，事長則順，奉愛則孝，結舊好則安。」賈季曰：「不如其弟樂。辰嬴嬖於二君，（服虔曰：辰嬴，懷嬴也。二君，懷公、文公。）立其子，民必安之。」趙盾曰：「辰嬴賤，班在九人下，（服虔曰：班，次也。）其子何震之有！（賈逵曰：震，威也。）且為二君嬖，淫也。為先君子，（正義曰：樂，文公子也。）不能求大而出在小國，僻也。母淫

子僻無威正義曰辟疋亦反言欒辟隱在陳而遠無援也陳小而遠無援將
何可乎使士會如秦迎公子雍賈季亦使人召
公子樂於陳趙盾廢賈季以其殺陽處父左傳曰此
時賈佗為太師陽處父為太傅十月葬襄公十一月賈季奔翟是
歲秦穆公亦卒靈公元年四月秦康公曰昔文
公之入也無衛故有呂郤之患乃多與公子雍
衛太子母繆嬴日夜抱太子以號泣於朝曰先
君何罪其嗣亦何罪舍適而外求君將安置此
服虔曰此太子出朝則抱以適趙盾所頓首曰先君奉此
子而屬之子曰此子材吾受其賜不材吾怨子

晉世家九　二九

王肅曰死其教導不至今君卒言猶在耳杜預曰在宣子之耳而弃之若
何趙盾與諸大夫皆患穆嬴且畏誅乃背所迎
而立太子夷皐是為靈公發兵以距秦送公子
雍者趙盾為將往擊秦敗之令狐先蔑隨會亡
奔秦秋齊宋衛鄭曹許君皆會趙盾盟於扈杜預
曰鄭地滎陽卷縣西北有扈亭以靈公初立故也四年伐秦取少
梁秦亦取晉之鄗徐廣曰年表云北徵也。索隱曰按左傳文十年春晉人伐秦取少梁夏
秦伯伐晉取北徵北徵即年表所謂今云鄗者字誤也徵音懲亦馮翊之縣名六年秦康公伐
晉取羈馬晉侯怒使趙盾趙穿郤缺擊秦大戰
河曲趙穿最有功七年晉六卿患隨會之在秦

常為晉亂乃詳令魏壽餘反晉降秦秦使隨會
之魏因執會以歸晉八年周頃王崩公卿爭權
故不赴索隱曰春秋魯文十二年頃王崩周公閱與王孫蘇爭政故不赴是也晉使趙盾
以車八百乘平周亂而立匡王索隱曰左傳文十四年晉趙盾以諸侯之
師八百乘納捷菑于邾不克乃還而周公閱與王孫蘇訟于晉趙宣子平王室而復之則以車八百乘自是宣子納邾捷
菑不關王室之事但文相連耳恐此誤是年楚莊王初即位十二年齊
人弒其君懿公十四年靈公壯侈厚斂以彫牆
賈逵曰彫畫也從臺上彈人觀其避丸也宰夫胹熊蹯不
熟服虔曰蹯熊掌其肉難熟。正義曰胹音而蹯音樊靈公怒殺宰夫使婦人
持其屍出弃之過朝趙盾隨會前數諫不聽已

史家九　三十

又見死人手二人前諫隨會先諫不聽靈公患
之使鉏麑刺趙盾賈逵曰鉏麑晉力士。正義曰鉏音鋤麑音迷盾閨門開
居處節鉏麑退歎曰殺忠臣弃君命罪一也遂
觸樹而死杜預曰趙盾庭樹也初盾常田首山徐廣曰蒲坂縣有雷首山見桑
下有餓人餓人示眯明也索隱曰鄒誕生音示眯為祁彌即左傳之提彌明也
提音市移反劉氏亦音祁為時移反則祁提二字同音也而凡史記作示者示即周禮古本地神曰祇皆作示字鄒為祁
者蓋由祁提音相近字遂變為祁也眯音米移反以眯為彌亦音相近耳又據左氏宣公二年桑下餓人是靈輒也其示
眯明是嗾獒者也眯明鬬而死今合二人為一人非也盾與之食食其半問其
故曰宦三年服虔曰宦官學士也未知母之存不願遺母盾
義之益與之飯肉已而為晉宰夫趙盾弗復知

也九月晉靈公飲趙盾酒伏甲將攻盾公宰示眯明知之恐盾醉不能起而進曰君賜臣觴三行索隱曰如字可以罷欲以去趙盾令先毋及難盾既去靈公伏士未會先縱齧狗名敖何休曰犬四尺曰敖○索隱曰縱足用反又作嗾又作就同素后反明為盾搏殺狗盾曰棄人用狗雖猛何為然不知明之為陰德也已而靈公縱伏士出逐趙盾示眯明反擊靈公之伏士伏士不能進而竟脫盾盾問其故曰我桑下餓人問其名弗告服虔曰不望報明亦因亡去盾遂奔未出晉境乙丑盾昆弟將軍趙穿襲殺靈公於桃園虞翻曰園名也而

迎趙盾趙盾素貴得民和靈公少侈民不附故為弒易索隱曰以豉反盾復位晉太史董狐書曰趙盾弒其君以視於朝盾曰弒者趙穿我無罪太史曰子為正卿而亡不出境反不誅國亂非子而誰孔子聞之曰董狐古之良史也書法不隱杜預曰不隱盾之罪宣子良大夫也為法受惡服虔曰聞義則服杜預曰善其為法受屈也○正義曰為于偽反惜也出疆乃免杜預曰越境則君臣之義絕可以不討賊也趙盾使趙穿迎襄公弟黑臀于周而立之是為成公成公者文公少子其母周女也壬申朝于武宮成公元年賜趙氏為公族服虔曰公族大夫也伐鄭鄭倍

晉故也三年鄭伯初立附晉而棄楚楚怒伐鄭晉往救之六年伐秦虜秦將赤索隱曰赤即斥謂斥候之人也按宣八年左傳晉伐秦獲秦諜殺諸絳市蓋彼諜即此赤也晉成公六年與魯宣八年正同故知然也七年成公與楚莊王爭彊會諸侯于扈陳畏楚不會晉使中行桓子伐陳索隱曰桓子荀林父也因救鄭與楚戰敗楚師是年成公卒子景公據立景公元年春陳大夫夏徵舒弒其君靈公二年楚莊王伐陳誅徵舒三年楚莊王圍鄭鄭告急晉晉使荀林父將中軍隨會將上軍趙朔將下軍郤克欒書先縠韓厥鞏朔佐之六月至河聞楚已服鄭鄭伯肉

袒與盟而去荀林父欲還先縠曰凡來救鄭不至不可將率離心卒度河楚已服鄭欲飲馬于河為名而去楚與晉軍大戰鄭新附楚畏之反助楚攻晉晉軍敗走河爭度船中人指甚眾楚虜我將智罃歸而林父曰臣為督將軍敗當誅請死景公欲許之隨會曰昔文公之與楚戰城濮成王歸殺子玉而文公乃喜今楚已敗我師又誅其將是助楚殺仇也乃止四年先縠以首計而敗晉軍河上恐誅乃奔翟與翟謀伐晉晉覺乃族縠縠先軫子也五年伐鄭為助楚故也

是時楚莊王彊以挫晉兵河上也六年楚伐宋宋來告急晉晉欲救之伯宗謀曰賈逵曰伯宗晉大夫楚天方開之不可當乃使解揚紿為救宋服虔曰解揚晉大夫鄭人執與楚楚厚賜使反其言令宋急下解揚紿許之卒致晉君言楚欲殺之或諫乃歸解揚七年晉使隨會滅赤狄八年使郤克於齊齊頃公母從樓上觀而笑之所以然者郤克僂而魯使蹇衛使眇故齊亦令人如之以導客郤克怒歸至河上曰不報齊者河伯視之至國請君欲伐齊景公問知其故曰子之怨安足以煩國弗聽

魏文子請老休辟郤克克執政九年楚莊王卒晉伐齊齊使太子彊為質於晉晉兵罷十一年春齊伐魯取隆索隱曰劉氏云隆即龍也魯北有隆山又此年當魯成二年經書齊侯伐我北鄙傳曰圍龍又鄆誕及別本作郇字郇當作鄆文十二年季孫行父帥師城諸及鄆鄆即郇也字變耳地理志云在東莞縣東魯告急衛衛與魯皆因郤克告急於晉乃使郤克欒書韓厥以兵車八百乘與魯衛共伐齊夏與頃公戰於鞌傷困頃公頃公乃與其右易位下取飲以得脫去齊師敗走晉追北至齊頃公以寶器謝以求平不聽郤克曰必得蕭桐姪子為質索隱曰傳作叔子齊使曰蕭桐姪子頃公母頃公母

猶晉君母奈何必得之不義請復戰晉乃許與平而去楚申公巫臣盜夏姬以奔晉晉以巫臣為邢大夫賈逵曰邢晉邑十二年冬齊頃公如晉欲上尊晉景公為王景公讓不敢晉始作六卿賈逵曰初作六軍僭王也韓厥鞏朔趙穿荀騅趙括趙旃皆為卿索隱曰騅音佳謚文子也智罃自楚歸十三年魯成公朝晉晉弗敬魯怒去倍晉晉伐鄭取氾十四年梁山崩公羊傳曰梁山河上山杜預曰在馮翊夏陽縣北也問伯宗伯宗以為不足怪也徐廣曰年表云伯宗隱其人用其言十六年楚將子反怨巫臣滅其族巫臣怒遺子反書曰必令子罷於奔命乃請使吳令

其子為吳行人教吳乘車用兵吳晉始通約伐楚十七年誅趙同趙括族滅之韓厥曰趙衰趙盾之功豈可忘乎奈何絕祀乃復令趙庶子武為趙後復與之邑十九年夏景公病立其太子壽曼為君是為厲公後月餘景公卒厲公元年初立欲和諸侯與秦桓公夾河而盟歸而秦倍盟與翟謀伐晉三年使呂相讓秦賈逵曰呂相晉大夫因與諸侯伐秦至涇敗秦於麻隧虜其將成差五年三郤讒伯宗殺之賈逵曰三郤郤錡郤犨郤至伯宗以好直諫得此禍國人以是不附厲公六年春鄭倍晉與

楚盟晉怒欒書曰不可以當吾世而失諸侯乃發兵厲公自將五月渡河聞楚兵來救范文子請公欲還郤至曰發兵誅逆見彊辟之無以令諸侯遂與戰癸巳射中楚共王目楚兵敗於鄢陵（徐廣曰一作焉服虔曰鄢陵鄭之東南地也○索隱曰鄢音偃又於建反）子反收餘兵拊循欲復戰晉患之共王召子反其侍者豎陽穀進酒子反醉不能見王怒讓子反子反死王遂引兵歸晉由此威諸侯欲以令天下求霸厲公多外嬖姬歸欲盡去羣大夫而立諸姬兄弟寵姬兄曰胥童嘗與郤至有怨及欒書又怨郤至

不用其計而遂敗楚（左傳曰欒書欲待楚師退而擊之郤至云楚有六間不可失也）乃使人間謝楚楚來詐厲公曰鄢陵之戰實至召楚欲作亂內子周立之會與國不具是以事不成厲公告欒書欒書曰其殆有矣願公試使人之周（虞翻曰周京師）微考之果使郤至於周欒書又使公子周見郤至郤至不知見賣也厲公驗之信然遂怨郤至欲殺之八年厲公獵與姬飲郤至殺豕奉進宦者奪之（索隱曰宦者孟張）郤至射殺宦者公怒曰季子欺予（杜預曰公反以為郤至奪豕也）將誅三郤未發也郤錡欲攻公曰我雖死公亦病矣郤至曰信不反君

智不害民勇不作亂失此三者誰與我我死耳十二月壬午公令胥童以兵八百人襲攻殺三郤胥童因以劫欒書中行偃于朝曰不殺二子患必及公公曰一旦殺三卿寡人不忍益也對曰人將忍君（杜預曰人謂書偃）公弗聽謝欒書等以誅郤氏罪大夫復位二子頓首曰幸甚幸甚公使胥童為卿閏月乙卯厲公游匠驪氏（賈逵曰匠驪氏晉外嬖大夫在翼者）欒書中行偃以其黨襲捕厲公囚之殺胥童而使人迎公子周（徐廣曰一作糾）于周而立之是為悼公悼公元年正月庚申欒書中行偃弒厲公葬之

（左傳曰葬之于翼東門之外）以一乘車（杜預曰言不以君禮葬也諸侯葬車七乘）厲公囚六日死死十日庚午智罃迎公子周來至絳刑雞與大夫盟而立之是為悼公辛巳朝武宮二月乙酉即位悼公周者其大父捷晉襄公少子也不得立號為桓叔桓叔最愛桓叔生惠伯談談生悼公周周之立年十四矣悼公曰大父父皆不得立而辟難於周客死焉寡人自以疏遠毋幾為君（索隱曰幾音冀謂望也）今大夫不忘文襄之意而惠立桓叔之後賴宗廟大夫之靈得奉晉祀豈敢不戰戰乎大夫其亦佐寡人於是逐不臣者

七人脩舊功施德惠收文公入時功臣後秋伐鄭鄭師敗遂至陳三年晉會諸侯（索隱曰於雞澤也）悼公問羣臣可用者祁傒舉解狐解狐傒之仇復問舉其子祁午君子曰祁傒可謂不黨矣外舉不隱仇內舉不隱子方會諸侯悼公弟楊干亂行（賈逵曰行陳也）魏絳戮其僕（賈逵曰僕御也）悼公怒或諫公公卒賢絳任之政使和戎戎大親附十一年悼公曰自吾用魏絳九合諸侯（服虔曰九合一謂會于戚二會城棣救陳三會于鄭四會于邢丘五同盟于戲六會于柤七戍鄭虎牢八同盟于亳城北九會于蕭魚）和戎翟魏子之力也賜之樂三讓乃受之冬秦取我櫟（索隱曰音歷釋例云在河北地）

關十四年晉使六卿率諸侯伐秦度涇大敗秦軍至棫林而去十五年悼公問治國於師曠師曠曰唯仁義為本冬悼公卒子平公彪立平公元年伐齊齊靈公與戰靡下（徐廣曰靡一作歷○索隱曰劉氏靡音眉綺反即靡笄也）齊師敗走晏嬰曰君亦毋勇何不止戰遂去晉追遂圍臨菑盡燒屠其郭中東至膠南至沂齊皆城守晉乃引兵歸六年魯襄公朝晉晉欒逞有罪奔齊八年齊莊公微遣欒逞於曲沃以兵隨之齊兵上太行欒逞從曲沃中反襲入絳絳不戒平公欲自殺范獻子止公以其徒擊逞

逞敗走曲沃曲沃攻逞逞死遂滅欒氏宗逞者欒書孫也（左傳逞作盈）其入絳與魏氏謀齊莊公聞逞敗乃還取晉之朝歌去以報臨菑之役也十年齊崔杼弒其君莊公晉因齊亂伐敗齊於高唐去報太行之役也十四年吳延陵季子來使與趙文子韓宣子魏獻子語曰晉國之政卒歸此三家矣十九年齊使晏嬰如晉與叔嚮語叔嚮曰晉季世也公厚賦為臺池而不恤政政在私門其可久乎晏子然之二十二年伐燕二十六年平公卒子昭公夷立昭公六年卒六卿彊公

室卑（索隱曰韓趙魏范中行及晉氏為六卿後韓趙魏為三卿而分晉政故曰三晉）子頃公去疾立頃公六年周景王崩王子爭立晉六卿平王室亂立敬王九年魯季氏逐其君昭公昭公居乾侯十一年衛宋使使請晉納魯君季平子私賂范獻子獻子受之乃謂晉君曰季氏無罪不果入魯君十二年晉之宗家祁傒孫叔嚮子相惡於君六卿欲弱公室乃遂以法盡滅其族而分其邑為十縣各令其子為大夫晉益弱六卿皆大十四年頃公卒子定公午立定公十一年魯陽虎奔晉趙鞅簡子舍之十二年孔子相

魯十五年趙鞅使邯鄲大夫午不信欲殺午午與中行寅范吉射親攻趙鞅 索隱曰寅荀偃之孫射音亦范獻子士鞅之子 鞅走保晉陽定公圍晉陽荀櫟韓不信魏侈與范中行爲仇乃移兵伐范中行范中行反晉君擊之敗范中行范中行走朝歌保之韓魏爲趙鞅謝晉君乃赦趙鞅復位二十二年晉敗范中行氏二子奔齊三十年定公與吳王夫差會黃池爭長趙鞅時從卒長吳 徐廣曰吳世家說黃池之盟云趙鞅怒將戰吳乃長晉定公左氏傳云乃先晉人外傳云吳公先歃晉公次之 三十一年齊田常弒其君簡公而立簡公弟驁爲平公三十三年孔子卒

三十七年定公卒子出公鑿立出公十七年 徐廣曰年表云出公立十八年或云二十年 知伯與趙韓魏共分范中行地以爲邑出公怒告齊魯欲以伐四卿 索隱曰時趙魏韓共滅范氏及中行氏而分其地猶有智氏與三晉故云四卿 四卿恐遂反攻出公出公奔齊道死故知伯乃立昭公曾孫驕爲晉君是爲哀公 索隱曰趙系家云驕是爲懿公又年表云出公十八年次哀公忌二年次懿公驕十七年紀年又云出公二十三年奔楚乃立昭公之孫是爲敬公系本亦云昭公生桓公子雍生忌忌生懿公驕然晉趙系家及年表並皆不同何況紀年之說也 哀公大父雍晉昭公少子也號爲戴子 徐廣曰世本作桓子雍注云戴子 戴子生忌忌善知伯早死故知伯欲盡并晉未敢乃立忌子驕爲君當是時晉

國政皆決知伯晉哀公不得有所制知伯遂有范中行地最彊哀公四年趙襄子韓康子魏桓子共殺知伯盡并其地 索隱曰如年紀之說此乃出公二十二年事 十八年哀公卒子幽公柳立幽公之時晉畏反朝韓趙魏之君 索隱曰畏懼也爲衰弱故反朝韓趙魏也宋忠引此注系本而畏字作衰 獨有絳曲沃餘皆入三晉十五年魏文侯初立 索隱曰按紀年魏文侯初立在敬公十八年 十八年幽公淫婦人夜竊出邑中盜殺幽公 索隱曰紀年云夫人秦嬴賊公於高寢之上 魏文侯以兵誅晉亂立幽公子止是爲烈公 索隱曰系本幽公生烈成公止又年表云魏誅幽公立其弟止也 烈公十九年周威烈王賜趙韓魏皆命爲諸

侯二十七年烈公卒子孝公頎立 索隱曰系本云孝公頎欣紀年以孝公爲桓公故韓子有晉桓侯 孝公九年魏武侯初立襲邯鄲不勝而去十七年孝公卒 索隱曰紀年云桓公二十年趙成侯韓共侯遷桓公於屯留已後更無晉事 子靜公俱酒立 索隱曰系本云靜公俱 是歲齊威王元年也靜公二年魏武侯韓哀侯趙敬侯滅晉後而三分其地 索隱曰紀年云魏武侯以桓公十九年卒韓哀侯趙敬侯並以桓公十五年卒又趙系家烈侯十六年與韓分晉封晉君端氏其後十年肅侯徙晉於屯留不同也 靜公遷爲家人晉絕不祀

太史公曰晉文公古所謂明君也亡居外十九年至困約及即位而行賞尚忘介子推況驕主

平靈公既弒其後成景致嚴至厲大刻大夫懼誅禍作悼公以後日衰六卿專權故君道之御其臣下固不易哉

索隱述贊曰

天命叔虞　卒封於唐　桐圭既削
河汾是荒　文侯雖嗣　曲沃日彊
未知本末　祚傾桓莊　獻公昏惑
太子罹殃　重耳致霸　朝周河陽
靈既喪德　厲亦無防　四卿侵侮
晉祚遂亡

史壹萬貳阡貳伯貳拾壹字
註計伍阡柒伯陸拾字

晉世家第九　史記三十九

楚世家第十　史記四十

楚之先祖出自帝顓頊高陽。高陽者，黃帝之孫，昌意之子也。高陽生稱，正義曰尺證反稱生卷章，卷章生重黎。徐廣曰世本云老童生重黎及吳回譙周曰老童即卷章○索隱曰重氏黎氏二官代司天地重爲木正黎爲火正據左氏少昊氏之子曰重顓頊氏之子曰黎今以重黎爲一人乃是顓頊之子孫者劉氏云少昊氏之後曰重顓頊氏之後曰重黎對彼重則單稱黎若自言當家則稱重黎故楚及司馬氏皆重黎之後非關少昊之重愚謂此解爲當重黎爲帝嚳高辛居火正，索隱曰此重黎爲火正彼少昊氏之後重自爲木正知此重黎即彼之黎也甚有功，能光融天下，帝嚳命曰祝融。虞翻曰祝大融明也韋昭曰祝始也共工氏作亂，帝嚳使重黎誅之而不盡。帝乃以庚寅日誅重黎，而以其弟吳回爲重黎後，復居火正，爲祝融。吳回生陸終。陸終生子六人，坼剖而產焉。干寶曰先儒學士多疑此事譙允南通才達學精核數理者也作古史考以爲作者妄記廢而不論余亦尤其生之異也然案六子之世子孫有國升降六代數千年間迭至霸王天將興之必有尤物乎若夫前志所傳脩已背坼而生禹簡狄胸剖而生契歷代久遠莫足相證近魏黃初五年汝南屈雍妻王氏生男兒從右胳下水腹上出而平和自若數月創合母子無恙斯蓋近事之信也以今況古固知注記者之不妄也天地云爲陰陽變化安可守之一端槩以常理乎詩云不坼不副無災無害原詩人之旨明古之婦人嘗有坼剖而產者矣又有因產而遇災害者故美其無害也○索隱曰系本云陸終娶鬼方氏之妹謂之女嬇其長一曰昆吾；虞翻曰昆吾名樊爲己姓封昆吾世本曰昆吾者衛是也○索隱曰系本云其一曰樊是爲昆吾宋忠曰昆吾國名己姓所出左傳曰衛侯夢見被髮登昆吾之觀今濮陽城中有昆吾臺是○正義曰括地志云濮陽縣古昆吾國也昆吾故城在縣西三十里臺在縣西百步即昆吾墟也二曰參胡；世本曰參胡者

史世家十　一

韓是也○索隱曰系本云二曰惠連是爲參胡宋忠曰參胡國名斯姓無後三曰彭祖；虞翻曰名翦爲彭姓封於大彭世本曰彭祖者彭城是也○索隱曰系本云彭三曰籛鏗是爲彭祖虞翻所云是也○正義曰括地志云彭城古彭祖國也外傳云殷末滅彭祖國也虞翻云名翦神仙傳云彭祖諱鏗帝顓頊之玄孫至殷末年已七百六十七歲而不衰老遂往流沙之西非壽終也四曰會人；世本曰會人者鄭是也○索隱曰系本云四曰求言是爲鄶人宋忠曰求言名也妘姓所出鄶國也○正義曰括地志云故鄶城在鄭州新鄭縣東北二十二里毛詩譜云昔高辛氏之土祝融之墟歷唐至周重黎之後妘姓處其地是爲鄶國爲鄭武公所滅也五曰曹姓；世本曰曹姓者邾是也○索隱曰系本云其五曰安是爲曹姓宋忠云安名也曹姓者諸曹所出也○正義曰括地志云故邾國在黃州黃崗縣東南百二十一里史記云邾子曹姓也六曰季連，羋姓，楚其後也。索隱曰系本云六曰季連是爲羋姓季連者楚是也宋忠曰季連名也羋姓所出楚之先羋音彌是反羋羊聲也昆吾氏，夏之時嘗爲侯伯，桀之時湯滅之。彭祖氏，殷之時嘗爲侯伯，殷之末世滅彭祖氏。季連生附沮，孫檢曰一作祖○索隱曰沮音才敘反附沮生穴熊。其後中微，或在中國，或在蠻夷，弗能紀其世。周文王之時，季連之苗裔曰鬻熊。鬻熊子事文王，蚤卒。其子曰熊麗。熊麗生熊狂，熊狂生熊繹。熊繹當周成王之時，舉文武勤勞之後嗣，而封熊繹於楚蠻，封以子男之田，姓羋氏，居丹陽。徐廣曰在南郡枝江縣○正義曰潁容傳例云楚居丹陽今枝江縣故城是括地志云歸州巴東縣東南四里歸故城楚子熊繹之始國也又熊繹墓在歸州秭歸縣輿地志云秭歸縣東有丹陽城周迴八里熊繹始封也楚子熊繹與魯公伯禽、衛康叔子牟、晉侯燮、齊太公子呂

史世家十　二

伋俱事成王熊繹生熊艾熊艾生熊䵣索隱曰一作黮音土感反䵣音與但與亶同字亦作亶也熊䵣生熊勝熊勝以弟熊楊爲後索隱曰鄒誕本作熊錫又作煬熊楊生熊渠熊渠生子三人當周夷王之時王室微諸侯或不朝相伐熊渠甚得江漢閒民和乃興兵伐庸杜預曰庸今上庸縣○正義曰括地志云房州竹山縣本漢上庸縣古之庸國昔周武王伐紂庸蠻在焉楊粵索隱曰有本作楊雩音吁地名也今音越譙周作楊越至于鄂正義曰五各反劉伯莊云地名在楚之西後徙楚今東鄂州是括地志云鄧州向城縣南二十里西鄂故城是楚西鄂熊渠曰我蠻夷也不與中國之號謚乃立其長子康爲句亶王張瑩曰今江陵也○索隱曰系本康作庸亶作袒地理志云江陵南郡之縣也楚文王自丹陽徙都之中子紅爲鄂王九州記曰鄂今武昌○索隱曰有本作褻紅音贄紅從下文熊贄紅讀古史考及鄒氏劉氏等無音褻紅恐非也○正義曰括地志云武昌縣鄂王舊都今鄂王神即熊渠子之神也少子執疵爲越章王索隱曰系本無執字越作就○正義曰即上鄂王紅也皆在江上楚蠻之地及周厲王之時暴虐熊渠畏其伐楚亦去其王後爲熊毋康徐廣曰即渠之長子毋康早死熊渠卒子熊摯紅立摯紅卒其弟弒而代立曰熊延索隱曰如此史意即上鄂王紅也譙周以爲熊渠卒子熊翔立卒長子摯有疾少子熊延立此云摯紅卒其弟殺而自立曰熊延欲會此代系則翔亦毋康之弟熊渠者既卒毋康又早卒其摯紅立而被延殺故史考言摯有疾而此言弒也○正義曰譙周言摯有疾此言殺未詳宋均注樂緯云熊渠嫡嗣曰熊摯有惡疾不得爲後別居於䕫爲楚附庸後王命曰䕫子也熊延生熊勇熊勇六年而周人作亂攻厲王厲王出奔彘熊勇十

年卒弟熊嚴爲後熊嚴十年卒有子四人長子伯霜中子仲雪次子叔堪索隱曰堪一作湛少子季徇索隱曰徇音旬俊反熊嚴卒長子伯霜代立是爲熊霜熊霜元年周宣王初立熊霜六年卒三弟爭立仲雪死叔堪亡避難於濮杜預曰建寧郡南有卜夷○正義曰按建寧晉郡在蜀南與蠻相近劉伯莊云濮在楚西南孔安國云庸濮在漢之南按成公元年楚地千里孔說是也而少弟季徇立是爲熊徇熊徇十六年鄭桓公初封於鄭二十二年熊徇卒子熊咢立索隱曰咢音鄂亦作噩熊咢九年卒子熊儀立是爲若敖若敖二十年周幽王爲犬戎所弒周東徙而秦襄公始列爲諸侯二十七年若敖卒子熊坎立是爲霄敖索隱曰坎音若感反一作菌又作欽霄敖六年卒子熊眴立徐廣曰眴音舜○索隱曰按玉篇眴在目部顧氏云楚之先即蚡冒也劉音舜其近代本字有從目者故劉氏有舜音非也是爲蚡冒索隱曰古本蚡作羒羒音憤冒音亡北反或亡報反蚡冒十三年晉始亂以曲沃之故蚡冒十七年卒蚡冒弟熊通弒蚡冒子而代立是爲楚武王武王十七年晉之曲沃莊伯弒主國晉孝侯十九年鄭伯弟段作亂二十一年鄭侵天子之田二十三年衛弒其君桓公二十九年魯弒其君隱公三十一年宋太宰華督弒其君殤公三十五年楚伐隨賈逵曰隨姬姓也杜預曰隨國今義陽隨縣○正義

曰括地志云隨州外城古隨國地世本云楚武王墓在豫州新息隨姬姓也武王卒師中而兵罷括地志云上蔡縣東北五十里
隨曰我無罪楚曰我蠻夷也今諸侯皆為叛
相侵或相殺我有敝甲欲以觀中國之政請王
室尊吾號隨人為之周請尊楚王室不聽還報
楚三十七年楚熊通怒曰吾先鬻熊文王之師也
早終成王舉我先公乃以子男田令居楚蠻夷
皆率服而王不加位我自尊耳乃自立為武王
與隨人盟而去於是始開濮地而有之五十一年
周召隨侯數以立楚為王楚怒以隨背己伐隨武
王卒師中而兵罷 皇覽曰楚武王冢在汝南郡鮦陽縣葛陵鄉城東北民謂之楚王岑漢永

平中葛陵城北祝里社下於土中得銅鼎而名曰楚武王由是知楚武王之冢民傳言秦項赤眉之時欲發之輒頹壞填
壓不得發也○正義曰有本注葛陂鄉作葛陵鄉者誤也地理志云新蔡縣西北六十里有葛陂鄉即費長房投竹成龍
之陂因為鄉名也 子文王熊貲立始都郢 正義曰括地志云紀南故城在荊州
江陵縣北五十里杜預云國都於郢今南郡江陵縣北紀南城是括地志云又至平王更城郢在江陵縣東北六里故郢
城是也 文王二年伐申過鄧 正義曰括地志云故申城在鄧州南陽縣北三十里
晉太康地志云周宣王舅所封故鄧城在襄州安養縣北二十里春秋之鄧國莊十六年楚文王滅之服虔云鄧曼姓也
鄧人曰楚王易取鄧侯不許也六年伐蔡 正義
曰豫州上蔡縣在州北七十里古蔡國也縣外城蔡國城也 虜蔡哀侯以歸已
而釋之楚彊陵江漢間小國小國皆畏之十
一年齊桓公始霸楚亦始大十二年伐鄧滅之

十三年卒子熊囏立 史記音隱云囏古艱字 是為杜敖 索隱曰杜作壯
側狀反 杜敖五年欲殺其弟熊惲熊惲 索隱曰惲音紆粉反左氏作頵紆頻
反 惲奔隨與隨襲弒杜敖代立是為成王成王
惲元年初即位布德施惠結舊好於諸侯使人
獻天子天子賜胙曰鎮爾南方夷越之亂無侵
中國於是楚地千里十六年齊桓公以兵侵楚
至陘山 正義曰杜預云陘楚地潁川召陵縣南有陘亭括地志云陘山在鄭州西南一百一十里即此山是也
屈曲勿反下音桓楚族也 楚成王使將軍屈完以兵禦之與桓
公盟桓公數以周之賦不入王室楚許之乃去
十八年成王以兵北伐許 地理志曰潁川許昌縣故許國也 許君

肉袒謝乃釋之二十二年伐黃 索隱曰汝南弋陽縣故黃國○正義
曰括地志云黃國故城漢弋陽縣也秦時黃都嬴姓在光州定城縣四十里也 二十六年滅英
徐廣曰年表及他本皆作英一本作黃○正義曰英國在淮南蓋蓼國也不知改名時也 三十三年宋
襄公欲為盟會召楚楚王怒曰召我我將好往
襲辱之遂行至盂 正義曰音于宋地也 遂執辱宋公已而歸
之三十四年鄭文公南朝楚楚成王北伐宋敗
之泓射傷宋襄公襄公遂病創死三十五年晉
公子重耳過成王以諸侯客禮饗而厚送之於
秦三十九年魯僖公來請兵以伐齊楚使申侯
將兵伐齊取穀 杜預曰濟北穀城縣○正義曰括地志云穀在濟州東阿縣東二十六里 置

齊桓公子雍焉齊桓公七子皆奔楚楚盡以爲
上大夫滅夔夔不祀祝融鬻熊故也 服虔曰夔楚熊渠之孫熊
摯之後夔在巫山之陽秭歸鄉是也○索隱曰譙周作滅歸歸即夔之地名歸縣之鄉也 夏伐宋宋
告急於晉晉救宋成王罷歸將軍子玉請戰成
王曰重耳亡居外久卒得反國天之所開不可
當子玉固請乃與之少師而去晉果敗子玉於
城濮成王怒誅子玉四十六年初成王將以商
臣爲太子語令尹子上子上曰君之齒未也 杜預
曰齒年也言尚少 而又多內寵絀乃亂也楚國之舉常在
少者 賈逵曰舉立也 且商臣蜂目而豺聲忍人也 服虔曰言忍爲
不義 不可立也王不聽立之後又欲立子職 賈逵曰職商臣
庶弟也 而絀太子商臣商臣聞而未審也告其傅
潘崇曰何以得其實崇曰饗王之寵姬江 姬當作妹
羋而勿敬也商臣從之江羋 正義曰亡爾反 怒曰宜乎
王之欲殺若而立職也商臣告潘崇曰信矣崇
曰能事之乎 服虔曰若立職子能事之 曰不能能亡去乎曰不
能能行大事乎 服虔曰謂弒君 曰能冬十月商臣以宮
衛兵圍成王成王請食熊蹯而死 杜預曰熊掌難孰冀久將有外
救之也 不聽丁未成王自絞殺商臣代立是爲穆
王穆王立以其太子宮予潘崇使爲太師掌國

事穆王三年滅江 杜預曰江國在汝南安陽縣 四年滅六蓼六
蓼皋陶之後 杜預曰六國今廬江六縣蓼國今安豐蓼縣 八年伐陳十
二年卒子莊王侶立莊王即位三年不出號令
日夜爲樂令國中曰有敢諫者死無赦伍舉入
諫莊王左抱鄭姬右抱越女坐鐘鼓之閒伍舉
曰願有進隱 隱謂隱藏其意 曰有鳥在於阜三年不蜚
不鳴是何鳥也莊王曰三年不蜚蜚將沖天三
年不鳴鳴將驚人舉退矣吾知之矣居數月淫
益甚大夫蘇從乃入諫王曰若不聞令乎對曰
殺身以明君臣之願也於是乃罷淫樂聽政所
誅者數百人所進者數百人任伍舉蘇從以政
國人大說是歲滅庸 正義曰房州竹邑縣今是也 六年伐宋
獲五百乘八年伐陸渾戎 服虔曰陸渾戎在洛西南○正義曰尹姓之戎徙居
陸渾 遂至洛觀兵於周郊 服虔曰觀兵陳兵示周也 周定王使
王孫滿勞楚王 服虔曰以郊勞禮迎之也 楚王問鼎小大輕重
杜預曰示欲逼周取天下 對曰在德不在鼎莊王曰子無阻九
鼎楚國折鉤之喙 正義曰喙許衛反凡戟有鉤喙鉤口之尖也言楚國戟之鉤口尖有折者
足以爲鼎言鼎易得也 足以爲九鼎王孫滿曰嗚呼君王其
忘之乎昔虞夏之盛遠方皆至貢金九牧 服虔曰使九州
之牧貢金 鑄鼎象物 賈逵曰象所圖物著之於鼎 百物而爲之備使

民知神姦[杜預曰圖鬼神百物之形使民逆備之也]桀有亂德鼎遷於殷載祀六百[賈逵曰載辭也祀年也商曰祀王肅曰載祀者猶言年也]殷紂暴虐鼎遷於周德之休明雖小必重[杜預曰不可遷]其姦回昏亂雖大必輕[杜預曰言可移]昔成王定鼎于郟鄏[杜預曰郟鄏今河南也河南縣西有郟鄏陌武王遷之成王定之○索隱曰按周書郟雒北山名音甲鄏謂田厚鄏故以名焉]卜世三十卜年七百天所命也周德雖衰天命未改鼎之輕重未可問也楚王乃歸九年相若敖氏[左傳曰子越椒]人或讒之王恐誅反攻王王擊滅若敖氏之族十三年滅舒[杜預曰廬江六縣東有舒城也]十六年伐陳殺夏徵舒徵舒弒其君故誅之也已破陳即縣之

羣臣皆賀申叔時使齊來不賀王問對曰鄙語曰牽牛徑人田田主取其牛徑者則不直矣取之牛不亦甚乎且王以陳之亂而率諸侯伐之以義伐之而貪其縣亦何以復令於天下莊王乃復國陳後十七年春楚莊王圍鄭三月克之入自皇門[賈逵曰鄭城門何休曰郭門也]鄭伯肉袒牽羊以逆[賈逵曰肉袒牽羊示服為臣隸也]曰孤不天不能事君君用懷怒以及敝邑孤之罪也敢不唯命是聽賓之南海若以臣妾賜諸侯亦唯命是聽若君不忘厲宣桓武[杜預曰周厲王宣王鄭之所自出也鄭武公桓公始封之賢君也]不絕其社稷使改

事君孤之願也非所敢望也敢布腹心楚羣臣曰王勿許莊王曰其君能下人必能信用其民庸可絕乎莊王自手旗左右麾軍引兵去三十里而舍遂許之平[杜預曰退一舍而禮鄭]潘尫入盟子良出質[潘尫楚大夫子良鄭伯弟]夏六月晉救鄭與楚戰大敗晉師河上遂至衡雍而歸二十年圍宋以殺楚使也[索隱曰左傳宣十四年楚子使申舟聘于齊曰無假道于宋華元曰過我而不假道鄙我也鄙我亡也殺其使者必伐我伐我亦亡也一也乃殺之楚子聞之投袂而起九月圍宋是也]圍宋五月城中食盡易子而食析骨而炊宋華元出告以情莊王曰君子哉遂罷兵去二十三年莊王卒子共王審立共王十六年晉伐鄭鄭告急共王救鄭

與晉兵戰鄢陵晉敗楚射中共王目共王召將軍子反子反嗜酒從者豎陽穀進酒醉王怒射殺子反遂罷兵歸三十一年共王卒子康王招立康王立十五年卒子員立[索隱曰員音云左傳作麇]是為郟敖康王寵弟公子圍[徐廣曰史記多作回]子比子晳棄疾郟敖三年以其季父康王弟公子圍為令尹主兵事四年圍使鄭道聞王疾而還十二月己酉圍入問王疾絞而弒之[荀卿曰以冠纓絞之左傳曰葬王于郟謂之郟敖]遂殺其子莫及平夏使使赴於鄭伍舉問曰誰為

後服虔曰問來赴者對曰寡大夫圍伍舉更曰共王之子圍爲長杜預曰伍舉更赴辭重從禮告終稱嗣不以篡弒赴諸侯子比奔晉而圍立是爲靈王靈王三年六月楚使使告晉欲會諸侯諸侯皆會楚于申伍舉曰昔夏啓有鈞臺之饗杜預曰河南陽翟縣南有鈞臺陂商湯有景亳之命周武王有盟津之誓成王有岐陽之蒐賈逵曰岐山之陽康王有豐宮之朝服虔曰豐宮成王廟所在也杜預曰豐在始平鄠縣東有靈臺康王於是朝諸侯穆王有塗山之會齊桓有召陵之師晉文有踐土之盟君其何用靈王曰用桓公杜預曰用召陵之禮也時鄭子產在焉於是晉宋魯衞不往靈王已盟有驕

色伍舉曰桀爲有仍之會有緡叛之賈逵曰仍緡國名也紂爲黎山之會東夷叛之服虔曰黎東夷國名也子姓幽王爲太室之盟戎翟叛之杜預曰太室中嶽也君其慎終七月楚以諸侯兵伐吳圍朱方八月克之囚慶封滅其族以封徇曰無效齊慶封弒其君而弱其孤以盟諸大夫杜預曰齊崔杼弒其君慶封其黨故以弒君罪責之也封反曰莫如楚共王庶子圍弒其君兄之子員而代之立穀梁傳曰軍人粲然皆笑於是靈王使棄疾殺之七年就章華臺杜預曰南郡華容縣有臺在城內下令內亡人實之八年使公子棄疾將兵滅陳十年召蔡侯醉而殺之使棄疾定

蔡因爲陳蔡公十一年伐徐以恐吳左傳曰使蕩侯等圍徐靈王次於乾谿以待之王曰齊晉魯衞其封皆受寶器我獨不今吾使使周求鼎以爲分其予我乎服虔曰有功德受分器析父對曰其予君王哉賈逵曰析父楚大夫○索隱曰據左氏此是右尹子革之詞史蓋誤也昔我先王熊繹辟在荊山華露藍蔞徐廣曰華一作篳駰案服虔曰華露柴車素大輅也藍蔞言衣敝壞其蔞藍藍然也以處草莽跋涉山林服虔曰草行曰跋水行曰涉以事天子唯是桃弧棘矢以共王事服虔曰桃弧棘矢所以禦其災言楚地山林無所出也齊王舅也服虔曰齊呂伋成王之舅晉及魯衞王母弟也楚是以無分而彼皆有周今與四國服事君王將唯

命是從豈敢愛鼎靈王曰昔我皇祖伯父昆吾舊許是宅服虔曰陸終氏六子長曰昆吾少曰季連季連楚之祖故謂昆吾爲伯父也昆吾曾居許地故曰舊許是宅今鄭人貪其田不我予今我求之其予我乎對曰周不愛鼎鄭安敢愛田靈王曰昔諸侯遠我而畏晉今吾大城陳蔡不羹韋昭曰三國楚別都也潁川定陵有東不羹襄城有西不羹○正義曰括地志云不羹故城在許州襄城縣東三十里地理志云此西不羹者也賦皆千乘諸侯畏我乎對曰畏哉靈王喜曰析父善言古事焉正義曰左傳昭十二年析父謂子革曰吾子楚國之望也今與王言如響國其若之何杜預云譏其順王心如響應聲也按此對王言是子革之辭太史公云析父誤也析父時爲王僕見子革對故歎也十二年春楚靈王樂乾谿不能去也國人苦

役初靈王會兵於申僇越大夫常壽過索隱曰僇辱也殺
蔡大夫觀起索隱曰觀音官觀姓起名起子從亡在吳索隱曰從音才
松反乃勸吳王伐楚爲閒越大夫常壽過而作亂
爲吳閒使矯公子棄疾命召公子比於晉至蔡
與吳越兵欲襲蔡令公子比見棄疾與盟於鄧
杜預曰潁川邵陵縣西有鄧城○正義曰括地志云故鄧城在豫州郾城縣東三十五里按在古召陵縣西十里是也
遂入殺靈王太子祿立子比爲王公子子晳爲
令尹棄疾爲司馬先除王宮觀從從師于乾谿
令楚衆曰國有王矣先歸復爵邑田室後者遷
之楚衆皆潰去靈王而歸靈王聞太子祿之死

也自投車下而曰人之愛子亦如是乎侍者曰
甚是王曰余殺人之子多矣能無及此乎右尹
曰左傳曰右尹子革請待於郊以聽國人服虔曰聽國人欲爲誰王曰
衆怒不可犯曰且入大縣而乞師於諸侯王曰
皆叛矣又曰且奔諸侯以聽大國之慮王曰大
福不再祇取辱耳於是王乘舟將欲入鄢服虔曰鄢楚別
都也杜預曰襄陽宜城縣○正義曰音偃括地志云故鄢城在襄州安養縣北三里在襄州北五里南去荊州二百五十
里按王自夏口從漢水上入鄢也左傳云王沿夏將欲入鄢是也括地志云鄢水源出襄州義清縣西界託伏山水經云
蠻水即鄢水是也右尹度王不用其計懼俱死亦去王亡
靈王於是獨傍偟山中野人莫敢入王王行遇

其故鋗人韋昭曰今之中涓謂曰爲我求食我已不食三
日矣鋗人曰新王下法有敢饟王從王者罪及
三族且又無所得食王因枕其股而臥鋗人又
以土自代逃去王覺而弗見遂飢不能起芋尹
申無宇之子申亥曰吾父再犯王命服虔曰斷王旌執人於章
華之宮王弗誅恩孰大焉乃求王遇王飢於釐澤
奉之以歸夏五月癸丑王死申亥家正義曰左傳云夏五月癸
亥王縊于芋尹申亥是也申亥以二女從死并葬之是時楚國
雖已立比爲王畏靈王復來又不聞靈王死故
觀從謂初王比曰不殺棄疾雖得國猶受禍王

曰余不忍從曰人將忍王王不聽乃去棄疾歸
國人每夜驚曰靈王入矣乙卯夜棄疾使船人
從江上走呼曰靈王至矣國人愈驚又使曼成
然告初王比及令尹子晳曰王至矣國人將殺
君司馬將至矣杜預曰司馬謂棄疾君蚤自圖無取辱焉
衆怒如水火不可救也初王及子晳遂自殺丙
辰棄疾即位爲王改名熊居是爲平王平王以
詐弒兩王而自立恐國人及諸侯叛之乃施惠
百姓復陳蔡之地而立其後如故歸鄭之侵地
存恤國中修政教吳以楚亂故獲五率以歸服虔

曰五率蕩侯潘子司馬督囂尹午陵尹喜平王謂觀從恣爾所欲欲爲卜尹王許之賈逵曰卜尹卜師大夫官初共王有寵子五人無適立乃望祭羣神請神決之使主社稷而陰與巴姬賈逵曰共王妾埋璧於室內正義曰左傳云埋璧於太室之庭杜預云太室祖廟也召五子齋而入康王跨之服虔曰兩足各跨璧一邊杜預曰過其上靈王肘加之子比子晳皆遠之平王幼抱而入再拜壓紐故康王以長立至其子失之圍爲靈王及身而弒子比爲王十餘日子晳不得立又俱誅四子皆絕無後唯獨棄疾後立爲平王竟續楚祀如其神符初子比自晉歸韓宣子問叔向曰子比其濟乎對曰不就宣子曰同惡相求如市賈焉服虔曰謂國人共惡靈王者如市賈之人求利也何爲不就對曰無與同好誰與同惡服虔曰言無黨於內當與誰共同好惡取國有五難有寵無人一也杜預曰寵須賢人而固有人無主二也杜預曰雖有賢人當須內主爲應有主無謀三也杜預曰謀策謀也有謀而無民四也杜預曰民衆也有民而無德五也杜預曰四者既備當以德成之子比在晉十三年矣晉楚之從不聞通者可謂無人矣杜預曰晉楚之士從子比游皆非達人族盡親叛可謂無主矣杜預曰無親族在楚無釁而動可謂無謀矣服虔曰言靈王尚在而妄動取國故謂無謀爲羈終世可謂無民矣杜預曰終身羈客在於晉是無民亡

無愛徵可謂無德矣杜預曰楚人無愛念者王虐而不忌杜預曰靈王暴虐無所畏忌將自亡子比涉五難以弒君誰能濟之有楚國者其棄疾乎君陳蔡方城正義曰方城山在許州葉縣西十八里也外屬焉苛慝不作盜賊伏隱私欲不違服虔曰不以私欲違民心民無怨心先神命之國民信之芈姓有亂必季實立楚之常也子比之官則右尹也數其貴寵則庶子也以神所命則又遠之民無懷焉將何以立宣子曰齊桓晉文不亦是乎服虔曰皆庶子而出奔對曰齊桓衛姬之子也有寵於釐公有鮑叔牙賓須無隰朋以爲輔有莒衛以爲外主賈逵曰齊桓出奔莒自莒先入衛人助之有高國以爲內主服虔曰國子高子皆齊之正卿從善如流服虔曰言其疾施惠不倦有國不亦宜乎昔我文公狐季姬之子也有寵於獻公好學不倦生十七年有士五人有先大夫子餘子犯以爲腹心賈逵曰子餘趙衰有魏犨賈佗以爲股肱有齊宋秦楚以爲外主賈逵曰齊以女妻之宋贈馬楚享以九獻秦送內之有欒郤狐先以爲內主賈逵曰四姓晉大夫○正義曰杜預云謂欒枝郤穀狐突先軫也亡十九年守志彌篤惠懷棄民服虔曰皆棄民不恤民從而與之正義曰以惠懷弃民故民相從而歸心於文公故文公有國不亦宜乎子比無施於民無援於外去晉晉不送歸楚楚不迎何

以有國子比果不終焉卒立者棄疾（正義曰左傳云獲神一也有民二也令德三也寵貴四也居常五也有五利以去五難誰能害之杜預云棄疾神當璧拜也有民民信也令德無苛慝也寵貴妃子也居常棄疾季也）如叔向言也平王二年使費無忌如秦（服虔曰楚大夫○索隱曰傳作無極極忌聲相近）為太子建（正義曰左傳云楚子之在蔡也郥陽之女奔之生太子建杜預云郥蔡邑也郥古覓反）娶婦婦好來未至無忌先歸說平王曰秦女好可自娶為太子更求平王聽之卒自娶秦女生熊珍更為太子娶是時伍奢為太子太傅無忌為少傅無忌無寵於太子常讒惡太子建建時年十五矣其母蔡女也無寵於王王稍益疏外建也六年使太子建居城父守邊（正義曰父音甫括地志云成父故城在許州葉縣東北四十五里即杜預云襄城城父縣也又汝州襄城縣東四十里亦有父城故城一所服虔云城父楚北境乃是父城之名非建所守杜預云言成父又誤也傳及酈元水經注云楚大城城父使太子建居之即十三州志云太子建所居城父謂今亳州城父縣也按今亳州見有城父縣是建所守者也地理志云潁川有父城縣沛郡有城父縣此二名別耳）無忌又日夜讒太子建於王曰自無忌入秦女太子怨亦不能無望於王王少自備焉且太子居城父擅兵外交諸侯且欲入矣平王召其傅伍奢責之伍奢知無忌讒乃曰王奈何以小臣疏骨肉無忌曰今不制後悔也於是王遂囚伍奢而召其二子而告以免父死乃令司馬奮揚召太子建欲

誅之太子聞之亡奔宋無忌曰伍奢有二子不殺者為楚國患盍以免其父召之必至於是王使使謂奢能致二子則生不能將死奢曰尚至胥不至王曰何也奢曰尚之為人廉死節慈孝而仁聞召而免父必至不顧其死胥之為人智而好謀勇而矜功知來必死必不來然為楚國憂者必此子於是王使人召之曰來吾免爾父伍尚謂伍胥曰聞父免而莫奔不孝也父戮莫報無謀也度能任事智也子其行矣我其歸死伍尚遂歸伍胥彎弓屬矢出見使者曰父有罪何以召其子為將射使者還走遂出奔吳伍奢聞之曰胥亡楚國危哉楚人遂殺伍奢及尚十年楚太子建母在居巢（正義曰盧州巢縣是也）開吳吳使公子光伐楚遂敗陳蔡取太子建母而去楚恐城郢（正義曰在江陵縣東北六里已解於前按傳城郢在昭公二十三年下重言城郢杜預云楚用子囊遺言以築郢城矣今畏吳復脩以自固也）初吳之邊邑卑梁（正義曰卑梁邑近鍾離也）與楚邊邑鍾離小童爭桑兩家交怒相攻滅卑梁人卑梁大夫怒發邑兵攻鍾離楚王聞之怒發國兵滅卑梁吳王聞之大怒亦發兵使公子光因建母家攻楚遂滅鍾離居巢楚乃恐而城郢

索隱曰去年巳城郢今又重言據左氏昭二十三年城郢二十四年無重城郢之文是史記誤也十三年平王卒將軍子常曰太子珍少且其母乃前太子建所當娶也欲立令尹子西子西平王之庶弟也有義子西曰國有常法更立則亂言之則致誅乃立太子珍是為昭王昭王元年楚衆不說費無忌以其讒亡太子建殺伍奢子父與郤宛宛之宗姓伯氏子嚭及子胥皆奔吳吳兵數侵楚楚人怨無忌甚楚令尹子常正義曰名瓦左傳云囊瓦伐吳誅無忌以說衆衆乃喜四年吳三公子昭三十年二公子奔楚公子掩餘奔徐公子燭庸奔鍾離此言三公子非奔楚楚封之以扞吳五年

吳伐取楚之六潛正義曰故六城在壽州安豐縣南百三十二里偃姓皐陶之後所封也潛城楚之潛邑在霍山縣東二百步七年楚使子常伐吳吳大敗楚於豫章正義曰今洪州也十年冬吳王闔閭伍子胥伯嚭與唐蔡俱伐楚楚大敗吳兵遂入郢辱平王之墓以伍子胥故也吳兵之來楚使子常以兵迎之夾漢水陣吳伐敗子常子常亡奔鄭楚兵奔吳乘勝逐之五戰及郢己卯昭王出奔庚辰吳人入郢春秋云十一月庚辰昭王亡也至雲夢雲夢不知其王也射傷王王走鄖正義曰走音奏鄖音云括地志云安州安陸縣城本春秋時鄖國城鄖公之弟懷曰平王殺吾父服虔曰父曼成然○正義曰成

然立平王貪求無厭平王殺之今我殺其子不亦可乎鄖公止之然恐其弒昭王乃與王出奔隨正義曰括地志云隨唐城外古隨國城隨姬姓也又云楚昭王城在隨州縣北七十里左傳云吳師入郢王奔隨隨人處之公宮之北即此城是也吳王聞昭王往即進擊隨謂隨人曰周之子孫封於江漢之閒者楚盡滅之欲殺昭王王從臣子綦乃深匿王自以為王謂隨人曰以我予吳隨人卜予吳不吉乃謝吳王曰昭王亡不在隨吳請入自索之隨不聽吳亦罷去昭王之出郢也使申包胥服虔曰楚大夫王孫包胥請救於秦秦以車五百乘救楚楚亦收餘散兵與秦擊吳十一年六月敗吳

於稷賈逵曰楚地也會吳王弟夫概見吳王兵傷敗乃亡歸自立為王闔閭聞之引兵去楚歸擊夫概夫概敗奔楚楚封之堂谿正義曰地理志云堂谿故城在豫州郾城縣西八十五里也號為堂谿氏楚昭王滅唐杜預曰義陽安昌縣東南上唐鄉○正義曰括地志云上唐鄉故城在隨州棗陽縣東南百五十里古之唐國也世本云唐姬姓之國九月歸入郢十二年吳復伐楚取番正義曰片寒反又音婆括地志云饒州鄱陽縣春秋時為楚東境秦為番縣屬九江郡漢為鄱陽縣也楚恐去郢北徙都鄀正義曰音若括地志云楚昭王故城在襄州樂鄉縣東北三十三里在故都城東五里即楚國故昭王徙都鄀城也十六年孔子相魯二十年楚滅頓地理志云汝南頓縣故頓子國○正義曰括地志云陳州南頓縣故頓子國應劭云古頓子國姬姓也逼於陳後南徙故曰南頓滅胡杜預曰汝南縣西北胡城

正義曰括地志云故胡城在豫州郾城縣界二十一年吳王闔閭伐越越王勾踐射傷吳王遂死吳由此怨越而不西伐楚二十七年春吳伐陳楚昭王救之軍城父十月昭王病於軍中有赤雲如鳥夾日而蜚杜預曰雲在楚上唯楚見之昭王問周太史太史曰是害於楚王然可移於將相將相聞是言乃請自以身禱於神昭王曰將相孤之股肱也今移禍庸去是身乎弗聽卜而河為祟大夫請禱河昭王曰自吾先王受封望不過江漢服虔曰謂所受王命祀其國中山川為望○正義曰按江荊州南大江也漢江也二水楚境內也河黃河非楚境也而河非所獲罪也止不許孔

子在陳聞是言曰楚昭王通大道矣其不失國宜哉昭王病甚乃召諸公子大夫曰孤不佞再辱楚國之師今乃得以天壽終孤之幸也讓其弟公子申為王不可又讓次弟公子結亦不可乃又讓次弟公子閭五讓乃後許為王將戰庚寅昭王卒於軍中子閭曰王病甚舍其子讓羣臣臣所以許王以廣王意也今君王卒臣豈敢忘君王之意乎乃與子西子綦謀伏師閉塗徐廣曰一作壁○正義曰左傳云謀潛師閉塗按潛師發往迎也閉塗防斷外寇也為昭王薨於軍嗣子未定恐有隣國及諸公子之變故伏師閉塗迎越女之子章立為惠王也迎越女之子章立之服虔曰閉塗不通外

使也越女昭王之妾○索隱曰閉塗即攢塗也故下立惠王後即罷兵歸葬服虔說非是為惠王然後罷兵歸葬昭王惠王二年子西召故平王太子建之子勝於吳以為巢大夫號曰白公徐廣曰伍子胥傳曰使勝守楚之邊邑鄢駰案服虔曰白邑名楚邑大夫皆稱公杜預曰汝陰褒信縣西南有白亭○正義曰巢今廬州居巢縣也括地志云白亭在豫州褒信東南三十二里褒信本漢鄢縣之地後漢分鄢置褒信縣在今褒信縣東七十七里白公好兵而下士欲報仇六年白公請兵令尹子西伐鄭初白公父建亡在鄭鄭殺之白公亡走吳子西復召之故以此怨鄭欲伐之子西許而未為發兵八年晉伐鄭鄭告急楚楚使子西救鄭受賂而去白公勝怒乃遂與勇力死

士石乞等襲殺令尹子西子綦於朝因劫惠王置之高府賈逵曰高府府名也杜預曰楚別府欲弒之惠王從者屈固負王亡走昭王夫人宮服虔曰昭王夫人惠王母越女也白公自立為王月餘會葉公來救楚楚惠王之徒與共攻白公殺之惠王乃復位是歲也徐廣曰惠王之十年滅陳而縣之十三年吳王夫差彊陵齊晉來伐楚十六年越滅吳正義曰表云越滅吳在元王四年四十二年楚滅蔡正義曰簡定王一十二年四十四年楚滅杞正義曰簡定王二十四年與秦平是時越已滅吳而不能正江淮北正義曰正長也江淮北謂廣陵縣徐泗等州也楚東侵廣地至泗上五十七年惠王

卒子簡王中立正義曰中音仲反簡王元年北伐滅莒正義曰括地志云密州莒縣故國也言北伐者莒在徐泗之北八年魏文侯韓武子趙桓子始列爲諸侯二十四年簡王卒子聲王當立正義曰謚法云不生其國曰聲也聲王六年盜殺聲王子悼王熊疑立悼王二年三晉來伐楚至乘丘而還徐廣曰年表三年歸榆關于鄭○正義曰年表云三晉公子伐我至乘丘誤也巳解在年表中地理志云乘丘故城在兗州瑕丘縣西北三十五里是也四年楚伐周鄭殺子陽九年伐韓取負黍十一年三晉伐楚敗我大梁榆關索隱曰此榆關當在大梁之西楚厚賂秦與之平二十一年悼王卒子肅王臧立肅王四年蜀伐楚取茲方正義曰古今地名云荊州松滋縣古鳩茲地即茲方是也於是楚爲扞關以距之李熊說公孫述曰東守巴郡距扞關之口○索隱曰郡國志曰巴郡魚復縣有扞關十年魏取我魯陽地理志云南陽有魯陽縣○正義曰括地志云汝州魯山本漢魯陽縣也古魯縣以古魯山爲名也十一年肅王卒無子立其弟熊良夫是爲宣王宣王六年周天子賀秦獻公秦始復彊而三晉益大魏惠王齊威王尤彊三十年秦封衛鞅於商南侵楚是年宣王卒子威王熊商立威王六年周顯王致文武胙於秦惠王七年齊孟嘗君父田嬰欺楚楚威王伐齊敗之於徐州徐廣曰時楚巳滅越而伐齊也齊說越令攻楚故云齊欺楚而令齊必逐田嬰田嬰恐張丑僞謂楚王

曰王所以戰勝於徐州者田盼子不用也索隱曰盼子嬰之同族盼子者有功於國而百姓爲之用嬰子弗善而用申紀申紀者大臣不附百姓不爲用故王勝之也今王逐嬰子嬰子逐盼子必用矣復搏其士卒以與王遇索隱曰搏音膊亦有作附讀戰國策作整必不便於王矣楚王因弗逐也十一年威王卒子懷王熊槐立魏聞楚喪伐楚取我陘山正義曰括地志云陘山在鄭州新鄭縣西南三十里懷王元年張儀始相秦惠王四年秦惠王初稱王六年楚使柱國昭陽將兵而攻魏破之於襄陵得八邑索隱曰襄陵縣名在河東古本作八邑今亦作八城又移兵而攻齊齊王患之徐廣曰懷王六年昭陽移和而攻齊軍門曰和陳軫適爲秦使齊齊王曰爲之奈何陳軫曰王勿憂請令罷之即往見昭陽軍中曰願聞楚國之法破軍殺將者何以貴之昭陽曰其官爲上柱國封上爵執珪陳軫曰其有貴於此者乎昭陽曰令尹陳軫曰今君已爲令尹矣此國冠之上索隱曰冠音貫令尹尹中最尊故以國爲言猶如卿子冠軍然臣請得譬之人有遺其舍人一卮酒者舍人相謂曰數人飲此不足以徧請遂畫地爲蛇蛇先成者獨飲之一人曰吾蛇先成舉酒而起曰吾能爲之足及其爲之足而後

成人奪之酒而飲之曰蛇固無足今為之足是非蛇也今君相楚而攻魏破軍殺將功莫大焉冠之上不可以加矣【索隱曰冠音官】今又移兵而攻齊攻齊勝之官爵不加於此攻之不勝身死爵奪有毀於楚此為蛇為足之說也不若引兵而去以德齊此持滿之術也昭陽曰善引兵而去燕韓君初稱王秦使張儀與楚齊魏相會盟齧桑【正義曰徐廣云在梁與彭城之間】十一年蘇秦約從山東六國共攻秦楚懷王為從長至函谷關秦出兵擊六國六國兵皆引而歸齊獨後十二年齊湣王伐敗趙

魏軍秦亦伐敗韓與齊爭長十六年秦欲伐齊而楚與齊從親秦惠王患之乃宣言張儀免相使張儀南見楚王謂楚王曰敝邑之王所甚說者無先大王雖儀之所甚願為門闌之廝者亦無先大王敝邑之王所甚憎者無先齊王雖儀之所甚憎者亦無先齊王而大王和之【索隱曰和謂楚與齊相和親】是以敝邑之王不得事王而令儀亦不得為門闌之廝也王為儀閉關而絕齊今使使者從儀西取故秦所分楚商於之地方六百里【商於之地在今順陽郡南鄉丹水二縣有商城在於中故謂之商於○索隱曰地理志丹水及商屬弘農今言順陽者是魏晉始分置順陽郡商城丹水俱隷之】如是則齊弱矣是北弱齊西德於秦私商於以為富此一計而三利俱至也懷王大悅乃置相璽於張儀日與置酒宣言吾復得吾商於之地羣臣皆賀而陳軫獨弔懷王曰何故陳軫對曰秦之所為重王者以王之有齊也今地未可得而齊交先絕是楚孤也夫秦又何重孤國哉必輕楚矣且先出地而後絕齊則秦計不為先絕齊而後責地則必見欺於張儀見欺於張儀則王必怨之怨之是西起秦患北絕齊交西起秦患北絕齊交則兩國之兵必至

【索隱曰兩國謂韓魏】臣故弔楚王弗聽因使一將軍西受封地張儀至秦詳醉墜車稱病不出三月地不可得楚王曰儀以吾絕齊為尚薄邪乃使勇士宋遺北辱齊王齊王大怒折楚符而合於秦秦齊交合張儀乃起朝謂楚將軍曰子何不受地從某至某廣袤六里楚將軍曰臣之所以見命者六百里不聞六里即以歸報懷王懷王大怒興師將伐秦陳軫又曰伐秦非計也不如因賂之一名都與之伐齊是我亡於秦【索隱曰謂失商於之地】取償於齊也吾國尚可全今王已絕於齊而責欺於

秦是吾合秦齊之交而來天下之兵也國必大傷矣楚王不聽遂絕和於秦發兵西攻秦秦亦發兵擊之十七年春與秦戰丹陽（索隱曰此丹陽在漢中）秦大敗我軍斬甲士八萬虜我大將軍屈匄裨將軍逢侯丑等七十餘人遂取漢中之郡楚懷王大怒乃悉國兵復襲秦戰於藍田（正義曰藍田在雍州東南八十里從藍田關入藍田縣）大敗楚軍韓魏聞楚之困乃南襲楚至於鄧楚聞乃引兵歸十八年秦使使約復與楚親分漢中之半以和楚楚王曰願得張儀不願得地張儀聞之請之楚秦王曰楚且甘心於子奈何張儀曰臣善其左右靳尚靳尚又能得事於楚王幸姬鄭袖袖所言無不從者且儀以前使負楚以商於之約今秦楚大戰有惡臣非面自謝楚不解且大王在楚不宜敢取儀誠殺儀以便國臣之願也儀遂使楚至懷王不見因而因張儀欲殺之儀私於靳尚靳尚為請懷王曰拘張儀秦王必怒天下見楚無秦必輕王矣又謂夫人鄭袖曰秦王甚愛張儀而王欲殺之今將以上庸之地六縣賂楚以美人聘楚王以宮中善歌者為之媵楚王重地秦女必貴而夫

人必斥矣夫人不若言而出之鄭袖卒言張儀於王而出之儀出懷王因善遇儀儀因說楚王以叛從約而與秦合親約婚姻張儀已去屈原使從齊來諫王曰何不誅張儀懷王悔使人追儀弗及是歲秦惠王卒二十年齊湣王欲為從長（索隱曰俗本或作二十六年按下文始言二十四年又更有二十六年則此云二十六年衍字也當是二十年事又徐廣推校二十年取武遂二十三年歸武遂則此二十年二十一年之事乎）惡楚之與秦合乃使使遺楚王書曰寡人患楚之不察於尊名也今秦惠王死武王立張儀走魏樗里疾公孫衍用而楚事秦夫樗里疾善乎韓而公孫衍善乎魏楚必事秦韓魏恐必因二人求合於秦則燕趙亦宜事秦四國爭事秦則楚為郡縣矣王何不與寡人并力收韓魏燕趙與為從而尊周室以案兵息民令於天下莫敢不樂聽則王名成矣王率諸侯並伐破秦必矣王取武關蜀漢之地（正義曰武關在商州東一百八十里商洛縣界蜀巴蜀漢中郡也）私吳越之富而擅江海之利韓魏割上黨西薄函谷則楚之彊百萬也且王欺於張儀亡地漢中兵挫藍田天下莫不代王懷怒今乃欲先事秦願大王孰計之楚王業已欲和於秦見齊王書猶豫不

決下其議羣臣羣臣或言和秦或曰聽齊昭雎曰索隱曰雎音七余反王雖東取地於越不足以刷耻必且取地於秦而後足以刷耻於諸侯王不如深善齊韓以重樗里疾如是則王得韓齊之重以求地矣秦破韓宜陽索隱曰弘農之縣在黽池西南而韓猶復事秦者以先王墓在平陽索隱曰非堯都也而秦之武遂去之七十里索隱曰亦非河閒國之縣則韓之平陽秦之武遂並當在宜陽左右以故尤畏秦不然秦攻三川正義曰洛州也趙攻上黨楚攻河外韓必亡楚之救韓不能使韓不亡然存韓者楚也韓已得武遂於秦以河山為塞正義曰河蒲河西黃河也山韓西境也

所報德莫如楚厚臣以為其事王必疾齊之所信於韓者以韓公子眛正義曰莫葛反後同為齊相也韓已得武遂於秦王甚善之使之以齊韓重樗里疾疾得齊韓之重其主弗敢棄疾也今又益之以楚之重樗里子必言秦復與楚之侵地矣於是懷王許之竟不合秦而合齊以善韓徐廣曰懷王之二十二年秦拔宜陽取武遂二十三年秦復歸韓武遂然則已非二十年事矣二十四年倍齊而合秦秦昭王初立乃厚賂於楚楚往迎婦二十五年懷王入與秦昭王盟約於黃棘秦復與楚上庸二十六年齊韓魏為楚負其從親而合

於秦三國共伐楚楚使太子入質於秦而請救秦乃遣客卿通將兵救楚三國引兵去二十七年秦大夫有私與楚太子鬬楚太子殺之而亡歸二十八年秦乃與齊韓魏共攻楚殺楚將唐眛取我重丘而去二十九年秦復攻楚大破楚楚軍死者二萬殺我將軍景缺懷王恐乃使太子為質於齊以求平三十年秦復伐楚取八城秦昭王遺楚王書曰始寡人與王約為弟兄盟于黃棘太子為質至驩也太子陵殺寡人之重臣不謝而亡去寡人誠不勝怒使兵侵君王之

邊今聞君王乃令太子質於齊以求平寡人與楚接境壤界故為婚姻正義曰妻父曰十年父曰姻重姻曰王兩婿相謂曰婭所從相親久矣而今秦楚不驩則無以令諸侯寡人願與君王會武關面相約結盟而去寡人之願也敢以聞下執事楚懷王見秦王書患之欲往恐見欺無往恐秦怒昭雎曰王毋行而發兵自守耳秦虎狼不可信有并諸侯之心懷王子子蘭勸王行曰奈何絕秦之驩心於是往會秦昭王昭王詐令一將軍伏兵武關號為秦王楚王至則閉武關遂與西至咸陽索隱曰右扶風渭城縣故咸陽

城也朝章臺如蕃臣不與亢禮楚懷王大怒悔不用昭子言秦因留楚王要以割巫黔中之郡楚王欲盟秦欲先得地楚王怒曰秦詐我而又彊要我以地不復許秦秦因留之楚大臣患之乃相與謀曰吾王在秦不得還要以割地而太子爲質於齊齊秦合謀則楚無國矣乃欲立懷王子在國者昭睢曰王與太子俱困於諸侯而今又倍王命而立其庶子不宜乃詐赴於齊齊湣王謂其相曰不若留太子以求楚之淮北相曰不可郢中立王是吾抱空質而行不義於天下

也或曰不然郢中立王因與其新王市曰予我下東國吾爲王殺太子不然將與三國共立之然則東國必可得矣齊王卒用其相計而歸楚太子太子橫至立爲王是爲頃襄王乃告于秦曰賴社稷神靈國有王矣頃襄王橫元年秦要懷王不可得地楚立王以應秦秦昭王怒發兵出武關攻楚大敗楚軍斬首五萬取析十五城而去徐廣曰年表云取十六城既取析又并取左右十五城也駰案地理志弘農有析縣○正義曰括地志云鄧州內鄉縣城本楚析邑一名漢置析縣因析水爲名也二年楚懷王亡逃歸秦覺之遮楚道懷王恐乃從閒道走趙以求歸趙

主父在代索隱曰主字亦作王其子惠王初立行王事恐不敢入楚王楚王欲走魏秦追至遂與秦使復之秦懷王遂發病頃襄王三年懷王卒于秦秦歸其喪於楚楚人皆憐之如悲親戚諸侯由是不直秦秦楚絕六年秦使白起伐韓於伊闕正義曰括地志伊闕山在洛州南十九里也大勝斬首二十四萬秦乃遺楚王書曰楚倍秦秦且率諸侯伐楚爭一旦之命願王之飭士卒得一樂戰楚頃襄王患之乃謀復與秦平七年楚迎婦於秦秦楚復平十一年齊秦各自稱爲帝月餘復歸帝爲王十四年楚頃

襄王與秦昭王好會于宛結和親十五年楚王與秦三晉燕共伐齊取淮北十六年與秦昭王好會於鄢其秋復與秦王會穰十八年楚人有好以弱弓微繳加歸鴈之上者頃襄王聞召而問之對曰小臣之好射鶀鴈羅鸗徐廣曰呂靜曰鸗野鳥也○索隱曰鶀音其小鴈也鄒誕鸗音盧動反劉氏音龍是小鳥名小矢之發也何足爲大王道也且稱楚之大因大王之賢所弋非直此也昔者三王以弋道德五霸以弋戰國故秦魏燕趙者鶀鴈也齊魯韓衛者青首也索隱曰小鳧有青首者鄒費郯邳者羅鸗也索隱曰鄒費音鄒松外其餘則不

足射者見鳥六雙以王何取索隱曰以喩下文秦趙等十二國故云六雙
王何不以聖人爲弓以勇士爲繳時張而射之
此六雙者可得而囊載也其樂非特朝夕之樂
也索隱曰夕猶昔也其獲非特鳧鴈之實也王朝張弓而
射魏之大梁之南加其右臂而徑屬之於韓則
中國之路絕而上蔡之郡壞矣還射圉之東索隱
曰還音患遶也射音石。正義曰圉音語城在汴州雍丘縣東言王朝張弓射魏大梁汴州之南即加大梁之右臂連韓
鄭則河北中國之路向東南斷絕則韓上蔡之郡自破壞矣復遶射雍丘圉城之東便解散魏左肘宋州而外擊曹定陶
及魏東之外解棄則宋方與兩郡並舉解魏左肘索隱曰解音紀買反而外擊定
陶則魏之東外棄而大宋方與二郡者舉矣且
魏斷二臂顛越矣膺擊郯國大梁可得而有也
王綪繳蘭臺徐廣曰綪縈也音爭蘭一作簡。正義曰鄭玄云綪屈也江沔之間謂之縈收繩索
綪也按繳絲繩繫弋射鳥也若膺擊郯國大梁已了乃收弋繳於蘭臺蘭臺桓山之別名也飲馬西河定
魏大梁此一發之樂也若王之於弋誠好而不厭
則出寶弓碆新繳徐廣曰以石傅弋繳曰碆碆音波。索隱曰碆作磻音播傅音附射
噣鳥於東海還蓋長城以爲防徐廣曰噣一作獨還音宦蓋一作益益縣
在樂安蓋縣在泰山濟北盧縣有長城東至海也。索隱曰噣音晝謂大鳥之有鉤喙者以比齊也還音患謂遶也蓋者
覆也言射者環遶蓋覆使無飛走之路因以長城爲防也徐以蓋爲益縣非也地理志云長城在濟南也。正義曰太山
郡記云太山西北有長城緣河徑太山千餘里至琅邪臺入海齊記云齊宣王乘山嶺之上築長城東至海西至濟州千
餘里以備楚括地志云長城西北起濟州平陰縣緣河歷太山北岡上經濟州淄州即西南兖州博城縣北東至密州琅

邪臺入海蒯代記云齊有長城巨防足以爲塞也朝射東莒正義曰括地志云密州莒縣故莒子
國地理志云周武王封少昊之後嬴姓於莒始都計斤春秋時徙居莒也夕發浿丘徐廣曰在清河。正
義曰括地志云浿丘丘名也在青州臨淄縣西北二十五里也夜加即墨顧據午道
索隱曰顧反也午道當在齊西界一從一橫爲午道蓋亦未詳其處。正義曰劉伯莊云齊西界按蓋在博州之西境也
則長城之東收正義曰言從齊州長城東至海山之北黃河之南盡舉收於楚而太
山之北舉矣西結境於趙正義曰言得齊地約結於趙爲境界定從親也而
北達於燕索隱曰北一作杜杜者寬大之名言齊晉既復取燕不難也。正義曰北達言四通無所滯礙
言燕無山河之限也三國布羝徐廣曰音翅一作屬。索隱曰三國齊趙燕也羝式豉反則從
不待約而可成也北遊目於燕之遼東而南登
望於越之會稽此再發之樂也若夫泗上十二
諸侯左縈而右拂之可一旦而盡也今秦破韓
以爲長憂得列城而不敢守也伐魏而無功擊
趙顧病索隱曰顧猶反也則秦魏之勇力屈矣楚之故
地漢中析酈可得而復有也王出寶弓碆新繳
涉鄳塞徐廣曰或以爲冥其今江夏一作黽。正義曰括地志云故鄳城在陝州河北縣東十里虞邑也杜預
云河東太陽有鄍城是也徐言江夏亦誤也而待秦之倦也山東河內正義
曰謂華山之東懷州河內之郡可得而一也勞民休衆南面稱王
矣故曰秦爲大鳥負海內而處東面而立左臂
據趙之西南右臂傅楚鄢郢膺擊韓魏索隱曰韓魏當
秦之前故云膺擊俗本作膺非垂頭中國索隱曰垂頭猶申頭也言欲吞山東處既形

便勢有地利奮翼鼓翄方三千里則秦未可得
獨招而夜射也欲以激怒襄王故對以此言襄
王因召與語遂言曰夫先王爲秦所欺而客死
於外怨莫大焉今以匹夫有怨尚有報萬乘白
公子胥是也今楚之地方五千里帶甲百萬猶
足以踴躍中野也而坐受困臣竊爲大王弗取
也於是頃襄王遣使於諸侯復爲從欲以伐秦
秦聞之發兵來伐楚楚欲與齊韓連和伐秦因
欲圖周周王赧使武公徐廣曰定王之曾孫而西周惠公之子謂楚相
昭子曰三國以兵割周郊地以便輸而南器以

尊楚臣以爲不然夫弒共主臣世君索隱曰共主世君俱是周
自謂也共主言周爲天下共所宗主也世君言周室代代君於天下大國不親以衆脅寡
小國不附大國不親小國不附不可以致名實
名實不得不足以傷民夫有圖周之聲非所以
爲號也昭子曰乃圖周則無之雖然周何故不
可圖也對曰軍不五不攻城不十不圍夫一周
爲二十晉正義曰言周王之國其地雖小諸侯尊之故敵二十晉公之所知也
韓嘗以二十萬之衆辱於晉之城下銳士死中
士傷而晉不拔公之無百韓以圖周此天下之
所知也夫怨結於兩周以塞鄒魯之心索隱曰鄒魯有礼義

之國今楚欲結怨兩周而奪九鼎是塞鄒魯之心交絕於齊正義曰楚本与齊韓和伐秦因欲圖
周齊不與圖周故齊交絕於楚也聲失天下其爲事危矣夫危兩
周以厚三川正義曰三川兩周之地韓多有之言厚韓也方城之外正義曰方城之
外許州葉縣東北也言楚取兩周則韓強必弱楚方城之外也必爲韓弱矣何以知
其然也西周之地絕長補短不過百里名爲天
下共主裂其地不足以肥國得其衆不足以勁
兵雖無攻之名爲弒君然而好事之君喜攻之
臣發號用兵未嘗不以周爲終始是何也見祭
器在焉欲器之至而忘弒君之亂今韓以器之
在楚臣恐天下以器讎楚也臣請譬之夫虎肉

臊其兵利身索隱曰謂虎以爪牙爲兵而自利於防身也人猶攻之也若
使澤中之麋蒙虎之皮人之攻之必萬於虎
索隱曰攻易而利大也○正義曰野澤之麋蒙衣虎皮人之攻取必萬倍於虎也譬楚伐周收祭器其猶麋蒙虎皮矣
裂楚之地足以肥國詘楚之名足以尊主今子
將以欲誅殘天下之共主居三代之傳器索隱曰謂九鼎
也吞三翮六翼以高世主索隱曰翮亦作翮同音歷三翮六翼亦謂九鼎也空
足曰翮六翼即六耳翼近耳旁事具小爾雅非貪而何周書曰欲起無先
故器南則兵至矣於是楚計輟不行十九年秦
伐楚楚軍敗割上庸漢北地予秦正義曰謂割房金均三州及漢
水之北與秦二十年秦將白起拔我西陵徐廣曰屬江夏○正義曰括地

志云西陵故城在黃州黃山西二里二十一年秦將白起遂拔我郢燒先王墓夷陵徐廣曰年表云拔郢燒夷陵○索隱曰夷陵陵名後爲縣屬南郡○正義曰括地志云峽州夷陵縣是也在荊州西應劭云夷山在西北楚襄王兵散遂不復戰東北保於陳城二十二年秦復拔我巫黔中郡二十三年襄王乃收東地兵得十餘萬復西取秦所拔我江旁十五邑以爲郡距秦二十七年使三萬人助三晉伐燕復與秦平而入太子爲質於秦楚使左徒侍太子於秦三十六年頃襄王病太子亡歸秋頃襄王卒太子熊元代立索隱曰系本作完是爲考烈王考烈王以左徒爲令尹封

以吳號春申君考烈王元年納州于秦以平徐廣曰南郡有州陵縣是時楚益弱六年秦圍邯鄲趙告急楚楚遣將軍景陽救趙七年至新中索隱曰趙地无其名字誤鉅鹿有新市中當爲市也○正義曰新中相州安陽縣也七國時魏寧新中邑秦莊襄王拔之更名安陽也秦兵去徐廣曰年表云六年春申君救趙十年徙於鉅陽十二年秦昭王卒楚王使春申君弔祠于秦十六年秦莊襄王卒秦王趙政立二十二年與諸侯共伐秦不利而去楚東徙都壽春正義曰壽春在南壽州壽春縣是也命曰郢二十五年考烈王卒子幽王悍立李園殺春申君幽王三年秦魏伐楚秦相呂不韋卒九年秦滅韓十年

幽王卒同母弟猶代立是爲哀王哀王立二月餘哀王庶兄負芻之徒襲殺哀王而立負芻爲王是歲秦虜趙王遷王負芻元年燕太子丹使荊軻刺秦王二年秦使將軍伐楚大破楚軍亡十餘城三年秦滅魏四年秦將王翦破我軍於蘄索隱曰機祈二音而殺將軍項燕五年秦將王翦蒙武遂破楚國虜楚王負芻滅楚名爲楚郡云孫檢曰秦虜楚王負芻滅去楚名以楚地爲三郡○索隱曰裴注頻引孫檢不知其人本末蓋齊人也

太史公曰楚靈王方會諸侯於申誅齊慶封作章華臺求周九鼎之時志小天下及餓死于申亥之家爲天下笑操行之不得悲夫勢之於人也可不慎與棄疾以亂立嬖淫秦女甚乎哉幾再亡國索隱曰幾音祁

索隱述贊曰

鬻熊之嗣　周封於楚　僻在荊蠻
篳路藍縷　及通而霸　僭號曰武
文旣代申　成亦赦許　子圍簒嫡
商臣殺父　天禍未悔　憑姦自怙
昭困奔亡　懷迫囚虜　頃襄考烈
祚衰南土

楚世家第十終

越王勾踐世家第十一　史記四十一

越王勾踐，其先禹之苗裔，正義曰吳越春秋云禹周行天下還歸大越登茅山以朝四方羣臣封有功爵有德崩而葬焉至少康恐禹迹宗廟祭祀之絕乃封其庶子於越號曰無餘賀循會稽記云少康其少子號曰於越越國之稱始此越絕記云無餘都會稽山南故越城是也而夏后帝少康之庶子也。封於會稽，以奉守禹之祀。文身斷髮，披草萊而邑焉。後二十餘世，至於允常。正義曰輿地志云越侯傳國三十餘葉歷殷至周敬王時有越侯夫譚子曰允常拓土始大稱王春秋貶爲子號爲於越杜注云於語發聲也允常之時，與吳王闔廬戰而相怨伐。允常卒，子勾踐立，是爲越王。元年，吳王闔廬聞允常死，乃興師伐越。越王勾踐使死士挑戰，三行，至吳陳，呼而自剄。吳師觀之，越因襲擊吳師，吳師敗於檇李，杜預曰吳郡嘉興縣南有檇李城索隱曰事在左傳魯定公十四年射傷吳王闔廬。闔廬且死，告其子夫差曰：「必毋忘越。」三年，勾踐聞吳王夫差日夜勒兵，且以報越，越欲先吳未發往伐之。范蠡諫曰：「不可。臣聞兵者凶器也，戰者逆德也，爭者事之末也。陰謀逆德，好用凶器，試身於所末，上帝禁之，行者不利。」越王曰：「吾已決之矣。」遂興師。吳王聞之，悉發精兵擊越，敗之夫椒。杜預曰夫椒在吳郡吳縣太湖中椒山是也○索隱曰夫音符椒音焦本又作湫音酒小反賈逵云地名國語云敗之五湖則杜預云在椒山爲非事具哀公元年越王乃以餘兵五千人

保棲於會稽。杜預曰上會稽山也○索隱曰鄒誕云保山曰棲猶鳥棲於木以避害也故六韜曰軍處山之高者則曰棲吳王追而圍之。越王謂范蠡曰：正義曰會稽典錄云范蠡字少伯越之上將軍也本是楚宛三戶人佯狂倜儻負俗文種爲宛令遣吏謁奉吏還曰范蠡本國狂人生有此病種笑曰吾聞士有賢俊之姿必有佯狂之譏內懷獨見之明外有不知之毀此固非二三子之所知也駕車而往蠡避之後知種之必來謂兄嫂曰今日有客願假衣冠有頃種至抵掌而談旁人觀者聳聽之矣「以不聽子故至於此，爲之奈何？」蠡對曰：「持滿者與天，韋昭曰與天法天也天道盈而不溢○索隱曰與天天與也言持滿不溢與天同道故天與之定傾者與人，虞翻曰人道尚謙卑以自牧○索隱曰人主有定傾之功故人與之節事者以地。韋昭曰時不至不可彊生事不究不可彊成○索隱曰國語以作與此以亦與義也言地能財成萬物人主宜節用以法地故地與之韋昭等解恐非卑辭厚禮以遺之，不許，而身與之市。」韋昭曰市利也謂委管籥屬國家以身隨之○正義曰卑作言辭厚遺珍寶不許平越王身往事之如市賈貿易以利此是定傾危之計勾踐曰：「諾。」乃令大夫種行成於吳，索隱曰大夫官種名也一云大夫姓猶司馬司空之比非也成者平也求和於吳也○正義曰吳越春秋云大夫種姓文名種字子禽荊平王時爲宛令之三戶之里范蠡從犬竇蹲而吠之從吏恐文種慚令人引衣而鄣之文種曰無鄣也吾聞犬之所吠者人今吾到此有聖人之氣行而求之來至於此且人身而犬吠者謂我是人也乃下車拜蠡不爲禮膝行頓首曰：「君王亡臣勾踐使陪臣種敢告下執事：勾踐請爲臣，妻爲妾。」吳王將許之。子胥言於吳王曰：「天以越賜吳，勿許也。」種還，以報勾踐。勾踐欲殺妻子，燔寶器，觸戰以死。種止勾踐曰：「夫吳太宰嚭貪，可誘以利，請間行言之。」索隱曰間音紀閑反間行猶微行於

是勾踐乃以美女寶器令種閒獻吳太宰嚭【索隱曰國語云越飾美女二人使大夫種遺太宰嚭】嚭受乃見大夫種於吳王種頓首言曰願大王赦勾踐之罪盡入其寶器不幸不赦勾踐將盡殺其妻子燔其寶器五千人觸戰必有當也【索隱曰言死志五千人觸戰或有能當吳兵者故國語作耦耦亦相當對之名又下云無乃傷君王之所愛乎是有當則傷也】嚭因說吳王曰越以服為臣若將赦之此國之利也吳王將許之子胥進諫曰今不滅越後必悔之勾踐賢君種蠡良臣若反國將為亂吳王弗聽卒赦越罷兵而歸勾踐之困會稽也喟然嘆曰吾終於此乎種曰湯繫夏臺文王囚羑里晉重耳犇翟齊小白犇莒其卒王霸由是觀之何遽不為福乎吳既赦越越王勾踐反國乃苦身焦思置膽於坐坐臥即仰膽飲食亦嘗膽也曰女忘會稽之恥邪身自耕作夫人自織食不加肉衣不重采折節下賢人厚遇賓客振貧弔死【徐廣曰弔一作葬】與百姓同其勞欲使范蠡治國政蠡對曰兵甲之事種不如蠡鎮撫國家親附百姓蠡不如種於是舉國政屬大夫種而使范蠡與大夫柘稽行成為質於吳【索隱曰越大夫也國語作諸稽郢】二歲而吳歸蠡勾踐自會稽歸七

年拊循其士民欲用以報吳大夫逢同諫曰【索隱曰逢姓同名故楚有逢伯者是】國新流亡今乃復殷給繕飾備利吳必懼懼則難必至且鷙鳥之擊也必匿其形今夫吳兵加齊晉怨深於楚越名高天下實害周室德少而功多必淫自矜為越計莫若結齊親楚附晉以厚吳吳之志廣必輕戰是我連其權三國伐之越承其弊可克也勾踐曰善居二年吳王將伐齊子胥諫曰未可臣聞勾踐食不重味與百姓同苦樂此人不死必為國患吳有越腹心之疾齊與吳疥癬也【索隱曰疥癬音介鮮】願王釋齊先越吳王弗聽遂伐齊敗之艾陵【索隱曰在魯哀十一年】虜齊高國以歸【索隱曰國惠子高昭子】讓子胥子胥曰王毋喜王怒子胥欲自殺王聞而止之越大夫種曰臣觀吳王政驕矣請試嘗之貸粟以卜其事請貸吳王欲與子胥諫勿與王遂與之越乃私喜子胥言曰王不聽諫後三年吳其墟乎太宰嚭聞之乃數與子胥爭越議因讒子胥曰伍員貌忠而實忍人其父兄不顧安能顧王王前欲伐齊員彊諫已而有功用是反怨王王不備伍員員必為亂與逢同共謀讒之王王始不從乃

使子胥於齊聞其託子於鮑氏王乃大怒曰伍員果欺寡人欲反使人賜子胥屬鏤劒以自殺子胥大笑曰我令而父霸索隱曰而汝也父闔廬也我又立若索隱曰若亦汝也若初欲分吳國半予我我不受已今若反以讒誅我嗟乎嗟乎一人固不能獨立報使者曰必取吾眼置吳東門以觀越兵入也索隱曰國語云吳王慍曰孤不使大夫得見乃盛以鴟夷投之于江也於是吳任嚭政居三年勾踐召范蠡曰吳已殺子胥導諛者衆可乎對曰未可至明年春吳王北會諸侯於黃池索隱曰在哀十三年吳國精兵從王惟獨老弱與太子留守索隱曰按春秋左氏傳太子名友勾踐復問范蠡蠡曰可矣乃發習流二千索隱曰虞書云流宥五刑按流放之罪人使之習戰任爲卒伍有二千人也○正義曰謂先慣習流利戰陣死者二千人也教士四萬人索隱曰謂常所教練之兵也故孔子曰以不教民戰是謂弃之是也君子六千人韋昭曰君子王所親近有志行者猶吳所謂賢良齊所謂士也虞翻曰言君養之如子○索隱曰君子謂君所子養有恩惠者又按左氏楚沈尹戌帥都君子以濟師杜預曰都君子諸都邑之士有復除者國語云王以私卒君子六千人也諸御千人伐吳索隱曰諸御謂諸理事之官在軍有職掌者吳師敗遂殺吳太子吳告急於王王方會諸侯于黃池懼天下聞之乃祕之吳王已盟黃池乃使人厚禮以請成越越自度亦未能滅吳乃與吳平其後四年越復伐吳吳士民罷弊輕銳盡

死於齊晉而越大破吳因而留圍之三年吳師敗越遂復棲吳王於姑蘇之山吳王使公孫雄虞翻曰吳大夫肉袒膝行而前請成越王曰孤臣夫差敢布腹心異日嘗得罪於會稽夫差不敢逆命得與君王成以歸今君王舉玉趾而誅孤臣孤臣惟命是聽意者亦欲如會稽之赦孤臣之罪乎勾踐不忍欲許之范蠡曰會稽之事天以越賜吳吳不取今天以吳賜越越其可逆天乎且夫君王蚤朝晏罷非爲吳邪謀之二十二年一旦而弃之可乎且夫天與弗取反受其咎伐柯者其則不遠君忘會稽之戹乎勾踐曰吾欲聽子言吾不忍其使者范蠡乃鼓進兵曰王已屬政於執事虞翻曰執事蠡自謂也使者去不者且得罪虞翻曰我爲子得罪○索隱曰虞翻注蓋依國語之文今案此文謂使者宜速去不去得罪於越義亦通吳使者泣而去勾踐憐之乃使人謂吳王曰吾置王甬東君百家杜預曰甬東會稽勾章縣東海中洲也○索隱曰吳語云與之夫婦三百是也吳王謝曰吾老矣不能事君王遂自殺乃蔽其面正義曰今之面衣是其遺象也越絕云吳王曰聞命矣以三寸帛幎吾兩目使死者有知吾慙見伍子胥公孫聖以爲無知吾恥生者越王則解綬以幎其目遂伏劒而死幎音覓顧野王云大巾覆也曰吾無面以見子胥也越王乃葬吳王而誅太宰嚭勾踐已平吳乃以

兵北渡淮與齊晉諸侯會於徐州致貢於周周元王使人賜勾踐胙命為伯勾踐已去渡淮南以淮上地與楚楚世家曰越滅吳而不能正江淮北楚東侵廣地至泗上歸吳所侵宋地於宋與魯泗東方百里當是時越兵橫行於江淮東諸侯畢賀號稱霸王索隱曰越在蠻夷少康之後地遠國小春秋之初未通上國國史既微略無世系故紀年稱為於粵子據此文勾踐平吳之後周元王始命為伯後遂僭而稱王也范蠡遂去自齊遺大夫種書曰蜚鳥盡良弓藏狡兔死走狗烹徐廣曰狡一作郊越王為人長頸鳥喙可與共患難不可與共樂子何不去種見書稱病不朝人或讒種且作亂越王乃賜種劍曰

子教寡人伐吳七術正義曰越絕云九術一曰尊天事鬼二曰重財幣以遺其君三曰遺敵粟藁以空其邦四曰遺之好美以熒其志五曰遺之巧匠使起宮室高臺以盡其財以疲其力六曰貴其諛臣使之易伐七曰彊其諫臣使之自殺八曰邦家富而備器利九曰堅甲利兵以承其弊寡人用其三而敗吳其四在子子為我從先王試之種遂自殺勾踐卒索隱曰紀年云晉出公十年十一月於粵子勾踐卒是為菼執子王鼫與立索隱曰鼫音石鼫音餘按紀年云於粵子勾踐卒次鹿郢立六年卒樂資云越語謂鹿郢為鼫與也王鼫與卒子王不壽立王不壽卒索隱曰紀年云不壽立十年見殺是為盲姑次朱勾立子王翁立王翁卒索隱曰紀年於粵子朱勾三十四年滅滕三十五年滅郯三十七年朱勾卒子王翳立王翳卒子王之侯立索隱曰紀年云翳三十三年遷于吳三十六年七月太子諸咎弒其君翳十月粵殺諸咎粵滑吳人立孚錯枝為君明年大夫寺區定粵亂立初無余之十二年寺區弟

思弒其君莽安次無顓立無顓八年薨是為菼蠋卯故莊子云越人三弒其君子搜患之逃乎丹穴不肯出越人薰之以艾乘以王輿樂資云號曰無顓蓋無顓後乃次無彊也則王之侯即無余之也王之侯卒子王無彊立索隱曰蓋無顓之弟也音其良反王無彊時越興師北伐齊西伐楚與中國爭彊當楚威王之時越北伐齊齊威王使人說越王曰越不伐楚大不王小不伯圖越之所為不伐楚者為不得晉也韓魏固不攻楚韓之攻楚覆其軍殺其將則葉陽翟危正義曰葉式涉反今許州葉縣陽翟河陽翟縣也二邑此時屬韓與楚犬牙交境韓若伐楚恐二邑為楚所危魏亦覆其軍殺其將則陳上蔡不安正義曰陳今陳州也上蔡今豫州上蔡邑縣也二邑此時屬魏與楚犬牙交境魏若伐楚恐二國為楚所危也故二晉之事越

也正義曰言韓魏與楚隣今令越合於二晉而伐楚不至於覆軍殺將馬汗之力不效所重徐廣曰效猶見也於得晉者何也正義曰從不至已下此是齊使者重難越王越王曰所求於晉者不至頓刃接兵而況于攻城圍邑乎正義曰頓刃築營壘也接兵戰也越王言韓魏之事越猶不至頓刃接兵而況更有攻城圍邑韓魏始服乎言畏秦齊而故事越也願魏以聚大梁之下願齊之試兵南陽莒地以聚常郯之境索隱曰南陽在齊之西界莒之西也常邑名蓋田文所封之邑郯故郯國二邑皆齊之南地則方城之外不南正義曰方城山在許州葉縣西南十八里外謂許州豫州等言魏兵在大梁之下楚方城之兵不得南伐越也淮泗之間不東商於析酈宋胡之地徐廣曰胡國今之汝陰○索隱曰四邑並屬南陽楚之西南是也宋胡作宗胡宗胡邑名胡姓之宗因以名邑杜預云汝陰縣北有故胡城是也○

正義曰酈音擽括地志云商洛縣則古商國城也荊州圖副云鄧州內鄉縣東七里於村即於中地也括地志又云鄧州
內鄉縣楚邑也故酈縣在鄧州新城縣西北三十里按商於析酈在商鄧二州界縣邑也夏路以左徐廣
曰蓋謂江夏之夏○索隱曰徐氏以爲江夏非也劉氏云楚適諸夏路出方城人向北行以西爲左故云夏路以左其意
爲得也○正義曰括地志云故長城在鄧州內鄉縣東七十五里南入穰縣北連翼望山無土之處累石爲楚固襄王控
霸南土爭強中國多築列城於北方以適華夏號爲方城按此說劉氏爲得云邑徙衆少不足備秦嶢武二關之道也
不足以備秦江南泗上不足以待越矣正義曰江南洪饒等
州春秋時爲楚東境也泗上徐州春秋時楚北境也二境並與越隣言不足當伐越則齊秦韓魏
得志於楚也是二晉不戰而分地不耕而穫之
不此之爲而頓刃於河山之閒以爲齊秦用所
待者如此其失計奈何其以此王也齊使者曰
幸也越之不亡也吾不貴其用智之如目見豪
毛而不見其睫也今王知晉之失計而不自知
越之過是目論也索隱曰言越王知晉之失不自覺越之過猶人眼能見豪毛而自不見其
睫故謂之目論也王所待於晉者非其馬汗之力也又非
可與合軍連和也將待之以分楚衆也今楚衆
已分何待於晉越王曰奈何曰楚三大夫張九
軍北圍曲沃徐廣曰一作北面曲沃○正義曰括地志云曲沃故城在陝縣西三十二里於中在鄧州
內鄉縣東七里爾時曲沃屬魏於中屬秦二地相近故楚圍之於中以至無徐廣曰無一作西
假之關者三千七百里正義曰按無假之關當在江南長沙之西北也言從曲沃於中
西至漢中巴巫黔中千餘里不備秦魯也景翠之軍北聚魯齊南陽正義曰魯

兗州也齊密州莒縣邑南至泗上也南陽鄧州也時屬韓也言楚又備此三國也分散有大此者乎分有大
此者乎且王之所求者鬬晉楚也晉楚不鬬越
兵不起是知二五而不知十也此時不攻楚臣
以是知越大不王小不伯復讎龐徐廣曰一作寵長沙
正義曰復扶富反言今越北欲鬬晉楚南復讎敵楚之四邑龐長沙竟陵澤也龐長沙出粟之地竟陵澤出材木之地此
邑近長沙潭衡之境越若窮兵西通無假之關則西邑不得北上貢於楚之郢都矣戰國時永郴衡潭岳鄂江洪饒並是
東南境屬楚也袁吉虔撫歙宣並越西境屬越也楚之粟也竟澤陵楚之材
也索隱曰劉氏曰復者發語之聲非也言發語聲者文勢然也則是睨況字耳讎當作犨犨邑名字訛耳則犨龐長沙
是三邑也竟澤陵當爲竟陵澤言竟之山澤出材木故楚有七澤蓋其一也合上文爲四邑也越窺兵通
無徐廣曰無一作西假之關此四邑者不上貢事於郢矣
臣聞之圖王不王其敝可以伯然而不伯者王
道失也故願大王之轉攻楚也於是越遂釋齊
而伐楚楚威王興兵而伐之大敗越殺王無彊
盡取故吳地至浙江北破齊於徐州徐廣曰周顯王之四十六
年○索隱曰按紀年粵子無顓薨後十年楚伐徐州無楚敗越殺無彊之語是無彊爲無顓之後紀年不得錄也而
越以此散諸族子爭立或爲王或爲君濱於江
南海上正義曰今台州臨海縣是也服朝於楚後七世至閩君
搖佐諸侯平秦漢高帝復以搖爲越王以奉越
後東越閩君皆其後也范蠡太史公曰素王妙論曰蠡本南陽人列仙傳云
蠡徐人○正義曰吳越春秋云蠡字少伯乃楚宛三戶人也越絕云在越爲范蠡在齊爲鴟夷子皮在陶爲朱公又云居楚曰

范伯謂大夫種曰三王則三皇之苗裔也五伯乃五帝之末世也天運曆紀千歲一至黃帝之元執辰破巳霸王之氣見於地戶伍子胥以是挾弓矢干吳王於是要大夫種入吳此時馮同相與戒之伍子胥在自餘不能關其詞蠡曰吳越之邦同風共俗地戶之位非吳則越彼爲彼我爲我乃越王常與言盡日方去事越王勾踐既苦身戮力與勾踐深謀二十餘年竟滅吳報會稽之恥北渡兵於淮以臨齊晉號令中國以尊周室勾踐以霸而范蠡稱上將軍還反國范蠡以爲大名之下難以久居且勾踐爲人可與同患難與處安爲書辭勾踐曰臣聞主憂臣勞主辱臣死昔者君王辱於會稽所以不死爲此事也今既以雪恥臣請從會稽之誅勾踐曰孤將與

子分國而有之不然將加誅于子范蠡曰君行令臣行意乃裝其輕寶珠玉自與其私徒屬乘舟浮海以行終不反於是勾踐表會稽山以爲范蠡奉邑索隱曰國語云乃環會稽三百里以爲范蠡之地奉音扶用反范蠡浮海出齊變姓名自謂鴟夷子皮索隱曰范蠡自謂也蓋以吳王殺子胥而盛以鴟夷今蠡自以有罪故爲號也韋昭曰鴟夷革囊也或曰生牛皮也耕于海畔苦身戮力父子治產居無幾何致產數千萬齊人聞其賢以爲相范蠡喟然歎曰居家則致千金居官則至卿相此布衣之極也久受尊名不祥乃歸相印盡散其財以分與知友鄉黨而懷其重寶閒行

以去止于陶徐廣曰今之濟陰定陶○正義曰括地志云陶山在濟州平陰縣東三十五里此山之陽也今山南五里猶有朱公冢以爲此天下之中交易有無之路通爲生可以致富矣於是自謂陶朱公復約要父子耕畜廢居候時轉物逐什一之利居無何則致貲累巨萬徐廣曰萬萬也天下稱陶朱公朱公居陶生少子少子及壯而朱公中男殺人囚於楚朱公曰殺人而死職也然吾聞千金之子不死於市告其少子往視之乃裝黃金千溢置褐器中載以一牛車且遣其少子朱公長男固請欲行朱公不聽長男曰家有長子曰家督今弟有

罪大人不遣乃遣少弟是吾不肖欲自殺其母爲言曰今遣少子未必能生中子也而先空亡長男奈何朱公不得已而遣長子爲一封書遺故所善莊生索隱曰據其時代非莊周也然驗其行事非子休而誰能信任於楚王乎○正義曰年表云周元王四年越滅吳范蠡遂去齊歸定陶後遣莊生金莊周與魏惠王周元王同時從周元王四年至齊宣王元年一百三十年此莊生非莊子曰至則進千金于莊生所聽其所爲愼無與爭事長男既行亦自私齎數百金至楚莊生家負郭披藜藋到門居甚貧然長男發書進千金如其父言莊生曰可疾去矣愼毋留即弟出勿問所以然長男既去不過莊生而私留

以其私齎獻遺楚國貴人用事者莊生雖居窮閻然以廉直聞於國自楚王以下皆師尊之及朱公進金非有意受也欲以成事後復歸之以爲信耳故金至謂其婦曰此朱公之金有如病不宿誡後復歸勿動而朱公長男不知其意以爲殊無短長也莊生閒時入見楚王言某星宿某此則害於楚楚王素信莊生曰今爲奈何莊生曰獨以德爲可以除之楚王曰生休矣寡人將行之王乃使使者封三錢之府 國語曰周景王時將鑄大錢賈逵說云虞夏商周金幣三等或赤或白或黃黃爲上幣銅錢爲下幣韋昭曰錢者金幣之名所以貿買物通財用也單穆公云古者有母平子子權母而行然則三品之來古而然矣駰謂楚之三錢賈韋之說近之 楚貴人驚告朱公長男曰王且赦曰何以也曰每王且赦常封三錢之府昨暮王使使封之 或曰王且赦常封三錢之府者錢幣至重慮人或逆知有赦盜竊之所以封錢府備盜竊也漢靈帝時河內張成能候風角知將有赦教子殺人捕得七日赦出此其類也 朱公長男以爲赦弟固當出也重千金虛弃莊生無所爲也乃復見莊生莊生驚曰若不去邪長男曰固未也初爲事弟弟今議自赦故辭生去莊生知其意欲復得其金曰若自入室取金長男即自入室取金持去獨自歡幸莊生羞爲兒子所賣乃入見楚王曰臣前言某星事

王言欲以脩德報之今臣出道路皆言陶之富人朱公之子殺人囚楚其家多持金錢賂王左右故王非能恤楚國而赦乃以朱公子故也楚王大怒曰寡人雖不德耳奈何以朱公之子故而施惠乎令論殺朱公子明日遂下赦令朱公長男竟持其弟喪歸至其母及邑人盡哀之唯朱公獨笑曰吾固知必殺其弟也彼非不愛其弟顧有所不能忍者也是少與我俱見苦爲生難故重弃財至如少弟者生而見我富乘堅驅良逐狡兔 徐廣曰狡一作郊 豈知財所從來故輕去之非所惜吝前日吾所爲欲遣少子固爲其能弃財故也而長者不能故卒以殺其弟事之理也無足悲者吾日夜固以望其喪之來也故范蠡三徙成名於天下非苟去而已所止必成名卒老死于陶故世傳曰陶朱公 張華曰陶朱公冢在南郡華容縣西樹碑云是越之范蠡也○正義曰盛弘之荊州記云荊州華容縣西有陶朱公冢樹碑云是越范蠡范蠡本宛三戶人與文種俱入越吳云後自適齊而終陶朱公登仙未聞葬此所由括地志云陶朱公冢也又云濟州平陰縣東三十里陶山南五里有陶公冢并止於陶山之陽按葬處有三未詳其處

太史公曰禹之功大矣漸九川 徐廣曰漸者亦引進通道之意也字或宜然 定九州至于今諸夏艾安及苗裔勾踐苦身

焦思終滅彊吳北觀兵中國以尊周室號稱霸王徐廣曰一作主勾踐可不謂賢哉蓋有禹之遺烈焉范蠡三遷皆有榮名名垂後世臣主若此欲毋顯得乎

索隱述贊曰越祖少康至于允常其子始霸與吳爭彊檇李之役闔閭見傷會稽之恥勾踐欲當種誘以利蠡悉其良折節下士致膽思甞卒復讎寇遂殄吳疆後不量力滅於無彊

越王勾踐世家第十一　史記四十一

鄭世家第十二

史記四十二

鄭桓公友者周厲王少子而宣王庶弟也徐廣曰年表云母弟宣王立二十二年友初封于鄭索隱曰鄭縣名屬京兆秦武公十一年初縣杜鄭是也又系本云桓公居棫林徙拾宋忠云棫林與拾皆舊地名是封桓公乃名爲鄭耳至秦之縣鄭是鄭武公東徙新鄭之後其舊鄭乃是故鄭故秦始改爲縣也出地理志封三十三歲百姓皆便愛之幽王以爲司徒韋昭曰幽王八年爲司徒○索隱曰韋昭據國語以爲說耳和集周民周民皆說河雒之閒人便思之爲司徒一歲幽王以襃后故王室治多邪諸侯或畔之於是桓公問太史伯虞翻曰周太史曰王室多故予安逃死乎太史伯對曰獨雒之東土河濟之南可居公曰何以對曰地近虢鄶徐廣曰虢在成皐鄶在密縣駰案虞翻曰虢姬姓東虢也鄶妘姓○正義曰括地志云洛州汜水縣古東虢叔之國東虢君也又云故鄶城在鄭州新鄭縣東北三十二里虢鄶之君貪而好利索隱曰鄭語云虢叔恃勢鄶仲恃險皆有驕侈又加之以貪冒是也虢叔文王弟鄶妘姓之國也百姓不附今公爲司徒民皆愛公公誠請居之虢鄶之君見公方用事輕分公地公誠居之虢鄶之民皆公之民也公曰吾欲南之江上何如對曰昔祝融爲高辛氏火正其功大矣而其於周未有興者楚其後也周衰楚必興興非鄭之利也公曰吾欲居西方何如索隱曰國語曰公曰謝西之九州何如韋昭云謝申伯之國謝西有九州二千五百家爲州其說蓋異此對曰

其民貪而好利難久居公曰周衰何國興者對曰齊秦晉楚乎夫齊姜姓伯夷之後也伯夷佐堯典禮秦嬴姓伯翳之後也伯翳佐舜懷柔百物及楚之先皆嘗有功於天下而周武王克紂後成王封叔虞于唐徐廣曰晉世家曰唐叔虞姓姬氏字子于○索隱曰唐者古國堯之後其君曰叔虞何以知然據此系家下文云唐人之季代曰唐叔虞當武王邑姜方動太叔夢天帝命而子曰虞與之唐及生有文在手曰虞遂以名之[illegible]王滅唐而國太叔故因以稱唐叔虞杜預亦曰耶唐君之名是也其地阻險以此有德與周衰並亦必興矣桓公曰善於是卒言王東徙其民雒東而虢鄶果獻十邑虞翻曰十邑謂虢鄶鄔蔽補丹依畴歷華也○索隱曰國語云太史伯曰若克二邑鄔蔽補丹依畴歷華君之土也虞翻註依國語爲記竟國之韋昭曰後武公竟取十邑地而居之今河南新鄭也二歲犬戎殺幽王於驪山下并殺桓公鄭人共立其子掘突正義曰上求勿反下戶骨反是爲武公索隱曰譙周云名突滑皆非也蓋古史失其名太史公循舊失而妄記之耳何以知其然者按下文其孫昭公名忽厲公名突豈有孫与祖同名乎當是舊史雜記昭厲忽突之名遂誤以掘突爲武公之字耳武公十年娶申侯女正義曰括地志云故申城在鄧州南陽縣北三十里左傳云鄭武公取於申也爲夫人曰武姜生太子寤生生之難及生夫人弗愛後生少子叔段段生易夫人愛之徐廣曰年表云十四年生寤生十七年生太叔段二十七年武公疾夫人請公欲立段爲太子公弗聽是歲武公卒寤生立是爲莊公莊公元年封弟段於京

號太叔祭仲曰京大於國非所賈逵曰京鄭都邑杜預曰今滎陽京縣以封庶也莊公曰武姜欲之我弗敢奪也段至京繕治甲兵與其母武姜謀襲鄭二十二年段果襲鄭武姜爲內應莊公發兵伐段段走伐京京人畔段段出走鄢正義曰鄢音烏古反今新鄭縣南鄢頭有村多万家舊作鄔音偃杜預云鄢今鄢陵也鄢潰段出奔共賈逵曰共國名也杜預曰今汲郡共縣也○正義曰按今衞州共城縣是也於是莊公遷其母武姜於城潁賈逵曰鄭地也○正義曰疑許州臨潁縣是也誓言曰不至黃泉服虔曰天玄地黃泉在地中故言黃泉毋相見也居歲餘已悔思母潁谷之考叔賈逵曰潁谷鄭地○正義曰括地志云潁水源出洛州嵩高縣東南三十里陽乾山今俗名潁山泉源出山之東谷其側有古人居處俗名爲潁墟故老云是潁考之故居即酈元注水經所謂潁谷也有獻於公公賜食考叔曰臣有母請君食賜臣母莊公曰我甚思母惡負盟柰何考叔曰穿地至黃泉則相見矣於是遂從之見母二十四年宋繆公卒公子馮奔鄭鄭侵周地取禾索隱曰左傳隱三年鄭武公莊公爲平王卿士王貳于虢及王崩周人將畀虢公政夏四月鄭祭足帥師取溫之麥秋又取成周之禾二十五年衞州吁弒其君桓公自立與宋伐鄭以馮故也二十七年始朝周桓王桓王怒其取禾弗禮也索隱曰杜預曰桓公即位周鄭交惡至是始朝故言始也左傳又曰周桓公言於王曰我周之東遷晉鄭焉依善鄭以勸來者猶懼不蔇況不禮焉鄭不來矣二十九年莊公怒周弗禮與魯易祊許田索隱曰許田近許之地魯

朝宿之邑祊者鄭所受助祭太山之湯沐邑鄭以天子不能巡守故以祊易許田各從其近三十三年宋殺孔父三十七年莊公不朝周周桓王率陳蔡虢衞伐鄭莊公與祭仲高渠彌發兵自救索隱曰左傳稱祭仲足蓋祭是邑其人名仲字仲足故傳云祭封人中足是也此繻葛之戰在魯桓五年彌一作眯並音迷王師大敗祝聸射中王臂索隱曰左氏作祝聃祝聸請從之鄭伯止之曰犯長且難之況敢陵天子乎乃止夜令祭仲問王疾三十八年北戎伐齊齊使求救鄭遣太子忽將兵救齊齊釐公欲妻之忽謝曰我小國非齊敵也時祭仲與俱勸使取之曰君多內寵服虔曰言庶子有寵者多太子無大援將不立三公子皆君也所謂三公子者太子忽其弟突次弟子亹也索隱曰此文則數太子忽及突子亹爲三而杜預云不數太子以子突子亹子儀爲三蓋得之四十三年鄭莊公卒初祭仲甚有寵於莊公莊公使爲卿公使娶鄧女生太子忽故祭仲立之是爲昭公莊公又娶宋雍氏女賈逵曰雍氏黃帝之孫姞姓之後爲宋大夫生厲公突雍氏有寵於宋服虔曰爲宋正卿故曰有寵宋莊公聞祭仲之立忽乃使人誘召祭仲而執之曰不立突將死亦執突以求賂焉祭仲許宋與宋盟以突歸立之昭公忽聞祭仲以宋要立其弟突九月辛亥忽出奔衞己亥突至鄭立是爲厲公

厲公四年祭仲專國政厲公患之陰使其壻雍糾欲殺祭仲賈逵曰雍糾鄭大夫糾妻祭仲女也知之謂其母曰父與夫孰親母曰父一而已人盡夫也杜預曰婦人在室則天父出則天夫女以爲疑故母以所生爲本解之女乃告祭仲祭仲反殺雍糾戮之於市厲公無柰祭仲何怒糾曰謀及婦人死固宜哉夏厲公出居邊邑櫟宋衷曰今潁川陽翟縣○索隱曰按櫟音歷即鄭初得十邑之櫟也祭仲迎昭公忽六月乙亥復入鄭即位秋鄭厲公突因櫟人殺其大夫單伯杜預曰鄭守櫟大夫也○索隱曰依左傳作檀伯事在桓十五年此文誤爲單伯者蓋亦有所因也按魯莊公十四年厲公自櫟侵鄭事與單伯會齊師伐宋相連故知誤耳遂居之諸侯聞厲公出奔

伐鄭弗克而去宋頗予厲公兵自守於櫟鄭以故亦不伐櫟昭公二年自昭公爲太子時父莊公欲以高渠彌爲卿太子忽惡之莊公弗聽卒用渠彌爲卿及昭公即位懼其殺己冬十月辛卯渠彌與昭公出獵射殺昭公於野祭仲與渠彌不敢入厲公乃更立昭公弟子亹爲君是爲子亹也無謚號子亹元年七月齊襄公會諸侯於首止服虔曰首止近鄭之地杜預曰首止衞地陳留襄邑縣東南有首鄉鄭子亹往會高渠彌相從祭仲稱疾不行所以然者子亹自齊襄公爲公子之時嘗會鬬相仇及會諸侯祭

仲請子亹無行子亹曰齊彊而厲公居櫟即不往是率諸侯伐我內厲公我不如往往何遽必辱且又何至是卒行於是祭仲恐齊并殺之故稱疾子亹至不謝齊侯齊侯怒遂伏甲而殺子亹高渠彌亡歸索隱曰左氏云轘高渠弥歸與祭仲謀召子亹弟公子嬰於陳而立之是爲鄭子索隱曰左氏以鄭子名子儀此云嬰蓋別有所見是歲齊襄公使彭生醉拉殺魯桓公鄭子八年齊人管至父等作亂弒其君襄公十二年宋人長萬弒其君湣公鄭祭仲死十四年故鄭亡厲公突在櫟者使人誘劫鄭大夫甫瑕要

以求入索隱曰左傳作傅瑕此本多假借亦依字讀瑕曰舍我我爲君殺鄭子而入君厲公與盟乃舍之六月甲子瑕殺鄭子及其二子而迎厲公突突自櫟復入即位初內蛇與外蛇鬬於鄭南門中內蛇死居六年厲公果復入入而讓其伯父原曰索隱曰左傳謂之原繁我亡國外居伯父無意入我亦甚矣原曰事君無二心人臣之職也原知罪矣遂自殺厲公於是謂甫瑕曰子之事君有二心矣遂誅之瑕曰重德不報誠然哉厲公突後元年齊桓公始霸五年燕衛與周惠王弟頹伐王索隱曰惠王莊王孫僖王子子頹莊

王之妾王姚所生事在莊十九年王出奔溫立弟穨為王六年惠王告急鄭厲公發兵擊周王子穨弗勝於是與周惠王歸王居于櫟七年春鄭厲公與虢叔襲殺王子穨而入惠王于周秋厲公卒子文公踕立索隱曰踕音在接反系本云文公從鄭宋忠云即新鄭也厲公初立四歲亡居櫟居櫟十七歲復入立七歲與亡凡二十八年

文公十七年齊桓公以兵破蔡遂伐楚至召陵二十四年文公之賤妾曰燕姞賈逵曰姞南燕姓夢天與之蘭賈逵曰香名也曰余為伯鯈余爾祖也賈逵曰伯鯈南燕祖以是為而子王肅曰以是蘭也為汝子之名蘭有國香以夢告文公文公幸之而予之草蘭為符遂生子名曰蘭三十六年晉公子重耳過文公弗禮文公弟叔詹曰重耳賢且又同姓窮而過君不可無禮文公曰諸侯亡公子過者多矣安能盡禮之詹曰君如弗禮遂殺之弗殺使即反國為鄭憂矣文公弗聽三十七年春晉公子重耳反國立是為文公秋鄭入滑滑聽命已而反與衛於是鄭伐滑索隱曰左傳僖二十四年鄭公子士泄堵俞弥帥師伐滑周襄王使伯犕請滑索隱曰犕音服左氏王使伯服游孫伯如鄭請滑杜預云二子周大夫知伯犕即伯服也鄭文公怨惠王之亡在櫟而文公父厲公入之而厲王不賜

厲公爵祿索隱曰此言爵祿與左氏說異左傳云鄭伯享王王以后之鞶鑑與之虢公請器王予之爵則爵酒器非爵祿也故曰與左氏說異又怨襄王之與衛滑故不聽襄王請而囚伯犕王怒與翟人伐鄭弗克冬翟攻伐襄王襄王出奔鄭鄭文公居王于氾三十八年晉文公入襄王成周四十一年助楚擊晉自晉文公之過無禮故背晉助楚四十三年晉文公與秦穆公共圍鄭討其助楚攻晉者及文公過時之無禮也初鄭文公有三夫人寵子五人皆以罪蚤死公怒溉徐廣曰一作瑕○索隱曰音既左傳作瑕逐羣公子子蘭奔晉從晉文公圍鄭時蘭事晉文公甚謹愛幸之乃私於晉以求入鄭為太子晉於是欲得叔詹為僇鄭文公恐不敢謂叔詹言詹聞言於鄭君曰臣謂君君不聽臣晉卒為患然晉所以圍鄭以詹詹死而赦鄭國詹之願也乃自殺鄭人以詹尸與晉晉文公曰必欲一見鄭君辱之而去鄭人患之乃使人私於秦曰破鄭益晉非秦之利也秦兵罷晉文公欲入蘭為太子以告鄭鄭大夫石癸曰吾聞姞姓乃后稷之元妃杜預曰姞姓之女為后稷妃其後當有興者子蘭母其後也且夫人子盡已死餘庶子無如蘭賢今圍急晉以

爲請利孰大焉遂許晉與盟卒而立子蘭爲太子晉兵乃罷去四十五年文公卒子蘭立是爲繆公繆公元年春秦繆公使三將將兵欲襲鄭至滑逢鄭賈人弦高詐以十二牛勞軍故秦兵不至而還晉敗之於崤初往年鄭文公之卒也鄭司城繒賀以鄭情賣之秦兵故來三年鄭發兵從晉伐秦敗秦兵於汪往年（徐廣曰繆公之二年）楚太子商臣弑其父成王代立二十一年與宋華元伐鄭華元殺羊食士不與其御羊斟怒以馳鄭鄭囚華元宋贖華元元亦亡去晉使趙穿以兵伐

鄭二十二年鄭繆公卒子夷立是爲靈公靈公元年春楚獻黿於靈公子家子公將朝靈公（賈逵曰二子鄭卿也）子公之食指動（服虔曰第二指）謂子家曰佗日指動必食異物及入見靈公進黿羹子公笑曰果然靈公問其笑故具告靈公靈公召之獨弗予羹子公怒染其指（左傳曰染指於鼎）嘗之而出公怒欲殺子公子公與子家謀先夏弑靈公鄭人欲立靈公弟去疾去疾讓曰必以賢則去疾不肖必以順則公子堅長堅者靈公庶弟（徐廣曰年表云靈公庶兄）去疾之兄也於是乃立子堅是爲襄公襄公立將

鄭世家

盡去繆氏繆氏者殺靈公子公之族家也去疾曰必去繆氏我將去之乃止皆以爲大夫襄公元年楚怒鄭受宋賂縱華元伐鄭鄭背楚與晉親五年楚復伐鄭晉來救之六年子家卒國人復逐其族以其弑靈公也七年鄭與晉盟鄢陵八年楚莊王以鄭與晉盟來伐圍鄭三月鄭以城降楚楚王入自皇門鄭襄公肉袒掔羊以迎曰孤不能事邊邑使君王懷怒以及弊邑孤之罪也敢不惟命是聽君王遷之江南及以賜諸侯亦惟命是聽若君王不忘厲宣王桓武公哀

不忍絕其社稷錫不毛之地（何休曰墝埆不生五穀曰不毛謙不敢求肥饒）使復得改事君王孤之願也然非所敢望也敢布腹心惟命是聽莊王爲卻三十里而後舍楚羣臣曰自郢至此士大夫亦久勞矣今得國舍之何如莊王曰所爲伐伐不服也今已服尚何求乎卒去晉聞楚之伐鄭發兵救鄭其來持兩端故遲比至河楚兵已去晉將率或欲渡或從還卒渡河莊王聞還擊晉鄭反助楚大破晉軍於河上十年晉來伐鄭以其反晉而親楚也十一年楚莊王伐宋宋告急于晉晉景公欲發兵

救宋伯宗諫晉君曰天方開楚未可伐也乃求壯士得霍人解揚字子虎誑楚令宋毋降過鄭鄭與楚親乃執解揚而獻楚楚王厚賜與約使反其言令宋趣降三要乃許於是楚登解揚樓車服虔曰樓車所以窺望敵軍兵法所謂雲梯也杜預曰樓車車上望櫓也令呼宋遂負楚約而致其晉君命曰晉方悉國兵以救宋宋雖急慎毋降楚晉兵今至矣楚莊王大怒將殺之解揚曰君能制命為義臣能承命為信受吾君命以出有死無隕服虔曰隕隊也莊王曰若之許我已而背之其信安在解揚曰所以許王欲以成吾

君命也將死顧謂楚軍曰為人臣毋忘盡忠得死者楚王諸弟皆諫王赦之於是赦解揚使歸晉爵之為上卿十八年襄公卒子悼公濞立索隱曰劉音秘鄒本一作弗一作沸左傳作費音扶味反悼公元年鄦公徐廣曰音許許公靈公也惡鄭於楚悼公使弟睔於楚自訟索隱曰睔音公遜反不直楚囚睔於是鄭悼公來與晉平遂親睔私於楚子反子反言歸睔於鄭二年楚伐鄭晉兵來救是歲悼公卒立其弟睔是為成公成公三年楚共王曰鄭成公孤有德焉使人來與盟成公私與盟秋成公朝晉晉曰鄭私平於楚執之使

欒書伐鄭四年春鄭患晉圍公子如乃立成公庶兄繻為君索隱曰繻音須鄒氏云一作纏其四月晉聞鄭立君乃歸成公鄭人聞成公歸亦殺君繻迎成公晉兵去十年背晉盟盟於楚晉厲公怒發兵伐鄭楚共王救鄭晉楚戰鄢陵楚兵敗晉射傷楚共王目俱罷而去十三年晉悼公伐鄭兵於洧上服虔曰洧水名。正義曰括地志云洧水在鄭州新鄭縣北三里古新鄭城南韓詩外傳云鄭俗二月桃花水出時會於溱洧水上以自祓除按在古城城南與溱水合鄭城守晉亦去十四年成公卒子惲立是為釐公索隱曰惲音紆粉反左傳作髡原釐公五年鄭相子駟朝釐公釐公不禮子駟怒使廚人藥

殺釐公徐廣曰年表云子駟使賊夜弒僖公赴諸侯曰釐公暴病卒立釐公子嘉嘉時年五歲是為簡公簡公元年諸公子謀欲誅相子駟子駟覺之反盡誅諸公子二年晉伐鄭鄭與盟晉去冬又與楚盟子駟畏誅故兩親晉楚三年相子駟欲自立為君公子子孔使尉止殺相子駟而代之子孔又欲自立子產曰子駟為不可誅之今又效之是亂無時息也於是子孔從之而相鄭簡公四年晉怒鄭與楚盟伐鄭鄭與盟楚共王救鄭敗晉兵簡公欲與晉平楚又囚鄭使者十二年簡公怒相

子孔專國權誅之而以子產為卿十九年簡公如晉請衛君還而封子產以六邑（服虔曰四井為邑）子產讓受其三邑二十二年吳使延陵季子於鄭見子產如舊交謂子產曰鄭之執政者侈難將至政將及子子為政必以禮不然鄭將敗子產厚遇季子二十三年諸公子爭寵相殺又欲殺子產公子或諫曰子產仁人鄭所以存者子產也勿殺乃止二十五年鄭使子產於晉問平公疾平公曰卜而曰實沈臺駘為祟史官莫知敢問對曰高辛氏有二子長曰閼伯季曰實沈居曠

林（賈逵曰曠大也）不相能也日操干戈以相征伐后帝弗臧（賈逵曰后帝堯也臧善也）遷閼伯于商丘主辰（賈逵曰商丘在漳南杜預曰商丘宋地服虔曰辰大火主祀也）商人是因故辰為商星（服虔曰商人契之先湯之始祖相土封閼伯之故地因其故國而代之）遷實沈于大夏主參（服虔曰大夏在汾澮之間主祀參星杜預曰大夏今晉陽縣）唐人是因服事夏商（賈逵曰唐人謂陶唐氏之胤劉累也事夏帝孔甲封于大夏因實沈之國子孫以服事商也。正義曰括地志云故唐城在絳州翼城縣西二十里徐才宗國都城記云唐國帝堯之裔子所封春秋云夏孔甲時有堯苗胄劉累者以豢龍事孔甲夏后嘉之賜曰御龍氏以更豕韋之後龍一雌死潛醢之以食夏后既而使求之懼而遷于魯縣夏后蓋別封劉累之後于夏之墟為唐侯至周成王時唐人作亂成王滅之而封太叔更遷唐人子孫於杜謂之杜伯范氏所在周為唐杜氏地記云唐氏在大夏之墟屬河東安縣今在絳城西北一百里有唐城者以為唐舊國然則叔虞之封即此地也）其季世曰唐

叔虞（杜預曰唐人之季世其君曰叔虞）當武王邑姜方娠大叔夢帝謂己（賈逵曰帝天也己武王也）余命而子曰虞（杜預曰取唐君之名）乃與之唐屬之參而蕃育其子孫及生有文在其掌曰虞遂以命之及成王滅唐而國太叔焉故參為晉星（賈逵曰晉主祀參參為晉星）由是觀之則實沈參神也昔金天氏有裔子曰昧為玄冥師（服虔曰金天少皞也玄冥水官也師長也昧為水官之長）生允格臺駘（服虔曰允格臺駘兄弟也）臺駘能業其官（服虔曰脩昧之職）宣汾洮（賈逵曰宣猶通也汾洮二水也）障大澤（服虔曰陂障其水也）以處太原（服虔曰太原汾水名杜預曰太原晉陽也臺駘之所居也）帝用嘉之國之汾川（服虔曰帝顓頊也）沈姒蓐黃實守其祀

（賈逵曰四國臺駘之後也）今晉主汾川而滅之（賈逵曰滅四國）由是觀之則臺駘汾洮神也然是二者不害君身山川之神則水旱之菑禜之（服虔曰禜為營攢用幣也若有水旱則禜祭山川之神以祈福也）日月星辰之神則雪霜風雨不時禜之若君疾飲食哀樂女色所生也平公及叔嚮曰善博物君子也厚為之禮於子產二十七年夏鄭簡公朝晉冬畏楚靈王之彊又朝楚子產從二十八年鄭君病使子產會諸侯與楚靈王盟於申誅齊慶封三十六年簡公卒子定公寧立秋定公朝晉昭公定公元年楚公子棄疾弒其君

靈王而自立為平王欲行德諸侯歸靈王所侵鄭地于鄭四年晉昭公卒其六卿彊公室卑子產謂韓宣子曰為政必以德毋忘所以立六年鄭火公欲禳之子產曰不如脩德八年楚太子建來奔十年太子建與晉謀襲鄭鄭殺建建子勝奔吳十一年定公如晉晉與鄭謀誅周亂臣入敬王于周索隱曰王避弟子朝之亂出居狄泉在昭二十二年至二十六年晉鄭入之經曰天王入于成周是也十三年定公卒子獻公蠆立獻公十三年卒子聲公勝立當是時晉六卿彊侵奪鄭鄭遂弱聲公五年鄭相子產卒正義曰括地志云子產墓在新鄭縣西南二十五里酈元注水經云子產墓在涇水上累石為方墳墳東北向鄭城杜預云言不忘本也鄭人皆哭泣悲之如亡親戚子產者鄭成公少子也為人仁愛人事君忠厚孔子嘗過鄭與子產如兄弟云及聞子產死孔子為泣曰古之遺愛也賈逵曰愛惠也杜預曰子產見愛有古人遺風也兄事子產八年晉范中行氏反晉告急於鄭鄭救之晉伐鄭敗鄭軍於鐵杜預曰鐵丘○正義曰括地志云鐵州在滑州衛南縣東南十五里十四年宋景公滅曹二十年齊田常弒其君簡公而常相於齊二十二年楚惠王滅陳孔子卒三十六年晉知伯伐鄭取九邑三十七年聲公卒子哀公易立年表云三十八年

哀公八年鄭人弒哀公而立聲公弟丑是為共公共公三年晉滅知伯三十年共公卒子幽公已立幽公元年韓武子伐鄭殺幽公鄭人立幽公弟駘是為繻公年表曰鄭立幽公子駘繻或作繚繻公十五年韓景侯伐鄭取雍丘鄭城京十六年鄭伐韓敗韓兵於負黍徐廣曰在陽城○正義曰括地志云負黍亭在洛州陽城縣西南三十五里故國邑也二十年韓趙魏列為諸侯二十三年鄭圍韓之陽翟二十五年鄭君殺其相子陽二十七年子陽之黨共弒繻公駘而立幽公弟乙為君是為鄭君徐廣曰一本云立幽公弟乙陽為君是為康公六國年表云立幽公子駘又以鄭君陽為鄭康公乙班固云鄭康公乙為韓所滅鄭君乙立二年鄭負黍反復歸韓十一年韓伐鄭取陽城二十一年韓哀侯滅鄭并其國

太史公曰語有之以權利合者權利盡而交疏甫瑕是也甫瑕雖以劫殺鄭子內厲公厲公終背而殺之此與晉之里克何異守節如荀息身死而不能存奚齊變所從來亦多故矣

索隱述贊曰

厲王之子　得封於鄭　代職司徒

緇衣在詠　虢鄶獻邑　祭足專命

莊既犯王　厲亦奔命　居櫟克入
夢蘭䟽慶　伯服生囚　叔瞻尸聘
釐簡之後　公室不競　負黍雖還
韓哀日盛

鄭世家第十二　　史記四十二